U0557310

中国社会科学院重点学科 · 晚清史学科

晚清史论丛（第六辑）

清末新政与边疆新政（上册）

Reforms and the New Frontier Policies in the Late Qing Dynasty

中国社会科学院近代史研究所政治史研究室　●编
西北民族大学历史文化学院

社会科学文献出版社
SOCIAL SCIENCES ACADEMIC PRESS (CHINA)

目录

上　册

早期全球化背景下清代多民族帝国的大一统话语重构

——以《皇朝文献通考》若干问题为中心

〔美〕赵　刚[*]

在中国文化传统中，恐怕很少有比大一统观念更耳熟能详的政治理念了。从周秦之际出现起，它就成为中国历代精英追求的政治梦想。以笔者非常初步的观察，大一统思想主要围绕三个要素展开。其一是大一统理想，也就是相信"天下归一"，只有把人们所能想象到的世界，亦即所谓的天下，纳入儒家设计的政治和文化秩序之中，才能建立理想社会。其二是完成统一后，明确其直接统辖的范围和间接或名义上统治的范围，按照传统的观点，前者是疆域的范围，而后者是四夷的范围。其三是大一统话语，每个王朝建立后，都要根据新的条件，建构新的话语，说明改朝换代的正当性，解释为何只有自己建立的统治，才是真正的大一统理想的实现，是正宗的儒家大一统治世之道。这种话语建构的方法之一，就是纂修各类综合性史书、政书、一统志。它们彼此尽管内容体例千差万别，但有几项内容却是共同的。一要有天文方面的内容，证明新秩序得到天命的"背书"；二要列举皇朝管辖的四境八至、省府州县，展示开疆拓土之功。① 此外，按照"修文德以徕远人"的原则，没有"文德"则"远人"不来，"远人"来华的

＊　赵刚，西北民族大学历史文化学院教授。

① 如元代编《统同志》，也就是《大元大一统志》的前身，主要是"为理会地理，勾当数年，用工将古今书史传记所载天下地理建置、郡县沿革、事迹源泉、山川人物及圣贤赋咏等，分类编述，自成一书，取汉书王吉所云春秋所以大一统者六合同风，名其书曰《统同志》，上以发扬圣朝混一海宇之盛"。《秘书监志》，"四库全书本"，第6~7页。

数量、次数和规模就成为皇朝"文德"的体现；① 为了充分体现皇朝的"文德"无远弗届，这些史书、政书、一统志等三项必备的内容，就是有关所谓四夷的论述，记述其他国家的地理、历史及其与中国的朝贡关系。② 不过，每个王朝所处的环境，所统辖的疆域，所面临的问题，乃至于所能给出的答案都不尽相同。他们各自虽然都从这三个方面着手来建构大一统话语，其中的内容却因王朝时代的不同，而有或多或少的差异。这些文献也因此成为解历代大一统话语演变的理想切入点。

18 世纪 60～80 年代，根据乾隆皇帝的旨意，清廷动用巨大的人力物力纂修了一系列展现盛世文治武功的典籍，其中之一就是《皇朝文献通考》，它是宋元之际历史学者马端临所著《文献通考》的续编，成书于乾隆五十年之后。③ 正如该书凡例和各考引言所一再强调的那样，该书编纂的目的就是彰显清朝的"一统之盛"。④ 作为《文献通考》的续编，《皇朝文献通考》沿用前者的体例，有关于天文的《象纬考》，记述清代截至乾隆时期的官方天文研究成果；有关于疆域的《舆地考》，叙述清代到乾隆中期的帝国疆域，其不仅包括清廷划定的内地十八省，而且还包括新疆、西藏、蒙古等地；⑤ 还有关于四夷的《四裔考》，记述清代周边及与中国有来往的世界各国。这三"考"建构了新的大一统话语。它们尽管和马书相应部分有相同标题，但在一些有关大一统话语至关重要的问题上，如本文下面所指出的，与马著完全不同。这种差异本身是盛清时代根据新的现实、利用新的资源对大一统话语重构的产物。

本文不打算对《皇朝文献通考》中的《舆地考》《四裔考》《象纬

---

① 有关"修文德以徕远人"，详参罗志田《先秦五服制与古代的天下中国观》，《学人》第十辑，江苏文艺出版社，1996。
② 《皇朝文献通考·四裔考》就强调清朝"圣德"和四裔宾服的相辅相成，称"我国家一统函夏，四裔宾服，列圣经营，宅中驭外，百余年来，圣教覃敷，梯航远至，……自非圣德洋溢，何克臻此？"（《皇朝文献通考》，第 7413 页）
③ 据乾隆五十年三礼馆的一份公文称，《皇朝文献通考·四裔考》纂修工作直到乾隆五十年尚未完成。原档藏（台北）中研院历史语言研究所，登录号：117949 - 001（本文引自数位典藏与学习联合目录网公布的原件全文照片）。另外，《四裔考》六有乾隆五十年十月将私自进入内地传教的西方人吧也哩央押解出境的记述，这些都说明《皇朝文献通考》的成书当在乾隆五十年之后。
④ 如"凡例"强调"以类备陈，以见大一统之治云"，《舆地考》强调该考的编写是为了"昭大一统之盛"（十通本，商务印书馆，1935，第 4847、7263 页）。
⑤ 《皇朝文献通考·舆地考》已经使用了"十八省"的概念，称"京师盛京而外，为省一十有八"（十通本，第 7263 页）。

考》作面面俱到的论述，只想在清代多民族帝国形成和早期全球化的背景下，对下列三个有关盛清大一统话语重构的问题作一初步的讨论。其一，《象纬考》为何要用经纬度取代分野？其二，《舆地考》为何要用"本朝之制"取代"九州"模式？其三，《四裔考》为何要采用朝贡互市两分的方式记述与中国交往的海外诸国？这些问题的讨论，不仅有助于我们从新的视角检讨清代多民族帝国形成的历史、国内学界仍然盛行的闭关锁国论的得失，而且还可以从新的视角探讨早期全球化所达到的广度和深度。

　　长期以来，学术界强调汉化对清代多民族帝国形成发展的贡献。西方20世纪90年代以来出现的"新清史"对传统的汉化说提出了强烈批评，强调满洲认同的建构和维系对清朝多民族国家建立发展的重要性。[①] 但是，如下所述，它又走入另一个极端，否认汉人社会和文化对清代多民族帝国的贡献。新清史看似和汉化说针锋相对，实则同后者一样，都错误地使用了20世纪初兴起的汉族概念来理解和解释清代汉人的政治认同，忽略了二者之间存在的巨大差异。这二者的核心区别在于，前者特别强调血统的中心地位，后者则是以基于宗法伦理的王朝认同为中心。[②] 实际上，恰恰是王朝认同才使得清朝在面对占绝对人口、文化优势的汉人社会时，既可以维持自己的种族特性，又能赢得汉人社会对多民族帝国存在发展至关重要的支持。换句话说，在清朝多民族帝国的发展历程中，汉人社会的王朝认同不仅是清朝用于拉拢汉人精英的工具，而且是它的黏合剂。

　　时下的汉化论和新清史第二个值得商榷的问题，就是双方都是静态地在满汉二分的框架下讨论问题，忽略二者本身都因为内在和外在的机缘，经历着新的变化，促成这种变化的机缘之一就是早期全球化的影响。对于清代中国和全球化的关系，西方的全球史和世界体系理论家们有两种对立

---

① 关于新清史对汉化说的批评和有关争论，详参 Evelyn S. Rawski, "Presidential Address: Re-envisioning the Qing: The Significance of the Qing Period in Chinese History", *The Journal of Asian Studies* 55, 4 (Nov., 1996), pp. 829 - 850. Ping-ti Ho, "In Defense of Sinicization: A Rebuttal of Evelyn Rawski's 'Reenvisioning the Qing'", *The Journal of Asian Studies* 57, 1 (Feb., 1998), pp. 123 - 155. 关于这场争论，详参王成勉《没有交集的对话：论近年学术界对"满洲汉化"之争议》，见《胡人汉化与汉人胡化》，"国立"中正大学台湾人文社会研究中心，2006，第 57~81 页。

② 关于王朝认同，迄今最重要的论述之一仍然是姚大力先生的《中国历史上的民族关系与国家认同》（《中国学术》2002 年第 4 期）。

的解释。一种是传统的西方中心观，认为在 19 世纪中叶前，中国自我隔绝于西方开始的全球化。① 另一种观点兴起于 20 世纪 90 年代后期，以贡德·弗兰克为代表的学者强调中国才是 19 世纪初叶之前世界经济的中心。② 弗氏新理论问世后，特别是介绍到中国后，引起相当大的争论，褒扬者誉为历史性突破，而贬斥者则认为弗兰克夸大其词。

就笔者的浅见，造成这种争论的关键是对全球化缺乏历史的观察。全球化从其早期形态到今日的"地球村"，有一个漫长的、逐步发展的过程。15、16 世纪之交，哥伦布航海新大陆和绕过非洲通往亚洲航路的发现，从他们第一次在真正意义上把全球主要大陆联系到一起的角度看，可以作为全球化的开端。但是，在此后相当长的一段时间内的全球化过程，与 19 世纪初叶，随着西欧工业革命而加速的全球化过程仍有相当的不同。区别之一就是，在 1800 年前的长达 300 年中，西方势力的踪影，尽管在全球范围内随处可见，但在美洲之外的许多地区，并不占据上风。相反，它是通过接受和遵循（尽管是勉强的）非西方社会的地方性游戏规则，才得以加入区域性贸易体系之中。③ 因此，1500～1800 年的全球化进程是西方主导的和非西方主导的区域体系多元并存、相互整合的时代，与西方在 19 世纪以后席卷全球的、一家独尊的格局完全不同，这一阶段可以视为早期全球化时代。④ 在这个阶段的经济、文化等领域，一方面可以非常清晰地看到全球整合的展开，彼此之间的相互影响和联系日益密切。⑤ 另一方面，这种整合仍然停留于初级阶段，世界上的许多地区仍然在这种整合之外。弗兰克和他

① 最具代表性的观点见沃勒斯坦《现代世界体系》（高等教育出版社，1998）卷 1，第 43～47 页。

② 详参贡德·弗兰克《白银资本》（刘北成译，中央编译出版社，2000）中的有关讨论。

③ 在这方面最明显的事例就是在长崎的荷兰商人和在广州的英国东印度公司商人。尽管他们先后征服了今天的印尼和印度，但是，在处理对华和对日贸易上，他们仍然不得不接受清政府和德川幕府制定的游戏规则。关于长崎和广州的西方商人的最新研究，可参看白乐史（Leonard Blasse）的新著《看得见的商城：广州、长崎、巴达维额和美国人的来临》（*Visible Cities: Canton, Nagasaki, Batavia, and the Coming of the Americans*, Cambridge: Harvard University Press, 2008）。

④ 约翰·德伟特（John DeWitt）在他的《早期全球化、美国和巴西经济发展》（*Early Globalization and the Economic Development of the United States and Brazil*, Praeger Publishers Znc, 2002）一书中使用了"早期全球化"一词。不过，他的解释与笔者完全不同。有关德伟特的观点，详参氏著的引言和第七章。

⑤ 西方和新大陆对中国丝绸、瓷器、茶叶日益增长的需求和中国对美洲大陆白银的依赖是最好的例证。

的支持者一方面过于强调 1500 年之前和之后相当长时段的全球化程度，忽略了它与 1800 年之后全球化的不同，而难免有夸大之嫌。另外，它同所批评的西方中心论的全球体系论一样，仅集中于经济领域，却很少注意到全球化对文化、政治等方面的影响和冲击，因而低估了早期全球化的深度和广度。① 而弗兰克理论的批评者，仅仅因注意到自然经济的存在，就否认全球整合的存在，实际上又陷入了另一种极端。本文认为，早期全球化和中国社会的互动，绝不仅限于白银的流动，它甚至成为影响盛清时代大一统话语重构不可忽略的因素。

一　让汉人的"大一统"回到清代多民族国家的发展历史中

在当下的清史学界，特别是在美国的清史研究中，"大一统"已经不太为人注意，原因自然与西方"新清史"研究对于汉化说的批评有关。随着对于汉人及其文化传统在清代多民族国家的建构角色的否定性重新评价，"大一统"这一汉人文化的政治理想，已经基本上为新清史建构的历史叙事所省略了。② 但是，没有大一统话语，清朝多民族国家建构的历史真是完整的吗？要回答这个问题，首先应当重新检讨新清史和其所批评的汉化论迄今为止很少为人注意的某些理论预设，从新的视角让"汉人"和他们的大一统话语，重新回到这一历史舞台的中心位置。需要指出的是，这并不是要否定新清史的贡献，否定它所强调的非汉族群体对清代多民族国家建设的贡献，而是要通过重新分析汉化说和新清史理论都极少置喙的问题，为研究盛清时代大一统话语的重构提供新的理论出发点。

---

① 从沃勒斯坦到后来以《前欧洲霸权时代：1250 年到 1350 年的世界体系》（*Before European Hegemony: The World System A. D. 1250 - 1350*, Oxford University Press Znc, 1991）而名世的珍妮·阿布卢古德（Janet Abu-Lughod），再到弗兰克等学者的有关世界体系的研究，都存在这个问题。弗兰克本人在《白银资本》（刘北成译，中央编译出版社，2000，第 451 ~ 452 页）一书中，就已经注意到这个问题，他说："我在以前的著作中曾经提出过一个三条腿的凳子的比喻。这个全球整体同时依赖于生态/经济/技术一条腿，政治/军事力量一条腿，以及社会/文化/意识形态一条腿。……《白银资本》的探讨也仅限于生态/经济/技术这条腿的经济部分，几乎没有提到另外两条腿，更谈不上在一个全球分析中把这三条腿结合起来。"

② 在新清史的几部代表作如欧立德的《满洲之道》、米华健的《西出阳关》、柯娇燕的《半明之鉴》中，几乎完全没有讨论汉人文化在清代多民族国家发展过程中的作用。

先从汉化说谈起。新清史对汉化说有尖锐的批评，但仍然忽略了其存在的两个问题。一方面，非汉统治者并不只是汉文化的消极接受者，相反，他们会随时按照自己的需要重新解释汉人文化。另一方面，汉人在经历了非汉政权统治后，其文化观念、生活方式也会经历相应的改变。尽管作为文化先进的群体，它所经受的变化和冲击要小于那些相对落后的群体，用陈寅恪先生的话，就是一个胡化的过程。①

具体到清朝，许多历史学者在讨论这段历史时，往往以清朝如何尊奉儒家文化取悦汉人及满洲国语骑射传统的衰落来证明汉化说之不误。但是，这种诠释忽略了一个很基本的问题，直到清朝灭亡前，满洲八旗无论怎样受到汉文化的影响，它在政治、经济、文化、法律方面与汉人的区别，仍然是鲜明可鉴的，是没有被汉化的。而且，清朝并不回避对汉人文化的重新解读，甚至将边疆地区的经纬度纳入汉人臣民日常不可缺少的时宪书中，② 对汉人中心观念（如中国）的满洲化诠释广而告之，要求汉人士绅认同接受。③ 即便如此，满洲八旗的统治直到其灭亡之前，仍然得到众多汉人精英的支持。如果汉化是清朝成功的关键，这样一个直到灭亡都保持着诸多非汉特征的政权，如何会统治中国长达近三个世纪？再从汉人方面看，明代汉人的政治空间，如当时各种地理出版物所显示的那样，

① 对这个问题最早作出开创性研究的是陈寅恪先生。他在《隋唐制度渊源略论稿》、《唐代政治史述论稿》及《金明馆丛稿》初、二编所著的诸多论文中对胡化问题多有论述，如他从胡化的角度分析安史之乱后的河北地区藩镇割据问题，认为与"胡化深而汉化浅"有关，详参陈寅恪《唐代政治史述论稿》中篇（上海古籍出版社，1982），第26～27页。何炳棣在其前引反驳罗友枝的文章中，只强调陈氏的汉化论，难免有曲解之嫌。当然，20世纪90年代，张国刚先生在其《唐代藩镇研究》（湖南教育出版社，1987）一书中，针对陈的解释，提出不同的看法。笔者以为，胡化的问题不仅存在于隋唐及以前，在元代以后同样存在。明代成化年间路经北京地区的朝鲜使臣崔溥就注意到，尽管元亡已经百年，但是，当地不少居民仍然着蒙古式样衣服，详参崔溥《飘海录》（葛振家校注，线装书局，2002，第162页），当然，蒙元对明代社会政治的影响或许不止于此。

② 详参本文第二部分。

③ 一个明显的事例是乾隆对中国观念的重新解释。他在《平定准噶尔告成太学碑文》里强调，"此乃汉唐宋明之中夏也，非谓我皇清之中夏也"。此碑文收入《皇朝文献通考》卷二八四，《舆地考》十六。按照他的指示，此碑广置于全国各地的学宫中，关于有关竖立此碑的过程及各地学宫分布，详参北京大学朱玉麒教授在《乾隆平定准噶尔全国立碑考》一文中对此问题的开创性详实研究。该文承蒙朱玉麒教授惠赠，谨此致谢。此外，满文的影响绝不限于满人，道光之时，汉臣习清语者仍不乏其人。如林则徐在京期间曾研习满文。详参《林则徐日记》（中华书局，1962），嘉庆十八年五月二十六、二十七日，七月十一日、三十日条。

仅限于内地。① 到了18世纪末19世纪初以后，汉人的中国观念发生了明显的变化，接受了清朝从多民族帝国角度对它的新解释。② 按照汉化说，这种变化也是无法解释的。

20世纪90年代出现的新清史显然注意到，清代多民族帝国的发展存在比汉化说的假设更复杂的历史内容。他们从汉族转向满洲，强调满洲认同的建构和发展对清朝多民族帝国建立的重要性。按照新清史的观点，清朝统治成功的关键在于满洲特性的维持，而满洲特性的延续又是通过建立满城，维护国语骑射，实行满汉隔离，赋予满洲政治、经济、文化特权来实现的。③ 这种论述实质上是假定清代多民族帝国的建立和发展是在"去汉化"的背景下展开的。清代的旗人和汉人似乎处于一种井水不犯河水般的分离状态，而清朝统治者有意识地强化这种隔离，最终达到保持满人特性的目的。按照满洲中心观，汉人文化乃至其大一统话语，自然是一个可以忽略的因素。

但是，如果从清代满汉关系的实况来看，这种版本的满洲特性演变史，其实是相当错误的。清朝入关后，人口极少的满洲八旗除部分驻守边疆外，都分布于中国内地的广大地区，为人口占绝对优势的汉人所包围。而且，清代对边疆的战争和之后的管理，也是依赖汉地的经济资源和税赋收入支撑的。④ 最重要的是，清朝统治者并不像新清史所强调的，把汉人文化与多民族国家的建构对立起来。一个最明显的事例就是乾隆年间西藏银币的汉文问题。乾隆平定廓尔喀入侵之后，决定在西藏铸造地方银币。最初的样本只有藏文，没有汉文。乾隆发现后，特地加以纠正，在有关谕旨中还特

---

① 明代后期到清朝初年的舆地出版物，按读者对象，可分为二类。一是专门著作，如王士性的《广志绎》，顾炎武的《肇域志》《天下郡国利病书》，顾祖禹的《读史方舆纪要》；二是当时出版的各种地图，有关这些地图的内容，参李孝聪《欧洲收藏部分中文古地图叙录》（国际文化出版公司，1996）。这些著作所记述的中国疆域范围都仅限于内地各省。

② 最典型的一例是龚自珍。他说："四海之国无算，莫大于我大清。大清国，尧以来所传之中国也。东南临海，西北不临海，……今西极徼，至爱乌罕而止；北极徼，至乌梁海总管而止。"（龚自珍：《西域设行省议》，见《龚自珍全集》，上海人民出版社，1975，第105页。）

③ 有关这方面的研究，近年来最重要的著作是欧立德的《满洲之道》。

④ 清代前期对新疆管理的经费主要来源是内地各省提供的协饷，详参米华健《西出阳关》第58～61页。另一事例是乾隆年间江南对新疆的丝绸供应。为了拉拢新疆地方势力，乾隆皇帝鼓励和准部、回部、哈萨克及中亚地区的丝绸贸易，所需丝绸均来自江南地区，详参林永匡、王熹《清代西北民族贸易史》（中央民族大学出版社，1991）。

意解释为何使用汉文：

> 但阅所进钱模，正面铸"乾隆通宝"四字，背面铸"宝藏"二字，俱用唐古忒字模印，并无汉字，与同文规制尚未为协。所铸银钱，其正面用汉字铸"乾隆宝藏"四字，背面用唐古忒字，亦铸"乾隆宝藏"四字，以昭同文而符体制。①

他这里所强调的"体制"显然是清朝对西藏的行政管辖，这一材料非常清晰地说明乾隆并不认为汉人地区的文化与多民族帝国尽是相互冲突，相反，二者有时是相得益彰的。易言之，清代满洲性的建构，并不是完全如新清史倡导者所言，仅限于满洲内部及其与亚洲内陆的蒙藏文化传统的融合，而是与汉人精英有着密切的关系。没有汉人的清代多民族帝国建构史不仅是残缺不全的，而且是缺乏解释力的。

造成汉化说和新清史上述问题的症结何在呢？在笔者看来，就是双方都不加分析地使用 20 世纪初叶新出现的汉族概念去解释在此之前汉人的认同问题，而忽略了二者的区别。1900 年以后，随着反满运动的崛起，一些汉人知识分子出于反对清朝统治的政治需要，借鉴从西方引入的民族主义思潮，提出以黄帝为始祖，有三千年历史的、以语言文化为基础的、排他性的汉族认同观念。② 此后，这一汉族概念就广泛流传开来。它不仅用于现代中国，还被用于清及以前的中国历史。汉化论者用此汉族概念解释清代历史，强调汉人文化的中心地位，从这一视角观察汉与非汉的文化互动，自然就得出非汉群体最终消融于汉文化的单向性变化的结论。新清史的观点，表面上与汉化说针锋相对，但如果细心推究其理论框架就会发现，它实质上是接受了汉化说对汉人社会的观点，把清代的汉人看作一个界限分明的同质排他性实体。但是，由于他们否认汉人的中心作用，就只有通过强调满洲认同来解释清代多民族国家的建构历史。前者过于注重汉人的贡献，后者则把汉人和多民族帝国对立起来，但二者却都忽略了如下问题：清季新出现的汉族概念是否与前此流行的汉人概念相同？后者果真如学者

---

① 《乾隆实录》卷一四一八，乾隆五十七年十二月庚午条。
② 详参孙隆基《清季民族主义与黄帝崇拜之发明》（《历史研究》2000 年第 3 期）；沈松侨《我以我血荐轩辕——黄帝神话与晚清的国族建构》（《台湾社会研究季刊》1997 年第 28 期）。

假定的那样，是一个同质的排他性的认同对象？

其实，二者是相当不同的。如果套用费孝通先生形容中华民族观念形成的精妙比喻，前者是自为的存在，后者却是自在的存在。[①] 在这个问题上，清季立宪派和革命派似乎对此有更清楚的认识，尽管他们使用批评的口吻指出这一点。先看一段当时有关汉族认同的代表性论述：

> 汉人自称其践之汉土曰中国，实则地偏极东不可谓中，神器外移不可谓国。……以面积一百三十余万英方里之汉土，人口三百兆八千万有奇之汉人，不能自建一中央政府，以与各种族相颉颃，甘跼蹐于狂签钤旱民族之轭下，其与犹太印度非洲诸人种复何以异耶？人民不能自主而受人之抑压。觿鞈革马伛绊者谓之奴，土地不能自治而任人之治之，且变更不一者，谓之大陆，非所谓国也。非所谓有国之人民也。国者，终古不可灭之者也。然则四千年来之历史，虽谓为汉种未有国以前之历史可也。……今汉种为数之众，冠绝宇内所有各族；且所占有之地，亦既优于其他各种，惜涣散易溃，绝无团结不拔之精神，以致常为异族所屈。吁！安得一仲郭拉其人倡全汉人种统一主义，以陶铸我同胞独立不觿鞈革马伛之精神焉。[②]

这段议论，一言"四千年来之历史，虽谓为汉种未有国以前之历史可也"，二言"安得一仲郭拉其人倡全汉人种统一主义，以陶铸我同胞独立不觿鞈革马伛之精神焉"，很清楚地说明在甘韩这样的汉族认同倡导者看来，汉族认同不是完成式，而是一个有待形成的认同。不过，持这种观点者还不止甘韩一人。章太炎为邹容《革命军》所著序中说：

> 今者风俗臭味少变更矣，然其痛心疾首、恳恳必以逐满为职志者，虑不数人。数人者，文墨议论，又往往务为蕴借，不欲以跳踉搏跃言

---

① 费孝通先生在他的《中华民族多元一体格局》一文中用这两个概念分析中华民族意识的形成，"中华民族作为一个自觉的民族实体，是近百年来中国和西方列强的对抗中出现的，但作为一个自在的民族实体则是几千年的历史过程所形成的。"（《中华民族多元一体格局》，中央民族学院出版社，1989，第1页）
② 甘韩：《说汉种》，见《皇朝经世文新编续集》卷十八，民政。

之，虽余亦不免也。①（着重号为引者所加）

汤增璧说：

> 民族思潮，灌输中等以上，行商坐贾、老圃佣工、贩夫走卒之属，农氓、役隶之流，及于役戎幕、浮浪江湖、山泽联群、乡曲结社、市肆贾勇以为活者，凡诸品类，固有几人能识黍离之痛哉?②（着重号为引者所加）

也许有论者以为这是当时反清革命人士的偏颇之论，故作惊世骇俗之说，以吸引世人的注意力。不过，一种观点之所以能惊世骇俗，要有两个条件。首先，这一要让世人震惊的观点通常确实是很少被世人注意甚至忽略的；其次，倡导者要对此有准确的把握。没有这两个条件，任何以惊世为目标的观念传播都将难以达到宣讲者的预期目的。具体到光绪、宣统之际的 1905 年前后的汉族复兴论倡导者，他们中间的多数人都是在成年之后，才从认同清朝统治转向反满运动的。③ 因此，他们上引有关汉人缺乏本族认识的观点，显然是建立在多年来亲身所见所闻的基础之上。这虽然不是现代人类学、社会学倡导的田野调查，但是，其感受的直接性和可靠性，显然是后来的历史学家们所可慕而不可求的，也是后者从各类文献档案乃至实物史料中所归纳得出的结论无法比拟的。就此而言，清末革命派人士对"汉族"民众中汉族认同感和归属感缺位的责难与愤懑，其实道出了一个迄今很少为人注意及研究的历史事实。

这就引出一个新的问题，如果"汉族"人群在清末之前并未有后人想象的汉族认同，那么，当如何解释历代公私文献中的"汉""汉人"？限于篇幅，这里仅作一简要的概述。首先，在周秦时代，汉只是地理概念，指的是今天的汉水流域。④ 到刘邦创建汉朝，汉就成为一个王朝的名称。这个"汉"的概念，并无种族含义。而所谓的汉人，首先指的是生活于两汉王朝

---

① 《辛亥革命前十年间时论选集》卷 3，三联书店，1960，第 87 页。
② 《辛亥革命前十年间时论选集》卷 1，三联书店，1960，第 649 页。
③ 如孙中山和章太炎都首先寄希望在清朝体制内的改良，只是在对清朝失望之后，才转向反满民族革命。
④ 如《诗经·汉广》中的"汉"，即指今天的汉水流域。

或时代的人，这在历代史书中不胜枚举。①

首先赋予汉人概念以种族含义的是进入中原的少数族群。他们中的许多部落生活于汉朝边境地区，因而称汉朝直接统治下的民众为汉人。在与内地民众的交往、冲突过程中，他们逐步发现自己与内地民众在语言、风俗、生活习惯等方面的差异。他们所使用的汉人，不只代表特定的政治实体，还指代一个具有不同语言文化传统及生活习惯的群体。② 汉朝灭亡后，当时以及此后进入中原地区的少数族群继续使用汉人的概念，指称居住于中国内地的民众。这时的汉，主要是指与少数族群文化、政治传统存在差异的内地人群，其内涵已经接近20世纪出现的"汉族"的观念。③

不过，非汉族群使用"汉人"指称还有其特殊的用意。首先，少数族群进入中原后，在寻求"汉族"精英支持的同时，为维护自身的内在文化、政治凝聚力，需要通过制造汉人这样一个"他者"来凸显自身的文化认同。策略之一就是通过强调他们心目中汉人的缺陷来反衬出自身的优势。如以汉人的"文"反衬非汉族群的"质"，以汉人士大夫的"醉心文辞"来反衬非汉精英的"精通骑射"，通过界定何谓汉人来提醒本群体成员的核心认同所在。④ 在这个过程中，"汉人"就不再是一个政治概念，而被赋予种族内涵，代指一个文化、语言、生活特点不同于其他人群的族群。

与非汉统治者热衷于使用"汉人"指称他们治下的汉人群体不同，汉人精英对作为种族概念的"汉人"的态度却是耐人寻味的。一方面，汉人士大夫采用这个概念指称自己族群的成员，特别是在处理那些涉及汉人与

---

① 本文限于篇幅，仅略举数例。如朱熹《朱子语类》中多处在这个意义上使用"汉人"一词，如卷七八，"尚书传是后来人做，非汉人文章，解得不成文字"；卷七九，"汉人亦不见今文尚书"；卷八十，"汉人避讳，改作'严'字"。

② 如《后汉书》卷八十七《西羌传》："今凉州部皆有降羌，羌胡被发左衽，而与汉人杂处，习俗既异，言语不通。"

③ 这里仅略举数例，《北齐书》卷二十一，《高乾传》第十三，"高祖曰：'高都督纯将汉儿，恐不济事，今当割鲜卑兵千余人共相参杂。'"《北史》卷二十八《源贺传》："阿那肱忿然作色曰：'汉儿多事，强知星宿。'"《金史》卷八《世宗本纪》："又闻有女直人诉事，以女直语问之，汉人诉事，汉语问之。"《老乞大谚解》："你说我听著，如今朝廷一统天下，世间用著的是汉儿言语，我这高丽言语，只是高丽地面里行的。"

④ 如金世宗认为，"（女真）幼习汉人风俗，不知女真纯实之风。"（《金史》卷七《世宗本纪》）乾隆皇帝直斥满人"竟染汉人习气，有失满洲旧风。"（《乾隆实录》卷六九五，乾隆二十八年九月甲戌条）

非汉族群的纠葛时，作为族群的"汉人"的概念更是被大量使用。[1] 但是，就笔者近年来反复查检宋元和明清之际的原始文献看，当汉人士大夫（如宋末和明末的士大夫）因外族入侵或征服而需强调自身的认同感时，却极少像清末革命党人一样，明确而直截了当地高举"汉"认同的旗帜。在清末革命党以前的文献中，类似他们在种族意义上"大汉之天声"或"光汉"之类的表述，几乎是不存在的。[2] 而且，如果稍微细致地体会他们论著中的"汉人"和"中夏"、"华"的用法，就不难发现，他们在使用"汉人"一词时的心态是平和中立乃至冷漠的，给人的感觉是他们讨论的似乎不是与自己同属一个族群的人群。[3] 相反，当他们谈及王朝认同时，其语态情绪是激越热情的，这种强烈的认同感和归属感同样体现于他们对已故王朝的眷恋和忠诚上。明遗民顾炎武可谓这方面的典型。他在 60 岁时曾著一联，吐露对故明的忠贞之意："六十年前二圣升遐之岁，三千里外孤忠未死之人。"[4] 但是，通观顾炎武的《日知录》，尽管常在种族意义上使用汉的概念[5]，但对之绝未有如此强烈的认同感和归属感。而且，顾认为，决定人民产生认同感的关键是良好、有效、便民的政治制度。有了这种制度，夷狄政权照样可以得到汉人的认同。他以理解的态度从这个角度来分析北魏汉人和宋代幽云诸州汉人何以认同非汉统治：

> 前者如魏太武始制反逆、杀人、奸盗之法，号令明白，政事清简，无系讯连逮之烦。百姓安之。宋余靖言，燕蓟之地，陷入契丹且百年，而民亡南顾心者，以契丹之法简易。盐麦俱贱，科役不烦故也。是则

---

[1] 《皇明经世文编》卷一一五，杨一清《为修复茶马旧制，以抚驭番夷安靖地方事疏》："但有汉人结交夷人、互相买卖。"卷一七三，徐问《修举武备以无忘不虞疏》："一防制达官以需调用。直隶、保定等卫分，俱有达官舍目。其骁勇悍强，状貌气习，与汉人不同，所谓非我族类未敢保其不异。"类似用法，在该书和其他汉人著作中可以找到无数例证，限于篇幅，这里仅列举一二。

[2] 一个明显的例证是明太祖的《谕中原檄》（《皇明文衡》卷一）。该文一方面批评元朝为"胡虏"，另一方面，又认为元朝代宋，并非"人力"，"实乃天授"。此外，元明之际，江南汉人精英中存在的思元意识（详参钱穆《读明初开国诸臣诗文集》，《中国学术思想史论丛》第 6 册）也证明汉认同的缺乏。

[3] 仔细体会一下前引《皇明经世文编》和下面引用顾炎武的材料，都不难感到这一点。

[4] 《顾亭林诗文集》，中华书局，1983，第 142 页。

[5] 顾炎武的《日知录》在两种意义上使用"汉人（民）"一词，一是指汉代之人，二是指种族意义上的汉人。

省刑薄敛之效无所分于中外矣。①

　　这与前面论述过的因汉人安于非汉统治而批评他们的奴隶性或缺乏国家观念的清季反满革命人士截然不同，它清楚地体现出种族认同在顾炎武认同系统中的次要地位。钱穆曾批评顾炎武和其他明遗民（如王船山、黄宗羲、吕留良等）缺乏坚定的种族意识，其结论难免有以现代民族主义误读明遗民之嫌，但所发现的问题确实无可置疑。②

　　最近，赵园先生在她对明遗民的详实研究中发现，明遗民对非汉统治的批判并非汉人社会的主流，因而他们有相当强的孤独感。③ 若如上所述，连这个群体的汉族认同都异常贫乏，那么大多数汉人的情况就可想而知了。就此而言，反满革命派对汉人在这方面的批评，不仅适用于清朝末年，也适用于明清之际。不过，说汉族在清季之前仅是自在的存在，这对许多人来讲恐怕是难以接受的。其实，族群认同，如同人类学者托马斯·许兰德·埃里克森所言，不过是人类多种社会认同的一部分④，社会成员的认同，是由小向大逐步扩展的，是从小范围的家族、地域认同而后发展为大范围的族群和国家认同。它在成为一种自为的存在之前，通常要有一个自在存在的阶段。按照霍布斯鲍姆的观点，更视之为 19 世纪后半叶的产物。⑤ 即便在此之后，族群认同的匮乏也不是中国独有的现象。按照著名学者布鲁贝克的观点，直到 19 世纪中叶，大多数欧洲人的认同仍然仅限于地域和宗教层面，并没有清楚的民族认同。⑥ 法国史学者于根·韦伯甚至认为，在电话、铁路、报纸等现代媒体和交通工具广泛使用之前，法国农民是没有法国人意识的。⑦

---

① 《日知录》卷二九，"外国风俗"条。
② 详参钱穆《中国近三百年学术史》在"自序"中的有关讨论。
③ 赵园：《明清之际士大夫研究》，北京大学出版社，1999，第 61~65 页。
④ 埃里克森（Eriksen），*Ethnicity and Nationalism—Anthropological Perspectives*（London：Pluto Press，1993），p. 12。
⑤ 详参霍布斯鲍姆（Hobsbawm），"Mass Producing Traditions：Europe，1870-1914"，in Eric Hobsbawm and Terence Ranger eds.，*The Invention of Tradition*（Cambridge：Cambridge University Press，1983），pp. 271-3，280。
⑥ 布鲁贝克（Rogers Brubaker），*Citizenship and Nationhood in France and Germany*，Harvard University Press，1992，p. 5。
⑦ 转引自大卫·贝尔（David Bell），"Recent Works on Early Modern French National Identity"，*Journal of Modern History* 68：1，p. 91。

这种民族意识的匮乏还体现于对外来统治者的态度。以"绝对权力导致绝对腐败"一言而广为人知的19世纪著名历史学者阿克顿就注意到，当时人们对外来民族的统治并不介意，他们对外来统治者的不满主要是来自治理的因素，而非种族上的。

土耳其人、荷兰人和俄国人之被攻击，不是因为他们是篡位者，而是因为他们是压迫者——因为他们管理不善，而不是因为他们是不同的种族。①（着重号为引者所加）

这与上述顾炎武及其提到的宋代河北民众对外族统治的态度，表面上看似乎相反，一是接受，一是反叛，但所持的标准却都是政治的，而非种族的，二者何其相似乃尔。

在族群认同从自在形态向自为形态转变的过程中，王朝认同是个必经阶段。即使在民族观念的起源地——西欧社会，占主导地位的仍是王朝认同，而非种族认同。民族国家认同至少在其初始阶段，主要是在对主权、对君主的王朝国家的忠诚和归属的基础上建立起来的。② 16世纪的英国与法国，"国家的荣誉取决于国王个人的荣誉"。英法百年战争在当时几乎完全是从英国国王对法国王位所拥有的尊贵权益的角度加以讨论的。③ 在中欧奥地利，王朝认同一直延续到一战时期。历史学者罗森布里特就指出，奥匈帝国的精英和民众在一战爆发时所表现出来的爱国主义，不是以奥匈国家为对象，而是王朝国家的体现。④ 至于外来征服王朝采用被征服者的文化符号建构自己的认同，也是寻常之事。在早期英国历史中，当说法语的诺曼底人征服英国后，如同进入中国内地的非汉族采用汉族的中国观念一样，也采用被取代王朝的英国观念（the concept of "Englishness"）服务于自己的政治利益。⑤

如果说民族认同的后起性是19世纪中叶世界历史的普遍现象，那么，其产生的原因则由于历史、地域、文化背景的差异而大相径庭。如果说在

---

① 阿克顿：《自由史论》，胡传胜等译，译林出版社，1985，第436页。

② 见布鲁贝克（Rogers Brubaker）前引书第4页。

③ 戴维斯（CSLD Davies），*Peace, Print, and Protestantism 1450 - 1559*（London：Paladin, 1977），p. 17。

④ 罗森布里特（Marshal Rozenblit），*Reconstructing a National Identity：The Jews of Harbsburg Austria during World War I*，p. 17。

⑤ 详见阿尔弗雷德·史密斯（Alfred P. Smith）ed.，*Medieval Europeans：Studies in Ethnic Identity and National Perspective in Medieval Europe*，MacMillan Press LTD.），p. xiii。

西方它是在与基督教神权的冲突中逐步兴起的，那么，在中国则是来自于周秦时代，以亲亲尊尊的宗法伦理为中心尺度的儒家文化。儒家伦理原则落实于实际政治生活中，就是臣民以儒家道义为前提对王朝君主的服从和忠诚，其结果是王朝认同的强调。从早期的儒家到后来的新儒家，都特别强调伦理纲常的普世性，认为纲纪伦理是人类内在本质之所在，因此"人皆可以为尧舜"。按照《大学》所说，普世主义倾向任何君主，不论其地域、种族背景，只要按照宗法伦理的原则统治中国，就是合法的统治者，就是华夏认同在具体历史语境中的起点和终点。这在下列孟子著名的论述中有清楚的阐发：

> 孟子曰："舜生于诸冯，迁于负夏，卒于鸣条，东夷之人也。文王生于岐周，卒于毕郢，西夷之人也。地之相去也，千有余里；世之相后也，千有余岁。得志行乎中国，若合符节，先圣后圣，其揆一也。"①

当然，孟子的诠释是有为而发的，他想用历史的经验向当时权力日益集中、滥权无所顾忌的君主们发出一个强有力的警告。他援引禹和文王的事例，只是赋予自己的论述更强的权威性。但是，他在讨论禹和文王的圣人地位时，赋予德行本位的群体认同标准以绝对的权威。② 由于纲常伦理的中心地位，种族认同倒成为一个次要的因素。

结果，在周秦以后的近两千年中，尽管围绕华夷问题的讨论从未消失过，攘夷、强调华夷之辨的声音有时（如明清之际）甚至非常激昂③，但多

---

① 《孟子·离娄下》。

② 两宋以前，孟子的地位并不高，但他这段话所包含的理念却广为流传，尽管引证的事例有所差异。如汉初陆贾在《新语·本事》中有言："文王生于东夷，大禹出于西羌，世殊而地绝，法合而同度。故圣贤与道合，愚者与祸同。"晋代永嘉之乱后，它已经成为非汉人政权统治中国的理论依据。如鲜卑首领慕容廆在劝喻汉人大臣高瞻时，就说："且大禹出于西羌，文王生于东夷，但问志略如何耳，岂以殊俗不可降心乎！"（《晋书》卷一〇八，《慕容廆载记》附《高瞻传》）。这虽与上论孟子字句有别，但思想则是非常相近。又案：据《慕容廆载记》，廆在汉人地区生活多年，故此言或出自汉人所教。若如此，则此材料足以说明这一观念流传之广。

③ 从20世纪初开始，出于种种内在和外在因缘，学者多从民族主义的角度解读传统儒学的华夷之辨，其论述之详细给人的感觉是它们在当时广为流行。实际上，它们在当时究竟有无影响，有多大影响，其实还是有待讨论的问题。就以过去一个多世纪清史学研究重要人物王夫之为例。王的著作在19世纪50年代正式刊行前，不过是为人密藏的手稿，并不为世人所知，当然也谈不上学术影响。

数人接受的华夷标准从来都是相对的，而不是绝对的；是伦理性的，而非种族性和血缘性的，这最明显的体现是那句"夷狄入中国而中国之"的广泛流行。不过，一说"入中国而中国之"，许多人又将其等同于汉化，视为文化民族主义（culturalism）。其实这种观点忽略了"中国之道"本身的复杂性。儒家所说的"中国之道"固然包括衣冠制度，但是它的核心却是三纲五常的宗法性伦理。所谓"入中国而中国之"更多的是指对伦理纲纪的态度。不论种族背景如何，非汉人群只要接受宗法性伦理，就是中国之人，就有资格统治中国。为了彰显自己的政治合法性，他们也可以创建新的制度，展示天命的眷佑。恰是这一点，为非汉政权保存甚至在汉人社会推广自己的习俗提供了最有力的意识形态支持。因此，所谓"中国之道"，与其说是文化民族主义（culturalism），不如说是宗法伦理民族主义。这一点，恰恰是时下用文化民族主义解释汉人与非汉互动所常常忽略的。

每个王朝为何可以在尊奉纲常伦理的同时，创建自己的礼乐制度呢？按照儒家观点，王朝制度分为可变和不可变两部分，"立权度量，考文章，改正朔，易服色，殊徽号，异器械，别衣服，此其所得与民变革者也。其不可得变革者则有矣；亲亲也，尊尊也，长长也，男女有别，此其不可得与民变革者也"。①

纲常名教是君臣父子社会秩序的基石，因而是不可改变的。正朔服色是天命和统治者的关系，天道无常，不允许天下为一家一姓永远统治，而准许王朝轮替。易言之，一个新王朝的合法性不是来自前朝，而是源于天命，是上苍的意志。要体现天命所在，就需改易制度服色。因此，在王朝易代之时，大一统的建立就与改制联系在一起；不改制度服色等，就体现不出天命对新王朝的眷佑。汉代儒学大师董仲舒对此有清楚的阐述："王者必改正朔，易服色，制礼乐，一统于天下，所以明易姓，非继人，通以己受之于天也。"② 这种观点成为社会共同接受的常识性知识，也是史家记述本朝制度的意识形态理由。汉代司马迁著《史记·历书》，在论及汉代历法改制时，就强调是因为"王者易姓受命，必慎其初，改正朔，易服色，推本天元，顺承厥意"。③ 这种观点的主导性后来并未因宋代新儒学的出现而改变，朱熹在和弟子论学时，特别强调这一点：

---

① 《礼记·大传十六》。
② 苏舆：《春秋繁露义证》页一八五。
③ 《史记》卷二十六《历书》。

叔蒙问十世所因损益。曰："纲常千万年磨灭不得。……但这纲常自要坏灭不得，世间自是有父子，有上下。羔羊跪乳，便有父子；蝼蚁统属，便有君臣；或居先，或居后，便有兄弟；犬马牛羊成群连队，便有朋友。始皇为父，胡亥为子，扶苏为兄，胡亥为弟，这个也泯灭不得。"器之问："三代损益，如衣服、器用、制度，损益却不妨。如正朔，是天时之常，要改，如何？"曰："一番新民观听，合如此。如新知县到任，便变易号令一番；住持入院，改换行者名次，相似。"①

董仲舒的"天命"和朱子的"天时之常"都提醒我们，对传统儒家来说，正朔制度、衣冠随王朝更替而来的变化，是天命的体现。他们这里没有讨论的一个问题就是被统治者和王朝制度的关系。并不是他们有意无意地忽略了，而是从伦理纲纪的角度，这根本就不是问题。按照儒家"普天之下，莫非王臣"的观念，一个人一旦出生于这个世界上，所生所养，都是君王所赐，即使是从报恩的角度，为子为臣的对为父为君的制度，就只有遵守奉行，否则就是逆伦悖天。关于这个问题，将在本文第三部分做进一步的论述。

既然外在制度是可变的，则儒家精英对非汉人群"中国之"的标准，就不是更换衣服姓名与否，而是要诚心服膺儒家纲常伦理。如果接受纲常礼教，即使保留非汉风俗，也是"华"或"中国"人。否则，即使其身有中国的行为举止，而其心背弃礼教，也不是中国人。关于这一点，晚唐士人程晏在他的《内夷檄》中有过清楚的论述：

四夷之民长有重译而至，慕中华之仁义忠信。虽身出异域，能驰心于华，吾不谓之夷矣。中国之民长有倔强王化，忘弃仁义忠信，虽身出于华，反窜心于夷，吾不谓之华矣。窜心于夷，非国家之窜尔也，自窜心于恶也。岂止华其名谓之华，夷其名谓之夷邪？华其名有夷其心者，夷其名有华其心者。是知弃仁义忠信于中国者，即为中国之夷矣。不待四夷之侵我也，有悖命中国，专倨不王，弃彼仁义忠信，则不可与人伦齿，岂不为中国之夷乎？四夷内向，乐我仁义忠信，愿为人伦齿者，岂不为四夷之华乎？记吾言者，夷其名尚不为夷矣，华其

---

① 朱熹：《朱子语类》卷二四。

名反不如夷其名者也。（着重号为引者所加）①

　　既然如此，非汉群体的语言服色与汉人世界产生的纲常伦理就可以并行不悖。更重要的是，他们可以把自己的风俗习惯，以新王制度顺天应人为依据在汉人群体中推行。清朝入关后，出仕清廷的汉官就是以此为新朝辩护的。顺治六年的状元刘子壮在他的策论中就用儒家的文质之辨来重新解释满汉文化之别，为满洲统治辩护。他说："满人尚质，以文辅之；汉人尚文，以质辅之。"他还认为满汉的风俗差别，并不影响双方信奉相同的伦理规范。相反，双方一文一质，相辅相成，能够移风易俗：

　　　　习俗虽不齐，道德同之也；音语虽未通，气类习之也；意见虽偶殊，义理达之也。一文一质，方将变通古今，转移造物，而何所不化之畛哉。②

　　这种观念在清朝与南明胜败难分的 17 世纪 50 年代和 60 年代，也许不太流行，但在 17 世纪 80 年代，随着清朝统治的稳定即成为汉人精英政治认同的基础。一个例证就是黄宗羲。黄氏早年从事反清活动，晚年转向清朝，去世前甚至遗命"殓以时服"。③ 清末以来，一直有学者批评黄氏丧失民族立场。其实，这是用现代民族主义的观点解释黄的思想，如果从儒家礼乐制度变化的理论看，黄的变化再正常不过了。他早年忠于明朝，故只认同明朝衣冠制度，晚年接受清朝统治，自然会认可其衣冠制度。

　　有这类的理论作后盾，清朝入关时就可以堂而皇之地废除明朝的衣冠制度，进而把自己的制度服色，以天命的名义加以保留并在汉人社会推行。入关后不久，清统治者就把这套话语运用自如了。多尔衮以此为剃发令辩护："本朝何尝无礼乐制度？今不尊本朝制度，必欲从明朝制度，是诚何心？"④ 这里，他巧妙地回避了满汉差异，而用本朝和前朝之别来为满洲风俗辩护。如果不了解礼乐制度变化的二重性，或只强调现代民族观念，会

---

① 《全唐文》卷八二一。
② 刘子壮的策论见梁章钜《制义丛话》卷八。
③ 此遗嘱见其子黄百家所著《先遗献文孝公梨洲府君行略》，见《黄宗羲年谱》（中华书局，1993），第 69 页。
④ 《多尔衮摄政日记》，顺治二年五月二十九日条。

觉得多尔衮的话似乎莫名其妙，甚至强词夺理。但是，如果从儒家有关王朝认同和礼乐变更的话语来分析，就不难看出他的论辩是非常言之成理的。

另一个例子是《皇朝文献通考》对国语骑射的官方叙述。国语骑射可以说是满洲认同最核心的内容，与汉人社会的文化传统距离最遥远，如果从汉化论和新清史的视角，与后者可谓水火不容。但是，《皇朝文献通考》编纂者不仅堂而皇之地将其收入该书，而且还从儒家伦理中找出最简明而雄辩的说辞为之辩护。它是如何辩护的呢？就是简单的一句："尚骑射翻译以遵祖制。"① 这看似平平淡淡的一句话，实际上是以儒家宗法伦理的根本——祖制，做维护满洲认同的核心，并为其铸造了一把坚实无比的保护伞。儒家不是讲孝道吗？孔子不是强调父没三年不改其道吗？《礼记》如上所述，不是讲亲亲之道，永远不变，而且放诸四海而皆准吗？敬天法祖不是历代儒家倡导的立国之本吗？既然如此，清朝从维护祖制的角度，倡导国语骑射，不是天经地义之事吗？历来谈论满洲贵族和儒学关系者，总是把前者学习儒学视为汉化，不知将如何解释这种相反而相成的现象呢？

现在，让我们回到前面讨论过的汉化论和新清史所存在的两个问题：如何理解清朝政权的非汉特征？如何认识清代汉人何以能够接受非汉特征？这两个问题，如果从这两派学者所秉持的现代民族观念的角度，是难以解释的。但是，如果回到儒家王朝认同，从王朝认同变与不变的二重性和互补性来思考和分析这些问题，就会发现满洲风俗与衣冠制度，恰恰可以通过从外族之制向本朝制度的华丽转化，来赢得自身存在、发展乃至扩张的空间和理由。显而易见，正是儒家文化提供了化解横亘于汉人社会和非汉文化、制度、习俗种族壁垒的融化剂，也为非汉群体在接受儒家伦常的同时，保留、延续甚至在汉人社会推行自己的文化传统，或根据新的政治经济形势（如本文所强调的早期全球化）重新解释儒家礼乐传统，提供了充足的意识形态理由。下面，我们通过分析《皇朝文献通考》的《象纬考》《舆地考》《四裔考》来考察这种大一统话语的重建。

二　从分野到经纬：科学革命与大一统的重建

如上所述，在儒家大一统观念架构中，天是人间秩序的终极来源，王

---

① 见《皇朝文献通考·凡例》。

朝统治的合法性和正当性都是上天赋予的。人道是天道的体现，人主和"天"的沟通不仅在于自身的德行和仁政，还在于通过四时节气、天文历法的精确描述和预测，昭示天道之所在。因此，历代王朝都对天文历算、分野之学十分留意，建立专门机构聘人研究。清朝在这方面也不例外，为了"揆天察纪，明时正度"，入关伊始就恢复天文观察，颁布新历法。乾隆本人更是自觉地从"昭大一统之盛"看待官方组织的天文观测和舆图地理之学研究。乾隆二十六年（1761），也就是平定准噶尔叛乱胜利之时，他颁布谕旨，宣布：

> 西师奏凯，大兵直抵伊犁，准噶尔诸部尽入版图。其星辰分野、日月出入、昼夜、节气时刻，宜载入《时宪书》，颁赐正朔。其山川道里，应详细相度，载入《皇舆全图》，以昭中外一统之盛。① （着重号为引者所加）

但是，随着清代的疆域开拓，汉地旧有的地理、天文知识架构已经无法涵盖大一统帝国的新版图。这集中体现于本文将要讨论的，在新的政治形势下儒家经典天文系统的"分野"架构与大一统帝国版图的脱节，这事关清朝多民族帝国的合法性。为解决这个问题，《皇朝文献通考》用近代西方科学产生的"经纬"系统取代传统的"分野"体系。

先从何谓分野谈起。分野是先秦时代天人感应论、天文学占星术综汇融合的产物。② 根据班大为对武王伐纣的天文社会学研究，早在商周之际，人们已经相信不同的地域、不同的群体，都和天空不同的星座相对应。星宿的变化就是上天的意志，地上的人群应根据星宿的变化出入耕猎，攻守征伐。③ 班大为还对历史上著名的晋楚城濮之战从同样的视角做过精湛的研究。根据他的研究，武王克商时所使用的分野星占术到春秋战国时代仍然在政治军事活动中占有重要位置。就在这一时代，人们已经把天上的二十八宿和战国时代中国境内的不同地域，建立起一一对应的关系。④

① 《乾隆实录》卷四九〇，乾隆二十年六月癸丑。
② 陈美东：《中国古代天文学思想》，中国科学技术出版社，2007，第735～748页。
③ 〔美〕班大为：《中国上古史揭秘：天文考古学研究》，徐凤仙译，上海古籍出版社，2008，第211～252页。
④ 〔美〕班大为：《中国上古史揭秘：天文考古学研究》，第252～286页。

　　到西汉之时，著名历史学家司马迁秉承历代遗留的天文星占学说，对此做出如下理论总结：自初生民以来，世主曷尝不历日月星辰？及至五家，三代，绍而明之，内冠带，外夷狄，分中国为十二州，仰则观象于天，俯则法类于地，天则有日月，地则有阴阳，天有五星，地有五行，天则有列宿，地则有州域。① 那么，地上的州域与天上的列宿是如何匹配的呢？从《吕氏春秋》《淮南子天文训》《汉书天文志》提供的信息看②，"全部二十八宿"，如班大为所言，"都分配给了华夏十二州，没有为非中国人留下余地"。③ 从两汉到清初，这种以汉人为中心的分野体系代代相承，一直为有关学者沿用。④ 明代初年，刘基奉太祖朱元璋之命，编著《大明清类天文分野之书》，以经典为依据，详述二十八宿与明朝十三布政司及京师直隶州县的分野对应关系。⑤

　　随着康乾时代边疆战争的胜利，蒙古、西藏、新疆等昔日不在传统分野范围的地域，进入了清朝的版图。传统分野体系与清朝大一统国家新格局的矛盾显现出来。乾隆首先指出传统分野说的问题："夫天无不覆，星丽乎天，亦当无不照。今十二州皆中国之地，岂中国之外，不在此昭昭之内乎？……而今拓地远至伊犁、叶尔羌、喀什噶尔，较《禹贡》方隅几倍蓰，其地皆在甘肃以外，将以雍州两星概之乎？抑别有分属乎？"⑥ 与《皇朝文献通考》同时编著的《皇朝通志·天文略》以乾隆此论为基础，作了进一步发挥，认为"我国家东渐西被数万里版图，了如指掌，岂区区分野所能尽耶？"⑦ 表面上看，这是传统分野说无法涵盖清朝新边疆的问题，但如果从分野框架背后的天人一体理论看，这个问题实际上关系到清朝多民族帝国建立的正当性问题。既然清代的新边疆不在儒家经典阐发的天道范围之内，将其并入版图的合法性何在呢？这不是一个纯粹的学术问题，而是一

---

① 《史记》卷二七《天官书》。
② 有关《吕氏春秋》和《淮南子》中的分野观，见班大为前引书，第 260 页。有关《汉书》中的分野资料，见卷二十六《天文志》。
③ 班大为：《中国上古史揭秘：天文考古学研究》，第 317 页，注 1。
④ 一个简要的说明，见马端临《文献通考》卷二八〇，《象纬考》三。
⑤ 详参《大明清类天文分野之书》（续修四库全书本）卷首刘基进表所作的说明。有关二十八宿和地域对应，参看同表简要说明，第 610 ~ 611 页。
⑥ 《乾隆御制诗集四集》卷十七，《题毛晃〈禹贡指南〉六韵》。关于乾隆诗注的讨论，见乔治忠、崔岩《历象考成清代历史地理学的一次科学性跨越：乾隆帝题毛晃〈禹贡指南〉六韵》，《史学月刊》2006 年第 9 期，第 5 ~ 11 页。
⑦ 《皇朝通志》卷二二，《天文略》五，"北极高度"条。

个摆在乾隆面前关系到他的开疆拓土之功及政治合法性的问题。

作为一位雄才大略之主，乾隆当然不为传统所束缚，他明确否定分野作为天道的地位，在《题毛晃〈禹贡指南〉》一诗最后一句中清楚地阐明此义，"独于分野称星宿，未识恢恢天道宽"。分野说并不是天道，拘泥于分野，不是通晓天道，而是无知的体现。他又是从何处取得反驳分野说的天算知识呢？从《皇朝文献通考》的《象纬考》看，书中大量摘引康熙以来编著的《历象考成》《历象考成续编》并加以注明，可见乾隆用以批驳分野说的理论依据是康熙以来传入中国的西方科学新知。[①]

作为一个熟悉儒家文化的精英群体，乾隆和《皇朝文献通考·象纬考》的编纂者未尝不知道惟古是尊的汉人文化传统。但是，在处理传统分野理论时，他们却大胆地站到传统的对立面，强调古今天文历法之学的趋势，是由粗转精，由疏入密，后来者居上。"虽有圣人，莫能预定"，既然无法预知它的发展趋势，唯一的途径就是"随时实测，取其精密，……斯为治历之通术，而古圣钦若之道，庶几可复于今日矣"。[②]易言之，古圣天道，不是靠抱残守缺获得的，而是建立于最新观测成果之上。因此，特别强调"欲明天道之流行，先达地球之圆体"[③]，这里所说的"地球之圆休"，显然是引自西方的地圆说理论[④]，要明天道必先了解西方新知，这对于基于上古原始天文知识而建构的分野论的权威性，无异于釜底抽薪之击。

有了这样的理论预设，清廷自然可以用西方传入的近代科技知识构建的经纬系统取代传统的分野之说。乾隆朝编纂的《清朝三通》之一《清通志》就公开以乾隆上引诗中的观点为依据，批评儒家经典所持分野说的荒诞不经：

　　星土之文，见于《周礼》，杂出于内外传诸晷其说，茫昧不可究穷。伏读御制《毛晃禹贡图诗》注中已斥其谬，郑樵袭旧史，载入略内，殊失精当。今备列京师各直省及蒙古回部金川所测量北极高偏，

---

① 《象纬考》是摘抄《历象考成》及《历象考成续编》著成的，这从该考注明的出处就可以看出。
② 《皇朝文献通考》卷二五七，《象纬考》二，第 7163 页。
③ 同上。
④ 关于清初地圆说的传播，详参祝平一《跨文化知识传播的个案研究：明清之际地圆说的争议，1600－1800》，（台北）《中研院历史语言研究所集刊》69.3（1998）：589－670。

以推昼夜长短、节气早迟，则我国家东渐西被数万里版图，了如指掌，岂区区分野所能尽耶？①

《皇朝文献通考·象纬考》固然没有正面批评分野说，但是通篇未提星宿和地域的对应关系，而是根据西方测量方法得出的结论，注明全国特别是蒙古、新疆、东北等数百个地点的经纬度，用西法构建的参照坐标系取代中国三代以来代代相承的分野系统。②

该考还根据西方对南天星的观察成果，新增了150颗星，实际上暗示出传统的以二十八宿为中心的星象资料的不完整性。③ 而且，我们在《皇朝文献通考·象纬考》中发现，乾隆还下令将这些地区的经纬度收入向全国乃至周边属国（朝鲜、琉球）颁发的时宪书中：

> ［乾隆］二十二年十月丁丑庚申朔颁《乾隆二十三年时宪书》，增列新辟准噶尔回部及新附外藩昼夜节气时刻，并分列盛京东北诸方于首。其增列之名二十。曰巴里坤，曰济木萨，曰乌鲁木齐，……曰哈什，曰伊犁，曰博罗塔拉，……曰塔尔巴哈台，……④

时宪历是官民日常必备之物，这样做就是要提醒他的臣民，帝国的大一统疆域不仅限于汉人居住的中原，还包括内陆亚洲的广大新区域。这里出现了一个新问题，为何在清朝统治者心目中，内地民众需要熟知边疆地区？这与儒家"普天之下，莫非王土"的观念有关。关于这个问题，我们在下一部分作进一步讨论。

从现有资料看，测定全国经纬度所使用的技术完全是16、17世纪随着大航海发现应运而生的近代科学新成果。关于康熙以来的地图测量所采用的技术，现存最重要的文献是当事人雷孝思所写的一份报告，这份报告被法国学者杜赫德部分收入其所著的中国历史书中，其中写道：

> 我们（雷孝思）认为采用三角测量法最佳。……在我们之前，已

① 《皇朝通志》卷二二，《天文略》五。
② 有关这些地区的经纬度，详参《皇朝文献通考》卷二六一，《象纬考》六。
③ 《皇朝文献通考》卷二五九，《象纬考》四，第7183页。
④ 《皇朝文献通考》卷二五七，《象纬考》二，第7161～7162页。

有一些耶稣会的教士在若干城市进行过月球和木星卫星的观测。对他们取得的成果我们深感满意，虽然我们也对少数不符我们尺度之处作了校正。①

20 世纪 30 年代，翁文灏根据这一材料，对清初地图测量作了初步的研究，但他没有讨论所使用技术的来龙去脉，也没有说明这些技术的价值。② 实际上，三角测量法是荷兰人斯奈儿（W. Snell）发明的，木星卫星观测法，又叫木星月食法，是伽利略在 1610 年前后发现的③，而且是因新航路发现后全球化趋势的需要应运而生的。很显然，清代康乾时代使用的测量方法，采用的都是西方较新的理论发现。

乾隆用西方科学挑战汉人传统的分野说，何以没有引发汉人精英的广泛反感？这首先与分野说本身的缺憾有关。分野说把二十八宿和中国内地一一对应，似乎是假定天上星体，除照耀中国外，其他地域的人无法看见。这种假设的荒谬性，汉唐以后，随着国人知识视野的扩大而日益为人所知。宋代学者周密也认为"二十八宿配十二州分野，最为疏诞"，因为"外国动是数万里之外，不知几中国之大"。④ 到万历以后，中国本土天文历法体系的弊病日益明显，相形之下，传教士引入的西方理论学说展现出明显的优势。相对于本土体系陈旧臆断的缺憾，西方天算长于实测的特色使人敬慕。其间虽有保守派（如杨光先）强力反弹，但终因技不如人，在和西方天算的竞争中一败再败，终于失去了在官方天文研究机构的信誉和影响力。⑤

与此同时，汉人精英鉴于明清之际日益严重的危机，从倡导玄思的宋明理学转向强调证据的经世和考证之学。他们的治学之路，在讲求实证方面，与西方算学有许多相似之处，对西算实测的方法论颇有好感。甚至理

---

① 杜赫德：《测绘中国地图纪事》，葛剑雄译，《历史地理》第 2 辑，上海人民出版社，1982，第 209～210 页。
② 翁文灏：《清初测绘地图考》，《地学杂志》1930 年第 3 期，第 1～35 页。
③ 这是根据蔡雅芝《经纬度的故事》（http://tw. myblog. yahoo. com/jw! 9_ 0zqEuABRW4L0Aaia SZ9Q－－/article？mid＝525）。有关三角测量方法，参看张赤军《清代大地测量技术兴衰》，《大地测量与地球动力学》第二七卷增刊，第 1～2 页。时下论述康熙、乾隆年间地图测绘之学的论文不少，但对当时所用方法的来历和价值，很少有清楚的解释。笔者也是根据蔡雅芝文提供的材料，才知道木星月食法是伽利略发明的，而伽氏的发明，最初是为解决大航海时代来临后出现的海船定位问题。
④ 周密：《癸辛杂识》前集《十二分野》。
⑤ 详参徐海松《清初士人与西学》，东方出版社，2000。

学家（如李光地）也觉得分野说"眇明荒忽"，认为当时各种分野说"惑世诬陷民之尤者欤"。① 因此，当时的汉人学者对于西方科学在情感上固然不无抵触之意，但在学理上却不能不正视西方科学的长处。他们虽然强调"西学中源"，或将研习西算自嘲为"礼失而求诸于野"②，但既已"失传"，需要"求诸于野"，正说明中国"古"有而"今"无，中国"礼"的国度"缺"而西方"野"的世界"存"，可见他们对当下本土科学与西方的差距是有清醒认识的。当然，这也使他们面对偏好西方天算之学的清朝皇帝，失去了心理上和学理上的优势，无法用儒家道统之尊相抗衡。

在这样一个汉人内部传统天算权威顿失，思想文化急剧转变的背景下，康雍乾三帝自然可以无所顾忌地任用西教士掌管钦天监，质疑、修订和补充汉人经典化的天文历算系统，公然把儒家经典阐发的分野说，嗤之为不符合天道的"拘墟之见"，代之以西方近代科学所建立的经纬系统，彰显清朝多民族国家的"一统之盛"。

三　从"九州"到"本朝之制"

《皇朝文献通考·舆地考》认为，"分土辨方"的舆地之学，是为了"昭大一统之盛"。如果旧有的地理叙述框架不能达到这个目的，后人也无须"拘牵前例，以古州名冠诸当代之版章"。③ 到乾隆时代，随着边疆战争的胜利，传统的以九州为基础的地理叙事架构与清朝多民族帝国政治格局的脱节日益明显。清朝通过以"本朝之制度"取代"九州"框架的方式，对这一问题加以解决。

周秦之际流行的一种观点，就是认为天下由九个州组成，大一统因而就是九州一统。④ "九州"的概念，萌芽于夏商周时代，最后系统阐述于战国前后成书的《尚书·禹贡》，借助大禹圣王的光环和《尚书》的经典地

① 《榕村集》卷二十，《规恒宿野之理》。
② 有关"西学中源"说，详参王扬宗《"西学中源"说在明清之际的由来及其演变》，《大陆杂志》1995年第6期，第39~45页；《康熙"三角形推算法论"简论》，《或问》第12期，第117~123页；韩琦《明清之际"礼失求野"论之源与流》，《自然科学史研究》2007年第3期，第303~311页。
③ 《皇朝文献通考》卷二六九，《舆地考》一。
④ 详参《古史辨》（第二册，上海古籍出版社，1981）所收顾颉刚《秦汉一统的由来和战国人对于世界的想象》，以及傅斯年、张荫麟与之商榷的文章。

位，成为对大一统政治空间的一种权威界定。① 此后，"九州"就成为中国的一个代称。随着不同王朝疆域的变化，九州的范围也时伸时缩，大体上指长城以内的中国内地。唐人杜佑著《通典》，首先把历代郡国纳入《禹贡》九州的框架。马端临称之"条理明辨"加以仿效，将历代地理"悉以附禹九州之下。……其不合禹九州者，悉改而正之"。②

马氏这样做，有深意存焉。他是要从儒家经典的角度否定元代的"大一统"，他以《禹贡》九州为框架，正说明他理想中的大一统秩序就是《禹贡》九州的范围，也就是长城以内地区的统一。马氏《通考》成书于元代大统一之后，所论地理却限于《禹贡》九州范围之内，表面看是由全书论述下限截止到宋亡的体例所致，但是北宋西失雍州于西夏，北失冀州于契丹，到了南宋，更是中原沦陷，故两宋疆域远远小于《禹贡》九州的范围。马著以后者为纲，即可说明宋土虽窄，无悖圣人之道，元土虽广，不合三代之规。

更有甚者，在马氏看来，元代拓土虽广，却都是开边挑衅、祸乱生灵的荒谬之举。不过，马氏深知此论可能给自己带来的政治风险，只能借批评秦皇汉武委婉道出。他引用刘贶《武指》阐述自己的观点：

> 汉武经营深入，连兵三十年，中国罢耗，匈奴亦克，是为下策。秦筑长城，勤于转输，疆境完而中国竭，是为无策。……夷狄之人，……政教不及其人，正朔不加其国，来而惩则御之，去则备而守之。慕义而接之以礼让，使曲在彼，盖圣王御蛮夷之常道也。③

既然圣人抵御四夷的常道不在开疆拓土，这不是暗指元人东征西伐、拓土开疆不合圣人之道吗？这些当然是笔者的大胆推断，尚有待于更多史料的证实。不过，揆度宋元之际杀戮之惨，于当日情实，不中亦不远也。

马氏否定汉唐拓边，以中国内地为大一统秩序之极致的观点在明代得到广泛的共鸣。不仅王圻在《续文献通考》中把《舆地考》的范围限制于

---

① 关于《尚书·禹贡》的成书年代，有战国说、春秋说等，详参华林甫的学术综述《〈禹贡〉的成书年代》，《中国史研究动态》1989年第10期。另参周振鹤、李晓杰《中国行政区划通史》（总论、先秦卷）（复旦大学出版社，2009）第六章中的有关讨论。
② 《文献通考》卷三一五，《舆地考》一《总序》。
③ 《文献通考》卷三四八，《四裔考》二十五，卷尾跋语。

今日中国内地，就是明中叶到清初的其他史地著作，从嘉靖年间张志复的《皇舆考》、万历时代王士性的《广志绎》，再到清初顾炎武的《天下郡国利病书》《肇域志》，顾祖禹的《读史方舆纪要》，乃至当时各类民间地理读物，如《万宝全书》《天下水陆途程》，无不以长城以内为疆域范围。①

与这种政治空间相配合的是否定开边拓疆之功。明人桂彦良的一段话可为代表性意见：

> 夫驭戎狄之道、守备为先，征伐次之，开边衅，贪小利，斯为下矣。故曰天子有道，守在四夷。言以德怀之，以威服之，使四夷之臣各守其地，此为最上者也。若汉武之穷兵黩武，徒耗中国而无益；隋炀之伐高丽，而中国蜂起；以唐太宗之明智，后亦悔伐高丽之非。是皆可以为鉴，非守在四夷之道也。今海内既平，车书混一，蛮夷朝贡。间有未顺，当修文德以来之，遣使以喻之，彼将畏威怀德，莫不率服矣，何劳勤兵于远哉？②

在这种背景下，如果乾隆和《皇朝文献通考》的纂修与马端临一样，仍沿用《禹贡》九州的框架，就会凸显其刻意追求的一统之盛有悖于"天子有道，守在四夷"的儒家经典传统。

解决问题的答案之一就是用"本朝之制"代替"九州"框架。如前所述，儒家从统治者的视角，认为天命靡常，王朝更替、制度变化是天命所为，以此解释礼乐更化的必要性。它还从"普天之下，莫非王土"的角度，说明被统治者为何必须接受新朝之制。这套话语的广泛流行，是乾隆和他的词臣可以无所顾忌地高扬清朝"本朝之制"的原因之一。"普天之下，莫

---

① 关于明代地图的发展，参看 Benjamin Elman, "Ming-Qing Border Defense: the Inward Turn of Chinese Cartography, and Qing Expension in Central Asia in the Eighteenth Century" (http://www.princeton.edu/~elman/). 有关明代地图中的中土疆域，参看李孝聪《欧洲收藏部分中文古地图叙录》（国际文化出版公司，1996）所收录的地图。顾炎武的《天下郡国利病书》，顾祖禹《读史方舆纪要》都以九州为各自的地理叙述框架。

② 《皇明经世文编》卷七，《上太平治要十二条》。类似议论在《皇明经世文编》中不一而足。张居正认为，云南边外属"土夷杂种，譬之狐鼠鼪鼬，据险为固。得其地不可耕也，得其人不可使也，以国初兵力之强，高皇帝之威，岂不能画野而郡县之，势不可也"。（《皇明经世文编》卷三二八，《答云南巡抚何莱山》）郭子章认为，"东汉闭玉关，宋捐大渡河以外，史册以为美谭。本朝交州之弃，河套不取，二百年来，未尝以庙堂为失策"（《皇明经世文编》卷四一九，《看议播界疏》）。

非王土"之说虽然尽人皆知，但具体讨论过这种观念是如何影响明清以来民众政治行为及其选择的文章，却寥寥无几。对此问题，笔者从讨论四库馆臣对金元之际诗人元好问政治态度的一段论述开始：

> ［元好问］于元，既足践其土，口茹其毛，即无反噬之理。非独免咎，亦谊当然。①

金代诗人元好问入元后很少有反元议论，这段论述对此提出了自己的解释，说明他为何不当有反元之论。其讨论的前提是，人既然生活在一个王朝统治之下，所居之土，所食之物，都是皇朝君主所赐，因此不当背恩忘义，行反叛之事。这些观点与我们时下思想史论著中常讨论的孟子"民贵君轻说"、黄宗羲的"天下乃天下人之天下"说等所谓古代民主思想的萌芽完全对立。今人论及古代政治，喜谈孟子君轻民贵之说，而对此类强调君权的观念，除贬斥之外，很少认真讨论。其实，孟子之论在帝制时代究竟于士人政治认同有无影响，有多大影响，仍是一个有待讨论的问题。② 而四库馆臣上述的观点，究竟是清廷的新发明，还是一种历史悠久、规范中国传统社会乃至明清时代不同阶层处理王朝认同问题的政治伦理呢？如果分析它的起源及与此前政治理念的异同，就不难找到这个问题的答案。

四库馆臣上述观念首出《左传·昭公七年》，原文为"封略之内，何非君土，食土之毛，谁非君臣？故《诗》曰：普天之下，莫非王土，率土之滨，莫非王臣"。虽然《左传》讨论的是周代的君臣伦理，但这一政治原则随着儒家在两汉以后国家意识形态化，成为帝制时代官民朝野信奉的政治理念。其中的具体过程固然复杂漫长，有待于进一步的研究，但其日益占居社会主导地位的趋势是显而易见的。而践毛食土之论，则是明末以来朝野公私信奉并拥有号召力的政治观念。清初著名明遗民屈大均就是以此解释为何上自士大夫、下到平民百姓都当为明朝死节："［有明］三百年来，

---

① 《四库全书总目提要》卷一七三，"愚庵小集"条。陈寅恪《柳如是别传》（上海古籍出版社，1980，第1023～1024页），对于四库馆臣此段论述，另有不同解释，盖有为而发，因与本文主旨无涉，不再讨论。

② 笔者近来为此问题收集有关资料，重新翻阅二程、朱子和陆王的文集语录，意外地发现他们很少讨论这个问题。孟子民贵君轻说之所以被重视，更多的与西方民主观念在中国的传播有关。关于这个问题，笔者另有专文论述，这里不作进一步申论。

践土食毛，谁非臣工？"① 这种观念的影响可从当时发布的各类檄文中得到证实。

明清之际，内地士绅在起兵抗清，或对抗李自成之时，常发布檄文。这些檄文，如果不使用当日民众接受的观念，就不足以影响舆论，扩大自己的号召力，以便获取社会各阶层的支持。"世受国恩"就是这些文告用以鼓动民众，捍卫复兴明朝的思想武器，而研究这些文告中的政治思想，远比研究精英人物的理论著述，更容易使我们看到明清之际通行的政治观念。这里引一篇李自成占领北京后不久，江南士人发布的一篇檄文。

　　昔我太祖高皇帝手挽三辰之轴，一扫腥膻；身钟二曜之英，双驱诚、谅。历年二百八纪，何人不沐皇恩？传世一十五朝，寰海尽行统历。迨我皇上崇祯御宇，十有七年于兹矣。……呜呼！即尔纷然造逆之辈，畴无累世沐养之恩？……莫非王土、莫非王臣，各请敌王所忾；岂曰同袍、岂曰同泽，咸歌"与子同仇"。聚神州、赤县之心，直穷巢穴；抒孝子、忠臣之愤，歼厥渠魁！②

这篇华丽激昂的文辞，强调的是下列三点。其一，普天之下，都是朱明皇帝的产业；其二，大明统治二百余年，每个人和他们的祖先，都已受明朝的"累世沐养之恩"；其三，既然世受沐养之恩，臣民不当反叛，而应当与朝廷同仇敌忾，消灭叛逆。把它和前引四库馆臣、前引屈大均的观点做一比较，三者之间没有太大差异。而且，它与黄宗羲在《明夷待访录·原君》中所批评的朱子"君臣之义，无所逃于天地之间"论十分相近。③ 此外，它与雍正年间石成金所编通俗读物《传家宝》中的政治理念很相似。④ 屈大均、陈函辉乃明末士人，石成金为康熙、雍正之际下层士人，黄宗羲

---

① 屈大均：《四朝成仁录》卷八，《广东州县起义传》"屈大均曰"。

② 《明季南略》卷五，临海陈函辉《讨贼檄》。

③ 黄宗羲在《明夷待访录·原君》中将这句话提出来，斥为"小臣之言"。实际上，这本自朱熹的原话，见朱子《近思录》卷二，"父子君臣，无所逃于天地之间"。另外，《朱子语类》卷十三《学七》："看来臣子无说君父不是底道理，此便见得是君臣之义处。庄子云，'天下之大戒有二：命也，义也。子之于父，无适而非命也；臣之于君，无适而非义义；无所逃于天地之间。'……却不知此是自然有底道理。"

④ 石成金在《传家宝》（天津社会科学院出版社，1992，第22页）中阐述为何当"敬上"时说："皇帝每年费了几千万钱粮，在各省各州各县设立许多大小官员，设立许多城垣兵马，都是代你们百姓保护安稳，……此等皇恩，就该时刻莫忘了。"

所批评的是他所处时代士人的流行看法，他们与四库馆臣在这个问题上如此一致，说明四库馆臣的观点并非清廷的发明，而是沿用汉人社会不同阶层共同接受的政治信仰。

其中唯一没有论及的是王朝易代之际的恩义变迁问题。① 从一些明清之际士大夫的行事看，当时普遍的观点是，王朝易代乃天命所为，每个王朝都会盛极而衰，为新王朝所取代。一个王朝为另一个王朝取代后，前朝对天下莫非王土的控制权，就自动转让给新朝。在旧朝出生入仕的人，应当答谢前朝君主的恩德。明亡之时，有一士人决心殉国，他给出的理由是"一登贤书，一食廪饩，尺寸皆是先皇所赐也"。② 但是，那些在新朝出生入仕的人，所食、所居、所用既然全来自于新朝，自然要忠于新朝君主以为答谢。

这种观点的广泛影响，从当时拒绝认同新朝的遗民所处的道德上的两难，就可以得到证实。一个明显的事例是清初著名诗人、学者顾炎武的好友归庄。归庄曾感慨遗民难为，痛感明亡后即使他在"吴中所生之乡，犹非吾土也"。③ 按照上述观念，这种观点背后的逻辑是，因为清朝统治稳固后，普天之下，莫非清土，他的"吴中所生之乡"自然也归清朝所属，而非归庄认同的明土。归庄食清土所产之食，衣清土所生之衣，理当答谢清朝之恩，不当与清朝为敌。他以明遗民的身份拒绝新朝，就有失去道德合理性的危险。有些遗民无法接受这种尴尬，干脆以死明志。④ 归庄们的忧虑和不安恰恰说明这种观点在当时江南汉人社会的主导性，也正是这种主导性才会产生让他们感到的压力。

在"莫非王土，莫非王臣"的政治观念影响下，汉人对于清朝本朝之

---

① 这是一个宋元以来儒家学者很少讨论的问题。笔者曾查检《朱子语类》，竟没有涉及任何与王朝易代有关的学术问题，这一空白，或许与学者们趋吉避凶有关。盖王朝易代问题，不仅敏感，而且如我们今天日常生活中经常回避的死亡破产之类的问题，与人以不祥之感，故学者有意回避。朱子即使讨论伯夷叔齐这样的殷商遗民，也没有像明清之际的学者那样，从恪守臣节、不事二姓等易代之际士人处世的角度加以讨论。关于明清之际伯夷叔齐论，参看赵园《明清之际士大夫研究》第五章第二节。

② 《明季南略》卷九，"徐研沉虎丘后溪死"条。

③ 《归庄集》卷六，《己斋记》。

④ 例如，明臣王毓蓍在顺治二年清兵入武林后，决意自决。在他看来，是因为"欲退躬耕，已非故家物土"。查继佐：《国寿录》，台湾《明代传记丛刊》本，第73页。

制的认同自然是不言而喻的，这种认同在三藩之乱时已很明显①，到乾隆修纂《皇朝文献通考》时，变得更加稳固。这不仅体现于许多著名汉人学者为历史上非汉政权的辩护②，而且体现于一般士人的政治理念中。朝鲜使臣朴趾源乾隆年间曾在北京和一位汉人官僚王鹄汀聊起明清易代，王特别引用清朝的观点，强调清朝"得国之正，无憾于天地"，还认为清朝"大公至正，扶纲植常，自三五（三皇五帝）以还，未之闻也"。③

有了这样的政治背景，乾隆干脆反守为攻，用一种坦率无忌的方式为清朝辩护。在他看来，清朝的拓疆功业无可非议，有问题的是《禹贡》九州的架构过于狭小，不足以展示清朝超越汉唐、傲视三代的开疆拓土之功，代之以"本朝之制"乃理所当然：

> 今天子恢伟略，靖遐壤，月窟冰天，皆归疆域。境为亘古所未通，事属生民所未有。其地在古九州外者，……自昔所称今有龙堆，远则葱岭，天所以界别区域者，今则建官授职，因地屯田，耕牧方兴，边氓乐业。其境且远及两万余里。若仍以九州为纲，则是赢出之地，多于正数，转失分纲之本意矣。④

为了体现"本朝之制"，《皇朝文献通考·舆地考》采用清朝行政区划记述盛清时代的舆地版图。因此，它不仅包括内地十八省，而且包括满洲、内外蒙古、天山南北路、西藏、青海，这些地区都是《禹贡》九州架构无法容纳的，在明代地理书籍中要么没有记述、要么被视为蛮夷的地区。由此看来，"本朝之制"的采用确实使清朝多民族帝国的架构得到了充分的体现。值得注意的是，《舆地考》在记述内地及边疆地区时，采用相互穿插的方式。例如，黑龙江将军所属的阿拉楚喀、索伦地区之后是山东省，甘肃之后是西域，即后来新疆的天山南北路，而后是四川。很显然，《舆地考》把这些地区和内地省份视为性质相同的地方行政单位。这与《皇朝文献通

---

① 魏斐德在其名著《洪业》（江苏人民出版社，2010，第1013～1020页）中已注意到这一点，但他没有从汉人社会内部的王朝认同框架做进一步的解释。
② 详参张寿安《凌廷堪的正统观》，见"国立"中山大学编《第二届清代学术研讨会论文集》，1991，第175～193页；另参赵翼《廿二史札记》卷二六，"和议"条。
③ 〔朝〕朴趾源：《热河日记》，上海古籍出版社，1997，第234页。
④ 《皇朝文献通考》卷二六九，《舆地考》一。

考》和明代的地理书籍的叙述方式完全不同，后者把这些地区像日本、朝鲜、越南一样，纳入四夷朝贡国家的范围。① 当然，《舆地考》并未回避内地与边疆地区行政管理的差异，并直书无遗。② 该书在西域部分还收入了乾隆写的平定准部叛乱，强调清朝和汉唐、宋明中国观差异的记功碑文；③ 在西藏部分则重申了清朝"因其教不易其俗，齐其民不易其政"的原则。④ 传统观点认为，清帝国同中国历代王朝一样，是个中心清楚而边缘模糊的文化实体，但从《舆地考》看，这种观点显然是可以商榷的。在清廷心目中，清帝国与其说是一个文化单位，倒不如说是一个有着明确疆域范围的政治实体。

《舆地考》为显示清朝的"一统之盛"，浓墨重彩地描述清朝的"本朝之制"是如何解决历朝未能处理的棘手问题。论及甘肃，它称"明代以嘉峪关为中外之防。……我朝开边拓疆，……是以升安西为政府，巴里坤为厅，为关外之雄封，四陲之锁钥。盖伊沙之间，宛然腹地焉。以视《禹贡》所谓西被流沙者，固远出乎其外矣"。⑤ 论及山西大同，则称"明代自边墙以外，为元裔所逼，……侵掠之患，无岁无之。……我朝边境敉宁，……至于长城以外蒙古各部，久为臣仆。若归化、绥远……并以王官临治，其奉令禀教，视内地无异焉"。⑥ 类似今昔比对的例子还有不少，限于篇幅，这里仅略举一二。

乾隆和他的编纂之臣采用这样的叙述方式，用心是很深的。其潜台词是，评价大一统之盛的标尺不是经典规定的疆域范围，而是在多大程度上解决了三代以来遗留之问题。既然清朝的"本朝之制"所征服的地区是三代圣王都未征服的，所解决的问题是他们都未竟其功的，所以在记录这些历史功业时，以"本朝之制"取代《禹贡》的九州框架，也是理所当然的。通过强调治世之功的方法，乾隆在纂修《皇朝文献通考·舆地考》时，重

---

① 如哈密、吐鲁番地区和日本、朝鲜一样，在王圻《续文献通考》中均被列入《四裔考》。
② 如论及南疆行政管理时，强调"属办事大臣管辖，无定员，仍设伯克分理境内事务"（卷二八五，《舆地考》五）。另详参《舆地考》有关西藏、漠南蒙古等边疆地区行政管理的论述。
③ 乾隆在《御制平定准噶尔告成太学碑文》中强调，"此乃汉唐宋明之中夏也，非谓我皇清之中夏也"。此碑文收入《皇朝文献通考》卷二八四，《舆地考》十六。
④ 《皇朝文献通考》卷二九二，第7410页。
⑤ 《皇朝文献通考》卷二八三，第7331页。
⑥ 《皇朝文献通考》卷二七三，第7287页。

新夺取了大一统话语建构的主动权。

四　早期全球化背景下"四裔"世界的重新建构

如本文开篇所言,传统大一统话语从来不会忽略的是中国与四夷的关系,因为天子一统四海的德威要通过四夷宾服来体现,没有四夷的臣服,大一统的秩序是不完整的。作为一位熟谙经史的统治者,乾隆比任何人都清楚这一点。因此,他在下令仿效马端临的《文献通考》修撰《皇朝文献通考》时,也没有忘记撰写新的《四裔考》。表面上,它仅是重复了儒家经典所阐发的朝贡话语,它对世界地理记述的陈旧之处①,易被某些历史学者视为乾隆和他的朝廷自我孤立、自我封闭的证据;它对前代"并无朝贡之实,何关藩服之义"的指责使人相信②,清朝才是建立名实相副的朝贡秩序的朝贡原教旨主义者。但是,如果细心体味其中的内容,特别是分析它与马端临及明代类似的续修著作的异同就不难发现,16世纪以来的东亚地区各国之间日益密切的经济关系和1500年以后开始的早期全球化带来的冲击,已经不声不响地影响了帝国大一统话语的重构。这些冲击都是经由海路波及中国的,因而清楚地体现于《四裔考》对那些通过海路与中国保持联系之诸国的叙述之中。

在传统的四夷叙述中,一衣带水的日本因为地理距离的近便,时常被认为是朝贡秩序中不可缺少的一环。到了永乐初年,日本足利幕府的将军足利义满终于接受明朝的册封,成为明朝开国皇帝朱元璋建立的朝贡秩序的一员,甚至乾隆年间最终成书的《明史·日本传》也不无慕意地用"远人向化"的词句来形容当时的中日关系。③ 有明朝前期的日中关系作参照系,《皇朝文献通考·四裔考》要撰写日本部分,按理应展示清朝在朝贡方面"王朝竞赛"上相对于明朝所做出的建树。但是,通读《四裔考》的相关部分,却丝毫没有涉及这样的内容,而是在介绍日本风土民情及经由朝鲜的非正式交往之后,以阐述清朝海防和对日贸易政策而结束。值得注意的是如下论述:

---

① 不相信传教士传入的"五大洲"之说,斥之为"语涉诞诳"。《皇朝文献通考》卷二九八,《四裔考》六,第7470页。

② 《皇朝文献通考》卷二九三,《四裔考》一,第7413页。

③ 《明史·日本传》,第8348页。

惟我圣朝德感，被于遐迩。……又任其贸迁自便，不至如明代缘海大姓主事，负倭货值，致起祸端。绥靖有经，资夷货以为中国利，若洋铜，其尤较著者。①

　　细读这段话，不难发现它是从清朝为使两国关系波澜不起所作的努力（如允许私人贸易）加以阐发的，却只字未提日方的反应，而且还特意强调清朝成功地"资夷货以为中国利"，把它视为对日关系中的一项成果。它为何特别强调"任其贸迁自便"是清代中日关系发展的关键性因素？又为何没有强调朝贡关系？只有把这两个问题放到明清以来东亚政治、经济发展的宏大背景下，才能得到清楚的回答。

　　先说《四裔考》著者强调清廷"任其贸迁自便"的问题。在讨论之前，先纠正这句话中一个不确切之处。所谓"任其"的"其"字，揆诸上下文，应是指日本商人来华贸易，但这是错误的。实际上，从17世纪30年代起，德川幕府因禁止日本人从事海外贸易，日本只能依赖华商维持与外界的经济交流。② 因此，到《皇朝文献通考》编纂之时，日中商贸的唯一媒介是中国商人。而从1684年后清朝的外贸政策看，清朝"任其贸迁自便"的对象也是华商。不过，即使编纂者出现了这个错误，他们对清朝全新的对日贸易政策的概括还是准确的。"贸迁自便"这四个字，绝不是《皇朝文献通考》编纂者的信口雌黄，而是16世纪初以来随着全球化而来的明清两朝政府与民间贸易商人之间无数次剑与火冲突的代价所换来的。明朝实施海禁，禁止朝贡渠道外的一切民间海上贸易。到嘉靖末年，终于引发了民间海商与朝廷日趋激烈的冲突，最终演化为嘉靖大倭乱。明廷被迫动用倾国之力，历时20年才勉强平定。而后明廷又通过在福建月港开放民间贸易，才逐步缓解了局势。③ 对于这场战争的根本原因，当时的朝野开明之士，将之归因于明廷对民间商人的不合理限制。明末著名学者徐光启指出：

---

① 《皇朝文献通考》卷二九五，《四裔考》三，第7448页。
② 日本著名学者大庭修就指出："在江户时代，由于我国实行锁国政策，日本人渡航海外被严格禁止，无论是中国货物输入日本，还是日本货物输往中国，都不得不完全依赖于自中国沿海诸港来到长崎的中国商船。"见氏著《江户时代中国典籍流播日本之研究》，戚印平等译，杭州大学出版社，1998，第470页。
③ 详参林仁川《明末清初私人海上贸易》（华东师范大学出版社，1987），陈尚胜《怀夷与抑商：明代海洋力量兴衰研究》（山东人民出版社，1997）。

　　私通者商也。官市不开，私市不止，自然之势也。又从而严禁之。则商转而为盗。盗而后得为商矣。①

　　康熙对此了然于心，在平定三藩，解决台湾问题后，立即实施展海令，开放民间对外贸易。② 在此之后，当他论及明代倭寇之乱，仍然视之为明廷政策失误的结果。他说：

　　朕南巡时，见沿途设有台座，问地方官及村庄耆老，据云明代备倭所筑。明朝末年，日本来贸易，大船停泊海口，乘小船直至湖州，原非为劫掠而来，乃被在内官兵杀尽，未曾放出一人，从此衅端滋长，设兵防备，遂无宁期。今我朝凡事皆详审熟计，务求至当，可蹈明末故辙乎？且善良之民，屡遭水旱，迫于衣食，亦为盗矣。武备固宜预设，但专任之官，得其治理，抚绥百姓，时时留意，则乱自消弭。否则，盗贼蜂起，为乱者将不知其所自来，不独日本也。③

　　雍正、乾隆两帝继位后，继续康熙鼓励对日民间海外贸易的政策，因而为《皇朝文献通考》的编纂者纳入《四裔考》的论述中。

　　至于第二个问题，即不提朝贡，绝不是编纂者有意或无意的忽略，而是从15世纪初到18世纪中叶中日关系主客易位的外交格局对官方朝贡话语的重塑。15世纪初的足利幕府之所以积极地开展对华外交，不惜接受明朝的属国待遇，关键原因是足利幕府面临严重的财政危机，不得已而为之。④ 德川幕府在1600年建立后，面对的困扰不再是财政方面的，而是政治合法性的问题。为强化自身的合法性，德川幕府要建立以自己为中心的朝贡体系，自然不会以朝贡属国自待。⑤ 1684年后，随着中日民间贸易的迅速发

① 《皇明经世文编》卷四九一，《海防迂说》。
② 详参韦庆远《论康熙从禁海到开海的演变》，见中山大学编《纪念梁方仲教授学术讨论会论文集》（中山大学出版社，1990），第121~136页，黄国盛《鸦片战争前的东南四省海关》（福建人民出版社，2000），第一章。
③ 《康熙实录》卷一四一，康熙二十八年八月戊子条。康熙这段话有不确切处，不过他从明朝方面解释倭寇出现的原因，仍然是正确的。
④ 〔日〕木宫泰彦：《日中文化交流史》，胡锡年译，商务印书馆，1980，第516、521页。
⑤ 详参罗纳德·托比（Toby, Ronald），*State and Diplomacy in Early Modern Japan: Asia in the Development of the Tokugawa Bakufu*（Princeton University Press），1984。该书仍然是对这个问题最有影响的研究。

展，德川幕府担心白银和铜大量流入中国将损害日本的利益，又开始逐步限制对华贸易的规模。[①] 与之相反，入清以后，随着商品经济的发展，中国不仅对白银的需求猛增，而且对铜的需求也出现同样的趋势。当时国内的铜矿资源有限，不得不从日本进口铜料。到康熙五十年（1711），从日本进口的铜料占清朝铸造铜钱所用原料的百分之六十以上。[②] 没有日本铜料，国内铜钱铸造将急剧减少，影响国计民生。康熙时代著名学者、诗人王士禛就指出：

> 近自洋铜不至，各布政使皆停鼓铸，钱日益贵，银日益贱。……官民皆病。[③]

有鉴于此，为保证铜料进口，清朝对日方的限制采取克制态度，甚至不惜降尊纡贵，放下天朝上国的架子，在朝贡秩序的核心内容——年号问题上作出让步，这清楚地体现于1717年的信牌事件。[④]

如前所述，随着17世纪末叶中日贸易的发展，日本的铜和白银大量流入中国，引起日本朝野的不安。进入18世纪，学者新井白石建议进一步限制两国贸易的规模，后为幕府采纳。[⑤] 德川幕府下令削减允许进入日本当时唯一的对外贸易口岸长崎的中国商船数目，而且中国商船必须使用幕府颁发的印有日本年号的信牌，才能入港贸易。[⑥] 许多商人因没有得到信牌，回国后愤而举报那些持日本信牌在长崎从事贸易者为反叛。[⑦] 而就在此前不

---

① 详参山胁悌二郎《长崎の唐人贸易》，1964，第46~99页。

② 根据乾隆元年的运铜条例，到康熙五十年，清廷每年采办日本铜（又称洋铜）270万斤，滇铜166万斤，转引自松浦章《康熙帝と正德新例》，见箭内健次《锁国日本と国际交流》（吉川宏文馆，1988），第43页。

③ 王士禛：《居易录》卷九，《文渊阁四库全书》本。

④ 关于1717年的信牌事件，日本学者如大庭修（《江户时代中国典籍流播日本之研究》，戚印平等译，杭州大学出版社，1998，第417~440页）、松浦章上引《康熙帝と正德新例》等都有细致的讨论。但他们共有的缺憾就是就经济而谈经济，忽略了它和东亚朝贡体系演变的相互关系。

⑤ 〔日〕新井白石：《折焚柴记》，周一良译，北京大学出版社，1998，第134~135页。

⑥ 详参新井白石《折焚柴记》，第171~176页；佐伯富《康熙雍正时代日清贸易》有关论述，见氏著《中国史研究》3（东洋史研究会，1977），第571~612页。另参松浦章、大庭修前引文。不过，他们的研究虽然对这一事件的某一个侧面有新的探讨，但就整个事件而言，仍然不足以完全取代新井白石和佐伯富的著作。

⑦ 详参当时去日华船给长崎官员的报告，见林信笃等编、浦廉一校《华夷变态》，第2739页。

久，刚刚发生了因使用明朝年号及其他问题而引发的戴名世《南山集》文字狱案。① 朝野上下在这一问题上如惊弓之鸟，宁波官员接到报告后，立即以谋逆的名义逮捕那些持信牌去日贸易的商人，同时又火速向朝廷上报。② 康熙接到奏报后，令朝廷官员议处。多数官员或许鉴于《南山集》的教训，不愿表态或建议从重惩处，因而拖延了九个月之久还议而不决。③ 康熙不得不亲自裁断，明确宣布使用日方信牌与反逆无关，中国商人可用信牌继续对日贸易。他说：

　　长崎票照，不过买卖印记，据以稽查，无关大义。④（着重号为引者所加）

年号是朝贡体系的核心——正朔的重要体现。中国通过向周边国家颁发印有官方年号的历法，宣示中国的宗主国地位。而周边国家也用接受、使用中国正朔的方式，显示对清朝的从属。而反叛者，也往往是通过颁发年号，显示自己的独立地位。因此，拒绝使用清朝年号，或代之以自己的年号，就是拒绝承认清朝的宗主地位，而清朝臣民使用外国年号，从《南山集》案显示的清朝政策底线看，视为谋反并不为过。但是，康熙深知日本铜料对清朝货币制度运作的重要性，因此对信牌涉及的年号问题故作不知，允许商民继续使用日本信牌。⑤ 从雍正、乾隆时代的日中贸易看，这一政策从没有改变过，直到修纂《皇朝文献通考》时仍然如此。⑥ 清廷在这个政治、外交方面极为敏感问题上的让步透露了几个重要的信息。其一，16、17世纪中国和东亚国家经济交流发展的现状已经超出了传统朝贡体系所能接纳的程度；其二，外来资源对清朝统治的重要性已超过传统朝贡话语所能带来的好处；其三，清朝统治者根据这种变化，对朝贡体制适时进行调

---

① 详参张玉《戴名世〈南山集〉案史料》，《历史档案》2001年第2期。张文公布了新发现的满文史料，使我们能对此案有新的了解。
② 林信笃等编、浦廉一校《华夷变态》，第2739页。
③ 《康熙起居注》，中华书局，1984，第2284页。
④ 同上书，第2372页。
⑤ 康熙对日中贸易十分关注，为了解日本经济情势，他甚至秘密派人扮作商人到长崎搜集情报。详参松浦章《杭州织造乌林达莫尔森的长崎来航とその职名について——康熙时代の日清交涉の一侧面》，《东方学》55（1996）：1–14。
⑥ 据雍正六年李卫奏折，"商人贪其倭照贸易，惟命是从"（《雍正朱批谕旨》册四一，李卫，雍正六年十一月初三日条），足证康熙政策仍在沿用。

正，采取灵活和现实主义的态度，不再视其为处理与邻国关系的唯一前提。这种新的政策体现于当时中日关系的官方书写上，即不再强调朝贡关系的意义，而是突出"资夷货以为中国利"的经济标准。

需要指出的是，《皇朝文献通考·四裔考》所记述的与清朝无朝贡贸易关系的国家不只日本一例，从《四裔考》的记载看，实际上有26个国家，而所著录的与清朝有固定朝贡关系的国家仅5个，若把那些偶尔派遣贡使的边境小部落或国家也列进去，也不过12个。《四裔考》将这两类国家分别划入"朝贡之国"和"互市之国"，并把"互市之国"分为两类：一是日本和东南亚国家，由中国商人"往而互市"；二是西方国家，派船"来而互市"。① 书中记录的西方"来而互市"的国家不仅包括17世纪就与中国有来往的国家（如英国），还有18世纪后半叶才派船到广州的国家，如丹麦、瑞典等。②

如果比较一下宋元之际马端临所著的《文献通考》、明代万历时期王圻编写的《续文献通考》和《皇朝文献通考》中各自所著的《四裔考》对那些通过海路和中国有往来的国家的记载，比较它们的异同不难发现下列前现代中外关系和早期全球化是如何塑造当时学者们的世界想象的。唐宋以来，中国和印度洋地区诸国，如波斯湾地区、印度、阿拉伯世界和东南亚地区有着密切的关系，留下了不少重要的文献（如赵汝适的《诸蕃志》）。③以此为凭借，马著的《四裔考》对这些地区有相对细致和正确的叙述。④ 入明以后，特别是永乐、宣德时期，郑和七下西洋，出访东南亚、南亚、印度、波斯湾、东非诸多地区，留下了新的史料，如《西洋蕃国志》《瀛涯胜览》。有这些材料为基础，王圻的《四裔考》对这些地区也有相对细致的论述。⑤ 到乾隆年间，早期全球化已经有三个世纪的历史，西方列强在全球经济中日益占据主导地位，他们及其在亚洲的殖民地和中国有日趋密切的经

---

① 《皇朝文献通考》卷二九七，《四裔考》五。
② 同上书，卷二九八，《四裔考》六。
③ 关于宋代海外贸易，详参桑原骘藏著《蒲寿庚考》，陈裕菁译（中华书局，1954）；藤田丰八著《宋代的市舶司和市舶条例》，魏重庆译（商务印书馆，1936）；陈高华、吴泰《宋元海外贸易》（天津人民出版社，1981）；黄纯艳《宋代海外贸易》（社会科学文献出版社，2003）。
④ 马端临在《文献通考·四裔考》中记述海外诸国时，曾使用赵汝适《诸番志》中的材料。这一点，如比对一下该书（卷三三二）和赵著（中华书局，1986，第34、74页）有关"三佛齐""注辇"的有关记述，就不难看出。
⑤ 详参王圻《续文献通考》卷二三六，《西南夷》。

贸联系。在这种背景下，《皇朝文献通考·四裔考》就不再记述印度洋沿岸诸国，而第一次对西方国家及其宗教、学术有了详细的叙述。值得注意的是，在乾隆中叶之前，通过海路和中国有贸易关系的仅限于英国、法国、葡萄牙、荷兰。在这以后，丹麦、瑞典、德国诸邦国、美国，陆续加入对华贸易的行列中。

这些变化，如前所述，也都被收入了《皇朝文献通考·四裔考》。这就说明编者的视野和眼光，并不像后世学者所描绘的那么封闭和迟钝，相反，其知识更新倒是相当及时的。还要指出的是，这些西方国家，除葡萄牙外，没有与中国通过朝贡途径的固定往来，双方的关系主要是通过民间商人建立的。①《皇朝文献通考·四裔考》把它们列为"互市之国"②，这套对中国与外部世界关系的叙事方式说明了什么？它清楚地表明：第一，到乾隆中叶，朝贡关系在中国与外部世界的交往中，已逐渐居于次要地位；第二，清朝接受了这一现实，允许更多的国家通过商业和民间渠道，发展与中国的关系。在这背后，就是继本文第二部分近代科学之后，又一段早期全球化和大一统话语互动的故事。对于《皇朝文献通考·四裔考》中"朝贡"、"互市"两分的模式，过去的史家也不是没有讨论过③，但从未注意到这种分类的出现和使用，实际上反映出早期全球化和清代大一统话语重构之间的互动。这一点，如果放到明代以来朝贡制度、16世纪初之后随着全球化而来的中西双方围绕着朝贡关系所发生的不断冲突的背景下加以研究，是不难理解的。

朱元璋建立明朝后，实行海禁，摧毁民间海上贸易。在阻塞民间交往渠道的同时，建立朝贡贸易制度，把朝贡作为中国和外部世界相互来往的唯一渠道，朝贡使团是唯一可以和中国进行贸易的外国商贸使者。他们可以携带一定数量的货物，在进京朝贡时，于京师指定的市场出售。除此以外的其他人，都不允许和中国贸易。为了鼓励其他国家遣使来华，明朝对

---

① 葡萄牙是为维护其在澳门的利益，而选择向清廷进贡的。有些国家，如荷兰，偶尔派使团以朝贡的名义来华。
② 详参《皇朝文献通考》卷二九八，《四裔考》六。
③ 早在20世纪40年代，费正清、邓嗣禹在"On the Ch'ing Tributary System"（*Harvard Journal of Asiatic Studies*，6：2，第204页）一文中已经注意到"互市诸国"分类的出现，但他们并未理解其中的深刻含义，仍然把清代外贸体制武断地视为传统中国落伍的外交体制的一部分。滨下武志（《近代中国的国际契机：朝贡贸易体系与近代亚洲经济圈》，中国社会科学出版社，1999，第37页）甚至错误地把它视为朝贡贸易体系的一部分。

贡使进行的贸易持鼓励态度，不仅免除一切税收，往往购之以远高于市场的价格。为了维护朝贡贸易制度，明朝在国内实行海禁，民间片帆不许下海。对外国商人则实行勘合制度。外国来华贡使都须持有明廷颁发的勘合，没有这种证件就不准入境。只有与中国有朝贡关系的国家可以从明廷领取勘合。明朝政府还建立朝贡国家目录，不在目录上的国家，连向中国进贡的资格都没有。这些制度的中心特点，是把朝贡和贸易捆绑到一起，贸易是朝贡的附庸，没有朝贡就没有贸易。[1] 明中叶一位精通海外事务的学者郑若增就曾敏锐地注意到这一点。他说：

> 凡外夷贡我者，我朝皆设市舶司以领之。……其来也，许带方物，官设牙行，与明交易，谓之互市。是有贡舶既有互市，非贡舶即不许其互市，明矣。[2]

进入 16 世纪后，伴随着新航路的发现，西方商人络绎东来，进入中国口岸要求贸易。他们没有勘合，来自与中国没有朝贡交往的国家，与坚守朝贡贸易体制的明廷冲突日频。朝廷尽管对个别国家在个别时期的政策做过一些调整，但是这种调整从未上升到对朝贡贸易体制本身的批评。在局部调整的同时，政府又强调该制度整体上的神圣不可侵犯的地位。这使得明代对朝贡贸易制度的态度呈现局部灵活和整体僵化不变的特征。

一个明显的事例是万历时期月港的开放。在对闽东南私人海上贸易失败后，明廷被迫开放月港。可是，与此同时又明确宣布，享受这一政策的仅限月港居民，在整个沿海地区的海禁依然如故。[3] 这种僵化的体制受到当时有识之士的强烈批评。在月港开港前后，地方官员和著名学者（如许孚远、徐光启）认为明廷的政策忽略了东亚地区商业往来已经使得政府的禁令徒劳无益的现实。他们和同时代的许多人不断上书，说明中国东南沿海地区与东亚及东南亚其他地区经济的互补性，敦促朝廷取消对中外民间贸

---

① 详参李金明《明代海外贸易史》（中国社会科学出版社，1990）第二章和第三章。
② 转引自王圻《续文献通考》卷三一，"市舶互市"条所附按语。
③ 关于这个问题，详参陈尚胜《"怀夷"与"抑商"：明代海洋力量兴衰研究》（山东人民出版社，1997）第八章。

易的诸多限制，实质上是要求明朝政府终止朝贡贸易制度。①

这样的改革最终是由取明而代之的清朝完成的。不过，清朝对海外贸易重要性的认知也不是一步到位的。清朝在入关之初，确实也曾把贸易和朝贡绑到一起②，而且，为消灭海上郑氏势力，曾在17世纪60年代和70年代实行严厉的海禁和迁海令，禁绝一切海外贸易。③ 海禁给清朝带来军事上的胜利的同时，也摧毁了明清之际因为海禁松弛而兴旺的民间海上贸易。④ 在当时，民间海上贸易是白银进入中国的唯一途径，对民间贸易打击的必然后果就是白银入口的中断、银价的暴涨。⑤ 另外，由于农民要用粮食到市场上换取纳税必需的白银，银的匮乏和银价的暴涨意味着农民无处觅银，或者要用更多的收获换取同样的银两。按照当时的政策，灾年可以报灾，申请减免赋税，丰年自然要如数纳税。因此，对于当时的农民，丰年反而成为灾难，因为它意味着更重的赋税负担，于是，在康熙初年就出现了有些史学家所说的"熟荒"。由于民间贸易是外来白银进入中国的主要渠道，

---

① 福建巡抚许孚远认为，"臣闻诸先民有言，市通则寇转而为商，市禁则商转而为寇。禁商犹易，禁寇实难，此诚不可不亟为之虑。且使中国商货通于暹罗、吕宋诸国，因通商之中寓制夷之策，一举而两得也，则诸国之情，尝联属于我，而日本之势自孤。日本动静虚实，亦因吾民往来诸国，侦得其情，可谓先事之备。又商船坚固数倍兵船，临事可资调遣之用。商税二万，不烦督责军需，亦免搜括之劳。市舶一通，有此数利。不然。防一日本。而并弃诸国。绝商贾之利。启盗盗之端。臣窃以为计之过矣"（《皇明经世文编》卷四〇〇《疏通海禁疏》）。徐光启指出，"必绝市而后无人寇。必日本通国之中。无一人识中国之海道者然后可。此必无之理也。绝市而可以无人寇。必日本通国之中。并丝帛瓷器药品诸物。悉屏去不用。然后可。又必无之理也"。他又指出开放对日贸易对中国经济和军事的意义，"惟市而后可以靖倭。惟市而后可以知倭，惟市而后可以制倭。惟市而后可以谋倭"（《皇明经世文编》卷四九一，《海防迁说》）。
② 详参拙著 The Qing Opening to the Ocean（出版中）第五章。
③ 苏梅芳：《清初迁界事件之研究》，《成功大学历史学报》1978年第5期，第367~425页；马楚坚：《有关清初迁海的问题——以广东为例》，收入《明清边政与治乱》，天津人民出版社，1994；韦庆远：《有关清初的禁海和迁界的若干问题》，《明清论丛》第3辑，2002。
④ 明亡后一段时间，清朝忙于应付西南地区的反清武装，对东南沿海地区控制相对松弛，海上贸易再度繁荣，催动白银的流入，带动沿海地区经济的发展。康熙时期的大臣慕天颜曾指出这一点，他说："犹记顺治六、七年间，彼时禁令未设，见市井贸易，咸有外国货物，民间行使，多以外国银钱，因而各省流行，所在皆有。自一禁海之后，而此等银钱，绝迹不见一文。"（《请开海禁疏》，贺长龄、魏源编《清经世文编》卷二六）
⑤ 详参 Richard Von Glahn，"Myth and Reality of China's Seventeenth Century Monetary Crisis"，*The Journal of Economic History*，Vol.56，No.2，June 1996；岸本美绪《康熙年间的谷贱问题——清初经济思想的一个侧面》，见刘俊文编《日本中青年学者论中国史·宋元明清卷》，上海古籍出版社，1995。这两个研究一个明显缺憾就是忽略了中国民间海上贸易在康熙时期白银流入过程中的作用。

它的衰退造成了白银输入的减少。农民有粮无银，无法交税，这就引发了当时称为"熟荒"的经济危机。①

这次"熟荒"最清楚不过地展示出中国和早期全球化之间的密切关系和由此形成的对海外资源的严重依赖。当时常在山西、山东和陕西奔走的顾炎武目睹了陕西民众丰收之年卖儿卖女缴税纳粮的惨状。顾炎武在顺康之际北上之前，曾在沿海地区秘密从事反清活动，甚至与郑成功部有来往，当然熟悉东南经济情势，他就敏锐地指出这是海外贸易中止所引发的恶果：

> 往在山东，见登莱并海之人，多言谷贱，处山僻不得以银输官。今来关陕，……则岁甚登，谷甚多，而民相率卖其妻子。……何以故？则有谷而无银也。……夫银非天降也，矿人则既停矣，海舶则既撤矣，中国之银在民间者已日消日耗，……故谷日贱而赋日拙。②

当时，朝中熟悉海上情形的官员就把开放海外贸易作为解决困境的唯一出路。如江苏巡抚慕天颜就指出：

> 番舶之往来，以吾岁出之货而易其岁入之财，岁有所出，则于我毫无所损，而殖产交易，愈足以鼓艺业之勤。岁有所入。则在我日见其赢，而货贿会通，立可以祛贫窭之患。银两既已充溢，课饷赖为转输，数年之间，富强可以坐致。……生财之大，舍此开［海］禁一法，更无良图。③

有鉴于此，康熙在 1683 年取得台湾后，立即解除民间海上贸易禁令，同时取消了无朝贡不得贸易的紧箍咒，允许和中国无朝贡关系国家的商民

---

① 详参陈支平《试论康熙初年东南各省的"熟荒"》，《中国社会经济史研究》1982 年第 2 期；岸本美绪《康熙年间的谷贱问题——清初经济思想的一个侧面》，见刘俊文编《日本中青年学者论中国史·宋元明清卷》，上海古籍出版社，1995。
② 《顾亭林诗文集》，第 17 页。
③ 慕天颜：《请开海禁疏》，贺长龄、魏源编《清经世文编》卷二六。当时持有相同意见的并非慕氏一人，还包括后来的重臣如李光地等，关于这个问题，详参拙著 *The Qing Opening to the Ocean*（出版中）第二、四章。

来华贸易。① 例如，荷兰遣使来华就通商问题和清政府交涉一直没有成功，但当清朝改变政策后，立即通知当时尚在厦门的荷兰使团，告知荷兰商船可以随时来华贸易。②

此后的一个多世纪中，清朝统治者从众多的渠道了解到外部世界（如日本）对沿海地区乃至整个国家的国计民生的重要性③，在朝贡问题上的态度就非常灵活，没有把它放到对外交涉的绝对地位，而是因时因国而变。对于那些与中国历史上存在朝贡关系的国家（如琉球、朝鲜），待之以朝贡旧法，而对那些没有类似关系的国家，也不勉强，听任其通过民间渠道和中国往来。朝贡问题，在清朝对外贸易政策中的重要性与明朝相比，前所未有地下降了。体现在《皇朝文献通考·四裔考》的叙事方式上，就是如实地把这种变化记录了下来。当然，这种转变对清廷来说是不太容易的。因此，对少数朝贡国家论述之长，远远超过互市国家。④ 不过，如果仅因为这一点就否定这种变化，那未免陷入另一个极端了。

上述分析表明，早期全球化和清朝大一统话语重构之间貌似风马牛不相及，实则存在环环相扣的内在关联，首先受到早期全球化影响的是沿海经济，然后是地方封疆大吏，而后是中央政府的政策，最后是钦定史书中外部世界的描述和相关大一统话语的重构。当然，乾隆和《皇朝文献通考》编纂者们还没有我们这个时代"地球村"的概念，他们如前所述，并非反感朝贡方式，但他们在建立展示一统之盛的《四裔考》中，能够不避自己指出的"并无朝贡之实，何关藩服之义"之讥，同时承认有更多的国家和中国没有这种关系，仅是借助贸易渠道与之来往，能够意识到盛世的中国已经不可能在经济上脱离与外部世界的来往，并以"资夷货以为中国利"而自豪，这一切，不正深刻而切实地反映出早期全球化时代和盛清大一统话语重建直接的互动吗？

综上所述，18 世纪中叶进入全盛时期的清朝多民族帝国，对于汉人社

---

① 详参拙著 *The Qing Opening to the Ocean*（出版中）第四章。

② 卫思韩（John E Wills），*Embassies and Illusions*：*Dutch and Portuguese Envoys to Kang-his*，1666 - 1687（Council on East Asian Studies，Harvard University，1984），第 223 页。

③ 详参韦庆远《论康熙时期从禁海到开海的政策演变》，《中国人民大学学报》1989 年第 3 期，第 125 ~ 126 页；郭成康《康雍之际禁南洋案探析：兼论地方利益对中央决策的影响》，《中国社会科学》1997 年第 1 期，第 184 ~ 197 页。

④ 例如《皇朝文献通考·四裔考》有关朝鲜的篇幅远远长于有关欧洲各国的论述。

会通行两千余年的大一统理想，既没有拘泥于已有的话语诠释，也没有弃若敝屣，而是根据清朝疆域空前开拓的政治现实，西方近代科学最新成果的出现，早期全球化所带来的中国对外部资源和市场的依赖及朝贡关系衰微的新因素，在纂修《皇朝文献通考》各"考"（如象纬考、舆地考、四裔考）的过程中，对大一统理想的核心内容赋予全新的含义。在天人关系上以近代西方科学的经纬系统取代传统的分野说；在疆域范围上，以适应不同族群的、多样性的行政管理系统相互并存为特色的"本朝之制"取代九州框架；在四裔关系上，以朝贡、互市并存的模式取代朝贡中心地位。

通过研究清朝对大一统话语的重构，我们不难看出，清代多民族统一帝国的建设发展，绝不仅是新清史强调的非汉文化或汉化说强调的汉人文化的一面之词所能解释的，甚至不是族群理论所能诠释的，而是有着更为复杂的背景。其中包括汉地儒家社会孕育的超越族群界限的王朝认同理论、通过传教士引入的近代科学技术和早期全球化所带来的中国和世界经济相互关联的新格局。

从早期全球化的背景探讨盛清大一统话语的重构，还有助于我们重新认识清代多民族帝国与早期全球化的关系。一方面，早期全球化对前者的影响并不限于经济层面，已经深入当时中国社会的价值层面。另一方面，面对它的影响，清朝统治者并非如时下流行的观点所言，仍然闭目塞听。相反，他们已经注意到早期全球化背景下中国所面临的新的政治、经济、外交现实，并顺势而为，做出主动和自觉的调整。这种调整不仅反映在取消海禁等贸易政策层面上，更体现在对整个朝贡体制的改变上。

介绍西方学术界的新政改革研究状况
Essential Character of Western Scholarship on New Policy Reforms

〔美〕Stephen MacKinnon（麦金农）*

Western scholars began to take an interest in the late Qing period and the 1911 revolution as a field of research in the 1960s and 1970s. At that time scholars only had access to published documentary collections and Chinese historians of the period who resided in Taiwan. Fortunately there was some very good scholarship coming out of Taipei at the time. The influence of pioneering work on the period produced at Nankang (Zhongyang yanjiu yuan, jindai so) by Zhang Pengyuan, Wang Shu-huai, Zhang Yufa, Liu Fenghan, Wang Erhmin, Wu Xiangxiang etc.... and others was considerable. These gentlemen were very close personally to my U. S. mentor, Prof. Liu Guangjing 刘光京. I personally studied with Wu Xiangxiang at Taiwan University (Taida) in 1964 as I began to research a PhD thesis on the Xinzheng reforms in north China led by Zhili zongdu and Beiyang Dazhen, Yuan Shikai.

The first publications on the Xinzheng reforms by Western scholars were works dealing with broad themes of the reforms included those by Merebeth Cameron (1963), the pioneering unpublished 1959 Harvard PhD dissertation by Esther Morrison, an influential edited volume (1963) by Mary Wright (*China in Revolution*), Joseph Esherick's well known book on Hunan reforms, Mary Rankin on Zhejiang reformers, and John Fincher's book on political reform. There were two

* 美国亚利桑那州立大学教授。

important works on education by Borthwick and Bailey. Because of the availability of collected writings and correspondence of single officials, there was a distinct focus on individual reformers as in Daniel Bays book on Zhang Zhidong's reforms, Samuel Zhu on Zhang Qian, Albert Feuerwerker on Sheng Xuanhuai's economic reforms, Benjamin Schwartz on Yan Fu, Philip Huang on Liang Qichao, Roger Des Forges on Xi Liang in the Northeast, my own work on Yuan Shikai in Beijing and Tianjin.

After the Deng Xiaoping reform era began in 1979, Western scholars had access for first time to archives and scholarly colleagues in the Peoples Republic of China. My first contact with the CASS, Jindaiso 近代所 was in 1979. I was privileged to work with and later welcome to the U. S. , fellow Yuan Shikai scholar, the late Li Zongyi and Qu Tongzu 瞿同祖. But by the late 1980s general interest in the West in Xinzheng reforms and the 1911 revolution declined as graduate students and established scholars focused more on regional social and cultural history. William T. Rowe's books on Hankou are an example. Shanghai studies became especially popular through the work of Wakeman and Ye Wenxin.

So the Xinzheng reforms fell out of fashion. Two exceptions are the work of Douglas Reynolds, 1993, on Japanese models for the Xinzheng reforms and an article (1988) and book on self-government by Roger Thompson.

The Xin Zheng Reforms were only marginally discussed during "civil society" debate that concerned so many historians in the West during the 1990s (see bibliography and debates in *Modern China*. On one side William T. Rowe and Bryna Goodman in their work on merchant organizations pointed to the emergence of civil society institutions by the end of the nineteenth century. On the other, Fred Wakeman, Philip Huang, and others disagreed, doubting the relevance and application of Habermas' ideas about civil society from European history to modern Chinese history.

But over the last fifteen years, the situation has changed. There has been revival of interest in the Xinzheng Reforms. The motivation behind this is intellectual and only to some degree driven by better access to new archival sources (especially at the local level). In other words, new questions about directions (or logic) of modern Chinese history has motivated young scholars to take another look at the

Xinzheng reforms. How did the successes and failures of the Xinzheng reforms fit into the institutional history of modern China? They were terribly important to laying a basis for the modernization of the Chinese state argues Julia Strauss in an influential 2003 essay. So today Xinzheng reforms are being studied as a key element in China's pursuit of modernity over a wide range of fields.

The term "institutional history" should be interpreted (translated) in broad terms. For example, the reforms have been studied in relation to the changing position and status of women in modern China. The feminist thinker, He Yinzhen, is the focus of a major new work (2013). Educational reform is once again a major concern of historians. Timothy Weston's book (2004) on the history of Beijing University ties/connects Beida's early history closely to the Xinzheng reforms.

In 2003 a special issue of the influential British journal, *Modern Asian Studies*, vol. 37, no. 4 (September), was devoted to new work on the Xinzheng reforms with essays by younger scholars, including Lucia Gabbaiani on political institutions and the ideas of 1898 reformers, Julia Strauss on bureaucratic reform and the abolition of the exam system, Jerome Bourgon on the important legal reforms introduced after 1901, and Richard Horowitz on the 1905 – 06 Government reform commission. Later in *Modern China* (2009), vol. 35, no. 2, Ya-pei Kuo questioned the Japanese model for the Xinzheng Reforms (as argued by Reynolds) and emphasized the importance of Confucian thinking behind the reforms.

The Xinzheng Reforms are no longer studied in relation to the 1911 revolution as they were in the 1960s and 1970s. There is no doubt in my mind that the study of the Xinzheng period and eclipse in the study of the 1911 revolution is tied to developments in China, meaning the reforms inaugurated by Deng Xiaoping in 1979. Interest in the sweeping reforms of contemporary institutions caused Western scholars to look for the roots of these reforms in the Xinzheng period. Book length works like Julia Strauss, *Strong Institutions in Weak Politics*: *State Building* (1998) were influential in focusing attention on the Xinzheng reforms. Also by the late 1990s a resurgent, more muscular Chinese nationalism created a renewed interest in nationalism generally. Again roots could be traced back to the earlier period: for instance in works like that of Rebecca Karl, *Staging the World*: *Chinese Nationalism at the turn of the Century* (2002).

The abolition of the examination system in 1905 attracted the attention of a major scholar at Princeton, Ben Elman. In 2000 he published a cultural history of the examination system, with a focus on late Qing reform efforts. More recently he published a sweeping study of the Exam system and Meritocracy in late Imperial China (Harvard, 2013). In 2000 Edward Rhoads published a prize winning study of Han-Manchu relations at the end of the Qing dynasty, with considerable attention paid to Manchu reform officials like Duan Fang. More recently, Duan Fang is the subject of a recent dissertation at the University of California, San Diego. Finally, about the time that the PRC press began to change dramatically during the 1980s, Western scholars, especially in Germany, under took a thorough study of the history of late Qing and early Republican press. See for example, Joan Judge's book (1997) on the importance of print journalism as part of the culture behind the Xin Zheng Reforms and its relationship to the introduction of constitutional reforms. In Germany at Heidelberg a center for study of late Qing and early Republican press is led by Babara Mitter and Rudolf Wagner - (for details see Barbara Mitter, et al. in bibliography).

Building on these works in 2003 a special issue of the influential British journal, *Modern Asian Studies*, vol. 37, no. 4 (September), was devoted to new work by younger scholars on the Xinzheng reforms including essays by Lucia Gabbiani on political institutions and the ideas of 1898 reformers; a summary essay by Julia Strauss on the importance of the xinzheng reforms, bureaucratic modernization and the abolition of the exam system; Jerome Bourgon on the important legal reforms introduced after 1901; and Richard Horowitz on the 1905 – 06 Government reform commission. Later in *Modern China* (2009), vol. 35, no. 2, Ya-pei Kuo questioned the Japanese model for the Xinzheng Reforms (as argued earlier by Reynolds), emphasizing the importance of Confucian thinking behind the reforms.

More recent work includes unpublished dissertations in the field of urban history, where for example city planning is tied to innovations of the Xinzheng period that laid a base for creation of the infrastructure and shape of modern Chinese cities. The provincial assembly and gentry activism over railways in Sichuan after 1908 is the subject of another University of California, San Diego dissertation. Janet Chen (now at Princeton) recently turned a Yale Ph. D. thesis into a book on poverty alleviation, seeing its roots in the poor houses and orphanages that were developed during the Xin Zheng Reforms. In economic history a major work on the light industrial reforms initiated in rural areas after 1901 has been published by Linda Grove. Prof. Grove focuses on Gaoyang *xian* in southern Hebei. And finally there is the very important sweeping works published in French by Marianne Bastid on education and society (see bibliography).

I hope that this brief incomplete summary (see also the select bibliography at the end of the paper) illustrates the considerable interest Western scholars have today in the Xin Zheng 新政改革 reforms. It is a research interest that began in the 1960s, waned in the 1980s and 1990s, but has found new life and a different focus during the last fifteen years. To some degree the interests and foci of Western scholars coincides with that of colleagues on Taiwan and the PRC. Sources for the study of the Xinzheng reforms are abundant-from archival records, to newspaper accounts, to correspondence and writings of individual reformers.

As is often the case, Western scholars rely heavily on the published work of Chinese scholars . The difference in the publications of Western scholars, besides the use of more Western language archival sources, is in the character and greater concern with analysis. Western historians often discuss the reforms in broader terms than Chinese scholars. They do not hesitate to tie the Xin Zheng reforms to big themes like the history over the entire twentieth century of constitutionalism, legal reform, political structures like federalism, journalism, educational reform, military reforms, and self-government movements. Western scholars, not surprisingly, are like Chinese scholars in being influenced in choice of topic by contemporary concerns about governance issues in their own countries and in China.

Overall, Western scholarship today on the Xin Zheng reforms is no longer concerned with connecting the reforms to the fall of the Qing dynasty in 1911. In fact there has been little recent scholarship on the 1911 revolution itself and its place in modern Chinese history (see Mitter, "Unanchored Revolution" essay). The interest is in examining the roots of the modern Chinese state, alternative forms of governance, and institutional reforms in education, health care, treatment of women, religious practices, poverty alleviation, joint government private economic enterprises, and so on.

However, one important field is being neglected, by which I mean the military reforms introduced by Yuan Shikai, Zhang Zhidong and others that were so important at the time and had an such immediate impact geo-politically on the course of modern Chinese history. This includes reforms in military training (especially of officers), weaponry, education, and the strategic thinking of military intellectuals in general. The earlier work by Ralph Powell (1955), myself on the Beiyang Army (1970s), and Edmund Fung (1981) is still about all that exists in English.

Constitutional initiatives of the late Qing has again attracted a lot of attention. Similarly the legal reforms of the period are seen as essential in understanding the evolution of China's legal system over the first half of the twentieth century; see for example the 2008 book by Xu Xiaoqun. The Chinese press and its contribution to shaping public opinion has seen much research as noted earlier. Then there is the focus on feminism and issues of gender equality. This includes a recent popular work by Jung Chang in defense of the Empress Dowager Cixi, giving her sole credit as the architect of the reforms and their unrecognized leader.

For me personally, my earlier work on Yuan Shikai and the reforms along with more recent work on the Anti-Japanese War has brought me back to questions about military history and the Xinzheng reforms. I am particularly drawn to the thought and career of Liang Qichao's close associate, the military intellectual Jiang Baili (or Jiang Fangzhen), as well as to the history of the Baoding Military Academy (*Baoding lujun junguan xuexiao*).

Thank you.

Selected Bibliography of Western Language Works on Xinzheng 新政改革

Modern Asian Studies, vol. 37, no. 4 (2003), special issue on Xin Zheng reforms with essays by Gabbiani, Strauss, Bourgon, and Horowitz.

Douglas Reynolds, *China*, 1898 – 1912: *Xinzheng Revolution and Japan* (1993).

Xu Xiaoqun, *Judical Reform in 20*[th] *c. China* (1901 – 37 (2008, Stanford).

Merebeth Cameron, *Reform Movement in China* (New York, 1963).

Mary C. Wright, ed., *China in Revolution: The First Phase*, 1900 – 1913 (New Haven: Yale University Press, 1968).

Joseph Esherick, *Reform and Revolution in China: The 1911 Revolution in Hunan and Hubei* (Berkeley: University of California Press, 1976).

Esther Morrison, *The Modernization of the Ch'ing Bureaucracy* (Radcliffe/Harvard University, unpublished Ph. D. dissertation, 1959);

Paul Hickey, "Fee Taking, Salary Reform, and the Struc ture of State Power in Late Qing China, 1909 – 11", *Modern China* 17: 3, pp. 389 – 417.

Benjamin Elman, *A Cultural History of Civil Examinations in Late Imperial China* (Berkeley: University of California Press, 2000).

Bays, Daniel, *China Enters the Twentieth Century: Chang Chih-tung and Issues of A New Age*, 1895 – 1909. Ann Arbor: University of Michigan Press, 1978.

Samuel C. Chu, *Reformer in Modern China: Chang Chien*, 1853 – 1926 (1965)

Albert Feuerwerker, *China's Early Industrialization: Sheng Hsuan-huai and Mandarin Enterprise* (1958)

John Fincher, *Chinese Democracy: The Self-Government Movement in Local, Provincial and National Politics*, 1905 – 1914. (1981)

Rankin, Mary Backus, *Early Chinese Revolutionaries; Radical Intellectuals in Shanghai and Chekiang*, 1902 – 1911. (1971)

Weston, Timothy B. , *The Power of Position: Beijing University, Intellectuals, and Chinese Political Culture*, 1898 – 1929. (2004)

Chang, Hao, *Chinese Intellectuals in Crisis: Search for Order and Meaning* (1890 – 1911). (1987)

Roger R. Thompson, *China's Local Councils in the Age of Reform*, 1898 – 1911 (1995)

Wolfgang Franke, *The Reform and Abolition of the Traditional Chinese Examination System* (1960)

Linda Grove, *A Chinese Economic Revolution: Rural Entrepreneurship In Twentieth Century Gaoyang* (2006)

Janet Chen, *Guilty of Indigence: The Urban Poor in China*, 1900 – 1953 (2012)

Ralph Powell, *Rise of the Chinese Military Power*, 1895 – 1912 (1955)

Stephen MacKinnon, *Power and Politics in Late Imperial China: Yuan Shikai in Beijing and Tianjin*, 1901 – 1909 (1980)

　　······ "The Peiyang Army, Yuan Shih-k'ai, and the Origins of Modern Chinese Warlordism," *Journal of Asian Studies*, Vol. XXXII, no. 3 (May 1973), pp. 405 – 23.

　　······ "Liang Shih-i and Communications Clique," *Journal of Asian Studies* (1970), no. 29: pp. 581 – 602.

Edmund S. K. Fung, Military Dimensions of the Chinese Revolution (1981)

Rebecca Karl, Staging the World: Chinese Nationalism at the turn of the Century (2002).

Jung Chang, *Empress Dowager Cixi: The Concubine Who Launched Modern China* (2013)

Roger Des Forges, *Hsi-liang and the Chinese National Revolution* (1973)

Rana Mitter, "1911: The Unanchored Chinese Revolution", *The China Quarterly*, no. 208: pp. 1009 – 1020 (Dec. 2011).

Edward J. M. Rhoads. *Ethnic Relations and Political Power in Late Qing and Early Republican China*, (2000)

Marianne Bastid-Bruguiere, *Educational Reform in Early Twentieth Century China* (1988)

　　······*L' Evolution de la Societe Chinoise a la Fin de la Dynastie des Qing*, 1873 – 1911.

Timothy Brook and Bob Wakabayashi, ed. , *Opium Regimes: China, Britain, Japan* (2000)

Lydia H. Liu, Rebecca E. Karl, and Dorthy Ko, ed. , *The Birth of Chinese Feminism* (*He-Yin Zhen*) (2013)

Sally Borthwick, *Education and Social Change in China: The Beginnings of the Modern Era* (1983)

Paul Bailey, *Reform the People: Changing Attitudes towards Popular Education in Early Twentieth Century China* (1990).

Lillian Li, *Fighting Famine in North China*, 1690 – 1990s.

Roger V. Des Forges edited, *States, Societies, and Civil Societies in Chinese History*

Timothy Brook & B. Michael Frolic edit, *Civil Society in China*. An East Gate Book press, 1997.

Shuyun Ma, "he Chinese Discourse on Civil Society." *China Quarterly* 137, 1994 (March): pp. 180 – 185.

Barbara Mittler, *A Newspaper for China: Power, Identity and Change in Shanghai's News Media*, 1872 – 1912 (2004)

Catherine Yeh, *Shanghai Love: Courtesans, Intellectuals, and Entertainment Culture*, 1850 – 1910 (2006)

Rudolf G. Wagner, ed. , *Joining the Global Public: Word, Image and City in Early Chinese Newspapers*, 1870 – 1910 (2008).

Joan Judge, *Print and Politics: "Shibao" and the Culture of Reform in Late Qing China* (1997).

"在乎山水之间"

——《清史·地理志》审改札记

姜 涛[*]

宋人欧阳修有言："醉翁之意不在酒，在乎山水之间也。"我在国家清史工程中的工作之一是担任新修《清史·地理志》的联系专家和一审审改专家，于《地理志》的审校费力颇多。《地理志》属于历史地理学的范畴。一位德国学者曾经说过："历史有两只眼睛，一只是年代学，一只是地理学。"[①] 我们的前人也有过"左图右史"[②] 的形象说法。在传统的四部分类中，地理是归类于乙部也即史部的。由此可见地图、地理之于历史研究的重要。《地理志》审改过程中的艰辛本不足为外人道，但学术上的一些收获、体会乃至疑问，还是有必要和大家分享、切磋，并请指正。现略择数条分述如下。

一 地理志怎么理？

《清史·地理志》主要记叙有清一代的政区沿革，兼及"地理之经纬，川渎之变易，交通之畅塞，市镇之布局，关驿之兴衰，以备一代地理之大势"。[③] 因而在某种意义上，"地理志"也可以称作"理地志"，即理顺、捋清以政区地理为中心的各种人地关系的要素。

---

① 转据石璋如等著《中国历史地理》下册，台北中国文化大学出版部，1983，第579页。

② 语出《新唐书》卷一四二《杨绾传》："独处一室，左右图史"，本意极言藏书之多。

③ 见《地理志》一审清稿《概述》原文，以下凡征引该稿者，不再一一注明出处。

（一）省级政区的排序问题

《地理志》首要解决的是政区的排序问题。政区排序，表面上看是个小问题，但在十分看重位次、位序，也即有着悠久"位文化"传统的中国，却也必须讲求，不容错乱。

清承明制。清代的中国政区，在明代政区的基础上，业已形成极其稳定的省（督抚辖区，以及与此相当的一级政区）、府（直隶厅、直隶州）、县（散州、散厅）等三级政区体系。

明代地方最高行政长官为承宣布政使，其辖区为承宣布政使司，但习惯上仍沿袭元代的行省而简称省。到了清代，布政使已不再是地方最高行政长官，而成为总督、巡抚的属官。因而清代的一级政区虽然也称省或行省，但却不是布政使司，而是督抚辖区。清代的督抚所设，在多数省份有所重叠，相互牵制。到了清末，有两种值得注意的现象：一是减少了各省最高长官督抚的重叠，督抚同城的现象已不复存在；二是边疆地区相继建省，除西藏、青海和内外蒙古外，都已纳入行省体制。

明代政区的排序，按《明一统志》所列，是先两京（京师、南京），然后是十三省，并按从东到西、由北而南的次第排序，即京师（又称直隶）、南京（又称南直隶），以及山西、山东、河南、陕西、浙江、江西、湖广、四川、福建、广东、广西、云南、贵州等十三承宣布政使司。[①]

《大清一统志》及《清史稿·地理志》，则是在明之两京（南京已改江南省，后又分为江苏、安徽二省）之间插入盛京（后为奉天、吉林、黑龙江三省），从陕西分出甘肃，将湖广分为湖北、湖南，并在内地省份之后缀以新疆、内外蒙古、青海、西藏等边疆民族地区，但内地各省的排序次第未变。

新修《清史·地理志》的一级政区含清末二十二省及1895年割让给日本的台湾省，再加上边疆民族地区的内外蒙古、青海、西藏。在承袭《明一统志》、《清一统志》及《清史稿·地理志》等习惯排序的基础上略有变通，其排序为：

直隶、奉天、吉林、黑龙江、江苏、安徽、山西、山东、河南、陕西、

---

① 顺便提一下著名陕北民歌《兰花花》中有"一十三省的女儿家就数兰花花好"的词句，由此可见这一民歌的流传已在清代以前了。

甘肃、浙江、福建、台湾、江西、湖北、湖南、广东、广西、四川、云南、贵州、新疆、蒙古（分为内、外蒙古）、青海、西藏（参见下表）。

省级政区及其排序

明一统志	乾隆续修 大清一统志	嘉庆重修 大清一统志	清史稿· 地理志	清史· 地理志
京师 （直隶）	京师	京师	—	—
	直隶	直隶	直隶	直隶
—	盛京	盛京	奉天	奉天
—	—	—	吉林	吉林
—	—	—	黑龙江	黑龙江
南京 （南直隶）	江苏	江苏	江苏	江苏
	安徽	安徽	安徽	安徽
山西	山西	山西	山西	山西
山东	山东	山东	山东	山东
河南	河南	河南	河南	河南
陕西	陕西	陕西	陕西	陕西
	甘肃	甘肃	甘肃	甘肃
浙江	浙江	浙江	浙江	浙江
江西	江西	江西	江西	福建
湖广	湖北	湖北	湖北	台湾
	湖南	湖南	湖南	江西
四川	四川	四川	四川	湖北
福建	福建	福建	福建	湖南
	—	—	台湾	广东
广东	广东	广东	广东	广西
广西	广西	广西	广西	四川
云南	云南	云南	云南	云南
贵州	贵州	贵州	贵州	贵州
	新旧藩蒙古	新疆	新疆	新疆

续表

明一统志	乾隆续修 大清一统志	嘉庆重修 大清一统志	清史稿· 地理志	清史· 地理志
	—	乌里雅苏台	内蒙古	蒙古
西藏	蒙古	外蒙古	
西域新疆	西藏	青海	青海
		西藏	西藏
		察哈尔	

（二）"省会乃督抚驻节之区"

省、府、县三级政区，分条叙事。省条叙事中，首重省会。省会又称会城、省城。按照雍正帝的定义，"省会乃督抚驻节之区"①，总督或巡抚驻扎在哪里，哪里就是省会。因而清代的省会，是不能以布政使驻地为准的。清初顺治朝及康熙朝前期，督抚驻节之地更多地考虑到军事形势的需要。康熙朝中期政局稳定后，督抚驻地乃与布政使驻地趋于一致。此后的省会，通常也是其辖区内的首位城市。不过此时依然有一些地方，因其特殊重要性而成为"准省会"，如江苏淮安的清江浦。

淮安府城，尤其是距府城十余里的清江浦，是黄河（1855 年改道前）与大运河的交汇处，清代以漕运总督驻淮安，督理东南七省漕运；以河道总督（后改称江南河道总督）驻清江浦，专理江南河道。康熙时有所谓"天下九督，淮居其二"的说法，由此可知清（清江浦）淮（淮安）地位之重要。

两江总督的常驻地为江宁府城，但因漕运河务的需要，又以清江浦为其临时驻地，甚至关防的交接，乃至安徽、江苏两省有关政务的处理，也每每在清江浦进行。至宣宗道光年间，两江总督之前往清江浦已成定例，上谕著闽浙总督仿效此例驻扎泉州：

> 谕军机大臣等：寄谕钦差尚书祁寯藻等。前据御史杜彦士奏，请将福建巡抚驻扎泉州弹压，当降旨令察看情形，据实具奏。兹据该尚

---

① 见《世宗宪皇帝圣训》卷二三；又见《清世宗实录》卷六一，雍正五年九月乙卯。

书等奏称，督抚均驻省垣，距漳泉几及千里，声息既遥，奉行遂懈，自须大吏亲往督办，以收实功。惟巡抚为通省刑钱总汇，政务较繁，势难兼顾。请效两江总督前往清江浦之例，令闽浙总督暂驻泉州等语。通省文武均归总督统辖，著邓廷桢于会办事件完竣后，亲赴泉州驻劄督办。嗣后每岁应行前往驻扎，由该督自行酌量，不必拘定何时，亦不必限以月日。余著照所议办理。①

清江浦地位之特殊，于此已可见一斑。

《地理志》的原稿中，不仅没有清江浦之类准省会的地位，甚至有些省仍沿袭明代，以布政使驻地为省会。有些省会城市的叙述，也很不确切。这些错误的或不确切的表述，都已作了订正。

如直隶之省会（省城），原文为："省城　本为保定，同治后常来回迁徙于保定、天津间。"

这种表述极不准确，也易引起误解。兹据史实改为："省城　保定府城。同治九年后直隶总督常驻天津，冬令封河后始返驻。"

（三）"神龙见首不见尾"的淮扬总督

清初顺治年间曾有淮扬总督之设，《清世祖实录》中曾多次提及，但康熙朝以后即记载缺失。清末时人们对淮扬总督已不甚了了。《清史稿·地理志》中于此语焉不详，或说淮扬总督"寻裁"，或将"淮扬"误作"淮阳"②。

弄清淮扬总督设置、辖区及其裁撤时间，显系新修《地理志》的重要任务之一。2009 年，笔者通过查阅《清实录》等史料，总算解决了这一问题。③ 相关的结论是：淮扬总督即漕运总督，于清初曾管理地方，即淮扬等处地方。④ 顺治六年（1649）凤阳巡抚裁撤后，漕运总督曾兼理凤阳巡抚事。十七年（1660），凤阳巡抚复设，漕运总督乃专督七省漕运事务，但其职衔中"总督淮扬等处地方"字样仍予保留，如以乾隆元年担任此职的补

---

① 《宣宗实录》卷三三二，道光二十年（1840）三月己酉。
② 见《清史稿》之《地理五·江苏》《地理六·安徽》。
③ 见拙著《清代江南省分治问题——立足于〈清实录〉的考察》，《清史研究》2009 年第 2 期。
④ 见补熙序，乾隆《江南通志》卷首，《文渊阁四库全书》（下简称《四库全书》）本。

熙为例，其职衔的全称为"总督淮扬等处地方提督漕运海防军务兼理粮饷兵部右侍郎兼都察院右副都御史"。晚清咸丰十年（1860）后，南河总督裁撤，漕运总督改驻清江浦，节制江北镇道以下各员，其权力等同各省督抚（南京时为太平天国所占）。光绪三十年（1904）末，漕运总督改为江淮巡抚，也即江淮省，即以驻地清江浦为省会，其辖区为江宁布政使司所属各府州。漕运总督前后管理地方的时间都不长，江淮巡抚存在的时间甚至更只有三个月，但于清代省级政区沿革，尤其于江苏、安徽二省，是很值得书写上一笔的。

省级政区的沿革，除总督的设置裁并及其辖区、驻地的变动外，巡抚的变动也很值得注意。如曾与江苏、安徽两巡抚鼎立的凤阳巡抚（辖境为今江苏省长江以北和安徽省包括合肥在内的北部地区），其驻地并不如某些人所想当然的在凤阳，而是在沿海的泰州（属扬州府），因其职能之一是海防事务（清代所修泰州的方志中，尚有巡抚衙门遗址的记载）。

省以下，府级、县级政区的置废变动，也都必须详加考订。新修《地理志》的做法是：省条的叙事中，除自身的沿革外，必须述及府级政区的沿革；府（直隶厅、直隶州）条的叙事中，必须兼及县级政区的沿革，等等。这样逐级梳理统绪，叙事详略互见，较为有效地保证了沿革地理相关内容的准确性（也因而发现和订正了不少问题）。这方面的例证很多，但都很琐细，兹不一一列举。

二　说说山与水

山水地理的研究，属于自然地理。新修《清史》中，自然地理的部分已划归《生态环境志》。《地理志》中仅有对山水位置、走向等的简要描述。尽管如此，原稿中依然有若干值得商榷推敲之处。

（一）关于山之内容

如福建省建宁府建阳县条记白塔山：

> 西北一百二十里白塔山，一名天灯山，山足跨崇安、邵武等数县，高数千仞。

有学者对此提出质疑。因为若仅以一千仞计，此山的高度即可达 2666 米。而东南沿海之丘陵地带，哪有数千仞之高山！经查地图，其实际高度仅为海拔 1553 米，与"数千仞"相去甚远。兹据其实际高度酌改为：高数百丈。

又如甘青交界之西倾山。

据甘肃巩昌府洮州厅条，原作："西南二百五十里西倾山，即《禹贡》之西倾，亦名嶅台山，外跨诸羌，内连列郡，为西南之祖山。"

而青海省条名山目中，原文作："西倾山，一名西疆山，又名嶅台山，藏语名为'罗插普喇山'，在洮州卫西南三百三十余里，绵亘千余里，凡黄河以南诸山以此为最大……"

两者所叙有矛盾。由于此山绵亘千余里，兹据原文所叙，两处均酌改为距洮州厅西南约三百里。又：洮州卫为业已废除之旧名，亦相应改为洮州厅。

再如陕西西安府富平县条之浮山，原文作："东北二十五里浮山。"

但据某富平籍学者告知：富平东北二十五里左右无此山，甚至东北方向根本无山。兹据乾隆《陕西通志》卷九原文改作："东北二十五里浮原，一名浮山。"就富平地形地貌言，"原"之较"山"庶几更为近实，此翁对此亦无异议。

安徽安庆府桐城县条中有关北峡山和北峡关的叙事亦颇费斟酌，原文："北四十里为北峡山，一名北峡关，与庐州府舒城界。"

经查相关史料，光绪《安徽通志》称："北硖山，……两崖相夹如关，又名北硖关"，则此关并非人为。又："硖"与"峡"义通，且均为现代汉语之规范用字。光绪《安徽通志》均作"硖"。《嘉庆一统志》记山作"北峡山"，记关隘作"北硖关巡司"。古史称此地为"夹石"，今地图（《安徽省地图集》，星球地图出版社，2009）在标记北硖山时亦作"硖"而不作"峡"，则此字宜统一作"硖"。此处已改为："北四十里为北硖山，一名北硖关，与庐州府舒城界。"同页的北峡关巡检司，亦据《嘉庆一统志》原文改作北硖关巡检司。

（二）关于水之内容

与山形在人类历史时期状貌很少变动的特点相反，水的属性是变动不居的。我在审校中对水的表述亦有一些订正。

如江苏镇江府丹阳县条，原文：

> 练湖在县城北一百二十步、运河以西，自唐以来率多引湖灌河以济漕，旧称湖周八十里，已多淤垫为民田，阔仅周十里有奇。

按："阔"与"周"，一为横宽，一为周长，并非同一概念，光绪二十一年（1895）《江苏全省舆图》于此湖的描述作："周回四十里"，按径一周三匡算，与阔"十里有奇"约略相当，因酌删"周"字。此句已改为："练湖在县城之北，运河以西，……阔仅十里有奇。"

又如四川重庆府綦江县条，原文："羪溪，一名夜朗溪，自贵州遵义府桐梓县流入境。"

但据贵州遵义府桐梓县条，原文作："松坎河，即綦河上源，自正安州西流入界，折北合鹿角山、后溪、夜郎、坝木、瓜庙诸水，入四川重庆府綦江县界。"此地古有夜郎国，显然"夜郎"为正字。綦江县条的"夜朗溪"因据改为"夜郎溪"。

再如，西藏"大川"目下记怒江，蒙古语作"喀喇乌苏"，藏语作"鄂宜尔楚"；又记地名"喀喇乌苏"，但藏语作"那曲"。两处喀喇乌苏，藏语称呼却不同。考蒙古语"喀喇乌苏"意为黑水，藏语正作"那曲"，为怒江上游；此水出卫地入康后，始称"鄂宜尔楚"（藏语，含义待考）。因而对怒江条作了适当补充，以免误会。

另有所谓故黄河堤、苔大纵湖、致和塘、洮湖等，我曾向《地理志》作者提出质疑或考订，相关作者也已据改为黄河故道、大纵湖、至和塘、长荡湖等，兹不赘述。

（三）与山水有关之地名

以丘为地名的例子。

中国的古地名中往往有丘字，乃是因为先民以山丘为居民点之故。但清代雍正三年（1725）之后，地名中已无丘字。《地理志》一些作者于此不察，往往弄错。

如山东济南府章邱县条，县名："章邱"。但同页邹平县条，及本省其他提及"章邱"之处却均作"章丘"。

经查雍正三年十二月的《清世宗实录》：

　　礼部等衙门遵旨议覆：先师孔子圣讳，理应回避。…… 得旨：……嗣后除四书五经外，凡遇此字，并用邱字。地名亦不必改易，但加偏旁，读作期音。①

　　这一避讳的规定，遵循得极为彻底，清代雍正以后的文献中，地名已不再有"丘"字。为此，本条此处的原文酌改为："章邱……原作章丘，雍正三年避孔子讳，加偏旁为邱。"

　　在《地理志》的审改中，"丘"一般均改作"邱"，仅在如下场合予以保留：一是文中出现"丘陵"等非地名的地理术语；二是述及雍正三年之前的地名，且强调已于雍正三年改名。如直隶河间府，其任邱县条述及本作任丘，雍正三年因避孔子讳而改作任邱，但府条却仍作任丘，因酌改为：

　　顺治初因明制为河间府，领属州二、县十六，河间、献、阜城、肃宁、任丘、交河……雍正……三年以青县、静海二县改属天津直隶州，改任丘为任邱。

　　以水为地名的例子。

　　四川雅州府荥经水及荥经县的正名问题。四川雅州府荥经县，《地理志》原稿中一直作"荥经"，但 2012 年 12 月 10 日交来的合成稿中突然径改为"荥经"。其水，即"荥水""荥经水"也改为"荥水"、"荥经水"。相关的改动当然是对的。问题是作者又将详注本中所有作"荥经"的原始资料都径改为"荥经"。这种改动却又是错误的了。因为清代官方的一些文献，包括《清实录》《一统志》，乃至《四库全书》中所收的若干重要文献，于"荥经县"往往都作"荥经县"。

　　考荥经之设县，始于唐代，其名源于流经该县的荥经二水。其后除元末明玉珍统治时期曾短暂将其省入严道县外，一直独立设县。荥经县今仍存在，属雅安市，县政府驻严道镇。"荥"字其下为水而非木，读作 yíng。查《清实录》纸质影印本原文，有多处将荥经写作荥经，尤其是《清世宗实录》卷八〇，雍正七年四月辛巳条，吏部同意四川巡抚奏请将雅州升府的议覆，其属县荥经即赫然写作荥经。再查清代乾隆年间武英殿刊刻的

―――――――――

① 《清世宗实录》卷三九，雍正三年十二月庚寅。

《二十四史》，自新旧唐书之下，荥经也每作荣经（见上海古籍出版社 1986
年影印本《二十五史》），《四库全书》所收之《二十四史》亦复如是。而
谭其骧主编的《中国历史地图集》（第 8 册），四川省图于清代地名作荣经，
今地名作荥经。这一处理方式显然也是认可了清代官书中的错误（参见下
图）。

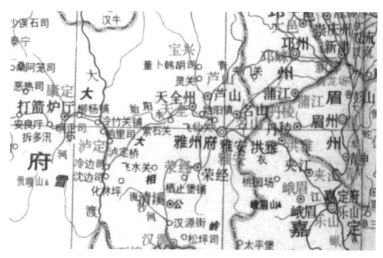

《中国历史地图集》（第 8 册）之四川省图（局部）

　　问题是，将荥经误作荣经，只是清代部分官书中的错误（武英殿本
《二十四史》亦为清代乾隆年间刻本），即使《四库全书》乃至《清实录》
中，也依然正确地写作荥经者。如《四库全书》所收元人黄镇成《尚书通
考》卷七称"雅州荥经县"，可见元代之地名不误；所收清人《皇朝通志》
卷五五追谥明代忠节，明确记有"荥经知县黄儒"，可见明代之地名亦不
误。《四库全书》所收清人秦蕙田《五礼通考》卷二三记雅州荥经县亦不
误。其原文曰："案：《水经注》引郑说云和夷所居之地，和即和川水，在
今四川雅州荥经县。《寰宇记》谓荥经县北九十里有和川水，从罗岩古蛮州
来也。"作为对比的是：《四库全书》所收之《太平寰宇记》已将荥经误作
荣经，又将"和川水在县北九十里"句漏一"北"字而作"和川水在县九
十里"。而秦蕙田所见之原书于此均不误。可见"荥经"之误作"荣经"，
以及漏抄一"北"字，乃《四库全书》编纂者或抄录者所为。经查《清实
录》所附《宣统政纪》卷四八，宣统三年正月庚申条，赵尔巽奏中有"荥

经县知县梦祥"云云，于此又可知晚清四川地方当局于荥经县名亦不误。

　　因而我的结论是：新修《地理志》中荣经、荣水、荣经水均宜改作荥经、荥水、荥经水。但对清代官书中的有关错误，也必须有清醒的认识。

三　乌第河究竟在何处？

　　这是从经纬度的查考发现的新问题，因此还是先从经纬度说起。

（一）关于经纬度的问题

　　清代自康熙至乾隆年间曾数次大规模地对内地各省份及东北、西北、西南等边疆地区进行大地测量，并在实测众多控制点经纬度的基础上编绘了康熙《皇舆全览图》《雍正十排图》《乾隆十三排图》等三种全国总图。但几种《大清一统志》，尤其是各省《通志》并没有很好地利用这些实测的经纬度数据，而是沿袭了传统的分野区划（其中仅《嘉庆志》于伊犁等边远地区列出了北极高度和以京师子午中线为基准的经度数据）。这一状况，直到清末同治、光绪年间才有所改变。在此时纂修的一些省份的《通志》已不厌其详地列出了各府县治所的经纬度数据。嘉业堂钞本《清国史·地理志》（其底本为光绪《皇朝地理志》），也已列出各府级政区治所的经纬度。

　　这一变化也反映到《清史稿》的纂修中。《清史稿·地理志》中，凡府级政区（包括直隶厅、直隶州，内蒙古各部到旗一级，外蒙古、青海等到部落一级）均列出其治所的纬度（称作北极高度，或北极出地高度）和经度（以通过京师的经线，也即东经 116°24′ 为子午中线的东西经度，称作京师偏东或偏西度），若干省级政区还列出了本省区南北至的北极高度和东西至的东西经度（与京师中线的偏东偏西度），全志共计列有经纬度数据 430 组（其中个别组的经度漏载）。

　　新修《清史·地理志》不再沿用传统地理根据星宿和《禹贡》对全国政区作出的分野区划，而是仿效《清史稿·地理志》的做法，列出各府级政区（含直隶厅、直隶州）治所的经纬度，这一做法值得肯定。但撰稿者一开始只是照抄了《清史稿·地理志》的数据，甚至有漏抄、错抄的现象。而《清史稿·地理志》本身也有手民误植的错误。如直隶大名府的纬度，应为北极高"三十六度二十一分三十秒"，《清史稿·地理志》错作"三十度二十一分三十秒"，考其纬度，已与浙江首府杭州相埒。又如贵州首府贵阳的纬度，《清史稿·地理志》作"北极高九度五十二分"，一看即知是其经度"京师偏西九度五十二分"的重复误植。在排除了这些抄录排版过程中的"二手"错误之后，可以看出《清史稿·地理志》的经纬度数据应是和《乾隆十三排图》等实测全图的经纬度数据一脉相承。而这些建立在实测基础上的数据，经笔者与量算所得的今值相较，纬度误差为0者计31处，经度误差为0者计11处。而经纬度全无偏差者，实际上仅有1处，也即京师的中心点所在，其北极高（纬度）为39°55′，子午中线相当于东经116°24′。而在今天的卫星地图上，这两个坐标值所对应的交点，正是故宫的太和殿。

其他各处的经纬度或多或少均有误差。在全部可资比较的344组经纬度数据中，纬度最大误差在1度左右，经度最大误差超出3度。而从总体上看（按绝对值的平均值计），也依然是经度误差大于纬度误差：纬度平均误差为6.06分，经度平均误差为11.96分。具体地说，纬度较今值偏高（也即偏北）者计202组，平均偏高6.19分；纬度较今值偏低（也即偏南）者计101组，平均偏低7.65分。经度较今值偏东者计146组，平均偏东11.75分；经度较今值偏西者计177组，平均偏西12.80分。而按地区划分，则是边远地区误差大于内地省份误差。以上的结论与汪前进在对《乾隆十三排图》进行定量分析时所得结论大体上是一致的。[①] 造成上述测算误差的原因，也正如汪前进所指出的：

> 造成测算值误差的主要原因受限于当时的天文大地测量理论与方法发展程度。当时用来测量经度的主要方法是观测月食和木卫掩食，而以前一种精度为高；用来测量纬度的方法主要是观测太阳正午高度角和北极星高度，而以后一方法精确。[②]

（二）乌第河究竟在何处？

正因为对经纬度的系统研究，笔者发现了一个与经纬度量测有关，但

---

① 参见汪前进《乾隆十三排图定量分析》，载曹婉如等编《中国古代地图集（清代）》，文物出版社，1997，第113~119页。

② 汪前进：《康熙、雍正、乾隆三朝全国总图的绘制（代序）》，载汪前进、刘若芳编《清廷三大实测全图集》，外文出版社，2007。

更与清代历史疆域有关的重要问题。这就是《中俄尼布楚条约》所谓"兴安岭与乌第河之间诸川流及土地"，也即未定界待议地区究竟在何处？具体地说，乌第河究竟在何处？我在查询《清圣祖实录》有关实测"北极高"的史料时，发现如下史料：

> 礼部议覆："钦天监奏称：东至野索，西至雅尔坚地方，自北极高四十四度之巴尔库尔河，以至北极高六十八度之武地河等处，皆宜增衍历书，照四十四度之表式，推至六十八度，进呈御览。应如所请。"从之。①

这条史料从未见别人引用。其特点是四至之地十分清楚明晰。武地河应即是《中俄尼布楚条约》所提及的乌第河，但此河不在外兴安岭以东，也即《中国历史地图集（第8册）·清时期》所示的位置，而是远在其北，即所谓北极高68°。北极高68°究竟是什么概念？也就是已延伸至北极圈的范围内了。

钦天监的数据应来自清政府所组织的对东西伯利亚地区的大地实测。其可信度是无可置疑的。明乎此，我们对沙俄在相当长的时间内始终不敢越过勒拿河以东这一史实就会有一清楚的认识，即所谓中俄待议地区要远比《中国历史地图集（第8册）》所划的范围大得多！辽宁省社会科学院的刘远图在《早期中俄东段边界研究》（中国社会科学出版社，1993）一书中早已提出过对中俄待议地区的不同看法，但始终未能为主流意见所接受。联系到上述史料，应该对这一问题有新的认识、新的突破了！

囿于时间和精力，也出于慎重对待史料，我在《清史·地理志》中只对提及《中俄尼布楚条约》的部分作了修订。

《中俄尼布楚条约》中有关边界走向及未定界问题，见黑龙江省辖境条：

> （康熙）二十八年，与俄罗斯签订《尼布楚条约》，约定：西自安巴格尔必齐河口，溯源而北，循外兴安岭东抵乌第河入海口，凡外兴安岭迤北属俄，其迤东迤南之地皆属中国，外兴安岭与乌第河之间为

---

① 《清圣祖实录》卷二一一，康熙四十二年三月庚午（1703年5月10日）。

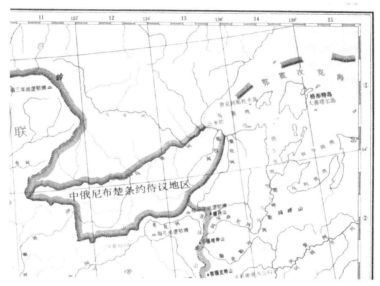

《中国历史地图集》（第8册）相关地图

待议地区，并在安巴格尔必齐河东及额尔古纳河西两地立有界碑，以垂久远。

这一表述不准确，也与相关史实不一致。因查条约原文，根本未提及循外兴安岭"东抵""乌第河入海口"云云。兹据条约原文的表述修改为：

> 康熙二十八年，与俄罗斯签订《尼布楚条约》，约定：西自安巴格尔必齐河口，溯源而北，循外兴安岭至海，凡岭阳河道皆属中国，岭阴河道属俄罗斯。乌第河以南、外兴安岭以北中间所有地方为"暂行存放"的待议地区，并在安巴格尔必齐河东及额尔古纳河西两地立有界碑，以垂久远。

期盼有人对这一问题作更为深入的研究。

从民间传说看近代中国穆斯林的皇帝观

——以《回回原来》为中心

〔日〕山崎典子[*]

一　本论的目的

19 世纪后半期，由于欧美列强的侵略与太平天国等国内乱象，清朝的统治体制开始出现衰退迹象。20 世纪初叶，汉族知识分子、政治家就新的国家体制与爱国主义应有的状态、满汉关系、"民族"等新概念等一系列问题展开了侃侃谔谔之论。汉族以外的族群集团也不例外。尤其是被历代政权认为属于汉人的宗教集团，即一般被称作回民的使用汉语的穆斯林（相当于现在的回族）上层人士就中国伊斯兰教的"历史""民族""宗教""教育"等主题展开了颇有意思的讨论。当时穆斯林精英发行的定期刊物中，最著名的是名为留东清真教育会的留日青年穆斯林团体于 1908 年在东京创办的《醒回篇》（阿拉伯语的标题是 *Istīqāz al-Islām*）。如今许多学者已经从各个角度对留日穆斯林学生的活动与《醒回篇》进行了研究。作为穆斯林创刊的第一份期刊，《醒回篇》被作为理解近代中国穆斯林的国家观和历史认识的无双史料。然而，由于其在创刊号发行后就停刊了，可以说它并不能代表在 20 世纪初叶的穆斯林知识分子的言论。因此，本论以《回回原来》等各地的穆斯林社会长期以来流传下来的民间故事为主要资料，试图阐明近代中国穆斯林的国家观和历史观之未知的一面——特别是他们如

---

* 山崎典子，东京大学研究院综合文化研究系博士研究生。

何认识历代中国政权与位于权力顶峰的皇帝。

《回回原来》是一部在讲汉语的穆斯林之间家喻户晓、影响深远的著作，是讲述关于伊斯兰教传入中国传说的文字化资料。该传说普遍被认为是清朝初期著名伊斯兰学者刘智（约 1655～1745）之父刘三杰所编纂，但关于成书年代，亦有"大清康熙岁次壬寅仲夏"（即 1662 年）、康熙三十六年（1697）（李编，1985）等各种说法。其背景则如后所述，存在数种版本，各版本因刊发的日期和地域不同，所以在记述上也有出入。关于《回回原来》的成书过程和叙述倾向，许多学者在文学研究、神话研究方面已发表有详细的成果（马，1987；哈，2005；钟，2009）。除此之外，Ma（Ma，2006）通过分析《回回原来》等民间故事的历史背景指出这些传说反映了清朝征服新疆的事实。本文将对先行研究（以回族为重点）中并未言及的事实，与清末新疆突厥语历史书中提及的该传说的内容进行对比，考查这二者之间的记述差异。同时以此为起点，本文将近代穆斯林的网络、对辛亥革命的回应，以及他们的国家观和历史观作为研究目的进行讨论。当然，如同许多学者指出的一样，一般来说，民间传说未必能正确反映史实。实际上，关于下文将要介绍的《回回原来》中的内容，也被许多研究中国伊斯兰历史的中华民国时期的回民学者批判其与史实有分歧（钟，2009）。然而，比起单单指责民间传说的谬误和一味否定其史料价值，笔者认为更具建设性的方法是调查传说流传下来的含义，这样可以了解当时人们的世界观。

而且，在笔者所能确认的范围内，《回回原来》存在数种版本，本文所使用的版本如下。第一，为《回族典藏全书》第 63 卷所采录的两个版本（1894 年版、清代手抄版）。前者的卷末记载着"光绪甲午年重抄奉求山东莱州府□县鲍闲廷老先生代笔"，而后者的准确刊行年代地域则不明。第二，为日本大阪大学外国学图书馆所藏版本（1919 年版），根据封面记录，为民国八年（1919）北京牛街万全书局发行，虽然上面写着著者为将佛教和儒教用于阐述伊斯兰教义的回儒先驱人物，被称为中国伊斯兰之父的王岱舆（约 1590～1657），但其本意不明。第三，为美国哈佛大学燕京图书馆所藏的两个版本（1927 年版、1930 年版）。两者均为位于北京穆斯林聚居地牛街的清真书报社发行，是中华民国时期在中国各地实施对回民传教活动的美国基督教传教士 Claude Jr. Pickens 藏书群 Pickens Collection 的一部分（该收藏详见，村田，2000）。

二 《回回原来》的内容和再版

关于中国伊斯兰传来的历史定论，大概有以下几种（田坂，1964 等）：永徽二年（651），大食国（现阿拉伯半岛）使者来夏，阿拉伯裔、波斯裔商人在宋代中国南部各都市定居。到了元代，中亚的色目人开始活跃于政坛。在明代，外来的穆斯林和土著进行通婚，形成了现代回族的直系祖先群体。另有，中国新疆于 10 世纪的喀喇汗王朝，14 世纪的察合台汗国时期分别进行了伊斯兰化，到 16 世纪初，伊斯兰教已经广泛普及。

另外，虽然《回回原来》据版本不同记述略有差异，但伊斯兰教传入中国的经过大致如下：唐贞观二年（628）三月十八日夜，唐王梦妖怪入宫被"西域缠回"所退，即向西域"天方国"派遣使节，觐见当地的圣王、先知穆罕默德，召穆罕默德重臣"缠头人"（宛葛思为首三人）平妖。除宛葛思以外的两人于前往唐途中病亡，宛葛思受命退妖，并对唐王晓以伊斯兰教义。唐王对伊斯兰教的"两世之道""天外之天"称赞不已，感叹曰："清真可谓正教"，敕封宛葛思"钦天监"之职。并为独居异国无依无靠的宛葛思调 3000 穆斯林士兵移居大唐，同时派遣 3000 唐兵常驻西域。综上内容，《回回原来》主要涉及的时代是唐代，这应该是其以"唐记"作为副标题的理由（1894 年版）。全书由 12 段构成，唐王与"西域缠回"采用吟诗体对话，也就是"诗话"的形式。因为含有平妖治怪的神魔色彩，一些先行研究也指出《回回原来》与《西游记》《封神演义》具有类似性（马，1987）。而且，由于版本不同，1919 年版以后的版本，将前文所说的王岱舆和佛教僧侣的教义问答、名为"王公岱舆谈道记"的章节毫无征兆地插入卷末（1919 年版：12 下 ~ 14 上；1927 年版：15 上 ~ 17 下；1930 年版：44 ~ 52）。由于通常王岱舆的事迹并不会被记入《回回原来》，所以这有可能是出版该书的回民知识分子借王岱舆之名的贴金之举。

有趣的是，《回回原来》的文字资料重复再版的时期（1894 ~ 1930），正好与回民内部发起的寻根认祖，"爱国爱教"情绪高涨的时期重叠。实际上，清末至中华民国期间，关于伊斯兰教传入中国的历史书中也数次提及《回回原来》。例如，主张回民形成单独民族的"回教民族说"的提出者金吉堂，在其著作《回教民族史研究》中，引用了张亮丞和张援庵的《回回原来》内容并非史实的观点，并最终得出了伊斯兰教于唐贞观二年（628）

传入中国的结论（金书：22～27 页）。另外，著名的达浦生阿訇在其著作
《伊斯兰六书》中断言，《回回原来》的年代有误。尽管如此，至少在 20 世
纪初的穆斯林社会，已经有人将《回回原来》视作史料。例如，根据清末
在中国旅行的俄罗斯鞑靼人乌拉玛·阿卜杜拉·伊布拉西姆（Abdürreşid
İbrahim，1857～1944）的说法，中国的穆斯林认为在大量的中国伊斯兰书
籍中，正是《回回原来》讲述了非常详尽的历史。而当时以北京牛街为据
点，伊布拉西姆所采访的穆斯林，据推测是他在北京的介绍人中国伊斯兰
文化运动的中心人物王宽阿訇。20 世纪前半期在中国活动的英国基督教传
教士 Marshall Broomhall（1866～1937）也留下了记录。他说 1910 年时许多
穆斯林相信《回回原来》这个故事。

　　这样，虽然对于《回回原来》在内容上是否为史实仍有分歧，但毫
无疑问，在 20 世纪前半期，《回回原来》在穆斯林知识分子中已经有一
定的分量。而且，在中国各地进行过关于伊斯兰教传入中国传说的口头文
艺的调查（马，1987），调查显示：《回回原来》及与其类似的传说（《宛
葛思的故事》《西域回回》《回回的来历》等）在云南、宁夏、甘肃、新
疆等地已被确认有十六七种之多。其中，《西来宗谱》在清代后期被文字
资料化，常常用来与《回回原来》做对比。初刻本是光绪二年（1876）有
去麦加朝圣经历的云南人马启荣在广州怀圣寺做阿訇之时，从当地的民间
传说中整理并刊行。笔者并未见过。而且，《回族典藏全书》第 35 卷中收
录的光绪八年（1882）的复刻本（1882 年版），以及哈佛大学燕京图书馆
收藏的民国七年（1918）的版本（1918 年版、卷末印有"江苏镇江城西大
寺"）已经被确认。《西来宗谱》的内容中，虽然"回回"于唐贞观二年
（628）来到中国这一点与《回回原来》类似，但挽个士（宛葛思）来华的
目的并非除妖，而是传播伊斯兰教。就像钟亚军（钟，2009：45）指出的
一样，比起讲述受唐皇帝之命除妖降魔的《回回原来》，《西来宗谱》则强
调了伊斯兰教传入中国的适当性和必然性。然而，究竟以《回回原来》和
《西来宗谱》为首的民间传说是各地回民社会自发的口口相传，还是由于近
代以后出版媒体的发达而导致在回民形成"想象共同体"的过程中的有意
扩散，就不得而知了。但是，从与《回回原来》内容几乎相同的清末新疆
突厥语历史书来看，至少该传说对新疆操突厥语的穆斯林有一定程度的
影响。

三　对新疆的传播

这里所说的突厥语历史书，即新疆历史学家毛拉·穆萨·赛拉米（Mulla Musa Sayrami）的代表作《安宁史》（*Tarikh-i Amniyya*，1904）。该书记述了以 19 世纪后半期穆斯林叛乱为中心的历史，得到了后世的高度评价。作者以东干人（新疆操突厥语穆斯林对回民的称呼）的传闻，如下介绍了伊斯兰教传入中国的经过：

> 中国皇帝 *Hakan-i Çîn* 过去皆为穆斯林的事实。东干人移居到了中国皇帝的国家经过。中国人和东干人发生了纷争，中国皇帝的国家 *dölet* 被殃及的情况。［…］在过去，中国有一位公明正大勤政为民的［人物］*Tang Wang*［=唐王？］做了可汗。有一天，可汗夜晚梦见一条龙出现在宫殿，盘在柱上，欲将可汗吸入腹中。这时，在上面出现一位身着绿色大袍 *chapan*［=长衣］缠着白色头巾的威严人物。他持杖击打了龙一下。龙顿时变成两截气绝身亡。可汗突然惊醒。翌日，可汗召集大臣和宫中官吏，把梦里见到的事情细细道来，命众人解释。［…］大臣中有一位贤者说道："近日在吉卜拉的方向正有一位与陛下梦中相似的人物出现，自称为先知。应该就是陛下梦中见到的那个人。可派人将他请来。"可汗表示同意，并准备了大量的丝绸、茶叶和礼物，在官员中选取一名有能力、值得信赖的人做先锋，给予许多金银作为路费让他把［自称先知的人］请回来。这些［人］从一个帐篷［=地方］到另一个帐篷，从一座镇子到另一座镇子，在长途跋涉之后，终于见到了可汗梦中的人物，也就是最后的先知穆罕默德。使者详细的说明了情况，并告知了来到此地的理由和目的。［…］中国皇帝的使者们将宛葛思 *Vakkâs* 和剩下的 8 人带到了可汗的都城附近时，可汗派人到他们面前以礼相待，并把他们带入城中接见。然而，可汗却非常失望地说道："朕期待的本尊并没有来。"之后，［可汗］就关于皈依并成为穆斯林的是非对错与大臣们进行了商榷。可汗的 12 名大臣中，有数名赞成成为穆斯林，也有数名反对。然而，可汗瞒着大臣们进行了皈依，享受了成为穆斯林的荣誉。［…］数年后，可汗驾崩。他的儿子继承了汗位。之后的几代子孙也继续发展伊斯兰教。但是，最后一

位可汗偏离了正途而回归了原来的宗教。宛葛思也逝世了（那座麻扎
［=圣者庙］非常有名）。

这里值得注意的是，毛拉·穆萨（Mulla Musa）明确记载着唐王和他的
子孙皈依了伊斯兰教。而且，在数年后发表的史书《安宁史》增补修订版
以及有一定地位的《哈米德史》（*Tarikh-i Hamidi*）中，作者也在该章节中
做了同样的叙述。

另外，内地重复再版的《回回原来》和《西来宗谱》中，虽然也强调
了唐王理解、保护伊斯兰教，但根据"缠头吟咏有意提醒唐王奈唐王只有
今世洪福后世福无分没以妈尼［意思是信仰，阿拉伯语的汉语音译］全
不追思此言内有何意见"（1894 年版：24 上），得出了唐王并未皈依伊斯兰
教的结论。其他的版本也得出了一样的结论："缠头吟诗有意提醒（台头）
唐王只有今世私福后世清福无分别以妈呢全不追思此言内是何意见"（1919
年版：11 下）、"缠头吟诗有意提醒唐王只有今世私福后世清福无分别以吗
尼全不追思此言内是何意见"（1927 年版：14 上）、"缠头吟诗、有意提醒
唐王、惟唐王无依吗尼之真光、故未能入教、诚可惜也！"（1930 年版：
41）。如此，《安宁史》与《回回原来》描述了不同的唐王形象与中国皇帝
形象。其中有几个原因，可能是因为新疆的回民与内地的民间传说不尽相
同，也可能只是 Mulla Musa 对回民的口述内容有误解。然而，由于作者听
命于清朝，之所以援引说汉语的穆斯林的民间传说，有强调非穆斯林对新
疆进行统治的正当性的意图。

四 穆斯林的辛亥革命

当时，承认清朝对新疆统治的操突厥语穆斯林，并非只有 Mulla Musa
一人。1910 年，据在俄罗斯奥伦堡发行的穆斯林杂志 *Vaqit* 报道称，当时中
东流行的是"哈底斯"中呼吁"爱国爱教" ḥibb al-waṭan mina l-īmān 的章
句。而且，1912 年 5 月下旬，在克里米亚的巴赫支沙莱发行的土库曼报纸
上，介绍了喀什和伊宁的穆斯林反对共和制，并希望清朝恢复对新疆的统
治。这些杂志和报纸的读者，正是 20 世纪初在新疆开展教育及社会活动，
也就是新式教育 *Usul-i Jadid* 的突厥语穆斯林（大概相当于现在的维吾尔
族）知识分子，他们偶尔也会向这些媒体投稿，抒发己见。前文所说的

Vaqit，在 1913 年进行了如下报道：

> 中国政府，关于选举北京议会代表一事，对喀什附近的穆斯林进行了数次公告。进一步，北京的穆夫提 Van Ahun "Abd al-Rahman 和北京伊斯兰教协会会长 Abū Bakr Ahun 也围绕此事对喀什［的穆斯林们］写了数封书信，这些书信给予了喀什的穆斯林们很大的影响，最终成为［他们］行动的契机。

这封书信，很有可能是由 1912 年成立的中国第一个全国性穆斯林组织中国回教俱进会为了呼吁赞同"五族共和"和为国尽忠而向新疆各地的突厥语穆斯林当权者发送的。Van Ahun "Abd al-Rahman 和 Abū Bakr Ahun 据推测分别是受到设立该会的中心人物王宽、中国回教俱进会会长马邻翼的指示。这样，辛亥革命期间，以王宽为首的回民精英，为了提高因 19 世纪后半期在云南、西北发生穆斯林叛乱而衰落的穆斯林的地位，在与孙文、黄兴接触的同时，也积极请求新疆的穆斯林协助国家（山崎，2011）。那么，如同片冈一忠说明的一样，清末民初的新疆进行了教育、军事方面的改革。1912 年 6 月，新疆全省正式承认共和的同时，杨增新就任新疆总督。辛亥革命的末期，乍一看为新疆带来了和平的局势。然而，操突厥语穆斯林民众由于对清朝官僚和统治者的压榨感到不满，在清末民初期间不断揭竿而起（片冈，1991：307～365）。这样，虽然不知道穆斯林民众是否对共和制抱有期待，但至少穆斯林知识分子中有人表明支持共和制。但另一方面，也有人在中华民国成立后仍希望清朝复辟对新疆的统治。关于新疆的操突厥语穆斯林如何应对辛亥革命，今后仍有讨论的余地。而且，关于本文涉及的《回回原来》和与其类似的民间传说，在新疆的回民和操突厥语穆斯林之间被怎样认识和理解，有必要进行更加详细的调研。然而，就著名的历史学家毛拉·穆萨（Mulla Musa）在继续承认清朝统治时期将回民的民间传说《回回原来》进行脱胎换骨的改写这一点来说，无论从对执政者时时尽忠的操突厥语穆斯林的"盐的义务"（滨田，1993）的理想状态上，还是从民间传说的影响力上，都可以说是一个有趣的事实。

让我们再回到《回回原来》的内容，1919 年北京牛街发行的版本中，突然出现了美化康熙皇帝的记述。比如，有章节提到康熙皇帝向其重臣、青海出身的穆斯林马进良（？～1717）赐赠书籍《回回原来》。

大清康熙皇上自口外驾还到马总兵衙门歇宿一夜君臣相谈讲论道
理问曰你回回之道亦知明命之意么对曰臣不知不敢妄奏又问为又名清
真对曰臣亦不知又问曰为何自西域来中国始于何代因何缘故对曰臣更
不知（台头）皇上曰朕有一本书取来你看你自晓得急取书赐。

（改行）马进良总兵曰臣不识字愿受此书令通字意讲解而敬知（台
头）皇上甚喜嗣后来马总兵将此书差人抄写一本送与怀庆府间定国总
兵素系恪守教规者一见此书遂留门下乃知回回原来之根也。

这与康熙三十六年（1697），康熙御驾亲征噶尔丹汗统率的准噶尔时，
将《回回原来》惠赠"回教徒总兵马某"的传闻一致。而且，书中接着记
载了康熙三十三年皇帝下达的保护回民的诏书内容：

康熙三十三年六月奉（欠字）上谕朕评汉回古今之大典自始之宏
道也七十二门修仙成佛诱正归邪不法之异端种种生焉已往不咎再犯者
斩汉诸臣分职时享君禄按日朝参而回逐日五时朝主拜圣并无食朕俸亦
知报本而汉不及于回也通谕各省如汉官因小不忿借端虚报回民谋反者
职司官先斩后奏天下回民各守清真真不可违命勿负朕恩有爱道之意也
钦此钦遵。

这与"回民奸细案"，也就是因回民窝藏噶尔丹汗派往北京的操突厥语
穆斯林间谍，而引发的谴责回民事件发生时，皇帝下达的诏书内容相一致。
就算这些关于康熙皇帝的记述与史实并不一致，但1919年版《回回原来》
的编辑者，对于宽待回民的康熙皇帝（余，1996：169~171），是抱有善意
的态度的。这一点对理解回民对清朝的评价方面富有启发。

五　结语：民间传说与历史的关系

本文以《回回原来》等各地的穆斯林社会长期以来流传下来的民间故
事为主要资料，试图阐明近代中国穆斯林的国家观和历史观之未知的一
面——特别是他们如何认识历代中国政权与位于权力顶峰的皇帝。虽然
《回回原来》存在各种版本，且版本间记述有出入，但各版本共通的内容
是，唐朝皇帝虽然理解了伊斯兰教义最后却并没有皈依伊斯兰教。在中国

属于绝对少数派的穆斯林，在高度评价康熙皇帝等历代执政者的同时，却又不得不接受活在非穆斯林的统治下的现实。

然而，毛拉·穆萨（Mulla Musa）的历史书在援引这段民间传说的同时，却阐述为皇帝改变了宗教信仰，其子孙也信奉了伊斯兰教。清朝同蒙古、西藏的关系，被说成是和文殊菩萨化身的清朝皇帝、佛教团体的施主关系（中见，2002）。至少毛拉·穆萨（Mulla Musa）认为清朝皇帝是穆斯林的后裔。因此，即使皇帝不是穆斯林，他对居住着众多穆斯林的新疆的统治依然具有正当性。这样一来，可以说民间传说有时也会作为"历史"，被政治所利用。

史料

《回族典藏全书》全 235 卷，甘肃文化出版社、宁夏人民出版社，2008。

《月华》1929～1948，北京等。

《正宗爱国报》1906～1913，北京。

İbrahim, Abdürreşid. 1910. *Âlem-i İslâm ve Japonya" da İntişâr-i İslâmiyet.* : Istanbul.

Sayrami, Mulla Musa. 1904. *Tārīkh-i amniyya* (N. N. Pantusov edition): Kazan.

Tercüman, 1883 – 1918：Bahçesaray.

Vaqit. 1906 – 1918：Orenburg.

参考文献

安藤潤一郎「中華民國期における『中國イスラーム新文化運動』の思想と搆造」堀池信夫他著『アジア遊學 129：中國のイスラーム思想と文化』勉誠出版、2009。

王柯『20 世紀中國の國家建設と「民族」』東京大學出版會、2006。

大石真一郎「テュルク語定期刊行物における『ウイグル』民族名稱の出現と定着」『東歐・中央ユーラシアの近代とネイションⅡ ［スラブ研究センター研究報告シリーズ］』北海道大學スラブ研究センター、2001。

大塚和夫・小杉泰・小鬆久男・東長靖・羽田正・山内昌之編『岩波イスラーム辭典』岩波書店、2002。

片岡一忠『清朝新疆統治研究』雄山閣出版、1991。

田坂興道『中國における回教の伝來とその弘通』（上・下）東洋文庫、1964。

中西竜也『中華と対話するイスラーム：17 - 19 世紀中國ムスリムの思想的営爲』京都大學學術出版會、2013。

中見立夫「中央ユーラシアの周縁化」小鬆久男編『中央ユーラシア史』山川出版社、2002。

濱田正美「『塩の義務』と『聖戦』との間で」『東洋史研究』52（2）、1993。

鬆本ますみ『中國民族政策の研究：清末から1945 年までの「民族論」を中心に』多賀出版、1999。

――「中國のイスラーム新文化運動：ムスリム・マイノリティの生き殘り戦略」、小杉泰・小鬆久男編『現代イスラーム思想と政治運動』東京大學出版會、2003。

村田雄二郎「ハーバード・イエンチン図書館蔵ピケンズ・コレクション『清真叢書』目録」『中國研究月報』第 634 號、2000。

山﨑典子「中國ムスリム・エリートにおける『回』：清末民初の時期を中心に」東京大學大學院総合文化研究科地域文化研究専攻 2011 年度修士學位論文、2011。

――「近代中國における『漢人回教徒』説の展開：1930 年代のムスリム・エリートによる言説を手がかりに」『年報地域文化研究』第 17 號、2014。

白寿彝主编《中国回回民族史》（上、下），中华书局，2007。

北京市政协文史资料研究委员会、北京市民族古籍整理出版规划小组编《北京牛街志书——〈冈志〉》，北京出版社，1991。

哈正利：《〈回回原来〉及其相关研究述评》，《回族研究》2005 年第 1 期。

李树江编《中国回族民间文学作品、资料年表》，《宁夏大学学报》（社会科学版）1985 年第 1 期。

马旷源：《〈回回原来〉——最早的回族民间文学成书》，《楚雄师专学报》1987年10月。

余振贵：《中国历代政权与伊斯兰教》，宁夏人民出版社，1996。

张星烺编《古代中国与阿拉伯之交通》（《中西交通汇编》第3册），中华书局，1978。

中国伊斯兰百科全书编辑委员会编《中国伊斯兰百科全书》，四川辞书出版社，1996。

钟亚军：《回族民间传说〈回回原来〉原型研究》，《民间文化论坛》，2009。

Broomhall, Marshall, *Islam in China: A neglected problem*, New York: Paragon Book Reprint, 1987（1910）.

Gladney, Dru C., *Muslim Chinese: Ethnic Minorities in the People's Republic* (Cambridge: Harvard University Press, 1991).

Lipman, N. Jonathan, *Familiar Strangers: A History of Muslims in Northwest China* (Seattle: the University of Washington Press, 1997).

Ma, Haiyun, "The Mythology of Prophet's Ambassadors in China: Histories of Sa'd Waqqas and Gess in Chinese Sources," *Journal of Muslim Minority Affairs*, Vol. 26, No. 3, 2006.

Yamazaki, Noriko, "Abdürreşid İbrahim's Journey to China: Muslim Communities in the Late Qing as Seen by a Russian-Tatar Intellectual," *Central Asian Survey* 33（3）, 2014.

清廷国史《章学诚传》的编纂：
章氏学说实际境遇之补证

戚学民[*]

  章学诚在 20 世纪获得高度重视，其生平与学术获得学界高度评价，并得到持久深入的研究。截至目前有关章学诚的研究成果主要集中在对章氏学术观点与成就的分析，对章氏思想在其身后的影响研究较少，显示章氏思想之学术史的研究尚有较大开掘空间。在章氏学术的影响方面，存在一种甚为流行的观点，这就是胡适《章实斋先生年谱》中所说的，章学诚的生平事迹与学说被埋没了一百二十多年。[①] 胡氏《章实斋先生年谱》对章氏学说的表彰之功无法抹煞，但他所述章氏思想在晚清的境遇与实况有相当程度的出入。胡适此说，一直遭到学界的质疑。[②] 但这个争议背后有问题，即章氏思想在晚清的遭遇究竟如何？大体上，学界同意，章氏学说在晚清时期并未被忽略，其生平更没有被埋没。相反，其学说在晚清传播较广，并获得了高度评价。但章氏思想具体产生了怎样的影响，获得了怎样的评

---

* 戚学民，清华大学历史系教授。

① 胡适称："我那时正觉得，章实斋这样一位专讲史学的人，不应该死了一百二十年还没有人给他做一篇详实的传。……因此，我那时很替章实斋抱不平。他生平眼高一世，瞧不起那班襞绩补苴的汉学家；他想不到，那班襞绩补苴的汉学家的权威竟能使他的著作迟至一百二十年后方才有完全见天日的机会，竟能使他的生平事迹埋没了一百二十年无人知道。""民国九年（1920）浙江图书馆得会稽徐氏抄本《章氏遗书》，铅印行世。冬，日本内藤虎次郎先生所作《章实斋先生年谱》在《支那学杂志》发表。十一年春，本书初版出版。国人始知章先生。"《章实斋先生年谱》，《胡适文集》7，北京大学出版社，1998，第 25、121~122 页。

② 钱基博、朱敬武、吴天任、余英时氏均曾对胡适这个判断做出批评。关于章学诚思想及身后境遇研究的学术史，刘巍有简明扼要的归纳，见氏著《中国学术之近代命运》，北京师范大学出版集团，2013，第 46、47 页。

价，尽管有前述各位的重要成果，但仍然有讨论的空间。

晚清时期章氏学说的接受史内容非常丰富，相较于学界目前的讨论，尚有很多可供开掘的余地。① 比如，就章氏影响的广度而言，前述各方所讨论者仅是晚清有关章氏思想影响的部分例证，还有更多的、相当重要的意见可供搜集评断。另外，就章氏影响的层级而言，研究者所论及的主要是民间、学者的评价，没有涉及清廷方面对章氏思想的评价。而实际上，清廷高层对章氏学说的评价是其在晚清境遇的一个重要方面。清廷国史的记载，在相当程度上代表了官方对士人的评价和认可。章学诚在清国史中并未缺席，在国史列传中数次获得立传，颇显朝廷表彰之意，可以反映章氏身后境遇之一般，但这些档案学界尚未关注。有鉴于此，小文基于台北故宫博物院藏清国史馆传包传稿，浅析清廷国史对章学诚记载的变化过程。

一

章学诚的思想和学术，在其身后一直得到国内公私方面的承认。在私人层面，学界已经注意到章学诚对龚自珍、魏源、李慈铭、谭献、郑观应、康有为、蔡元培、章太炎、梁启超等人的影响。② 但章氏的影响并不限于这些人。比如朱筠之子朱锡庚在给章学诚长子章枋思的信中，就给予章氏高度评价，称其为"乾隆年间三大绝学"之一，并感慨即使是阮元也没有真正认识到章氏的价值。"锡庚尝谓，乾隆年间积学之士与嘉庆年间所学似出两途，以阮制军为当代龙门，尚不能深知尊大人之底蕴，他人不待言矣。前拟撰《文史通义书后》，祗以尊大人之学当世罕有知者，唯锡庚尚能窥其旨趣。弟其事重大，未敢轻易下笔。近复拟作乾隆年间三绝学传……一为尊大人实斋先生。原夫周秦以上，但有史官，而无私学，其诗书礼乐以及典章象数皆史官职守。故孔子适周，问礼于老聃；韩宣聘鲁，观易象春秋曰周礼尽在鲁矣，俱指史官而言也。自刘向区六艺为九，汉唐以降，经史各立专家，言史者祖马班，言经者尊贾郑，从是史家者流，或考其事迹同异为勘误之书，或订其疆域沿革为地理之学，其于著述之旨趣，体例之要

① 在数千篇对章学诚思想学说的研究成果中，绝大部分是对其史学理论和编纂成绩的分析阐发，对于章氏的思想在身后的境遇的介绍仅有上述数种。
② 陈鹏鸣：《试论章学诚对于近代学者的影响》，中国历史文献研究会编《章学诚国际学术研讨会论文集》，北京图书馆出版社，2004。

删，鲜有讲明其故者。唐刘子元、宋郑渔仲，间有著论，第驳而未醇，偏而未全。且株守史氏之一家，隔阂六经之条理。实斋先生以毕生所读之书，自成一家之学，勘辨同异，抉择是非，合而知要，离而能通。著《文史通义》内外篇若干卷，盖上穷官礼之遗意，下溯中垒之校雠，合经史为一者也。不知者见其详论史裁，近于刘郑两家之绪余。是犹目考古音者谓出于吴棫韵谱，岂其然乎。其为绝学，知之者希，空前绝后鼎立为三矣。"① 朱锡庚对章学诚此番评价，长期未曾为人所知。朱锡庚曾是章学诚学生，所言未见得客观公正，但他对章学诚的学说有深切的理解，言章氏合经史为一，颇中肯綮。② 朱锡庚更把章学诚视为"乾隆年间三大绝学"之一，是对章氏前所未有的高度评价，至今也是罕见的奇论。而在晚清时期，章学诚思想对于其他人物的影响并不少见，比如以史学著称的李元度在文中数次称引章氏。总之，晚清时期，章学诚的思想曾在学界产生很大影响。

但另一个重要的方面即在官方记载层面，章学诚也不曾被遗忘，在清廷国史《儒林传》和《文苑传》中他都曾多次被记载。清廷从乾隆年间开始大规模修纂国史，而在嘉庆时期，《儒林传》《文苑传》等国史类传的编纂工作集中展开。阮元是促成章学诚进入国史的重要人物。他在 1810～1812 年，即清嘉庆十五年至十七年纂成《儒林传稿》，其中即有对章氏学的初步记载，尽管阮氏没有将章学诚列入《儒林传》，也没有正式记载其生平。在《儒林传稿·邵晋涵传》中，章氏大名及其代表著作《文史通义》和主要学术观点"浙东学术"都被载入。阮元肯定了章学诚是邵晋涵的密友③，采用了《文史

---

① 朱锡庚：《与章杼思贻选书》，《朱少河先生杂著》，稿本，北京图书馆藏。
② 这可以与余英时、刘巍等对章氏"论道"思想核心的阐发参看，刘巍认为"六经皆史反映了章学诚在汉学与宋学分化之初就欲站在史学立场加以统合的新动向"。见刘巍《经降史升：章学诚"六经皆史"说的来龙去脉》，《中国学术之近代命运》，第 1～78 页。
③ 阮元在《儒林传稿》辑纂中的贡献究竟如何，《儒林传稿》是否可以算阮元的作品，学界有不同的看法。按清廷国史修纂的体制，总纂之下，尚有提调等人担任分纂，但阮元在《儒林传稿》编辑工作中绝非挂名。在台北故宫博物院传包传稿档案中没有《儒林传稿》完整的原始稿本，但尚存少量单独的传稿如《李容传》和《张惠言》可证一斑。这两个传稿之首均有国史馆总裁的审阅签名，都写着"前总纂官阮元辑纂"的字样。按清国史馆对于工作成果的认定有明确的规则，凡是初辑本都写某某人"辑纂"或者"初纂"，此后的覆核、校阅环节均题写"校阅"或"覆辑"。《李容传》和《张惠言》都保留着《儒林传稿》同名传记的样貌，所以阮元实际从事《儒林传》的编纂工作是确切无疑的，但他具体参与了多少传记的初纂，需要更多直接的文本证据。但阮元为《儒林传稿》做了很多实际工作，绝非像《十三经注疏》和《经籍纂诂》、《畴人传》等文化工程那样挂名而已，是可以肯定的。

通义》的相关文字来记述邵晋涵的生平与学术，实际上采信了章氏的"浙东学术"说，将邵氏纳入浙东学人谱系。①

阮元能如此做，是因为他曾任职浙江巡抚，并且知晓章学诚其人，并对其学术有相当程度的认知。章学诚曾经请朱珪关说阮元，为自己提供工作便利，并曾直接致信阮氏，介绍浙东学术。② 不过阮元力主考据，对章氏学术不甚欣赏，这一点章学诚也是知晓的。③ 当然，阮元未将章学诚列入《儒林传》，未必尽出偏见。《儒林传》的人物以经学为主，章学诚确实不以经学见长。此外，国史《儒林传》初纂，阮元态度谨慎，从顺治到嘉庆初年，立正传者仅仅 44 人，立附传者 55 人。章学诚属于提及但不列目者，也可见得国史《儒林传》对章氏的定位。

尽管《儒林传》中仅有简略的记载，但这是章氏其人与学术进入国史的初始。

<h1 style="text-align:center">二</h1>

继阮元之后，缪荃孙为奠定章学诚在清廷国史中的地位做出了重要贡献。光绪初年，清廷对《儒林传》《文苑传》等类传进行了两次集中修纂。其中第一次修纂工作在 1882～1888 年进行。这次修纂工作中，缪荃孙负责总辑《儒林传》、《文苑传》和《循吏传》，其中的《文苑传》为第四次稿。在缪氏安排下，章学诚在《文苑传》中获立为正传。

《章学诚传（章宗源叶维庚吴兰庭）》④ 内容如下：

> 章学诚，字实斋，浙江会稽人。乾隆四十三年进士，官国子监典籍（《经世文编》《目录》）。性耽坟籍，不甘为章句之学。（《文史通

---

① 见拙文《"国史儒林"和"浙东学术"》，《中山大学学报》（社科版）2010 年第 6 期，第 90～103 页。

② 章学诚：《与阮学使论求遗书》，《文史通义新编新注》，浙江古籍出版社，2005，第 755 页。

③ 章学诚：《与朱少白书》，《文史通义新编新注》，浙江古籍出版社，2005，第 787～788 页。

④ 《文苑传·章学诚传》，文献编号：701004389，台北故宫博物院藏传包传稿，清国史馆本。按此稿本为蓝格抄本，上有签条，有陈伯陶、叶昌炽、恽毓鼎的修改意见，实为第五次稿的工作本，但工作本是基于缪荃孙主持的第四次稿，所以本文按照其抄本内容为据来讨论缪荃孙的第四次稿的记载。

义》识语）从山阴刘文蔚、童钰游，习闻蕺山、南雷之说，言明季党祸缘起，阉寺乱政，及唐鲁二王本末，往往出于正史之外，秀水郑炳文称其有良史才（《文献徵存录》）。自游朱筠之门，筠藏书甚富。因得遍览群书，日与名流讨论讲贯（《文史通义》识语）。尝与休宁戴震、江都汪中同客宁绍台道冯廷丞署，廷丞甚敬礼之（《文献徵存录》）。震论修志但悉心于地理沿革，则志事已竟。侈言文献，非所急务。阳湖洪亮吉尝撰辑乾隆府厅州县志，其分部乃以布政司分隶厅州县。学诚均著论相诤（《文史通义》），夷然不屑（《粤雅堂丛书跋》）。著有《文史通义》八卷，《校雠通义》三卷，其中倡言立论多前人所未发，大抵推原官礼而有得于向歆父子之传，故于古今学术之原辄能条别而得其宗旨。（《文史通义》识语）大兴方恮嗜其书，以为窥六艺之精微，群言之奥旨，比于刘向郑樵而得其精（《顺天府志》）。所修《和州》、《亳州》、《永清》县诸志，是非斟酌（《文史通义》外篇），亦匪兼才学识之长者不能作云（《粤雅堂丛书跋》）。所自著有《实斋文集》（《经世文编目录》）。

光绪初年这一次修纂工作中，《文苑传》共立正传119人，较《文苑传》第三次稿即道光进呈本①的44个正传有大幅增加。进呈本《清史文苑传》的记载截止于逝世于乾隆朝的姚鼐。《文苑传》第四次稿在姚鼐之后，增加了从乾隆至同治朝的赵一清等数十人，截止于1870年逝世的吴士迈。《文苑传》第四次稿的汇稿本析为四卷，《章学诚传》居于第三卷第十二位。

《章学诚传》尽管正文只有四百余字，但内容丰富。传文记载条理清晰，甚有章法，依次介绍了传主的科甲出身、治学特点、学术渊源、主要交游、学术观点、学术成就及其评价、主要著作。传文在记载章学诚姓名、籍贯后，首先记载其科甲出身。在《文苑传》第三次稿中，入选人物的原则是基于政治正确，以有科甲出身为主，并按照科甲年月为序安排传记先后。《文苑传》第四稿也遵照这个原则。随后记载章氏治学特点为专研史学，并且不为章句之学。这一特点记载揭示非常确切，晚近学界都普遍同意章氏以史学见长。而章氏的师承来自浙东刘宗周、黄宗羲一路，其学术

---

① 《清史文苑传》不分卷，八册，原题名"稿本《清史文苑传》"，文献编号：故殿033548，清内府朱丝栏写本。

特重明末与浙东南明史事，这也是章氏引以为豪，并得到后人承认的方面。

在学术交游方面，传文重点记载章氏曾游朱筠之门，并与当时的考证学领袖戴震相颉颃。对于修方志的体例，章氏与戴震、洪亮吉有不同观点，并发生了争论。章氏以文史校雠与戴震等人的汉学考据相抗衡。这一记载别有深意，因为总辑缪荃孙是坚定的主汉学者，其学术渊源于考证学，且主持辑纂的《儒林传》以汉学为主流。他记载章学诚与戴震、洪亮吉等考证学者的学术差异和争论，确实是章氏所遇到的重大学术挑战，但记载这一与考证学者的冲突也是对章氏学术地位的认可。后来从钱穆到余英时对章氏与戴震等的关系都特加注意，并有论述，影响巨大。《章学诚传》对传主的文史校雠之学的性质有相当高的评价，认为来源于官礼之学，可溯源于西汉刘向、刘歆父子，长于学术源流的考订和鉴别，可与史学家郑樵相比。其地方志的代表作，体现了才学识三长。本传也指出章学诚的主要著作是《文史通义》，并从该书中截取了相当的文字。

缪荃孙的《章学诚传》意义非凡，在国史中确立了章氏的正传地位，奠定了章氏记载的基本格局，且其记载的基本观点与 20 世纪以来的研究相合。

十几年后，清廷自 1902 年起，又进行了一次国史的集中修纂。此次修纂，陈伯陶担任总辑，负责辑纂《儒林传》和《文苑传》，并形成了《文苑传》的第五次稿。第五次稿在很多方面继承了缪荃孙主持的第四次稿的记载。我们在《章学诚传》的稿本中看到，在记载章氏学术宗旨的"辄能条别而得其宗"句下有陈伯陶签条，其文曰："自谓卑论仲任，俯视子元，未免过诩，然亦夹漈之伯仲也。（《两浙轩辕录》）此条拟增在得其宗旨下伯陶"。[①]

经过修订后的传记文本《章学诚传（章宗源叶维庚吴兰庭）》[②] 如下：

> 章学诚，字实斋，浙江会稽人。乾隆戊戌四十三年进士，官国子监典籍。性耽坟籍，不甘为章句之学。从山阴刘文蔚、童钰游，习闻蕺山、南雷之说，言明季党祸缘起，阉寺乱政，及唐鲁二王本末，往往出于正史之外。秀水郑炳文称其有良史才。自游朱筠之门，筠藏书

① 《文苑传》，《章学诚传》，文献编号：701004389，第 133 页。
② 《文苑传》，《章学诚传》，文献编号：701005059，第 13～15 页。

甚富。因得遍览群书，日与名流讨论讲贯。尝与休宁戴震、江都汪中同客宁绍台道冯廷丞署，廷丞甚敬礼之。震论修志但悉心于地理沿革，则志事已竟。侈言文献，非所急务。阳湖洪亮吉尝撰辑乾隆府厅州县志，其分部乃以布政司分隶厅州县。学诚均著论相诤。所修《和州》《亳州》《永清》县诸志，论者谓，是非斟酌，匪兼才学识之长者不能作云。所自著有《文史通义》八卷，《校雠通义》三卷，其中倡言立论多前人所未发。大抵推原官礼而有得于向歆父子之传。故于古今学术之原辄能条别而得其宗旨。自谓卑论仲任，俯视子元，未免过诩，然亦夹漈之伯仲也。又著有《实斋文集》。

我们看到陈伯陶主持辑纂的稿本基本沿用了第四次稿的文字，但也进行了微调。主要的改动就是如签条所示，改变了对章学诚学术的评价，不再是一味地称赞，而是进行了适度的批评，认为章氏未免自视过高。陈伯陶是陈澧弟子，主汉宋调和，反对门户之见。他所反对的不仅是主汉学者和主宋学者的门户之见，而且对非汉宋学者的学术也有持平之见。对章学诚传的修改正体现了抑制门户之见的风格。

这个版本的文字即是《清史列传·文苑传》中的《章学诚传》的样貌，根据稿本①，可见史馆辑纂工作的样貌。

三

陈伯陶主持的《文苑传》第五次稿，并非章学诚在国史中的最后呈现。进入民国，清史馆成立，对各种类传进行了重新安排。缪荃孙再度担任总辑，负责辑纂《文苑传》，其工作成果为《文苑传》第六次稿。我们在台北故宫博物院藏清史馆传包传稿中，看到了《文苑传》的第六次稿的一个抄本②。根据封面题字，我们可知该稿的工作时间是"乙卯四月廿日办，十月

---

① 清国史馆传包传稿中，另有文献编号701005277的《章学诚》传抄本，和《祁韵士传》合为一册，祁韵士与章学诚同为乾隆四十三年进士，祁韵士也"喜治史"，"于疆域山川形胜古人爵里姓氏，靡不记览"（第1页）。其主要业绩是，"在翰林时，充国史馆纂修，奉旨创立蒙古王公表传"，立定体例（本传第2页）。《章学诚传》与《祁韵士传》合为一卷，因为两者都以史学见长。《章学诚传》在该册第13～15页，文字与前述稿本相同。

② 《文苑（学）传》，文献编号：701006945。

成缪荃孙"。《章学诚传》在《文苑（学）传三》中。①

该传文字如下：

> 章学诚，字实斋，浙江会稽人。乾隆戊戌四十三年进士，官国子监典籍。性耽坟籍，不甘为章句之学。从山阴刘文蔚、童钰游，习闻蕺山、南雷之说，言明季党祸缘起，阉寺乱政，及唐鲁二王本末，往往出于正史之外。秀水郑炳文称其有良史才。自游朱筠之门，筠藏书甚富。因得遍览群书，日与名流讨论讲贯。尝与休宁戴震、江都汪中同客宁绍台道冯廷丞署，廷丞甚敬礼之。震论修志但悉心于地理沿革，则志事已竟。侈言文献，非所急务。阳湖洪亮吉尝撰辑乾隆府厅州县志，其分部乃以布政司分隶厅州县。学诚均著论相诤。所修《和州》《亳州》《永清》县诸志，论者谓，是非斟酌，匪兼才学识之长者不能作云。所自著有《文史通义》八卷，《校雠通义》三卷，其中倡言立论多前人所未发。大抵推原官礼而有得于向歆父子之传。故于古今学术之原辄能条别而得其宗旨。

与以前的传文相较可知，缪荃孙沿用了自己在光绪初年辑纂的文字，但是该稿本有圈点，删去了所有的注解，最后一句"所修《和州》、《亳州》、《永清》县诸志，是非斟酌（《文史通义》外篇），匪兼才学识之长者不能作云"，予以保留。删去了"所自著有《实斋文集》（《经世文编目录》）"。②

此后我们看到有总题为《清史稿》的《文苑传二》中《章学诚传》稿本。③ 此《章学诚传》居第十九位，在《宋大樽列传》后，《祁韵士列传》之前。此传文字与以前的稿子略有差异。此稿曾有这样的话："学诚好辩论，勇于自信，有《实斋文集》，视唐宋文体，夷然不屑。然亦未臻深古，要之无离叛之言，其所长也。"此一修改，不知出于谁手。且此段话的最后

---

① 《文苑（学）传》，文献编号：701006947，第5~7页。按该册稿本目录显示，该册《章学诚传》前原有《吴锡麒传》（第1页），但被划去，此册内亦无传文，故章氏实居这卷之首。另，有701005418《章学诚传》抄本（第1~2页），文字全同第四次稿，亦为清国史馆本。从附传看，似为第四次稿的抄本，具体情况待考。

② 《章学诚传》，《文苑（学）传三》，文献编号：701006947，第6页。

③ 《章学诚传》，《清史稿文苑传二》，文献编号：701007912，第93~94页。

一句"然亦未臻深古，要之无离叛之言，其所长也"，亦被删去，此一删改之人亦待考。

此后就是我们所熟悉的《清史稿·章学诚传》。

四

综上所述，我们可知，从清廷初次修纂《儒林传》，章学诚的学说便被采纳。而从《文苑传》第四次稿开始，章学诚在国史中获立为正传，此后保持了稳固的地位。《文苑传》虽然看似地位低于《儒林传》，但仍然是国史，能立为正传者也不过一百多人。章学诚获得在国史中立为正传的荣誉，而将他列入国史的人士，正是主张汉学的阮元和缪荃孙。缪荃孙记载了章学诚的学术宗旨、主要成就等，并暗示他和汉学高峰戴震在一定程度上可以相抗衡。这一记载格局为此后的清国史系统的各种稿本所继承，尽管在具体文字上有所调整，但国史《章学诚传》的格局从此确定。

从清廷国史中的《章学诚传》可知，自晚清到民国初年章氏不仅在民间学界一直发生影响，其在清廷国史中的地位也在逐渐提高，从附见到立为正传，章学诚的影响持续存在，他的学术地位在逐渐提升。胡适作文时，大概对清代国史档案尚未能寓目，而《清史稿》和《清史列传》尚未出版，所以胡适对上述清廷国史应未见及，所以他遂有章氏的生平与学术被埋没的看法。但如今情况已经不同，学界可知，章学诚思想学术在晚清的际遇与胡适所说相去较远。本文所讨论的清国史馆档案中的《章学诚传》属于小节，但也许说明对章氏学说的命运的讨论，仍是一个有相当空间的问题。

长生、济世及一统：郑观应与近代道教

马平安*

一　问题的提出

　　一提起郑观应，人们多马上将他与晚清的实业界及思想界联系起来。诚然，晚清近代化实业的起步，如轮船招商局、机器织布局、电报局、汉阳铁厂的草创与早期发展，均与郑观应有着甚大的关系。尤其是《盛世危言》一书的问世，"天子嘉叹，海内传诵。当世贤豪士夫无不知陶斋其人矣"。① 因是之故，长期以来，学术界将他的身份定格为洋行买办、洋务实业家、早期改良派、民族资本家，认定郑观应是中国早期近代化的倡导者与实践者，初期资产阶级改良派中的主要代表人物，这几乎已经成为定论。不过，多年来，学术界在研究郑观应时，却忽视了他的另外一个重要的身份，这就是，郑观应是一个虔诚的道教俗家弟子。郑观应说他"行世七十八，求道六十年"。② 一个人孜孜矻矻访真求道60余年，老而弥坚，道教信仰贯穿一生，这不是一件容易做到的事情。从某种程度上可以说，郑观应是晚清民初实业界与思想界中终生服膺道教，热衷追求仙道，既具有实修经历，又具有自己独到的道教观的为数不多的几个士大夫之一。他"虽蹭

---

*　马平安，中国社会科学院近代史研究所研究员。
① 盛宣怀：《罗浮偫鹤山人诗草·盛宣怀序》，夏东元编《郑观应集·救时揭要（外八种）》（下），中华书局，2013，第326页。
② 郑观应：《陈抱一祖师命式一子传谕一济到扬入室志感》，夏东元编《郑观应集·救时揭要（外八种）》（下），中华书局，2013，第539页。

蹭仕途，奔驰商界，与当代名流晋接，目不暇给"①，经世却不过是他外在的一种面相，他是商人兼士大夫阶层的道教徒。另外，他又是近代民间道教徒中最能入世、最能适应社会转型、能用自己的经商与学问去弘扬与传承传统道教的实业家和思想家，道教信仰真实地反映了他的内心世界。

近年来，对于郑观应的道教信仰与宗教思想，学界开始有文章进行探讨②，这是件可喜的事情。不过，关于郑观应在中国近代道教史上的地位及作用的研究与探讨还不尽如人意。综观目前研究状况，还多停留在表层阶段，无论是史料的进一步发掘，还是研究的全面、深入等方面都还亟待进一步加强。尤其是，综观目前出版的各种涉及近代道教的学术著作，均未发现郑观应在其中应该占有的地位，这无疑是一种缺陷。缘此，将郑观应纳入近代道教史的视野与研究范围，用宗教学、历史学的研究方法进行探讨，以郑观应为个案来研究士大夫阶层在近代道教传播史上的作用并总结近代道教衰落之原因等，无疑都具有十分重要的价值与研究意义。本文拟从郑观应所追求的道教长生与济世梦实践等角度进行探讨，以期说明他在中国近代道教史上应该占有的地位，同时揭示晚清民初道教衰落之原因。

二　长生梦：实修中的艰涩

晚清以降，传统道教愈发衰落。不仅有欧风美雨的打击，太平天国运动的破坏，更重要的是，清统治者对道教的抑制政策越来越严。早在鸦片战争前的1821年，清政府就停止了历代天师来京朝觐的活动，中断了与道教的一切联系。此后的各朝统治者，"不废其教，亦不用其言，听其自生自息天地之间"。③在失去统治者在政治、经济上的有力支持，地位急剧下降

---

① 郑观应：《重刻〈陈注关尹子九篇〉序》，夏东元编《郑观应集·盛世危言后编》（一），中华书局，2013，第152页。

② 涉及郑观应与道教关系的文章，公开发表的主要有王煜《郑观应的道教思想》，《宗教学研究》1996年第3期；杨俊峰《改革者的内心世界——郑观应的道教信仰与经世志业》，《台大历史学报》2005年第35期；张秀莉《论郑观应的道教信仰与经世实务之关系》，《史林》2007年第6期；孙航军、张英姣《论郑观应的求道救世思想》，《五邑大学学报》（社会科学版）2007年第2期；潘慎《清末诗人郑观应的改良主义与道教信仰》，《太原师范大学学报》（社会科学版）2009年第4期；欧良德《郑观应宗教思想刍议》，《湖北社会科学》2009年第10期；吴国富《郑观应学道经历探幽》，《中国道教》2012年第3期等。

③ 黄钧宰：《金壶七墨》，《浪墨（卷七）·僧道》，《笔记小说大观》第2编第7册，台北新兴书局，1962年影印本，第3999页。

之后，道教传播开始转向民间，进一步走向世俗化，并在少数经济活动活跃的城市和沿海地区有所渗透。其时，道教界鱼龙混杂，良莠不齐，江湖术士乘间混迹其中，扰惑民众。郑观应的寻道自救救人的思想与实践即发生在这样的环境中，他的思想及行为不免留有这个时代的烙印。

郑观应一生学道不辍。他的同乡黄瑞勋言他"夙有本末，尤慕神仙，有出世之志"。① 其晚年业师万启型亦曾这样评价道："郑君夙具慧眼，幼知向道，于兹五十载未尝须臾离，所著《盛世危言》正续编、《中外卫生要旨》、《俏鹤山房诗钞》，以及道书数十种久已流布寰区，脍炙人口。"②

1898年，郑观应57岁时，曾经对他半生修仙、追求长生的艰涩历程有过如下总结：

> 浮生若梦，富贵靡常。风灯草露，石火电光。不修大道，终落空亡。参同悟真，警世谆详。观应童年，愿学老庄。寻师向善，艰苦备尝。所闻小术，语半荒唐。不入空寂，便是邪狂。徒劳精力，心命惶惶。初师东海，筹置丹房。未经入室，已致倾囊。③

这段文字为我们提供了不少信息：

（1）作者感到浮生若梦，人生易老，认定惟有早修大道，才可免"落空亡"。

（2）作者很早就与道教结缘。"观应童年，愿学老庄"，即是很好的注释。在后来给家人的信中他也提到自己"少年多病，爱读仙经养生之书"④的事情。

（3）作者半生以来，一直访真求道，艰苦备尝。但多所遇非人，大多是江湖术士骗子，因而才会有"所闻小术，语半荒唐。不入空寂，便是邪狂"的感叹。

① 黄瑞勋：《重刊〈盛世危言〉增订新编序》，夏东元编《郑观应集·盛世危言》（下），中华书局，2013，第708页。

② 万启型：《万序》，陆西星著、盛克琦编校《方壶外史》上，宗教文化出版社，2010，第8页。

③ 郑观应：《罗浮俏鹤山房谈玄诗草自序》，夏东元编《郑观应集·救时揭要（外八种）》（下），第487页。

④ 郑观应：《致月岩四弟书并寄示次儿润潮》，夏东元编《郑观应集·盛世危言后编》（一），第133页。

（4）作者"徒劳精力，心命惶惶"，由于半生辛苦追寻无所收获，因而显得心神不定，流露出不太甘心之意。

郑观应自幼生活在宗教活动频繁的广东香山地区，并有润物细无声的家庭信道氛围的影响，他自童年即种下道缘亦在情理之中。香山地近澳门，是明清以来中西文化交流的门户，无论西方宗教或是中土儒释道三教都很早就在这里发生碰撞、对抗与交流，当地开放的文化传统无疑在潜移默化中渗透于郑观应早年的心灵深处，影响了他此后的人生道路。同时，郑氏家族的好道环境也对童年时代的郑观应有着重要的影响。郑观应的父亲郑文瑞"丹铅殆遍""澹于进取，敝屣科名""乐善好施"，热衷道教。① 他的性格爱好在郑观应早年精神信仰的形成过程中同样具有无可替代的作用。不过，外部环境毕竟不是最根本的因素，具体到郑观应个人来看，他早年信道的原因是治疗自己疾病的需要。至于寻觅长生仙术，则应是郑观应年长后才渐渐在心中树立起来的大愿。由于郑观应年少体弱多病，年长后又长期为哮喘病所折磨，因而他为求丹治疗疾病，很早就开始研习道术。这说明他对于道学的痴迷，与其不良的身体状况有着直接的关系。郑观应在《吕纯阳、张三丰两祖师仙迹诗选序》中曾经提及他早年学道的诱因：

> 官应弱冠时撄疾病，自念人为万物之灵，岂有寿不如龟鹤。锐志求道，凡三教经诗、诸子百家、占卜术数之学，靡不研究。及长，谋食市廛，奔走南北，数十年来，闻有抱道高人，必厚礼虚心叩以性命之学。②

这说明，治病与追求长生是郑观应早年走上道教信仰与实修之路的一个重要原因。

成年后的郑观应对道教的痴迷，远胜于他的幼年时期，这很可能来自下面两个方面的因素：一是壮年时期事业上的挫折、人事上的不顺；二是常年疾病的困扰及对长生的持久渴望。事业上的失意，主要是1883年因上海经济风潮的冲击及此后太古洋行案带来的巨大债务压力，进一步强化了

① 郑观应：《先考荣禄大夫秀峰府君行状》，夏东元编《郑观应集·盛世危言后编》（四），中华书局，2013，第1498、1499页。
② 郑观应：《吕纯阳、张三丰两祖师仙迹诗选序》，夏东元编《郑观应集·盛世危言后编》（一），第74页。

郑观应访仙求道的欲念，此后他曾经一度隐居澳门，并将道教修行作为自己精神世界的寄托。尽管在渡过债务难关后他又回上海投身商界实业，但访仙求真、拜师求经、护师入室、寻求长生大丹等实修活动从此占据他人生的很大部分，而且愈到晚年，这一比重愈向修道倾斜。

但是，郑观应满怀热忱、虔心修仙求道、追求长生的结果，却是不断地"因求道而受骗"。[①] "观应自童访道以来，于兹五十载，遍游海岳，变产力行"[②]，"所遇非兀坐孤修，即涉于采补，甚有以符箓黄白等术愚人。其蓄奸行骗者，则巧言如簧，所在皆是。官应迭经护师入室潜修，丹财不足，复求助于道侣，竭力经营，竟无效果。有如昔贤抱元子破家产、弃妻子，贻亲友之笑矣"。[③] 1883年，郑观应在道观习静时，亲眼目击当时道教宗风扫地的状况，十分伤心，为此他特作《〈辩道诗〉并引》。在《〈辩道诗〉并引》的序言中，郑观应客观记述了他在当时的所见所闻：

> 癸未习静于道观，往来谈元者甚多，大半习闺丹炉火之术。又有伪托仙传诈称佛降，借长生为骗局，假财色以愚人，惑世诬民莫此为甚，招灾惹祸到老无成。竟有妄诋名真，狂排上乘，宗风扫地，一至于斯。[④]

妻子的不满、亲友的贻笑、求丹梦的不顺、道教中的江湖术士的欺骗，皆给郑观应以沉重的打击，这无疑是他在求道过程中心理上布满了重重阴云的重要因素。幸而他"夙志不回，自维德薄魔重，逆来顺受"[⑤]，才能够对道教信仰坚定不移，益加勉励向善，"求道之心百折不回，务达其目的而后已"。[⑥]

关于郑观应求道实修的苦涩经历，下面三段史料很能说明问题。

---

① 郑观应：《致张静生道友书》，夏东元编《郑观应集·盛世危言后编》（一），第129页。

② 郑观应：《重刊〈古书隐楼藏书〉序》，夏东元编《郑观应集·盛世危言后编》（一），第117页。

③ 郑观应：《吕纯阳、张三丰两祖师仙迹诗选序》，夏东元编《郑观应集·盛世危言后编》（一），第74页。

④ 郑观应：《〈辩道诗〉并引》，夏东元编《郑观应集·救时揭要（外八种）》（下），第511页。

⑤ 郑观应：《吕纯阳、张三丰两祖师仙迹诗选序》，夏东元编《郑观应集·盛世危言后编》（一），第74页。

⑥ 郑观应：《致张静生道友书》，夏东元编《郑观应集·盛世危言后编》（一），第129页。

一是《上张三丰祖师疏文》。在此文中，郑观应曾有如下较为详细的记述：

俟鹤求道已五十年，凡有道之士靡不执贽求教，指示迷津；凡有善事无不尽力倡助，冀消魔障。奈凤孽重、德行薄，虽不惮跋涉，北至京、奉，南至闽、浙，东至芝罘，西至巴蜀，曾经护师入室：江西万先生三次，四川廖先生二次，江苏徐先生潜修十年；江苏丁先生，四川陈先生、徐先生，云南杨先生，福建彭先生，敝省苏先生，均已行功数月或年余，小有灵验，无大效果，不能如金丹真传所论立竿见影：行之五月而体貌异，九月而丹成。竟失所望。更有自称广华山剑侠者，因公受累，所亏数千金追索甚急，求俟鹤解救，愿将剑术等法传授，藉以救世。俟鹤力薄，曾邀张道友相助。其所试有形剑术小法，不甚奇异，均不愿学。彼尚纠缠，贻人笑柄。可知世上借道骗钱者多，岂上苍故令群魔煅炼我心所致耶！然年老多病，心益惶惶。久已黄粱梦醒，不贪世间名利；屡拟出外从师，为病所阻，又苦无真师提拔，故刊《丹经剑侠图传》。访道曾遇法师云峰山人，许授长生符水活人之术，并携资代为择地筑室同修，约于乙卯年春，偕耿师祖来传符法，并赐神丹以除喘病。俟鹤以为奇逢，可继宋朝罗浮真人所赐八十老翁苏庠之神丹，服后大病立除，须发再黑。不料逾期已久，渺无音信，又不知云游何处。①

二是《焚香祷告老祖师火龙真人疏文》。在该文中，郑观应同样吐露出其求道过程中的艰辛和上当受骗的苦酸：

俟鹤自幼好道，博览丹经，长复遍游海岳，备尝艰苦……欲以术延命，曾经护师入室，毫无功效……曾遇两法师，均云仙术治病，以心为法，以神如符，以气为水，斯无投之不灵。一谓必先为其出资解难而后传，一谓必先出资代为择地筑室而后同修。虽均如所嘱，不料

---

① 郑观应：《上张三丰祖师疏文》，夏东元编《郑观应集·盛世危言后编》（一），第 60~61 页。

逾期未临。①

三是《陈抱一祖师命式一子传谕一济到扬入室志感》。在这首诗中，晚年的郑观应对求仙过程中上当受骗的一些经历仍然耿耿于怀：

> 行世七十八，求道六十年……遍处寻仙侣，北还复入川。忆遇两术士，自称道法全。约我同修炼，索造丹房钱。誓词应无假，如何信渺然。护师三入室，亦非获真诠。自惭德行薄，叠遇野狐禅。②

上述三段史料，无疑是郑观应不平之气抑郁多年的心语吐快，其中内容比较丰富全面，对我们了解郑观应的求道访仙具有重要的参考价值。

（1）它比较清楚地告诉我们郑观应的习道开始日期。"行世七十八，求道六十年"，说明郑观应自己认定开始习道的时间是他 18 岁的时候。郑观应的寿数是 81 岁，说明他一生求道学仙的时间长达 63 年。

（2）在《上张三丰祖师疏文》中，郑观应说自己求道已经 50 年，说明他写作《上张三丰祖师疏文》的时间应该是在他 68 岁之期。郑观应 68 岁时是 1909 年，可以推算这篇疏文的写作时间应该是在 1909 年，此时他已年近暮年，求仙不成，疾病缠身，心情消沉。

（3）78 年来，为寻道访真，郑观应的足迹北至北京、奉天，南至福建、浙江，东至山东芝罘，西至成都、重庆，行迹在空间上几乎遍及南北各地。

（4）说明他的求道之路并不孤单，有一群道友相伴，大家经常一起切磋或者书信往来，共修长生之道。

（5）求道过程中屡屡上当受骗的辛酸经历深深地伤害到了他。

细读《郑观应集》，在郑观应求道访仙的生涯中，有四个人对他影响较大，可以由此清晰地反映出他在求道过程中心路历程的变化。

一是上海的杨了尘道长。郑观应说："忆壬午年（1882 年）在沪遇杨了

---

① 郑观应：《焚香祷告老祖师火龙真人疏文》，夏东元编《郑观应集·盛世危言后编》（一），第 88 页。
② 郑观应：《陈抱一祖师命式一子传谕一济到扬入室志感》，夏东元编《郑观应集·救时揭要（外八种）》（下），第 539 页。

尘道人，授《金笥宝箓·冲虚外篇》。"① 1882 年，郑观应在上海因缘遇到杨了尘道长，杨赠送郑道学宝典并就自己的修行之法进行传授，这对郑观应影响较大。

二是罗浮山道人彭凌虚。1886 年春，郑观应访道罗浮山，缘遇彭凌虚。彭传授郑炼精化气、炼气化神、炼神还虚口诀。郑观应曾详细记载下了这件事情：

> 丙戌岁（1886 年）游罗浮，遇彭师凌虚，蒙将其师李真人所传炼精化气、炼气化神、炼神还虚三步口诀一并传授。观应犹恐遗忘，复书小本，切嘱珍藏，千万勿泄，要俟自己成道后，方准传人。并将《慧命经》讲解一遍，谓：欲修仙、佛之道者，其下手贵在不着尘缘，一意记住下田，即心下、肾上之中，朗朗彻彻，不有不无，活活泼泼，不即不离，常存如是而已。且夫仙、佛之所以为仙、佛者，至简至易，无非性命双修。究其源不过一味先天炁非有他故也。然所以先要不着尘缘者，盖先天一炁，从虚极静笃中而来，与今日何合藏祖师命卢教智先生所传之先天口诀大旨相同。然卢先生只传炼精化气工夫。曾问年老气衰，活子不生，如何救护，据说当炼精化神，倘有所疑，嘱问何祖师。②

对于彭凌虚的传授与教诲之恩，郑观应念念不忘，晚年他在《罗浮偫鹤山房谈玄诗草自序》中还专门提到这件事情。他说："罗浮访道，复叩彭张。讲活子时，返照回光。先天祖气，药中之王。"③

三是匡庐山观妙道人戴公复。戴公复是郑观应求道实修过程中一个很重要的人物，可谓郑观应修炼内丹的重要引导师。戴公复在为郑观应《盛世危言后编》所写的序言中说他自己"自少好道，幸遇异人，获授真传于南派，用功已三十余年"。戴公复推崇明人陆西星的道家学说，认为儒释道

---

① 郑观应：《〈还丹下手秘旨〉序》，夏东元编《郑观应集·盛世危言后编》（一），第 211 页。
② 郑观应：《〈还丹下手秘旨〉序》，夏东元编《郑观应集·盛世危言后编》（一），第 211～212 页。
③ 郑观应：《罗浮偫鹤山房谈玄诗草自序》，夏东元编《郑观应集·救时揭要（外八种）》（下），第 487 页。

三教从根本上看是一个道理，"三教之道一而已矣。生天、生地、生人、生物同一道之所为"。他主张内丹性命双修之功，不赞成烧炼炉火的外丹之道，指出内丹大道核心在于"性以道全，命以术延，圣修之能事而性命之极至也"。[1] 他在引导郑观应实修内丹之道时，对于郑观应热衷外丹烧炼曾给过慎重的提醒。郑观应在《致观妙道人书》（庚戌后稿丁巳补刊）中提到了这一点。郑观应说："前函论点化服食事，未尽所言。查古今来以炉火炼金石为丹，非但不能点化，而且服食受病，医药莫救，诚如《妙解录》所云：实破家戕生之捷径也。《丹诀论》有云：八石三黄非长生之药石，硫磺有软铜铁之功，矾石有杀虎豹之能，岂有服食而不为物所害哉！又有用曾黄、雌黄、雄黄杀水银令死成丹，亦非服食之药。元阳子《还丹歌》云：'君看前后烧丹客，误杀千人与万人。'所以往年四川鲍春霆爵帅为方士所惑，曾费十万金大修炉火，已炼数载无效。"[2] 由郑观应回函的内容来看，他是同意戴公复的意见的，尽管他愈到晚年愈渴望获得长生的仙丹。

四是江西丰城人万启型。郑观应晚年曾告诉自己的弟弟和儿子说他终于找到了真人，得到了真传。他所说的真人就是万启型[3]。郑观应曾邀万启型为《盛世危言后编》写序，并特地将它放在序首以示尊崇之意。万启型在序中言他"迨甲寅（1914 年）季秋，以奇缘得遇仙师陈抱一先生，授以天元秘旨，嘱为广传大道。四方之士踵门而求道者纷纷不绝。陶斋先生闻之喜而不寐，亟托观妙道人为之介绍。乙卯（1915 年）春间，陈师降临，首授先生以玄科秘旨，嘉叹无已，甚惜相遇之太迟。自是先生来扬州受诀，始得一亲德范，而论次之间，倾心吐魄，毫无所隐，乃知先生真道德中人"。[4] 这说明郑观应与万启型结识的原因是听闻万得到了仙师陈抱一的真传，郑为得到长生仙诀通过戴公复介绍而与万相识。陈抱一，即南宋道士陈显微，字宗道，号抱一子，著有《周易参同契解》《文始真经言外旨》《玄圣篇》《显微厄言》《抱一子书》等书，精通内丹修行之道。1914 年，万启型自称"以奇缘得遇仙师陈抱一先生，授以天元秘旨，嘱为广传大

---

① 戴公复：《〈盛世危言后编〉匡庐山观妙道人戴序》，夏东元编《郑观应集·盛世危言后编》（一），第 7、5 页。

② 郑观应：《致观妙道人书》（庚戌后稿丁巳补刊），夏东元编《郑观应集·盛世危言后编》（一），第 103 页。

③ 万启型，字雯轩，道号式一，晚清举人，曾任宝应县、甘泉县知县，民国后卸任修道，自称得到仙师陈抱一祖师的真传，在扬州创设修真院，广招修道门徒。

④ 万启型：《〈盛世危言后编〉序》，夏东元编《郑观应集·盛世危言后编》（一），第 3 页。

道"，从今天科学的角度看，这似乎不大可能。因为一个宋代道士于民国初年仍能在江西、江苏一带活动，这是件不可思议的事情。看来万启型乃是假托得到所谓陈致虚上阳真人真传的一名江湖术士，所谓以奇缘偶遇陈抱一获天元秘旨显系他用心捏造。但是，郑观应却对之深信不疑，晚年把自己得到长生的希望全部寄托到了万启型的引导上面。在《呈万式一先生》一诗中，郑观应向万启型乞求赐给他神丹妙药，并为他今后的道修指明方向，其中言语极为恳切。郑观应写道：

> 清净无功服食难，不得已乞女金丹。昔年承教应如是，老须借此救衰残……非师指示不能醒。势迫干渎救垂危，故将苦况诉天知。如蒙怜悯无药产，不赐灵丹赐玉芝。①

因为相信万启型得到了陈抱一的真传，郑观应对万启型所谓代陈抱一祖师传谕及让他到扬州入室修炼深信不疑，一直视万启型为自己的"度师"。对于万启型经济上的所有要求，无论是修造扬州修真院、购置道产、刊印道书或是开坛法事等，郑观应无不倾囊相助。但对于郑观应亟想得到的所谓能够治病及延年益寿的"神丹大药"，万启型却总是以各种理由不给提供。即使为敷衍塞责而给予的一点符水与丹药，郑观应服后也并没有发生什么明显的效果。对此，郑观应不作他想，而是一直虔诚地在自己身上寻找失败的原因，坚定地认为这一切是因为自己修行太晚、修炼不够、魔障太多等因素所致。这从郑观应在《致扬州修道院同学诸道友书》及《致张静生道友书》等信函中可以得到证明。

在《致扬州修道院同学诸道友书》中，郑观应言：

> 昨在九江，万师临行手谕："观应入室两月以来，关窍幸开，玉液已还，可以救护老残，虽遗精可以采补。此功效之著也。惟龙虎大丹未得，终非上品。"弟心甚急，故屡次用法行收，而年高德薄，每升火则承受不住，非是遗精即肝火旺，只好缓缓培补，待九、十月间来扬，当设法图之，并请陈师指示遵行。今接万师自扬来谕："秋燥不能收

---

① 郑观应：《呈万式一先生》，夏东元编《郑观应集·救时揭要（外八种）》（下），第 541～542 页。

丹，须待至冬至后方可收丹。如即来扬，只可养性"等语。两谕之意，体贴下情，殊深惭感，自应遵谕循序而行，冀邀天眷，不敢奢望。①

在《致张静生道友书》中，郑观应流露出了同样的心情：

> 前岁幸我度师万雯轩先生怜予苦志，代禀陈抱一祖师，传授玄科口诀，行已三年。今夏复蒙准入室，忻幸无极，以为指日可得还丹。不料入室百余日，只通关窍，尚未得丹，不能追随同学，联袂而上，累师操持，实深惭感。若谓恐非累行积德，动有群魔作障。②

就在郑观应满心希望地追随万启型修道乞求祛病长生之际，这位自称得到陈致虚上阳真人真传与神丹的江湖术士，却突然于1919年暴病身亡。这位号称得到陈抱一与张三丰两位仙师庇护的且获得真经秘旨能够炼得仙丹的"度师"，尚且无法保全自己而死，足以证明其对郑观应所为皆是骗术。万启型不但让笃信长生的郑观应在晚年耗费了大量金钱，而且他之死也在心理上实际浇灭了郑观应希望通过性命双修追求长生的梦想。郑观应在《登吕祖阁有感》中苦涩地写道：

> 访道寻真数十秋，东南西北独遨游。苦心毕竟天开眼，得诀归来雪满头。悟彻色空登彼岸，难忘花月下扬州。驹光如驶囊如洗，叩罢仙师怅倚楼。③

一个"怅"，真实地道尽了郑观应在求道过程中所遭遇到的种种酸甜苦辣。

晚清民初，西风东渐，中土传统文化出现瓦解之势。传统道教活动由大型教团开始转变为松散的民间信仰活动，道教自身的缺陷更是成为其近代衰落之势的推动力。道教在民间传播的过程中，一批江湖术士借传道敛

---

① 郑观应：《致扬州修道院同学诸道长书》，夏东元编《郑观应集·盛世危言后编》（一），第142页。
② 郑观应：《致张静生道友书》，夏东元编《郑观应集·盛世危言后编》（一），第129页。
③ 郑观应：《登吕祖阁有感》，夏东元编《郑观应集·救时揭要（外八种）》（下），第492页。

财骗钱，这远远背离了传统道教的基本精神与原则，败坏了道教信仰的神圣与庄严。"今方士假此骗人财宝，且有资身之法，或有一方而能医奇病，或有一银方而造假银，或推托寻铅觅砂，延捱岁月。其伪术多方……学者谁敢致疑而识其诈？"① 郑观应学道求法，本欲长生，却"迭遭狡徒诓骗"，落得个"业经破产，室人交谪，子丧家贫"② 的窘境。在这样"旁门外道世何多"③ 的大环境下，除了"感慨寻真受坎坷，旁门曲径何其多"④，发出"自惭德行薄，叠遇野狐禅"⑤，"惟近日邪术借法敛财者颇多"⑥ 的无奈叹息外，他又能做些什么呢？

三　济世梦：致力于世间功德

郑观应一生笃信道教，"庄周不仕休征辟，救世心存学剑仙"。⑦ 他不仅希望通过学道延年益寿，而且更在乎成就他成仙救世的恢弘梦想。

郑观应认为，"剑仙一流于世为宜、于用为切"。⑧ 为此，晚年他将学道目标寄托在通过求道学得仙术进而凌虚步高、剑诛妖邪上面。这种宏愿，在《郑观应集》中多处都有表露。他在《致天津翼之五弟书》中说："兄志大才疏，恨无实际，少时有三大愿：一愿学吕纯阳祖师得金丹大道，成己成人；二愿学张道陵天师得三甲符箓之术，澄清海宇；三愿学张三丰真人得黄白之术，令各州县多设工艺厂以养贫民，并设格致学校以育人材。"⑨

① 郑观应：《致观妙道人书》（庚戌后稿丁巳补刊），夏东元编《郑观应集·盛世危言后编》（一），第104页。
② 郑观应：《上通明教主权圣陈抱一祖师表文》（丁巳年元旦上张三丰祖师表同），夏东元编《郑观应集·盛世危言后编》（一），第126页。
③ 郑观应：《〈辨道诗〉并引》，夏东元编《郑观应集·救时揭要（外八种）》（下），第511页。
④ 郑观应：《醒世》，夏东元编《郑观应集·救时揭要（外八种）》（下），第512页。
⑤ 郑观应：《陈抱一祖师命式一子传谕一济到扬入室志感》，夏东元编《郑观应集·救时揭要（外八种）》（下），第539页。
⑥ 郑观应：《致吴君剑华、何君阆樵书》，夏东元编《郑观应集·盛世危言后编》（一），第77页。
⑦ 郑观应：《得罗星潭观察陈次亮部郎手书》，夏东元编《郑观应集·救时揭要（外八种）》（下），第439页。
⑧ 郑观应：《致吴君剑华、何君阆樵书》，夏东元编《郑观应集·盛世危言后编》（一），第77页。
⑨ 郑观应：《致天津翼之五弟书》，夏东元编《郑观应集·盛世危言后编》（四），第1450页。

在《致万雯轩先生书》中，郑观应说他的夙愿是："官应立愿：继火龙老祖师以符水活人，云游五洲，积德立功。至名利二字，久已看破，等诸过眼之浮云矣。"[1] 如果说，上述史料还不足以说明问题的话，下面这段材料则可进一步佐证郑观应的内心深处确实存在以仙剑术济世度人的梦想。郑观应说：

　　盖时际内哄外侮，是非颠倒，赏罚不公，有强权无公理，趋炎附势，不顾廉耻，无道德，无法律，视苍生贱如马牛，哀黎遍野，凄惨可怜。且各国杀人火器日出日精，近有四十二生的大炮，有毒炸弹，有飞行机，有潜水艇，动辄杀人流血千里，伤残惨酷，为自有战史以来所未见。然欲挽浩劫而靖全球，非应龙沙会之谶，有多数道成法就者广施仙术，不足使至奇极巧之火器销灭于无形。盖神仙身外有身，散则成器，聚则成形，出入水火，飞腾云雾，万里诛妖，一电光耳。剑仙虽是符箓之法，亦不缺内功，所谓静则金丹，动则霹雳，凌虚隐遁，除暴安良。故吕祖师赠剑仙诗有云："三清剑术妙通灵，剪怪诛妖没影形。飞腾万里穷东极，化作长虹下北溟。"俟鹤下德之士也。太上谓："下德为之而有以为。"有为者以术延命之谓也。既未能以术延命，自应内养欲，于洞府修炼，学符箓三五飞步之术，以救哀黎。[2]

　　在郑观应的求道之路上，之所以特别青睐剑仙一类人物、存剑仙济世之梦，与他生活的背景和思想的变化有着很大的关系。他早年一腔热血，以道德济世，主张商战立国，复又主张变法改良，冀图改变中国积弱积贫的面貌，然而现状却是世界发展日新月异，而中国"政府不知发愤，各科学不讲，各实业不兴"，"诚上无道揆、下无法守，有强权而无公理"。面对此混乱不堪之时代，郑观应感到绝望，有"思缓难济急"，用神仙法术快速解决种种乱象，"冀求速效"[3] 的想法自然就不难理解。

　　对于仙剑救世之道，郑观应是有一定认识的，这在他《致曹一峰先生书》中有清晰的表述：

①　郑观应：《致万雯轩先生书》，夏东元编《郑观应集·盛世危言后编》（一），第107页。
②　郑观应：《上张三丰祖师疏文》，夏东元编《郑观应集·盛世危言后编》（一），第61页。
③　郑观应：《致王君静山书》，夏东元编《郑观应集·盛世危言后编》（一），第339页。

查剑术源流，考其教略，分三乘：炼气者为上，谓积累三光，招致五气，以成无形之剑，可以驭气凌空，顷刻万里，比于飞仙，故为上乘，名曰剑仙；炼剑者次之，以数寸之剑，或以小匣祭炼而成，列于中乘，名曰剑侠；炼艺者下乘，名曰剑客。凡是三乘，古今以来其得道而成者不知凡几……俟鹤凤慕剑仙能除邪扶正，时深向往。①

郑观应的求道济世思想萌芽于 19 世纪后半期内忧外患的年代。他认为求真修仙有助于人心之向善，人人积善成德，这样就可以拯救社会，拯救人世。在郑观应看来，宗教皆以救世度人为己任，只是各教深浅难易有别。有的注重修身成己，有的注重济世度人。郑观应曾打算修道成仙后再入佛门，仙佛修成后再穷究与打通天主教、耶稣教、伊斯兰教之理，一统天下各教为一教，以达到统一天下世道人心的目的。从这个角度来看，在中国近代道教的传播与思想发展史上，郑观应不是可有可无，而是理应占有一席之地。

大致而言，郑观应以道济世的途径与实践主要表现在下列五个方面。

1. 以道教徒的济世之心积极倡导和主办近代化实业

近代以来，列强接踵而至，中国面临蚕食鲸吞、瓜分豆剖之危局，如何救亡、如何富强，成为摆在中国人面前的主要课题，仁人志士无不在用各种方式希冀寻求挽救危机之道。在这种环境中，国人多将注意力集中在寻求富强良策上面，却忽视了文化传统中固有的内在价值的发掘。二者不平衡的发展，最终必然会导致中国社会的畸形发展。郑观应则很早就认识到了这一点。他不仅是一名以道教救世的坚持者，同样也是中国早期近代化的倡导者和实践者。他常年醉心经世之学，将平生经验陶铸为传世名句："国非富不足以致强，亦非强不足以保富……有国者苟欲攘外，亟须自强；欲自强，必先致富；欲致富，必首在振兴工商；欲振工商，必先讲求学校、速立宪法、尊重道德、改良政治。"从郑观应的思想与实践来看，他一生都在崇奉道教、研习道术，同样，他一生也都在创建中国近代化企业，寻求国家富强的良方。他一边"言道术，即正心修身、穷理尽性"，认为它是"至命之学"，践行、传播中国道教文化，一边又在"言治道，即齐家治国、安内攘外"，认为此为"自强之说"，因而极力主张学习西学，引进西方国

---

① 郑观应：《致曹一峰先生书》，夏东元编《郑观应集·盛世危言后编》（一），第 176 页。

家的富强之术。东西方文明在他身上并相体现、互相促进，这可谓近代思想界与道教界的一大奇观。他认为"道德为学问之根柢，学校为人材之本源"，"非兵强不足以保国，非商富不足以养兵，而商战之利器在农工"。他主张"标本兼治。道德固与富强等量，富强亦与道德齐观"①，精神文明与物质文明同时建设。正是在这样认识的基础上，他一生在跻身于道教修行、弘扬传播道教文化的同时，也积极投身于创建中国早期的许多重大近代化实业。郑观应一生办过多种实业，如商业、矿业、轮船、铁路、电报等，其特色十分明显，在中国早期现代化史上，他有筚路蓝缕、开拓草创之功。这种经世之念、草创之功，是郑观应对传统道教积修外功在晚清民初大时代下的遵循与兑现，充分体现了道教文化中的包容、开放、注重实践等优秀品性。

2. 针对晚清僧、道界中存在的种种腐败现象，郑观应主张汰浊留清、整顿改革

晚清时期，僧、道两门中弊病重重，很多和尚、道士表面上宣称"明心见性"，"修真炼性"，"实则利欲熏心，豺狼成性"，"疏懒为真，食色为性"。他们"失志则打包云水，乞食江湖；得志则登坛说法，聚众焚修"。这些逞其才智的不道德之徒或者"募化十方，轮奂而居，重裀而坐，膏粱而食，锦绣而衣"，或者"附托权门，夤缘当路，通声气，市权利。或且聚狂徒，逞邪说，窝盗寇，干法令"，"只知建醮超幽，敛人财物，未闻有行一善举如耶稣、天主教士设学校以教人、创医院以治疾者"。尤其是"僧、道两门所聚徒众不下数十万，或众至百万人"，已经构成了社会上极不稳定因素。郑观应认为这是"弥勒、白莲、金丹诸教匪因风吹火、乘势蜂兴"，致使民间动乱的重要原因。对此，他主张"沙汰僧道"，整顿二门，廓清教风，以利于社会稳定与经济的正常发展，并提出了具体解决办法。（1）对于僧道两界"年老力衰、多病残疾、幼弱未成丁者，改各州、邑大寺为恤贫院以处之"。（2）对"劝之不改，汰之不去"者，"革其衣冠，配其男女"，"以布施之庄田，为计亩授耕之用"。（3）对真心崇奉仙、佛，遵从戒律者，允许其"深山穴居，茅棚独处，任其高遁"，"惟断不得创宫、观、

---

① 郑观应：《〈盛世危言后编〉自序》，夏东元编《郑观应集·盛世危言后编》（一），第13、16、13、14页。

寺、院，召徒众，募布施，蓄财货，登台说法，衣冠歧异，以惑斯民之视听"。①

3. 整理与刻板道教经籍

郑观应自幼喜阅道教典籍，求道寻真以来，他有感于自己在求道过程中屡屡遭受那些异端旁门及一知半解的江湖术士的欺骗，虽虔诚向道却耗费资财而皓首无成的实际情况，发愿广泛搜求、解读、辨伪与整理出版道家典籍，以便于真心向道的道友们学习与参悟。郑观应云："余访道天涯，备尝艰苦，幸蒙师授，语契丹经。自愧福薄，未克下手，敢将秘传先圣所述内外丹药次序不同之处，备载于此，愿与有道之士同受其福。"② 对于整理与刻板道教经籍以传播道教文化一事，郑观应在晚年曾经有所总结。他说：

> 观应慕道已六十年矣，曾览《道藏全书》、《道藏辑要》及未入《全书》、《辑要》等书，觉所论命理玄奥，语多譬喻，隐而不露，未得诀者莫名其妙。于是凡遇有道之士，无不虚心请教，证以丹经，始知成道者不外清净、同类、服食三大端……传道者果得真传，则不索赘金多寡，不论学者贫富。盖大道无亲，惟传善人，否则必遭天谴也。无如异端旁门及得一知半解以惑人者日甚，致令后学往往倾家荡产，蹉跎岁月，皓首无成。爰将《黄帝龙虎经》、《阴符经》、吕纯阳祖师、张三丰祖师、圣僧济祖师诗文及群仙歌诀、金丹真传，分为八卷，付诸手民，名曰《道言精义》。然读者未得诀，仍然不晓，乃续刊《唱道真言》、《多心经》、《清静经》、《金华宗旨》、《金笥宝箓》、《三一音符》、《天仙心传问答》、《七真灵文》、《方壶外史》、《慧命经》、《金仙证论》、《陆约庵就正篇》与《林奋全书》、陈抱一祖师《参同契注释》、闵小艮先生《琐言续》、《古法养生阐幽》、刘止唐先生《大学古本》、莫月鼎真人与王天君《内炼口诀》等书，交书肆照本发售。于兹

---

① 郑观应：《僧道》，夏东元编《郑观应集·盛世危言》（上），中华书局，2013，第311、312、311、310、312、312~313页。

② 郑观应：《重刊〈金仙证论〉序》，夏东元编《郑观应集·盛世危言后编》（一），第41页。

已三十余年矣。①

在总结了出版道学典籍的基本原因及已经刊印的一些主要书目后，郑观应又进一步补充道：

> 年来蒙陈抱一祖师传授玄科口诀，何合藏仙师传授先天口诀，爰手辑吕纯阳祖师《百句章百字篇》，陈抱一祖师《训释道黑幕文》、《咏道诗》，张三丰祖师《打坐歌》、《道要秘诀歌》及《删正樵阳经》、《玉液还丹秘旨》，抱仁子《重订玉液还丹秘旨》，李含虚真人《收心法》，希一子《补天随功候篇》、《太微洞主授郑德安玄关口诀》，尹真人《添油凝神入窍法》、《神息相依法》、《聚火开关法》、《治心法》、《筑基全凭橐籥说》、《元性元神说》、《归根复命说》，邱祖师《秘传大道歌》，太虚真人《道程宝则》，止唐先生《论道四则》，陆潜虚真人《内外药论》。以上各篇借重人元之学，而所编不厌重复，历引诸真之言，互相印证，庶免读者疑惑，并录文先生《易学歧途辨》，陈真人《翠虚吟编》为一册，名曰《还丹下手秘旨》，皆扫除譬喻，直露真诠，用以自镜，并愿与同学者均知尽性以至命，勉力行善，内外兼修，先行却病延年工夫。②

以上所引仅仅是郑观应在一篇序言中所胪列的由他亲自编辑刊行的道学宝典，计有 40 余种之多。在这篇序言中，郑观应说他"今已年将八秩"，说明这份材料应是他离世前两三年时所为，文中所列的书目显然是经过他精心挑选，因而具有十分重要的参考价值，其中内容宏大精深，基本上涵盖了道教教义的核心与全部的修炼要点。由此看来，如欲探讨和总结郑观应的道教人生，对这份史料的深入解读与研究应该说是一件十分必要且有一定价值的事情。

除此之外，郑观应还编辑出版有《剑侠传》《道法纪纲》《海山奇遇》《龙门秘旨》《真诠》《梅华问答编》《青华秘文》《金宝内炼丹法》《玉清

---

① 郑观应：《〈还丹下手秘旨〉序》，夏东元编《郑观应集·盛世危言后编》（一），第 208～209 页。

② 郑观应：《〈还丹下手秘旨〉序》，夏东元编《郑观应集·盛世危言后编》（一），第 209 页。

金笥》《新解老》《神功广济先师救化宝忏》《陈注关尹子九篇》等重要道学典籍。为了便于女子向道者修炼道术，郑观应还专门从《古书隐楼藏书》中摘取重印《西王母女修正途》《女宗双修宝筏》。他在此二书重印序言中指出："今因女界中多有殷殷访道者，特择全书中二种合印为一卷，俾修真女子藉此寻师质证，不致堕入旁门。""《古书隐楼藏书》全部中《女修正途》、《女宗双修宝筏》二种，专为女士指引迷途，言简意赅，意精而透，洵为不可不读。"①

作为一名以积德行善为成仙大药的道家弟子，郑观应集后半生之精力，持之以恒地整理与出版道教宝典，这在晚清民初道教式微的历史大背景下，无疑独树一帜，此举对弘扬、保存、继承与传播道教文化具有重要意义，他在中国近代道教传播史上的作用与地位理应引起学界重视。

4. 发道心之力，积极募捐赈济灾民

赈灾慈善在中国有着悠久的历史传统，这与中国传统文化有着密切的关系。儒道佛三教都有劝人行善、积累功德的功能与作用。道教文化大力推崇积德行善，提倡人们行善除恶，认为"积德立功尤为求药之大本"② 是获得自身"金丹大药"的必要条件，从而把积善立功与长生、修仙紧密联系起来。《玉钤经中篇》即云："立功为上，除过次之。为道者以救人危，使免祸，护人疾病，令不枉死，为上功也……若德行不修，而但务方术，皆不得长生也。"③ 郑观应对举办慈善事业十分热衷，"凡有公益善事，力为赞助"④，这应是他深受道教文化中积德立功观念所熏陶的结果。

1870 年，郑观应刊印《陶斋志果》，其重要目的是规劝人们戒恶向善。郑观应认为："'志果'一书，言非无稽，事皆征实，于世道人心不无小补，窃愿怀道德之君子广为传播，俾善知劝而恶知惩，则种花得果，左券可操。"⑤

1877 年，郑观应与经元善、谢家福、严作霖等在上海创办筹赈公所，

---

① 郑观应：《重印〈西王母女修正途〉、〈女宗双修宝筏〉序》，夏东元编《郑观应集·盛世危言后编》（一），第 182 页。
② 郑观应：《答曹一峰先生书》，夏东元编《郑观应集·盛世危言后编》（一），第 54 页。
③ 葛洪著、顾久译注《抱朴子内篇全译》，贵州人民出版社，1995，第 76 页。
④ 郑观应：《上通明教主权圣陈抱一祖师表文》（丁巳年元旦上张三丰祖师表同），夏东元编《郑观应集·盛世危言后编》（一），第 127 页。
⑤ 郑观应：《重刊〈陶斋志果〉序》，夏东元编《郑观应集·盛世危言后编》（四），第 1497 页。

赈济山西灾荒。此后扩大到河南、直隶等省。郑观应在"直、东、晋、豫、苏、皖等省灾赈，募资助办，为数甚巨，最著勤劳"。① 为了救济灾民，郑观应将友人所写《十可省歌》《铁泪图歌》《广譬如歌》等诉说灾民苦况的文章汇刻，以事劝募。②

1878 年，郑观应又刊行《富贵源头》《成仙捷径》，其目的仍然是为募集赈灾款项。郑观应在《成仙捷径》序中大声疾呼："苟非积德以求，又安能成圣成仙成佛也哉！夫修道者以能尽性命为功，而积德者以能救性命为行。欲救人性命则莫大于荒年赈饥。""愿与天下有志之士广修至德，以凝至道，相期跃出凡流，同登圣域，洵成仙之捷径，亦仆生平之厚望也。"③

在募捐赈灾慈善活动中，郑观应既注意汲取传统宗教中的劝善助弱思想，同时又结合他对西方社会救济思想的了解，根据时代特点提出了自己新的救助主张。他不仅十分推崇西方各国"以兼爱为教，故皆有恤穷院、工作场、养病院、训盲哑院、育婴堂"，认为"其意美法良，实有中国古人之遗意"，而且积极将德国工人养老、工伤、疾病等社会保障制度加以介绍，认为"利己利人，莫善于此，而水火、盗贼诸险，可由此而推矣"。④

郑观应注重践行道教的扶危济困的主张，在日常生活中关注弱势群体，主张尽力对难民、灾民、流民、失业者、鳏寡孤独残疾者，以及其他生计艰难阶层积极进行救助。他不满"哀鸿满中泽，百日天悠悠"⑤ 的状况，不仅积极参与办理救赈公所，出任善堂、广肇公所董事，而且还兼任中国红十字会特别名誉会员。在郑观应看来，"修行功德之事，不以茹素诵经为修行，不以建坛设醮为功德"⑥，而应当把金钱与力量实实在在地用到该帮助的人身上。针对当时普遍的溺婴状况，他提出在城乡各地建立保婴会。"其法：各就乡隅集一善会，或以十里为限。凡地方贫户生女，力不能留养者，准到局报明，每月给米一斗，钱二百文，以半年为度。半年之后，或自养或抱送，听其自便。实则半年之后，小孩已能嬉笑，非特不忍溺，亦必不

① 吴尹全：《倚鹤山人事略》，夏东元编《郑观应集·救时揭要（外八种）》（下），第 577 页。
② 夏东元编著《郑观应年谱长编》上卷，上海交通大学出版社，2009，第 83 页。
③ 郑观应：《〈成仙捷径〉序》，夏东元编《郑观应集·盛世危言后编》（四），第 1318 页。
④ 郑观应：《善举》，夏东元编《郑观应集·盛世危言》（上），第 300、302 页。
⑤ 郑观应：《筹赈感怀》，夏东元编《郑观应集·救时揭要（外八种）》（下），第 368 页。
⑥ 郑观应：《论广东神会梨园风俗》，夏东元编《郑观应集·救时揭要（外八种）》（上），第 35 页。

忍送堂矣。且贫户既以得所资，而易于留养。彼稍堪温饱之家，亦必心生
惭愧，感动必多。此法简便易行，可大可小，可暂可久。一经提倡，全活
必多。愿与天下有心人共起图之。"① 郑观应反对妇女裹足，认为"此事酷
虐残忍，殆无人理"②，主张严令禁止。他反对官宦富贵人家虐待婢女的不
道德行为，为此他专门写有一篇《虐婢歌》，指出"万物人为贵，国家当教
育……暴虐必招殃，上天报应速"。③ 用宗教神灵在背后监督的说法来劝诫
虐待婢女的不法人家。这种天地之间人最贵、离地三尺有神灵的观点，明
显带有道教文化劝善惩恶的痕迹。

5. 组织道德会、崇真院、丛林修真院，养育人才

上海道德会是清末民初以宣扬道德为宗旨的一个会社组织。最初由湖
南、四川等地的道人为宣化救世、挽回道德人心而提倡。而后，经王新甫
举荐，郑观应出面号召组织而建立，会所定在上海牯岭路延庆里，由杨海
秋等主持修真论道事务，兼以符水治病。崇真院、修真院则是郑观应倡导
为专事培养道教人才的机构。两者中较有特色的是七教丛林修真院，这是
郑观应在近代社会发生剧变与转型大背景下企图以道教融合各教的一种新
尝试。郑观应认为，"欧战虽停，内讧未已，中原逐鹿，南北分驰"，值此
列强各国对中国"众虎环伺，各逞其并吞割据之谋"，国内又"政府失权，
军党只知争私人之利"，中国"分裂不远，殆所谓危急存亡之秋、三期浩劫
降临之日"，"欲挽此劫，非得内圣外王之才如轩辕太公者，固未能平治今
之天下也"。这是郑观应极力主张建立修真院的根本原因。他的构想是：集
众道友之力，合力"捐资四十万元，提十万元购地三十亩，分地十亩建设
七教丛林一所，分地十亩建设男修真院一所，分地十亩建设女修真院一
所……限取善男子二十人，善女子二十人……既入院修持，不成道不能出
院"。郑观应特地为之拟定简章九条，乞求"各教主、众仙佛赞成，并蒙玉
旨恩准"。郑观应乐观地设想："如二十人中得成道者十人，则教昌之五大
愿可冀陆续举行，五大洲可享太平之乐。"④ 郑观应希望得到吕洞宾、陈抱
一、张三丰、何和藏等仙师的支持来创办七教丛林修真院、培养人才、挽

---

① 郑观应：《劝诫溺女》，夏东元编《郑观应集·救时揭要（外八种）》（上），第 39 页。
② 郑观应：《女教》，夏东元编《郑观应集·盛世危言》（上），第 65 页。
③ 郑观应：《虐婢歌》，夏东元编《郑观应集·救时揭要（外八种）》（下），第 473 页。
④ 郑观应：《上吕纯阳祖师、陈抱一祖师、张三丰祖师、何合藏祖师禀》，夏东元编《郑观应
集·盛世危言后编》（一），第 340～341、344、341 页。

救衰世的愿望当然不可能实现，但这种坚定的道教信仰与探索精神却无疑值得肯定与探讨。

四 一统梦：以道教融摄各教的乌托邦

晚清以来，道教益加衰微，中国不断遭遇列强的侵略，面对此种种窘境，郑观应忧心忡忡。为此，他不断在理论上进行思考与探讨，力图打通儒、佛、道三教。他同意道友刘止唐提出的"三教虽异，其实同源"的说法，认为三教"均于心上做起，于心上收功，诚澈始澈终工夫"①，在终极关怀层面道理相通，皆旨在"穷理尽性至命"②，从而将人的道德精神升华成为一种普世精神。郑观应认为三教各有所长，应该取长补短，相互借鉴。在继承、总结历史上儒、佛、道三教合一思想的基础上，郑观应提出了"七教统一"的新主张。

郑观应所谓的"七教"，从狭义上是指儒、道、佛、回、耶稣、天主、希腊各教；从广义上看则是指天下万国各教派。郑观应把通晓七教教义作为统一各教的起点："观应原拟仙道成学佛，佛道成再穷究天主、耶稣、回教之理，道通各教、法力无边之后，即商前辈高真，会同奏请上帝施恩饬行。"③郑观应从同源、同道、同心三个方面会通中国传统三教，致力在思想和理论上找到七教统一的契合点。为此，他大量阅读与研究外国宗教书籍，以增强自己对西方各教的认识和了解。郑观应认为：

> 泰西基督一教，流派分而为三：一曰耶稣教，日耳曼国之所演也，英吉利、德意志、美利坚、丹麦、荷兰、瑞典顿、瑙威、瑞士等国从之；一曰天主教，传自犹太，盛行于罗马，意大利、奥斯玛加、比非利亚、法兰西、日斯巴尼亚、葡萄牙、比利时等国从之；一曰希腊教，希腊为西洋文字之祖，亦缘饰基督教之说，别树一帜，小亚细亚、欧罗巴之东、俄罗斯、希腊等国从之。其教或分或合，有盛有衰，名目

---

① 郑观应：《答曹一峰先生书》，夏东元编《郑观应集·盛世危言后编》（一），第98页。
② 郑观应：《再致扬州修道院同学诸道友书》，夏东元编《郑观应集·盛世危言后编》（一），第145~146页。
③ 郑观应：《上通明教主权圣陈抱一祖师表文》（丁巳年元旦上张三丰祖师表同），夏东元编《郑观应集·盛世危言后编》（一），第126页。

不同，源流则一，略本《摩西十诫》。耶稣基督自命为上帝之子，创立新约，以罪福之说劝人为善，其初意未必遽非，而千百年来，党同伐异，仇敌相寻，人民苦锋镝，原野厌膏血，别分门户，遂酿干戈，变本加厉，实非教主始念所及。①

郑观应对回教亦有一定的认识。他说："独不见夫回教乎！彼族虽奉其教，诵其经，而人伦执业不异四民，日用衣冠悉遵王制，惟不食猪肉等事，彼教自伸其私禁。故在上者亦安之而已。安见处二氏②者独不可以如是治之耶？世有通人留心治术者，当不河汉斯言。"③

在近代中国，对西方宗教有所认识的人凤毛麟角，有融通宗教各门之愿的志士更是寥寥无几，郑观应则是其中一名敢于担当者。作为一名道教徒，郑观应能够站在中和的立场，冲破当时人们对西方宗教片面而又极端的认识，以开放的心态和包容的胸怀容纳各种宗教，极力寻找它们与中国传统三教上的相同之处，这是难能可贵的。他之所以有这样的认识，完全来源于他"尝读各教经书有年，颇知各教主皆以救世度人为心。惟所著之书有深浅、有譬喻，或修身、或治世，后学不知道无二致，各树一帜，互相倾轧"④ 而已。正是认识到宗教有救世度人的普世价值与各教具有共同性，郑观应才坚信他能够以道教融摄其他各教，以宗教的统一来实现人类世界的统一，最终确立"大同之基础"。⑤

1917 年初，郑观应在《上通明教主权圣陈抱一祖师表文》及《上张三丰祖师表文》中，提出了他的气势宏伟的救世五愿。

第一愿：统一天下万国宗教。"合各教为一教，除治世行政之书归各国因地制宜自行修改外，拟即将各教主论道之书，选其精义，分为顿、渐两法，编辑成书，庶学者易于入门。并将未成道者所著之书合理者存，不合理者毁，免为伪书所惑。"在世界各国"设圣道总院，供奉各教主圣像，令

---

① 郑观应：《传教》，夏东元编《郑观应集·盛世危言》（上），第 183 页。
② 二氏，指佛、老两家。郑观应曾言："二氏者，佛、老之名也。学佛者僧之徒，学老者道之徒。"［见《僧道》，夏东元编《郑观应集·盛世危言》（上），第 309 页］
③ 郑观应：《僧道》，夏东元编《郑观应集·盛世危言》（上），第 313 页。
④ 郑观应：《上通明教主权圣陈抱一祖师表文》（丁巳年元旦上张三丰祖师表同），夏东元编《郑观应集·盛世危言后编》（一），第 125 页。
⑤ 郑观应：《上通明教主权圣陈抱一祖师表文》（丁巳年元旦上张三丰祖师表同），夏东元编《郑观应集·盛世危言后编》（一），第 127 页。

人瞻仰。该院监督必须由各教主公举，非已成道有六通者不能胜任。既有法力，又能前知，则后学自无纷争矣"。

第二愿：由各国圣道总院培育人才，以适应各国圣道分院传道之需。"各国圣道总院，应招考是真心修道、誓守院规合格者方准入院潜修。俟道成后，由院监督派往各埠各院当教长……凡各国各埠有天主堂、耶稣堂、清真堂、孔教堂者须设圣道分院……每星期该教长必须对众演说修身、齐家、治国之道，使妇孺咸知"。

第三愿：消灭各种伤人火器。"由仙佛法力慑服乱世魔王，消灭各种火器……凡创造伤人之火器，即治其罪，以期四海升平，共享大同之乐"。

第四愿：发展经济，富国强民。"以点金术所成黄白，限制若干分交各分院教主，选聘公正绅商，创设贫民工艺厂、各学校及开矿、开垦等事，务使野无旷土，国无游民。……不分畛域，不分种族，无论何国一视同仁"。

第五愿：由得道圣贤管理与监督教育、经济、民生诸事务。"圣道总院之监督，由各教主公举，而各分院之教长由总院监督选派该处士人已成道而有六通者方合格"。对于经济教育民生诸事，由总院监督派已成道有六通能者，定期到各地工艺厂、学校、矿山、开垦地考察，以决定奖惩措施。

概括起来，上述五愿，主要集中在"合各教为一教"这一核心内容上面。郑观应希望用道教来融合天下万国各教，实现之法，一是求吕洞宾、张三丰、陈抱一等道教仙师广施法力帮助而成；一是在世界各国设立圣道总院、各地设立分院，作育人才而成之。

对于自己提出的救世五愿，郑观应充满信心，激情满怀地不断憧憬与设想着未来。他自信"其第一、第二愿成则圣贤日多，第三、第四、第五愿成则政治良、风俗美、人心正"，如此就可以"重见三皇以上之世，气象祥和，民安国泰，岂不伟欤！"[①]他在给道友伍廷芳的赠诗中，幻想着一统梦实现后的美好情景："我倡各教统一议，已蒙上帝准行矣。尚祈各教统一心，协力同心急奋起。大同世界泯战争，民康物阜万国宁。不分畛域无强弱，专崇道德重文明。"[②]

---

① 郑观应：《上通明教主权圣陈抱一祖师表文》（丁巳年元旦上张三丰祖师表同），夏东元编《郑观应集·盛世危言后编》（一），第125、126页。

② 郑观应：《伍秩庸先生辞总裁仍护法巩固共和赋此志喜》，夏东元编《郑观应集·救时揭要（外八种）》（下），第543页。

很明显，郑观应提出的救世五愿，企图用道教来融摄、统一天下各教的主张，带有康有为所讲大同世界的意味，也具有近代西方空想社会主义乌托邦的影子。这种愿望的初衷和目的是明确与美好的。他认识到宗教具有正面作用并对其正能量给予充分的挖掘，企图凭借这个方案来挽救世风日下的世道人心，这对于补救当时道德严重缺失、重振道德精神、改变清末民初道德日益式微的状况，无疑尽到了他作为一个虔诚道教徒该尽的一份责任。不过，郑观应企图通过统一天下宗教来统一天下人心，进而实现人类大同的主张与愿望明显有着幻想的成分。各种宗教的出现，皆有其产生、发展的独特历史、人文、社会、风俗、政治、经济等背景，各自有其存在的合理性与异质性，人为的一刀切的统一模式是不现实的。尤其是郑观应实现五大愿的手段是乞求吕洞宾、陈抱一、张三丰、何和藏等几位道教中的仙师广施法力，以今天科学的眼光来看，根本就没有实现的可能。郑观应的宗教一统梦，只能注定永远是一个不可能实现的超越现实的乌托邦之梦。

五　结语：寻梦的意义

近代以来，道教因多重因素的影响而日趋式微。

中国文化与宗教，在清朝中叶以后，概受西洋文化思想输入的影响，一蹶至今，尚未重新振起。自 19 世纪以来，正式代表道教的胜地观宇……虽然还保有道教观宇与若干道士，仿效佛教禅宗的丛林制度，各别自加增减，设立规范，得以保存部分道教的形式，但已奄奄一息，自顾不暇，更无余力做到承先启后，弘扬宗传教的事业了。何况道士之中，人才衰落，正统的神仙学术无以昌明，民间流传的道教思想，往往与巫蛊邪术不分，致使一提及道教，一般观念便认为与画符念咒、妖言惑众等交相混杂，积重难返，日久愈形鄙陋。①

在这样一个道德弛坠、争名逐利的大的历史环境下，作为一名道教的俗家弟子，郑观应并没有悲观消极，而是力所能及地担当起自己对于道教振兴的一份责任。郑观应的一生几乎是与中国近代道教的传播历史相同步，他的修道人生可谓晚清民初士大夫阶层道教活动的一个典型的缩影。他的

---

① 南怀瑾：《中国道教发展史略》，复旦大学出版社，2011，第 137 页。

坎坷的求真路及冀望通过道教来实现他的长生梦、剑仙济世梦及一统天下宗教梦的破灭，无疑也是对近代中国道教衰落内在原因的一个很好的诠释。

有清一代，道教不受重视，一直被认为是中下层人士的宗教信仰。"上级社会，大都以儒学为依归，而旁参佛学之哲理；下级社会，始有神道之信仰，则以释、道、回、基督四教为著，若犹太教则微末已甚矣。"① 清人钱咏即言："天地能生人而不能教人，因生圣人以教之。圣人之所不能教者，又生释、道以教之。故儒、释、道三教并行不悖，无非圣人同归于善而已。孔子曰：中人以上可以语上也，中人以下不可以语上也。盖圣人之教但能教中人以上之人，释、道不能教也。释、道之教但能教中人以下之人，圣人亦不能教也。"② 在这种歧视观念的影响下，一般士大夫大都不会公开承认自己信仰道教。郑观应则不然，他敢于公开表明自己的道教信仰，坦言自己"视富贵如浮云，欲修身以济世"。③ 他在世81年，寻道问真60余载，行迹几乎遍及中国的大江南北、长城内外。晚年他还明确宣称自己："夙慕神仙事业，曾读南派、北派、东派祖师丹经数十种，遍求丹诀已五十余年。自愧德薄，勉力行善，虽遭魔障、备尝艰苦，仍锐志向前，不敢稍懈。"④ 他的虔诚向道的态度与勤奋而务实的修炼实践，即使是一个寻常的在观道士也往往难能望其项背。另外，我们也应该看到，在中国传统宗教文化中，道教既为众生准备了祛病长生的修炼门径，同时又有教化天下、济世利人的普世精神。祛病长生是郑观应追求仙道修炼的一个重要原因，但在这个原因的背后，潜伏着他济世救人的更高层面的目标。郑观应"且念积德为入道之门，苟不至德至道不凝，诚恐前生孽重，故见义勇为，扶危济困，甚至受人所累，变产赔偿，宁人负我，我不负人"。⑤ 他将自己修炼道术多年积累下来的经验毫无保留地与道友进行交流，"用觅知音，同跻圣域"。⑥ 他数十年如一日，致力搜集、解释、刊行道教典籍，为传播道教文化做了许多有益的事情。更重要的是，他吸纳与借鉴其他宗教思想与体制特点，探索改善道教自身组织体系。他积极兴办社会慈善事业，增强道

① 徐珂：《清稗类钞》第四册，中华书局，2010，第1938页。
② 钱咏：《履园丛话·杂记上·三教》，卷三十三，中华书局，1979，第601页。
③ 郑观应：《或问守身要旨》，夏东元编《郑观应集·救时揭要（外八种）》（上），第52页。
④ 郑观应：《致刘和毅真人书》，夏东元编《郑观应集·盛世危言后编》（一），第109页。
⑤ 郑观应：《覆苏州刘君传林书》，夏东元编《郑观应集·盛世危言后编》（一），第72~73页。
⑥ 郑观应：《〈道言精义〉序》，夏东元编《郑观应集·盛世危言后编》（一），第124页。

教的入世功能与社会影响。他将道教文化视作当仁不让的救世良药，将道教济世度人的入世功能发挥到了一个极致。他信奉道教的因果报应思想，重视做善事、积阴功，劝善抑恶，"筑基炼己求真我，得药还丹论色身。频刻仙经思普渡，遍求佛法救沉沦。"① 他"志在先积阴功，后学神仙"，因而在名利场中40余年，能够做到"廉政自矢"，"扶危救急，如筹赈、设善堂、施医药、保婴、救溺、皆殚心竭力相助。凡有利可兴，有弊可除，事关大局者，均不避嫌怨"。② 由此可见，在道教济世思想的作用下，作为商人兼思想家的郑观应，已经实现了高度的道德自律。可以说，正是信奉道教积德行善和济世利人的圣训，郑观应的访道求仙才具有了值得肯定的可贵价值。他一生虽历任实业界多种重要职务，但能够始终做到克己奉公、尽职尽责，这与他信仰道教有着重要的关系。信道使郑观应的个人才华得到了充分的施展，不仅使得他成为晚清商界、实业界中的一位睿智的思想家，而且也使他成为晚清思想界中最具有实干精神的实业家。出世与入世、寻仙与济世，在他身上表现出了高度的协调。晚清状元夏同龢曾这样评价郑观应："香山偫鹤山人最富于宗教思想者……崇任侠而明黄老……特神仙家支派有二：有持厌世主义而仅为自了汉者，有持救世主义而自度度人者。如前之说，其人虽仙无裨于世，是方技家而非宗教家也；如后之说，大都由任侠而入于神仙者。纵不即仙，而抱此高尚纯洁之理想，或见之于行事，或著之于寓言，其足以感发当世之心思，而变化其气质者盖不少矣。偫鹤山人殆其流亚欤？何其诗之多杂仙心也。"③ 盖棺论定，郑观应正是这样一个人：道教徒中一名有作为有思想的俗家弟子；一位一生坚持了60多年的仙道实修者；晚清民初民间道教的一位积极传播者；一个会做梦、敢做梦，勇于通过丹道修炼追求长生，希冀通过仙剑成道救世度人并且幻想借助神仙力量来用道教统摄天下宗教，以此达到天下大同、万国康宁的宗教乌托邦者。他对中国近代道教史的贡献与作用不容忽视，理应进入中国近代道教史的"凌烟阁"，在其上拥有一席之地。

---

① 郑观应：《感赋七律八章藉纪身世》，夏东元编《郑观应集·救时揭要（外八种）》（下），第524页。
② 郑观应：《呈张欧冶真人书》，夏东元编《郑观应集·盛世危言后编》（一），第48页。
③ 夏同龢：《〈罗浮偫鹤山人诗草〉序》，夏东元编《郑观应集·救时揭要（外八种）》（下），第330页。

清末边疆危机应对与边疆观念变化

郭丽萍[*]

清代文献中，人们多用"边""疆"来指称帝国疆域中处于边缘地带的区域，笼统而言者，如"边陲""边地"，具体指代某一区域时常用"滇边""川边""藏边""柳边""回疆""蒙疆""南疆""苗疆""滇疆""新疆"等。清末之后，"边疆"被广泛使用，并随民族危机加重在1930年之后使用频次增高。①

中国古代关于边疆的认识在秦代已经形成。以中原为中心建立起来的封建政权一般遵守着内诸夏而外四夷的天下观，其中"四夷"被视为拱卫中央政权的边疆之地，是一个环形分布于华夏周围的地带。关于"四夷"的认识中，既有地理意义上远离中心的空间边远，有文化意义上非主流、不"文明"的文化边缘，也有居民族群的差异，生活在边疆者一般是与汉族不同的族群。从中心到边缘，既是政治影响力的递减，所谓天高皇帝远，也是文野差异的渐变，距离中心越远的族群往往被认为文明程度越低。

清末民初人们的边疆观念仍然沿袭传统认识，一般包含两个方面的意义，"一则为国界的边疆，即与外国领土接壤的区域；一则为文化的边疆，即未尽开发的土地，其间为游牧经济的各宗族所散居，而其习俗、宗教生活、语文等与农业文化不同的区域"。② 但是，这种边疆观念已与古人不同，

---

* 郭丽萍，北京理工大学教授。

① 房建昌曾检阅民国时期的研究机构与研究刊物，结果显示，以"边疆"命名的机构与刊物大量出现于20世纪30年代之后。见《简述民国年间有关中国边疆的机构与刊物》，《中国边疆史地研究》1997年第2期。

② 《东方杂志》第8卷第12号《中国大事记》，1912年6月。

其变化的大背景是清中叶以来随西方殖民势力东来而产生的边疆危机。正是在处理边界冲突、边疆事务的过程中，中国人开始学习国际法则、了解现代国家主权观念，开始依循、接受不同于过往旧制的新原则。这些新原则起初只被少数人所认识，渐渐被更多的人所认同，最后新观念由此生成。观念生成演变是一个缓慢的过程，中国现代边疆观念的成型、成熟是在20世纪30年代之后，但这些变化的起始点是在清末时期，从那时起，在地理意义、文化意义、政治意义各层面对边疆的认识都开始发生变化。

一　由王朝疆域观念向现代国家领土观念的过渡

传统的王朝疆域观念以"天下中心"认识为前提，"天下体系"以京城为核心向外扩展即是诸夏，诸夏之外是四夷。起初，靠近四夷的地带即是"边疆"。早在中原人视秦人为戎狄的先秦时期，秦国侵犯晋地被记述为"摇荡我边疆"。① 唐宋之后，农耕与游牧两种文化的差异与冲突塑造着中国人的边疆观念。有研究者认为，宋辽两朝之间，中原汉政权与北方少数民族政权之间产生了对等外交，二者之间已经产生了明确的边界。② 实际上，宋之前的唐代，宋之后的元、明、清，王朝的边境之界都已经扩展到了农业与游牧文化的界限之外，包容着相当广阔的游牧民族活动区域。

在王朝边疆观念中，边疆基本由两条界限圈定。一条是诸夏与四夷之间的"内线"，在中国北方，这一线基本与农业、游牧两种文明的界限一致，相对清晰，而在南方不是这样；另一条是在四夷之外，因游牧民族的迁徙、王朝实力的兴衰而游动，这一"外线"的界限相对模糊，并不固定。偏远的边疆一直是王朝不可分割的组成部分，通过特别的统治政策如朝贡、屯垦、羁縻等使边地与中央之间建立起政治联系。一方面是王朝的怀柔、宽容、恩赐，一方面是边地的臣服、认同、稳定。这种统治方式被拉铁摩尔称为是"静观政策"。③ 就地理意义而言，传统的边疆观念中的边疆是由内而外确定的，边疆与中央的政治联结一定体现于地理定位之中。在缺少准确地理坐标的时代，正史从《史记·地理志》到《大清一统志》，边疆要地的定位从来都是以京师为参照来确定方向与距离的。

---

① 《左传·成公十三年记》，见《春秋左传校注》，岳麓书社，2006，第485页。
② 葛兆光：《宅兹中国》，中华书局，2011，第51页。
③ 拉铁摩尔：《中国的亚洲内陆边疆》，唐晓峰译，江苏人民出版社，2005，第55页。

　　这种王朝疆域观念在近代受到现代主权国家概念的挑战。主权国家概念的核心四要素之一即是固定的领土，这是一个现代主权国家存在的物质基础，确定国家固定领土的标识是边界。中国近代的边界观念基本上是在西方殖民者的压力之下形成的，这种压力的首要一种是通过平等或不平等条约来在彼此之间划出较为清晰的国境线。中国历史上，近现代意义上的划界最早可以追溯到中俄有关黑龙江流域领土划分的两个条约，即 1689 年的《中俄尼布楚条约》、1727 年的《不连斯奇条约》。乾隆年间，以实测数据为依据的《乾隆内府舆图》问世，图中采用经纬相交的方式大致标明了中国的边疆范围。但遗憾的是，这一地图完成之后一直被密藏于内府，"外间流布绝少"[①]，清人高频度地使用这一地图要到嘉庆道光年以后，因而此图对于人们边界意识的转变产生的作用相对有限。

　　晚清的边疆危机直接表现为疆土沦丧，通过一系列不平等条约，清王朝丢了乌苏里江以东、黑龙江以北、额尔古纳河以西、伊犁以西帕米尔地区大片领土，中缅交界的高黎贡山以西地区……失去与未失去之间就是国界，比如，乌苏里江、黑龙江、额尔古纳河、高黎贡山，在被迫划界的活动中，中国不得不接受列强主导下的界务条约、疆界规则。泰国历史学家东猜·维尼察吉（Thongchai Winichakul）研究了 1850～1910 年间泰国边界定型的复杂过程，结论是，泰国从未被殖民，但到头来它的边界却还是由殖民势力所决定。[②] 同样，近现代中国的边界，即边疆的外线也是在"他者"——殖民者的逼迫之下渐渐清晰固定的。这种划界方式与传统定界方式不同，第一，这是一种自外而内的划界，有悖于传统由内而外确定边疆的思维；第二，由外而内的划界方式使得边界线非常确定且不可再向外扩展；第三，这种不考虑文化差异的划界方式冲击着传统中国以文化类型标定华夷的观念。[③]

　　这种从外部对于中国边界线的挤压，首先切断了王朝时代中国与周边朝贡国之间的宗藩关系，传统的天下观念、朝贡体制面临瓦解。

　　1886 年曾纪泽主持的中缅边界谈判、后来马建忠对朝鲜问题的处理、郑观应在暹罗问题上的意见，都希望维持传统的朝贡体制，但都没有成功，

---

① 李兆洛：《皇朝一统舆地全图例言》，《养一斋文集》卷十九，光绪四年重刊本。
② 本尼迪克特·安德森：《想象的共同体——民族主义的起源与散布》，吴叡人译，上海世纪出版集团，2011，第 167 页。
③ 周平：《我国边疆概念的历史演变》，《云南行政学院学报》2008 年第 4 期。

相反，恪守旧观念有铸成大错的危险。甲午之后，朝贡体制在不可行之中慢慢退出。随之，清廷开始经营自己与曾经的藩属国之间的边界，如西南与英缅、与法越之间，东北与日朝之间的边境地区。这种锐意经营，被英国人称为是"帝国边界上的前进政策"，甚至被认为是引起 1910 年片马事件的原因之一。①

随着现代主权观念的接受、民族主义的传播，相关的外交实务、治边实政在清末也会引起报刊的关注，因日俄战争、英兵侵藏，1904 年前后表达中国东三省之主权丧失、西藏本为中国所属等观点的文章比比皆是②；1910 年云南片马事件发生，各报刊又发文，力证片马为我属地。③ 在这些言论中，确定边疆"外线"的依据不再是"普天之下、莫非王土"，而具有了现代国家主权与国际法则意识。在论述间岛领土主权属于中国时，宋教仁提出了两种国际公认的国家领土取得方式，一为本来取得（acquisition originally），包括增殖、时效、先占三种。另一是传来取得（acquisition derivative），有交换、赠与、割让、买卖、合并等五种途径。他认为，确定国家领土主权行使范围即国境必须考虑三个因素，即领土主权谁先取得、自然地势的便利、疆界条约如何订立。④

其次，殖民势力自外而内的渗透威胁着边疆地带与帝国核心区域之间的固有关系，威胁着王朝秩序中唯一中心的传统认识。

传统的边疆观念中，边疆拱卫中原、中原以京师为中心，由中央向外辐射着王朝的影响力，由边疆向内表达着"服事"于唯一政治中心的向心力。⑤ 这一政治秩序在清末遭遇挑战，国人最早在东三省捕捉到边疆与中央关系有可能被切断的危险，1904 年《东方杂志》即有文章称，东北"一切主权已显然移之某国"。⑥ 继而，在周边国家的铁路修筑风潮中，人们开始

---

① 朱昭华：《中缅边界问题研究——以近代中英边界谈判为中心》，黑龙江教育出版社，2007，第 152 页。

② 如《论中国不宜委弃西藏》《论中国无国权》《慎固边防》《英人侵略西藏》《论俄人在东三省经营之》《论英人侵略西藏》《东三省权宜策》，分见于《东方杂志》1904 年第 2、5、7、8、9 期。

③ 如宋教仁《滇西之祸源篇》《自由行动之流行》《变相之割让》等，《民立报》1911 年 2 月；《片马说》，《申报》辛亥正月十四日。

④ 宋教仁：《间岛问题》，《地学杂志》1914 年第 10 期。

⑤ 黄毅：《论"边疆观"及其空间表征的历史考察》，《西北民族大学学报》（哲学社会科学版）2013 年第 5 期。

⑥ 《东三省权宜策》，《东方杂志》1904 年第 9 期。

担忧边疆"服事"中央的向心方向有可能发生变化。

清末，周边国家的铁路已从四面八方逼近中国的边疆地区，并力图穿越中国境内。西伯利亚大铁路的主线几乎与中国北部及东北部边界线平行铺设，一条支线延伸到中国境内。朝鲜的京义铁路终点已在鸭绿江畔，滇越铁路也将越南与云南一线贯通。缅甸境内铁路也由仰光向北向伊洛瓦底江畔的密支那延伸，由密支那到云南腾冲距离仅有百余公里，历来有马帮穿行其间，1906 年，英缅政府曾与中国筹议在此间修筑腾缅小铁路①；印度是最早开通火车的亚洲国家，早在 1881 年修成大吉岭喜马拉雅山地铁路，这段小铁路的起点西里古里是印度铁路规划中的东北部铁路枢纽，由此处进入亚东已非难事。

铁路修筑增加了边境防御、固守利权的难度，使人们意识到，"一旦有警，风驰飚举，朝发夕至，藩篱尽撤，防不胜防。居今日而言，守土其难什倍于古也"。② 现代铁路也改变着传统的中央与边疆的空间认识。边疆历来被认为是边远之区，空间距离需要沟通即"凿空"，而空间远近要视时间短长来确定，旧有交通条件之下，三天可以到达的地方一定比一天即能到达的地方更遥远，而现在"由墨斯科东发达伊犁仅三日程，而我国由兰州西援，兼程并进亦须 50 余日"，以时间长短为标尺，莫斯科似乎比北京距伊犁更近一些。现实中距离莫斯科八九千公里的海参崴已经成为俄国稳固的边疆，观念里人们渐已接受天下实际上是多个中心间的竞争，于是，传统从空间上确认中心与边缘的思维被打破，随之治理边疆的"静观政策"也被迫发生变化，加强边地与内地交通联系、增进边疆对于中央的认同成为必要。清末在边疆修筑铁路的呼声不绝于耳，有清一代因财力技术所限，这些铁路工程多未举办，但这些呼吁开民国初年铁路计划的先声。至于增进边疆对于中央的认同，不仅是现代民族意识复兴的开始，也引发了边疆治理实务策略的改变，由此，文化边疆开始向地域边疆转向。

二　从文化边疆观念到地域边疆观念的转向

古代的观念里，边疆就是四夷之地，是非华夏族群居住的地方。华夷

---

① 《德宗实录》卷五百六十，第 59 册，光绪三十二年（1906）五月，第 422 页。
② 钟广生：《新疆志稿》卷三，《中国地方志丛书·西部地方》第 22 号，根据民国十九年铅印本影印。

之别，与血缘种族有关系，但更与文化差异相关，所谓文野之别。边疆在某种程度上说是文化边疆，游牧民族的归附即意味着开疆拓土，归附族群的游动带动着王朝疆界的移动，地理边疆从属于文化边疆。即如钱穆先生所说，"在古代观念上，四夷与诸夏实在有一个分别的标准，这个标准，不是'血统'而是文化。所谓'诸侯用夷礼则夷之，夷狄进于中国而中国之'"。① 钱先生所说的"夷之"与"中国之"可以理解为两种不同的统治方式，清代尤其如此。以"恩威并施""因俗而治"为治边大思路，在边疆治理中以族群治理为单位，通过世袭王公、宗教首领实施着间接管理，如蒙古地区的盟旗制度、西藏的政教合一制度、西南边疆常见的土司制度，因而在观念里，边疆是因文化习俗不同而需要采取特殊方式治理的区域。

近代自外而内的边界形成方式使清廷面临新的问题。现代边境划界并不考虑文化族群、文化归属因素，由此同一文化族群常常被分割为不同国家的居民，东北额尔古纳河一带的鄂伦春、新疆西界的哈萨克都遭到过这类问题。从某种程度上，边疆不再是距离文化中心非常遥远的地区，而是距离国界线相对较近的地区。文化边疆的观念开始削弱，地域边疆的观念由此增强。

这一观念变化与被迫划界带来的人口管理问题有关。在文化边疆的观念里，生活于边疆地区的个体首先属于某一族群如蒙、回、藏等，进而属于中原王朝。现代民族国家的时代，当国家疆界与族群分界不再重合时，同一族群的个体可能会分属不同国家，或者这一个体可以自主地选择归属于某一国家，况且，疆界变动也会带来居民的身份变动，由此注重居住地区、行政统属的国籍意识产生。同时，与中国"静观政策"、封禁边地迥然不同的邻国边疆经营方式也使中国的边疆管理面临新问题，尤其是俄国政府对于西伯利亚地区的开发引发了劳动力需求及边界人口争夺。于是，中国不得不在边疆人口管理方面逐渐放弃以族群治理为特点的间接管理。

晚清，随东北、西北大片中国领土被划入俄境，一些原本属于大清的族群成为俄国人。在东北，呼伦贝尔地区的巴尔虎、乌鲁都、达斡尔、札萨图克等居住在外兴安岭或者额尔古纳河以西者都已隶属俄籍②，留在境内者也时有加入外籍的现象，如居住于呼伦贝尔的索伦人在清末已是半入俄

---

① 钱穆：《中国文化史导论》（修订本），商务印书馆，1994，第41页。
② 《呼伦贝尔疆域沿革》，《地学杂志》宣统二年第8号。

籍，多操俄语。① 这种情况也见于西北新疆，1907～1908 年，有一位在伊犁调查的日本人注意到，塔城一带多处村庄由俄籍人担任村正，其中不少是"本地土人慕俄归化者"。② 也有报纸说，"外蒙古人多有入俄籍者"。③

这一现象出现的背景就是俄国开发远东、急需劳力，加之沙俄政府采取了一些特别的措施，据说中国人"若入俄籍，则享特别之利"。④ 到 1910 年，俄国远东的滨海省 60 万人口中三分之一为华人，华人入俄籍现象严重。⑤ 当人口争夺成为现代国家竞争内容之一时，这些人口流失现象引起中国各界的关注。已经初步具有了现代主权国家人口归属、人口管理常识的边疆地方官们意识到，"鄂伦春人系我属部，且居我境，以属地属人之义言，均不准私入外籍"，为"保边弥患"，建议"如有甘心向外，不肯重隶华籍者，即以俄人论，查明驱逐"。⑥ 理藩部也曾特别咨请新疆巡抚等"详查蒙民姓名年岁，系何由何年何日归入外籍，及有无产业，并将已放外籍之人数若干，记载清晰，咨报到部，以备核"。⑦

同一时代，边疆冲突中时而纠缠着人口归属问题，勘疆划界也需要清理户口。宣统元年（1909）中印边界东段、中缅边界北段二处遭到英国的进逼，杂瑜（即察隅）一带成为焦点，派赴的清朝官员曾给当地俅罗人下发护照，允以保护。⑧ 若遇边界争端，邻国政府也会力图争取人口管辖。1910 年，英国人对云南片马地区实行武装占领后，随即向当地头人分发证书，宣告其管辖权。⑨ 清末，这种与领土占领相伴相生的人口管辖问题引发了"间岛"争端。中韩之间向来有越境交涉问题，清廷在交涉之中一般采取怀柔政策，或令其编入华籍，或将其送回韩境。⑩ 中朝之间原有的宗藩关系在甲午战争之后崩溃，朝鲜即以管辖保护图们江江北越界垦民为名，派军警力量进入中国境内，甚至在这里建立负责所谓"北垦岛"事务的管理

---

① 《招抚北边种人议》，《地学杂志》宣统二年第 5 号。
② 耿兆栋译《伊犁旅行记》，《地学杂志》宣统二年第 7 号。
③ 《咨查入俄籍蒙民》，《外交报》第 248 期（宣统元年元月初五日）。
④ 马登瀛、贾树模：《新疆行程记》，《地学杂志》宣统三年第 12 号。
⑤ 《俄国海滨省移居人问题》，《地学杂志》宣统二年第 6 号。
⑥ 宋小濂、魏声和：《伦边调查录》，《地学杂志》1913 年第 6 期。
⑦ 《咨查入俄籍蒙民》，《外交报》第 248 期（宣统元年元月初五日）。
⑧ 吕昭义：《关于中印边界东段的几个问题》，《历史研究》1997 年第 4 期。
⑨ 吕昭义：《英属印度与中国西南边疆（1774-1911）》，中国社会科学出版社，1996，第 348 页。
⑩ 李花子：《清朝与朝鲜关系史研究——以越境交涉为中心》，香港亚洲出版社，2006。

机构，1907 年日本驻朝殖民政府甚至非法在中国境内建立临时间岛派出所，在法权上对抗中国的延吉厅。[①] "间岛"争端的原因复杂，其焦点一直都是中国境内的韩民管理问题。

原有的通过文化族群间接管理边疆地区的方式也受到一些内部因素的挑战，比如，汉人在边疆的拓殖，这在东北尤其突出。东三省为满人发祥地，一直被视为是封禁之地，康熙朝之后更有"汉人出边者诛"之说。清末，越来越多的汉人迁入吉林、黑龙江地区。史料记载，同光年间，山东人韩边外在吉林东境二道江一带淘采金矿，聚众日繁，甚至设团勇、齐编户、"守望谨密，闾井宴如，向有路不拾遗之谚"，"俨于穷边荒漠中别开世界"。[②] 清末现代铁路修筑过程中大量汉人进入东北，先筑工而后转事农业，由流动人口而为常住居民。[③] 这些汉族垦民既不属于任何边疆族群，又不受大清户籍法约束，成为没有编入户籍的盲民。[④]

总之，强调文化族际治理的边疆管理方式在清末已显局促，地域管理成为大势。清末，农垦拓殖已经改变了东北的人口分布格局，地方官不得不以内地治理方式增设改治。或者在边境地带增设府州，以"筹备边防"、"收回法权"；或者在边疆腹地口户繁盛的地方，满足"商民亟望设官，以资卫护"的要求添建厅县。[⑤] 清末，内蒙古地区也设立了 3 道 2 府 10 厅 13 县，并改设了 1 府 2 州。[⑥] 疆臣们渐渐意识到"边外军府，不如郡县"。

一改旧有"夷之"或"中国之"的治边思路，西南也有不少地区采用设汉官以治边民的做法，以"事权即专，抚驭较易，内地得资镇（震）慑，边防可臻巩固"。[⑦] 这些做法的实施伴随着改土归流进行。作为传统"驭夷"旧法，清代的改土归流的目的主要是安定边疆，巩固中央集权，正所谓"设民官而后永远底定"。清末虽操持旧法，其间多了一层御外的动机，尤其是那些"僻处边陲，逼近邻壤"的边疆地区，"土司蛮族错居其间，獉狉自封，统驭莫及，争斗角逐，动滋事端。自非一律更张，设官分理，不足

① 倪屹：《"间岛问题"研究》，延边大学，博士学位论文，2013，第四章、第五章。
② 魏声和：《塞上旧闻录》，《地学杂志》宣统三年第 11、12 号。
③ 《吉省移民源流》，《地学杂志》宣统二年第 3 号。
④ 劭公：《长春民族生聚源流考》，《地学杂志》1912 年第 5、6 期。
⑤ 徐世昌：《东督徐世昌奏增改厅县折》，《地学杂志》宣统二年第 3 号。
⑥ 赵云田：《清末新政研究——20 世纪初的中国边疆》，黑龙江教育出版社，2004，第 152 页。
⑦ 《滇督李奏三猛地方拟设同知各缺折》，《地学杂志》宣统三年第 14 号。

以巩固疆圉，弭患无形"。① 此外，当"筹备宪政、扩充民治"之时，边疆各民族成员也应享有治权的意识产生②，随之，土司横暴土民遭到反对进而土司制度也被否定。

这样，清末以边疆人口管理为契机，以改土归流、设府厅州县为手段，边疆治理中渐渐出现了地域治理的新趋势，其中反映了由文化边疆观念开始向地域边疆观念的转变，未来民国政府基本沿袭了这一思路。③ 但因传统边疆观念的时久印深、过往边地族群治理的历史遗存，后来的"边政学"兴起、边疆概念界定时，兼顾文化与地域二因素仍是时人的共识。④ 新中国成立之后，文化边疆观念再度被强调，民族政策最终等同于边疆政策。

三　从治内边疆观念到治内、御外并重的边疆观念

在天朝中心的观念体系中，边疆是王朝设官施政的边缘性统治区域、是国家置兵设防的军事防御区域，具有政治上归附中原王朝、军事上拱卫内地的双重功能。采取"因俗而治"的原则，内地政权对于边疆地区的地方治事较少干预，但一般不放松军事控制，历代都在边地设置有极具军事色彩的机构，如汉代在西域采取"屯戍合一"制度，清代在东北、西北都实行军府制度，其中，必要物质经营如屯田之类，一般是满足军需，是一种以边养边的策略。

这是一种以治内为目的的边疆观念，其重点是安内而非御外。边疆的功能即是拱卫中原，守边疆是为了守内地，即"不守远必守近"，"外夷不守，防守将移往内地"。⑤ 所以，清人论塞防之必须："若新疆不固，则蒙部不安，匪特各边防不胜防，即直北关山，亦将无晏眠之日。"⑥ 因为中原之外有边疆、疆界之外有藩属，龚自珍当年筹划西域置省时，曾建议"控藩部之布鲁特、哈萨克、那木干、受乌罕各国"，因为"布鲁特、哈萨克之人

---

① 《民政部奏准改土归流折》，《清朝续文献通考》卷一三六。
② 《民政部奏准改土归流折》，《清朝续文献通考》卷一三六。
③ 周平：《中国的边疆治理：族际主义还是区域主义》，《思想战线》2008 年第 3 期。
④ 柯象峰：《中国边疆研究计划与方法的商榷》，《边政公论》第 1 卷第 1 期，1941 年 8 月；吴文藻：《边政学发凡》，《边政公论》第 1 卷第 5~6 期，1942 年 1 月。
⑤ 沈垚：《新疆私议》，《落帆楼文稿》卷一，丛书集成初编据连筠簃丛书本排印。
⑥ 《国史本传》，《左宗棠全集》卷一，上海书店 1986 年影印本。

咸侍，是为在朝中外大疆界处"。① 拥有了作为缓冲的边疆，中原一般不必直接面对敌国。所谓防边、固防，实际上主要是维持边疆地区的内附与稳定，避免边疆部族的背叛和内侵，保证王朝版图一统，现代意义上的抵御外敌侵略出现于 17 世纪以后与沙俄的冲突。

当宗藩关系瓦解、国界明确划定之后，以治内为导向的边疆观念迅速发生变化。人们意识到，"从前闭关独治之世，形势在内不在外，……今者中外交通，形势在外不在内"。②"盖锁国之时代，患在藩属，谋国家者，必重边防。防边云者，防边人之内侵也。交通之时代，患在敌国，谋国家者，必重边防。边防云者，用边人以御外侮也"。③ 实际上，边防从此需要同时完成防内侵、御外侮的双重任务。

由此，清末边疆认识中至少有三点与以往明显不同，即：一国需要"弱"边疆还是"强"边疆？边疆的功能是单一的还是多元的？边疆与内地应是保持隔离还是应加强联系？

仅只防犯边疆部族内侵的理路中，内重外轻是理想格局，中原政权一般不希望周边存在强大的边疆藩部，即"防边人之或内侵，故利用边人之弱，惟用边人以御外侮，故利用边人之强"。④ 清代治蒙政策之一是以盟旗制度将蒙古分而治之，即使在清末新政中，各路王公也是一边在唱响"强蒙"的声音，一边向朝廷告白：蒙古变法自励"不特有裨于自己亦且有益于国家"，蒙古地方不敢"稍有畛域"。⑤ 当边疆危机、抵御外敌成为时代主题时，中国需要强盛稳固的边疆，为此必须告别"利用边人之弱"的旧看法，转向"利用边人之强"的新观念。

至于如何建设强大边疆，俄国对远东地区的锐意经营给清人带来了较大冲击。中俄多段国境线穿越之地原是中国领土，国界两侧的经营发展起初状况相当，到了 20 世纪初年，俄境一边日趋繁华。瑷珲道姚某观察到，位于黑龙江北的俄国境内，村屯"密如列星"，而南岸中国属地则"旷邈无

---

① 龚自珍：《西域置行省议》，上海古籍出版社，1999，第 111 页。
② 《广西省改治南宁议》，《地学杂志》宣统二年第 4 号。
③ 荣升：《经营蒙藏以保存中国论》，《大同报》（东京）第七号（光绪三十四年五月三十日）。
④ 荣升：《经营蒙藏以保存中国论》，《大同报》（东京）第七号（光绪三十四年五月三十日）。
⑤ 《蒙古土尔扈特郡王呈外务部代奏因时变法请假出洋游历折》，《东方杂志》1904 年第 4 期。

人，一望蒿莽惟蹄迹交错"；① 在俄国与外蒙古交界，俄属境内"耕地渐多，盖由其国保护殖民而分配者也"。② 邹代钧所撰《中俄交界记》被视为"讲中俄分界者之宝鉴"③，其中，对于国界对面俄国人的工厂、市镇、铁路、炮台一一俱列。人们不禁感慨："山川如故，广漠如故，一入外人之手，则庄严灿烂，黄金宝库顿现于眼前。"④

邻国边疆经济发展导致了资源、市场的需求，引发对于中国边疆主权进一步的侵犯。以中俄边界为例，我方是"边荒寥落，防守久疏"，对方则"村屯日密，所产草木又不足"，于是俄人越界取物、跨界谋利成为常见现象。⑤ 光绪年间，俄人常在布鲁河以北至额尔古纳河口一带越界挖金，清廷不得已，在这里设卡伦五处。庚子年间，俄人又趁乱"焚毁我卡伦，盘踞金矿，安设水磨，垦种荒地"。⑥ 另外，随着强占铁路经营权，俄国、日本已经开始在东北实施全方位的殖民掠夺。

到了清末，边疆危机已不限于军事侵略、割占疆土等形式，殖民势力在中国边疆地带的全方位渗透涉及政治、经济、文化等诸多层面。应对危机中，西方的现代主权观念被运用充实于中国人的边疆认识。陈赞鹏在思考西藏危机时运用西方主权概念来分析"主权"说，"西哲之言国家者，皆以主权与土地人民并举，是盖以主权既失，则虽有土地人民，亦既名存而实亡也"。⑦ 日俄战争期间，报刊载文已经意识到，"东省事权久落于外人之手，喧宾夺主，固天下所同忧"。⑧ 由此看来，边疆的功能不只是相对单一的军事防御、拱卫内地，边疆已是现代国家的有机组成，其政治、经济、教育文化的发展水平本身就是国家实力的一部分，维护边疆的"主权""事权""法权""利权""矿权""路权""交涉权"成为清末筹边之策的形成背景。

现代国际法将"主权"（Sovereignty）界定为一个国家对其管辖区域所拥有的至高无上的、排他性的政治权力，是对内行使立法、司法、行政的

---

① 《海毕凿山通道记》，《地学杂志》宣统二年第 8 号。

② 马登瀛、贾树模：《新疆行程记》，《地学杂志》宣统三年第 12 号。

③ 邹代钧所撰《中俄交界记》前"编者识"，《地学杂志》1913 年第 1 期。

④ 缪学贤：《吉林图附记》，《地学杂志》1914 年第 1 号。

⑤ 宋小濂、魏声和：《伦边调查录》，《地学杂志》1913 年第 6 期。

⑥ 《呼伦贝尔纪略》，《地学杂志》宣统三年第 17 号。

⑦ 陈赞鹏：《治藏条陈》，《东方杂志》宣统二年第 2 期。

⑧ 《东三省权宜策》，《东方杂志》1904 年第 9 期。

权力来源，对外保持处理己身事务的独立意志。在清末人们的观念中，边疆主权与内地主权并无差别，所有外来势力对其展开的侵夺都不合法。徐世昌奏请在东省增改厅县，明确表达其用意之一即在应对"各国领事麇集、交涉益繁"的局面，"以为收回法权"。①

传统治边不言利，即"国家筹款营屯，重在实边，原不重言利"②，随着主权观念的接受，"利权"成为时人言说边疆的常用词汇。比如，经营边疆应该"主权、利权两无所失，国际邦交均能兼顾"；③ 日俄战后，日本攫取了营口地方饮水、电话、铁路三种事业的经营权，时人将其统称为"三大利权"；④ 1906～1907 年，斯文赫定赴西藏考察，时人翻译其考察报告，出版识语中也特别提到各国觊觎"藏地利权"。⑤

维护边疆"利权"实际上就是保障边疆的经济权益。为保证"利权"不失，清末人们已经开始接受以国际法则管理边疆的观念，早在东三省铁路初成时，驻俄公使胡惟德就上奏，建议依照当时国际公认的《万国邮政公约》与俄国政府商定边界一带"稽查货税"等事宜，以使"两国得均利益"。⑥ 清末，中国在边界一带设卡收税，如在额尔古纳河右岸"定税章，开收羊草、牧畜税"⑦，在黑龙江右岸一带设立六卡，征收木税。⑧ 为抵制外人对于边疆"利权"的侵夺，发展边疆实业成为当时言边者之共识。传统治边不重视边疆经济发展，甚至会实行"禁边"之策，但清末已是"世界大同，各国均有交通之便，其优胜劣败之比例，不在乎边禁之宽严，专在乎边备之疏密与实业之兴废。我诚能完整边备，振兴实业，对于内可为一极善之殖民地，对于外可为一最近之交易场，国界既不至内蹙，主权又不使外溢，于当今时势庶几得之"。⑨ 与重视边疆"利权"的思路相一致，办工厂、开矿产、建交通、架电线等现代化工业、事业成为清末边疆新政的主要内容。⑩

---

① 徐世昌：《东督徐世昌奏增改厅县折》，《地学杂志》宣统二年第 3 号。
② 宋小濂、魏声和：《伦边调查录》，《地学杂志》1913 年第 3 期。
③ 宋小濂、魏声和：《伦边调查录》，《地学杂志》1913 年第 3 期。
④ 英华：《关外旅行小记》，《地学杂志》宣统三年第 13 号。
⑤ 斯文黑廷：《西藏旅行记》，《地学杂志》1912 年第 1 期。
⑥ 《出使俄国大臣胡陈俄人建造东三省铁路工竣情形折》，《东方杂志》1905 年第 5 期。
⑦ 宋小濂、魏声和：《伦边调查录》，《地学杂志》1913 年第 6 期。
⑧ 徐炎东：《东三省纪略》卷五《边塞纪略上》。
⑨ 宋小濂、魏声和：《伦边调查录》，《地学杂志》1913 年第 3 期。
⑩ 参看赵云田《清末新政研究》（黑龙江教育出版社，2004）相关章节。

　　清末建设强固边疆的认识再次触及加强边疆与内地联系的主题。历史上，中原汉地与边疆在族群、文化、制度等方面都存在差异。清代中叶，祁韵士曾以"中外一家逾万里"来颂咏大清开疆拓土的盛业①，龚自珍论清代疆域也说"中外一家，与前史迥异也"。② 但边疆部族不过是他们笔下的"回夷""准夷"，其间可见人们观念中内地与外边之间的殊差。清末边疆新形势使得缩小这些殊差成为可能，使得内地与边疆间联系加强成为事实。比如，大批汉人向外移民改变着边疆的族群结构，民族杂居成为趋势；改土归流、新设厅县，也使边疆的行政机构开始与内地趋同；满蒙大员任职疆事的格局也有所改变，清末涌现出一些有影响的汉籍疆臣，如赵尔丰、赵尔巽、程德全、徐世昌等，历任新疆巡抚中也仅联魁一人非汉籍；同时，现代工矿事业的发展使得边疆与内地之间人员往来、信息沟通更加方便，愈发频繁。反思清代"三百年来蒙汉之膜隔"，人们认识到虽"同戴一尊，同处一国，秦越其肥瘠，楚越其肝胆"，蒙汉不能协同合力的结果是，"今日鹫瞵鹰击，外力内侵，只有束手骈足无可为计"。③

　　这里，已经出现了未来中国人在一个多世纪里都必须探索解决的系列问题：如何处理中国境内各民族关系，如何整合各民族以建设现代国家。清末，中国现代民族国家建设之路才刚刚开启。

---

① 祁韵士：《濛池行稿·无题》，《祁韵士集》，山西出版传媒集团，2014，第35页。
② 龚自珍：《御试安边绥远疏》，《龚自珍全集》，上海古籍出版社，2000，第113页。
③ 《哲里木盟疆域表书后》，《地学杂志》宣统三年第11号。

晚清变革中史学观念的变化

刘俐娜[*]

19 世纪中期以降，随着内忧外患频仍、中西文化冲撞，中国社会进入了全方位变革时期。在这"数千年未见之变局"中史学也呈现更新变化的趋势，特别是在史学观念上有了明显的变化。中国史学历经二十余朝更迭演变而丰富完善，与儒家思想配合，作为皇权政治文化核心和重要统治工具，形成了以王朝政治统治为中心的史学观念。这种传统的历史观念在晚清的变革中逐渐地发生了变化。晚清变革中新的政治文化在对传统政治文化直接冲击的同时，也动摇了传统的以王朝政治、帝王君主为中心的传统史学观念。晚清时期清王朝的政治控制力下降使新思想文化、新史学观念的出现成为可能，新的政治文化为新史观提供了新的标准，西方历史进化论的传入成为新史观的理论依据和借鉴，新政措施为以新的史学观念为指导的新史学创造了实践与发展的空间。在晚清变革中新的史学观念逐渐形成，促成新史学的蓬勃发展，引发了传统史学向现代史学的转变。

一　王朝控制力下降与史学更新

1840 年以降，面对外来势力入侵造成的内外矛盾，政府陷入巨大危机之中。两次鸦片战争、太平军和捻军等起义、中法战争、中日战争……70 年间警事不止，耗费了政府大量人力、财力，动摇了统治者的信心。在镇

---

*　刘俐娜，中国社会科学院近代史研究所研究员。

压太平天国过程中汉族大臣势力崛起，隐然改变了国家权力结构中满人专擅之势，造成统治层内部分裂。连年战乱牵扯了统治者的注意力使之无暇旁顾，给思想文化发展提供了空间。这反映在史学方面有数种表现。

首先是以往受官方严密控制的思想文化逐渐活跃，史学领域出现新的因素。

一是民族危机激发了史学联系现实的思考。鸦片战争推动了"经世致用"之风高涨。清代一度盛行的汉学考据无法解决国家面临的现实问题，开始走下坡路。受其影响的史学亦因与社会现实脱节受到批评。一些进步士人开始关注与现实社会政治相关的研究题目，如有人因边疆问题凸显，开展边疆历史地理沿革的研究；有人认识到了解外国的必要，开始研究国外历史地理和风俗文化；有人则深入以往研究的禁区，涉猎南明史等。

二是维新思潮高涨促进了具有显著革新倾向的新史学产生。19世纪60年代，清政府镇压太平天国之后一度出现"中兴"局面，为正统史学提供了用武之地，产生了一批为统治者树碑立传的史学著作，充分发挥了正统史学的教化功能，对稳定统治起到一定的作用。一时间，似乎传统史学所面临的危机有所化解。然而，中兴史学毕竟与时代潮流不合，因而未能持久，仅给后人留下一批官方记录的史料和史书，便为更严重的社会和民族危机所淹没，终究没有能够挽救正统史学走向衰微的客观趋势。

甲午战争使民族危机加剧，彻底打破了清政府的中兴美梦，再一次把传统史学推到革新发展的道路上。正是在救亡图存的戊戌维新思想潮流中，人们引入西方新的政治和学术观念，呼吁改良政治的同时，要求建立适应社会现实需要的新史学。也正是在这时，中国史学现代化的发展方向逐渐明朗起来，建立能够唤起民众的新史学成为时代要求。

三是晚清新政推动了新史学的全面实践。在新政时期，新式历史教科书的编印，打破了传统史学的编撰框框，史家借助章节体这种新的史书体例，编撰中国通史，彰显了新史学揭示历史进化经历的追求。这一时期的新史学实践，从史书的编撰方式到体例诸方面对官方史学代表的传统史学发起全面冲击。在新式教育机构中，新的研究理念和思路也得到广泛传播。晚清最后几年，学者在研究范围上有了更大突破。原属禁区的本朝历史进入学者视野，有人运用新史观研究和编撰清史。辛亥革命前后，一批清史著作能够很快出版发行①，表明了这一点。这种情况在清王朝统治严密时期是很难想象的。显然，晚清时期官方正统史学观念对整个史学界的控制是越来越弱了。

史学领域的这些新因素是在中兴之后官方史学在新一轮危机下再度沉寂的情况下出现的。它在扩大了历史研究范围的同时，揭示了官方史学的落伍，使传统治史方式和官方史学的正统观念及官方史学的主流地位发生严重动摇。

其次，清政府统治削弱，使其对偏离正统观念的新思想观念有所容忍，促生了正统史学观念的批判者和替代者。

晚清社会危机长期延续，导致社会矛盾加剧，政府不得不做出应变举措。从洋务运动、改良维新，到实行新政，从最初变器不变法，到不得不顺应潮流、参与革新，表明在危机日深、变革呼声日高的形势下，统治者已尽失其自信心和应付能力。尽管清廷主动革新的举措有限，但选择新政也就要接受一些新的政治观念和新思想文化，这就意味着在寻求改良的同时，默许了新思想观念的合法性。而政府介入改革，使社会政治和思想文化的变革由自发的社会行为变为政府行为，对偏离正统价值观念的新思想和新学说的传播产生了积极的作用。西方新思想、新学术的传入因而有了更广泛的市场和更通畅的途径。

这种迫于形势不得不采取的改革，对统治者来说是一个不情愿的选择。在实行新政的过程中，政府自然而然地丧失了一些对传统观念的坚守和意识形态的掌控力。因此，虽然戊戌之后兴起的新史学潮流冲击官方史学的正统观念，却没有遇到什么阻力。显然是因为忙于应付政治危机的政府无暇旁顾，统治者自身生存的问题实在更为重要。

晚清官方政治控制力减弱，使进化论、民权思想等西方学说得到广泛宣传。这些新理论和新思想的引入，最初是为满足社会政治变革的需要，但作为新的思想方法和新的政治思想观念，对国内的学术思想观念产生了极大影响，使学人对旧的观念和传统的思想价值体系有了重新审视的理论依据和评判能力。从这个意义上说，西方新思想、新观念的引入和流行，

---

① 计至 1915 年，这一时期出版的清史著作有 5 本之多。有陈怀、孟冲《清史要略》，北京大学出版部，1910；汪荣宝、许国英《清史讲义》，商务印书馆，1913；吴曾祺等《清史纲要》，商务印书馆，1913；刘法曾《清史纂要》，中华书局，1914；黄鸿寿《清史纪事本末》，文明书局，1915。

在猛烈冲击传统的同时，也提供了旧思想观念的替代物。

新学说、新观念的广泛传播促进史学更新变革，催生了新史学，并推动其迅速发展，为晚清官方史学树立了一个强大对手，直接影响了官方史学对正统观念的贯彻和坚持力度。事实上，清政府"新政"的实施，在引发变革的同时，也为新史学的发展与进步提供了良好的机遇和条件。这反映了晚清政府失去对学术和思想文化的控制力，不自觉地默许学术变革，也为正统史学观念的逐渐式微预备了条件。

最后，由于晚清统治力量的削弱，非官方的史学研究开始表现出脱离官方正统史学观念束缚的趋势。

晚清政府疲于应付严重的政治危机和民族危机，对学术研究控制一定程度上有所放松，一方面给研究者提供了相对自由的空间，使得非官方相对自由的史学研究成为可能；另一方面这一时期传入的新学说、新观念为正在寻求独立自强、富国强兵的学人提供了可资借鉴的不同于官方正统史学观念的思想武器。其结果就是在官方史学机构和研究体系之外，出现了非官方正统思想意识掌控的史学研究。这为晚清史学领域带来了一股新鲜空气，也孕育着代表中国史学发展方向的新史学。后者很快发展成为官方史学之外，与正统史学相抗衡的一支强劲力量。

非官方史学之所以在晚清能够以新史学的形式凸显出迅速发展的势头，是由于晚清迅速变革的社会造就了一批能够不受制于官方正统思想观念的新式学人。早在明末清初，一批具有抗清意识的士人采取了与清朝不合作的态度，退居山野，在学术研究方面独立于清王朝之外。清廷建立至消亡的270余年间，民间不乏反清意识的独立治史者。但这些民间士人深受传统史学正统观念影响，依循的是传统史学的治史思路和方法。他们继承了中国自古以来的史学传统，在政治上反对清朝统治者却以明朝统治者为正统。因此，他们治史的观念对官方史学并不形成实质上的冲击和挑战。而晚清时期相对宽松的学术氛围造就的新式学人则不同。他们作为有别于官方史学机构中的治史者，置身于官方控制之外的自由度较前人更为突出。受到政治危机的影响，他们对国家和民族的前途更为关心。特别是他们接触到外来文化，接受西方新的理论和新学说，具备了传统学人所不具备的学术素质。晚清时期非官方史学异军突起，并迅速产生重大影响，归功于这批人的努力。

晚清社会造就的这批新史学研究者脱离了官方正统，不再受制于官方史学观念的束缚。不管是否留过学，他们大都认同西方学术思想。执新史学牛耳的梁启超就是一位深受中国传统学术教育影响，又接受了西方新理论、新学说，并对国家和民族命运十分关注的新式学人。还有一些身为清朝官员，却不隶属于官方史学机构的学人。这些人多有留学经历，他们对西方思想和学术有较深入了解。从一定意义上说，这批人承担着向国内输送西方新理论和新学说的重任。他们翻译西书，介绍新的学术观点，并运用新的史学思想观念撰写新式历史著作，如严复、黄遵宪、汪荣宝等。至于章太炎、陈黻宸等接受西学影响不在官方史学机构的学人，也成为新史学的积极倡导者或实践者。

晚清这批新史学的倡导者和实践者实际上有着传统和西方双重学术文化基因。他们国学根底扎实，但思想进步，认同外来新的史学观念，是尝试走出传统史学的第一代人物，同时也就成为变革时代潮流浪尖上的弄潮儿。

晚清时期兴起的这些新式学人既关注国家政治，在思想上不受制于官府，在学术上也有一定的独立性。相对独立的身份，使他们游离于官方控制之外，有充分的研究自由和开阔的学术视野。他们是当时国内西学新学的先驱，能够自如出入西学领域，用西方学术的话语谈论哲学、政治学、社会学。他们虽受传统学术的教育，在研究上却不受旧学的羁绊，不受旧学观念条条框框的束缚。这样的特殊地位为他们倡导和实践新史学创造了条件。

正是这样一批学人摆脱传统观念的束缚，反思传统史学的落伍，使中国史学走出官方正统史学观念的窠臼。作为新史学的主力军，他们的全新研究成果，使非官方史学的影响日益扩大，逐渐形成与官方史学相抗衡的阵营，对后者的冲击日益加剧。

二　新的政治文化对正统史观的影响

晚清社会变革所造成的社会政治氛围有利于史学变革，为新史学的产生创造了客观条件。后者应社会变革之运而生，表现出中国史学自身发展的强烈愿望和需求，同时凸显出官方史学的落伍和不适用。新史学观念的发展冲击和动摇了正统史学观念的根基，并最终取而代之。

从史学发展史的层面看，不适应近代以来社会的变革需要，是晚清官方史学正统观念式微的重要原因。晚清社会变革带来的新的政治文化取向与传统的政治文化取向有质的不同，使一直与传统社会政治文化保持相适应关系的官方史学遇到了难题。

鸦片战争以降，随着中国社会政治经济文化变动加剧，史学所面临的变革更新问题日益严峻。进步士人倡导经世史学，面对社会变革的现实问题，紧扣社会政治的需要扩充史学研究的范围。这种改变的确带来了新的气象。但随着社会变革的深入，传统社会和近代社会的矛盾愈加突出，仅仅扩大研究范围，而不触及史学观念，也就是不触动传统史学的核心价值观念影响下的正统的史学观念，仍不能满足社会需要。

直到19世纪90年代后期，维新思潮中引发新史学宣传新的史学观念之后，传统史学与近代社会的矛盾才被真正揭示出来：那就是史学为民众服务还是为皇帝及其统治服务的问题。这既包括了史学研究对象的问题，也包括了史学研究的目的和功能问题。官方代表的史学正统观念的落伍，以及在社会变革形势下的不适应正是随着新史学观念的广泛传播和影响，才得以明确。

晚清社会变革的方向是以民权思想为核心的近代社会政治，新史学就是为这个新的社会政治服务而兴起的。在西方新史学观念的影响下，人们意识到史学的目的是要能服务于社会，唤起民众的爱国心，这是官方史学传统中所缺失的。所以当这种观念一出现，传统史学及官方史学在研究对象和研究目的上的局限立刻显现出来。官方史学所代表的传统史学并不是不与社会现实发生关系，而是为少数统治者服务，满足传统儒家思想为核心的政治文化的需要。如果说传统史学在经世学风影响下，通过扩大研究范围和关注现实问题这些自身调整度过了危机的话，那么到19世纪末，它所面临的挑战就远非仅调整自身就能应付。新的社会政治和思想文化的发展，对史学提出的新课题是更新变革史学观念，也就是变革官方史学所代表的正统史学观念。于是史学革命不可避免地成为政治与社会变革思潮中流行的口号。

借助维新思潮的影响，当时整个学术界面临着"维护正统或鼓吹革命"的问题，讨论应作如何选择。梁启超等进步士人认识到变革旧学术、旧观念，与变革政治同样重要。因而，主张学术革命和史学革命的呼声渐起，并愈来愈强烈。新史学的倡导是当时学术界满足社会变革需求的一种积极回应。

　　史学革命的口号是新史学倡导者梁启超在 1902 年发表的《新史学》一文中以"史界革命"一词明确提出来的。他大声疾呼"史界革命不起，则吾国遂不可救"①，历陈旧史学的种种弊病，呼吁建立中国的新史学。他认为"Revolution 之事业（即日人所谓革命，今我所谓变革）为今日救中国独一无二之法门"。"凡群治中一切万事万物莫不有焉。……道德有道德之革命，学术有学术之革命，文学有文学之革命，风俗有风俗之革命……即今日中国新学小生之恒言，固有所谓经学革命，史学革命，文界革命，诗界革命，曲界革命，小说界革命，音乐界革命，文字革命等种种名词矣"。②他清醒地认识到：一个变革时代已经到来，只有革命是拯救中国的唯一道路。革命不仅是政治领域的变革，"群治中的一切"都需要革命；史学革命不过是晚清社会全方位变革中的一部分。他十分重视这一变革，以为"悠悠万事，惟此为大"③，将对史学前途的关注和对民族命运的担忧紧紧联系在一起。

　　作为颇有影响的新式学人，梁启超的学术革命思想可以反映当时接受西方新学的士人对中国传统学术的看法。如杨度在《游学译编叙》中也提到，日本人山路一游认为"中国学术常屈于一尊之下，有保守而无生发，故凡百濡滞，皆无进步。国无进步，焉得不败？"④ 这里的"一尊"是指统治阶级持守的传统"名理"思想。从日本学人的角度来看，中国的学术研究和发展受制于传统的名理思想，多为循规蹈矩的保守研究，缺乏独立自由的思考，难以创新。中国学术的研究和发展受到极大限制，不能有所创新和发展，不仅有害学术，更导致国家衰败。这种局面必须打破。

　　这种变革思想把史学革命的目标锁定在对传统史学所依附的正统的思想意识之上。史学革命就是要重新审视传统史学的方方面面，特别是更新正统的史学意识。随着对新史学观念的了解和接受，学人们认识到传统史学的正统观念是落后于社会政治变革的。新史学是作为官方史学的对立面或革命者出现的，直接表现了对正统观念的挑战。

　　正统史学观念主要是围绕以传统尊君观念为核心的政治文化形成的，不能适应以民权思想为中心内容的新的政治文化是显而易见的。

---

① 梁启超：《新史学·中国之旧史》，《新民丛报》1902 年第 1 期。
② 梁启超：《释革》，《新民丛报》第 22 期，1902 年 12 月 14 日。
③ 梁启超：《新史学·中国之旧史》，《新民丛报》1902 年第 1 期。
④ 杨度：《游学译编叙》，《游学译编》第 1 期，1902 年 11 月。

所谓史学的正统观念是指史学在长期发展演变中逐渐形成的，有儒家思想文化特点的一套历史观念和方法论。史学观念往往代表史学的正统地位和官方的标准，体现统治者或官方的思想意识和价值标准。中国史学在长期发展过程中，因其所依托服务的政治基础没有实质性变化，其正统观念不断完善和巩固，未受到过挑战。这种根深蒂固的传统在晚清出现变化，亦如社会政治变革一样，是受新思想、新观念的影响，特别是受社会政治文化价值取向的变革影响。

晚清时期社会所面临的变化是一种前所未有的变革，而不是只换一个皇帝那样门脸上的变化，是由传统社会向现代社会的变化，是一种关乎社会性质的变动。这种变革影响到各个方面。具体到史学来说，亦是广泛而深刻的。史学产生以后，因其随时须调整自身以满足各朝代统治阶级的需要，始终保持与时俱进的发展势态。史学的重要功能一是要为历朝历代提供前人的经验教训，二是彰显统治者的政治、道德准则，以教化民众。无论是借鉴还是教化，中国史学在长期发展中始终与以儒家思想为核心的政治文化保持相适应的关系，宣扬儒家道德伦理价值观念，在皇权统治中扮演重要角色。

传统史学正因有这样突出的特点，在发展过程中形成了随社会政治文化变革而调整变化自身以适应社会新要求的变化机制。因而两千年间不管王朝更迭如何频繁，皇帝是何姓何人，传统史家都能很快调整服务对象，并在服务统治者的同时完善自身。因此，中国历史上换了多少个朝代和皇帝，不仅没有影响到史学的发展，反而增强了其活力，内容不断更新，成果相当丰硕。

晚清社会救亡与进步的要求引起政治文化转变，代替儒家传统的是以民权思想为核心的反专制民主文化。这种文化的逐渐形成对史学产生了相当大的影响。传统政治文化的价值取向是君王，新的政治文化的价值取向是民众。二者的矛盾显而易见。

官方史学有自己专门的研究范围，明确是为统治阶级服务的，以皇帝朝廷为核心，史书围绕这一核心编纂，这是历代官方史书突出的特点。

清初，满洲贵族建立政权之后，十分重视中原历代统治者的思想文化，并依循前朝的制度设立了国史馆等修史、编纂机构，继承了自唐代以来修前朝史和实录纂修制度。又设立了记录皇帝言行的起居注馆，负责"国史笔翰"和撰著各种文书等工作的翰林院，掌修国史、实录的国史馆，还特设了专修《方略》的方略馆。此外，还根据需要设置了一些临时性机构，如三通馆，纂修"续三通""清三通"等。这些机构基本上承担了清代官方的修史工作，其主要职能和以往各朝代相同，只对皇帝负责，为朝廷统治服务。这种围绕皇帝、囿于宫廷大墙之内的修史机构，眼界很难达于社会和民众。在社会变化成为被关注的主要内容，民众阶层进入政治舞台的新时代里，持守传统的官方史学很难满足新的需求，这是显而易见的。

由于官方修史机构服务的对象集中于统治者，其史学成果自然也多限于记述帝王家的大事，以及与之有关的政治军事等大事要事。这样的史学研究不能反映社会历史发展的全貌，不能为现实社会中的人们提供更多的帮助。

坚持儒家的君臣观念，以传统的政治伦理观念为标准，还是主张民主，以近代以来形成的民主政治伦理思想为标准，体现在史学观念上是服务帝王统治者的君史、王朝史，还是服务民众，以"开民智""新民德"。新史学在反思官方史学的治史目的时，首先提出的就是编纂君史，还是民史。

学者认识到传统史学不能满足社会要求的关键原因是传统史学为帝王而不是为大多数民众服务。他们批评旧史学是以"君"为中心的史学，研究的重心是"在一朝一姓兴亡之所由"，是"君史"而不是"民史"。1897年，梁启超在《续译列国岁计政要叙》中明确区分"君史"、"国史"和"民史"，提出"民史""国史"是西方近代史学的主要内容。他说："民史之著盛于西国，而中土几绝"，"中土两千年来，若正史、若编年、若载记、若传记、若记事本末、若诏令奏议、强半皆君史也。若《通典》、《通志》、《文献通考》、《唐会要》、《两汉会要》诸书，于国史为近，而条理犹有所未尽"。①

梁启超倡导民权，主张新民说，体现新的政治文化，相应地，他要求的史学是"学问之最博大而最切要者也，国民之明镜也，爱国心之源泉也"。②

显然，在新的思想观念影响下，人们对传统史学所服务的对象狭隘，不能满足社会需要有了清楚的认识。而新史学对民史的倡导所体现出的以民为重的思想在当时影响很大，淹没了官方史学为君王统治者服务的正统

---

① 梁启超：《续译列国岁计政要叙》，《饮冰室合集》第一册，中华书局，1989。
② 梁启超：《新史学·中国之旧史》，《新民丛报》1902 年第 1 期。

观念。

具有新的政治文化特点的新史学观念使得学者在史学研究对象、内容及方法诸方面都有了新的理解和认识。新史学的研究对象从以帝王为中心的统治阶级转向国民或民众，研究内容由以皇权政治为中心的政治史转向广泛的与民众生活相关的社会生活与文化的历史。学者也不再按照统治阶级的需要，而是要按照社会或"国民"的需要，用进化的观点和科学的方法来研究历史。

虽然清政府垮台前，国史馆等史学机构一直从事各种编纂工作，但实际工作依然是例行公事。这种对社会政治变革的麻木，使其远离社会、远离民众，很难满足社会变革和发展的需要。官方史学的正统观念走向衰落成为一种必然。新史学潮流中官方正统史学观念开始受到质疑和批评，并渐渐淡出史学的主流地位。

三　新史学对正统史观的冲击

鸦片战争之后，救亡的需要为传统史学提出了更新变革的新课题，而晚清时期政府统治力的削弱，无法维持传统意识形态的控制力，为新史学观念产生和发展提供了机遇。新史学把研究对象转向民众代表了社会发展的方向，其影响力渐渐超过官方史学，由此引发了传统治史观念的变革。

新史学借助和吸收西方学术观念，运用新的史学理论和观点，对传统史学的正统观念、研究目的和功能，以及研究内容等都有所反思。首当其冲的是传统史学的"正统观"。正统观是在儒家学说基础上建立的，是传统史学的核心观念，在传统史学研究模式和价值体系中占有重要地位。正统观一方面以传统的道德标准、价值理念规范研究、统率史书，另一方面通过史的形式彰显儒家思想文化，为后人树榜样、立标准，教化后人。

1902年梁启超在《新史学》之"论正统"中指出："中国史家之谬，未有过于言正统者也。"他解释说，"言正统者，以为天下不可一日无君也，于是乎有统。又以为'天无二日，民无二王'也，于是乎有正统"。[1] 也就是说，帝王相续就是"统"，奉天承运的帝王才是"正统"。传统史家记史，首先要确定正统，与正统不相符的被视为非正统。几个王朝并存时，正统

---

[1]　梁启超：《新史学·论正统》，《新民丛报》1902年第14期。

之争有时十分激烈。一朝一王能否作为正统成为史书记载的主线往往是大是大非问题,统治者关注,史学也因此十分重视。

"正统"论维护皇权世家的权力秩序,是维护封建专制的一个方面。梁启超说,"统之既立,然后任其作威作福,恣睢蛮野,而不得不谓之不义,而人民之稍强立不挠者,乃得坐之以不忠、不敬、大逆、无道诸恶名,以锄之、摧之"。① 正统的秩序一旦确定下来,上下尊卑善恶忠奸的标准就确定了。在上者虽恶仍为义,在下者顺从之外无义可言。这样史学讲正统,"故事以宫廷为中心",目的在"明道",就是为皇权专制统治秩序服务。正如梁启超所说:"不扫君统之谬见,而欲以作史,史虽充栋,徒为生民毒耳。"②

其次受到新史学批评的是作为正统论辅助的所谓"书法""纪年"。

书法是传统史学所依循的一个很重要的评判标准,用于论断历史褒贬人物,"主旨在隐恶扬善"。其主要依据是孔子的《春秋》。"书法者,本《春秋》之义,所以明正邪,别善恶,操斧钺权,褒贬百代者也"。③ 传统史家用春秋"书法"来"明功罪",分忠臣奸佞,"别君子小人",以为后人鉴戒。这是传统史家所固守的传统道德理念和标准。纪年是以皇帝为中心来定历史年代,一个朝代有一个朝代的纪年,一个皇帝有一个皇帝的纪年。尽管在没有统一纪年标准的情况下,以皇帝年号或登基标志作为纪年是不得已而且是比较方便的选择,但毕竟体现服务于皇权的功用。

从正统到书法、纪年,包含了要求贯穿传统史学著作的指导思想、写作方法和表述规范,在晚清民族主义和民主思想冲击下陷入危机。梁启超直指传统史学的核心问题,就是为一家一姓的统治者服务,忽略国民在历史中的地位。认为传统的书法,只适用于对个人的评价,而不适用于对群体的整体认识。清末史家陈黻宸批评"正统"、纪年说:"夫纪非尊称也。太史公作纪传世家,有年可纪曰本纪,有家可述曰世家,无年可纪、无家可述曰列传。而后世以本纪世家为君臣尊卑之分,是班史之作俑也。"④ 他认为司马迁之所以分本纪、世家、纪和列传来写《史记》,原不是为区分君臣尊卑,所以把未曾建立帝业的项羽列入"本纪",用著史规范来区分君臣

---

① 梁启超:《新史学·论正统》,《新民丛报》1902 年第 14 期。
② 梁启超:《新史学·论正统》,《新民丛报》1902 年第 14 期。
③ 梁启超:《新史学·论书法》,《新民丛报》1902 年第 16 期。
④ 陈黻宸:《独史》,《新世界学报》1902 年 9 月第 2 期。

尊卑始自班固。陈黻宸还指出，"今之作史者，宜仿《史记》作帝王年月表；仿陈寿《三国志》而去本纪之例"。因《三国志》是"独废本纪，而通称曰传"①，不用本纪、列传之类去划分君臣尊卑的界线。

正统观、书法和纪年等是典型的以帝王为中心的历史观的反映。正统史学与传统的儒家文化联系密切，是以传统的经学为依据的。传统认为，史是经的附庸，不能离开经而研史。其理论依据是传统的儒家政治伦理，与新的重民思想不合。新史学对"正统"观念的质疑和批判引起官方史学正统观念衰落，与传统史学所依赖的儒家思想文化价值观念受到新的西方思想文化的冲击，以及传统经学在近代的弱化有着密切关系。

清末渐次输入的西学，在戊戌以后慢慢地系统化，开始出现完整介绍西方经济学、政治学、社会学、哲学等学科的著述。这与戊戌前为区别于中学，笼统将西学称为格致之学有了根本不同。新学知识的具体和细化反映出人们不再局限于比较中西学术长短，而是直截了当地系统引入。当引进西学成为热点之后，传统的经学虽然作为中国学术的主干和官方学术强调的重心，在各式学堂中都是必开科目，但在新的思想观念影响下，其地位开始动摇。1904 年初陈黻宸因以新学思想看待经学的《经术大同说》而受到管学大臣张百熙赏识，出任"大学堂师范科教习"讲授史学课一事，在一定程度上反映了这个事实。陈黻宸在文章中所论述的经学，已不再被当作传统圣贤圭臬规范人们思想的原则，而是被当作一门学问来看待了。他认为，"经者非一人之私言，而天下万世之公言也"，"于今日言经，必以阐其原理，证其实迹，明其是非可否，以为当世鉴，而后于经可无憾"。②经学所传授的传统的文化价值观念不再被视为唯一的思想指导："况于今日，时势所趋，而百家诸子之见排于汉初者，今日骎骎乎有中兴之象，则皆与我经为敌者也。环海通道，学术之自彼方至者，新义迥出，雄视古今，则又皆我经所未道者也。"③ 这一看法虽然不无从章学诚"六经皆史"到章太炎非经非孔的影子，但显然有新学的影响。

经学地位下降，既反映了传统儒家思想文化在迅速变革的社会中受到质疑，也体现了新的形成中的政治文化影响的扩大。它使人们的思想束缚有所松动，为接受新史学观念清除了障碍，使新史学观念的广为流传成为

① 陈黻宸：《独史》，《新世界学报》1902 年 9 月第 2 期。
② 《陈黻宸集》上册，中华书局，1995，第 535 页。
③ 《陈黻宸集》上册，中华书局，1995，第 539 页。

可能。提倡新史学的学者更大张旗鼓宣传冲破传统经学束缚。

梁启超从《清议报》开始，就以开民智、振奋民气为宗旨介绍西方社会政治思想和科学文化知识。1900 年 4 月他致信康有为，明确把破除旧学，特别是破除传统思想观念对人的束缚与建立新学联系起来。他说："于教学之界则一守先生之言，不敢稍有异想；于政治之界则服一王之制，不敢稍有异言。"自由不讲，民权不兴，"则民智乌可得开哉？其脑质之思想，受数千年古学所束缚，留不敢有一线之走开。虽尽授以外国学问，一切普通学皆充人其记性之中，终不过如机器砌成之人形，毫无发生气象"。① 他认为自由是"为人之资格"，"即不受三纲之压制而已，不受古人之束缚而已"。② 就是人在政治、思想和学术上都享有权利。

的确，中国人受纲常礼教束缚压制甚重，不打破旧学的禁锢，就不会有真正的思想进步。故而梁启超大声疾呼"今日而知民智之为急，则舍自由无他道也矣"③。这里梁启超把束缚人们自由的元凶明确锁定于"三纲"代表的儒家政治伦理，后者一定意义上正是经学的核心内容。学术上的自由就是在思想观念上摆脱"千年古学"的束缚。这一呼唤代表了晚清一批进步学人的共同心声，也表明传统经学开始失去了以往的支配力。

晚清时期经学观念失落对史学的直接影响，就是以往作为传统史学核心价值的君臣观念和道德衡量标准在新的社会环境中不再有影响力和束缚力。受传统经学所提倡的核心价值观念影响而形成的正统史学观念，失去了强有力的合法性基础。

晚清进步学人对以"正统论"为中心的传统史学观念的批判，既受到新史学观念的影响，也为新史学的兴起和发展开拓了道路。当然，传统经学的影响在晚清官方正统史学中并没有完全消失，但从史学发展全局来看，官方史学正统观念已渐失去在整个史学界的影响力，成为孤家寡学，淡出史学主流地位，这预示了官方史学最终衰落的结局。

四　历史进化论提供了新观念

晚清正统史学观念的衰落还受到了新传入的历史进化论的直接影响。

---

① 梁启超：《致康有为书》，侯宜杰选注《梁启超文选》，百花文艺出版社，2006，第 22 页。
② 梁启超：《致康有为书》，侯宜杰选注《梁启超文选》，百花文艺出版社，2006，第 22 页。
③ 梁启超：《致康有为书》，侯宜杰选注《梁启超文选》，百花文艺出版社，2006，第 22 页。

传统史学的历史观是倒退的、循环的，缺乏对历史发展的认识，这与社会变革的需求不相适应。于是历史进化论成为批判旧有史观的思想武器。

历史进化观念的传播在晚清社会中极大地影响了一代人的思想观念，提供了一种全新的眼光来考察社会和历史的发展，因而成为晚清社会变革的重要理论和思想指导。严复作为晚清较早接触西方社会科学和进化论的学人，在介绍和宣传社会与历史进化观念方面做出了很大的贡献。他译介的《天演论》一方面宣传了"物竞天择""弱肉强食"等社会达尔文主义；另一方面提供了历史是进化的，而非倒退、循环的命题。这两种观念都给中国人的思维方式带来极大震撼，给社会政治改革提供了理论武器，也为新式学人重新审视历史提供了新的眼光和视野。正是在这种新的历史观念传播和被接受的同时，正统的历史观念开始显现出了极大的缺陷和不足。

官方正统史学所依循的历史观仍是建立在传统儒家思想文化基础上的复古、倒退、循环的观念。鸦片战争之后出现的历史变易思想通过肯定社会历史发展的变革满足当时社会政治的一些需要，但这种源自传统的变易思想并不能真正摆脱传统的历史观念的影响，真正认识到人类社会历史是在不断的发展变化中向前进步的。正统史观不能真正认识到历史发展的真相阻碍了人们在历史研究中全面认识和反映社会历史发展过程，特别是不能满足晚清史学发展寻求历史变化轨迹，为现实社会的变革提供帮助的要求。不更新历史观念，传统史学的代表者官方史学就将失去生命力。

借助新的历史进化观念，进步士人对以儒家思想为规范的史学研究所宣传的愈古愈好，法先王、古制不可违等倒退的、循环的历史观念，开始产生怀疑。特别是历史进化的观念传入之后，传统史学所主张的传统思想文化价值和历史观开始显出落伍和过时。

旧有的史学观念，特别是作为正统史学观念核心的传统儒家文化价值观念去掉之后，何以替代？这个问题在晚清史学变革的过程中几乎不成问题，因为随着西方新学术传入，新的进化的历史观就在进步学人中广泛传播，被接受并运用到史学研究中。

中国进步学人对历史进化理论的理解与鸦片战争后出现的经世学风之下出现的源自传统思想的"变则通"的历史变易思想明显不同。新传入的西方社会进化论作为晚清学者重要的思想武器，对历史变动发展加入了许多新的理解。主要是认识到历史是发展和进化的，这种进化有因果规律在其中。在此观念指导下，人们不再满足于对古代社会的模仿，而是面对发展变化的社会，积极参与推动社会的进一步变化和发展。进化的历史观念使人们对未来充满了期待。

晚清时期把进化史观运用到史学研究进行全面系统理论概括的是梁启超。他在《新史学·史学之界说》中论述了新史学的三个主要内容：第一，"历史者，叙述进化之现象也"；第二，"历史者，叙述人群进化之现象也"；第三，"叙述人群进化之现象而求得其公理公例者也"。[1] 这里依次提出了历史研究的三个对象：历史现象，人群历史的现象，以及人群历史进化的"公理公例"，确立了历史进化的观念。用进化的线索来贯穿这三个研究对象，探讨的是人类历史的进化现象。

从梁启超的理论表述看，历史进化的观念也扩大了学人的视野，其眼光不再聚焦在政治统治者身上，记述皇帝的起居生活，以及围绕皇帝而展开的政治、军事等，而是扩展到了研究记述"进化的现象""人群进化的现象"，也即人类社会的方方面面。梁启超理解的新史学希望更多地了解历史上那些与社会经济、民众生活直接有关的"人群进化的现象"，以为现实的社会发展和变革提供借鉴。

由此可见，梁启超对"新史学"之所以为"新"的关键在于其研究的是人类社会历史进化的历程，提出了寻找历史发展的规律。梁启超对新史学的理论表述，突出反映了对历史进化史观的运用。其视野已经完全超越了循环的、倒退的历史观，也超出了传统变易思想的窠臼。显然，这里历史进化的观念已成为梁启超考察历史的思想武器和理论原则。

在梁启超从理论上论述历史进化史观指导下的新史学之前，一些了解西方新史学思想的学人已经开始在自己的研究中尝试运用这种新的史观，从而在官方正统史学之外出现了与正统史学观念相抗衡的不同于传统变易思想的新史观指导下的史学论著。进化史观的传播和运用为晚清学人提供了新的思想武器，改变了他们对人类历史的认识，也引发了对正统史学观念的质疑和反思。接受进化史观，反映了进步学人认识和了解人类历史发展过程的期盼。

进化史观指导下的历史研究与只是以皇帝为服务对象的正统史学有相当的差别。晚清时期对进化史观的接受通过史书体裁的变化表现出来。传统正史自司马迁《史记》之后，就多以断代的形式出现，突出的是一朝一

---

[1]　梁启超：《新史学·史学之界说》，《新民丛报》1902 年第 1 期。

代的历史。唐代以后，逐渐出现了"通鉴"、"通典"和"通志"，把断代史不能反映的典章制度沿革表现出来，是史书体例上的发展。清朝建立后，也曾设"三通馆"，依例修撰"续三通"和"清三通"。但这些求"通"的史书并没有脱离正统观念的影响，依然围绕统治阶级的需要撰述，不可避免地会限制它们作为"通"史研究的视野。

随着进化史观的传播，进步学人逐渐把新史观运用于研究，希望通过对历史进行全面的上下贯通考察，探寻历史发展的演变经历和变化规律。因此，晚清时期出现了一批以求新和求通为目的的史学著作，表明了作者用历史进化观念考察历史的愿望。

稍早一些的《海国图志》《法国志略》《日本国志》等史著，不仅在取材上突破了正统史学的界线，更在体例上选择能够表现历史发展过程的典志体裁。这些典志史书所体现的历史观念与正统的史学观念有所不同。如魏源的《海国图志》、黄遵宪的《日本国志》、王韬的《法国志略》等都体现新的从发展眼光看待外国历史的倾向。这些著作的内容是根据现实社会变革的需要，研究外国历史文化。作者虽是清政府的官员，却不主历史编纂事宜。可以说他们是官府中出现的不受正统史学观念辖制的一批"民间史学研究者"。他们著史也不受命于统治者，其目的是希望通过自己的著述为变革中的中国社会提供一些实际的帮助。

典志体史书是传统史学中注重考察历史沿革的史书体例。晚清出现的这类史书显然是进步士人希望通过对外国，如法国、日本等国政治历史文化的考察，为晚清社会变革提供借鉴。因此，魏源、王韬和黄遵宪等人都特别注重对这些国家政治历史文化发展演变过程的分析和记述。

这些史书中"通"的实践，体现了时人反映历史发展过程的愿望。后来则表现在对能够反映历史变化过程的"通史"体裁的推重上。希望通过"通史"的编撰，提供更有系统的、更为明晰的历史发展线索，便于人们了解历史发展进化的复杂过程。

从运用传统变易思想，试图从历史中寻找变革依据的康有为托古改制撰写的《孔子改制考》《新学伪经考》，强调变革，从传统的变易思想中寻找变革的思想依据，到梁启超、章太炎等人明确提出运用西方进化的历史观念研究中国历史，撰写中国通史的主张和实践，可以看到，历史进化观念在历史研究中得到了新式学人的推重。

1900年，章太炎在日本和西方史学的影响下，有感于中国传统史书与西方史学著作的差距，提出要用新的史学观念作一部新的《中国通史》，并做了细致的思考规划。他认为古代史家不能揭示社会历史发展变化的原由，清代的考据史家更是囿于细枝末节，而忽略历史的整体。在《中国通史略例》①中对传统史著进行了全面分析和评价，他指出：从体例和写作方式上看，传统史书存在许多不足之处，"社会政法盛衰蕃变之所原，斯人暗焉不昭矣。王、钱诸彦，昧其本干，攻其条末，岂无识大，犹愧贤者"。他说自己编撰《中国通史》的目的在于"镕冶哲理，以祛逐末之陋，钩汲智沉，以振墨守之惑"②，脱离将历史作为连缀史事、记账本、王朝相争相斗记录的窠臼。1902 年，章太炎在和梁启超讨论新史体例的信中更是明确指出："今日作史，若专为一代，非独难发新理，而事实亦无由详细调查。惟通史上下千古，不必以褒贬人物、胪叙事状为贵，所重专在典志，则心理、社会、宗教诸学，一切可以熔铸入之。"③ 他说，他推重通史有两方面的理由："一方以发明社会政治进化衰微之原理为主，则于典志见之；一方以鼓舞民气、启导方来为主，则亦必于纪传见之。""于君相文儒之属，悉为作表，其纪传则但取利害关系有影响于今日社会者为撰数篇。犹有历代社会各项要件，苦难贯串，则取械仲纪事本末例为之作纪"。④ 这里解释了他的"镕冶哲理，以祛逐末之陋"，大抵为采用进化论，以通社会整体进退原理；其"钩汲智沉，以振墨守之惑"，大抵是要发掘以往忽略的对今世有意义的史实，以鼓民气、导未来之意。对传统史书不分析"社会政法"演变原因内容的批评，显示了他接受并运用新的历史进化眼光来看待考察历史。在新史著的体例上借鉴前人史著典、志、纪传、纪事本末等体例，在内容上包括心理、社会、宗教等诸方面。选择史著内容，不再以政治、伦理为中心，而以展示社会政治法律制度、思想文化、学术、民族和风俗等为标准，即所谓"非有关于政法、学术、种族、风教四端者，虽明若文、景，贤若房、魏，暴若胡亥，奸若林甫，一切不得入录"。⑤ 可见章太炎理想中的新通史计划，在体例上多借用传统正史的体例，其新思想是通过记述与现实相关

---

① 章太炎的《中国通史略例》最早是 1900 年附在《訄书》手校本中《哀清史》后的，经 1902 年修订，载入 1904 年重印的《訄书》。

② 引文见章太炎《中国通史略例》，见金毓黻《中国史学史》，河北教育出版社，2001 年 5 月二版，第 412~413 页。

③ 章太炎：《致梁启超书》，《章太炎政论选集》上，中华书局，1977，第 167~168 页。

④ 章太炎：《致梁启超书》，《章太炎政论选集》上，中华书局，1977，第 167~168 页。

⑤ 章太炎：《中国通史略例》，见金毓黻《中国史学史》，第 413 页。

的内容反映出来的。与夏曾佑用一种全新的借助西方通史体例的《中国历史教科书》相比，章太炎计划中的《中国通史》更多表现了借助传统正史体例来容纳新内容的继承和创新并用的态度。

尽管章太炎的新体例《中国通史》计划未能完成，但他的《中国通史略例》所体现出来的对新史书的思考却反映了一种新的历史眼光：新史学的著作不再注重通过评论褒贬，为人们提供伦理道德标准，而是要为现实社会中的人们提供认识历史发展及其趋向的参照系，即"史职所重不在褒讥，苟以知来为职志，则如是足矣"[①]。

夏曾佑的《中国历史教科书》不仅在体例上选择西方新式章节体，还按照历史演变的历程来分期。1906年严复阅读该书后，很是推重，写信给夏说："自得大著《历史教科书》两编，反复观览，将及半月，视叹此为旷世之作，为各国群籍之所无踵。""然世间浅人于史学、政学蒙蒙然，犹未视之鼠狗，必不知重也。独走于此事颇经留心。读足下之书。见提挈立例处，往往见极因怪（如云'中国之教得孔子而立，政得秦皇而行，境得汉武而定'。又云'使匈奴盛于周时，中国必亡'诸语），此法惟近世西人以天演服藏探内籀之术以治前史者而复能之，乃大著不期而与之合，此滋足贵者也。"[②]

历史进化观的接受和运用，在推动新史学蓬勃发展的同时，给正统史学观念以极大冲击，使人们对历史有了一个全新认识，很快为学术界广泛认同，逐渐取代了正统史学的倒退和循环史观。

受进化史观影响的一代学者与传统的官方纂修在思想观念上有相当大的不同。晚清到民初编撰的通史和清史著作大都选择用新的进化史观为指导，采用新式章节体体裁，从而在指导思想和史书体例上对官方正统史学实现了突破。

1913年，清王朝被推翻不到两年，商务印书馆即出版汪荣宝和许国英编撰的《清史讲义》。此书将努尔哈赤起兵作为清朝开创之始，分开创时期、全盛时期、忧患时期和改革时期，分四编记述了清朝从建立至灭亡的历史。该书前三编是汪荣宝在译学馆任职时的讲稿，涉及从清朝建立到太平天国时期。辛亥革命后，由于他参与政治活动，由许国英续写了第四编，

---

① 章太炎：《中国通史略例》，见金毓黻《中国史学史》，第413页。
② 严复：《与夏曾佑书》，《严复学术文化随笔》，中国青年出版社，1999，第307页。

完成全书。这部《清史讲义》至少有两点值得一提。一是这部讲义的大部分成书在晚清时期，这就打破了当代人不著当代史的传统。二是运用了新的历史观作指导。作者汪荣宝曾留学日本早稻田大学，回国后先后任京师译学馆教员、京师大学堂教习。他是晚清新史学思潮中一位宣传和倡导新史学的新式学人，撰有《中国历史》。他虽身在清府的译学馆任职，却用新的思想观念指导编撰了这部和传统正史有明显不同的《清史讲义》。全书不仅采用新式章节体，而且接受了历史进化论观念。该书的"绪论"特别指出："历史之要义，在以钩稽人类历史之陈迹，以发现其进化之次第，务令首尾相贯，因果必呈，晚近历史得渐成科学，其道由此。夫人类之进化，既必须有累代一贯之关系，则历史亦不能彼此之间，划然有所分割。"① 这段表述代表了晚清新式学人对进化史观的理解和认识，表明了作者对历史研究要揭示人类历史的发展轨迹、探索历史发展因果关系的认识。

　　由此可见，出自官府机构的学人对新的历史观念的接受及其新式史著的编撰出版，预示了官方正统史学观念已失去了影响力，其被新的历史进化史观取代也成为历史的必然。

五　晚清新政措施对正统史观的冲击

　　晚清时期创办新教育和学制改革冲击正统史观。

　　晚清新式教育的创办，以及新学制的制定，是新政中的重要措施，却给正统史学观念带来很大冲击。

　　首先，对传统的教育方式和教学内容进行了调整，特别是为了学习新学，代表传统儒家思想文化的经学不再是核心内容，一定程度上降低了传统儒学的崇高地位。

　　例如，清政府制订壬寅学制时，曾遇到学制年限过长的问题。时在日本考察教育的京师大学堂总教习吴汝纶就在致管学大臣张百熙的信中提出建议："于西学则以博物、理化、算术为要，而外国语文从缓；中学则国朝史为要，古文次之、经又次之。"② 这种排课次序把经排在了国朝史和古文之后，让人看到了经学地位的下降。吴汝纶是安徽桐城人，同治进士，曾

① 汪荣宝、许国英：《清史讲义·叙论》，商务印书馆，1913。
② 吴汝纶：《与张尚书》，转引自钱曼倩《中国近代学制比较》，广东教育出版社，1996，第72页。

师事曾国藩，与薛福成等并称为"曾门四弟子"，是有名的桐城派古文家。后又被李鸿章聘为保定莲湖书院山长，成为李的幕僚。不仅国学造诣深厚、而且也颇通西学，为严复的译作《天演论》《原富》等书作序。特别是通过对日本教育的考察，对新学有了更深入的了解。作为晚清官员的他能提出这样的建议，的确反映了旧学观念的动摇，新学影响的扩大。尽管随后在张之洞等主持下完成的"癸卯学制"确定"以忠孝为本，以中国经史之学为基"的教育宗旨①，但新的教育方式引入和新式学堂建立带来的新学说、新思想扩张的趋势却是无法阻挡的。

张之洞主张的"中学为体，西学为用"在晚清时期影响很大，但实际上，由于国门开放，对外事务增多，清政府越来越需要了解外国知晓洋务的人才。这种现实需要自然开启了国人了解西学的大门。张之洞本人在任湖广总督时，就特别注意开办各式学堂，到19世纪末20世纪初，这些学堂先后转变为新式学堂。随着新式学堂大量出现，中西学哪个为体哪个为用的问题似乎淡漠了很多，不再是关注的重心了。

尤其是1905年废除科举制度，对士人们思想观念和中国学术产生了至关重大的影响，其中最直接的影响就是经学地位的下降。读经是过去人们通过科举考试走入仕途的必经之路。科举废除后，经书对人们的吸引力也就少了很多。这直接造成了传统的思想观念和价值标准对人们的影响大大减弱，新学堂里的读书人不再把儒家传统经学奉为至上。在科举时代，为准备科举考试而进行的学习，对人们的思想有很大的限制。胡适和顾颉刚都曾回忆他们小时候在必读的经书之外背着大人偷读史书的事。鲁迅在《呐喊·自序》中也回忆道："在这（新式）学堂里，我才知道世上还有所谓格致，算学，地理，历史，绘画和体操。"以往为了科举，人们即便读史也只是作为读经的辅助或课业外的消遣，至多是从故人故事中吸收些人生智慧、道德修养的资源。除了生硬地记忆一些皇帝权臣典故之外，给人新的启迪之处不多。对此严复有清楚的分析。他说：以往接受教育的目的是"学古入官"，因此"方其读四子五经，非以讲德业、考制度也，乃因试场命题之故。其流览群史，非以求历代之风俗民情、教化进退、政治得失也，乃缘文字得此乃有波澜运用，资其典实之故。且功令既定，岂容稍示异同，风气所趋，不妨公然剿袭。夫使一国之民，二千余年，非志功名则不必学，

---

① 舒新城编《中国近代教育史资料》上册，人民教育出版社，1961，第197页。

而学者所治不过词章，词章极功，不逾中式，揣摩迎合以得为工，则何怪学成而后，尽成奴隶之才，徒事稗贩耳食，而置裁判是非、推籀因果之心能于无所用之地乎！"[①] 科举制度下的士人一切都是为了通过考试博取功名，很少为专门研究学问的目的读书。而为了得到功名，又只能不问对错，完全认同正统秩序下的主流话语，跟着统治者的指挥棒转。这就造成了科举制度下士人有知识、无思想，缺乏独立意识的悲剧。

新式学堂的设立为人们提供了丰富的新知，废除科举打破了人们以经书和官方思想文化意识为核心的读书方式，把人们从仰慕圣贤、重经的传统教育的小圈子里解放了出来。

晚清官方制定的学制虽然坚持中学为体、西学为用的原则，控制西方政治社会思想和学说的讲授。但这显然是晚清官府的一厢情愿。实际上，新式学堂恰恰成为传播西方社会科学知识的一个重要渠道。新西学的引入和传播，对中国学人的影响是相当深广的，有力地冲击了传统价值观念，极大地开阔了人们的眼界，把士人的思想从传统思想文化的束缚下释放了出来。

这一系列的新政措施，为新史学的发展提供了有利的条件，有力地冲击了正统史学观念。

首先，新式学堂课程的设置更为合理、全面。1904 年 1 月公布的学制中提出的《奏定初级师范学堂章程》，规定初级师范学堂完全科应修的科目包括历史科在内共有 12 门。同一时期的《奏定优级师范学堂章程》把文科分为文学和史地两个专科，历史是两科的必修课程。历史科作为必修科目，开设在学堂里，反映了新式教育对历史科的重视。

其次，课程的内容依照新学设计，历史科的内容做了较大调整："当专举历代帝王之大事，陈述本朝列圣之善政德泽，暨中国百年以内之大事；次则讲古今忠良贤哲之事迹，以及学术技艺之隆替，武备之张弛，政治之沿革，农工商业之进境，风俗之变迁等事。""凡教历史者注意在发明实事之关系，辨文化之由来，使得省悟强弱兴亡之故，以振国民之志气"[②]。在本有的帝王史基础上增加了世界史、国别史，在坚持传统的政治军事大事

---

① 严复：《论今日教育应以物理科学为当务之急》，《严复学术文化随笔》，中国青年出版社，1999，第 149 页。
② 《奏定初级师范学堂章程》，《中国近代学制史料》第二辑下册，华东师范大学出版社，1989。

同时，特别强调要研究历史方方面面的演变和发展，采用诸如"隆替""张弛""沿革""进境""变迁"等词表达历史变化，通过历史研究达到振奋国民志气的目的。这表明新史学追求的一些新内容得到了官方的认可。

官方拟定的办学章程在课程设置上有这样多的变化，经学课程减少，记述内容扩展，教学目的变化，反映了史学对传统道德标准和价值取向认识的改变与官方史学正统观念瓦解的趋向。

再次是历史教科书的编撰。如果说新教育课程体系改革为新史学的发展提供了机会，那么进步学人抓住了这个时机，并在为新式学堂编纂的新式教科书中体现出新史学的观念。

教科书的出版是随着新式学堂的建立而出现的问题。1906年前后，由于科举废除后新式学堂的历史教育需要新教材，出现了教科书编撰的热潮。这年4月，严复提出政府应放开对教科书编纂的控制。他说：教科书"除自行编辑颁行外，更取海内前后所出诸种而审定之"。要求不要过严，取类也不必狭窄，只要不危害学生，不与教育宗旨冲突即可。① 这个建议反映了进步学者的共同要求。此期间运用新的历史观念指导编撰的一批新式历史教科书陆续出版，其中夏曾佑和刘师培分别编纂的《中国历史教科书》产生很大影响。

新式历史教科书与官方编纂的史书有相当的不同，眼光不再只集中于帝王统治者，研究内容也更为广泛地反映人类历史进化的历程，体例上则采用西方传入的章节体。新的史书体例较传统的史学体例更有助于新的历史内容的表达。新的进化史观，新的研究对象和内容，加上新的史书体例，一种全新的中国历史著作的形式在历史教科书的编撰过程中出现了，开启了后来历史著作体例的先河。

事实上晚清时期历史教科书的出版直接影响了正统史学的地位。新式历史教科书使人们更直接地了解和接受新史学的思想，加上其服务对象是广大新式学堂中的学生，有助于新史学思想的广泛传播。而官方正史却由于服务人群偏重政治统治者，服务范围相对狭窄，读者仅限于少数人，其影响力明显下降。官方正史的研究无法与新的历史教学相比，后者的地位和影响在晚清最后几年大大地超过前者。官方史学的主流地位动摇，成了高高在上、曲高和寡的一家一朝的玄学，正统史学观念也不再成为影响和

---

① 严复：《论小学教科书亟宜审定》，《中外日报》1906年4月7日。

束缚人们思想的桎梏。官方编撰的史学著作不能胜任新式历史教育，让位于新式历史教科书也是历史发展的必然趋势。

新式学堂的新式历史教育和新式教科书的编撰意味着官方正统史学因脱离社会现实，不得不退出晚清史学发展的历史大舞台。晚清保守派学人叶德辉就清楚地意识到，正是因为"废书院""兴学堂"，才"酿成今日之大乱"的。

最后，19世纪末20世纪初，承载着西方思想文化观念的、脱离了清朝官府控制的新兴媒体、新闻出版机构、民间社团、社会群体，以及民间的各类企业和学校，纷纷出现，这些都为新史学的发展提供了有利条件。

特别是由于近代新式的报纸、刊物和社团等的出现，新史学在传播和影响方面远远胜过了囿于宫墙之内的官方史学。新式传媒形式的传播速度和范围都比传统来得有效，为新思想和新观念提供了有利的载体，便于新史学思想和观念的传播及新史学研究成果的出版。这就为人们接触和了解新史学提供了更多更好的机会，也预示着清朝政府所控制的正统史学已渐渐脱离社会思想文化和学术发展的中心。与轰轰烈烈的新史学实践相比之下，大墙内的国史编修们的工作显得冷清很多。官方正统史学与晚清学术发展的主流疏离开来，原来所处统治中心位置的官方史学被无情地边缘化了。

且不论晚清政府的新政在政治上有多大的意义和作用，其对新史学发展的推动却是实实在在的。新史学在非官方的地位得以迅速提高，成为官方正统史学之外的一支强有力的代表新的史学发展方向的生力军。由于代表了新的学术发展方向，在许多方面超越了官方的正统史学，为中国现代史学的建立奠定了基础。可以说，清政府的新政措施对新史学的推动，一定意义上也意味着为官方史学树立了一个强大的对手，也预示了正统史学观念逐渐衰落的必然趋势。对于晚清统治者来说，这样的结局或许是他们没有预料到的。

1901～1905 年清末政治改革述论

崔志海[*]

在清末十年新政中，以政治改革最为艰难，也最引人非议。清末政治改革以 1906 年 9 月清政府宣布仿行预备立宪为界，经历了行政体制内的"整顿旧法"和预备立宪政治改革两个阶段。长期以来，学界对清末政治改革的研究主要聚焦于预备立宪，对 1901～1905 年间的政治改革着墨不多。为更好地反映清末政治改革的全过程，本文拟对 1901～1905 年间的政治改革做一比较系统的考察。

一　关于行政机构改革

清朝政府作为中国最后一个封建王朝，继承历朝政治制度，建立了一套比较完备的中央和地方行政机构。直至清末新政改革之前，清朝的中央行政机构大体如下：中枢机关为军机处；中央日常行政机构主要有吏、户、礼、兵、刑、工六部，分掌国家事务，另设若干辅助行政机构，如都察院、大理寺、理藩院、通政使司、翰林院、詹事府、国子监、钦天监、太常寺、光禄寺、鸿胪寺、太仆寺等；皇室机关主要有内务府、宗人府和太医院。清朝的地方行政机构则较中央机关复杂一些：在十八行省地区，地方机构大体分为省、道、府、县四级，最高行政长官分别为总督、巡抚、道员、知府、知县；在盛京、奉天府和顺天府及内外蒙古、青海、新疆、西藏和中国东北及川、黔、滇、粤、桂、湘等西南地区，则实行一套与内地十八

* 崔志海，中国社会科学院近代史所研究研究员。

行省有别的行政机构和官制；另外，还在一些地方设立带有专职性的行政机构，如漕运总督和河道总督衙门等。应该说，这套行政机构在清初为清政府有效治理国家发挥了积极作用，但正如新政改革上谕和地方督抚在改革奏折中所说，随着时代的发展，清朝旧有行政机构的不适和弊端也日益暴露出来。自宣布启动新政之后，清政府相继增设一些新的行政机构，以满足改革需要。

1901 年 7 月 24 日，因列强的要求，同时为适应外交的需要，谕令改总理衙门为外务部，并"班列六部之前"，称"从来设官分职，惟在因时制宜。现当重定和约之时，首以邦交为重，一切讲信修睦，尤赖得人而理"。新成立的外务部下设四司一厅五处。其中，和会司"专司各国使臣觐见、晤会、请赏宝星，奏派使臣，更换领事、文武学堂，本部司员升调，各项保奖"等事务。考工司"专司铁路、矿务、电线、机器、制造、军火、船政、聘请洋匠洋员、招工、出洋学生"等事务。榷算司"专司关税、商务、行船、华洋借款、财币、邮政、本部经费、使臣支销经费"等事务。庶务司"专司界务、防务、传教、游历、保护、赏恤、禁令、警巡、词讼"等事务。一厅为司务厅，负责掌管来往文书及一切杂务。五处分别为俄、德、英、法、日等五处，分办各国交涉事务。外务部的机构设置虽然多沿袭了总理衙门办法，各司职掌极为广泛，凡是与"洋"有关事务多被纳入其中，超出了严格意义上所说的外交，保留了浓厚的洋务衙门特色，但外务部的设立还是迎合了当时外交的需要，有别于此前的总理衙门，有助于促进晚清外交的职业化和专业化，诚如上谕所说，"从前设立总理各国事务衙门，办理交涉，虽历有年所，惟所派王大臣等，多系兼差，恐未能殚心职守，自应特设员缺，以专责成"。[①] 而从外务部后来的实际运作来说，也的确如此。不但外务部的官员趋于职业化和专业化，而且外务部所管辖的部务，也随着清末其他专业机构的设立，诸如商部、邮传部等的成立，有所缩减，趋于真正的外交领域。

1903 年 12 月 4 日，为推动清末军事改革，编练新军，清政府颁布上谕，宣布设立练兵处作为全国编练新军的总机关，称："前因各直省军制、操法、器械未能一律，迭经降旨饬下各省督抚，认真讲求训练，以期划一。乃历时既久，尚少成效，必须于京师特设总汇之处，随时考查督练，以期

---

① 朱寿朋编《光绪朝东华录》，中华书局，1958，第 4685 页。

整齐而重戎政。著派庆亲王奕劻总理练兵事务。袁世凯近在北洋，著派充合办练兵大臣，并著铁良襄同办理。"① 根据稍后奏定的练兵处办事章程，练兵处分设军政、军令、军学三司，各司设正、副司各一员，由皇帝简派。其中，军政司下设五科，分别为考功科、搜讨科、粮饷科、医务科和法律科，举凡军队文武官员的升降、奖励，军制、军规、军仪、军礼、军服的制定，军饷、军需的核发，军队的卫生防疫、治疗伤病，军律的制定和执行等，均归其负责。军令司下设运筹、向导、测绘、储材四科，负责掌管军事运筹、情报搜集、行军路线指引、军事人员培养等事务。军学司则下设编译、训练、教育、水师四科，其中前三科主要负责操典、兵法、战史的编纂和各国兵书、地志的翻译，各队操法标准的拟定和考核，各类武备学堂章程和教育办法的制定与考查；水师科则掌管各省兵轮、炮船数目，官兵名数，并考查兵轮存在问题及筹法整顿等事务。练兵处的职能显然与清朝旧有的兵部存在重叠，但它的成立对推动清末军事近代化却起了积极的作用，三年后它在中央官制改革中自然地被并入陆军部，实现了练兵处和兵部职能的合一。

为恢复庚子事变之后的社会治安，加强社会控制，清政府还模仿近代西方国家制度，设立巡警部。1901 年初夏，为恢复京城治安，清政府颁布上谕，同意奕劻、李鸿章的奏请，设立京城善后协巡总局，会同步军统领衙门、顺天府、五城御史统筹办理京城善后治安工作。② 一年后，以善后协巡总局与原京师各治安机关事权不一，不足以承担维持京师的治安任务，清政府又于 1902 年 5 月 19 日允准奕劻等人的奏请，设立内城工巡总局，负责京城道路和社会治安工作，指令肃亲王善耆为步军统领，"督修街道工程，并管理巡捕事务"。③ 1903 年 1 月 18 日，委派外务部尚书那桐接替善耆署理"步军统领暨工巡局事务"。④ 1905 年 8 月 5 日，清政府颁布上谕，进一步完善京城警察机构，宣布仿照内城工巡局设立外城工巡局，同时裁撤五城御史及街道厅等治安机关，称："巡警为方今要政，内城现办工巡局，尚有条理，亟应实力推行，所有五城练勇，著即改为巡捕，均按内城办理。著派左都御史寿耆、左副都御史张仁黼，会同尚书那桐，通盘筹划，认真

---

① 《光绪朝东华录》，第 5108 页。
② 《德宗实录》卷四八三，第 380 页。
③ 《光绪朝东华录》，第 4866、4867 页。
④ 《德宗实录》卷五二四。

举办，以专责成。原派之巡视五城及街道厅御史，著一并裁撤。"① 两个月后，即光绪三十一年九月十日（1905 年 10 月 8 日），清政府即宣布在全国各地办理警政的基础上，设立巡警部，作为全国警政的总机关，并将京城工巡总局职能划归巡警部管理，上谕称："巡警关系紧要，迭经谕令京师及各省一体举办，自应专设衙门，俾资统率。著即设立巡警部，署兵部左侍郎徐世昌著补授该部尚书，内阁学士毓朗著补授该部左侍郎，直隶候补道赵秉均著赏给三品京堂，署理该部右侍郎。所有京城内外工巡事务，均归管理，以专责成。其各省巡警，并著该部督饬办理。"② 巡警部的设立，使得中国历史上第一次有了专职统辖全国警政的中央警察机构。

在教育行政机构改革方面，为加快兴办近代学堂、推进教育改革，1904年 1 月 14 日清政府采纳湖广总督张之洞（管学大臣荣庆和张百熙）的奏请，谕令改管学大臣为学务大臣，设立学务处，以管辖全国学务，并任命孙家鼐为学务大臣。③ 而根据此前奏定的《学务纲要》的规定，学务处的机构设置分专门、普通、实业、审订、游兴和会计等六处，依次管理专门学科事务、普通学科事务、实业学科事务，以及各学堂教科书和各种图书仪器的审定、私家撰述的检察和有关学务书籍报章的刊布，留学生事务和各学堂经费的管理。学务处的设立改变了此前由京师大学堂管学大臣兼管全国学务的情况，使得教育行政从传统教育体系内相对独立出来，向近代教育行政体制变革迈出了关键一步。在此基础上，清政府又于 1905 年 12 月 6日颁布上谕，宣布设立学部作为主管全国教育的行政机关，称："前经降旨停止科举，亟应振兴学务，广育人才，现在各省学堂，已次第兴办，必须有总汇之区，以资董率而专责成。著即设立学部，荣庆著即调补学部尚书，学部左侍郎著熙瑛补授，翰林院编修严复，著以三品京堂候补，署理学部右侍郎。国子监即古之成均，本系大学，所有该监事务，著即归并学部。"④学部的成立，使得中国历史上第一次有了一个专职统管全国教育事务的正式中央教育行政机构，是清末国家近代化的一个重要举措。当然，在机构的整合上，学部虽然吸纳了旧有国子监的职能，但学部与旧有礼部和翰林院等机构的职能尚有待进一步整合。

---

① 《光绪朝东华录》，第 5380 页。
② 《光绪朝东华录》，第 5408 页。
③ 《光绪朝东华录》，第 5129 页。
④ 《光绪朝东华录》，第 5445 页。

除新设上述行政机构之外，这一时期清政府还为适应社会经济发展的需要，新设了一些与近代经济发展有关的行政机关。为推动近代实业的发展，改变传统重农轻商旧习，1903 年 4 月 22 日清政府即发布上谕，令载振、袁世凯和伍廷芳尽快制定商律，以便设立商部，提倡工艺，鼓舞商情，指出："通商惠工，为古今经国之要政。自积习相沿，视工商为末务，国计民生，日益贫弱，未始不因乎此。亟应变通尽利，加意讲求。兹据政务处议复，载振奏请设商部，业经降旨允准。兹著派载振、袁世凯、伍廷芳先订商律，作为则例，俟商律编成奏定后，即行特简大员开办商部。其应如何提倡工艺，鼓舞商情，一切事宜，均著载振等悉心妥议，请旨施行。总期扫除官习，联络一气，不得有丝毫隔阂，致启弊端，保护维持，尤应不遗余力。庶几商务振兴，蒸蒸日上，阜民财而培邦本，有厚望焉。"① 9 月 7 日，未及商律编竣，清政府就迫不及待地宣布设立商部，称："现在振兴商务，应行设立商部衙门。商部尚书著载振补授，伍廷芳著补授商部左侍郎，陈璧著补授商部右侍郎。所有应办一切事宜，著该部尚书等妥议具奏。"② 根据 9 月 26 日商部奏定的《商部开办章程》规定，商部下辖四司一厅：一为保惠司，专司商务局、所、学堂、招商一切保护事宜；二为平均司，负责开垦、农务、蚕桑、山利、水利、树艺、畜牧等事务；三为通艺司，专司工艺、机器制造、铁路、街道、行轮、设电、开采矿物、聘请矿师、招工等事宜；四为会计司，专门负责税务、银行、货币、各业赛会、禁令、会审词讼、考取律师、校正权度量衡，以及本部经费报销事宜。一厅为司务厅，专管收发文件，缮译电报事务。此外，商务的附属机构还有律学馆、商报馆、商务学堂、工艺局、注册局、京师劝工陈列所等。从商部的机构设置和职能来看，商部绝非我们现在意义上的商务部，而是涉及农、工、商、交通、矿产、通信、银行货币等，所管辖的范围极广，几乎涵盖所有与经济有关的事务。商部的设立，使得中国历史上第一次有了专职负责全国经济事务的中央机构。同年 4 月 22 日，为推动货币和财政改革，清政府已颁布上谕，宣布在户部之外成立财政处，作为负责此项工作的机关，并任命庆亲王奕劻、瞿鸿禨总司其事，上谕称："从来立国之道，端在理财用人。方今时局维艰，财用匮乏，国与民俱受其病，自非通盘筹划，因时制

---

① 中国第一历史档案馆编《光绪宣统两朝上谕档》第 29 册，广西师范大学出版社，1996，第 71~72 页。
② 《光绪朝东华录》，第 5063 页。

宜，安望财政日有起色。著派庆亲王奕劻、瞿鸿禨会同户部，认真整顿，将一切应办事宜，悉心经理。即如各省所用银钱，式样各殊，平色不一，最为商民之累，自应明定划一银色，于京师设立铸造银币总厂，俟新式银币铸成……所有完纳钱粮、关税、厘捐一切公款，均专用此项银钱，使补平薪水等弊，扫除净尽；部库省库收发统归一律，不准巧立名目，稍涉纷歧。其应如何妥定章程，著即详晰核议，分别次第请旨遵行。总之，此举为国家要政，上下交益。该王大臣等惟当力劳任怨，坚定不摇，务令圆法整齐，推行尽利，用副朝廷通变宜民之至意。"① 此道上谕，充分体现了朝廷对货币和财政工作的重视。

这些新设立的机构，虽然与旧有机关还存在一些职能重叠现象，并且这些机关的名称和内部机构设置也有待进一步完善，但它们的设立无不迎合了社会发展的需要，有力地推进了国家行政机关的近代化，并为 1905 年之后的官制改革奠定了基础。

作为机构改革的一个有机组成部分，清政府在这一时期还裁撤了一些过时的行政机构，并对个别行政区域进行调整。在机构裁撤方面，如 1902 年 3 月 3 日，自黄河改道以来，直隶、山东两省修守工程，久归督抚管理，以及漕米改折，河臣仅管堤坝，清政府颁布上谕，受河东河道总督锡良的建议，宣布裁撤河东河道总督一缺，其职能"改归河南巡抚兼办"②。3 月 5 日，又颁布上谕，以詹事府的职能名实不符，以及通政司在实行改题为奏后职能的消失，宣布以上两个机构一并裁撤，称："詹事府系沿前明官制，名实本不相符，应即归并翰林院——嗣后出有该衙门满汉各缺，均著扣，无庸奏请简补。至通政司专管题本，现在改题为奏，其官缺，著即一并裁撤。应裁各官缺，即照詹事府办理。该衙门官署，著留为改建翰林院之用。"③ 1904 年 12 月 12 日，以一省总督、巡抚同城不但"多一衙门即多一经费"，而且督抚同城还"往往或因意见参差，公事转多牵掣"，命将督抚同城的云南、湖北两省巡抚即行裁撤，由云贵总督和湖广总督分别兼管两省巡抚事。④ 1905 年也因同样的道理，裁撤广东巡抚衙门，命两广总督兼管广东巡抚事。至此，督抚同城现象基本得到解决。此外，清政府还先后将

① 《光绪朝东华录》，第 5013 页。
② 《光绪朝东华录》，第 4828～4829、4845～4847 页。
③ 《光绪朝东华录》，第 4830 页。
④ 《光绪朝东华录》，第 5256～5257 页。

广东海关、淮安关、江南织造衙门、福建水师提督等衙门因其职能名存实亡，分别加以裁撤。

二　关于吏治改革

在中国传统政治制度里，吏治（官场政治生态）往往决定一个朝廷的兴衰。自晚清以来，吏治的腐败和存在的各种弊端，日益引起各方有识之士的关注，呼吁改革的声音一直不断。清政府在启动新政改革之后，也将整饬吏治纳入其中。就 1901～1905 年的吏治改革来说，大体涵盖三方面内容：一为裁汰冗员、胥吏、差役；二为停止捐纳实官，改革陋规；三为惩治不端官员，加强官员的考核、管理和教育。

关于裁汰冗员、胥吏和差役。清末官场中大量冗员的存在，不但加重政府财政负担，同时也是败坏吏治的一个重要原因。清政府在裁撤一些冗衙的同时，也就意味着裁撤了一部分冗员。此外，清政府还专门颁布上谕，撤销一些尸位素餐的官缺，如 1902 年 4 月 5 日，下令裁撤直隶漕运州同一缺、州判一缺、把总四缺、经制外委四缺、千总二缺。① 4 月 10 日，下令裁撤河南黄河通判二缺、汛员十二缺、闸官八缺；归并同知二缺、通判二缺、汛员一缺、闸官七缺。② 5 月 21 日，又因御史吴鸿甲奏请及户部议奏，以户部下属银库、颜料库和缎匹库特别是银库成为相关官员和办事人员舞弊敛财的渊薮，清廷下令将三库裁撤，上谕称："三库积弊已深，库书库丁弊端尤甚，亟应实力整顿，若如该部所奏，即将三库郎中等缺裁撤，凡库书库丁悉数革除，一切收支事宜，统归户部堂官一手经理，以专责成，毋庸另派三库大臣管理。"③

在冗员中，各级书吏及地方差役更是吏治中的一个毒瘤，早被有识之士诟病。1901 年 5 月 28 日，清政府利用庚子事变期间各部案卷多数销毁之机，下令裁撤各部书吏，由各部堂官督率司员亲理部务，指出："京师为天下之根本，六部为天下政事之根本。六部则例，本极详明，行之既久，书吏窟穴其中，渔财舞文，往往舍例引案，上下其手。今当变通政治之初，亟应首先整顿部务，为正本清源之道，非尽去蠹吏，扫除案卷，专用司员

---

① 《光绪朝东华录》，第 4842 页。
② 《光绪朝东华录》，第 4848 页。
③ 《光绪朝东华录》，第 4864、4868～4869 页。

办公不可。兹值京师兵燹之后，各部署案卷不过十存四五，著即一并销毁，以示廓清弊窦，锐意自强之意。自此次销毁以后，各部堂官，务当督饬司员，躬亲部务，各视事之繁简，另募书手若干名，专备钞缮文牍之用，不准拟办稿件，积压文书，并著堂司各官妥定简明无弊章程，通限两个月，咨送政务处大臣核议具奏，候旨颁行。"① 同一天，清政府为进一步落实这一政策，又颁布上谕，宣布朝廷对那些被裁撤的书吏将给予出路，称："现在整顿部务，裁汰书吏，原为祛弊起见，所有各部裁退之书吏，朝廷格外加恩，予以出路。著吏部按照向来年满书吏应得议叙章程，妥议办法，以示体恤。"② 1903 年 5 月 23 日，再次谕令堂司各官务必勤政、亲政，扫除积压疏漏、听任书吏办事等积习，指出："各部院为庶政所归，全在堂司各官，悉心经理，迭次降旨申儆，而积习迄未扫除，往往公事积压疏漏，仍任听书吏办理，堂司各官，漫不经心。即如本日吏部具奏折件，有上年奏补之缺，迟至数月始行议复，并有应行开列人员，单内遗漏者，实属因循疏忽。当此时事艰难，朝廷宵旰忧勤，孜孜求治，大小臣工，宜如何激发天良，切实讲求，兴利除弊，乃复蹈常袭故，不知振作，殊属有负委任。嗣后各部院堂官，务当振刷精神，督饬司员亲身办事，认真整顿，不准假手书吏。倘再仍前玩愒，定当严加惩处，以肃政治。"③

继宣布裁汰中央各部书吏之后数日，清政府又于 6 月 3 日颁布上谕，不但要求各省府州县亦须裁汰书吏，而且强调各地方衙门的差役也务须尽行裁革，指出："近因整顿部务，特谕各部堂官督饬司员，清厘案卷，躬亲办事，将从前蠹吏，尽行裁汰，以除积弊。惟闻各省院司书吏，亦多与部吏勾通。其各府州县衙门书吏，又往往交通省吏，舞文弄法，朋比为奸。若非大加整顿，不能绝弊清风。至差役索扰，尤为地方之害。其上司之承差，则藉公需索州县；州县之差役，更百般扰害闾阎，甚至一县皂役，多至数百名。种种弊端，亟应一律革除。著各该督抚通饬所属，将例行文籍，一并清厘，妥定章程，仿照部章，删繁就简。嗣后无论大小衙门，事必躬亲。书吏专供缮写，不准假以事权，严禁把持积压串通牟利诸弊。其各衙门额设书吏，均分别裁汰。差役尤当痛加裁革，以期除弊安民，毋得因循徇庇。仍由该督抚将整顿章程，咨明政务处大臣，汇核具奏，其认真与敷衍，不

---

① 《光绪朝东华录》，第 4666 页。
② 《光绪朝东华录》，第 4667 页。
③ 《光绪朝东华录》，第 5025 页。

难按牍而知也。"① 1904 年 6 月 27 日，清政府在发布上谕、加强对州县官考核的同时，再次督促地方督抚严行裁汰书吏、差役，以整顿吏治，指出"前经降旨，谕令各省将书吏、差役严行裁汰，即张之洞与刘坤一会奏折内，亦痛言此弊，并恤刑狱各条，皆与吏治民生，极有关系，何以因循不办？著一体督饬属员，认真整顿。各该督抚，务当破除情面，查吏安民，切实遵办，用副朝廷力捂颓风勤恤民隐之至意"。②

关于停止捐纳实官，改革陋规。所谓捐纳，就是捐款纳资，购买官职。从秦开始，历代多曾实行。清初规定：只可纳粟取得监生资格，不能得官。康熙十三年（1674）因平定三藩之乱，为补充军费不足，可以捐纳知县。雍正时，道府以下各官均可捐纳，并扩大到武职。乾隆时，文官可捐至道、州、郎中，武官可捐至参将、游击。当时，捐一知府需银 13200 两。嘉庆时，因公降革情节尚轻人员，可加倍捐复。至咸丰朝之后，为筹军饷及兴办洋务之需，捐例进一步大开，据有关学者研究，经咸同而至光绪，拥有"虚衔"和"实职"的中国人里有 66% 系用捐纳的办法得来。③

尽管捐纳制度部分缓解了清政府的财政急需，并且通过捐纳进入仕途的也不无一些具有才识的官员，但捐纳制度"以官为市"，必定带来吏治的腐败，"害国体、害政事、害民生、害官方、害人才"，因此也一直受到指责。1901 年两江总督刘坤一和湖广总督张之洞在《江楚会奏变法三折》中，也力陈停罢捐纳实官，指出"捐纳有害吏治，有妨正途，人人能言之。户部徒以每年可收捐三百万，遂致不肯停罢。查常捐若衔封、翎枝、贡监等项，本可不停，若将常捐量为推广，但系虚与荣名，无关实政者，皆可扩充。假如清班之衔，章服之贵，因公处分准其捐免，游幕省分捐准服官，寄籍捐准应试，生员捐免岁考，节孝旌表捐准年限从宽，以及赐匾建坊之类，似皆可酌加推广。拟请敕下户部，博采众议，量为推广，必可抵补捐数大半，即或不敷百余万，然今日须筹赔款数千万，断不宜惜此区区，以致牵挂，有妨自强要政。拟请宸衷独断，明降谕旨，俟此次秦晋赈捐完竣后，即行永远停罢，以作士气而清治源"。④

鉴于捐纳制度对吏治的危害，1901 年 9 月 11 日清廷颁布上谕，命停捐

① 《光绪朝东华录》，第 4669 页。
② 《光绪朝东华录》，第 5194 页。
③ 费正清：《剑桥中国晚清史》下册，中国社会科学出版社，1985，第 602 页。
④ 《光绪朝东华录》，第 4739～4740 页。

纳实官，称："捐纳职官，本一时权宜之政，近来捐输益滥，流弊滋多，人员混淆，仕路冗杂，实为吏治民生之害。现在振兴庶务，亟应加意澄清，嗣后无论何项事例，均着不准报捐实官。自降旨之日起，即行永远停止。"但另一方面由于当时财政匮乏，清政府仍不愿彻底放弃捐纳这一财政来源，对于各项虚衔捐纳是否继续保留仍犹豫不决，上谕则指令户部核议办理。① 而作为掌管赋税收入的户部从部门利益出发，自然不愿轻易丧失这一财政来源，在八月初七日的奏复中，明确主张保留，称"至虚衔封典贡监翎枝等项，各省遇有水旱偏灾，多藉此项捐输，以资赈济，且与实官有别，自不在应行停止之例"，同时要求各项捐银不准折减，并须全数解归户部。清廷也很快批准户部的意见，阅后即下旨"如所议行"②。这样，废除捐纳在清末新政期间始终没有真正落实。

清代的所谓陋规，即为各级官员正俸之外通过各种潜规则所获得的灰色收入，与贪贿之间没有一个明确的分界线，为败坏清代吏治的顽疾之一，历朝政府都曾设法加以改革。新政改革启动之后，改革陋规的建议重新受到清政府的重视。1902 年 9 月 9 日，直隶总督袁世凯就改革陋规制度上奏朝廷，建议将道府州县各项陋规一律酌改为公费，具体办法如下：通饬各道府厅州将每年应得属员规费据实开报，和盘托出，即按其向来所得之多寡明定等差，酌给公费，月定公费银数额从 1000 两到 50 两不等，按月赴司库请领，不准折扣，闰月不计，司库统计出入，如有不敷，另筹弥补。袁世凯认为实行此一办法之后，即可对各种非法的馈赠和敛财的查处做到有法可据，杜绝借办公经费名义而任意摊派乃至受贿的腐败之风盛行，实现官场风气的好转，指出"自此次定章以后，道府厅直隶州，不准与所属州县，有分毫私相授受之事。倘敢巧立名目，藉端敛派，及不肖州县设计馈献，尝试逢迎，均准随时据实禀揭，查实后按赃私例严参治罪，其别经发觉者，与受同科。如此一转移间，化暧昧为光明，廉吏既不病难为，墨吏更无所藉口，长官不必有额外之需索，自可洁己以正人，下僚不敢作非分之钻营，相与奉公而勤职。庶几大法小廉，而吏治蒸蒸日上"。袁的这一改革建议得到朝廷的认可，三天后下谕令各省督抚仿照直隶办法执行，称："袁世凯奏整顿吏治，请将各项陋规一律酌改公费一折，国家设官分职，原

---

① 《光绪朝东华录》，第 4718 页。
② 《光绪朝东华录》，第 4722～4723 页。

期大法小廉，洁己奉公，乃该管上司收受陋规，视为故常，无怪吏治日益颓坏。兹据袁世凯奏请，将旧有规费责令和盘托出，化私为公，酌给公费，实为整饬官方起见。此等风气，各省皆然，著各督抚仿照直隶奏定章程，将各项陋规一律裁革，仍酌定公费以资办公，务期弊绝风清，认真考察属员，俾吏治蒸蒸日上，用副朝廷实事求是之至意。"① 为疏解陋规给百姓造成的税赋负担，加强对陋规的监督，1904 年 7 月 14 日清政府又下谕，令各省督抚各属征收钱粮务须开列简明表册，刊登官报公布于众，指出："方今时事多艰，民生重困，而官吏壅蔽，下情不通，甚至地方钱粮浮收中饱，以完作欠，百弊丛生，大负朝廷恤民之意。著各省督抚将各各属经征钱粮，限三个月内开列简明表册，该州县钱粮正额若干，现在实征若干。向系收银者注明每赋一两，正耗各收银若干，或系收钱折银，或系收银圆作银，均注明每银一两折收若干。每漕粮一石，收本色者正耗各收米若干，收折色者每石收银钱若干。此外有无陋规杂费，逐一登明，据实声叙，各令和盘托出，不准含混遗漏。俟该省奏报到后，著户部核对，由政务处刊入官报，俾众共知，藉以察官方而通民隐。各该督抚务即认真办理，毋得徇饰宕延。倘敢敷衍搪塞，定将该省藩司粮道从重惩处。"②

关于惩治不端官员，加强官员考核、管理和教育。奖惩制度尤其是惩处措施是维护吏治清明的一种重要手段，为扭转吏治的腐败，清政府在宣布厉行新政之后，明显加强了对不合格官员的惩处。据不完全统计，在 1901~1905 年间，清政府发布的有关整肃吏治的上谕多达百余道，数百名官员遭革职、降职等各类处分。既有因"少年喜事，迹近招摇，声名狼藉"而遭革职的，也有因"年力就衰"而被休致的；既有下级官员因行贿上级官员而遭惩处的，也有"贪利招摇，干预公事"而被革职的；既有保护教民不力、酿成巨案而遭革职的，也有查匪不力而被革职的；既有"秉性庸弱"不胜其任而遭开缺的，也有因"派捐苛刻，激成事变"而遭革职、议处的；既有因"缺额冒饷""役使勇丁营造私宅"而被革职的，也有纵勇扰民而被革职的。此外，还有因"同恶相济，朋比为奸"，"居心险诈，取巧钻营，随办营务，几误大局"，"不知检束、举动荒谬"，"衰庸刚愎、民怨沸腾"，"贪婪苛派，庇绅病民"，"信任劣幕，恇怯纵盗"，"屡被弹劾，恋

---

① 《光绪朝东华录》，第 4928~4929 页。
② 《光绪朝东华录》，第 5198 页。

栈无耻"，"才具平庸，难胜重任"，"性近苛刻，措施失当"等而遭革职的。

除了惩治各类不称职官员、裁汰书吏等措施之外，清政府也从正面加强对各级官员的考核、管理和教育，督促勤政，提高各级官员的行政办事能力，鼓励地方普设课吏馆，培养合格人才。1902 年 3 月，清廷发布上谕，责令各部堂官和封疆大吏加强对下级官员的考核，务使属员勤政办事，指出："为政之要，首在得人。内而部院，外而封疆，均应以询事考言，为鉴别人才之准。各部院衙门行政人员，旅进旅退，何能明习例章，谙练政事。现当振兴庶务，亟应切实考课，以期鼓励真才。著各堂官于该衙门司员，除掌印主稿各员，每日自有应办事件应随时考核外，其余各员，不分满汉及笔帖式，俾得专心考究，遇有应办应议奏咨事件，即令学习拟稿，并装其各抒己见均令检阅例案，另具说帖呈堂察阅，以备采择。一切要差，即由此选派。务使司员，皆能亲身治事，书吏等自然无从蒙蔽揽权。至各省候补人员，冗滥尤甚，平时不加考察，一旦使之临民莅事，安望其措理得宜。近来各省已有奏设课吏馆者，自应一体通行。惟重在考核人才，不得视为调剂闲员之举。仍著该将军督抚两司等，勤见僚属，访问公事，以觇其才识，并察其品行。其贤者量加委任，不必尽拘资格；其不堪造就者，即据实参劾，咨回原籍。统限半年具奏一次，务当破除情面，严行甄别，不准虚应故事，稍涉瞻徇，致负朝廷循名责实之至意。"①

5 月 13 日，清廷又发布上谕，专门要求地方督抚加强对保举和捐纳官员的甄别、考核，凡新保举任用官员，均须亲自面试，有选中者，也须先入课吏馆学习，酌以委差，考查才识是否堪用，再定去留，指出："图治必先查吏，而驭吏尤在劝惩。各省分发人员，例应督抚切实甄别，原以考查贤否，分别去留，法至善也。乃近年各省期满甄别，类皆宽泛，往考全数留补，无一斥退者。即随时甄别劾别，亦属寥寥。现在捐纳保举，倍形拥挤，巧黠之流纷纷夤缘奔走，即中材亦相率效尤。吏治之坏，皆由于此。亟应痛除积习，以肃官方。嗣后各该督抚务当破除情面，严加考核。自属道以至州县，凡初到省者，必躬亲面试。其鄙俚轻浮者，即行咨回原籍；其尚堪造就者，均入课吏馆，讲习政治、法律一切居官之要，随时酌以委差，以觇其才识。期满检别，一秉大公。优者留补，劣者斥罢，平等者再勒限学习，均各出具切实考语，不得仍前含混。即选授实缺之捐纳、保举

---

① 《光绪朝东华录》，第 4829 页。

各员，亦应一律考试察看，分别办理，毋稍迁就瞻徇，以仰副朝廷旌别淑慝、澄清吏治之至意。"①

1903 年 12 月 17 日，清政府再下上谕，加强对亲民之官州县官的管理和考核，除贪酷昏颓各员应即立予严参外，将那些不作为的官员也须撤任开缺，同时嘉奖和重用循良勤政之员，指出："自来康济民生，端在澄清吏治。州县为亲民之官，闾阎利病，职当加以勤求。一切兴养立教，除暴安良，苟能事事认真，何患不日臻治理？方今时局艰危，群生困敝，宫廷轸念民膜，常若恫瘝之。在身大小各官，宜如何实力扶循，培养元气，乃近来各省州县真能尽心民事者，殆不多得。或由瞻徇情面，用非其人；或由更替太烦，视同传舍，皆足为地方之害。著各该督抚详加考察，随时激扬，除贪酷昏颓各员应即立予严参外，其安坐衙斋，公事隔膜及专务铺张，并不知民间疾苦者，均分别撤任开缺，慎选贤员补署，不准徇私滥委。如有循良勤职之员，务令久于其任，即或缺分瘠苦，亦当酌提津贴，不得托名调剂，动辄更调。各该督抚受国厚恩，务即切实办理，用副朝廷视民如伤之至意。"②

1903 年 11、12 月间，清廷就对保荐人才连发三道上谕。11 月 15 日，因御史江凤池上奏中外保荐人才冒滥甚多颁布上谕，称："现在时事多艰，朝廷求才若渴，原期甄拔得人。近来保荐各员，固不乏可用之材，而瞻徇情面滥登荐牍者，亦复不免。嗣后内外臣工，务当核实荐举，汲引真才，不得稍有冒滥，以副朝廷实事求是之意。至所称明保各员，无论候补候选酌定班次各节，著吏部议奏。"③ 12 月 25 日，为杜绝地方督抚在人员任免上请托、徇私情等行为，清政府下令停止督抚跨省调派人员，建议在本省候补人员中挑选，指出："近来督抚动辄奏调人员，并有此省方调者，彼省复有奏调者。其中难保无请托徇私情弊。且各该省候补人员甚多，何至乏人任使。嗣后非军务省分，不得纷纷奏调，以杜倖进。"④ 12 月 27 日，再次就保奏官员发布上谕，要求各省将军督抚不得滥行优保，指出："国家论功行赏，有以鼓舞人才。应如何登明选公，格外慎重。乃近来内外臣工保奏之案，层见叠出，甚至以寻常劳绩，动辄优保多员。又或指请送部引见，希

① 《光绪朝东华录》，第 4863~4864 页。
② 《光绪朝东华录》，第 5112~5113 页。
③ 《光绪朝东华录》，第 5099 页。
④ 《光绪朝东华录》，第 5118 页。

图特旨，相沿成习，难免冒滥。嗣后非事关重要，实系异常出力，不准滥行优保。如有才识出众，名实相符之员，著各省将军督抚将其办事实绩卢陈具奏，候旨施恩，不得指请破格录用及送部引见。庶于奖励之中，严杜倖进。内外诸臣，各当破除情面，遇有保案，务宜详慎酌核，用副朝廷延揽真才实求是之至意。"①

　　为纠正官场中出现的徇私滥保现象，督办政务处随后制定《限制保举章程》，对各类保举加以限制。(1) 关于河工保奖，规定沿河各督抚须将沿河口岸地名、相距里数及所在有工无工详细注明，如经历大汛无事，三年准按寻常劳绩列保一次，文、武各职分别以十名为限；如有抢险工程，准于二十名，按异常劳绩请保二、三人。(2) 关于漕运防护保奖，规定遇有湖河盛涨，水势危险，防护实在出力，准按寻常劳绩保奖文武各员，名额限于十名以内。(3) 关于海运漕粮保奖，将过去江浙海运本省及津通两处准保名额由六十五名，降为江浙海运准保三十人，京沽准保二十五人。(4) 关于边防军及各省驻防练军保奖，由过去三、五、七、九年不等，统一改为五年一保，名额为每五百人准保五人，而所有防练各军营制、官弁姓名、兵丁数目及驻守之地，应于每届第一年内详细造册咨部立案，后有更调，也应随时咨报，以凭核实。(5) 关于拿获贼盗、剿捕匪犯之保奖，规定俟东三省马贼肃清后，该处三年例保之案即应停止，"其苗蛮各匪出巢焚掠及盐枭会匪倡乱滋事平定后，准其专折奏保，由部照章核奖"。(6) 关于外务部、商部马差武弁之保奖，《章程》认为该武弁仅供奔走，但按照使臣武随员异常奏奖，且二年例倍一次，未免赏浮于劳，改为嗣后每届三年准其请奖一人，均照寻常劳绩给奖。(7) 关于出使随带员弁保奖，规定三年差满，准照异常劳绩免补、免选，以应升之阶升用，不准越级；"至寻常差弁任奔走传宣之役，只准保奖一员，照寻常劳绩办理"。(8) 关于机器枪炮局厂之保奖，规定仍援照旧例，在事人员始终勤慎，五年一保，其有能制造新式器械精良便用者，呈送练兵处考验属实，请准给予优奖。(9) 关于各省厘税征收之保奖，规定应按溢征之数酌定奖叙：凡一卡一口向常征收七八万两及三四十万之数，能溢征至半倍以上者，准照异常劳绩给奖；其向征一万数千两者能溢征半倍以上，与向征数千两能溢征加倍者，准照寻常劳绩给奖；其向征之数在千两以下、能溢征若干者，只准酌给外奖，

---

①　《光绪朝东华录》，第 5118 页。

不得请保。同时，要求将每年某卡向征收数若干，逐一造册，咨部立案，以凭核对；另将经征衔名年月随案报明，不得笼统含混，以杜冒保。（10）关于各省垦务保奖，规定押荒收价至五万两粮租，每年增额至二千五百两者，准照异常劳绩给奖一名；押荒收价至二万两粮租每年增额至一千两者，准按寻常劳绩给奖一名。同时，行先将衔名、差委、名目、薪水支数先咨立案，以防冒滥。（11）关于沿海各省救护中外失事商船之保奖，政务处认为现在此项奏保皆汇案，请奖多至二三十人，存在请多混冒，要求严加把关，规定嗣后凡遇此项人员，均照寻常劳绩保奖，且每次每船保奖人数不得超过二三人，并须随时先行咨部立案，奏保时须分案详细说明，方准汇案开单请奖，以杜冒滥。（12）关于恭办典礼及玉牒馆军机处之保案，改变以往加等优保做法，规定嗣后按照异常劳绩给奖，不得越级递加至三四层之多，以示限制；此外如国史馆等保案未经议及者，均令先行咨部立案，随时分别查明核办，以重器名而免冒滥。此外，与清政府停止捐纳改革一致，《章程》规定劝办各项捐输人员"嗣后拟概毋庸给奖"，另规定嗣后内外各衙门均不得率保京堂及滥保遣戍人员，"如有违例率请滥保等弊为圣明洞鉴或别经发觉者，即请立予严遣，并按照滥保匪人定例，从重惩处，拨本塞源，积弊自不难一清"。①

　　1904 年 6 月 27 日，清廷又奉懿旨颁布上谕，再次督促督抚加强对州县官的考核。上谕首先强调政府设官的目的为"从来民为邦本，国家用人行政，无非为民，州县之设，原来于民相亲，俾周知闾阎疾苦。朝廷简任督抚及藩臬道府等官，皆欲董率牧令，尽行民事，庶几抚绥休养，保我群黎。百官俸禄，皆系民膏民脂。若养尊处优，而不悯百姓，颠连无告，扪心清夜，何以自安！"直言目前吏治存在的问题，称"中国官民隔绝，痼习已深，颇闻各省州县官，多有深居简出，玩视民瘼，一切公事，漫不经意，以致幕友官亲，朦蔽用事，家丁胥吏，狼狈为奸，公款则舞弊浮收，刑案则拖累凌虐，种种鱼肉，为害无穷。小民何辜，受此荼毒"。接着，上谕对州县官的考核标准和内容提出新的具体要求，宣布"嗣后责成各省督抚，考查州县，必以为守俱优，下无苛扰，听断明允，缉捕勤能，为地方兴利除害，于学校农工诸要政，悉心经画，教养兼资，方为克尽厥职"。规定"著自本年为始，年终各该督抚将各州县胪列衔名、年岁、籍贯清单，注何

① 上海商务印书馆编译所编纂《大清新法令》第二卷，商务印书馆，2011，第 362～367 页。

年月日补署到任，经征钱粮完欠分数，及有无命盗各案，词讼已结未结若干起，监禁羁押各若干名，均令据实开报，其寻常公罪处分，准予宽免，不准讳饰。任内兴建学堂几所，种植、工艺、巡警诸要政，是否举办，一并分别优劣，开列简明事实，不准出笼统宽泛考语。奏到后著交政务处详加查核，分起具奏，请旨劝惩，并著各省奏单刊入官报，于众共知，以通下情而伸公论"。① 这些上谕的颁布，强烈体现了清廷当局整饬吏治的用心和决心。

根据上谕的指示精神，督办政务处随后制定州县考核劝惩统一章程，严格和完善考核制度具体加以落实，提出此后各省州县官的考核按以下五项要求执行：（1）开报内容宜核实。指出"查各省表册学堂，或只云筹办命盗监押，或并无已结未结起数，甚有于工艺下注男耕女织四字，于种植下注棉花三成米谷七成者，一味支吾唐塞，尚复成何事体"；规定此后由督办政务处制订式表，各省必须依式填写，已办未办，一一核实，以免匿饰。（2）须按规定时限咨报。指出"此系奉特旨饬办之件，原令年底开报，即各省奏准展缓，亦以次年三月至五月为止，迄今又逾数月，仍未到齐"，规定"嗣后近省尽三月，远省仅五月，务须一律奏结，不得任意延缓"。（3）前后任任届宜划定分明。指出州县到任履职从一二年到三四年不等，在考核中将前任所办之事归入后任殊失情理，规定"嗣后开报时必须声明某项原有若干，该县到任后，添加某项若干，以清眉目"。（4）优次等级须有一定标准和限制。规定："学堂当以开报处所学生人数最多者为上，次多者为中，最少者为下；警察工艺种植当以办有成效者为上，已经开办者为中，不办者为下；命盗词讼当以全无或全结者为上，获过半者为中，不及半者为下；钱漕以全完者为上，欠数少者为中，欠数多者为下。"（5）州县任期宜长。指出"查州县通计不及一年者，或十之三四成，或十之四五成，且有至十成以上者。至于实缺人员，亦复纷纷更调。在长官者，不过为属员规避处分调剂优瘠起见，而传舍往来，置基不定，势必人人萌五日京兆之心，即事事有一曝十寒之虑"，因此，章程规定"嗣后各省督抚务须慎简庶僚，畀之久任，庶贤者得所借手，而不才者亦无可滥竽矣"。章程规定，州县考核分为最优、优等、平等和次等四个等级：最优等仍交各督抚出具切实考语具奏，实缺者以应升之缺在任候升，署缺者遇缺即补；优等者，拟

---

① 《光绪朝东华录》，第 5193～5194 页。

请交部议叙；平等者，拟请准其照前供职；次等者，由各督抚随时督饬各
该员将应办各项认真举办，如果始终不知奋勉，即行分别参撤。①

综观 1901～1905 年间清政府在行政机构和整饬吏治两方面的改革举措，
比较而言，前一改革收到了比较立竿见影的效果，打破了中国传统六部行
政体制，迎合了社会发展的需要，为 1906 年预备立宪期间的官制改革做了
准备；后一改革则鉴于吏治的腐败和弊端具有制度性根源，冰冻三尺，非
一日之寒，没有取得前一改革那样的效果。但我们不能因此就否定这一时
期清政府的政治改革及其用心，将这一时期清政府的政治改革以"欺骗"
冠之。事实上，1906 年开始的预备立宪政治改革，实为 1901～1905 年政治
改革的继续和发展，这不但体现在行政机构改革方面，同样也体现在吏治
改革方面。如随着预备立宪机构改革普遍推行职业化和专业化原则（分科
治事）及司法独立，这就使这一时期的裁汰胥吏和差役的改革得到深化。
又如，随着预备立宪时期财政改革的推进，限制陋规的改革也进一步得到
完善。宣统元年（1909）实行统一财政改革，要求用公费来统一既往京外司
道以下乃至体制内外所有机构的各种行政收支，度支部《奏定清理财政章
程》第二十七条规定："在官俸章程未经奏定之先，除督抚公费业由会议政
务处议筹外，其余文武大小各署及局所等处，应由清理财政局调查各处情
形，一面秉承督抚及臣部酌定公费，一面提出各款项规费，除津贴各署公
费外，概归入正项收款。"宣统元年四月度支部又奏准："嗣后凡有新添之
款，必须事前奏咨立案，事后方准报销。"新的财政制度要求各督抚将各省
司道用款明细列账，否则实行财政预算后不予承认报销。这一财政改制意
味着既往公私不分的各种隐性开支，均须如实奏报，否则无法支销，将各
省名目繁多的陋规纳入政府的财务监督之下。因此，对于清末各项改革我
们要以发展和联系的观点，长时段地、综合地加以考察。

---

① 《大清新法令》第二卷，第 431～432 页。

清末法制习惯调查再探讨[*]

——基于清末新政预备立宪脉络的历史梳理

邱志红[**]

一

清末新政期间，为了给编订和审核新法律提供参考和借鉴，清政府自上而下开展了一场声势浩大的包括民事习惯、商事习惯、诉讼事习惯等在内的法制习惯调查活动。此项法制习惯调查，构成了清末法制改革的重要内容，亦是传统中国在"西法东渐"的法律近代化过程中，国家政权在立法实践层面重视本土法律资源，并对其进行全面整理、利用的一次努力与尝试。然而其结果未能尽如人意：一方面，本土习惯并未对清末诸法典的编纂产生直接影响；另一方面，到了民国北洋政府时期，大量习惯调查报告资料就已残缺不全，甚至不知所踪。鉴于此，清末新政期间的这场法制习惯调查活动，长期处于历史研究的盲点，未能获得研究者足够的关注和重视。

较早注意清末法制习惯调查并进行研究的是日本学界。早在20世纪90年代之前，日本学者中村哲夫就已经根据分藏于日本东京大学、京都大学、中国国家图书馆、中山大学等机构的清末习惯调查报告资料，对清末法制习惯调查进行了富有开创意义的研究，同时初步整理出清末地方习惯调查

---

　*　本文发表在《广东社会科学》2015年第5期。惟受期刊篇幅所限，文中的表格只有略去，此次收入论文集时特补充于后，供有兴趣的研究者参考、批评。

　**　邱志红，中国社会科学院近代史研究所副研究员。

报告的谱系。① 此外，岛田正郎、滋贺秀三、西英昭等人的研究，也从不同角度对清末的习惯调查历史有所讨论。②

近年来，随着国内法学界对民国北洋政府时期民事习惯调查报告资料的整理再版及先行研究的开展③，特别是收藏于北京大学图书馆、国家图书馆、上海图书馆、辽宁省档案馆等处《直隶武清县法制科民情风俗报告书》、《安徽宪政调查局民事习惯问题答案》、《湖北调查局法制科调查各目》和《凤凰直隶厅调查民事习惯问题报告册》等一批清末法制习惯调查报告资料陆续浮出水面以后，清末的法制习惯调查逐渐引起法学界和史学界研究者的兴趣和关注④，以清末民事、商事习惯调查为主要内容的法制习惯调查逐渐成为国内学界，特别是法学界研究的热点，相继出现一批从不同角度对清末法制习惯调查进行考订、论述的论著，其中眭鸿明对清末民初民商事习惯调查的系统讨论，江兆涛对清末民事、诉讼事习惯调查的系列考

---

① 中村哲夫《鄉紳の手になる鄉紳調查について》《社會經濟史學》第 43 卷 6 號、1978、1 ~ 18 頁；中村哲夫《清末の地方習慣調查の報告書について》《布目潮渢博士古稀記念論集——東アジアの法と社會》汲古書院、1990、525 ~ 552 頁。

② 島田正郎：《清末における近代法典の編纂》，《東洋法史論集》第三，創文社，1980；滋賀秀三：《民商事習慣調查報告錄》，《中國法制史——基本資料の研究》，東京大學出版會，1993，第 807 ~ 833 頁；西英昭：《〈民商事習慣調查報告錄〉成立過程の再考察——基礎情報の整理と紹介》，《中國——社會と文化》第 16 号，2001，第 274 ~ 292 頁。此类日文文献资料系日本东北大学大学院文学研究科水盛凉一博士代为查找复印，特此志谢。

③ 前南京国民政府司法行政部编《民事习惯调查报告录》，胡旭晟、夏新华、李交发点校，中国政法大学出版社，2000（该书系民国北洋政府时期进行的习惯调查报告资料集大成者《民商事习惯调查报告录》之点校本）；施沛生编《中国民事习惯大全》，上海书店出版社，2002 年影印版；胡旭晟：《20 世纪前期中国之民商事习惯调查及其意义》，《湘潭大学学报（哲学社会科学版）》1999 年第 2 期；郭建、王志强：《关于中国近代民事习惯调查的成果》，载施沛生编《中国民事习惯大全》，上海书店出版社，2002 年影印版；纪坡民：《历史与民事习惯——〈民事习惯调查报告录〉原委》，《科学决策》2002 年第 5 期。

④ 相关研究有刘广安《传统习惯对清末民事立法的影响》，《比较法研究》1996 年第 1 期；俞江《清末〈安徽省民事习惯调查录〉读后》，《法制史研究》2002 年第 3 期；俞江《清末民事习惯调查说略》，《民商法论丛》第 30 卷，2004；赵娓妮《国法与习惯的"交错"：晚清广东州县地方对命案的处理——源于清末〈广东省调查诉讼事习惯第一次报告书〉（刑事诉讼习惯部分）的研究》，《中外法学》2004 年第 4 期；赵娓妮《平息讼争、适从习惯——晚清广东州县的诉讼解决之道》，《西南民族大学学报（人文社科版）》2004 年第 7 期；张勤、毛蕾《清末各省调查局和修订法律馆的习惯调查》，《厦门大学学报（哲学社会科学版）》2005 年第 6 期。

察，等等，都是值得重视的学术成果。①

上述研究成果，或侧重清末民事、商事习惯调查资料的追踪介绍与文本考订，或侧重法理意义上清末习惯调查资料与清代民事、商事立法或司法实践之间关系的剖析与论证，均在不同程度上推动了清末法制习惯调查研究的进展。首先，国内外图书馆或研究机构收藏的清末习惯调查报告资料不断被挖掘、公布，在法学领域为深化了解清代法制习惯、司法实践等内容提供了有益且珍贵的文献史料。其次，不断厘清了清末开展法制习惯调查的组织、运作等情况，特别是对宪政编查馆和修订法律馆双系统习惯调查认知的逐渐清晰，在一定程度上对深化清末新政，尤其是预备立宪的某些历史细节，亦有相当助益。

近年来清末新政史研究在晚清史领域的"显学"地位日益突出，但与教育改革、军事改革、官制改革、预备立宪等内容相比，清末法制改革尚未成为清末新政研究的重心。尤其值得注意的是，作为清末新政期间法制改革的重要组成部分，有关清末法制习惯调查的既有研究，绝大部分都是法学界的学者在进行，少有史学界的学者参与讨论。可以说，法学出身的学者构成了研究法制改革这一清末新政重要议题的主要生力军。② 这一现象的出现既和清末新政史乃至预备立宪的研究现状相关，也真切反映了中国

---

① 眭鸿明：《清末民初民商事习惯调查之研究》，法律出版社，2005；江兆涛：《始并行而终合流：清末的两次民事习惯调查》，载里赞主编《近代法评论》（2009年卷），法律出版社，2010，第64~78页；江兆涛：《清末诉讼事习惯调查与清末诉讼法典的编纂》，《法律文化研究》2009年第5辑；江兆涛：《清末民事习惯调查撷遗》，《安徽大学法律评论》2013年第1辑。其他代表性研究成果如梁治平《清代习惯法：社会与国家》，中国政法大学出版社，1996；李贵连《沈家本传》，法律出版社，2000；李显冬《从〈大清律例〉到〈民国民法典〉的转型：兼论中国古代固有民法的开放性体系》，中国人民公安大学出版社，2003；张生《清末民事习惯调查与〈大清民律草案〉的编纂》，《法学研究》2007年第1期；王雪梅《清末民初商事立法对商事习惯的认识与态度》，《四川师范大学学报（社会科学版）》2007年第5期；邱志红《清末民初的习惯调查与现代民商法学的建立》，载黄兴涛、夏明方主编《清末民国社会调查与现代社会科学兴起》，福建教育出版社，2008，第341~379页；陈煜《清末新政中的修订法律馆——中国法律近代化的一段往事》，中国政法大学出版社，2009；张松《关于清末诉讼习惯资料的初步整理与研究》，《法律文献信息与研究》2012年第1期；张勤《从诉讼习惯调查报告看晚清州县司法——以奉天省为中心》，《南京大学法律评论》2012年秋季卷；刘广安《晚清法制改革的规律性探索》，中国政法大学出版社，2013；王雪梅《清末民初商事习惯的特点及其与商法的关系——以商事习惯调查报告资料为依据的考察》，《四川师范大学学报（社会科学版）》2014年第1期，等等。
② 从作者简历可以看到，张生、胡旭晟、俞江、眭鸿明、江兆涛、陈煜等人均是法学出身的学者，仅毛蕾、邱志红等少数几人是史学研究工作者。

法制史研究身处法学界和史学界"双重边缘"的现实境况。① 本文的研究是将清末法制习惯调查放回到清末新政尤其是预备立宪的历史脉络中，根据中国第一历史档案馆藏的录副奏折、宪政编查馆、修订法律馆等卷宗档案文献，重新梳理清末法制习惯调查的历史实态，同时结合时人的日记、笔记及各类公牍文章等史料，揭示新型法政人才在法制习惯调查中扮演的角色与作用，而这些内容，均是以往的研究尚未重视的。② 换言之，从清末新政及预备立宪的历史脉络来看，清末法制习惯调查仍有继续深入探讨、分析的必要。

二

以改革旧律、制定新律为基本内容的法制改革是清末新政的重要一环，而重视本土法律资源，进而开展法制习惯调查则是清末新政进入预备立宪阶段后，清政府将修律宗旨由"参酌各国法律，悉心考订"③ 调整为"参考各国成法，体察中国礼教民情，会通参酌，妥慎修订"④ 之后进行法制改革的重要内容，其中宪政编查馆和修订法律馆⑤是与预备立宪尤其是法制改革密切相关的重要机构。

作为"宪政之枢纽"⑥ 的宪政编查馆，其前身考察政治馆是光绪三十一年十月二十九日（1905 年 11 月 25 日）清政府在派五大臣出洋考察政治时，专为"择各国政法之与中国治体相宜者，斟酌损益，纂订成书，随时呈进，

---

① 相关讨论参见崔志海《国外清末新政研究专著述评》，《近代史研究》2003 年第 4 期；李细珠《关于清末新政研究的几点思考》，《中国社会科学院院报》2004 年 12 月 2 日，第 3 版；胡永恒《法律史研究的方向：法学化还是史学化》，《历史研究》2013 年第 1 期；崔志海《建国以来的国内清末新政史研究》，《清史研究》2014 年第 3 期，等等。

② 程燎原《清末法政人的世界》一书中有一小节的内容涉及"法政人参与调查局"问题，惜未深入展开。参见程燎原《清末法政人的世界》，法律出版社，2003，第 256～257 页。

③ "光绪二十八年四月初六日内阁奉上谕"，中国第一历史档案馆编《光绪宣统两朝上谕档》第 28 册，广西师范大学出版社，1996，第 95 页。

④ "光绪三十三年九月初五日清政府谕令修律大臣沈家本等人"，《清实录·德宗实录》第 59 册，中华书局，1987，第 661 页。

⑤ 有关宪政编查馆、修订法律馆的专门研究，参见彭剑《清季宪政编查馆研究》，北京大学出版社，2011；陈煜《清末新政中的修订法律馆——中国法律近代化的一段往事》，中国政法大学出版社，2009。

⑥ 《宪政编查馆大臣奕劻等拟呈宪政编查馆办事章程折（附清单）》，故宫博物院明清档案部编《清末筹备立宪档案史料》上册，中华书局，1979，第 47 页。

侯旨裁定"① 而设立的宪政筹备机构。光绪三十三年七月初五日（1907 年 8 月 3 日），清政府批准庆亲王奕劻等人的奏请，改考察政治馆为宪政编查馆，主要职能是"专办编制法规、统计政要"，以及审核"关系宪政及各种法规条陈"，具体而言，包括"议覆奉旨交议有关宪政折件，及承拟军机大臣交付调查各件"，"调查各国宪法，编订宪法草案"，"考核法律馆所订法典草案，各部院、各省所订各项单行法及行政法规"，以及"调查各国统计，颁成格式，汇成全国统计表及各国比较统计"等，由军机处王大臣兼任宪政编查馆大臣总理其事。② 宪政编查馆至此成为推动新政的中枢机构。

修订法律馆最早成立于光绪三十年四月初一日（1904 年 5 月 15 日），本是隶属于刑部的法典草拟机构。丙午官制改革后，经历（法）部（大理院）院权限之争③的修订法律馆于光绪三十三年九月初五日（1907 年 10 月 11 日）在宪政编查馆大臣奕劻等人的奏请下获上谕批准，正式成为清政府独立的法律修订机构，并于次月二十七日（1907 年 12 月 2 日）重新开馆，专门负责编纂大清诸法典。④

根据光绪三十四年（1908）清政府颁布的宪政编查馆拟定之（九年）《逐年筹备事宜清单》规定，法制改革的推行进程依次是：新刑律由修订法律馆、法部在第一年（光绪三十四年，1908）共同修订，第二年（光绪三十五年，1909）由宪政编查馆加以核定，第三年（光绪三十六年，1910）颁布，第六年（光绪三十九年，1913）实行；民律、商律、刑事民事诉讼律等法典由修订法律馆从第一年起编订，第四年（光绪三十七年，1911）

---

① "光绪三十一年十月二十九日内阁奉"，中国第一历史档案馆编《光绪宣统两朝上谕档》第 31 册，第 191 页。

② 《庆亲王奕劻等奏请改考察政治馆为宪政编查馆折》、《考察政治馆改为宪政编查馆谕》、《宪政编查馆大臣奕劻等拟呈宪政编查馆办事章程折（附清单）》，故宫博物院明清档案部编《清末筹备立宪档案史料》上册，第 45～49 页。

③ 有关晚清"部院之争"的代表性研究，参见张从容《部院之争：晚清司法改革的交叉路口》，北京大学出版社，2007。

④ 《宪政编查馆大臣奕劻等奏议覆修订法律办法折》，故宫博物院明清档案部编《清末筹备立宪档案史料》下册，第 849～851 页；"光绪三十三年九月初五日清政府谕令修律大臣沈家本等人"，《清实录·德宗实录》第 59 册，第 661 页；《修订法律大臣法部右侍郎沈家本等奏报修订法律馆开馆日期并拟章程事（光绪三十三年十一月十四日）》，中国第一历史档案馆藏录副奏折档案，档案号：03 - 5620 - 038。

由宪政编查馆核定，第六年颁布，第八年（光绪四十一年，1915）实行。①
宣统继位后，清政府在各方舆论的压力下，缩短了筹备年限，鉴于民律等
法典"与刑律同为国家重要之法典，实司法衙门审判一切诉讼之根据，此
等法典一日不颁，即审判厅亦等虚设"，因此要求民律等法典应提前至宣
统三年（1911）颁布，宣统四年（1912）实行。② 由此，民律等法典原定
4 年编订、2 年核定的 6 年计划骤然缩减至 4 年。

正是出于审核和编订新法律的需要，以及预备立宪筹备规划的调整，
宪政编查馆和修订法律馆均注意到开展习惯调查的必要性和紧迫性。作为
法制改革的一项重要举措，习惯调查被提上议程并迅速在全国范围内
展开。

（一）宪政编查馆之法制习惯调查：统摄地方司法行政各类习惯

清末的法制习惯调查最早是在宪政编查馆系统内展开的。目前国内外
学者普遍认为，清末法制习惯调查肇始于光绪三十三年九月十六日
（1907 年 10 月 22 日）宪政编查馆大臣奏请于各省设立调查局的奏折。实
际上暂署黑龙江巡抚程德全早在光绪三十三年八月一日（1907 年 9 月 18
日）的奏折中，就已提出在"各行省皆设调查局"的建议，视"调查国
内习惯以资采用"为"预备立宪之方及施行宪政之序"的八项办法之
一。③ 程德全的建议在某种程度上可视为各省设立调查局的一个动因。而
庆亲王奕劻、醇亲王载沣、大学士世续、大学士张之洞、协办大学士鹿传
霖，以及外务部尚书袁世凯等宪政编查馆诸大臣在光绪三十三年九月十六
日的奏折中不仅对各省设立调查局的意义作了更具体的阐发，尚有以下几
点内容尤其值得注意。

第一，强调宪政编查馆在各省设立调查局之模式，乃是仿效德国法制
局，有先例可循。折内称："查德国法制局，中央既设本部，各邦复立支
部，一司厘定，一任审查，故所定法规，施行无阻"，可知各省设立调查局

① 《宪政编查馆资政院会奏宪法大纲暨议院法选举法要领及逐年筹备事宜折（附清单）》，故宫博物院明清档案部编《清末筹备立宪档案史料》上册，第 61~67 页。
② 《呈遵拟修正逐年筹备事宜清单加具按语》，中国第一历史档案馆藏宫中朱批奏折档案，档案号：04-01-02-0112-009；《呈遵拟修正议院未开以前逐年筹备事宜清单》，中国第一历史档案馆藏宫中朱批奏折档案，档案号：04-01-02-0112-010。
③ 《暂署黑龙江巡抚程德全奏陈预备立宪之方及施行宪政之序办法八条折》，故宫博物院明清档案部编《清末筹备立宪档案史料》上册，第 255~256 页。

是清政府继仿照日本派遣伊藤博文赴欧考察宪政而派遣五大臣出洋考察政治之后，"仿东西各成法"的又一举措。

第二，明确各省调查局之性质，乃是宪政编查馆的外围机构，隶属于各该省督抚。[①] 一方面各省调查局作为宪政编查馆"编制法规、统计政要之助"的服务机构，专办其"一切调查事件"，并负有"凡臣馆所需调查之件，得随时札饬调查局遵照查明，申复臣馆；其臣馆照章派员分赴该省考察时，该局应有协同调查之责任"；另一方面各省调查局实际上归"本省督抚管理主持"，所得各项调查资料，并非直接向宪政馆汇报，而是"呈由本省督抚咨送"宪政编查馆。

第三，规定宪政编查馆在各省设立调查局之调查项目，抑或调查范围，乃是涵盖地方司法、行政两大类，均是为实行宪政服务、做准备。具体而言，各省调查局设法制科，其第一股负责调查各省民情风俗，地方绅士办事习惯，民事习惯，商事习惯及诉讼事习惯；其第二股负责调查各省督抚权限内之各项单行法，以及行政规章；其第三股负责调查各省行政上之沿习及其利弊。[②]

宪政编查馆奏请各省设立调查局的提议当日即得到清政府的批准[③]，从而正式拉开清末法制习惯调查活动的大幕。之后，全国 22 个行省的调查局陆续在各省城设立。学界普遍认为直隶调查局是设立最早的地方调查机构，开办于光绪三十三年十二月，时文中亦有《直隶设立调查局之先声》的报道。[④] 然而揆诸原始档案，笔者发现，光绪三十三年十月，吉林调查局即已成立，其后广西、直隶、黑龙江等省调查局次第成立，及至翌年，即光绪三十四年（1908）全国设立调查局蔚然成风。

西英昭、江兆涛根据《政治官报》档案分别整理出 16 个（包括 9 个时间不确）和 23 个调查局的开局时间及各自负责人的情况[⑤]，通过对中国第

---

① 参见彭剑《清季宪政编查馆研究》，第 14～15 页。

② 《宪政编查馆奏请饬令各省设立调查局并拟呈办事章程折（附片并清单）》，《东方杂志》第 5 卷第 1 期，1908 年 2 月。

③ 《令各省设立调查局各部院设统计处谕（光绪三十三年九月十六日）》，故宫博物院明清档案部编《清末筹备立宪档案史料》上册，第 52～53 页。

④ 《直隶设立调查局之先声》，《广东地方自治研究录》1908 年第 1 期。

⑤ 西英昭：《清末·民国时期的习惯调查和〈民商事习惯调查报告录〉》，《中国文化与法治》，社会科学文献出版社，2007，第 392～393 页；江兆涛：《习惯调查与晚清法制改革》，载刘广安《晚清法制改革的规律性探索》，中国政法大学出版社，2013，第 284～285 页。

一历史档案馆藏原始档案的梳理，辅以《申报》报道等文献，笔者将调查局的数量扩大至 24 个①，并对各调查局的开局、撤局时间，负责人的情况等内容做了补充和厘清。为便于对这些调查局的生存实态有更为清晰和直观的认识，笔者特整理出下表：

各省调查局开局、撤局时间及负责人一览

序号	局名	开局时间	撤局时间	总办	地点	来源
1	吉林	光绪三十三年十月	宣统三年闰六月初一日	马濬年（学部郎中）		《东三省总督赵尔巽奏为陈明裁撤吉省原设调查局情形事（宣统三年八月十九日）》中国第一历史档案馆，录副奏折，档号03-7440-067；《吉林巡抚朱家宝为吉省设立宪政调查局所需经费作正开销使奏稿（光绪三十四年八月十九日）》，中国第一历史档案馆，吉林将军奏折，档号J001-34-2666
2	广西	光绪三十三年十一月十一日		颜楷（翰林院编修）	巡抚署东偏	《广西巡抚张鸣岐奏为桂省遵设调查局办理情形事（宣统元年闰二月初十日）》，中国第一历史档案馆，宫中朱批奏折，档号04-01-01-1095-019

---

① 关于江苏省设立调查局的情况比较复杂，目前可知分设有江宁调查局与江苏调查局两个调查局。中国第一历史档案馆修订法律馆卷宗中收有一份《江苏省苏属调查局呈送第二批民事习惯清册（宣统二年九月三十日）》（档案号：10-00-00-0018-052），其印鉴为"江苏调查局木关防"，而在《申报》中笔者又看到有"宁垣调查局"的称谓，这应与清代江苏省分为苏、宁二属，两江总督驻江宁（南京），江苏巡抚驻苏州的建置沿革有关。同时《东方杂志》1908年第5卷第9期上刊载有《江南调查总局办事细则》一文，笔者翻阅《申报》时亦零星看到有关"江南调查局"的报道，但限于资料，尚无法了解江南调查局的详细情况。笔者怀疑江南调查局为江宁调查局别称，尚待相关档案，或江苏调查局办事细则的发现以备查证。

续表

序号	局名	开局时间	撤局时间	总办	地点	来源
3	直隶	光绪三十三年十二月	宣统三年五月初一日	汪士元（直补用道）		《直隶总督杨士骧奏为遵旨设立调查局情形事抄片（光绪三十四年十月初三日）》，中国第一历史档案馆，宪政编查馆，档号09 - 01 - 02 - 0016 - 020；《直隶总督陈夔龙奏为遵章设立直省统计处及裁撤调查局等情事（宣统三年五月初九日）》，中国第一历史档案馆，录副奏折，档号03 - 7475 - 052
4	黑龙江	光绪三十三年冬	宣统三年四月	张国淦（补用道）		《黑龙江巡抚周树模奏报酌定江省调查局经费银两事（宣统二年六月二十二日）》，中国第一历史档案馆，宫中朱批奏折，档号04 - 01 - 35 - 1096 - 035；《黑龙江巡抚周树模奏为委任卢弼接充调查局总办事（宣统三年二月二十八日）》，中国第一历史档案馆，录副奏折，档号03 - 7451 - 143；《黑龙江巡抚奏为饬令参事科接收调查局法制科并应办各事赓续办理事（宣统三年四月十五日）》，中国第一历史档案馆，录副奏折，档号03 - 7440 - 030
5	湖北	【光绪三十四年二月初三日】		胡嗣瑗（翰林院编修）		《湖广总督赵尔巽奏为遵设湖北调查局事（光绪三十四年二月初三日）》，中国第一历史档案馆，宫中朱批奏折，档号04 - 01 - 01 - 1086 - 056；《奏为鄂省调查局总办翰林院编修陈敬第回（浙）籍省亲请免扣咨俸并委员接充总办事》，中国第一历史档案馆，宫中朱批奏折，档号04 - 01 - 30 - 0077 - 029
6	贵州	光绪三十四年二月初九日		贺国昌（留学日本法政卒业，补用知府）		《贵州巡抚庞鸿书奏为具陈黔省遵设调查局情形事（光绪三十四年三月十九日）》，中国第一历史档案馆，录副奏折，档号03 - 5621 - 007

序号	局名	开局时间	撤局时间	总办	地点	来源
7	新疆	光绪三十四年二月初九日		王树枏（布政使）	布政使署东，修葺大小房屋二十余间	《甘肃新疆巡抚联魁奏为新疆省建设调查局局所办理情形事（宣统元年七月二十八日）》，中国第一历史档案馆，宫中朱批奏折，档号 04－01－01－1095－015
8	江宁	光绪三十四年二月	宣统三年五月底	荣恒（江南盐运道）		《调查局之组织》，《申报》1908年2月29日，第2张第3版；《两江总督张人骏奏为于调查局内设立法计处接办全省统计事（宣统三年七月二十日）》，中国第一历史档案馆，宫中朱批奏折，档号 04－01－30－0111－005
9	江苏	【光绪三十四年二月十八日】	宣统三年五月间	王仁东（江苏候补道）	江苏省城自治局侧附设	《札委调查局员》，《申报》1908年3月20日，第2张第3版；《两江总督端方、江苏巡抚陈启泰奏为苏省设立调查局情形事（光绪三十四年四月二十一日）》，中国第一历史档案馆，宫中朱批奏折，档号 04－01－12－0664－061；《裁撤调查局之手续》，《申报》1911年7月10日，第2张第2版
10	山东	光绪三十四年三月初一日		周学渊（奏调广东候补道）		《署理山东巡抚吴廷斌奏为具陈东省遵设调查局情形事（光绪三十四年三月初三日）》，中国第一历史档案馆，录副奏折，档号 03－5621－008
11	云南	光绪三十四年三月初一日		叶尔恺（提学使）	附设于学务公所之内	《云贵总督锡良奏为遵设云南宪政调查局情形事（光绪三十四年三月十二日）》，中国第一历史档案馆，宫中朱批奏折，档号 04－01－01－1086－035

序号	局名	开局时间	撤局时间	总办	地点	来源
12	安徽	光绪三十四年三月初八日		顾赐书（分发试用道）		《安徽巡抚冯煦奏为遵章遴员开办皖省宪政调查局事（光绪三十四年三月十七日）》，中国第一历史档案馆，宫中朱批奏折，档号04 - 01 - 01 - 1086 - 036
13	陕西	光绪三十四年三月二十四日		张藻（陕西试用道）		《陕西巡抚恩寿奏为陕省遵设宪政调查局并筹拨经费事（光绪三十四年四月十一日）》，中国第一历史档案馆，录副奏折，档号03 - 5621 - 015
14	江西	光绪三十四年三月二十七日		江峰青（江西试用道）		《护理江西巡抚沈瑜庆奏为遵设调查局并派充饶州知府张检总办事（光绪三十四年五月二十六日）》，中国第一历史档案馆，录副奏折，档号03 - 5621 - 026；《江西巡抚冯汝骙奏为委派江峰青充当江西调查局总办事（宣统元年九月初六日）》，中国第一历史档案馆，宫中朱批奏折，档号04 - 01 - 12 - 0679 - 019
15	热河	光绪三十四年四月初一日		谢希铨（热河道）		《热河都统廷杰奏为热河遵设调查局并开办大概情形事（光绪三十四年四月十九日）》，中国第一历史档案馆，宫中朱批奏折，档号04 - 01 - 01 - 1086 - 045
16	山西	光绪三十四年四月十六日		王为干（山西候补道）	署中西院	《山西巡抚宝棻奏报遵旨设立调查局办理事（光绪三十四年五月初四日）》，中国第一历史档案馆，宫中朱批奏折，档号04 - 01 - 12 - 0663 - 063
17	甘肃	光绪三十四年六月十三日		陈灿（布政使）		《陕甘总督升允奏为甘省遵设调查局筹办情形事（光绪三十四年十月十八日）》，中国第一历史档案馆，录副奏折，档号03 - 9294 - 016

续表

序号	局名	开局时间	撤局时间	总办	地点	来源
18	广东	光绪三十四年六月二十五日		江雫（广东候补道）		《两广总督张人骏奏为遵旨设立广东调查局情形事》，中国第一历史档案馆，宫中朱批奏折，档号 04 - 01 - 02 - 0110 - 015
19	湖南	光绪三十四年七月初八日		张启后（留学日本法政大学毕业翰林院编修）	省城设立调查局一所，租佃方式	《湖南巡抚岑春蓂奏为遵设调查局办理情形事（宣统元年四月二十三日）》，中国第一历史档案馆，宫中朱批奏折，档号 04 - 01 - 01 - 1095 - 048
20	浙江	光绪三十四年八月初一日	宣统三年五月初一日	章樾（候补道）		《浙江巡抚增韫奏为遵旨设立调查局并委章樾为该局总办事（光绪三十四年十一月初十日）》，中国第一历史档案馆，录副奏折，档号 03 - 9294 - 018；《浙江巡抚增韫奏为遵旨裁撤调查局变通调查办法事（宣统三年闰六月十五日）》，中国第一历史档案馆，宫中朱批奏折，档号 04 - 01 - 01 - 1111 - 053
21	四川	光绪三十四年八月		陈汉第（法政毕业学生，同知衔调川补用知县）		《四川总督赵尔巽奏为遵旨设立调查局札委补用知县陈汉第充当总办等情形事（光绪三十四年十二月初一日）》，中国第一历史档案馆，宫中朱批奏折，档号 04 - 01 - 30 - 0004 - 039
22	奉天	光绪三十四年八月二十一日		张瑞荫（开缺山西道监察御史）		《东三省总督锡良奏请准调山西道监察御史张瑞荫回京供职事》，中国第一历史档案馆，宫中朱批奏折，档号 04 - 01 - 12 - 0670 - 002

续表

序号	局名	开局时间	撤局时间	总办	地点	来源
23	河南	宣统元年三月二十七日	宣统三年四月底	蒋楸熙（特用道）	巡抚署西偏，修建房屋	《河南巡抚吴重熹奏为遵设调查局办理情形事（宣统元年四月初七日）》，中国第一历史档案馆，宫中朱批奏折，档号04-01-01-1095-049；《河南巡抚宝棻奏为遵旨裁撤调查局设立统计处各情事（宣统三年五月初八日）》，中国第一历史档案馆，宫中朱批奏折，档号04-01-01-1111-043
24	福建	【宣统元年四月十六日】		杨执中（候补道）	巡抚衙门附近	《闽浙总督松寿奏为闽省遵设调查局办理情形事（宣统元年四月十六日）》，中国第一历史档案馆，宫中朱批奏折，档号04-01-01-1095-050

因资料所限，笔者尚未厘清湖北、江苏和福建三省调查局的具体开局时间，暂根据档案文献中所显示调查局最早出现的时间作为记录，实际上此时调查局已经存在。宣统二年（1910），直隶、广西、安徽等省调查局的法制习惯调查已基本完成。宣统三年三月十五日（1911年4月13日），宪政编查馆大臣奕劻、毓朗、那桐、徐世昌等人以"财政支绌""节省经费"为由，建议将各省调查局裁撤，将调查各省民情风俗、法规利弊之法制事宜并归各省督抚会议厅参事科办理。① 各省调查局遵旨相继裁撤，标志着宪政编查馆系统习惯法制调查的"完美收官"。

总体而言，各省调查局是宪政编查馆系统法制习惯调查的具体组织和执行机构，宪政编查馆颁布之《各省调查局办事章程》是各省调查局开展法制习惯调查的纲领性文件。各省在设立调查局及开展法制习惯调查的过程中主要注意以下两个方面问题。

其一，由督抚将本省调查局开办情形分别上奏朝廷并咨送宪政编查馆报备。从各省督抚的奏章中，我们可以了解各调查局的开办情形，除了开

---

① 《宪政编查馆大臣奕劻奏为变通各省调查局办法以节经费而裨统计事（宣统三年三月十五日）》，中国第一历史档案馆藏录副奏折档案，档案号：04-01-01-1111-053。

局时间外，还包括如下信息。

（1）调查局的名称。从"河南全省调查总局"及"江苏调查局"木质关防来看①，各省调查局全称应为"某某全省调查总局"或"某调查局"，在文献中我们亦常看到"安徽宪政调查局""滇省宪政调查局"，或更简略的"皖省调查局"之类的称谓。

（2）调查局的房舍。各省督抚一般都将调查局附设在各署衙或地方办事机构内，如广西调查局、新疆调查局、云南调查局等，一是便于管理，二是节省经费。也有租赁他处的，如湖南调查局、江西调查局。

（3）调查局的经费。包括开办经费和常年经费两大类。直隶调查局由善后局筹拨并"作正开销"的方式，基本为其他各省所参考与援引。②

（4）注意遴选法政学校毕业的新型法政人才担任调查局官员。除上表所列贵州调查局总办贺国昌、湖南调查局总办张启后和四川调查局总办陈汉第等中外法政学校毕业生外，各省调查局内的帮办、各科科长、股官等官员，也都按照《各省调查局办事章程》第九条"凡调查局任用各员，自总办以至管股委员均须曾习法政通达治理者方为合格"的规定，以各类法政学校毕业生充任。如山西调查局法制科科长赵俨威是日本法政大学学生，法制股股官刘蕃、龚庆云分别是日本法政大学专科生和进士馆法政毕业生。③ 广东调查局筹办伊始共有 34 名办事员，其中法政毕业生有 8 名，分别担任法制科、统计科的股员或书记等职务。④ 此外，湖南调查局"遴派曾习法政人员分赴各属实地调查，期与各地方官之报告书，参互比较，庶免虚饰敷衍之弊"。⑤ 湖北调查局、河南调查局还注意对调查人员的培养，分

---

① 《河南巡抚吴重憙奏为遵设调查局办理情形事（宣统元年四月初四日）》，中国第一历史档案馆藏宫中朱批奏折档案，档案号：04-01-01-1095-049；"江苏调查局木关防"印，《江苏省苏属调查局呈送第二批民事习惯清册（宣统二年九月三十日）》，中国第一历史档案馆藏修订法律馆档案，档案号：10-00-00-0018-052。

② 《两广总督张人骏奏为遵旨设立广东调查局情形事》，中国第一历史档案馆藏宫中朱批奏折档案，档案号：04-01-02-0110-015；《湖南巡抚岑春蓂奏为遵设调查局办理情形事》，中国第一历史档案馆藏宫中朱批奏折档案，档案号：04-01-01-1095-048。

③ 《山西巡抚宝棻奏报遵旨设立调查局办理事（光绪三十四年五月初四日）》，中国第一历史档案馆藏宫中朱批奏折档案，档案号：04-01-12-0663-063。

④ 如法制科第一股股员汪植宽、法制科第三股股员葛赐勋、法制科第二股书记周方棽。《广东调查局办事员司衔名表（光绪三十四年九月十四日）》，中国第一历史档案馆藏宪政编查馆档案，档案号：09-01-02-0016-014。

⑤ 《湖南巡抚岑春蓂奏为遵设调查局办理情形事（宣统元年四月二十三日）》，中国第一历史档案馆藏宫中朱批奏折档案，档案号：04-01-01-1095-048。

别在各省地方自治局与法政学堂内附设调查员养成会与养成班。① 这些具有法政知识的新型法政人才的参与，在一定程度上为清末法制习惯调查规范化、科学化的顺利开展奠定了人力基础，提供了智识保障。

其二，各省调查局以新型法政人才为依托，以各府厅州县统计处为具体执行机构，及时将调查进度安排、进展情况向宪政编查馆反馈和报备，有序地展开法制习惯调查。调查程序主要有如下三个环节。

第一，研究、理解《各省调查局办事章程》所规定之调查项目。以吴兴让为代表的新型法政人才在其中发挥了积极的作用。吴兴让，字竹林，江苏吴县人，日本法政大学毕业②，时任北洋官报总局《北洋法政学报》的主编。吴兴让参与直隶调查局法制调查伊始③，便对章程特别是第一股所涉调查内容进行了法理阐释。他认为，第一股调查的重点要注意从"政治上之作用"与"法律上之标准"双层含义上区分"民情风俗"与"民事习惯"的异同。因民情风俗调查"不仅为编订法典之资料"，同时"与宪政上有种种关系"，他从法律意义上厘定了"民情风俗"的具体范围，即"婚姻丧察"和"考语"两大类，"旧日志书所载之民情风俗"则不在调查范围内。④ 吴兴让同时还以《北洋法政学报》为媒介，相继发表一系列倡言立宪、法治主张的文章，如《自治士绅注意》（1908 年第 87 期）、《论急宜定行政诉讼法》（1909 年第 95 期）、《调查行政议论》（1909 年第 100 期）、《预备立宪之难易》（1909 年第 104 期）等，为宣传立宪、法治不遗余力。

第二，制定本省调查局办事章程（细则），并报请宪政编查馆审核。各省调查局办事章程（细则）是开展该省法制习惯调查的行动准绳，受各省对总纲领本身的法理解读、拟定者的水平及实际法制、行政状况等因素的影响，各省调查局在规定具体的调查项目、调查形式时，体现出法制习惯调查在各省实际运作的差异。就调查项目而言，各调查局一般都按照三股

---

① 《湖广总督赵尔巽奏为遵设湖北调查局事（光绪三十四年二月初三日）》，中国第一历史档案馆藏宫中朱批奏折档案，档案号：04 - 01 - 01 - 1086 - 056；《河南巡抚吴重憙奏为遵设调查局办理情形事（宣统元年四月初四日）》，中国第一历史档案馆藏宫中朱批奏折档案，档案号：04 - 01 - 01 - 1095 - 049。

② 敷文社编《最近官绅履历汇录第一集》，《近代中国史料丛刊》第 45 辑，台湾文海出版社，1970，第 122 页。

③ 吴兴让：《调查局法制科调查书序》，《北洋法政学报》第 110 期，1909 年 8 月。

④ 吴兴让：《各省调查局章程释疑》，《北洋法政学报》第 55 期，1908 年 3 月；《调查局法制科调查书序》，《北洋法政学报》第 113 期，1909 年 8 月。

调查事项拟定 8 类细目，广东调查局则进一步将"民情""风俗""民事习惯""商事习惯"分别调查，并与相关部门分立权限，对盐法、财政、军政及军政隶八旗等办理专项调查。① 行文调查与派员调查相结合是各省调查局普遍采用的调查形式，至于具体调查中以何种形式为主导，各省也不统一。资料显示，直隶调查局、山东调查局是以派员调查为主②，广东调查局则以行文调查为主，遇有府厅州县调查含混不实或延宕不报时，才会直接派员调查，且细分为"司局委员调查"、"各股员调查"和"特派干员调查"三项。③ 各省调查局订定的调查方式，却大致相似，即：民情风俗及民事习惯向民间各处实地调查；地方绅士习惯向该地官衙绅民调查；商事习惯向各商会调查；诉讼事习惯调查官衙卷宗并访问诉讼当事人；本省督抚权限内之单行法及行政规章之调查，或直接派员抄录、整理，或由各衙门局所学堂咨送；本省行政上之沿习及其利弊多调查地方案卷，并参考该地官绅意见及条陈。凡此种种，显示出各省调查过程中注意采取问卷、征询、实地观察等搜集信息的方法、技术与自觉意识，已经初具现代社会调查的特征。

第三，按类编纂本省法制习惯报告书，经总办审核定稿后详呈本省督抚同时咨送宪政编查馆及修订法律馆。这是宪政编查馆系统内法制习惯调查的最后阶段，也是反映调查成功与否的关键。各省调查局将拟定并经审核确认的各股调查问题编册分发各府厅州县，实地调查后获得的各类答案，经过汇总、整理，最终编纂成本省法制习惯报告书。因此宪政编查馆系统内的法制习惯调查资料大致可以分为两大类，一是阶段性成果，即各省调查局根据本省实际情况所编订的各类法制习惯问题书或清册④，目前可见到的直隶调查局《法制科第一股调查书》⑤，四川调查局《法制科第一次调查

---

① 《广东调查办事详细章程清册》（光绪三十四年八月），中国第一历史档案馆藏宪政编查馆档案，档案号：09 - 01 - 02 - 0016 - 013。
② 《直隶调查局详订法制科办事细则》，《政治官报》光绪三十四年二月十九日，第 141 号；《山东调查局办事章程》，《山东调查局公牍录要初编》，济南日报馆，1909。上海图书馆古籍阅览室藏。
③ 《广东调查办事详细章程清册（光绪三十四年八月）》，中国第一历史档案馆藏宪政编查馆档案，档案号：09 - 01 - 02 - 0016 - 013。
④ 眭鸿明认为清末的习惯调查报告分为"中期型"和"终局型"两类，其中"中期型"调查报告以广东调查局呈送的"调查条目""举例稿本"为代表。参见眭鸿明《清末民初民商事习惯调查之研究》，第 53 页。
⑤ 国家图书馆古籍阅览室藏。四卷本，分"民情风俗"、"绅士办事习惯"、"民事习惯"、"商事习惯"及"诉讼事习惯"五部分。

问题清册》①，湖北调查局《法制科第一次调查各目》②，《湖南调查局调查民事习惯各类问题》《湖南调查府厅州县行政上之沿习及利弊各类问题》③，奉天调查局《续行调查本省民情风俗条目》《续拟调查地方绅士办事习惯条目》《续拟调查诉讼习惯条目》《续拟调查民事习惯条目》《续拟调查商事习惯条目》④ 等为此类型报告书。二是最终成果，即对调查问题答案的整理汇总。此类报告书又存在两种形态：一种是县级的基层调查报告，如《（徽州府）六县民情风俗绅士办事习惯报告册》⑤、《龙游县法制调查报告初编（民情风俗、绅士办事习惯）》⑥、《藤县民情风俗报告书》⑦ 等；另一种是进一步整理的省级调查报告，如国家图书馆收藏的《广西调查民事习惯报告书》《广西诉讼习惯报告书》《安徽宪政调查局编呈民事习惯答案》⑧ 等。

宪政编查馆章程第 12 条规定"本馆调查及编订之件，应随时发刊报告

---

① 《四川官报》第 11 ~ 14 期，1909。

② 上海图书馆古籍阅览室藏。

③ 国家图书馆古籍馆藏。《湖南调查府厅州县行政上之沿习及利弊各类问题》共包括四部分内容，内页题"调查法制科第三股本省各府厅州县行政上之沿习及其利弊各类问题"，上刻有"北京图书馆藏"短长方形篆文藏章及"陈垣同志遗书"长方形条章，15 叶，其中"司法行政"调查归并入地方行政沿习及其利弊类；"湖南调查局调查民情风俗各类问题"，20 叶；"湖南调查局调查地方绅士办事各类问题"，5 叶；"湖南调查局调查商事习惯各类问题"，23 叶。与《湖南调查局调查民事习惯各类问题》（含人事部与财产部）形成湖南调查局较为完整的调查问题清册报告书。

④ 辽宁省档案馆编《中国近代社会生活档案（东北卷一）7》，广西师范大学出版社，2005，第 385 ~ 481 页。

⑤ 包括歙县、休宁、婺源、祁门、黟县和绩溪六县的民情习惯、风俗习惯及绅士办事习惯。刘汝骥：《陶甓公牍》卷 12，载官箴书集成编纂委员会编《官箴书集成》第 10 册，黄山书社，1997，第 578 ~ 625 页。

⑥ 日本东京大学东洋文化研究所藏，转引自中村哲夫《郷紳の手になる郷紳調査について》《社會經濟史學》第 43 卷 6 號、1978。

⑦ 陈思述，国家图书馆古籍馆藏。

⑧ 江兆涛敏锐地注意到安徽调查局民事习惯调查报告书是按照修订法律馆《调查民事习惯问题》的条例条目编纂而成，并将其定义为"修订法律馆体例条目型"，以区别于《广西调查民事习惯报告书》的"调查局体例条目型"及四川省调查局的"复合型"报告书，对于我们进一步辨明宪政编查馆与修订法律馆双系统内的法制习惯尤其是民商事习惯调查之不同，提供了很好研究思路和视角，具有重要意义。即便安徽调查局民事习惯报告书是按照修订法律馆的问题条目编制而成，它仍是宪政编查馆而非修订法律馆系统的调查与成果，这也恰恰说明修订法律馆对于全国的民事习惯调查而言确实起到了一定程度的规范作用。参见江兆涛《始并行而终合流：清末的两次民事习惯调查》，载里赞主编《近代法评论》（2009 年卷），第 75 ~ 77 页。

书，或月刊或季刊，临时酌定"。彭剑认为，宪政编查馆基本上并未展开此项工作。① 此说其实不确。直隶调查局的调查报告除制成《直隶调查局法制科第一股调查书》之外，经吴兴让之手，断续刊登在《北洋法政学报》上及时公布。② 据其本人记述，直隶调查局的调查报告由于开放给各地学习自治、法律的人发函索取，以致一度出现"局中印本不敷"的局面。③ 从上述《四川官报》刊载四川调查局阶段性调查报告书及直隶调查局的情况来看，各省调查局对调查报告的编纂、制定、上报和公布直接负责，实际上替宪政编查馆承担了此项工作。这也在某种程度上说明宪政编查馆的法制习惯调查报告，并非完全被束之高阁，各调查局之间也存在着一定程度的资源共享或意见交换。

（二）修订法律馆之法制习惯调查：专注民商事习惯

在各省设立宪政调查局进行法制习惯调查的同时，修订法律馆系统的习惯调查也开始启动。为编纂各项法典而进行习惯调查，是修订法律馆的首要任务之一，被明文写入修订法律馆大臣沈家本等人于光绪三十三年十月十四日（1907 年 12 月 18 日）拟定的《修订法律馆办事章程》中。该章程规定，修订法律馆分设两科，其中第一科"掌关于民律商律之调查起草"，第二科"掌关于刑事诉讼律民事诉讼律之调查起草"，"馆中修订各律，凡各省习惯有应实地调查者，得随时派员前往详查"。④ 随着新刑律⑤的出台，修订法律馆的工作重心逐渐转到编纂民律、商律上，因此，相对于宪政编查馆繁芜、复杂的法制习惯调查内容而言，修订法律馆所进行的习惯调查内容较为集中，包括民事习惯和商事习惯两部分。

修订法律馆实施习惯调查的方式也与宪政编查馆不同，主要是派调查员前往各地进行调查。根据光绪三十四年五月二十五日（1908 年 6 月 23

① 彭剑：《清季宪政编查馆研究》，第 18 页。
② 吴兴让除参与直隶调查局法制科调查规章的讨论、起草之外，还负责编订了直隶调查局"民情风俗""士绅办事习惯""民事习惯""商事习惯"四部分的调查问题书。《北洋法政学报》第 113~140 期，1909~1910 年。
③ 吴兴让：《调查局法制科调查书序》，《北洋法政学报》第 110 期，1909 年 8 月。
④ 《修订法律大臣法部右侍郎沈家本等呈修订法律馆办事章程清单（光绪三十三年十一月十四日）》，中国第一历史档案馆藏录副奏折档案，档案号：03-5620-039。
⑤ 即沈家本于光绪三十三年八月二十六日（1907 年 10 月 3 日）和光绪三十三年十一月二十六日（1907 年 12 月 30 日）上奏的"大清刑律草案"总则和分则。

日）沈家本等奏拟的《咨议调查章程》规定，调查员既可以从修订法律馆馆员中选派，也可以从通晓法律人士中临时委任，而后者既包括曾在本国或外国法政学堂毕业、现充法政教习的新型法政人才，也包括熟悉刑律的法律专才。章程同时对调查员的职责和纪律做了规定，一方面由法律馆视其承办事件之繁简酌给公费；另一方面对于不称职之调查员，修订法律大臣可随时撤换，以督促调查员恪尽职守，按时保质保量完成调查任务。①

修订法律馆首先着手的是商事习惯调查。宣统元年（1909）二月，由法律馆纂修朱汝珍主持的包括直隶和江苏、安徽、浙江、湖北、广东等东南部省份的商事习惯调查活动启动。② 修订法律馆专门制定《法律馆调查各省商习惯（问题）条例》，分总则、组合及公司、票据、各种营业、船舶等五部分，就商事习惯调查事项和问题做了具体规定，保证了调查活动有序、有效地开展。③

值得一提的是，除了宪政编查馆各省调查局的商事习惯调查之外，苏州等地商会也先于修订法律馆自行组织了民间性质的商事习惯调查活动。官民之间在对待商事习惯于商事立法重要性问题上的共同认识，使得修订法律馆的商事习惯调查很大程度上依赖各地商会得以进行，各地商会也给予了相当配合。苏州商务总会特颁布《订定研究商习惯问题五则》"传知各商界研究"，并"分类条答，以备法部修律之采择"。④ 尽管如此，商事习惯调查的实际进展并不顺遂。调查方法不当是导致调查难行的一个原因。有报道称，朱汝珍在上海调查时，调查员机械地按照拟定好的习惯问题进行发问，商人根据自身的个体经验做出想当然的回答，这种互动的结果往往导致"发问者未免隔膜，而受问者亦殊少纸片对策之能事"，调查员与商人

---

① 《修订法律大臣沈等奏拟咨议调查章程折（附章程）》，《东方杂志》第 5 卷第 8 期，1908 年 9 月。
② 由宣统元年二月十一日（1909 年 4 月 1 日）《申报》载文称朱汝珍"将次起程南下"调查东南民情风俗，以及宣统元年九月二十日（1909 年 11 月 2 日）朱汝珍致苏州总商会文中有"七月中浣旋京，当将各商会接洽情形报告修订法律大臣"语判定。见《法律馆派员调查东南民情风俗》，《申报》1909 年 4 月 1 日，第 1 张第 5 版；《朱汝珍催办函》，载章开沅、刘望龄、叶万忠主编《苏州商会档案丛编（第一辑）》，华中师范大学出版社，1991，第 256 页。
③ 《法律馆调查各省商习惯条例》，《东方杂志》第 6 卷第 8 期，1909 年 9 月。
④ 《苏垣研究商习惯问题》，《申报》1909 年 5 月 22 日，第 2 张第 4 版。

之间"交相为伪"的现象时有发生。① 但更重要的原因在于法律馆拟定的习惯问题条例本身。该问题条例系以日本商法典为模本，从篇章体例乃至条文用语，无不大量移植日本商法典的新式法律词汇，反而忽略了本土商事习惯的特殊性问题，大大影响了本土商事习惯的真实呈现。对此现象，杭州商务总会不无抱怨地称，"文法全系东洋名词，佶屈聱牙，文理复杂，非但商中十九费解，即未习法政者亦难骤然索解"。② 苏州商会档案也反映了这一情况，在法律馆发出调查问卷后的六七个月间，各商会"答复者仅一二起"，对法律名词"未易了解"是拖延的主要理由。③

朱汝珍主持的商事习惯调查历时半年，"博访周咨，究其利病，考察所得，多至数十万言"，鉴于此，沈家本乐观地认为，"于各省商情具知其要"。④

在积累了商事习惯调查经验的基础上，迟至宣统二年（1910）正月时，以修订法律馆拟定之《调查民事习惯章程》（10 条）和《调查民事习惯问题》（217 条）⑤ 为指导和规范的民事调查在全国范围展开，同时对某些地方商事习惯进行补充调查。在朝野要求缩短预备立宪筹备年限的浪潮声中，为配合民律、商律在宣统三年颁行的计划，修订法律馆的民商事习惯调查被要求在当年（1910）八月底前即将调查结果上报。⑥ 面对调查任务事繁任重、时间紧迫的压力，修订法律馆与负有协助修订法律馆调查员进行调查之责的各省调查局的依赖关系更加明显。⑦ 一方面修订法律馆调查员到达地方开展民商事习惯调查时多依赖该地调查局而成事。如江宁调查局协助修订法律馆将其调查民事习惯问题分发州县调查，并特别说明与本局遵照宪

---

① 孟森：《宪政篇》，《东方杂志》6 卷第 4 期，1909 年 5 月。

② 《集议调查商习惯问题》，《申报》1909 年 5 月 31 日，第 2 张第 3、4 版。

③ 《朱汝珍催办函》，《苏州商会档案丛编（第一辑）》，第 256 页。

④ 《修订法律大臣奏编订民商各律照章派员分省调查折》，《政治官报》宣统二年正月二十八日，第 845 号。

⑤ 《江苏自治公报》1911 年第 51～57 期，第 59－60 期，载江苏苏属地方自治筹办处编《江苏自治公报类编·章程类》，沈云龙主编《近代中国史料丛刊三编》第 53 辑，台湾文海出版社影印，1989，第 137～175 页。

⑥ 《法律馆通行调查民事习惯章程文（附章程）》，商务印书馆编《大清宣统新法令》第 16 册，商务印书馆，1911，第 32 页。

⑦ 《修订法律馆奏编订民商各律照章派员分省调查折（宣统二年正月二十一日）》，《政治官报》宣统元年正月二十八日，第 845 号。

政馆编订之问题系属两事，要求不能混为一谈；① 陕西、广东两省增补编订的《民事习惯上中下三编》22 册、《民事习惯第三次报告书》二函 30 本，甘肃逾期呈交的《民事习惯答复册》1 本，都是在本地调查局的协助下完成的。② 另一方面有的调查局在本地民商事习惯调查中还一度发挥了主导作用。如江苏上报修订法律馆的第二批所属长洲、元和等 10 州县民事习惯清册共计 22 本完全是江苏调查局的调查材料；③ 四川根据本省调查局拟定的商事习惯问题，仓促完成川省民事及商事习惯第一次报告书，以缓解中央政府一再催缴的压力。④凡此种种，既显示出清末民商事习惯调查在修订法律馆与宪政编查馆双系统内从"并行"到"合流"的发展轨迹⑤，也在一定程度上反映了修订法律馆在国内政局动荡、政府财政拮据及馆员人力不足的情况下进行民商事习惯调查时的仓促和应付。

国家图书馆古籍馆保存有两本尚未整理完毕的调查报告书手抄稿本，一本题为《调查江苏民事习惯报告书》，19 页，朱格纸张，版心下撰"法律馆"；另一本题为《调查湖北民事习惯报告》，11 页，朱丝栏纸张。两种报告书形态十分接近，均是对修订法律馆民事习惯"总则"编各种问题答案的汇总，但不详列问题，仅列"问题一"，或"问题一至七"等，答案或直接抄录，或是粘页。同时，《调查江苏民事习惯报告书》有删改"湖北"为"江苏"的痕迹，内容到第三编"债权"第一章"契约"部分结束。《调查湖北民事习惯报告》首页问题答案称"湖北僧尼较少，与江苏等省不同"，内容到第二编"物权"第三章"地上权关系"问题一结束。这两本调查报告书均没有标注时间，也没有《凡例》《例言》之类的编辑说明，但从

① 《查报民事习惯之批词》，《申报》1910 年 10 月 15 日，第 1 张第 3 版。
② 《陕西巡抚恩寿为调查民事习惯全行编辑完竣事致修订法律馆咨文（宣统三年三月十二日）》，中国第一历史档案馆藏修订法律馆档案，档案号：10 - 00 - 00 - 0018 - 059；《两广总督张鸣岐为咨送广东第三次民事习惯报告书事致修订法律馆咨文（宣统三年二月初四日）》，中国第一历史档案馆藏修订法律馆档案，档案号：10 - 00 - 00 - 0018 - 058；《陕甘总督长庚为咨送民事习惯复册事致修订法律馆咨文（宣统三年四月廿五日）》，中国第一历史档案馆藏修订法律馆档案，档案号：10 - 00 - 00 - 0018 - 062。
③ 上贴"呈法律馆"红条。《江苏省苏属调查局呈送第二批民事习惯清册（宣统二年九月三十日）》，中国第一历史档案馆藏修订法律馆档案，档案号：10 - 00 - 00 - 0018 - 052。
④ 《四川总督赵尔巽为咨送川省民商习惯第一次报告书事致修订编查馆咨文（宣统二年九月十一日）》，中国第一历史档案馆藏修订编查馆档案，档案号：10 - 00 - 00 - 0018 - 050。
⑤ 江兆涛：《始并行而终合流：清末的两次民事习惯调查》，载里赞主编《近代法评论》（2009 年卷），第 64 ~ 78 页。

内容及纸张上推测应是修订法律馆系统的民事习惯调查报告书，且有可能是最原始的形态。从中我们亦可窥见修订法律馆最后仓促进行民事习惯调查之一斑，令今人无限唏嘘。

三

以上，笔者以一手档案资料为基础，在清末新政的历史脉络中，大致梳理了宪政编查馆和修订法律馆双系统法制习惯调查的运作模式。概而言之，从调查的内容上看，宪政编查馆和修订法律馆的法制习惯调查共同构成了清末新政法制改革的重要一环，二者均为清末新政改革及预备立宪服务，只是后者的习惯调查集中在民事、商事内容上，是以服务于民商法典编纂事业为目的，以"求最适于中国民情之法则"① 为目标；而前者作为清政府"宪政之枢纽"组织的法制习惯调查，则是在更广泛的意义上出于筹备立宪及修订法律之资料收集、编制与统计的需要，是为立宪准备工作的大局服务，因此其调查内容，除了在民事、商事习惯部分与修订法律馆重叠外，还包括民情风俗、地方绅士办事习惯、诉讼事习惯、地方法规、规章及行政惯例。从调查的时间上看，是宪政编查馆以设立各省调查局为依托首先发起了法制习惯调查，在河南、福建调查局最晚设立的宣统元年（1909），修订法律馆的商事习惯调查才开始启动，并为配合预备立宪缩短时限后的时间进度，宣统二年（1910）民事习惯调查开展不到数月便仓促完成。从调查的组织管理上看，宪政编查馆设立各省调查局与修订法律馆派出调查员这两种模式之间，表面上看"缺乏协调一致，各自为阵"②，但实际上二者在民事、商事习惯调查部分基本存在着共同执行乃至委托执行的情况，特别是为配合提前颁行民律、商律的时间进度，修订法律馆的调查员与各省调查局之间"商同调查"的合作关系更加密切，既避免了财力、资源的浪费，体现了"执简而驭繁""事半而功倍"的章

---

① "注重世界最普遍之法则"、"原本后出最精确之法理"、"求最适于中国民情之法则"及"期于改进上最有利益之法则"被修订法律大臣俞连三、刘若曾视为编纂《大清民律草案》的四大要旨。《奏为编辑民律前三编草案告成谨缮成册恭呈御览事（宣统三年九月初五日）》，中国第一历史档案馆藏录副奏折档案，档案号：03-9303-018。

② 张勤、毛蕾：《清末各省调查局和修订法律馆的习惯调查》，《厦门大学学报（哲学社会科学版）》2005年第6期，第90页。

程精神①，又契合了宪政编查馆与修订法律馆一定程度上"同质"的内在理路。②

如若考察清末法制习惯调查之于清末新政法制改革之影响，需从两方面分析。一方面，必须承认，清末的法制习惯调查未能对各法典的编纂产生直接影响。受缩短立宪期限的影响，各省法制习惯调查尤其是修订法律馆的民商事习惯调查在时间进度安排和对调查结果的整理环节方面都显得过于仓促和草率，大部分省的习惯调查报告没有按时上交，清政府在尚未对各地习惯进行整理、吸收、利用之时，便将民法等草案仓促出台，以应对时局。此外，清政府开展法制习惯调查的主观条件也尚不成熟。清末法制习惯调查的内容是本土的，但其"调查"概念③、调查理念、调查方式、调查问题等都是学自西方，仿照日、德，甚至对待"习惯"④ 的认识，上至统治者、立法者，下至参与调查的新型法政人员，及至地方督抚，都不统一。清末法政教育的勃兴，为法制习惯调查的开展提供了人才保障，但这些新型法政人才除了本身所具备的法律、法政知识外，还需具备必要

---

① 《调查民事习惯章程十条》，《申报》1910年4月2日，第1张第1版。

② 陈煜从组织结构、工作关联、人员配备等方面考察，认为宪政编查馆与修订法律馆存在着极大的相似和交叉之处，具有充任"新政先锋"的"同质性"。参见陈煜《清末新政中的修订法律馆——中国法律近代化的一段往事》，第267～285页。从汪荣宝等同时任职于宪政编查馆与修订法律馆的新型法政人才入手考察清末法制改革与政局，是很好的研究动向。目前学界根据《汪荣宝日记》已有相关研究成果发表，参见王晓秋《清末政坛变化的写照——宣统年间〈汪荣宝日记〉剖析》，《历史研究》1989年第1期；胡震《亲历者眼中的修订法律馆——以〈汪荣宝日记〉为中心的考察》，《华中科技大学学报（社会科学版）》2010年第3期，等等。

③ 据李章鹏的研究，最早在中国使用"调查"字样的是日本人藤田丰八，清末中国最早出现的几个调查组织均是由留日学生组成。参见李章鹏《清末中国现代社会调查肇兴刍议》，《清史研究》2006年第5期。

④ 法律意义上custom一词与"习惯"对译的文化史很值得研究。据笔者查考搜集到的早期英汉—汉英字典，从1822年马礼逊的《华英字典》第三部《英汉字典》，到1913年的《商务印书馆英华新字典》，都列有custom的条目，但基本上是以"规矩""惯例""风俗"等对译之，"习惯"一词更多的是对译habit。（详见后附表）据文献查考，光绪末年的督抚官员奏折中已经有"调查各省民情风俗"的用法，甚至在光绪三十三年六月初九日法部尚书戴鸿慈的《奏拟修订法律办法折》中特别提道："至若事之预备，则在调查习惯，临事之秩序，则在分配职务，已事之设施，则在实行办法……"（《清末筹备立宪档案史料》下册，第842页）。笔者认为考证custom与"习惯"的对译历史，除了借助早期英汉—汉英字典的进一步查考外，清末开展法制习惯调查过程中，上至统治者、立法者，下至参与调查的新型法政人员，及至地方督抚，他们从传统意义上"习性""倾向"到"法律之外、民间行为的规则总称"这一认知的转变历程，颇值得玩味，其中日本"惯习"一词的影响也不可忽视。

（转下页注）

的现代社会调查方法和统计学知识，方可应对法制习惯调查这种"统计型调查"①的挑战。西英昭、张勤、毛蕾、江兆涛等人已经注意到各省调查局在实际调查过程中存在着相互交流经验和人才的情况，但这种交流机制是否在各省实际调查中普及，是否能切实解决实际调查过程中出现的问题，还有待相关研究的进一步揭示。实际上各调查局中都有一些所谓"通达治理"资格的道府官吏、人员充斥其间、滥竽充数。② 主持管理广东调查局有年的两广总督张人骏，在担任两江总督后仍在电询宪政编查馆《各省调查局章程》中"掌调查督抚权限内之单行法及行政规章"一语应如何

（接上页注③）

刊年	著者	出版商/地	字典	Custom 对译词	Habit 对译词
1822	马礼逊（Robert Morrison，1782~1834）《华英字典》第三部《英汉字典》A Dictionary of the Chinese Language	东印度公司/澳门	规则（第102页）	习惯（第197页）	
1866	罗存德（Wilhelm Lobscheid，1822~1893）	"Daily Press" Office）/香港	《英华字典》English and Chinese Dictionary（第457页）	规矩、惯例、风俗、习俗、常规、定规	
1882	L. M. Condit	American Tract Society/上海	《英华字典》English and Chinese Dictionary（第31页）	规矩、风俗、常规	习俗、风俗、惯第（第57页）
1883	罗存德原著，井上哲次郎订增	藤本氏藏版 J. Fujimoto	《订增英华字典》An English and Chinese Dictionary（第346页）	规矩、惯例、风俗、习俗、常规、定规	习，习俗，习惯（practice），规矩（custom）（第572页）
1887	邝其照（Kwong Ki-Chiu，1836~1891）	别发洋行（Kelly & Walsh）/上海、伦敦等	《华英字典集成》An English and Chinese Dictionary	风俗、规矩、常规、常惯（第88页）	习俗、风俗、习惯（第159页）
1913		商务印书馆/上海	《商务印书馆英华新字典》	规矩、常例、风俗、习俗（第129页）	性质、习气、状态、衣服、风俗（第234页）

① 相关研究参见黄兴涛、李章鹏《现代统计学的传入与清末民国社会调查的兴起》，《清末民国社会调查与现代社会科学兴起》，福建教育出版社，2008，第1~46页。
② 《浙议员又痛驳调查局人员资格矣》，《申报》1910年12月27日，第1张第1版。

解释。① 江宁调查局开办近三年后，各州县对于调查事项还多属茫然，答非所问。② 凡此种种，均显示出法制习惯调查实际中存在着拟定调查问题条目一味移植日本等西方法典，实地调查经验缺乏等现实问题，加之清政府立法者在编纂法典时如何采纳习惯也存在着技术上的实际困难，等等，致使所调查之习惯在编纂的民法法典中未有明显和直接的体现，恰如民国法律家江庸批评清末《大清民律草案》"多继受外国法，于本国固有法源，未甚措意"。③

另一方面，清末法制习惯调查的积极意义却不可忽视。首先，在宪政编查馆和修订法律馆的共同不懈努力下，清末法制习惯调查最终收获了大量的习惯调查资料报告书，仅就民事、商事习惯调查报告资料论，据民国北洋政府的统计，清末的报告书达 887 册，远远高于民国时期民商事习惯调查时所得 72 册报告书的数量④，这还不包括各种民情风俗、绅士办事习惯、诉讼事习惯等报告书在内。所以从调查活动本身而言，清末的法制习惯调查，可谓成绩斐然。其次，从法律层面上观察，清末法制习惯调查，特别是民事、商事、诉讼事习惯调查，在"修明法典"方面收效甚微，但就习惯调查整体而论，在"整齐政俗"方面颇积累了相当经验。尤其是地方督抚管理主持各省调查局工作，将民情风俗、地方绅士办事习惯、督抚权限内各项单行法规及行政规章、省行政上之沿习及其利弊等调查，视为各自推行地方自治运作的实践内容，客观上有利于清政府对于国情的掌握，既为革新政治、改良行政、编制法规及推进宪政等提供了有价值的重要参考，亦成为考察并提升地方自治能力的一种有效方式。最后，清末民事商事习惯调查运动的展开，对促进政府采集、认知本土法律资源也起到了一定的积极作用。《大清民律草案》第 1 条明文规定："民事本律所未规定者，依习惯法；无习惯法者，依法理。"⑤ 其对习惯地位的规定也

① 韩策、崔学森整理，王晓秋审订《汪荣宝日记》，中华书局，2013，第40页。张人骏于宣统元年五月十一日（1909年6月28日）调任两江总督。时任宪政编查馆编制局编制科科员的汪荣宝分别在宣统元年五月十一日（1909年6月28日）及五月十四日（7月1日）的日记中记下张人骏调任及电询调查章程的事迹，并称，"当经电复议法律与命令之区别解释单行法及行政规章之异同。旋又准咨，询以旧制言之，何者为法，何者为令，请比附示遵"。

② 《调查局札发新式问题》，《申报》1910年11月14日，第1张第3版。

③ 江庸：《五十年来中国之法制》，载申报馆编《最近之五十季》，申报馆，1923，第7页。

④ 《各省区民商事习惯调查报告文件清册》，《司法公报》1927年第232期。

⑤ 杨立新点校《大清民律草案·民国民律草案》，吉林人民出版社，2002，第3页。

被民国政府制定的现代意义上的民法典所继承。① 立法者在立法理念、立法方针上对习惯的重视，较之立法实践或立法事实方面所具有的历史意义，似乎要更为深远。

①　《中华民国民法》（1929）第 1 条明文规定："民事法律所未规定者依习惯，无习惯者依法理。"从而规定了"法律""习惯""法理"为法之渊源。参见夏勤《论新民法之法源》，《国立中央大学法学院季刊》第 1 卷第 3 期，1931 年 4 月。

"乙全本"不是"李汪宪草"

关于清末制宪，学界长期关注的是《钦定宪法大纲》和《宪法重大信条十九条》。20世纪80年代末，王晓秋先生通过研读《汪荣宝日记》，揭示出在这两种宪法性文件之外，清廷尚起草过一部完整的宪法草案。王先生认为，这是"中国第一部宪法草案"，并称之为"《钦定宪法》"。① 这一宪法草案是由以溥伦和载泽为纂拟宪法大臣、以汪荣宝、李家驹、陈邦瑞为协同纂拟宪法大臣组成的编纂班子起草的，由于"实际执笔者是汪荣宝与李家驹两人"②，因此有学者称之为"李汪宪草"③。

王先生的发现具有重大学术意义，此后研究清季制宪的学者，多会注意到这一宪草。但是，由于该宪草"来不及最后钦定与颁布，清王朝就覆灭了"④，因此，这一宪草的真容，迄今无人知晓。对热衷于中国宪政史的学者而言，这无疑是一个遗憾。

2012年出版的迟云飞先生的大作《清末预备立宪研究》告诉我们，在他撰写博士学位论文期间（1996～1999），在中国第一历史档案馆发现了一部宪法草案抄本，藏于资政院全宗。据迟先生介绍，该草案"共9章81条，

---

* 彭剑，华中师范大学副教授。
① 王晓秋：《清末政坛变化的写照——宣统年间〈汪荣宝日记〉剖析》，《历史研究》1989年第1期，第73、74页。
② 王晓秋：《清末政坛变化的写照——宣统年间〈汪荣宝日记〉剖析》，《历史研究》1989年第1期，第75页。
③ 俞江：《两种清末宪法草案稿本的发现及初步研究》，《历史研究》1999年第6期。
④ 王晓秋：《清末政坛变化的写照——宣统年间〈汪荣宝日记〉剖析》，《历史研究》1989年第1期，第74页。

每条之下都有名为'法理'的按语"。① 这一草案，有学者称其为"乙全本"。② 为行文方便，本文也将汪荣宝和李家驹起草的宪草称为"李汪宪草"，将资政院全宗中的宪法草案称之为"乙全本"。

迟先生判断，乙全本就是李汪宪草。这无疑是一个令人震撼的消息。如果迟先生的判断正确，那么，困扰学界多年的一个公案就此解决，人们以后不必劳神苦觅李汪宪草的下落。然如果判断失误，则也可能误导学人，对中国宪政历史造成误解。事关"中国第一部宪法草案"的真相，不得不慎重对待。迟先生在发现这一草案之后十多年才做出判断，无疑是非常审慎的。然笔者检索相关文献，发现迟先生的判断是值得商榷的，李汪宪草的真实面貌，还有待学人努力揭开。

一　被忽视的学术前史

迟先生提出乙全本就是李汪宪草的理由③如下。

其一，二者的各章名称和顺序大略相同。乙全本共九章：（1）帝国领地；（2）皇帝大权；（3）臣民权利义务；（4）帝国议会；（5）立法权；（6）大臣；（7）司法权；（8）财政；（9）通例。而汪荣宝与李家驹在起草宪法之初商定的宪法章目是：（1）皇帝；（2）摄政；（3）领土；（4）臣民；（5）帝国议会；（6）政府；（7）法院；（8）法律；（9）会计；（10）附则。迟先生认为，汪荣宝和李家驹所设计的宪法章目，"名称和顺序与档案中的草案大略相同"。他推测，二者之所以会有不同之处，是因为起草期间对所拟章目作了修改。

其二，二者皆有按语。迟先生说，根据《汪荣宝日记》，汪荣宝和李家驹起草宪法草案的时候，每一条都写了按语，而乙全本的每一条都有名为"法理"的按语。这是他认定乙全本就是李汪宪草的"最重要的"依据。

其三，在当时，除了清廷，应无人能撰写完整的宪法。迟先生论道："宣统年间，很难有别的什么人有时间和精力撰写出如此完整的宪法草案，而且如果不是清政府组织纂拟，不会公然放到清政府的档案里。"

迟先生论证自己观点的时候，对学术前史有所关注。他注意到，尚小

---

①　迟云飞：《清末预备立宪研究》，中国社会科学出版社，2012，第302页。

②　俞江：《两种清末宪法草案稿本的发现及初步研究》，《历史研究》1999年第6期。

③　迟云飞：《清末预备立宪研究》，第303页。

明先生在2007年发表于《历史研究》的《"两种清末宪法草案稿本"质疑》一文中提出了乙全本可能为民间立宪派团体或人士所纂拟的观点。

其实，在尚小明先生之前，俞江先生也有过类似的判断。在1999年发表于《历史研究》的《两种清末宪法草案稿本的发现及初步研究》一文中，俞先生对乙全本的起草者做过推断：宪政编查馆的办事章程中曾明确规定"调查各国宪法，编订宪法草案"为该馆的职责，因此，乙全本可能是该馆所起草。但问题尚有复杂的一面，因为清末修订法律还有一条渠道，即民间纂拟后提交政府或资政院。因此，"在没有充分的证据支持乙全本宪草为宪政馆修纂前，只能将其修纂机构和时间暂时存疑"。①

依俞先生的推断，乙全本可能是宪政编查馆所起草，也可能是民间起草好了提交给政府或资政院的。依尚先生的推断，乙全本"很可能"为民间草拟，然后提交资政院讨论，或供清廷纂拟宪法时参考。② 两位都没有排除乙全本可能由官方起草的可能性。迟先生则认为，乙全本不但是官方起草的，而且就是李汪宪草。但俞先生除了探讨乙全本的起草者之外，还花了很大篇幅论证一个问题，即乙全本不是李汪宪草。迟先生未注意及此，否则不会在论证的时候对俞先生的观点全无回应。

俞先生在《两种清末宪法草案稿本的发现及初步研究》一文的"清末宪草乙全本初考"一部分从四个方面论证乙全本不是李汪宪草。③

第一，从条文数目看，乙全本是81条93项，李汪宪草则是86条116项。前者比后者正条少了5条，而款项则少了23项。俞先生指出，乙全本基本上没有一条多项的情况，只有第85条例外。

第二，从章目结构及名称来看，虽然二者章目分类大致相同，但"名称多有差异"。并且，乙全本比李汪宪草少了"摄政"一章。

第三，从具体的章节条文数目来看，二者的不同也很明显。他指出，从《汪荣宝日记》可以知道，李汪宪草的"皇帝"一章共有19条，而与之对应的乙全本"皇帝大权"一章共12条，相差7条。此外，李汪宪草的

---

① 俞江：《两种清末宪法草案稿本的发现及初步研究》，《历史研究》1999年第6期，第93页。
② 尚小明：《"两种清末宪法草案稿本"质疑》，《历史研究》2007年第2期，第169页。
③ 俞江：《两种清末宪法草案稿本的发现及初步研究》，《历史研究》1999年第6期，第92~93页。

"附则"是 2 条①，而乙全本的"通例"则是 4 条。

第四，从已知的李汪宪草的条文安排与内容来看，也与乙全本不同。在这方面，他也举出来两条证据。一条是关于皇室大典的制订。汪荣宝和李家驹在起草宪法的过程中，起初拟将这一内容作为第 2 条第 2 项，经反复讨论，决定单独列出，作为第 19 条。但是，在乙全本中，则没有"皇室大典之制订"这一内容。另一条是，《汪荣宝日记》中提到，他们有过将"国务审判院"修改为"弹劾惩戒院"的举动，但是，"遍查乙全本"，也找不到"弹劾惩戒院"这一名称。

而在"宪草乙全本的初步研究"一部分，俞先生揭示，"乙全本在相当程度上已经背离了《钦定宪法大纲》规定的原则"②。他指出，乙全本在四个方面与《钦定宪法大纲》有不同③。

在立法权方面。二者虽然都规定议会并不享有完整的立法权，而只能"参与立法权"，但是，从提交法律案的权责一点看，乙全本中，议会的权力要大一些。因为《钦定宪法大纲》规定只有皇帝有发交议案之权，而乙全本第 40 条则规定，政府与上下两院均有提交法案之权。"从这一意义上说，乙全本对于议会立法权是有所扩大的"。

在司法独立方面。按照《钦定宪法大纲》的规定，"法官地位受到君主的有力控制"，而按照乙全本的规定，司法官的地位"是相对独立的"，"减少了君主随意操纵法官任免的可能性"。

在议会与君主的权限方面。与《钦定宪法大纲》相比，乙全本"从多方面加强了对皇帝大权的限制"。

在公民权利义务方面。《钦定宪法大纲》在这方面的内容"极不完善"，并且，第 8 条（"当紧急时，得以诏令限制臣民之自由"）使得其后所附的"臣民权利"处于"极不稳定的状态"，而乙全本则在事实上否定了第 8 条。

---

① 其实据汪氏日记，不能断定李汪宪草的附则是 2 条。汪氏日记中对附则有 3 处记载。9 月 17 日："夜，与柳公讨论改正宪法程叙；草附则三条。" 9 月 19 日："晚饭后又商酌附则，修改字句为两条。" 9 月 20 日："早起，于附则复加修正，与柳公商榷定稿。" 因为不知道 20 日 "复加修正" 的具体内容，因此，在见到 "李汪宪草" 真容前，不能断定其附则一定是 2 条。《汪荣宝日记》，第 995、997、998 页。

② 这是尚小明先生对俞先生观点的总结语，见尚小明《"两种清末宪法草案稿本"质疑》，《历史研究》2007 年第 2 期，第 168 页。

③ 俞江：《两种清末宪法草案稿本的发现及初步研究》，《历史研究》1999 年第 6 期，第 96 ~ 101 页。

此外，乙全本所规定的臣民权利的内容比《钦定宪法大纲》增加了很多，"有明显的完善和进步"。

俞先生所揭示的乙全本与《钦定宪法大纲》的差异，正好显示了乙全本与李汪宪草的差别，可以作为乙全本不是李汪宪草的一项理由。原因很简单，"李汪宪草"是以《钦定宪法大纲》为蓝本起草的，不可能背离《钦定宪法大纲》所规定的原则。在派溥伦、载泽为纂拟宪法大臣的前一天（1910年11月4日），清廷曾颁发谕旨，要求"迅速遵照《钦定宪法大纲》编订宪法条款"。①　就是迫于滦州军人的压力，清廷被迫于1911年10月30日同意让资政院审议宪法的上谕中，还不忘叮嘱溥伦等，拟定宪法条文时必须"敬遵钦定宪法大纲"。②　可以说，严格遵照《钦定宪法大纲》，是清廷规定的制订宪法的"基本原则"，汪荣宝和李家驹等人不可能背离。实际上，他们也没有背离。王晓秋先生揭示，他们两人都"主张效法日本式的二元制君主立宪制度，而不是英国式的虚君制君主立宪制度"。在起草宪法的过程中，他们虽参考各国宪法，但最终还是采择日本宪法，达到了"依样画葫芦"的地步。③　众所周知，《钦定宪法大纲》也是将日本宪法"依样画葫芦"的结果。

我觉得，在探讨乙全本究竟是不是李汪宪草的时候，俞先生的见解值得重视。鄙意以为，俞先生的判断是正确的，证据是有说服力的。如关于二者条项的比较，迟先生以乙全本为81条、李汪宪草为86条断言二者"非常接近"④，而俞先生则除注意到了二者在"条"上的差别外，并注意到在"项"上的巨大差别。并且，在"项"这一方面，不仅仅是数目的差别，而且是体例的区别：李汪宪草的"条"下分"项"的情况比较多，而乙全本则只有一条有这种情况。

二　《汪荣宝日记》反映了李汪宪草的起草全过程

现今学界关于李汪宪草的信息，全都来自《汪荣宝日记》。从汪氏日记

① 《缩改于宣统五年开设议院谕》（宣统二年十月初三日），故宫博物院明清档案部编《清末筹备立宪档案史料》（上），中华书局，1979，第79页。
② 《著溥伦等迅拟宪法条文交资政院审议谕》（宣统三年九月初九日），《清末筹备立宪档案史料》（上），第97页。
③ 王晓秋：《清末政坛变化的写照——宣统年间〈汪荣宝日记〉剖析》，《历史研究》1989年第1期，第76页。
④ 迟云飞：《清末预备立宪研究》，第303页。

判断，李汪宪草与乙全本是有区别的。迟先生也注意到了二者的不同，但还是认为乙全本就是李汪宪草。在他做出这一判断时，有如下分析："汪荣宝与李家驹草定草稿后，还要做多次修改，而武昌起义爆发后，汪荣宝几经犹豫后，决定追随袁世凯，不再参加宪法草案的工作，对后来修改的情况不甚了解。"① 在进一步修改期间，汪荣宝投靠了袁世凯，不再参加这一工作，因此《汪荣宝日记》没有反映起草李汪宪草的全过程，这是造成二者表面看起来有所不同的原因所在。这一分析能否成立，首先要弄明白汪荣宝正式投靠袁世凯的时间。将其与日记中记载修订宪法的最后时间一比较，便可真相大白。

汪荣宝是在什么时候投靠袁世凯的？据王晓秋先生研究，是在清廷将宪法起草权完全交给资政院之后。1911 年 11 月 2 日，汪荣宝在资政院开会时，得知了要由资政院起草宪法的上谕，"他觉得自己几个月来草宪所花的功夫都白费了，不由得感到灰心丧气"②。汪荣宝的这一心事，王先生是通过汪氏日记读出来的。日记中说，听到要将起草宪法权交给资政院的时候，议员们都很高兴，而他却很黯然，"未及散会，先行退出"③。王晓秋先生认为这是汪荣宝对自己数月草宪的功夫被否定而"灰心丧气"的表现，我觉得是站得住脚的。

汪氏心事如此，正好说明直到此时，他对于自己所参与起草的宪法草案还是很在意的。不过，王先生也告诉我们，在那之后，汪荣宝"对清政府与资政院越来越悲观和不信任"，"与此同时，汪荣宝进一步向袁世凯靠拢"。④ 至于他完全投靠袁世凯，王先生判断，是在 1912 年 1 月下旬。⑤

从王先生的具有说服力的论证来看，汪荣宝之正式下定决心投靠袁世凯，是在清廷将修宪权交给资政院将近两个月之后。将修宪权交给资政院，就意味着对原起草班子工作的正式终结。汪荣宝是在清廷终结了其修宪工

---

① 迟云飞：《清末预备立宪研究》，第 303 页。
② 王晓秋：《清末政坛变化的写照——宣统年间〈汪荣宝日记〉剖析》，《历史研究》1989 年第 1 期，第 80 页。
③ 《汪荣宝日记》，宣统三年九月十二日（1911 年 11 月 2 日），第 1041 页。
④ 王晓秋：《清末政坛变化的写照——宣统年间〈汪荣宝日记〉剖析》，《历史研究》1989 年第 1 期，第 80、81 页。
⑤ 王先生引用了汪氏 1912 年 1 月 28、29 日的日记之后认为："他终于看清了风向，决心投靠袁世凯。"王晓秋：《清末政坛变化的写照——宣统年间〈汪荣宝日记〉剖析》，《历史研究》1989 年第 1 期，第 83 页。

作之后才决定投靠袁世凯，而非如迟先生所说，是因为决定投靠袁世凯而不再参加修宪工作。因此，他由此进一步推论出来的"李汪宪草"与"乙全本"之不同是由于汪荣宝对后期的修改不甚了解的观点也不能成立。

实际上，汪荣宝在1911年10月10日武昌起义爆发之后，还参加过若干次起草宪法的工作。如12日："早起，冷水浴。饭后，以预备进呈宪草入内，仍由叙斋贝子填写正文（自三十二条至三十七条），予与柳溪装订圈点。"① 叙斋贝子即溥伦，柳溪即李家驹。这种进呈的工作，在21日也干了："早起，冷水浴。饭后到焕章殿，会议第九次进呈稿本，两邸均无异议，遂分填正文，由隐邸装订，余施圈点，事迄已近五时，各散（此件定于初二日进呈）。"② 隐邸即载泽。

问题是，在10月21日之后，汪荣宝的日记中再未出现过关于起草宪法的记载。如何解释这种现象？窃以为，这是受到时局的压迫，起草宪法事宜在那之后终止了。观上引文献，为第八次进呈做准备的时间是12日③，为第九次进呈做准备的时间是21日，相距9天。另外，为第七次进呈做准备的时间是10月4日④，与为第八次进呈做准备的时间相距8天。为第二次进呈做准备的时间是8月17日⑤，为第三次进呈做准备的时间是9月3日⑥，相距半个多月。可知两次为进呈做准备之间一般有10天左右的时间差。⑦ 以此推算，在为第九次进呈做准备之后，也会在10天左右之后才为第十次进呈工作做准备。

值得注意的是，在为第九次进呈做准备之后，时局发生了极大的震荡。10月27日，驻滦州的第二十镇统制张绍曾联合第二混成协协统蓝天蔚等人致电清廷，实行"兵谏"，提出"政纲十二条"，要求"改定宪法，以英国之君主宪章为准的"。⑧ 近畿军队的这种举动使清廷受到很大冲击，做出重

---

① 《汪荣宝日记》，宣统三年八月二十一日（1911年10月12日），第1020页。
② 《汪荣宝日记》，宣统三年八月三十日（1911年10月21日），第1029页。
③ 关于10月12日所做的工作是为第八次进呈做准备，下文将论及。
④ 《汪荣宝日记》，宣统三年八月十三日（1911年10月4日），第1019页。
⑤ 《汪荣宝日记》，宣统三年闰六月二十三日（1911年8月17日），第964页。
⑥ 《汪荣宝日记》，宣统三年七月十一日（1911年9月3日），第1019页。
⑦ 唯一的例外是，10月1日有一次为进呈做准备的工作，10月4日也有一次，其间只相距3天。《汪荣宝日记》，第1009、1012页。
⑧ 《陆军统制官张绍曾等奏陈请愿意见政纲十二条折》（宣统三年九月十三日），《清末筹备立宪档案史料》（上），第99、100页。此折的上奏时间不是九月十三（11月3日），而是九月初六（10月27日）。

大让步，乃于 30 日颁发谕旨，"著溥伦等敬遵钦定宪法大纲，迅将宪法条文拟齐，交资政院详慎审议，候朕钦定颁布，用示朝廷开诚布公，与民更始之至意"。① 这道谕旨答应将宪草先付资政院"详慎审议"，然后才"候朕钦定颁布"，这实际上意味着，修宪的程序已经做出了重大调整，此前的由纂拟宪法大臣直接进呈给摄政王的做法已经行不通，而要先交资政院审议，然后再由资政院上奏钦定。也就是说，进呈工作实际上在 10 月 30 日以后就失去了合法性，此后自然不会再有由纂拟大臣进呈宪草之事。此时距为第九次进呈做准备的 21 日已有 9 天。也就是说，按照先前的步伐，到了要为第十次进呈做准备的时候，进呈工作刚好被终止了。

由此可见，汪荣宝在 10 月 21 日以后再无起草"李汪宪草"工作的明确记载，并非由于汪荣宝此时已无心参加这一工作，而是清廷在滦州军人的压迫下改变了修宪的程序。窃以为，汪荣宝自始至终都参加了"李汪宪草"的起草工作，其日记所载，反映了这一起草的全过程。对于起草工作，汪荣宝不存在迟先生所说的"对后来修改的情况不甚了解"的情况。

本来，如果按照 10 月 30 日的上谕行事，汪荣宝作为资政院议员，也还会继续参与对这一宪法草案的审议（若如此，那就是自己审议自己了）。但是，因为滦州军人对这一上谕非常不满，于 11 月 1 日致电军咨府，认为汪荣宝等所起草的宪法"标君上大权，以立法、司法、行政三者概归君上，大权作用与臣等所奏政纲适成反对"，要求"收回成命，取消宪法大纲，由议院制定，以符臣等原奏"。在电报的末尾，还加上一句"荷戈西望，不胜惶恐待命之至"的威胁性语言。② 与此同时，还传来禁卫军将与滦州军队联手的谣诼，使清廷感到"岌岌可危"，"非将滦军要请各条立予决答不足以救危急"③，于是在 2 日颁发谕旨："所有大清帝国宪法均著交资政院起草，奏请裁夺施行"，汪荣宝和李家驹起草的宪法草案被完全废弃。④

---

① 《著溥伦等迅拟宪法条文交资政院审议谕》（宣统三年九月初九日），《清末筹备立宪档案史料》（上），第 97 页。

② 《张绍曾致军咨府代奏电》，杜春和编《辛亥滦州兵谏函电资料选》，中国社会科学院近代史研究所近代史资料编辑部编《近代史资料》总第 91 号，中国社会科学出版社，1999，第 59 页。

③ 《汪荣宝日记》，宣统三年九月十二日（1911 年 11 月 2 日），第 1020 页。

④ 《宣统政纪》卷 63，宣统三年九月丙子，中华书局 1987 年影印本，《清实录》第 60 册，第 1163 页。

三　李汪宪草的章目名称无修改

在起草工作开始后不久，汪荣宝和李家驹为宪法拟定了一份章目。这一章目与乙全本的章目有差别。迟先生认为是"大略相同"①，而俞先生则认为"多有差异"②。汪、李所拟宪法章目与乙全本章目之间的差别是大是小，容有主观感受之异，当然可以见仁见智。迟先生有一个判断，汪荣宝和李家驹所拟定的宪法纲目与乙全本不同，是因为在拟定纲目之后的起草过程中，对纲目"又有修改"。③细读《汪荣宝日记》，发现此说不能成立。

7月8日拟定好章目之后，汪荣宝和李家驹即开始了对各章的起草。7月9日，起草了第一章前8条④，10日则将第二章的条文也起草好了⑤。在日记中，汪氏未提这两章的标题。13日，纂拟宪法的班子在焕章殿开会。李家驹报告凡例及章目，汪荣宝则做进一步解说。溥伦和载泽听了，"均以为然"，可见他们所拟定的章目得到了纂拟宪法大臣首肯。这就意味着，在此后的起草过程中，修改章目的可能性比较小。

纂拟大臣在"均以为然"之后，又决定"呈递监国，恭候训示"。⑥第二天，汪荣宝在日记中有"缮写凡例及章目，预备进呈"之语。⑦"缮写"即抄写，显无修订。监国摄政王载沣在"训示"的时候，当然可能会提出修改意见。但是，在汪氏日记中，没有关于载沣"训示"宪法章目的记载。汪氏日记中，对于载沣对宪草的意见，哪怕是小到对按语的修改都详加记录。⑧修改章目，这是大事，若有"训示"，汪氏日记中应该有所反映。

从此后的起草过程来看，可以进一步断定，载沣认可了汪荣宝、李家

---

① 迟云飞：《清末预备立宪研究》，第303页。
② 俞江：《两种清末宪法草案稿本的发现及初步研究》，《历史研究》1999年第6期，第92页。
③ 迟云飞：《清末预备立宪研究》，第303页。
④ 《汪荣宝日记》，宣统三年六月十四日（1911年7月9日），第925页。
⑤ 《汪荣宝日记》，宣统三年六月十五日（1911年7月10日），第926页。
⑥ 《汪荣宝日记》，宣统三年六月十八日（1911年7月13日），第929页。
⑦ 《汪荣宝日记》，宣统三年六月十二日（1911年7月15日），第931页。
⑧ 如8月15日记道，载沣对宪草第1~5条的正文"无所更易"，"惟按语颇有删节"。8月28日记道，载沣对宪草第6~9条的按语"删削不少"，"语极简当"，"而条文一无更动"。9月10日记道，载沣对第三次进呈的宪草，"除删改按语外，又将第十二条第二项删去"。《汪荣宝日记》，第962、975、988页。

驹拟定的章目，没有发出要修改章目的"训示"。

8月19日，起草第三章。① 20日，起草第四章。② 21日，起草第五章。③ 对这三章，起草时均未写明章目名称。但在9月12日的日记中，汪氏写道："以原拟宪草第三章（领土）未能明确，思加修正。"④ 在9月15日的日记中，又有"将第三章（领土）修正"之语⑤，可知第三章的标题是"领土"。

对第六章和第七章，汪氏日记未交代起草日期，但在9月8日，有"修改第六章（政府）及第七章（法院）"的记载。⑥

9月15日，起草第八章，并用括号交代这一章的名称是"法律"。⑦ 9月17日："草'会计'一章。"⑧ 此处未交代这是第几章，但按照起草的顺序推断，应为第九章。即是说，李汪宪草第九章的标题是"会计"。

9月19日："晚饭后，又商酌'附则'，修改字句，为两条。"⑨ 9月20日："早起，于'附则'复加修正。与柳公商榷定稿，全部凡八十六条一百十六项。"⑩ 这两处所说的"附则"，显然就是他们所起草的宪法的末章的标题。并且，按照起草的先后推断，可知必为第十章。

如此，汪荣宝在8月19日以后的日记中共交代了宪草中六章的标题：第三章"领土"、第六章"政府"、第七章"法院"、第八章"法律"、第九章"会计"、第十章"附则"。这跟汪荣宝和李家驹在7月8日所拟定相关章目名称完全一致。完全一致的章目标题都在日记中有反映，若有修改，更当有记载。没有关于修改章目名称的记载，说明汪荣宝和李家驹是按照7月8日所拟定的章目起草宪法的。

---

① 《汪荣宝日记》，宣统三年闰六月二十五日（1911年8月19日），第966页。

② 《汪荣宝日记》，宣统三年闰六月二十六日（1911年8月20日），第967页。

③ 《汪荣宝日记》，宣统三年闰六月二十七日（1911年8月21日），第968页。

④ 《汪荣宝日记》，宣统三年七月十二日（1911年9月12日），第990页。

⑤ 《汪荣宝日记》，宣统三年七月二十三日（1911年9月15日），第993页。

⑥ 《汪荣宝日记》，宣统三年七月十六日（1911年9月8日），第986页。

⑦ 《汪荣宝日记》，宣统三年七月二十三日（1911年9月15日），第993页。9月18日："将'法律'一章修改数处。"19日："修改法律章，参考各书。"《汪荣宝日记》，第996、997页。

⑧ 《汪荣宝日记》，宣统三年七月二十五日（1911年9月17日），第995页。9月19日："柳公对于'会计'一章颇有增损。"《汪荣宝日记》，第997页。

⑨ 《汪荣宝日记》，宣统三年七月二十七日（1911年9月19日），第997页。

⑩ 《汪荣宝日记》，宣统三年七月二十八日（1911年9月20日），第998页。

因此，乙全本与李汪宪草章目之不同，实乃二者不是同一文件的重要证据。

四　民间所拟文书不可能出现在政府档案中？

关于乙全本，迟先生论道："宣统年间，很难有别的什么人有时间和精力撰写出如此完整的宪法草案，而且如果不是清政府组织纂拟，不会公然放到清政府的档案里。"

其实不然。俞、尚两位先生都在论文中指出过，在清末，民间有起草法典的事例。如由预备立宪公会发起修纂的《公司法》和《商法总则》草案就完成于宣统元年。① 据朱英先生研究，预备立宪公会发起修订商法的一个重要原因，是该会认为商业立法活动是立宪运动不可分割的重要组成部分，"民、商法典，为宪政成立一大关键"，只有预先拟订实施民法、商法等各项法典，才能"无误宪政成立之期"。② 如果说民商法典是"宪政成立一大关键"，宪法就更是宪政成立的关键了。对于民商法典尚有人如此热情，并在宣统年间推出草案，对于宪法，我们恐怕不能轻易断言在宣统年间没有人起草。

实际上，张伯烈的《假定中国宪法草案》，就是宣统年间出版的。张氏所拟宪草，凡九章八十五条，每条均有法理说明，其详尽程度，且超乎乙全本。③ 另外，保廷樑有一部《大清宪法论》，也出版于宣统年间，规模宏大，为系统论述宪法学说之著作，虽非宪法草案，但长达 500 多页，堪称国人研究宪法学之巨制，其所耗之心血，也不亚于起草一部宪法草案。④ 这种情况说明，在宣统年间，关注中国宪法问题的并不乏人，也确实有人在那时起草了完备的宪法草案，迟先生的判断是不准确的。

---

① 俞江：《两种清末宪法草案稿本的发现及初步研究》，《历史研究》1999 年第 6 期，第 93 页。尚小明：《"两种清末宪法草案稿本"质疑》，《历史研究》2007 年第 2 期，第 169 页。

② 朱英：《预备立宪公会拟订商法活动述论》，《西南民族学院学报（哲学社会科学版）》1990 年第 4 期，第 71 页。

③ 张伯烈：《假定中国宪法草案》，并木活版所（日本东京）宣统元年印行。此书除张氏私拟宪法草案外，尚附有"日本十八大家清国立宪问题评论"。

④ 保廷樑：《大清宪法论》，公木社（日本东京）宣统二年印行。汪荣宝读过保廷樑的这部书，并有评论："阅云南保君廷樑所著《大清宪法论》，瑕瑜互见，足供参考。"《汪荣宝日记》，宣统三年八月二十日（1911 年 10 月 11 日），第 1019 页。

　　至于民间起草的文件不可能"公然放到清政府的档案里"，因此清宫档案中所保存的就一定都是政府文件，这种判断也不对。清廷在一些特殊时期，会特许官民上书言事，在这种情况下，民间的意见就比较容易通过各省督抚或都察院呈递给君主，君主披览后，交给有关衙门处理，或存档，或落实。因此，民间起草的文书，在清宫档案中并不少见。在预备立宪期间，清廷为了集思广益，就曾经有过鼓励低级官员和民间人士上书的举动。① 笔者在浏览宪政编查馆全宗的时候，在第48号档案中，看到了多份低级官员、学生的政见书，其中有一件，号称是"无敌富强举办易成效速大纲"，大吹只要按照其策略，"不须耗费国帑分毫"，便可实现"无敌富""无敌强"，"使全球慑服"，完全是一派胡言。这一件，不知作者姓甚，但在文中自称"良"，又说自己"年近七旬，素志不冻馁足矣，至于功名富贵，久无此心"，可见是一个"民间人士"。连这样的呈文都"公然"出现了在了清王朝的政府档案里，民间起草的宪法出现在清政府档案中，并不足为奇。并且，民间起草的法律草案提交到政府，这在清代也是有实例的。前述预备立宪公会发起制订的商法草案，就呈交给了农工商部和法律馆，经稍事修订后，于1910年作为《大清商律草案》提交到资政院审议颁布。②

　　反复研读乙全本，我很认可尚小明先生的判断，即这一份宪草出自民间手笔的可能性极大。③ 清代公文，有一套严格的校勘制度，极少会出现文字方面的错漏。但乙全本中文字错漏之处却颇多。如"总论"部分开篇第一句"宪法即定家统治之原则"，显然在"家"字的前面漏了一个"国"字。第六条之"法理"中，有"法律之议决，即国会会会议决定"一语，

---

① 如1907年7月8日颁发了如下一道谕旨："自今以后，应如何切实预备，乃不徒托空言，宜如何逐渐施行，乃能确有成效，亟宜博访周咨，集思广益，凡有实知所以预备之方施行之序者，准各条举以闻。除原许专折奏事各员外，其余在京呈由都察院衙门，在外呈由各地方大吏详加甄核，取其切实正大者选录代奏。"《立宪应如何预备施行准各条举以闻谕》（光绪三十三年五月二十八日），《清末筹备立宪档案史料》（上），第44页。

② 尚小明：《"两种清末宪法草案稿本"质疑》，《历史研究》2007年第2期，第169页。

③ 其实，从迟先生的一条注释判断，他也无从完全否定乙全本出自民间的可能性："但如果系民间人士所拟，并放到档案里，显然是清廷相当重视，汪荣宝日记中应该提及。因此，此宪草来历还应进一步研究。但至少这部宪草与清政府有关系。"迟云飞：《清末预备立宪研究》，第303页注释。迟先生的第一句想表达的是，既然汪荣宝日记中没有提及此宪草，说明它不应该是民间起草。但后两句则明确传达出，他也认为乙全本究竟是谁起草，尚待研究。这跟他在正文中明确主张的乙全本就是官方起草的李汪宪草之说，显有出入。

其中显然多了一个"会"字。第9条之"法理"中，"伸缩"被写成了"绅缩"。第36条之"法理"中，"被告人"被写成了"彼告人"。诸如此类的错漏颇不少，很难令人相信这是一份出自政府的文件，更不要说是郑重起草的"李汪宪草"了。

五 "最重要的"理由也靠不住

迟先生断定乙全本就是李汪宪草，非常重要的一条（他自称是"最重要的"）是，汪荣宝和李家驹在起草宪法的时候，每一条都写了按语，而乙全本的每一条也都有按语，并且是"名为'法理'的按语"。

这一判断也有问题。

汪荣宝在日记中，确实有多处为宪法条文写按语的记载。这些记载，确实能说明一个问题，即按照他们的规划，很有可能要给所有宪法条文加"按语"。但是，从汪荣宝日记，我们尚不能断定"李汪宪草"的条文都已经起草好了按语。汪荣宝日记中记载其起草按语的内容如下（不包括修改按语之处）。1911年8月2日："草宪法第十二条按语。"① 5日："早起，冷水浴，草第十六条按语……六时许回寓，续草十六条按语，至十二时许始毕。"② 6日："早起，冷水浴，草第十七条按语。饭后至焕章殿……又草第十八条按语。"③ 8日："草第十八条按语。"④ 15日："以建议增加第十九条，草具按语。"⑤ 10月2日："草宪法第四章按语，凡成六条。"⑥ 7日："草宪法第四章按语。"⑦ 8日："续草第四章按语，凡六条，饭后封送陈侍郎。"⑧ 17日："草宪法第四章按语，伏案竟日，成五条。"⑨

从这些记录来看，汪荣宝肯定是第一章和第四章按语的起草者。但第

① 《汪荣宝日记》，宣统三年闰六月初八日（1911年8月2日），第949页。
② 《汪荣宝日记》，宣统三年闰六月十一日（1911年8月5日），第952页。
③ 《汪荣宝日记》，宣统三年闰六月十二日（1911年8月6日），第953页。
④ 《汪荣宝日记》，宣统三年闰六月十四日（1911年9月8日），第955页。
⑤ 《汪荣宝日记》，宣统三年闰六月二十日（1911年8月14日），第961页。
⑥ 《汪荣宝日记》，宣统三年八月十一日（1911年10月2日），第1010页。
⑦ 《汪荣宝日记》，宣统三年八月十六日（1911年10月7日），第1015页。
⑧ 《汪荣宝日记》，宣统三年八月十七日（1911年10月8日），第1016页。
⑨ 《汪荣宝日记》，宣统三年八月二十六日（1911年10月17日），第1025页。

四章是否已经起草完毕，无从判断。①

10月17日之后，汪氏日记中虽还有关于修宪工作的记载，但再未提起过起草按语一事。此时据11月2日清廷宣布将修宪权交给资政院（从而使李汪宪草成为废案）只有半月之久。即使汪荣宝在17日之后还有起草按语之举，但按照前期起草按语的进度，在这半月之中，无论如何也不可能将其余宪法条文的按语起草好。当然，在修宪过程中，汪荣宝和李家驹很可能有分工，二人分别为不同条文起草按语。汪氏9月5日记道："柳溪来谈，商榷招待议员事，开一名单与之。又将第三章参考条文面致，请加按语。"②观此可知，第三章的按语应该是李家驹加的。纂拟班子在将宪草条文依序分批进呈给摄政王的时候，都附有按语。到10月底，已经在进呈第四章的内容了，可知前三章及第四章部分（也可能是全部）条文已经起草好了按语。问题是，第一、三、四章以外各章的按语是如何分工的？李家驹是否已将其余各章条文的按语起草好？汪氏日记没有提示。在其他证据出现之前，对于"李汪宪草"的所有条文是否加具了按语，只能存疑。"汪荣宝等起草宪法草案时，每一条都写了按语"，迟先生的这一判断匆促了些。

更重要的是，乙全本的每条正文下，紧接着的文字不是冠以"按语"或"按"或"案"等词语，而是"法理"。迟先生认为，乙全本的"法理"就是按语，因此称为"名为'法理'的按语"。这一判断也不对。

实际上，在乙全本中，法理是法理，按语是按语，二者并存，而非同一。法理是前77条都有（"通例"4条没有），按语则只有第3、7、10、18、19、20、23、28、72条有。有法理而无按语各条，都是正文后紧接法理，法理部分以"法理"二字开头。既有法理又有按语各条，则是按照正文、法理、按语的顺序排列，按语部分以"案"字打头。

由此可见，乙全本和李汪宪草在体例上是不同的，李汪宪草是正文加按语，乙全本则大部分是正文加法理，部分条文是正文加法理加按语，最后4条则只有正文。因此，迟先生判定乙全本是李汪宪草的"最重要的"根据，其实也是站不住脚的。

① 10月9日："第四章按语已经清出，二公各无异词，惟删去一句。"观此，似乎第四章的按语已经起草完毕。但17日又记："草宪法第四章按语，伏案竟日，成五条。"可知9日所记"已经清出"的第四章按语，是指已经起草好了、准备进呈给摄政王的部分而言。《汪荣宝日记》，第1017、1025页。
② 《汪荣宝日记》，宣统三年七月十三日（1911年9月5日），第983页。

六　今后辨认李汪宪草时可注意之点

综上可知，乙全本不是学者们一直以来寻找的李汪宪草。李汪宪草是清季制宪的一个重要成果，作为中国第一部由国家制订的完整宪法草案，将来必然还会有学者加入寻找的行列中来。而已有的探索，已经揭示出李汪宪草的一些要素，可为将来辨认它提供一点帮助。

其一，李汪宪草的基本精神未出《钦定宪法大纲》之外，强调君权，所规划的是一个二元君主制立宪政体。

其二，李汪宪草 86 条，116 项，由 10 章构成，各章名称如下：第一章，皇帝；第二章，摄政；第三章，领土；第四章，臣民；第五章，帝国议会；第六章，政府；第七章，法院；第八章，法律；第九章，会计；第十章，附则。

其三，第一章有 19 条。关于此点，俞先生的论文中已有论及。[①]

其四，第二章从第 20 条开始。既然前 19 条是第一章的内容，第二章当然从第 20 条开始。

其五，第三章的最后一条是第 25 条。

其六，第四章从第 26 条开始。

第四、第三章起止的信息，须从进呈过程推断。汪氏日记中对进呈宪草一事多有记载。如 8 月 10 日："本日由两邸将第一条至第五条正文及按语进呈。"[②] 8 月 20 日："两邸又将第六条至第九条进呈原本宣示。"同日："先将第十条至第十五条清理，预备进呈。"[③] 9 月 10 日："将第十六条至第十九条按语清出，由陈侍郎于明日监督誊真，预备进呈。"[④] 从这些记录可以判断，第一章分四次进呈，第一次进呈第 1～5 条，第二次进呈第 6～9 条，第三次进呈第 10～15 条，第四次进呈第 16～19 条。

对第二章的进呈情况，汪氏日记无记载。对第三章的进呈情况，10 月 1 日记道："叙斋贝子前蒙召见，奉谕：进呈宪草不必俟泽公销假（时以病痢

---

① 俞江：《两种清末宪法草案稿本的发现及初步研究》，《历史研究》1999 年第 6 期，第 93 页。

② 《汪荣宝日记》，宣统三年闰六月十六日（1911 年 8 月 10 日），第 957 页。

③ 《汪荣宝日记》，宣统三年七月初五日（1911 年 8 月 20 日），第 975 页。

④ 《汪荣宝日记》，宣统三年七月十八日（1911 年 9 月 10 日），第 988 页。

请假），可接续办理。因约今日会议，将第三章缮齐，于明日进呈。"① 既然
第三章是单独进呈，可知第二章也是单独进呈。即是说，第五次进呈的是
第二章，第六次进呈的是第三章。

对第四章的进呈，有多处记载。10 月 4 日："第四章前六条，定明日进
呈。"② 10 月 12 日："早起，冷水浴。以预备进呈宪草入内，仍由叙斋贝子
填写正文（自三十二条至三十七条），予与柳溪装订圈点。"③ 10 月 21 日：
"饭后到焕章殿，会议第九次进呈稿本。"④ 既然 10 月 21 日预备的是第九次
进呈，加上已知 10 月 2 日进呈了第六次，则 10 月 4 日所言将于次日进呈的
必是第七次，10 月 12 日预备进呈必是第八次。由此可以推断，第四章的第
7 条是宪草的第 32 条，而该章第 1 条是宪草的第 26 条，第三章的末条是宪
草的第 25 条。

汪氏日记中，有一处对以上推论形成挑战，须加以辨正。8 月 27 日，
汪氏记道："拟改第三章第二十六条条文，参考各书。"⑤ 这不明明是说第
26 条属于第三章么？怎么能说第三章末条是第 25 条，第四章第一条是第 26
条呢？

原来，在 8 月 15 日议决于第一章内新增一条为第 19 条之后⑥，8 月 21
日，汪荣宝和李家驹又有在本章再增加一条的打算，且将条文都起草好
了。⑦ 但到了 28 日开会讨论的时候，汪荣宝又觉得第 20 条文义不妥，要求
"下届再商"⑧。到了 9 月 3 日再次开会的时候，索性"将增加第二十条之议
作为罢论"⑨。于是，第一章最终确定只有 19 条。问题是，第一章是 19 条

---

① 《汪荣宝日记》，宣统三年八月初十（1911 年 10 月 1 日），第 1009 页。
② 《汪荣宝日记》，宣统三年八月十三（1911 年 10 月 4 日），第 1012 页。
③ 《汪荣宝日记》，宣统三年八月二十一日（1911 年 10 月 12 日），第 1020 页。
④ 《汪荣宝日记》，宣统三年八月三十日（1911 年 10 月 21 日），第 1029 页。
⑤ 《汪荣宝日记》，宣统三年七月初四日（1911 年 8 月 27 日），第 974 页。
⑥ "早起，冷水浴。以建议增加第十九条，草具按语。九时入内……旋又议决以制订皇室大
　典之事于本章内特设一条，为第十九条。"《汪荣宝日记》，宣统三年闰六月二十一日
　（1911 年 8 月 15 日），第 962 页。
⑦ "又与柳溪讨论第四章，修改文字，增加一条。傍晚，就寺旁散步。柳公以日本宪法第三
　十一条，余未经采入，颇有疑义。余因谓此条殊不可解，与其于第四章内采用此条，不如
　以大权事项非列举所能尽之旨，酌采依藤及穗积诸人学说，明白规定，列入第一章之末，
　作为第二十条。柳公大以为然。因酌拟条文，彼此商定而罢。""依藤"，原文如此，当为
　"伊藤"，指伊藤博文。《汪荣宝日记》，第 968 页。
⑧ 《汪荣宝日记》，宣统三年七月初五日（1911 年 8 月 28 日），第 975 页。
⑨ 《汪荣宝日记》，宣统三年七月十一日（1911 年 9 月 3 日），第 981 页。

还是 20 条，将对以后各章的起止产生影响。8 月 27 日，汪氏心中的宪草，第一章还是有 20 条，因此，他此日所记 "第三章第二十六条"，在 9 月 3 日以后，就应该是 "第三章第二十五条" 了。故其日记中 "第三章第二十六条" 之记载，并不妨碍本文之推论。

其七，第 8 条是关于君主命令权的。关于第 8 条，汪氏日记有三处记载。7 月 9 日："草拟第一章至第八条规定命令权，余欲采普鲁士等国宪法主义，不取独立命令，而略采俄罗斯宪法之意，加入委任命令一层。议久不决，遂搁笔。"[1] 7 月 10 日："与柳公讨论独立命令问题，卒定议采日本宪法主义，而条件加严。"[2] 8 月 17 日："余与柳溪讨论第八条疑义，拟加入消极条件，而以法律未有规定时为限。辩难半日，仍定议用原文。"[3]

其八，第 19 条是关于皇室大典的。关于此点，俞先生已有论及。[4]

以上八点，希望对于今后寻找到李汪宪草能有所裨益。

---

[1] 《汪荣宝日记》，宣统三年六月十四日（1911 年 7 月 9 日），第 925 页。

[2] 《汪荣宝日记》，宣统三年六月十五日（1911 年 7 月 10 日），第 926 页。

[3] 《汪荣宝日记》，宣统三年闰六月二十三日（1911 年 8 月 17 日），第 964 页。

[4] 俞江：《两种清末宪法草案稿本的发现及初步研究》，《历史研究》1999 年第 6 期，第 93 页。

汪荣宝与资政院速开国会案[*]

章 博[**]

1906 年，清廷宣布"仿行宪政"[①]，预备立宪由此开启，中国自专制向宪政转折的序幕也由此拉开。作为实行立宪最重要环节之一的召开国会，也很快进入了人们的视野。由杨度首倡的国会请愿，得到各方呼应，并在1910 年形成了国会请愿热潮。非常值得注意的是，各省督抚和资政院也加入了 1910 年的国会请愿热潮中，并成为迫使清廷最终宣布"缩改于宣统五年开设议院"的重要力量。[②] 资政院对国会请愿的参与及其作用，最重要的体现是在速开国案的通过和请旨速开国会折的具奏，而汪荣宝对请旨速开国会折的起草与具奏，有极重要的贡献。这也是本文探讨汪荣宝与资政院速开国会案的原因所在。笔者希望通过对汪荣宝与资政院速开国会案的研究，来透视资政院与速开国会运动的关系，并管窥其在中国从专制向宪政转折过程中的作用。

汪荣宝不只与速开国会案有密切关系，实际上，他与整个资政院的工

---

  * 本文为华中师范大学中央高校基本科研业务费项目"清季国会请愿运动研究"（项目编号：CCNU17A06011）之阶段性研究成果。

** 章博，华中师范大学中国近代史研究所副教授。

① 《宣示预备立宪先行厘定官制谕》，《清末筹备立宪档案史料》（上），沈云龙主编《近代中国史料丛刊续编》（81），台北文海出版社，第 44 页。

② 清廷于宣统二年十月初三日颁布的上谕中称："前据各省督抚等先后电奏，以钦颁宪法，组织内阁，开设议院为请，又据资政院奏称据顺直各省谘议局及各省人民代表等陈请速开国会等语……著缩改于宣统五年开设议院。"由此可知，各省谘议局及各省人民代表的请愿、各省督抚的电奏以及资政院的请旨速开国会折，成为对清廷构成压力的三股重要力量。《缩改于宣统五年开设议院议》（宣统二年十月初三日），《清末筹备立宪档案史料》（上），第 78 页。

作都关系极深。汪荣宝是《资政院院章》《资政院选举章程》《资政院议事细则》《资政院分股办事细则》等一系列资政院相关法规的重要拟定者。[1] 同时，汪荣宝也是资政院开院的重要筹备者，他参与查勘与选定资政院院址，参与拟定资政院经费预算。资政院速记学堂更是汪荣宝一手谋划的，从拟定章程、选聘教习到招收学生，汪荣宝都用心颇多。留与后世并成为现今我们研究资政院重要参考文献的《资政院议场会议速记录》，也多由汪荣宝核改。

资政院议员选举工作开始后，汪荣宝被从各部院衙门中选出，成为钦定议员。[2] 资政院议员名单公布后，部分议员倡议组织一个开院准备会，租借石桥别业[3]为会所，每月开会三次，以每旬之第五日为会期，讨论与资政院相关的问题并准备议案。[4] 汪荣宝是该准备会的重要发起人、参与者和组织者。资政院常年会开始召集后，用抽签法将全部议员分为六股，汪荣宝分在第六股，并被该股股员互选为理事。[5] 之后，资政院开会选举专任股员，汪荣宝被选为法典股股员及副股员长。[6]

自此之后，汪荣宝开始活跃于资政院的台前幕后。在资政院的重大议案中，均能看到汪荣宝的作用。他或者激辩于议场，或者利用其人脉关系，在幕后活动和运作，而最终目标不过是希望将自己的理念贯彻到事件的发展过程中，使其朝着自己认为合理的方向发展。在这一过程中，我们清晰地看到，一个在后世看来并不非常重要，且对历史也没有决定性影响的历史人物，是如何以其自身努力企图影响具体历史的演进过程的。

下面，我们将通过汪荣宝与资政院速开国会案，来具体分析这一细致、丰富的历史情节。

---

① 关于拟定这些法规的情况，《汪荣宝日记》中有很多记载，此处不再一一列出，详见汪荣宝著、韩策等整理《汪荣宝日记》，中华书局，2013。

② 宣统二年四月初一日（1910 年 5 月 9 日）上谕公布，《国风报》第一年第十期，第 1~2 页，中华书局，2009 年影印版。

③ 石桥别业乃汪荣宝与陆宗舆、章宗祥、延鸿等共同组织的会所。《汪荣宝日记》1909 年 8 月 30 日，第 55 页；1910 年 3 月 13 日，第 124 页。各省谘议局议员联合会也以此为会所，《国风报》第一年第二十期，第 117 页。

④ 《汪荣宝日记》1910 年 5 月 25 日第 153 页。

⑤ 《汪荣宝日记》1910 年 9 月 23 日，第 191 页；李启成点校《资政院议场会议速记录》，上海三联书店，2011，第 1~3 页。

⑥ 《资政院议场会议速记录》第 20 页；《汪荣宝日记》1910 年 10 月 7 日，第 198 页。

一　资政院开院前汪荣宝与速开国会运动的关系

从汪荣宝日记看，尽管国会请愿运动在 1907、1908 年间已由部分士绅发起，但汪荣宝似乎并未与其发生联系。直到 1910 年 1 月，当孟昭常赴京拜访他时，汪荣宝才开始接触到来京的请愿速开国会代表。但此时孟昭常拜访汪荣宝，并非为速开国会事，而是为商法一事。孟昭常欲将所纂《商法调查案理由书》"呈诸修订法律大臣，以备采取"，而汪荣宝为修订法律馆第二科总纂①，因此孟昭常拜访汪荣宝，并将《商法调查案理由书》送与汪荣宝一部，希望汪荣宝赞助此事。倒是汪荣宝猜测，"日来各省士绅纷纷举代表赴京，请迅开国会，庸生（孟昭常）盖亦代表之一"，因此主动与孟昭常谈及请愿速开国会事，与之"讨论此事之当否，并略述所见，供其参考"，孟昭常"亦颇以为然"。② 汪荣宝日记中这一句话颇值得推敲。汪荣宝此时是赞成速开国会呢，还是对此事有保留意见？若是赞成，又何必与孟昭常讨论"此事之当否"？若是不赞成，孟昭常作为请愿速开国会的骨干，又怎么会对其意见"颇以为然"呢？依据笔者目前所见史料判断，在 1910 年 1 月前后，也即学界通常所谓的第一次国会请愿高潮期间，汪荣宝并未关注此次"请愿高潮"，并且也不认为当前的形势适合"速开国会"。因为以汪荣宝通过工作关系和各种私人关系所获取的信息来看，他不认为此时请愿速开国会能得到枢臣和朝廷的赞同，证据有二。其一，此时汪荣宝是主张宣统五年召集国会的。1907 ~ 1908 年，各地纷纷上书要求速开国会，政府因此令宪政编查馆人员讨论国会期限问题，汪荣宝即主张五年说。③ 到 1910 年 6 月，也即学界通常认为的第二次国会请愿高潮时期，汪荣宝开始关注并积极支持国会请愿事，但他对善耆的建言仍是"应请以资政院议员任满之日，改设上下议院。以时计之，不过提早三年，而人心必当大奋，朝廷何惮而不为"。④ 资政院钦选议员是宣统二年四月以上谕公布的，资政院正式开院则在宣统二年九月，按照资政院院章，"资政院议员以三年为任

---

①　《汪荣宝日记》，1909 年 4 月 23 日，第 23 页。

②　《汪荣宝日记》，1910 年 1 月 12 日，第 96 页。

③　侯宜杰：《二十世纪初中国政治改革风潮——清末立宪运动史》，中国人民大学出版社，2011，第 143 页。

④　《汪荣宝日记》，1910 年 6 月 26 日，第 165 页。

期，任满一律改选"。① 也就是说，资政院议员到宣统五年满一个任期。汪荣宝主张以资政院议员任满之日，改设上下议院，实际仍然是主张宣统五年召开国会的。"以时计之，不过提早三年"这句话，也可以进一步确认这一点。按照清廷颁布的预备立宪九年清单，1916 年颁布议院法、上下议院议员选举法，因此，尽管该清单并未明确宣布召开国会年限，但人们通常认为是 1916 年，即宣统八年召开国会。② 汪荣宝所谓"不过提早三年"，即提早到宣统五年。虽然同是要求提前召开国会，但在年限上，汪荣宝的宣统五年召集说与孙洪伊等所上国会请愿书中要求"以一年之内召集国会"③，还是有很大区别的。其二，汪荣宝日记中虽然详细记载了国会请愿代表孟昭常、方还、于定一等与其访谈的情况，但对史家认为的第一次国会请愿高潮期间的重要事件即都察院代递孙洪伊等国会请愿书一事，以及朝廷于1910 年 1 月 30 日颁布"俟九年预备完全定期召集议院"的上谕④，汪荣宝在日记中未有任何记载，也没有发表任何评论。汪荣宝日记对与自身相关的事件以及他关注的事件，通常都有详细记录，而对都察院代递国会请愿书及朝廷拒绝国会请愿的上谕，却未有一字记载和置评，只能说明汪荣宝此时并不关注此事。这也从一个侧面说明，后世史家认为的第一次国会请愿高潮，在当时人的眼中并非如此重要和影响巨大，甚至是在被后世史家视为清末"京城立宪派的核心骨干和代表人物"⑤ 的汪荣宝眼中也是如此。既然如此，那为何孟昭常还对汪荣宝的意见"颇以为然"呢？笔者推测，虽然双方在召开国会的年限上有分歧，并且汪荣宝对此时是否适合"速开国会"有保留意见，或者说是对速开国会的时机有不同看法，但孟昭常去拜访汪荣宝，一方面是请其在修订法律馆赞助《商法调查案理由书》；另一方面，也可能是为了打探汪荣宝对请愿速开国会的态度。因此，尽管汪荣宝对请愿速开国会事与自己有不同看法，但孟昭常为了达到请其赞助商法一事的目的，也不便与其当面辩论，因此只好装作"颇以为然"。当然，这些都只是笔者按自己目前所见到的史料进行的推测，在未见到汪荣宝和孟

---

① 《资政院议场会议速记录》，第 720 页。

② 关于国会召开年限，彭剑考证了预备立宪九年清单并未宣布召开国会年限，但人们普遍认为是 1916 年召开，因为清单上规定 1916 年颁布议院法、上下议院议员选举法。见彭剑《清季预备立宪九年清单并未宣布开国会年限》，《近代史研究》2008 年第 3 期。

③ 《国会代表请愿书》，《国风报》第一年第一期，第 26 页，中华书局 2009 年影印版。

④ 《清末筹备立宪档案史料》（下），第 641 页。

⑤ 王晓秋语，见其《清末京城立宪派与辛亥革命》一文，载《明清论丛》第十一辑。

昭常详细的谈话记录前，还不能为此下一定论。但无论如何，有一点可以确定，即自此之后，汪荣宝与请愿速开国会的代表们开始保持联络。

据汪荣宝日记记载，在孟昭常拜访他之后不久，1910 年 1 月 28 日，江苏请愿国会代表方还、于定一也曾去拜访他，但他因正欲赶赴法律馆，未能延见。当然并非汪荣宝故意不见，因为到 2 月 1 日，汪荣宝专门出城至崀新馆①回访方还、于定一，可惜于定一已回江苏，因此只与方还晤谈片刻。随即汪荣宝又到武阳馆拜访孟昭常。② 2 月 6 日，汪荣宝的日记中又记载："孟庸生……来谈。"③

此后的一段时间，因朝廷在 1910 年 1 月 30 日下达了"俟九年预备完全定期召集议院"的上谕④，拒绝了请愿代表们的要求，请愿代表们陆续回省，汪荣宝的日记中没有再记载与他们的往来。

一直到 1910 年 5 月，国会请愿代表们再一次会集京师，汪荣宝的日记中又开始出现与他们往来的记载。如 1910 年 5 月 23 日日记中记载与国会请愿重要骨干雷奋的往来，"雷季兴（即雷奋）来谈，余出《修正报律草案》，相与讨论，季兴欲有所删削，余亦同意，允商诸宪政馆同人"。⑤ 5 月 24 日日记记载："访季兴，不值。"⑥

实际上，自此之后，因为资政院的开院准备工作，汪荣宝与雷奋等人开始有固定的见面机会。如前所述，资政院议员名单公布后，部分议员便倡议组织一开院准备会，每月开会三次，讨论与资政院相关的问题并准备议案。汪荣宝和雷奋均为该准备会的重要发起人、参与者和组织者。在 1910 年 5 月 25 日的发起会上，汪荣宝被选举为假定干事，雷奋被公推为该会章程起草员。⑦ 6 月 2 日为资政院开院准备会第一次会议，在此次会议上，汪荣宝等报告上届发起会议情形，雷奋等朗读所拟该会简约。简约通过后，投票选举干事四人，汪荣宝、雷奋均当选。⑧ 6 月 11 日会议上，汪荣宝"演说议决机关与谘询机关性质之区别，并论去年各省谘议局之通病，愿本年

---

① 崀新馆，即国会请愿代表们于 1910 年 1 月在北京琉璃厂小沙土园设立的事务所。
② 《汪荣宝日记》，1910 年 1 月 28 日，第 102 页；1910 年 2 月 1 日，第 103 页。
③ 《汪荣宝日记》，1910 年 2 月 6 日，第 105 页。
④ 《清末筹备立宪档案史料》（下），第 641 页。
⑤ 《汪荣宝日记》，1910 年 5 月 23 日，第 152 页。
⑥ 《汪荣宝日记》，1910 年 5 月 24 日，第 152 页。
⑦ 《汪荣宝日记》，1910 年 5 月 25 日，第 153 页。
⑧ 《汪荣宝日记》，1910 年 6 月 2 日，第 156 页。

资政院毋再蹈其失"。散会后，"与季兴共到伯屏家一谈"。① 6 月 19 日，雷奋与另一位江苏谘议局议员狄葆贤（楚卿）招饮石桥别业，汪荣宝因身体不适推辞。②

这一时期，即从 1910 年 1 月到 6 月 22 日这段时间，汪荣宝虽然与国会请愿人士保持往来，但作为民政部左参议、宪政编查馆编制局科员和考核专科帮办、修订法律馆总纂，他主要忙于拟定和修改相关法规和法律条文以及民政部的本职工作，同时积极筹备资政院开院，对国会请愿运动则并未介入。碰巧在 6 月 20 日前后他又因感冒"连日杜门不出"，因此当 6 月22 日民政部尚书善耆询问汪荣宝"国会速设请愿书已否奏上"时，汪荣宝"茫然无所闻知"。及到宪政编查馆，才从时任军机大臣的吴郁生处得知"国会请愿书已于昨日由都察院代递，监国留览，尚未发下"。汪荣宝推测，因此次各团体代表请愿书有十件之多，非数日不能披览完竣，能否获准，固不敢言，但无论准否，此事肯定已引起朝廷重视，必有上谕公布。③

自此之后，汪荣宝开始密切关注国会请愿运动，并与满族亲贵和请愿代表双方保持密切接触和联络。在请愿代表方面，6 月 24 日午饭后，雷奋到汪荣宝家拜访，略谈国会请愿运动情形，汪荣宝"更具餐饷之"。同日，孟昭常亦到汪家，与其商榷该年资政院应行提议事件。④ 7 月 5 日汪荣宝与雷奋等在福全馆餐聚。⑤ 7 月 11 日资政院议员准备会上，雷奋演说资政院院章解释，沈林一（俪昆）起而驳论，汪荣宝支持雷奋，试图中止沈林一之辩驳。⑥ 7 月 21 日资政院准备会上，雷奋为主席，汪荣宝在会上演说日本第一期帝国议会历史。⑦ 8 月 7 日，国会请愿运动的重要骨干孟森、杨廷栋（翼之）因各省谘议局联合会事来京，亦到汪荣宝处拜谈。⑧ 8 月 9 日资政院准备会上，汪荣宝演说日本第二期议会历史。散会后，金邦平借石桥别业作主人，宴请杨廷栋等人，汪荣宝与曹汝霖、章宗祥均在陪客之列。⑨

---

① 《汪荣宝日记》，1910 年 6 月 11 日，第 160 页。
② 《汪荣宝日记》，1910 年 6 月 19 日，第 162 页。
③ 《汪荣宝日记》1910 年 6 月 22 日，第 163 页。
④ 《汪荣宝日记》1910 年 6 月 24 日，第 164 页。
⑤ 《汪荣宝日记》1910 年 7 月 5 日，第 168 页。
⑥ 《汪荣宝日记》1910 年 7 月 11 日，第 170 页。
⑦ 《汪荣宝日记》1910 年 7 月 21 日，第 173 页。
⑧ 《汪荣宝日记》1910 年 8 月 7 日，第 177 页。
⑨ 《汪荣宝日记》，1910 年 8 月 9 日，第 178 页。

另一方面，汪荣宝也与满族亲贵保持密切联络，并积极运动他们赞同国会速开。6 月 25 日，汪荣宝听闻该日有旨，令内阁会议政务处王大臣于五月二十一日（即 1910 年 6 月 27 日）预备召见，所谓"叫大起"也。汪荣宝由此判断朝廷对此事极为重视，因为"向例非有大事，不为此郑重之举。庚子宣战之议，即以是年五月二十一日叫大起决定者"。汪荣宝认为，"今朝廷别无何等紧急问题，此举必为对付国会速设请愿无疑也"。当日，汪荣宝又自民政部员外郎于宝轩（子昂）处得知，第二天内阁会议政务处将有特别会议。汪即知是为"后日奉答意见之准备也"。① 6 月 26 日，汪荣宝接到善耆电话，邀他前往一谈。汪荣宝预计善耆必然是因国会请愿问题有所咨询，汪亦"甚欲一陈愚见，以备采择"，因此立即前往。见到善耆后，善耆向汪荣宝大致讲述了该日内阁会议政务处特别会议开会的情形，以及枢府对此事之宗旨。汪荣宝向善耆建言："召集国会为立宪政体题中应有之义，何必龈龈于三五年迟早之间。人心难得而易失，借此激发舆情，亦未尝非绝好之政策。应请以资政院议员任满之日，改设上下议院。以时计之，不过提早三年，而人心必当大奋，朝廷何惮而不为。"② 对于汪荣宝之建议，善耆"亦甚以为然"，但认为此建议"必不能行"，因为枢臣和朝廷不会同意。在汪荣宝认为已引起朝廷极为重视的第二次国会请愿运动高潮期间，他建议宣统五年召集国会，仍被善耆认为"必不能行"，那么，在 1910 年 1 月前后，也即学界通常所谓的第一次国会请愿高潮期间，汪荣宝对"期以一年之内召集国会"的请愿持保留态度，也是情理之中的事了。

在宣统五年召集国会的意见被善耆否决后，汪荣宝只好退一步提出另外两条建议："（一）请设责任政府；（二）请实行钦定宪法，先设宪法讲筵，亲临讲习。"并当场替善耆草成说帖一件。善耆嘱托其抄写两份，以便于第二天与载泽计议。③ 正如他们所预计的一样，提前召开国会之请并未得到枢臣和朝廷的同意。1910 年 6 月 27 日，朝廷即发布上谕，驳回提前召集国会之请，"定以仍俟九年筹备完全，再行降旨定期召集议院"。并令嗣后"毋得再行渎请"。④ 善耆亦因此再次召集汪荣宝及延鸿（遂臣）、章宗祥，一面将该日召对情形详细告知，一面嘱托汪荣宝将"请设宪法讲筵先事研

① 《汪荣宝日记》，1910 年 6 月 25 日，第 165 页。
② 《汪荣宝日记》，1910 年 6 月 26 日，第 165 页。
③ 《汪荣宝日记》，1910 年 6 月 26 日，第 165 页。
④ 《清末筹备立宪档案史料》（下）第 645 页；《国风报》第一年第十五期，第 1~3 页。

究，并实行钦定之怡拟一奏稿，预备陈奏"。① 汪荣宝因此为善耆起草了约两千余言的敬陈管见折，提出："中国国会之成立，当在宪法制定以后"，而"宪法必须真正钦定"，同时"请设宪法讲筵"。② 由此过程可以看出，汪荣宝原本是主张将资政院改为上下两院，提前召开国会的，但被善耆告知该建议不能为朝廷采纳，因此他只好揣摩朝廷在宪政改革方面所能接受的程度，退一步提出先钦定宪法，再召开国会。当汪荣宝将此折稿呈递善耆时，善耆大加赞赏，并与汪荣宝商议如何将此折稿呈上才能影响朝廷决策。汪荣宝因为此前曾向毓朗陈述过此意，并且毓朗也极表赞同，因此他向善耆建言：可将此事与毓朗相商，如能再连合载洵、载泽为一致之运动，尤为上策。善耆同意先与毓朗相商，并从汪荣宝处取《宪法大纲》一部。③ 第二天，汪荣宝得善耆电话，说已就其所拟折稿与毓朗相商，并嘱其亲去与毓朗一谈。④ 当汪荣宝与毓朗面谈条陈钦定宪法事宜时，毓朗建议将奏折改为说帖，并删去请设宪法讲筵一节。汪荣宝当即就坐下改正，并经毓朗阅定后携归付缮。⑤ 汪荣宝起初是向善耆建议提前召开国会的，因其不能行，所以只好退一步提出实行钦定宪法，设宪法讲筵。在为善耆拟敬陈管见折稿时，已先与善耆相商，并为迎合朝廷之意，将自己意见修正很多，现又被毓朗将奏折改为说帖，并删去请设宪法讲筵一节。这显然已与汪荣宝之初衷相去甚远。

以上乃资政院开院之前，汪荣宝与速开国会运动的关系。

二 资政院速开国会案的提出与通过

1910 年 9 月 23 日，资政院第一次常年会召集，汪荣宝因仍在服丧期间而未参加会议，但在各股互选股长和理事时，汪荣宝仍被选为第六股理事。⑥ 自此之后，汪荣宝开始活跃于资政院的台前幕后，议场内外，特别是在资政院讨论通过速开国会案前后，他的表现尤其值得关注。首先，他积

---

① 《汪荣宝日记》，1910 年 6 月 27 日，第 166 页。
② 《汪荣宝日记》，1910 年 6 月 28 日，第 166 页。
③ 《汪荣宝日记》，1910 年 6 月 29 日，第 166～167 页。
④ 《汪荣宝日记》，1910 年 6 月 30 日，第 167 页。
⑤ 《汪荣宝日记》，1910 年 7 月 2 日，第 168 页。
⑥ 《汪荣宝日记》，1910 年 7 月 2 日，第 191 页；《资政院议场会议速记录》，第 1～3 页。

极参与资政院速开国会案的表决和具奏，引领形势的发展并建言献策，同时更直接参与资政院请旨速开国会奏稿的谋划和起草。其次，他奔走于议员和亲贵之间，沟通联络双方，希望他们共同为速开国会案而努力。一方面，他与请愿速开国会运动的重要骨干，同时也是江苏籍民选议员的雷奋、孟昭常、许鼎霖①等人互通声气、保持协作；另一方面又与满族亲贵保持密切联络，竭力运动他们赞同速开国会，并希望通过他们影响朝廷和政府对速开国会问题的决策。关于汪荣宝在议员和亲贵之间折冲樽俎的表现，留待后面再述。现在，我们首先分析汪荣宝对速开国会案的直接参与情况。

1. 速开国会案的提出与形成

10 月 17 日资政院会议上，议员们对理藩部提出的振兴外藩实业并划一刑律议案非常不满意，认为该议案"多系空论，并无办法"②，并由此将话题转移到了速开国会问题上。易宗夔首先提出，资政院开院已有半月，讨论的均是枝节上的问题，而根本问题则是速开国会。"现在各省谘议局联合会陈请速开国会，这是本院根本问题，应当先解决的"。因此要求当日主持会议的副议长沈家本改定议事日表，讨论速开国会事件。议员黄毓棠呼应，罗杰和于邦华更是极力支持，催促副议长沈家本尽快将速开国会陈请书交陈请股审查。③

在议长溥伦和副议长沈家本将速开国会陈请书交陈请股后，陈请股于 10 月 18 日开股员会审查。④

10 月 19 日资政院再次开会，会上，陈请股股员长赵炳麟报告审查陈请事件，并委托议员方还说明审查结果。方还因此报告了各省谘议局陈请速开国会说帖的要义。方还报告完毕，众议员要求秘书官朗读了陈请速开国会说帖的全部内容。随后，易宗夔要求按照《资政院议事细则》，改定议事日表，开议关于速开国会的重大问题，众议员拍手赞成，但副议长沈家本坚持应俟编入议事日表作为议案，方可召开会议。陶镕、罗杰等力争，要求即行讨论，众议员亦起立要求即行讨论，但沈家本坚持编为议案，列入

---

① 在 1910 年 9 月 23 日召开的资政院第一次常年会上，汪荣宝被选为第六股理事，同时许鼎霖被选为第二股股长，孟昭常被选为第二股理事，雷奋被选为第五股理事。《资政院议场会议速记录》，第 1~3 页。

② 《汪荣宝日记》，1910 年 10 月 17 日，第 201 页。

③ 《资政院议场会议速记录》，第 40~42 页。

④ 《资政院奏请速开国会折》，《国风报》第一年第二十八期，第 79 页。

议事日表，待下届会议再讨论。①

　　10月22日资政院会议上，提议陈请速开国会议案被列入议事日表。在讨论该议案时，发言的议员罗杰、江辛、牟琳、于邦华、陶镕等一致赞同速开国会，并且要求"本院议员全体赞成通过"②，全国"上自政府下至人民，都要全体赞成"③，同时推断："盖全国上下无不愿速开国会，且不但中国如此，即海外诸友邦亦甚望我国为完全立宪国。"④ 在此情况下，议员们认为毋庸再讨论，催促副议长沈家本即行宣布表决。当副议长宣布赞成请开国会者起立后，全体议员应声矗立，鼓掌如雷。汪荣宝得意之极，大呼"大清帝国万岁！大清帝国皇帝陛下万岁！大清帝国立宪政体万岁！"众议员和之，楼上旁听之中国人和外国人亦和之。⑤ 事后汪荣宝在日记中评论说，此乃资政院开议以来，"第一次有声有色之举矣"。⑥

　　表决通过后，议员们开始讨论上奏的手续问题。籍忠寅提出，各省谘议局陈请说帖内有"请代奏"字样，这是错误的。因为从法理上言之，资政院是议决机关，不能代奏，因此须请议长根据《资政院院章》之规定特为具奏；以实事言之，若仅代奏，即是资政院不负责任，因此须定案具奏，方有效力。

　　汪荣宝赞同籍忠寅关于具奏的说法，认为由资政院全体议员通过的陈请速开国会案，应作为资政院具奏案，由议长、副议长具奏。议员们对此没有疑义，并请议长指定请速开国会奏稿起草员。汪荣宝建议议长仿照资政院开院式后委托议员起草陈谢折稿的前例，就议员中指定六人为起草员，众议员拍手赞同。议长遂指定赵炳麟、陈宝琛、孟昭常、汪荣宝、许鼎霖、雷奋为起草员。⑦

　　资政院表决通过陈请速开国会议案后，汪荣宝开始将主要关注点放到了如何起草速开国会奏稿及其他与国会相关的准备事宜上了。他乐观地认为，既然陈请速开国会议案在资政院全体表决通过了，并且在当时速开国会也是舆论所向，因此政府和朝廷也会认可的。汪荣宝对速开国会运动的

①　《资政院议场会议速记录》，第55~56页。
②　《资政院议场会议速记录》，第75页。
③　《资政院议场会议速记录》，第76页。
④　《资政院议场会议速记录》，第76页。
⑤　《资政院议场会议速记录》，第77页。
⑥　《汪荣宝日记》，1910年10月22日，第203页。
⑦　《资政院议场会议速记录》，第77页；《汪荣宝日记》，1910年10月17日，第203页。

看法是经历了一个变化过程的。

前面我们分析过，在 1910 年 1 月前后，也即学界通常所谓的第一次国会请愿高潮期间，汪荣宝并未关注此次"请愿高潮"，并且对此时是否适合"速开国会"有保留意见。1910 年 6 月以后，即第二次国会请愿运动高潮期间，汪荣宝开始密切关注国会请愿运动，并积极运动满族亲贵们赞同国会速开，但此时他对善耆的建言仍然是宣统五年召集国会。而到 1910 年 10 月 22 日资政院表决通过陈请速开国会议案时，汪荣宝竟"得意之极"，带头高呼"大清帝国万岁！大清帝国皇帝陛下万岁！大清帝国立宪政体万岁！"① 汪荣宝的这种变化与当时速开国会运动形势的发展和他对形势的判断有很大关系。

就速开国会运动形势的发展来看，1910 年 1 月和 1910 年 6 月前后，即第一、第二次国会请愿高潮期间，虽然各省绅民为之积极奔走，立宪派主持的报纸杂志也大力宣扬，但该运动并没有得到手握实权者们的支持。而到 1910 年 10 月前后，即所谓的第三次国会请愿高潮期间，形势发生了重大变化。一方面，通过立宪团体几年来的积极推动和由其主持的报纸杂志长时间以来对国会问题的鼓吹，此时舆论已制造出一个"国会热潮"。② 另一方面，也是最重要的变化，是手握实权的督抚们开始参与到内阁、国会的讨论与请愿行列中。由滇督李经羲发起，督抚们由筹商要政至筹商内阁与国会，彼此间的往来函电络绎于道。虽有江督张人骏之公开反对和直督陈夔龙之不支持，多数督抚还是由李经羲主稿，锡良领衔，上奏了合词请设内阁国会奏稿，要求朝廷"立即组织内阁"，"明年开设国会"。③

正是在这种形势下，当汪荣宝得知各省督抚合词请设内阁国会的奏稿很快将由外务部代递的消息后，对速开国会问题作出了这样的乐观判断："此事上下一心，机会成熟，以理度之，应有圆满之结果矣。"④ 至 10 月 30 日，汪荣宝和章宗祥、陆宗舆甚至准备与溥伦"共同研究国会问题解决后之进行"了。速开国会运动形势的发展，以及汪荣宝对速开国会问题可能

---

① 《汪荣宝日记》，1910 年 10 月 17 日，第 203 页；《资政院议场会议速记录》，第 77 页；

② 姚光祖：《清末资政院之研究》，"国立"台湾大学政治研究所硕士学位论文，1977，第 140 页。

③ 关于此讨论，见"各省督抚筹商要政电"，"各省督抚筹商国会内阁电"，"各省督抚合词请设内阁国会奏稿"，《国风报》第一年第二十六期，第 66~96 页。

④ 《汪荣宝日记》，1910 年 10 月 27 日，第 205 页。

取得圆满结果的乐观判断，反过来又很好地解释了他在第三次国会请愿运动高潮期间的行为表现与第一、第二次国会请愿高潮期间表现的差异。

实际上，对速开国会问题发展形势的乐观判断，并非是汪荣宝独有的。检阅一下资政院议员们的发言记录，就可以发现，不管是钦选议员还是民选议员，都存在这种乐观倾向。如 1910 年 10 月 26 日资政院会议上，在讨论陈请速开国会具奏案折稿时，通常被视为保守派的钦选议员喻长霖发言指出："此事于一般国民之心看来，摄政王无不答应。"何以故？因为速开国会是民心所向，而资政院又是舆论和民心所在，朝廷若以"民心为心，同民好恶"，那么"速开国会的事我们已经决定，摄政王没有不竭力赞成的"。① 通常被视为激进派议员代表并被称为"资政院三杰"之一的民选议员易宗夔也认为，"国会事体，上下一心，此件事体，皇上一定答应"。② 与上层联系紧密，与汪荣宝一样通常被视为"昏夜叩权贵之门"的江苏籍民选议员许鼎霖，在资政院议员刚刚表决通过陈请速开国会案后，即发言指出："今日宣布表决全体赞成速开国会，无不欢声雷动，想政府一定欢迎，皇上及摄政王一定许可。"同时他已经在考虑朝廷和政府许可之后，下一步的进行办法，并因此倡议议员们第二天假财政学堂开一全院研究会，讨论和研究下一步的方案。③ 他的发言不仅具有一定的代表性，而且某种程度上反映了议员们的心声。在陈请速开国会议案通过的第二天，即 10 月 23 日，资政院议员们真的按照许鼎霖的建议，在财政学堂召开了国会问题研究会。④ 这也进一步证实了汪荣宝、许鼎霖等对速开国会问题的乐观判断并不是孤立的，而是反映了多数议员的看法。甚至连议长溥伦也有此乐观判断。10 月 26 日中午，溥伦到资政院延见各议员，告诉他们当日召见奏对情形，并称"国会问题大有圆满解决之望"。⑤

2. 请旨速开国会奏稿的拟定与通过

10 月 22 日资政院会议通过了陈请速开国会案，并由议长指定汪荣宝等六人为请速开国会奏稿的起草员。散会后，汪荣宝即与起草员陈宝琛、赵

---

① 《资政院议场会议速记录》，第 82 页。
② 《资政院议场会议速记录》，第 83 页。
③ 《资政院议场会议速记录》，第 78 页。
④ 《汪荣宝日记》，1910 年 10 月 23 日，第 203 页。
⑤ 《汪荣宝日记》，1910 年 10 月 26 日，第 205 页。

炳麟等商略折稿大意，"抵暮而回"。① 10 月 23 日，根据许鼎霖的倡议，资政院议员们假财政学堂开国会问题研究会。会上，汪荣宝登台发表演说，一方面是劝资政院同仁们和衷共济，"各除意见，略其所不必争而争其大者"。另一方面，乃从学理和事实上分析国会制度的好处。汪荣宝认为，资政院近乎一院制之国会，而现在东西各国，除一、二小国外，多实行两院制之国会。两院制国会出自英国，虽由其历史与国情使然，但欧美各国与英国的历史和国情不同，亦实行两院制，这并非盲从英制，而是两院制自有其好处。首先，有两院之后，议事可以郑重，经两院均以为然，事理详尽，必无窒碍难行的弊病。此外，更重要的是，实行两院制，立法、行政两个机关不至常起冲突。若一院以为然，一院从而非之，这个时候相争相杀，纵有许多争端，常可消灭于无形。若是一院制，则议院之所议决者，政府即有执行之义务，万一议院与政府意见反对，非解散议院，就是政府辞职。若是年年都有这种事情，不特于政府不利，即国民亦间接受其影响。因此，"改资政院为国会，与谓为利民，宁谓为利政府"。② 汪荣宝关于国会制度的看法，后来全面地反映到了由他修改过的请旨速开国会奏稿中，成为在学说上支持速开国会的重要理由。他正是基于国会制度"有此二善"，因此建议朝廷与政府，"与其维持现状，得偏遗全，不如采取各国通法，径设两院之为愈也"。③

汪荣宝在财政学堂发表关于国会演说后的第二天，即 10 月 24 日，孟昭常将请旨速开国会奏稿后半部分拟成，交与汪荣宝，汪荣宝"酌改数处"，至晚间"十一时顷袖稿而回"。④ 10 月 25 日，汪荣宝日记中又记载："早起，冷水浴。修改奏稿。"⑤ 当日下午，溥伦又嘱托汪荣宝转邀参与起草奏稿诸人晚间到汪荣宝家会面，商酌奏稿。晚上，许鼎霖、雷奋、陈宝琛、溥伦等均到汪荣宝家，商榷数回，后由汪荣宝"据庸生（孟昭常）稿另拟一通，用其意而变其词"。定稿后，溥伦又谈了连日设法令速开国会情形，至晚间十二时顷方散。⑥

---

① 《汪荣宝日记》，1910 年 10 月 22 日，第 203 页。
② 《汪荣宝日记》，1910 年 10 月 23 日，第 203 页；《资政院议场会议速记录》，第 80~81 页。
③ 《资政院奏请速开国会折》，《国风报》第一年第二十八期，第 82 页。
④ 《汪荣宝日记》，1910 年 10 月 24 日，第 204 页。
⑤ 《汪荣宝日记》，1910 年 10 月 25 日，第 204 页。
⑥ 《汪荣宝日记》，1910 年 10 月 25 日，第 205 页。

10 月 26 日中午，溥伦在资政院延见各议员，一方面报告"国会问题大有圆满解决之望"；另一方面将汪荣宝等所拟请旨速开国会奏稿展示给各位议员，并嘱托他们"转告同人，安心毋躁"。①

同日下午，资政院开会讨论陈请速开国会具奏案。先由秘书长朗读请旨速开国会奏稿，全体议员起立敬听。许鼎霖等公推汪荣宝作为起草员代表说明具奏案主旨。汪荣宝首先强调，该奏稿是照《资政院议事细则》一百零六条办理的具奏案。这个具奏案就是各国所谓上奏案，与都察院代奏不同，都察院代奏是按原奏折不加案语即行上奏，而具奏案是要将资政院的意思写上去的。② 接着汪荣宝报告了奏稿的主要内容。从前面所述奏稿的起草过程我们可以知道，关于奏稿的起草，汪荣宝等人是花费了很多心思的。一方面，奏稿要反映出各团体速开国会的要求；另一方面，奏稿在内容安排和措辞上也都非常需要技巧，既要有理有据，又要考虑朝廷和政府的接受能力。奏稿初稿虽先由赵炳麟起草，并且经孟昭常修改了一次，但溥伦和汪荣宝等对孟昭常修改后的奏稿还是不满意，因此最后的奏稿实际是由汪荣宝根据孟昭常之稿另拟而成的。③ 因此，最后上奏的折稿，在内容安排上，是体现了汪荣宝的缜密心思的。奏稿首先说明，资政院此折稿是反映了公众舆论要求的，是由顺直各省谘议局、各省人民代表孙洪伊、侨寓日本商民代表汤觉顿等呈递给资政院的陈请速开国会说帖引起的。其次，说明了奏稿的法理依据。根据资政院章程，资政院于"合例可采"之人民陈请事件，可以作为议案。同时该议案得到了全体议员的"合词赞成"，认为"应行具奏"。再次，陈述了资政院对国会的看法及必须速开国会的原因，并从学理上阐述了须改资政院为国会的理由。最后，提出资政院的要求，"窃以为建设国会为立宪政体应有之义务，既不可中止，何必斤斤于三五年迟早之间。人心难得而易失，时会一往而不还。及今图之，犹可激发舆情，又安大局。朝廷亦何惮而不为？"因此，请朝廷"明降谕旨，提前设立上下议院，以维危局，而安群情"。④

经汪荣宝最后修订过的奏稿得到了全体议员的认同，当汪荣宝在资政院会议上将奏稿的主旨报告完毕后，议长宣布表决，全体议员起立赞成，

① 《汪荣宝日记》，1910 年 10 月 26 日，第 205 页。
② 《资政院议场会议速记录》，第 80 页。
③ 《汪荣宝日记》，1910 年 10 月 23 日，第 203 页；《资政院议场会议速记录》，第 81 页。
④ 《资政院奏请速开国会折》，《国风报》第一年第二十八期，第 79 ~ 82 页。

全场一致通过。①

三 请旨速开国会奏稿的遗留问题及 速开国会案的结局

资政院请旨速开国会奏稿虽然几经商议与修改才最终定稿，在内容安排和措辞上也费尽了心思，最后也得到了资政院全体议员的认同，被全场一致通过，但是，该奏稿却回避了一个至关重要的问题，即召开国会的年限问题。

开国会的年限问题何以至关重要？开国会在朝廷颁布的宪法大纲中原本即有规定，国会请愿代表们所汲汲以求的是国会速开，或谓请清廷提前召开国会，因而其重点即在召开国会年限上。所以召开国会的年限问题，在当时是要求速开国会的各方与朝廷和政府相争的一个焦点。当朝廷最后宣布缩改于宣统五年召集国会后，各方的反应不一，主要原因即在各自对召开国会年限的要求不同。清廷最后宣布的召开国会年限，也成为后世史家评判国会请愿运动是否成功的一个重要衡量指标。

如此重要的一个问题，在资政院请速开国会奏折中却没有体现。资政院最后具奏的《请速开国会折》中，只是含糊地讲："窃以为建设国会为立宪政体应有之义务，既不可中止，何必斤斤于三五年迟早之间。"因此请朝廷"明降谕旨，提前设立上下议院，以维危局，而安群情"。② 至于开国会年限，则没有提出明确要求。对请旨速开国会奏稿的内容安排甚至措辞颇费心思的汪荣宝和溥伦等人，为什么在奏稿中单单不提速开国会年限问题呢？这肯定不会是疏漏，而应该是故意为之。至于故意不提的原因，一方面，在实际上处于清廷、政府以及民选议员之间的溥伦、汪荣宝等可能顾虑较多，考虑到清廷与政府的接受度及体面等因素，不愿在年限问题上公开与清廷和政府为难，而在实际上将召集国会年限的主动权交给了清廷和政府；另一方面，也极有可能与当时资政院内部对速开国会年限要求的不统一有关。

在 1910 年 10 月 22 日资政院表决通过陈请速开国会议案后，沈林一即

---

① 《资政院议场会议速记录》，第 81 页；《汪荣宝日记》，1910 年 10 月 26 日，第 205 页。

② 《资政院奏请速开国会折》，《国风报》第一年第二十八期，第 82 页。

提出开国会的年限问题，他一方面认为"年限宜速不宜迟"，但同时又指出"本院互选议员是间接选举，与国会议员不同"。"如果即开国会，不能无宪法，总宜先请早颁宪法为妙"。籍忠寅对此有不同意见：认为"此次具奏只请速开，至于年限，应请旨裁夺"。宪法问题则非本日议题，可以后再作研究。① 议员们对籍忠寅提出的"此次具奏只请速开，至于年限，应请旨裁夺"，没有发表不同意见。

因此，资政院最后具奏的《请速开国会折》中，对开国会年限这一至关重要的问题也没有提出明确要求。

实际上，虽然不同的团体、机构乃至个人，都在要求速开国会，但大家对于召开国会的年限则有不同看法。国会请愿代表孙洪伊等《上资政院书》中，是明确要求资政院"迅赐提议，于宣统三年内召集国会，并请提前议决代奏"。② 各省督抚在《合词请设内阁国会奏稿》中，也明确提出："伏恳圣明独断，亲简大臣，立即组织内阁。特颁明诏，定以明年开设国会。"③ 但各省谘议局联合会在《陈请资政院提议请速开国会提议案》中，则没有明确提出召开国会的年限。④

为何谘议局联合会《陈请资政院提议请速开国会提议案》与资政院最后具奏的《请速开国会折》中都不明确提出要求召开国会的年限呢？这与议员们各自对要求召开国会年限的不明确和不统一有很大关系。检阅资政院第一次常年会速记录，可以发现，议员们在讨论速开国会问题时，不少人并不明确说明自己对召开国会年限问题的看法，或者提到年限问题，也说得含糊不清。如于邦华在10月26日资政院会议发言，要求议长向朝廷说明不可不速开国会的原因时说："请议长对于皇上、摄政王说明国会不可不速开的缘故，若是缩短一年二年，大家再争请愿，于表面上殊不雅观，不如将此意说明于前，就不至激烈于后。"⑤ 也就是说，缩短一年二年是大家不能接受的，那缩短三年是不是就可以接受呢？清廷最后颁布的"缩改于宣统五年召开议院"，即比原定的宣统八年召集国会，缩短了三年，即宣统

① 《资政院议场会议速记录》，第77页。
② 《国会请愿代表孙洪伊等上资政院书》，《国风报》第一年第二十六期，第92页。
③ 《各省督抚合词请设内阁国会奏稿》，《国风报》第一年第二十六期，第96页。
④ 《谘议局联合会陈请资政院提议请速开国会提议案》，邱涛点校《直省谘议局议员联合会报告书汇录》，北京师范大学出版社，2013，第112~117页。
⑤ 《资政院议场会议速记录》，第82页。

五年召开。汪龙光在陈述速开国会的理由时指出："至如宪法一节，我国是君主立宪，自应先颁宪法后开国会，然选举法同议员法可以数月编成，宪法寥寥数条，自无不可于数月内订定。""若手续上本赶赴得及，而必多延缓一年两年，似无理由可说矣"。也没有明确提出要求召开国会的年限。① 10月31日，军机大臣毓朗出席资政院会议，谈召开国会的问题。许鼎霖发言，希望毓朗赞助速开国会，原话如下："见报传有宣统五年开国会之说，本议员想这个国会总是要开的，早一年好一年，早一日好一日，五年与三、四年有何分别？所望军机大臣将此种意思代为奏明，以副天下之望。"② 只说缩短五年与三四年有何分别，而未提出到底是要求缩短几年，或者我们也可以理解为，缩短三四年就是可以接受的。

只有易宗夔在资政院常年会上明确提出了一年内召开国会的主张。他要求军机大臣毓朗，当："上谕出来的时候，如果国会明年可开，就可以达全国人民之目的；如果明年不能即开，军机大臣就有副署的责任，即请军机大臣不必将名字副署。"也就是说，他是明确要求宣统三年召开国会的。③

那么汪荣宝此时又是主张何时召开国会的呢？从汪荣宝日记的记载判断，汪荣宝当时是主张宣统四年召开国会的。1910年10月27日，汪荣宝与李文熙、于邦华、李榘、籍忠寅、顾栋臣等一起拜访溥伦，大家"各痛切尽言，大意请以宣统四年为召集国会之期"。④ 由此可见，汪荣宝与李文熙、于邦华、李榘、籍忠寅、顾栋臣等都是主张宣统四年召集国会的。10月29日汪荣宝又拜谒善耆，力劝其支持国会速开，并提出应以宣统四年为召集之期。⑤ 11月2日，汪荣宝自劳乃宣处得知"枢廷说帖，请以宣统五年召集国会"后，即电询溥伦，"五年说是否确定，可否再提前一年，属其设法"。⑥ 汪荣宝自溥伦处得知"召集国会之期，闻已确定宣统五年"后，又"作一书与延鸿（溥伦），力请设法再行提前一年"。⑦

正因为各方对召集国会年限的要求不同，因此，在朝廷最后宣布"缩改于宣统五年开设议院"时，各方的反应自然不一。主张一年召集者，或

---

① 《资政院议场会议速记录》，第108页。

② 《资政院议场会议速记录》，第109～110页。

③ 《资政院议场会议速记录》，第111页。

④ 《汪荣宝日记》，1910年10月27日，第205页。

⑤ 《汪荣宝日记》，1910年10月29日，第206页。

⑥ 《汪荣宝日记》，1910年11月2日，第208页。

⑦ 《汪荣宝日记》，1910年11月3日，第208～209页。

如李素痛哭于议场，或如易宗夔提出质问说帖，质问会议政务处王大臣为何一定要宣统五年召集国会。[①] 主张四年召集者，如汪荣宝，虽内心极为失望，但又不得不遵从议长溥伦"密告晓事议员，设法镇定，毋再反对"之命，"密探民选诸君意见"[②]，并通过雷奋劝说民选议员勿再反对。喻长霖则认为，对于开国会问题，"朝廷不欲即开者"，并不是"王公大臣的知识都不及我们的高明"，而是有实在理由，即"议院是立法的机关，行政统于内阁"，"故欲速开国会，必先组织内阁"。况且与日本相比，"我中国现既改为宣统五年，已经比日本速的多了"。[③] 江浙谘议局及江苏商、学各团体更是致电资政院，对朝廷缩改于宣统五年召集国会表示祝贺。[④] 京师各学堂学生亦结队提灯上街游行，"集大清门歌呼庆祝"。[⑤]

四　速开国会案前后汪荣宝在议场外的活动

在资政院提出速开国会案前后，以汪荣宝为中心形成的包括民选议员、钦选议员、议长、满族亲贵在内的人际关系网，非常引人注意。在速开国会案问题上，雷奋等民选议员通过汪荣宝来影响议长溥伦和满族亲贵，而溥伦也通过汪荣宝和雷奋来了解民选议员们的思想和动向。通过汪荣宝，资政院议员、议长溥伦和其他满族亲贵之间，形成了双向互动。通过这个人际关系网，民选议员们得以及时了解朝廷和政府对速开国会问题的动向，并企图对其决策施加一定的影响；议长溥伦通过将高层动态传递给议员，实际也在一定程度上影响了他们的活动和决策。虽然这个交际网不能左右朝廷对速开国会案的最终决策，但在某种程度上却决定着资政院的发展方向，也由此为速开国会运动这段历史画上了浓墨重彩的一笔。

1. 汪荣宝与江苏籍民选议员的联系

前面我们已经述及，在资政院开院前，汪荣宝与江苏籍国会请愿运动的骨干们已有密切联络。在资政院开院后，雷奋、许鼎霖、孟昭常等国会请愿运动的骨干们作为民选议员进入资政院，与汪荣宝有了更多的共事和

---

① 《汪荣宝日记》，1910 年 11 月 7 日，第 211 页；《资政院议场会议速记录》，第 141 页。
② 《汪荣宝日记》，1910 年 11 月 3 日，第 208 页。
③ 《资政院议场会议速记录》，第 144 页。
④ 《汪荣宝日记》，1910 年 11 月 7 日，第 210 页。
⑤ 《汪荣宝日记》，1910 年 11 月 7 日，第 210 页。

接触机会。在议场外，他们常常互通声气，相互支持。① 议长溥伦遇到棘手问题，也每每召集汪荣宝和雷奋、许鼎霖、孟昭常等商讨对策。如 1910 年10 月 3 日（宣统二年九月初一日），资政院举行隆重的开院式，但在当日即遇到开院后首场风波。即关于该年预算，政府有不交院议之说，而按照原定日程，资政院将于第二天开会选举各专任股员，那么预算股专任股员是否应该选举呢？若当场宣布政府不愿将该年预算交院议，恐群情激怒，致生变端。议长溥伦因此召集汪荣宝、孟昭常、雷奋等密谈，商讨如何及时设法，维持大局。汪荣宝等建言，请议长将选举专任股员事暂行挪后，同时迅向枢府密商，力求挽回，若不得请，再筹他法。当日晚间，汪荣宝等又在六国饭店聚议，溥伦告诉他们，已与某相剀切言之，并约定第二天到会议政务处商讨此事，但溥伦担心已定第二天选举专任股员，若须挪后，需要有圆满之理由。刚好当日广西谘议局因巡抚变更禁烟期限全体辞职，电资政院核办，他们由此找到了变更议事日表的理由。② 第二天资政院会议上，由秘书长金邦平报告，副议长沈家本宣布，"广西禁闭土膏店一事"，奉有交旨，系紧急事件，宜遵《资政院议事细则》第十七条从速开议，因此改定议事日表。③

　　汪荣宝和雷奋等一方面是在为议长溥伦出谋划策、解决问题，但与此同时，他们也趁此机会表达了自己的见解，因此实际上也对事件的进程和

---

① 如 1910 年 9 月 30 日，资政院议员在象坊桥财政学堂开会，剖析《资政院议事细则》和《资政院分股办事细则》有疑义处，由许鼎霖为主席，孟昭常等报告 9 月 28 日讨论情形，会场上疑问迭奉，汪荣宝时为答辩。最后讨论关于《资政院分股办事细则》第八条互选股员之规定时，群起辩难，但作为该议事细则和分股办事细则重要拟定者的汪荣宝坚持原说，孟昭常坚定支持汪荣宝。再如，在资政院如何处理广西谘议局与巡抚有争议的禁闭土膏店事件上，汪荣宝与江苏籍议员许鼎霖、雷奋等也保持了很好的协作。10 月 5 日，资政院开特任股员会，讨论广西禁闭土膏店事件，多数认为广西禁烟办法上年已经谘议局议决，该省巡抚任意变更，实为侵夺权限，应照院章二十四条，由资政院核办具奏。但严复持反对意见，称督抚有便宜行事之权，此案并无侵权违法实据。汪荣宝与许鼎霖、雷奋等群起驳之，最后定为应行具奏事件。股员长并指定汪荣宝、许鼎霖、孟昭常为审查报告起草员。散会后，议长溥伦又召集汪荣宝及许鼎霖、孟昭常、雷奋等商谈并决定议事规则疑义数条。之后，汪荣宝与孟昭常退至特任股员室，起草报告书。第二天，即 10 月 6 日资政院会议上，许鼎霖报告了关于广西禁闭土膏店事件的审查结果，"众意对于审查结果颇为满足，请毋庸讨论，即行表决，遂议决照原审查报告书，一字不易，即行具奏"。以上内容见《汪荣宝日记》，1910 年 9 月 30 日，第 193 页；1910 年 10 月 5 日，第 196 页；1910 年 10 月 6日，第 197 页；《资政院议场会议速记录》，第 11～16 页。
② 《汪荣宝日记》，1910 年 10 月 3 日，第 195 页。
③ 《资政院议场会议速记录》，第 11～12 页。

发展方向施加了自己的影响。

除了溥伦，善耆也通过汪荣宝与许鼎霖、雷奋、孟昭常等江苏籍民选议员保持联络。如善耆欲组织政党时，即嘱托汪荣宝转邀许鼎霖、雷奋、孟昭常等共同商谈。① 通过此事，雷奋、孟昭常等与善耆的联系也建立起来了。之后，他们多次聚议组织政党，并讨论建设国会、制定宪法、建设责任内阁等问题。最后约定由孟昭常起草政纲，由雷奋出面联络、邀请民选议员，汪荣宝联络、邀请钦选议员。②

如果某一个江苏籍民选议员与满族亲贵有所联络，该议员也会积极地在汪荣宝和满族亲贵之间相互牵线。如许鼎霖曾与载涛有所交往，并对载涛有较好印象，认为其"颇持锐进主事"。载涛亦对许鼎霖表示颇愿"延访通材"，并"愿得常常见之"。许鼎霖因此把汪荣宝、雷奋及孟昭常推荐给载涛，并立刻夜约汪荣宝，将此事及自己对载涛的看法告知汪。③ 汪荣宝因而与许鼎霖、雷奋、孟昭常等一同拜访载涛，并向载涛陈述自己关于责任内阁和国会问题的看法："立宪政体之要义，首在统一行政，故责任政府不可不设，而国会与责任政府为对待机关，一面设责任政府，一面不可不设国会。"④

在资政院通过陈请速开国会案后，汪荣宝与许鼎霖、雷奋、孟昭常等同被指定为请速开国会奏稿的起草员。因此，在起草请速开国会奏稿上，汪荣宝与孟昭常、雷奋等人有很多的协商与合作。对此前文已论及，此处不再赘述。由许鼎霖倡议召开的资政院议员国会问题研究会，汪荣宝、雷奋也是重要的参与者和支持者，许鼎霖、雷奋、汪荣宝等均在会上发表演说。资政院内外对汪荣宝的各种评论，汪荣宝也通常自孟昭常等人处得知。⑤

2. 汪荣宝运动满族亲贵赞助速开国会

在直接参与资政院速开国会案表决、具奏及起草请旨速开国会奏稿的同时，汪荣宝也奔忙于议场之外，特别是运动满族亲贵们赞助国会速开。

① 《汪荣宝日记》，1910 年 10 月 6 日，第 197 页。
② 《汪荣宝日记》，1910 年 10 月 7 日，第 197~198 页；1910 年 10 月 9 日，第 198 页；1910 年 11 月 10 日，第 212 页。
③ 《汪荣宝日记》，1910 年 10 月 12 日，第 199 页。
④ 《汪荣宝日记》，1910 年 10 月 15 日页，第 200 页。
⑤ 《汪荣宝日记》，1910 年 10 月 23 日，第 203 页。

在资政院表决通过陈请速开国会案的第二天，即 10 月 23 日，汪荣宝即拜谒毓朗。毓朗对近来资政院之举动表示不满，同时告诉汪荣宝政府对于资政院之疑虑，自己居间调停之苦衷，以及速开国会之难行。汪荣宝竭力解释，并详细剖陈不能不速开国会之理由，还拿出《国风报》第九期所载《国会同志会意见书》，请其一阅。① 10 月 24 日上午，汪荣宝又拜访溥伦，拟谈速开国会问题。刚好当时载泽亦在溥伦家，待载泽走后，溥伦告诉汪荣宝，他已于前日向载泽"破釜沉舟，痛陈利害"，说明国会问题非缩短年限，无从解决。载泽亦以为然，并已在本日召见时，将此意奏闻监国。溥伦乐观地判断，从召对情形来看，此事或可略有转机。但从策略上讲，具奏日期宜稍从缓，最好在上奏之前，能见到监国，当面陈述利害，可能对速开国会事更有利。该日午饭后，度支部郎中林景贤（梅贞）拜访汪荣宝，谈到近年财政情形，汪荣宝趁机言道，"此种问题，惟有国会可以解决"，并与其讨论一院制与两院制之利害得失，认为"与其开资政院，不如径开上下议院之为愈"，林景贤"颇动听"，汪荣宝因此嘱托其见到载泽时乘机进言。②

但此时媒体对汪荣宝之评价却颇为负面，认为汪荣宝反对速开国会，说其"一面赞成，一面竭力运动，使不得裁可"。③ 对媒体之评论，汪荣宝虽觉可笑④，但亦感到失望灰心。10 月 24 日他拜访溥伦，运动速开国会事时，将"所闻外间谣言告之，相与太息"。同日，杨天骥（千里）又拜访汪荣宝，告诉他代表团及各报馆对其疑谤之情况，汪荣宝更觉灰心。杨天骥走后，汪荣宝查阅该日各报刊，并请杨度、孙洪伊等设法向外间解释。⑤

与媒体的评论相反，实际上，在朝廷十月初三日（1910 年 11 月 4 日）上谕下达前后，汪荣宝频繁地拜访善耆、溥伦、毓朗等满族亲贵，一方面从他们那里打探国会速开问题的最新进展情况，另一方面动员他们赞助速开国会。

10 月 27 日，汪荣宝到溥伦家，与之商榷呈递速开国会奏折前后应办各事。同日，李文熙拜访汪荣宝，说于邦华等希望汪荣宝能与他们一起拜见

① 《汪荣宝日记》，1910 年 10 月 23 日，第 203 页。
② 《汪荣宝日记》，1910 年 10 月 24 日，第 204 页。
③ 《汪荣宝日记》，1910 年 10 月 23 日，第 203 页。
④ 《汪荣宝日记》，1910 年 10 月 23 日，第 203 页。
⑤ 《汪荣宝日记》，1910 年 10 月 24 日，第 204 页。

溥伦，请其在奏对时面陈速开国会之理由，汪因此与李文熙、于邦华、李榘、籍忠寅、顾栋臣等共同拜访溥伦，"请以宣统四年为召集国会之期"。①
10月28日，汪荣宝从外务部左丞高而谦（子益）处得知，各省督抚合词请设内阁国会奏稿已到外务部，并由外务部于第二天呈递。根据溥伦之意，资政院请速开国会折宜稍缓上奏，因此资政院请速开国会折原拟宣统二年九月二十七八日（即10月29、30日）呈递，但当汪荣宝听到督抚请设内阁国会奏稿将要呈递的消息后，为了使资政院请速开国会折与督抚合词请设内阁国会奏稿能同时呈递，以便对朝廷同时构成压力，更有助于速开国会运动的进展，汪荣宝因此连夜赶办资政院请速开国会奏稿。② 由此更可见汪荣宝对速开国会运动之尽力及媒体评价之偏颇。同日，汪荣宝再见溥伦，从溥伦处探悉该日有旨，将原折、电交会议政务处王大臣看后，预备召见。③ 第二天，汪荣宝又拜谒善耆，一方面打探善耆对国会问题之意见，同时力劝其主张速开。④ 10月30日，汪荣宝又去拜访溥伦，刚好当天那桐也到溥伦家拜访，因此汪荣宝又从那桐处得知，该日政务处王大臣已阅看了各处所呈关于速开国会的奏折和电稿，并拟各递说帖，汇齐后进呈。预计再行召见，须在来月初三日。"那相去后，泽公复来……"晚上，汪荣宝与载振、载润、毓盈等在六国饭店聚议。十一时顷散，汪荣宝回到家中，雷奋等又到其家中长谈，"客散已一时矣"。⑤ 该日汪荣宝的活动，极好地反映了在朝廷和政府对速开国会案作出决策的关键时刻，他为此事奔忙的情况。
11月1日，汪荣宝又拜访毓朗，谈近来政局及前一天毓朗在资政院遇到的为难情形，汪荣宝为其"竭力剖解，冀释其疑"。⑥ 11月2日，汪荣宝到宪政编查馆，听说该日有旨，"著内阁会议政务处王大臣于初二日预备召见"。汪荣宝又从劳乃宣处得知，枢廷说帖，请以宣统五年召集国会。汪荣宝因此又拜访善耆，可善耆认为，颁布宪法为召集国会之根本，既须速开国会，便须速定宪法，因此"明日召对，拟即申明此义"。回到家中，汪荣宝只好

---

①　《汪荣宝日记》，1910年10月27日，第205页。

②　《汪荣宝日记》，1910年10月27日，第205页；《汪荣宝日记》，1910年10月28日，第206页。

③　《汪荣宝日记》，1910年10月28日，第206页。

④　《汪荣宝日记》，1910年10月29日，第206页。

⑤　《汪荣宝日记》，1910年10月30日，第207页。

⑥　《汪荣宝日记》，1910年11月1日，第208页。

又电询溥伦，"五年说是否确定，可否再提前一年，属其设法"。① 11月3日一早，汪荣宝即面谒溥伦，溥伦告知汪荣宝，"召集国会之期，闻已确定宣统五年，欲再提前，实难为力"。当天中午汪荣宝在资政院见到溥伦，再与溥伦谈及此事。溥伦将该日会议政务处王大臣召对的情形告诉汪荣宝，称会议政务处王大臣们"多数赞成五年说"，并请汪荣宝"密告晓事议员，设法镇定，毋再反对"。溥伦"深恐五年说发表后，人心不甚满足"，因此在会议中间休息时，又"力属（汪荣宝）密探民选诸君意见"。因此在散会后，汪荣宝"与籍忠寅、罗杰、易宗夔、雷奋诸君一谈"。但汪荣宝并不死心，回到家中，又"作一书与延鸿（溥伦），力请设法再行提前一年，略言今日危急存亡之际，朝廷政策以鼓舞人心为第一要义；又言多一日预备，不过多一日敷衍；又言安危之机在此一举，若发表之后再有更动，则朝廷之威信尽失，即大权之根本不坚，与其诒悔将来，何如审机于此日；又言若坚持五年，必令花团锦簇之举消归乌有，决非得策"。② 汪荣宝所言，不可谓不中肯，但事已至此，汪荣宝亦无力挽回。第二天，溥伦至汪荣宝家，告诉他"昨日得书，反覆省览，非常感动，今日诣三所谒摄政，已竭力敷陈"，遗憾的是"摄政屈于群议，亦无如何"。溥伦又向军机大臣等力争，可惜"应者寥寥"，最后"惟闻上谕内召集议院改为开设议院，并令会议政务处王大臣全行副署"。溥伦又嘱托汪荣宝电邀雷奋、章宗祥、陆宗舆等，到汪荣宝家一谈。他们在汪家聚谈的同时，汪荣宝又遣仆人到宪政馆抄录该日上谕，但未抄到。下午客散后，汪荣宝又亲自"往官报局恭读谕旨"。③ 11月5日，汪荣宝自雷奋处得知该日代表团开会议决"遵旨解散"。汪荣宝因此在日记中记下了感伤之词："风雨潇潇满八荒，秋心漠漠恻肝肠。已看金虎成终始，空向蓍龟校短长。一往深情余逐日，百年至计只扬汤。杜陵枉解吟梁甫，岁晚登楼亦自伤。"④

至此，汪荣宝对速开国会案的努力画上了句号。轰轰烈烈的速开国会案，也因清廷一纸"缩改于宣统五年开设议院"的上谕而告结束。但资政院议员们与朝廷和政府的斗争并未由此结束，其后的湖南公债案、弹劾军机案，既是速开国会案的后续，又是资政院新篇章的开启。

---

① 《汪荣宝日记》，1910年11月2日，第208页。
② 《汪荣宝日记》，1910年11月3日，第208～209页。
③ 《汪荣宝日记》，1910年11月4日，第209页。
④ 《汪荣宝日记》，1910年11月5日，第209页。

伍廷芳与中国法律近代化

张礼恒[*]

伍廷芳精通中外法律，是近代中国首位法学博士、著名法制改革家。在清末担任修订法律大臣期间，他主持并参与修订法律工作，开创了中国近代立法史上的新纪元，实为中国法律近代化的催生者。

一　出任修订法律大臣

义和团运动之后，清政府终于深切地体味到抗拒变革的惨痛教训，认识到历史潮流的不可抗拒性。于是，一场由清政府导演的"不变则亡，变亦亡"的新政改革运动粉墨登场。1901 年 1 月 29 日，光绪皇帝发布"预约变法"的上谕，要求各文武大臣就军国大事，"各举所知，各抒己见，通限两个月，详悉条议以闻"。[①] 同年 4 月，又设立"督办政务处"，具体负责新政。清末新政改革的帷幕至此拉开。

为响应清廷的号召，7 月 12 ~ 20 日，两江总督刘坤一、湖广总督张之洞联袂进呈《变通政治筹议先务四条折》《筹议变法谨拟整顿中法十二条折》《筹议变法谨拟采用西法十一折》。[②] 此即名噪一时的"江楚会奏变法三折"。革除旧弊，裁汰旧律，修订新法，是"三折"的核心内容。清廷对此大为赞赏，称颂刘、张"会奏整顿中法仿行西法各条，事多可行。即当

---

　*　张礼恒，聊城大学历史文化学院教授。

　①　《义和团档案史料》下，中华书局，1979，第 916 页。

　②　（清）朱寿鹏编《光绪朝东华录》（四），中华书局，1984，第 4727 ~ 4771 页。

按照所陈，随时设法，择要举办"。① 变法修律开始提到议事日程。

1902 年 3 月 11 日，清廷降旨，称："中国律例，代有增改。我朝大清律例一书，折衷至当，备极精详。惟令昔情势不同，非参酌适中，不能推行至善。著责成袁世凯、刘坤一、张之洞慎选熟悉中西律例者，保养数员来京听候简派，开馆编纂，请旨审定颁发，用示通变宜民至意。"② 经过一番物色、斟酌，同年 4 月 1 日，两江总督刘坤一、湖广总督张之洞、直隶总督袁世凯联名上奏，保举沈家本、伍廷芳为修律大臣。在奏书中，三位总督称："刑部左侍郎沈家本久在秋曹，刑名精熟。出使美国大臣四品卿衔伍廷芳，练习洋务，西律专家。拟请简该二员，饬令在亦开设修律馆，即派该二员为之总纂。其分纂、参订各员，亦即责成该二员选举分任。"③ 5 月 13 日，清廷颁降谕旨，"现在通商交涉事益繁多，著派沈家本、伍廷芳将一切现行律例，按照交涉情形，参酌各国法律，悉心考订，妥为拟议，务期中外通行，有裨治理"。④ 至此，伍廷芳以修律大臣的身份，与沈家本主持了 1902 年 5 月至 1907 年 9 月 23 日⑤间的修律工作。

二　伍廷芳法律思想与实践

清末法律改革实际上包括两个方面的内容。1905 年以前，侧重于删改旧律。1905 年以后，侧重于制订新律。任职期间，伍廷芳在沈家本的协助下，按照近代西方法学原理，对中国法律进行了全面的删改与增设，初步形成了具有中国特色的近代法律体系。

（一）删改旧律

1. "改重为轻"

删除酷刑古代中国存有一整套非人道的刑罚体系，刑名、刑具应有尽有，施罚手段残酷无比。美国学者费正清正是在这个意义上把古代中国称之为"将残杀制度化"的国家。随着西方法律文化的全面冲击，中国旧律

① 《义和团档案史料》下，中华书局，1979，第 1328 页。
② 廖一中编《袁世凯奏议》上，天津古籍出版社，1987，第 475 页。
③ 廖一中编《袁世凯奏议》上，天津古籍出版社，1987，第 475～476 页。
④ 丁贤俊、喻作凤编《伍廷芳集》上，中华书局，1993，第 256 页。
⑤ 1907 年 9 月 23 日，伍廷芳第二次奉旨充任出使美国、墨西哥、秘鲁、古巴大臣。

遭到了欧美国家的猛烈抨击。"中国之重法，西人每訾为不仁"，而且，中国的严刑酷律还成了在华外国人逃避中国法律管束的最好理由，"其旅居中国者，皆藉口于此，不受中国之约束"。①

有鉴于此，伍廷芳认为，中国欲收回治外法权，实现变法自强的夙愿，必先自删除重法始。他明确表示，"刑法之当改重为轻，固今日仁政之要务，而即修订之宗旨也"。为此，他主张应首先废除旧律中的三项酷刑，即"凌迟""枭首""戮尸"，代之以斩决、绞决、监候。其次，伍廷芳建议废止由秦代"连坐法"衍化而来的"缘坐"②。他认为，此制既违背"罪人不孥之古训"，又同"今世各国咸主持刑罚止及一身之义"不相符。此外，他还提议废止"刺字"。"刺字"即古代"墨刑"、汉代"黥刑"。

伍廷芳在此依照儒家的仁政观念，论证了"政善"与"刑轻"的密切关系，批驳了法家单纯的重刑主义，反复强调"化民之道固在政教，不在刑威也"。唐朝三百年间，废止"凌迟、枭首、戮尸"，犯罪者并不因此而暴涨，反倒是百姓安居乐业，遵纪守法，"贞观四年，断死罪二十九，开元二十五年才五十八"。③相反，在"凌迟、枭首、戮尸"盛行的秦代、辽代、明代，犯人想望于道，社会秩序紊乱不堪。朱元璋初以严刑峻法治民，三十年后"亦悟严刑之不足以化民，此等峻法不用矣"。④环顾当今天下，时势大变，"法律之为用，宜随世运为转移，未可胶柱而鼓瑟"。中国欲图跻身强国之列，必先自废除严刑酷法始。朝廷目下当撷采西法，"将重法诸端，先行删除，以明天下宗旨之所在"，"即宇外之环视而观听者亦莫不悦服而景从"，"变法自强，实基于此"。⑤

1905年4月24日，清廷下旨，准允伍廷芳所奏，"凌迟等极刑，虽以惩儆凶顽，究非国家法外施仁之本意。现在改订法律，嗣后凡死罪至斩决而止，凌迟及枭首、戮尸三项著即永远删除"。"至缘坐各条，除知情者仍治罪外，余著悉予宽免"。"其刺字等项亦著概行革除"。⑥倡行中国数千年之久的严刑酷律至此画上了句号。《删除律例内重法折》在中国法制史上具

---

① 《奏删除律例内重法折》，《伍廷芳集》上，第256页。
② 中国古代法律刑名。同连坐，因受连累而获罪。《北齐·齐后主纪》："诸家缘坐配流者，所在令还。"
③ 《伍廷芳集》上，第258页。
④ 沈家本：《历代刑法考·总考四》，中华书局，1985。
⑤ 《伍廷芳集》上，第260页。
⑥ 《伍廷芳集》上，第260页。

有划时代的意义，标志着封建刑法向近代资产阶级刑法的转变，昭示了古老的中华法系开始解体和近代法制初露端倪。法律史专家杨鸿烈称赞它"剀切披陈了……中国法律最落后，不合时宜的部分"，"可算是对中国法系加以改造的一篇大宣言"。①

2. "省刑责"

"重众证"所谓"省刑责""重众证"即限制刑讯，不得滥用刑罚，更改"以供定罪"的证据制度，依照事实、证据，判定罪责的有无、轻重。"以供定罪"是中华法系的一大特色。为获取被告的口供，法律允许在司法审判中使用拷讯手段，致使中国历史上冤狱遍野，屈打成招者比比皆是。马克思曾指出："和中世纪刑律的内容连在一起的诉讼形式一定是拷问"，"例如中国法里面一定有笞杖"。② 1905 年 4 月 24 日，伍廷芳上书朝廷，指斥几千年来，"中国案以供定"，"供以刑求，流弊滋多"，被告人"忽认、忽翻、案悬莫结"。为杜绝冤狱，中国当学习"外国案以证定"③，停止刑讯逼供。

清廷对此"全行照准"。4 月 25 日发布上谕，责令各省督抚"严饬各属，认真清理，实力遵行"。"倘有阳奉阴违，再蹈前项弊端者，即行从严参办，毋稍护瞻徇"。④

3. "修监羁"

"派专官"所谓"监羁"即监狱和羁所的合称。中国古代的监狱与现代意义上的监狱性质上有所不同。现代监狱是对罪犯执行刑罚而设置的机构，而古代中国的监狱除了部分具有上述功能外，还是对诉讼当事人、嫌疑人和干连证人的管收处所及各种所谓"违法"者的羁押场所。由于狱制管理混乱，监狱俨成人间地狱。自 1846 年以来的历届国际监狱会议，均剥夺了中国政府的代表资格。

1905 年 7 月 24 日，伍廷芳上书朝廷，痛斥狱制黑暗，提议改善监狱环境，提高羁押人员生活标准，设立同知、通判，专门负责各府监羁，改变由行政长官兼管狱政的惯例。此举体现了伍廷芳模仿西方近代法制，改造

---

① 杨鸿烈：《中国法律思想史》下册，周谷城主编《民国丛书》第四编（25），上海书店，1992，第 338 页。
② 《马克思恩格斯全集》第一卷，人民出版社，1985，第 178 页。
③ （清）朱寿鹏编《光绪朝东华录》（四），中华书局，1984，第 5330 页。
④ （清）朱寿鹏编《光绪朝东华录》（四），中华书局，1984，第 5332 页。

中国旧式狱制的思想。数千年以来，中国监狱法一直依附于刑律，没能成为独立的部门大法，刑罚执行的地位远逊于定罪量刑的实体法，侦查起诉审判的程序法，是造成中国狱制黑暗的深层缘由。伍廷芳所提"派专官"一条，蕴含着监狱独立的近代意味，凝铸了尔后《大清现行刑律》《大清新刑律》有关监狱法的合理内核。到1910年，随着《大清监狱律草案》的出台，监狱法首次成为与实体法、程序法并列的独立立法，迈出了中国狱制由封建专制向资产阶级民主过渡的第一步。伍廷芳当是描绘中国近代监狱改良蓝图的第一人。

（二）增设新律

删改旧律，标志着伍廷芳对中国传统法制的批判。增设新律，代表了伍廷芳对近代法制的创新。二者相辅相成，构筑了清末新政期间伍廷芳完整的法律思想。

1. 制定诉讼法，改革诸法合体的旧律结构

一般地说，程序法与实体法互为依存，凡有诉讼法的法律规范，就应有程序法。但中国法律传统的一大特色就是：民刑不分，诸法合体，这也是造成中国传统社会皇权发达，民权不伸，行政坚挺，司法萎缩的一大原因。1907年5月13日，伍廷芳上奏《诉讼法请先试办折》，表述了设立诉讼法的必要性与紧迫性。他说："法律一道，因时制宜，大致以刑法为体，以诉讼法为用。体不全，无以标立法之宗旨；用不备，无以收行法之实功。二者相因，不容偏废。"为妥善处理华洋案件，"谨就中国现时之程度，公同商定阐明诉讼法，分别刑事、民事"。中国应当以日本为榜样，"踵武泰西"，"先后颁行民事、刑事诉讼等法，卒使各国侨民归其钤束，借以挽回法权"。①

同折上奏的还有伍廷芳主持制定的《大清刑事民事诉讼法》。该法共分5章，260条。为保证诉讼法的贯彻落实，伍廷芳比照欧美各国通例，提出了两项亟待实行的建议。

首先是设立陪审员。伍廷芳认为，国家设有刑法的宗旨，原为"保良善而警凶顽"，只因"人情侜张为幻"，执法者一人，知识有限，故应有赖众人之智，以辨真伪。今后各省会、通商口岸及会审公堂，应施行陪审员

---

① （清）朱寿鹏编《光绪朝东华录》（四），中华书局，1984，第5504页。

制度。偏僻地区，可暂缓实行，"俟教育普及，一体举行"。①

其次是设立律师。中国古代社会始终没有建立律师制度，因而也就无近代意义上的律师出现，有的只是被贬称为"讼棍"的"讼师"。随着西洋法律的东播，与华洋诉讼案件的增多，创建律师制度的重要性日渐突显。基于律师人才匮乏的现实，伍廷芳提出，今后应在法律学堂学生中，"择其节操端严，法学渊深，额定律师若干员"，经考试合格者，颁发律师资格证书，分排各省，"以备办案之用"。他说："国家多一公正之律师，即异日多一习练之承审官。"②

然而，渗透着伍廷芳法律思想的《大清刑事民事诉讼法》未及颁行即成死胎。因为张之洞、岑春煊等地方督抚的反对，改变了朝廷的初衷。中国第一部独立的诉讼法典——《大清刑事民事诉讼法》未及颁布便被废弃。

2. 编纂《大清商律》，为资本主义发展提供法律保障

为了适应近代中国社会转型的需要，促进民族资本主义发展，1903 年 4 月 22 日，清廷发布上谕，"通商惠工为古今经国之要政，急应加意讲求。著派载振、袁世凯、伍廷芳先订商律作为则例"。③ 同年 9 月 7 日，商部成立，伍廷芳为侍郎。到 1906 年 4 月 25 日④，伍廷芳主持编订了中国近代第一部商业法典——《大清商律》。

《大清商律》由三部分构成：《商人通例》《公司律》《破产律》。其中《商人通例》共有 9 条，规定了商人的名称、条件、商业内部经营管理的章程。《公司律》共有 131 条，分为 11 节。《破产律》共有 69 条，分为 9 节。

此外，伍廷芳还主持完成了《商会简明章程二十六条》（1904 年 1 月 11 日）⑤，《公司注册试办章程十八条》（内分《合资公司注册呈式》《股份公司注册呈式》，1904 年 3 月 17 日）⑥、《重订铁路简明章程二十四条》

---

① （清）朱寿朋编《光绪朝东华录》（四），中华书局，1984，第 5505 页。
② （清）朱寿朋编《光绪朝东华录》（四），中华书局，1984，第 5506 页。
③ （清）朱寿朋编《光绪朝东华录》（五），中华书局，1984，第 5503～5504 页。
④ 伍廷芳等编《大清新编法典》，《近代中国史料丛刊·三编》（270），台北文海出版社，第 1 页。
⑤ 伍廷芳等编《大清新编法典》，《近代中国史料丛刊·三编》（270），台北文海出版社，第 101 页。
⑥ 伍廷芳等编《大清新编法典》，《近代中国史料丛刊·三编》（270），台北文海出版社，第 114 页。

（1903 年 12 月 2 日）①、《矿务章程三十八条》（1904 年 6 月 15 日）②，作为《大清律例》的补充和延伸，使之日趋完备。另外，1906 年编订了中国第一部新闻法——《大清印刷物件专律》，共 5 章 41 条。③

《大清商律》及其补充章程，从法律上确立了商人在社会结构中的地位，从此以后，商人、资产阶级作为一支重要的力量活跃在中国近现代社会舞台，参与乃至领导了 20 世纪初叶中国的一切进步运动。1905 年抵制美货运动、辛亥革命前以收回利权为宗旨的保路运动、反对君主专制的清末立宪运动，都有民族资产阶级异常活跃的身影。商人地位的提高，刺激了商人政治热情的大迸发，他们成了中国早期现代化运动的有力推动者。由此可以说，伍廷芳以其特殊身份充当了中国民族资产阶级的代言人，并以法律为武器充当了民族资产阶级的保护神。他和由他主持制定的《大清商律》及其章程，在中国法律现代化史上具有极其重要的地位。

3. 以大陆法系作为修律蓝本

法学界常用"五大法系"总括世界各主要法律。其中罗马法系成为法学界广有影响的大陆法系的原典。

清末法律改革主要是以大陆法系为蓝本，其原因有二：原属于中华法系的日本，成为甲午战后中国人学习的楷模，而"日本法规之书至详至悉，皆因西人之成法而损益焉也"。④ 大陆法系的特点，同中国古代注重成文法的法律传统基本吻合。因而，伍廷芳主持下的清末法律改革，在参酌西法方面，多借鉴大陆法系。这可从修律初期翻译的法律典籍中得到证明。

1905 年 4 月 24 日，在《删除律例内重法折》中，伍廷芳对"修订法律馆"近一年的翻译工作做过一次统计，译出的外国法典有：《德意志刑法》《俄罗斯刑法》《日本现行刑法》等 12 种之多。到 1907 年 6 月，"修订法律馆"共完成了 23 种法律典籍的翻译，全部属于大陆法系。在尚未完成的 10 种法典和著作中，属于英美法系的只有美国一国。这表明 20 世纪初，中国已由主要翻译英美法律，转向翻译以大陆法系为渊源的日本法律，反映了

---

① 伍廷芳等编《大清新编法典》，《近代中国史料丛刊·三编》（270），台北文海出版社，第 126 页。
② 伍廷芳等编《大清新编法典》，《近代中国史料丛刊·三编》（270），台北文海出版社，第 136 页。
③ 伍廷芳等编《大清新编法典》，《近代中国史料丛刊·三编》（270），台北文海出版社，第 147～156 页。
④ 梁启超：《变法通议》，《饮冰室文集》。

大陆法系逐渐取代英美法系，广泛渗透到清末修订的新法中。

（三）创立法律学堂，加强法制教育

修律之初，基于法律人才短缺的现实，清政府聘用了众多外国专家。为保证新法的全面推行，伍廷芳提出了设学堂培养法律人才的建议。1905年4月26日，伍廷芳上奏朝廷，提议法律学堂学制分为两级：三年制的大学堂、一年半的速成科。8月3日，清廷降谕："依议。"①

1906年10月，中国第一所近代法律学堂宣告成立。伍廷芳为之制定了一整套包括"设学总义章"、"学科程度章"、"职务规条章"、"学堂考试章"和"放假规条章"等在内的规章制度，开创了近代中国法律学堂管理的先河。并且依照教学规律，分别为三年制学生、一年半速成科学生，制定了以西法为主的课程群。此外，伍廷芳还提议，对全国地方官员进行一次普法教育，提高他们的法律意识和依法办案的能力。

清廷对伍廷芳所提建议，表现出了极大的热情，皆一一准允，并于1906年10月20日赏赐《图书集成》一部，作为对法律学堂开办的贺礼。②从此，法律学堂在全国各省纷纷成立，几年之内，法律学堂"毕业者近千人，一时称盛"。③受此影响，学生或官员自费出国，学习法律者蔚然成风。据统计，清末各类法律学堂的人数竟达一万多人。到辛亥革命前，由于伍廷芳等人的倡率，朝廷的督导，中国大地上出现了一个前所未有的学法热潮。法律知识的普及，法律观念的更新和法律研究的深入，促进了民族文明程度和政治民主程度的提高，为即将到来的辛亥革命提供了物质和思想准备。

三 伍廷芳对中国法律近代化的贡献

清末新政改革是对半个世纪以来数代先进的中国人向西方学习，探索富国强兵之道经验智慧的总结。林则徐、魏源、洪仁玕、郑观应、康有为、梁启超、孙中山等先驱者们的变革方案，在此部分地变成了现实。它又是中国近代化运动向纵深发展的新起点，随之而来的便是中国近代社会全面

---

① （清）朱寿鹏编《光绪朝东华录》（五），中华书局，1984，第5542页。
② （清）朱寿鹏编《光绪朝东华录》（五），中华书局，1984，第5575页。
③ 赵尔巽：《清史稿》卷443，中华书局，1977。

转型的到来。法律改革既是新政改革的重要组成部分，又是衡量新政改革的尺度，体现、规范着中国近代社会的整体走向。伍廷芳作为清末法律改革的主要负责人之一，按照西方近代法学原理，对中国传统法律体系进行了全面删改与创新，设计构筑了未来社会的立国蓝图，推动中华法系走出中世纪，迈向近代化。"创榛辟莽，前驱先路"，当能总括伍廷芳在中国近代法制史上的崇高地位。

清末法律改革动摇了中华法系的理论基础，逐步摆脱了儒家思想的束缚。汉代以前，有关古代立法的原则，可谓是人鬼共争，法、墨、道、儒同台。汉武以后，儒家的纲常名教逐渐成了立法与司法的指导原则，维护"三纲""五常"成了封建法典的核心内容。儒家思想为体，法家思想为用的格局自此形成并日趋巩固。反映儒法合流的"礼（德）主刑辅"和"出礼入刑"，成为封建统治者一贯遵循的法制原则。西方学者对此评说道："在中国，遵守习惯规定的礼代替了对法的遵守。"①

伍廷芳主持领导的清末法律改革则从立法原则上对中华法系进行了全面而具体的修订。虽然在修律的全过程中，清廷规定，恪守"三纲五常"是天条，维护君权是职志，但随着法律变革的深入发展，清末法律改革脱出统治者初衷的现象愈加明显，并最终走向了统治者最不愿正视的一面。诚如费正清所分析的："清廷企图实施有名的1898年百日维新时提出的许多改良办法，但是已经太迟了。历史已经把他们扔在后面。他们的勉强的改革举动所得的唯一后果只是为革命准备了道路。"② 礼教的法律化是以家族本位为前提的，儒家从维护家族内部秩序的立场出发，提出以父权、夫权为基点的伦理学说，竭力论证家国相通、忠孝互用、事君与事父的统一性，借以强化专制主义制度。建立在儒家伦理精神的原则之上的中华法系，则以法律的强制力，确认父权、夫权，维持尊卑伦常关系。对犯有"不孝""恶逆""不睦""内乱"罪者，皆以违背纲常伦理而施以重刑。近代社会转型，引起了传统家族观念的变更，以公民为本位日渐成为近代中国社会的整体走向，因而"缘坐"、诛族之刑的废除便是必然，"刑罚止及一身"则是以法律的手段，规定、确立了以公民为本位的社会制度。完全可以说，废除"缘坐"，提倡"刑罚止及一身"，实际就是对中华法系立法原则的否

① 〔法〕勒内·达维德：《当代主要法律体系》，上海译文出版社，1984，第488页。
② 〔美〕费正清：《美国与中国》，商务印书馆，1971，第153页。

定和对西方近代法制思想的赞赏。

"凌迟""枭首""戮尸"等酷刑的废止，也表明了对中华法系立法精神——儒家伦理的排拒。古代中国，在刑罚裁量过程中，凡触及礼教传统的犯罪，律例均规定了极为严厉的刑罚，例如对列于"十恶"之首的谋反、谋大逆等罪，凡共谋者，不分首从，皆凌迟处死，并株连亲属。从对上述酷刑的判处看，历代大多仅限于十恶中的"大逆""谋反""逆伦"等罪。清末修律中将其废除，表明了渗透于中华法系的儒家伦理已经开始丧失作为立法原则的地位，而让位于体现人类进步的西方近代法学原理。新政期间由伍廷芳等人主持制定的《刑事民事诉讼法》基本上采用了西方近代资产阶级的诉讼原则和立法精神，排拒礼教对司法的影响、渗透，追求法律的独立，提倡男女平等，凡职官命妇，均可由公堂知会到堂供证，主张父祖子孙异财别籍，一人有犯被刑，产物查封备抵，不牵涉妻妾父母兄弟姐妹子孙和各亲属家人的财产。虽然该法未能颁行，但它表明以伍廷芳为代表的资产阶级法理派向儒家伦理纲常的正统地位发起挑战，并试图在立法中逐步摆脱儒家思想的羁绊，实现法律的真正独立。

清末修律限制了皇权，由皇权无限开始了向皇权有限的历史性转变。皇帝始终位居立法与司法的枢纽是中华法系的一个显著特点。皇帝受命于天，是最高的立法者，皇帝发布的诏、令、敕、谕是最权威的法律形式，皇帝可以一言立法，一言废法。法自君出，狱由君断，皇帝的特权凌驾于一切法律之上，国王就是法律。皇帝又是最大的审判官，他或亲自主持廷审，或以"诏狱"的形式，敕令大臣代为审判，一切重案会审的裁决与死刑的复核均须上奏皇帝，他可以法外施恩，也可以法外加刑。伍廷芳主持编订的《刑事民事诉讼法》的主旨就是削弱、限制皇权，提高民权，保护私人利益不受侵犯。如诉讼法第79条明文规定，除"立决者""监候者"经由刑部复核报请皇帝批准外，凡处"流徒刑者""监禁刑者""罚金刑者"，地方司法机关均有终审权。[①] 第27、28条写有：巡捕如无适当公堂签发的拘票，"概不准径入为民房院或在道路擅行捕挐"，违者准民人"向公堂按律治罪或照民事案件办法索取赔偿"。[②] 这些规定同被统治者只有义务

---

① 伍廷芳等编《大清新编法典》，《近代中国史料丛刊·三编》（270），台北文海出版社，第59页。

② 伍廷芳等编《大清新编法典》，《近代中国史料丛刊·三编》（270），台北文海出版社，第50页。

而无权利的封建法律相比，不啻是一场革命，表明中国法律从否认民权向有条件地确认民权转变。

清末法律改革，带动了官制改革，而在陆续出台的官制改革举措中，依稀看到了三权分立思想的影子，"定于一尊"的至上皇权自此受到削弱。1906年10月，清廷决定实行司法与行政分立，推行司法独立，将刑部改称法部，执掌司法行政，不再具有审判职能；原来专司复核之权的大理寺改为大理院，作为全国最高审判机关；在法部设置总检察厅，作为最高监察机关，独立行使监察权。1907年《各级审判厅试办章程》的颁布，标志着在中国历史上首次肯定司法独立及审检分立、民刑分审、四级三审、上诉陪审、诉讼代理等原则的确立。以司法独立为特征的政治权力分立化的格局开始出现在近代中国法律文化体系之中。尽管权力的分立依旧以皇权为依据，因而是不彻底的，但它昭示着新的司法体系的诞生，体现了近代中国法制文明的历史性进步。

伍廷芳主持领导下的清末法律改革在中国法制史上的地位是无与伦比的。它标志着中国古代法律开始迈向近代化。伍廷芳的历史贡献在于：在特定的历史条件下，把近代西方法律思想与实践引入修律的整个活动中，进而改变了中国传统法制的固有面貌，在一定意义上宣告了传统法制体系的历史性终结，由此构成了中国法制现代化的历史新起点。此次改革所制定的法律、法规虽然只是部分地得到了贯彻实施，但它留下的大量法律草案，成为1912~1919年南京临时政府、北洋政府及1928~1933年南京国民政府立法高潮时代的蓝本。中华民国成立不久，孙中山就以"编纂法典，事体重大，非聚中外硕学，积多年之调查研究，不易告成"为由，采纳伍廷芳所提建议，"前清制定之民律草案、第一次刑律草案、刑事民事诉讼法、法院编制法、商律、破产律、违警律中，除第一次刑律草案，关于帝室之罪全章及关于内乱罪之死刑，碍难适用外，余皆由民国政府，声明继续有效，以为临时适用法律，俾司法者有所根据"，"俟中华民国法律颁布，即行废止"。① 因而，从中国法制现代化的"长时段性"考虑，伍廷芳和他主持领导下的清末修律在中国的法制现代化史上具有里程碑式的地位。

---

① 存萃学社编《辛亥革命资料汇辑》（第五册），香港大东图书公司，1980，第352~353页。

清末铁良南下再研究

彭贺超[*]

    1904～1905 年铁良南下是清末新政期间轰动一时的重大事件,"足以耸动一世之耳目"。[①] 学术界从以下几种角度对之解读:或从中央集权角度考察铁良南下的背景及其影响;[②] 或从财政扩张的角度考察铁良南下筹款举措并探讨中央与地方的财政关系;[③] 近来,亦有从报刊史角度分析了舆论因立场差异而对铁良南下持有的不同态度。[④] 尽管学人的视角各异,但铁良南下这一历史事件本身从未得到系统、完整的研究,现有研究成果中的诸多观点尚有进一步讨论的空间。本文通过梳理相关史料,围绕铁良南下的动机、考察具体行程、任务转变原因及回京覆命等问题做一专题研究,以期深化对铁良南下事件的认识和理解。

一　铁良南下的动机

    1904 年 7 月 17 日,清政府谕令兵部左侍郎铁良南下:"前据张之洞等奏江南制造局移建新厂一折,制造局关系紧要,究竟应否移建?地方是否

---

[*]　彭贺超,中国社会科学院研究生院博士生。

[①]　《记近日之谣言》,《中外日报》1904 年 10 月 1 日第 1 版。

[②]　宫玉振:《铁良南下与清末中央集权》,《江海学刊》1994 年第 1 期,第 151～156 页。

[③]　何汉威:《从清末刚毅、铁良南巡看中央和地方的财政关系》,《中研院历史语言研究所集刊》第 68 本第 1 分册,1997 年 3 月,第 55～107 页;刘增合:《八省土膏统捐与清末财政集权》,《历史研究》2004 年第 6 期,第 111～123 页。

[④]　丁文:《"选报"时期〈东方杂志〉研究（1904～1908）》,商务印书馆,2010,第 265～324 页。

合宜？枪炮诸制若何尽利？著派铁良前往各该处详细考求，通盘筹划，据实复奏。并著顺道将各该省进出款项及各司库局所利弊，逐一查明"。① 关于铁良南下的动机，当时报刊众说纷纭，有谓搜刮东南财富练兵者②，有谓实施中央集权者③，有谓压制汉人者④，有谓南北督抚矛盾者⑤，等等。众报对铁良南下动机的猜测实质是想营造出"反铁"舆论风潮，练兵处的丁士源斥其为假舆论："其实上海之舆论，只因制造局停其津贴而发，并非真正之舆论也。"⑥ 应该说，时人站在不同的立场揣测铁良南下的动机，难免带有局中人的偏见和局限。时过境迁，新闻变旧说，昔日留存的报刊也成为今日历史研究的重要史料。后世研究者分析铁良南下动机时，应警惕旧报刊中的某些观点，以免重蹈时人的窠臼而不自知。目前，学界对铁良南下动机的阐释，有两种代表性观点。宫玉振以中央集权作为铁良南下的背景，认为其动机在于中央集权，其间也掺杂着直隶总督袁世凯与东南督抚的矛盾。⑦ 这一观点，某种程度上可视为百年前报刊中"中央集权"说及"南北督抚矛盾"说的丰富。何汉威、刘增合则对中央集权的解读模式较为谨慎，提出铁良南下是为了筹集练兵经费。⑧ 但两者仅强调铁良的筹款动机，忽略了其他动机的存在。

　　在重新探讨铁良南下的动机前，有必要了解其背景。1903 年 12 月，为应对日俄战争危机，练兵处奏请将筹款、练兵定为当今强国要政，并拟定"限提中饱"、"指拨加税"、"重征烟酒税"、"仿行印花税"和"征收熟膏税"五条筹款办法。⑨ 在练兵方面，练兵处拟从整顿近畿军队入手，袁世凯

① 中国第一历史档案馆编《光绪宣统两朝上谕档》第 30 册，广西师范大学出版社，1996，第 113 页。

② 《铁良南下》，《中国白话报》1904 年第 21 ~ 24 合期，第 193 ~ 194 页；《铁良南下歌》，《杭州白话报》1904 年第 16 期，第 1 页；《铁良又来要钱》，《安徽俗话报》1904 年第 12 期，第 9 页；《铁良南下》，《福建白话报》1904 年第 1 卷，第 31 ~ 32 页。

③ 《论铁良南下之宗旨》，《中外日报》1904 年 8 月 30 日第 1 版。

④ 《铁良南来后之中国》，《扬子江》1904 年第 4 期，政治，第 193 页。

⑤ 《铁侍郎南下之问题》，《大陆（1902）》1904 年第 7 期，时事批评，第 67 页。

⑥ 丁士源：《梅楞章京笔记》，中华书局，2007，第 289 页。

⑦ 宫玉振：《铁良南下与清末中央集权》，《江海学刊》1994 年第 1 期，第 151 ~ 156 页。

⑧ 何汉威：《从清末刚毅、铁良南巡看中央和地方的财政关系》，《中研院历史语言研究所集刊》第 68 本第 1 分册，1997 年 3 月，第 95 页；刘增合：《八省土膏统捐与清末财政集权》，《历史研究》2004 年第 6 期，第 112 页。

⑨ 《11 - 964. 练兵处奏遵旨练兵酌拟筹饷办法折（附办法）》，骆宝善、刘路生主编《袁世凯全集》第 11 卷，河南大学出版社，2012，第 521 ~ 524 页。

与奕劻商议后，奏请户部拨款在北洋增兵三万人。[1] 在筹款方面，清政府先是谕令户部议奏练兵处所提指拨加税、仿行印花税两条办法；[2] 其后批准练兵处拟定烟酒税和限提中饱两条办法，规定自 1904 年起，各省每年摊派练兵经费，合计 966 万两。[3] 清政府向地方摊派巨额款项，引起各方不满。当时身在京城的张之洞多次向署理湖广总督端方讲述京城的反对氛围，"练兵处派各省饷款九百九〔六〕十六万，骇人听闻，众论皆不以为然"；[4] "枢府及外廷人人皆痛言其谬，言官谏阻者五人，语皆悚切"。[5] 地方督抚也纷纷致电军机处，表示地方财政困难无力接济北洋练兵，"请代奏另筹善法"。[6] 地方督抚之所以强烈反对，很大程度上是忌惮袁世凯练兵揽权。张之洞有言："本初（袁世凯——笔者注）乃是借俄事而练兵，借练兵而揽权。"[7] 面对各方非议，清政府令户部另拟筹款办法，"枢意已知难行，乃又下一廷寄与户部，令就现有之款筹措，甚意即将前此派款九百六十〔六〕万之廷寄化去"。[8] 1904 年 1 月 25 日，户部以整顿原有税款为原则，重新制定了严核各省钱粮、酌提各省杂税等筹饷十条办法。[9] 4 月 17 日，清廷谕令各省督抚要顾全大局，不分畛域，遵照户部办法筹集练兵经费。[10] 户部筹饷十条办法，一定程度上消除了中央与地方在筹款练兵政策上的分歧。[11] 地方督抚先后奏陈办理情形，虽然成效各异，但仍是对中央筹款练兵政策的支持性表态。时论注意到举国筹款练兵

---

[1] 《11-1040.密陈时势统筹布置折》，骆宝善、刘路生主编《袁世凯全集》第 11 卷，第 573 页。

[2] 朱寿朋：《光绪朝东华录》，中华书局，1958，第 5121 页。

[3] 参见《德宗景皇帝实录（七）》，《清实录》第 58 册，中华书局，1987，第 915~916 页。

[4] 《致武昌端署制台》，赵德馨主编《张之洞全集》第 11 册，武汉出版社，2008，第 116 页。

[5] 《致武昌端署制台》，赵德馨主编《张之洞全集》第 11 册，第 117 页。

[6] 《军机接各省电》，《大公报》（天津）1904 年 1 月 9 日第 2 版。

[7] 《致武昌端署制台、梁太守》，赵德馨主编《张之洞全集》第 11 册，第 118 页。

[8] 《致武昌端署制台》，赵德馨主编《张之洞全集》第 11 册，第 118 页。

[9] 朱寿朋：《光绪朝东华录》，第 5133~5139 页。

[10] 中国第一历史档案馆编《光绪宣统两朝上谕档》第 30 册，第 40~41 页。

[11] 张之洞的态度最具代表性。在获悉练兵处摊派地方巨额款项后，张之洞密电端方，暗示暂缓筹款，因端方未明其意，遂明示，"鄂尽可据实预奏，只沥陈赔款未敷，无力筹解"；户部制定筹饷十条办法后，张之洞站在地方立场上表示尚可接受，"户部就固有之款整顿，即是将前案暗化去。此乃枢廷苦心，外省但就此次户部奏各条，量力筹办，即可交卷"（参见《致武昌端署制台》，赵德馨主编《张之洞全集》第 11 册，第 117 页；《致武昌端署制台、梁太守》，赵德馨主编《张之洞全集》第 11 册，第 118 页）。按："前案"即指清政府同意练兵处摊派各省的烟酒税和限提中饱共计 966 万练兵经费一事。不过，清政府并没有明令取消练兵处摊派各省的练兵经费数额，以至于练兵处仍多次催促各省照数认解。

的积极政策："今观我政府近之举措……如理财、如练兵，征诸月来各方面之报告，知我政府无论为中央，无论为各省，莫不汲汲以整顿此两大政为急务。"① 在筹款练兵决策和实践过程中，中央与地方各有利益考量，但为维持大局合作仍是常态。面对日俄战争的危机，筹款练兵政策成为朝野上下的基本共识，中央集权并非当时主要任务。也就是说，铁良南下是在举国筹款练兵而非中央集权的背景下发生的。

从谕旨内容看，清政府赋予铁良两项任务：其一为调查江南制造局移建厂址，其二为清查沿途各省财政。先看其第一项任务的由来。江南制造局因地处上海易遭战火威胁，屡有迁移内地之议。1903 年 3 月 7 日，张之洞奏请将江南制造局移建安徽湾沚，并提出具体移建方案。② 7 月 9 日，政务处同意张之洞的移厂方案，特令张之洞与南、北洋大臣共同筹划新厂建设事宜。③ 1904 年 6 月 1 日，张之洞与魏光焘联衔上折，从筹措经费、新厂择址等八个方面设计了新的移建方案。④ 与前奏方案相比，新方案的最大变化体现在经费、厂址两方面，经费由原来的 500 万两增至 650 万两，厂址改设江西萍乡，原议安徽湾沚另建军械局及火药库。6 月 15 日，练兵处议覆时，对经费、厂址等方面的异议较大，奏请简派大员前往勘查，"至湾沚、萍乡二地是否合宜……可否请旨饬派专员，前往各该处详细考求，通盘筹画"。⑤ 练兵处为何请旨派员南下查勘新厂址？有学者认为原因有二：一是练兵处控制江南制造局的集权行动，二是直隶总督袁世凯嫉恨湖广总督张之洞在制造局移建一事上越权，想借机恢复北洋大臣对制造局的控制。⑥ 练兵处对全国兵工建设负有实际责任，对变动较大的新方案提出异议实属合情合理，以中央集权模式解读言过其实；至于袁世凯扩张势力之说完全是轻信报刊片面言论的结果⑦，这不仅忽视了张之洞来自政务处的特批权，也

① 《时事批评》，《时报》1904 年 7 月 22 日，第 1 张第 2 页。
② 《筹办移设制造局添建枪炮新厂折》，赵德馨主编《张之洞全集》第 4 册，第 145～149 页。
③ 《政务处奏议张之洞筹议江南制造局移设内地拟先建分厂折》，《中国近代兵器工业档案史料》编委会编《中国近代兵器工业档案史料（一）》，兵器工业出版社，1993，第 291 页。
④ 《会筹江南制造局移建新厂办法折》，赵德馨主编《张之洞全集》第 4 册，第 174～180 页。
⑤ 《练兵处奏议江南制造局移建新厂办法折》，《中国近代兵器工业档案史料》编委会编《中国近代兵器工业档案史料（一）》，第 300 页。
⑥ 宫玉振：《铁良南下与清末中央集权》，《江海学刊》1994 年第 1 期，第 154 页。
⑦ 《论江督易人之故》（《中外日报》1904 年 8 月 30 日，该文被《东方杂志》1904 年第 9 期转载）指出，"南洋大臣之对制造局，总须北洋大臣共之，而不能与两湖总督共之"，"午帅（魏光焘——笔者注）毫昏漠然不觉"，这成为前引宫玉振一文的立论依据。

过于高估了袁世凯当时的权势。① 练兵处成立后，在兵工建设上始终以军械划一为原则。1904 年初，四川总督锡良奏请扩建四川机器局；署湖广总督端方也奏请利用湖北、湖南两省膏捐余款在湖南建设兵工厂。练兵处先后否决端方、锡良的建厂方案："假如各省设厂自造各械，匪特器械不能一律，而欲以一二省所筹之款能使其既精且多，甚属不易"；②"如各省设厂，各造枪械，款绌力分，既难求精，亦难画一"，"如能合通国财力，会聚一二巨厂……而器械亦易一律，不致如前此之纷歧"。③ 袁世凯私下向锡良透露："此次议覆，闻由诸枢老主持，厂多力分，既难求精，且不一律。"④ 可见，练兵处在军械划一原则下，拟集中财力建设数个大型兵工厂，扭转以往四面开花的局面。反观张之洞的新方案，完全违背了练兵处集中财力建厂的构想，练兵处特意强调这一点："上海既存旧局，湘东复设新局，而湾沚又别立支局，以一局分而为三，非特费用加增，所拟之款亦恐必不敷用。"⑤ 练兵处试图借江南制造局移建一事实现其集中财力建设大型兵工厂的宏大规划，这便是铁良南下的初始动机。

再看铁良的第二项任务，顺道清查各省财政。在江南制造局移建方案中，新、旧厂址与江苏、安徽、江西、湖南四省有直接关系，张之洞为主要经办人之一，亦与湖北有间接关系。这意味着，铁良至少可以顺道清查江苏、安徽、江西、湖南、湖北五省的财政。在练兵处摊派数额中，江苏为 70 万两，安徽为 35 万两，江西为 50 万两，湖南为 40 万两，湖北为 50 万两，约占 25% 的份额。中央对东南五省筹款能力本来是抱有厚望的。然而，在铁良南下前，无论是练兵处摊派数额，还是户部筹饷十条办法，东

---

① 1904 年初，四川总督锡良为拓建枪厂请求袁世凯帮忙时，袁表示有心无力："政务处事，向不与闻。练兵处事，仅画成稿。"（参见《12 - 238. 致四川总督锡良电》，骆宝善、刘路生主编《袁世凯全集》第 12 卷，第 107 页。）这当然是袁世凯婉拒的一种托词，其权力不会如此微弱，但他当时参与中央决策时发挥的作用，恐怕远远不像世人所臆想的那样达到为所欲为的地步。尤其是当时多方将练兵处摊派各省 966 万两看作袁世凯揽权的幌子，备受京外人士诟病。在舆情不利的情况下，袁世凯似不会（事实上也无法）完全凭个人意愿借江南制造局移建一事扩张势力。

② 《练兵处奏湘鄂两省会筹添建枪炮厂》，《中国近代兵器工业档案史料》编委会编《中国近代兵器工业档案史料（一）》，第 311 页。

③ 《练兵处奏议川督请派员出洋购机习艺一事折》，《中国近代兵器工业档案史料》编委会编《中国近代兵器工业档案史料（一）》，第 152 页。

④ 《12 - 214. 致四川总督锡良电》，骆宝善、刘路生主编《袁世凯全集》第 12 卷，第 101 页。

⑤ 《练兵处奏议江南制造局移建新厂办法折》，《中国近代兵器工业档案史料》编委会编《中国近代兵器工业档案史料（一）》，第 299 页。

南五省的办理成效均远远低于清政府的期望值。安徽巡抚诚勋酌提州县浮收公费及报效银 10 万两解交户部，但声明对烟酒税数额尚无把握；① 随后奏报遵照户部筹饷十条办法的办理情形，在具体数额上尚未确定。② 江西巡抚夏旹酌提州县浮冒公费及烟酒加税共 12 万两，解交户部③，未遵照户部筹饷十条办法办理。两江总督魏光焘及江苏巡抚端方以苏省烟酒并非大宗为由，声明烟酒加税万难足额；④ 至于户部筹款十条办法，拟从丁漕项下提银 21 万两，并苏省官员报效银 6.5 万两，储存司库，听候部拨。⑤ 湖南巡抚赵尔巽声明烟酒税等项数额一时尚未把握，先借垫商款 4 万两交差。⑥ 张之洞一直反感练兵处摊派经费，态度较消极，"练兵处索款一节，俟西、皖俱议妥时，当筹一数以应付之"。⑦ 湖北对练兵处摊派数额及户部筹饷十条办法均未奏报办理情形。东南诸省是全国较为富庶的区域，如此办理，自然难令中央满意。7 月 11 日，清政府申斥地方督抚筹款的敷衍态度，并告诫督抚勿为下属欺瞒，限定一个月奏报办理情形。⑧ 六天后，清政府颁布铁良南下谕旨，清查财政为其任务之一，于此可见中央了解地方财政实情的迫切性。据《大公报》从军机处获得的消息，铁良需"就近催商各省，将筹饷各事迅速办理"。⑨ 铁良临行前请训时，慈禧又面授机宜，"皇太后告以此番筹款，总以不失国体为是"。⑩ 因此，铁良清查财政，确实带有绕过地方督抚直接筹集练兵经费的动机。

8 月 17 日，清政府又颁布一道谕旨："现在武备关系紧要，屡经降旨饬

① 诚勋：《奏报遵旨筹办酌提州县盈余并整顿烟酒两税情形事》，光绪三十年三月十八日，中国第一历史档案馆藏，宫中朱批奏折，04/01/35/0582/025。按：下文征引档案同属该馆所藏时，不再一一标明。
② 诚勋：《奏为部议练兵筹饷各条安徽省办理情形事》，光绪三十年四月十三日，宫中朱批奏折，04/01/01/1067/047。
③ 夏旹：《奏报遵旨筹办酌提州县盈余并整顿烟酒两税情形事》，光绪三十年五月初二日，宫中朱批奏折，04/01/35/0582/025。
④ 《两江总督魏等奏为查明江苏省烟酒两项均非大宗出产奏派税数难足额现拟设法加征尽征尽解折》，《申报》1904 年 7 月 6 日。
⑤ 《江督魏制军、苏抚恩中丞奏覆苏省酌提效供练饷折》，《申报》1904 年 7 月 17 日。
⑥ 《湖南巡抚赵奏为练兵筹饷由该局先由号商息借筹垫长平银四万两发交号商协同庆等承领解练兵处投收片》，《申报》1904 年 7 月 12 日。
⑦ 《致武昌抚台、长沙赵抚台》，赵德馨主编《张之洞全集》第 11 册，第 128 页。
⑧ 中国第一历史档案馆编《光绪宣统两朝上谕档》第 30 册，第 98~99 页。
⑨ 《考察军械局厂》，《大公报》1904 年 7 月 25 日第 3 版。
⑩ 《请训召对补志》，《大公报》1904 年 8 月 30 日第 3 版。

令各省切实整顿，痛除积习，著铁良于经过省份不动声色，将营队酌量抽查，兵额是否核实，操法能否合宜，一切情形，据实具奏。"① 清政府之所以追加第三项任务，即考核沿途各省的军政状况，应与练兵处制定陆军营制饷章的进度有关。清政府此前统一各省营制的努力均告失败，练兵处设立后始有新的进展。8 月 4 日，铁良告知徐世昌，新军营制饷章草案即将完成，"营制饷章，弟前已加签，俟延、聘两兄（刘永庆、王士珍——笔者注）酌定，即有端倪"。无论是兵部还是练兵处，均对地方军事现状缺乏清晰的了解。若大规模革新营制，其实际成效及引发的后果不可预料，"至大改规模一节，不识何日始能办到"，"既恐练兵处不能节制各省，兵部又岂能办到"。② 铁良南下，无疑为中央考察地方军事现状提供了一个现成的机会，既可对东南诸省军事现状做一次清查，亦可为日后全国性的军制改革预做准备。

综上可知，铁良南下的三项使命实可合为两项，第一、第三项为练兵，第二项为筹款，正是举国筹款练兵政策的一次具体实践。关于铁良南下动机，中央集权的解读模式有违史实，而单纯地强调筹款动机则失之片面。换言之，铁良南下实质是练兵处集中财力建厂、改革陆军营制及筹集练兵经费等多种动机推动的结果。

二　铁良江苏之行

8 月 14 日，铁良奏请遴选南下随从人员③，从练兵处、户部、刑部等部门挑选 13 名随从人员，作为南下考察的骨干力量。④ 同日，铁良又奏请户

---

① 中国第一历史档案馆编《光绪宣统两朝上谕档》第 30 册，第 137 页。

② 《铁良就营制饷章陆军学堂及日俄战况等事致徐世昌函》，林开明等编辑《北洋军阀史料·徐世昌卷》第 1 卷，天津古籍出版社，1996，第 334 页。

③ 中国第一历史档案馆编《光绪宣统两朝上谕档》第 30 册，第 136 页。

④ 南下随员名单如下：都统寿勋，户部司员程利川、管象颐，刑部司员锡嘏，内阁中书朱彭寿、徐致善，候补道蔡汇沧、谭鼎和，京旗常备军队官来群、松森，京旗练兵大臣参谋官良弼，笔贴式毓喆，直隶候补州判杨葆元。参见《铁侍郎随员名单》，《大公报》1904 年 8 月 23 日第 3 版；《钦使随员衔名单》，《申报》1904 年 8 月 31 日。按：拉尔夫·尔·鲍威尔在《1895～1912 年中国军事力量的兴起》（中国社会科学出版社，1979，第 169 页）中认为，"在视察期间，铁良由一位从前曾受雇于克虏伯兵工厂名叫海克曼的德国人陪同。由于铁良对军事上的背景知识缺乏正确了解，所以海克曼是实际的视察者，为最后汇报准备材料的也是他"。海克曼，应为 Hekman 音译，或译为哈门卜门，当时在江南制造局任职，在铁良抵达上海后，成为随行之一员。鲍威尔之论完全低估铁良个人才干，并忽视南下其他随员的作用。

部拨银 1 万两暂充南下经费，不接受地方供应，以确保南下的独立性和公正性。① 8 月 22 日，铁良率随员乘车出京②，取道天津，于 8 月 28 日乘船抵达上海。③ 铁良抵达上海后，清政府谕令两江总督魏光焘与闽浙总督李兴锐对调。关于魏光焘去职的原因，有学者认为清政府欲"打破湘系势力对江南的盘踞，改变湘军独树一帜，'不受领导'的局面"，魏光焘是"中央集权政策的第一个牺牲品"。④ 笔者以为此论纯属谬误，殊不知继任江督李兴锐恰恰是湘系人物，"今幸而湘军中人硕果仅存，尚有一李勉帅"；⑤ "朝廷必调李勉帅署理两江者，则犹是以湘人治两江之意"。⑥ 魏光焘去职的真正原因在于江苏吏治问题。江苏吏治败坏，人尽皆知，魏光焘主政期间无丝毫澄清吏治之举措，"江南吏治之坏，则不自制军始之，制军特承其弊，而不能一反之耳"。⑦ 御史屡屡参劾魏光焘滥用幕友贺弼勾结地方官员中饱私囊，一直未能查办，清政府便密电铁良顺道查核。⑧ 据"枢府"消息，铁良请旨将魏光焘调离，"以便查办某侍御之参案"。⑨ 在此，必须重申一点，魏光焘去职与所谓中央集权并无关联。

铁良在上海停留半月之久，主要任务在于考察江南制造局。从 8 月 31 日至 9 月 13 日，铁良本人及其随员连日考察江南制造总局及龙华镇火药局历年收支账目及生产状况，并先后传见江南机器制造总局、龙华火药局等

---

① 铁良：《奏为核销南行随带司员往返资用过银数事》，光绪三十一年，军机处录副档，03／6173／074。

② 何汉威：《从清末刚毅、铁良南巡看中央和地方的财政关系》（《中研院历史语言研究所集刊》第 68 本第 1 分册，1997 年 3 月，第 95 页）依据《北华捷报》相关报道，认为"铁良于光绪三十年七月十日（1904.8.20）离京"。刘增合《八省土膏统捐与清末财政集权》（《历史研究》2004 年第 6 期，第 112 页）采信何文观点。笔者认为，铁良出京的时间应为七月十二日（8 月 22 日），而非七月初十日（8 月 20 日）。徐世昌在日记中有记载："（七月）十二日（8 月 22 日——笔者注）晨起，到车站为宝臣送行。"参见徐世昌《韬养斋日记》第 22 册，天津图书馆影印版，光绪三十年七月十二日。另见《侍郎请训纪闻》，《大公报》1904 年 8 月 22 日第 2 版；《侍郎到津》，《大公报》1904 年 8 月 23 日第 3 版。

③ 《查办大臣到沪》，《大公报》1904 年 9 月 3 日第 3 版；《照料码头》，《申报》1904 年 8 月 28 日。

④ 宫玉振：《铁良南下与清末中央集权》，《江海学刊》1994 年第 1 期，第 154～155 页。

⑤ 《论江督与湖南人之关系》，《中外日报》1904 年 9 月 4 日第 1 版。

⑥ 《书两江总督调任事》，《申报》1904 年 9 月 20 日。

⑦ 《书两江总督调任事》，《申报》1904 年 9 月 20 日。

⑧ 中国第一历史档案馆编《光绪宣统两朝上谕档》第 30 册，第 148 页。

⑨ 《奏参调署要闻》，《大公报》1904 年 9 月 6 日第 2～3 版。

局厂负责人，详询其办公事宜。① 考察期间，铁良查明江南制造局余款计804980余两，饬令总办魏允恭"如数存储，暂缓动用"。② 鉴于江南制造局存在机器陈旧、工匠技艺不精、枪炮粗制滥造、人浮于事等诸多弊病，加上地近沿海，铁良认为，"该厂自应移建"，又为节省经费起见，同意另建新厂，"移旧厂不如设新厂，亦不易之论"。③ 针对铁良提取江南制造局余款一事，《时报》《大公报》先后报道："铁侍郎将上海制造局逐年正款及各杂项余银八十万两悉数抽提，以致制造局用款一无所有。"④ 无论是地方督抚还是报界，他们本来就怀疑铁良为搜刮东南财富而来，提取江南制造局余款的举动无疑坐实了这一猜测。上海舆论进而评论，"铁侍郎此来，并不为考查积弊起见，而实为筹款起见"，并警告邻近省份铁良沿途必依此法大肆搜刮。⑤ 舆论的放大效应，为铁良在苏州和南京筹款制造了无形的障碍。

9月13日，铁良带随员及洋员哈卜门乘船离开上海，翌日抵达苏州。⑥ 在苏州，铁良清查了江苏藩库及粮道库、牙厘局、松沪厘捐局、善后局、沙州公所等局所。⑦ 其后，铁良要求提取沙洲入款10万两，端方以苏州财政并不宽裕为由拒绝⑧，铁良又欲提取铜圆局盈余款项60余万两，端方再次拒绝，"争执甚力"。⑨ 铁良与端方之间矛盾因此而起。铁良清查财政后，

---

① 参见《铁侍郎行辕纪事》，《时报》1904年8月31日第2张第6页；《铁侍郎行辕纪事》，《时报》1904年9月2日第2张第6页；《铁侍郎行辕纪事》，《时报》1904年9月3日第2张第6页；《铁侍郎行辕纪事三》，《时报》1904年9月4日第2张第6页。《星使行辕纪事》，《申报》1904年9月5日；《钦使行辕纪事》，《申报》1904年9月6日；《钦使行辕纪事》，《申报》1904年9月7日。《钦使行辕纪事》，《申报》1904年9月9日；《钦使行辕纪事》，《申报》1904年9月10日。《星使起程》，《申报》1904年9月14日。

② 江南制造局编《江南制造局记》，中国史学会主编《洋务运动》第4册，上海人民出版社，1961，第531页。

③ 铁良：《奏为遵查江南制造局厂应否移建情形事》，光绪三十一年正月十八日，军机处录副档，03/6170/011。

④ 《铁侍郎清查制造局之结果》，《时报》1904年9月16日第1张第3页；《铁侍郎清查制造局之结果》，《大公报》1904年9月26日。

⑤ 《论铁侍郎提取制造局八十万两》，《中外日报》1904年9月21日第1版。

⑥ 《星使起程》，《申报》1904年9月14日；《铁侍郎饬查度支》，《时报》1904年9月17日第1张第3页。

⑦ 铁良：《奏为遵查江苏司库局所进出款项及现办情形事》，光绪三十年十月二十八日，军机处录副档，03/6583/024。

⑧ 《纪铁侍郎在苏筹款事》，《大公报》1904年10月18日第4版。

⑨ 《续记铁侍郎在苏筹款事》，《大公报》1904年10月26日第4版。

于 9 月 29 日校阅驻扎苏州之续备军、巡警军及武备学堂。① 续备军到操官兵 568 名，其官兵素质、武器装备、军事训练废弛不堪，"毫无严肃气象"；巡警军下辖左、右两营，到操官兵 380 余名，"只袭巡警之名，毫无实际"；武备学堂因教习和总办不得其人，学堂所设内堂功课及外场操法有待改善。②

10 月 5 日，铁良一行离开苏州返回上海，于次日抵达吴淞。③ 吴淞炮台位于上海宝山县城郊之南石塘、狮子林等处，南洋续备军盛字五营驻防炮台后路，为由海入江第一重门户。10 月 7 日，铁良率随员校阅南洋续备军五营④，到操官兵 1670 余名，因军官多为勇营出身，其攻守演习和实弹射击均有欠缺。⑤ 次日，铁良巡视狮子林等处炮台⑥，发现该炮台护墙、火炮地基、火炮机件均存在缺陷，并参劾总台官张克谟不明炮理。⑦

10 月 8 日晚，铁良等人乘南琛军舰离开吴淞，溯江而上，向江阴炮台进发。⑧ 江阴炮台在长江南、北岸分设炮台，为长江下游之咽喉。铁良巡视该炮台后，发现南岸炮台易遭敌人袭击，北岸炮台因地势不能发挥威力，炮台护墙、火炮机件等存在缺陷。铁良还校阅了防守炮台之南洋续备军老湘合字五营及南洋续备军南字三营，前者到操官兵 1400 余名，后者到操官兵 720 名。两军军容、武器、军纪及军事训练大体类似，无太多成效可言。⑨

10 月 11 日清晨，铁良乘南琛军舰继续前往镇江炮台考察。⑩ 镇江炮台，由圌山关、东生洲、象山、焦山、都天庙五处炮台组成。圌山炮台与东生

---

① 《星轺纪事》，《申报》1904 年 10 月 4 日；《铁侍郎定期阅兵》，《时报》1904 年 9 月 29 日第 1 张第 3 页。
② 铁良：《奏为遵旨抽阅江苏等省营伍及炮台武备学堂各情事》，光绪三十一年正月十八日，军机处录副档，03/6001/010。
③ 《星传重来》，《申报》1904 年 10 月 6 日；《星使赴申》，《申报》1904 年 10 月 10 日。
④ 《铁侍郎勘阅炮台详志》，《时报》1904 年 10 月 8 日第 1 张第 3 页。
⑤ 铁良：《奏为遵旨抽阅江苏等省营伍及炮台武备学堂各情事》，光绪三十一年正月十八日，军机处录副档，03/6001/010。
⑥ 《铁侍郎勘阅炮台再志》，《时报》1904 年 10 月 9 日第 2 张第 6 页。
⑦ 铁良：《奏为遵旨抽阅江苏等省营伍及炮台武备学堂各情事》，光绪三十一年正月十八日，军机处录副档，03/6001/010。
⑧ 《星使起节》，《申报》1904 年 10 月 11 日。
⑨ 铁良：《奏为遵旨抽阅江苏等省营伍及炮台武备学堂各情事》，光绪三十一年正月十八日，军机处录副档，03/6001/010。
⑩ 《铁侍郎莅镇之先声》，《时报》1904 年 10 月 14 日第 2 张第 6 页。

洲炮台由两江补用参将徐万福统领南洋续备新湘左、后两旗防守。象山炮台、都天庙炮台及焦山炮台由两江补用副将魏荣斌统领南洋续备新湘中、前、右三旗及江南武威新军六营防守。10月13日，铁良最先在圌山炮台巡视，15日下午5时，铁良从圌山炮台乘兵舰驶抵镇江，16日上午10时，铁良在徐万福、魏荣斌等人陪同下巡视象山、焦山、都天庙各炮台。① 铁良视察后，对五处炮台的炮位设置及防御缺陷表示担心，如圌山关各炮台无后路接应、炮位设置不当、交通不便等，东生洲炮台炮位过密、营房潮湿等，象山东台炮位无法防御下游丹徒来敌、东峰炮位较少、西峰炮位过高，都天庙西台炮位偏后，焦山下台炮式陈旧。② 10月17日上午10时，铁良校阅南洋续备新湘五旗及江南武威新军六营诸兵种军事训练、攻守演习及实弹射击。③ 在铁良眼中，镇江炮台驻军枪械、军容、操法最为废弛，统领徐万福及魏荣斌极不称职。④ 10月18日，铁良校阅京口驻防八旗，"简阅八旗练军两营，操演各种阵图"⑤，对旗兵编练成效并不满意，"特传营官哨弁逐一申斥"。⑥

10月19日下午，铁良乘南琛军舰离开镇江，前赴仪征稽查两淮盐务。⑦ 仪征总栈是两淮盐务汇集转运的重镇，并驻有军队稽查长江沿岸的盐务。在仪征期间，铁良仅清查了仪征总栈的办公费用、缉私经费、总办盈余等项账目。⑧ 同时，铁良校阅了仪征驻扎南洋续备奇兵左旗，该旗官兵325名，实际到操仅60余名，配备旧式毛瑟枪，"举无足观"。⑨

① 《志铁侍郎抵镇事》，《时报》1904年10月18日第2张第6页；《星使照润》，《申报》1904年10月19日。
② 铁良：《奏为遵旨抽阅江苏等省营伍及炮台武备学堂各情事》，光绪三十一年正月十八日，军机处录副档，03/6001/010。
③ 《铁侍郎盘查道库阅看防营》，《时报》1904年10月20日第2张第6页；《星使照润二志》，《申报》1904年10月21日。
④ 铁良：《奏为遵旨抽阅江苏等省营伍及炮台武备学堂各情事》，光绪三十一年正月十八日，军机处录副档，03/6001/010。
⑤ 《星使照润二志》，《申报》1904年10月21日。
⑥ 《润郡官场纪事》，《申报》1904年11月25日。
⑦ 《星使去润》，《申报》1904年10月24日。
⑧ 铁良：《呈仪征盐栈收支各款清单》，光绪三十一年二月二十五日，军机处录副档，03/6479/002。按：铁良抵达南京后，才札饬其他经管两淮盐务的局所，造送清册，派员逐细稽核。参见铁良《奏为遵查两淮盐务情形事》，军机处录副档，03/6478/006。
⑨ 铁良：《奏为遵旨抽阅江苏等省营伍及炮台武备学堂各情事》，光绪三十一年正月十八日，军机处录副档，03/6001/010。

　　10 月 21 日，铁良抵达南京。铁良与两江总督李兴锐商议后，定于 10 月 24 日校阅南京驻军。① 因连日阴雨，校场积水，铁良决定暂停校阅军队，先从军事学堂入手。10 月 26 日，铁良先派两名随员考察水师、陆师两学堂；10 月 31 日，铁良亲自考察两所学堂内堂功课，并于 11 月 2 日阅视外场操法。② 虽然两所军事学堂章制及规模均较完备，但铁良仍发现其弊病所在。水师学堂教学方法落后，纪律松懈，学生缺少上舰实习机会；陆师学堂因总办缺乏新式军事知识，其课程较杂，毕业生普遍不达标。③ 铁良在南京考察期间，两江总督李兴锐突然去世。④ 校阅军队一事暂时搁置，署理两江总督端方接任后始提上日程。⑤ 驻扎南京之南洋常备右军下辖步队六营及炮、马、工程各一营，到操官兵 1230 余名，步队武器、军容、兵员素质最优，然全军基本军事训练及诸兵种战术训练仍有待加强。驻扎金陵下关、雨花台等处之南洋续备护军下辖左、右、前、后四旗，驻扎金陵下关之江南武威新军下辖左、右翼两旗，两军军容军纪、武器装备及军事训练成效不彰。至于江宁八旗常备军、续备军，其军械、操法、兵员素质则更是废弛不堪。⑥ 铁良校阅各军结束之后，便巡视南京城外乌龙山、幕府山、下关、狮子山、富贵山、清凉山、雨花台七处炮台。11 月 15 日，铁良"乘马车赴下关，莅狮子山、通商场、草鞋夹、青龙岛、龙幕府诸山，查勘炮台"。⑦ 11 月 17 日上午 11 时，铁良又前往清凉山、雨花台两处炮台巡阅。⑧ 铁良巡视七处炮台后，称赞乌龙山炮台、幕府山炮台及狮子山炮台防护得力，但对乌龙山、下关、狮子山、富贵山的炮位及防御仍较担心，尤其雨花台孤悬城外，防御甚难。相比江苏其他炮台，铁良对南京各处炮台较为

① 《星使莅宁初志》，《申报》1904 年 10 月 26 日。又见《铁侍郎莅宁志略》，《时报》1904 年 10 月 26 日第 2 张第 6 页。
② 《铁侍郎行辕纪事》，《时报》1904 年 10 月 29 日第 2 张第 6 页；《星使莅宁三志》，《申报》1904 年 11 月 6 日。
③ 铁良：《奏为遵旨抽阅江苏等省营伍及炮台武备学堂各情事》，光绪三十一年正月十八日，军机处录副档，03/6001/010。
④ 《江督病薨详志》，《申报》1904 年 11 月 3 日。
⑤ 《星使莅宁三志》，《申报》1904 年 11 月 6 日；《星使阅台》，《申报》1904 年 11 月 22 日。
⑥ 铁良：《奏为遵旨抽阅江苏等省营伍及炮台武备学堂各情事》，光绪三十一年正月十八日，军机处录副档，03/6001/010。
⑦ 《星使阅台》，《申报》1904 年 11 月 22 日。
⑧ 《铁侍郎勘阅炮台及机器局详志》，《时报》1904 年 11 月 21 日第 2 张第 6 页；《星轺纪事》，《申报》1904 年 11 月 23 日。

满意，"其布置一切，较他路稍为优胜"。① 是日，铁良巡阅南京各炮台后，在金陵制造局总办徐乃昌陪同下考察该局枪炮、子弹各厂②，铁良视察后，认为该局存在生产枪械陈旧、生产规模较小、生产技术落后、厂房地基不稳及匠员态度散漫等问题。③

在南京，铁良还重点清查了江宁藩库及各局所财政收支状况。④ 11 月 10 日，铁良接连传见江宁藩库、银圆局、机器局、筹防局、支应局及厘捐局等局所总办，饬令每年各筹款 25000 两，各局总办均以库款奇绌、无款可提为由婉拒。⑤ 不过，铁良在南京仍提取了一笔数额可观的款项，其中，支应局提款 140000 两以上，筹防局提款 360000 两，厘捐局提款 110000 两以上，江海关提款约 160000 两，铜圆局提款约 200000 两，筹防局及铜圆局又提 50000 两，合计达 1020000 两。⑥

在江苏，铁良先后前往上海、苏州、吴淞、江阴、镇江、仪征、南京等地考察，遵旨清查财政、巡视炮台、校阅驻军及武备学堂，均有收获。当铁良逗留南京期间，清政府忽然颁布一道召回谕旨，其考察任务开始发生新的变化。

三　铁良任务的转变及其考察行程

1904 年 11 月 28 日，清政府谕令："该侍郎行抵江南，计已蒇事。著即遄赴湾沚、萍乡两处，审定局厂，应否移建，地势何处合宜，即行回京覆命，仍将经过地方营务，留心察看。至各省司库局所一切款目，毋庸调查，即著责成该省督抚，认真整顿。"⑦ 这一道召回谕旨代表着清政府态度的转

---

① 铁良：《奏为遵旨抽阅江苏等省营伍及炮台武备学堂各情事》，光绪三十一年正月十八日，军机处录副档，03/6001/010。

② 《铁侍郎勘阅炮台及机器局详志》，《时报》1904 年 11 月 21 日第 2 张第 6 页；《星轺纪事》，《申报》1904 年 11 月 23 日。

③ 铁良：《奏为考察江鄂两省机器制造等局情形事》，光绪三十一年正月十八日，军机处录副档，03/6170/012。

④ 铁良：《奏为遵查江宁司库局所进出款项情形事》，光绪三十一年正月十八日，军机处录副档，03/6584/007。

⑤ 《铁侍郎行辕最近纪事》，《时报》1904 年 11 月 10 日第 2 张第 6 页。

⑥ 《从清末刚毅、铁良南巡看中央和地方的财政关系》，《中研院历史语言研究所集刊》第 68 本第 1 分册，1997 年 3 月，第 97 页。

⑦ 中国第一历史档案馆编《光绪宣统两朝上谕档》第 30 册，第 196 页。

变，要求铁良考察江南制造局厂址及地方军政后，迅速回京覆命，此其一。其二，收回铁良清查地方财政的权力，意味着取消了原定的筹款任务。铁良在江苏清查财政、整顿军政均有斩获，缘何清政府颁布调回铁良的谕旨呢？当时报章揣测，铁良因在江苏提款与端方不合，接连遭到参劾，故有召回谕旨。① 据盛宣怀亲信陶湘探听到的可靠情报，否定了上述臆测之词，"铁良调回，传说系端之密劾，又谓有言路参劾。据枢府云：皆非也"。② 何汉威认为铁良被召回的主因，"厥为清政府对他委以主导中央军政的重任"。③ 从铁良升职与被召回相隔的时间看，很难构成直接的因果关系。笔者认为，铁良被召回的真实原因在于各省同意筹补庚子赔款镑亏数额。

《辛丑条约》规定，赔款各国海关银 4.5 亿两，年息 4 厘，本息用金付给，或按还款时的市价易金付给。自 1902 年始，清政府还款时均按银赔付，但各国为避免银价持续低落带来的损失，要求按照市价易为金款赔付，遂出现镑亏问题。到 1904 年，各国催索庚子赔款镑亏时，数额已高达千万。在此情况下，户部、外务部电商各省督抚，希望暂时筹补镑亏数额，以解燃眉之急。各省接到电文后，除直隶总督袁世凯、湖广总督张之洞外，以两江总督李兴锐为首的督抚们联衔上折，请政府向各国力争还银。④ 其实，外务部与各国公使曾有商议，但各国公使竟拿铁良筹款一事敷衍："今铁侍郎南下筹款练兵，动辄数十万，是中国固不贫……坚持赔款用金之议。"⑤ 11 月 9 日，外务部、户部电令各省万勿再争还银一事，须先按规定额数分

① 《纪某钦使被参》，《大公报》1904 年 12 月 4 日第 2 版。按：今人研究也多持这一观点，冯兆基著、郭太风译《军事近代化与中国革命》（上海人民出版社，1994，第 67 页）认为"如此搜刮资金触犯了地方行政管理的禁区，搞得省里怨愤丛生，以至清廷不得不在 11 月降旨，责令铁良把职权限制在跟巡视兵工厂有关的事情上"；刘增合在《鸦片税收与清末新政》（生活·读书·新知三联书店，2005，第 60 页）也如此认为，"由于端方等人的抗议，1904 年 11 月清廷给他发来谕旨……该谕旨与铁良在京时接受的任务互相矛盾，可见各省反对之激烈"。
② 陈旭麓等主编《辛亥革命前后盛宣怀档案资料选辑之一》，上海人民出版社，1979，第 17 页。
③ 何汉威：《从清末刚毅、铁良南巡看中央和地方的财政关系》，《中研院历史语言研究所集刊》第 68 本第 1 分册，1997 年 3 月，第 101 页。
④ 中国第一历史档案馆编《庚子事变清宫档案汇编（庚子赔款筹付卷三）》第 13 册，中国人民大学出版社，2003，第 963、986~990 页。
⑤ 《各国公使坚持赔款用金之议》，《时报》1904 年 10 月 29 日第 2 张第 6 页。

摊筹补镑亏数额，再议他策。① 至 11 月底，直隶、江苏、湖北、安徽、湖南、江西等省陆续筹办。直隶总督袁世凯预支直隶明年协饷、京饷，共筹 60 万；② 江苏巡抚端方拟从铁良提存的江南制造局款项中借拨 40 万两，其余 120 万两则由江宁、苏州各拨补 60 万两；③ 湖南巡抚陆元鼎拨解 20 万两汇送至上海；④ 江西夏旹答应筹解镑亏银 40 万两；⑤ 湖广总督张之洞同意筹集 60 万两；安徽巡抚诚勋从明年甘肃新饷及云南铜本中截留 20 万两。⑥ 在筹补镑亏一事上，地方督抚竭尽全力，东挪西凑，寅吃卯粮，其财政实已到了山穷水尽的地步。当时在南京的铁良对东南财政困难情形深有感触："良奉命南来，窃见司库空虚，民情困苦……一旦增此巨款，无论诸疆臣如何筹拨，其归根总不外取给于商民，恐此后全国四万万人穷蹙情形不堪言状。"⑦ 在各省尽力筹补镑亏数额之际，若令铁良继续清查财政，不惟实效难收，东南诸省的反弹亦难预料。清政府谕令铁良停止清查财政，算是较为明智的选择。据"枢府"所言："上因各省凑集镑亏，实为竭力，忽测［恻］隐动于中，而特旨饬其（铁良——笔者注）毋庸调查。"⑧ 由此可知，由于各国索还庚子赔款镑亏，在各省同意筹补镑亏数额的情况下，清政府颁布召回谕旨。

12 月 9 日，铁良与新任两江总督周馥共乘南琛军舰，率随员前往安徽湾沚勘查新厂址。⑨ 12 月 11 日，铁良等人途经梁山炮台，该炮台为进入安徽第一门户，巡视后发现炮台建置简陋，炮式陈旧，"名曰炮台，无异营

① 各省分摊数额如下：直隶、安徽、福建、河南四省各 50 万两，江宁、江西、江苏三省各 80 万两，浙江、四川二省各 70 万两，湖南、山东、山西三省各 60 万两，湖北 90 万两，粤海关 30 万两，闽海、江汉、津海三关各 20 万两，芜湖、东海二关各 10 万两，广东 30 万两。详见中国第一历史档案馆编《庚子事变清宫档案汇编（庚子赔款筹付卷三）》第 13 册，第 1005～1006、1043、1048、1069 页。

② 中国第一历史档案馆编《庚子事变清宫档案汇编（庚子赔款筹付卷三）》第 13 册，第 1024 页。

③ 《电覆筹解镑欠事》，《时报》1904 年 11 月 23 日第 2 张第 6 页。

④ 《湘抚拨汇筹补镑价银二十万两至沪》，《时报》1904 年 11 月 18 日第 2 张第 6 页。

⑤ 《赣抚拨允筹镑欠四十万两》，《时报》1904 年 11 月 22 日第 2 张第 6 页。

⑥ 中国第一历史档案馆编《庚子事变清宫档案汇编（庚子赔款筹付卷三）》第 13 册，第 1037～1039、1041～1044 页。

⑦ 《补录铁钦使电奏》，《大公报》1904 年 12 月 3 日第 4 版。

⑧ 陈旭麓等主编《辛亥革命前后盛宣怀档案资料选辑之一》，第 17 页。

⑨ 《周玉帅与铁侍郎同赴湾沚详志》，《时报》1904 年 12 月 13 日第 2 张第 6 页；《仙侣同舟》，《申报》1904 年 12 月 16 日。

全",“临敌万不能适用”。① 12月12日上午，铁良等人由芜湖径赴湾沚。
13日、14日，铁良与周馥等人在湾沚查勘江南制造局新厂址。② 经过实地
勘查，铁良认为湾沚存在地势低洼、航道过窄、煤铁稀少、码头难建、铁
轨难通等五大弊端，“有此诸弊，似该地不如湘东之优”。③ 最终，湾沚建厂
一事作罢。12月15日，铁良饬令寿勋校阅驻扎芜湖之续备精健军后④，认
为该军实难承担防守重任，“芜湖为通商巨埠，似此营伍，不特不足以备缓
急，且恐为外人讪笑”。⑤ 是日上午11时，铁良乘钧和炮舰继续前行考察，
周馥则乘南琛军舰返回南京。⑥

12月17日，铁良率随员抵达安庆。⑦ 在安庆期间，铁良先后考察了安
庆诸路炮台、驻军及武备学堂。就炮台而言，其一为拦江矶炮台，与梁山
炮台模式相同；其二为前江口炮台，其炮台顶部易成为来敌攻击目标；其
三为棋盘山炮台，该炮台地势不合，防御性差。以上三处炮台驻军，官兵
素质较差，操法生疏，废弛不堪。⑧ 12月18日，铁良校阅驻扎安庆之常备
军及续备军。⑨ 常备军下辖前、后、左、右四营，续备军步队下辖中、前、
左、右四营，两军官兵素质、武器装备、军事训练均未有成效可言。⑩ 12月
19日，铁良巡阅安徽武备学堂⑪，对该学堂生源、教习、毕业年限、内堂课
及外场操一一考察后，称赞学堂提调谭学衡办理得法，除学堂规模较小外，

---

① 铁良：《奏为遵旨抽阅江苏等省营伍及炮台武备学堂各情事》，光绪三十一年正月十八日，
军机处录副档，03/6001/010。
② 《铁侍郎与周玉帅勘地详志》，《时报》1904年12月18日第2张第6页；《旌节双临》，《申
报》1904年12月20日。
③ 铁良：《奏为遵查江南制造局厂应否移建情形事》，光绪三十一年正月十八日，军机处录副
档，03/6170/011。
④ 《旌节双临》，《申报》1904年12月20日。
⑤ 铁良：《奏为遵旨抽阅江苏等省营伍及炮台武备学堂各情事》，光绪三十一年正月十八日，
军机处录副档，03/6001/010。
⑥ 《铁侍郎与周玉帅勘地详志》，《时报》1904年12月18日第2张第6页。
⑦ 《使节过皖》，《申报》1904年12月25日。
⑧ 铁良：《奏为遵旨抽阅江苏等省营伍及炮台武备学堂各情事》，光绪三十一年正月十八日，
军机处录副档，03/6001/010。
⑨ 《铁侍郎莅皖事》，《时报》1904年12月23日第2张第6页；《使节过皖》，《申报》1904
年12月25日。
⑩ 铁良：《奏为遵旨抽阅江苏等省营伍及炮台武备学堂各情事》，光绪三十一年正月十八日，
军机处录副档，03/6001/010。
⑪ 《铁侍郎莅皖事》，《时报》1904年12月23日第2张第6页；《使节过皖》，《申报》1904
年12月25日。

内堂功课及外场操法皆有成效。①

12月20日下午5时，铁良从安庆出发，前往江西。② 12月22日，铁良巡视了江西马当炮台。③ 马当炮台是由安徽进入江西的门户，该炮台防御周全，无射击死角，炮兵操法娴熟，然其火炮射程有限，营房也易受来敌攻击。④ 12月23日上午，铁良抵达湖口，巡阅湖口炮台并校阅湖口水师。⑤ 湖口炮台是鄱阳湖的门户，在东岸武曲港、西岸梅花洲各设炮台。铁良发现，西台梅花洲地势低洼，易受涨水侵蚀；装备火炮多为旧式，而且旋转不便。在湖口，铁良还校阅了湖口镇水师，下辖中营、安庆、吴城、华阳共4营。在演操过程中，铁良看到该军军容尚整，但其装备陈旧，操法落后，战船速度缓慢，积习较深。⑥ 12月24日，铁良一行抵达九江后，立即带同随员6名及洋员哈卜门巡阅岳师门炮台及金鸡坡炮台。⑦ 铁良肯定了统辖官瑞澂整顿各炮台的举措及成效，与安徽各炮台相比，"实觉胜强数倍"。⑧ 12月25日，铁良在九江"阅视常备前军操法及各种武技"。⑨ 常备前军到操官兵624名，其武器装备、军容军纪及军事训练颇具成效。⑩ 同日下午6时，铁良校阅结束后，乘钧和炮舰离开九江。12月28日中午，铁良抵达武昌。⑪铁良在途中顺道检阅了湖北田家镇炮台，作为湖北唯一的炮台，因地处上

① 铁良：《奏为遵旨抽阅江苏等省营伍及炮台武备学堂各情事》，光绪三十一年正月十八日，军机处录副档，03/6001/010。

② 《铁侍郎由皖启程》，《时报》1904年12月24日第2张第6页；《使节过皖》，《申报》1904年12月25日。《星使过浔》，《申报》1904年12月30日。

③ 《星使过浔》，《申报》1904年12月30日。

④ 铁良：《奏为遵旨抽阅江苏等省营伍及炮台武备学堂各情事》，光绪三十一年正月十八日，军机处录副档，03/6001/010。

⑤ 《使节过皖》，《申报》1904年12月25日。《星使过浔》，《申报》1904年12月30日。

⑥ 铁良：《奏为遵旨抽阅江苏等省营伍及炮台武备学堂各情事》，光绪三十一年正月十八日，军机处录副档，03/6001/010。按：湖口镇水师为长江水师下辖部队之一，另辖江南之瓜洲镇水师、湖北之汉阳镇水师及湖南之岳州镇水师，铁良在随后的行程中也一一校阅，认为湖口镇水师官兵素质较优，"此外各镇沿途查看，大致与湖口略同，惟官兵精壮稍逊"。

⑦ 《使节过皖》，《申报》1904年12月25日；《星使过浔》，《申报》1904年12月30日；《星使搜军》，《申报》1905年1月3日。

⑧ 铁良：《奏为遵旨抽阅江苏等省营伍及炮台武备学堂各情事》，光绪三十一年正月十八日，军机处录副档，03/6001/010。

⑨ 《使节过皖》，《申报》1904年12月25日。《星使过浔》，《申报》1904年12月30日。

⑩ 铁良：《奏为遵旨抽阅江苏等省营伍及炮台武备学堂各情事》，光绪三十一年正月十八日，军机处录副档，03/6001/010。

⑪ 《铁侍郎抵鄂详志》，《时报》1905年1月2日第2张第6页；《星轺莅汉》，《申报》1905年1月3日。

游未受重视，其炮台设施陈旧，驻军规模极小。①

铁良在湖北没有逗留太久，1905 年 1 月 2 日，挑选 6 名随员乘船离开。② 铁良本打算由水路取道武汉前往长沙，因水浅淤塞无法行船，便改由陆路径往江西萍乡勘查厂址。③ 铁良实地勘查后，肯定了萍乡在地理位置、地势环境、水陆交通及铁矿资源方面的优势，"具此格局，自较湾沚为胜"。④ 在江南制造局厂址的选择上，铁良最终认可了萍乡建厂的方案。

1 月 11 日，铁良从萍乡抵达湖南长沙⑤，陆续校阅了湖南常备军及续备军，并巡视武备学堂。铁良校阅时，常备湘威军中、右两旗到操官兵 528 名，常备军锐字三旗到操官兵 864 名，常备军定字第三旗到操官兵 240 名，续备军武字第一旗到操官兵 194 名。铁良对各军兵员素质、军容军貌尚较满意，但各军军事训练不尽如人意。在长沙武备学堂巡视时，铁良看到其内堂功课程度较浅，但外场操法较优，遂饬令该堂总办俞明颐改进内堂功课。⑥

1 月 17 日，铁良离开长沙，重新折回湖北考察。⑦ 1 月 20 日，铁良巡视湖北武备普通中学堂和武备高等学堂，⑧ 称赞湖北武备学堂课程体系完备，是培养新式军官人才的重要基地，"实为武才渊薮"。⑨ 1 月 28～30 日，铁良与张之洞率随员一起校阅湖北新军。⑩ 湖北常备军共练成一镇及一混成协，实际到操官兵 10518 名，军官多为出洋或武备毕业生，步、骑、炮等兵种战术训练有素。铁良对湖北新军寄予厚望，"编练未久，军容焜耀，已壮观瞻，洵可为沿江各省营伍之冠"，"将来可望渐成劲旅"。⑪ 在考察湖北枪

---

① 铁良：《奏为遵旨抽阅江苏等省营伍及炮台武备学堂各情事》，光绪三十一年正月十八日，军机录副档，03/6001/010。
② 《铁侍郎莅鄂二志》，《时报》1905 年 1 月 6 日第 2 张第 6 页；《星使赴湘》，《申报》1905 年 1 月 10 日。
③ 《星使莅萍》，《申报》1905 年 1 月 6 日。
④ 铁良：《奏为遵查江南制造局厂应否移建情形事》，光绪三十一年正月十八日，军机处录副档，03/6170/011。
⑤ 《电报》，《时报》1905 年 1 月 12 日第 1 张第 3 页。
⑥ 铁良：《奏为遵旨抽阅江苏等省营伍及炮台武备学堂各情事》，光绪三十一年正月十八日，军机处录副档，03/6001/010。
⑦ 《电报》，《时报》1905 年 1 月 18 日第 1 张第 3 页。
⑧ 《铁侍郎行辕纪事》，《时报》1905 年 1 月 28 日第 2 张第 6 页。
⑨ 铁良：《奏为遵旨抽阅江苏等省营伍及炮台武备学堂各情事》，光绪三十一年正月十八日，军机录副档，03/6001/010。
⑩ 《汉口》，《申报》1905 年 2 月 27 日，第 10 版。
⑪ 铁良：《奏为遵旨抽阅江苏等省营伍及炮台武备学堂各情事》，光绪三十一年正月十八日，军机录副档，03/6001/010。

炮厂时，铁良希望该厂购料、枪炮质量及火药速率等方面能够有所改进。①

铁良在武汉考察任务结束后，于2月6日乘火车起程北上。② 2月9日，铁良抵达河南开封。③ 11~13日，铁良校阅了驻扎省城的常备军、巡警军、抚标及驻防旗兵。④ 河南常备军，到操官兵2143名；河南巡警兵一营，到操官兵294名；抚标到操兵278名。总体而言，铁良对河南常备军、巡警兵、抚标的官兵素质、武器装备及军事训练方面的表现较为满意。但铁良校阅开封满城旗兵后，痛感旗兵积习甚深，严令巡抚陈夔龙整顿。⑤ 2月16日，铁良从郑州乘火车离开。⑥ 河南是铁良南下之行的最后一站，标志着其考察行程的结束。

四　铁良的覆命

2月20日中午，铁良乘车抵达北京覆命。⑦ 铁良南下身负三项任务，所上奏折及附呈清单内容大体围绕三项任务展开，清政府对此做出应对方案。

铁良覆命内容之一，关于兵工建设问题。2月21日，铁良奏陈考察湾沚、萍乡的实际情形，并拟定两条兵工建设方案。⑧ 第一条为"统筹全局办法"。具体言之，拟在萍乡建设南厂，经费由江南制造局每年节存70万两及江苏、安徽、江西三省协济；在直隶、河南及山西择地建设北厂，经费由八省土膏统捐项下动支；以湖北兵工厂为中厂，辅助南、北厂之不足。第二条为"变通办法"。缓办萍乡新厂，另于江北一带择南北适中之地建厂，将萍乡新厂经费650万两全数投入，速成一大型兵工厂。次日，该折下

① 铁良：《奏为考察江鄂两省机器制造等局情形事》，光绪三十一年正月十八日，军机处录副档，03/6170/012。
② 《铁星使起程北上·武昌来电》，《申报》1905年2月8日。
③ 《铁星使抵开封·开封来电》，《申报》1905年2月11日；The Movements of H. E. Tieh Liang, *The North-China Herald and Supreme Court & Consular Gazette*, 1905 – 2 – 17, pg. 336.
④ 《铁侍郎赴汴行程补志》，《时报》1904年2月18日第2张第6页。
⑤ 铁良：《奏为遵旨抽阅江苏等省营伍及炮台武备学堂各情事》，光绪三十一年正月十八日，军机处录副档，03/6001/010。
⑥ 《铁星使郑州启节·郑州来电》，《申报》1905年2月18日第3版；《电报一》，《时报》1904年2月18日第1张第3页。
⑦ 北京市档案馆编《那桐日记》上册，新华出版社，2006，第528页；徐世昌：《韬养斋日记》第23册，光绪三十一年正月十七日。
⑧ 铁良：《奏为遵查江南制造局厂应否移建情形事》，光绪三十一年正月十八日，军机处录副档，03/6170/011。

政务处、练兵处议奏。① 在练兵处、政务处回复意见之前，张之洞向铁良表示，赞同南、北、中三厂并举的方案，"窃谓南北中三厂，断断不可偏废"，对缓办萍乡新厂的变通办法则仍表反对，"若辍南厂不办，移款以供北厂之用，北厂专供北五省，犹恐未足，岂能兼顾淮南。此外，若止一鄂厂，焉能应付江、湖、川、广各省"。② 6 月 15 日，练兵处、政务处经过权衡，批准了南、北、中三厂并举的方案，并在建厂经费、厂址选择等方面批示办法。③ 针对铁良奏陈金陵制造局、湖北兵工厂的考察情形及其存在问题④，8 月 5 日，练兵处分别批示意见。⑤ 因练兵处已批准南、北、中三厂齐建方案，金陵制造局不在规划范围内，故令其停造旧式枪炮以节存经费，并挑选优良工匠为新厂储备人才。湖北兵工厂是练兵处拟支持的三厂之一，便饬令湖广总督张之洞督率工匠改良枪炮制造技术，并将所造枪炮、弹药随时派员送练兵处考核实验。

练兵处对铁良的议覆中，经费一节最关紧要。练兵处出于维护其练兵款项的考虑，在分配建厂经费时暗做手脚。关键在于八省土膏统捐经费上，铁良于 1904 年 12 月 14 日奏请试办时，计划将盈余充作兵工厂经费，但财政处、户部议覆时声明，其溢收之数只能作为练兵经费，不得挪移。⑥ 在练兵处议覆铁良意见中，仍坚持八省土膏统捐充作练兵经费，而将江南制造局每年节存 70 万两改拨北厂，南厂经费则归江苏、浙江、四川、两湖、两广等省分摊。中央与地方之间的经费争夺，直接埋下日后南、北、中三厂并举方案失败的伏线。7 月，魏允恭等人向张之洞抱怨南厂经费筹办为难，"沪节七十万，原为萍局起见，今则改拨北厂，而江、皖、赣三十万两，屡催未拨……萍厂开办颇难著手"。⑦ 张之洞一直反对挪移萍厂经费，练兵处的方案势必加重湖北等省的财政负担，故决心不再撄和其中，"萍厂如何办

---

① 中国第一历史档案馆编《光绪宣统两朝上谕档》第 31 册，第 7 页。
② 《致京铁宝臣尚书》，赵德馨主编《张之洞全集》第 11 册，第 203 页。
③ 奕劻：《奏为遵旨议覆江南制造局厂移建他省事》，光绪三十一年五月十三日，军机处录副档，03/7128/056。
④ 铁良：《奏为考察江鄂两省机器制造等局情形事》，光绪三十一年正月十八日，军机处录副档，03/6170/012。
⑤ 奕劻：《奏为遵旨议覆查明江鄂两省制造等局所枪炮难合新军之用请令择留工匠专造等事》，光绪三十一年七月初五日，军机处录副档，03/6047/046。
⑥ 参见刘增合《八省土膏统捐与清末财政集权》，《历史研究》2004 年第 6 期，第 112～114 页。
⑦ 《魏道等来电》，赵德馨主编《张之洞全集》第 11 册，第 222 页。

理，鄂省不再与闻"。① 其后，虽然南、北厂建设动作不断，但终因财力有限归于失败，"卒以时事纷烦，款项支绌，新厂之设，竟不果行"。②

除兵工厂外，铁良在奏折中还提出了统一枪炮口径的问题。次年6月2日，练兵处议覆，先拟定枪支及陆路、过山快炮的章制，其余如城隍、海岸、海军三项炮位暂从缓议。③ 按照章制，枪支口径拟用6.8毫米，枪筒长115倍口径，子弹初速率须650米。陆路炮口径拟用75毫米，身长28倍口径，炮架高1米，轮距1.3米，炮弹使用开花、子母、葡萄三种，炮弹初速率须500米以上，射程须5000米以上，射速15/分。过山炮口径拟用75毫米，身长15倍口径，炮架高0.64米，炮弹使用开花、子母、葡萄三种，炮弹初速率须300米以上，射程须3500米以上，射速15/分。练兵处枪炮章制，规定了武器装备的技术参数，为武器装备制式化提供了制度上的保证。

铁良覆命内容之二，关于各省军政状况。2月21日，铁良在奏折中，将沿途各省炮台、陆军、水师、武备学堂的考察情形分类汇总，进呈御览。就炮台而言，江苏各炮台较优，江西次之，安徽又次之。就陆军而言，湖北常备军最优；河南、江宁、江西常备军粗有可观；苏州、安徽续备各军及江南护军四旗、新湘五旗，最为废弛；其余各营操法平平。就水师而言，湖口水师差强人意，其余均较逊色。就军事教育而言，仍以湖北武备学堂最优；安徽武备学堂规模有待扩充，江南陆师、水师学堂已具规模，但教法亟须改善；其余如湖南、苏州、河南需加强建设。此外，铁良对各省军事官员的表现及人事变动情况均有说明。总体而论，各省军事改革少见成效，营制、操法混杂不堪，"一切营制饷章、军服、操法，微特此省与彼省不同，此军与彼军不同，甚至同省同军，而此营与彼营又不同，殊欠整齐划一"；各军缺额依然存在，"不肖将领，平日难保其必无"。④ 在这些文字性的奏折之外，铁良在查阅各省营伍及炮台时拍摄了200余幅照片，更为直观地呈现了东南各省军事现状。⑤ 2月23日，清政府颁布谕旨，对铁良考察

① 《致上海制造局魏道台、方道台》，赵德馨主编《张之洞全集》第11册，第222页。
② 朱彭寿：《安乐康平室随笔》，中华书局，1982，第194页。
③ 《15 - 115. 会奏拟订陆军枪炮程式折（附清单）》，骆宝善、刘路生主编《袁世凯全集》第15卷，第72~73页。
④ 铁良：《奏为遵旨抽阅江苏等省营伍及炮台武备学堂各情事》，光绪三十一年正月十八日，军机处录副档，03/6001/010。
⑤ 《铁良进呈各省阵图京师》，《申报》1905年3月12日第3版；《铁侍郎进呈各省军政财政图表》，《大陆（1902）》1905年第4期，第61页。

军政一事做出回复。在谕旨中，清政府首先痛斥各省督抚整顿军政未见成效，"乃除湖北陆军外，其余各省积习迄未力除，实属有负委任"；其次，奖惩各省疆吏及军事官员，除对张之洞大加褒奖外，其余省份大批军官如江苏松峻、费金组、罗吉亮、徐万福、魏荣斌及安徽李定明等人均被革职；最后，饬令各省督抚遵照练兵处奏定奏章，"将水陆各军及武备学堂切实经理"。①

铁良的覆命及清政府的奖惩谕旨，环环相扣，地方督抚意识到必须整顿军政积弊，并遵照练兵处奏定章程推进军事改革。两江总督周馥很快做出反应，《申报》对江苏整顿炮台、改革陆军营制操法及整顿水师的新气象及时报道。② 7月9日，两江总督周馥先将江苏整顿水师、炮台及陆军办法专折具陈；8月15日，周馥连上两折，汇报江苏遵照练兵处奏定章程编练新式陆军办法及创办督练公所情形。③ 张之洞是唯一受到褒奖的地方督抚，一方面确因湖北军事改革成效卓著，另一方面也带有笼络张氏练兵的意味。如报章所言，"以练兵专门之事，归美南皮一人"，"廷意所在，舍专意练兵以外，更将何道之从乎"？④ 张之洞见好即收，致电铁良表达谢意，承诺遵照练兵处章程改革营制，"现拟按照贵处奏定新章，重加编制，激励将弁加功训练，涤除一切疵病，力求进境"。⑤ 12月17日，张之洞奏报湖北遵照练兵处奏定陆军营制饷章，依据本省财力编练湖北新军并设立督练公所情形。⑥ 湖广总督、两江总督遵照练兵处章程练兵，遑论他省督抚。自1905年始，全国性的军制改革先后展开，各省相继遵章设立督练公所，编练新式陆军。总之，铁良沿途校阅炮台、陆军、水师及武备学堂，使得练兵处真正摸清了东南各省军事现状，既对前一阶段军事改革做一总结，也为下一阶段全国性的军事改革提供了助力。

铁良覆命内容之三，关于沿途各省财政状况。清查财政关系筹款大事，

---

① 中国第一历史档案馆编《光绪宣统两朝上谕档》第31册，第8页。
② 《派员调查长江炮台》，《申报》1905年3月2日第3版；《督抚标会合操练》，《申报》1905年3月21日第3版；《江督留意水师》，《申报》1905年4月15日第2版。
③ 《江南水陆各营拟办情形折》、《南洋改练新军情形折》、《设立督练公所办理情形折》，《周悫慎公全集》第4册，1922年秋浦周氏校刊。
④ 《论铁良奏奖都督之巧》，《中外日报》1905年2月25日。
⑤ 《致练兵处铁侍郎》，赵德馨主编《张之洞全集》第11册，第195页。
⑥ 《遵照新章改编营制饷章并设督练三处折》，赵德馨主编《张之洞全集》第3册，第241～245页。

铁良为之不遗余力。铁良在江苏清查财政最具成效，其他省份遵旨未查，委托督抚造报清册之举并无太大的意义。在江苏期间，铁良主要清查了苏州藩库和苏属各局所、江宁藩库和宁属各局所及两淮盐务，并将清查材料分三次奏报清政府核查备案。①

1904 年 12 月 4 日，铁良首次上报清查苏州藩库和苏属各局所的情形，并附呈江苏司库局所光绪二十九年和光绪三十年（截至七月底）的收支账目清单。在清查苏州藩库时，铁良发现藩库积存清册含糊，较难稽查，饬令藩司按年开报正、杂款项，重新造报清册。② 在藩库清册开列的各项款目中，报部正项、挪补厘金两项均入不敷出，外销各款及附存各款每年均有结余，成为弥补前两项的资金来源，但总体无太多积弊。③ 通过核查江苏粮道库、苏州关、厘捐各局、善后局、沙洲公所、膏捐局、房捐局、宝苏铸钱局、铜元局、裕苏官银钱局、商务局等机构的清册，铁良进一步了解到苏属各局所的具体款项、收支现状及存在问题。④ 户部对江苏司库局所的议覆情况，因资料缺乏，暂付厥如。1905 年 2 月 21 日，铁良奏报清查江宁司库局所的情形，将各局所光绪二十九年和光绪三十年（截至八月底）的收支账目清单一并附呈。铁良核查江宁藩库后，认为报部正、杂项收支大抵相符，其余如铜圆盈余、外销各款及附存各款向未报送户部备案，存在肆意开支的乱象。⑤ 在清查江安粮道、江南盐巡道、江南筹防局、金陵支应局、金陵善后局、金陵厘捐局、江宁房膏捐局、徐州膏捐局、江南银铜元局、皖南茶厘捐局、徐州土药局、江宁府属清赋督垦局、吴淞各口平耀义气捐局、上海滩地局等机构时，铁良发现了类似的弊病，各局所大多存在向未报部或报部延迟的款项，不仅户部稽查为难，而且为各局员中饱私囊

---

① 铁良清查苏省财政及两淮盐务之外，还有一项重大的收获，即奏请湘、鄂、皖、赣、苏、闽、两广八省土膏统捐，从 1905 年至 1911 年间办理长达 6 年之久，收益巨大。刘增合：《八省土膏统捐与清末财政集权》（《历史研究》2004 年第 6 期）一文已有充分研究，兹不赘述。

② 铁良：《奏为遵查江苏司库局所收支各款情形事》，光绪三十年十月二十八日，军机处录副档，03/6583/024。

③ 铁良：《呈江苏藩库收支各款清单》，光绪三十年十月二十八日，军机处录副档，03/6583/026。

④ 铁良：《呈查明苏属各局所进出款项及现办情形款清单》，光绪三十年十月二十八日，军机处录副档，03/6583/025；《呈江苏粮道经管道库及苏州关税进出各款清单》，光绪三十年十月二十八日，军机处录副档，03/6583/027。

⑤ 铁良：《呈江宁藩库收支各款清单》，光绪正月十八日，军机处录副档，档号 03/6584/009。

的舞弊行为提供空间。① 户部针对江宁司库局所的现状，提出数条整治措施，以便厘清积弊。② 1905 年 3 月 20 日，铁良奏报清查两淮盐务情形，并附呈仪征盐栈、淮北盐务局、淮北海州分司、淮北督销局、江宁盐巡道、两淮运库、皖岸督销局、江西督销局、湘岸督销局、湖北督销局、两江加抽川盐厘局、五河盐厘卡等机构的收支清单。③ 在户部看来，铁良不辱使命，查清了两淮岁入未报部的巨额款项，"计二十九年，共报收银一千二百余万，以视两淮历年之自行奏报，仅得银五百余万者，已为倍之"。④ 户部对两淮盐务存在的积弊，亦提出数条整改措施，如更定两淮奏报程式、各岸督销局员须交代销盐数额、节省机构经费等。铁良清查苏省财政及两淮盐务，最大收获是发现了大批未报部的款项，这为其筹集练兵经费提供了现成的款源。而且，铁良南下向地方督抚施加了无形的压力，达到了催款的目的。⑤ 到 1905 年 4 月，户部先后收到各省解交到部的练兵经费达到了 600 万两。⑥

通过铁良覆命内容，可以发现此次南下较为成功地完成了预期目标。在兵工建设方面，练兵处制订了南北中三厂并举的方案，并制定了划一的枪炮章程。在地方军政方面，铁良提交了一份关于东南诸省陆军、水师、炮台及武备学堂的详细考察报告，成为中央观察地方军事改革成效的参考指标。在清查财政方面，铁良虽仅考察了江苏省藩库、局所及两淮盐务，但至少为练兵处带来了三项经费来源，其一为在江苏直接提取的款项，其二为催促各省解交户部的练兵款项，其三则为创办八省土膏统捐的盈余，其中，后两项成为练兵处日后实施军事改革的长期经费来源。因此，这是中央对地方军事、财政开展的一次较为成功的大清查，"铁良膺命前往江苏等省，所奏非旧日具文也"。⑦

---

① 铁良：《呈查明宁属各局所进出款项及现办情形单》，光绪三十一年正月十八日，军机处录副档，03/6584/012。
② 《户部核拟江宁司库局所进出款项清单》，《东方杂志》1905 年第 8 期，财政，第 162~174 页。
③ 铁良：《奏为遵查两淮盐务情形事》，光绪三十一年二月二十五日，军机处录副档，03/6478/006。
④ 《户部议覆整顿两淮盐务事宜折》，《东方杂志》1905 年第 10 期，财政，第 225~226 页。
⑤ 军机处也先后接到东南各省筹解练兵经费的公牍，"计江南认缴 80 万两，浙江 90 万两，四川 40 万两，江西 40 万两，广东 30 万两，湖北 30 万两，以上每年可得 320 万两"（参见《各省筹解练兵经费确数》，《时报》1904 年 10 月 28 日第 2 张第 6 页）。
⑥ 朱寿朋：《光绪朝东华录》第 5 册，第 5316 页。
⑦ 刘锦藻：《清朝续文献通考》第 2 册，商务印书馆 1936 年影印版，第 9758 页。

五 结论

在诸多历史著述中，铁良南下因筹款行为往往被贴上"搜刮"的标签，或被视为"中央集权"的象征，此类负面形象长期掩盖了南下事件的丰富内涵。综观铁良南下全过程，可以发现以往旧说并不可靠。第一，铁良南下并非专为筹款，尤其是考察期间因东南诸省同意筹补庚子赔款镑亏数额，放弃了筹款任务。所谓"搜刮"云云，不过是上海舆论站在地方利益立场上的渲染之词。第二，铁良南下是在筹款练兵而非中央集权大背景下发生的，铁良的覆命内容及清政府的应对方案也未见有中央集权的举措，中央集权的解读模式显然有违史实。因此，铁良南下一事，不能简单地以"搜刮"或"集权"视之，它更像是筹款练兵大背景下的一次救急之策，将其视为中央对东南诸省军事、财政的一次大清查，或更合适。

铁良南下的结果表明，这无疑是中央对地方开展的一次成功的大清查。无论对于铁良本人还是清末新政，南下事件都具有不可忽视的影响。首先，铁良借南下事件深获慈禧太后及政府高层认可，为其赢得进入决策核心层的资本。[①] 3 月 27 日，清政府谕令铁良署理兵部尚书；8 月 26 日，授任军机大臣，次日，又被派充政务处大臣。[②] 铁良权势的上升，与袁世凯逐渐背离，成为清政府制衡袁氏权势的重要力量。[③] 其次，铁良南下对清末新政的长期性影响，在于推动了军事改革进程。事实证明，铁良清查财政只是为练兵处的军事改革寻求经费来源而已，中央并没有彻底改革地方财政的决心和行动。[④] 在铁良军事考察报告基础上，练兵处制订兵工建设方案，并督饬各省遵照练兵处奏定章程改革地方军事现状。统一全国陆军营制、器械、操法是清政府孜孜以求的目标，至此进入实质性阶段。

---

① 参见《枢臣议商奏奖铁良》，《大陆（1902）》1905 年第 3 期，纪事，第 8 页；《铁良进呈各省阵图京师》，《申报》1905 年 3 月 12 日第 3 版。

② 中国第一历史档案馆编《光绪宣统两朝上谕档》第 31 册，第 24、110、110 页。

③ 据陶湘言："当初，卧雪（袁世凯——笔者注）之与铁，铁之随卧雪，以及上之向用铁，各有深心。所以，袁、铁决不能表里水乳。"其后，袁世凯与铁良之间在财政、军事方面屡屡发生冲突（参见陈旭麓等主编《辛亥革命前后盛宣怀档案资料选辑之一》，第 29 页）。

④ 诚如何汉威言，铁良南下对于江苏的财政管理体系不具有长期性影响，只注重当前利益，是一种"短期性的财政扩张"。参见何汉威《从清末刚毅、铁良南巡看中央和地方的财政关系》，《中研院历史语言研究所集刊》第 68 本第 1 分册，1997 年 3 月，第 106 页。

清末革命团体和秘密会党

——以同盟会武装起义为主

〔韩〕李平秀*

绪　论

有关清末规模最大的革命团体同盟会、最典型的秘密会党天地会的武装起义的研究，迄今为止，大致分为两个方向。一个是从孙中山或者辛亥革命史的立场出发，考察武装起义在孙中山领导的革命活动中或在辛亥革命的展开过程中所占据的地位；另一个是从秘密会党史的角度出发，论述天地会等会党是如何参与孙中山的革命活动，乃至辛亥革命的过程，以及会党在武装起义和革命过程中的影响。① 有关这些问题的研究者，往往不是专门从事孙中山研究、辛亥革命史研究，就是专门从事秘密会党史研究，他们往往会沿用其领域内约定俗成的视角、立场和眼光来看问题，这就致

*　李平秀，韩国成均馆大学东亚学术院，HK研究教授。

①　目前中国学术界关于同盟会和天地会武装起义方面的研究成果较多，首先是从孙中山研究、辛亥革命史的视角出发专门著述，代表论著作如下：章开沅、林增平：《辛亥革命史》（中），东方出版社，2010（1980年初版），第665～677页；金冲及、胡绳武：《辛亥革命史稿》第二卷，上海人民出版社，1985，第155～171页、第323～340页；林家有：《辛亥革命运动史》，中山大学出版社，1999，第254～262页；丁旭光：《孙中山与近代广东社会》，广东人民出版社，1999，第35～58页；李金强：《同盟会时期（1905～1911）香港于革命运动中角色的探讨》，徐万民主编《孙中山与同盟会"纪念同盟会成立100周年"国际学术研讨会论文选集》，中共中央党校出版社，2007，第663～689页；李恭忠、黄云龙：《发现底层：孙中山与清末会党起义》，中国致公出版社，2011，第139～185页；庄政：《国父革命与洪门会党》，台北正中书局，1981，第141～212页。其次 （转下页注）

使对该问题的研究，难免显得偏颇。另外，这些研究都有一个通病，那就是多强调孙中山与同盟会的作用和功能，而相对忽视直接参与武装起义的天地会等会党的主体性（subjectivity）和自觉性（self-consciousness）。从"孙中山中心史观"的延伸来看，这种研究视角可以说是在研究革命团体与秘密会党关系时突出表现出来的一种"革命派中心史观"。

在1985年北京召开的"孙中山研究述评国际学术讨论会"上，黄彦提交的一篇文章里写道："广州起义和惠州起义过程的研究，基本轮廓是比较

（接上页注①）是从秘密结社史的角度出发专门著述，代表论著如下：陈剑安：《广东会党与辛亥革命》，中南地区辛亥革命史研究会、湖南省历史学会编《纪念辛亥革命七十周年青年学术讨论会论文选》上册，中华书局，1983，第23~72页；周育民、邵雍：《中国帮会史》，上海人民出版社，1993，第349~360页；胡珠生：《清代洪门史》，辽宁人民出版社，1996，第437~442页；秦宝琦：《洪门真史》，福建人民出版社，2000年修订版，第326~331页，第341~347页；周建超：《秘密社会与中国民主革命》，福建人民出版社，2002，第33~64页；雷冬文：《近代广东会党：关于其在近代广东社会变迁中的作用》，暨南大学出版社，2004，第182~219页；秦宝琦：《中国地下社会》第二卷（晚清秘密社会卷），学苑出版社，2005，第528~546页；邵雍：《中国近代会党史》，合肥工业大学出版社，2009，第138~142页；邵雍：《秘密社会与中国革命》，商务印书馆，2010，第37~44页；庄吉发：《清代秘密会党史研究》，台北文史哲出版社，1994，第239~248页。再次，日本和欧美学术界在对孙中山、同盟会或中国秘密结社进行研究时亦有部分研究成果，代表论著如下：藤井昇三：《孙文の研究——とくに民族主义理论の发展を中心として》，东京：劲草书房，1966，第43~56页；俞辛焯：《孙文の革命运动と日本》，东京：六兴出版，1989，第119~126页；横山宏章：《中国の政治危机と传统的支配》，东京：研文出版，1996，第26~122页；深町英夫：《近代中国における政党、社会、国家——中国国民党の形成》，东京：中央大学出版社，1999，第33~78页；Edward J. M. Rhoads, *China's Republican Revolution: The Case of Kwangtung*, 1898 – 1913, Massachusetts: Harvard University, 1975, pp. 100 – 121; Harold Z. Schiffrin, *Sun Yat-sen, Reluctant Revolutionary*, Boston: Little Brown, 1980, pp. 127 – 133. 最后，韩国专门探讨此问题的论著仅有一本，即郑世铉《近代中国民族运动史研究》（『근대중국민족운동사연구』），首尔：一志社，1978，第290~316页。此外，其他有关辛亥革命、共和革命以及清史研究的论著中也有所提及，参见金衡钟《辛亥革命的展开》（「신해혁명의전개」），首尔大学东洋史学研究室编《讲座中国史——改革与革命》Ⅵ（『강좌중국사——개혁과혁명』），首尔：知识产业社，1989，第139~146页；闵斗基：《中国的共和革命》（『중국의공화혁명』），首尔：知识产业社，1999，第68~74页；任桂淳：《清史：满洲族所统治的中国》（『청사：만주족이통치한중국』），首尔：新书院，2000，第672~676页。此外，有关论著目录参见赵慧、涂文学主编《辛亥革命研究史料目录：1899~1999》，武汉出版社，2002；严昌洪主编《中国内地及港台地区辛亥革命史论文目录汇编》，武汉出版社，2003；李平秀：《清代天地会是什么样的结社：研究现况和课题探索》（「청대천지회는어떠한비밀결사였는가——연구현황과과제탐색」），韩国《中国近现代史研究》第41辑，2009。

清楚的"，但"兴中会与会党的关系也不很清楚"。① 这一论点提示我们，兴中会与会党的关系，尚待深入发掘。革命团体与秘密会党的关系，尚可拓展到对同盟会之前、之外的团体与秘密会党关系的解释与分析，这些团体主要是，广东兴中会、湖南华兴会、浙江光复会，只有将这三者及其结合体同盟会与秘密会党的关系分别进行深入研究，清末革命团体与秘密会党的关系才算全面。

无独有偶，在 2010 年广东省中山市举办的"孙中山、辛亥革命研究回顾与前瞻高峰论坛"上，王杰指出，目前关于兴中会、同盟会武装起义中华侨、会党、新军、民军等方面的研究虽然很多，但大多只注重分析"为什么"，而对"是什么"的着墨嫌少，这样的研究几有"本末倒置之虞"，需要更为深入的研究和思考。他还指出，目前"广东会党与辛亥革命资料的整理与研究仍然乏力，有些问题得不到史料的有力支持"。② 可见，关于清末民初革命团体与秘密会党这一主题，还有很多问题有待进一步探讨。

分析既往研究，值得检讨的一个问题是，在分析同盟会与天地会武装起义时，如何看待所谓"同时起义"的传统说法。1905 年同盟会成立后，开始计划在两广地区发动一系列的武装起义，而"同时起义"是指同时在潮州、惠州、钦州、廉州发动的起义，其中"以钦州、廉州为重点，潮州、惠州则是响应"。③ 因此，"同盟会一成立，革命党人就把目光注视到广西及相邻的广东边界边区，决定在两广发难"④，为此他们在越南河内设立"粤

① 黄彦：《兴中会研究述评》，孙中山研究学会编《回顾与展望》，中华书局，1986，第 317 ~ 318 页。
② 王杰：《关于辛亥革命时期广东革命力量的几点思考》，中国孙中山研究会、孙中山故居纪念馆编《孙中山、辛亥革命研究回顾与前瞻高峰论坛纪实》，社会科学文献出版社，2011，第 11 页、第 13 页。
③ 章开沅、林增平：《辛亥革命史》（中），第 665 页；金冲及、胡绳武：《辛亥革命史稿》第二卷，第 155 ~ 156 页；林家有：《辛亥革命运动史》，第 254 页；李金强：《同盟会时期（1905 ~ 1911）香港于革命运动中角色的探讨》，第 671 页；李恭忠、黄云龙：《发现底层：孙中山与清末会党起义》，第 139 页；周育民、邵雍：《中国帮会史》，第 349 页；胡珠生：《清代洪门史》，第 437 页；秦宝琦：《洪门真史》，第 327 页；雷冬文：《近代广东会党：关于其在近代广东社会变迁中的作用》，第 207 页；秦宝琦：《中国地下社会》第二卷（晚清秘密社会卷），第 534 页；邵雍：《中国近代会党史》，第 140 页；邵雍：《秘密社会与中国革命》，第 40 页；庄吉发：《清代秘密会党史研究》，第 240 ~ 241 页；Edward J. M. Rhoads, *China's Republican Revolution: The Case of Kwangtung*, 1898 - 1913, p. 111.
④ 周建超：《秘密社会与中国民主革命》，第 43 页。

桂滇三省起义的领导机关"作为指挥武装起义的大本营。① 但笔者认为这一说法并没有充分的史料依据，所以需要再行讨论。

另一个有待论证的问题是关于两个不同性质的团体，同盟会与天地会的关系问题，即如何看待武装起义中的两者关系。作为先验前提，很多学者一般都认为孙中山领导的同盟会是起义的"主角"，而其他被动员的天地会等秘密会党都是"配角"。此类观点影响殊大，成为主流，致使某些研究秘密会党的学者也断言，如果"得不到（兴中会、同盟会等）先进阶级的领导"，那么天地会等"洪门会党自发的反抗斗争，是不可能有所作为的"。② 并且天地会等秘密会党只不过是革命党人夺取清朝政权的"工具"而已③，即天地会等秘密会党只是革命党人的"动员对象"，扮演着"雇佣军"的角色。④ 而武装起义之所以无法取得成功也被归结为秘密会党阶级本身的落后性以及组织的散漫性。然而，正如笔者所主张的那样，分析同盟会与天地会在武装起义中的关系时，与其归纳为"主角""配角""工具""动员对象""雇佣军"一类的概念，不如说是近代革命团体与传统秘密会党的相互"合作"这一观点更为贴切，更为靠近历史真相。⑤ 只有明确两者的关系，分析起义的结构形态，才能把握起义的全貌本相。

从某种意义上说，史学即史料学。但遗憾的是，孙中山等革命党一翼对自身的革命活动有许多记录；相形见绌的是，天地会等秘密会党一翼，却对自己的作为甚少记录，他们成为"失语"的群体。这也是造成研究格局畸轻畸重的重要原因。有学者在谈到秘密结社史料匮乏时指出：

---

① 陈锡祺主编《孙中山年谱长编》上册，中华书局，1991，第 399 页。
② 秦宝琦：《洪门真史》，第 331 页。
③ 丁旭光：《资产阶级革命派与广东会党》，《广东社会科学》1988 年第 1 期，第 96 页。
④ 秦宝琦：《中国地下社会》第二卷（晚清秘密社会卷），第 519 页。
⑤ 蔡少卿将辛亥革命时期会党作为连接资产阶级与农民联盟的媒介，他在说明革命党人与会党关系时，虽然使用了"联络"或"联合"等词语，但他始终将这两者的关系设定为"领导（革命党人）与被领导（秘密会党）"，却依旧没有摆脱"革命派中心史观"［参见蔡少卿《论辛亥革命与会党的关系》（原刊：1981 年），《中国近代会党史研究》，中国人民大学出版社，2009 年增订版，第 265～276 页］。这种观点在周建超的著述中也反复出现（周建超：《秘密社会与中国民主革命》，第 33～53 页）。他们不仅缺少对武装起义构成的具体分析，而且完全没有提到过本文中所重点说明的黄冈起义六场武装起义。所以这些学者虽然提出了革命党人与会党的"联络"或"联合"关系，但与笔者提出的"合作"关系在推导方法上存在本质区别。

史料，即所表象化的历史中，秘密结社几乎毫无意外地被出现为"他者"，秘密结社的成员没有自己的声音，也没有自己的文字，只不过是一种沉默的"被摄体"而已。即使少有的几位秘密结社的成员有幸留下了声音和文字，此内容常常以"他者"（政府寻问机构、近代知识分子、革命家等）为媒介，才得以传达的。①

正是由于这种记录上的不平等与差异，以及"他者化"的记录状况——秘密会党成员大多没有接受过正规教育，所以自然在历史记录以及记录者方面处于劣势——在分析同盟会与天地会的关系时，不论是从孙中山研究或者辛亥革命史研究的角度，或是秘密结社史研究的角度出发，历史记述的方向都会自然倾向于"孙中山中心史观"，甚至陷入"革命派中心史观"中。但绝不可忘记这种偏向往往与历史真相之间有很大的差距。

本文将通过从黄冈起义到河口起义的总共六次武装起义的分析，即同盟会接触新军之前与天地会等秘密会党一起在广东、广西、云南发动的武装起义，试着重新考察上述问题。不过，正如之前王杰所指出的那样，目前有关秘密会党和辛亥革命的史料发掘尚不完全，所以在正式进行研究之前，有必要强调几点史料使用的原则：第一，以事件发生当时所留下的史料为重点。例如，孙中山留下的演说、电报、信件等史料，只使用辛亥革命发生之前的。第二，在引用回忆录时，只选择那些能够通过其他史料进行对照互证而确认的内容，或者可以辅助说明当事情况的部分。第三，冯自由所大量记录的《革命逸史》等内容，不过向我们展示了事件的发生经过，如果有不详之处或者错误之处，本文将对照其他史料进行补充，或从批判的视角进行分析。第四，充分利用清政府留下的档案，如朱批奏折、电报档、海关档等。在以往的研究中，许多学者没有充分利用这些档案，但这些档案却从革命党人之外角度记录了历史，为分析武装起义的结构和性质等方面提供了十分重要的线索。第五，革命党人主编的《中兴日报》和《中国日报》等报纸，可以作为二手史料，根据情况将选择并使用其中有用的信息。基于以上史料使用原则，本文探索一种有别于"孙中山中心史观""革命派中心史观"所笼罩下的传统史观，对学术界既往说法进行批

---

① 孙江：《近代中国の革命と秘密结社—中国革命の社会史的研究（1895～1955）—》，东京：汲古书院，2007，第18页。

评，应用"新文化史"领域所提倡的"重读史料"①的方法，重新认识历史现象。

一 武装起义的开端与经过：从黄冈起义到防城起义

如前所述，学术界一般认为，同盟会创立后孙中山对武装起义的"原计划"就是同时在潮州、惠州、钦州、廉州发动起义，即所谓"同时起义说"。而从"原计划"的史料来源上看，这一观点源自著名国民党史家邹鲁提到的《孙中山复许雪秋电》，具体内容如下：

> 起义时期须与潮、惠、钦、廉同时发动，以便牵制清军。万勿孟浪从事，致伤元气。②

但是，若对当时武装起义的展开情况进行深入探讨的话，这份电文中提到的"同时起义说"与孙中山等革命党人对武装起义的"原计划"并无关系。

首先要提到的就是"潮州起义"。如冯自由所述，潮州起义应该分为"潮州府城起义"和"潮州黄冈起义"两部分。③ 1905 年夏，逗留在欧洲的孙中山为了创立同盟会，于 6 月 11 日离开巴黎远赴日本，7 月初途径新加坡时，与尤列、陈楚楠、张永福等人会合。④ 据张永福的回忆，具体情况如下：

> 我们因言及潮州已有余有关系的友人余既成、许雪秋在内地运动起义，闽省则此处派有黄乃裳前往宣传。孙先生一闻此语，知我们不

---

① 曹翰旭：《透过文化的视觉就能看到不同的历史》（『문화로보면역사가달라진다』），首尔：册世上，2000，第 13～14 页、第 61～78 页。

② 邹鲁：《中国国民党史稿》，商务印书馆，1944 年增订版，第 718 页；又见未名《丁未潮州黄冈二役别记》，丘权政、杜春和选编《辛亥革命史料选辑》上册，湖南人民出版社，1981，第 284 页。该电报以《复许雪秋电》来题名也记载于郝盛潮主编《孙中山集外集补编》，上海人民出版社，1994，第 34 页，但还是来源于邹鲁的《中国国民党史稿》。

③ 冯自由：《中华民国开国前革命史》（原刊：1928 年），广西师范大学出版社，2011，第 325～338 页。

④ 陈锡祺主编《孙中山年谱长编》上册，第 337 页。

特用文字宣传，亦能做实际的工作，不胜喜慰。但以分道扬镳，终不如集中力量，事较易济。乃以组织同盟会，作大规模之运动为议。①

以上回忆就是孙中山对南洋华侨革命党人准备潮州起义的大致反映。据冯自由等的记录，潮州起义从 1904 年初便开始策划，主要策划人是南洋华侨陈楚楠、张永福、黄乃裳、许雪秋、陈宏生等，而执行者是潮州天地会的余丑、余通、陈涌波等三点会首领。他们在 1905 年 4 月 19 日［三月十五日］（以下［　］内的日期均为阴历）计划发动起义，占领潮州府城，但因起义计划事前被泄露而失败。② 随着 1906 年 4 月 6 日同盟会在新加坡的成立③，潮州起义有了进一步发展，对此陈楚楠作出了如下记述：

> 1906 年黄乃裳、许雪秋、陈宏生（陈芸生）、肖竹漪诸同志先后来新加坡，在晚晴园见总理，报告闽、潮两地革命运动的成绩，并计划在闽粤交界的黄冈起义。这个计划总理接受了，就交下秘密电码暗约并军事策略，总理又电嘱在东京留学的同志方南岗、方端麟、乔义生等（和）一位日本义士萱野长知往前帮忙。④

结合冯自由对以上情况的相关记录可知，1906 年孙中山任命许雪秋为"国民军东军都督"，同年冬天许雪秋带动余丑、余通、陈涌波赴香港，与冯自由见面，加入同盟会。1907 年 2 月 19 日［一月七日］他们决定发动起义占领潮州府城，余丑等在饶平县浮山墟召集千余人准备起义，但事与愿违起义被中断。之后许雪秋为了准备下一个计划而返回香港。⑤ 冯自由将以上两次夭折的潮州起义定义为"潮州府城起义"。

潮州起义发生得十分突然。据冯自由的记录，1907 年 5 月中旬［四月

---

① 张永福：《南洋与创立民国》（原刊：1933 年），转载于章开沅、罗福惠、严昌洪主编《辛亥革命史资料新编》第一卷，湖北人民出版社，2006，第 76 页。

② 冯自由：《中华民国开国前革命史》，第 325～326 页；冯自由：《东军都督许雪秋》，《革命逸史》第二集（第一集至第六集的原刊：1939～1948 年），中华书局，1981，第 183～184 页；又见未名《丁未潮州黄冈二役别记》，《辛亥革命史料选辑》上册，第 279～282 页。

③ 陈锡祺主编《孙中山年谱长编》上册，第 367～368 页。

④ 陈楚楠：《晚晴园与中国革命史略》（原刊：1940 年），转载于丘权政、杜春和选编《辛亥革命史料选辑续编》，湖南人民出版社，1983，第 38 页。

⑤ 陈锡祺主编《孙中山年谱长编》上册，第 394 页；冯自由：《中华民国开国前革命史》，第 326～327 页；冯自由：《丁未潮州黄冈革命军实录》，《革命逸史》第五集，第 88 页。

上旬]某晚，乡民们在黄冈北门外的顶横街上唱戏时，防兵在舞台前调戏妇女遭到乡民反击，守备蔡河宗下令逮捕乡民。这时当地会党两名余姓乡民被逮捕，并押送至协署。随后，余丑等三点会首领在城外的连厝墓召集同志商讨营救这两人的对策，他们认为如果不反击蔡河宗，两人均无生还可能。所以1907年5月22日[四月十一日]晚，余丑、余通、陈涌波等人带领千余名三点会成员进攻协署与蔡军交战发动起义，翌日上午成功占领黄冈城。两广总督周馥连忙集结附近防营、水师提督李准的兵力，以及潮州镇的兵力进行镇压，最终于5月26日[四月十五日]起义军在洪洲的战役中败北，由此于27日解散。①

据当时两广总督周馥的电报，他将此事件定义为三点会的突然起事，并没有认识到该事件的开端与孙中山等革命党人有任何联系②，但这就是同盟会成立后孙中山等革命党人策划发动的首次起义，即"潮州黄冈起义"。但是从黄冈起义的人员构成来看，这次起义实际上是府城起义的一个延伸，并且确实具有突发性，所以这次起义决不是在孙中山等同盟会的严密计划下发动的。并且作为国民军东军都督的许雪秋，在黄冈起义爆发时仍然逗留在香港，他在两天后的5月24日[四月十三日]才收到消息慌忙前往黄冈，但当他到达山头时黄冈起义已经溃败。③

接下来的便是"惠州七女湖起义"。据冯自由的记录，孙中山在1907年春先后派遣余绍卿、黄耀庭、邓子瑜远赴香港。首先，到达香港的是在阳江、阳春远近闻名的大盗余绍卿。他于1907年4月中旬[三月上旬]抵达香港负责阳江、阳春方面的军事事务，随后返回内地销声匿迹。黄耀庭曾作为兴中会时期惠州起义的前锋，于5月上旬[三月下旬]抵达香港负责惠州方面的军事事务，但陈少白探听到香港警察署已经获知其入境的消息，所以黄耀庭又匆忙返回新加坡。最终，孙中山只能将值得信任的同志邓子瑜派往惠州。5月下旬[四月中旬]潮州方面的军事局面开始变得紧迫，邓子瑜让天地会首领陈纯、林旺、孙稳在归善、博罗、龙门等地准备

① 陈锡祺主编《孙中山年谱长编》上册，第401~402页；冯自由：《中华民国开国前革命史》，第329~332页；冯自由：《丁未潮州黄冈革命军实录》，《革命逸史》第五集，第88~92页。
② 《两广总督周馥为黄冈会党踞寨戕官事致军机处电》（光绪三十三年四月十五日），中国第一历史档案馆、北京师范大学历史系编选《辛亥革命前十年间民变档案史料》下册，中华书局，1985，第457~458页。
③ 冯自由：《东军都督许雪秋》，《革命逸史》第二集，第186页。

举事，而其中在归善县的知名墟市七女湖（现今的汝湖镇）发生的起义便是"惠州七女湖起义"。该起义于6月2日［四月二十二日］爆发，起义军在泰尾、三连、柏塘、八子爷等地区与清军展开了多次战斗。6月12日［五月二日］两广总督命令驻屯在惠州及该州周边的清军出兵镇压，水师提督李准也派兵亲自前往惠州支援。此后，起义军与清军进行了长达10天左右的混战，最终因弹尽粮绝而告败。①

当时，两广总督周馥因黄冈起义被问责而卸任，据他发送给外务部的电报内容可知，由于被捕的会党成员供认七女湖起义以及黄冈起义都是在孙中山的指示下进行的，所以他要求越南总督、香港总督搜索孙中山、邓子瑜等七女湖起义的主谋。② 虽然冯自由断定孙中山原本就有"惠潮同举之计划"③，但这只是他根据该事件的结局而推断的。实际上孙中山在创立同盟会之后援助了南洋华侨筹备的潮州武装起义，首先派遣余绍卿到地理位置与潮州对称的阳江、阳春进行呼应，所以孙中山原本就没有同时发动潮州和惠州起义的计划。孙中山不过是在阳江、阳春的计划化为泡沫后，才匆忙派遣黄耀庭、邓子瑜到惠州，而且邓子瑜领导的七女湖起义也是在潮州起义结束后才发动的。

最后是"钦廉防城起义"。据冯自由的记录，1907年春钦州三那地区的乡民刘思裕等无法忍受官吏对糖捐的榨取而组织万人会，由于在对抗官府的过程中乡民势力逐渐扩大，遂两广总督周馥命令统领郭人漳、标统赵声等人出兵镇压。随着刘思裕等乡民的牺牲，乡民代表梁建葵、梁少廷前往越南河内向孙中山等革命党人请求救援。此时，孙中山和黄兴认为郭人漳、赵声为革命党，所以可以通过这两人的协助伺机起义。随后黄兴前往钦州逗留在郭人漳的部队，王和顺则作为"中华民国军南军都督"负责钦州和廉州的军务，此外孙中山还同时派遣胡毅生到赵声所驻屯的廉州。但孙中山的以上计划也是在王和顺在三那驻扎几个月后，随着驻屯在防城的清军

---

① 陈锡祺主编《孙中山年谱长编》上册，第402~403页；冯自由：《丁未惠州七女湖革命军实录》，《革命逸史》第五集，第100~102页。
② 《开缺两广总督周馥为要求港督驱逐孙文事致外务部电》（光绪三十三年四月二十四日），《开缺两广总督周馥为要求越南总督驱逐孙文事致外务部电》（光绪三十三年四月二十九日），《开缺两广总督周馥为要求港督驱逐邓子瑜致外务部电》（光绪三十三年四月二十九日），广东省档案馆编《孙中山与广东——广东省档案馆库藏海关档案选译》，广东人民出版社，1996，第697~698页。
③ 冯自由：《丁未惠州七女湖革命军实录》，《革命逸史》第五集，第100页。

连长刘永德和李之焜表现出叛变的意图，才得以实施的。1907 年 9 月 1 日
[七月二十四日] 王和顺带领会党军由王光山出发进攻防城发动起义，三天
后占领该地。随后起义军进攻钦州城，但作战失败，于是途经南劳墟、擅
墟准备进攻灵山，仍旧事与愿违，在重返三那后起义军不得已于 17 日解散。
最后，梁建葵、梁少廷等人带领起义军撤退到十万大山，王和顺等人返回
越南。①

冯自由并没有记录有关防城起义的详细日期。据两广总督周馥奏折中
出现的钦廉道王承恩的电报，刘思裕组织万人会对抗官府发生在 4 月 29 日
[三月十七日]。② 据清陆军部档案的记录，刘思裕被郭人漳炮击致死的日期
为 6 月 12 日 [五月二日]。③ 在刘思裕牺牲后，梁建葵、梁少廷才向孙中山
等革命党人提出救援请求，并且孙中山等革命党人正式派遣王和顺，利用
郭人漳、赵声，在钦州、廉州发动武装起义的时间为 6 月中旬以后。由此可
见，黄冈起义已经于 5 月失败，七女湖起义也于 6 月 22 日告终，所以说孙
中山等革命党人的钦州、廉州武装起义计划是在黄冈起义、七女湖起义结
束后才推进的。

表 1　府城起义、黄冈起义、七女湖起义、防城起义的筹划、爆发、解散的时间

	府城起义	黄冈起义	七女湖起义	防城起义
起义的 筹划时间	1904 年		1907 年 5 月 中旬	1907 年 6 月中旬
起义的 爆发时间	1905 年 4 月 19 日（未爆发） 1907 年 2 月 19 日（未爆发）	1907 年 5 月 22 日	1907 年 6 月 2 日	1907 年 9 月 1 日
起义的 解散时间		1907 年 5 月 27 日	1907 年 6 月 22 日	1907 年 9 月 17 日

---

① 陈锡祺主编《孙中山年谱长编》上册，第 411 页；冯自由：《中华民国开国前革命史》，第
345～349 页；冯自由：《南军都督王和顺》，《革命逸史》第二集，第 200～201 页；冯自
由：《丁未钦州防城革命军实录》，《革命逸史》第五集，第 104～109 页。

② 《两广总督周馥为钦州刘思裕等聚众抗捐拒敌官军事致军机处电》（光绪三十三年四月十四
日），《辛亥革命前十年间民变档案史料》下册，第 456～457 页。

③ 《关于三那抗捐斗争的禀报》（光绪三十三年八月以后），中国第二历史档案馆编《中华民
国史档案资料汇编》第一辑，江苏人民出版社，1979，第 16 页。但据陈锡祺主编《孙中山
年谱长编》上册（第 400 页）中说，刘思裕死亡日期为 5 月 12 日 [四月一日]，是错误
的。

续表

	府城起义	黄冈起义	七女湖起义	防城起义
资料根据	ⓐ	ⓑ	ⓒ	ⓓ

资料来源：ⓐ陈锡祺主编《孙中山年谱长编》上册，第334页、第394页；张永福：《南洋与创立民国》，第76页；ⓑ陈锡祺主编《孙中山年谱长编》上册，第401页；冯自由：《丁未潮州黄冈革命军实录》，《革命逸史》第五集，第88～99页；ⓒ陈锡祺主编《孙中山年谱长编》上册，第402～403页；冯自由：《丁未惠州七女湖革命军实录》，《革命逸史》第五集，第99～104页；ⓓ陈锡祺主编《孙中山年谱长编》上册，第411～412页；冯自由：《丁未钦州防城革命军实录》，《革命逸史》第五集，第104～109页。

如果孙中山等革命党人真有潮州、惠州、钦州、廉州"同时起义说"中那样的计划，表1中归纳出来的起义筹划、发动、解散时间就不会如此的不一致。如上所述，黄冈起义是1904年由南洋华侨与潮州天地会首领合作推动的，孙中山等革命党人只不过是在同盟会创立后，对黄冈起义进行了支援。虽然冯自由强调"惠潮同举之计划"，但突然爆发的七女湖起义仅仅是黄冈起义的后续措施，就连防城起义也是在黄冈起义、七女湖起义失败后才正式准备发动的。而且我们根本找不到起义指挥者黄冈起义许雪秋、七女湖起义邓子瑜、防城起义王和顺等人在发动起义前，相互联系、准备、商议的任何可信记录。

总之，学术界所说的武装起义"原计划"，即在潮州、惠州、钦州、廉州同时起义，"以钦州、廉州为重点，潮州、惠州则是响应"的传统说法，实际上并没有说服力。而支持这一传统说法的史料根据，即邹鲁《孙中山复许雪秋电》中的内容，只能解释为孙中山的一种"个人希望"而已。实际上，革命党人或者国民党史家留下的资料中所描述的武装起义，与现实中的武装起义，不论是在领导者、组织者，还是在起义开端、经过和其他细节上都是有一定差距的，故我们不能将这些内容完全视为事件的真相，更不宜含混论之。

二　孙中山对武装起义的"原计划"

那么，同盟会的领导者孙中山到底制订了怎样的武装起义计划呢？如果说他的"原计划"不是如潮州、惠州、钦州、廉州"同时起义说"那样，他又有怎样的构想呢？我们可以从孙中山留下的以下记录中找到线索。

首先，同盟会成立前，孙中山曾在1905年7月28日在《二十世纪之支那》杂志社与宋教仁、陈天华等会合的场合下，对武装起义的原则做出了如下论述：

> 现今大势及革命办法，大概不外联络人才一义。中国现在不必忧各国之瓜分，但忧自己之内讧，此一省欲起事，彼一省亦欲起事，不相联络，各自号召，终必成秦末二十余国之争，元末朱、陈、张、明之乱，此时各国乘而干涉之，则中国必亡无疑矣。故现今之主义，总以互相联络为要。方今两粤之间，民气强悍，会党充斥，与清政府为难者已十余年，而清兵不能平之，此其破坏之能力已有余矣。……一旦发难，立文明之政府，天下事从此定矣。①

综上所述，孙中山担心的不是外国列强的瓜分，而是国内内部的分裂，他强调人才、义士联合的重要性，并指出武装起义革命的三点注意事项：第一，开展武装起义时一定要重视省与省之间的联系；第二，起义的主要地区是两广；第三，革命军的主要军事力量是正在以两广为主广泛活动的天地会等秘密会党。

孙中山在同盟会即将成立之际，更是进一步强调一定要以省与省之间的联系为基础，通过秘密会党展开武装起义革命运动。1905 年 8 月 13 日在东京留学生欢迎会上孙中山发表演说："鄙人往年提倡民族主义，应而和之者特会党耳，至于中流社会以上之人，实为寥寥。"② 1905 年 8 月 20 日同盟会成立大会上，由黄兴、陈天华等八人起草的《中国同盟会总章》在孙中山的主持下修正通过，其中总章第五条规定："凡国人所立的各会党，其宗旨与本会相同，愿联为一体者，概认为同盟会会员。"③ 如上所述，以孙中山为主的革命党人已经认识到秘密会党作为下层武装势力的重要性。

1907 年 1 月 5 日，同盟会成立以后孙中山在与日本人池亨吉的谈话中，首次谈到了武装起义的具体计划。据池亨吉的记录，孙中山的计划如下：

---

① 《与陈天华等的谈话》（1905 年 7 月 28 日），广东省社会科学院历史研究室等编《孙中山全集》第一卷，中华书局，1985，第 276 页。

② 过庭（陈天华）：《纪东京留学生欢迎孙君逸仙事》，东京《民报》第壹号，1905 年 11 月 26 日，中华书局，2006，第 70 页。

③ 《中国同盟会总章》（1905 年 8 月 20 日），《孙中山全集》第一卷，第 284 页。

自去年秋江西省萍乡之乱发生，风云忽忽，全国震荡。……如不乘此时机起事，我党又何时能如陈、吴之救国？不惜牺牲，我志已决。即将传檄十八省会党，联络声气，立刻举事。可使广东省罗定府的志士为前锋，他们与当地镇台的将弁等密结盟约，不战即可据有广东省城，现在只待领导者的号令下达。因此，黄兴君将先期代表我中国革命同盟会，乘搭十一日自横滨启程的便船，匆匆赴会，并可得汪精卫［汪兆铭］君同行。①

据宋教仁日记中的记述，黄兴离开日本准备发动武装起义，离开前于1月4日［十一月二十日］到民报社将同盟会的事务交由宋教仁理，5日才出发前往香港。② 此外据冯自由的记录，上面提到的"镇台的将弁"就是依照两广总督命令驻扎在肇庆的郭人漳部队。孙中山因为知道郭人漳与革命党有联系，所以急忙派遣黄兴、汪精卫、萱野长知到肇庆，催促郭人漳起兵，以突袭广州。③

对孙中山的广州占领计划，清政府似乎也有所耳闻。据《中国日报》上的《党人起事之风谣》一文，清政府发电报通知两广总督，某党的党羽正迫近广州准备趁岁暮举事，令其加紧防备，由此两广总督也召集水师提督李准、广州府巡警局等相关人物谋划应对策略。④ 但是孙中山的计划随着郭人漳重返钦州而破产。据冯自由的记述，黄兴和汪精卫一直逗留在香港的松原旅馆，其间同盟会评议部议员张树枏造访，告知他们郭人漳前往钦州剿匪，而且两广总督已经获知他们的行踪并要求香港总督进行引渡。于是，黄兴在派遣胡毅生前往钦州监视郭人漳的动态。⑤ 不久，黄兴于2月15日［一月三日］重返东京向民报社的同盟会会员们说道："广东近日非常戒严，香港亦难居。"⑥

① 《与池亨吉的谈话》（1907年1月5日），《孙中山全集》第一卷，第332~333页；又见池亨吉：《漱岩枕涛录》，转载于中国国民党中央委员会党史史料编纂委员会编《中国革命实地见闻录》，台北中国文物供应社，1983，第10~11页。
② 毛注青编著《黄兴年谱长编》，中华书局，1991，第110页；陈旭麓主编《宋教仁集》下，中华书局，2011年第二版，第704页。
③ 冯自由：《香港同盟会史要》，《革命逸史》第三集，第228页。
④ 《党人起事之风谣》，香港《中国日报》，1907年2月18日第3版。
⑤ 冯自由：《香港同盟会史要》，《革命逸史》第三集，第228页。
⑥ 毛注青编著《黄兴年谱长编》，第111页；陈旭麓主编《宋教仁集》下，第714页。

这样，孙中山占领广州的计划就糊里糊涂被失败了之后，1907 年 5 月 22 日潮州黄冈起义和 6 月 2 日惠州七女湖起义分别发生了。针对这一情况，6 月 5 日孙中山在给张永福的信中写道：

> 日来潮起于东，钦廉应于西，全省风动。尚有数路，次第俱发。当合广、韶、惠、潮、钦、廉诸军，以联为一气，则粤事机局宏远，大有可为也。①

两天之后的 6 月 7 日，孙中山又致平山周电称，"两广义师已分道并起，云南、四川皆可响应"②，以请求武器的援助。而实际上，这里孙中山提到的内容并不符合事实，只是孙中山的一种愿望而已。因为当时除了七女湖起义正在进行中以外，不论是占领广州的计划，还是黄冈起义都已经失败，就更不要说云南、四川的响应，以及钦州和廉州的发动武装起义的进展了。此外，在相继发出以上信件和电报前后，孙中山又致函萱野长知称：

> 今东军将起，欲得于军事上有学问经验之人以为顾问。弟念我兄雄武过人，谨以东军顾问之任相托，望襄助都督，以建伟业，并恳延揽同志，以资臂助。③

这里的"东军"指潮州和惠州的起义军，而从当时的形势来判断"伟业"应该指的是设立军政府。也就是说孙中山打算在东军武装起义成功后，占领广州，设立军政府。但是随着惠州七女湖起义的失败，孙中山利用东军占领广州的计划也无法再推进。

1907 年 9 月 1 日钦州防城起义爆发。在起义进行期间，为了解决军饷、军械、外交等事务，孙中山于 9 月 3 日致函宫崎寅藏称：

> 近日西军已发，一举破防城县，众数千人，极得民心。现已全军北趋，以取南宁，……如一发则两军合并，广西不难定也。……此军初起，而势力甚固，地位甚稳，专俟一取南宁，则革命军之基础已成，

---

① 《复张永福函》（1907 年 6 月 5 日），《孙中山全集》第一卷，第 336 页。
② 《致平山周电》（1907 年 6 月 7 日），《孙中山全集》第一卷，第 337 页。
③ 《致萱野长知函》（1907 年夏秋间），《孙中山全集》第一卷，第 337～338 页。

广东、长江等响应之师相继而起，事可大有为也。……萱野君想已到东，祈转告西军已发，东军之事望速经营，至以为望。①

这里的"西军"是指与东军相对应的钦州、廉州起义军。孙中山的计划通过西军占领南宁，以奠定革命的基础。1907 年 10 月 8 日孙中山在致邓泽如的信函中，也明确指出了这一点：

现在全军进取南宁府城，以南宁为主广西之中心点，得南宁则北取桂林以出湖南，东取梧州以出广东，革命之基础可固。……南宁破后，弟即于该处建立军政府。②

孙中山的计划如此在西军发动武装起义，成功占领南宁，以设立军政府后，与东军联合进攻湖南和广东。

据以上的论述，孙中山的武装起义"原计划"可以概括如下：第一是"大计划"。即孙中山希望在以某省为主发动武装起义后，在控制该省的基础上，进一步统一全国。如前所述，孙中山对此方面很早就有了明确的想法，就是将两广地区作为"大计划"的核心地区。第二是"小计划"。即为了实现"大计划"，要先以某个省城为根据地设立军政府。从"小计划"的层面来看，孙中山希望在两广地区等多处城市尽力展开武装起义。不论是在哪个城市，只要该城市的武装起义成功了，就以该城市作为踏板，进一步占领省城，以设立军政府，然后再以此为基础扩张革命势力。最初，孙中山计划在罗定、肇庆、潮州、惠州等地区发动武装起义（其中有黄冈起义和七女湖起义的爆发），通过"东军"的力量占领与这些地区临近的广东省城广州，在此设立军政府。随着该计划的失败，孙中山又计划在钦州、廉州发动武装起义（有防城起义的爆发），依靠"西军"的势力占领广西省城南宁。总之，同盟会成立以后，孙中山等革命党人正是通过这些"大计划""小计划"来推进武装起义展开的，尤其是其中的"小计划"变数很大，具有随机应变的性质。所以从该角度来看，学术界所说的潮州、惠州、钦州、廉州"同时起义说"根本不存在，只不过是对孙中山几个"小计划"

① 《致宫崎寅藏函》（1907 年 9 月 13 日），《孙中山全集》第一卷，第 342～343 页。
② 《致邓泽如函》（1907 年 10 月 8 日），《孙中山全集》第一卷，第 346～347 页。

的结果进行的总结罢了。

三 武装起义的接连爆发：从镇南关起义到河口起义

孙中山在 1907 年 10 月 8 日为介绍两广军事进展并促筹款而致函邓泽如等：

> 弟前函云数月以来，两广革命军已竖旗起义，破城略地。……弟自南来，即欲经营大军，在钦廉发起，以东西兼顾，沛然进取。……有两广以为根本，治军北上，长江南北及黄河南北诸同志必齐起响应，成恢复之大功，立文明之政体，在此一举。我同志诸兄筹饷之功，必与身临前敌者共垂千古而不朽矣。①

因为防城起义在一个月之前就已经失败，所以孙中山信中的内容似乎有夸张的成分，但也说明孙中山等革命党人想要通过东军、西军推进武装起义设立军政府的愿望一直没有改变。之后的半年时间里，虽然东军方面毫无进展，但西军方面发动了如下一系列的武装起义。

表 2　镇南关起义、上思起义、河口起义的筹划、爆发、解散时间

	镇南关起义	上思起义	河口起义
起义的筹划时间	1907 年 11 月 21 日	1908 年 1 月	1908 年 4 月
起义的爆发时间	1907 年 12 月 1 日	1908 年 3 月 27 日	1908 年 4 月 29 日
起义的解散时间	1907 年 12 月 8 日	1908 年 4 月中旬	1908 年 5 月下旬
根据资料	ⓐ	ⓑ	ⓒ

资料来源：ⓐ广东省哲学社会科学研究所历史研究室等合编《孙中山年谱》，中华书局，1980，第 90 页；陈锡祺主编《孙中山年谱长编》上册，第 416～418 页；冯自由：《丁未广西镇南关革命军实录》，《革命逸史》第五集，第 88～99 页；ⓑ陈锡祺主编《孙中山年谱长编》上册，第 428～429 页；冯自由：《戊申钦州上思革命军实录》，《革命逸史》第五集，第 128～131 页；ⓒ陈锡祺主编《孙中山年谱长编》上册，第 429～431 页；冯自由：《戊申云南河口革命军实录》，《革命逸史》第五集，第 140～154 页。

首先，1907 年 11 月 21 日孙中山在河内召集黄兴、胡汉民和三合会首

---

① 《致邓泽如函》（1907 年 10 月 8 日），《孙中山全集》第一卷，第 345～347 页。

领等商量发动镇南关起义计划。① 据冯自由的记录，黄兴和王和顺分别回到越南后，孙中山首次命令王和顺负责镇南关的军事活动。当时广西凭祥地区的土司李祐卿很早之前就与革命党取得了联系，但由于王和顺与李祐卿关系不睦，所以孙中山只好派黄明堂、关仁甫接管王和顺在镇南关的军事活动。最终，起义于12月1日［十一月二十七日］爆发，黄明堂率先带领起义军进攻那模村，随后接连占领了镇北台、镇中台和镇南台。因此，孙中山、黄兴、胡汉民第二天也抵达镇南关。不过由于3日［二十九日］陆荣廷率领的清军部队开始在镇北台发动反击，所以同天晚上孙中山、黄兴、胡汉民等不得已与黄明堂作别，于5日［一日］重返越南河内。之后的数天里，虽然起义军死守三个炮台，但不久后丁槐、龙济光率领四千清军与陆荣廷的部队会合展开反击。弹尽粮绝的起义军，最后只能于8日［四日］选择放弃炮台。而黄明堂将部队撤退到在中越边境线上。②

接下来是"上思起义"。据冯自由的记述，镇南关起义失败后，孙中山于1908年1月24日被驱除出境，前往新加坡躲避。此时孙中山命令黄兴率领镇南关及十万大山剩余兵力，重返钦州发动起义。之后黄兴致信驻屯在钦州的郭人漳，希望他提供弹药，并伺机与起义军进行呼应。1908年3月27日［二月二十五日］黄兴与黎仲实等人从越南芒街出发，与起义军合力，一起进攻钦州。到达广东东兴（今广西东兴市）后，黄兴以"中华民国军南军总司令"的名义发布告示。革命军与清军分别于3月29日［二月二十七日］、4月2日［三月二日］在小峰、马督山展开激战。最终革命军未能攻下钦州城，虽在后来上思的数十个乡镇浴血抵抗，但最后还是因弹尽粮绝而败北。随后黄兴、黎仲实相继返回越南，起义军也重返十万大山。③

最后一次起义是"河口起义"。同样据冯自由的记录，1908年4月孙中山再次发号令，命黄明堂发动起义，王和顺、关仁甫在旁辅佐，并派河内的黎仲实等八名革命党人赴老街补给军需用品。1908年4月29日［三月二十九日］黄明堂、王和顺、关仁甫率领起义军在河口发动起义，最终占领

---

① 广东省哲学社会科学研究所历史研究室等合编《孙中山年谱》，中华书局，1980，第90页。
② 陈锡祺主编《孙中山年谱长编》上册，第416～417页；冯自由：《中华民国开国前革命史》，第358～363页；冯自由：《南军都督王和顺》，《革命逸史》第二集，第202～203页；冯自由：《丁未广西镇南关革命军实录》，《革命逸史》第五集，第120～123页。
③ 陈锡祺主编《孙中山年谱长编》上册，第428页；冯自由：《中华民国开国前革命史》，第366～369页；冯自由：《戊申云南河口革命军实录》，《革命逸史》第五集，第128～131页。

河口城，随即以"南军都督黄明堂"的名义发布安民告示。在占领河口后，黄明堂想要由蒙自进军昆明。为此，关仁甫的革命军左侧部队由曼耗［蛮耗］、个旧北上进攻蒙自。但5月3日［四月四日］在占领新街后进军蛮耗时，起义军失败又退兵到河口。与此同时，王和顺率领的革命军右侧部队于5月4日［四月五日］占领南溪，6日占领古林箐。虽想要进一步进攻蒙自，但由于弹药军饷不足，只能暂时驻屯在当地等待补给。正当此时，黄兴于5月3日从钦州回到越南，5日孙中山便任命其为"云南国民军总司令"统帅全军，7日黄兴抵达河口。然而将士们并不听命于他进攻蒙自，所以黄兴重返河内希望调动钦州的起义军来此作战。不幸的是，黄兴于11日返回越南的途中，被法国警察逮捕驱除出境。随后清军开始集合兵力攻击王和顺的大营。22日王和顺赴河口与黄明堂商议占领思茅，并以此为根据地进攻昆明。但王和顺想要率领军队进军思茅的计划并没有实现，最后只能带领大军退回河口。至此，革命军的所有军队全部退居河口，士气受到大挫。随后黄明堂、王和顺、关仁甫等带领起义军撤退到越南边境。①

以上便是冯自由记录的从镇南关起义到河口起义的发展过程。但在记录中，冯自由并没有明确指出以下疑点：孙中山等革命党人为什么要占领镇南关；镇南关起义与上思起义有怎样的联系；孙中山等革命党人又为什么突然将目标从广西南宁转移到云南昆明。

首先，从镇南关的地理位置来看，孙中山等革命党人很有可能将其视为钦州、廉州起义军进攻南宁的突破口。据1908年1月4日《中兴日报》的报道："镇南关南距越南文渊（一名文登），仅五六里，距凉山三十里，北距连城百里、距龙州仅二日程，约二百里"，是名副其实的地理要塞。接着，此报道闻桂省京官得有报告称："党据炮台后，势焰甚盛，钦、廉各党附之若鹜，竟有北窥龙州、连城，旁窥平而，直过镇南关之势，若不迅速防御，恐南方之边患，未易猝平。"② 五天后《中兴日报》又刊登文章对此

① 陈锡祺主编《孙中山年谱长编》上册，第429～431页；冯自由：《南军都督王和顺》，《革命逸史》第二集，第203～204页；冯自由：《戊申云南河口革命军实录》，《革命逸史》第五集，第141～146页。
② 《桂党大炽情形（广西）》，新加坡《中兴日报》1908年1月4日第2版；又见中国国民党中央委员会党史史料编纂委员会编《革命文献》第六十七辑《十次起义史料》，台北中央文物供应社，1974，第105～106页。

进行了如下强调：

> 革命军自破镇南关后，……今镇南关之军，由西而东，钦、廉之军由东而西，以相会合，目前正如江汉合流，一泻千里，想不久定有大战，以定全局也。[①]

当然，实际情况并没有像报纸中预测的那样升级为一场"大战"。镇南关起义和上思起义的最终目标是攻陷广西南宁，以设立军政府，这与之前钦州防城起义一脉相连。从 1907 年 10 月 8 日防城起义失败后镇南关起义策划前，孙中山写给邓泽如的信中，可以看出这一点：

> 因现时两广之兵皆聚于南宁一带，若南宁即破，则前无强敌，大军所至，迎刃而解矣。此为胜负之关头，革命军第一级着手出也。[②]

正是因为当时东军方面的毫无进展，致使孙中山如此对西军方面给予希望，并孤注一掷想要攻陷南宁在此设立军政府。镇南关起义和上思起义就是孙中山这种意图的最直接体现。

在上思起义即将失败之时，孙中山等革命党人又以占领云南昆明为目标计划发动河口起义。虽然冯自由解释说"滇事于镇南关发难以前，早已著手运动，至 1908 年 4 月［三月］，时机渐熟"。[③] 但目前为止我们尚没有找到镇南关起义前，孙中山等革命党人筹划云南军事活动的记录。只是在镇南关起义后的 1908 年 2 月 8 日，孙中山写给池亨吉的信中有提及云南军的只言片语：

> 于是飘然离开河内，重过沦落天涯的亡命生活。但留黄兴及胡汉民兄弟，委以当地及广西一带的筹划事宜。黄兴君更为奋发，已进入某地点。尤以云南军着着准备，照其预定计划展开工作，但何时起事，

---

① 《本馆专函：革命军势如破竹》，新加坡《中兴日报》1908 年 1 月 9 日第 2 版；又见《十次起义史料》，第 106 页。
② 《致邓泽如函》（1907 年 10 月 8 日），《孙中山全集》第一卷，第 346 页。
③ 冯自由：《戊申云南河口革命军实录》，《革命逸史》第五集，第 141 页。

现尚难以奉告。①

在信中，黄兴、胡汉民、胡毅生的工作内容便是钦州上思起义，而云南军在秘密筹备的就是河口起义。由此可知，虽然孙中山已经注意到了与昆明的战略部署，但还没有开始具体策划和行动。

反观孙中山等革命党人将目标从南宁转向昆明的背景来看，从黄冈起义到上思起义，所有为了占领广州或南宁而发动的起义都以失败告终；而以两广总督为首的地方官员已经注意到孙中山等革命党人的活动；再是起义军的士气已经受挫，当地百姓对起义军的信任也大不如前。② 因此，孙中山等革命党人有必要改变攻击目标，重新选定军政府的位置。

在孙中山等革命党人转移目标的阶段，三点会正活跃在通往云南昆明的地理、军事要塞河口等地区。从署理云贵总督丁振铎的奏折中可以得知，自 1903 年起三点会就在河口至蛮耗的沿河地区勒索抢夺商船③，并且三点会在河口、蛮耗等地的活动一直没有被根绝。1907 年 12 月云贵总督锡良在奏折中也写道，数年前三点会扩散到河口、蛮耗等地，10 月份三点会分派忠义堂举办六次拜会活动，一个月之内聚集了千名以上的党羽，图谋定期叛乱，由于各地知县置之不管，三点会势力日益扩大。④ 对于欲以黄明堂、王和顺、关仁甫等天地会首领为主轴展开武装起义的革命党人来说，三点会在河口等地的发展绝对是为发动武装起义提供了良好的前提条件。关仁甫在回忆录中提道，"余以义之所在，穷亦当干，毅然于 1908 年 4 月 14 日［三月十四日］赴滇，招集（三点会）旧部，并运动防军"⑤，这句话就很好地印证了以上说法。

---

① 《致池亨吉函》（1908 年 2 月 8 日），《孙中山全集》第一卷，第 358～359 页。又见池亨吉《中国革命实地见闻录》，乐嗣炳译，第 66 页。
② 胡汉民：《胡汉民致孙总理报告钦军解散及滇桂军务书》（1908 年 4 月 24 日），《革命逸史》第五集，第 136 页。
③ 《署云贵总督丁振铎等奏派兵搜剿河口会党情形折》（光绪二十九年六月十六日），《云南档案》2011 年第 6 期，第 12～13 页。
④ 《云贵总督锡良奏思茅威远会党图谋起事片》（光绪三十三年十一月十七日），《辛亥革命前十年间民变档案史料》下册，第 721～723 页。
⑤ 关仁甫：《革命回忆录》，中国人民政治协商会议全国委员会文史资料研究委员会编《辛亥革命回忆录》第七集，文史资料出版社，1982，第 245 页。

四 武装起义参与组织间的相互关系

同盟会成立以后,孙中山等革命党人利用天地会等会党从 1907 年 5 月至 1908 年 5 月大约一年的时间里,发动了一系列武装起义,就是从潮州起义到河口起义共六次,但最终均告失败。失败原因,一般都被归结为天地会等会党自身的弱点,但实际上这只是其中的一部分原因罢了。如果想要找到剩余更重要的原因,就必须厘清武装起义参与组织间的关系。

如表 3 所示,武装起义"原计划"中,孙中山为了实现其"大计划"而展开了几个"小计划",而这几个小计划又有三个先决条件:第一,资金、武器的确保;第二,秘密会党的动员;第三,清军的策反。但同盟会凭借自身力量难于满足上述任何一个条件,唯有通过其他组织的协助,才能实现以上先决条件。从潮州起义到河口起义,主要参与组织有四个:第一,孙中山等同盟会核心人士;第二,南洋等地华侨组织以及日本后援者;第三,天地会等会党;第四,郭人漳等清军将领。从武装起义的展开过程来看,孙中山等同盟会的核心人士是"设计组织",南洋等地华侨组织和日本后援者是"援助组织",天地会等会党则是"执行组织",郭人漳等清军则是"辅助组织"。在这四个部分的力量中,以会党最为重要,一切筹谋均需要通过它来付诸实行,其他三个"组织"均围绕着"会党组织"来工作。

表 3 从武装起义"小计划"看参与的组织和角色

武装起义的条件	参与组织	武装起义中的角色
"小计划"(先决条件:①、②、③)	孙中山等同盟会核心人士	设计组织
①资金、武器的确保	南洋等地华侨组织和日本后援者	援助组织
②秘密会党的动员	天地会等会党	执行组织
③清军的策反	郭人漳等清军	辅助组织

先行了解一下资金、武器的筹集情况。1909 年 10 月下旬孙中山致吴雉晖的信中写到,从潮州起义到河口起义大约花费了 20 万元左右,大半都是由南洋各地集资而来。[①] 另外,据张玉法的研究,可知在同盟会中孙中山、

———————————

① 《致吴雉晖函》(1909 年 10 月下旬),《孙中山全集》第一卷,第 421 页。

汪精卫、邓泽如、胡汉民等人主要负责筹集资金。除匿名者外，孙中山、铃木、李卓峰、曾锡周、马培生、黄景南、张人杰等是主要资金捐赠人。而这些资金主要来自日本东京、南洋、越南河内、泰国以及法国巴黎，共计 27.5 万港币元。① 这些资金主要作为支援孙中山等革命党人的活动费用，以及购买武装起义的军需和武器之费用，等等，显然起义成功需要大笔的资金支援。

即使这样，资金和武器还是远远不够的。据冯自由的记录，潮州和惠州的起义军大概需要军饷 10 万元，孙中山向香港富商陈庚如、陈席儒、杨西岩请求支援，但遭到拒绝。② 1907 年 6 月 7 日七女湖起义进行过程中，孙中山先致电平山周请求武器支援③，一周后又致电恳求"订购一万，先送铳二千，弹二百万"。④ 由此可见，武装起义过程中资金与武器是相当匮乏。并且在每次武装起义筹划过程中，起义军都遇到了这种情况。1907 年 8 月23 日孙中山致信张永福、陈楚楠称：

> 如潮事发起，当拨新式快枪数千。……前在星坡得各同志捐助三千元，其数实不敷用。……若能得数千元之专为潮用，更变数千元交子瑜兄再举于惠州，以谋牵制，则东路之师比大盛，能不能望之星坡同志也。⑤

孙中山按照该计划一方面呼吁南洋华侨捐献革命资金，另一方面用部分资金购买武器。这就是冯自由记录中提到的"汕尾运械"。具体而言，七女湖起义失败后，孙中山积极努力通过日本人萱野长知购买武器。当时孙中山募集到一万日元资金，冯自由先将这笔钱汇款给萱野长知，后在日本后援者的担保下，购买到新式连发枪两千支、子弹 120 万发以及部分其他装备。1907 年 10 月初，这批武器计划在许雪秋的运作下第一步运往汕尾，第二步再转移到平海，但此计划由于清军的严密守备而破产。最后，

---

① 张玉法：《清季的革命团体》，台北中研院近代史研究所，1975，第 439 页。
② 冯自由：《丁未潮州黄冈革命军实录》，《革命逸史》第五集，第 98～99 页。
③ 《致平山周电》（1907 年 6 月 7 日），《孙中山全集》第一卷，第 337 页。
④ 《致平山周电》（1907 年 6 月 14 日），《孙中山全集》第一卷，第 337 页。
⑤ 《复张永福陈楚楠函》（1907 年 8 月 23 日），《孙中山全集》第一卷，第 338～339 页。

这批武器在运回日本的过程中被日本警察没收。① 这使孙中山等革命党人陷入了严重的财政困难，同时造成了潮州、惠州等东军方面军事作战的限制。

西军方面的情况也不乐观。防城起义期间，孙中山于 1907 年 9 月 13 日致函宫崎寅藏称："现时最急者军饷、军械两大宗，望悉力筹划，以相接济。"② 而防城起义失败后，孙中山于 1907 年 10 月 1 日致函何佩琼说明防城起义的情况，他强调称："以义军屡破虏兵，清朝尽调广东、广西之兵来战，我军虽勇，惟军火粮饷尚须源源添足"，与此同时命令汪精卫、黄龙生、刘岐山前往胡志明等地区，尽快筹集巨大军需资金。③

在镇南关起义和河口起义阶段，孙中山也受到武器、资金不足的困扰。1908 年 1 月 3 日孙中山致函萱野长知陈述"汕尾运械"计划，由于宫崎寅藏等担保的贷款到期而发生了财政问题，由此"自南关役后，机局未始无进步，然以经济问题不解决，故做事不能快意"。④ 1908 年 4 月 22 日孙中山又致电马来西亚瓜拉（挂罗）庇劳（Kuala Pilah）同盟会会员称："刻下有最急之需而不容缓者，有广西营勇约降之花红及饷需万余元，有云南待举之接济需万余元，有钦军之加补子弹需二万余元，此三宗统计不过五六万元耳"，进而强调革命军定章称："凡出资助饷者，军政府成立之后，一年期内四倍偿还，即万元还四万元也，并给以国内各等路矿商业优先权利。"⑤ 1908 年 5 月 20 日孙中山在给邓泽如、黄心持的信中，孙中山不仅承认"吾党财政之困难，真为十余年来所未有，……自云南义师起后，更急如星火"，甚至提出"若秋君或弼翁肯任此十万，当酬以云南全省之矿权专利十年也"。⑥

如上所述，孙中山等革命党人虽然准备发动武装起义，但没能筹集到足够的资金和武器。面对这样的情况，孙中山也承认对武装起义的"今日之得失成败，在于能速得此款否耳"。⑦ 可以说这就是设计武装起义的孙中山等革命党人与生俱来的局限，并且也是很多武装起义无法成功的重要原

---

① 冯自由：《丁未惠州汕尾运械失败实录》，《革命逸史》第五集，第 110～114 页。
② 《致宫崎寅藏函》（1907 年 9 月 13 日），《孙中山全集》第一卷，第 343 页。
③ 《致何佩琼函》（1907 年 10 月 1 日），《孙中山全集》第一卷，第 344～345 页。
④ 《致萱野长知函》（1908 年 1 月 3 日），《孙中山全集》第一卷，第 357～358 页。
⑤ 《致挂罗庇劳同盟会会员函》（1908 年 4 月 22 日），《孙中山全集》第一卷，第 365 页。
⑥ 《致邓泽如黄心持函》（1908 年 5 月 20 日），《孙中山全集》第一卷，第 367～369 页。
⑦ 《致挂罗庇劳同盟会会员函》（1908 年 4 月 22 日），《孙中山全集》第一卷，第 365 页。

因之一。

其次，需要探讨一下黄冈起义至河口起义中同盟会与天地会等会党的关系。具体内容如表4，表中列举了各武装起义扮演核心角色的有关重要人物。

表4　黄冈起义至河口起义中同盟会与天地会的关系

	同盟会核心人物	秘密会党核心人物	武装起义实际指挥者	起义军主要兵力
黄冈起义	孙中山、许雪秋	余丑、余通、陈涌波	余丑、余通、陈涌波	天地会等秘密会党
七女湖起义	孙中山、邓子瑜	陈纯、林旺、孙稳	陈纯、林旺、孙稳	
防城起义	孙中山、黄兴、胡毅生	王和顺	王和顺	
镇南关起义	孙中山、黄兴、胡汉民	王和顺、黄明堂、关仁甫	黄明堂、关仁甫	
上思起义	孙中山、黄兴、黎仲实		黄兴	
河口起义	孙中山、黄兴、黎仲实	王和顺、黄明堂、关仁甫	王和顺、黄明堂、关仁甫、黄兴	

说明：表4根据表1和表2中的资料，分为"同盟会核心人物""秘密会党核心人物""武装起义实际指挥者""起义军主要兵力"四部分，并且只列举了起义中的核心人物。虽然"同盟会核心人物"中孙中山、许雪秋、邓子瑜曾均加入了天地会，所有"秘密会党核心人物"也曾均加入了同盟会，但根据他们在起义中发挥的主要作用，还是将他们分别标记在"同盟会核心人物""会党核心人物"栏中。

如果说表4同盟会核心人物中孙中山是武装起义的总负责人和总设计者，那么许雪秋、邓子瑜、黄兴、胡汉民、胡毅生、黎仲实就是各武装起义的直接关联者。然而除所谓"革命实行者"黄兴外，以孙中山为首的同盟会核心人物均没有在起义战场上督阵过。所以说除了黄兴指挥开展的钦廉上思起义外，其余起义的实际指挥者均为天地会等秘密会党首领。因此，纵观"同盟会核心人物""秘密会党核心人物""起义实际指挥者"之间的关系可见，同盟会正是为了发动武装起义，才必须将"秘密会党核心人物"吸收到同盟会中，因为只有"秘密会党核心人物"才具备指挥其他天地会等会党的实力，故同盟会在此方面还需要做很多工作。

例如，潮州起义就是同盟会成立前，许雪秋与潮州饶平县黄冈地区三点会首领余丑、余通、陈涌波等人联合在一起秘密筹备的。而同盟会成立后，许雪秋便经张永福介绍，于1906年在新加坡面见孙中山加入了同盟会。随后他被任命为"中华民国军东江都督"，奉命在广州东江流域伺机图谋叛乱。① 同年冬天，许雪秋带领余丑、余通、陈涌波赴香港与冯自由会面，三人随之加入同盟会。② 其实，许雪秋之所以能够与潮州三点会取得联系，一是因为他的老家在潮州八邑之一的潮安县，二是他自身的脾气秉性十分与江湖侠客合得来。③ 据黄冈起义时两广总督的电报和奏折可以看出，当时该地区的三点会势力极大，大约有三四千名成员④，同时余丑等三点会首领还调动起诏安县的首领沈牛屎、沈家塔一同参与起义，进行攻击潮州府城。⑤ 惠州七女湖起义也是如此。1907 年孙中山在新加坡将出生于惠州归善县且参与过兴中会惠州起义的邓子瑜吸收进同盟会，并将其派遣到惠州准备发动起义。邓子瑜当时在香港进行会党动员的工作，先后接触了归善县、博罗县三点会首领陈纯、林旺和孙稳。之后在陈纯等天地会首领的动员、召集下的会党军进攻了惠州府城。

再将视线转移到防城起义、镇南关起义、上思起义、河口起义上来，同样在这些起义中王和顺、黄明堂、关仁甫等天地会首领占据了举足轻重的位置。广西邕宁人王和顺最初是广西"天地会武装集团"黑旗军刘永福的哨官，并且他作为天地会首领与陈亚发一起参与了 1902 ~ 1903 年广西天地会暴动。暴动失败后，王和顺经香港逃到越南西贡避难。⑥ 广东钦州大寺镇人黄明堂则是 1901 年前后活跃在中越边境的三合会首领。他与会党首领黄志灵联合后势力逐渐扩大，他们以镇南关为中心展开了一系列反清、抗佛的斗争。⑦ 关仁甫出生于广东钦州上思，1893 年加入了活跃在中越边境十万大山的天地会，第二年被推举为该会首领。随后关仁甫转移到广西、云南交界地区作为天地会分派忠义会首领，他与哥老会首领周云祥一起发动了滇南起义，但最终失败。虽然关仁甫曾伺机在红河东山再起，但不得

① 冯自由：《东军都督许雪秋》，《革命逸史》第二集，第 184 页。
② 冯自由：《丁未潮州黄冈革命军实录》，《革命逸史》第五集，第 88 页。
③ 冯自由：《东军都督许雪秋》，《革命逸史》第二集，第 183 页。
④ 《两广总督周馥为黄冈会党踞寨戕官事致军机处电》（光绪三十三年四月十五日），《辛亥革命前十年间民变档案史料》下册，第 457 页。
⑤ 《开缺两广总督周馥奏剿平黄冈乱事办理先后情形折》（光绪三十三年四月二十六日），《辛亥革命前十年间民变档案史料》下册，第 460 页。
⑥ 冯自由：《南军都督王和顺》，《革命逸史》第二集，第 199 ~ 200 页；刘平、王志芳：《王和顺》，《辛亥革命时期洪门人物传稿》，中国致公出版社，2011，第 283 ~ 285 页。
⑦ 刘平、王志芳：《黄明堂》，《辛亥革命时期洪门人物传稿》，第 287 ~ 288 页。

已于1906年逃亡越南。① 如上所述，王和顺、黄明堂、关仁甫在加入同盟会之前均是著名的天地会首领，且在广东、广西、云南与越南边境地区组织天地会开展了反清、抗佛斗争。最终，同盟会成立以后，孙中山终于派黄兴等人与他们接触，并成功地将他们纳入同盟会。正是在他们的召集下，会党军作为主力参与了防城起义、镇南关起义、上思起义、河口起义。

综上所述，从潮州起义到河口起义的这一系列武装起义都与兴中会时期的武装起义类似，均由孙中山等同盟会核心人物一手策划，并且参加起义的秘密会党重要首领多加入了同盟会。但是作为起义军主要兵力的一般会党成员并没有加入同盟会。因此，一般会党成员只是在会党首领的号召下集结在一起。换句话说，孙中山等同盟会核心人物只是接触了天地会等会党的部分首领，而不是直接动员普通成员，所以不得不完全依靠天地会等会党首领的力量，进行武装起义。这就导致孙中山等同盟会成员与普通会党成员的脱节，不能直接指挥并控制起义军，只能听由天地会等会党首领来代为领导。所以可以说武装起义中表现出来的同盟会与天地会的关系，是以天地会等秘密会党首领为媒介进行的两者合作之形态。同盟会只有建议筹划权，而没有直接指挥权。同盟会对会党只是停留在利用层面，而没有进入改造层面，这是上述起义失利的关键因素。

还有，是对清军将领的策反问题。虽然从潮州起义到河口起义中对清军将领的策反只起到了辅助作用，但如果对清军将领的策反一成功，就将使武装起义的影响急剧扩大，所以说对清军将领的策反对于武装起义来说也是重要因素之一。防城起义和上思起义的开展均与对清军将领的策反有很大关系，而主要策反人物有郭人漳和赵声。

郭人漳是镇压太平天国的湘军主要将领郭松林的儿子，曾留学日本。留学期间，他于1903年加入为拒俄运动者所组织的军国民教育会，在与黄兴、张继等革命党人的交流中一定程度上接受了排满革命与民族主义的思想。但他归国后，按照家族的安排，就任山西候补道台，开始踏入官场。另外，黄兴于1904年2月组织华兴会发动长沙起义失败后，又于同年11月赴上海组织爱国协会。当时郭人漳也在上海加入了爱国协会，但由于卷入了万福华的王之春暗杀事件，与黄兴、张继等十余人一起被捕。尔后他在

---

① 玉军、壮强、善愚：《关仁甫革命事略》，《八桂侨史》1992年第2期，第19页。

上海道袁树动的担保下被释放，同时黄兴也假装改名以其文案师爷的身份获释。在黄兴重返日本后，郭人漳就赴南京，1906 年见到当时任南京江阴新军教练赵声。①

赵声是江苏大港镇人，因义和团运动而萌发反清思想。1901 年他以第一名的成绩考入江南水师学堂，但受到强国会的牵累而退学，后又被江南陆师学堂特别录取。在江南陆师学堂，赵声认识了章士钊、卢润洲等有进步思想的同学，在掌握了过硬的军事知识后毕业。1903 年赵声在赴日进行军事视察的途中，又与黄兴、杨笃生、何香凝等人进行交流，革命思想就高涨了。归国后，赵声曾参与了拒俄运动，至 1904 年两江师范学堂教官和长沙实业学堂监督的任期结束，之后，赵声为正式开始参与革命活动，先加入袁世凯的北洋新军，伺机而动，但没有达到自己的革命目标。随后在1906 年认识了南京新军教练郭人漳。②

1907 年初，郭人漳任广西防营统领，而赵声任广东新军管带，由此两人再次见面。孙中山在写给池亨吉的信中曾说道："当地镇台的将弁等密结盟约，不战即可据有广东省城"③，可见在孙中山等革命党人策划广东、广西起义的过程中，郭人漳、赵声的存在大大提高了武装起义成功的可能性。但在两广总督的直接控制之下，郭人漳没能完全踏上革命的道路，而赵声也没能找到良好的机会。

从具体情况来看，1907 年 3 月钦州三那地区以刘思裕为首的当地人民开始展开了抗捐斗争④，孙中山一方面特派邝敬川到三那调查事情真相；另一方面为了将抗捐斗争的实力转变为革命势力，又派黄兴、胡毅生分别到钦州郭人漳的部队和廉州赵声的部队，希望他们能够与革命队伍一起图谋起义。⑤ 当时已奉命镇压抗捐斗争的郭人漳，虽然表面同意策反，但实际上却采取了残酷的镇压。在王和顺正式发动钦州防城起义后，新任两广总督

---

① 高拜石：《郭人漳参加革命始末》，《古春风楼琐记》第九集，台湾新生报社，1979，第 101～104 页；沈寂：《军国民教育会与同盟会的成立》，《安徽史学》2008 年第 1 期，第 55～60 页。

② 郭孝义：《赵声评传》，《镇江师专学报》（社会科学版）1998 年第 2 期，第 39～45 页；黄德昭：《赵声》，中国社会科学院近代研究所中华民国史研究室编《中华民国史人物传》第八卷，中华书局，2011，第 5283～5284 页。

③ 《与池亨吉的谈话》（1907 年 1 月 5 日），《孙中山全集》第一卷，第 332 页。

④ 《两广总督周馥为钦州刘思裕等聚众抗捐敌官军事致军机处电》（光绪三十三年四月十四日），《辛亥革命前十年间民变档案史料》下册，第 456～457 页。

⑤ 冯自由：《丁未钦州防城革命军实录》，《革命逸史》第五集，第 105 页。

张人骏又命令郭人漳和赵声前往当地镇压起义。当时王和顺已经率领起义军占领防城准备进攻钦州府城，但郭人漳的部队不但不进行呼应，反而在三那、防城、钦州西边的大篆等地大举反击，成功收复了起义军已经占领的地区。此外，赵声身在合浦，也没能找到举兵的机会。①

两广总督张人骏在给参与三那抗捐斗争和防城起义镇压的将领论功行赏时，在奏折中写道："郭人漳自四月间调赴廉、钦，攻三那，复防城，搜剿钦西，无战不克"，因此"将已革陕西补用道郭人漳开复原官衔翎，留粤补用，并免缴捐复银两"。② 综上所述，正是郭人漳的背叛招致了王和顺领导的防城起义的失败。

孙中山等革命党人没能及时察觉到郭人漳的这种态度，反而在重新策划钦廉武装起义的过程中再次对郭人漳进行策反。1908 年 1 月 28 日黄兴派谭人凤前往郭人漳的军营，请求武器支援，煽动其策反。但据谭人凤的回忆，当时郭人漳的态度已经突变了。③ 之后郭人漳的部队与黄兴的武装起义军发生了正面冲突，据两广总督张人骏在奏折中所述，郭人漳率领部队在小峰山歼灭了数十股敌人。④ 但在之后的马笃山战斗中却被黄兴的武装起义军击溃。所以郭人漳视革命党人为仇敌，并悬赏 3 万银两捉拿黄兴。⑤ 胡汉民认为上思起义失败的原因之一，在于"不得郭之子药，军心不足"⑥，而事实上正如冯自由所说的这就是"革命的致命伤"。⑦

总之，孙中山等革命党人对清军将领的策反并不包括在同盟会完整的计划当中，只是由于部分革命党人与清军将领的私人关系所致。郭人漳不但没有加入同盟会，也与起义主力会党没有干系，又是个首鼠两端的"彻

---

① 《两广总督张人骏为钦廉剿捕获胜事致军机处电》（光绪三十三年十月二十三日），《辛亥革命前十年间民变档案史料》下册，第 468 页；冯自由：《丁未钦州防城革命军实录》，《革命逸史》第五集，第 106~108 页。

② 《两广总督张人骏奏剿办廉钦革党获胜出力人员择尤请奖折》（光绪三十三年十一月十九日），《辛亥革命前十年间民变档案史料》下册，第 473 页。

③ 石芳勤编《谭人凤集》，湖南人民出版社，2008，第 326~327 页。

④ 《两广总督张人骏为缉捕转入越南之起义者事致外务部电》（光绪三十四年三月五日），《孙中山与广东——广东省档案馆库藏海关档案选译》，第 708 页。

⑤ 饶怀民编《刘揆一集》，湖南人民出版社，2008，第 154 页。

⑥ 冯自由：《胡汉民致孙总理报告钦军解散及滇桂军务书》，《革命逸史》第五集，第 134 页。

⑦ 冯自由：《戊申钦州上思革命军实录》，《革命逸史》第五集，第 130 页。

头彻尾机会主义者"①，由其来支持会党起义，自然难予兑现；对郭人漳的
过度依赖，直接显示出了同盟会武装起义的战略失败。

五　从革命宣传品看武装起义的性质

对于同盟会和天地会共同开展的武装起义革命活动，应该如何定义其
性质呢？从同盟会所制定的《革命方略》之《军政府宣言》中可知，如果
之前的革命被称之为"英雄革命"，那么这次革命就应该被称之为"国民革
命"。② 而同盟会的宗旨规定为"驱除鞑虏、恢复中华、建立民国、平均地
权"。③ 简单来说，"驱除鞑虏"就是指摆脱满洲野蛮政权，恢复汉人主导
权。而"恢复中华"则是指恢复汉族为主的国家体制，为此一定要打倒专
制君主。"建立民国"，这意味着以建构国民参政权和引入议会制度为框架
的共和国的创立。而在新的民国时代，像"平均地权"的象征一样，基于
改良社会，所有国民都必须享有国家的利益。③ 由此可知，从黄冈起义到河
口起义共六次武装起义都是为了推翻清朝统治，建立共和国，而其先行的
政权形式则是"军政府"，其主力军是天地会等秘密会党。关于军政府和国
民军的关系，《革命方略》作出如下规定：

一、各处国民军，每军立一都督，以起义之首领任之。

二、军都督有全权掌理军务，便宜行事。

三、关于重大之外交，军都督当受命于军政府。

四、关于国体之制定，军都督当受命于军政府。

五、国旗、军政府宣言、安民布告、对外宣言，军都督当依军政
府所定，不得变更。

六、略地、因粮等规则，军都督当依军政府所定；惟参酌机宜，
得变通办理。

---

① Edward J. M. Rhoads, *China's Republican Revolution: The Case of Kwangtung*, 1898 – 1913,
　　p. 120.

② 《中国同盟会革命方略》（1906 年），《孙中山全集》第一卷，第 296～297 页。

③ 李平秀：《从北京看辛亥革命百周年——兼论四川辛亥革命和尹昌衡国际学术研讨会的参观》
　　（「북경에서본신해혁명 100 주년——사천신해혁명과윤창형국제학술토론회의참관을결론하여」），
　　韩国《中国近现代史研究》第 52 辑，2011，第 206～207 页。

七、以上各条，为军政府与军都督未交通之前关系条件；其既交通后，另设规则以处理之。①

从原则上看，只有建立国民军才能成立军政府②，但事实上从黄冈起义到河口起义均是在没有军政府的情况下进行的，所以这中间孙中山等指挥武装起义的革命党人间接起到了军政府的作用。因此，孙中山等革命党人是成立军政府的主体，而天地会等秘密会党首领和其他会党兵力成为国民军的都督和军队队伍。

孙中山等革命党人还制定了细部准则。即同盟会《革命方略》中，除《军政府宣言》之外，还制定了《军队之编制》《战士赏恤》《略地规则》《因粮规则》《安民告示》《对外宣言》《招降满洲将士布告》《扫除满洲租税厘捐布告》等。③特别是，起义军每占领一处，就要首先发布安民告示，获取民心。而安民告示的主要内容就是打倒满洲政府专制统治，恢复中华建立中华民国军政府，这与军政府宣言的内容大同小异。据以上同盟会《革命方略》，孙中山等革命党人任命黄冈起义中的许雪秋为"国民军东军都督"、七女湖起义中的邓子瑜为"负责人"、防城起义中的王和顺为"中华民国军南军都督"、镇南关起义中的王和顺和黄明堂依次担任"镇南关都督"、任命上思起义中的黄兴为"中华民国军南军总司令"，以及河口起义中的黄明堂为"云南国民军总司令"，正式开展武装起义活动。④

由于天地会等秘密会党首领作为起义的执行者作用不容小觑，这就造成在武装起义展开过程中比起同盟会主张的建立共和国的近代特性来说，天地会主张的反清复明的传统性质更加强烈。例如两广总督周馥就在总结黄冈起义的奏折中写道，外匪陈宏生（陈艺生）等妄称"大明军政都督府

---

① 《中国同盟会革命方略》（1906 年），《孙中山全集》第一卷，第 298~299 页。

② 《中国同盟会革命方略》（1906 年），《孙中山全集》第一卷，第 296 页。

③ 《中国同盟会革命方略》（1906 年），《孙中山全集》第一卷，第 299~318 页。本文中提到的文件为孙中山、黄兴、章太炎等在日本制定的，而本文中未提到的《招军章程》和《招降清朝兵勇条件》是河口起义后孙中山、胡汉民、汪精卫在新加坡所增订的。参见《中国同盟会革命方略》（1906 年），《孙中山全集》第一卷，第 296 页的注释。

④ 冯自由：《丁未潮州黄冈革命军实录》，《革命逸史》第五集，第 88 页；冯自由：《丁未惠州七女湖革命军录》，《革命逸史》第五集，第 100 页；冯自由：《南军都督王和顺》，《革命逸史》第二集，第 200 页；邹鲁：《中国国民党史稿》，第 738 页；冯自由：《戊申钦州上思革命军实录》，《革命逸史》第五集，第 128 页；冯自由：《戊申云南河口革命军实录》，《革命逸史》第五集，第 143 页。

孙"树立起事。① 不管这里的孙指的是孙中山②还是会党首领孙光武③，值得注意的是"大明"这一说法。而据闽浙总督的电报，在抓捕匪首吴春时搜出了两张写有"洪顺堂"的匪票。④ 洪顺就是洪门，即专门用来指代天地会的用语⑤，并且天地会在举事时习惯制作红旗，印上洪顺堂字样。⑥ 此外，当时刊发的《华字日报》中写道，黄冈起义时乱党发布安民告示，上书"广东提督军民除满复汉"。⑦ 这里的"除满复汉"就意味着同盟会的"驱除鞑虏、恢复中华"，同时与天地会的"反清复明"异曲同工。

七女湖起义中也表现出了很强的天地会特性。据说，当时陈纯、林旺、孙稳为了扩充兵力在归县、博罗、龙门等地发布告示，内容如下：

> 洋洋中国，荡荡中华，
> 千邦进贡，万国来朝，
> 夷人占夺，此恨难消，
> 招兵买马，脚踏花桥，
> 木杨起义，剿绝番苗，
> 军民等人，英雄尽招，
> 正面天子，立转明朝。⑧

虽然武装起义军如此发布的是带有"兵马大元帅黄"字样的告示，但事实上这不过是天地会散发的招军榜传单。该传单的原型于 1828 年 10 月在

---

① 《开缺两广总督周馥奏剿平黄冈乱事办理先后情形折》（光绪三十三年四月二十六日），《辛亥革命前十年间民变档案史料》下册，第 460 页。

② 《收开缺两广总督周馥致军机处请代奏电》（光绪三十三年四月二十三日），中国第一历史档案馆编《清代军机处电报档汇编》第三十册，中国人民大学出版社，2005，第 435 ~ 436 页。

③ 《十九日戌刻广州专电》，上海《时报》1907 年 5 月 31 日第 2 版；又见江中孝、邓开颂主编《丁未潮州黄冈起义史料辑注与研究》，天津古籍出版社，2007，第 51 页。

④ 《收闽督致军机处请代奏电》（光绪三十三年四月二十五日），《清代军机处电报档汇编》第三十册，第 439 ~ 440 页。

⑤ 陈崎主编《中国秘密语大辞典》，汉语大词典出版社，2002，第 1021 页。

⑥ 光绪《香山县志》卷二十二《纪事》，上海书店影印本，2003，第 53 页。

⑦ 《本馆特电：黄冈匪乱之详情》，香港《华字日报》1907 年 5 月 30 日；又见江中孝、邓开颂主编《丁未潮州黄冈起义史料辑注与研究》，第 41 页。

⑧ 黄珍吾：《华侨与中国革命》，台北国防研究院，1963，第 117 页。

澳门被发现，为天地会进行大规模叛乱时煽动民众所用。① 七女湖起义中使用的传单只是在此基础之上添加了"剿绝番苗，军民等人，英雄尽招，正面天子"的字句，直接反映出"立转明朝"等天地会反清复明的性质。纵使冯自由也记述道："黄冈既克，党军遂依革命方略所规定布告安民"②，但黄冈起义与七女湖起义均显现出了很强的天地会性质。因为起义中同盟会派遣的许雪秋、邓子瑜并没能直接统帅起义军，而是由当地天地会首领们负责召集会党军，指挥作战。

那么，由王和顺、黄明堂、关仁甫等天地会首领开展的防城起义、镇南关起义，以及河口起义又是怎样的情况呢？他们都是在孙中山等革命党人直接引导下加入同盟会的天地会首领，就连清政府都认识到了这一点。③但目前，关于这些起义的革命宣传品有证可查的，只有防城起义。

防城起义当时，起义军以"中华国民军南军都督"王和顺的名义，于1907年9月3日［七月二十六日］发布了《报告粤东之同胞》。这篇登载在《中国日报》上的布告，实际上性质与安民告示类似，其主要内容可以概括为以下四部分：

> 第一，中国被满族控制已有两百六十年之久，生灵涂炭。酿造了扬州十日、嘉靖屠城、广州十日等屠杀惨剧。虽然在粤省爆发了太平天国运动，但最终没能驱逐满族。

① John Francis Davis, *The Chinese: A General Description of the Empire of China and Its Inhabitants* Ⅱ, London: Charles Knight & Co, 1836, p. 16, "Vast was the central nation, flourishing the heavenly dynasty, A thousand regions sent tribute; ten thousand nations did homage, But the Tartars obtained it by fraud, and this grudge can never be assuaged, Enlist soldiers, procure horse, display aloft the flowery standard, Raise troops, and seize weapons, let us exterminate the Manchow race."; 萧一山编《近代秘密结社史料》卷一，上海文艺出版社，1991，第 7 页，"招军牌：洋洋中国，汤汤天朝，千邦进贡，万国来朝，夷人侵夺，此恨难消，招兵买马，高架洪桥，木杨起义，消灭汩朝。"萧一山编《近代秘密结社史料》卷六，上海文艺出版社，1991，第 21 页，"扬扬中国，汤汤天朝，千邦来贡，万国来朝，夷人占夺，此恨难消，招兵买马，高塔花桥，木杨起义，夺回汩朝，招军榜，天运甲寅年七月念五日。"对此传单的较详细分析，参见李平秀《预言与叛乱——咸丰四年"陈松天地会集团"叛乱的政治性背景》，"第二届中国秘密社会史国际学术研讨会"所提交的论文，山东大学，2009 年 8 月 17 日，第 272 ~ 274 页。

② 冯自由：《丁未潮州黄冈革命军实录》，《革命逸史》第五集，第 89 页。

③ 《云贵总督锡良致外务部电》（光绪三十四年四月五日），中国史学会主编《辛亥革命》（三），上海人民出版社，1957，第 273 页。

第二，所以王和顺很早便为了伸张正义投身洪门，以反清复明为宗旨在南宁等地奋战数载。这里的明指中国，而清指野蛮的满族，所以他并不是在为朱家尽忠，而是为了中国浴血奋战。

第三，在此期间，王和顺与孙中山的接触过程中，了解到了什么是治国的根本和民族主义，领悟到了一定要以自由、平等、博爱的精神打倒专制，建立民主立宪的政体。所以目前王和顺以都督的身份率领起义军发动武装起义。

第四，因此王和顺呼吁粤省的同胞一同参与伟业，鼓舞国民士气，驱逐满族政权，在敌人的首府上一定插上新的旗帜。①

当时两广总督将这份告示上奏清廷②，从此告示内容上看，王和顺加入天地会后以南宁为中心开展了反清复明运动很多年，还强调王和顺的复明不是单纯的回归朱家王朝，而是要建立由汉族统治的中国，并且王和顺还从孙中山那里接触到了自由、平等、博爱的民族主义思想以及民族立宪的相关内容，督促粤省同胞投身革命。这可意味着，反映会党传统理念与孙中山近代革命理念的结合。

虽然与《报告粤东之同胞》同一时期所发布的《招降满洲将士布告》③完全符合同盟会《革命方略》，但《报告粤东之同胞》中王和顺强调自己是天地会首领和同盟会革命军都督的行为却违反了同盟会《革命方略》中"国旗、军政府宣言、安民布告、对外宣言，军都督当依军政府所定，不得变更"这一条。这一现象就反映出了天地会首领加入同盟会后其行动和观念还是在传统与近代之间徘徊的状态。兴中会时期，率领广东会党势力的天地会首领郑士良作为惠州起义司令官时曾发布告示强调"本会乃三合会会党，又名义兴会，又名天地会。……本会首并副会首等誓灭满洲，重立新君，以兴中国"。④ 也与上面王和顺的行为如出一辙。

此外，虽然冯自由的记录还提到了防城起义中的"中华民国军都督王"

---

① 《报告粤东之同胞》，香港《中国日报》，1907年9月28日第2页。

② 中国第二历史档案馆编《王和顺〈布告粤省之同胞〉》（1907年9月3日），《民国档案》2001年第1期，第10~11页。

③ 《招降满洲将士布告》，香港《中国日报》，1907年10月1日第2页。

④ 《中国近事·会党致函西报》，《清议报》第六十二册，光绪二十六年九月十一日，第9页。

安民告示①、上思起义中的"中华民国军南军总司令黄"告示②，以及河口起义中的"南军部督黄明堂"告示③，但遗憾的是都没有转述具体内容。其中，据唐颂南的回忆，防城起义时占领防城衙门后，王和顺并不是以自己的名义而是以"张都督"的名义发布了安民告示。④ 这一点从当时的报纸《中兴日报》上登载的新闻就可以得到确认，即"防城会党聚众二千余人，于七月二十六日破防城，……其首领名张复辉，自号中华民国军南军都督，出有吊民告示，语多光复排满字句"等内容。⑤ 池亨吉也做了关于河口起义的相关记录，据悉当时的安民告示中强调"本军政府以义讨暴，为民请命"，除了"叛乱者"等总十二条例处死刑外，还有如"私斗杀伤"等总八项惩罚条例⑥，实际上这些内容均与同盟会《革命方略》规定中的安民告示性质不同。

小　结

　　本文对同盟会成立后发生的六次武装起义，以同盟会和天地会的合作关系为侧重点进行了分析，对两者在武装起义的发展过程、参与组织间的关系，以及武装起义的性质等方面进行了探讨，从中得出几点结论。

　　首先要声明，现存史料大多系孙中山等革命党人所留，而天地会方面相对处于"失语"状态。故在分析同盟会与天地会武装起义时必然会存在一定的局限性。我们固然不能否认正是冯自由、邹鲁等革命党人在民国时期呕心沥血的历史记述，使得如今孙中山等革命党人与辛亥革命研究有据可依，但这种由历史参与者叙述历史的方式本身就存在问题，因叙述者的立场所致，关注点所致，了解情况的局限所致，每每会多出一份主观，少了几许客观，多出一份感情，少了几许理智。现存史料的畸轻畸重也是造成"孙中山中心史观"乃至"革命派中心史观"出现的原因之一，所以我

---

①　冯自由：《丁未钦州防城革命军实录》，《革命逸史》第五集，第107页。

②　冯自由：《戊申钦州上思革命军实录》，《革命逸史》第五集，第128页。

③　冯自由：《戊申云南河口革命军实录》，《革命逸史》第五集，第142页。

④　唐颂南：《辛亥革命前后我参加钦防两次起义的回忆》，《广州文史资料》第11辑，1964，第77页。

⑤　《防城党军起事情形（广东）》，新加坡《中兴日报》，1907年9月30日第2版；又见《十次起义史料》，兴台印刷厂，1961，第87~88页。

⑥　池亨吉：《中国革命实地见闻录》，第16~19页。

们在研究过程时不能忽略这一点。借用一位学者的话，随着"（人工的）神话和（历史的）真相之间的差异的增加"，"秘密结社的角色就被固定化了"。① 当然，本文写作目的不是要专门评判这些史观的对与错，而是希望在分析和理解历史事件时能够摆正视角，以公平的尺子丈量历史。

其次，本文对潮州、惠州、钦州、廉州"同时起义说"进行了讨论。通过对黄冈起义至河口起义等一系列武装起义展开过程的分析可以看出，所谓的"同时起义"不过是孙中山的一种希冀而已，而孙中山留下的文字也印证了没有"同时起义"这一说法。至于武装起义的展开过程，大致可作如下概括。

1906 年 12 月，孙中山受到萍浏醴起义的激发，基于同盟会《革命方略》的战略部署，在两广地区与天地会等秘密会党进行合作，制订了推翻清政府建立共和国的"大计划"，并且还为此制订了数个"小计划"。而第一个小计划就是占领广州设立军政府。随之孙中山等革命党人计划从罗定、肇庆突袭广州，不幸计划失败。之后孙中山从日本赴越南策划发动黄冈起义，紧随其后的便是七女湖起义。以黄冈起义为代表的东军方面的武装起事，实际上是在同盟会成立之前由南洋华侨积极策划并促进开展的。但随着东军方向的武装起义毫无进展，孙中山等革命党人开始将视线集中到西军方向。这就是第二个小计划，即占领广西南宁成立军政府。该计划直接促成的是防城起义、镇南关起义和上思起义的相继爆发，遗憾的是这些起义均以失败告终。孙中山等革命党人又开始着手第三个小计划，即发动河口起义在云南昆明建立军政府。所有这些起义的依靠力量多是以天地会为主的会党势力。关于这一系列的起义，孙中山在 1909 年 10 月写给吴稚晖的信中作出这样说明：

> 自庚子以后，中国内外人心思想日开，革命风潮日涨。忽而萍乡之起事，人心大为欢迎。时我在日本，财力甚窘，运掉〔调〕不灵，乃忽有他方一同志许助五万金，始从事派人通达湖湘消息，而萍乡军已以无械而散矣。惟有此刺激，人心已不可止，故定计南行，得日人资万四千元及前述所许五万元，以谋起义。初从事潮惠，潮黄冈以未

---

① John Lust, Secret Societies, "Popular Movements, and the 1911 Revolution", Jean Chesneaux eds., in *Popular Movements and Secret Societies in China* 1840 ~ 1950, California: Stanford University Press, 1972, p. 173.

期而动，事遂不成；惠七女湖怆悴（仓促）应之，亦属无功。吾人遂转向钦廉，与该处军队相约，遂破防城，围灵山。惟此时所有之资以买械而尽，而安南同志虽陆续集款以助军需，精卫又亲往南洋筹资，惟所得不多；钦军统领终以资少不肯如约反正，钦事遂不成。吾人转破镇南关炮台，以促钦军之动，事又不成。我遂出关而入安南，过文渊，为清侦探所悉。广西官吏托龙州法领事到安南查我踪迹，知我寓某街洋楼，密告清政府，与法政府交涉，逼我退出安南。我遂往星加坡。我到星加坡后则河口之事起，占据四炮台，诛彼边防督办，收降清兵陆营。本可进取，据有全滇，惜当时指挥无人，粮食不继遂退。①

从上面孙中山的总结中可以看出，除从罗定、肇庆突袭广州的计划外，从黄冈起义到河口起义的六次武装起义中并不存在潮州、惠州、钦州、廉州"同时起义"。在这里，如果我们认真分析"同时起义"的提出背景，就可以知道冯自由、邹鲁等国民党史家在叙述历史时，单纯从历史结果出发，过分强调孙中山和同盟会的作用，以至于掩盖了"历史过程的真相"，倾向于"结果论的解释"。然而如今学术界，特别是中国学术界对此照单全收，竟将其奉为叙述武装起义的原则之一。总之，所谓"同时起义"这一传统学说根本不存在，只不过是把各个不同的武装起义展开过程视为一个具有连续性的事件，也可以说这是一种"历史的错觉现象"。更进一步而言，孙中山等革命党人在越南河内设立"粤桂滇三省起义的领导机关"作为指挥大本营的另一个传统说法，实际上也是从结果论的角度对"同时起义"的解释归结，与"同时起义说"殊途同归。因此，笔者认为对以上传统学说需作再修正。

再次，武装起义的角色以及起义失败的归因。纵观六次起义参与组织的关系，促进起义开展的组织大概可以分为四类：即孙中山等同盟会人士构成的"设计组织"，天地会等秘密会党首领组成的"执行组织"，以及由捐献巨额资金提供武器供给的华侨、日本后援者构成的"援助组织"，此外，起义组织者还对清军将领进行了策反，而这些清军将领及所部就是"辅助组织"。

其中，孙中山等同盟会核心人士作为起义的设计组织，在起义过程中

---

① 《致吴稚晖函》（1909 年 10 月下旬），《孙中山全集》第一卷，第 421 页。

并没有发挥其应尽的责任。由于他们一直面临着资金筹集不利，武器供给不足的问题，所以每逢起义爆发，都不能为起义军及时提供后续支援。并且对于徘徊在参与革命和反革命之间的郭人漳等人的过分执着也是招致起义失败的重要原因之一。因此，即使暂且不谈孙中山等革命党人发动武装起义的行为是不是"空想的机会主义"亦或"军事的冒险主义"，单就武装起义失败的原因而言，之前主要归结于天地会等秘密会党的阶级落后性、组织散漫性的说法就值得我们反思。因为孙中山等革命党人在开始起义前必然就对秘密会党的这种性质有所了解。由此可见，从各个组织在武装起义担任的角色来看，孙中山等革命党人先根据情况后随机应变地计划并发动武装起义，而在发动起义时却不但不能提供足够的资金和武器供给，并且无法最后成功策反清军将领，因此作为起义的设计组织同盟会应该对起义的失败负根本性责任。

最后，武装起义中同盟会与天地会的关系问题，还涉及天地会等秘密会党的主体性和自觉性问题。从一般观点来看，同盟会动员天地会等秘密会党发动了武装起义，但是严格来讲孙中山等革命党人只是与几名天地会首领进行了接触，而武装起义的主力军实际上是由这些会党首领召集而来的。由此天地会等秘密会党首领加入了同盟会，而参加起义的大部分起义军却没能加入同盟会。这种武装起义的结构与同盟会的前身兴中会时期基本一致，均是以天地会等秘密会党首领为媒介进行的两者合作关系，在合作中，秘密会党同样具有反抗清朝的自觉意识。如果将这种合作的意义扩大化，就可以说是传统性较浓的旧式团体天地会与近代性质较强的新式团体同盟会的合作关系。

从合作程度来看，作为同盟会与天地会的合作媒介，即以天地会首领身份加入同盟会的余丑、余通、陈涌波、陈纯、林旺、孙稳、王和顺、黄明堂、关仁甫等起义指挥者，他们既没有完全摆脱传统观念的束缚，也没有完全具备近代思想，同时，他们具有传统思想的沿袭，也接受了某些近代理念的影响，即处于一种新旧杂陈的状态。由这些人召集的会党军更是严重保留着传统的观念和行为方式。他们对同盟会《革命方略》中涉及的共和革命有关的概念，例如革命、自由、平等、博爱、国家、民族、民国、国民、民生、地权、宪法、总统、议员等的理解要远远少于孙中山等革命党人，甚至一无所知。

作为天地会的著名首领被推举为"中华国民军南军都督"的王和顺在

发布《报告粤东之同胞》时一面强调数年以来自己坚持不懈地进行反清复明的活动，一面声言自己通过孙中山了解到民族主义和共和政治的含意，就反映出某种"脱传统半近代"的亦新亦旧性质。此外，一部分起义军将"大明""除满复汉""光复排满"的字句印在旗帜上，或者随身携带"洪顺堂"标识的行为，都与天地会此前所进行的大规模反抗活动时所展示的做法类似。并且起义者利用天地会的招军榜传单，在反清复明的口号下号召义军，也证明比起孙中山等革命党人主张的共和革命来说，天地会主张的反清复明这一传统口号在一般民众中仍具极大的号召力。虽然史料记载存在偏颇，但至少这些记录在一定程度上反映了武装起义中天地会等秘密会党的主体性和自觉性，这些史料也是曲折反映近代革命团体同盟会与传统秘密会党天地会合作形式的重要证据和指标。

总之，虽然20世纪初以两广地区为中心展开的六次武装起义全部失败了，但给孙中山等革命党人提供了思考共和革命、反思起义战略的机会。用1908年6月孙中山的话来讲，这就是"经一次失败，即多一次进步"，只有通过这样的屡扑屡起才能达成终极目标。[1] 1909年3月2日孙中山致信宫崎寅藏强调："河口以后，已决不再为轻举，欲暂养回元气，方图再发。"[2] 1910～1911年两次续的起义便反映了孙中山的这种想法。与此同步，清末天地会等秘密会党的斗争虽仍带有传统方式，却也有相当进步，其中最关键点就是"反清"不单纯与"复明"相牵连，而与孙中山的"共和革命"相挂钩，在这点上，孙中山等革命党人是引领的旗帜，是新蓝图的构建者和新时代的召唤人，而共襄义举的会党会众则是与时俱进的追随者和新理想的践行人。

---

[1] 《〈支那革命实见记〉序》（1908年6月），《孙中山全集》第一卷，第375页；池亨吉：《孙序》，《中国革命实地见闻录》，第2页。

[2] 《致宫崎寅藏》（1909年3月2日），《孙中山全集》第一卷，第404页。

晚清中央与地方关系的学术史认知[*]

段金生^{**}

武昌起义爆发后，多省响应。然"近日光复省分（份）渐多，各处纷纷宣告独立，若不组织统一机关，不独对内易冲突，亦恐对外无主归"。[1]时人对当时缺乏统一的中央政府的政治形态十分担忧。其实，清末中央政府不仅早已经几乎全盘失去了对地方的控制力量，而且在大的层面上出现了"南北对抗"的格局，较小的层次上则"省"成为牢不可破的地域意识。[2] 而正是由于晚清时期中央政府的整合能力遭到严重破坏，地方主义逐渐盛行，政治区域化形态呈现，故民国的成立才被人们寄予厚望。例如，广西军政府宣布成立后，就表示虽然"治内以宣布独立为要图"，呼吁各省督抚一律宣布独立，但仍强调应化除畛域、无分满汉，"共谋组织联邦政府，专事对外"，"或取法于美，定武昌为华盛顿，暂行公认一人为大统领；或取法于德，定北京为普鲁士，亦公认一人为内阁总理大臣"，认为此关系到国家大计，应从事协定。[3] 借鉴美国抑或德国，实行单一制或是联邦制，仅是政体的具体表现方式的不同，但广西军政府的这一呼吁所表达的其实是要尽早确立一个稳固的中央政府，以统筹全局，从而结束清末地方纷扰

———————

* 本文在写作及修改过程中，承蒙中国社科院近代史研究所汪朝光研究员、南开大学历史学院教师贺江枫博士、云南师范大学历史与行政学院教师张永帅博士、香港中文大学李林博士等专家惠赐意见，谨致谢忱。惟文章之舛漏疏误，概由笔者负责。另外，本文为行文方便，对文中提及的先贤前辈均免称先生而直呼其名，非为不敬，特此说明。
** 段金生，云南民族大学人文学院教授。
① 《广西军政府电请各省宣布独立》，《申报》1911 年 11 月 15 日第 1 张第 5 版。
② 胡春惠：《民初的地方主义与联省自治》，中国社会科学出版社，2001，第 31 页。
③ 《广西军政府电请各省宣布独立》，《申报》1911 年 11 月 15 日第 1 张第 5 版。

的政治形态。清末民初中央与地方关系的这一形态，并非朝夕而成，它经历了一个复杂的演进过程。

李剑农曾言，"我们要知道近百年内中国政治上发生大变化的由来，非将百年前世界的新趋势和中国内部的情节，作一简略的比较观察不可"，还强调"一切历史事变都是难于斩然截断的"。① 要深刻理解清末民初央地关系的表现形态及其隐含的诸多复杂因素，不能不追述晚清时期的央地关系，才能对其有多维度、多层面之认识。② 本文在前贤已有研究的基础上，对晚清央地关系的变迁历程及呈现出的一些特征，从学术史梳理的视角，作出自己所理解的观察与阐述。

一 从中央集权到"内外皆轻"：晚清央地关系之转变

近代中国在向民族国家转变的过程中，政府、社会组织、民众都参与其中，"级级相嬗，譬如水流，前波后波，相续不断"③，形成了一种激烈的变革过程。1902 年，梁启超说："至今阅三千余年，而所谓家庭之组织，国家之组织，社会之组织，乃至风俗、礼节、学术、思想、道德、法律、宗教之一切现象，仍岿然与三千年前无以异。"梁启超所言"旧组织、旧现象"岿然"与三千年前无以异"，其主旨是为了突出它们不能"顺应于今时""顺应于世界"，最终目的则是"探求我国民腐败堕落之根源，而以全国所以发达进步者比较之"，以塑造"新国民"而达成国家强盛之意。④ 事实上，或如曾任美国外交政策讨论会主任的别生之言："十九世纪的初叶，清帝忽然遇到从未见过的西方侵略。敌人从海道而来，用西

① 李剑农：《中国近百年政治史·导论》，商务印书馆，2011，第 1 页。
② 关于晚清及民国时期中央与地方关系的变化，若干近代史或晚清、民国史的通论性著作中均有涉及。专题研究颇多，但各自的侧重不一，较具代表性的专著主要有：来新夏等《北洋军阀史》，南开大学出版社，2000；胡春惠《民初的地方主义与联省自治》，中国社会科学出版社，2001；刘伟《晚清督抚政治：中央与地方关系研究》，湖北教育出版社，2003；李国忠《民国时期中央与地方的关系》，天津人民出版社，2004；李细珠《地方督抚与清末新政——晚清权力格局再研究》，社会科学文献出版社，2012；等等。论文若干，不一一列举。
③ 梁启超：《过渡时代论》，1901 年 6 月 26 日，梁启超著、吴松等点校《饮冰室文集》第二集，云南教育出版社，2001，第 710 页。
④ 梁启超：《新民议》，1902 年 11 月 30 日，梁启超著、吴松等点校《饮冰室文集》第二集，第 651、652 页。

方新式机器的技术。从前对付边夷的方法不能来抵御新式和不测的海上杀伐与技术专精的民族",传统的制夷策略无法对付西方列强,"反屡蒙其害"。① 伴随西力及西学的深层次渗入中国,中国的一切都逐渐开始发生着变革。是故,梁启超虽言"与三千年无以异",但他亦称"今日之中国,过渡时代之中国"。②

在近代中国转型历程中,重建一个中央集权的主权独立与政治稳定的现代民族国家是国人追求的主要政治目标之一。按照梁启超的解释,国家的目的是为了"其本身(即国家全体)"及"其构成分子(即国民个人)"之利益,而政治是"丽于国家以行者也",即"所以求达此目的之具也"。③作为国家的工具,以及"一国中一时代辩争之剧冲者"④,政治在近代中国民族国家构建进程中扮演着关键性的角色。检视近代家庭组织、社会组织、风俗、思想诸多领域的变革过程,就会发现政治的变革是其中的主线。⑤ 有学者就认为,近代中国"政治表现在社会前进中起着指标的作用"。⑥ 因此,考察政治转型的各种面相,无疑是理解近代中国历史的基本线索之一。⑦ 而

---

① 〔美〕别生:《近代中国边疆宰割史》,国际问题研究会译印,出版地不详,1934,第3页。

② 梁启超:《过渡时代论》,1901年6月26日,梁启超著、吴松等点校《饮冰室文集》第二集,第710页。

③ 梁启超:《宪政浅说》,1910年3月21日、4月10日,梁启超著、吴松等点校《饮冰室文集》第二集,第958、961页。

④ 梁启超:《宪政浅说》,1911年4月10日,梁启超著、吴松等点校《饮冰室文集》第二集,第962页。

⑤ 台湾学者张玉法认为在民国历史中,政治史较经济、教育、文化史为重要,在民国的大部分时期,经济、教育、文化皆为政治的工具。在其《中华民国史稿》一书中,张强调民国史应以政治史为主线,其原因有三:一,近代以来,政治的良窳和稳定与否,直接关系着每个人、每个机关和团体;二,近代以来政权的角逐与更替、某党派或某军系政权的角逐的过程及成败,都影响到个体;三,近代以来,中国受帝国主义的军事、经济侵略严重,外国的军事和经济侵略,以及中国外交的成败,亦影响着每个人、每个机关和每个团体〔参见张玉法《中华民国史稿》(修订版),台湾联经出版事业公司,2001,第18页〕。亦有学者指出,"受西方史学潮流的影响,政治史被认为'过时'了,⋯⋯研究这一时段的历史,想避开政治几乎是不可能的",强调了政治史在中国近代史研究中的重要性(参见汪朝光、王奇生、金以林《天下得失:蒋介石的人生·前言》,山西人民出版社,2012,第1页)。

⑥ 张海鹏:《近代中国历史进程概说》,张海鹏主编《中国近代通史》第一卷,江苏人民出版社,2006,第61页。

⑦ 对于近代中国史而言,"政治史研究的深度和广度如何,对其他的研究领域起着制约的作用"(参见张海鹏《近代中国历史进程概说》,张海鹏主编《中国近代通史》第一卷,第62页)。不过,要说明的是,政治转型并不是近代中国历史的唯一线索。李剑农在考察中国近百年政治史中的鸦片战争时就谈道,鸦片战争"是中英两国的战争,然就战争的真意义说,可称为中西文化的冲突。因为中西人士对于国家政治及一切社会生活的(转下页注)

中央与地方关系的变迁，正是近代中国政治转型的重要表征。梁启超认为自秦汉以来中国就长期集权力于中央，形成"天开一统之局"的发展大势。但同时，他也强调"天下分久必合，合久必分"，一种政体行之即久，则其固有之能力将"蛰伏而不得伸，且潜销暗蚀而不逮其旧"。① 晚清中国传统政治制度又"受到外来政治哲学的摧毁"。② 在此背景下，地方权势不断上升，并与中央政府形成激烈而复杂的博弈。

清朝前期，各省督抚名义上既兼都察院御史、副都御史、兵部尚书、侍郎之衔，总督则在辖区内统辖文武军民，巡抚则掌考察布政史、按察史诸道及府、州、县官吏之称职与否，以举劾而黜陟之。是故，督抚可利用其纠劾、荐举、奏请、禁革、考试、审断等权限，逐渐形成了对辖区官员的人事权。此时，督抚之权势已颇为偏重，但由于清朝中央政府控制着全国的财政大权，而各省督抚自嘉庆朝开始虽也节制辖区内的兵权，但仍属于中央的旗防或绿营，中央政府对地方的控制仍较为牢固。③ 然而，自晚清后，由于政治形势的变化，尤其是太平天国运动爆发，督抚的权力更重，地方主义兴起，中央与地方关系发生显著变化。李剑农就观察到：太平天国运动成为晚清后几十年政治变化的一个大关键，此后清廷政治的中心势力，发生了绝大的变化，其中一个重要的方面就是地方督抚取得军事上的实权，其势渐重，而军队亦由单元体化为多元体，中央失去把握之权，导致"地方势力渐次加重"。李氏之语指的是太平天国运动后，因清朝政治权力原来所依靠的基本力量八旗、绿营无力应对危局，为镇压太平天国运动，清廷中央对地方督抚及汉族官僚多委以军政大权。清廷此举虽然最终达到了镇压太平天国的目的，但也形成地方势力坐大的政治形态。④

（接上页注⑦）观察的完全不同，所以才生出许多不易解决的纠纷问题来"。如果笔者理解无误，李剑农虽然从政治入手探讨历史问题，但亦强调政治与其他社会领域的密切联系（参见李剑农《中国近百年政治史》，第50页）。这表现出政治与社会其他领域的密切联系。钱穆就言："政治乃社会人生事业之一支，断不能脱离全部社会人生而孤立。"（钱穆：《政学私言》，重庆商务印书馆，1945，第1页。）因此，本文的立意虽然是考察近代政治转型过程中的中央与地方关系变迁，但并不代表对社会其他领域的忽视。

① 梁启超：《中国前途之希望与国民责任》，1912，梁启超著、吴松等点校《饮冰室文集》第二集，第832页。

② 韦慕庭：《中国史——民国时期（1912～1949）》，张玉法主编《中国现代史论集》第一辑，台湾联经出版事业公司，1983，第191页。

③ 参见胡春惠《民初的地方主义与联省自治》，中国社会科学出版社，2001，第2、3页。

④ 李剑农：《中国近百年政治史》，第108、115页。

　　地方势力的坐大，引起了清廷的忧虑。民国时期，陈之迈就认识到，晚清地方督抚已经"各自练兵，各自筹饷，饷不一律，兵不相统"，清朝中央政府认为若"循此不变，则唐之藩镇，日本之藩阀，将复见于今日"，这种"外重内轻之势"，成为清廷的心腹之患，是故清政府最想改革地方制度，以恢复中央集权。① 胡春惠的研究也表明，眼见中央大权旁落，刺激了清廷排汉的中央集权意识，他们遂试图假借预备立宪之名厘定官制，将太平天国运动期间下放到地方的军权与财权削夺，以实现其抑制地方督抚之目的。② 不过，清廷此举反而激化了统治集团内部各派政治势力的矛盾，尤其是中央与地方督抚之间的权争。各地方督抚多以消极、抗拒的心态来面对清廷的地方政制改革，迫使地方政制改革曾一度暂停。③ 当然，清廷从新政到预备立宪期间不断加强中央集权的行为，并未取得预期效果，中央政府与地方督抚之间的博弈，产生了预想之外的结果。有学者的研究表明，清王朝虽然采取各种措施以加强中央集权，也使地方督抚的权力得到收束并明显被削弱，在地方上也未再出现如曾国藩、李鸿章之类的强势督抚，但并没有真正控制全国的军权与财权，强势中央政府的建立并未实现，反而最终导致"内外皆轻"的政治局面的出现。④ 清廷试图加强中央集权，最终却与它原初目标背道而驰。1906 年时人曾言："以视吾国今日之体制，有统一之形势而无统一之精神。"⑤ 这或许是对新政后清廷加强中央集权改革结果的另一种解读。

---

① 陈之迈：《中国政府》，商务印书馆，1946，第 5~6 页。
② 胡春惠：《民初的地方主义与联省自治》，第 17~22 页。
③ 张海鹏、李细珠：《新政、立宪与辛亥革命（1901~1912）》，张海鹏主编《中国近代通史》第五卷，江苏人民出版社，2006，第 236~243 页。
④ 李细珠：《地方督抚与清末新政——晚清权力格局再研究》，第 363~411 页。关于晚清中央与地方权力格局问题，自民国以来，研究者颇多。以往多有学者认为太平天国运动后，督抚权力上升，逐渐形成了一种"外重内轻"的权力格局。例如，陈之迈就认为，晚清"中央与地方的关系始终是外重内轻"（参见氏著《中国政府》，第 6 页）。李细珠总结了学术界关于晚清中央与地方权力格局的相关研究成果，认为以往研究在时段上主要集中于太平天国兴起的咸同时期，最多延伸到庚子事变，但一些学者没有将研究时段延伸到新政后期，就将"外重内轻"的权力格局这一些结论凭逻辑推论而遽下，存在以偏概全之嫌。在其《地方督抚与清末新政——晚清权力格局再研究》一书第 12 章中，对清末新政以后的晚清中央与地方权力格局进行了解析，揭出了上引正文中"内外皆轻"的观点。不过，笔者以为，"内外皆轻"应是"内轻外重"的另一层面的表达内容，正是"内轻"或"外重"形态的发生，才进而产生"内外皆轻"。
⑤ 死灰：《国民势力与国家之关系》，载中国社科院近代史研究所等主编《云南杂志选辑》，知识产权出版社，2013，第 35~36 页。

二 军人势力的崛起：晚清央地博弈的重要变量

清末有论者谓："国于地球之上，大小以千数，若者生存，若者消亡，经数千年之天演，奄有今日之局，而嵚崎突兀，屹然山岳、障风雨、御狂潮、保有完全无缺之独立者，不过千百之一二而已。"[①] 在漫长的历史进程中，诸多因素都曾对国家的发展产生着不同程度的影响。而"夫国家政务之大要，莫要于经济之流通与军事之敏活"[②]，军事在国家政务中是具有重要影响的关键因素之一，也是近代以来中央与地方博弈格局中的重要变量。

清朝立国的基本军事力量是八旗，其后在征战过程中组建了绿营，二者称为"经制兵"，是清朝的国家军队。八旗初始仅是"满洲八旗"，其后蒙古族归附，又组建了"蒙古八旗"，后来又将明军的投降者及仕清的汉族官员的族人组织编为"汉军八旗"。作为满族建国之基的八旗，不接受中央兵部及各地督抚之节制，并享有诸多特权；八旗还根据驻地的不同，分为京营八旗和驻防八旗，都直属于国家而不再归旗主私有。绿营则分为在京与在外两种，在京绿营主要由步兵统领（俗称九门提督）管辖，在外绿营分属各省，由各省之总督或巡抚节制调遣。太平天国运动以前，总督虽然兼管军民事宜，表面上掌有兵权，但事实上全国军队的编制数额、驻扎地点、布置调遣，"皆根据一种经常的统一军制"，军政军令的总机枢都由皇帝亲自操控，全国的军队都是一个单元体，遇有重要军事行动，则由皇帝特简钦差大臣，总司兵符，负责具体事宜。[③] 事实上，清朝中前期军队与地方基本分离，实行军民分治，地方督抚并没有真正自己控制的军事力量。

中国传统"文官优势"的倾向，也限制着军人势力及地位的提升。清朝各省要地所部署镇守的统兵长官总兵，从职位级别上为正二品，在位阶上较从二品的巡抚为高，但薪俸仅为巡抚的七分之一到五分之一；统领各省绿营的长官提督（多由总督兼任）为从一品，位阶与总督相同，但薪俸亦仅为总督的七分之一至五分之一。按清朝规定，总兵与提督虽然位阶较

---

① 死灰：《国民势力与国家之关系》，载中国社科院近代史研究所等主编《云南杂志选辑》，第 43 页。

② 死灰：《国民势力与国家之关系》，载中国社科院近代史研究所等主编《云南杂志选辑》，第 43 页。

③ 李剑农：《中国近百年政治史》，第 112 页。

高或相同，但都在当地督抚的管辖之下，有军事行动时，系由总督、巡抚统率提督、总兵。而清廷中央六部的兵部尚书与左右侍郎，基本由文官担任。即使无文武之别的八旗，后来也渐受汉文化影响，分成文武。① 武官的地位显然无法与文官相提并论，而表面上统率地方军队的督抚并不能真正控制军队，这就形成了一种看似矛盾实际上却有利于中央集权的格局。罗尔纲就指出，"清代督抚两司的制度，以两司掌一省的大政，而以督抚督率两司，两司不是督抚属官，而直辖于部"，这样中央便得收行省的大权，而地方则不致为督抚所把持；并且按照"武人知兵，不能轻予以事权，文人不习兵事，不妨假以重任"的认识，"督抚以文人铨任，不用武人"。② 然而，晚清以降这种形态逐渐开始变化。

清军入关后，随着政局稳定，八旗因朝廷提供丰厚待遇并享受特权生活，逐渐失去战斗能力。各省绿营则虚额增多，军官将虚饷纳入个人私囊，检阅查验之时则雇佣市井无赖聊以充数，腐化日甚，几无战斗能力。③《清史稿》中将这一情况总结为"承平日久，暮气乘之"。④ 这样，"蔑视武人，且又未拥有一支真正国家武力精神支柱的清朝"⑤，不仅不能战胜挟工业革命之成果而不断对外拓展的西方殖民势力，也不能战胜随后爆发的太平天国运动。而正如前引李剑农所言，太平天国运动不仅是此后清朝政治变化的关键，也是清朝军人权势格局改变的转折。有研究者就强调，"晚清军人角色的凸现也是以太平天国运动为背景的，正是这场社会革命导致了权力结构和社会秩序的转化，为近代军人集团登上社会政治大舞台开辟了道路"。⑥

太平天国运动爆发后，清朝的八旗与绿营根本无力镇压，为挽救王朝的统治危机，清政府开始重用汉族官僚，并允许其组织新的军事力量，这就是"勇营"。其实，"勇营"是清朝"经制兵"之外的非经制兵，嘉庆年间就曾经出现。⑦ 嘉庆时，"教匪（指白莲教起义，引者）肇乱"⑧，合州知

---

① 参见林明德译著《中国近代军阀之研究》，台北金禾出版社，1994，第8~9页。
② 罗尔纲：《湘军新志》，商务印书馆，1939，第235页。
③ 文公直：《最近三十年中国军事史》，上海太平洋书店，1932，第10页。
④ 赵尔巽：《清史稿》卷131，上海太平洋书店，1932，兵志二。
⑤ 林明德译著《中国近代军阀之研究》，第9页。
⑥ 熊志勇：《从边缘走向中心——晚清社会变迁中的军人集团》，天津人民出版社，1998，第16页。
⑦ 《清史稿》则言"若乾隆年台湾之役，乾、嘉间黔、楚征苗之役，嘉庆间川、陕教匪之役，道光年洋艘征抚之役，皆暂募勇营，事平旋撤"，其意是指乾隆时代就出现了"勇营"（参见赵尔巽《清史稿》卷132，兵志三）。
⑧ 文公直：《最近三十年中国军事史》，第11页。

事龚景瀚因看到八旗与绿营官兵作战不力，且其所过地方受害甚于盗贼，于是向清政府上《坚壁清野并招抚议》，建议"募集乡勇，给以武器，举办团练"，既可替国家节省军费，又可以避免八旗及绿营对地方的扰害。龚氏此建议与清朝控制地方军事力量的思想背驰，当时曾遭到不少官员的反对，认为"团练乡勇以保乡里虽未尝不可，但恐民间有兵，难免将来的纷扰危险"。虽然最终清朝为了尽快消灭民乱，不得不采纳龚氏建议，但乱事平定后，很快就将乡勇的兵器收回。[1] 根据西方学者孔飞力的研究，龚氏并没有设想过借此将军事权力和主动权下放到地方督抚手中，龚氏设计的制度体现的不是权力的下放，而是体现了对文职官员的依赖超过了对军事官员的依赖，还体现了地方防御与官僚政治责任制的网络的联系。[2] 实际上，当时的地方官员确实也没能借此而掌握了自己的军事力量。那些募集的乡勇，一部分被遣散回家，另一部分则被吸收进绿营成为常备军。其后，八旗兵和绿营兵仍然担当着正规军的角色，而"雇用这种部队（指乡勇——引者）从未成为官方政策的一个部分"。[3] 但是，这一政策也给后来者以启示，时隔几十年后，清廷又不得不再次实行募集乡勇以维持其统治，而其结果却与前次迥异，以曾国藩和李鸿章为首领的湘军与淮军等军事力量，开始登上晚清的政治舞台，并产生深远影响。

清政府曾设想利用常备军力量，剿灭叛乱，然而目标并未达到，反之太平天国的发展势头越来越快，迫使清廷必须借重地方团练势力。金田起义发生时，曾国藩尚在北京供职，1852 年 12 月，清廷传旨曾国藩，令其帮同办理本省团练。于是，曾国藩"联合乡绅，招募土著，仿绿营之编制，乃有乡勇"；而清廷亦对其"破例予官，以虚荣笼络其众"，曾国藩组织的乡勇遂后发展为湘军。其后，曾氏门下李鸿章亦发展成为淮军。其他各省

---

[1] 李剑农：《中国近百年政治史·导论》，第 13 页。不过，按照孔飞力的研究，最先实行坚壁清野及团练政策的是四川梁山知县方积。其后，1797 年 10 月，在更高一层的清朝将军明亮和德楞泰建议朝廷批准普遍推行坚壁清野和团练政策。龚景瀚是推行坚壁清野和团练政策中最有影响的实践者和推广者（参见〔美〕孔飞力《中华帝国晚期的叛乱及其敌人：1796~1864 年的军事化与社会结构》，谢亮生等译，中国社会科学出版社，1990，第 42~47 页）。

[2] 〔美〕孔飞力：《中华帝国晚期的叛乱及其敌人：1796~1864 年的军事化与社会结构》，谢亮生等译，第 46~47 页。

[3] 〔美〕孔飞力：《中华帝国晚期的叛乱及其敌人：1796~1864 年的军事化与社会结构》，谢亮生等译，第 49、50 页。

亦有仿效湘、淮军者，但"究不及湘淮两军之声势地位"。① 湘、淮两军成
为镇压太平天国运动主力。天京攻陷后，曾国藩为避免清廷猜忌，自请将
湘军主力遣散，清廷立即准许，其后"湘军之势力移于淮军"。② 对上述过
程，《清史稿》简要描述道："文宗、穆宗先后平粤、捻，湘军初起，淮军
继之，而练勇之功始著，至是兵制盖数变矣。"③

　　湘、淮军为代表的地方督抚权势甚大，其重要表现就是督抚军事权限
的变化。现有研究清楚表明，湘军中将领对兵勇有着严格的控制体系，还
有着不依赖于清廷而独立的后勤保障体系，可自筹军饷、甚至自造武器。
这样，湘军中既有等级森严、制约性极强的管理体系，又有如同乡、师生、
戚友、家族或恩主等交叉重叠的关系网。具有这两套体系的湘军，成为
"兵为将有"的排他性极强的军队。④ 这显然与清朝中前期地方督抚不能真
正控制军队的状况有了根本变化。自太平天国运动后，"领兵成为地方疆吏
当然之事，不问是总督或是巡抚"；而不止于此，督抚们不仅有领兵之权，
还"兼有随意编练兵队之权"，并且"练兵成为地方疆吏一种当然的职
权"。⑤ 掌握军权，增强了地方督抚在国家政治中的发言权。曾国藩本人即
言："鄙人用事太久，兵权过重，利权过广，远者震惊，近者疑忌。"⑥ 军事
权势的这种非常态化崛起，军制改革与政制运作的变异，直接破坏了此前
中央集权与以文制武的政治运行机制。⑦ 督抚掌握了军事权力，则其政治地
位自然提升。有学者的研究就认为，太平天国运动爆发后清政府为维持其
统治，主要靠汉员督抚募勇筹饷以支撑危局，他们"不得不大幅度地调整
满汉关系与民族政策，行以汉制汉、放权督抚之计，遂致中央集权削弱、
地方分权增强"；随着时势转移，中央与地方则易生矛盾。⑧ 前述新政后清
政府开始加强中央集权之缘由即在于此。当然，相关研究表明，曾国藩、

① 文公直：《最近三十年中国军事史》，第 11、12 页。
② 李剑农：《中国近百年政治史》，第 113 页。
③ 赵尔巽：《清史稿》卷 130，兵志一。
④ 姜涛、卞修跃：《近代中国的开端（1840～1864）》，张海鹏主编《中国近代通史》第二卷，
　江苏人民出版社，2006，第 386～389 页。
⑤ 李剑农：《中国近百年政治史》，第 113 页。
⑥ 曾国藩：《曾文正公书札》第 23 卷，第 42 页，湖南传忠书局版。转引自朱东安《曾国藩
　集团同清政府的矛盾与对策》，《明清论丛》2004 年第 5 辑。
⑦ 熊志勇：《从边缘走向中心——晚清社会变迁中的军人集团》，天津人民出版社，1998，第
　187～188 页。
⑧ 朱东安：《晚清满汉关系与辛亥革命》，《历史档案》2007 年第 1 期。

李鸿章等为地方督抚代表的时期内，虽然地方督抚权势极度膨胀，但还没有达到根本上无视清廷中央的地步，地方督抚的权力及其干预力仍在一定限度内，还没有完全脱离皇权控制的轨道。①

地方督抚势力之所以能够上升的重要原因，正是各省督抚开始能够控制着一定数量的军事力量，或可换言之，由于地方督抚相对独立地掌握了一定的军事力量，故其权势才得以逐步提升。军事力量权势的转移对近代政治权势的变化起着关键作用。太平天国运动是晚清军事权势变革的第一个转折点，而甲午战争后，晚清的军事权势则再次发生转变。早在民国时期，蒋方震就指出：自甲午战争之后，湘淮军退出了历史舞台，"事业无闻焉"；而后，小站练兵"功名之盛，较湘淮军有过之无不及也"。② 胡梦华在其后更认为："中法、中日之役，清军一再败北，又展出湘军淮军的末运，就中尤以甲午之战，创巨痛深"，旧式军队都不中用了，只有模仿列强，训练新军才是办法，于是"从甲午以后到满清末祚（1895－1910）举国差不多成了'新军狂'，'在朝则曰练兵，在野则曰军国'"。③ 上述观察都敏锐地观察到甲午战争是清末军事权势转移的再次开始，新兵则成为军事权势变迁的主角。

---

① 李细珠：《地方督抚与清末新政——晚清权力格局再研究》第十二章，第363～411页。李细珠在该章学术史的回顾中，梳理了华裔旅美学者刘广京及大陆学者刘伟、邱涛的学术观点，他们都认为晚清虽然地方督抚势力逐渐坐大，但还没有出现地方割据的局面。其时的地方督抚，一方面仍然受传统忠君观念的影响，另一方面依然被清政府牢牢地掌握着任免调动权力（李细珠：《地方督抚与清末新政——晚清权力格局再研究》，社会科学文献出版社，2012，第364页，注释2）。另外，朱东安则认为，"曾国藩是中国传统文化教养出来的最后一代出色的军事家、政治家，具有丰富的政治经验和相当高的个人修养，深悉清廷对汉臣的疑忌之心，故能恪守为臣之道，不仅能在功高震主、群疑众谤之际抑退自保，还能在手握重兵、身受冤抑之时缄默自守，严持武臣干政之戒"（朱东安：《晚清满汉关系与辛亥革命》，《历史档案》2007年第1期）。民国时期，胡梦华亦认为："曾左始以庶人而为士大夫，终以功高一世，而位极人臣。感恩知己，遂甘为异族效犬马之劳，以压制本民族独立自决的运动——太平天国的运动。假使当年曾李稍存民族意识，以其统率之军归之民族，而为民族复兴之运动，则登高一呼，汉族的复兴，可早见于数十年前。"此语也透露出由于曾国藩诸人存在"忠君"意识而使清王朝能够再维持数十年的统治命运（胡梦华：《中国军阀之史的叙述》，原载于《中央日报·大道副刊》，1931年12月2、4、8、9日。笔者引文见张玉法编《中国现代史论集》，第五辑，台湾联经出版事业公司，1983，第85～86页。以下所引胡梦华文，均载于张玉法主编《中国现代史论集》第五辑）。
② 蒋方震：《中国五十年来军事变迁史》，原载申报馆编《最近之五十年》，1923，载张玉法主编《中国现代史论集》第五辑，第47页。
③ 胡梦华：《中国军阀之史的叙述》，原连载于《中央日报·大道副刊》，1931年12月2、4、8、9日，载张玉法主编《中国现代史论集》第五辑，第70页。

文公直则强调,甲午战争后清王朝面临的形势严峻,一方面帝国主义列强侵略日盛,另一方面是"国内汉族之民族思想,因之而日趋觉悟"。为维持其统治地位,改革军事、创建新式陆军于是成了清朝统治者的重要政策之一。① 事实上,为挽救厄运,甲午战争末期,新式陆军的训练就已经开始了。1894 年 11 月 15 日,光绪皇帝下旨要求编练新式陆军,胡燏棻是主持此项事务的主要官员。胡燏棻在天津小站共训练成德国式陆军定武军十营 5000 人。但到 1895 年冬,胡燏棻改调督办芦汉铁路,小站新兵"乃以袁世凯统之",扩充至 7000 人。② 与之同时,署理两江总督的张之洞已经聘用德国军官,"首练自强军于吴淞"。③ 这一过程,《清史稿》中称:"陆军新制,始于甲午战后。"④

蒋方震认为:"甲午一役而中国之环境变,庚子一役而中国之内质亦变。"⑤ 蒋氏此语深刻洞察到了清末政治变化的两个关键时点。就在甲午战争与庚子事变之后,晚清军事权势的转移加快。新式陆军兴建后,荣禄很快"以兵部尚书协办大学士节制北洋海陆各军,益练新军",组建武卫军。⑥ 武卫军分为中、前、后、左、右等五个军,荣禄自己兼统中军,马玉崑统前军,董福祥统后军,聂士成统左军,袁世凯统右军,每军约 10000 人。自此,"新建陆军"之名由武卫军代之。而后,义和团运动爆发,武卫五军中,前、左、右及中军都先后没落,只有袁世凯的武卫右军仍得以保全实力。是故,甲午后北洋新式陆军大兴初期,其权尚掌握于荣禄之手。而庚子后,军事力量基本未曾受损的袁世凯"一意编制军队,以其扩充一己之势力";⑦ 尤其"迨袁(世凯——引者)继李(鸿章——引者)而掌北洋,于是小站之势力骤增"。⑧

---

① 文公直:《最近三十年中国军事史》,第 15 页。
② 蒋方震:《中国五十年来军事变迁史》,申报馆编《最近之五十年》,1923,载张玉法主编《中国现代史论集》第五辑,第 53 页。
③ 文公直:《最近三十年中国军事史》,第 16 页。
④ 赵尔巽:《清史稿》卷 132,兵志三。
⑤ 蒋方震:《中国五十年来军事变迁史》,申报馆编《最近之五十年》,1923,载张玉法主编《中国现代史论集》第五辑,第 53 页。
⑥ 赵尔巽:《清史稿》卷 132,兵志三。另外,荣禄在戊戌变法后,被任命为直隶总督兼北洋大臣,后又转任军机大臣,但仍统率北洋军队。是由其"疏保温处道袁世凯练新军",而后袁氏日渐崛起。
⑦ 文公直:《最近三十年中国军事史》,第 39 页。
⑧ 蒋方震:《中国五十年来军事变迁史》,申报馆编《最近之五十年》,1923,载张玉法主编《中国现代史论集》第五辑,第 53 页。

其间，"中央集权之说大腾"①，清朝中央与地方督抚之间的紧张博弈加剧，军事领域亦复如是。

1901年，清朝要求全国各地建立常备军："各直省将军、督抚将原有各营严行裁汰，精选若干营，分为常备、续备、巡警等军，一律操习新式枪炮，认真训练，以成劲旅。"② 1903年，清朝为统一军制，设立练兵处，庆亲王奕劻为总办大臣，袁世凯为会办大臣。1906年，清政府再次改革军制，裁撤练兵处，成立陆军部，铁良负责。1908年载沣监政后，以其弟载洵筹海军、载涛（军咨府大臣）督陆军，又编练禁卫军由其亲自统率。1910年，裁撤近畿督练公所，令近畿陆军归陆军部管辖。而自练兵处成立以迄军咨府之成，清政府中央"日日与地方督抚争军权，名则挟'国家军队'四字为口头禅"。③ 李剑农将这一过程描述为"三个兄弟，一个以监国摄政王代行大元帅亲统禁卫军，一个办海军，一个作参谋部长，总统一切军务"。④在进行军制整编以加强中央集权的同时，清中央还建立了一套近代军事人才培养体制：1901年废除了传统的武举考试；1904年练兵处制定了一个全国陆军学堂体制，即全国陆军学制分为陆军小学堂、陆军中学堂、陆军兵官学堂、陆军大学堂。另外，还派遣军事留学生和出国军事考察人员。这些举措，客观上的确有利于中国的军事现代化。⑤ 不过，清中央这样一心一意试图"以皇族揽握兵权"⑥而达到"收军权于中央"⑦之目的的行为，最终并没能完全实现。

① 蒋方震：《中国五十年来军事变迁史》，申报馆编《最近之五十年》，1923，载张玉法主编《中国现代史论集》第五辑，第56页。
② 中国第一历史档案馆编《光绪宣统两朝上谕档》第27册，广西师范大学出版社，1996，第173页。1901，因直隶所属的南宫、威县、广宗等处有民变，北洋大臣兼练兵大臣袁世凯遂派兵平之。其后则改革小站新军军制，将军权集中于参谋、教练、兵备三处，袁自任全军统领，将全军改称"常备军"，自此"中国乃有完全之正式陆军"。续备军：常备军训练三年为满，发给凭照，资遣回籍，列为续备军；后备军：续备军回籍三年，改给凭照，列为续备军（参见文公直《最近三十年中国军事史》，第40~44页）。
③ 蒋方震：《中国五十年来军事变迁史》，申报馆编《最近之五十年》，1923，载张玉法主编《中国现代史论集》第五辑，第55页。
④ 李剑农：《中国近百年政治史》，第268~269页。
⑤ 张海鹏、李细珠：《新政、立宪与辛亥革命（1901~1912）》，张海鹏主编《中国近代通史》第五卷，第32~33页。
⑥ 李剑农：《中国近百年政治史》，第269页。
⑦ 蒋方震：《中国五十年来军事变迁史》，申报馆编《最近之五十年》，1923，载张玉法主编《中国现代史论集》第五辑，第55页。

　　清政府加强中央军事集权，本有一定的合理性。当时有化名"死灰"者在评论中国军事不统一的形态时即言，"吾国军队，则各省自为风气，即无划一之形势，安有共同之能力"，各省疆吏彼此之间还政见分歧、互不与闻，导致出现"以外敌区区之恫喝（吓）要挟，已足蹙地千里而有余，无俟流血之兵争"之情形，批评此系"自行分割之罪"。① 于此视角而言，清朝统一军政大权，是有必要的。然而，太平天国后地方督抚势力已经形成，清政府的中央集权行为势必遭到抵制。例如，1907 年，清政府陆军部决定在全国各省编制 36 个镇，并详细规定了编练进程，这一进程随即发展成为清政府中央与地方博弈的重要内容。蒋方震这样论述此次博弈：中央与地方"皆各以巧智相搏"，各地方督抚"对朝旨之面子，因不能不敷衍"，但"心非之，或至抗疏与争者"。中央虽规定各省练制新军，但又拨不出足够经费，故不得不"仰诸各督抚"，欲待各督抚筹款练兵后，以中央集权之名义，一一收归中央统辖；而各省督抚都"知其然也"，是故一面筹款而为之，"迟迟其进行"，一面则以维持地方之故，竭力保留防营的旧制。②

　　有学者的研究表明：清廷加强中央集权的行为，一方面虽然遭到了地方督抚的反对，但客观上的确削弱了地方督抚的权力；另一方面，清中央政府并没能通过加强中央集权的行为而达到真正控制全国军权与财政的目的。该学者认为，清末中央与地方督抚权力的博弈经历了一个复杂的变化过程：庚子事变后，地方督抚权力急剧扩大，对清廷内政、外交、军事决策多有参与；有鉴于此，虽然清廷中央一直试图削弱地方督抚权力，但推行新政期间，由于不得不依赖于地方，致使地方督抚权力反得以扩大；直至实行预备立宪期间，清政府通过官制改革等多种方式，才使地方督抚的权力逐渐有所削弱。其间，地方督抚都曾对清廷的中央集权政策表示了抗争，两广总督岑春煊、东三省总督锡良等人，都曾先后向中央上折，表示地方督抚之权不能削弱，但并没有改变清廷中央加强中央集权的既定政策。不过，清政府虽然将新军的指挥权、调遣权都收归军咨府和陆军部，但事实上两部并未能对新军进行有效的指挥和调遣。③ 这一研究与前述蒋方震的

---

① 死灰：《国民势力与国家之关系》，载中国社科院近代史研究所等主编《云南杂志选辑》，第 44 页。

② 蒋方震：《中国五十年来军事变迁史》，申报馆编《最近之五十年》，1923，载张玉法主编《中国现代史论集》第五辑，第 57 ~ 58 页。

③ 参见李细珠《地方督抚与清末新政——晚清权力格局再研究》，第 386 ~ 411 页。

观察，都表现出新政期间清廷中央与地方关系的复杂性。而复杂变化中往往易催生异变，新式陆军这一清朝准备用以巩固国基的力量，就在这一复杂变化中最终逸出了预设轨道。

　　袁世凯在开始主持训练新式陆军时，曾在上督办军务处的奏文中专门就新式陆军的统兵将领进行了分析，他认为"晚近将才甚少简练綦难，总统统领之任，倍宜慎选，未得其人，无妨暂缺其额"。① 中国的军事制度历史悠久，但近代新式军事思维缺乏，制度化建设薄弱，袁世凯表示应慎择统兵将领的建议，实具合理性。袁氏建议的侧重或在于军事将领的才能方面，但事实上军事将领的人事布局对军事权势的转移影响甚为重要。蒋方震观察到，清末中央要求全国编练 36 镇新军，此系建立国家常备军，但兴办此事者主要有两类人物：一类是从日本留学回来的留学生，其"数日益众，各省争用之以练新军"，并且"彼辈固与京中及各地通声气，其应付（指编练新军——引者）较便利"。另一类是北洋新军将领。北洋新军是中国最早形成的正式新式陆军，建制相对完善，但其时袁世凯因清朝猜忌而致"升迁一时有停顿之势"，且"袁益避嫌"，使北洋众将领"郁郁不能大展"，他们即"各依其私谊散而之四方，而各省道员为督抚所信任者，多总其成，盖犹有湘军之遗风也"。这样，地方督抚并不再直接控制新军，造成了"除绝对私人军队外，其余皆上不在天、下不在田"这样的中央与地方督抚都不能有效控制新军的形态。② 于是，能够指挥新军的新军将领们实际掌握了关系国家命运的军事力量，成为逐渐取代湘淮军时代地方督抚权势的新势力。有学者就观察到：民国代清后，"取代清朝权力而在各省分享政治权力的是掌握各省军权的人。他们以都督、将军成为各省的统治者。……各省督军的独立性转强，其军队遂成为实现军阀政治、经济野心的手段"。③ 军事力量的掌握对民初各实力派的形成影响甚大。诚如有学者分析的那样，"民初北洋军阀并非清末地方督抚，而多为清末新军将领。如冯国璋、段祺瑞，起初并没有地方根基，只是因掌握大量军队而控制相应

① 袁世凯：《为练新建陆军上督办禀》，见文公直著《最近三十年中国军事史》，第 17 页。
② 蒋方震：《中国五十年来军事变迁史》，申报馆编《最近之五十年》，1923，载张玉法主编《中国现代史论集》第五辑，第 56、57～58 页。另外，李细珠也认为，清末新政后，"各省督抚不能有效地控制地方权力与财权，使地方军心涣散，财力竭蹶"，武昌起义后，地方督抚都无法指挥新军（参见李细珠《地方督抚与清末新政——晚清权力格局再研究》，第 407～408 页）。
③ 林明德译著《中国近代军阀之研究》，第 112～113 页。

的地盘而已。即便阎锡山、张作霖，也是以军人身份乘乱而起，以武力称雄，割据一方"。① 这正是清末军事权势转移的影响至于民国时代的结果。《清史稿》中称清末新式陆军的编练"扰攘数年"，但最终"卒酿新军之变"，清廷此举实是"以兵兴者，终以兵败"。② 蒋方震称清末十年"中央治兵之成绩，可一言以蔽之曰：预备革命而已"，感叹此结果"非当事者所及料也"。③ 这些观察都是合乎客观实际的。

有研究者认为，"军事权威在晚清政治漩涡中所形成的巨大'黑洞'，破坏了传统的政治理念及其动作机制"，"使传统政治运作体制枯萎收缩为一具依靠军事权威所维系的政治躯壳"，而"处在新旧体制转换的晚清社会只能通过军事权威的作用来决定其发展方向"。④ 晚清军人势力的崛起及军事权势的转移，影响及于民国。辛亥革命后很快出现"军人统制的体制"，即取代清朝权力而在各省分享政治权力的是掌握各省军权的人，他们以都督、将军的面目成为民国建立后各省的实际统治者。⑤ 军事权势的转移成为影响清末政治变迁进程的重要变量，也是中央与地方关系异变的关键影响因素。

三 地方意识与政治区域化：晚清央地关系
演变呈现的重要特征

钱穆曾指出，"中国自古为一大陆国，秦汉以下，郡县一统，集权中央"；但他同时强调"惟中国地大民众，土风习俗，文教材性，南北东西各有不同，经济所宜山川物产，影响人民生活者，亦随地而殊"。⑥ 钱穆观察到"大一统"下的中国由于地大物博，不同区域之间的政治、经济及文化诸多方面颇有差异。有学者在研究中国古代的文化地理时也发现，北宋时期，南方读书人通过进士考试进入政界的比例大大超过了北方的区域，取得了绝对优势，于是北方集团便全力主张采用"分区取士"之制，企图增

---

① 李细珠：《地方督抚与清末新政——晚清权力格局再研究》，第 410～411 页。
② 赵尔巽：《清史稿》卷 130，兵志一。
③ 蒋方震：《中国五十年来军事变迁史》，申报馆编《最近之五十年》，1923，载张玉法主编《中国现代史论集》第五辑，第 56 页。
④ 熊志勇：《从边缘走向中心——晚清社会变迁中的军人集团》，第 195 页。
⑤ 林明德译著《中国近代军阀之研究》，第 112 页。
⑥ 钱穆：《政学私言》，商务印书馆，1946，第 40 页。

加北方进士的名额。① 这其实体现了中国南北区域政治及文化结构之差异。对于南北差异，有学者就强调，综观中国历史，士大夫集团中南、北地域流派的门户之见，早已存在。而这种现象不仅存在于士大夫集团，"地域情结几乎普遍存在于各个阶层"。其中，由于官僚集团主导或维持着一国政治的运转，其动见观瞻，更为各方所关注；而地域因素也几乎是中国历史上朋党之争的主要因素。② 地域因素实深刻地影响着中国复杂的历史发展进程。

事实上，区域之间地理环境、历史文化、社会结构、经济发展水平诸多方面的差异，会使不同区域的官僚机构在接受同一指令时，产生不同形式的反应，进而形成一种独特的区域政治现象。北宋时期南北进士考试的竞争差别一直延续至南宋，并因南宋搬至江南，"南方人终于在权力斗争上取得了绝对的优势"。③ 这其实就是区域政治的一种表现。当中央权威或中央政府强大之时，中央与地方沟通有序，区域政治尚能保持正常的形态，虽然具有相对特殊性，但仍服从于一个统一的中央；但当中央权威失序，中央与地方联系不畅，区域政治则易演变为政治区域化，即掌握区域内政治、军事及经济诸多权势的实力人物，或割据称雄、独立自治，或希图合纵连横、抗衡中央，形成一种不同于中央权威之外的政治秩序或话语。政治区域化就其本质而言，是中央权威的被分割；区域政治，则是缘于不同地理环境、社会组织、社会心态、社会文化习俗等诸多因素集合而表现出一种各区域间政治形态的自然差别。政治区域化，并不一定是由于区域政治而产生，但相同、相近或相似的文化、地理诸因素，容易产生一种认同心理，较易在政治秩序中结为同盟。当政治失序之际，这种同盟又易向政治区域化演变。

钱穆的上述认知是后来者对古史的一种深刻观察。事实上，中国古人在强调"大一统"时，自身也认识到了"大一统"政治背后所隐藏的诸多差异。《尚书·禹贡》篇云："五百里甸服，百里赋纳总，二百里纳铚，三百里纳秸服，四百里粟，五百里米。五百里侯服，百里采，二百里男邦，三百里诸侯。五百里绥服，三百里撰文教，二百里奋武卫。五百里要服，

---

① 陈正祥：《中国文化地理》，生活·读书·新知三联书店，1983，第17页。
② 林文仁：《南北之争与晚清政局（1861~1884）——以军机处汉大臣为核心的探讨》，中国社会科学出版社，2005，第39页。
③ 陈正祥：《中国文化地理》，第18页。

三百里夷，二百里蔡。五百里荒服，三百里蛮，二百里流。"而《周礼·夏官司马·职方》则强调，王畿为国家之中心，自王畿向四面以五百里为范围扩展，则依次为侯服、甸服、男服、采服、卫服、蛮服、夷服、镇服与藩服，此即"九服"说。这就是我们通常所言的对后世影响深远的服事观。先秦政治家的这种认知体系，表现的是政治中心对不同区域实施管理内容的差异或政治中心与不同区域之间不同的权利和义务关系。东汉时，班固也言："先王度土，中立封畿，分九州，列五服，物土贡，制外内，或修刑政，或昭文德，远近之势异也。"① 班固此语是先秦服事观在汉代语境的再阐述，"五服"或"九服"的划分是按距离远近产生的"势异"来划分，这种"势异"的表现就是"物土贡""制外内""修刑政""昭文德"等。这种在同一系统下，但因"势异"而产生差别，其实也是一种区域政治的表现。不过，由于遵奉"普天之下，莫非王土；率土之滨，莫非王臣"的政治理念，古代先哲是以一种"大一统"的思维来阐述区域政治的，区域政治的差异只是中央王朝治理国家时的制度安排，其前提仍是服从于中央权威。当然，这也仅是一种存在于理想范畴的典范制度安排或政治秩序的布局与设计，在现实格局中很难完全实现。② 对此，有西方学者就认为，中国传统的《诗》《书》《礼》《易》《春秋》五经及其卷帙浩繁的注释，构成了塑造千年中国文化的儒家意识形态，这些经典的形成背景是"其时内战方兴未艾（指东周——引者），政治分崩离析"，强调这些著作"虽然蕴含大量的历史信息，但大体上仍属文学作品，其精确性尚不明确"。③ 古人这一理想化的制度安排或政治秩序的设计难以在现实政治中得到完全的再现。事实上，中国历史上的政治区域化现象并不鲜见。

有学者认为，中国古代社会的结合力很大，而古代的专制政体、官僚体制和儒家文化是中国结合的三大力量：专制政体使全部统治地区均有效地被控制在同一个制度中；古代通过科举力量选择平民为官的官僚制度，这些被选择出的官员就成为中央与地方的桥梁，"地方之乡绅不能不与中央有向心力"；儒家的尊君思想及其教育方式，也造成了中国向心、统一的力

---

① 《汉书》卷94下《匈奴传·赞》。
② 古代这种理想政治秩序的设想，涉及先人的时空理念、礼仪思维等，十分复杂，限于笔者学力所及，此处不作深入探讨。
③ 〔美〕弗朗西斯·福山：《政治秩序的起源：从前人类时代到法国大革命》，毛俊杰译，广西师范大学出版社，2012，第98~99页。

量。上述因素使"中国幅员虽然大但是不会四分五裂"。① 然而，正如钱穆认为，"如周官及他书中所述，则大率在封建将破坏时为一辈学者所想象之乌托邦，非尽史实也"②，中国古代社会虽然一直试图维持大一统的理想政治目标，前述的各种社会历史因素也确有利于维持统一，但总有异变或殊相出现。钱穆在剖视中国社会时就观察到，自秦汉以来中国虽然"国家一统，郡县行政直隶中央，并非诸侯割据各自为政"，但"一统政治下偶有之变相与病态"仍然存在，诸如"西汉初年之大封同姓，东汉末叶之州牧，中唐以下之藩镇"等，均是"变相与病态"。③ 钱穆所述的州牧及藩镇现象，就是地方势力占据一定区域，造成的一种政治区域化的时空形态。而近代以来，"君主政治崩溃"，"儒家向心力的崩溃"，"政府与地方间联系的力量断绝"，社会形态的逐渐变化使中国"开始分裂"④，政治区域化成为晚清政治演进的重要内容。

清末有化名"返魂"者认为："今人有言中国之有十八行〔省——引者〕者，犹之乎十八国，国各异其政教风气，不能吻合也。于是拆而分之为郡为县，各得数十国百数国不等。此其大较；究而论之，一乡一国，一村一国，十家十数家又各成国，乃至四万万人〔不〕能一致；呜呼，此中国之所以不振也"；希望"四万万同胞一致以建新中国"。⑤ 此论以失望的语气批评当时各地各自为政、不具有国家意识的现状，认为这是中国贫弱的原因所在，希望改变此状而建立举国一致的新中国。前述化名"死灰"者也这样批评清末政治："以视吾国今日之体制，有统一之形式而无统一之精神。一若萍絮之飘泊，砂砾之飞散。"⑥ 这些观察者都意识到了晚清中央集权崩溃的政治走向，所言"十八行省"为政教风俗相异的"十八国"，其实就是指晚清政治区域化的现状。事实上，湘淮军势力崛起之时，晚清政治区域化的倾向已经呈现。

---

① 李疏影：《由"分裂中的中国"看军阀政治的概况》，载张玉法主编《中国现代史论集》第五辑，第135～136页。
② 钱穆：《政学私言》，第42页。
③ 钱穆：《政学私言》，第106页。
④ 李疏影：《由"分裂中的中国"看军阀政治的概况》，载张玉法主编《中国现代史论集》第五辑，第136页。
⑤ 返魂：《一致论》，载中国社科院近代史研究所等主编《云南杂志选辑》，第92～94页。
⑥ 死灰：《国民势力与国家之关系》，载中国社科院近代史研究所等主编《云南杂志选辑》，第35～36页。

钱穆总结认为，明朝通过废宰相、设内阁，将政府大权辖于皇室，而清朝"踵明祖私意而加厉"，增设军机处，使有皇帝而无大臣，而中央集权达于极点。① 不过，清朝的这种中央集权达于极致的状况并没能一直持续，晚清督抚势力的上升就是这一种集权体制出现了新异象的表现。

督抚制度起源于明朝，但朝朝时督抚设置的区域与人员都还未固定。清朝沿袭了明朝的督抚制度，但清初督抚建置皆"因事设裁，随地分并"②，并未固定；发展至康雍乾时期，督抚制度开始向固定区域固定设置的省级地方官转化，其职权也逐步打破省级政权分权化倾向而向"事权归一"方向发展。到乾隆时期，清朝形成了八总督的格局，即直隶总督（直隶、山东、河南）、闽浙总督（浙江、福建）、两江总督（江苏、安徽、江西）、云贵总督（云南、贵州）、四川总督（四川）、两广总督（广西、广东）、陕甘总督（陕西、甘肃）、湖广总督（湖南、湖北）。八总督制度历经嘉庆、道光、咸丰三朝基本无变化，直至光绪三十三年（1907），清朝又设置了东三省总督："东三省吏治因循，民生困苦，亟应认真整顿，以除积弊而专责成，盛京将军着改为东三省总督兼管将军事务。"③ 清初的巡抚，顺治时属于"因事设裁"的有：顺天巡抚（元年设，十八年裁）、天津巡抚（元年设，六年裁）、宣府巡抚（元年设，九年裁）、登莱巡抚（元年设，九年裁）、操江巡抚（二年设，十三年裁）。属于"随地分并"的设置，例如：顺天府尹在十八年被裁后，顺天地方由保定巡抚兼管；登莱巡抚在九年之所以被裁，是由于"青登莱三郡，僻处极东，三面临海……又由登州以致辽东，商贾往来不绝……"顺治末年，共有巡抚 23 员：保定、江苏、安徽、凤阳、山东、山西、河南、陕西、延绥、甘肃、宁夏、福建、浙江、江西、郧阳、南赣、湖广、偏沅、四川、广东、广西、云南、贵州。其中只有 15 员是依省区而设的。康熙朝时，巡抚的设置向一省一置的方向转变，先后裁撤和改设的巡抚有：康熙元年（1662）裁延绥巡抚。3 年后裁凤阳、宁夏、南赣巡抚；同年湖南分省，改编沅巡抚，自沅州移驻长沙，改湖广巡抚为湖北巡抚。康熙八年（1669）裁直隶、山东、河南三省总督之时改直隶巡抚。康熙十三年（1674）定四川省另设总督巡抚各 1 人。康熙十九

---

① 钱穆：《政学私言》，第 103 页。
② 《大清会典》（雍正朝），卷 223，都察院一，第 7 页。沈云龙主编《近代中国史料丛刊三编》第 77 辑，台北文海出版社，1993 年。
③ 刘锦藻：《清朝续文献通考》卷 139，职官 25，商务印书馆，1936，第 9003 页。

年（1680）裁郧阳巡抚。至此，终于形成了每省设巡抚一员的基本局面。雍乾时期一省设置一个巡抚的基本情况未变，但因部分省实行"以总督兼管巡抚事"之制度，巡抚人员有所减少。到乾隆中期以后，除直隶、四川、甘肃三省巡抚由总督兼任外，基本形成了每省设置巡抚一员的制度，并在嘉咸年间无明显变化。直至光绪年间，新疆建省，增设甘肃新疆巡抚；台湾建省，改福建巡抚为台湾巡抚，福建改由闽浙总督兼管巡抚事；而光绪二十四年（1898），分别裁去督抚同城的湖北、广东、云南巡抚，以总督兼管巡抚事；设置东三省后，又在奉天、吉林、黑龙江三省各设巡抚一员。宣统二年（1910）裁去奉天巡抚，以东三省总督兼管巡抚事，最终形成直隶、四川、甘肃、福建、湖北、广东、云南、奉天巡抚由总督兼任，其他每省各设巡抚一员的格局。①

　　自秦汉开始，历代中央政府都向地方派遣官员，代表中央监管地方。但在这一过程中，一些中央派出的官员在成为地方官后，由于手中拥有相对集中的行政、军事、财政权力，容易成为割据一方的诸侯，从而导致中央与地方关系的根本性颠倒。其实，前述钱穆所言的汉代州牧、唐末藩镇，应都是这一现象的表现。在吸取前代得失的基础之上，为防止地方督抚权力过大带来割据的后果，在长期的实践中，清朝逐步形成了一套"内外相维""大小相制"的制度来制约督抚权力。所谓"内外相维"，就是指通过中央政府对督抚权力的制衡来达到彼此协调并收权于中央的目的。其具体制衡措施主要有两方面：一是规定督抚行使权力必须奉旨而行。二是体现在中央部院与地方督抚关系上，督抚以奏折请旨事权，涉及中央部院者，皇帝经常下旨交部核议或下部议处，各部对此有准驳核议之权，由此构成对地方督抚的制约。所谓"大小相制"，就是根据官僚体系的行政级别，"用大的监督小的，复用小的来分大的"，相互监督而"有所牵掣而不得妄为"，于是中央得收统驭之功。② 通过"内外相维""大小相制"的诸种措施，清朝中央集权体制既有纵向的节制制约关系，又有横向的制衡协调的分层交叉的权力关系，使得"皇帝处于这个构架中的中心的顶端，而督抚则处于这个构架的中间"。③ 不过，清朝这种看似完善的体制，并未能长久的保持这种中央与地方督抚之间的平衡。

---

① 本段论述参见刘伟《晚清督抚政治：中央与地方关系研究》，第10～24页。
② 罗尔纲：《绿营兵志》，中华书局，1984，第236页。
③ 本段论述参见刘伟《晚清督抚政治：中央与地方关系研究》，第37～49页。

　　一般而言，行政辖区的划分，是国家根据政治传统和行政管理的需要，遵循一定的法律规定，综合考虑经济联系、历史传统、地理条件、民族情况、风俗习惯、区域差异和人口密度等各种要素而实施的。国家会根据上述相关原则，将国土划分为若干不同层次、范围大小不一的行政区域系统来实施管理。可以说，行政区划是国家权力再分配的一种重要形式，是国家统治集团意志和国家政治、经济、军事、民族等各种要素在地域空间的客观反映。① 而督抚作为清中央派遣到地方管理当地事务的重要官员，具有相对固定的行政辖区。在稳定的社会政治秩序形态下，督抚仅是国家派到地方管理地方事务的代表，其辖属的区域是国家行政区域的一定地域；但如果政治秩序或形态发生剧变，则掌握固定区域军政大务的地方督抚们则会产生异于正常时局的政治行为。有西方学者就认为，"不能假定，政治秩序一旦出现就能自我持续"。② 而清朝督抚政治权势的变迁正与此论切合。清朝的督抚制度自太平天国起义后，政治形势的演变使其脱离了清朝中前期的运行轨迹，督抚相对独立的掌握着辖区内的军事及财政大权，中央对地方的控制减弱，区域政治出现了复杂的变化。

　　梁启超在认为"中国自古一统"的同时，也观察到国人有"游于他省者，遇其同省之人，乡谊殷殷，油然相爱之心生焉；若在本省，则举目皆同乡，泛泛视为行路人矣"的地方意识。③ 地方意识在一定条件下，极易转化为地方政治意识。地方政治意识，是指控制地方政权的地方集团及其代表人物在国家政治制度、政治生活尤其是国家的构建、中央与地方权力和利益的分配以及重大政治问题上的主张和观点。④ 晚清时期，以曾国藩为代表的湘系集团势力的形成，很大程度上就是以地方意识为纽带发展而成的。当时，"中国尚未形成民族国家，以地缘血缘为团结的纽带，使同胞意识只限于乡里，而未超越省籍"。⑤ 金田起义后，曾国藩主要以湖南本省人士，"取明戚继光遗法，募农民朴实壮健者，朝夕训练之"⑥，组建了湘军。据有

---

① 王恩涌主编《中国政治地理》，科学出版社，2004，第 37 页。
② 〔美〕弗朗西斯·福山：《政治秩序的起源：从前人类时代到法国大革命》，毛俊杰译，第 135 页。
③ 梁启超：《爱国论》，1899 年 2 月 20 日，梁启超著、吴松等点校《饮冰室文集》第二集，第 661 页。
④ 王续添：《论民国时期的地方政治意识》，《教学与研究》2003 年第 5 期。
⑤ 林明德译著《中国近代军阀之研究》，第 7 页。
⑥ 赵尔巽：《清史稿》卷 405，列传一百九十二。

学者统计，1853~1854年，曾国藩编练湘军录用的军政骨干人员共计79人，从籍贯来源观察，湘籍的就占75%，再加上弁勇几乎都是湖南人，湘军的地方色彩十分浓厚。[1] 李鸿章虽在曾国藩的授意下仿照湘军方法而创办淮军，而后发展成为淮系势力集团，并在湘军逐渐淡出晚清政局的形态下取而代之，但其与湘系集团存在着千丝万缕的联系，即"李鸿章是由曾国藩卵翼而成，淮军也是由湘军卵翼而成"[2]，二者亦常被合称为湘淮势力集团。有西方学者将湘军及效法湘军而形成的军事力量视为"晚清政治权力的一种与过去不同的新因素"，"新因素凑在一起就意味着出现了一个在清代历史中没有先例的强大军事政治机器"。[3] 以湘淮军为代表的这一强大的军事政治集团，以区域政治为立足点，对晚清政治影响甚大。

咸丰在决定兴办团练时，强调"所有团练壮丁亦不得远行调遣"。但1853年，湘系中心人物之一江忠源在接任湖北按察使后，率军入江西被太平天国军队困于南昌，此时曾国藩将不得"远行调遣"的中央命令置于不顾，令罗泽南率湘勇由长沙而至江西援救。而同年10月，太平天围攻武昌，清廷中央以"两湖唇齿相依，自应不分畛域，一体统筹"，要求曾国藩"酌带练勇驰赴湖北，所需军饷，着骆秉章（时为湖南巡抚）筹拨供支"时，曾则抱定"非把水师的基础弄巩固，湖南内部的土匪肃清、根据地不受影响时决不出与太平军作战"的宗旨，拒不派兵出战。虽咸丰皇帝一再催促，曾仍不为所动，直到曾经营水师几个月后，基础渐牢，才率兵出湖南作战。[4] 这一过程，表明清中央权威在内外交困下对地方军政事务统辖力的削弱，而曾国藩将湖南视为"根据地"，是一种地方政治意识的表现，其对中央政令依据自身发展需要而依违取舍的行为，事实已经具有了政治区域化的色彩。李剑农这样总结湘军兴起后清朝的军事势力情况，"前此清廷的军队势力有两个中心：一个是上游的湘军，一个是江南的大营；现在只有湘军一个中心势力了"，认为这是清朝军事势力与事权集中的一个大变化。[5]

---

[1] 姜涛、卞修跃：《近代中国的开端（1840—1864）》，张海鹏主编《中国近代通史》第二卷，第387~388页。

[2] 李剑农：《中国近百年政治史》，第113页。

[3] 〔美〕吉尔伯特·罗兹曼主编《中国的现代化》，国家社会科学基金"比较现代化"课题组译，江苏人民出版社，2003，第61页。该书所言的新因素，还包括：西方在组织和技术上的先进性；省府直接控制条约口岸的关税收入，并对商业征收新的"厘金税"。

[4] 李剑农：《中国近百年政治史》，第79~82页。

[5] 李剑农：《中国近百年政治史》，第91、113页。

湘军兴起于地方，而影响渐于全国，对清政府的区域政治格局也会产生影响。1860 年，曾国藩被任命为两江总督，旋又兼任钦差大臣并督办江西军务，次年又被授权统辖江苏、浙江、江西、安徽四省军务。在镇压太平天国运动期间，湘军中的主要领导人物江忠源、胡林翼、李鸿章、左宗棠、刘长佑等依靠军功，先后取得了两江总督、陕甘总督、云贵总督、湖北巡抚、广西巡抚等职务，湘系集团的影响事实上已不局限于湖南境内了。而在湘淮军兴起的同时，地方缙绅也成了另一新起的地方势力。李剑农观察到，太平天国运动期间，长江流域及南部各省举办团练，都由本省缙绅负责，于是他们因募兵筹饷，逐渐参与本省的重要政务，或被延揽为本省督抚的幕府；那些明敏的督抚也认识到要应付时局，非得本省有名望之缙绅援助不可，对缙绅十分礼遇。这样，地方的缙绅不知不觉形成一种潜势力，甚至有左右并动摇地方长官的能力。① 后来的研究者也认为，曾国藩、左宗棠等重臣在对抗太平天国运动中，本来就是靠地方父老的支持，故其一切行动难免都需要地方士绅之参与。②

　　有研究者认为，洋务运动时期，以曾国藩、左宗棠、李鸿章为代表的地方督抚大员是官商合办、官督商办事业的主要实践者。而在这一过程中，各地士绅亦以资本家的姿态，参与各种新式工商实业活动，使地方士绅的权势获得了进一步的提升。地方的士绅由于有切身利益关系，参与地方事业的热情甚高；同时地方督抚为了收揽治下的人心，以及为了使事业能够顺利实现，也将许多地方新式事业，交由地方士绅兴办；这样，于地方士绅而言，"益增其在地方政治上之分量对乡邦关怀情绪"。地方士绅，是以地方为背景而兴起的势力，他们"自然地以地方之利害为前提"。他们对政治积极参与，当地方官施政不符合地方利益时，则对地方官施以攻讦，"以合众之力"，迫使地方政府变更政策。地方士绅是地方经济的受益者，也是地方政治的受益者，他们的一些活动，不仅仅是在向中央护持地方的经济利益，也是在向中央争夺更多的政治权力。③ 地方政治除了地方政府之外，还有了地方士绅对"地方之利害"格外关注的地方主义，区域政治益加复杂。尤其是在政治秩序或格局失衡的状态下，区域政治向政治区域化的分权形态演变的可能性极大。

---

① 李剑农：《中国近百年政治史》，第 115 页。
② 胡春惠：《民初的地方主义与联省自治》，第 5 页。
③ 胡春惠：《民初的地方主义与联省自治》，第 5~6 页。

"东南财赋地，江浙人文薮"。自宋以后，长江流域以南的江南沿海地区，逐渐发展成为中国的政治、经济和文化中心。这一历史现象的出现，其背后有如江南地区较好的雨水和温度等诸多原因，其中水运便利是一个重要因素。[①] 近代以来，西方力量在沿海地区的工业、贸易、金融、政治及军事活动等加强，形成了一种所谓的在中国的初始势力。[②] 历史的积淀，西方在华初始势力的活动，以及清王朝向西方学习活动的主要集中地，使沿海地区成为近代中国工商业经济发展最为迅速的区域，也成为晚清政治区域化现象最为明显的地区，东南互保就是其标志。现有研究认为，东南互保之所以能够实行，原因众多，但地方督抚与地方士绅的相互合作是其中之一。东南互保的发起人之一、两江总督刘坤一之所以敢不顾中央政府的意图，决定维护长江流域的稳定，就是因为他得到了上海和两江地区地方士绅的支持。在义和团运动之后，刘坤一多次召集地方士绅的代表人物张謇、汤寿潜、沈曾植等人共同商讨应付时局的方案。而当清廷中央与列强公开宣战后，张謇、汤寿潜、沈曾植、施理卿等人，即向刘坤一提出与各国订立互保之约，要求刘坤一立即电约湖广总督张之洞，采取同一行动。[③]东南互保的提议很快得到了东南各省督抚的积极回应，他们普遍相信"各省集义团御侮，必同归于尽；欲全东南，以保宗社，诸大帅须以权宜应之，以定各国之心"，认为东南互保是克服时局危机的唯一办法，并合乎清廷要求的"联络一气，以保疆土"的指示精神。而后清廷军机处虽然转发上谕，要求各省督抚广泛召集义和团，借御外侮，沿江沿海各省尤宜急办。但长江各督抚在接到上谕后，决定仍沿袭东南互保的政治选择。这样，在清廷中央发布对外作战旨意，北方陷入战争之中，东南沿海区域保持了一种"战争中的局部和平"的奇怪状态。[④] 这显然与正常形态下中央与地方的关系背道而行。而清末新政期间，立宪运动兴起，地方自治呼声出现，1907年清廷中央下令各地督抚筹设咨议局，这都表明地方与中央之间的权势比重的倾斜加剧。东南互保之时，虽然各地方督抚对清廷中央成尾大不掉之势，但督抚之任命大权还仍旧操于中央，各督抚在与中央权力发生冲突时，仍多有顾

---

① 陈正祥：《中国文化地理》，第6、16~22页。

② 〔美〕拉铁摩尔：《中国的亚洲内陆边疆》，唐晓峰译，江苏人民出版社，2008，第12页。

③ 胡春惠：《民初的地方主义与联省自治》，第6~7页。

④ 参见马勇《从戊戌维新到义和团（1895~1900）》，张海鹏主编《中国近代通史》第四卷，江苏人民出版社，2006，第468、474~476页。

忌。而地方咨议局在地方政治中突起之后，当遇到地方权益遭受中央侵夺时，议员因皆选自地方，他们则敢向中央抗争，这样"不但地方势力有了明显的对立主体，而且有了连续性争夺之目标"。① 清廷中央权威被地方分割的趋势益加明显。这正如有西方学者认为的那样，这种形态虽然未使清王朝"陷入解体和军阀割据"，却"危险地向地方分权的方向滑去"。②

四　结语

晚清是中国近代历史的开端，其间西力东渐，引起了中西之间的正面冲突，也导致了清政府内忧外患的频繁发生。清政府在内外冲击下日益衰弱，原本中央集权式的统治模式逐渐发生了一些新变化，中央与地方关系即是诸多新变化中的重要表现内容。有论者在阐述清末中国政治形势时曾言："中央政权与地方政权之凿枘，地方政权与地方之冲突，凿枘无已时，冲突无穷期。而全国政权之纷扰淆乱，顽木不灵，乃愈不可究诘，以演成今日有统一形式无统一精神，不可思议之国家。"③ 这深刻地揭示了当时中央与地方关系的复杂形态。而这一形态的演变进程并未因清王朝统治的结束而止，在民国历史中仍继续发酵，对民国政治发展影响甚大。④

---

① 胡春惠：《民初的地方主义与联省自治》，第 15 页。
② 〔美〕吉尔伯特·罗兹曼主编《中国的现代化》，国家社会科学基金"比较现代化"课题组译，第 62 页。
③ 死灰：《国民势力与国家之关系》，载中国社科院近代史研究所等主编《云南杂志选辑》，第 44 页。
④ 关于民国时期中央与地方关系的讨论，笔者将另文撰述。

略论同光之际铁路问题的复杂性

熊月之[*]

在人类交通史上，轮船、火车（后来还有汽车）与飞机，分别在水域、地域与空域，极大地改变了人类移动的速度与运载的能力，缩短了不同地域、不同国家之间的距离，加强了不同地域、国家之间的联系，加速了全球化进程。这三种交通工具在改变中国众多地区与外界相对隔绝的状态，在加速不同地区人流、物流与信息流方面，在加强中国不同地区联系，以及中国各地与外部世界联系方面，在改变中国众多地区经济结构、社会结构、文化形态、民情风俗方面，都起到了难以估量的作用。这三种交通工具都是在西方发明并率先投入使用然后传入中国的，都是与列强对中国的侵略相伴而来的，因此，在中国激起的反应，其复杂程度、激烈程度，远远超过常态下的物质文化传播。

本文集中讨论铁路火车的影响。

一　有识之士对铁路的认知

铁路火车是近代工业革命的产物。1825 年 9 月 27 日，人类历史上第一条铁路在英国正式建成通车，它给英国带来了巨大的社会变化，并很快风靡西方各国，法、美、德、俄等国家纷纷掀起修建铁路的高潮。人类交通从此进入铁路火车时代。

中文读物中，最早介绍铁路火车的，是 1835 年 7 月《东西洋考每月统

---

* 　熊月之，上海社科院研究员，复旦大学教授。

记传》所载《火蒸车》一文。文中以对话的方式，介绍了火车的工作原理及其运行特点，突出其速度飞快，载重量大，不畏山水阻隔，运行平稳。[①] 1840年，德国传教士郭实腊在所作《贸易通志》中，也介绍了火车工作原理、运载能力，称火车运货速度快，能力大，以一匹马之力能成六匹马之工，火车无马无驴，能够如若插翼飞驰。[②]

鸦片战争以后，关心世界知识的林则徐、魏源、梁廷枏、徐继畬、洪仁玕等人，都关注到铁路火车。魏源编《海国图志》，摘录了郭实腊《贸易通志》中关于火车的介绍。洪仁玕在《资政新篇》中建议在中国21省建造21条铁路，以为全国之脉络。[③] 尽管洪秀全并没有采纳这一建议，当时太平天国也没有条件采纳这一建议，但它在思想史上的意义还是相当突出的。

中国早期游历或出使西方的人员，几乎无一例外地都谈到对铁路火车的观感。随赫德游历西方的斌椿描述：车厢内坐男女多寡不等，每间大窗六扇，启闭随人。车厢油饰鲜明，茵褥厚软。"摇铃三次，车始行。初犹缓缓，数武后即如奔马不可遏。车外屋舍、树木、山冈、阡陌，皆疾驰而过，不可逼视"。多次随使欧洲的张德彝详细地记述了火车运行的原理与各种具体知识，称火轮车形如平台，每辆长二丈许，铁轮铁轴；车厢分头、二、三、四等，箱内设备各异，票价不一；每列有五六十辆不等，咸以铁环联之；车行多直道，其平如砥，遇山穿洞，遇水架桥。"车之速者日行五千余里，平时则日行二三千里而已"。[④] 郭嵩焘称，"来此数月，实见火轮车之便利，三四百里往返仅及半日，其地士绅力以中国宜修造火轮车相就劝勉，且谓英国富强实基于此"。[⑤] 其中，1859年游历欧洲的郭连成的描述，最为生动：

> 火轮车者，太西各国以之运货物、载客商者也，前十余年始有此制。余初登岸时，遥见房屋齐整，连络不绝，俱有玻璃门户，初以为此处之街市也。及近之，则见下有铁轨、铁轮，始知其为火轮车焉。稍焉，烟飞轮动，远胜于飞，恍在云雾中，正是两岸猿声啼不住，火

① 《火蒸车》，《东西洋考每月统记传》（须核对）。
② 郭实腊：《贸易通志》，新加坡坚夏书院道光二十年版，第44页。
③ 洪仁玕：《资政新篇》，1859年刊行。
④ 张德彝：《航海述奇》，钟叔河：《走向世界丛书》，岳麓书社，1985，第486页。
⑤ 郭嵩焘：《郭嵩焘诗文集》，岳麓书社，1984，第188页。

车已过万重山。虽木牛流马之奇、追风赤兔之迅，亦不可同年而语矣。[1]

同光之际，鼓吹学习西方的王韬、郑观应、薛福成等，都述及铁路问题。

王韬是铁路建设的热情鼓吹者，曾在多篇文章中述及铁路建设。他说，中国南北道阻，货物转运困难，如果修筑铁路，则远近相通，可以互为联络，"不独利商，并且利国。凡文移之往来，机事之传递，不捷而速，化驰若神，遏乱民，御外侮，无不恃此焉"。[2] 他指出，电报与铁路，西国以为至要之图，利国利民，莫可胜言，而中国以为不急之务，且以为中国断不能行，亦断不可行。"或谓愚民惑于风水之说，强欲开辟，必致纷然不靖，是以利民者扰民也，此不宜者一也。或谓轮车之路，凿山开道，遇水填河，高者平，卑者增，其费浩繁，将何从措，即使竭蹶而为之，徒足以病民而害国，此不宜者二也"。他批评说："呜呼！是殆中国未之行耳，中国之民未之见耳。设使由少以成多，由近以及远，暂行试办，安见其必多窒碍乎？"且铁路之所至，亦即电线之所通，其消息之流传，顷刻可知。国家于有事之时，运饷糈，装器械，载兵士，惩叛逆，指日可以集事。[3]

郑观应在1880年以前写成的《论火车》中，极言火车的益处。他转述西人论铁路建设五利，即运费盈余可助国用；有利于调兵运饷；有利于运载矿藏；有利于商品运输，互通有无；有利于文书传递，裁撤驿站。他认为像中国这样幅员辽阔、地区差异很大的国家，尤应赶快建造铁路：

> 中国版图广大，苟非仿造火车铁路，则相距万里之遥，安能信息遽通，不违咫尺？大则转饷调军，有裨于国计；小则商贾贸易，有便于民生。而且邮传信息，不虑稽延；警报调征，无虞舛误。况中土沃壤倍于欧洲，只为山险路遥，转运不便。而农民亦不知制器，因地之利以谋赢余，仅树艺五谷，供日用所需而已。使载物之器良便，而运物之价又廉，一切种植立可以此之有余，济彼之不足，而获利恒得倍

---

① （清）郭连成：《西游笔略》，上海书店，2003，第38～39页。
② （清）王韬：《兴利》，《弢园文录外编》，上海书店，2002。
③ 王韬：《建铁路》，《弢园文录外编》。

莋，数年之后，民间蓄积自饶，当不仅如古人所云余三余一已也。即或旱干水溢，偶有偏灾，亦能接济运粮，藉苏民困。①

他列举欧美各国通过兴建火车铁路获得巨大利益的情况，结合中国的实际，指出："总之，车路之设，有备无患，有益无损。在中国今日断不能置为缓图矣。"②

1880 年以后，随着中国铁路建设的进展，朝野关于铁路问题的争论，郑观应不断修改、充实、完善他对铁路的论述，在《盛世危言》不同版本中均有所反映。他在 1892 年以前完成的《盛世危言》五卷本中，将铁路之利由先前的五利扩展为十利。所谓十利，除了前面已经述及的五利，还有：利于国家对全国的控制管理，官吏不敢逾法；全国联为一气，脉络贯通，国势为之一振；利于开通风气，对于那些鄙夷洋务的士大夫会有影响；有利于漕粮运输，能节省漕运经费；有利于各省所解京师饷粮的安全。他说，"有十利而无一害，复何惮而不行哉？"③ 针对所谓铁路开通将夺民生计、毁坏庐舍坟墓的说法，他说：

> 不知铁路之旁，其左右歧路，人马皆能行走，火车所运货物应于某处卸载者，仍须车马接运，且物产之流通益广，则人夫之生计益增，何害之有？铁路遇山巅水曲均须绕越，架空凿洞亦可驶行，庐舍坟墓亦犹是也，何害之有？④

薛福成介绍了英国发明铁路火车的历史，火车在运输煤矿、铅矿及促进贸易方面的巨大作用，论述了火车与马车的不同功能，说明火车并不会完全取代马车，英国从事马车运输业的人起初也担心火车之兴影响其生计，但事实证明，火车不但不会影响马车业的发展，反而会促进马车生意，极大地刺激经济、社会的发展。⑤

---

① 郑观应：《论火车》，《郑观应集》，上册，第 79 页。
② 郑观应：《论火车》，《郑观应集》，上册，第 80 页。
③ 郑观应：《铁路上》，《郑观应集》，上册，第 653 页。
④ 郑观应：《铁路上》，《郑观应集》，上册，第 653 页。
⑤ 薛福成：《出使英法义比四国日记》，光绪十六年三月初七日，岳麓书社，1985，第 121 ~ 122 页。

同光之际，对铁路介绍最为翔实、最为到位的是马建忠。

还在 1879 年，马建忠就介绍了铁路在欧洲及北美、印度等地发展的历史，论述铁路对于运输、通信、财政的重要意义：

> 先后五十年之间，凿山开道，梁江跨海，几寰奥五大洲莫不有其铁轨轮辙焉。而军旅之征调，粮饷之转输，赈济之挽运，有无之懋迁，无不朝发夕至，宜乎铁道所通，无水旱盗贼之，忧无谷贱钱荒之弊。故各国未创铁道之先，其度支以万计者，而既造铁道之后，无不以亿计矣；其以亿计者，无不以兆计矣。盖其飙驰电掣，任重致远，行万里若户庭。昔之邮传远者数十日，今则计时而待；昔之舟车行者阅数月，今则举足而至。宜昔之经营十数年而度支常不继，今则筹征不数月，而帑藏时有余。所以立富疆之基者，莫铁道若也。①

他介绍了铁路建设中筹款、创造、经理三方面的情况，称铁道之兴，动费千万巨款，欧美人筹款的方式，或纠集于商，或取给于官，或官与商相维合办。其纠集于商者，有官不过问，任其自集股自设局者，其弊端是同行争市减价，得不偿失，终于倒闭。英美皆行此法。或官先创造而交商经理，或商先创造而官为经理，则德国参用此法。行军贸易两便焉，惟利入甚微，制造经理之费难于取偿。也有官商合办之一法，则法人创行之，而德奥仿行之。至于建造，则度地势，置铁轨，造轮车，设局踣。地势有高卑，铁道便往来，则所规铁道宜近乡镇，所相地势宜傍川河。近乡镇则户口盈繁，傍川河则原隰坦易，不得已而越山跻岭，则审山岭左右之谷而陁其道。马建忠详细地介绍了铁路火车管理的细节，称火车功能能分，以挽坐车、挽货车与兼挽坐车货车之用。坐车有上中下三等，不同等级收费标准不同。他指出，铁路在裕国课、便民生方面作用很大。"窃谓外洋自创铁道以来，其制屡易，其费万千，或由商贾经营，或由国家创造，甚至官偿其息而商收其利，其所以鼓舞招徕志者，无微不至。人情好逸恶劳，不甚相远，必汲汲然以此为务，良有不得已者"。②

---

① 马建忠：《铁道论》（1879），《适可斋记言》卷一。
② 马建忠：《铁道论》（1879），《适可斋记言》卷一。

马建忠批评中国对建造铁路的意义认识不足，论述中国特别适宜于建造铁路，论述了铁路在节用、开源、救患方面的巨大作用：

中国自军兴以来，制造之局几遍直省，一切枪炮兵器渐仿外洋为之，而于外洋致富致强最要之策如火轮车一事，反漠然无所动于衷。盖以为中国有窒碍难行者。而吾以为火轮车惟中国可行，惟中国当行，且惟中国当行而不容稍缓。何也？溯火轮之初创，百病丛生，不知几经改作，以臻今日之美备。人为其劳，我承其易，此时会之可行也。中国平原广衍，南北交通，即有山川，亦可绕越，此地势之可行也。中国材铁充盈，人工省啬，非如外洋百物俱贵，动用浩繁，此人力之可行也。近今中国财殚力竭，凋敝日深，内外臣工，争言兴利，而言之数十年，茫若捕影者，无他，以不知有救患之利，有节用之利，有开源之利也。何以言之？水旱之偏灾迭报，而荒熟不能相济，是苦于挽运之艰也。生齿蕃衍，则人浮于可耕之地，疲兵迭扰，则地浮于可耕之人，是苦于迁徙之难也。偏僻之区，污吏莠民，因缘为奸，而上无以闻，下无以达，是苦于声气之不通也。反是而行铁道，则无艰难不通之弊。此救患之利当行也。国家之用，曰库储，曰军储，曰盐课，无不仰给于转输之费，费浮于物，以致贫民食贵，到处皆然，是苦于转输之难也。反是而用铁道，可省转输和籴之费岁数百万，此节用之利当行也。英人所以致富，曰煤与铁，遍西南洋而尽用之。今我中国豫晋之产，西人谓其尚富于英，乃未闻豫晋之煤铁行至千里，岂复望其行于外洋以夺英人之利乎！是苦于来原之否塞也。谚曰百里外不贩樵，千里外不贩籴，是苦于货泉之滞销也。言利之臣又从而税之，以为多设一卡即多一利源，不知税愈繁而民愈困，民愈困而国愈贫矣。盖财之于国，犹血之在身，血不流行则身病，财不流行则国病。反是而用铁道，则无否塞滞销之患，此开源之利当行也。[①]

马建忠特别论述了中国建设铁路在国家安全方面的紧迫性。他说，今日之域外，环中国之疆宇，无非铁道也，英、俄、法在其本国与其殖民地

---

① 马建忠：《铁道论》。

所筑的铁路，已经通到中国的南、西、北三面，已对中国形成包围之势，"吾若不乘其未发之时，急行兴作，将不数年各国之铁道已成，一旦与国失和，乘间窃发，而吾则警报未至，征调未齐，推毂未行，彼已凭陵我边陲，控扼我腹心，绝我粮饷，断我接济，吁可危也！且思轮船梭织海上，西洋各国运兵而至者无逾四旬日，即俄国由博罗的海而达中国，亦无逾五旬日，而吾自腹省调兵滇南，或自关内调兵塞外，能如是之神速乎？以轮船之缓于轮车，而人在数万里外，反居我先。矧异日各国之以轮车环集，我乎且中国数万里之疆域，焉能处处防御？所贵一省之军可供数省之用，一省之饷可济数省之师，首尾相接，遐迩相援，为边圉泯觊觎，为国家设保障，惟铁道为能。此所以当行而不容稍缓者也"。

针对朝野有关筹款为难的问题，马建忠认为，筹款难不难，关键在于对建造铁路的意义的认识。眼下国家需要用钱地方太多，经费确实困难，"东海有筹防之费，西陲困挽输之劳，画地抽厘，悉索已尽，信使络绎，征求实多，疆吏辍炊，司农仰屋，欲于此时筹一巨款能乎不能？使不筹款于国帑，辄思鸠赀于民间，不知民间十室九空，亦犹国帑千疮百孔，即有二三股实有志举办，究之孤掌难鸣，多口可畏，况乎律称钱财为细故，官视商贾为逐末，一有差失，既不能向官府以雪，复不能假律意以自解，而计秋毫之利，因之倾家掷百万之金缘以媒祸又谁为为之？"但是，如果因势利导，就可以化解困难：

官办商办，在初创铁道，固有游移，今踵各国而行之实有成效。国帑虽空，独不能赊贷而化无为有乎？民赀虽竭，独不能纠股而积少成多乎？联官商为一气，天下岂有难成之事？而或者又曰，中朝而行称贷之事，国体有伤，不急而开洋债之风，牵掣实甚。不知泰西各国无一非债欠数千兆，而英、法、德、俄之称雄如故也。苟不借浮息之债，时偿当予之息，又何畏牵制哉？夫借债以开铁道，所谓把彼注此，非若借债以偿赔款，而贻偿息之累。况借债另有变通之法，其法维何？曰铁道专由商办，而借债则官为具保，如是则阳为借债之名，阴收借债之效用。洋人之本谋华民之生取日增之利，偿岁减之息。使或牵于庸众之见，惑于无稽之谈，而犹不肯为是也。独不见壬寅赔鸦片六百万元，又赔英商三百万元，又赔兵费一千三百万元；庚申赔英国广东之费四百万两，又赔法国广东之费二百万两，又赔英法二国兵费一千六百万两，其款有大于铁路所需者乎？曰是不得已也，曰正惟不得已。而吾恐今日之以铁道为可已者，将来之不得已，且十百倍于此，而不进也，群疑众难之心胸，亦曾审思之否也。[①]

马建忠介绍了世界范围里国债的起源，说明国债古已有之，近代以来，更为普遍，咸同之间，欧美诸国铁道、机厂、电报之属，日新月异，动用浩繁，专事借贷，所借债额，动辄数万兆、数百万兆乃至数千万兆，印度、中国香港、新金山、非洲等处，都借有大量外债。马建忠指出，这些国家和地区，论幅员则不广，论生齿则不繁，而遇有乞借，则借之人不可胜数，借之银不可胜用，沛乎如泉源，浩乎若江河。那么，这类借贷遵循是什么逻辑呢？"曰取信之有本也，告贷之有方也，偿负之有期也，此三者借债之经，而行权之道则存乎其人。西人云：取现在之银偿将来之息谓之债，恃将来之息致现在之银谓之信，故凡乞借于人者，必有所恃，豪商恃其蓄积，素封恃其田庐，国家恃其赋税，故计臣以国计之盈虚为借债之难易"。他分别债务的不同类别，指出，像建造铁路这类外债，是很容易就能借到的。"至于借债以治道途，以辟山泽，以浚海口，以兴铁道，凡所以为民谋生之具，即所以为国开财之源，与借债以行军，其情事迥不相同，故人人争轮，云集雾合，不召自来，恃其有款之可抵，有息之可偿故也"。强如英、法、奥、意大利，弱如秘鲁、都尼斯（突尼斯）、土尔基（土耳其）、埃及等国，都有这方面的经历。[②]

为了使得中国铁路建设能够顺利进行，马建忠建议可以先修筑从天津到北京的一段，认为其利有六：一是此段路线已有一英国人勘察过，事半而功倍；二是距离较短，容易建成；三是此段往来官商较多，能起到好的宣传效果；四是津京地位重要，这段运行得好，中国其他地方更易着手；五是可以通过这段铁路培养铁路专门人才，可以挑选华人，学治道途，学置铁轨，学驶轮车，学司收纳，他日即可用于南北铁路线上；六是在举借外债方面从严管理，为将来做一示范，亦为将来举借外债打开通路。[③]

[①] 马建忠：《铁道论》（1879），《适可斋记言》卷一。
[②] 马建忠：《借债以开铁道说》（1879），《适可斋记言》卷一。
[③] 马建忠：《借债以开铁道说》（1879），《适可斋记言》卷一。

二 对西方列强染指中国铁路的反应

最早在中国将修筑铁路付诸实施的，是英国人。

早在 1862 年，英国驻华使馆翻译梅辉立就在广东倡导建筑由广东通往江西的铁路，并到大庾岭一带踏勘，后因工程过大，没有付诸实施。1863 年，活动在上海以英商怡和洋行为首的 27 家洋行，通过上海道台黄芳，向江苏巡抚李鸿章提出修筑由上海通往苏州的铁路，并筹建了铁路公司，遭李鸿章拒绝。[①] 1864 年，怡和洋行邀请曾在印度从事铁路建筑的英国工程师斯蒂文森（MacDonald Stephenson）来华考察铁路问题，斯蒂文森提出了一个综合铁路计划，其计划以汉口为中心，东到上海，西到四川、云南，再通到印度，南到广州，又从东行线之镇江北行到天津、北京。这样一来，中国的四个通商口岸，即上海、广州、汉口、天津，也是中国最重要的商业中心，都将由铁路联通起来。除此之外，他还计划将上海与宁波连接起来，并建造从福州通往内地的铁路。[②] 其议亦未为中国政府接受。同年，英国领事巴夏礼重提修筑上海至苏州铁路之事，遭署上海道应宝时拒绝。[③] 1865 年，英商杜兰德擅自在北京永定门外铺设一条小铁路，长约半公里，以人力推动火车，目的是宣传铁路之利，京师人诧为未闻，骇为怪物，后被步兵统领下令拆除。[④]

英国人积极鼓动中国建造铁路，显然是为了扩大其在华侵略权益。对此，清政府看得很清楚。这样，在 19 世纪六七十年代，在中国建造铁路与便利西方列强侵略几乎成为同义语。因此，凡是外国人向中国提出建造铁路建议，清政府便一概想方设法予以拒绝。

还在 1863 年，上海洋商禀请建造上海至苏州铁路时，总理衙门便已指示李鸿章，此事"万难允许"，并要求"密致通商各口岸，一体防范"。[⑤] 1865 年，总署又通饬地方大员，对于外国人要求开设铁路之事，务必设法

---

① 《清总理衙门档案》，宓汝成：《中国近代铁路史资料》，中华书局，1963，第 1 册第 3 页。
② 肯德：《中国铁路发展史》，李抱宏等译，第 4～8 页，见宓汝成书，第 1 册第 6 页。
③ 《清总理衙门档案》，宓汝成：《中国近代铁路史资料》，第 1 册第 3 页。
④ 李岳瑞：《春冰室野乘》，第 204 页。见宓汝成书，第 1 册第 17 页。
⑤ 宓汝成：《中国近代铁路史资料》第 1 册第 4 页。

阻止。① 1866~1867年，总税务司赫德、英国驻华使馆参赞威妥玛都建议中国仿造铁路火车，总署概加拒绝。总理衙门所持理由，一是担心开通铁路，洋人进入中国太深，多生枝节，制造隐患；二是铁路会使中国险阻尽失，国家安全受到影响；三是有害民间田地、庐舍，尤其有碍风水；第四是妨碍民间生计，势必会引起纷争。在这种格局下，连主张兴办洋务的曾国藩、李鸿章、左宗棠等，也都持反对意见，更不用说那些反对洋务的守旧官员了。因此，在19世纪60年代，可以说，朝廷上下内外，无论开新还是守旧，举国一致反对在中国修建铁路。时人所持理由，大多是从中国与列强利害得失出发，或认为铁路"有大利于彼，有大害于我"；② 或认为铁路是"彼族故神其说，以冀耸听，尚非其最要之务"；③ 或认为洋人鼓动中国建造铁路，"其显而易见者，则垄断牟利也，其隐而难窥者，则包藏祸心也"；④ 或认为洋人"是欲广通其路于中国也，以中国之中，而皆有该夷之兵，皆有该夷之民，皆为该夷任意往来之路。轮船所不能至，轮车皆至之。使无地不可以号召，无地不可以冲突，以重怵我百姓之心"。⑤

1868年，在为与列强修约做准备时，总理衙门明确要求各地预筹抵制外国修筑铁路的要求，与议者有陕甘总督左宗棠、山东巡抚丁宝桢、总理船政沈葆桢、两江总督曾国藩、江西巡抚刘坤一、三口通商大臣崇厚、湖广总督李鸿章、两广总督瑞麟、江苏巡抚署鄂督李瀚章、浙江巡抚马新贻、署直隶总督官文等一大批官员。他们强调妨碍风水，民情不便。曾国藩表示，铁路扰民生计："听小轮船入内河，则大小舟航水手舵工之生路穷矣。听其创办电线铁路，则车驴任辇旅店脚夫之生路穷矣……如轮船铁路等事，自洋人行之，则以外国而占内地之利；自华人之附和洋人者行之，亦以豪强而占夺贫民之利。皆不可行。"⑥ 丁宝桢说："此事为害过大，使我之国计民生日耗日削于冥冥之中，不堪设想。"⑦ 李鸿章说：建造铁路，"凿我山川，害我田庐，碍我风水，占我商民生计，百姓必群起抗争拆毁，官不能

---

① 宓汝成：《中国近代铁路史资料》第1册第19~20页。
② 《筹办夷务始末》（同治朝）卷55，13页。
③ 崇厚奏《筹办夷务始末》（同治朝）卷41，27页。
④ 官文奏《筹办夷务始末》（同治朝）卷41，42页。
⑤ 《筹办夷务始末》（同治朝）卷45，46页。
⑥ 曾国藩奏《筹办夷务始末》（同治朝）卷54，第1~4页。
⑦ 丁宝桢奏《筹办夷务始末》（同治朝）卷52，第27页。

治其罪，亦不能责令赔偿，致激民变"。①

纵览整个60年代朝野反对修建铁路的奏章、议论，可以看出，其时中国官绅极少有人对铁路火车有真切的了解，极少有人对铁路火车在国家经济社会生活中的作用有切实的研究，而是顺着凡是洋人想做的就一概反对的思路，简单地予以排斥、拒绝，以至于在创办江南制造局等军工企业的同时，却反对修建与其紧密联系的铁路，丧失了中国近代化起步阶段的大段宝贵光阴。

到了19世纪70年代，洋商在中国修建铁路一事，取得了突破，这就是吴淞铁路的修筑。

还在1865年，英商就组织淞沪铁路公司，请筑上海至吴淞铁路，被上海道应宝时拒绝。过了一段时间，英商又向新任道台沈秉成含糊提出修通至吴淞道路的请求，沈秉成以既非铁道而是一般修路，当即允准。② 英商以偷天换日的办法，于1876年1月开工修路，7月3日，上海至江湾段正式通车。12月1日，上海至吴淞铁路全线通车。

这是在中国土地上第一次成功地建造铁路行驶火车，自然引起各方面关注。这时，上海道已经换为冯焌光。冯立即与英国驻沪领事麦华陀交涉，要求禁止。冯表示，如果不能禁止火车通行，他情愿卧轨而死，可见其态度之坚决。

1876年8月3日，火车在江湾北首意外轧死一名三十余岁华人，这使中国地方政府的态度变得更为强硬。经多次交涉，1877年10月，清政府收回这条铁路，旋即将其拆毁，火车与铁轨被运往台湾，以后又被运到北方，为修筑开平煤矿铁路之用。

三 修还是不修

在吴淞铁路交涉的同时，清廷一些官员提出了中国自己修筑铁路的主张。此事始于光绪二年（1877）十二月十六日，福建巡抚丁日昌鉴于此前日本对台湾的侵犯，向朝廷提出在台湾兴办轮路矿务的奏折。他逐一论述

---

① 李鸿章奏《筹办夷务始末》（同治朝）卷55，第13页。
② 还有另外一种说法是，沈秉成"私下是知道这个计划（指吴淞铁路计划）的，并且说在他的任期内将不加阻挠。但是，当这个事业还没有完成前，他就离任了"。见北华捷报馆《中国之回顾，1873～1877》，第65页。宓汝成书，第1册第36页。

了轮路（即铁路）矿务不兴之十害、创办轮路矿务之十利与七不必虑的意见，包括轮路矿务不兴，则交通不便、防卫困难、敌兵随处可以登岸而我驻兵进退两难、文报难通、土匪难治、军饷难继、澎湖列岛难于兼顾；轮路矿务创办以后，则全岛军情可瞬息而得，文报无淹滞之虞，军队调动灵便，便于抵抗敌人海上来犯，亦可免受瘟疫之害，便于治理当地人民，兵勇操练更加方便。所谓七不必虑，包括不必担忧轮路矿务之兴会伤人庐墓，因台湾旷土甚多，轮路不致碍及田庐；不必担忧经费问题，可以逐步进行；不必担忧兴建轮路师法洋人，他日全局要害为洋人所盘踞，因为我雇洋人为工匠，工竣则洋人可撤，中国人可从中一面举行，一面学习；不必担忧台湾兴办轮路以后，中国内地效尤，因为台湾与内地情形不同，况且是中国自行举办，并非如上海系洋人私造。①

丁日昌的奏议，得到李鸿章、沈葆桢等人的支持，也得到总理衙门的肯定，认为"举办轮路为经理全台一大关键，尤属目前当务之急。并请饬下丁日昌，审度地势，妥速筹策，务当力为其难，俾安内攘外，均有裨益"。②清廷批准了丁日昌的奏议，下令提留一部分关税与厘金供丁日昌修建轮路使用。③

在此之前，作为倡导洋务的中坚人物李鸿章，已经考虑到中国修建铁路问题。1872年，他致信丁日昌，便已述及这一问题。④ 1874年讨论海防问题时，李鸿章更清楚地表示，兴造铁路，是中国能富能强的关键一步。⑤同年冬，他向恭亲王奕䜣极陈铁路利益，并请先试造自清江浦至北京的一段，奕䜣亦以为然，但表示无人敢主持。⑥此事遂被搁置下来。1879年，奕䜣奏请朝廷：包括铁路在内的洋务各事，应由南洋大臣等随时酌度情形，奏明办理。⑦ 在此前后，赞成兴建铁路的人日益增多。贵州候补道罗应旒、翰林院侍读王先谦、左都御史志和均极表赞成。由此可见，到70年代中后

① 《光绪二年十二月十六日福建巡抚丁日昌奏》，《洋务运动》（二），第346~353页。
② 《光绪三年二月二十四日总理衙门奕䜣等奏》，《洋务运动》（二），358~359页。
③ 朝廷批准在台湾修建铁路以后，丁日昌进行了艰苦的努力，后来因为朝廷批准的经费没有实际到位，丁日昌又因生病而被免去职务，所以，台湾铁路那时没有建成。
④ 李鸿章：《复丁雨生中丞》，同治十一年九月十一日，《李文忠公全书》朋僚函稿卷12，第26页。
⑤ 李鸿章：《筹议海防折》，同治十三年十一月初二日。《李文忠公全书》奏稿卷24，第22页。
⑥ 李鸿章：《致郭嵩焘函》，《李文忠公全书》，朋僚函稿卷17，第12~13页。
⑦ 《光绪五年十一月十三日总理衙门奕䜣等奏折》，《洋务运动》（一），第203页。

期，已有一部分官员认识到中国创办铁路火车的必要性与重要性。

丁日昌所奏，是在台湾海岛修建铁路，地旷人稀，罕有毁坏田亩庐墓之事，朝廷又明确表示支持，所以，没有引起什么争议。丁日昌在奏折中特别申述海岛与内地不同，地形不同，民情不同，总理衙门也重申这点。这说明朝廷在批准台湾筑路之议时，已考虑到海岛与内地的差异。果然，在80年代初期，刘铭传提出在内地修筑铁路时，引起了轩然大波。

1880年底，前直隶提督刘铭传奉诏进京筹议抗俄军务，首倡在中国内地修筑铁路。他在奏折中认为，俄国、日本都因为有铁路火车，日益强大，已经对中国形成威胁；铁路建设在经济、军事、政治、外交等方面都至关重要，是自强之道关键所在，中国建造铁路刻不容缓：

> 自强之道，练兵造器固宜次第举行，然其机括则在于急造铁路。铁路之利于漕务、赈务、商务、矿务、厘捐、行旅者不可殚述，而于用兵一道尤为急不可缓之图。中国幅员辽阔，北边绵亘万里，毗连俄界，通商各海口又与各国共之。画疆而守则防不胜防，驰逐往来则鞭长莫及。惟铁路一开，则东西南北呼吸相通，视敌所驱相机策应，虽万里之遥，数日可至，虽百万之众，一呼而集，无征调仓皇之虑，转输艰难之虞……如有铁路收费足以养兵，则厘卡可以酌裁，并无洋票通行之病，裕国便民之道，无逾于此。且俄人所以挟我，日本所以轻我者，皆因中国守一隅之见，畏难苟安，不能奋兴。若一旦下造铁路之诏，显露自强之机，则气势立振，彼族闻之，必先震詟，不独俄约易成，日本窥伺之心亦可从此潜消矣。

他建议修筑由江苏清江浦经山东到北京、由汉口经河南到北京，由北京东通盛京和西通甘肃的四条铁路。由于工程浩繁，急切不能并举，应先修清江浦至北京一段。[①]

刘铭传的建议，将铁路建设提上了清政府的议事日程。廷旨要北洋大臣李鸿章和南洋大臣刘坤一妥议具奏。李、刘复奏，均赞成先修清江至北京一路。

李鸿章强调，"人心由拙而巧，器用由朴而精，风尚由分而合，此天地

---

① 刘铭传：《光绪六年十一月二日前直隶提督刘铭传奏》，丛刊本《洋务运动》（六），第138页。

自然之大势，非智力所能强遏也"。他认为，近四五十年间，西方各国之所以日臻富强，就在于其有轮船以通海道，有铁路以便陆行；日本、俄国也因为有铁路而发展迅速。他列举兴建铁路有九利：一是便利交通，改变民风，刺激经济；二是便利军队调动，有利国防；三是便利加强京师与内地联系，有利于拱卫京师；四是有利于赈灾保民；五是有利于漕粮、军米、军火、京饷等转运；六是有利于文书、邮件、信息传递；七是有利于煤铁矿运输，增加利源；八是有利于洋货、土货交易，促进经济；九是有利于官民兵商人员流动。他还就所谓铁路之开便于敌人来犯、影响车夫贩竖生计、破坏民间田庐坟墓等反对修建铁路的说法，一一进行了驳斥。对于刘铭传借贷外债以修路的意见，李鸿章提出了三条预作防范的补充意见：一是担心洋人之把持而铁路不能自主，建议与洋人明立禁约，不得干预吾事，一切招工、购料等事宜，均由中国做主；二是担心洋人阴谋占据铁路，建议不准洋人附股，将来万一经营亏短，还债困难，也只准以铁路为质信，不得将铁路抵交洋人；三是担心因铁路之债影响中国财政，建议与洋人议明，这类债务与海关无涉，但由国家指定日后所收铁路之利陆续分还。[①] 他认为，铁路办理得法，则"利国利民，可大可久"。[②]

在李鸿章、刘坤一奏复之前，翰林院侍读学士张家骧已向朝廷提出反对意见。他认为刘铭传之议有三弊：一是清江浦乃水陆通衢，若建成铁路，商贾行旅辐辏骈阗，其热闹必超过上海、天津，必有洋人往来，从旁觊觎，借端要求，必有不测后患；二是铁路沿线必破坏田亩、屋庐、坟墓、桥梁，货车通行必引起冲突，贻害民间；三是火车通行，转运货物，必与已有之招商局争利，天津码头将因此而衰，火车亦未由此而多获利。[③] 朝廷将张家骧的意见也印发群臣讨论。

针对张家骧的担忧，李鸿章在附片中一一进行解释与批驳，指出洋人是否要挟，全视中国国势之强弱，不在清江浦之繁荣与否；铁路占地很窄，火车通行时有启栅开闭，与民并无不便；至于火车与轮船，在运货路线、运行速度方面各有特点，可以并行不悖。[④] 李鸿章还分析，士大夫对于修筑铁路之类为何会有那么多的疑忌与反对意见：

---

① 《光绪六年十二月初一日直隶总督李鸿章奏》，《洋务运动》（六），第141~143页。
② 《光绪六年十二月初一日直隶总督李鸿章奏》，《洋务运动》（六），第149页。
③ 《光绪六年十一月二十一日翰林院侍读学士张家骧奏》，《洋务运动》（六），第139~140页。
④ 《光绪六年十二月初一日直隶总督李鸿章奏》，《洋务运动》（六），第148页。

大抵近来交涉各务，实系中国创见之端，士大夫见外侮日迫，颇有发奋自强之议。然欲自强必先理财，而议者辄指为言利；欲自强必图振作，而议者辄斥为喜事；至稍涉洋务，则更有鄙夷不屑之见横亘胸中。不知外患如此其多，时艰如此其棘，断非空谈所能有济。我朝处数千年未有之奇局，自应建数千年未有之奇业，若事事必拘守成法，恐日即于危弱而终无以自强。①

刘坤一在奏复时明确表示支持刘铭传、李鸿章意见，并强调修筑铁路在征调、转输方面，实在神速，为无论智愚所共晓。至于张家骧所担忧的问题，皆可以变通解决。他对于铁路兴建以后将会影响民间生计方面，有所担心。他希望朝廷参酌异同，权衡轻重，谋定而后动，将好事办好。②

对修建铁路持反对意见的还有降调顺天府丞王家璧、翰林院侍读周德润等，其中，意见最为系统的是刘锡鸿。刘锡鸿在奏折中论述火车"不可行者八，无利者八，有害者九"，一共 25 条。归纳起来，可以分为以下七条。

一是经费难筹。火车之兴，需要巨额经费。这笔经费如果得自民间，须赖公司方能办理。中国向无此类公司，前些年创办轮船招商局，集股办理，因盈利不多，人皆怨悔。现中国民力大困，所以难以办理。这笔经费如果由国库拨发，更不可能。国家公帑不充已久，军费短缺，军士缺乏衣食；饥民等待救济，其他需要用钱的地方更多。英国仅三岛，有十七条铁路，花费金钱三十多兆，中国地方数十倍于英国，地形复杂，如果要造像英国那么多铁路，则要经费数十万万，中国何处能筹得如此巨款？

二是民情难洽。造铁路如阻于山，则需炸山凿洞；如阻于江海，则需凿水底而熔巨铁其中。这么做，在西方没有障碍，因为他们信奉天主教、基督教，不信风水，但在中国不行，势必被民众视为不祥，让山川之神不安，也容易因此招致旱潦之灾。筑路必占民田，失地农民很难再获得合适的土地，其所得偿地银钱很容易坐食旋空，此后谋生，难有着落。

三是获利难多。西方商人凑股办理铁路，办事之人在在扎实，中国情况则否，法令久弛，办事之人要么贪污自肥，要么渎职浪费，福建船政局就是前车之鉴，现在如果兴办铁路，很难获利。西洋各国关口管理规矩严

---

① 《光绪六年十二月初一日直隶总督李鸿章奏》，《洋务运动》（六），第 149 页。
② 刘坤一：《议覆筹造铁路利弊片》，《洋务运动》（六），第 151～152 页。

格，火车停留时间较短，通行顺畅，中国则各省各属，关卡不一，势必延误车行。西洋人出行行李很少，中国人出行行李很多。中国人占据空间大则每车载人必少。西洋人爱旅游，中国人不爱旅游。中国与西洋贸易货物各具特点。中国食用之物，大多不宜于西洋，所销大宗，仅丝茶两项，而西洋所需丝茶其实是有限的。所以，中国如开通火车，不过徒便洋人，未足利于中国。

四是难于管理。火车速度飞快，路面稍有不平，很容易发生事故，因此，铁路火车之管理必须有专门人才，也要有相应的法规。中国这方面都不具备。西方社会治安管理良好，极少盗窃事件发生，中国则否。此前上海吴淞铁路买回洋人铁路，刚一个月即被人截去铁段，使得火车不能通行。中国内地山林丛菁，常有盗贼，火车所经，易发盗窃案件。可见管理之难。

五是人才难觅。建筑铁路需要专门技术人才，中国缺少。筑路之法，非洋匠做不好；火车上的诸多物件，包括铺路之铁轨、脂轮之油水，中国都不能制造。如果一切依赖洋人，则花费更巨。土耳其因为仿造西洋铁路，借了大批外债，结果几至亡国。

六是破坏社会结构。火车通行之地，原有经济结构、民情风俗都将受到影响。"乡僻小民，百亩之人以养十数口，犹有余财，其居近城市者，则所入倍而莫能如之，通都大邑则所入数倍而亦莫能如之。何者？商贾所不到，嗜欲无自生，粝食粗衣，此外更无他求也。今行火车，则货物流通，取携皆便，人心必增奢侈，财产日以虚糜"。

七是危害国家安全。如果筑铁路通火车，则原有山川关塞悉成驰驱坦途，外国军队入侵容易。铁路之利于行兵实视乎兵力值强弱，兵力强则我可速以挫敌，兵力弱则敌反因以蹙我。如果外国人深入内地，则内地村愚易为洋人所惑所用。

刘锡鸿总结说：

> 臣尝譬之，西洋如富商大贾，金宝充盈，挥霍恣肆。凡其举止应酬，役使童仆，动用器具，皆为诗书世家所未经见。当其势焰炽发，纵被呵叱而莫之敢仇，然一时采烈兴高，终不如诗书遗泽之远。使为世家者，督课子弟，各治其职业以肃其家政，彼豪商亦不敢轻视之。若歆美华侈，舍己事而效其所为，则一餐之费即足自荡其产。我国朝乾隆之世非有火车也，然而廪溢库充，民丰物阜，鞭挞直及五印度，

西洋亦效贡而称臣。今之大势弗及者，以刑政不修，民事不勤耳。稽列圣之所以明赏罚、劝农工者，饬令诸臣屏除阿私逸欲，实力举行之，即可复臻强盛，何为效中国所不能效哉！①

刘锡鸿曾经担任驻英副使、驻德公使，对西方火车铁路有切身经历和体验。他论述火车铁路不适合中国国情，并非浮泛空论，有的确属真知灼见，如所述火车所到之处能改变原有经济结构、民情风俗，火车管理需要专门知识，都是不刊之论。但是，有的属于夸大其词，如资金筹措问题、人才培养问题；有的显属危言耸听，如火车会危及国家安全。一种议论，如果尽是愚陋偏谬之说，则信者不多，危害亦小；如果真知与谬说交错混杂，则信者易众，危害益大。刘锡鸿所论，就是后者，加上他出使西方的经历，这就使得他的议论具有非同寻常的影响力。果然，其奏折上呈以后，第二天即下谕旨："铁路火车为外洋所盛行，若以创办，无论利少害多，且需费至数千万，安得有此巨款？若借用外债，流弊尤多。叠据廷臣陈奏，佥以铁路断不宜开，不为无见。刘铭传所奏，著无庸议。将此各谕令知之。"②

刘锡鸿的这一奏折，慈禧太后的这一决定，使得中国铁路建设的历史，又向后延迟了至少七年。

1883 年，法国向越南增兵，中法战争一触即发。李鸿章又提出修建铁路问题，强调"火车铁路利益甚大，东西洋均已盛行，中国阻于浮议，至今未能试办。将来欲求富强制敌之策，舍此莫由。倘海多铁舰，陆多铁道，此乃真实声威，外人断不敢轻于称兵恫喝"。③ 此后，赞成与反对修建铁路的声音都很强烈。反对者包括内阁学士徐致祥、山东道监察御史文海、陕西道监察御史张廷燎、浙江道监察御史汪正元、太仆寺少卿延茂等，他们重提此前多人说过的铁路有害论，包括经费困难、借债贻患、外夷觊觎等。

就在两方面意见相持不下时，光绪十年三月十四日（1884 年 4 月 9 日），朝廷发生重大人事变动。执掌中枢二十余年的恭亲王奕䜣被罢免军机大臣职务，以礼亲王世铎替代，慈禧太后命世铎遇到重要事件一定要与醇

---

① 《光绪七年正月十六日通政使司参议刘锡鸿奏折》，《洋务运动》（六），第 165 页。
② 《清德宗实录》卷 126，第 18 页。见宓汝成书，第 1 册第 103 页。
③ 李鸿章：《论法兵渐进兼陈铁舰铁路之利》，光绪九年六月二十二日，《李文忠公全书》译署函稿，卷 14，第 25 页。

亲王奕譞商办。此事史称"甲申易枢"。奕譞为光绪皇帝生父，对修建铁路持赞成态度。此后，朝廷对于铁路的态度发生了重要变化。一个标志性事件是徐致祥受到斥责。

光绪十年九月十三日（1884 年 10 月 31 日），内阁学士徐致祥上奏称，西洋人劝中国兴建铁路，"以利动我，实以害重我，我受其害，则彼享其利，而中国附和而怂恿之者，无非为肥己进身之地，而置国家之利害于不顾也"。他陈说兴建铁路八害：其一，铁路兴而夺商船业务，影响商人生计；其二，兴建铁路必然占用先前治理黄河的经费，置无数小民之困苦于不顾，丧失民心；其三，自清江浦建造铁路，洋人将染指其地，置造洋房，增设货栈；其四，建造铁路，洋人必然效法，如果允许，则无异开门揖盗，如果拒绝，则启衅兴戎；其五，铁路一建，中国关塞尽失其险，将何以自立？其六，铁路易被破坏，控断尺地，火车即不能行，极难防范；其七，火车通行，传递文报，则先前驿站全废，陆路车驼俱归无用，影响原有人员生计；其八，举借外债，其患无穷。总之，铁路之事，"利小而害大，利近而害远，利显而害隐。彼所为利者，在五年之中，臣所为害者，在十年以外"。① 光绪十年十一月二十五日（1885 年 1 月 10 日），徐致祥再上一折，指责"唱（倡）导此说与赞成此说者，非奸即谄，而置国家之大害于不顾也，借夷之款以增夷之利，用夷之法以遂夷之计"。② 徐致祥所说"八害"，并无任何新鲜的内容，但他指责主张修建铁路的大臣是为了"肥己进身"，是"置国家之利害于不顾"，是"借夷之款以增夷之利，用夷之法以遂夷之计"，则是对刘铭传、李鸿章、刘坤一等人的政治诬陷，是否定这批大臣对大清王朝的忠诚，这是慈禧太后所不能容忍的。光绪十年十一月二十五日，上谕谴责徐致祥所奏并不平心论事，辄敢肆行訾诋，殊属妄诞，着交部议处。③ 徐由此受到降三级调用、不准抵销的处分。

中法战争结束后，朝廷下诏各臣工切筹善后，铁路又被作为重要内容提了出来。李鸿章表示，法事起后，债台高筑。开源之道，当效西法采煤铁、造铁路、兴商政。矿藏固为美富，铁路实有远利。④ 1885 年，闽浙总督左宗棠病故，临终遗疏言：

---

① 徐致祥：《论铁路利害折》，《嘉定先生奏议》卷上，《洋务运动》（六），第 167 ~ 168 页。
② 《光绪十年十一月二十五日内阁学士徐致祥奏》，《洋务运动》（六），第 172 页。
③ 《东华录》光绪朝，卷 66，第 18 页。
④ 《清史稿》交通志，第 4428 页。

铁路宜仿造也。外洋以经商为本，与中国情形原有不同，然因商造路，治兵转运灵通，无往不利。其未建以前，阻挠固甚，一经告成，民因而富，国因而强，人物因而倍盛，有利无害，固有明征。天下俗论纷纷，究不必与之辩白……请俟海防大臣派定之后，饬令议办。①

1886年，清廷设置海军衙门，任命醇王总理节制沿海水师，以庆郡王奕劻、大学士总督李鸿章、都统善庆、侍郎曾纪泽为佐。李鸿章奏请将铁路事务统归海军衙门管理。1887年，海军衙门奏请修筑津沽铁路和台湾铁路，慈禧太后批准。此后，津沽与台湾铁路动工兴建。

1888年，津沽铁路竣工通车，李鸿章提出就势将铁路接到通州，海军衙门随即请办。与此同时，李鸿章趁庆贺光绪帝大婚之机，修建了专供慈禧、光绪帝御用的西苑铁路，以便让清朝最高统治者感受火车的优越性。修筑津通路与西苑铁路两件事连在一起，在京师引起了一场很大的风波。先后上奏表示反对的有20多人，包括御史余联沅、屠仁守、吴兆泰、张炳琳、林步青、徐会澧、王文锦、李培元、曹鸿勋、王仁堪、高钊中、何福堃，国子监祭酒盛昱，户部给事中洪良品，左庶子朱琛，户部尚书翁同龢、孙家鼐，礼部尚书奎润，仓场侍郎游百川，内阁学士文治，大学士恩承，尚书徐桐，侍郎孙毓汶。其反对意见，归纳起来，还是铁路将为敌所用、扰乱社会、夺民生计、享利在官，受害在民等，都是此前一二十年间反对修建铁路的老调。只有一条是新的，即京师重地，首善之区，不能轻试。对此，李鸿章写了《议驳京僚谏阻铁路各奏》等，予以驳斥。海军衙门、军机处将反对意见归纳为"资敌、扰民、夺民生计"三端，予以批评，请皇上将各原奏发交有关将军督抚复议，要曾国荃、卞宝第、张之洞、刘铭传、王文韶等十多位将军督抚对于津通铁路各抒所见，迅速奏复。结果，多数人赞成继续兴办铁路。其中，两江总督曾国荃讲得最为简洁透彻：

泰西铁路之利，各国皆同，中国所欲摹仿而收其利权者，已非一日。臣愚窃以为不开于今日，必开于将来，势必为之也。与其毁已成之股票而不足取信，不若坚自强之定见，而先立始基。盖人情乐于观成而难于图始。即如出使外洋一役，当年群臣鄙夷不屑者居多，有人

---

① 《交通史路政编》第1册，第38页。

言及，几何不掩耳而走？不数年而人人思奋，乐于趋事。无他，安于所习耳。夫风云雷雨至变也，习见之而为常；江淮河海至险也，习行之而无惧。铁路一事，为中国前代所未闻，一旦创办，小民骇异，无怪其然。逮落成以后，向之所称有害者，未必尽然；而征兵运漕，随发随至，装货搭客，倏往倏来，殆如轮船、电线之共称便利，有可决其必然者。①

环绕着津通铁路的争论，持续到 1889 年。这一次，反对修路的声浪，远超过以往，卷入的人数多，地位也高。但是，由于关键人物奕譞、李鸿章的坚持，赢得慈禧太后的支持，修路事宜才得以向前推进。

四 矛盾夹缠

从 19 世纪 60 年代初起，到 80 年代末，围绕中国要否修建铁路问题，争论一直没有停止。60 年代，主要是讨论如何防止列强插手的问题；70 年代，讨论的是在台湾海岛修建铁路；80 年代中期，讨论的是在中国内地修建铁路；80 年代末，讨论的既有内地修建铁路问题，还有京师可否通行火车问题。总括 20 多年间赞成与反对的意见，没有多少本质差异，只有具体表述不同。赞成意见主要是方便货物、人员、信息流动，刺激经济社会发展，有利于抗敌卫国，论述最详尽的是丁日昌的"十害、十利与七不必虑"与李鸿章的九利三防范说；反对意见集中起来，就是日后海军衙门归纳的"资敌、扰民、夺民生计"，所谓影响庐墓风水也在"扰民"之列，论述最详尽的是刘锡鸿的"不可行者八，无利者八，有害者九"。

在器物层面上，同光之际中国从西方引进的最重要的有三项，即军械（包括枪炮与军舰）、轮船与铁路。这三个方面引起的社会反响各不相同。军械方面几乎没有什么反对的意见，如果官员之中有什么分歧的话，那主要集中于经费问题。这是因为，中国与西方相比，军械落后是显而易见的，仿造外国军械对中国经济结构、社会结构没有什么触动。轮船方面（主要是民用轮船），稍有争论，开始是涉及原有船工生计问题，及至海运取代河运、导致原有漕运员工失业成为流民，这才成为比较严重的社会问题，但

---

① 《光绪十五年一月二十九日两江总督曾国荃奏》，《洋务运动》（六），第 236~237 页。

是，范围还比较有限。修筑铁路之所以成为问题，引起涉及那么广范围、持续那么长时间的争论，主要是因为，第一，铁路火车是全新的事物，包括铁轨的铺设，火车飞驰的动力与原理，载客载物的强大功能，在国人原有的认知范围里，没有可比的类似物。铁路之于土路石路，火车之于马车骡车，代表的是两类不同程度的文明。第二，铁路修筑、火车运行的人为色彩特别强烈，并不像轮船那样顺着原有江河航道航行，而是自辟蹊径，逢山开路，遇水搭桥，拿弯取直，有陂必平，对原有生态环境改变的力度很大，对原有山河、田亩、庐舍、陵墓确有冲击与破坏。第三，铁路修筑，火车运行，确实会改变相关地区的经济结构、社会结构，改变民情风俗，所谓"夺民利权"的问题并非空穴来风。第四，对于积贫积弱的中国来说，修路的资金来源，诚如马建忠所说，只有借贷外债一途，这对于尚不了解外债作用两面性的官绅来说，其担忧并非杞人忧天。这四个方面，都是铁路火车不同于军械、轮船的地方，是铁路火车在同光之际引起那么多疑忌、争论的根源所在。

铁路火车在同光之际引起的社会反响，最具有讽刺意味的，莫过于李鸿章等人在19世纪80年代批驳的意见，恰恰是他自己在60年代说过的话。试比较下面两段话：

> （铜线、铁路）此两事大有利于彼，有大害于我，而铁路比铜线尤甚。臣与总理衙门尝论之。各省官民皆以为不便，洋人贪利无厌，志在必行。数年以来，总未得逞，固由内外通商衙门合力坚拒，彼亦明知民情不愿，势难强逼也。换约时若再议及，只有仍执前说，凿我山川，害我田庐，碍我风水，占我商民生计，百姓必群起抗争拆毁，官不能治其罪，亦不能责令赔偿，致激民变。①

> 或又谓铁路一开，则中国之车夫贩竖将无以谋衣食，恐小民失其生计，必滋事端。不知英国初造铁路时，亦有虑夺民生计者，未几而傍路之要镇以马车营生者且倍于曩日。盖铁路只临大道，而州县乡镇之稍僻者，其送客运货仍赖马车、民夫，铁路之市易既繁，夫车亦因之增众。至若火车盛行，则有驾驶之人，有修路之工，有巡暸之丁，

---

① 李鸿章奏《筹办夷务始末》（同治朝）卷55，第13页。

有上下货物、伺候旅客之杂役，月赋工糈，皆足以仰事俯畜，其稍饶于财者，则可以增设旅店，广买股份，坐权字母，故有铁路一二千里，而民之依以谋生者当不下数十万人。况煤铁等矿由此大开，贫民之自食其力者更不可胜计，此皆扩民生计之明证了。

或又谓于民间田庐、坟墓有碍必多阻挠。不知官道宽广，铁路所经不过丈余之地，于田庐坟墓尚不相妨。即遇官道稍窄之处，亦必买地优给价值；其坟墓当道者，不难稍纡折以避之。①

这两段话都是出自李鸿章的奏折，不同之处，前者写于 60 年代，后者写于 80 年代。两相对照，可以清楚地看出，李鸿章日后所批驳的，正是自己先前所坚持的。一个人对某个问题的看法，随着时间的推移，环境的改变，发生一些变化或者根本的变化，也是正常的。但是，李鸿章前后意见不一样，主要还不是因为自己思想的改变，而主要是说话对象不一样与说话目的不一样。60 年代，他说那番话，目的是排拒列强对中国铁路建设的染指；80 年代，他说的那番话，目的是中国自建铁路。近代中国所走的现代化道路是后发型、外铄型的，向西方学习与反对西方侵略纠缠在一起。集中在李鸿章身上，60 年代反对西方染指铁路建设是为了自强，80 年代主张中国自建铁路也是为了自强。反对西方染指时，任何反对的借口都可以找出来；主张中国自建时，对任何反对的说法都可以找到驳斥的理由。于是，出现了看似自相矛盾的现象。沈葆桢在拆除吴淞铁路时曾有句名言："中国如欲振兴，则铁路之开必不能免，然不可使中国铁路开之自我。"② 他明知铁路是中国走向自强的必然之路，但他不能允许列强私自建造的吴淞铁路成为中国铁路历史的开端，不能允许列强插手中国铁路建设事业，尤其不能允许列强插手中国铁路建设事业这件事，与他沈葆桢的名字联系在一起。学习西方先进文明与反对西方经济侵略，在铁路这一问题上集中体现出来。这也是李鸿章、沈葆桢那一批人处境尴尬的根源所在。

---

① 李鸿章：《光绪六年十二月初一日直隶总督李鸿章奏》，《洋务运动》（六），第 145 页。
② 何启、胡礼垣：《〈劝学篇〉书后》。

地方性外交中的中央与地方关系

——以东三省总督锡良铁路交涉为例

马陵合[*]

"庚子事变"后，锡良①作为晚清的重要督臣活跃在历史舞台上。他在晚清铁路发展史上也是具有重大历史影响的人物。他先后出任四川、云贵、东三省总督。在其任上，铁路问题一直是其关注的重心。关于锡良的研究以及其与铁路的研究，近年成果渐趋丰富。② 本文探究的核心问题是，作为一方大员，在对待自办铁路、外国投资中国铁路问题上，锡良为何在四川、云贵与东三省表现出截然不同的态度。进而可以探讨的一个问题是，在这一转变的过程中，中央政府与地方政府呈现出何种关系，是否存在中央与地方在外交政策上的一致性或对抗性。此外，在清末省籍意识趋于浓厚的背景下，东三省无疑呈现出区域的整体性，超越了单纯的省域界限，铁路在一定程度上成为区域利益和认同感的载体。③

---

* 马陵合，安徽师范大学经济学院教授。
① 1909.2～1911.3 锡良任东三省总督。
② 连振斌的《近四十年锡良研究综述》（《内蒙古民族大学学报（社会科学版）》2011 年第 1 期）对此进行较为系统的介绍。近年来，已有几篇以锡良为主题的博士、硕士学位论文。本文试图从锡良在铁路问题上的态度转变，引申出地方督抚在与中央关系上较为特殊的一面。
③ 清末地方性外交在何种程度上呈现相对的独立性，则是本文探讨的一个核心问题。赵宏林在其博士论文《晚清地方外交》（湖南师范大学 2010 年）及其相关论文中，对地方外交进行了较为系统的研究，并强调地方外交的区域性差异。

一 从四川到东北：铁路问题的地方性差异

锡良倡办的川汉铁路公司是清末第一个省级以官办为主的铁路公司，1907 年后才改为商办。在其任总督期间，一直强调以地方政府为中心，联合川籍京官、地方士绅形成对铁路公司的实际控制。这成为其他省份仿效的一个模式。

1903 年 5 月，锡良任四川总督。他于上任途中即向清政府上奏，请求自设川汉铁路公司，由川人自办铁路，以抵制列强妄图谋取入川铁路的图谋。[①] 这应是清末以地方政府为主导、依托结合地方社会力量修筑地方性铁路之先河。修建地方性铁路，对于地方政府而言，存在权力与利益的双重需求。因而，锡良在川汉铁路问题上明显表现出两个政策倾向：一是利用地方政府的权力，通过租股的形式强制性获取建设资金；二是强化地方政府对铁路的控制，并挪用铁路资金。就此而言，体现出晚清逐渐扩大省界意识的影响，带有明显区域自保的色彩。因种种原因，川汉铁路的建设并未能达成预定目标，甚至让中央政府担忧影响地方的稳定。但从权力运行机制的角度而言，地方大员因为主导了抵制外国的行动，成为中央政府摆脱列强控制的重要依托力量，由此获得了更多的话语权。同时，借助外在压力，扩大自己的权力范围，或增加对中央政府决策的影响力，成为地方督抚的惯常做法。[②]

关内各省的自办铁路，是以地方政府为主体，以京乡官和地方绅士为主导力量，体现地方性利益的地方性外交成果。对此，中央政府基本上是乐观其成。只是地方办铁路效益低下时，中央政府才试图加以监控，一般不会形成与地方政府直接冲突的局面。但是，在东北铁路交涉中，中央政府与地方督抚之间的关系则呈现不同的情形。复杂的国际局势和巨大的外交压力，中央政府的政策无措，甚至将一些重大的外交事务交由地方官员处理。中央与地方在处理区域性的外交事务上有着明显的不同政策取向，前者偏重于外交格局宏观上的平衡，而地方官员则将外交事务与对地方利益的保护、地方社会经济的发展密切联系在一起。锡良在四川和云贵地区

① 宓汝成：《中国近代铁路史资料》第 3 册，中华书局，1963，第 1058 页。
② 关于四川铁路公司已经有大量的研究成果问世。国外成果主要有 S. A. M. Province and Poltics in late Imperial China Vicergal Government in Szechwan 1898 - 1911，Curon Press 1984。

时主张商办铁路、排拒外债，到了东北后，态度却迅速发生转变，对铁路外债由抵制排拒转向积极争取。对于这种转变的原因，西方学者的解释似乎更多从他的政治观念出发，认为他的举借既受到前任均势外交理念的影响，也是他自己民族主义主张的体现。[1] 但是，锡良的变化实际上是在东三省特殊外交体制之下实现的。这种以东北督抚为主、实际又受制于中央的对外交涉机制，既给了他们维护区域利益的外交自主权，也使得他们承担更大的责任和风险。总体而言，地方官员往往希望获取更为自主的外交事务处决权，这就极易导致地方政府与中央政府在外交政策上产生分歧，双方意见相左使铁路交涉对策极易表现出游移不定。

因为东北政治与外交的特殊性，与中央在铁路问题上呈现出更为复杂的关系。首先，东三省并没有出现省级或区域性的铁路公司，这与东三省改制较晚有关。其次，地方官与中央政府在关于东北铁路修建的政策倾向上是不一致的。中央政府在大多数情况下不希望列强对于东北铁路问题表现出过于激烈的反应，甚至希望不建或少建铁路，减少借债的压力和列强之间的争夺。更重要的是，中央政府内部的意见也不能做到协调一致。从徐世昌到锡良的东北地方大员，均强调厚集洋债、以均势力，主张实施均势外交。中央政府并不反对这一外交理念，但地方督抚与中央政府各部门之间在实际运作中往往难以形成一致的主张。中央与地方大员之间的争论，直接影响东北地区的铁路交涉，并成为清末最后几年中央与地方关系全面恶化的载体。

二 作为地方性事务的安奉铁路交涉

锡良调任东北，包含着清政府高层对他的很高期望。摄政王载沣在锡良上任后曾称其"慎公正，办事认，朕夙所嘉许，……应办各事务分缓急轻重筹办，次第施行"。[2] 锡良赴东北前在北京逗留多日，主要目的是与相关国家驻华使节进行沟通，希望"此后办事较易著手"。同时寻求度支部的

---

① 〔美〕韩德：《中美特殊关系的形成——1914 年前的美国与中国》，项立岭、林勇军译，第 218 页；Roger V. Des Forges, Hsi-Liang and the Chinese National Revolution, New Haven and London Yale University Press, 1973, p.141。

② 《摄政王嘉勉锡督》，《申报》1909 年 5 月 28 日。

经费支持，以解决东北的财政困难问题。① 因为"东省财政艰窘一由于利权外溢，一由于实业不兴。若不迅速筹挽救之方，必至财匮民穷不能生存而后已"。② 但是，锡良上任所面对的最紧迫的问题应是前任所留下的与日本的安奉铁路纠纷。这使得锡良作为地方官员所承担的外交重任就显得非常突出，因为安奉铁路问题一开始就是由东三省总督全面负责的地方性外交事务。

安奉铁路是日俄战争期间日军修筑的轻便铁路。该路从安东（今辽宁丹东）到苏家屯，长261公里，1904年动工。1905年9月，日本战胜沙俄，于是继续强行修筑安东至奉天间的军用轻便铁道。11月26日，清政府与日本签订《日清满洲善后协约及附属条约》，清政府同意日方所修筑的安奉线轻便窄轨临时军用铁道改建为标准轨距永久性的商业铁路。到12月15日，安奉线全长303.7公里的军用窄轨轻便铁路建成通车，全线设25个停车站，安东站为甲等站。③

1905年，日俄两国在美国的调解下，结束了历时20个月的日俄战争。9月5日，日俄两国在美国朴次茅斯签订了《日俄和约》，其中规定：俄国政府允将长春（宽城子）以南至旅顺口之铁路及一切支路、该地方铁道内附属之一切权利财产，以及该处铁道内附属地等均移让于日本政府。根据这些规定，日本1905年11月2日任命外相小村寿太郎为全权大使前往北京同清政府会谈，清政府也任命庆亲王奕劻、直隶总督袁世凯等人为全权代表与之会谈。双方经过近5个星期的谈判，于12月22日签订了《中日会议东三省事宜条约》。此约共3款，另有附约12款。清政府同意"将俄国按照《日俄和约》第五款及第六款允让日本国之一切概行允诺"，而日本则"承允按照中俄两国所订借地及造路原约实力遵行"。其中附约第六条规定：安奉铁路仍归日本政府接续经营，改为转运各国工商货物，除因运兵回国须耽延12个月不计外，以2年为改良竣工之期，再展15年，将建置各物估价售予中国；其改良办法，应由中日双方派员妥实商议；所有办理该路事务，中国政府援照东省铁路合同，派员查察经理。④

---

① 《锡督尚未赴奉原因》，《申报》1909年5月15日。
② 《锡督兴办东省实业之计划》，《申报》1909年5月26日。
③ 〔日〕铃木隆史：《日本帝国主义对中国东北的侵略》，吉林省伪皇宫陈列馆译，吉林教育出版社，1996，第168页。
④ 辽宁省档案馆编《奉系军阀档案史料汇编1》，江苏古籍出版社，1990，第301页。

根据上述条约，在 1907 年日本与中国就安奉铁路改建问题达成协议。可是，日本因集中力量改建南满铁路，直到 1909 年 1 月 31 日，才照会清政府外务部，要求派员会商安奉铁路改良办法，并声称日本政府已经命令南满铁路株式会社承办此项工程。就此而言，日方已违约，原议即应作废，但清政府仍允通融商办。1909 年 3 月，邮传部、东三省总督徐世昌派员与日本相关人员接触后，才得知日本人所定新线较旧线变动很大，并拟加宽轨距。清政府一直坚持改良不改筑的立场，认为日本要求超出了原约的规定。因双方意见分歧很大，致使谈判陷入僵局。但是，外务部对徐世昌拒绝与日人商谈持反对态度，在与邮传部没有形成一致意见的情况下，直接派员与日方会勘铁路，并认为"日使声明仍照原定收回年限，似不能阻止勘估"。① 为应对中央政府和日本的双重压力，徐世昌主张在工程动工之前，先将该铁路的性质、铁路守备队和警察等问题议妥。在日本方面看来，这明显是"拖延开工期限"的策略。②

锡良在谈判之初就表现出较徐世昌更不愿让步的态度。但是，他又希望能与日本"和平议结"外交纠纷。他主动赴各国领事官署沟通，其中包括日本的小池总领事。小池答复是强硬的，"凡所有一切交涉案件定夺之权操自贵大臣"。③ 这使得锡良一开始即要与日本方面形成直接的对抗，不过他的抗争并没有得到中央政府明确的支持。西太后和光绪帝去世后，政局动荡，新上台执政的满洲少壮权贵幼稚与昏乱，导致各部门在处理东北铁路交涉时并无一致的行动方针。外务部的态度尤为暧昧。面对日趋强硬的日本，外务部一方面强调安奉铁路谈判是地方性事务，另一方面又不断对锡良施加压力。外务部为推卸责任，不断电催锡良与日总领事妥议，但又不明确指示任何因应方针。④ 对于改造工程，表示"并非意存固执"；对于如何改造线路，又强调应由"中日特派人员妥实商议，断不容藉词任意更改线路"。⑤

日本似乎一开始就注意到清政府内部的歧异，"东三省总督与北京政府

① 《清宣统朝中日交涉史料》，故宫博物院文献馆编印，1933，卷 1，第 3 页。
② 解学诗：《满铁史资料》第 2 卷路政编，中华书局，1987，第 2 册第 384 页。
③ 《锡督办理内政外交之方针》，《申报》1909 年 6 月 7 日。
④ 《清季外交史料》宣统朝，卷 4，第 25～26 页；刘彦：《中国近代外交史欧战期间中日交涉史》，湖南教育出版社，2010，第 334～336 页。
⑤ 宓汝成：《中国近代铁路史资料》第 2 册，中华书局，1963，第 569 页。

之间似乎并不一致"。① 这样，就造成北京与奉天同时进行交涉的奇特局面，"在两地展开谈判，结果反而给中国方面以拖延的口实，无论在北京或奉天都似乎摸不到中国的真实意图"。②

上任伊始的锡良，遇到如此复杂的局面，自然希望由中央直接处理这种外交事务。当时报载："东省交涉异常棘手，旬日以来，锡清帅屡有电奏。如前月二十六七日两电，均有七八百字之多，且甚秘密非军机大臣莫悉其详。惟闻大旨有兵舰连樯而至，势在必启衅端。民情万分惶急，交涉亦万分棘手，或将此案提归外部，与该国公使直接磋商，或可免于战事云云。"③ 但是，外务部始终强调改筑安奉铁路只是为了商业上的目的，日本不会利用这条铁路运输军队，希望锡良能尽快结束谈判，达成相关协议。④

当得不到外务部切实对策之后，锡良也只能采取拖延策略。"每当会议之日，则托病不出"。⑤ 当然，这种拖延策略受到各方的指责。有人称："锡督则只知热心收回利权，不顾事势之程度如何。其与日领事之交涉，则主张该路工事，只得依现路改良，不许扩张轨道，更正线路。若不知前此委员勘定之新路政府毫无异议者，且要求日本撤退该铁道之守备兵与警察，悉为日领事所拒绝。其后日领事再四逼促之后，锡督仍向领事覆同样之公文。日本政府直视锡督覆文为不法之提议，月余锡督亦不回答。"⑥ 摄政王批评他在对安奉铁路相关问题并不熟悉的情况下，鲁莽地表达强硬抵制的态度。锡良却认为外务部官员的无措导致谈判上的局促。如那桐对日本让步产生了重要的影响；曹汝霖甚至在东北公开表达对日本要求的认可。锡良则自认为"不像这些人，不再看到中日之间在东北有任何利益上的一致性"。⑦ 因为他知道日本要求改筑安奉线，其目的有二：一是与京义线相连，二是与南满线相接⑧，这对东北地区的主权完整是致命的威胁。清政府高层

① 《满铁史资料》第 2 卷路政编，第 2 册，第 405 页。
② 《满铁史资料》第 2 卷路政编，第 2 册，第 405 页。
③ 《锡良电奏东省交涉棘手》，《申报》1909 年 8 月 23 日。
④ Roger V. Des Forges, Hsi-Liang and the Chinese National Revolution, New Haven and London Yale University Press, 1973, P142.
⑤ 《论日本不待我政府之许可遂改筑安奉铁道事》，《东方杂志》第 7 年第 9 期。
⑥ 刘彦:《中国近代外交史欧战期间中日交涉史》，湖南教育出版社，2010，第 334~336 页。
⑦ Roger V. Des Forges, Hsi-Liang and the Chinese National Revolution, New Haven and London Yale University Press, 1973, p. 143.
⑧ Roger V. Des Forges, Hsi-Liang and the Chinese National Revolution, New Haven and London Yale University Press, 1973, p. 141.

却对这种潜在危害不甚明了。

面对日本的紧逼，锡良只能以地方官的身份，向外务部提出具体交涉方案。1909 年 6 月 8 日，他向外务部提交有关谈判原则的八项对策。这八项对策的目标是力图最大限度地减少日本对安奉铁路的控制权。在强调日本只有改良而没有改筑的权利基础上，还要求日方放弃购地、驻警、驻兵等的要求，希望能将危害程度降至最低。①

在上述八条的基础上，1909 年 6 月 24 日，锡良制定节略十条送交日方，作为谈判条件。其主要内容有：（1）安奉铁路依北京协约而成立，为独立之铁路非他路之支路；（2）所谓改良是指将原路酌改，不是将全路改造；（3）改良工作必须经两国议定后共同进行；（4）所用地亩，只限铁路用地，不许购作他用；（5）日本必须交还安东六道沟已占之大片大地；（6）日本非法派出的军队和警察必须撤离，由中国派警护路。对此，日本立即敏感地意识到，锡良提出十点，"网罗了就安奉问题所能向日本提出的全部要求。中国的要求与日本的拒绝成反比例，有与日俱增之势，6 月 24 日的备忘录可说是达到顶点"。② 锡良作为地方官，超越其权限，向日本提出涉及中日两国外交重大问题的要求，是"极失条理之条件"。这刺激了日本采取越过东北地方官，直接对外务部强硬施压的外交对策。日本外相小村明确电训驻华公使伊集院，要与清政府外务部进行"郑重交涉"，"为发出通牒创造条件"。③

在锡良坚持不作妥协的情况下，日本方面于 1909 年 8 月 6 日对中国发出通牒，声明要采取自由行动。面对日本外交压力，外务部的态度变得更加软弱，不愿承担责任。它只是不断要求锡良尽快解决相关问题，并令其"酌量情形与日领切实磋商，以免藉口"，强调改筑"如为该路不可少之办法，自未便一味固拒"。④ 8 月 9 日，锡良提出，"日本政府如能将中国政府所提出之十条除第二条外，确有表示切实商议之诚意，则中国政府当可先将第二条允照日本之意改换，作为暂时议定；但须俟其他九条一律议结，

---

① 东三省总督锡良致外务部咨文，宣统元年四月二十一日，见宓汝成《中国近代铁路史资料》第 2 册，中华书局，1963，第 562~564 页。

② 《满铁史资料》第 2 卷路政编，第 2 册，第 405 页。

③ 《满铁史资料》第 2 卷路政编，第 2 册，第 369 页。

④ 《满铁史资料》第 2 卷路政编，第 2 册，第 467 页。

方能作为确定条件"。① 锡良实际上以磋商铁路建筑涉及相关问题为条件，同意日本将安奉线改筑为宽轨铁路。

但是，外务部一开始就表示，中国没有故意延宕之意，实际上就是原则同意日本改筑路线以及使用宽轨等事项。这一态度，在外人看来，是"相当怯懦，几等于完全屈报"。8月9日，清政府迭致电驻各国使臣，要求他们向驻在国政府阐释中国立场，争取同情与支持。但除意大利一报纸社论曾指责日本外，其他各国均无积极反应。② 锡良主张将中日交涉内幕布告中外，驳斥日方蛮横无理的要求，而清廷竟不敢采纳。因此，锡良颇为不满。③

在这种无助的情况下，锡良作为地方官员无法再坚持自己的主张。8月19日，锡良与小池张签署《安奉铁路节略》。锡良一直要求日本承诺，安奉铁路是独立线路，并非满铁支线，要求撤去驻扎铁路沿线的守备队和警察，归还安奉县六道沟的土地。但是，日本最终没有作出任何让步，几乎占有了安奉铁路的所有权益，使其俨然成为第二条南满铁路。《中日安奉铁路节略》与《安奉铁路购地章程》的签订，是中国清政府在安奉铁路的改造、改线、土地等问题上的让步，使得中国政府在改筑问题上处于更加被动的尴尬局面。日本在解决了安奉铁路改筑前的诸多矛盾和障碍后，开始了大规模地进行铁路改筑工程。日本这次外交高压行动，形成非常恶劣的外交先例。"此次事件甚至可能是日本侵略东三省的阶梯，是远大重大事件发生的前奏，且将影响欧洲，或甚至整个世界"。④

锡良被迫与日本领事达成协议后，感觉到自己被外务部遗弃了。他知道自己不可避免地卷入一场重大的外交灾难中。⑤ 尽管也有人客观地认为，"东三省地方当局竟能于此种险恶情况下，坚持法理，一再磋磨，其为国为民之苦心实令人钦佩不已"。⑥ 但是，锡良在安奉铁路交涉之后面临强大的

---

① 宓汝成：《中国近代铁路史资料》第2册，中华书局，1963，第570页。
② 林明德：《安奉铁路改筑问题与抵制日货运动》，《台北中研院近代史研究所集刊》1971年第2期，第354~355页。
③ 《清宣统朝中日交涉史料》卷3，第15~16页。
④ 林明德：《安奉铁路改筑问题与抵制日货运动》，《台北中研院近代史研究所集刊》1971年第2期，第356页。
⑤ Roger V. Des Forges, Hsi-Liang and the Chinese National Revolution, New Haven and London Yale University Press, 1973, P142.
⑥ 林明德：《安奉铁路改筑问题与抵制日货运动》，《台北中研院近代史研究所集刊》1971年第2期，第353页。

舆论压力和来自中央政府的政治压力。

虽然清政府和东三省总督屈服于日本压力，同意日本改筑安奉线，但却激起了中国知识分子和一般民众的强烈愤慨。留日学生发布《为安奉铁道告同胞书》的檄文，痛陈安奉铁路事件的危害，若"不谋抵制，势必各国效尤隐兆剖分之祸。是安奉一路去而东三省亡，东三省亡而中国之全局危"。① 东三省掀起声势颇为浩大的抵制日货运动。由于清政府采取取缔措施，反对改筑安奉线的抵制日货运动并没有形成强大声势，在短时间内就结束了。② 在天津，"该地方人员的不满情绪，幸亏由于北京政府严厉执行新闻条例，管束言论，结果，才不至于激烈爆发而平息下去了"。③ 尽管此次反对浪潮影响有限，但锡良所面临的舆论压力是可想而知的。

对锡良而言，更多的是来自中央高层的不满和压力。从程序上而言，安奉铁路交涉是地方官员主持的地方性外交事务，锡良在这一过程中却没有获得全权处理的权利，相反，他的强硬态度招致中央政府高层的不满。锡良与中央政府在外交事务上的矛盾加深，并趋于表面化。"锡良在安奉铁路未决问题上，几乎是不惜以个人去留为赌注，力争政府给予支持"。④ 但是，除安奉铁路外，满蒙中日交涉五案⑤均是由外务部与日方进行交涉，在这一过程中，地方督抚则几乎完全被排除在外。这使锡良在安奉铁路交涉过程中面临更多掣肘。他曾抱怨道："部守秘密，外间无从揣测。"因为他向外务部询问交涉进展情形时，竟多日"未奉部覆，尤为惶惑"。由此，对地方督抚处理外交事务的机制颇为反感，"伏思国家交涉，外务部虽有全权，而疆臣亦有守土之责。详询既不见答，鄙意实不可知。若待签约再陈，事势已去"。⑥ 外务部认为，地方督抚过分强调了中日铁路交涉在外交上的危害。例如，吉会铁路的谈判结果，并未损失路权，仍是"操纵在我"。继

---

① 日本外务省：《日本外交文书》第42卷第1册，日本国际联合协会，1936，第603页。

② 〔日〕铃木隆史：《日本帝国主义对中国东北的侵略》，吉林省伪皇宫陈列馆译，吉林教育出版社，1996，第167~169页。

③ 〔日〕铃木隆史：《日本帝国主义对中国东北的侵略》，吉林省伪皇宫陈列馆译，吉林教育出版社，1996，第168页。

④ 《满铁史资料》第2卷，路权篇，第2分册，第423~424页。

⑤ 1908年后，日本外相小村寿太郎将日本对外政策的重点放在解决满洲问题上，并提出应该着手解决"满洲六案"。"满洲六案"分别指间岛问题、修建新法铁路、拆除大石桥营口铁路、延长京奉铁路、安奉铁路改造、转让抚顺及烟台煤矿等问题。

⑥ 锡良、程德全、陈昭常、周树模致内阁电，宣统元年七月十九日，见宓汝成《中国近代铁路史资料》第2册，第591页。

而批评锡良与普遍民众一样"不明事事"。"路亡地亡之说，殊不足据。本部权衡轻重，业经详酌定议，断难再改。至绅民立会抗议，多恐未明事理。是在地方大吏，勿徇浮言，以淆观听，亦息事宁人之一道也"。①

从中央政府层面来看，摄政王开始从对锡良抱有极大期望，但迅速表现出对他的失望。"摄政王久望圆满解决，而外务部秘密谈判之真相，自接到日本公使通告之三日前，始知其状况，事之败坏至此，其责任皆由当事者怠慢交涉而致也。其结局如何能平稳，摄政王正在焦虑中"。② 摄政王"业已下令训斥东三省总督及吴禄贞等人的轻率行动，并要求他们务必妥筹打开僵局的对策"。③

锡良认为中央政府对东北危急形势尚未全知，多次"以交涉棘手决意至京请示，并面商各项要政"，政府却竭力阻止。④ "以三省重地不便轻离，如有要改会商即由程抚来京代办。贵督勿得轻离致有贻误等情。外间传说，锡东京系面奏摄政王乞退。枢府已先侦知，故极力阻止云"。⑤ 甚至有传闻说锡良已秘密入京，"来京行踪极为秘密，沿途无一知者"。⑥

《大公报》认为此次安奉铁路交涉皆由"其措置乖方"，是"锡良之失败""锡良无智能"，要求清政府罢免锡良。⑦ "闻摄政王对于安奉铁路变局颇归罪于东督锡良与日人决裂交涉，现拟将锡良调往四川"。⑧ 外人也认为，锡良就任三个月就使他的国家"受到日本的公开要弄"，也认为"除非近期内满洲地方用人有所改变，可能不要等待很久日本就要攫取南部省份"。⑨ 美国驻奉天领事包罗则称，锡良自从铁路事件后深居简出、闭门谢客，并认为此举可能是他引退的先声。⑩

① 外务部致锡良、陈昭常等电，宣统元年七月二十日，见宓汝成《中国近代铁路史资料》第 2 册，第 592 页。

② 《日本报纸之安奉铁路谈》，《东方杂志》第 7 年第 9 期。

③ 《满铁史资料》第 2 卷，路权篇，第 2 分册，第 395 页。

④ 《御前会议东省交涉纪闻》，《申报》1909 年 8 月 19 日。

⑤ 《政府力阻锡良来京》，《广益丛报》1909 年总第 218 期。

⑥ 《东督秘密入京纪闻》，《申报》1909 年 8 月 22 日。

⑦ 《大公报》1908 年 9 月 8 日。

⑧ 《东督与川督对调风说》，《申报》1909 年 8 月 13 日。

⑨ 〔澳〕骆惠敏编《清末民初政情内幕——〈泰晤士报〉驻北京记者、袁世凯政治顾问乔·厄·莫理循书信集》上卷，知识出版社，1986，第 617 页。

⑩ 〔澳〕骆惠敏编《清末民初政情内幕——〈泰晤士报〉驻北京记者、袁世凯政治顾问乔·厄·莫理循书信集》上卷，知识出版社，1986，第 618 页。

从各方面的反映来看，清廷确曾有意撤换锡良。不过这可能是清政府推卸责任的做法。锡良也向友人表示有意退让贤能，谓："此间局势窘困异常，交涉边防在在俱形棘手。自维才鲜德薄，岂能任此巨艰，正思退让贤能，以待后来之挽救，陈力就列，义所当然。"[1] 但是，此时撤换锡良是不现实的，清政府还需要锡良出面解决安奉铁路交涉的后续问题，包括安奉铁路的购地、警察、守备队等。是由中央还是地方来解决这些问题，中日之间尚没有明确的约定。若撤换锡良，外务部必然成为中日安奉铁路交涉的主要承担者。日本一直强调这些事务是纯粹的外交事务，不应由地方督抚负责交涉，不能归属于地方性事务。

此时，锡良也在寻求与日本建立更为妥善的外交沟通渠道。1909 年 10 月 26 日，安重根在中国哈尔滨成功刺杀了侵略朝鲜的元凶、前日本首相伊藤博文，当场被捕。日本关东都督府地方法院判处安重根绞刑，于 1910 年 3 月 26 日在旅顺执行。在此前的三天，锡良曾与伊藤进行了一次长谈。他担心中日在外交事务处理上，由一些小事件引发连续不断的误解，"会导致大的事件发生"。他抱怨说，驻奉天领事小池张领事的权力有限，并不拥有对驻军、警察、铁路和商业问题上的外交决策权。若一直由领事级外交官运用强制手段压迫中国地方官达到一些外交目标，是不利于处理中日在东北问题的外交关系的。"他认为日本如此做是伤害了中日之间的感情。如果有，你的国家会意识到它的行为是不值得的。我真的认为在这种情况下，你的国家把一个小问题变成一个麻烦的大交易，这真是一个耻辱"。[2] 伊藤似对锡良的建议表示认可，答应回日本后反映锡良的要求。[3] 但是，日本外相小村始终认为，锡良在安奉铁路问题上的做法，是中国敌视日本的明证。此前已组成中日联合委员会为改变轨距勘查过这条铁路，所以，锡良的反对态度表明其不守信用，是日本不能容忍的不友好表现。当时，日本对清政府内部存在的中央与地方之间关系的不协调是清楚的，因为"外务部正式许诺过的事，各省竟断然拒绝照办"。[4] 这也是日本频繁要求与中央政府

---

① 连振斌：《锡良与安奉铁路交涉》，《兰台世界》2013 年第 4 期。

② Roger V. Des Forges, Hsi-Liang and the Chinese National Revolution, New Haven and London Yale University Press, 1973, p. 143.

③ 〔澳〕骆惠敏编《清末民初政情内幕——〈泰晤士报〉驻北京记者、袁世凯政治顾问乔·厄·莫理循书信集》上卷，知识出版社，1986，第 594 页。

④ 〔澳〕骆惠敏编《清末民初政情内幕——〈泰晤士报〉驻北京记者、袁世凯政治顾问乔·厄·莫理循书信集》上卷，知识出版社，1986，第 616 ~ 617 页。

外务部直接对话的原因。

从此次以东北地方官为主角的安奉铁路外交交涉的过程与结果来看，锡良上任伊始即陷入外交困境而备受各方指责，不得不以辞职退求自保，但这并不能掩盖清政府最高外交当局的无能。当时有报章曾这样评说："原来外交之事，以海陆军为后援，我国军备既弛，而外交当局者，又无临难济变之才，则不得不悉应其要求。"而相比之下，在安奉铁路交涉中，日本成功地避免了欧洲列强的干预，可以为所欲为地"自由行动"。清政府外交当局，"际此外交棘手之时，平时既不能确定外交方针，有所豫备，临事又不能实负责任，屡失机宜，循此推移，国家前途，不为其所"。①

三 地方性的丧失与锦瑗铁路交涉的结局

在安奉铁路交涉之后，锡良承继徐世昌的厚集洋债、均势外交的主张，主动出击，争取外交局势的转换。其中借英美资本筑锦瑗铁路、削弱日俄在东北的影响是其对外交涉中的主要目标。② 同样，锦瑗铁路交涉一开始是地方性的外交行为，尽管该交涉与中央政府关系密切，但中方交涉的主要承担者一直是锡良为首的东北地方官员。这期间，中央与地方复杂关系得以充分展现。但是，锦瑗铁路交涉的流产，使得东北外债的主导者逐渐变成中央政府，所涉及的外债虽以东北为主，但也开始兼及中央财政需求，在形式上已不再具备地方外债的特征。

锦瑗铁路外债一开始就具有明显的地方外债特征，东北地方政府是实际的债务人。债务交涉的复杂与多次延宕则与清末最后几年的地方外债政策有关。清末新政时期，度支部一直在采取措施对地方举债进行限制："各省督抚嗣后兴办一切，应就地方筹措，不得轻易息借外债，以防危害而维大局。"③ 但因东三省与日、俄关系密切，举借外债必然涉及与日俄复杂的外交关系，清政府对东三省举借地方外债的态度显然有别于其他省区，而且变动频繁，并不具有稳定性。

① 刘彦：《中国近代外交史欧战期间中日交涉史》，湖南教育出版社，2010，第336~338页。
② 康沛竹：《锡良与锦瑗铁路计划》，《黑河学刊》1989年第3期；高月：《锡良与锦瑗铁路计划：以主权维护为视角的考察》，《东北史地》2010年第4期。
③ 《度支部奏预筹裁制外债以顾大局折》，《东方杂志》第4年第12期。

至少从目前所能见到的资料来看，在 1908 年前，徐世昌虽强调铁路的重要性，但他一直只是将铁路作为发展实业的一个方面，甚至不是首要方面。他在一份要求借款的奏折中称，"欲治东三省，必先于整顿财政入手，欲整顿财政，必先以开拓银行入手，银行系济困之府，生利之源，整齐圜法之枢纽"。所以必须先借款发展银行。① 可见，他对银行的功用推崇备至，借款几千万设立银行，"外款可以吸收，虚楮可以信用，币制可以划一，商货可以流通，实业可以发达"。② 为说服中央政府同意他的计划，他向一些权要进行游说。至庆亲王的函中称"欲治东三省，必先整理财政，欲整理财政，必先开设银行，顾欲开设银行，非有二三千万成本不能流通货产，减免杂捐，抵制灌输，广筹生计"，"惟有息借国债二三千万两或三四千万两，乃有措手之方"。③ 在致鹿传霖的函中希望他"力为主持"。④ 对于徐世昌举债，袁世凯是积极支持的，并极力疏通。在他的影响下，"太后已有允意"。⑤ 在清政府批准其贷款计划之前，唐绍仪与美国驻奉天总领事司戴德（Willard Straight）订立了东三省借款备忘录，约定东北当局向美国借款 2000 万美元设立东三省银行。但他们的计划却遭到内外两个方面的阻挠。

在清政府高层，正拟整顿地方外债的度支部尚书载泽对此并没有兴趣。载泽在外债问题上较为慎重，"不以借款为然"。⑥ 当时报章也认为载泽不应迁就徐世昌，"度支部尚书此次力阻外债之举，可谓深明利弊，意以为从此自固吾圉矣"。⑦ 载泽虽没有明确拒绝徐世昌举债，但提出四项前提条件：一是不能用应解交度支部之库款担保该三省外债；二是偿还之责由东三省完全负责，不得累及国家；三是该借款只用于生产事业，余概不得滥用；四是必须选择能提供最低利息的国家借款。⑧ 这实际上是给徐世昌制造障碍。在上任之初，徐世昌也没有明确向清廷指明外债的外交功用，只是强调东三省财政困难，"仍恳息借外债，以去就争，度（支部）痛陈利害，已

---

① 徐世昌：《退耕堂政书》，成文出版社，1968，卷9，奏议九，第 10 页。
② 《退耕堂政书》奏议 9，第 7 页。
③ 《退耕堂政书》卷 35，函牍，第 2～3 页。
④ 《退耕堂政书》卷 35，函牍，第 4 页。
⑤ 《徐世昌借款问题》，《中国日报》1907 年 11 月 27 日。
⑥ 周秋光编《熊希龄集》上，湖南出版社，1996，第 392 页。
⑦ 《徐世昌不得外债不休》，《振华五日大事记》第 38 期，1907 年 10 月 16 日。
⑧ 《徐世昌借款问题》，《中国日报》1907 年 11 月 27 日。

请饬罢议,嗣徐又奏陈东省为难情形,并言所借外债,有利无弊"。在徐世昌的努力下,清政府谕准其借外债 1000 万两。但徐世昌拟定的贷款计划远远超过 1000 万两,且没有明确指明债款之用途,"其所欲借之外债五百万镑(计 5000 万两),拟分向三或四国筹借"。①

在选择债权方时,他首先通过瞿鸿禨和奕劻托汪大燮在英国联系借款。但是,汪大燮因得知中央政府内部态度不一致,对此并不积极。他认为这是徐世昌私自的举动,当时负责外交的那桐对此并不知晓,而且"为东三省事欲借三千万,向英、美、德、法四国分借,而不以一国为提纲,又令向其政府商之,而不商之银行,皆种种不可行也。而无抵押,又不指明归还办法,但指东省路矿所获之利为偿还之本"。② 当时中英公司总办濮兰德,为谋得此笔借款亲往东北,与徐世昌洽商。③ 其他外国银行也纷纷来争此笔贷款。日俄方面更不甘落后,当时传闻徐世昌曾向正金银行借 500 万元,向道胜银行借 500 万元④,但很快被度支部驳回。⑤ 他上任后,四处借款,却均无结果。他曾在一份条议中抱怨道:"筹借外债,议久未决。"⑥ 同时针对各方面对他举债的指责,他辩解道,自己为东三省"日夕图谋广筹巨款,为保全根本之计,何至以取携既便,消耗无形之说相诋讪也"。⑦

与此同时,徐世昌抱有很大希望的东三省银行借款也迅速成为画饼。对东北铁路有浓厚兴趣的美国铁路大王哈里曼(E. H. Harriman)受华尔街金融危机的影响,已无力提供开设东三省银行的贷款。⑧ 此外,1908 年 11 月,徐世昌与汇丰银行达成一笔 100 万两白银贷款的初步协定,该借款主要用于发展东三省实业。锡良继任后,希望能将此笔贷款落实。但是,美国财团就此事向清政府外务部提出抗议,因为根据与唐绍仪达成的备忘录,美国财团拥有东三省实业贷款的优先权。⑨ 1908 年 8 月,东三省

① 《徐世昌实行与利益于外人均沾》,《振华五日大事记》第 39 期,1907 年 10 月 21 日。
② 上海图书馆编《汪康年师友书札》(2),上海古籍出版社,1986,第 931 页。
③ 《徐督借款近闻》,《中国日报》1907 年 12 月 4 日。
④ 《东省借款于日比俄》,《中国日报》1907 年 12 月 8 日。
⑤ 《某持郎请驳东督借款》,《大公报》1907 年 11 月 23 日。
⑥ 《退耕堂政书》卷 33,说帖条议,第 5 页。
⑦ 《退耕堂政书》卷 9,第 8 页。
⑧ 吴心伯:《金元外交与列强在中国(1909~1913)》,复旦大学出版社,1997,第 12 页。
⑨ 吴心伯:《金元外交与列强在中国(1909~1913)》,复旦大学出版社,1997,第 89~90 页。

总督徐世昌再次以"东省财政支绌，日甚一日。所有一切新政，有不能不办之势"商求政府，"拟向华俄道胜银行商借四十万元，以盐厘作抵"。度支部的态度是"颇不为然"。这主要是因为度支部尚书载泽对东三省借款的态度一贯是"不以借款为然"，自然难获支持。这种态度一直延续到锡良时期。①

1909 年 7 月，锡良上"密陈东三省关系大局情形折"。在这份奏折中，他秉承其前任徐世昌的理念，再次向中央政府强调在东北采用均势外交策略的必要性。"三省则实切近心腹之区，稍有挫失，不堪设想，亦不忍言，所谓卧榻之侧不容他人鼾睡者也"。② 他认为徐世昌的计划"皆深合事机"，自己所作"仍不外将徐世昌所筹各事，赓续办理"。他强调"锦、洮一路，尚为东省一线生机，一面请款设立银行，一面与邮传部臣往返函商，仍主息借外债为筑路资本"。③"臣等焦虑熟筹，非借外人之款不足经营东省，尤非借外人之力，无由牵制日俄"。④

他的多次奏请产生了一定的作用。8 月份，载沣发布了一条针对东北铁路外债的上谕："迭据臣工陈奏，莫如广辟商埠，俾外人麇至，隐杜垄断之谋；厚集洋债，俾外款内输，阴作牵制之计。既使各国互均势力，兼使内地借以振兴，似尚不为无见。"⑤

这一谕旨无疑从正面肯定了借款筑路计划，锡良很快作出回应，并拟出了东北借款筑路计划。他毫不掩饰地称"厚集洋债，互均势力两言，实足救东省今日之危，破日俄相持之局"。⑥ 他的计划与徐世昌并无太大差别，核心仍是另筑一路削弱东清铁路的影响。

1909 年 8 月 19 日，司戴德抵达北京，与宝林公司代表法伦许（Lord French）经过磋商，联合向中国提出投资与建筑铁路的方案，并表示在路成之后，由中、美、英组成的公司经营。9 月底，司戴德来到沈阳。锡良正式开始了与司戴德的交涉。在此之前，锡良对徐世昌所拟定的筑路计划作了调整，以避免日俄过于强烈的反应。他在原来新瑷铁路的基础上，将起点

---

① 《东省财政支绌之一斑》，《盛京时报》光绪三十四年七月十三日。
② 中国科学院历史研究所第三所主编《锡良遗稿》奏稿第 2 册，中华书局，1959，第 929 页。
③ 《锡良遗稿》奏稿第 2 册，第 950 页。
④ 《锡良遗稿》奏稿第 2 册，第 960 页。
⑤ 《清宣统朝外交史料》卷 9，第 33 页。
⑥ 《清宣统朝外交史料》卷 9，第 33 页。

从新民屯往西移至锦州，称锦瑷铁路。在锡良看来，锦瑷铁路贯穿南北，可以促进东北地区经济的发展，东北森林、矿产资源的开发、移民开垦、商品流通均仰仗此路；同时，锡良还计划将锦瑷铁路与拟作军港的葫芦岛相连，借葫芦岛的优势，"争大连、旅顺之利，权作营口、牛庄之犄角"，并可"兼以顾京师右臂"。锡良对锦瑷铁路寄以厚望，认为其"含政治、外交之策"，"东省生路只此锦瑷一条"。①

但是，锡良此时并没有与中央政府形成关于锦瑷铁路的一致意见。法伦许曾称，"日前已与锡总督提出申请，望其考虑，最后将同邮传部开始交涉，并已派技师进行实地勘查。又称，中国方面大体上对此计划不会有何异议，但尚未达到商定的程度"。② "清政府似乎根本尚未订出明确计划"。③ 一直到10月，"清国方面目前就此项计划实施问题，尚未做出任何决定，他同司戴德似乎正在处心积虑地促使清国方面迅速下定决心"。④ 不过，锡良在未得到中央政府明确指示的情况下，率先启动与英美财团的借款谈判，并于10月2日与司戴德（代表美国财团和宝林公司）签订了《锦瑷铁路草合同》。主要内容是：向美国财团借款修建锦瑷铁路，借款年利息为5厘，并以该路作保，宝林公司包工修建此路，负责购买所需材料及雇聘总工程师；在筑路期间及借款未还清之前，由中、美、英三国派员组织的铁路公司负责管理，并归邮传部节制。该公司还可提取余利的10%。⑤ 司戴德对此合同是满意的，他认为其所获得的控制之权远远好于"浦口条件"。⑥ 随后，他派代表到北京与法伦许就双方的合作事宜签订五项协定，其中包括，宝林公司将给美国财团不少于工程造价的2.5%作为风险金；筑路材料的一半必须在美国采购；在筑路期间，宝林公司应雇用美国推荐的工程师。⑦ 在这个协定中，美国财团显然占有优势，"通过同英国及某些欧洲公司的联合，并利用中国对日俄的恐惧和俄国对日本的担心，美国财

---

① 《锡良遗稿》奏稿第2册，第962~964页。
② 《清公使伊集院致外务大臣小村函》，1909年7月21日，《满铁史资料》第2卷，路权篇，第1分册，中华书局，1979，第96页。
③ 《伊集院驻清公使致小村外务大臣电》，1909年7月5日，《满铁史资料》第2卷，路权篇，第1分册，中华书局，1979，第92页。
④ 《驻清公使伊集院致外务大臣小村电》，1909年10月8日，《满铁史资料》第2卷，路权篇，第1分册，中华书局，1979，第103页。
⑤ 王芸生：《六十年来中国与日本》第5卷，三联书店再版，2005，第293~296页。
⑥ Paper Relating to the Foreign Relations of the Unite States, 1909, pp155-156.
⑦ Paper Relating to the Foreign Relations of the Unite States, 1909, pp233-234.

团将从中大获其利"。①

锡良将与司戴德订立的草合同提交给清政府后，遭到了掌握重权的那桐和载泽的反对。摄政王起初赞同这一计划，但随后即改变了态度。② 他之所以改变态度，主要来自中央高层和国外的双重压力。在英美两国看来，清政府未予批准，主要是顾虑日本的反对。据日本驻华使馆报告，清政府内部反对此项借款者甚多，认为该路将入不敷出，应予缓办。③ 度支部等在会奏中称："我国所借外款，合之庚子赔款，截至本年已达十万万之数。原奏借款筑路之策，我国非不用之，惟重在兴利，即重在还本，原奏原指四路，除粤汉一路，另行议办外，其川藏、张恰、伊黑三路多属荒远，成本既重，收利难期，将来还款恐无把握，察度情形，所请议定借包工限年之处，暂应从缓办理。"④

1910 年 1 月，度支部原则上同意该项借款，只是要求该项借款应以度支部的名义借入，再转交与东三省总督。对于借款主要用于修筑锦瑷铁路亦无异议，但认为不宜使用铁路借款的名称。"因那桐对此持有异议，故目前正在同该人与泽公交涉之中。度支部的这种态度，据说是因为最近锡良以财政困难为理由，再三要求同意此项预备合同，如果不成，须由国库填补东三省的不足经费，返复催逼交涉，泽公最终为做出某种妥协而不得不采取的"。度支部的这种态度暗示着其与外务部存在着明显的分歧。⑤ 载泽希望在东北建立大清银行的分支机构，并通过借款充实它的资本。度支部认为外债单纯用于建筑一条铁路远不如将其用于更为广泛的经济领域，如实业开发、币制改革等。⑥

外务部起初是肯定这一借款合同的，并称"此事关系中国内政，他国

---

① Vecier, Chsrles: The Unite Ststes and China, 1906 - 1913, A study of Finance and Dipomacy, NewYork: Greenwood, 1968, p.100.

② 〔美〕韩德：《中美特殊关系的形成——1914 年前的美国与中国》，项立岭、林勇军译，第219 页。

③ 《日外务大臣小村致驻俄临时代办落合电》，1909 年 12 月 30 日，《满铁史资料》第 2 卷，路权篇，第 1 分册，中华书局，1979，第 109 页。

④ 宣统二年八月，《宣统政纪》，卷 40，第 13 页。

⑤ 《驻清公使伊集院致外务大臣小村电》，1910 年 1 月 17 日，《满铁史资料》，第 2 卷，路权篇，第 1 分册，中华书局，1979，第 112 页。

⑥ Roger V. Des Forges, Hsi-Liang and the Chinese National Revolution, NewHaven and London Yale University Press, 1973, p.149.

人可以不必过问"。① 但在司戴德赴沈阳与锡良订立草合同之前，日本方面即已作出了强烈的反应。它认为该路锦洮一段属南满铁路的平行线，警告中方"亟宜从缓办理，免至面面为难"。② 面对日俄强大的外交压力，外务部迅速改变了态度。

只有邮传部尚书徐世昌、外务部尚书梁敦彦、军机大臣世续等人都予以支持。徐世昌曾上折称：

> （东北）地方辽远，外患日亟，经营政策，首在交通。从前东清、南满两约，早先失机，欲筹补救之方，非再修极大干路，不足以固边陲而消隐祸。……而该路道长工巨，又不能置为缓图，计惟借款兴修，则成功较有把握。近来日人于东省铁路，屡起干涉，如果另借巨款，当将借款、造路分为两事，冀于路事不至有损主权，于边事亦可藉资抵制，未始非目前应变之策，不仅因库款支绌故也。③

受徐世昌的影响，邮传部总体上对此计划持同情态度。邮传部铁路总局局长梁士诒在奉天与锡良曾就此有过会晤，但是，伊藤博文被刺杀后，他借此反对锡良的计划。他曾拟定庞大的东北铁路网计划，但锦瑷铁路不在其中。④ 同时，邮传部在对外铁路交涉并没有明确的自主权，其政治地位决定其只能附和外务部的意见。11月24日，邮传部与度支部联合上折称，锡良"恪遵前次厚集洋债互均势力之谕旨，而汲汲取为借款筑路之计，诚亦万不得已之苦衷。虽然款不妨借，而筹款者必策其万全；路固办，而应办者非止一事"。他们拒绝此次借款的理由是草合同"侵损利权"。⑤

尽管拟定的草合同被三部驳回，锡良并未因此放弃。12月23日，他再次通过上折强调此路的外交作用，并明确提出联美的重要性，"是借款者，乃兼借其势力，彼以势力换我利权，我即借其势力以巩疆圉"。借款修锦瑷

---

① 《清宣统朝外交史料》卷10，第4页。
② 《清宣统朝外交史料》卷7，第48页。
③ 《邮传部奏议分类续编》路政，第91页。
④ Roger V. Des Forges, Hsi-Liang and the Chinese National Revolution, New Haven and London Yale University Press, 1973, p. 149.
⑤ 《清宣统朝外交史料》卷10，第43页。

铁路"实有外交上莫大关系"。① 除此之外，他通过各种关系到中央政府游说，并派员造访司戴德，要他请求美国公使费勒琪（Fletcher Henry）出面，就锦瑷铁路一事向清政府施加压力。②

当时，熊希龄以东三省财政监理官的身份为锡良在北京进行疏通。熊希龄自身对锡良外交态度是赞同的，他对锡良向美借款修筑锦瑷铁路赞誉有加，"顷闻锦齐铁路定借美款一事，大快人心。自中日条约以来，举国均无生气，非得此破釜沉舟之策，不足以救亡图存"。③ 凭着与载泽、端方等权贵的特殊关系，熊希龄希望说服这些人使三部改变立场。④ 当时三部议驳的表面理由是"此路无利"，日本人也认为清政府为难之处在于此路收益难以偿还借款。⑤ 所以，熊希龄见到端方时，强调"此路专为救亡，并非兴利"，端方这才"恍然"地明了锡良的良苦用心。⑥ 随后，熊希龄将精力放在说服载泽上。他先写信向载泽解释，称此举"有关于国家外交政策，非仅东省，亦非仅财政也"。⑦ 11月初，他又面见了载泽，"力陈东省借款救亡情形"。载泽最终被说服，承认自己有"迟误之咎"。⑧ "泽公已允定，先由锦洮试办，俟办有成效，再接筑齐爱，于合同内载明"。⑨ 但仍强调由东省筹抵："部意因款支绌，难以偿还，须由东省筹抵再借。昨见公爷，拟请变通办理，公爷允借款先行试办锦洮铁路，俟修至洮南，有利则续筑齐爱，

---

① 《锡良遗稿》第2册，第1008~1009页。
② 吴心伯：《金元外交与列强在中国》，复旦大学出版社，1997，第47页。锡良起初对修锦瑷铁路的积极性并不高，他转而积极可能与徐世昌的敦促有关。但是，此时锡良作为东北地方大员的权力和机遇已不如他的前任了。至少，锡良更多的要面对来自中央政府的压力。锡良又因安奉路交涉中的对日强硬态度而开罪于摄政王、庆亲王、军机处、外务部实际上由以亲日著称的那桐控制，对日一味妥协。锡良更为迫切的目标，是中央政府接受他的主张，并加以支持。结果，中央政府的政策游移使他失望，并将这种失望归咎于政治体制上的弊端。
③ 《为借美款抵制日人进陈策见致锡良函》，1910，周秋光编《熊希龄集》上，第387页。
④ Roger V. Des Forges, Hsi-Liang and the Chinese National Revolution, New Haven and London Yale University Press, 1973, p. 150.
⑤ 《日外务大臣小村致俄临时代办落合电》，1909年12月30日，吉林社科院编《满铁史资料》第2卷，路权篇，第1分册，中华书局，1979，第109页。
⑥ 《致奉天交涉司邓司使电》，宣统元年十月十三日，《熊希龄先生遗稿》一，电稿一，上海书店，1998，第81页。
⑦ 《比较外人办路旧案敬陈管见上载泽禀》，1910年，《熊希龄集》上，第391页。
⑧ 《致奉天交涉司邓司使电》，宣统元年十月十七日，《熊希龄先生遗稿》一，电稿一，第83页。
⑨ 《致盛京督抚宪电》，宣统元年十一月十日，《熊希龄先生遗稿》一，电稿一，上海书店，1998，第93页。

无利则止。均于合同内载明，俟尊拟交议时，即得复准。"① 并强调，"此路须由东省担任筹还，不致累部"。这实际是给东三省制造难题。②

1910年1月，外务部在致邮传部和度支部函中承认东三省筑路不同于内地，"东省则重在利用各国之势力，互相牵制，以期保我主权"。"此事果底于成，不特中国行政权不致再有障碍，且各国利益既平，则日俄固无从争雄，英美亦不致垄断"。提出只要能将草合同中有损利权之处作些改动，"似不能不准其续与定议"。同时对所谓"联美"之策也予以了承认，"果如美政府所云，得此凭藉，可以仗义执言，益资我助，于大局裨益实非浅鲜"。③ 至此，在东北地方官员的不断吁请下，清政府承认了借债救国的可能性。这对于晚清中外关系有着极大影响。

为了使合同条款能符合清政府的要求，锡良不仅选派有与司戴德交涉经验的奉天交涉使邓孝先，还把当时立宪派重要人物郑孝胥从上海邀来参与交涉。④ 此刻，郑孝胥正忙于在上海召开的各省谘议局联合会。不过，他对锦瑷铁路交涉情况也有一定了解，并对锡良的计划持有肯定态度，"闭门非策，能择人与之驰逐，外人亦不足惧"。⑤ 同时，他开始感到这是加速立宪进程的机会。他认为只有先速开国会，然后才可能谈开放。他曾说："锡帅主开放，是也；然必官对于民先行开放，使三省人民皆能起作主人，而能后可言对外开放耳。"⑥ 在其他场合他多次强调"铁路成则专制力减"。⑦ 正是出于这种考虑，他接受了锡良的邀请。为了使清政府迅速批准此合同，郑孝胥向锡良建议此时应"坚持宗旨勿为摇动"。⑧

在郑孝胥等人的影响下，锡良在锦瑷铁路借款问题上继续表现了较为强硬的态度。3月11日，锡良曾就锦瑷铁路的前途向郑孝胥提出了自己

① 《致奉天交涉司邓司使电》，宣统元年十一月十二日，《熊希龄先生遗稿》一，电稿一，上海书店，1998，第94页。
② 《致盛京督抚宪电》，宣统元年十一月八日，《熊希龄先生遗稿》一，电稿一，第92页。
③ 《清宣统朝外交史料》卷12，第19～21页。
④ 王芸五在1930年出版的《六十年来中国与日本》中虽提供了有关清末东北铁路外债交涉的丰富史料，但是甚至没有弄清关键人物是郑孝胥，只是称其为"郑某"。直至1933年，他在《国闻周报》（第10卷第29期，1933年7月24日）发表了一篇短文，确认郑孝胥即是他所提的"郑某"。
⑤ 劳祖德整理《郑孝胥日记》第3册，中华书局，1993，第1221页。
⑥ 《郑孝胥日记》第3册，第1221页。
⑦ 《郑孝胥日记》第3册，第1222页。
⑧ 《郑孝胥日记》第3册，第1233页。

的担忧："如日俄阻挠，英美责言，处于两难，奈何？"郑的回答是："不害，督抚奉旨与议详细合同，何所顾虑？今宜先收英美之心。列国争论，外部当之，非吾责也。"① 3月14日，郑孝胥与邓孝先抵达天津。第二天，便收到锡良的电报，称"外务部电嘱缓议"，并要求"以口商，不动笔墨为主"。但是仍要求郑孝胥先确定合同的基本条款，"惟在速定完全合同，于中国主权、利权毫无损失"。② 同时，锡良再度致电军机处，称日俄的反对是必然的，关键是中国"受两强夹挤，气息欲绝，寻出一线出路，稍可图存，梗其咽喉耳。倘若使其如愿，大局何堪设想"③，但外务部仍主缓议。

在没有得到外务部明确指示的情况下，锡良与郑孝胥商定先将合同条款作为"私议"加以确立。当时讨论的主要问题是借款利息和包工价格。1910年4月26日，司戴德从北京到天津，取走双方基本达成一致的借款合同和包工合同。这次合同与草合同的区别是担保更加严格，不仅将铁路并一切产业或附属之物作为头次抵押，而且还用东三省税收进项作保：其一，盐课200万两；其二，旧盐斤加价100万两；其三，新盐斤加价100万两。美国提供不超过4000万美元的贷款，贷款分二次发行，每次2000万，借款期限30年，年息5%。美国财团经中国同意，可以吸收其他外国财团参加，但份额不得超过贷款总额的40%。④ 但包工定价事未能谈妥，勘矿和葫芦岛开港事也未达成最后协议。司戴德对此不满，来信称若这些问题不能解决，"则借款合同仍须退回"。⑤ 此后郑孝胥与外方代表金聂尔、巴格士迅速确定了包工合同，5月4日将合同稿用快车送至北京司戴德处。⑥ 对这一借款草

---

① 《郑孝胥日记》第3册，第1243页。
② 《郑孝胥日记》第3册，第1244页。
③ 《清宣统朝外交史料》卷13，第35页。
④ 王芸五：《六十年来中国与日本》第5卷，第277~288页。
⑤ 《郑孝胥日记》第3册，第1252页。
⑥ 《郑孝胥日记》第3册，第1254页。目前只能见到借款合同，包工合同未见原稿。根据郑孝胥日记的记载，可以零星地判断包工合同的大致内容：如工程造价，其所索包价是每英里8750镑，购地，包工，保护不在内，后减为8095镑，最后确定为7885镑，六年零三月完工。5月18日，锡良将借款包工合同函送北京军机处。这些条款秘不示人，"所有这些详情，当时外间均不得而知"。[见1910年3月27日，4月5日，4月24日，5月18日郑孝胥日记，《郑孝胥日记》第3册，第1246、1248、1252、1256页。另见《锦瑷铁路问题经过概要》（1921年8月，日本外务省），《满铁史资料》第2卷，路权篇，第一分册，第148页。]

合同，郑孝胥认为"系就草合同及津浦铁路借款合同参酌成之"。① 程德全和锡良对此均感满意。②"此事东三省行政官皆持此议，邓季执之尤力；其后奔走陈说，以底于成，熊、金二子之力也"。③

锡良的交涉成果很快就招致日俄的强烈反应。1910 年 1 月 31 日和 2 月 2 日，日、俄公使先后照会外务部，称中国在缔结锦瑷铁路正式协议之前应咨商该两国。日本的目标并非完全反对修筑此路，而是要求参与其事，俄国的反应更为强烈一些。俄国认为该铁路使其所损失很大，"勿须说政治上军事上的影响，就是蒙古方面的资源开发上，因该铁路而受的损害也是很大的，……最好是用一条危害更小一点的其他铁路代替它，例如恰克图铁路"。④ 对日本和俄国的反对，美国却没有给中国以明确的答复和支持。诺克斯只是向中国驻美公使表示，面对日俄的压力，中国应该"坚定而耐心，但不要冒失"。⑤

美国方面的暧昧态度，使得清政府只能选择再次退缩。据当时日本所获悉的情报，清政府内部一些关键人物对锦瑷铁路完全丧失了信心。载涛曾对日本驻华公使伊集院称：此次事件无异使满洲变成第二个巴尔干半岛，对中国并没有益处。"彼等所接触之人无人对此表示赞同，此恐系二、三当局人士所策划，摄政王恐不知此事"。⑥ 肃亲王也曾向川岛表示，"此事并未经政府认真讨论"，并请日本对此"毋需介意"。⑦ 这让英美财团感觉到，清政府"并且对计划本身也不感兴趣，勿宁说是持反对态度，因此，除非施加外交压力，英美两国的目的似乎一时无法达到"。⑧

在这种情况下，外务部明确告知锡良，若不能消除日俄的抵制，"恐将来美为保护商人利益出而争执，则我更面面失据，无从应付"。⑨ 1910 年 6

---

① 《郑孝胥日记》第 3 册，第 1230 页。Michael H. Hunt：Frontier Defense and the Open Door New Haven and London，Yale University Press，1973，p.230.

② 《郑孝胥日记》第 3 册，第 1231 页。

③ 《郑孝胥日记》第 3 册，第 1226 页。

④ 《驻俄临时代办落合至外务大臣小村电》，1910 年 2 月 23 日，《满铁史资料》第 2 卷，路权篇，第 1 分册，第 123 页。

⑤ 吴心伯：《金元外交与列强在中国》，第 69 页。

⑥ 吉林社会科学院《满铁史资料》第 2 卷，路权篇，第 1 分册，中华书局，1979，第 178 页。

⑦ 《满铁史资料》第 2 卷，路权篇，第 1 分册，第 184 页。

⑧ 《锦瑷铁路问题经过概要》，1921 年 8 月，外务省，《满铁史资料》第 2 卷，路权篇，第 1 分册，第 152 页。

⑨ 《清宣统朝外交史料》卷 13，第 35 页。

月，日俄订立第二次《日俄密约》后，清政府要求锡良，"如该两国能无异言，即可由尊处酌核办理"，将外交难题抛给锡良。① 此时，司戴德赴欧洲与俄国方面洽商也未取得任何成果，美国国务院因得不到英国的支持而决意放弃锦瑷铁路计划。②

锡良此时对美国政府态度的转变并不全然了解，而是继续电奏中央批准锦瑷铁路计划。1910 年 6 月 20 日，在致军机处、外务部电中称，俄国不但与日本结盟，而且要求将东清铁路永远据为己有，不得赎回，他由此担心"此后对我手段无非强横无理"。③ 6 月 22 日，锡良再次致电军机处，提出不能再延误，"届时若有延误，必生枝节"。并告诫清政府，"近日宣传日俄新订协约，东事日棘，焦虑莫名"。④ 在锡良一再催促下，6 月 29 日，外务部回电答复称借款包工合同于 6 月 22 日收到，并认为锡良在签订合同过程中，能"斟酌损益，深协机宜，尽虑周详，至为钦佩"。但仍强调批准合同前提是必须得到日俄的首肯，"此事前因日俄从中干预，自须俟商酌妥协，方可定议，如该两国能无异言，即可由尊处酌核办理"。⑤ 对于这样的答复，锡良当然不可能满意。

7 月 7 日，由郑孝胥代其电奏，锡良再次要求应于日俄协约未公布以前将锦瑷张恰二路同时定议。⑥ 清政府仍迟迟不能作出抉择。锡良于 8 月 19 日又向清政府提出新的借款计划，即拟借款 2000 万两，其中 1000 万两用于设立东三省银行，以 500 万两用于移民兴垦之需，另外 500 万两为开矿筑路之用。这一计划用意有二：一是解决东三省财政困难；二是以之发展地方实业，为偿还锦瑷铁路借款作出准备。"此等借款，用之生利之途，不嫌其多，本为各国所习惯；且厚集洋债，互均势力，尤与钦奉上年七月初四日谕旨相符。臣拟即商借洋款，俟借妥议订合同后，再行具奏。惟款由东省商借，非经政府承认，则各国银行未必乐从，应请准于合同内声明中国政

---

① 《外部覆锡良锦瑷路事日俄如不干预其借款包工合同可由尊处核办函》，（清）王彦威纂辑，王亮编《清季外交史料》卷 15，第 17 页。

② 吴心伯：《金元外交与列强在中国》，第 73 页；Michael H. Hunt: Frontier Defense and the Open Door New Haven and London, Yale University Press, 1973, p234。

③ 《清宣统朝外交史料》卷 15，第 16 页。

④ 《清宣朝朝外交史料》卷 15，第 17 页。

⑤ 《清宣统朝外交史料》卷 15，第 17 页。

⑥ 《郑孝胥日记》第 3 册，第 1263 页。

府担认字样，以其见信外人"。① 与此前锦瑗铁路借款相比，这次借款的用途扩大到财政、实业、币制等更广的领域，而且要求中央政府明确提供信用担保，承担债务人的责任。但是，锡良仍认为锦瑗铁路是挽救东北外交危局的关键，其他举措只是这一核心目标的附属物。他认为"提纲挈领之要务，则在于锦瑗铁路一事"。"若使锦瑗铁路未能即定，则勉强兴办，糜费更多，日复一日，事事皆落后著"。② 清政府对锡良发展东北实业的愿望是肯定的，但对锡良重提锦瑗铁路，则明确予以否定；对于锡良要求加借外债的请求也不支持，并告诫锡良"不必持论太高"。③

与此同时，外务部、度支部正在与美国银行团商讨币制借款。1910 年 5 月 24 日，清廷颁布《币制条例》，确定银圆为本位，单位为圆，声称这次划一币制是为"立清厘财政之基"。④ 这一方案公布后，美国国务卿向中国驻美公使张荫棠发出备忘录，称中国"采取良好的货币制度，将使中国在提出增加进口关税上，处于更有利的地位"，并提出，"为使有关各国安心计，聘请一外国货币专家协助拟订"。⑤

对美国这一青睐，清廷求之不得，双方很快开始了秘密接触。八九月间，外务部会办大臣那桐就开始与驻华公使嘉乐恒（W. J. Caihoan）会谈，并在 9 月 22 日由载泽向美国正式提出借款 5000 万两，作为币制改革之用。一周后，美国国务院回复称美国银团已完全同意。⑥

在清政府与美国接洽币制借款的同时，锡良正在谋求用途更加广泛的东三省实业借款。英国汇丰银行曾于 1908 年 11 月 8 日同东三省总督徐世昌达成过一笔 100 万两的贷款协定。该协定规定，在贷款期内，汇丰银行对将来东三省用于一般目的的借款有优先取舍权。因此，锡良在推出东三省实业借款计划后，便同汇丰银行接洽此项贷款。⑦ 由于东三省实业贷款中包含了币制借款的内容，所以，美国财团认为这有违此前中美之间由唐绍仪

① 《锡良遗稿》第 2 册，中华书局，1959，第 1186 页。
② 《遵旨密陈东三省大局应行分别筹办情形折》，宣统二年十月十六日，《锡良遗稿》第 2 册，第 1242 页。
③ 《外部等奏遵议锡良奏陈东三省大局应行分别筹办情形折》，宣统二年十二月十五日，《清宣统朝外交史料》卷 18，第 33 ~ 34 页。
④ 刘辅宣编《币制汇编》，第 1 册，第 218 页。
⑤ 《美国外交文件，1910 年》，第 89 页。
⑥ 《美国外交文件，1910 年》，第 90 页。
⑦ 吴心伯：《金元外交与列强在中国》，第 89 页。

达成的关于建立东三省银行的备忘录。对于这种抗议，清外务部明确表示了接受。这实际上否定了地方督抚独立交涉有关币制改革、发展银行借款的权力。

　　1910年9月底，中美达成币制借款初步协议后，度支部载泽和盛宣怀提出增加借款额，把东三省借款延揽其中。他们向美国提出，若美国财团能提供5000万两的借款，那么其中应有2000万两为东北实业借款。[1] 清政府将东北借款并入币制借款，动机有二：其一是要避免在单独举借时日俄可能以其在东北的特殊利益为借口进行阻挠；其二是要避免英、法、德对这笔借款的争夺。[2] 作为附加条件，清政府提出三个保证：其一，只向美国借款，清政府确"没有向任何人洽商此款"。其二，借款担保"十足"，一半担保在东三省，一半担保在中国本部，均"系以未抵押过之关税及厘金作抵"，且"中国还可以自由动用因对外贸易增收之款"来偿还债款。其三，清政府同意"指派一美国人士担任财政顾问，协助币制改革，惟该员纯系谘询性质，与此次借款商谈无关"。[3] 这反映出清政府明显的联美倾向。当然其代价是给予美国更多的利益让与。

　　对于将东北实业借款也纳入整个借款计划，美国表示认同。诺克斯认为，币制实业借款不仅是促进美国在华投资机会的重要项目，而且也是挽救陷于僵局的锦瑷铁路计划的手段。[4] 1910年10月27日双方在北京签订了《币制实业借款草合同》。这项借款5000万元，年利5厘，实收95，没有对担保作明确规定，预备留待以后详商。[5]

　　1911年4月15日四国银行团同清政府签订了《整顿币制及兴办实业借款合同》。这是清政府联美政策与美国金元外交相结合的产物。币制实业借款实际与东三省关系更为密切，一是其担保方面，由于此次贷款的宗旨系为"保护东三省，故抵押饷源，指明东三省烟酒税100万两，又出产税70万两，又销场80万两，各省盐斤加价250万两，共计500万两"。二是由于"辛亥革命"的爆发，该借款并未全额支付，只是在1911年5月银行团应清政府的要求先行垫款40万镑，用于东三省防疫及实业建设

①　吴心伯：《金元外交与列强在中国》，第90页。
②　吴心伯：《金元外交与列强在中国》，第91页。
③　《美国外交文件1910》，第90页。
④　吴心伯：《金元外交与列强在中国》，第91页。
⑤　马慕瑞：《中外条约汇编》第1卷，第851页。

之急需。①

　　就最终的结果而言，地方性锦瑷铁路外债交涉逐渐改变了发展方向，发生了性质上的变化，被引入更广泛的用途。币制实业借款实质上是将东北的地方性事务与全国性的财政需求联系在一起了。对美国方面来说，币制实业借款是在中立化及锦瑷计划失败，国务院与财团之间关系紧张，而华尔街又需要通过出售债券进入欧美金融市场的背景下出现的，它理所当然地受到各方面的欢迎。诺克斯表示，他对东北部分的贷款有强烈兴趣，正是这一部分贷款的目的促使政府向财团提议把它包括在币制借款中。②

　　对于锡良而言，无论是锦瑷铁路还是币制实业借款都是增进地方实力的路径。"满洲总督锡主借美款敷设锦瑷铁路，虽迷于国防论之结果，其一面亦有用之补充行政费之意，此公然之秘密也。然锦瑷铁路至日俄缔结协约后，其建设之希望已少。闻有假名殖民事业而为借款之计划，满洲不过其一例而已"。③ 但是，在相关外债交涉过程中，锡良感受到的主要不是来自列强的外交压力，而是中央政府在谈判过程中举棋不定以及各部门间的相互掣肘。因为在外债交涉中的无功而返，锡良开始对中央与地方之间的权力关系表示不满，希望能借助宪政进程增加地方督抚的权限范围。

四　权力下移与地方性外交的悖论

　　清末时期，以川汉铁路公司为起点，地方官绅承担巨债和承办铁路公司的主要责任，这一方面与晚清权力下移有关；另一方面与洋务运动以来新式工商业发展的地方性特点有关。人们实际习惯于将带有近代化色彩的事业视为一种地方事业，中央政府在这方面的无能促使这种带有地方自保型的举动成为一种普遍现象。胡春惠认为，由于清政府统治效能的低下，影响到中国结合力本身的弱化，而新式工商业增大了区域间经济利益上的差异和区域本身的内聚力。这一地方主义的倾向是对"国家整体化的观

---

① 李丹阳：《关于币制实业借款第一次垫款交付日期的考订》，《近代史研究》1985 年第 6 期；夏良才：《清末币制实业借款的几个问题》，《学术月刊》1986 年第 2 期。
② 吴心伯：《金元外交与列强在中国》，第 91 页。
③ 《日纸之妄论中国》，《民呼民吁民立报选辑》，第 383 页。

念，相对地是构成了一种损伤"。① 萧功秦认为铁路商办公司体现地方主
义的分利集团的利益。② 但是，这种地方主义并不是完全与中央政府处于
对立的位置，它更多的是一种社会动员的程度问题。地缘意识或许是此时
张扬经济民族主义可资利用的工具，它并不是具有实质意义的地方割据
内容。

地方督抚在倡办地方性铁路时，既对民间投资者进行利用控制，同时
也在一定程度上反对中央控制。这是当时各地普遍存在的现象。锡良如此，
张之洞表现得更为突出。他对在湖北实行铁路官办且拒绝邮传部收归部办
的做法较为得意：

> 江、浙、粤等铁路，绅民皆争商办，气习嚣张，极为无理。各省
> 商办铁路，闻邮部意将来皆须由官收回，其年限若干，给价若干，尚
> 不可知。若川汉鄂境路一段，以鄙人办法，此时官、商之款，无论孰
> 多孰少，路成二十五年，或三十年后，亦拟比照津浦一路定为官、商
> 股份永远各半之局。此为商民谋公利。……惟此路邮传部意欲提归部
> 办，鄙意窃以为不可，正在辩论。盖一归部办，则余利全为部中所有，
> 于鄂省财政丝毫无补。且部借部还，实于鄂省商民无益。鄙人谓不宜
> 归部办者，实为此两大端。然非谓必须归鄙人督办也。乃谓必须归鄂
> 省自办也。③

他认为湖北从经济角度修筑川汉鄂境铁路能迅速取得经济效益。他反
而对修湖北省境内的粤汉路没有兴趣（指武昌至岳州），原因是他对湖南境
内的铁路修筑根本没有信心："湘路未通，武岳一路决无客、货可运，必至
徒赔借款、股款本息及养路费，如何能堪？不若先尽全力筹办江北、俟汉
宜、长岳两路工程均有眉目之时，再行筹办武岳一段，南北两岸，一气接
通，方为妥善。"④

在清末铁路风潮中，地方意识与经济民族主义之间存在着互动关系。

---

① 胡春惠：《民初的地方主义与联省自治》，中国社会科学出版社，2001，第3~4页。
② 萧功秦：《危机中的变革——清末现代化进程中的激进与保守》，上海三联书店，1999，第308页。
③ 《张之洞全集》，卷269，电牍100，第11册，第9675页。
④ 《张之洞全集》，卷269，电牍100，第11册，第9676页。

这种关系体现了地方官绅对于地方利益与民族利益的兼顾，但是，在以保路为旗帜的民族主义浪潮中，却难以形成整体性的民族主义力量，容易演变为地方自保行动。由于地方的独立性有限，在中央与地方的分歧中，地方首先督抚无力违抗中央，接着绅商也会因力量制约而不能持之以恒，只能以妥协而告终。东三省与关内其他省份的保路风潮则呈现出异曲同工之处。所谓差异主要体现在两个方面：一是东北表现明显对铁路外债的外交功能的依赖。二是东北地区始终作为一个整体存在，与关内地区的省籍特色不同，较鲜明地具有地域主义色彩。①

东三省作为一个整体而成为地域主义的政治共同体。地域主义意识已超越了传统权力斗争中地方势力取代中央权力的地方主义，它是在维护国家主权及国家统一的框架内进行的。东三省在强调自身权力和利益的同时，也以维护国家主权和利益为目标。地域主义的前提是在权力分配体系中中央权力仍处于核心地位，它们之间的关系仍然是整体与部分之间的利益关系，这种关系的核心是中央政府与地方政府之间的权力分配及统属关系。②

实际上，直至清末，总督、巡抚均为中央官名，1907 年清政府颁布《各省官制通则》，拟定将省定为正式的高级地方政区，到 1910 年停止督抚兼衔，成为正式的地方长官。徐世昌在一次密奏中，针对东北特殊情形，提出"化散为整，挈领提纲，得人而理"即将东三省统一治理的策略，主张应赋予东三省总督更大的权力，"举三省全部应办之事悉以委之，除外交事件关系重要者，仍令与外务部咨商办理外，其财政兵政及一切内治之事，均令通筹总揽，无所牵制"。③ 东三省实际上无疑成为一个整体，是一个相对独立的地方性政治共同体。作为一个区域，其群体和地域认同逐渐明确起来，并以追求本地区的特殊利益为目标的政治主张，采取以地域主义为

---

① 杨妍在《地域主义与国家认同》（天津人民出版社，2007）中，指出地域主义指一国领土范围内某一次国家共同体由于地理环境、社会特性等方面的同质性，使得人们对特属本地域的经济利益、政治特性等方面有着明确的意识，并将之与其他地域明确区分开来，对本地域产生心理上的认同（第 15 页）。并认为地域主义的主要表现是一种地方与中央的关系。西方学者的定义是"地域主义是重新分配中央政府的某些权力以赋予地域当局介于中央政府与地方政府之间的一种中介人地位的做法"。

② 高月在《清末东北新政研究》（黑龙江教育出版社，2012）中的结论部分提出，东北新政不仅是一般意义的实施，也不是一般意义上的边疆史研究，而是体现出"国家认同的重建与疆域统合"。

③ 徐世昌：《密陈通筹东三省全局折》，《退耕堂政书》卷 7，第 13~15 页。

内容的政治动员和行动。

清末东三省地方督抚在政治、外交上所表现出较为独特的形态，实际上是一种政治亚文化状态。[①] 它相对于整体性政治文化而言是有差异的。但不可否认的是，它有制度或体制的制衡作用。政治亚文化对于整体政治文化而言，显示独立的政治和经济利益诉求，如果其利益在政治体制中的设计中得不到体现和保证，就会造成亚文化群体的政治疏离感。

锡良之所以在东北铁路问题上与中央形成对抗，并将其引入宪政问题上，其主要原因在于清中央政府对铁路政策的游移不定，制约了地方大员的自保行动。更重要的是，中央政府内部的派系斗争造成不同的对外政策倾向，致使地方大员无所适从。锡良屡次请辞的原因，是因其办事屡遇中央政府之掣肘。[②] 晚清最后几年，清政府铁路政策的游移不定，只是政治体制出现危机的一个导火索而已；锡良也是因为东北铁路问题过于敏感，而使其在与中央关系表现出更为明显的对抗性。

锡良在东三省进行的铁路交涉中，存在着争夺独立行事权的过程，由安奉铁路的被动应对，到试图主动举债筑路，掌握局势转换的主动权。但是，所谓厚集洋债，互均势力，只是地方大员一厢情愿的设计，无法真正上升到国家外交政策的层面。锡良面对的压力往往不是直接来自他的对手，而是来自北京的当政者。清政府在这一问题上的举措无方，导致锡良的努力往往付诸东流。锡良的抱怨主要是针对左右他行动的北京的高官们。他们之间互相意见相左，使其无所适从。锡良的地方性权力主要来源是地方对外交涉体制的形成。交涉权的扩大以及适应这种权力需要所形成的交涉体制，扩展了地方政府职能和督抚的权力空间，使他们得以将职权伸展到经济领域。在晚清外强内弱局面的出现和形成过程中，地方交涉体系的形成和督抚交涉权力的扩大是一个不可忽视的原因。

锡良作为一个以清廉著称的封疆大吏，有着明显的民族主义的倾向，

---

① 东三省改为行省制度后，其实与内地各省在体制上并不尽相同，最重要的一点就是总督职权异常专一与庞大。据新定东三省官制规定，奉天、吉林、黑龙江三省各设行省公署，以总督为长官，巡抚为次官，"督抚如京部尚书侍郎，三省公事皆由督抚联衔具奏"。东三省总督是高于三省巡抚之上的总揽行政、军事、财政等各项大权的最高长官。正如后人评价说："盖除封建时代割据一方之诸侯，殖民地镇压异族之总督外，权任未有若此者。"（沈乃正：《清末之督抚集权、中央集权与同署办公》，《社会科学》第2卷第2期，国立清华大学，北平，1937年1月）

② 《东督请假之原因》，《时报》宣统二年十二月十七日。

在处理外交事务上总是表现出强硬态度。但是，以他的从政经历和思想状态而言，其外交理念有着投机的成分。锡良在东北边陲地区开始全面地接触到外交事务，与在四川、云贵的情形相去甚远。他认为，在没有彻底解决外交问题之前，通过铁路建设削弱日本对东北的控制，是可行之策，且可以以此推动国内的政治体制改革。他总是强调在东北不能眼睁睁地看着日本的势力不断增强，更不希望东北的铁路"蹈粤汉铁路之覆辙"。[1] 他天真地强调交通发达与官制改革之间的关联性，"盖各国国内交通至为便利，虽南北距离最远，亦数日可达，如臂使指，无不灵捷。返视我国，大相径庭，以致政令之宣布，军事之征调，障碍既多，缓急难恃。……果十年以外，铁路尽通，御中控外，势增百倍，斯时采用各国行政之法，决无扞格难行之虑"。[2]

至少，锡良在政治上的境遇足以表现出某种程度的离心倾向。锡良曾这样表达对中央政府关系不顺的抱怨：

> 朝廷分寄事权于督抚，犹督抚人寄事权于州县，无州县，虽有督抚不能治一省，无督抚，虽有部臣不能治一国，督抚无权是无督抚也。我朝立法最善，黜陟大柄操之君上，纵有奸慝，朝旨旦发，冠带夕脱，庸足为患？必欲以数部臣之心思才力，统辖二十二行省之事，则疆吏成瘤矣。风气所趋，属僚解体，设有缓急，中央既耳目不及，外省又呼应不灵，为祸实大。[3]

这种不满是基于中央政府对其冷落。据郑孝胥的日记记载，1910 年 8月，锡良去北京，"奔走一日，三访那桐，再访泽公，皆不遇"。[4] 当屡次得不到中央政府的支持后，锡良只能选择以辞职相要挟。"是故锡督之垂泪，锡督伤心东省之将亡也"。[5] 然而，锡良个人的力量无力改变已陷入不拔境

---

[1] 《密陈借款修筑锦瑷铁路片》，《锡良遗稿》第 2 册，第 1008~1009 页。

[2] 《小村寿太郎致伊集院》，1909 年 7 月 16 日，中国社会科学院经济研究所藏日文档案，中文翻译件见《日本政府对锦瑷铁路的决策》，宓汝成《中国近代铁路史资料》第 2 册，第628~630 页。

[3] 《锡良遗稿》第 2 册，第 1127 页。

[4] 《郑孝胥日记》第 3 册，中华书局，1993，第 1273 页。

[5] 《泪眼中之白山黑水》，《民立报》1910 年 11 月 18 日。

地的国内政局。① 锡良如何在东三省发挥其外交、内政上的影响力，更多取决于他作为总督的权力，民族主义情绪只能使其在对外政策和国内宪政问题上表现激进的态度，效果则当别论。美国学者戴福士认为，锡良是一个取得相当成就的"坚定的政治家"，但是，他在遭受压力的时候"容易发怒，并且在制定政策的时候鲁莽冲动"。② 这使他常常会用转换目标来宣泄民族主义情绪，从在四川反对外国投资，初到东北时的均势外交主张，然后转向宪政诉求。面对压力时，他应对的手段也是多样化的。"当他掌握的资源是有限的而且外国的威胁是直接、压倒性的时候，他依靠抵抗"。"有了更多的可用资源或者外国无法持续保持优势时，他就转向了扩张"。"在国内面临棘手的难题时，锡良采取了激进的策略来应对内部的对立敌人"。③锡良在《电奏督办盐政大臣原奏章程用人行政诸多窒碍》一折中，称"若至督抚无权恐中央亦将无所措手，时方多故，独奈何去其手足而自危头目乎，此可为深虑者也"。④ 锡良离任后，赵尔巽仍力辞东督，并对人云，必予全权，枢部不干涉，准拨巨款，便宜用人，方敢前往。⑤ "窃谓今日督抚实带有各国国务大臣之性质。……中国积弱由于内外不负责任，若各司直接中央，则督抚只类一名誉监督，不如裁撤之为愈矣。果可裁撤讵不大快，否则既有督抚，即应负责"。⑥

无论如何，锡良是带着对中央政府越来越多的不满离开政坛的。"以堂堂之东督，非不安富而尊荣也，今无端而苦苦乞退，又无端而涕泗滂沱。噫！同一情耳，彼东督耳，胡为悲气沉沉至于此也？……是故锡督之垂泪，锡督伤心东省之将亡也。夫锡督尤如此，彼较锡督更有关系者，又将何以堪也，微夫悲哉，东省民也"。⑦ 锡良对于那些所谓的慰留表现得不屑一顾，"如诸公尚有挽救方法，即请赐教，以匡不逮。空言慰留，非良所敢奉教"。⑧

---

① Roger V. Des Forges, Hsi-Liang and the Chinese National Revolution, New Haven and London Yale University Press, 1973, pp. 190 – 191.

② Roger V. Des Forges, Hsi-Liang and the Chinese National Revolution, New Haven and London Yale University Press, 1973, p. 188.

③ Roger V. Des Forges, Hsi-Liang and the Chinese National Revolution, New Haven and London Yale University Press, 1973, pp. 191 – 192.

④ 《东方杂志》第 7 年第 5 期。

⑤ 《有全权方可任东督》，《大同报》1911 年第 8 期。

⑥ 《锡督斟酌外官权责之通电》，《申报》1910 年 12 月 25 日。

⑦ 《泪眼中之白山黑水》，《民立报》1910 年 11 月 18 日。

⑧ 专电，《申报》1911 年 2 月 16 日。

以锡良为代表的地方大员在铁路问题上的离心倾向，无疑是中央政府铁路政策的游移不定与地方大员政治目标功利性相互促动的结果。正如有学者所指出的，辛亥鼎革之际，中央与地方权力关系实际上已演变为"内外皆轻"的权力格局。一方面，清廷并没有建立强有力的中央政府，也未能真正控制全国的军权与财权，中央集权有名无实；另一方面，各省督抚也不能有效地控制地方军权与财权，在地方已没有强势督抚，更没有形成强大的地方势力。① 从东北的实际状况来看，锡良与三省地方势力的结合是有限度的，东三省的绅商力量与广东、四川、江浙、两湖是无法比拟的。因而，在与中央政府博弈过程中，因得不到本土势力的支持，显得势单力薄，只能求助于政府中的实权人物。他关于边政、外交的想法和对策往往因缺乏支持力量，无法得到落实。

1911 年 3 月以后，锡良去意益坚。"闻制军自前年交涉五案出现后，愤外交当局甘心卖国，即怀退志益以种种计划为政府所扼，不能见诸实行，一再辞职均经温旨慰留。闻制军曾对人言，主恩高厚如此，只有与东三省共存亡而已，其退志本已消灭。及闻朝廷电召增祺赵尔巽入京，群悉为东督谋替人，锡制军意来自安，于是始复请开缺"。② 但是，锡良离任前后，东北的绅民却表现出对他的留恋。"奉天谘议局、商务总会、教育总会等前日会同致电枢府，略称锡督公忠谋国，计划深远，凡所设施现已实力推行，一时尚难收效"。③

当时，东北绅民在舆论上支持锡良治理东三省的行政上举措和外交上的努力，并对其难安其位表示理解。"清帅督东以来公忠体国诚挚爱民，凡属地方要政无不竭诚规画。……查我省自改设行省后，四年之中，数易督抚，如次帅、菊帅、少帅、雪帅皆以设施未竟中道而去。追念前辙可为痛心。现在东事较前尤急，设再更动疆臣，东事将不可问"。④ 有意思的是，日本舆论对锡良也表现出某种程度的尊重。"文汇报载，二十一日东京电云，东督锡制军拟将满洲中日交涉问题于离任之前全行理清，此间皆大

---

① 参见李细珠的两篇论文《辛亥鼎革之际地方督抚的出处抉择：兼论清末"内外皆轻"权力格局的影响》（《近代史研究》2012 年第 3 期）、《晚清地方督抚权力问题再研究：兼论清末"内外皆轻"权力格局的形成》（《清史研究》2012 年第 3 期）。

② 《锡督决心去东之原因》，《申报》1911 年 3 月 30 日。

③ 《东省人民电留锡督》，《申报》1911 年 1 月 23 日。

④ 《锡督与东省之关系》，《申报》1911 年 2 月 4 日。

赞该督办事之公正"。① "日皇以旭日大饰带头等勋章一座赠赐东三省总督锡制军"。②

漫画：《锡督之可怜》，载《浅说画报》1911 年第 831 期。

---

① 《日人对于锡督之虚誉》，《申报》1911 年 5 月 20 日。
② 《日本与锡督之感情》，《申报》1911 年 5 月 21 日。

张荫桓与英德续借款[*]

马忠文[**]

1898 年 3 月与汇丰、德华两家银行订立的英德续借款，是"甲午"战后清政府为一举偿清对日赔款而举借的第三次巨额外债。与 1895 年俄法借款及 1896 年英德借款相比，这次借款名曰"商款"，却附带着苛刻的政治条件，使中国遭受了前所未有的盘剥，激起朝野强烈的反响。20 世纪 50 年代以来，学界关于英德续借款的研究，主要是从列强侵华史的角度切入，侧重于英、俄等国争揽借款权的激烈斗争，以及列强对清廷的高压态势等问题；[①] 直到 80 年代末，才逐步恢复到财政史层面的研究，从海关与外债、赫德与近代外交等不同角度，都有新的推进。[②] 当然，研究中对清廷内部决策层的分歧及其对借款结果的影响也有涉及，只是未能深入展开；尤其是此次借款活动的核心人物——户部左侍郎、总理衙门大臣张荫桓（号樵野）

---

[*] 本文是 2014 年 7 月在兰州举行的"第六届晚清史研究国际学术研讨会"之论文，发表于《近代史研究》2015 年第 3 期，因篇幅所限，这里只刊发前两部分内容。

[**] 马忠文，中国社会科学院近代史研究所副研究员。

[①] 参见胡滨《十九世纪末叶帝国主义争夺中国权益史》，生活·读书·新知三联书店，1957，第 110～123 页；孙毓棠《中日甲午战争赔款的借款》，《抗戈集》，中华书局，1981，第 152～171 页；丁名楠等《帝国主义侵华史》第 2 卷，人民出版社，1990，第 14～28 页。这些论著都是从列强侵华史的角度评价英德续借款的。

[②] 参见卢汉超《赫德传》，上海人民出版社，1986，第 233～239 页；汪敬虞《赫德与近代中西关系》，人民出版社，1987，第 267～276 页；戴一峰《近代中国海关与中国财政》，厦门大学出版社，1993，第 207～216 页；许毅等《清代外债史论》，中国财政经济出版社，1996，第 413～452 页；马陵合《晚清外债史研究》，复旦大学出版社，2005，第 85～124 页；马金华《外债与晚清政局》，社会科学文献出版社，2011，第 119～159 页；张志勇《赫德与英德续借款》，《江苏社会科学》2014 年第 4 期。

与李鸿章在决策层面的分歧与较量，对这次借款结果影响巨大。这正是本文所要考察的主题。

一

"甲午战争"对近代中国社会的影响至深至巨。不仅割让台湾、澎湖给日本，巨额赔偿更使清政府财政濒于崩溃边缘。而三国干涉还辽以及俄、法、德、英等国借机勒索，最终演化为争夺借款权、租借港湾为目标的瓜分狂潮。概言之，从"甲午"到"戊戌"，清政府始终处于无以自拔的外交梦魇中，英德续借款谈判既是在这种背景下开始的，也是在这种氛围中结束的。

根据《马关条约》，中国赔偿日本的二万万两库平银，须分作八次交完，其中第一次五千万两应在条约批准互换后六个月内交清；第二次五千万两，应在条约批准互换后十二个月内交清；所剩赔款一万万平分六次，递年交纳，其年份均以条约批准互换之日算起。除第一次外，其余未偿之款"按年加每百抽五之息"。在赔款偿清前，日本军队暂住威海卫，每年驻军费 50 万两亦由清政府承担。同时，双方又约定：如果清政府在换约三周年之前能够全部偿清赔款，日本"除将已付利息或两年半、或不及两年半，于应付本银扣还外，余仍全数免息"。① 按照这一协议，中方如果能在 1898 年 5 月 8 日前偿清赔款，总计可省息银一千多万两，及驻威海卫的军费 150 万两。这对财政极度紧张的清政府来说是需要考虑的因素。

为了筹还赔款，1895 年 5 月 9 日，光绪皇帝发布上谕，命恭亲王奕䜣、庆亲王奕劻、户部尚书翁同龢、兵部尚书孙毓汶、步军统领荣禄、吏部左侍郎徐用仪、户部右侍郎长麟和张荫桓等 8 人共同负责"办理借款事宜"。② 事实上，由于孙毓汶于同年 7 月开缺，长麟于同年 10 月因故革职，恭王、庆王地位尊崇，荣禄对此类棘手之事并不热心，借款之事基本成为翁、张、徐（后来转任户部右侍郎）三位户部堂官的专责。尤其是张荫桓，果敢机敏，以通晓外事知名，在借款问题上尤有发言权。不过，到 1897 年初清政府酝酿筹借第三次外债的时候，情况开始发生变化，一位强有力的人

---

① 《马关新约》（光绪二十一年三月二十三日），载王铁崖编《中外旧约章汇编》第 1 册，生活·读书·新知三联书店，1957，第 614～619 页。

② 《清德宗景皇帝实录》卷 365，光绪二十一年四月丙辰，中华书局，1987 年影印本，第 777 页。

物——李鸿章介入了进来。

甲午战争前,李鸿章以文华殿大学士、直隶总督兼北洋大臣,参与清廷外交决策20多年,影响至为重要。《马关条约》签订后,李鸿章被开去直隶总督,到京"入阁办事",因不管部务,几等于投闲置散。虽奉旨与日本交涉还辽事宜及谈判《中日商约》,且以总署为"公所",充其量不过是处理战争遗留问题。直到1896年10月,在赴俄签订《中俄密约》回国后,被任命为总理衙门大臣,处境才算有了改观。李鸿章雄心勃勃,急欲恢复昔日在外交上的影响力,这不免与长期主持总理衙门日常事务、掌握实权的张荫桓发生冲突。

1897年3月,张氏奉命作为清政府特使,前往英国参加维多利亚女王登基60周年的庆典活动,清廷决定新一轮举借外债之事由李鸿章负责办理。正如赫德所言,"李鸿章非常勤奋,正在充分利用在总理衙门的'时机'"。① 6月1日光绪帝谕令"添派李鸿章办理借款事宜"②,李氏具有了与张荫桓同样负责借款的办事资格。

但是,李鸿章主持的借款从一开始就不是很顺利。由于前两次大借款已将海关税收抵押殆尽,加之债券在欧洲市场上行情时有波动,欧洲金融界对新的借款均持谨慎态度。一些外国银行商纷纷兜揽借款,旋因财力不足,相继落空。最终谈判仍在清政府与老对手汇丰银行之间展开。汇丰银行自成立之日起,就是清政府举借外债的合作者。③ 6月中旬,李鸿章指示其亲信、驻英公使罗丰禄开始在伦敦与汇丰银行接洽。屡经磋商,双方议定中方向汇丰借款1600万英镑,四厘半息,八五五扣,五十一年还清,先十年付利,自第十一年起按年除本还利。但是,汇丰执意要求以江南部分地区的盐课作保,并由总署督新关征收为条件。"总署督新关征收"实际上是要总税务司赫德介入盐课征收,翁同龢不允。李鸿章也认为,此乃"扰乱国家定章,信税司过于户部,碍难准行"。④ 屡经磋磨,汇丰仍坚持税司

---

① 《赫德致金登干 Z747 号函》(1897 年 3 月 28 日),载陈霞飞主编《中国海关密档——赫德、金登干函电汇编(1874~1907)》(以下简称《中国海关密档》)第 6 卷,中华书局,1995,第 646 页。

② 《遵旨筹办借款情形折》(光绪二十三年七月),载顾廷龙、戴逸主编《李鸿章全集》第 16 册,安徽教育出版社,2008,第 90 页。

③ 洪葭管:《从汇丰银行看帝国主义对旧中国的金融统治》,载黄逸平编《中国近代经济史论文选》上册,上海人民出版社,1985,第 285~316 页。

④ 《复罗星使》(光绪二十三年五月十三日未刻),《李鸿章全集》第 26 册,第 337 页。

干预盐课、厘金以作保；李鸿章只同意税司就近向盐运、厘局查催，"干预字样"流弊甚大，不可允准。① 双方各不相让，谈判陷入停顿。翁同龢忧心忡忡，他在日记中写道："与李相往来书信商借款，借款将成未成，令人烦郁，此事一发千钧，局外人不知也。"② 8 月初，经督办铁路大臣盛宣怀介绍，英国的呼利 - 詹悟生公司（Hooley-Jameson Syndicate）的代表加尔·福禄寿（Frosell）表示，可借款 1600 万镑，周息五厘，九五扣，各费在内，以海关未抵之税及盐课厘金作抵押，五十一年还清。对此，盛宣怀解释说，"五厘、九五扣较四厘半、八五五扣稍便宜，镑价正贵，多收现款为宜"，建议户部重视该借款。③ 在翁同龢支持下，李鸿章立即指示盛宣怀在上海与福禄寿接洽，并接受盛的建议，由刚刚成立的中国通商银行经手收付。④ 此刻，盛宣怀几乎得到翁、李两位廷臣的一致支持。

对于李鸿章主导的借款活动，张荫桓虽身在欧洲，却不能无动于衷。总税务司赫德密切关注事态的发展，并及时反馈给张氏。早在 3 月 24 日，张未离京，就与翁同龢、敬信两位户部尚书"同诣赫德处谈土药加税事，又洋税抵借款事"⑤，表现出对赫德建议的高度重视。出洋期间，张、赫函电往来，互通声息，就连张氏家书也是通过赫德寄往英国的；赫德夫人还在伦敦家中举行招待会，特别接待张荫桓使团⑥，可见赫德对张极力笼络之意。

由于李鸿章负责的借款谈判从一开始就将赫德抛在一边，这位因执掌中国海关而长期参与举借外债的顾问表现得极不甘心。虽然他与汇丰仍有密切的联系，但是并不能对此发生任何影响。6 月 1 日，也就是李被指定参与借款事宜的当日，赫德致电张荫桓："据说有几份借款草合同正在谈判中，哪一份先谈妥，谁就赢得承办权。我没有沾手此次借款。"⑦ 次日，张

---

① 《复伦敦罗使》（光绪二十三年六月二十八日申刻），《李鸿章全集》第 26 册，第 350 页。
② 翁万戈编、翁以钧校订《翁同龢日记》第 7 卷，1897 年 7 月 11 日，中西书局，2012，第 3063 页。
③ 《盛京堂来电》（光绪二十三年七月初八日到），《李鸿章全集》第 26 册，第 354 页。
④ 有关盛宣怀与呼利 - 詹悟生公司的谈判及李鸿章、翁同龢的态度，详见马陵合《晚清外债史研究》，第 107～113 页。
⑤ 翁万戈编、翁以钧校订《翁同龢日记》第 7 卷，1897 年 3 月 24 日，第 3033 页。
⑥ 《金登干致赫德 Z1070 号函》（1897 年 7 月 2 日），《中国海关密档》第 6 卷，第 697 页。
⑦ 《赫德致金登干第 747 号电，致中国特使》（1897 年 6 月 1 日），载陈霞飞主编《中国海关密档——赫德、金登干函电汇编（1874～1907）》（以下简称《中国海关密档》）第 9 卷，中华书局，1996，第 109 页。

荫桓通过金登干复电，"希望了解海关税收还有多少尚未抵押出去"，认为只需借一笔七千万两的款子就够了，不用借一万万两，表达了对借款问题的极大关心。① 6 月 4 日，张氏奉旨在庆典活动结束后，再与各国交涉加税之事②，这样，回国时间势必延后。所以，6 月 28 日，他在奏报庆典情形时，又以附片的形式，专门阐述对借款问题的意见，希望引起光绪帝和总署的重视。张荫桓建议在明年闰三月十八日（1898 年 5 月 8 日）订约满三周年前，借债 8000 万两，一举还清赔款，以了"日本重累"。同时，特别强调户部诸臣对借款问题的优先决策权，这是针对李鸿章而言的。他建议先从赫德那里查核关税余额情况，然后由户部"另拨抵款"，在此基础上进行借款谈判，以避免"不别筹抵款，空言商借，浮滑洋商藉端撞骗"③，言外之意是批评李鸿章与呼利等英商进行的盲目谈判。这份奏疏似乎很早就到了，但是直到 8 月 16 日总署才将其递上。据赫德称，"总理衙门不拟送呈御览，但是恭亲王说皇帝必须过目，于是呈上去了"。总署不愿将张折呈上，也是李的意思。随着张折呈上，李"不得不摊牌"，"立即跟着张氏奏折用密折自行上奏，说已经同呼利-詹悟生公司安排好借款 1600 万镑"，并将草约八款进呈，称将在 20 天内正式画押。④ 李鸿章扣压张氏奏折，迟迟不递上，并匆匆忙忙与呼利草签合同，就是为了杜绝张对借款的影响，甚至打算在张回国以前完成借款之事。

在这件事上，身为户部尚书和总署大臣、军机大臣的翁同龢，非常巧妙地避开了矛盾。他劝李鸿章"单衔"具奏，自己则置身事外，并对李"毅然自认"的态度颇为赞赏。李上折当日，翁因病未入直，次日见到光绪皇帝时，又奏言"借款不得不尔，然不敢谓必成，它〔他〕人则谓李某专

---

① 《金登干致赫德 Z1064 号函》（1897 年 6 月 4 日），《中国海关密档》第 6 卷，第 684 页。
② 《旨寄张荫桓使事竣后着即讲论加税及免厘事电》（光绪二十三年五月初五日），王彦威纂辑、王亮编、王敬立校《清季外交史料》卷 126，书目文献出版社，1987 年影印本，第 2106 页下栏。
③ 《出使大臣张荫桓奏请订借八千万两偿日本兵费片》（光绪二十三年七月十九日），王彦威纂辑、王亮编、王敬立校《清季外交史料》卷 126，第 2119～2120 页。按，这里的七月十九日（1897 年 8 月 16 日）为奉到朱批时间。该片原件现藏台北故宫，题为《奏为马关条约互换之日起应还日本赔款请饬总理衙门筹划的款以免贻误》（台北故宫博物院图书文献处藏，军机处档折件，档号 140678），日期署光绪二十三年五月二十九日（1897 年 6 月 28 日），应该是折片发出的时间。
④ 《赫德致金登干 Z765 号函》（1897 年 8 月 22 日），《中国海关密档》第 6 卷，第 728 页。

之矣"。① 似乎又为李做辩护。可是，李鸿章心里并不踏实，他在 8 月 18 日给盛宣怀的信中称："借款事兄既奏明，今举朝疑为虚诞。樵野昨奏，须令银行与税司经办，洋商必不可靠，岂果验耶?"② 张荫桓所言"银行"系指汇丰银行，税司指赫德。看得出，张氏认为必须向实力雄厚的汇丰借款，并由赫德来经手，才更牢靠。此时，李鸿章也对呼利这样不知底细的英商有些怀疑了。

不幸的是，张荫桓担心的洋商"撞骗"还是发生了。盛宣怀与呼利 - 詹悟生的谈判开始似乎很顺利，先是在 8 月 14 日，由公司律师拟草合同八款，由福禄寿到北京与总署商议正式合同。不料，24 日福禄寿等抵京并与总署诸臣会面后，改变承诺，反而索办苏沪铁路，表示铁路有成，"即将十万磅〔镑〕作抵押，再画（借款）正约"。③ 显然，借款只是呼利 - 詹悟生公司抢夺商机的名目。因为双方分歧，借款几乎停滞下来。

另一方面，赫德早就从英国得到消息说，该公司的合伙人之一呼利在英国金融界声誉极坏，"没有一个正派的经纪人肯相信他，他的资本都是账面上的，而他却无所顾忌地四出〔处〕张扬。詹悟生是一位穷议员，向来做事不择手段。如果代理人签立了合同，这家公司绝不可能自己发行债券，这种交易显然是极靠不住的"。④ 了解到这些情况，赫德幸灾乐祸地等着看李鸿章自食其果。果然，10 月 6 日，按照约定时间，呼利 - 詹悟生公司居然连一笔 10 万镑的押款都拿不出来，李鸿章寄予的希望彻底落空。10 月 10 日，他致电盛宣怀，大骂呼利 - 詹悟生、福禄寿"无信无耻"，又责备盛宣怀"误认误信"。⑤ 还把借款失败和报纸上怀疑中国担保以及没有借债能力的种种言论，归结到赫德的恶意中伤。⑥ 平心论之，赫德的拨弄多少产生了影响，但呼利 - 詹悟生公司的欺骗行径也是昭然若揭，完全验证了张荫桓的先见之明。无奈之下，李鸿章只得令罗丰禄再次与汇丰联系，希望在 6 月

---

① 翁万戈编、翁以钧校订《翁同龢日记》第 7 卷，1897 年 8 月 14 日、17 日，第 3074 ~ 3075 页。
② 《致盛京堂》（光绪二十三年八月十二日辰刻），《李鸿章全集》第 26 册，第 368 页。
③ 翁万戈编、翁以钧校订《翁同龢日记》第 7 卷，1897 年 8 月 24 日、30 日，第 3076 ~ 3078 页。
④ 《金登干致赫德第 596 号电》（1897 年 8 月 19 日），《中国海关密档》第 9 卷，第 125 页。
⑤ 《复盛京堂》（光绪二十三年九月十六日巳刻），《李鸿章全集》第 26 册，第 377 页。
⑥ 《赫德致金登干 Z772 号函》（1897 年 10 月 17 日），《中国海关密档》第 6 卷，第 753 ~ 754 页。

谈判基础上重新开议。同时，李氏也亲自与汇丰银行北京分行负责人熙礼尔（E. G. Hillier）积极接洽。但李鸿章仍不希望赫德介入借款事宜。金登干告诉赫德，"根据嘉谟伦同罗丰禄的晤谈，显然李鸿章希望海关方面不要以任何形式或方式插手此事"。① 可是，事关中国的借债问题，汇丰从来都与赫德串通一气，更何况又有张的暗中支持。因此，李鸿章主动提议的再次谈判并无实质性进展，毋宁说是被重新搁置起来。

二

从种种情形分析，汇丰与李鸿章的谈判迟迟没有结果，很可能与等待张荫桓回京有关。尽管目前没有直接的材料说明这一点，但是，从赫德积极笼络张荫桓，急切等待重新获得参与机会的种种努力中，可以看到一些蛛丝马迹。

早在 1896 年 9 月，李鸿章出访欧洲期间，赫德就认为"目前总理衙门的当家人是张荫桓，如果他坚持干下去，有可能成为一个有权力的人"。② 1897 年初，在张氏抵英前，赫德便指示中国海关驻伦敦办事处代表金登干全力做好本应由驻英使馆来负责的接待工作。为了安排使团的居住和行程方便，赫德批示从出使经费中支取了优厚的款项。赫德告诉金登干，"此行的使命纯系祝贺性质，张特使希望过的愉快，而且私下里还想使他此行的光辉胜过以前的使团"。③ 所谓"以前的使团"系指李鸿章等1896 年的欧洲之行。赫德也听说，"李鸿章非常嫉妒张荫桓，不愿张氏得到他得到过的荣誉"④，所以更加积极，努力满足张的愿望。起初，赫德便建议英国外交部在参加庆贺活动期间对张授勋，但是，外交部以参加庆典外交官甚多，没有理由这样做，遂予婉拒。庆典活动结束后，张访问俄国。在那里，沙皇对张百般笼络，赠予他"圣安娜一级勋章"，"并表示要帮助中国渡过财政难关和办理借款等等"⑤，得知消息，赫德十分紧张，再次呼吁英国政府向张授勋。他向金登干抱怨说："如果中国特使（指张

① 《金登干致赫德 Z1089 号函》（1897 年 11 月 12 日），《中国海关密档》第 6 卷，第 765 页。
② 《赫德致金登干 Z723 号函》（1896 年 8 月 30 日），《中国海关密档》第 6 卷，第 534 页。
③ 《赫德致金登干第 739 号电》（1897 年 5 月 19 日），《中国海关密档》第 9 卷，第 102 页。
④ 《赫德致金登干 Z756 号函》（1897 年 6 月 13 日），《中国海关密档》第 6 卷，第 690 页。
⑤ 《赫德致金登干 Z759 号函》（1897 年 7 月 18 日），《中国海关密档》第 6 卷，第 706 页。

荫桓）和梁诚，一位未来的公使未得授勋，必将在无形中伤害了他们。"希望英国外交部趁张结束对俄、德等国访问、经由英国返华的机会，"对他和梁诚作为来访的高级官员和友好人士，单独予以授勋"。① 在金登干的游说和英国驻华公使窦纳乐（Claude. M. MacDonald）的支持下，外交部终于接受了赫德的建议。7 月 30 日，张荫桓返回英国时，被授予了"圣迈克尔和圣乔治大十字勋章"，梁诚被授予了"圣迈克尔和圣乔治高级爵士勋章"。授勋后的第二天，张荫桓从英国起程，渡大西洋，经美国乘船回国。

赫德倾心拉拢张荫桓，是因为他对总署内部的情况了如指掌。他判断，"'大老李'希望把张氏挤出北京"。这样，李就可以掌控总理衙门了。② 这种看法可能过于臆断，可也不无理由。当盛宣怀与呼利－詹悟生公司的谈判尚未中止的时候，就开始担心即将回京的张荫桓会从中作梗。10 月 4 日，盛致电李鸿章："南海（张荫桓）日内抵沪，即北上。借款有无变卦，乞示。"③ 李复电称，只要呼利交来十万镑作抵押，"张亦无从摇惑"。④ 不幸的是，呼利真的连 10 万英镑的押款也拿不出来，曾被寄予厚望的借款谈判彻底成为泡影。10 月 21 日张荫桓回到北京。此刻，呼利借款已停顿，李鸿章恢复了与汇丰的谈判，并遥控罗丰禄在伦敦与嘉谟伦直接谈判。很快，张、李的冲突就开始了。张荫桓主张"借款须与英使商量，不可自坏门面"，认为"合肥办法声名扫地，而必无成"，"又言现在只须借七千万，不必万万"；李则抨击张在赔付日款时同意以白银兑成英镑支付，致使"中国受亏二千余万"；对此，张并不认错，反过来指责李与汇丰谈判中的"八五五扣之谬"，二人攻讦不已。⑤ 张、李各执一词，翁同龢左右为难，清廷大员在借款决策上出现明显分歧。

不过，此时的借款谈判仍旧由李鸿章负责。在与汇丰的谈判中，谈判的焦点仍是抵押问题。中方同意以"两淮盐课、江苏厘金抵押，由户部、总署作保"，"并请国家酌派汇丰信服之洋员，帮同查核实在收数"⑥，以

① 《赫德致金登干第 750 号电》（1897 年 7 月 16 日），《中国海关密档》第 9 卷，第 120 页。
② 《赫德致金登干 Z761 号函》（1897 年 7 月 25 日），《中国海关密档》第 6 卷，第 710 页。
③ 《盛京堂来电》（光绪二十三年九月初九日到），《李鸿章全集》第 26 册，第 375 页。
④ 《复盛京堂》（光绪二十三年九月初九日巳刻），《李鸿章全集》第 26 册，第 376 页。
⑤ 翁万戈编、翁以钧校订《翁同龢日记》第 7 卷，1897 年 11 月 11 日、12 日、13 日，第 3106 页。
⑥ 《复罗使》（光绪二十三年十月十五日申刻），《李鸿章全集》第 26 册，第 384 页。

确保按期偿还。可是，汇丰认为，"该洋员只有查核而无管理之权，仍难商办"①，依旧坚持由总税务司赫德来征收厘金。很明显，即使李鸿章刻意将谈判放在伦敦进行，也改变不了汇丰与赫德沆瀣一气的事实。只要将赫德排斥在外，就不可能与汇丰达成协议，谈判僵持下来。11月17日，李又向驻美公使伍廷芳致电询问，"美商何人愿借巨款？英、德久议未定，因盐课、厘金押保，彼欲代管，有碍国体"②。至12月14日，汇丰仍无确耗，李鸿章感到"倭限已近，必贻误"，遂询问罗丰禄"除汇丰外，有可设法商借否？希速筹复"③。此时，他已陷入无奈、慌乱和饥不择食的窘态中。而翁同龢也开始倾向于支持张荫桓主持借款之事，他将"福禄寿所呈及合肥所算各借款盈绌单送樵野斟酌"④，为张提供新的参考。但是，接连发生的外交变故，使借款活动陷入了更大的危局之中。

三

就在李、张分歧公开化的时候，11月13日，发生了德国侵占胶州湾事件。胶案的发生，以及由此引发的英、俄、德、法等列强争夺在华权益的外交斗争的尖锐化，使清政府借款的外部环境更加恶化，借款活动与列强争斗纠缠在一起，情况变得扑朔迷离。

1897年12月14日，李鸿章在"邀请"俄国军舰进入旅大、冀其"驱逐"德舰的同时，又向俄国提出借款要求，俄国则乘机提出了要求修建满洲、蒙古地区铁路，俄国人担任总税务司，借款以田赋、厘金为担保等条件。两天后，当李会晤英使窦纳乐时却又表示，"汇丰等如仍照五六月间原议，可即照办；若必干预押款实难允"⑤。李氏施"以夷制夷"之故伎，在英俄之间分头谈借款，坚持税司不干预盐课的原则，希望利用矛盾借到合算的钱，但是这种办法已经失灵了。借款谈判很快变成英、俄两国政府担保的政治借款，英、俄两国驻华公使针锋相对，互不相让。英国公使除了提出开放南宁、湘潭，"保证不将扬子〔江〕流域让渡与任何第三国家"等

① 《罗使复电》（光绪二十三年十月二十二日未刻到），《李鸿章全集》第26册，第387页。
② 《寄华盛顿伍使》（光绪二十三年十月二十三日辰刻），《李鸿章全集》第26册，第388页。
③ 《寄伦敦罗使》（光绪二十三年十一月二十一日辰刻），《李鸿章全集》第26册，第398页。
④ 翁万戈编、翁以钧校订《翁同龢日记》第7卷，1897年11月19日，第3108页。
⑤ 《致罗使》（光绪二十三年十二月初四日午刻），《李鸿章全集》第26册，第404页。

条件外，特别提出，"不论借款如何，英国政府决定海关总税务司必须由英国人担任"。[①] 情形如此急迫，总署束手无策。

1898 年 1 月 24 日，由翁同龢出面召集，总理衙门大臣集体会议商讨借款之事。张荫桓在日记中写道："卯初常熟（指翁）函约早到署商借款，以两邸十堂并到，宜有确论。及晤，常熟似忘却早间来函，漠无所言。"[②] 看得出翁氏急于推进借款之事，却又不愿担负些微的责任。诸臣讨论尚无结果，俄国公使巴甫洛夫便到总署，"称奉国电，借款若中国不借俄而借英，伊国必问罪，致大为难之事。又极言英款万不可借，将以埃及待中国矣"。稍后，英国公使窦纳乐也到总理衙门，称"中国自主，何以不敢以一语诘俄，英何害于俄而俄必阻止耶？"[③] 面对俄、英的要挟和恐吓，总署诸臣无计可施。而李鸿章仍然主张借俄款，翁同龢颇为不满，称"李相欲就俄缓英，试问何术以缓之哉？"只知徇俄人之请，"如何拒英则并无一字也"。[④] 迫于两方的压力，清政府提出向英、俄各借 5000 万两的建议，却遭到两国拒绝。1 月 30 日，张荫桓电告驻俄公使许景澄，通知俄国，"各国皆不借，前议作罢"。[⑤]

英、俄在借款和租借港湾问题上的激烈争夺，激起清廷朝野的强烈反响，朝臣纷纷献言献策，应对危机。1 月 30 日，詹事府中允黄思永上疏请仿效西法，特造股票（公债券）向官绅士兵借款以应急需。实际上是效仿西洋，发行公债。疏上，光绪帝令有司核议，经翁同龢、张荫桓等户部官员商议，拟就详细章程，发行"昭信股票"，倡议官商绅民"量力出借"。[⑥] 可是，翁、张似乎从一开始就对此没抱太大的信心（事实上也是如此）。就

---

① 《英驻华公使窦纳乐爵士致英外相萨里斯伯列侯爵电——与中国政府谈判借款的条件》（1898 年 1 月 21 日），中国人民银行总行参事室编著《中国清代外债史资料（1853～1911）》，中国金融出版社，1991，第 209 页。关于英、俄两国争夺对华借款权及其他在华利益的情况，可以参考菲利浦·约瑟夫《列强对华外交（1894～1900）》第 10、11 章，胡滨译，商务印书馆，1959，第 210～275 页。

② 任青、马忠文整理《张荫桓日记》，1898 年 1 月 24 日，上海书店出版社，2004，第 507 页。

③ 翁万戈编、翁以钧校订《翁同龢日记》第 7 卷，1898 年 1 月 24 日，第 3135 页。

④ 翁万戈编、翁以钧校订《翁同龢日记》第 7 卷，1898 年 1 月 25 日、26 日，第 3135～3136 页。

⑤ 任青、马忠文整理《张荫桓日记》，1898 年 1 月 30 日，第 509 页。

⑥ 参见黄思永《奏请特造股票筹借华款疏》（光绪二十四年正月初九日）；户部：《奏准自造股票筹借华款疏》（光绪二十四年正月十四日），千家驹编《旧中国公债史资料（1894～1949）》，中华书局，1984，第 6～12 页。关于昭信股票的发行和成效情况，可参见朱英《晚清的"昭信股票"》，《近代史研究》1993 年第 6 期；李玉《晚清昭信股票发行过程论略》，《近代史研究》2006 年第 4 期。

在清政府告知英、俄不向两国借款的十几天后，经总税务司赫德撮合，便以"商款"的名义，与汇丰、德华两家银行迅速草签了《英德续借款合同》。这次借款谈判是在张荫桓、赫德的操纵下进行的，作为户部尚书的翁同龢及敬信虽参与其中，却形同木偶。至于李鸿章，则被完全摈于局外。

原来，当英、俄两国争夺对华借款权最激烈的时刻，汇丰银行与中方开始秘密讨论商业借款的可能性。只不过此时代表清政府出面的已不是李鸿章，而是张荫桓。赫德终于迎来了再次大显身手的良机。12 月 23 日，英国公使窦纳乐与熙礼尔一起拜访赫德，将汇丰银行的两封电报给赫德过目，透露出令其惊讶的信息：俄国向中国提供利息 4 厘的借款，折扣 93%，中国让俄国承建一条铁路，用厘金与田赋作保，并答允下一任海关总税务司由俄国人担任。[①] 这对赫德来说绝不能容忍。当天，他致电金登干："请告知汇丰银行，我完全赞同该银行代理人昨天发出的两份电报，希望汇丰银行有能力承办商业性贷款，以防止反对者的阴谋。"[②] 两天后，又令金登干随时向他报告汇丰银行所作的决定。金登干也认为"承办商业性贷款"是"防止俄国安排借款的唯一办法"[③]，当然也是巩固赫德在海关地位的最佳途径。可见，为了抵制俄国，窦纳乐、赫德、熙礼尔共同策划用"商款"的形式获得对华借款，当然，这也是张荫桓所支持的方案。

同时，此前一直反对总税务司染指厘金的翁同龢，也于 1898 年 1 月 16 日会晤赫德，与之商议借款事，可能这与张的劝说有关。赫德告诉翁，40 年来屡劝中国自强，前后上书数十，无一准行，极感"沉痛"："即如日本偿款，当时我献策，将海关洋税全扣，每年二千万，十年可了，而张大人（荫桓）驳我。我又献策，我可借银五千［万］镑，除还日本外，尚余一千□百［万］镑，中国可办他事，而俄法出而担借以挠我。试观今日还债两倍于本，较吾策孰得孰失耶？"[④] 这些自称高明的说辞，不过是为了让翁对他萌生幻想。1 月 22 日，是中国农历新年的第一天，张荫桓便"访赫德商借款事"[⑤]，可见重视之程度。31 日，翁、张同访赫德，"要求举行秘密会

① "23 December 1897", Hart's Journals, Vol. 51. 现藏英国贝尔法斯特女王大学，转引自张志勇《赫德与英德续借款》，《江苏社会科学》2014 年第 4 期。
② 《赫德致金登干第 720 号电》（1897 年 12 月 23 日），《中国海关密档》第 9 卷，第 161 页。
③ 《赫德致金登干第 558 号电》（1897 年 12 月 24 日），《中国海关密档》第 9 卷，第 161 页。
④ 翁万戈编、翁以钧校订《翁同龢日记》第 7 卷，1898 年 1 月 16 日，3130 页。
⑤ 任青、马忠文整理《张荫桓日记》，1898 年 1 月 22 日，第 507 页。

谈"。赫德注意到，"他们已失去了尊严，不再像以往那样自信了"。① 翁、张托其与日商议稍缓归本之期，赫德表示应允，建议等事态平息再借商款②，这是为自己兜揽借款之张本，其实，从当时情形看，日本不可能同意延缓。2 月 7 日，赫德约见翁同龢，"纵谈时事"。翁氏在日记中写道："伊问可商汇丰否？答曰可。伊又曰须将厘、盐二事先商抵押，余曰二千万不值议及此。伊又曰若三月一款不还，各国谓中国利权扫地，将派人合力来干预矣。余曰不知〔者〕将谓汝为汇丰说项，以危语怵人，余不汝疑，然汝言过矣，此事终借汝力商借汇丰而不要抵押也。"③ 赫德这次访翁，明显是一种试探。翁氏希望靠赫德个人的信誉和能力，不要盐厘做抵，来实现汇丰借款，当然是不切实际的幻想。

2 月 9 日，张荫桓正式约赫德来总署"商借款"。赫德离去后，翁同龢方到署，对赫德"有欲管理中国度支之说"表示不满，户部满尚书敬信则婉言相劝，"以既有款可借，便将部拟摊派奏稿撤下"。④ 看来，偿款日期逼近，户部已经做了预案，一旦外款借不成，就要奏请督抚摊派。当时，各省财政每况愈下，此举将冒很大的风险，万不得已，翁、张也不敢从此下策。然而，对于赫德借款，翁仍存顾虑，他在日记中写道："借款乃赫德来署与张公面谈，仍令汇丰承办，而欲指定某处厘税交赫管理始允，吾恐各省督抚大权尽归外人，督抚未能甘也。"⑤ 这里直接将责任全推到张身上。虽有担忧，但既然张担当在先，翁也就不再坚持了。次日，翁将"《松沪厘》、《宜昌盐厘》两款"交给张，嘱其"往商赫德，谓银贱镑贵恐不敷，然此已大不易云"。⑥ 此时，他已不坚持反对厘、盐作抵了。17 日，翁、张、敬三人再至赫德私宅，商借款。翁日记云："赫言汇丰款可借，惟须派税司管厘金则外国商人始服，不得已允之。又言须指定某某处厘五百万始敷抵款，并立刻定议，答以到署查明，明日必复。"⑦ 经过这次商议，英德续借款的基本框架被确定下来，但翁同龢仍忧心忡忡，"虑英借商款俄有责言"。当天，翁致张荫桓函云："商款无碍之说，虽经开喻，鄙怀终未释然。譬如

① 《赫德致金登干 Z782 号函》（1898 年 2 月 6 日），《中国海关密档》第 6 卷，第 798 页。
② 翁万戈编、翁以钧校订《翁同龢日记》第 7 卷，1898 年 1 月 31 日，第 3137 页。
③ 翁万戈编、翁以钧校订《翁同龢日记》第 7 卷，1898 年 2 月 7 日，第 3140 页。
④ 任青、马忠文整理《张荫桓日记》，1898 年 2 月 9 日，第 511 页。
⑤ 翁万戈编、翁以钧校订《翁同龢日记》第 7 卷，1898 年 2 月 9 日，第 3141 页。
⑥ 任青、马忠文整理《张荫桓日记》，1898 年 2 月 10 日，第 511 页。
⑦ 翁万戈编、翁以钧校订《翁同龢日记》第 7 卷，1897 年 2 月 17 日，第 3143 页。

豪横无赖，欺一懦夫，纵理直不能申也。我曰商款，彼曰总是英款；我曰税司，彼曰总是英人。浸假而占黄海；浸假而吞三省，奈何！敌势如此，故不能不虑。"① 他在日记中写道："此意再三与樵（樵野）言，樵执意无碍，我终未释然，其他流弊且不论。"② 可见，翁氏对形势的判断比较透彻，只是此时此刻不借汇丰之款，已是无路可走。

翁同龢先是顾虑一些督抚会对以厘、盐为抵押有不满，继则担心"商款"之名挡不住俄国的诘问。平心论之，皆非杞忧。可是，张荫桓表示"无碍"。在议定的关键时刻，翁预感到事情不妙，开始有抽身之念。原定18日由翁将署中"抵款数目"查明后送交赫德，是日翁却"因疾未往"，而是将"厘金单送敬公（敬信）面交"赫德。③ 对于翁氏的退缩，张荫桓以"莫名其妙"讥之。④ 同样，敬信也开始逃避。2月19日，户部直日，张荫桓本来"约子斋（敬信）在直庐相晤"，可敬信不到，张感到"殊不可解"。张氏在日记中写道："恭邸约至枢中晤语，当将借款事告之，恭邸茫然。常熟乃谓此事昨未谈及，现在有款可借，但要管我们厘金。余言并非银行要管，系我们将厘金拨交赫德代征，以便如期交付本息。恭邸领之。"次日张又记："常熟将借款合同稿送来，以赫德'专管'两字为嫌，且虑江苏必有一场厮闹。余复以昨约子斋直庐相晤，子斋不来，无从置词。"⑤ 言语之间，颇有几分冷淡。极关国家利益的借款合同居然是在户部堂官彼此推诿中决定下来并进呈御前的，这其中的隐情又岂是局外人所能知晓？

需要说明的是，张、翁、敬与赫德商议借款事宜几乎是在秘密状态下进行的，商谈地点甚至在赫德宅中。⑥ 直到2月10日在户部查点厘金数目时，才"微露借款事"。⑦ 李鸿章一直被蒙在鼓里。本来，旅大事件发生后，外交环境越来越被动，李鸿章的借款策略屡屡碰壁，加之他与张的分歧越来越大，他对借款的介入已经没有以前那样执着了；他甚至知道张荫桓已

---

① 翁同龢著、许晏骈（高阳）考编《松禅老人尺牍墨迹》，台北故宫博物院，1977，第194～195页。

② 翁万戈编、翁以钧校订《翁同龢日记》第7卷，1897年2月17日，第3143页。

③ 翁万戈编、翁以钧校订《翁同龢日记》第7卷，1897年2月17日、18日，第3143、3144页。

④ 任青、马忠文整理《张荫桓日记》，1898年2月18日，第512页。

⑤ 任青、马忠文整理《张荫桓日记》，1898年2月19日、20日，第512～513页。

⑥ 赫德也嘱咐汇丰银行，"在借款发行书发出以前，不要声张，不要在报纸上预告，不要暗示，不要□。事关重要"。见《赫德致金登干第708号电》（1898年2月10日），《中国海关密档》第9卷，第175页。

⑦ 翁万戈编、翁以钧校订《翁同龢日记》第7卷，1898年2月10日，第3141页。

经与赫德有所接触，但是，没有料到张、赫的动作如此迅速。21 日，张、翁与赫德的商谈已近尾声时，李鸿章忽然致函翁氏，表示法国驻华公使吕班欲借款给中国，翁因"不愿生枝节"，竟"答以十日后再议"①，故意拖延时间。直到 23 日，李鸿章还在电告盛宣怀，"国债由赫向英行商借，尚未定"。② 其实，此时实质性谈判早已完成。26 日，李鸿章得知总署已与汇丰、德华达成借款协议后，愤怒至极，面斥张、敬二人。28 日，原本约赫德来总署，为了避免引人注意，或生怕李鸿章从中搅局，翁建议与敬、张二人，"同诣赫德处"，在赫德私宅将"（合同）底稿订明"，并决定次日画押。事已至此，李鸿章亦以为底稿"周妥"，"便促早日画押"。张荫桓返寓后急忙"函商常熟，请合肥同视画押"，希望以此体面地"弥合"他们在借款之事上的分歧；让他没想到的是，"合肥欣然"。次日，借款合同正式签订。仪式结束后，张荫桓又专程"访赫德谢劳"。③ 这样，一波三折的第三次大借款，最终以张荫桓和赫德的合作成功而迅速收场。

结　语

张荫桓是甲午战后最为引人注目的活跃人物，光绪皇帝对他的信任，仅次于帝傅、户部尚书翁同龢，一些时候甚至超过翁氏。④ 就第三次大借款而言，张氏与前辈同僚李鸿章始终围绕借款的主导权问题明争暗斗，身兼枢、译的翁同龢则委蛇其间，彼此关系十分微妙。伴随着整个借款过程，既有列强的争夺，也交织着清廷内部的权力之争和私人恩怨。

在讨论英德续借款的迅速达成时，确有形势急迫的一面。政变后，流放途中的张荫桓辩解说："（时）各国图利商人纷纷向合肥等处承揽，均无实际，而期限更迫，同人又请我向日使议缓期。日使初许电商政府，后因借款无着，顿反前言，事更急，我不得已，始创议请总税务司赫德筹借商款，以应急需。议定，以盐、货各厘作抵，当将户部暨总署各案查交赫税司收执，议始定。此事虽我一人主持，然在危急，谓人无策，我不能再不出头，乃事后谤讟纷

① 翁万戈编、翁以钧校订《翁同龢日记》第 7 卷，1898 年 2 月 21 日，第 3145 页。
② 《复盛京堂》（光绪二十四年二月初三日已刻），《李鸿章全集》第 26 册，第 418 页。
③ 任青、马忠文整理《张荫桓日记》，1898 年 2 月 26 日、27 日、28 日、3 月 1 日，第 514 ~ 515 页。
④ 参见马忠文《张荫桓、翁同龢与戊戌年康有为进用之关系》，《近代史研究》2012 年第 1 期。

兴，咸谓我专擅营私，我何辩哉?"[1] 他非但不承认"专擅"，甚至还自认是有功之人。揆诸实情，当时还款期限临近，李鸿章主持的借款谈判屡屡挫败，大大影响了清政府在欧洲金融市场的声誉。张荫桓果断出手，确与时局有关。就连李鸿章也称此举"系不得已救急法"[2]，"翁、张乃放手为之"。[3] 尽管如此，决策层面的失误也是不能忽视的。翁同龢、李鸿章、敬信等责任者，或消极趋避，明哲保身，或排斥异己，意气用事，不能和衷共济，以致时机延误。英德续借款谈判是清廷派系纷争对外交决策产生消极影响的典型案例之一。

---

① 王庆保、曹景郕:《驿舍探幽录》，载中国史学会编《戊戌变法》第 1 册，上海人民出版社，2000，第 497 页。《驿舍探幽录》是押解官员对张氏回忆的记录，正如刘声木所说，"书中所述之语，其中恩怨太深重者，未可尽以为据，或可备参考之用"。见刘声木撰、刘笃龄点校《苌楚斋随笔续笔三笔四笔五笔》上册，中华书局，1998，第 660 页。
② 《复盛京堂》(光绪二十四年二月初八日未刻)，《李鸿章全集》第 26 册，第 421 页。
③ 《寄上海盛京堂》(光绪二十四年二月十二日午刻)，《李鸿章全集》第 26 册，第 422 页。

中国社会科学院重点学科·**晚清史学科**
晚清史论丛（第六辑）

清末新政与**边疆新政**（下 册）

Reforms and the New Frontier Policies
in the Late Qing Dynasty

中国社会科学院近代史研究所政治史研究室　　● 编
西北民族大学历史文化学院

社会科学文献出版社
SOCIAL SCIENCES ACADEMIC PRESS (CHINA)

目录

上　册

光宣之交清理财政前夕的设局与派官

刘增合*

　　清理财政是清末宪政筹备的首要事项，清廷为此进行了制度上的安排，最关键的环节就是设局与派官。设局指的是由清廷明令在各省设立清理财政局，派官则是由清廷选派得力官员赴各省协助监督清理财政事宜。设局与派官是性质不同而又互相联系的两个环节，均由清廷决策实施，前者由各省具体落实，须报请清廷认可；后者则直接由清廷遴选遣派，并强化其权威性。上述两个方面是清季清理财政过程中最为关键的举措，也是完成清理财政任务的制度性保障。然而，纠葛与纷乱显现其中，值得吾人作细密审慎的比勘勾稽，内中隐含的清廷与外省对立情态亦值得今人揣摩体会。

一　普设专局

　　设立专门机构清查各省财政事务，其实已不是新鲜的事情，早在光绪初期就有类似的形式。光绪八年（1882）张之洞抚晋。山西财政自道光末年以来，已有33年没有彻底清查，鉴于省内财政产生筹垫、滥支、拨抵、借动、隐匿等各种弊端，张氏奏请设立清源局，下决心清查该省财政积弊。① 随后，御史梁俊奏称，藩库积弊不独晋省如此，建议清廷饬令各省普

---

　　* 　刘增合，暨南大学历史系、近代中国研究中心教授。
　　① 　张之洞：《晋省办理清查疏》，陈昌绅编《分类时务通纂》第5册，北京图书馆出版社，2005，第105～106页。

遍设立专门机构，仿照山西省确定的清查章程，一律彻底清查。① 上谕纳其议，立即敕令各省行动。② 随后，各省纷纷设立清源局或交代局以清理本省的积亏案件。③ 机构名称虽不相同，各省基本上均贯彻清廷指令，展开为期数年的财政清查和官员交代工作。

然而，这一机构的运作仅仅持续数年时间，未能持续有效地运作下去。据后任山西巡抚恩寿奏报，山西清源局与藩司衙门并存而立，反而导致财政混乱，他不得不撤掉这一机构。④ 庚子后数年间，仍有官员吁请设立专局清查各地财政。光绪三十一年（1905），户部主事贺廷桂发现，就外省税款支销而言，官员中饱之数占十之五六，供应上司占十之二三，报部数额仅十之一二。他奏请说，"拟请旨饬下各州县，多设财政调查所，并会同地方公正绅耆，一体协同办理。无论何款，凡有关财政之事者，均令逐一调查，开列详表，由地方绅耆径行呈部，按册稽查是非，核对虚实。如有收支不符者，即请旨饬下督抚赔偿，严予处分，以重责成而警将来"。⑤ 次年，有人明确提出设立调查财政局的建议，认为各地官员中饱私贪情形严重，非调查不足以清理。⑥ 但是，从实际情况来看，数年间各省的封疆要员大都置若罔闻。光绪三十四年下半年，由于宪政编查馆奏定各省设立财政调查局，度支部也热心推行这一举措，咨请各省"设立财政调查所，无论司库、局库拨放之款，以及军务、盐务、学务、庶务，一切用项，凡属国家行政经费，统归调查所详细调查，通盘查核，俾识盈虚消长之数，庶免临时竭蹶"。⑦ 督促归督促，数月间在州县一级设立财政调查所的省份并不很多。

---

① 御史梁俊称：各省督抚不能像张之洞那样任劳任怨，所以尽管光绪四年谕令即推行清查库款，但各省仍旧敷衍了事。《光绪朝东华录》第 2 册，第 1418 页。

② 同上。

③ 《恩福奏为设局清理热河府厅州县交代限内调算完竣并请将出力委员酌加奖励折》，《京报（邸报）》第 6 册，第 394～395 页；《冯誉骥片》，《京报（邸报）》第 5 册，第 624～625 页；《两广总督张树声广东巡抚裕宽奏为通判欠解署任交代银两参后全完请旨开复原官折》，《京报（邸报）》第 8 册，第 303～304 页。

④ 《晋抚恩奏裁撤筹饷清源两局专设财政处以一事权而资整顿折》，《四川官报》第 29 册，光绪三十二年十月上旬，第 10～11 页。

⑤ 《户部主事贺廷桂拟请通饬各州县分设财政调查所由地方公举绅士协同办理疏》，国家图书馆分馆编选《（清末）时事采新汇选》第 14 册，第 7397 页。

⑥ 《论各地宜设调查财政局》、《续论各地宜设财政调查局》，《（清末）时事采新汇选》第 17 册，第 9124～9127 页。

⑦ 《通饬各省设财政调查所》，《陕西官报》第十一期，光绪三十四年八月中旬，第 7 页。

目前仅见两江总督有过令州县设局的札文①，恐怕也是虚应故事，难有进一步的行动。

官制改革后，度支部本来拥有核查外省财政的权限，《度支部官制清单》首条即称：该部"可随时派员调查各省财政情形"。② 只是这一规定数年间没有付诸落实。光绪三十四年年底，度支部制定《清理财政章程》时，这一规定才真正落在实处。不过，光宣之交的清理财政局具有创新性特征，与原来的清源局、交代局等机构迥不相同。它的产生和形式，正好反映出时势的差异。其一，系奉旨设立，而非各省自为风气的结果。其二，度支部清理财政处与各省清理财政局上下相维，职权统一，不似光绪初年各省核查机构各行其是，无统辖之组织，无监督之布置。其三，清理财政局的运作，部派监理官参与其中，保证各省财政清理能够沿着度支部的方针和计划进行，迥异于既往省级核查机构散漫自为的状态。其四，各省清理财政局实行统一严格的分科办事制度③，超越了原有核查机构在名称、内部设置均不统一的弊端。

当然，各省设置清理财政局的步调并非完全一致，偶有自作主张的情形。部章规定，各省清理财政局必须分三科办事，即编辑科、审核科、庶务科④，而浙江省则在两个问题上与部章标新立异。首先分科设置方面，有两则报道说明该省另起炉灶。报道之一，是浙省将局内分为调查科、会计科、编制科三科，并设立编纂员厅，内分五股，分别负责藩司衙门、运司衙门、粮道衙门、关道衙门、局所等各部门财政事宜。⑤ 报道之二，则是在监理官赴浙视事后发现，该省清理财政局内分藩、运、粮、关、厘五科，虽系分科办事，然而却违背部章规定。⑥ 其次，局内职员遴聘不当，浙省清理财政局因需要清理的册籍太多，使用了较多的书吏，监理官认为与部章不合，饬令改正。⑦ 度支部还发现，各省在设立清理财政局的过程中，随意增设提调、帮办等名目，与奏定章程不符，因而通饬各地一律裁撤这些不相干的名堂，并将章程和办

---

① 《饬设财政调查所》，《北洋官报》第1966册，宣统元年正月初十日，第12页。
② 《度支部官制清单》，《奏定京内各官制》，清末石印单行本，第18页。
③ 《度支部奏为酌拟臣部清理财政处各省清理财政局办事章程缮单折》，安徽官纸印刷局清末铅印，第5~6页。
④ 《各省清理财政局办事章程》，《度支部清理财政处档案》上册，第47页。
⑤ 《草拟浙江清理财政局暂行章程》，《申报》宣统元年五月三、四日。
⑥ 《大吏对于财政局意见之参差》，《申报》宣统元年八月五日。
⑦ 《财政局拟用法政人员》，《申报》宣统元年九月四日。

事细则送部核查。① 部分省份清理财政局的帮办多至七八人，度支部尚书载泽担心该局又将蹈袭旧局恶习，严饬主要官员必须常川驻局办事。②

设局清理财政是度支部志在必行的决定，而且要求三个月内必须完成设局任务。③ 然而个别省份仍拖延设局，违抗部命。度支部向朝廷奏报说，"臣部屡据各监理官来禀，金以官场积习疲玩，阳奉阴违，办事之难几同一辙，良由各省财政紊乱已久，脂膏所在，奸蠹丛生，欲举数百年之锢弊，遽令廓清，人情本多不便"。甘肃省即是颇具典型的一例。该省藩司毛庆蕃无故拖延设局指令，敷衍塞责，引起了度支部的愤怒，不得不严参其溺职行为："该藩司于三月到任，即经陕甘督臣派充清理财政局总办；五月间兼护督篆，直至六月间始行遵章设局，八月底始奏报开局日期，其办事细则至十月底，甫经送到，局员职名则迄未开报，事事延缓。……设局以来，仅派局员五人，并不分科治事。"④

因部章传递时间及各省督抚安排的差异，清理财政局在设立时间、总办和会办设置数量等方面，依然显示出相当的差异。兹据各类文献详细考列如下。

宣统元年各省清理财政局设立简表

省份（地区）	设局时间	总会办职名	文献来源
湖北	二月一日	布政使李岷琛为总办，提学使高凌霨、按察使杨文鼎、巡警道冯启钧、劝业道邹履和、盐法道马吉樟、江汉关道齐耀珊、荆宜关道吴品珩、牙厘局总办黄祖徽、官钱局总办高松如、签捐局总办钱绍桢为会办。善后局总办金鼎为驻局会办。	《湖广总督陈夔龙奏设立清理财政局遴员开办情形折》，《政治官报》第 569 号，宣统元年四月十二日，第 6～7 页；《清理财政定期开办》，《盛京时报》，宣统元年二月十一日；《委派清理财政局总会办》，《申报》，宣统元年二月二十日。

---

① 《京师近事》，《申报》宣统元年九月一日。安徽清理财政局职位设立与部章不合，提调、帮办等传统名目依旧存在，经度支部与皖抚协商改革目前设置，并将办事细则确定后报部审核。参见《咨请改订清理财政局章程》，《申报》宣统元年八月十五日。浙江省清理财政局也存在上述情况，被度支部查处。参见《浙省要政汇纪》，《申报》宣统元年八月二十六日。

② 《财政局不准位置闲员》，《大公报》宣统元年五月十日；《饬报财政局员表》，《大公报》，宣统元年六月十五日。

③ 《京师近事》，《申报》宣统元年四月九日。

④ 《度支部奏甘肃藩司玩误要政据实纠参折》，《政治官报》，第 774 号，宣统元年十一月初九日，第 7 页。

续表

省份（地区）	设局时间	总会办职名	文献来源
湖南	二月八日	布政使庄赓良为总办，盐法长宝道长沙关监督朱延熙为会办。	《湖南巡抚岑春蓂奏设清理财政局折》，《政治官报》第566号，宣统元年四月初九日，第10~11页；《湘抚奏设清理财政局》，《盛京时报》，宣统元年四月十五日；《清理财政局之成立》，《申报》，宣统元年三月六日。
热河	二月十六日	求治局总办热河道为该局总办，其余不详。	《热河都统奏遵旨设立清理财政局折》，一档馆，会议政务处全宗，财政394~2988；《热河都统廷杰奏遵设清理财政局折》，《政治官报》第483号，宣统元年二月十四日，第9~10页；《（热河都统廷杰）又奏设热河清理财政局咨部立案片》，《政治官报》第529号，宣统元年三月初一日，第13页。
广东	二月二十二日	广东布政使胡湘林为总办，提学使沈曾桐、按察使魏景桐、署盐运使丁乃扬、巡警道王秉恩、劝业道陈望曾、善后局会办李哲濬、造币粤厂帮办方政为会办。	《两广总督奏设清理财政局及派委总会办各员折》，一档馆，会议政务处全宗，财政390~3239；《两广总督张人骏奏设立清理财政局日期等片》，《政治官报》第527号，宣统元年闰二月二十八日，第12~13页。
河南	二月二十五日	藩司朱寿镛为总办，厘税局兼筹款所总办于沧澜、支应局总办王梦熊为会办。	《河南巡抚吴重憙奏设立清理财政局开办日期折》，《政治官报》第548号，宣统元年三月二十日，第14页；《设立清理财政局之奏牍》，《申报》，宣统元年五月十三日。
广西	闰二月一日	藩司王芝祥为总办，广西补用道彭清范为会办。	《桂抚奏派清理财政局会办》，《申报》，宣统元年五月十一日。
四川	闰二月三日	布政使王人文为总办，盐茶道、重庆关道及现办财政之官运、厘金、经征、筹饷、粮饷、造币各局厂总会办为清理财政局会办，设坐办一员。	《四川总督赵尔巽奏遵设清理财政局切实筹办折》，《政治官报》第589号，宣统元年五月初二日，第7~9页；《川省清理财政之预备》，《申报》，宣统元年六月二十三日。

续表

省份（地区）	设局时间	总会办职名	文献来源
山东	闰二月二十日	布政使朱其煊为总办，盐运使丁达意及南运局总办陈炳文为会办。	《山东巡抚袁树勋奏设立清理财政局开办日期折》，《政治官报》第536号，宣统元年三月初八日，第11～12页。
黑龙江	闰二月二十二日	度支使谈国桓为总办，垦务局总办何煜为会办。	《东三省总督徐世昌署黑龙江巡抚周树模奏江省清理财政局开办情形折》，《政治官报》，第532号宣统元年三月初四日，第13～14页。
江苏苏属	闰二月二十二日	布政使瑞澂为总办，苏松粮道兼苏州关道惠纶、江海关道蔡乃煌、镇江关道刘燕翼、善后报销局总办王仁东、淞沪粮捐局总办朱宜振为该局会办。坐办为苏省牙厘局督办朱之臻。（其后，总、会办人员有所变化，如瑞澂督鄂后，继任藩司陆钟琦即成为总办，其余人选也有变化）。	《江苏巡抚奏苏省遵章设立清理财政局委员开办日期折》，一档馆，会议政务处全宗，财政451～3512；《江苏巡抚陈启泰奏设立清理财政局并开办日期折》，《政治官报》第546号，宣统元年三月十八日，第20页；《苏抚奏报清理财政局开办情形》，《申报》，宣统元年五月十日；佚名，《清理财政奏牍章程条款规则汇编》（下），苏城毛上珍代印，第4页。
江苏宁属	闰二月二十五日	藩司为总办，运司、粮盐关道、淮扬海道、现办厘捐官钱各局道员为会办。	《（两江总督端方）又奏设清理财政局开办日期等片》，《政治官报》第562号，宣统元年四月初五日，第16页。
江北	三月一日	总办为署理淮扬海道督办江北收支局吴学廉；会办为江北陆军正参议许贞翰、淮海巡防营务处汪咏沂、总办江北陆军粮饷局朱照。	《署理江海提督王士珍奏遵设清理财政局及开办日期折》，《政治官报》第556号，宣统元年三月二十八日，第9～10页。
浙江	三月一日	藩司颜仲骥为总办，运司王庆平、粮道王季寅、杭关道启约、宁关道桑宝、温关道黄祖经为会办，并派委现充厘饷局总办章樾为驻局会办。	《浙江巡抚增韫奏设立清理财政局折》，《政治官报》第595号，宣统元年五月初八日，第10～11页。

省份（地区）	设局时间	总会办职名	文献来源
安徽	三月一日	布政使沈曾植为总办，署皖南道郭重光、皖北道毓秀、候补道陈师礼为该局会办。	《安徽巡抚抄咨会奏皖省设立清理财政局日期及派员折》，一档馆，会议政务处全宗，财政3467；《皖省设立清理财政局》，《申报》，宣统元年五月十七日。
奉天	三月八日	度支使张铭銮为总办，度支司金事赵臣翼、省城税捐局总办齐福田为会办。	《东三省总督徐世昌奏奉省设立清理财政局派员开办日期折》，《政治官报》第552号，宣统元年三月二十四日，第8页；《设立清理财政局之奏牍》，《申报》，宣统元年五月十三日。
吉林	三月十五日	度支使陈玉麟为总办，劝业道徐鼎康为襄办，官帖局张壁封为会办。	《东三省总督徐世昌署理吉林巡抚陈昭常奏吉林遵设清理财政局并开办情形折》，《政治官报》第556号，宣统元年三月二十八日，第7~8页；《设立财政局之奏报》，《申报》，宣统元年五月二十日。
陕西	四月一日	布政使许涵度为总办，巡警道张藻、财政局总办张毅为会办，财政局会办钟润常川驻局。	《陕抚奏陈开办清理财政局》，《申报》，宣统元年八月四日。
云南	四月一日	署布政使叶尔恺为清理财政局总办，署蒙自关道增厚、腾越关道刘元弼、盐法道载林、署粮储道方宏纶、厘金局总办冯誉骢、造币厂总办杜庆元为会办，以善后局总办王赓虞为驻局会办。	《护理云贵总督沈秉堃奏遵设清理财政局开办日期并筹办情形折》，《政治官报》第629号，宣统元年六月十三日，第15~16页。
山西	四月三日	藩司丁宝铨为总办，河东盐法道陈际唐、会办财政张焕为会办，潞安府知府周渤襄理局务。	《山西巡抚抄奏遵设财政局派员开办折》，一档馆，会议政务处全宗，财政3529；《山西巡抚宝棻奏设清理财政局开办日期折》，《政治官报》第557号，宣统元年三月二十九日，第8页。

省份（地区）	设局时间	总会办职名	文献来源
江西	四月十二日（朱批日期）	布政使刘春霖为总办，九江关道、盐法道、省城财政局所候补道员为会办。	《江西巡抚冯汝骙奏设立清理财政局开办情形折》，《政治官报》第572号，宣统元年四月十五日，第7~8页；《赣抚奏设清理财政局》，《申报》，宣统元年六月六日。
福建	四月二十日（朱批日期）	布政使尚其亨为总办，提学使姚文倬、按察使鹿学良、督粮道张星炳、盐法道陈洌为会办。	《闽省清理财政之现象》，《申报》，宣统元年六月十五日。
新疆	五月二十三日	布政使王树枏为该局总办，以现任各道府为会办。	《甘肃新疆巡抚联魁奏遵设清理财政局派员开办情形折》，《政治官报》第769号，宣统元年十一月初四日，第8~10页。
甘肃	六月	布政使毛庆蕃为该局总办，兰州道彭英甲为会办，其余不详。	《度支部奏甘肃藩司玩误要政据实纠参折》，《政治官报》第774号，宣统元年十一月初九日，第7~8页。
贵州	不详	以布政使松埒为总办，补用道向步瀛为会办。	《贵州巡抚庞鸿书奏清理财政局编成本年春季报告册折》，《政治官报》第760号，宣统元年十月二十五日，第9页。

　　设局决策中，当然还包括在各地军事机构中设置调查机构，以清理绿营与新军财政。这类机构的设置，各省或有不同的安排，例如广西省于宣统元年五月，在兵备处内附设调查陆军财政局，"新军事项由陆军粮饷总局及兵备处报告，旧军事项由藩属、财政公所及营务处报告，一并移送本局。局干职掌总会办而外，暂分总务、审核二科"。① 此外，皇室财政的清理也是时人关注的问题，考察日本宪政大臣李家驹就曾奏请皇室经费独立，应

---

① 广西清理财政局编订《广西财政沿革利弊说明书》卷十二，备注下，国家行政经费部，清末铅印本，第49页。

设立皇室财政调查局、皇室审计院和皇室财政会议。① 相对而言，皇室财政的清理涉及的问题较多，成效其实并不算大。

二　遴派专官

"专官"即是财政监理官，遴派委任财政监理官是清季清理财政的关键举措，度支部甚至视之为"清理财政之第一关键"，上谕也极为看重监理官的选派问题。② 后来的研究者认为，这一举动决定了清理财政的整体成效，"其足以制各省之死命者，则在部派财政监理官……各省清理财政局虽以藩司为总办，以运司盐粮各道为会办，然其权则操于部派之监理官"。③ 监理官的重要地位，从度支部奏折的用语可以看出："各衙门局所出入款项有造报不实而该局总办等扶同欺饰者，并该局有应行遵限造报事件，而该总办等任意迟延者，准监理官径禀度支部核办。度支部于各省财政，遇有特别事件，径饬监理官切实调查。"④ 就江苏清理财政局的情况来看，监理官的地位显然超越会办各员，几乎与总办平起平坐，苏局的《办事章程》称，"本局清理财政，凡系各会办本管之署局事务，由总办会商本管之会办暨监理官，议决后，由总办执行；其日行事件，即由总办会商监理官议决，由总办执行，以免展转稽延"。⑤ 苏省清理财政的过程中，监理官实际上处于枢纽地位。其他省份或有差异，大致尚能发挥监督与督察的作用。

由钦选官员赴各省清理财政的行事方式，大概受到庚子前后刚毅、铁良、陈璧赴地方清查各省财政模式的影响。⑥ 这一举动的前提是中央对各

① 刘锦藻：《清朝续文献通考》，浙江古籍出版社，1988，总第11506页。
② 《度支部奏为酌拟臣部清理财政处各省清理财政局办事章程缮单折》，安徽官纸印刷局清末铅印单行本。这份奏折提到的上谕说，"清理财政为预备立宪第一要政，各省监理官又为清理财政第一关键"。
③ 胡钧撰《中国财政史讲义》，第392~394页。胡钧称，"各省清理财政局虽以藩司为总办，以运司盐粮各道为会办，然其权则操于部派之监理官。监理官得亲往或派员至各衙门局所调查出入各款及一切经费，遇有延误欺饰者得请参处"。（陈氏前揭书，第402~403页）其后，陈珩伍也断言，部派监理官实际上掌握清理财政局的实权，参见陈珩伍《中国大学讲义·中国财政史》，民国年间铅印本，第134~135页。
④ 《度支部奏为酌拟臣部清理财政处各省清理财政局办事章程缮单折》，安徽官纸印刷局清末铅印单行本，第6页。
⑤ 佚名：《清理财政奏牍章程条款规则汇编》（下），苏城毛上珍代印，第1~2页。
⑥ 何汉威：《从清末刚毅、铁良南巡看中央和地方的财政关系》，《中研院历史语言研究所集刊》第68本第1分，1997，第55~115页。

省财政资源不明真相，而各省督抚也难以和盘托出，有意隐匿外销和中饱。中央要政需款甚巨，不得不采取硬性清查的办法，钦派大员作短时间的核查整顿。中央在短时间内通过这种举措虽获得了数额不菲的银两，但对地方财政积弊无所补救，各省自为风气、依旧隐匿的陋习仍未得以纠正，而且这类举措备受非议，各省督抚尤表不满。光宣之际，面对财政困境，中央与地方财政关系若需调整，自然会采取伤筋动骨的特别措施，简而言之，就是扩张度支部对各省财务行政的直接影响。正如黑龙江清理财政局官员何煜所称："居今日而整理财政，非扩张部中直接机关，则善策无由展布；非统一中央行政权力，则良制无由风气。"①特派监理官直接督责各省清理财政显然是上述举措的变通模式。只不过，两者在派遣官员的品秩、运作方式和时间安排方面有较大的区别。清廷派官行动的思路，前后有一个较大的变化，度支部在斟酌损益中，最终选择了财政监理官这一方式；而且，监理官的来源与权限也经历了一个权衡取舍的过程。

首先需要注意的是监理官遴派之前，曾有电令各省派遣会办财政官员进京的问题。这是监理官产生的重要背景。清理财政初期，度支部虽然具体负责这项事宜，但对于清理范围、入手办法等也难以立即决断，因而有意让各省首先派官来京，预作商讨。②光绪三十四年（1908）十二月，枢廷决议各省选派得力的官员来京会商财政大计。③会商财政的官员必须确有财政经验，"各省于选派该员必须格外详加慎重，并应将该员谙练经验情形考试明晰，详细造报"。④会议政务处大臣电告各省督抚，要求把来京会办财政人员的情况在闰二月前必须奏报完毕。⑤从各媒介报道的情况来看，大部分省份对此敷衍塞责，未能很好配合度支部的派官要求。⑥度支部也曾有过奏调各省藩司进京协商财政的想法，但由于形势变化，此议作罢。⑦该部选

---

① 何煜：《日本财务行政述要》，宣统三年铅印本，叙论。
② 《调员会议财政》，《大公报》宣统元年一月八日。
③ 《清理财政问题》，《申报》宣统元年二月二十六日。
④ 《泽尚书对于清理财政之注意》，《申报》宣统元年三月二十六日。
⑤ 《清理各省财政之布置》，《申报》宣统元年二月五日；《催派财政人员》，《大公报》宣统元年一月三十日。
⑥ 《限期开议财政》，《大公报》宣统元年二月十五日；《催派财政议员》，《大公报》宣统元年三月六日；《催派会议财政人员》，宣统元年三月二十日。
⑦ 《奏调藩司来京之罢议》，《大公报》宣统元年五月四日。

聘供咨询顾问的咨议官倒是较为顺利，很快就确定下来。①

财政会办官员迟迟不能齐集京师，清理财政也就难以展开。监理官遴派就是在这个背景下酝酿操作的。关于监理官的来源，度支部最初的设想是全部由本部遴选司员、郎中、员外等组成，每省派遣两人，盘查库款，掌握该省的收支实况，并向本部密报，以防止各省蒙蔽。该部堂官还酝酿如何考核部内司员，出具切实考语，以备简任赴各省清理财政局担任"监盘委员"。② 其间，简选监理官的上谕颁下，"所有正监理官著该部自丞参以下开单请简，俾昭慎重，其副监理官著即由该部奏派"。③ 遵照这个谕旨，度支部原有的选派方案不得不做出调整，这是因为该部难以将得力司员倾巢派出，只能吸纳外省官员参加进来。④ 报界对此事缘起有一个较详细的报道：

> 各省总监理官，度支部原保四十人实缺，左右丞参及丞参上行走者共十人。嗣因上谕有丞参以下，故不得不于丞参外，另列郎中、员外数人，其余均系外省人员。在泽尚书之意，非必欲外省人员也。因部务正当紧要之际，得力人员无多，不敷奏保，不得已将外省人员列入。此次所简，并非朱圈，系于原单姓名之上，朱笔写"直隶"等字，故省份之前后未免倒置。度支部及枢臣均未奏请酌加卿衔，摄政王以此事与宪政大有关系，总监理尤为要职，非重以官职，不能得力。故

---

① 度支部遴聘的咨议官共计24名，分别是前农工商部左侍郎唐文治、前户部左侍郎吴树梅、学部左丞乔树枏、前邮传部参议张元济、大理院推丞王式通、前翰林院士丁壬长、翰林院修撰张謇、翰林院专文王同愈、掌印给事中陈田、给事中朱显廷、掌京畿道监察御史赵炳麟、掌安徽道监察御史黄瑞麒、翰林院编修吴道镕、法部参事刘钟琳、记名御史宗人府主事王宝田、候补四品京堂陆宗舆、丁忧安徽布政使连甲、前广西布政使余诚格、前贵州提学使陈荣昌、候选道严复、直隶候补直隶州知州张美翊。参见《度支部奏遴派本部咨议官折（并单）》，《四川官报》宣统元年第25册，八月下旬，奏议，第1页。
② 《京师近事》，《申报》，宣统元年二月十三日、三月十九日。
③ 《度支部奏遵旨酌拟本部及各省清理财政处章程咨文》，一档馆：会议政务处全宗，财政423—3062。
④ 度支部奏称，"简派各省正监理官，责任綦重，自应遴派贤能之员，以备任使。除将现在臣部当差人员开列外，并著曾在臣部当差得力暨现充臣部评议员、现办臣部银行、税务各员以及外省当差人员，臣等知其于财政讲求有素者，一并开列请简"。参见《（度支部）又奏简派各省正监理官请免开底缺派员署理片》，《政治官报》第524号，宣统元年闰二月二十五日，第6页。

概赏加三四品卿衔。①

朱笔圈出的各省监理官共计 20 人。② 这些监理官的卿衔，或三品，或四品，品秩大多得到提升。③ 不过，部分省区的监理官由于不同原因，后来有所调整，比如直隶监理官刘世珩宣统三年正月即调职到度支部所开办的造纸厂任职④，湖南监理官陈惟彦因故被吏部降三级调用，系私罪，不准抵消，旨派蔡源深接替⑤，后来在度支部盐政处任职。⑥ 奉天监理官熊希龄后来被荣厚接任。⑦ 甘肃监理官刘次源因故被吏部革职，度支部保荐傅秉鉴继任，新疆等省仅以副监理官调充。⑧ 副监理官的选派随后也由度支部保荐产生。⑨

---

① 《详纪简派各省监理官情形》，《申报》宣统元年四月十三日。另外一则报道与此稍有不同，关于给予监理官赏加卿衔的动议，这则报道称是出于度支部的建议。报道称，"现闻该部以监理官为数过少，必不足与各省司道抗衡，故特奏请明降谕旨，崇其品秩，以免将来到省时受人钳制云"。参见《奏派监理官之原因》，《大公报》宣统元年三月二十四日。

② 这 20 人分别是：直隶：右参议刘世珩；湖北：候补参议程利川；江苏：候补参议管象颐；云南：郎中奎隆；山东：郎中王宗基；广东：郎中宋寿徵；甘肃：郎中刘次源；陕西：员外郎谷以塽；河南：员外郎唐瑞铜；四川：帮办土药统税事宜候补四品京堂方硕辅；浙江：丁忧开缺直隶按察使王清穆；山西：山西银行总办前广东南韶连道乐平；贵州：广西候补道彭毅孙；江西：江西九江府知府孙毓骏；安徽：前四川重庆府知府鄂芳；新疆：丁忧甘肃候补知府傅秉鉴；广西：署杀虎口监督山西试用知府汪德溥；东三省：分省补用道熊希龄；福建：分省补用道严璩；湖南：江苏候补道陈惟彦。参见《度支部奏派各省正副监理财政官员折》，《度支部清理财政处档案》上册，第 38~39 页。

③ 《度支部奏派充各省副监理官折（并单）》，《政治官报》第 525 号，宣统元年闰二月二十六日，第 11 页。

④ 《度支部奏为请旨简派直隶正监理官开单恭报折》，一档馆：会议政务处全宗，财政 775—9011。

⑤ 《度支部奏请简派湖南正监理官折》，《政治官报》第 693 号，宣统元年八月十八日，第 6 页；《度支部清理财政处同官录》，度支部清理财政处宣统二年铅印本，第 25 页。

⑥ 《督办盐政处奏降调道员陈惟彦才具可用请调办盐务折》，《北洋官报》第 2373 册，1907 年 3 月 24 日，第 2 页。

⑦ 《度支部清理财政处同官录》，第 25 页。

⑧ 《度支部奏为遴员调充甘肃正监理官请旨遵行折》，一档馆：会议政务处全宗，财政 7864。

⑨ 这些副监理官分别是：奉天：栾守纲；吉林：荆性成；黑龙江：甘鹏云；直隶：陆世芬；江宁：景凌霄；苏州：王建祖；两淮：梁致广；安徽：熊正琦；山东：章祖僖；山西：袁永廉；河南：甕念益；陕西：薛登道；甘肃：高增融；新疆：梁玉书；福建：许汝棻；浙江：钱应清；江西：润普；湖北：贾鸿宾；湖南：李启琛；四川：蔡镇藩；广东：胡大崇；广西：谢鼎庸；云南：余晋芳；贵州：陈星庚。参见《度支部清理财政处同官录》，第 25~29 页。

三　监理官事权与国省关系

监理官的产生并不意味着派官行动已经完成，接下来尚有最为紧迫的问题，即如何确定监理官的权限，尤其是如何处理与各直省的关系，确定清理财政的入手办法等。光绪三十四年（1908）底，宪政编查馆议覆度支部奏清理财政章程时曾明确提出，部派监理官到省后，只任稽查、督催职责，而非主持综揽，"庶使职掌分明，以免诿卸、抵牾之弊"。① 这一规定实际上并不完整，实施起来也不易操作。两江总督端方、陕甘总督升允即致电度支部和宪政编查馆称，必须将监理官与外省官员的权限划分清楚，以免遇事龃龉。② 度支部司员也看出，清理财政问题，各省督抚袖手旁观，不发一言，大有坐视成败的态势，监理官到省后，必然受到督抚的掣肘。③ 报界有人就曾将监理官赴各省清理财政比喻为刚毅、铁良南下搜刮，认为度支部以清理财政为名，"隐遂网利之实"，疆臣必将为部臣所束缚。④ 度支部尚书载泽曾在不同场合表示，清理财政就是调查中饱和陋规，据实报部。⑤ 这与刚毅、铁良当年南下的借口极为相似。直省督抚心存疑忌的心态愈发明显⑥，部分督抚惶恐不安，他们甚至致函某相国，请示如何面对监理官的清理行动。⑦ 这一现实，意味着监理官的权限和行事方式必须事先筹划，免致矛盾丛生。

监理官遴选出来后不久，摄政王载沣召见刘世珩等监理官，就监理官的权限和工作方法作了训谕，"到任后，不可侵夺督抚之权，并不可扰民，不准单衔奏事。如遇钦命查办之件，方准单衔具奏……各省监理官来京时，或立公所，或另设聚会之地，务将划一办法研究尽善。凡事务宜谨慎，如

---

① 《宪政编查馆奏为覆核清理财政章程酌加增订谨缮清单折》，《度支部清理财政处档案》上册，第11页。
② 《请定监理官权限》，《大公报》宣统元年三月五日。
③ 《清理财政之良言》，《大公报》宣统元年三月十八日。
④ 《论各省清理财政之困难》，《申报》宣统元年二月二十八日。
⑤ 《泽尚书清理财政之宗旨》，《申报》宣统元年四月五日。
⑥ 粤督张人骏致各省督抚电说："外销之款和盘托出，恐将来或有棘手，如不实报，又无以昭核实而免窒碍"，浙江巡抚增韫也抱有同感。参见《各省清理财政问题》，《申报》宣统元年二月二十五日。
⑦ 《清理财政之近况》，《大公报》宣统元年三月三十日。

有疑难问题，除禀商大部外，应商之各省监理官，共同商酌，不得专擅"。① 但他也告诫这些监理官，不能与外省督抚串通一气，导致清理财政流于形式。② 摄政王曾训令度支部，清理财政过程中，监理官要与各省和衷商办，不得专擅，部定清理办法应统一，不得自为风气。③ 贵州、湖南监理官被召见时，摄政王再度要求，各省监理官必须就办事权限、统一清理财政的办法等问题进行研讨。④ 看得出，摄政王载沣谆谆叮嘱监理官，意在谨小慎微调处与各省的财政关系，更意味着清理财政举措是一步有可能激化国省财政矛盾的险棋。

载泽与各省监理官研究讨论的时间前后持续了一个月左右。其间涉及的问题，主要包括奏事权、财政清理的顺序、入手办法、清理财政章程的理解适用以及监理官到省以后的工作方法等问题。由于户部（度支部）档案尚未开放利用，官方遗留文献仅限于成文奏牍，而以遣派财政高官方式来清理财政在当时颇受媒体关注，这里只能利用这些跟踪报道来重建相关史实，以期发现当日度支部与监理官们如何应对这些棘手而迫切的问题。

载泽第一次会见各省监理官时，首先向他们表明财政监理的基本方针。这些方针是度支部堂官们谒见摄政王时得到的训谕。载泽指出，此次清理财政的宗旨，主要是考核各省出入款目，"绝非多方搜括及有意吹求"；至于清理的办法，必须注重目前的收支款项，禁止追究以往。"凡多年之案卷、循例之奏报事属空文、毫无实际者均不必搜求，致生纠葛，反与实事无济云云"。⑤ 这样，可以达到"官不生忌，民不滋扰"的效果。⑥

关于监理官的权限，宣统元年三月二十六日的会议上，部分监理官提出如下疑问，奏定章程只有"稽查督催"四个字，未免太过于空泛，应该详细确定监理官的权限范围，"监理官对于督抚，对于财政处总会办之权限及如何体制，并如何责任，应先由监理官拟订说帖，再请尚、侍各堂酌定，

---

① 《京师近事》，《申报》宣统元年四月二十二日。
② 《严谕财政监理官》，《大公报》宣统元年四月九日。
③ 《清理财政纪要》，《申报》宣统元年四月二十七日。清理财政处官员将摄政王训谕监理官的训词整理出来，其纲要有："监理官不准侵夺督抚的权限，不准扰民，遇事禀商大部，不准单衔具奏，只有钦饬查办之件不在此列。各省办法总应该划一。这次你们清理财政，各省均非所愿，务必仰奉朝廷之命。"参见《摄政王对于监理官之训词》，《大公报》宣统元年四月十八日。
④ 《湘黔两省监理官召见纪详》，《申报》宣统元年五月十一日。
⑤ 《清理财政谈屑》，《申报》宣统元年五月三日。
⑥ 《拟定监理官办事纲目》，《大公报》宣统元年四月二十九日。

以便拟订细则时有所根据"。① 实际上，各监理官提出的说帖中，大多数空无实际，只有浙江监理官王清穆提出两点看法较有实际价值：其一，各省清理财政局官员中，如有不称职者，准许监理官会商督抚加以更换。其二，监理官可以对府厅州县的清查、造册行动进行监督。② 某些人还提出一种"理想"的处事权限：监理官可以独立遴派科长、科员，督抚不得干涉；对于清理财政局日常事务，监理官可以不必介入；有权让清理财政局的议绅查核财政。③ 这些提议代表了相当一部分监理官的意见，但亦仅限于纸上谈兵，并未形成决议。

度支部对于监理官奏事权的态度一波三折，屡有变动。这些变动的原因，或基于摄政王的压力，或受到枢臣、督抚的掣肘，一直到监理官赴各省任职后，才得以变通解决。兹以密切关注此事的《大公报》报道来管窥这一问题的脉络。这里择取四则报道，依时间顺序，胪陈如下。

报道之一，显示度支部放权给监理官，强硬介入外省财务行政的姿态：

> 闻度支部昨经提议，以此次奏派各省监理官，创办之初，所有财政局办事人员难免无意存尝试、视为具文之情弊，因议定饬令该员等，于到省后，留心体察，如有玩视要公、迹近蒙蔽者，准由该员直接报告本部，分别参处，以敬（儆）玩懈。惟关于财政以外各事宜，该员不得越俎干涉。④

报道之二，显示度支部意在具体划定监理官权限：

> 闻度支部现已将各省正副监理官对于清理财政之权限议定。闻一系监理官于清理局有稽查督催之权；一系清理局详督抚文件，监理官不署名，其报部文件，则由监理官列衔署名，钤用关防等情。此外，尚有多条，一时未能探悉。⑤

① 《监理财政官会议续闻》，《申报》宣统元年五月二十日。
② 《议商清理财政方法近闻》，《申报》宣统元年五月二十八日。
③ 《监理财政官会议详情》，《申报》宣统元年五月十九日。
④ 《监理官之特权》，《大公报》宣统元年五月三日。
⑤ 《监理官之权限》，《大公报》宣统元年五月十四日。

报道之三，显示度支部有意对监理官奏事权限加以扩展：

> 度支部拟饬令各省财政监理官于到省后，先将库储调查详确，专折奏明。嗣后关于该省财政利弊，均由该监理官单衔专折具奏，毋庸与本省督抚会衔，以免牵掣。①

报道之四，显示度支部受制于摄政王训谕，极欲变通处理的心态：

> 度支部以各省监理官奏事章程非系特旨交查之件不得专折奏事，其余俱须与本省督抚会衔。如此办法，倘于督抚有不利之件碍难奏闻者，拟准该省监理官电达本部，代为转奏，以资变通。②

无论度支部还是监理官，无不将外省督抚司道官员视之为蛇蝎，防弊之法慎之又慎，这一事实从清理财政处与监理官共同秘密拟订电报密码的做法上可以体现出来，这种密码"系专供各省监理官遇有秘密报告，不令督抚闻知者，即用此码，以防宣泄"。③ 此后一年内，各省监理官向度支部大量发送秘密报告，即是使用这种密码。惜因有关档案并未开放利用，难得全部真相。

民间舆论对于清廷遣派监理官监督清理各省财政的方式，始终抱有复杂的认识，可谓褒贬不一。但是，无论是赞成者，还是反对者，无一例外地认定清理财政为当前急务，财政不清查，预算制度便难以确立，国会议员也就无法审议预算，宪政建设因而受阻。分歧在于对派官方式、成效等方面，舆论的看法大相径庭。

对监理官清理财政寄予厚望的舆论认为，清理财政是挽救国家危亡的大计，能够担负起这一责任的只有财政监理官，"我国今日之财政尤国家生死存亡之问题。今之言救国者虽有种种方法，而清理财政是为根本上最要之一端。故居今日而言清理财政，犹之解决国家存亡之问题。苟不担存亡之责任者，不足以言清理，或虽计及存亡而不具救国之能力者，亦不足以言清理……试问今日负此责任具此能力、为国家争一线之生存者，果何人

---

① 《监理官之奏事权》，《大公报》宣统元年七月二十五日。
② 《变通监理官奏事专章》，《大公报》宣统元年八月十日。
③ 《监理官会订密电本》，《大公报》宣统元年五月七日。

乎？责之政府，政府不顾；诿之国民，国民无闻。今日负此名义而为天下所仰望者，则惟各省之财政监理官"。监理官诸公"能负其责，则可免国家种种之危险；使诸公不胜其任，则必贻将来种种之恶果"。① 也有人视监理官为宪政成败的支柱，"异日宪政之成，首维诸公是赖，则公等大有造于我国民，岂与夫救弊一时者所可同日语哉！"② 媒体舆论还有将地方官员视同蛇蝎，而将监理官看作代表民众，战胜邪恶的化身予以褒评和同情，其论说曰："夫职任之最艰险者，其惟监理官之清理财政乎？监理官之出京也，如受命出征；其到省也，如骁将以孤身当敌，深入险境，求向导而莫得，进退失据，遂无往而不为敌人所暗算。"③ 赴各省清查财政，被舆论视为深入虎穴，这也反映出国省财政关系紧张的程度。

也有时论虽然赞同派遣高官赴各省清查财政，但对监理官的资质和能力提出怀疑。有人认为，监理官是从各省官场上挑选出来的，对官场积习理应知之较多，但对于如何避免官场积习，如何面对阻挡势力，论者显然缺乏信心；这位论者甚至担心监理官是用金钱贿选上来的，如何利用职权捞回成本，并谋取更高的回报，也使人很难相信其监督质量。④ 还有人担心，清理财政过程中，虽然向各省派遣监理官，并且遴选众多议绅，但如果两者均仰人鼻息，财政监督依然会变成空话。他认为，监理财政的责任，名义上在监理官，实际上应该放在咨议官身上。各省财政清理和监督，更要将民众动员起来，运用民间力量全面监督。⑤ 还有论者建议借鉴英国和日本的办法，设立国会，由国会来负责审查监督。⑥ 此类议论不脱书生意气，但也反映出民间舆论的一个侧面。

时论中，尚有一种代表督抚声音的言论，反对清廷派遣监理官的举措。论者对设立专官清查各省财政十分不解，认为中央政府是多此一举，"督抚而果贤者，则毋庸监理；果不肖也，则黜之可也，亦毋庸监理。而且，于行政之各经费，今日下一令，命之撙节；明日下一令，命之核减。无论为督抚者未必皆能以廉洁自持，纵使果廉也洁也，而无米为炊，其何能为？"⑦

① 《忠告财政监理官》，《大公报》宣统元年五月二十三日。
② 《送彭京卿赴贵州监理财政序》，《盛京时报》宣统元年三月一日。
③ 《论咨议员当为监理官之后援》，《大公报》宣统元年八月三日。
④ 《论财政监理官责任之难尽》，《大公报》宣统元年六月二日。
⑤ 《清理财政之责任安在》，《大公报》宣统元年六月十四、九月二十日。
⑥ 《论监督财政机关之必要》，《申报》宣统二年十月四日。
⑦ 《论中央集权之非》，《大公报》宣统元年九月八日。

此论是否为督抚授意不可得知，但它倾向于直省官员的利益自不待言。舆论评论如何、态度取向怎样，终究不是影响和牵制监理官的致命因素，关键的制约因素还在外省的督抚司道身上，此辈如何应对，倒是研究清理财政不可绕过的大问题。

清理财政作为清末宪政改革的关键一环，在近代制度变动长河中属于暗流涌动而又深不可测的一段，其中，为保障清理财政顺利实施而刻意设立专局、遴派专官，又是这段险滩中令掌舵者视为能够对清理财政保驾护航的制度化努力。清理财政局的设立本为整齐划一，然而事实上却在设立时间、内部分股分科、总办会办数量、外省重视程度等方面显示出巨大的差异；财政监理官的事权规范化、职责明晰化过程，则受制于枢府顶端和外省督抚干预的隐形压力，导致分赴各省履行职责后，仍存在弹性空间。这两个方面，其实已经预示着清理财政的整个过程必将"暗流迭现"，国省财政关系也自然呈现"深不可测"了。旧制度如何逐步淡出，新制度怎样尽快形塑，上述设局与派官历程，事实上已经昭示了它的艰难，童牛角马的模糊形态或许是这一历程最可能的结果。

清末各省财政监理官人员考

任智勇[*]

在清末立宪时,主管财政的度支部有这样的一段话:"清理理财为预备宪政第一,各省(财政)监理官又为清理理财第一。"也就是说,他们认为,在立宪的过程中,清理财政和清理财政处派往各省的财政监理官有着非常重要的地位。这种重要地位在当时体现为:是监理官们在各省财政部门的配合之下,清理了财政基本情况,编订了各省的财政预算,而各省的财政预决算汇总而成了全国的财政预决算;是监理官们总结各省的税收情况,划分了地方税、国家税,为各省的地方自治奠定基础。而对后世而言,这是中国的第一次近代西方意义上的预决算实施,并影响到此后的财政预决算;这是第一次全面调查全国的财政状况,为后世留下较为详细的财政资料。财政监理官的派出制度在民国初年尚再次施行,而且其中一些人员就是清末的监理官。在诸多意义上,清末各省财政监理官及其行为都具有深远的影响。

在目前的研究中,关于清末财政、预决算、某些监理官个人的研究不少[①],如刘增合先生最近数年的一些研究对于我们了解清末财政问题有很大

---

[*] 任智勇,中国社会科学院近代史研究所副研究员。

[①] 相关的文章很多,这里笔者仅举本文直接参考的文章:果鸿孝的《论清末政府在经济上除弊兴利的主要之举》,《中国社会经济史研究》1991年第3期;龚汝富的《清末清理财政与财政研究》,《江西师范大学学报》(哲学社会科学版)第32卷第2期(1999年5月);周育民的《清王朝覆灭前财政体制的改革》,《历史档案》2001年第1期;邓绍辉的《光宣之际清政府试办全国财政预决算》,《四川师范大学学报》(社会科学版)第27卷第1期(2007年1月);张佩佩的《试论清末简派财政监理官》,《学术论坛》2010年第7期;刘增合的《光宣之交清理财政前夕的设局与派官》,《广东社会科学》2014年第2期。

的帮助。

从现有的研究来看，我们现在只知道他们派出的时间、人员的姓名、度支部官方纸面的职掌，而至于他们个人的情况、他们到各省后的实际运作情况都尚有待进一步研究。笔者在此拟根据相关档案，以及现有的传记资料对这一群体做一初步探讨，以期对各省财政监理官有一个整体的把握。文中不当之处，尚请方家不吝指教。

一　各省财政监理官的派出

按清代惯例，省级收支由各省布政使、关道、盐运使、粮道各负其责，中央财政则由户部综核全局，除了春秋拨外，还对外省款项进行核销。咸同之后，太平天国运动打乱了原有的体系，一方面是奏销体系紊乱，多有迟至十余年后方始奏销者；另一方面是地方出现各种掌管财政的机构如善后局、军械局，这些机构往往不在布政使等原有财政体系的控制之下。其结果就是不仅户部不知全国的财政情况，连布政使和督抚们也不知本省财政情况。甲午和庚子之后，由于巨额借款和赔款的拖累，整个财政体制陷入了进一步的混乱，连春秋拨、奏销制度都已难以维持。

清末财政之困顿，户部与各省于财税之罗掘俱穷，早已为时人所洞识，而如何改变这种局面则众说纷纭，对财政体制进行变革是舆论的主流，其中是否由中央政府——或者说是度支部，直接控制全国财政成了讨论的重点。清政府在此间并非无所作为，一些地方官员开始进行财政清理，如李兴锐于光绪二十九年（1903）署理闽浙总督任上，裁撤了与财政相关的各局所（如善后、济用、劝捐、稽核、税厘等局）合并为财政局，统一事权。① 而在中枢，则于光绪二十九年九月十六（1903 年 11 月 4日）设立财政处，以军机大臣那桐、奕劻、瞿鸿禨领衔会同户部整理全国财政。② 到了光绪三十二年（1906），户部改组为度支部，采取分科治事，将原来的十四清吏司改组为田赋、漕仓、税课、通阜等十司。除此之外，鉴于外省财政的混乱，度支部内外还有了一些要求仿效日本，由

① 《李兴锐传》，《清史稿》，卷四百四十七，列传二百三十四。
② 《德宗本纪》（二），《清史稿》，卷二十四，本纪二十四。

度支部直接派员掌控各省财政的声音。光绪三十三年八月（1907 年 9 月），时为江苏农工商局总办的熊希龄上书度支部尚书载泽，认为，除了历史性的因素外，如果当前"中央政府直接派员管理，不独目前人才不足，难以统一，机关未备，难以监督。倘大吏坐视其成败，则人们必轻蔑其权威，终恐难以收实行之效也"。① 这份禀稿对载泽影响不得而知，但它和当时《中外日报》《东方杂志》上的系列反对中央集权文章一起构成了反对度支部直接管理财税的浪潮，度支部也被迫将自己定位为"综核全局"，财政的集中也仅限于省级的布政使或度支使（全国各省到宣统元年时，设立度支使的只有东三省）。

　　此时，宪政运动正"轰轰烈烈"。到光绪三十四年八月初一日（1908 年 8 月 27 日），清政府颁布了九年预备立宪诏书，要求"自本年起，务在第九年内将各项筹备事宜一律办齐"。② 在宪政编查馆和资政院拟订的《议院未开以前逐年筹备事宜清单》中前三年涉及的度支部工作有如下事宜："第一年，颁布清理财政章程；第二年，调查各省岁出入总数；第三年，覆查各省岁出入总数，厘订地方税章程，试办各省预算决算。"③ 这些工作既不可能是让度支部的官员坐在衙门里完成，也不可能由地方官员自行申报——此前的申报，由于各省的敷衍，早已证明此路不通。于是，度支部在直接管理外省财政和由各省自行申报之间选择了一条折衷的道路：由度支部派出财政监理官，与地方官员一起调查各省财政实情。

　　度支部动议派遣财政监理官最早是在光绪三十四年十二月初一日（1908 年 12 月 23 日）的奏折，而此时，度支部的表述还比较含糊，只是说"各局应派监理人员临时酌量奏派……再行具奏"。④ 也就是说，此时一切都只是一个想法。到了十二月二十日（1909 年 1 月 11 日）的清理财政章程清单中则已明确说明，要在各省"设监理官二员，由臣部派员充

---

① 熊希龄：《上载泽论财政书》（1907 年 9 月），《熊希龄集》（一），湖南人民出版社，2008，第 299 页。
② 度支部编《度支部清理财政处档案》，宣统年间铅印本，第 1 页。
③ 度支部编《度支部清理财政处档案》，宣统年间铅印本，第 13～14 页。
④ 度支部编《度支部清理财政处档案》，宣统年间铅印本，夹页第 6～9 页。原书在装订时出现问题，在第 27 页和 28 页中间，夹订了 12 页。应该是在编写页码时出现问题，只好再加临时页码。

之"，并拟定了监理官之职责。① 正式奏派各省正、副监理官的时间是在宣统元年闰二月十四日。此后这些人大致分成两批②，得到召见，并陆续启程前往各省。表 1 为各省财政监理官人员名册。

表 1　各直省财政监理官名册

省份	正监理官	职衔	省份地域	副监理官	职衔
直隶	刘世珩①	右参议	直隶	陆世芬	主事
湖北	程利川	候补参议	湖北	贾鸿宾	主事
江苏	管象颐	候补参议	江宁	景凌霄	主事
			苏州	王建祖	研究所评议员翰林院检讨
			两淮	梁致广	七品小京官
云南	奎隆	郎中	云南	余晋芳	主事
山东	王宗基	郎中	山东	章祖僖	主事
广东	宋寿徵	郎中	广东	胡大崇	主事
甘肃	刘次源②	郎中	甘肃	高增融	丁忧主事
陕西	谷如墉	员外郎	陕西	薛登道	主事
河南	唐瑞铜	员外郎	河南	蹇念益	七品小京官
四川	方硕辅③	帮办土药统税事宜候补四品京堂	四川	蔡镇藩	丁忧主事
浙江	王清穆	丁忧开缺直隶按察使	浙江	钱应清	主事
山西	乐平④	山西银行总办前广东南韶连道	山西	袁永廉	主事
贵州	彭谷孙	广西候补道	贵州	陈星庚	丁忧员外郎
江西	孙毓骏	江西九江知府	江西	润普⑧	员外郎
安徽	鄂芳⑤	前四川重庆府知府	安徽	熊正琦	主事
新疆	傅秉鉴	丁忧甘肃候补知府	新疆	梁玉书	主事
广西	汪德溥	署杀虎口监督山西试用知府	广西	谢鼎庸	主事

---

① 度支部编《度支部清理财政处档案》，宣统年间铅印本，第 29 页。

② 笔者未见到分批召见的文件，但从《履历档》中所见，他们的档案集中于两个地方。故此推断，他们的召见时间大致分成两批。

续表

省份	正监理官	职衔	省份地域	副监理官	职衔
东三省	熊希龄⑥	分省补用道	奉天	栾守纲	丁忧主事
			吉林	荆性成	主事
			黑龙江	甘鹏云⑨	主事
福建	严璩	分省补用道	福建	许汝棻	丁忧主事
湖南	陈惟彦⑦	江苏候补道	湖南	李启琛	郎中

说明：①刘世珩因受度支部指派管理造纸厂而于宣统三年正月离职（见 03 - 7450 - 035，宣统三年正月二十四日，载泽奏）。直隶正监理官由沈邦宪（浙江嘉兴县人，举人，江苏候补道）接任。

②刘次源于宣统二年二月二十七日遭胡思敬弹劾，经湖南巡抚杨文鼎查核，最终离职（见 03 - 74343 - 055，宣统二年八月初十日杨文鼎奏）。甘肃正监理官一职由新疆省正监理官傅秉鉴兼任。傅秉鉴本人也长期驻兰州。

③宣统二年十二月初七日，方硕辅补授山东盐运使。见 03 - 7448 - 150，宣统二年十二月十八日，度支部尚书载泽奏。宣统三年时，四川正监理官为文龢（江西萍乡人，举人，原江苏候补道）。

④乐平于宣统三年因肝病离职（见 03 - 7461 - 164，宣统三年八月二十九日，载泽奏）。续任者为谢启华（广西桂林县人，进士，福建候补知府）。

⑤鄂芳于宣统三年四月二十二日在安徽正监理官任上病逝（见 03 - 7454 - 054，宣统三年五月十一日，度支部尚书载泽奏）。安徽正监理官由赵从蕃（江西南丰人，进士，开缺广西劝业道）接任。

⑥熊希龄于宣统二年七月离职去署理湖北交涉使（见 03 - 7442 - 067，宣统二年八月初七日，载泽奏），后又改调东三省盐运使。续任者为荣厚（满洲镶蓝旗，管学生，候补道）。

⑦湖南财政正监理官于宣统元年八月初八日由蔡源深接任，而蔡源深也于宣统三年三月因病离任回籍医治（见 03 - 7452 - 064，宣统三年三月十二日，度支部尚书载泽奏）。接任者为杨士骢（安徽泗州人，记名邮传部参议）。

⑧润普在辛亥革命后改名张润普或张运谱。

⑨宣统三年甘鹏云调任吉林副监理官，黑龙江副监理官为楼振声（浙江诸暨人，副贡，度支部七品小京官）。

资料来源：《度支部清理财政处档案》，《东方杂志》。

二　财政监理官履历

度支部此次派出的监理官合计正监理官 20 人，副监理官 24 人。之所以副监理官比正监理官多出 4 人是因为东三省各省均有一位副监理官，而正监理官则只有熊希龄一人；江苏一省则设有苏州、江宁、两淮三位副监理官。当时的解释是："东三省地方辽阔，江苏为财富要区，又两淮盐务行销六省，款目繁钜。"①（按：之所以不说苏州和江宁的分立，是因为清

---

① 度支部编《度支部清理财政处档案》，宣统年间铅印本，第 39 页。两淮地区财政的单独核算除了两淮盐务的因素外，可能与苏北财政多年以来的半独立有关——江宁、苏州两藩司在财政计算时多未将苏北地区核算在内。

代两江总督驻江宁、江苏巡抚驻苏州，原本就有两位布政使，各自核算辖
地财政。）

关于正监理官的人选，度支部是这样解释其原则的："简派正监理官责
任綦重，自应遴选贤能之员以备任使。除将现在臣部当差人员开列外，并
将曾在臣部当差得力暨现充臣部评议员，现办臣部银行、税务各员以及外
省当差人员臣等知其于财政讲求有素者一并开列。"① 也就是说，度支部开
列的人员中有当下仍在度支部就职者，有曾在度支部就职以及不曾在度支
部就职但外界认为财政能力较强者三种。需要说明的是，正监理官是由度
支部开单由皇帝亲自简派，而副监理官则由度支部自行奏派。那么我们就
先看一下这20位正监理官的履历。

首先我们看一下刘世珩。刘世珩（1875.10.3～1926），字聚卿，又字
葱石。他是原淮系重臣、原广东巡抚刘瑞芬的第五子。1894年中举，后捐
道员衔，其商务方面的才能得到了两江总督刘坤一的重视，与张謇一起主
持"江南商务局"，此后又负责过"裕宁官银局""江宁实业学堂"等机
构。② 而他在财政、金融方面的才能也为海内所知。光绪三十一年，财政处
大臣奕劻、瞿鸿禨即专折奏调他到财政处"差委"③，所谓的"差委"职缺
在此折中没有明说，只是说"随同前派提调各员办理一切财政事宜"。而到
了次年，有一份奏折中提到刘世珩是"财政处提调上行走"。④ 到了奏派正
监理官时，他已为"度支部右参议"——度支部的高层技术官员。宣统三
年，刘世珩升任度支部左参议。辛亥革命时，他因正兼任湖北造纸厂总办
而在武汉，"逡巡于炮火间，仅以身免，不得已只身仓猝避兵于沪"。此后
闭门不出，致力于诗书间，被后世称为出版家、藏书家。⑤

① 度支部编《度支部清理财政处档案》，宣统年间铅印本，第37页。
② 杨世奎编《刘世珩（聚卿公）传略》，《安徽贵池南山刘氏瑞芬公世珩公支系史乘》（上卷），文物出版社，2012，第306页。此书为其后人石莹教授所赠，在此表示感谢。关于刘世珩的生平也可参阅徐学林《精于理财拼命存古——近代思想家刘世珩传略》，《出版史料》2003年第1期。另，《清史稿》列传二百二十三，《刘瑞芬传》后亦列有刘世珩仅114字的传记。
③ 中国第一历史档案馆藏03-5450-064（下文有此编号者均出自一档馆，为节省篇幅，不再单独说明），光绪三十一年十一月二十三日，财政处会户部奏为应办财务日益繁多请旨调令江南候补道刘世珩来京include差委事。
④ 03-6667-145，光绪三十二年（此年分系编目者所加，原《录副》无时间），财政处奏。
⑤ 杨世奎编《刘世珩（聚卿公）传略》，《安徽贵池南山刘氏瑞芬公世珩公支系史乘》（上卷），第308页。

　　管象颐（1867～1926）①，字养山，山东莒州（今日照市五莲县）人氏。光绪十六年以二甲五十五名考中进士。② 到了光绪十八年在庶吉士散馆时，名列二等三十五名③，随后签分户部。④ 到了光绪二十七年慈禧从西安回銮的随扈人员名单中我们见到了作为户部主事的管象颐的名字。⑤ 到了光绪三十二年户部右侍郎陈璧考察铜币，调派随员时，名单中有管象颐，此时他已升任员外郎。陈璧在奏折中称："（户部）员外郎管象颐……有守有为，办事精详。"⑥ 光绪三十四年七月内外荐举引见名单中，管象颐已是"度支部郎中"⑦，此次引见系经那桐等人的考察，管象颐显然得到了考察人员的好感，得到了擢升："度支部郎中管象颐著以本部参议候补。"⑧ 民国后，管象颐曾出任众议员，财政总长周自齐拟以次长之位相待，不就。隐居不出。后因地方匪乱，避居北京。曾任国务院谘议，经济调查委员会委员。⑨

　　程利川（1867.5.19～1922?）⑩，字有光，号如方，又号汝舫，浙江宁波镇海县人⑪，光绪十五年中举，光绪十八年以二甲五十二名考中进士，同科的浙江籍进士中有日后闻名的蔡元培、汤寿潜、张元济。⑫ 程利川未能进入晋升"快车道"的翰林院，而是签分到了户部。到了光绪二十二年，可能是静极思动，程利川考取了总理衙门章京。但在这次考试后，不知是因为排名靠后，还是因为户部的咨留，程利川未去总理衙门当差。在戊戌

①　笔者曾见到一份管象颐的小传，颇多舛误，但也可供参考。见朱晓峰《日照的进士世家》，《春秋》，2010 年第 2 期。文中称他是今山东日照五莲县小窑人氏，其家称"一门五进士"，其父管廷献为光绪九年探花，其叔父廷鹗、廷纲分别为光绪二年和光绪十八年进士，其弟象晋为戊戌科（1898）进士。以下是朱晓峰笔下的小传。"管象颐（1867～1926），字养山，别号梅痴居士。光绪十六年（1890 年）庚寅科进士，授翰林院庶吉士，改户部主事，后升任员外郎、郎中。户部改度支部后，他升任左参议。宣统三年（1911 年），任江南财政监理官加三品衔。民国建立后，他被选为众议院议员。袁世凯曾委以财政次长，他不应。山东水患，山西旱灾，他曾倡办义赈数百万，自捐万金。1926 年病逝。"
②　《光绪朝上谕档》，光绪十六年五月初十日。
③　《光绪朝上谕档》，光绪十八年四月十八日。
④　《光绪朝上谕档》，光绪十八年五月初三日。
⑤　《光绪朝上谕档》，光绪二十七年七月二十一日。
⑥　03－6685－055，光绪三十二年八月十三日，户部右侍郎陈璧奏。
⑦　《光绪朝上谕档》，光绪三十四年七月初三日。
⑧　《光绪朝上谕档》，光绪三十四年九月初九日。
⑨　《诰封资政大夫，先考养山府君行状》，《莒县文史资料》第 9 辑，1996，第 72 页。
⑩　《四明书画家传》，宁波出版社，2005，第 329 页。
⑪　顾廷龙编《清代朱卷集成》（280），台北成文出版社，1992，第 211 页。
⑫　《光绪朝上谕档》，光绪十八年五月十四日。

维新中，他在百日维新即将结束的光绪二十四年七月二十八日由户部代奏了他的条陈。① 其内容笔者未见，但拖至最后才上条陈可见其慎重。光绪三十年四月，随同铁良考察江南等省财政事宜，并奏补陕西司主事。次年九月升任贵州司员外郎，派充财政处委员。② 到了光绪三十二年二月十六日，他以京察一等被引见后，"交军机处记名，以道府用"。③ 次年七月，升任陕西司郎中④，九月十六日，他被授职为湖南岳州府知府。⑤ 但他并没有上任，而是被留在了度支部，"在参议上行走"。⑥ 光绪三十四年七月，作为内外荐举人员，程利川的头衔为"度支部左参议曾习经署度支部右参议著以三品京堂候补署度支部右参议"，并经那桐等人考核建议"以本部参议候补"。⑦

奎隆（1872~?），镶黄旗满洲人，早年由贡生报捐笔帖式，光绪十五年签分户部，光绪二十八年因留京办事出力保奏五品衔。二十九年升主事，三十一年升员外郎，三十二年经理银库得力经保奏赏四品衔，并外派为河南造币厂会办；三十四年升郎中。⑧ 直至宣统元年五月才作为京察一等人员引见后"著交军机处记名以道府用"。

王宗基（1873.7.2~1912），字承祖，号稷堂，浙江嘉兴海盐县人氏，癸巳恩科举人，报捐郎中，签分户部，光绪二十一年到部。⑨ 光绪二十四年就已是户部候补郎中，并在维新中因"于北城地面集资设立会文学堂，讲求中西实学"而被孙家鼐认为他"留心时务，造就人才"而"传旨嘉奖"。⑩ 光绪二十九年以二甲六十七名中进士。到他中了进士之后，因为清政府有规定"历科进士单中有候补六部郎中、员外郎、主事等官奉旨以原官用"，所以王宗基"以郎中即用"。宣统元年时官职为通阜司副司长、计

---

① 《光绪朝上谕档》，光绪二十四年七月二十八日。
② 《中国第一历史档案馆藏清代官员履历档案全编》（7），华东师范大学出版社，1997，第584~585页。
③ 《光绪朝上谕档》，光绪三十二年二月十六日。
④ 《中国第一历史档案馆藏清代官员履历档案全编》（7），第740~741页。
⑤ 《光绪朝上谕档》，光绪三十三年九月十六日。
⑥ 《光绪朝上谕档》，光绪三十三年十一月初四日。
⑦ 《光绪朝上谕档》，光绪三十四年九月初九日。
⑧ 《中国第一历史档案馆藏清代官员履历档案全编》（8），第197页。
⑨ 《光绪朝上谕档》，光绪二十九年闰五月初十日。
⑩ 《光绪朝上谕档》，光绪二十四年七月初五日。

学馆帮办。① 民国时曾任财政部特派山东视察员②，在上任途中病故。③

宋寿徵（1875～?），浙江山阴人氏。癸巳（1893）恩科举人，报捐郎中，签分户部。光绪二十二年十一月到部。光绪三十一年八月因顺直赈捐案内出力而奏加四品衔。三十二年五月奏调税务处差委。宣统元年时为税务处第一股总办，度支部税课司司长，统计处帮办。④ 民国后，出任过广东国税厅筹备处处长，1913～1914年间还曾任粤海关监督等职。此后似长期在民国政府税务处工作，任提调等职。⑤

刘次源（1878～?），字璧塘，是湖南郴州永兴县人氏。在宣统元年一份预备召见的履历单中写他的情况是："庚子辛丑恩正并科（1901）举人，报捐郎中，签分度支部。光绪三十二年四月到部，现充丞参厅谘议员、统计处帮办、司会科科员"⑥，其实，他中举后即游学日本。回国后一度在郴州等地从事新式教育，与郴州知州金蓉镜发生冲突——他被弹劾的主要理由也是因为这件事。⑦ 后入京，光绪三十三年时，已是度支部四川司学习郎中。⑧ 宣统二年二月十四日，上谕称"刘次源通匪诈财查无其事，惟恃才傲物，未能恪守准绳而举动失宜，不知检束，以致乡评未洽，予人指摘。得旨，刘次源著交部议处"。⑨ 进入民国后，刘次源曾任代理福建民政长。⑩

谷如墉（1858～?），字芙塘，山西神池县人氏。己丑恩科举人，光绪十六年（庚寅）五月考中进士。⑪ 以主事用签分户部，十六年六月到部。庚

① 王氏为晚清海盐大族，其家族中多有士子。其从弟王滨基亦颇有文名。见胡露、周录祥《范门弟子小考》，《南通大学学报》（社会科学版）第21卷第2期（2005年6月）。

② 《财政部为派特使财政视察员名单呈暨大总统批》，《政府公报》，1912年10月12日，第174号。

③ 虞和平、夏良才编《周学熙集》，华中师范大学出版社，2011，第429页。

④ 《中国第一历史档案馆藏清代官员履历档案全编》（8），华东师范大学出版社，1997，第434页。

⑤ 全国政协文史资料委员会编《文史资料存稿选编》第21辑 经济（上册），中国文史出版社，2002，第51页。原文未曾述及宋寿徵在税务处任职的时间，但从文中看似乎时间较长。

⑥ 《中国第一历史档案馆藏清代官员履历档案全编》（8），第434～435页。

⑦ 03-7443-055，宣统二年八月初十日，湖南巡抚杨文鼎奏。

⑧ 03-5620-019，光绪十三年九月二十一日，刘次源呈文。

⑨ 《光绪朝上谕档》，宣统二年二月十四日。上谕中虽然说刘次源与禹之谟无关，但从后来的材料来看，当时二人之间是有密切关系的，他们在1904年时曾一起刊布名为"大同会"的传单。见成晓军《同盟会湖南分会首任会长禹之谟述论》，《湖南人文科技学院学报》2007年第1期（总第94期）。

⑩ 陈明胜：《民初北京政府的治国困境——以减政主义为中心》，《安徽史学》2010年第4期。

⑪ 《光绪朝上谕档》，光绪十六年五月初十日。

子时，告假回籍。① 在籍期间充任大学堂副监督。在光绪二十八年山西巡抚岑春煊的奏折中称赞他"品诣端粹，尤洞明中外学术"，奏请将其留在山西办理学务（主要是山西大学堂事务），并免扣除他在户部的资历和俸禄，朱批照准。② 同年，他还被岑春煊和刑部尚书贵恒保举参加经济特科。光绪三十年，回户部当差，担任过计学馆提调、学部咨议官等差。但他在户部的职务一直没有得到提升。三十二年正月，新任山西巡抚张人骏鉴于谷如墉"品端学粹，于中外教育事务均极谙熟"，奏请将其调到山西大学堂担任监督。朱批是"户部知道"。③ 从当时的情况来看，他应该是去上任了。至于他的本职，则直至光绪三十三年五月始得奏补主事，八月兼充礼部礼学馆顾问官，十一月派充库伦银行总办，三十四年奏补员外郎。④ 民国初年，曾出任山西民政长、署粤海关监督，1915 年辞职。

唐瑞铜（1869 ~ ?），贵州遵义贵筑县人氏。癸巳恩科（1893）举人，报捐员外郎，签分户部。但迟至光绪二十八年七月（1902.8）到部。光绪二十九年以二甲第七名考中进士。此时，他的职务是户部学习员外郎。⑤ 三十三年二月奏补福建司员外郎，十二月改补制用司员外郎。宣统元年时为制用司副司长。⑥ 从《鹿传霖日记》看，他似乎与鹿传霖的关系尚密。⑦

方硕辅（1854 ~ 1921），又名方成周，字启南，河南禹州人氏。光绪八年以贡生在顺天参加乡试中举，报捐道员。⑧ 光绪二十年七月十六日时已是分发试用道。⑨ 在其试用期间，颇得两江总督刘坤一的欣赏，认为他"才具优长，办事结实，堪以繁缺，留省补用"。⑩ 其后他还出任过很多职务（"历充河工、督销厘捐及水师学堂、制造局诸差"），如周树人、周作人兄弟即

---

① 《中国第一历史档案馆藏清代官员履历档案全编》（8），第 207 ~ 208 页。
② 03 - 7212 - 014，山西巡抚岑春煊，光绪二十八年五月十九日奏折。04 - 01 - 12 - 0618 - 069，为内容相同的奏折，但无朱批。
③ 04 - 01 - 38 - 0193 - 003，光绪三十二年正月二十四日，山西巡抚张人骏奏折。
④ 《中国第一历史档案馆藏清代官员履历档案全编》（8），第 440 页。
⑤ 《光绪朝上谕档》，光绪二十九年闰五月初十日。
⑥ 《中国第一历史档案馆藏清代官员履历档案全编》（8），第 435 页。
⑦ 唐瑞铜在光绪三十四年六月初九去求见了鹿传霖，但鹿氏因病未见。七月初十则见。《鹿传霖日记》（四），《文物春秋》1993 年第 3 期。到了年末的十二月三十，鹿传霖还是见了唐瑞铜。似乎可以推测二人之间的关系较为亲密。《鹿传霖日记》（五），《文物春秋》1994 年第 3 期。
⑧ 《中国第一历史档案馆藏清代官员履历档案全编》（4），第 164 页。
⑨ 04 - 01 - 13 - 0379 - 005，光绪二十年七月十六日。
⑩ 04 - 01 - 12 - 0577 - 083，光绪二十六年十一月二十五日，两江总督刘坤一奏。

在他江南水师学堂总办任上毕业，担任过安徽正阳关盐务总办。为此，他遭到了御史的弹劾，攻击他"年甫五十而须发俱白，说者谓其利欲熏心之所致"。① 好在后任的两江总督魏光焘还了他清白。光绪三十年由魏光焘以在徐海工赈出力而奏请保加二品衔。② 光绪三十三年"奉调办理豫晋土药统税分局，旋又专办晋局"。③ 他在土药统税局的工作似乎非常顺心，工作中"商人帖然就范，办理最为得法"，为此受到嘉奖。④ 光绪三十四年三月因管理土药出力，以四品京堂候补、帮办土药统税事务。管理全国土药统税事务的柯逢时对他也非常信任，他回籍时，称方硕辅"熟悉情形，极为得力"，请由方硕辅代理总局事务。⑤ 宣统三年，方硕辅提前结束他正监理官的差遣，出任山东盐运使。⑥ 民国后，方硕辅至1915年5月还担任过两淮盐运使。⑦

王清穆（1860～1941），字丹揆，号农隐，室名学隐庐，江苏崇明县（今上海崇明）人氏。⑧ 光绪十四年顺天乡试举人，光绪十六年恩科进士，随即以主事签分户部。光绪二十二年考取总理各国事务衙门章京，二十三年充会典馆纂修官。二十四年后转入总理衙门。二十五年因会典告成而保奖，以"免补主事，以本部员外郎遇缺即补"。二十七年外务部成立时，调补榷算司员外郎。二十九年八月补授商部右参议，十一月转补商部左参议。三十年三月由商部奏请考察沿江、沿海商务。⑨ 三十一年，署理右丞。三十二年六月补授直隶按察使。因与袁世凯不睦，未及上任即回籍省亲、就医，奏请开缺。十二月二十八日生母去世，在家守制。直至宣统元年派充浙江省正监理官。⑩ 民国后曾出任江苏财政司司长，太湖水利局督办等职。⑪ 他还投资于张謇的大生纱厂并自办富安、大通纱厂。抗战期间拒与日本合作，

① 03-6476-080，光绪二十九年御史英奎奏折。
② 《中国第一历史档案馆藏清代官员履历档案全编》（8），第198～199页。
③ 04-01-12-0667-023，光绪三十四年九月初八日，督办土药统税事务柯逢时奏。
④ 03-5985-006，光绪三十四年二月初三日，奕劻、载泽等奏。
⑤ 04-12-12-0674-009，宣统元年三月初三日，督办土药统税事务柯逢时奏。
⑥ 03-7459-127，宣统三年七月十九日，山东巡抚孙宝琦奏。
⑦ 郭卿友主编《中华民国时期军政职官志》，甘肃人民出版社，1990。
⑧ 陈玉堂编《中国近现代人物名号大辞典》，浙江古籍出版社，1993，第50页。
⑨ 《中国第一历史档案馆藏清代官员履历档案全编》（7），第548页。
⑩ 《中国第一历史档案馆藏清代官员履历档案全编》（8），第357～358页。
⑪ 郑天挺、谭其骧主编《中国历史大辞典》（一），上海辞书出版社，2000，第303页。

避居上海以终。①

乐平（1848～?），满洲镶红旗人氏。以文员考取笔帖式，同治十二年（1873）补用户部，光绪元年奏补笔帖式。光绪二十年升为主事，二十一年升员外郎，二十四年因参与纂修的《光绪会典》完成过半而经奏保赏加四品衔。同年，经户部右侍郎溥良奏派前往山东查勘赈灾事务，并查办事件。光绪二十五年回京，简放内仓监督。同年，会典完成，赏加三品衔。光绪二十六年奏补郎中，派充南档房领办。② 二十八年，因京察一等而以道府用。次年派充张家口监督。三十年充北档房领办，同年十二月补授广东雷琼道。未及上任即被两广总督岑春煊奏补南韶连道。三十三年四月经度支部奏派委广东分银行总办，并开去南韶连道。未就任。③ 十一月回京时因受寒请假。三十三年被度支部改派山西分银行总办。

彭谷孙（1866～?），字子嘉，江苏苏州府长洲县（今苏州市）人氏，大学士彭蕴章之孙。④ 光绪十二年（1886）以附贡生报捐主事，次年二月签分户部。十八年派充陕西司帮主稿上行走。二十二年派充陕西司正主稿上行走。二十四年因会典告成，保奏赏加四品衔。二十七年因随扈有功而"以主事遇缺即补"，二十八年派充陕西司正主稿，北档房总办，则例馆纂修官。二十九年经溥伦奏调前赴美国。复经都察院左都御史陆润庠奏保经济特科，位列二等。三十年任计学馆总办，并经溥伦保奏赏加二品衔，以道员分发广西补用。⑤ 三十一年四月到广西，五月盛京将军赵尔巽奏调奉天。九月到省，派充商务局总办、学务处会办。三十二年派充奉天法政学堂兼旗员仕学馆。三十三年十二月派充奉天法政学堂监督。⑥ 民国后曾任农工商部参事。

孙毓骏（1853～?），直隶盐山县人氏。咸丰时期兵部侍郎孙覃恩之孙，同治元年荫生，光绪四年经王大臣验放以主事签分户部。光绪十五年正月派充山东司正主稿，十八年补授贵州司主事，十九年十月升为广东司员外郎，二十一年七月升湖广司郎中，十二月派充北档房总办，二十二年三月

① 吴成平主编《上海名人辞典》，上海辞书出版社，2000，第39页。
② 《中国第一历史档案馆藏清代官员履历档案全编》（8），第723～724页。
③ 孔祥贤：《大清银行史》，南京大学出版社，1991，第148页。
④ 崔来廷：《明清甲科世家研究》，知识产权出版社，2013，第295页。
⑤ 《中国第一历史档案馆藏清代官员履历档案全编》（7），第385页。
⑥ 《中国第一历史档案馆藏清代官员履历档案全编》（8），第202～203页。

简放宝泉局监督。① 光绪二十三年二月丙子,作为京察一等人员在引见后,"交军机处记名,以道府用"。② 二十三年五月补授九江府知府,十一月到任。在此期间,曾参与光绪二十八年四月拿获唐才常等人发动的"富有票票匪",为此被两江总督刘坤一等人奏保,以道员在任候补。三十四年八月后以"卓异,并案领咨赴部"。在接到担任江西财政监理官的任命之时,他正请假回籍修墓。③

鄂芳(1850~?),满洲镶白旗人氏,由监生报捐笔帖式,同治七年(1868)选补户部笔帖式,光绪十一年(1885)京察一等题升主事。十二年升员外郎,光绪十四年襄办大婚典礼,经保奏赏加四品衔,此后曾掌井田科、广东司印钥,二十一年为北档房总办、俸饷处总办。④ 二十三年京察一等引见,奉旨"交军机处记名,以道府用"。⑤ 二十四年纂修会典,赏加三品衔,八月十二日补授重庆府知府。⑥ 因病至二十五年四月始到省赴任,在其任内还曾参与过镇压余栋臣的起义。⑦ 二十七年十二月调署夔州知府,二十九年调署顺庆府知府,三十年十一月回本任,三十二年报效四川赈捐,奖给二品衔。三十四年八月,开缺,以道员候选。⑧ 从与荣禄的信函来看,他与荣禄的关系似较为密切,不知后来突然得官是否与荣禄有关?⑨ 但此时,荣禄已死,能出任监理官显然还有我们所不知道的原因。

傅秉鉴(1844~1911?),字蕳唐,山东清平县(今临清)人氏,光绪元年(1875)中举,光绪十二年以三甲三十四名考中进士,时年三十四。⑩ 签分户部,三年期满后以主事候补。庚子之变中回到济南,并与管象颐一起推动袁世凯奏请调动山东运库银解赴陕西。⑪ 二十六年九月赴陕西随驾,十一月奏

---

① 《中国第一历史档案馆藏清代官员履历档案全编》(6),第293~294页。
② 《中国第一历史档案馆藏清代官员履历档案全编》(6),第302~303页。
③ 《中国第一历史档案馆藏清代官员履历档案全编》(8),第197~198页。
④ 《中国第一历史档案馆藏清代官员履历档案全编》(6),第357页。
⑤ 《光绪朝上谕档》,光绪二十三年二月十七日。
⑥ 《光绪朝上谕档》,光绪二十四年八月十二日。
⑦ 李重华:《余栋臣第二次起义与义和团运动的爆发》,《重庆大学学报》(社会科学版)2011年第17卷第3期。
⑧ 《中国第一历史档案馆藏清代官员履历档案全编》(8),第198页。
⑨ 见中国社会科学院近代史所藏《荣禄存札》,转引自冬烘刚《从〈荣禄存札〉看晚清官场请托》,《历史档案》2013年第4期。
⑩ 《光绪朝上谕档》,光绪十二年五月初十日。
⑪ 光绪二十六年八月二十四日,山东巡抚袁世凯为将运库公款移充军饷解赴太原行在事奏片。《慈禧西逃时漕粮京饷转输史料》,《历史档案》1986年第3期。

派办理漕仓事务。光绪二十七年七月二十日公布的随扈人员名单中有参与护送饷银的"户部主事傅秉鉴"。但此时，他仍不过是候补主事。① 直至近一个月后，他才由大学士管理户部事务的荣禄奏请循例成为福建司主事。② 十月调补湖广司主事。二十八年以知府指分山西，十一月到省。③ 到山西后，他长期得不到重视，只是在三十一年曾赴西路查看商务。但他在陕西大旱救灾过程中的表现得到了陕甘总督升允的赏识，奏请调赴甘肃差遣。④ 不久即代理兰州知府。⑤ 光绪三十四年，卷入升允与樊增祥互相弹劾案，六月卸职，被调往山东去考察学务，十一月因母亲去世，丁忧回籍守制。出任新疆正监理官时，甘肃正监理官刘次源与布政使毛庆蕃发生矛盾而离职后，又兼任甘肃正监理官，驻兰州。辛亥革命中，一度署理宁夏道，在军乱中失踪。⑥

汪德溥（1860~?），字瞿鑫，号泽人，江西乐平县人氏。光绪二十三年（1897）中举，后报捐知府衔，光绪二十九年发往山西以知府试用。⑦ 九月到省，十月即为发审局提调。光绪三十年（1904）调办警务学堂，六月兼办巡警总局提调。一年期满，经山西巡抚张曾敭奏请留省补用。光绪三十二年（1906）兼农林工艺学堂提调。光绪三十二年九月经山西巡抚恩寿奏请，署理山西朔平府知府。⑧ 三十四年七月经度支部奏请，以朔平知府兼杀虎口监督。⑨ 宣统元年闰二月二十二日离任。⑩ 在宣统元年被任命为广西财政监理官时，他仍是杀虎口监督，直至四月初九日，他还在向度支部缴纳杀虎口的关税。⑪ 民国后"曾充财政部国税筹备员及政治会议议员"，1914年时为"广西驻京办事员"。⑫

① 《光绪朝上谕档》，光绪二十七年七月二十日。
② 04-01-12-0607-029，光绪二十七年八月十二日，荣禄奏。
③ 《中国第一历史档案馆藏清代官员履历档案全编》（6），第788~789页。
④ 04-01-12-0648-101，光绪三十二年二月十五日，升允奏。
⑤ 04-01-12-0649-069，光绪三十二年四月初四日，升允奏。
⑥ 陈光辉：《历史中的"失踪者"：傅秉鉴事迹考述》，《洛阳师范学院学报》第32卷第10期（2013年10月）。
⑦ 《中国第一历史档案馆藏清代官员履历档案全编》（6），第657页。
⑧ 03-5467-124，光绪三十二年九月十八日，恩寿奏。
⑨ 《杀虎口监督、度支郎中林景贤奏交卸进京日期折》，《政治官报·奏折类》十月二十六日第三百八十四号，第8页。
⑩ 《中国第一历史档案馆藏清代官员履历档案全编》（8），第189~190页。
⑪ 《光绪朝上谕档》，宣统元年四月初九日。
⑫ 《汪泽人启事》，《政府公报》，民国三年八月十日第八百十三号。这则启事的发布是因为被宣布为"乱党"的人权急进社内有人与之同名。

熊希龄（1870.7.23～1837.12.25），字秉三，别号明志阁主人，双清居士，湖南凤凰厅人氏。光绪辛卯科（1891）举人，甲午科（1894）进士，翰林院庶吉士。戊戌维新中因与康梁等人交谊较深，而被革职，永不叙用。回乡之后，熊希龄从事学务（如西路师范讲习所）和实业（醴陵瓷业）。① 光绪三十一年四月，经盛京将军赵尔巽奏请，熊希龄官复原职，旋即因端方的奏请随同五大臣出洋，任二等参赞。光绪三十二年，在奉天赈捐案内报捐道员，为报答恩主赵尔巽，他前往奉天担任奉天农工商局总办，兼地方自治局局长。② 三十三年，赵尔巽调任四川，熊希龄不愿前往，经江苏巡抚奏请，担任江苏农工商局总办，兼苏属谘议局筹备处会办、抚辕文案；两江总督端方也请他担任督属文案。兼宁属谘议局筹备处会办、南洋印刷官厂监督。一时间，他成为红极一时的人物。直至宣统元年担任东北财政监理官后始放弃在江苏的职务。1910 年 8 月，熊希龄一度调任湖北交涉使，但为载泽留任为奉天盐运使，仍兼监理官。③ 民国后，熊希龄被革命党排斥，但组建了统一党，任理事。此后，还曾担任过财政总长、热河都统、内阁总理等职，1917 年后，退出政界，从事赈灾、慈善等事业。1937 年抗战爆发后，他从上海抵达香港后，因旅途劳累，突发脑溢血，逝世于 12 月 25 日。

严璩（1874～1942），字伯玉，严复长子，福建侯官人氏。光绪二十二年（1896）经出使英国大臣罗丰禄奏调随使英国，二十三年以监生报捐县丞，指分江苏试用，二十四年捐升通判。二十七年五月随使德国。在这五六年间，他屡经奏保升至知府，仍留江苏补用。二十八年春吏部尚书张百熙奏派编入编译处办理编译事宜。二十八年秋，出使法国大臣孙宝琦奏调出使法国，为三等参赞，三十一年奏派前往安南等处考察商情。得加二品衔。同年经载泽奏调随同出洋，派充二等参赞。三十三年七月法部曾奏报以京师检察厅检察长记名。八月外务部奏留本部，以郎中候补。同月，农工商部右侍郎杨士琦奏调随同出洋。三十四年七月两广总督张人骏奏调赴

---

① 周秋光：《熊希龄简传》，《维新·济世·救亡——纪念熊希龄先生诞辰一百二十周年文集》，中国文史出版社，1990。

② 在很多关于熊希龄的研究中，不知是否因为为尊者讳的原因，多对熊希龄报捐道员的事情讳莫忌深。其实，捐官在清末的官场是非常常见的一种履历。而熊希龄报捐的记载不仅在官方文书中可见，就是熊希龄自己编订的《明志阁遗著》中也有记录。见熊希龄《东三省财政正监理官任内呈本人履历禀稿》（1909），《熊希龄集》（一），第 662～663 页。

③ 《中国第一历史档案馆藏清代官员履历档案全编》（8），第 537～538 页。

粤派充洋务文案。在载泽 1905 年的出洋考察团中，他是三等参赞，并专驻英国、法国。① 这些都和载泽有一定的关系。而他与鹿传霖也有一定的私交，在光绪三十四年七月二十七日他外出时，严璩即向他辞行。② 民国后，严璩多次出任财政部次长、盐务署署长等职。③ 国民政府时期因王宠惠等人的关系，亦曾担任过财政部次长。抗战时期，拒绝出任伪财政部长，于饥寒交迫中死于 1942 年的上海。④

陈惟彦（1856～1925），安徽石埭（今石台）人氏，淮军早期重要财政官陈黉举（《清史稿》卷四百五十一，列传二百三十八中有传，陈惟彦亦有传，附其后）之子。1877 年以监生报捐大理寺丞，步入政坛。1885 年其父去世后，经李鸿章推荐，接“治淮军银钱所”。此后经李鸿章保举至四品衔，“以知府补用”。1894 年后，先后出任贵州开州知州、婺川县令。1897年 6 月开始任贵州厘金总局提调，任内颇有政声。二十四年（1898）署黎平知府。二十六年卸任，二十七年报捐道员，指分江苏。⑤ 1900 年授“江苏试用道”。1904 年经周馥奏保，任金陵厘捐总局总办。三十一年，顺直赈捐案内经袁世凯奏保二品衔。⑥ 1906 年，因周馥和端方争相调用，陈惟彦以病辞，归家。被授予湖南监理官后，因调查湖南米捐局，被弹劾，离职。后调盐政处。民国后，因与周馥的特殊关系，在其子周学熙担任财政总长时多出力辅佐，并创设裕中纱厂。1925 年病逝于江苏如皋。⑦

＊　　＊　　＊　　＊　　＊

以下是 24 位副监理官的个人情况。

陆世芬，字仲芳，浙江钱塘县（今杭州）人，生卒年不可考。1898 年由浙江杭州求是书院派往日本学习商业⑧，求学于东京高等商业学校。⑨ 留

---

① 潘崇：《杨寿楠与清末五大臣出洋考察——兼论两路考察团考察成果的不同源流》，《江苏社会科学》2009 年第 6 期。
② 《鹿传霖日记》（四），《文物春秋》1993 年第 3 期。七月二十七日。
③ 《中国国民党百年人物全书》（上），团结出版社，2005，第 772 页。
④ 林国清、林荫予：《严复家世》，见福州文史资料委员会编《福州文史资料选辑（第二十二辑）——船政文化篇》，第 456 页。
⑤ 《中国第一历史档案馆藏清代官员履历档案全编》（6），第 737 页。
⑥ 《中国第一历史档案馆藏清代官员履历档案全编》（8），第 714～715 页。
⑦ 吴熙祥：《理财大家陈惟彦》，《江淮文史》2009 年第 3 期。
⑧ 吕顺长：《1898 年的浙江留日学生》，《中日文化论丛——1994》，杭州大学出版社，1996。
⑨ 转引自胡明贵《南京与日本求学时期报刊阅读对鲁迅思想形成的影响》，《中国现代文学论丛》（第七卷第 1 期），第 26 页。

学日本期间参加了励志会，参与编辑出版《译书汇编》，开启留学生编杂志的滥觞。① 回国后，曾出任译学馆理财教员等职务。② 参加光绪三十三年（1907）的留学生考试，获得举人出身。③ 原本是要分省补用，不知是否通过捐纳留在了户部？民国后似一直在财经部门任职，先后就任财政部造纸厂厂长④、直隶审计分处处长⑤、交通银行驻日经理员等职。

景凌霄（1872～1941），字涵九，陕西户县人氏。光绪二十三年（1897）拔贡，二十八年辛丑科举人，次年成进士，签分户部，曾任山东司主稿。宣统元年时为南京造币厂厂会办。辛亥革命后，自江苏回陕，曾任陕西省财政特派员兼潼关监督，财政厅厅长，省议会副议长。民国十一年（1922）后携眷到北京居住，不再参与政治。1942 年病逝于北京。⑥

蹇念益（1876～1930），字季常，贵州遵义老城人。其父蹇诜曾在四川越西、马边等地任知县，因此他从小在四川随父读书。1895 年曾受川东道黎庶昌的委托从成都运粮到遵义，以赈济遵义的旱灾。1900 年赴日本，入早稻田大学学习法政，曾当选为中国留学生总会干事，并与同在日本的梁启超交好。1907 年归国，因河南巡抚林绍年的推荐而任职度支部，为七品小京官。宣统元年受同乡唐瑞铜之力荐而任河南省副监理官。⑦ 民国后，因与袁世凯不睦，拒绝出任官职。曾任国民协会常务干事，国会众议员。参与护国运动、反张勋复辟。⑧ 此后因对政治失望而嗜酒，但与梁启超私交颇密。梁启超去世后偏瘫，于 1930 年 9 月 8 日服安眠药而亡。⑨

钱应清（1879～1938），字镜平，江苏崇明县人氏。以秀才身份赴日留

---

① 《励志会与〈译书汇编〉》，冯自由：《革命逸史》（初集），第 69 页。
② 蔡璐：《京师译学馆始末》，《文史资料选辑》（第 140 辑），中国文史出版社，2000，第 145 页。
③ 光绪三十三年九月二十二日，《学部为录所奏会同考验留学毕业生情形等折奉旨致军机处咨文》附件二《学部带领验看之考取留学毕业生姓名履历分数清单》，《光绪三十三年留学生史料》，《历史档案》1998 年第 1 期。
④ 《宋元武等关于调查财政部造纸厂严格报告书》，《中华民国史档案资料汇编第三辑工矿业》，江苏古籍出版社，1991，第 297 页。
⑤ 曹春编《河北省志 第 53 卷 审计志》，中国审计出版社，1996，第 4 页。
⑥ 王志新：《户县文史资料》（弟 4 辑），中国人民政治协商会议，1988。
⑦ 陈荣德：《蹇老未及写出的一篇文章——蹇念益先生简介》，《贵州文史丛刊》1996 年第 5 期。
⑧ 李芳：《严修〈东游日记〉的黔籍留日学生》，《贵州文史丛刊》2013 年第 3 期。
⑨ 见陈叔通墓表，林宰平墓志铭。引自《蹇季常其人》，黄濬：《花随人圣庵摭忆》（下），中华书局，2013，第 723～727 页。

学，1907 年毕业于早稻田大学政治理财科，同年回国，被赏给法政科举人①，入宪政编查馆统计局，兼任京师译学馆理财教员。民国后，加入国民党，担任于财政部司计处主管，库藏司司长等职。参与制定《会计法草案》。② 1938 年加入汪精卫政权，同年死于暗杀。③

梁玉书，字素文，奉天新民府人，监贡生，生卒年不可考。④ 民国后曾任古物陈列所会办等职，并从事敦煌学、金石学研究。余不可考。

熊正琦（1882～1938），字慕韩，号木庵，江西南昌县月池村（今南昌市）人。熊氏为当地望族。1902 年中举，曾入马相伯创办的震旦学院求学。后为度支部主事。⑤ 民国后曾任安徽国税厅筹备处署理处长、吉林财政厅长等职务。⑥ 并被选为众议员，加入安福系。⑦ "七七事变"后失踪，疑因拒绝出任伪职而为日寇所害。

王建祖（1877～1935），字长信。广东番禺人，毕业于香港皇仁学院、天津北洋大学，旋赴日本留学，后转入美国加利福尼亚大学，获硕士学位。光绪三十三年（1907）九月十六日，王建祖作为留日游学生归国，和章宗元一起作为最优等赏给的法政科进士。⑧ 民国后，曾任北京大学法科学长，广东军政府财政次长，燕京大学教授、上海租界临时法院推事、国民政府司法院秘书等职，著有《基特经济学》《银行学原理》等。⑨ 1932 年，因爱子战死于淞沪战场，心脏病加重，于 1935 年病逝于南京。⑩

梁致广（1876～1940），名季宽，广东三水人氏，年 20 中秀才。光绪

① 光绪三十三年九月二十二日，《学部为录所奏会同考验留学毕业生情形等折奉旨致军机处咨文》附件二《学部带领验看之考取留学毕业生姓名履历分数清单》，《光绪三十三年留学生史料》，《历史档案》1998 年第 1 期。
② 宋丽智：《民国会计思想研究》，武汉大学出版社，2009，第 37 页。
③ 陈元芳：《中国会计立法先驱：钱应清》，《财会通讯》2012 年第 3 期（上）。
④ 温世霖：《昆仑旅行日记》，第 61 页；魏长洪：《论清末迪化王高升放火案》，《新疆大学学报》（哲学社会科学版）1998 年第 1 期。
⑤ 熊光炯：《心远——一个教育世家的百年沧桑》，丁晓原主编《2012 最佳纪实文学》，江苏文艺出版社，2013，第 430 页。
⑥ 《安徽省志·人大政府政协志》，1999，第 158 页。
⑦ 谢彬：《民国政党史》，中华书局，2011，第 76 页。
⑧ 光绪三十三年九月二十二日，《学部为录所奏会同考验留学毕业生情形等折奉旨致军机处咨文》，《光绪三十三年留学生史料》，《历史档案》1998 年第 1 期。
⑨ 刘国铭主编《中国国民党百年人物全书》，团结出版社，2005，第 193 页。
⑩ 《刻在墓碑上的故事》，见《周末》2012 年 1 月 5 日，第 23 版。

二十三年（1897）考取经济特科，签分度支部，为七品小京官。① 民国后任两广榷运局副局长，中央银行监事，广东印花税局副局长等职务。抗战后避居香港，1940 年病逝。②

余晋芳（1861～1938），字子清，晚年号春晖老人，湖北麻城人氏。1888 年中举，1894 年中进士，为翰林院庶吉士，散馆后改户部主事。1897年丁忧回籍，1902 年回户部任贵州司主稿，则例馆协修③，北档房帮办。辛亥革命后被蔡锷聘为谘议，1912 年返京"清理大清积案"。后返乡，任麻城县中心小学校长等职。1934 年受聘总纂《麻城县志》，1938 年去世。④

章祖僖（1868～?），字季鳌，号谷笙，浙江湖州府乌程县（民国时改为吴兴县，现为湖州市区）人氏。出身于当地荻港的世家，廪贡生。⑤ 是民国初年司法总长、驻日公使章宗祥的叔父。被任命为山东副监理官时，本职是度支部学习主事。民国后曾任交通部佥事⑥等职。

胡大崇（1871?～?）⑦，字慕姚，湖北武昌县人氏，光绪二十三年（1897）中举⑧，进士，民国后曾任湖北省财政司长，北洋政府财政部会计司司长。⑨

高增融（1863～?），字仲昭，陕西米脂人氏，光绪朝己丑科（1889）进士。曾先后就任江南司正主稿，则例馆纂修，缎匹库监理、度支部田赋司司长，统计处总办，湖南铜元局总办、湖北造币厂会办。武昌起义后曾

---

① 政协广东省三水县文史资料研究委员会编《黄祝蕖战时诗选》，中国文史出版社，1990，第 29 页。有关梁致广的信息来自诗下的注。梁氏为当地乡贤，其说当较为可信。

② 《三水县抗日英烈传》，《佛山市抗战时期人口伤亡和财产损失》（上），第 625 页。另有一说，说他在抗战时期虽妻女被奸，仍投敌。后被日寇在报复游击队时连带杀死，时间是在 1939 年。见《金戈铁马烽火天：石宝珊抗日战地通讯》，武汉大学出版社，2012，第 164 页。

③ 吴树威：《清末翰林余晋芳事略》，《麻城文史》（第 4 辑），1992。原文多有错误，仅择其可信者从之。

④ 《湖北人物传记》（第 5 辑，试写本），《湖北省志·人物编辑室编》，1984，第 154～155 页。

⑤ http://blog.sina.com.cn/s/blog_490bc36f0102v2ng.html。

⑥ 《拟裁减交通部员司与周自齐呈袁世凯文》（一九一四年一月九日），《政府公报》一九一四年一月十三日。

⑦ 根据《内务总长钱能训呈大总统请将第三届四届核准免试县知事现任县缺人员陈长琛等分发省分缮单呈鉴文》（见《政府公报》，民国七年三月六日第七百六十号），这一年胡大崇四十七岁，推断他的出生年份应为 1871 年或 1872 年。

⑧ 《中华姓氏通史·胡姓·源流》，第 231 页。此文记述胡大崇字汝寿，号天阶。兹不从。

⑨ 《湖北省志人物志稿》，光明日报出版社，1989，第 1783 页。

任陕西红十字会分会会长，1913年后曾任国会众议院议员。①

薛登道（1883？～）②，山西稷山县均和村人，生卒年不可考。光绪二十九年（1903）以三甲106名中进士，此后入进士游学馆，前往日本法政大学学习，光绪三十三年十一月的毕业考试中位列优等第九名。③签分户部后先后任计学馆帮办，会计司审计科科长。民国后曾任署理陕西国税厅筹备处处长，财政部赋税司行走等职。

蔡镇藩（1864～1914），字东侯，四川南充营山县人氏。自小有"神童"之称，16岁中秀才，20岁中举，光绪十八年中进士，入翰林院。庶吉士散馆后为吏部主事。戊戌维新中受牵连罢官。去职后，潜心研究西学。光绪二十九年（1903）的经济特科为一等四名，却没能得到实职。因受黑龙江将军达善的赏识与推荐，四川总督赵尔巽聘其为"四川谘议局筹备处协理"、四川造币厂总办。而在四川保路运动期间，蔡镇藩积极参与并组织参与了川省川汉保路同志研究会。民国后，因与袁世凯不合，隐居不仕，1914年郁郁而终。④

润普（1882～1967），即张运谱，张润普，字霈青，别署虹南。满洲镶白旗人，晚清户部计学馆财政经济专科毕业。⑤曾任户部员外郎，江西监理官等职务。辛亥革命后，曾担任财政部代理次长等职。后称病辞职，以诗词、书画自娱。1954年被聘为北京市文史研究馆馆员。

袁永廉，字履卿，贵州贵阳人氏，生卒年不可考。光绪甲辰科（1904）进士，选送日本法政大学游学，归国游学毕业考试时位列中等，签分度支部。辛亥革命后，历任山西国税厅筹备处处长，印花税会办，并加入梁启超的进步党。⑥1917年后任财政部赋税司司长，司法部次长，代理财政总

---

① 《中国近现代人物像传》，上海古籍出版社，2011，第840页。高增融的名字还曾出现在曹锟贿选的众议员名单中，但从日后参加广东革命军政府来看，可能是他人冒名。

② 《最新官绅履历实录》（第一集）（1921年），第242页。文中称薛登道在1921年38岁，故推断其出生年为1883年。

③ 《阅卷大臣陈璧等奏会考进士馆游学毕业学员情形折》，《政治官报》，光绪三十三年十一月二十九提第六十九号。

④ 《蔡镇藩——清末四川造币厂总办》，《南充市文史资料　第4辑　南充人物1》，1995，第92～93页。

⑤ 张润普：《漫谈老北京的桥》，《北京文史资料》（第60辑），北京出版社，1999，第258页。在此文中，编者还将其字写作需卿。笔者不知何为确，谨在此存录。

⑥ 《周年追悼会启事》（一九一八年七月十二日），《晨钟报》，中华民国七年七月十二日。

长。① 抗战时曾出任华北伪政权税务局长。②

栾守纲，号笑翁，山东济南府历城县人氏③，生卒年不可考。光绪三十年甲辰科（1904）三甲第五十八名进士。民国后曾任甘肃国税厅筹备处处长、财政司长。④

甘鹏云（1861～?），字翼父，号药樵、耐公、耐翁。湖北荆州潜江县人氏。光绪十年（1884）成为秀才，后入经心书院和两湖书院，光绪二十八年中举，光绪二十九年考中进士，光绪三十二年奉派前往日本，就读早稻田大学。光绪三十四年回国。民国后担任过杀虎口监督⑤、吉林省烟酒公卖局局长、财政部佥事、北京古学院教授等职。后寓居北京，成为藏书家，并受夏斗寅之邀编订过《湖北文征》。⑥ 著有《楚师儒传》等书。⑦

荆性成，字存甫，生卒年不可考，事迹不可考。

陈星庚（1864.6.11～?），原名运鸿，字翔生，一字钧侯。同治甲子年五月初八日生，浙江宁波鄞县人氏。⑧ 甲午年时曾任浙江抚署洋务总文案，处理过杭州的开埠。⑨ 光绪己丑科进士。与蔡元培为同科举人，相善，并共同创办师范学堂。⑩ 在戊戌年时为四品衔户部学习主事，并曾作为英、法、意、比等国公使随员出使。他曾条陈请旨变更历法，聘请英国人才。⑪

谢鼎庸，字涤荃，湖南湘潭人氏，生卒年与事迹多不可考。著有《瓠庵诗存》。⑫ 曾于1902年创办湘潭县学堂。⑬

---

① 《中国近现代人名大辞典》，中国国际广播出版社，1989，第543页。
② 张同乐：《华北沦陷区日伪政权研究》，三联书店，2012，第436页。
③ 另有一说，世居茌平县王老乡栾庄人，迁居历城。见《茌博乡音》，1987，第117页。
④ 《甘肃省志·财税志》，第405页。
⑤ 甘鹏云在杀虎口监督任上的事迹可参阅张连银、廖元琨《从〈杀虎口监督报告书〉看甘鹏云对杀虎口税关的经营》，《中国社会经济史研究》2009年第1期。
⑥ 傅岳棻：《潜江甘息园先生墓碑》，卞孝萱、唐文权编《民国人物碑传集》，凤凰出版社，2011，第360～362页。
⑦ 周家珍编《20世纪中华人物名字号词典》，法律出版社，200，第187页。
⑧ 《光绪己丑恩科朱卷》，第61页。
⑨ 陈善颐：《杭州拱宸桥日本租界划界交涉经过》，《杭州文史丛编》（1），杭州出版社，2001，第1～4页。
⑩ 陈善颐：《蔡元培早期办学史料二则》，《浙江文史资料》（第70辑），浙江人民出版社，2002，第1～3页。
⑪ 见《军机处录副·补遗·戊戌变法项》，3/168/9453/53．原折日期为八月初三日。转引自茅海建《戊戌变法史事考》，三联书店，2005，第395页。
⑫ 《湘人著述表》（2），岳麓书社，2010，第1086页。
⑬ 周磊：《湘潭老城故事》，湖南大学出版社，2008，第129页。

　　许汝棻（1867.1.31～？）[1]，字鲁山，号铁香。江苏镇江府丹徒县人氏。光绪十一年（1885）举人，景山官学教习。其祖父、父亲都曾是户部主事。1908 年 11 月为大清银行福州分行总办。[2] 抗战时曾出任伪满洲国文教部次长。

　　李启琛（1871～？），号葆初，湖北孝感人。民国后曾任代理湖北财政司司长，山东审计分处处长，吉林官银钱号兼东三省官银号监理官，国民政府财政部参事。[3]

三　监理官之履职

　　在度支部奏定的几个清理财政章程中，监理官的职责比较简单。在光绪三十四年十二月二十日（1909 年 1 月 11 日）奏定的《清理财政章程》中说的是：监理官与各省财政局一起："一、造送该省光绪三十四年分出入款项，详细报告册及宣统元年以后各季报告册；一、造送该省各年预算报告册；一、调查该省财政沿革利弊，分门别类编成详细说明书，送部查核；一、拟订该省各项收支章程及各项票式、簿式送部。"[4] 在宣统元年二月三十日（1909 年 3 月 21 日）奏定的《各省清理财政局办事章程》中说的是："稽查、督催一切应办事宜。……度支部于各省财政遇有特别事件，径饬监理官切实调查。"[5] 从纸面上说，财政监理官的职责似乎非常简单。另外，我们也在当时的文献中不断看到诸如"清理财政为预备立宪第一要政，各省监理官又为清理财政第一关键"的表述。二者之间的矛盾使我们不得不再去看一下到底财政监理官们需要做什么，使得似乎很简单的事情需要如此慎重地选择人员？

　　在这些财政监理官中，后世声名最大的无疑是当过内阁总理的熊希龄，

---

①　周家珍编《20 世纪中华人物名字号词典》，法律出版社，200，第 961 页。此书有误，将其名字写作"许汝芬"。

②　《厦门掌故》（第一辑），鹭江出版社，1993，第 67 页。又见《福州金融志》，1995，第 115 页。

③　周家珍编《20 世纪中华人物名字号词典》，第 410 页。

④　《清理财政章程清单》，度支部编《度支部清理财政处档案》，宣统年间铅印本，第 29～30 页。

⑤　《各省清理财政局办事章程清单》，度支部编《度支部清理财政处档案》，宣统年间铅印本，第 46 页。

而由于周秋光整理出版了新版《熊希龄集》（湖南人民出版社，2008），我们也能看到熊希龄在财政监理官任上的详细资料。在此，笔者谨以熊希龄为例，考察监理官到底需要做什么？或者说是他的实际职能是什么？

首先，监理官需要与地方大员，尤其是布政使与度支使，有良好的沟通。监理官有类似钦差的身份，似乎可以在身份上压倒地方官。但具体的办事，尤其是各省清理财政局的办事人员多选自地方候补官员，而担任总办、会办的更是本省的布政使、关道、粮道等现任地方官，如果没有他们的配合事情很难完成，至少是难以顺利完成。在清理财政的过程中，熊希龄与东三省大员如锡良、程德全、陈昭常、周树模保持了良好的沟通，公私信函不断。而反观甘肃财政正监理官刘次源则与陕甘总督长庚、甘肃布政使毛庆蕃都关系不睦，以致与毛庆蕃双双去职。可是如果监理官过分温和往往也会被地方官员欺负。吉林副监理官荊性成就是因为"人又长厚"，而且"与总、会办不和"，导致吉林的清理财政比较混乱。① 而熊希龄则要求荊性成"尤不宜再有冲突，务乞我公和衷共济，日与总督、会办切实商酌……"②

其次，需要跨越自己的本职，参与其他事务。原本，越俎代庖是官场大忌，但监理官除了考察、编订所在省份的财政资料外，还需深度参与清理财政局的组织建构和实际运作中。从《各省清理财政局办事章程》中看，似乎财政局是由地方官员组建并控制的，而从熊希龄的材料中我们看到，宣统元年（1909）上半年时，三省的清理财政局都没有完全构建，只能是由熊希龄等人一起考核、录用、选拔人员。事实上，经常是总、会办画诺而已。③ 吉林的官员对清理财政拖延成习，熊希龄不得已自行遴委人员进入吉林清理财政局，"帮同办理"。而且，这些人员中，熊希龄认为比较能干的张弧还被他们所排挤，被迫辞职离开。④

---

① 熊希龄：《条陈清理财政办法诸事致度支部财政处函》（1910 年 8 月 17 日），《熊希龄集》（二），第 146 页。

② 熊希龄：《望和衷共济赶办册报复荊性成函》，《熊希龄集》（二），第 146 页。

③ 熊希龄：《为清理东三省财政预定进行办法报请批示致度支部丞参厅财政处函》，《熊希龄集》（一），第 542～544 页。

④ 熊希龄：《条陈清理财政办法诸事致度支部财政处函》（1910 年 8 月 17 日），《熊希龄集》（二），第 146 页。张弧（1875～1937），原名毓源，字岱杉。祖籍河南开封，出生于浙江萧山。1902 年中举。晚清时曾主持福建的学务，因与闽浙总督不合而任职于东三省。民国后曾任长芦盐运使、两淮盐运使、财政次长、财政总长等职务。

再次，需要极高的专业技能并付出巨大的辛劳。即使是配合工作的地方官员也往往是将各机构的材料一股脑儿交给监理官们。为了审核这些材料，并使之与度支部的统计格式相合，他们需要审核、改编成千上万册材料。熊希龄在宣统元年即为此困顿不堪，并导致发病，被迫于1909年底赴上海养病。① 由于系首次清理财政，度支部初始时规定的统计办法常常与实际情况有出入或者需要重新考虑，例如各衙门的房产、仪器包括家具等，在初次的统计设计中就没有加入，熊希龄注意到这种情况后向度支部提出以后需计入。②

复次，需要熟悉政情、商情，以免引起不必要的社会动荡。清理财政中有很重要的一项是调查各省官银钱号。（按：晚清时期，因为白银的不足，也因为地方政府需要以之为财源，官银钱号往往大量发行纸质有价证券，并大量流入市场。）这些官银钱号往往准备金不足或者经营不善。当熊希龄得到度支部发出的函札后马上意识道："此事关系市面，必须不动声色，缜密盘查，以免动摇全局。"并要求下属"于盘查时，只请抚帅及官银钱号总办到场，此外各员不得与闻，以免泄露消息"。③ 与此同时，还需要长袖善舞，化解一些不必要的麻烦。例如，当吉林调查到官帖局时，有一笔多达四十余万两的款项居然被一直存放在吉林驻沪转运局，熊希龄动用自己的私人关系，请江苏巡抚瑞澂派一个能为熊希龄自己信任的人从苏州去上海调查此事。④ 若无熊希龄就任监理官之前的各种官场关系，此事调查起来当会麻烦得多。

最后，要为人、做事小心谨慎。熊希龄来到奉天，下车伊始，就发文：

> 照得本监理官恭膺简命监理东三省财政，已于五月二十六日到差视事，一切职任悉守部章，凡有用度酬应及道途旅费，均归自备，无烦地方官署及各局供应。随带仆从人等严加约束，不得有所需索。亦

---

① 熊希龄：《因病假回沪安排有关事项致度支部清理财政处电》，《熊希龄集》（一），第699～601页。

② 《为酌议清理财政办法与栾守纲呈度支部文》（1909年10月29日），《熊希龄集》（一），第560～561页。

③ 熊希龄：《为限制官银钱号事宜致张乾若电》（1909年8月23日），《熊希龄集》（一），第523页。

④ 熊希龄：《请派员核查吉省库款致苏州瑞莘帅电》（1909年10月10日），《熊希龄集》（一），第547页。

并无亲戚子弟在外谋事，除因公事特用印文、派员调查外，本监理官决不为亲戚子弟及乡人、僚友关说人情，私函请托，以遵部示，而杜瞻徇。兹值下车之始，窃虑远近弗知，用特先行通饬，如有假冒本监理官亲友在外招摇，或执私函来谒者，即系伪造匪徒，仰该即当场拿获，解送省城，交地方官严讯惩办，以儆效尤。除照会司道外，合行札饬。为此札仰该转饬所属，一体遵照办理，毋违。切切。①

即使如此，熊希龄还是在报纸、杂志上不断受到攻击，熊希龄也被迫公开发文为自己辩解。好在一直洁身自好，对方无法将事闹大，熊希龄也没有因此受到处罚。

归结起来，作为财政监理官，需要有很高的财政专业技能、良好的身体以及融洽的官场关系。这几条从简短的履历中是难以得到体现的，笔者这里将其简化为可以从统计角度看待的几个数据，即从年龄看身体情况和阅历，从在财经部门就职时间看他们的专业技能和官场熟悉程度。这样做固然有点冒险，但笔者觉得大致也可以显示监理官们的一些情况。

我们先看一下正监理官们的年龄：

表2 各省正监理官年龄排序表

省份	正监理官姓名	年龄	省份	正监理官姓名	年龄
山西	乐平	61	江苏	管象颐	43
安徽	鄂芳	59	贵州	彭谷孙	43
新疆	傅秉鉴	59	湖北	程利川	40
广西	汪德溥	59	河南	唐瑞铜	40
江西	孙毓骏	56	山东	王宗基	39
四川	方硕辅	54	云南	奎隆	37
湖南	陈惟彦	53	福建	严璩	35
陕西	谷如墉	51	广东	宋寿徵	34
东三省	熊希龄	49	直隶	刘世珩	34
浙江	王清彦	48	甘肃	刘次源	31

① 熊希龄：《与副监理官栾守纲发布札饬部下示》（1909年7月中旬），《熊希龄集》（一），第511页。

从表中我们可以看到，60 岁以上的仅乐平 1 人，50～59 岁者 7 人，40～49 岁者 6 人，30～39 岁者 6 人。最年轻的正是甘肃财政正监理官刘次源。为这样重要的岗位选择青壮年的人员，度支部多少也是考虑到了职责的辛劳程度。而年轻可能也意味着办事时缺乏圆滑的手腕，刘次源一定程度上也就是因为年轻而付出了代价。

下面是正监理官们在财经部门的供职时间。这个时间并不是很准确，因为多数人不知他们的就职、离职时间，只是一个大概的数字。

表 3　正监理官供职财经部门的年限表

省份	正监理官姓名	供职财经部门的时间	省份	正监理官姓名	供职财经部门的时间
山西	乐平	33	江苏	管象颐	16
安徽	鄂芳	33	直隶	刘世珩	15
四川	方硕辅	27	山东	王宗基	14
贵州	彭谷孙	23	广东	宋寿徵	13
云南	奎隆	20	浙江	王清彦	10
陕西	谷如墉	19	河南	唐瑞铜	6
江西	孙毓骏	19	甘肃	刘次源	3
新疆	傅秉鉴	19	东三省	熊希龄	3
湖南	陈惟彦	18	广西	汪德溥	1
湖北	程利川	16	福建	严璩	0

在这些供职低于 10 年的人中，唐瑞铜是因为入职较晚（1902 年入户部）；刘次源是以留学生身份捐纳进入度支部；熊希龄是因为受维新派牵连而离开官场，从事实业和教育；汪德溥一直在山西；唯一与财经工作无关的是严复之子严璩，他一直就职于外事部门。而福建省的《财政说明书》就笔者所见，至少不是各省财政说明书中比较好的一本。

需要说明的是，在这些人中，刘世珩、陈惟彦、熊希龄、方硕辅、彭谷孙等因为各自在实践工作或财政著述方面已然是海内闻名的财政专家，这些人能被网罗进来，并派往各省，也可一窥载泽的苦心。

笔者孤陋，多未考证出副监理官的年龄和就职时间。从可考的个人履历看，就职财经部门时间超过 10 年的仅有高增融（19 年），胡大崇（13

年）和景凌霄（10 年）三人，其余的多仅一年甚至没有过任何这样的经历。从年龄来看，可考的为 14 人，略过一半，具体情况可参见下表：

表 4　各省副监理官年龄排序表

省份地域	副监理官姓名	年龄	省份地域	副监理官姓名	年龄
云南	余晋芳	48	湖南	李启琛	38
黑龙江	甘鹏云	48	湖北	贾鸿宾	37
甘肃	高增融	46	河南	蹇念益	33
四川	蔡镇藩	45	苏州	王建祖	32
贵州	陈星庚	45	直隶	陆世芬	30
福建	许汝棻	42	浙江	钱应清	30
广东	胡大崇	38	江西	润普	27

从这 14 个副监理官看，他们的年龄相比于正监理官们普遍要年轻 10 岁以上，无有年龄超过 50 岁者，6 人是 40～49 岁，7 人是 30～39 岁，而江西副监理官、满人润普则仅 27 岁。从某种角度上说，这样拉开年龄段，可能多少有助于正副监理官间的协调与合作。例如在江西的孙毓骏与润普，一个 56 岁，一个 27 岁，前者因为曾出任九江知府熟悉官场，后者则是一直就职于度支部的新锐少年。润普努力推行度支部的规定，孙毓骏则周旋于官场，并在润普受到攻击时多有回护。① 另外，从蹇念益的资料中，我们看到，他之所以出任河南副监理官是因为同乡——已被简任为正监理官的唐瑞铜的力荐。② 也就是说，我们可以揣测在某些省份，正副监理官之间在被任命之前即已建立起较为紧密的关系，这大概也是他们得以配合密切的原因之一吧。

---

① 张运谱：《清末清理财政的回忆》，《文史资料存稿选编》，中国文史出版社，2002，第 45～46 页。需要说明的是，张运谱即润普，大概是辛亥革命后改成的汉名。他的回忆是笔者所见的唯一留存的监理官的清理财政记录，弥足珍贵。在文中，润普一直对孙毓骏怀有感激之心。

② 见林宰平所写《蹇季常墓志铭》。转引自《蹇季常其人》，黄濬《花随人圣庵摭忆》（下），中华书局，2013，第 725 页。

四　余论

一项良好的政策得以推行，除了制度上的缜密外，还需要有优秀的执行者。从事后来看，清末的清理财政行动留给后世最大的影响有二：首先是冲突——监理官们与地方大员们的冲突，如甘肃布政使毛庆蕃与刘次源的矛盾并双双去职，湖南的陈惟彦被诬陷解职；其次则是清理财政的巨大成果。

我们先说一下冲突。改变原有体制，总会损害一批既得利益者，也必然会引起他们的抵制甚至反抗。清理财政尤甚。熊希龄曾有过这样的总结："清理财政本为众怨所归，监理官等在此办事，谨慎和平，尚不免于疑忌，故一切兢兢业业，时凛临渊履冰之惧，不敢稍有大意也。"[①] 熊希龄的感慨大致来自地方官员对清理财政的抵制。而地方士绅们也同样是整理财政的阻力。江西副监理官润普曾留下这样一段记载：他发现江西绅民集资修建的南浔铁路自挂牌开办以来，"所募的开办费二百来万银子，寸路未成，而开办费已所剩不多。大概全是开支了乾薪和夫马费"。因此在一次铁路股东会议上提出裁掉诸位大绅士的兼职经费。士绅们无法在这样的公开场合反对，只好同意。但随之即在报纸上攻击润普，认为他侵夺江西官员的财权，致使江西的预算入不敷出。并进而说，江西已有杀死润普的流言。[②]

笔者以为，财政监理官们与地方官绅之间的冲突是一种制度性的冲突。来自反对者的声音也许有助于我们理解这一面。来自都察院广东道监察御史胡思敬的奏折可以为我们提供这样的一个视角：

今度支部设监理财政官四十余员，或选自曹郎，或拔自试用道府，或起自苦塊之中。说者谓陛下不信亲简之督抚，而信一二暴起领事之小臣，固已起天下之疑矣！且若辈衔命以出，沿途擅作威福，酿逼人命，凌压道府，使司报章腾说既屡有所闻。其事为武断之事，其人非安静之人，盖可知也！故抚陈启泰劾一上海道事下两江密查，未遽加罪也。部臣听监理官一面之词，遽将藩司毛庆蕃奏革。不数日而甘肃

---

① 熊希龄：《就改革财政事上度支部尚书泽公爷禀稿》（1910），《熊希龄集》（二），第184页。
② 见张运谱《清末清理财政的回忆》，《文史资料存稿选编》，第45～46页。

册报至矣。即欲恢张权力，毋乃形迹太露乎？我朝官制：道府以上，皆由特简。监理官乃部臣指名奏派，内不请训，外不专折言事，一朝得志，遂蹇然以钦使自居。如是则蹑其后者，学部已派员视学矣，民政部且派员查警察，陆军部且派员查新军矣。各凭藉京朝势力，百计苛求，言辞不逊。贪者网利，强者逞威，命令二三不相关白。上损疆吏之威，下乱地方有司之耳目，伏机弩于阱中，而寝其上患，有不可胜言者。拟请酌定监理财政官体制权限：正监理官与三司并行，副监理官与道府并行，不称钦差，不办供应，二年限满撤回。自此次遣使之后，各衙门不得援例以请。一切新政均责成疆臣督办。①

　　这份奏折一如御史们的职责——"风闻奏事"，其间多有不实之词。但在这份奏折中我们看到"钦使"② 一词，大致可以就此为线索来理解这种冲突的制度性因素。自咸同之后，地方上控制财权、军权的是督抚们，可以"上达天听"的也只有督抚们的奏折，藩司、臬司虽然在法理上仍有上奏权，也直接接受政府指令行事，但实际上多不过为督抚们的僚属。至于钦差大臣则只是偶尔作为某一事件的调查者而派出，且时间很短更没有僚属和机构为其服务，探听消息、了解情况。而这次派出的监理官们不仅携有钦命，而且有机构、有僚属。这些后生晚辈，声名不举的人突然驾临地方，且可直接与中枢沟通，这在地方官绅中无疑会引起巨大的震动，而且一旦监理官们认真行事，必然会影响到他们的钱袋和名声——湖南正监理官陈惟彦即因调查厘捐而恶了掌控米捐局的湖南乡绅王先谦等人而被弹劾。但作为对于中枢，或者说对于度支部尚书载泽而言，恰是因为不信任地方官绅而派出监理官清理财政，自不会轻易矮化监理官们。胡思敬所说的将监理官们视同地方官员，必然将会使得监理官无法行使监督、清理之责。他的奏议无法得到批准自也在情理之中。而这种完全不符旧有体制的机构也一直留存到了清王朝的终结。

　　关于成果。唯一留下回忆的江西副监理官润普的叙述，笔者认为是比较中肯的：

---

① 胡思敬：《力陈官制殽乱，请厘定任用章程，杜幸进折》（宣统二年正月二十八日上），《退庐疏稿》，癸丑南昌，卷二。
② 笔者曾就晚清的钦差制度请教于韩志远先生，承蒙他的指点而对钦差制度有所进一步了解，在此表示感谢。若有误解之处当由笔者承担。

清朝最末时期的清理财政，本是敷衍立宪的一种措施，但是清朝的每岁出入总账，二百多年以来，也没有算过一次……及到清理财政之后，就有了大概总数……（宣统三年）预算成立岁入为 3 亿余两，而岁出则为 37000【万】余两，收入相差不足 7000 余万两，至于所列的岁入岁出虽不能尽皆可靠，可是眉目一清，较之未清理以前各归各款记账绝无统计的时候清楚多了。所以一般人说清朝的清理财政给民国预备了一本财政底账。①

其实，清理财政的事情到清朝结束后也没有归于结束，到了辛亥革命后一周年的 1912 年 10 月 22 日，为疏解财政困局，经财政总长周自齐的请求，民国政府在财政部下成立了一个名为"财政调查委员会"的机构，再次向各省派出了"财政视察员"，以下是各省名单：

直隶，陆定，冒广生。河南，胡翔林。湖北，陶德琨、黄绍第。湖南，刘颂虞、叶端棻。江西，李盛衔、黄序鹓。安徽，陈维彦、熊正琦。江宁、江苏、江北，贾士毅、单镇、夏翙宸。福建，方兆鳌、郑礼坚。浙江，邵羲。广东，张汝翘、武宗珏。山东，王宗基、萧应椿。山西，袁永廉。东三省，栾守纲、邓邦述。陕西，薛登道。四川，蔡镇藩、陈光弼。云南熊范舆。广西，汪德溥。②

仔细一看，我们在其中能发现很多熟悉的名字，在这 29 人的名单中有 8 人，也就是超过 1/4 的人是宣统元年派出各省的正副监理官。当然，其中一些人出于各种原因没有就任，如四川的蔡镇藩。

至于此后监理官们的个人情况，原度支部清理财政处总办杨寿枬曾这样说过，"民国以来居财政要职者，半为清理处旧僚也"。③ 笔者以为，之所以出现这样的结果，除了财政监理官们的能力、资历之外，这段切实了解各地财政情况的阅历也应该是核心因素之一吧！

---

① 张运谱：《清末清理财政的回忆》，《文史资料存稿选编》，第 46 页。
② 《财政部为派各省财政视察员名单呈暨南大总统批》，《政府公报》，1912 年 10 月 12 日，第 174 号。
③ 苓泉居士：《觉花寮杂记》卷一，第 5 页。文中之清理处即清理财政处。

A Coin for China? Emergent Nationalism, Technology Transfer and Minting Silver Coins in the Guangxu Period (1887 – 1899)

〔美〕 Austin Dean[*]

In late 1876, the Shanghai Chamber of Commerce debated whether they should submit a proposal to the Qing government (1644 – 1912) on the creation of a mint to produce silver coins. At that time, the Chinese monetary system consisted of copper cash, *zhiqian* (制钱), that was made by government at mints across the country, silver ingots, *yuanbao* (元宝), as well as foreign coins from Spain, Mexico and even the United States. The Qing government, though, did not mint its own silver coins.

Merchants used silver ingots or coins in wholesale trade and larger transactions; the Qing also government required that taxes be collected in silver. Copper cash, cast with a hole in the middle so that it could be strung together was common in local transactions involving small amounts of money. The official government exchange rate stated that one ounce of silver, a *liang* (两), which was also known by its unit of account, a tael, was equal to one thousand copper cash coins, *zhiqian*. The market rate, however, differed across the country depending on supply and demand for both silver and copper.

From 1800 – 1850, the general flow of silver out of China and the later disruption of copper supplies meant that it could take as much as 2000 *zhiqian* to

* Austin Dean，美国俄亥俄州立大学博士生。

purchase one *liang* of silver. A high price of silver and the relatively low price of copper（银贵钱贱）lead to a money famine, *qianhuang*（钱荒）, and minting copper cash became a money-losing venture. It cost more money to procure materials and make coins than these coins could be exchanged for in the market. This money famine created social unrest and was one factor behind the outbreak of the Taiping Rebellion（1850 – 1864）. To help finance the struggle against the Taiping, the Qing government relied on inflationary measures: minting big-copper cash, *daqian*（大钱）, that was worth, in name, five, ten, twenty, one hundred or five hundred *zhiqian* but contained a much smaller amount of actual metal. After the defeat of the Taiping Rebellion, a number of reform proposals, originating from foreign merchants and Chinese statesmen considered how best to undertake currency reform.

The Hong Kong Chamber of Commerce held a public meeting to discuss the Shanghai chamber's plan on November 2, 1876. The bankers and businessmen were skeptical. H. H. Nelson of Chartered Mercantile Bank indentified a key question: "Can anyone in China suppose that a mint managed by Chinese officials would continue to produce a pure coin, even if the material guarantee in the form of a treaty could be obtained?"[1] The meeting ultimately came to the conclusion that a proposal for the mint, despite the necessity of coinage reform, was unrealistic. The impetus for importing machinery to change the way coins were produced ultimately came from Chinese government officials, not foreign merchants.

In the late 1880s through the mid 1890s, the Qing central government encouraged the importation of steam-powered minting equipment to mint standard cash coins as well as to begin producing silver coins. Numerous provinces did so, leading to a plethora of coins of varying weights and purity. By 1899, the Qing government ordered all but two provincial mints to shut down. The ultimate significance of minting silver coins can be found in the axis of an emergent economic nationalism, the political relationship between central and local authority as technology transfer. The importation of steam-powered minting equipment must

---

[1] "The Establishment of a Chinese Government Mint," *The North China Herald*, November 16, 1876, 489.

be more than simply an examination of why these coining techniques did not arrive in China until the 1880s and 1890s. As Lin Man Houng points out, the Qing government began employing steam-powered mint equipment at a much later date than other countries in East Asia such as Vietnam and Japan. She openly wonders whether the delay in adopting western-style silver dollars was "hindered" by various interests who benefitted from being the middleman in transactions between different types of silver ingots. ① Rather, as Frank H. H. King argues in his important early work on Chinese monetary policy, the creation of silver dollars was, "in its physical aspects, monetary restoration, a task parallel to the 'restoration' being attempted in other sectors of the economy after the destruction of the Taiping. "② Pushing this thought further, he maintains that "the initiative for coining silver dollars came from the provinces," as was normal in the Qing political economy in which the central government "had never been responsible for actually providing the coinage of any but the metropolitan area. "③ However, King also holds that "to consider the monetary policy which followed the Xianfeng (1850 - 1861) period as merely a policy of restoration would be to miss the most interesting aspects" —the very real ways in how the practical process of making money changed. ④

Though King does not see anything particularly new in the minting of silver coins by the provinces, at a more abstract, intellectual level, the minting of silver coins represent an emergent nationalism. As William Rowe argues when analyzing the monetary reforms proposals of Wang Liu (王鎏) and Bao Shichen (包世臣) in the Daoguang period (1820 - 1850), the real and "radical" intent of Wang Liu's reform proposal was to create a "a true national currency, one that will be valid throughout the entirety of China's territory and for all citizens/subjects, buy not beyond its borders and whose value will be determined

① Lin Man-Houng, *China Upside Down: Currency, Societies and Ideologies* (Cambridge: East Asian Studies Center, 2007), 270.

② Frank H. H. King, *Money and Monetary Policy in China, 1845 – 1895* (Boston: Harvard University Press, 1965), 211 –212.

③ Ibid, 223.

④ King, *Money and Monetary Policy in China, 1845 – 1895*, 212.

by the state. "① With this system in place, "all competitive currencies will be defunct. "② Extending this point from the realm of abstract goals to vocabulary, Rowe argues that Wang gives new life to the phrase *liquan*（利权）, "the control a country enjoys over all its resources. "③ Interestingly, Rowe notes, though the phrase had a long history dating back to the *Zuozhuan*（左传）, it was not a common term in the middle of the 19th century, and had no specialized meaning "in reference to international relations" at the time Wang Liu employed it. ④ However, by the 1880s, the term filled the memorials of people inside and outside the bureaucracy who advocated for the importation of steam-powered machinery and the minting of silver dollars in order to better secure and protect *liquan*.

The import of steam-powered minting equipment is inseparable from the larger currents of the Yangwu Yundong（洋务运动）and the Self-Strengthening Movement（自强）that involved the translation of foreign texts, the importation of foreign machinery as well as the development and training of technical workers. Chinese officials hoped to produce their own silver coins that would drive foreign ones from circulation. At the same time, though, the push by provinces to mint silver dollars in the late 1880s, the central government's initial support and then years later an order that all but a few mints making silver dollars should be shut down mirror older patterns of Chinese monetary policy. Adopting the terminology of Helen Dunstan, the experiment with the minting of silver dollar by provinces represents a "cycle of Chinese monetary policy. "⑤ However, as Dunstan argues elsewhere, the fact that cycles of monetary or economic policy exist should not be taken for granted and glanced over. To do so, she writes, would be too "reductionist" and "ignore the consequences and causes of specific swings but also

---

① William Rowe, "Money, Economy, and Polity in the Daoguang-Era Paper Currency Debates," *Late Imperial China*, Volume 31, Number 2, (December 2010): 86.

② Ibid, 86.

③ Ibid, 87.

④ Ibid, 87.

⑤ Helen Dunstan, "Orders Go Forth in the Morning and Are Changed by Nightfall: A Monetary Policy Cycle in Qing China, November 1744 – June 1745," *T'oung pao*, 82 (1996): 66 – 136.

the impulsions that drove individuals to argue as they did. "① By looking at the arguments and rationale behind currency reform in the Guangxu period, as well as the experiences of an American machinist from the Ferracute Company tasked with installing mint equipment purchased from abroad, this paper shows how currency reform was an important factor of an economic nationalism in the late 19th century but also shows how the transfer of technology led to results much different than original intent. Before discussing these themes, however, it is important to take a closer look at coining technology.

The Significance of the Coinage Press

Compared to a number of other technological developments, changes in coinage manufacturing do not receive much attention for how they shaped economic development as well as an important characteristic of modern life: national money controlled by governments and bound by borders. Until the middle of the 19th century, foreign coins, namely Spanish and Mexican silver dollars, circulated around the world, including in the United States. With the gradual introduction of new coining presses as well as the changing goal of states, the creation of a national currency under the full control of the government became a realistic goal. The evolution of coining techniques lead, in part, to the flood of foreign silver coins into China.

During the late imperial period Chinese dynasties cast copper coins using a method known as sand-casting with mother coins that dated to at least the Sui dynasty and possibly earlier. First an ancestor coin, *zuqian* (祖钱), was carved from pure copper and used to in turn cast a mother coin, *muqian* (母钱). The *muqian* coins were then used to form the moulds, known as cash trees, and produced *zhiqian*. These moulds were made from reinforced sand with an organic binding agent and contained in a wooden box. ② This binding agent was ground up

---

① Helen Dunstan, *State or Merchants: Political Economy and Political Process in* 1740s *China* (Cambridge: Harvard University Press, 2006), 93.

② Cao Jin, Mint Metal Mining and Minting in Sichuan 1700 – 1900, (Ph. D. diss. , University of Tubingen, 2012), 240.

old bricks and charcoal. The binding agent first helped reinforce the sand and the latter helped make the characters on the coin—usually the reign name and place where it was manufactured—more distinct. ① The entire process of casting these coins was quite labor intensive. Though there were two mints in Beijing, these facilities supplied cash only to the area surrounding the capital; provinces maintained mints to supply the coinage in their geographic region.

Before the application of steam power to coining techniques, European countries and empires used two methods of coining, each with similar drawbacks. The oldest and most rudimentary technique was the hammer and the pile. After metal was brought to a desired level of fineness in furnaces, a craftsman cut the resulting sheet metal into squares and then shaped the squares into circles. Another craftsmen, placed the blank—the piece of round metal—in a wooden die, wedged the entire apparatus between his legs and used a hammer to pound down on the top of the die to make the impression in the coin. ② Beyond simply being labor intensive, the process resulted in imperfect and non-standardized coins that differed by weight and appearance and made it difficult to discern real coins from fake ones. ③

The most important advancement from this method but still ultimately inferior to later steam-powered presses were the screw press and cylinder press. As the names suggest, both innovations removed some of the process of coining from human hands. In fact, the entire process became more mechanized. In the 1550s, the French Mint featured a water powered rolling mill to create smooth sheets of metal, a punching press to create blanks and the die of the screw press itself featured a segmented collar to help keep the blank in place. ④ An altogether more intricate process, the screw and cylinder presses "allowed letters and grating to be placed on the edges of coins. "⑤ These developments represented an

---

① David Hartill, *Qing Cash* (London: Spink, 2012), 21.
② Thomas Sargeant and Francois Velde, *The Big Problem of Small Change* (Princeton: Princeton University Press, 2002), 50.
③ Ibid, 50.
④ Ibid, 54.
⑤ Eric Helleiner, *The Making of National Money: Territorial Currencies In Historical Perspective* (Ithaca: Cornell University Press, 2002), 49.

important advancement in quality but still suffered from similar problems as the hammer and pile method. It was difficult to produce large numbers of standardized, high quality, low denomination coins without incurring a financial loss. Governments, without the ability to create large number of standardized small coins had to accept the circulation of coins from other countries as well as the circulation of token money. This quandary was, as Thomas Sargeant and Francois Velde term it, "the big problem of small change."

Despite the significant imperfections of the coins produced by the screw and cylinder press, Niv Horesh points out that "from the middle of the eighteenth century better-quality European coinage could enhance trade benefits already accruing to Europe as a result of the relocation of metal to places where it had monetary utility."[1] In the longer term, some European nation's ability to "produce better-quality (i. e. less easily falsifiable) domestic coinage at lower cost underpinned England (and Spain's) transition from fullbodied to fiduciary coinage in the first instance."[2]

The final developments that Horesh mentions, however, could not take place until the application of steam power that allowed for coinage production at high volume, low cost and consistent quality. Appropriately enough, the person responsible for these innovations also played an important role in the development of the steam engine itself: Matthew Boulton. Boulton's innovations allowed coins to be struck automatically with steel dies that ensured consistency of results. The use of steel also allowed for more intricate designs, making counterfeit coins easier to spot. [3] If someone wanted to get into the counterfeiting business there was a large capital outlay to buy or mimic the new machinery and once the equipment was set up, it was quite noisy and easily attracted attention: exactly the result that counterfeiters wanted to avoid. [4] If counterfeiters wanted to rely on older methods, the resulting coins were of noticeably poorer quality and lacked the rimmed edges

---

[1]   Niv Horesh, "The Great Money Divergence: European and Chinese Coinage Before the Age of Steam," 127.

[2]   Ibid, 136.

[3]   Helleiner, *The Making of National Money*, 49.

[4]   Ibid, 49.

of Boulton's coins, meant to guard against wear and tear. [1] This feature was particularly hard to mimic. Beyond advances in quality, the new steam powered mint equipment substantially increased potential output. As early as 1787, Boulton noted that each steam press could make sixty thousand coins per day; by the beginning of the 19th century, the amount of coins Boulton produced at his Soho mint was ten times as large as the existing British Royal Mint. [2] These innovations helped governments solve "the big problem of small change" by making it easier to produce small, fiduciary coinage with a uniform quality.

Other governments around the world soon adopted this method of minting coins. Boulton himself set up a thriving business by exporting his new machinery. Not all countries bought from him, though. After a trip to Europe in the 1830s, a U. S. mint official oversaw the creation of domestically produced steam-powered minting equipment which helped increase U. S. coinage production and was ultimately an important in factor the large-scale withdrawal of foreign coins from circulation in the 1850s. [3]

The development of new coinage technology, along with the consolidation of nation-states in the 19th century and the increasing involvement of the government in economic life, served as the two important preconditions for the creation of territorial currencies. The importance of the nation-state in the creation and consolidation of territorial currencies, Eric Helleiner argues, does not lead to any state theories of money: that money is what the state says it is. [4] Instead it is simply to say that territorial currencies related to technological and political developments. In order to make this point clearer, Helleiner uses a negative example: China. In China, he writes, building off the observations of an American economic envoy to the Qing Dynasty in 1903, "the weakness and lack of authority of China's central imperial state was a key obstacle preventing China from creating a more homogeneous and nationally integrated monetary system. "[5]

---

① Ibid, 50.

② Ibid, 49.

③ Helleiner, *The Making of National Money*, 52.

④ Ibid, 43.

⑤ Ibid, 46.

While much of the economic rhetoric at the end of the Qing dynasty's stressed nationalist goals and aims, the reality of the political-economy made them difficult to carry out. Indeed, the move to begin coining silver dollars, meant to ease the shortage of copper coins and also drive out foreign silver dollars, ultimately further fragmented and complicated the Qing monetary system.

Foreign Machines, the Leaky Wine Cup and Provincial Dragon Dollars

After the conclusion of the Opium Wars and the final defeat of the Taiping Rebellion in 1864, the Qing government undertook a variety of reform measures for self-strengthening. One key tenet of the *Yangwu Yundong* was the importation of foreign machinery and expertise for the purpose of creating industrial machinery and weaponry that would enable China to grow rich and strong (*fuqiang* 富强). The goal was to retain Chinese learning as a base while using Western science and technology as means to strengthen the country. The importation of steam-powered minting equipment shared these goals and officials thought the very creation of Chinese silver coins would lessen and hopefully eliminate the circulation of foreign silver dollars. Though there had been short, sporadic efforts to mint silver coins earlier in the 19th century, it was not until the 1880s that the Qing government began to produce silver coins on a large scale.

By the late 1860's much of the country, especially Beijing, experienced a shortage of cash. In the capital various denominations of *daqian* circulated along with paper notes. Instead of coining standard cash at the mints of Beijing, which would take to long with increased transportation costs, the Board of Revenue proposed that copper be shipped by sea to southeastern provinces, where it would be coined, put into circulation, and would eventually return to Beijing as part of the capital's share of the *likin* tax. One important barrier stood in the way. The copper mines of Yunnan were inactive, due mainly to Muslim Rebellion in the area. The other option was to purchase copper from Japan at a market price. However, if this path were pursued, the cost of minting *zhiqian* would have to be highly subsidized or the weight of the coin would have to be reduced. Having just gone through the fluctuations of making *daqian*, this was a proposal that did not received approval. Despite the relative ineffectiveness of these proposals they were the first of many coinage reform proposals during the Guangxu era.

During the 1870s and the 1880s the world price of silver continued decline as German, France and the United States adopted the gold standard the worldwide demand for the white metal dropped. Another important trend in this period was flows of silver back into China. As Lin Man-Hong notes, "although $ 384 million of silver flowed out of China between 1808 and 1850, $ 691 million in Mexican silver dollars flowed into China between 1856 and 1886. "[1] In fact, Houng continues, the renewed flow of silver into China in the second half of the help prop it up during its final decades by reversing previous trends. In the first part of the 19th century one *liang* of silver exchanged for as much as 2600 copper cash, leading to the condition of expensive silver, in terms of copper, and cheap copper in terms of silver (*yingui qianjian*). In the second half of the century the general trend was just the opposite as the one *liang* of silver would be exchanged for as low as 1200 hundred zhiqian meaning the silver was cheap, in terms of copper, but that copper was expensive in terms of silver (*yinqian qiangui*).[2] As the price of silver on the world market and within China in terms of cash declined, but copper continued to be hard to mine and mint, producing silver coins using imported machinery made economic sense, it was also buttressed by an emerging rhetoric of securing economic right.

A further prerequisite to the creation of silver coinage in the late Qing was dissemination of knowledge about western minting practices, through both books and personal experience. In 1875, John Fryer, a translator based at the Jiangnan Arsenal, published a translation of a book on western coinage techniques, *Qianbi Gongshu* (铸钱工术), that described the various types of coinage systems used abroad, displayed blueprints of the Royal Mint in England and provided diagrams of coinage machinery.[3] At the simplest level the decision to translate and publish

---

[1] Houng, 279.

[2] Wang Hong Bin, *Wanqing huobi bijiao yanjiu* (Luoyang: Henan Daxue chubanshe, 1990), 2 – 5.

[3] John Fryer, *Qianbi Gongshu*, Jiangnan Arsenal, 1875. The translation was drawn from several sources and Fryer. generally cites them as 从英国大类书摘译。

such a book reveals the close connection between technology, coinage and modernization: the idea that figuring out China's coinage problem was a central issue in China's development. Zhong Tianwei, (钟天纬) a translator who first worked in Shandong Arsenal, then spent time in Europe before becoming a translator in the Jiangnan Arsenal, came to similar conclusions about the necessity of making coinage reform a part of China's modernization. Zhong drew on his travels and experiences in crafting a treatise for the Governor-General of Lianguang (两广) in the early 1880s; coinage reform was one of his ten suggestions for helping build the commercial and industrial infrastructure of the country. The popularity of foreign coins, he argued, allowed foreigners undo power and profit, especially because these coins traded at a premium above the value of their silver content. The most direct remedy to this unfortunate state of affairs was for China to reform its coinage system. He advocated minting, gold, silver and copper coins with a fixed relationship between them. Though he recognized the practical need for minting profits, he thought that even without seignorgae the coins would be a boost to commerce. [1]

Zheng Guanying (郑观应), a merchant who had significant interaction with foreigners in commercial affairs, expressed similar but shaper arguments as to why the Qing government needed to create its own silver coinage. In one section of *Yiyan* (易言), published in 1880, Zheng outlined the losses China suffered by not producing its own silver coins and made the more explicitly nationalist argument that each country should have its own coin and should not use the coins of other countries (一国有一国之宝). However, in a prescient warning, Zheng argued that if Qing dynasty did commence minting its own silver coinage it must be the exclusive domain of the Board of Revenue (*hubu* 户部). Each province should not be allowed to mint its own coins. [2] He built on these themes but in much stronger language in *Shengshi Weiyan* (盛世危言) published in 1896 when he wrote that using the money of another country violated the of rectifications of names

---

[1] Zhong Tianwei "Yuezu ji" "Kuochong shangwu shitiao" in Lin Qing Zhang, *Wanqing sibu congkan* (Taizhong: Wentingge tushuguan gonsi, 2011), 151 – 152.

[2] Xia Dongyuan, "Yiyan: Zhuyin," *Zhen Guanying ji* (Shanghai: Shanghai renmin chubanshe, 1982), 192 – 193.

(*mingbuzheng yanbushun* 名不正言不顺). In this case, Zheng leaned on a line of thinking from *The Analects* to make a very modern argument: each country should only use its own currency. [1]

In 1883, the censor Chen Qitai (陈启泰) proposed minting five denominations of silver coins. With a set of silver coins in circulation, they could be required for payments for all types of taxes with the important results that the coins' price, how it traded in the marketplace would rise and that foreign coins would cease to circulate or, if they continued to do so, the government could institute a punishment (*chengyi* 惩艾) for the continued use of non-Qing silver coins. [2] Later the same year, Long Zhanglin (龙湛霖), an official from the Hanlin Academy, argued for the creation of silver coinage from a different starting point: precedent. Long first echoed Chen by stating that the popularity of foreign coins was not tied to fineness, which did not generally exceed 90 percent, but by the quality of their production. With ten million foreign silver coins flowing into China each year, Long estimated that foreigners make one million dollars in profit each year because the coins only had a fineness of ninety percent but traded at a premium beyond the inherent value of their silver content. In looking at the statues of the Qing Dynasty, Long finds precedent for minting silver coins in the experience of governing Tibet; he proposed that the Board of Revenue undertake further investigation and study of Tibetan silver coinage with the aim of minting similar types of coins. [3]

By the late 1880s the cash shortage in the capital and in other parts of the country had not improved and the Empress Dowager Cixi ordered the mints at Beijing to stop producing *daqian* and instructed the provinces to buy machinery to coin cash, *zhiqian*, and for these provinces to forward part of what they produced to Beijing in order to help remove *daqian* from circulation. [4]

---

[1] Ibid, 692.

[2] "Yushi Chen Qizhang zhe—qing biantong qianfa zhu yinqian," *Zhongguo jindai huobishi ziliao* (Beijing: Zhonghua Shuju, 1964), 632.

[3] "Shijiang Long Zhanlin pian—jianyi fang zhu zangshi yinqian," *Zhongguo jindai huobishi ziliao* (Beijing: Zhonghua Shuju, 1964), 632 – 3.

[4] King, *Money and Monetary Policy in China*, 215.

With this policy in the background Zhang Zhidong (张之洞), the Governor-General of Liangguang, built on earlier arguments when he memorialized the throne for the province to mint its own silver dollars and smaller denomination silver coins.

After first addressing the issues of minting *zhiqian*, Zhang observed that because foreign silver coins circulated across China, other countries received the benefits of seignorage. For China this was a severe loss of economic privileges (*louzhi* 漏卮), a metaphor that literally meant a wine leaking out of a cup. Making matters worse for the people of Guangdong, the foreign silver dollars circulating in the province were worn-out (*lan* 烂), broken down (*posui* 破碎) as well as mildewy and dark (*meihei* 霉黑). To rectify these far from ideal conditions, Zhang proposed buying new mint equipment and having foreign experts come to Guangdong in order to install it and train Chinese workers so that the province could make its own silver coins.

As for the coin to be minted, Zhang had specific ideas about its weight and design. Zhang proposed making the Guandong coin slightly heavier than other foreign dollars then in circulation. He also thought the front of the coins should have information about the reign in which it was minted (*Guangxu yuanbao* 光绪元宝) in both Chinese and Manchu. The reverse should have a coiled dragon (*panlong* 蟠龙), ringed by information about the origin and weight of the coin written in both Chinese and English.

Before ending the memorial with a more all-encompassing argument, Zhang noted the interrelationship between mining, Qing coinage law (*qianfa* 钱法) and minting silver coins. As more and more copper mines opened up, the price of the metal will gradually fall but until that time the profits of minting silver coins can act as a subsidy for producing copper cash. This strategy would help protect the Qing's economic right (*bao liquan* 保利权). Finally, Zhang connects the reform of coinage with other aspects of the self-strengthening movement of the 1880s by employing the phrase *ziqiang* (自强). For him reform of coinage was a part of this process. ①

---

① Ye Shechang, *Zhongguo huobi lilun shi* (Xianmen: Xiamen daxue chubanshe, 2004), 212.

The lengthiest response to Zhang Zhidong's memorial came from Yan Jingming （阎敬铭）, a key official in the Board of Revenue who voiced several worries about the course Zhang proposed. First, since the mining of silver within China was not well-developed, most of the silver for minting coins would have to come from abroad. The price of purchasing the material would increase over time and it would be difficult for the operation to be profitable in the long-term. Next was the concern, common from earlier periods, that workers in the mint (*lujiang* 炉匠) would use their knowledge of coin production for nefarious purposes, teaming with unsavory characters to melt, cut and abuse the coins. Third, because the coins had to have a high silver content and fineness, with precise design and lettering, the costs of manufacturing these news discs would be correspondingly high and provinces might lose money with their production. If they did, it was unclear how they would make up that sum (*mibu* 弥补). Finally, Yan noted the gradual but consistent reduction of fineness of the silver coins circulating in China over time and warned that if the coins minted by China followed a similar path in search of profits (*jiancheng quli* 减成取利), they would not circulate.

Despite these worries, Yan still termed Zhang's idea to mint silver coins and make them payable for all types of taxes and payments in Guangdong a good idea. However, echoing other advocates of minting silver coins, particularly Long Zhanlin, Yan stressed the importance of choosing the right people to carry out the policy and prevent any abuses. Although the use of steam-powered minting machines made it more difficult to counterfeit coins and in some way removed workers from actually making coins to simply running and overseeing the machines that minted coins, Yan stressed that Zhang must select virtuous workers and conscientious managers. [1]

With his plan eventually sanctioned, Zhang selected land and contracted with an English company to purchase machinery to coin silver dollars and copper cash. Home to over 90 coinage presses, the newly established Guangzhou mint was the largest coinage facility in the world. By comparison, the British Royal Mint only

---

[1] Ibid, 213.

had 16 presses and the American Mint in Philadelphia only ten. [1] As the factory got up and running Zhang sent samples of five silver coins from the initial production to throne for inspection and approval. He also addressed the concerns of the Board of Revenue expressed by Yan Jingming. First, on the topic of whether there was enough available silver to mint coins, Zhang reported that the Hong Kong Shanghai Banking Corporation HSBC (*Huifeng* 汇丰) had agreed to sell silver to the mint. In the case that HSBC did not have enough silver, the mint could buy from other western banks. On the subject of perfidy by workers in the mint and the adulteration of coins (*chanjia* 掺假), Zhang wrote that its prevention was simply a matter of good management and regulation. On the question of counterfeiting and clipping by the populace, Zhang assured the court that these crimes would be easily detectable. As far as the possibility of losing money on mint operations, Zhang did not see it is as likely since the amount and fineness of silver in the smaller denominations coins was not that significant and provided ample opportunity for seigniorage. He also did not think debasement will be a problem. Finally, after discussion with HSBC Zhang decided to lower the weight of the proposed silver dollar so that it matched the weight of foreign silver dollars and lessened the motivation to melt down the slightly heavier coins. [2]

As the Guangzhou started producing a regular output of coins in the early 1890s, it received praise from foreigners and earned a profit, but not from the production of silver dollars. In 1892, a piece in *The North China Herald* commented on the general efficiency of the Guangzhou mint and noted that it was capable of producing 100, 000 coins a day. However, between May 1890 and December 1891, only 44, 000 silver dollars had been produced and the mint made most of its profits on the production of smaller silver coins. The fineness of the fifty-cent piece was 0. 860 and the denominations below that 0. 820. [3] These smaller coins were in demand along the coast of China as well as in other provinces. The Qing Court in Beijing eventually requested that Guangdong's *jingxiang* (京响) be paid in these coins.

---

[1] David Hartill, *Qing Cash*, 132.

[2] Ye Shechang, *Zhongguo huobi lilun shi*, 213.

[3] *The North China Herald*, March 25, 1892, 396 – 397.

Beyond its production of coins, the Guangzhou mint was also a symbol in the larger self-strengthening movement. At the end of 1890, the *Shen Pao* and the North China Herald carried printed the first prize essay from a contest at the China Polytechnic Institute on the subject of "Should China go about coining its own gold and silver money? Would it circulate freely? Would it be advantageous to the country or the reverse?"① The essay argued that to prevent economic loss by paying a premium for foreign dollars—a foreign coin weighing 73 tael cents commanded a price several tael cents above its silver content—the only solution was for China to begin minting silver coins. The popularity of foreign coins, the author insists is only because "as yet there is no Chinese money." He then answers the objections of those opposed to more silver coinage, namely, that counterfeiting it will be easy, the venality of Mint officials, the difficulty in carrying it out, and China's supposed loss of prestige by imitating foreign ways. The author thinks all of these worries are shortsighted and can obviated by putting mint facilities under the "guidance and control of well-selected men."②

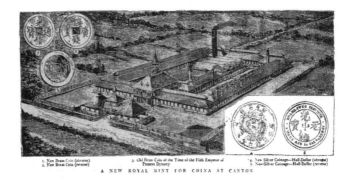

Figure 1   The Mint Facility in Guangzhou with inset of Silver dollar

David Hartill, *Qing Cash* (London: Spink, 2003) 129.

---

① "The Chinese Prize Essay on The Advantages of a Mint," *The North China Herald*, December 19, 1890, 760.

② "The Chinese Prize Essay on The Advantages of a Mint," *The North China Herald*, December 19, 1890, 760.

As the Guangzhou mint got up and running, Zhang Zhidong was not there to oversee it: he had been made the Governor-General of Hubei 1889. In this new post he undertook a number of measures that contributed to and in part defined the Yangwu Yundong: industrial factories as well as schools and training programs to educate young Chinese to work in them. Coinage, too, was a part of this broader economic and technological program. However, the proposal to begin minting silver coins in Hubei lacked the vocabulary of an emerging economic nationalism so obvious in Zhang's memorial of 1883. Not once did it mention the circulation of foreign coins and the loss of economic rights (*louzhi* 漏卮). Instead, in an 1893 memorial Zhang argued that due to Hubei's unique position in the economic geography of the country, it must take positive steps to increase the amount of money in circulation by minting silver coins.

Hankow and Wuchang connected trade in the north and south, serving as an important trading center for Chinese and Western merchants. As a result, Hubei had a high demand for money. However, the province had not minted copper since the Tongzhi period. At that time, because the copper mines of Yunnan were not flourishing (*diantong bu wang* 滇铜不旺) and the price of foreign copper (*yang tong* 洋铜) increased regularly, it was not economical to mint copper cash. To combat the shortage of coinage, the previous Governor-General Yu Lu (裕禄) and Governor of Hubei Kui Bin (奎斌) proposed implementing a ban on the export of cash from the province.

Zhang Zhidong approached the problem from a different angle and argued that the best solution for Hubei was to mint money like Guangdong. Noting the success of the Guangdong mint—merchants in the surrounding provinces adopted its coins—Zhang stressed a common argument that appeared in the final years of the 19th century: ordering coins from the Guangdong mint would be impractical because the cost of transporting the coins from Guangdong to Hubei would be too high. The cost of setting up a mint, however, was not prohibitive because the scale of the project would not necessarily be that large. Zhang estimated that it would cost slightly more than 40000 taels of silver to purchase equipment, construct a factory and cover all other expenses. The coins themselves would mirror those of Guangdong, with only the characters for Hubei replacing those of

Guangdong. Zhang finished his argument by stressing that minting silver coins would ease the people's trouble (*shu min kun* 纾民困), and provide aid for an urgent crisis (*jiushi jiwu* 救时急务).①

This memorial stands out for its argument, its precedent, and its role as the first large-scale mint in northern China. Until this point only Guangdong was minting silver coins on a large scale. Soon afterwards a number of provinces would echo these arguments about why they too should set up a mint to make silver coins. The mint in Guangzhou and Hubei came to be held up as models. Several years later, when the Grand Council issued an order to stop mints from making silver dollars, the mints of Guangzhou and Hubei were allowed to remain open.

After the opening of the mints in Guangdong and Hubei, the Grand Council ordered the Beiyang and Nanyang Dachen, Li Hongzhang (李鸿章) and Liu Kunyi (刘坤一), to open mints and produce small silver coins (*xiao yinyuan* 小银元) in the same denominations and fineness as the two facilities opened by Zhang Zhidong. Interestingly, the missive from the Grand Council left the financing and operation of the mints quite flexible. Like many other enterprises in the Yangwu Yundong, the Grand Council allowed for the possibility that the mints could be overseen by the government but run by merchants (*guandu shangban* 官督商办). If government funds were lacking, merchants could buy a share in the mint and share in its profits (*zhaoji gufen* 招集股份). This type of policy would make mints similar to other types of concerns also under the *guanddu shangban* system.②

This order brought a quick and negative response from Zhang Zhidong. He began by stating the principle that each country *guo* (国) has its own rights *quan* (权); each country, in turn, has its own money and does not allow the circulation of other coins within its borders. With all the foreign silver flowing into and circulating within China, the Qing already lost some of its economics rights and to establish mints that operate as *guandu shangban* would only represent a further erosion of these rights. In a remark typical of officials, Zhang insisted that merchants seek profits and do not follow regulations. On a more practical level,

---

① GZDAQZ, 04 - 01 - 35 - 1373 - 056.
② JJCSLD, Guangxu 20, 6th month, 3rd day.

Zhang maintained that the money necessary to get a mint up and running was not that great that and that Liu Kunyi, Li Hongzhang and other officials would need not rely on the capital of merchants. Though merchant capital would not be necessary, Zhang also warned that merchants would continue seeking to be part of the mints operations. Liu Kunyi and Li Hongzhang might not need or sanction the participation of merchants but Zhang feared that in other provinces at other times their involvement in minting might be sanctioned. ①

Weng Tengho (翁同龢), then head of the Board of Revenue, ultimately agreed that merchants should not be involved in financing or running the newly established mint facilities. As this discussion was going, Fujian province, was actually implementing a mint under *guandu shangban* system. Several months after the decision by Weng Tengho, the Governor General of Yunnan Bian Baoquan (边宝泉), reported on efforts at establishing a new mint in the province. Originally, a merchant named Sun had asked for and received permission to construct a mint in the province. With the order to stop this arrangement, the province had to rent the equipment from the merchant. Another, more practical problem was finding an official to run the facility as the knowledge and expertise needed to operate a mint was quite varied (铸造银圆事宜多为领会). ②

Though Zhang Zhidong began the move toward minting silver coins, the effort did not expand until after the Qing defeat in the first Sino-Japanese War. In the spring of 1895 as China signed the Treaty of Shimoneski with Japan that would burdened it with a large indemnity payment the Grand Council order the Governors and Governor Generals of each province to memorialize the throne on what self-strengthening measures could be taken in their domains. ③ Several months later, in a memorial that provincial officials would cite for year to come, the censor of Jiangxi province Chen Qizhang (陈其璋), echoed previous arguments and advocated that every province be allowed to mint silver dollars along the lines of Guangdong and Hubei in order to enrich the country (*yuguo* 裕国) and improve

---

① "Hubu shangshu Weng Tonghe—ge sheng zhuzao qianbi," *Zhongguo jindai huobishi ziliao*, (Beijing: Zhonghua Shuju, 1964), 684.

② GZDAQZ, 04 - 01 - 35 - 1374 - 035.

③ JJCSLD, Guangxu 21, Fifth Month, 27th day.

people's livelihoods (*bian minsheng* 便民生). Since the creation of the Guang-zhou mint in particular, Chen noted that each year the number of foreign coins imported into China had decreased significantly. As the coins produced by Guangzhou and Hubei continued to circulate it represented a return of economic rights (*shouhui quanli* 收回权利). Using silver coins to pay for taxes removed opportunities for corruption as clerks who collected taxes did not have the opportunity to press citizens to provide a greater quantity of silver with the excuse of needed to meltdown smaller chunks of silver in order to form larger ingots. Expanding on the metaphor of the loss of economic rights, *louzhi*, a leaky wine cup, Chen believed that as each province minted its own silver coins, foreign coins would become increasingly rare. This simple policy will act as a stopper to the leaky wine cup (*sai louzhi* 赛漏卮). [1]

The language and arguments of provincial officials setting up mints to make silver dollars in 1895 and 1896 was generally more mundane, revealing detailed information about the costs involved in setting up mints as well as pre-existing infrastructure in terms of equipment and expertise. The Governor General or Jilin, Chang Xu (长须), observed that the amount of money in the province was insufficient and minting of silver dollars was necessary to relieve economic strain. [2] Zhili province was in a better situation to begin minting money than other areas because some of the machines previously used to make cash *zhiqian* could be converted to make small denomination silver coins. However, the province still needed to buy machinery for one yuan and five jiao coins. Purchasing this machinery and getting operations up and running would only require 10, 480 silver liang. [3] In contrast, the Governor-General of Shanxi province noted that it would cost roughly 40, 000 silver *liang* to get the mint started. [4] Although provincial officials stressed that they would adhere to making coins with the same fineness and make as those of Guangzhou and Hubei, each province began with different endowments and experiences.

---

① JJCLFZJHBJR, 03 - 168 - 07 - 9531 - 59.

② GZDAQZ, 04 - 01 - 35 - 1374 - 025.

③ GZDAQZ, 04 - 01 - 35 - 1374 - 028.

④ GZDAQZ, 04 - 01 - 35 - 1374 - 039.

Not all provinces initially wanted to mint their own silver coins. The Governor-General of Heilongjiang, En-ze （恩 择）, observed that the province had a shortage of *zhiqian* but also argued it could not establish its own mint. The province simply lacked the money to buy the machinery. Instead, En-ze asked the Board of Revenue to first send the payments for the salaries of officials and soldiers in the province, *guanbing fengxiang* （官兵俸饷）, to the Hubei mint to be coined and later sent to Beijing where a representative of the province would pick up the coins. [1] Hunan at first followed a similar path to that of Heilongjiang. Though the province also suffered from a shortage of cash, its governor Chen Baozhen, feared the large capital expense of the machinery, a possible shortage of silver supply and the chance that the coins would not be used that widely. To help relieve the money shortage in Hunan, Guangzhou had originally donated *zhenjuan* （赈捐）600000 half jiao and one jiao silver coins that had been well received in the province. Chen Baozhen ultimately came to the conclusion that having made money made outside the province was not as close and convenient （*jinbian* 近便）as doing it in Hunan itself. With this in mind, he contacted the Liangguang Governor-General to buy one of small-denomination coinage machines from the Guangzhou mint. Now Chen was of the opinion that the expenses associated with coining were not that high. [2]

These memorials reveal the different economic, technological and institutional situations of provinces as they began minting silver coins. In order to more fully understand the different conditions of the mints across China that would later lead to the Grand Council ordering all but two of the mints to close, it is helpful to draw on observations of foreign machinists.

The Ferracute Machinery Company and the Chengdu and Wuchang Mints

Minting equipment, like much other machinery during the *Yangwu Yundong*, had to be bought abroad and installed by foreign experts. The complexity of this

---

① JJCLFZJHBJR, 03 – 168 – 07 – 9532 – 29.
② JJCLFZJHBJR, 03 – 168 – 07 – 9532 – 91.

scientific and cultural experience is masked by the static term "technology transfer." Charting the history of the Ferracute Machinery Company's involvement with creating and installing coinage equipment for the mints in Chengdu and Hubei brings additional depth to the technological developments of the *Yangwu Yundong* and reveals the varying quality of Chinese engineers and mechanics as well as the end products of the respective mints. By the 1890s the Ferracute Machinery Company of New Jersey was an important player in the growing business of shaping, pressing, punching and generally manipulating metals. They provided a number of machines for the U. S. Mint and at the turn of the century would become one of the key suppliers of sheet-press metal for The Ford Motor Company. Ferracute had customers from across the world, from Japan and Australia to the U. S. Mint. In 1892 the company provided a 38 – ton punching press to the U. S. Mint. Later that same year the company sent a 150 – ton machine designed for high-speed automatic coinage press to the U. S. mint. [1]

In 1896, Ferracute received word through the American Trading Company of New York that several Chinese provinces were interested in buying their minting equipment. The company eventually won contracts to construct a plant for minting five types of silver coins—five, ten, twenty and fifty cent pieces, and a one dollar coin—at Chengdu in Sichuan province. When fully operational, the mint would be able to produce 150, 000 coins a day. The Chengdu Mint also contracted for the construction of machinery for minting *zhiqian*, copper "cash" with holes in the middle. The machinery designed for this part of the Chengdu mint was capable for spitting out 250, 000 coins a day. Likewise, Wuchang in Hubei province, then under the leadership of the Zhang Zhidong, ordered machinery with a peak work rate of 300, 000 cash coins a day. [2] Ferracute not only provided coining presses themselves but all the other equipment, tools and machines necessary for running a mint. [3] The company designed the buildings to house the

---

[1] Arthur J. Cox and Thomas Malim, *Ferracute: The history of an American enterprise* (New Jersey: Cowan Printing, 1985), 49.

[2] Henry Janvier and Oberlin Smith, "Coining Machinery in Chinese Mints," *Cassier's Magazine*, Vol. , XXIV, No. 1 (May 1903), 3.

[3] Oberlin Smith, "Minting Machinery for China," *American Machinist*, October 22, 1903, 1490.

equipment and also sent a technical advisor, Henry Janvier, to China in order to help install the machines and instruct workers how to operate and maintain it.

Providing machines for silver coinage was an easy task compared to the engineering challenge of designing the equipment for copper cash, which had to make the coin itself as well as punch a square hole through the middle of it. As Oberlin Smith, the founder of Ferracute, observed in a lengthy discussion of this engineering problem, recent attempts to make "cash" experienced difficulty "in getting the square holes central on both faces of the coin with the somewhat larger square panel which stands in relief above the depressed surface tehereon. "[1] The problem, at its most basic level, was how to combine the tasks of making the coin and punching a hole through it.

Smith tried a number of experiments. He first idea, to punch the hole at the same time as the blanks for the coins were cut from sheet metal would not work because it was too difficult to feed such discs into the coining dies. The next possibility was to have square projections in the coining dies themselves that would meet each other in the middle as the coin was made. This approach, however, would make the dies more expensive and since this piece of equipment had to be replaced frequently, it was not the best path forward. Another possibility was to punch the hole in the coin after it had passed through the initial coining, and then to another machine that would smooth out the sharp edges around the square hole which would other wise put severe stress "upon the straws on which the Chinamen hand this 'cash' while wearing them as temporary necklaces after receiving their wages. "[2] Eventually, though, Smith decided that it was best not to "let go of such a flimsy affair as one of these coins after once having had a good hold of it. " He scrapped the plan to punch a hole after the initial coining. He eventually settled on the creation of a controllable dial linked to three pairs of dies set up for different tasks, the first a pair of coining dies, the second a pair of punching dies and the third a pair of counterstriking dies. The coin remained stationary as the dies rotating around it. One cycle of the machine consisted of "one complete up

---

[1] Ibid, 1490.

[2] Ibid, 1491.

and down stroke of the ram with three concurrent major operations, each doing one-third of the work and performed upon three coins at a time. "①

Figure 2　A demonstration of coinage equipment to be used in China in Philadelphia

The Ferracute Company first shipped the equipment to China and later dispatched one of its workers, Henry Javier to help with the installation. Janvier was a devotee of the new medium of photography and packed two cameras as well as tools necessary for developing photos. Arriving in Shanghai, he met an official from the American Trading Company, Henry Everall, who would act as his translator. The party first went to Wuchang to install the cash coining equipment. However, upon arrival, Janvier did not have much work to do. The equipment was already set up. As Oberlin Smith later reported in a magazine article, "the Chinese engineers and mechanics had unpacked and put up the machinery in a perfectly proper way, though they had never seen anything of the kind before. "② The only guidance they had to go on was a set of photographs and instructions written out in English by Oberlin Smith. Evidently, these had been translated,

---

① 　Ibid, 1491.

② 　Henry Janvier and Oberlin Smith, "Coining Machinery in Chinese Mints," 7.

enabling the mechanics to proceed without Janvier's help. Janvier made plans to stop in Wuchang on his way back from Chengdu in order to assist in the installation of the steam engine to power the coining presses. The rest of his journey, though, was not quite as smooth.

When Janvier and Everall finally arrived in Chengdu in April 1898, they confronted one challenge after another. Before the machinery had even arrived, Javier discovered that the blueprints of the buildings to house the machinery never arrived; the local Qing dynasty administrators had "erected a building according to their own notions, so I have to rearrange all of the machines and shafting to suit their building. "① Instead of several large buildings to house the equipment, "the Chinese had put up a series of small unconnected structures badly suited to our purpose. "② Despite this initial delay, Janvier optimistically guessed that if all went well he could leave by June 1. That was before the machinery for the mint arrived in Chengdu.

When the equipment finally reached the city, Janvier could no longer hope for an early June departure. Instead, it would be a long summer. By the middle of April some of the machinery had arrived but "it has been soaking in water for 'dear knows' how long until it has a coat of rust nearly 'one thirty-second inch thick. '"③ Of the twenty-five boxes that had been opened, none was in good condition, but these machines were not the most important ones for the success of the plant. If the coining presses and delicate scales that had yet to arrive were in a similarly sorry state, "the time to repair and get them in shape for running cannot be calculated. "④ The arrival of the machinery also caused the first open conflict with the manager of the arsenal, who insisted, and could not be persuaded otherwise, that all the equipment was not new but second-hand.

The arrival of the rest of the equipment brought further problems. Upon opening these containers, including some of the coinage presses, Janvier and Everall found large nests filled with rats. Although he reported that only one

---

① Henry Janvier Papers (HJP), The Hagley Archives, Box 1, April 11, 1898.
② "Adventures in Money Making," *Bridgeton Evening News*, December 10, 1939.
③ HJP, Box 1, April 16, 1898.
④ HJP, Box 1, April 16, 1898.

serious breakage occurred, there was still much work left to do as "each press will have to be taken apart, all the parts cleaned, some made new and put together again and it questionable whether some can be gotten apart without being broken." The arrival of the coinage presses also brought news of why they were in such a state of disrepair. Apparently, Javier had heard that someone in Hankow had been arrested for stealing cases from the presses to use as firewood; the punishment was 1000 lashes of the cangue. [1]

As Javier scratched away at the rust, shipments of equipment continued to trickle into Chengdu, including the dies for the silver coins. The order Ferracute received for the mint factory was all-inclusive, the dies, the piece of machinery that holds the design of the coin, in this case, a coiled dragon, was crafted in the United States. The dies, like the machinery, were in a horrid state. Janvier thought "new ones will have to be made but as it would take about five months to send the order home, have them made and sent here," so he thought it hardly worth the trouble. The arrival of the dies caused further conflict with the arsenal manager, who thought them "second-hand" and believed Janvier only sought an additional order for his company. [2] However, after the presses were finally set up and began to spit out coins, these defective dies would actually prove to be an asset, not a liability.

Only by late May could Janvier envision an end to his time in Chengdu. One of the last pieces to arrive was the great E64, the press for coining dollars and half-dollars. Its arrival, too, was not without problems. After being broken down to ease transport from the river to the mint, the largest pieces of the equipment were put on an old cart that was pulled by a number of Chinese laborers. However, the cart broke down, " landing on a Chinaman's foot and mangling it so badly that it had to be amputated." Another man ran a rusty nail through his foot while pulling the cart and it was now twice normal size. [3] When the coining machine was finally installed in the Mint, Janvier reported that the Chinese thought it "was great and a most wonderful production, because it contained so much iron." [4]

① HJP, Box 1, April 29, 1898.
② HJP, Box 1, May 12, 1898.
③ HJP, Box 1, May 12, 1898.
④ HJP, Box 1, June 6, 1898.

Figure 3   Mint equipment arriving in Chengdu

Figure 4   Janvier stares at all the rust equipment to be fixed

With the arrival and installment of the equipment, Janvier began the task of training the Chengdu residents who would actually run the mint. For someone who made "every minute count," Janvier found it difficult to watch the workers at the mint "at their working, or more, accurately, their loafing."[1] In June the work rate of the factory increased exponentially as it was announced that the acting governor of the province would visit the following week: "the machinery was all polished, floors cleaned, red curtains hung in all the doorways, incense and candles burning and other great foolish things gotten in readiness for the 'Grand Mogul'." The governor never showed but Janvier considered bribing him to announce that he intended to visit the factory again in order to continue motivating the workers.[2]

When the machines were up and running, Janvier had to help the arsenal workers adjust to the sights and sounds of the steam-powered presses as well as teach them how to operate the equipment. As Janvier and Everall started the steam engine for the first time, "all observers and helpers hastily decamped and it was with great difficulty they were induced to return."[3] Initial fears soon gave way to a dangerous complacency. After the "native mechanics discovered the harmlessness of it all," they became fascinated. But interest in the machines and sartorial convention might produce serious accidents; workers and observers stood so close to the wheels of the coining presses that "their silken robes would be drawn out with constant danger of their becoming caught in the belts."[4] This serious problem was also simple to solve: Janvier installed bamboo rails around various machines. After "breaking in" the new workers and appointing one arsenal mechanic to guy to watch "everything that I do," the machinery and workforce was finally in a state to begin producing coins.[5] There was a simple worry, "would the final product be accepted by the local Chinese governor"?[6]

As the workers began the first melt of silver to be coined, mechanics brought in a live chicken that was cut in half for good luck, "its blood and feather spread

---

[1] HJP, Box 1, May 12, 1898.

[2] HJP, Box 1, June 21, 1898.

[3] "Adventures in Money Making," *Bridgeton Evening News*, December 10, 1939.

[4] "Adventures in Money Making," *Bridgeton Evening News*, December 10, 1939.

[5] HJP, Box 1, July 12, 1898.

[6] "Adventures in Money Making," *Bridgeton Evening News*, December 10, 1939.

Figure 5   The installed coining presses in Chengdu

over and through the trough through while the metal was supposed to run. " The larger worry, though, was the state of the coinage dies. Like most of the machinery, they had been submerged under water and seriously damaged. After the initial minting, there was "no mistaking the blisters on the faces of certain coins caused by the rust-pits on the delicate surface of the dies. "[1] Despite these imperfections, Janvier had no choice but to hand the samples over to Everall who in turn showed them to the official in charge of the mint. In a surprise, the local official approved of the coins. Everall reported that after passing his finger over one of the small blisters on the face of the coin, the official remarked "how nicely those extra marks would prevent counterfeiting. "[2] Janvier and Everall both received a reward of approximately 2000 tales, about $ 245. Chinese officials apparently made efforts to induce Janvier to stay in China for a period of several years to oversee the running of the mint. Citing health reasons, Janvier declined the offer and began the long journey back to New Jersey. The mint was set up and producing coins but initially the coins did not take with the local merchants who

---

[1] "Adventures in Money Making," *Bridgeton Evening News*, December 10, 1939.

[2] "Adventures in Money Making," *Bridgeton Evening News*, December 10, 1939.

stuck with "the chunk system. "[1]

Heading back up the Yangtze River, Janvier stopped, as previously scheduled, at Wuchang to set up the power plant and oversee the first trial runs of cash coining. This task was meant to take a few weeks. When Janvier arrived he found that the plant was already up and running. In fact, the Chinese engineers and mechanics had already made significant and difficult modifications to the original machinery. Due to an increase in the price of copper, the authorities at the Wuchang mint decided to shrink the size of cash. Chinese mechanics "refitted the machines with a new set of dies, not only for coining but for punching square holes. "[2] These were up and running by the time Janvier arrived and the mint leadership informed him that they had no need of his services. Reflecting on this episode several year later, Oberlin Smith concluded with an assessment of Chinese mechanical ability that would later become a cliché: "the mechanical Chinaman... showed little power of originating designs, but a remarkable capability in copying them and in adapting themselves to circumstances. "[3]

Nearly one year later there was different and worse news. Everall, Janvier's interpreter from the American Trading Company, wrote that the mint in Chengdu had been "shut down since our departure and no one seems to know when they are going to commence operations again. " Even worse, after visiting the Chengdu arsenal several times, Everall found "machinery in a terrible state, especially the cash presses that are almost ruined by rust and dirt. " Even if the equipment was in a better state, the arsenal workers likely said that " no 'cash' will ever be coined because it is a losing game. "[4] Writing several months later, the Governor-General of Sichuan, memorialized that he took up his post after the machinery was installed and the workers trained. He tried to begin minting but found that funds were insufficient and sent workers away. [5] By the spring of 1899, the Chengdu Mint was not the only mint in China with idle equipment.

---

① "Adventures in Money Making," *Bridgeton Evening News*, December 10, 1939.
② Henry Janvier and Oberlin Smith, "Coining Machinery in Chinese Mints," 13.
③ Oberlin Smith, "Minting Machinery for China," 1493.
④ HJP, Box 1, April 11, 1899.
⑤ GZDAQZ, 04 – 01 – 35 – 1051 – 001.

The Temporary End of Minting

The journey of Henry Janvier to Sichuan and Hubei reveals the different states of provincial mints, the skills of the workers, and the ability of the local administrators to run the mints. Though Janvier only visited these two mints on his trip, the control of the mints and the quality of coins they produced varied across the country. The creation of mints making silver coins had originally been proposed as another way in which to alleviate general shortages of money and stem the inflow of coins, helping the Qing government maintain its economic rights. Several years later there was a different problem: an increasing plethora of coins of different weights and sizes.

The foreign press was quick to notice the number of new mints springing up around the country and worried about how these led to further complexity in the coinage system. An article in *The North China Herald* lamented that the design of the provincial silver dollars "is different and their weights not uniform, not to mention the quality of the silver used varies widely."[①] The article also observed that merchants still preferred Mexican dollar to provincial dragon dollars but held out hope that a "national dollar issued in many different places but with a fixed weight in uniform silver would soon become current in native and foreign trade" and put an end to the provincial competition in minting money.[②] However, plethora of provincial dollars was likely to continue "until the central government at Peking is able to control the Viceroys and Governors of the various provinces enough to cause them to act in concert for the good of the country."[③]

Though local officials naturally claimed that their silver coins did not differ significantly from the weight and standards of the Guangzhou and Hubei, which they were instructed to mirror, palace memorials also give some sense of the difficulties of maintaining uniformity across the different mints. In the summer of 1898 the Governor of Anhui province, Deng Huaxi, sent samples of coinage from

---

① "Mints and Railways in China," *The North China Herald*, October 22, 1897, 733.
② "Mints and Railways in China," *The North China Herald*, October 22, 1897, 733.
③ "Mints and Railways in China," *The North China Herald*, October 22, 1897, 733.

the newly constructed mint to the Grand Council for review. The Grand Council found these samples wanting. The design of the dragon was not quite detailed enough (*jingxi*), making the coin easy to counterfeit. There were no punishments for these errors only an exhortation to more effectively manage the facility in order ensure the quality of the coins. [1] In 1899, a censor in Shaanxi province memorialized that he had heard the quality of oversight at the mint in Tianjin under the control of the Beiyang Dachen was not nearly as exacting as in the mint in Hubei. Since Tianjin was so close to Beijing, he suggested that the Board of Revenue dispatch several officials to oversee the work in Tianjin. [2] Also in 1899, the Grand Council critiqued the Governor General of Jilin province, Chang Shun, for a host of recent failures, including mismanagement of coinage: the quality of silver of not uniform, the thickness of each coin was not identical and the weight of each coin not standardized. [3]

It was in this context that coinage—what types of coins to make and where to make them—appeared as one strain in the debate about how best to change Qing administration during Guangxu's 100 days of reform (戊戌变法). In the midst of the 100 days of reform the newly appointed *jingzhang* in the Zongli Yamen, Liu Qingfen, penned a proposal on all the benefits of minting *tongqian* with steam-powered minting equipment that was worth, five, ten an twenty *wen*, but that would not actually contain that amount of metal. It was a suggestion to make mint the *daqian* of the Xianfeng era, this time, minting the coins, rather than casting them. He thought using imported mint equipment to make a new type of *daqian* had four main benefits: lower capital outlays, the coins would be difficult to counterfeit, it would be possible to maintain a uniform price and it would help alleviate, and possibly eliminate corruption, *zhongbao* (中饱). This proposal attracted the attention of a number of officials who found much to debate in terms on the specifics of what types of coins the Qing should make and where they should make them.

---

① See GZDAQZ, 04 – 01 – 35 – 1375 – 007 and JJCSYD, 光绪二十四年七月二十五日, 第四条 1438；1。

② JJCLFZJHBJR, 03 – 168 – 07 – 9535 – 45.

③ JJCSYD, 光绪二十五年九月初九, 第四条 1442。

Duan Fang, the head of the recently established Central Bureau of Agriculture, Industry and Commerce (农工商总局) was one of the first to respond to the proposal by Liu Qingfen. Duan agreed with Liu that one way to alleviate the money famine caused by the high price of copper and the proliferation of private melting is to make coins that are lighter and also have much better workmanship. (极轻极精钱). Agreeing in principle with Liu, Duanfang advocated a slightly different policy in practice. The mints of Guangzhou, Hubei, Jiangjing and Tianjin should make copper coins that were work five, ten and twenty wen and for those worth fifty wen they should make a silver coin. Beyond, this recommendation, Duang though a mint should quickly be opened in Beijing to mint copper and silver coins. [1] Fu Yunlong (傅云龙), who, after traveling around the world in the 1880s and publishing voluminous account of his journey while working at the Beiyang Arsenal, began his response by drawing on his experience abroad. Other countries, he noted, usually have a head mintage office (银圆总局) in the capital and do not allow the power of making coinage to be spread throughout the country. Fu believed that establishing a mint in Beijing for producing silver coins would not only benefit monetary conditions in the capital but also help standardize regulations across the country. [2] Echoing Duan Fang and Fu Yunlong, Qin Shouzhang (秦绶章) of the Hanlin Academy thought minting copper coins as Liu Qingfen suggested was not as affective as setting up a mint in Beijing for the production of silver coins. [3]

Several months later, Prince Yikuang (奕劻), then Minister of the Zongli Yamen, responded negatively to Liu Qingfen's memorial as well as the ideas and suggestions made by the other ministers. Citing the previous experience with *daqian*, Yikuang stressed that Liu's proposals were not a sound option because the populace would not trust the coins. He also made the observation that if China were to mimic Japan by producing the three types of copper coins, as Liu Qingfen wished, they would have to take in all the old copper cash, *zhiqian*, and remint them. This task was much easier, he argued, in Japan because it was a much

---

[1]   JJCLFZJHBJR, 03 – 168 – 07 – 9534 – 64.

[2]   JJCLFZJHBJR, 03 – 168 – 07 – 9534 – 73.

[3]   JJCLFZJHBJR, 03 – 168 – 07 – 9534 – 75.

smaller polity. Yikuang also opposed the idea of opening up a mint for silver coinage in the Beijing, as suggested by Duan Fang and Qing Shouzhang. Though recognizing the need to use small denomination coins to help ease the money famine in the capital, he thought constructing a mint facility was unnecessary and likely wasteful. Besides at the railroad station, the telegraph and post offices bureaus, not many silver coins circulated in Beijing. There were already so many provincial mint facilities that should the area around the capital need silver coins, it could simply rely on the mint in Guangzhou and Hubei. [1]There was not need to open more mints. In fact, some should be closed.

The Grand Council extended and codified this line of thinking in early 1899. All provinces were to stop minting silver coins. Only the mints in Guangzhou and Hubei could remain open. Because with so many mints it was difficult to guarantee the uniform fineness and weight of the coin, their inconvenience outweighed any usefulness. In addition, there were substantial costs to setting up the mints. As they had done before, other provinces could place orders at these mints for production of silver coins but they could no longer make their own silver coins. [2]

Upon receiving this order, provincial officials employed several types of arguments to convince the court that they too needed to continue minting money. The strongest, most immediate and most successful of these efforts came from the Yu Lu （裕禄）, Governor-General of Zhili who stressed the importance of Tianjin in the arteries of commerce, the success and uniformity of the provinces minting efforts thus far and the impracticality of having the province's money made in Guangdong or Hubei. Because Tianjin was a center of Chinese and foreign commerce with streams of ships coming into ports, the demand for money was quite high, giving the province the impetus to start minting coins several years earlier. Since beginning to mint money five years ago, the coins of the province had been accepted by the people and their quality and fineness were very close to that of Guangdong and Hubei coins. After receiving the Grand Council's order that all provinces had to make their money in Guangdong and Hubei, Yu Lu

---

① JJCLFZJHBJR, 03 – 168 – 07 – 9534 – 81.

② JJCSYD, 光绪二十五年四月二十四日。

telegraphed the leaders of those respective provinces to inquire about ordering money. He reported the results of these discussions as quite discouraging. The high and growing demand for coinage in Zhili, he argued, would overburden the capacity of the Guangdong mint, now tasked with making money for its own region but also saddled with the task of producing the coinage of other provinces. The mint at Guangdong was currently producing more than 400,000 coins a month and handling Zhili's needs would have required purchasing additional machinery. Yu Lu thought these purchases were not economically worthwhile (*hesuan* 合算). Moreover, Yu Lu foresaw problems because Guangdong bought most of its fine silver (*wenyin* 纹银) from abroad and he feared foreigners who hoard and speculate on the price of silver. With these problems added onto the transportation and insurance fees of moving silver from Guangdong and Hubei to Zhili, he felt the new policy announced by the Grand Council would necessarily lead to shortages of coins (*kuichu* 匮绌). With his argument laid out he asked the court for an exemption to the new order and to continue minting as the province had before. [1]

Liu Kunyi (刘坤一), the Governor General of Jiangsu and Zhejiang, and also Nanyang Tongshang Dachen, took a different approach, that was both abstract and concrete, to argue that the mint under his control should remain open that provides detail about the work process and profits of the facility. Addressing, first, the observation by the Grand Council that the quality of the coins by various provincial mints differed significantly, Liu stressed that the facility in Jiangnan actually employed a foreign expert to tests and oversee the quality of coins. Expanding this argument, Liu observed that the true test of a coin is not whether it is standardized (画一) but whether the merchants and citizens trust and use it. Judging by this criterion, the coins of the mint were quite successful. Next, Liu addressed one of the original issues behind the creation of provincial silver dollars: decreasing the number of foreign silver dollars and preventing the loss of *liquan*. If mint in Jiangnan continued to be idle, Liu hypothesized, the output of facility will not be replaced by Guangzhou and Hubei but by the import of greater numbers of foreign silver dollars, causing great harm to *liquan*. His final argument addresses

---

[1] GZDAQZ, 04 – 01 – 35 – 1375 – 037.

the economics of coinage. From the start of minting at the end of 1897 to the end of 1898, the Jiangnan mint produced over five million small and large denomination silver coins. After fees associated with minting, a profit of over 140,000 *liang* remained. Part of this sum went to paying of the loan that was necessary to procure equipment and the construct the factory. With the suspension of minting, Liu was uncertain how the rest of the loan would be paid back. Most interesting, though, Liu stressed that the coinage of silver was necessary to provide a subsidy for the minting of copper coins, *tongqian*. In the past several years the price of 100 *jin* of copper had increased from just over 20 silver *liang* to more than 30 silver *liang*, making the capital outlay quite heavy and the enterprise of minting copper cash unprofitable. In the past year, however, the profits made off minting silver coins subsidized copper coinage. In Liu's expansive argument about why the Jiangnan mint should remain open, this final point addressed the traditional principle that the state should provide copper coinage. In this case, coining silver was a necessary precondition to fulfilling this responsibility. [1]

These arguments were convincing. Two months after the initial order to halt all minting expect in Hubei and Guangzhou the Grand Council sent out a new set of instructions. The Minting in Zhili, Jilin and Jiangnan could reopen and operate as before but all the other mints were to remain closed and no other mints could open. [2]

Though coinage of silver dollars eventually resumed in the early 19th century this initial wave of minting reveals the complex reasons behind the first the production of silver dollars and the different experiences provinces had in actually making the coins. Though it is easy now to overlook the importance of coinage as the accumulation of pennies and one jiao coins are often more annoying than useful, the transfer of coining technology played a very important role in the *Yangwu Yundong*.

---

[1]　GZDAQZ, 04 - 01 - 35 - 1375 - 038.

[2]　JJCSYD, 光绪二十五年六月初三，第一条 1442；3。

晚清北京的学堂创办与白话报

——以宗室女教育家继识一和葆淑舫郡主为例

〔日〕阿部由美子*

在晚清光绪新政时期实行的众多改革中，教育近代化和建立学堂是最重要的项目之一。清政府为了推进此举，于1904年发布了钦定学堂章程，1905年又停止了科举。之后，便开始在中国各地广设学堂。20世纪初，北京也设立了许多新式学堂，其中有官立，也有私立。鲜为人知的一些私立学堂，是由宗室女性所创办的。本文将介绍当时具有代表性的宗室女教育家继识一和葆淑舫郡主，并论及在设立学堂的过程中，作为宣传媒介的白话报起到了重要作用。

一 宗室女教育家继识一

宗室女继诚，号识一，荆州将军祥亨之女，裕僖郡王亮焕的后代。①祥亨没有男子，教育女儿如同男子。1904年，祥亨去世。此时的继诚已年逾四十，并且一直没有出嫁，她决定用自己的财产创办学堂。继识一有两位侄子荣兆、荣昌，跟《京话日报》的创办人彭翼仲素识。继识一让他们到《京话日报》社，跟彭翼仲商量创办学堂。另外有位堂弟，名为继极（继立堂），他同样热衷于当时的社会改良运动，在《京话日报》上

---

* 阿部由美子，日本东洋文库特别研究员。
① 《爱新觉罗宗谱》甲册，第1352页。

曾多次刊发演说。① 为了支持普及报纸，继极等人曾捐款开设阅报处。② 不仅如此，继识一与继极等人还都十分支持彭翼仲所倡导的以捐款还清庚子赔款的国民捐运动。③ 为了支持继识一的教育事业，彭翼仲也曾多次在《京话日报》撰文，对继识一本人及其教育事业加以介绍与传播：

《将军有后》前任荆州祥将军　膝下无儿　去年冬天病故　只有一位姑娘　这位姑娘　可是与众不同　受了将军的教育　觉着男女没什么分别　父亲无子　女便是男　所以立志不缘　大家都称呼他四爷　本馆认识他的两位堂侄　跟我们商量一件事　因为将军在任　名声很好　荆州的旧朋友　听说将军去世　大家送了五百两奠敬　四爷告诉他两位堂侄　要叫本馆给出一个主意　拿这一宗钱　作一件有益人众的事　或是立一处八旗宗室蒙学堂　可惜款项不充足　如有高明宗室　大大的帮助一臂之力　成全这位苦志的孝女　岂不是件好事吗　这位四爷　已经四十余岁了④

《义务教员》前天登的本京新闻　有祥将军的后人　要把收的奠敬充公　昨天就接了一封信　是化石桥第七小学堂教习桂君寄来的　打算约几位同志人　并请出崇实学堂的恒石峰　大家尽点心　不收薪水　替那位孝女办一处蒙学堂　就怕常年的经费不足　大约有人出来帮助罢⑤

《孝女的苦志有成》前报纪祥将军之女　要把荆州寄来的奠敬五百两　捐立学堂　自从本报登出后　就接第七小学堂桂教习来信　很愿意出力　又约定崇实中小学堂诸位　大家各尽义务　不领修金　孝女所捐的款项　专预备开办使用　一概不收学费　昨天大家议妥　赶紧寻找房屋　置办木器　暑假后一定开学　此次义举　成全的很快　也

① 《京话日报》1905 年 4 月 7 日三月初三日 227 号演说《苦劝宗室》宗室继立堂。
　《京话日报》1905 年 4 月 20 日三月十六日 240 号演说《与我不同》继立堂。
　《京话日报》1905 年 6 月 29 日五月二十七日 309 号演说《请治毛病》宗室继极。
　《京话日报》1905 年 8 月 14 日七月十四日 355 号演说《宗室当兵》继极。
② 《京话日报》1905 年 5 月 18 日四月十五日 268 号。
③ 《京话日报》1905 年 9 月 16 日八月十六日 386 号《国民义务》"……宗室女子继诚　五十两并每月敬捐一两……厢白旗二族宗室阖家主仆认捐　宗室女继诚三两　继极前捐五两又一两　二等侍卫荣兆六两　奉恩将军荣昌三两……"
④ 《京话日报》1905 年 5 月 24 日四月二十一日 274 号。
⑤ 《京话日报》1905 年 5 月 27 日四月二十四日 277 号。

是孝女的苦志所感　就怕常年经费为难　还得要求有力量的帮助　人心都是一样　大约必有人肯为力罢　北京的汉人看看　汉人的女子看看①

《义务教习》学堂容易开　教习不容易请　祥将军之女　捐立蒙学八旗第七小学堂的桂教习　头一个愿尽义务　不收修金　又有公立崇实学堂各位教习　也都愿意尽义务　诸位这样热心　真是难得　日后开办起来　总得立一个很切当的名目　把祥孝女的苦志表明　才能够动人心②

《捐助学堂经费》宗室继立堂　因为宗室祥孝女捐立学堂　各位教习　都肯尽义务　宗室族中　还没有人帮助　因把通州地租捐入　所有取租折据　已交付孝女的侄　荣兆荣昌二人收管　继公倡此义举　天潢中人　必有激动的了罢　按继立堂名继极　看见抵制美约的演说　首先请出教的　就是此公③

此外，继识一本人也在《京话日报》上发表过演说。④

通过报纸呼吁，动员了大量的人力与财力。1905 年 8 月，识一小学堂终于开学。⑤ 学校最初是由继极和荣兆、荣昌经理。⑥ 后由彭翼仲经理。继识一成立小学堂后，又在《京话日报》上发表演说词《奉劝提倡女学》，希望设立女学堂。⑦

---

① 《京话日报》1905 年 6 月 13 日五月十一日 293 号。
② 《京话日报》1905 年 6 月 16 日五月十四日 296 号。
③ 《京话日报》1905 年 6 月 17 日五月十五日 297 号。
④ 《京话日报》1905 年 6 月 18 日五月十六日 298 号演说《立学缘起》棘中人宗室女子继识一。
⑤ 《京话日报》1905 年 8 月 3 日七月初三日 344 号《识一学堂招生》祥将军女公子　捐立识一小学堂　前月二十一日　借方巾巷崇实中学堂招考　录取幼童八十名　初一日覆试　还没有出榜　听说先取定四十名　将来经费充足　再行推广。
⑥ 《京话日报》1905 年 8 月 5 日七月初五日 346 号专件　识一小学堂　过几天就要开学　经杭州将军瑞宝臣　应允代募外省捐项　本京捐款　托京话日报馆代取　堂里的章程　由总理堂长赞成员会计员和捐款诸位稽查　荣兆　荣昌　管理书记等事　才力不及的地方　请族叔继立堂帮管　本族首创学堂　只有继极荣兆荣昌三人经理　此外别无第四人　因同族人众　良莠不齐　学堂声明要紧　预先说下了搁着　免得将来闹闲话　倘有远支宗室　倘有招摇　本学堂概不承认　有来找我们说话的　由门房通知　然后接见　凡卑污贱品　破衣烂衫　毫无知识的那种人　一概不准来学骚扰　特此布知　宗室继极　荣兆　荣昌同启。
⑦ 《京话日报》1905 年 12 月 7 日十一月十一日 469 号演说《奉劝提倡女学》宗室女士继识一。

但小学堂经营并不顺利。1906年，彭翼仲因触怒当局，被流放新疆后，识一小学堂也被迫停办。然而，继识一并未就此放弃，她把全部热情倾注于设立女学堂上。1907年，箴仪女学堂成立。至宣统年间，因避讳而改称"箴宜女学堂"。1909年，又改设师范两等学堂。为纪念女学堂成立两周年，该校女学生骆树华（仲儒）的演讲词还被公布于报纸之上。① 而这位骆树华，在毕业后，又接管了箴宜女学堂的经营管理。② 事实上，在女学堂成立后，办学经费问题一直存在。1912年7月，为解决该问题，继识一又把田产捐给学堂。③

除开办女学外，继识一对女子参政问题也很关心。1912年10月20日，女子参政同盟会本部在北京成立，推选副总统黎元洪之夫人吴汉杰为名誉总理，唐群英为责任总理，继识一、王昌国为协理，沙慕新为庶务，沈佩贞为交际，骆仲儒、莫宝珠为书记，李瓒元为会计，王云樵为调查。④ 由此可见，继识一与她事业的继承者骆仲儒对女子参政问题一直积极关注。1913年10月，该会的唐群英、继识一、王昌国等召开会

---

① 《正宗爱国报》1909年4月27日三月初八日860号演说《公立箴宜师范女学堂二次周年纪念会的演说》师范骆仲儒。
② 《正宗爱国报》1912年7月25日2008号来件 继识一女士 系旗籍祥立亭公之女 无兄弟姊妹 母早故 赖父教养成人 视之若子 使读诗书 宦游三十载 相依为命 女士矢志不字 终身以尽子职 父故后 识一独力拼挡一切 亲视含殓 并合葬二母 遵奉遗命 不立继嗣 将本身承受自置房产园地 捐助学校 永作社会公产 于前清光绪三十一年 捐奠仪五百两 由彭翼仲先生经理 设立识一高等小学堂一区 三班学生八十名 开办一年 因彭君遇事 遂致学校经理无人 半途中止 光绪三十二年 识一又设立尚毅女子家塾 旋又开办箴宜高等女子学校 因呈报误写小字 督学局竟以高等小学女子学校立案 光绪三十三年 改设师范两等学堂 于宣统元年 头班毕业 二三年又毕业 出学多人 二年 女士呈请愿捐房产园田 永作学校公产 并请改设为优级师范 附中小蒙养等班 以期循级提升 虽经立案 未奉部批 该女士现因精神渐衰 恐有冒充族人撤销捐款情事 旋骆树华女士 愿继其志 亦矢志士牺牲终身 维持箴宜女学堂 断不令该学校半途中辍 碧岩目睹继女士倡之于前 骆女士继之于后 当此民国初立 而女界同胞如此热心兴学 非但为我女界增光 抑亦我共和民国前途之幸也 谨记其梗概 请海内热心教育者 同作见证焉 并碧岩代白。
③ 《顺天时报》1912年7月16日《捐产助学》内城箴宜女学校监督宗室继诚女士 因该校经费不足 恐于女学校教育所窒碍 故将私有之田产若干慨然捐归该校俾充持久之经费 刻已禀闻内务教育两部 呈请立案矣。
《顺天时报》1912年7月21日教育部示 箴宜女学校监督宗室女继诚 为将祖遗田产 捐作箴宜女学校公产 声明立案 由据呈已悉已令行京师学务局核办 仰即自赴学务局 听候此批。
④ 李细珠：《性别冲突与民初政治民主化的限度——以民初女子参政权案为例》，《历史研究》2005年第4期。

议，通报各地女子参政运动的活动情况，决定继续开展奋争女权的斗争。① 鉴于继识一的卓越贡献，在其于 1916 年 8 月去世后，甚至还获得了大总统的匾额和褒词。② 篆宜女学校也一直存续至今。1928 年私立篆宜小学改为男女兼收。1952 年收归国有，按所在胡同名，改称班大人胡同小学。1965 年北京市统一地名，班大人胡同改为育芳胡同，该校随之改为育芳小学。2008 年，育芳小学并入东四七条小学，称七条小学育芳分校。③

二　女志士葆书舫郡主

在杜如松的《记肃亲王善耆》中，有这样一段奇特的记载："善耆在家里也采取放任主义，他的儿女都放荡不羁，胡作非为。他的大格格保书舫，在当时的北京是一个特殊的女人，她越出女子的范围，行为的荒荡比一般所谓的男光棍还有过之而无不及……她还时常女扮男装，行围打猎，驱车跑马，听戏，赶庙，以及逛二闸，看打鬼等等。"④

肃亲王善耆思想开明，在晚清时期被称为"贤王"。⑤ 善耆为了教育王府的女性，亲自在王府内开设"和育女学堂"，肃亲王福晋赫舍里氏任校

① 唐群英简谱 http：//txhn. net/hnzt/hxmrnp/201101/t20110105_ 9138. htm。
② 《群强报》1916 年 8 月 17 日：《追悼预闻》京师私立篆宜女学校　继识一女士　捐产兴学　热心教育　现因劳成疾　于本月十四日逝世　该校学生等　特拟于阴历本月二十三日　在本校开追悼会　以表哀忱；《群强报》1916 年 9 月 27 日《兴学请奖》篆宜女学校创办人继识一女士　病故时曾将私产房地捐助该校　教育总长范静生　以该女士捐资创办学校　历有年所　其经费均出自该女士自行筹画　此次临终　复将私产助学　实深钦佩　昨特呈请大总统　奖给匾额及褒词　以为兴学者劝　已奉大总统批准
③ 《东四街道的中小学校》，http：//blog. sina. com. cn/s/blog_ 4aba1d6f01019yep. html。
④ 全国政协文史资料委员会编《晚清宫廷生活见闻》，中国文史出版社，2000。
⑤ 《正宗爱国报》1908 年 11 月 27 日十一月初四日 719 号：《贤王可敬》听说日前肃亲王府乘坐马车　行至崇文门内孝顺胡同口上　马一眼岔　把前边两个人力车撞倒　坐车的是父子爷儿俩　把这位老者　猝出痰火病来　王爷见事不好　敢（赶）紧下车　教把二位搀上马车　自己坐了一辆人力车　一同带往医院诊治去了　请看贤王作事　实在令人佩服呀；《正宗爱国报》1908 年 12 月 7 日十一月十四日 729 号：《立碑纪念》　内城左分厅巡长启瑞　因钱铺被挤　照料弹压　急累身死各节　两志（致）本报　听说现奉民政部尚书肃亲王谕　饬在各区建立石碑　以为纪念　已经撰就碑文　觅工镌刻　不日就在该区建立了嗳　贤王优待兵士　真能教死者衔恩　生者观感　可敬　可佩

长，聘请日本女教师木村芳子任教。① 肃亲王家的女性们喜爱新学，社会活动十分活跃。但对于当时思想保守的男性而言，很难理解与容忍这样的女性。实际上，这位"荒荡"的葆淑舫郡主，正是当时北京非常著名的女教育家，甚至被冠以"女志士"之称号。1905 年，《北京女报》在北京创办，肃亲王府的葆淑舫郡主任名誉主笔。② 她还曾任淑范女学堂的教习，后来又创办了淑慎女学堂，身为总理。

《女学渐兴》方巾巷崇实学堂对面　又要添立女学　创办人张少培　英显斋　女教习全雅贤　宝淑舫　日本女士木村芳子　全都是各尽义务　不取分文　一切经费　独力难成　还望大家帮助　不久可开学了③

《热心女学的奢望》　南省各报　登有○皇太后拨款兴女学的事说是拨了十万银子　叫肃王姊姊葆淑舫办女学　这件事并无影响　葆淑舫正在办淑范女学　也不敢担此名誉　要写信给各报馆更正　据此看来　这类的谣言　也是好消息　足见热心女学的人多　各报传布此事　亦是颂（盼）望的太奢　都愿意真有此举　南省各报　既然登载　难保西文的报不翻译　事情虽无影响　大约已经传遍了全球　西报若当真的翻译　必然还有一番的恭维呢④

《皇族任当女教习》昨天听说肃王爷的妹妹，到淑范女学堂任教习，一切教法，好的了不得⑤

淑慎女学堂设立之初，最先面临的就是经费问题。她遂到天津募款，幸得《大公报》英敛之等人的帮助。天津人热心教育事业，相形之下，葆

① 木村芳子，日本实践女学校留学部教师，教育过清国留学生，她派到北京在肃亲王府和育女学堂教书，教育王府的格格、侧福晋等。木村芳子在和育女学堂教了五年，1910 年在北京病死。赫舍里氏为她赠挽词："呜呼　木村先生在我家兴办和育女学堂转瞬已五年矣两国交情一家教育皆有绝大益处日前君染小恙咸谓不药可痊孰意竟溘然长逝矣呜呼痛哉　宣统二年二月十九日肃亲王福晋拜挽"（川岛浪速资料，现藏于长野县信浓町一茶纪念馆）。
② 白润生：《少数民族女报人与妇女报刊的兴起》，《纵横》2004 年第 1 期。
③ 《京话日报》1905 年 8 月 25 日七月二十五日 366 号。
④ 《京话日报》1906 年 5 月 25 日闰四月初三日 627 号。
⑤ 《北京女报》1905 年 12 月 22 日，引自陈泽希《清末北京女子学堂史料拾零》，《北京教育史志丛刊》。

淑舫对北京人的冷淡态度表露了颇多不满。① 她到《正宗爱国报》社，对该报社总理丁宝臣诉说办女学的困难。丁宝臣称，"葆淑舫太太　系肃亲王之胞妹　为贵胄女界杰出之才　创立淑慎女学堂　注重教育之根本　盖因男孩失学之由　出于母教无方"，"筹款维难　葆淑舫太太　年前来到本馆谈起女界前途可愁　所发的议论　就是须眉男子　还怕没那么大见解　近因筹画女界　很是为难的了不得　请诸位把今日的演说　详细阅看　就可以知道葆君的苦心了"。② 倡捐书发表后，陆续收到各界捐款。③

除了教育事业之外，葆淑舫还涉足社会慈善事业。1908 年 8 月，她在报纸上呼吁为广东水灾难民捐款。④ 据说，当时葆淑舫和《北京女报》经理张老太太在农事试验场内劝捐，每遇入场之人，劝其捐铜圆一枚文。葆淑舫还在文明茶园花界赈灾会演说，但她遭受到"孔教卫道士"的诽谤。⑤ 可见当时女性的公共活动并不自由，随时会受到压制与排斥。

1908 年 10 月，葆淑舫又为龙泉孤儿院代募小孩衣服三十二件鞋袜二十八双。⑥ 1912 年，易州发生兵变掠劫，西陵的旗人又因旗饷没发放，大多变为难民，为了救济难民，葆淑舫等在东庆茶园上演义务戏。⑦

"葆淑舫"或写"保书舫"，"宝淑舫"，在史书中时而被称为善耆的大格格，时而称为他的姊妹。她的身份究竟如何？

善耆的大格格显琯，嫁与考察政治大臣尚其亨之子尚久懃（镶蓝旗汉军尚其沣佐领下人郡主额驸候选知事⑧，平南王尚可喜的后代）。但据《正宗爱国报》中所使用"葆淑舫太太"之称呼来推断，她的年纪应该较大，与显琯的年龄不大相符。

---

① 《正宗爱国报》1908 年 5 月 2 日四月初三日 513 号演说《相形见绌》葆淑舫来稿。
② 《正宗爱国报》1908 年 5 月 2 日四月初三日 513 号演说。
③ 《正宗爱国报》1908 年 5 月 6 日四月初七日 517 号天津永顺班妓女李金桂助淑慎女学校洋五十元并演说一篇　容日陆报《正宗爱国报》1908 年 5 月 12 日四月十三日 523 号。"聚立洋行十元　仁记洋行李十元　恒德店李十元……李静庵么荫三十元　新泰兴洋行四十元　徐朴庵四十元　柴敷霖四十元　朱苣臣五十元　续收到陈梓臣一百元　王祝三一百元　丁宝臣洋十元　李金桂洋五十元"等。
④ 《正宗爱国报》1908 年 8 月 6 日七月初十 608 号演说《述葆郡主淑舫之演说》。
⑤ 《北京女报》1053 号。《北京女报》1067 号。引自湛晓白《从舆论到行动：清末〈北京女报〉及其社会姿态》，《史林》2008 年第 4 期。
⑥ 《正宗爱国报》1908 年 10 月 30 日十月初六日 692 号《龙泉孤儿院收到捐物鸣谢清单》。
⑦ 《正宗爱国报》1912 年 7 月 29 日 2012 号。《东庆茶园　保淑舫女士　新剧团洪痴民等全体社员公启》。
⑧ 《陆军贵胄学堂同学录》。

善耆的姊妹中，最有名的是妹妹五格格善坤，嫁与喀喇沁王贡桑诺尔布。

贡桑诺尔布、善坤夫妻，喜爱新学，在喀喇沁旗开办了很多学堂，如崇正学堂，守正武学堂，毓正女学堂等。① 其中毓正女学堂于 1904 年初开办，善坤任校长，聘请日本女教师河原操子前来授课，在蒙古地区最早推行近代女子教育。贡桑诺尔布、善坤夫妻还曾援助北京的豫教女学堂。他们将干面胡同的房屋让给豫教女学堂，作为扩充校舍之用。此豫教学堂，是由沈钧、吴贞淑夫妻在 1905 年创办。最早设址于东单二条胡同沈宅，后搬到干面胡同，并添设女工厂。② 京师大学堂总教习服部宇之吉、繁子夫妇帮助经营。1905 年 12 月，贡桑诺尔布偕妻子年班上京，随行带来十余名女学生。善坤带领她们考察了淑范、豫教两女学堂，又捐了铅笔等，并在豫教两女学堂做演说。③ 这些女学生中，除何惠贞、于保珍、金淑贞被托付给即将回国的河原操子，带回日本的实践女学校留学外，其余七名，包括贡桑诺尔布的胞妹兰珍，被留在北京豫教女学堂学习。④

"葆淑舫"如果不是显琚，那是否有可能是这位五格格善坤？

---

① 《京话日报》1905 年 1 月 5 日十一月三十日 143 号《蒙王兴学》蒙古喀喇沁王　极力讲究新政　在学堂上头　更是用心　前已奏明在本旗属下　设立蒙文学堂　又在本府里总办女学堂　从福晋以下　并各官绅家妇女　全去入学　现又派专员来京　聘请通晓汉文和京话最好的人　去做蒙小学堂教习　这位蒙古王　真可称为贤王

② 《京话日报》1906 年 4 月 16 日三月二十三日 588 号《北京豫女女学堂迁移广告》　豫教女学堂　今由三月二十一日迁移至东单牌楼北干面胡同　喀喇沁王府内扩充女学　扩设女工■■招女学生五十名　并可住堂■招女学徒一百人　其年岁自十六岁至三十岁左右　如合格　除女工学教授汉文书算家政等学　女学徒一概不收佣金　如有向学者望速■特到本学堂报名　阅看详细章程　额满见■特此广告（■是无法辨认的字）
《捐巨款倡办工艺》　蒙古喀喇沁王　已经出京　把本府的房子　托付豫教女学堂的沈绶卿　开办女工厂　听说陈瑶圃侍郎　热心提倡　极力赞成　认捐股本银五千两　有了经费　再把章程立好　工厂就可以办起来了　但创办这种事情　开头总不容易　只望虚心考求　慢慢的布置　不求速效　没有个办不成功的

③ 《京话日报》1905 年 12 月 28 日十二月初三日 490 号《喀喇沁王福晋在北京豫教女学堂演说》。《福晋观学》昨日喀喇沁王福晋　率领蒙古女学生十余名　到淑范豫教两女学校视学　蒙古女学生们　都穿着蓝布衫　袖上沿着两道青缎条　朴素清雅　举止文明　喀喇沁王　热心教育　在蒙古王中　已是不可多得　福晋又如此的文明　女学得福晋提倡　真是女界的幸福了

④ 《京话日报》1906 年 2 月 11 日一月十八日 524 号豫教女学堂大考榜　（甲班）……锡贞　兰贞（喀喇沁亲王之妹）秋云　花儿　秋儿　带儿　水仙（■锡贞以下七名均为蒙古学生）

《豫邸联姻》　二十四日　东单牌楼三条胡同豫亲王府　豫王爷授室　女家是南闹市口水磨胡同葆宅（女志士葆淑舫郡主之女公子）那一带的居民　瞧过嫁妆的　男男女女　拥挤不动　哈哈闹市口　可真成了闹市口儿了①

这说明，"葆淑舫"应不是善坤。善坤与贡桑诺尔布只有男孩夭折，并无女儿。又据《爱新觉罗宗谱》，豫亲王懋林的福晋是佟佳氏葆诚之女。②据说肃亲王善耆的姊妹三格格嫁给佟佳氏。葆淑舫因嫁给葆诚而冠葆，淑舫可能是她的号。她究竟是善耆的姊还是妹，需要查《玉牒》待考。而葆淑舫何时辞世目前尚未得知。她的女婿懋林1913年去世，卒年二十二。外孙端镇，1909年出生，1914年承袭豫亲王。葆淑舫的女儿抚育了两个幼子，生活越来越困难，终于卖掉王府。

《豫王又卖新府》　清豫王懋林早年病故　现遗有福晋宝氏　携带幼子二人　旧府第业已租改协和医院　后迁移铁狮子胡同（刘冠雄宅）新府　近因生活艰难　已将新府拍卖　某要人出价洋五万元　现已买妥史家胡同民房一所　约四五十间　业已迁居③

其中宝氏即葆淑舫郡主的女儿。

三　近代学堂的兴起与新式媒体关系

中国近代学堂的兴办，与媒体之间的关系极为密切。继识一开办学堂时，得到《京话日报》彭翼仲的大力协助。葆淑舫经营淑慎女学堂，费用困难之时又幸得《正宗爱国报》丁宝臣及天津《大公报》英敛华代为奔走呼吁。私立学堂财政来源原本薄弱，正因报界中热心教育人士的帮助，利用媒体进行宣传，才得以广募资金，使之得以推行。在媒体，特别是白话报的影响下，平民百姓也开始关心、参与新式学堂的兴办。

而在白话报中，《京话日报》与《正宗爱国报》又扮演了重要角色。

---

① 《正宗爱国报》1908年9月20日八月二十五日652号。
② 《爱新觉罗宗谱》丙四册，第6006页。
③ 《群强报》1925年11月15日。

《京话日报》系北京最早的白话报，于1904年彭翼仲创办。彭翼仲，江苏人，长期居住在北京。《京话日报》于1906年因彭翼仲流放新疆而一度停办，1913年彭翼仲回京后重新复刊，1921年彭翼仲去世后，《京话日报》也于1923年停刊。[①] 1906年《京话日报》停刊后，此前在《京话日报》撰写演说文的宗室文谦[②]（号啙窳，文益堂）转移到《正宗爱国报》担任主笔。《正宗爱国报》系北京回民丁宝臣于1906年11月所创办。在袁世凯当权时期的1913年被查封停办，丁宝臣惨遭处死。彭翼仲与丁宝臣皆热心教育，又都因政治上批判当局而获罪，甚至致死。作为近代媒体人，他们为晚清—民国时期的教育事业做出了重要贡献。

结　语

20世纪开始，中国传统的男外女内思想观念被动摇，女性开始涉足社会活动领域。在教育行业中，甚至出现了继识一、葆淑舫郡主这般优秀的女性教育家。但是，她们的活动经常引来社会的非议。社会舆论对她们的活动产生了影响。继识一说"人言之可畏，不可不防"，葆淑舫认为中国女学"贵重也真贵重，危险也真危险"，希望"总别使有人弹他一指头，也别让意外的风潮过来侵犯"。[③] 在她们努力兴办近代学堂的过程中，新兴起的报纸媒体起到了良好的媒介作用。在《京话日报》的彭翼仲、《正宗爱国报》的丁宝臣等人的帮助下，不仅获得了社会各界的捐款，同时，还促使平民百姓开始关心教育问题，参与新式学堂的兴办。这体现了20世纪初中国由传统步入近代这一转折时期的重要特色。

---

① 彭望苏：《北京报界先声：20世纪之初的彭翼仲与〈京话日报〉》，商务印书馆，2013。
② 关于文谦，参见王鸿莉《啙窳：用京话写寓言》，《北京社会科学》2012年第6期。
③ 《北京女报》1908年8月27日继识一《女界刍言》。《北京女报》1908年2月8日葆淑舫《萌芽》。都引自黄湘金《贵胄女学堂考论》，《北京社会科学》2009年第3期。

道光帝与旗人书院

顾建娣*

道光帝在清代旗人书院的发展史上是一位比较特殊的统治者。其在位期间，旗人书院的发展一波三折，表现在其初即位时不同意建旗人书院，道光十年（1830）起允许建立，但对所建旗人书院的后续发展却又不支持，道光二十三年停止驻防八旗文试，使得旗人书院的整体发展遭到重大挫折。

一

书院为传道授业、讲学聚会之所。清初严禁建立书院，但书院之制历行久远，无法完全禁止，到顺治末年政策松动，修建书院行为开始出现。其后书院持续发展，至嘉道两朝山长人选不当、书院不振的问题开始凸显。嘉庆帝发布谕旨，要求地方督抚延请品学兼优绅士，住院训课。道光帝继续整顿书院。道光二年（1822）在谕旨中历数书院存在的问题："各省府厅州县分设书院，原与学校相辅而行。近日废弛者多，整顿者少。如所称院长并不到馆及令教职兼充，且有并非科第出身之人觍居是席，流品更为冒滥，实去名存。于教化有何裨益！"通谕各直省督抚于所属书院，"务须认真稽察，延请品学兼优绅士，住院训课。其向不到馆、支取干俸之弊，永行禁止。至各属教职，俱有本任课士之责，嗣后亦不得兼充，以专责成。并著各饬所属，如有书院房屋坍塌应修之处，即行修整"。① 其后又多次发

* 顾建娣，中国社会科学院近代史研究所副研究员。

① 《清宣宗实录》卷30，道光二年二月乙未。

布谕旨令地方官整顿书院，并对积极修建书院者给予奖励。据《清实录》记载，道光帝共发布 34 次谕旨嘉奖修建书院或为书院捐献资金的人。

与积极振兴儒学书院的态度相反，道光帝对旗人书院却态度复杂。即位后对旗人书院是排斥的。如同样在道光二年（1822），汉军旗人西安将军徐锟奏请为西安驻防八旗各佐领下生员及已冠童生设立书院，经费于马厂地租项下余剩银两并存库马价银内暂行借拨，发商生息，以为延师脩脯及月课奖赏之用，但被拒绝。道光帝认为："满洲风俗，以清语骑射为重，其有志读书、勤学上进者，原可自得师资，岂尽在官为训课，始能获益？且近来各省书院日就废弛，均系有名无实，朕所深知。该将军奏请拨款设立书院，行之日久，必至仍属具文，于造就人才终无裨益。"① 西安驻防在乾隆二年就曾奏请仿京师例于西安满城设立书院，以供驻防旗人闲散子弟读书肄业，被乾隆帝驳回，理由是"驻防满洲原以武备为要务本等"。本以为清廷对儒学书院的态度会嘉惠旗人书院，加之嘉庆朝驻防文试开禁，所以道光二年才有再次设立西安满城书院之请，没想到仍遭拒绝。

六月，吉林将军富俊请将贬官马瑞辰改发吉林白山书院，专司教读。富俊认为，"八旗臣仆以国语骑射为重而外，当教以清汉文艺，使之知义"，而白山书院仅聘本地诸生教读，难收实效。此番言论却被道光帝斥为"谬悠之见"。道光帝认为："马瑞辰系发遣黑龙江充当苦差之员，何得率请改发吉林，俾司课读！所奏断不可行！"道光帝又强调："东三省为我朝根本之地，原以清语骑射为重。朕屡次申谕，总期崇实黜华，弓马娴熟，俾知共守淳风"，严行申饬富俊："富俊系满洲大员，且在东三省年分最久，于该处旗民本计，自应遵照旧规，实力讲求，方为不负委任。乃议课生徒，学习文艺，必致清语日益生疏，弓马渐形软弱，究之书院仍属具文，于造就人材毫无裨益。是舍本逐末，大失朕望矣！"②

二

但自道光十年（1830）始，却陆续建成几所旗人书院，即福州驻防的龙光书院、八县书院和东陵驻防的兰阳书院，还有乌鲁木齐的智珠书院。

---

① 《清宣宗实录》卷35，道光二年五月丙子。
② 《清宣宗实录》卷37，道光二年六月辛未。

龙光书院专为福州驻防八旗子弟学习汉文而建。道光十年，福州将军萨秉阿捐俸延师，商同副都统富亮于八旗官学旷隙处所建八旗汉文书院，访聘品学兼修之在籍内阁中书林瑞春掌教，饬令各协领等将所有旗营之文举人、生员并文童生等概令在院肄业，按课作文。又恐该举人等习于文弱，导致清语骑射日久抛荒，又选派清书教习二人、弓马教习四人，饬令该举人、生童等逐日讲究演习，一切经费奖赏俱由萨秉阿等捐廉办理。在院师生膏火薪米以及纸笔等费每年约需银五百余两，从闽海关发交盐商生息尚存银中拨给。① 八县书院是专为生童学清语而设。该年十一月，萨秉阿请求添给该院膏火薪水银五百两，加借旗营甲兵红白银，并改铸满营抬炮四十位，清廷允准。②

兰阳书院为驻防东陵的八旗兵弁子弟而建，兼收民人子弟。道光十一年，八旗总管春禄等官绅商民恳请马兰镇总兵钟昌在直隶遵化州马兰峪捐建书院，延请山长塾师开课教授旗民子弟，所捐银四千两置买地亩交地方官取租，用作书院束脩膏火，交内关防衙门就近管理。又奏请将捐银官绅商民及捐廉督办等官均分别造册咨部奖赏，所有此项工程及生息银两系该官员绅民捐办，免其咨部报销。③

既然道光帝排斥旗人书院，为何龙光书院和兰阳书院得以建成？这得益于嘉庆年间开始实行的驻防八旗文试政策，即允许驻防八旗子弟于各省就近参加文试。清人入关后，出于统治需要和不失满洲本业，顺治八年（1651）开始举行八旗考试，包括翻译和文试。十四年停止。康熙二年（1663）恢复文乡试，雍正元年（1723）全面恢复八旗考试。但考试只在京师举行，各地驻防旗人"能读书向学者，听其来京应试"。雍正、乾隆年间曾有大臣奏请允许驻防旗人子弟就近于各省应试，皆遭拒绝，因担心允准后驻防旗人会竞尚虚名，忽视骑射操演，将来无人可充驻防之用。

嘉庆四年（1799），嘉庆帝在不知雍正、乾隆年间的做法后，允准驻防旗人就近参加岁科两试，俟取进后，再听其赴京乡试。迨知晓雍正、乾隆

① 萨秉阿：《奏为从闽海关发交盐商生息尚存银中拨给八旗书院师生薪米等项经费并加借八旗红白银两事》（道光十年十一月初六日），国家清史工程数字资源总库录副奏折，档号03-3660-041；民国《闽侯县志》卷33"书院"，第2页。
② 《清宣宗实录》卷179，道光十年十一月庚申。
③ 禧恩：《奏为遵旨核议容照奏请赏银两生息以资书院膏火等事》（道光十七年五月二十九日），国家清史工程数字资源总库录副奏折，档号03-3683-027。

年间的做法后，又于嘉庆五年警告道：允许驻防旗人于该省考试文生是格外恩施，"若专务此而废弃清语骑射，即停止此例，不准考试。……俟清语骑射演习熟练时，方准考试"。① 嘉庆十八年（1813），考虑到入京赴试路途遥远，才谕令"各省驻防子弟入学者，即令其于该省一体应文武乡试"。②

嘉庆帝允许各省驻防八旗子弟考取文生并在本省应试文举人，鼓励了旗人书院的发展，所以虽然道光帝即位后排斥旗人书院，但也不能完全禁止旗人书院的建立。如龙光书院的建设理由是："福州驻防每年岁科两考，取进文生员三十五名，自嘉庆丙子科起，迄今历科中式文举人共一十名，其中不乏有志向上之人，第因无力延师，所学未能精进"，为思"造就振作之方"，奏请为驻防八旗子弟设立汉文书院。③ 兰阳书院建立理由是"旗民子弟中有可造就之才，向无奖掖之举"。④ 前朝文试政策在，驻防旗人子弟又不乏可造之才，驻防大臣奏请设立书院当然不能一概拒绝。清前中期约 200 年间兴建的旗人书院目前所知有 9 所，其中 2 所在嘉庆年间建成，4 所在道光年间建成。可见驻防文试对旗人书院建设的促进作用。

尽管同意建书院，但对这几所旗人书院的发展道光帝并不像对儒学书院那么热心支持。当旗人书院遇到资金问题希望得到支持时，道光帝是拒绝的。道光十二年，萨秉阿奏请添给福州驻防各佐领下清书学生膏火纸笔各费，被驳回，理由是道光十年"添设书院银五百两，体恤已为周至"。⑤

道光十七年（1837）五月，兰阳书院因肄业人数渐增，而历年征收租息数量有限，办理拮据，又不便再行劝捐，为防书院渐行懈弛，有失鼓励人才之意，容照奏请赏银两生息以资书院膏火。户部禧恩等查明议准具奏。但道光帝认为："陵寝重地，设立总兵，所属员弁人等，总以守护陵寝、承应一切差使为要务。苟有余暇，自应练习弓马，毋忘本业。至设立书院、

---

① 《钦定大清会典事例》卷365，《礼部·贡举·驻防翻译童试》。
② 《清仁宗实录》嘉庆十八年六月癸亥。
③ 萨秉阿：《奏为拨给八旗书院师生薪米等项经费并加借八旗红白银两事》（道光十年十一月初六日），录副档号 03-3660-041。
④ 钟昌：《奏为八旗总管春禄等官绅商民捐建兰阳书院义学请奖叙事》（道光十一年九月初七日），国家清史工程数字资源总库朱批奏折，档号 04-01-38-0185-041。
⑤ 《清宣宗实录》卷211，道光十二年五月壬子。

作养人才，乃系地方官应办之事，无须该总兵越俎代筹，致荒本职。"① 因此对容照所请不准行。

道光帝还严厉批评积极修建书院之人。道光十五年（1835）四月，新疆乌鲁木齐都统长清倡建智珠书院于满城东关厢，至十七年八月落成，迪化直隶州知州和塞布督同孝正张汝梅等倡捐得银一万四百余两，除建盖房屋43间、置办器具、掘挖井泉等费用外，余剩五千两发商一分生息，按季批解，作为山长束脩、生童膏火之费。② 十八年四月，乌鲁木齐都统中福奏请奖励修建书院出力人员。道光帝训斥中福道："书院之设，培养人才，振兴文教，系各督抚地方官应办之事。""乌鲁木齐地处边陲，与内地各省情形不同。该都统等惟当讲求武备，实力操防，开垦屯田，广储粮饷，方合足食足兵之道"。"若照各省州县建立书院之例，徒务虚名，是重其所轻，必至轻其所重，又安望其认真训练，克尽职守耶！"由此又迁怒于前两任乌鲁木齐都统长清和富呢扬阿："创建之初，系由长清误会谕旨，并未专折具奏；富呢扬阿到任后，又未详查奏明请旨，均属不合。除长清业经身故毋庸议外，富呢扬阿著交部议处。"又斥中福在折内"不将前此案由详细声叙，率为承办各员乞恩，实属冒昧"，将中福一并交部议处，所有恳请鼓励之处，概不准行。因长清病故，免于议处，富呢扬阿、中福均降二级留任，不准抵销。道光帝又不厌其烦，再次强调："乌鲁木齐地处边疆，全以武备为重"，该都统等"自当讲求训练，实力操防，安辑兵民，抚驭回众，俾得有备无患，方为不负委任"。"似此不知所重，率以振兴文教为词，创修书院，是舍本逐末，必致武备废弛，安望其悉成劲旅，缓急有资耶！"警告新疆各处将军、都统、各大臣等，嗣后"惟当认真教练，使人人有勇知方，平时则习于战阵，有事则足备干城。傥再狃于积习，舍实政而务虚名，则咎等旷官，法难曲贷。朕必严加惩处，以为喜事好名者戒"。③

道光帝在中福奏折上朱批道："实属冒昧多事，口外只应讲求武备，何以文为且误会十四年之谕旨尚欲乞恩耶？"又在奏请鼓励的劳绩人员名单后

① 《清宣宗实录》卷297，道光十七年五月乙巳。
② 中福：《奏为乌鲁木齐创建书院工竣请鼓励捐修出力各员事》（道光十八年三月初三日），国家清史工程数字资源总库录副奏折，档号03－3683－030。
③ 《清宣宗实录》卷308，道光十八年四月壬寅、庚申。

批"朕无心览此不应为之事"①，其愤怒、不屑之情跃然纸上。

三

道光二十三年（1843），道光帝停止驻防文试政策，沉重打击了旗人书院的发展。该年闰七月，道光帝谕令各地驻防旗人"除本科各省文乡试仍照例准其应考外，嗣后各处驻防，俱着改应翻译考试"，如此"庶不至专习汉文，转荒本业"，要求各地将军副都统等"随时训练，董劝兼施，毋得视为具文"。②十月，福州将军保昌等即奏请将福州驻防八旗汉文书院即行裁撤，理由是"驻防乡试既自本科以后改应翻译考试，则福州八旗所设书院聘延师长训课诗文实于清文无涉，且恐书院不撤必致弁兵子弟习尚不专，转荒本业"，因此将原设书院归入官学以为学习清语之所，俾院中原有驻防旗人子弟专习清文清语骑射以敦本业。③此后，旗人书院的发展陷入滞缓，直到咸丰十一年（1861）恢复驻防文试，旗人书院才又得到发展。

道光帝不愿意修建旗人书院的原因，从其上谕可以看出三点：第一，维护满洲风俗清语骑射，想学文艺者可以私学，不必官为督学。第二，设立书院、培养人才，系地方官应办之事，该将军、都统等不必越俎代庖。第三，东三省为八旗根本之地，当以清语骑射为重；热河为口外，当以璩备为重；乌鲁木齐地处边疆，应以武备为重；陵寝八旗子弟余暇应练习弓马。这些地方的将军、都统创修书院皆是"舍本逐末""重其所轻，必至轻其所重"。

道光帝如此强调清语骑射应该还有内在原因。嘉庆朝白莲教大起义是清朝定鼎后第一次大规模的农民反抗运动，是康雍乾三世盛极而衰的反映。道光帝生于乾隆四十七年，经历了乾隆朝到嘉庆朝的由盛而衰，亲历了白莲教大起义，亲政后一面大力支持地方督抚办学，重文轻武，一面大力倡导旗人以武备为重，重武轻文，防范之心显而易见。鸦片战争的失利，使得道光帝在反思时不可避免地会思及当初八旗挥师入关、平定边疆的雄风，

---

① 中福：《奏为乌鲁木齐创建书院工竣请鼓励捐修出力各员事》（道光十八年三月初三日），国家清史工程数字资源总库录副奏折，03-3683-030、03-2667-061。
② 《钦定大清会典事例》卷365，《礼部·贡举·驻防翻译童试》。
③ 保昌：《奏请裁撤福州驻防八旗汉文书院事》（道光二十三年十月二十日），录副档号03-3676-046。

乾隆时刻在箭亭卧碑上的文字犹在①，但是驻防八旗在抵御外辱时却没能发挥期待的作用，抚今追昔，追根溯源，当与八旗子弟重文轻武有关，于是将驻防文试一概改应翻译，逼着驻防八旗子弟学习清语骑射，希望以此重整八旗，重振雄风。或许对于道光帝来说这是最好的选择，但是对于八旗和满族教育的发展却是一次倒退！故步自封，从来都不是最好的发展之路，只有以开放的心态，积极吸收各民族的优秀文化成果，不断发展壮大自己，才是走向富强的必由之路。

此道不孤，道光帝如此釜底抽薪之举乾隆帝也曾局部实行过。乾隆二十年（1755）曾将"东三省之新满洲、乌拉齐等考试汉文，永行停止，俾其专心旧业"②，如就文化的多样性来说，这一政策对保存旗人文化的独特性值得肯定，但后人另有评价道："满洲文化前清不能发展者，未免受此谕极大之影响。若康雍后进行无阻，则文化发展早有可能。观录此一谕，足证前清故步自封，终为自累之道耳"。③ 意指限制旗人学习汉文化不符合发展规律，故步自封，终为自累之道。

禁止旗人学习汉文化并未收到预期效果，倒是不懂清语骑射的汉人平乱能力凸显。应是受此影响，咸丰十一年（1861）重开驻防文试，此后同光两朝旗人书院得到快速发展。光绪二十四年（1898）谕令所有书院皆改为新式学堂，旗人教育终于和其他民族的教育融为一体，走向新的发展阶段。道光帝实行的故步自封之举终被历史证明是行不通的。

---

① 《清高宗实录》卷411，乾隆十七年三月辛巳。皇太极告诫八旗官员勿效汉人习俗，"衣服语言，悉遵旧制，时时练习骑射，以备武功"。乾隆帝重申此谕，并将之刻于箭亭等处卧碑亭上。
② 《清高宗实录》卷482，乾隆二十年二月甲寅。
③ 民国《宁安县志》卷2，"教育·前代教育"，第2~3页。

光绪癸卯年经济特科考述

张海荣*

孟森先生尝言："清一代之科目，与国运相关者，莫如制科。"① 所谓"制科"，是与常规科举（简称"常科"）相对而言，以皇帝亲诏、亲试为特色，非定期举行，取中者多荣予出身、超擢录用。清代最重要的制科是"博学鸿词"科（简称"词科"）和"经济特科"。前者于康熙己未（1679）、乾隆丙辰（1736）两度开考，后者则于光绪年间两度诏办：首次在戊戌年（1898），由光绪帝下诏推行，但保举而未召试；其次为辛丑年（1901），由慈禧太后下旨开办，癸卯年（1903）开考。尽管这两届经济特科命运迥异，但都是晚清新政的组成部分，都不仅体现了科举制度乃至官员选拔机制的重大革新，也折射出各派政治势力的浮沉、区域文运的迁转、社会人心的向背，对于晚清国运实有不容小觑的影响。

与既往研究往往着眼于对事件脉络的简单梳理，抑或围绕张之洞、袁嘉毅、杨度、梁士诒等个别人物的言行展开有所不同，本文结合海峡两岸所藏清宫档案及相关史料，对癸卯特科的情形，做了系统周密的考证，厘清了相关记载中存在的诸多舛误；分析了该届特科的发起、进展、考试内容、社会影响，被保举者的出身、官阶、年龄、受教育状况、地域分布、政治成分等，并结合其各自不同的历史背景，探查了戊戌至癸卯年间时人

---

* 张海荣，中国社会科学院近代史研究所助理研究员。

① 孟森：《己未词科录外录》，《明清史论著集刊》下，中华书局，2006，第484页。

的思想剧变、各派政治势力的浮沉、社会人心的向背及其与晚清国运的关系等。①

一　戊戌特科夭折与辛丑特科之议再起

　　科举制度自隋唐时期肇建以来，即作为封建教育体制的核心组成部分，广泛影响着中国政治、经济、思想文化乃至士风民俗的方方面面。不过明代以降，随着科举与八股的密切结合，科举制度逐渐失去活力，蜕变成禁锢思想、束缚士林、僵化社会的桎梏。有鉴于此，清朝前中叶，统治者也曾不定期举办制科，以弥补常规科举的不足。尤其在康熙、乾隆年间，两举"博学鸿词"科，不仅网罗了诸多硕儒时望，还在相当程度上缓解了满汉民族矛盾，扩大和改善了统治基础。嘉道咸同四朝，仍时有朝臣奏请开设制科，兼容国家急需的实学乃至西学人才，皆未获得朝廷采纳。

　　甲午对日战败，割地赔款，丧权辱国，中国陷入空前危难的境地。国内的不少有识之士痛定思痛，纷纷将症结归罪到八股取士的戕害人才、愚民误国上。以康有为及其党人为代表，自甲午战争后期，就强烈呼吁废除八股，不过这一激进主张在当时很难赢得广泛的社会认同。与此同时，另有一派以贵州学政严修为代表，主张走缓和路线，逐步改革科举。光绪二十三年九月二十四日（1897 年 10 月 19 日），严修上奏《请破常格迅开专科折》，建议朝廷模仿清初"博学鸿词"科，破格求才。其法：由京官四品以上、外官三品以上，以及各省学政，荐举"或周知天下郡国利病，或熟谙中外交涉事宜，或算学译学擅绝专门，或格致制造能创新法，或堪游历之选，或工测绘之长"的人

① 相关研究参见房杜联喆《经济特科》，吴相湘主编《中国现代史丛刊》第 3 册，台北，正中书局，1961，第 1~44 页；张渤《经济特科考》，云南省历史研究所《研究集刊》1983 年第 2 期，第 150~159 页；康大寿、潘家德《清末经济特科述论》，《社会科学研究》1990 年第 2 期，第 81~86 页；马芳城《清末经济特科和近代经济教育》，《紫禁城》1991 年第 1 期，第 20~21 页；高伯雨《听雨楼随笔》，辽宁教育出版社，1998，第 51~62 页；何玲《清末经济特科探析》，《历史档案》2004 年第 1 期，第 81~86 页；何玲《张之洞与清末经济特科》，《中州学刊》2004 年第 2 期，第 107~109 页；关晓红《晚清议改科举新探》，《史学月刊》2007 年第 10 期，第 39~48 页。

才，保送总理衙门，不论已仕、未仕，一体考选录用，不限额数。①

光绪二十四年正月初六日（1898 年 1 月 27 日），经总理衙门、礼部会同议复，光绪帝批准了严修开办经济特科的建议，并明发上谕，命相关大臣咨送特科人才。② 经济特科之所以顺利获准，离不开总理衙门大臣翁同龢、张荫桓及康有为等人的积极推动。不仅如此，康有为等还有意将其当作推进科举改革和登进同党的政治战略，加以利用。光绪二十四年二月十九日，康有为通过总理衙门代递《上清帝第六书》，主张将经济特科人才，作为待设的"制度局"的储备人选，以推动新政的进行。③ 三月二十三日，他又奏请在生童岁科试中，推广经济特科六门，于经古正场之外，改试专门、时务，易八股为策论，进之应经济科举人、进士。④ 四月二十六日，御史宋伯鲁再上《经济特科请分别举办片》（康有为代拟），强调经济特科与学堂培养的"专才"不同，重在选取熟谙古今掌故、内政、外交、公法、律例的"通才"。⑤ 这里所谓的"通才"，显然是针对"康党"的定位。与此相呼应的，还有维新派围绕废八股展开的连环动作。五月初五日，光绪帝下旨，自下科始，废八股，改试策论。五月二十五日，光绪帝再次敦促三品以上京堂及各省督抚学政，于三个月内将所保人员迅速咨送总理衙门、礼部，待凑齐一定人数，即可奏明开考。⑥

尽管由于社会风气未开，以大学士徐桐为代表的顽固官僚颇多阻挠，但相关保举行动还是陆续展开。据笔者统计，该科至少含荐主 28 位，被保者至少 212 人次、167 位，略小于康熙朝"博学鸿词"科的保举规模。

---

① 中国第一历史档案馆藏，录副奏折，03/7210/003。又，本文所引档案藏于该馆者，以下不再一一注明。

② 《光绪宣统两朝上谕档》第 24 册，光绪二十四年正月初六日，广西师范大学出版社，1996，第 11～12 页。

③ 康有为：《上清帝第六书》，姜义华、张荣华编校《康有为全集》第 4 册，中国人民大学出版社，2007，第 11～16 页。

④ 《请照经济特科例推行生童岁科片》（总理衙门代奏），孔祥吉编著《康有为变法奏章辑考》，北京图书馆出版社，2008，第 189～191 页。

⑤ 同上书，第 240～241 页。

⑥ 《总理各国事务奕劻等折（附清单）》，国家档案局明清档案部编《戊戌变法档案史料》，中华书局，1958，第 228～231 页；《光绪宣统两朝上谕档》第 24 册，光绪二十四年五月二十五日，第 243～244 页。

表1　戊戌特科举荐表①

（按：重复被保者，在其姓名右上角标明重出次数）

荐主	被保者	保举名数	备注
两江总督刘坤一	江苏：吏部主事王仁俊（进士）、杨楷（进士）[1]，道员姚文栋（贡生）[1]，候补直隶州知州华蘅芳[1]，通判钟天纬[1]，候补知州蒋师辙（举人），知县赵元益（举人），教谕陈学徵、陈庆年（优贡）[1]，典籍刘彝程，副贡王德楷，附生王铺 安徽：知县金庆慈（举人） 湖南：荫生曾广忠，道员杜俞、席汇湘（廪生），知县黄传祁（举人），州判魏允恭（副贡），同知张通典（廪生），从九葛道殷 广东：附生杨毓煇 浙江：道员杨兆鋆，知府王咏霓（进士） 江西：员外郎毛庆蕃（进士）	24	蒋师辙，"胡表"误作"苏师辙"；"徐仁俊"，似应为"王仁俊"
湖广总督张之洞	直隶：进士陈骥 江苏：候补道徐建寅（监生），候补直隶州知州华蘅芳[2]，举人王季楷 安徽：分省候补道蒯光典（进士） 湖南：候补道易顺鼎[1]，候选知县邹代钧（附生）[1] 广东：举人梁启超[1]，太常寺博士衔罗照沧，候选从九汤金铺（武举人） 浙江：分省知府钱恂（生员）、胡惟德（举人），编修黄绍箕，前青阳县知县汤寿潜（进士）[1]，附贡生陶葆廉 福建：候补同知郑孝胥（举人）[1] 四川：内阁候补侍读杨锐（举人）[1] 广西：举人汪鸾翔	18	
河南巡抚刘树堂	湖南：同知黄凤岐（进士）[1] 浙江：同知连文渊	2	
福建学政戴鸿慈	广东：编修梁士诒[1]，兵部主事罗传瑞（进士） 广西：知县关中衡	3	

---

① 资料来源：胡思敬著《戊戌履霜录》卷四，南昌退庐刻本，1913，第18～22页；秦国经主编《中国第一历史档案馆藏清代官员履历档案全编》，华东师范大学出版社，1997；中国第一历史档案馆藏，录副奏折、朱批奏折；台北故宫博物院图书文献处藏，军机处档折件、宫中档奏折；《湘学报》《国闻报》《申报》等。

续表

荐主	被保者	保举名数	备注
福建学政王锡蕃	福建：拔贡黄景岱、吴致仁，生员林辂存、陈以麟、李文彬	5	集中在福建
湖北学政王同愈	江苏：拔贡汪荣宝[1]，举人汪钟霖，监生李维格，举人张一麐，廪生潘敦先[1] 湖北：教谕陈士瀛、金永生	6	"胡表"不包括汪钟霖
漕运总督松椿	江苏：教谕陈庆年[2] 安徽：贡生孙多澳	2	《国闻报》上是以张鹤龄代陈庆年
宗人府丞葛宝华	山西：主事王仪通（进士） 浙江：编修蔡元培 福建：主事陈懋鼎（进士）[1]	3	"胡表"将王仪通的籍贯误作"安徽"
顺天府尹胡燏棻	直隶：户部主事华世铭（进士） 江苏：中书杨楫（优贡），道员姚文栋[2]，候选通判钟天纬[2] 浙江：道员王修植（进士），户部学习主事陈星庚，教习何寿章（举人） 福建：尽先即补道严复 山东：附生綦策鳌 云南：知州林绍清（举人） 不详：仲纬仪，监生罗益智	12	
通政使李端遇	安徽：教谕方履中（附生），廪生孙多莹，拔贡孙传柷 山东：主事管象颐（进士），举人傅昉安 不详：拔贡赵允龙	6	
内阁学士、广东学政张百熙	江苏：主事杨楷[2] 湖南：主事李希圣（进士），中书黄忠浩（优贡），拔贡唐才常[1]，知县罗正钧（举人），主事夏时济（进士），内阁中书曹广权[1]，候选知县邹代钧[2] 广东：主事康有为（进士），举人梁启超[2] 浙江：知县汤寿潜[2] 福建：道员郑孝胥[2] 江西：主事陈三立（进士）[1] 四川：检讨宋育仁，主事黄英，举人马六尊，内阁候补侍读杨锐[2]	17	张百熙于光绪二十四年三月初一日开单咨送马亨，似字六尊。又，《国闻报》上是以于式枚代罗正钧

续表

荐主	被保者	保举名数	备注
礼部侍郎萨廉	江苏：主事陈浏（拔贡） 湖北：知县樊增祥（进士） 浙江：员外郎王彦威（举人） 满洲：庶吉士寿富[1]	4	
礼部侍郎唐景崇	江苏：道员丁立钧（进士）[1]，修撰张謇 广东：举人麦梦华 浙江：编修喻长霖 福建：中书林旭（举人），主事陈懋鼎[2] 广西：员外郎于式枚（进士）[1]	7	
左都御史裕德	江苏：布衣贾步纬 湖北：编修王会厘 湖南：编修罗长裼 浙江：主事钱能训（进士），道员毛祖谟	5	
兵部尚书徐郙	湖南：同知黄凤岐[2] 广东：编修梁士诒[2] 广西：员外郎于式枚[2]	3	
户部尚书敬信	安徽：编修孙多玢 浙江：杨文禄	2	
仓场侍郎李端棻	直隶：编修严修 江苏：候选知县狄葆贤，助教崔朝庆（廪生），举人程先甲 山西：举人宋梦槐 湖南：庶吉士熊希龄，拔贡唐才常[2]，附生戴修礼 广东：主事曾习经（进士），附生徐勤、欧榘甲，监生罗普、韩文举 浙江：候选知县夏曾佑（进士）、汤寿潜[3] 满洲：庶吉士寿富[2]	16	戴修礼，"胡表"误作"戴修鲤"。又，"胡表"将程先甲籍贯误作"安徽"，宋梦槐籍贯误作"江苏"
湖南巡抚陈宝箴	江苏：主事屠寄（进士）[1]，拣选知县谢钟英（举人） 湖南：候补道易顺鼎[2]，候选知县邹代钧[3]，编修曾广钧，内阁中书欧阳中鹄（举人），皮锡瑞（举人） 江西：文廷楷（举人）、内阁中书沈兆祉（举人）、分部郎中邹凌瀚、胡发珠（优贡）、翰林院编修熊方燧 浙江：举人孙诒让[1]，进士汪康年，翰林院庶吉士俞明震，附生罗振玉 福建：监生江瀚[1] 满洲：庶吉士寿富[3]	24（其中6人姓名不详）	

续表

荐主	被保者	保举名数	备注
江苏学政瞿鸿禨	江苏：主事屠寄[2]，道员丁立钧[2]，拔贡华世芳，附生赵宽、冯澂、张东烈，廪生金梫基、潘敦先[2]、裴熙琳，举人沈惟贤 安徽：前山西即用知县汪宗沂（进士）[1] 湖南：候选知县邹代钧[4]，优贡陈为镒，内阁中书曹广权[2] 浙江：候选知县汤寿潜[4]，候补知县张美翊（副贡生），举人孙诒让[2]、王舟瑶，工部学习主事夏震武（进士） 福建：监生江瀚[2] 江西：主事陈三立[2]	21	
安徽巡抚邓华熙	江苏：廪生蔡尔康，顾云 安徽：廪生戴邦铭，教谕程佐衡（廪生），前山西即用知县汪宗沂[2]，翟凤翔（举人），朱立襄（附生）	7	
漕运总督任道镕	不详	至少1人	
湖南学政徐仁铸	湖南：曹典球（生员） 浙江：副贡周善培 江苏：候选通判钟天纬[3]	至少3人	
侍讲学士秦绶章	江苏：廪生潘敦先[3]，拔贡汪荣宝[2]	至少2人	
都察院左副都御史曾广銮	湖南：候选知县邹代钧[5]	至少1人	
兵部侍郎杨颐	江苏：举人冒广生	至少1人	
驻美公使杨儒	江苏：补用道何彦昇（副贡生）	至少1人	
湖广总督张之洞续保		至少1人	具体情况不详

续表

荐主	被保者	保举名数	备注
江宁布政使袁昶初次保举	安徽：前山西即用知县汪宗沂[3] 湖南：内阁中书曹广权[3] 浙江：工部主事夏震武[2] 江苏：举人沈惟贤[2]、工部主事屠寄[3]	5	《中外日报》刊布的两起保案中，皆有汪宗沂，未知何故。又，续保一案中，"戴邦铭"应为"戴光铭"
江宁布政使袁昶续保	安徽：前山西即用知县汪宗沂[4]，候选教谕朱立襄（贡生）[2]，翟凤翔（举人）[2]，廪生戴光（邦）铭[2] 江苏：廪生蔡尔康[2]、江苏教谕顾云[2]	6	
江苏巡抚奎俊	浙江：江苏候补同知查燕绪（举人）、举人张一麐[2]、章钰	3	集中在浙江

在以上 30 起保案，28 位荐主中，以两江总督刘坤一、湖南巡抚陈宝箴保举人数最多，均为 24 人；次之者为江苏学政瞿鸿禨，保 21 人；再次之，为湖广总督张之洞保 18 人（按：目前仅知其一，则实际所保总人数当更多）。广东学政张百熙、仓场侍郎李端棻、顺天府尹胡燏棻的保荐人数，也都在 10 人以上。以上诸位大臣的保奏，多数都是放眼全国，而非专重一省，不过瞿鸿禨、王锡蕃因其学政的身份，颇多注重对所辖省份士子的保举。李端棻的保单上，则多为"康党"或与"康党"有密切关系的人士，其间 5 人还有鲜明的湖南时务学堂背景。这再度证明"康党"有意将经济特科当作登进同党的政治捷径。

从被保人员的情况来看，除去至少 8 位无名氏，目前可确知者有 159 人。这 159 人中，又有 33 位重复被保。这些被保者绝大多数都拥有传统功名、官衔或教职，拥有举人以上出身者，至少 80 人，将近总数的一半，内中至少 45 人还拥有进士乃至翰林出身。尽管其中真正从洋务学堂中走出来的并不多，但曾就职于新式学堂、书院、洋务局所，或拥有留学、出使、游历等背景的，并不乏人。还可注意者，保单上有不少人士曾列名保国会，或组织、参加过其他学会，属于倾向改革的政治先进者。

再从这 159 人的籍贯分布来看，与康熙己未词科相同，江苏、浙江籍士子依然名列前茅，特别是江苏省被荐人士，占总数的四分之一强。该两省既是明清以来传统的科举大省，又是晚近较得风气之先的省份。湖南籍人士在戊戌特科榜上的比重，较之己未词科，则有显著上升，由后进省份跃至全国第三。此一变动，既与咸同以来湖南籍人士在全国的政治、文化影响整体放大息息相关，又与近来该省在维新运动中的积极表现密切相连。广东省，因"康党"大量被保的关系，同样由己未词科的无一列保，跃至全国第四。北三省，即直隶、山东、山西三省，与康乾"词科"相比，地位明显下滑，仅有 8 名人士被保，占该科总人数的 5%。满人被荐特科者 1 人，即翰林院庶吉士寿富。河南、陕西、甘肃、新疆、贵州及奉天、西藏、蒙古地区竟无一列保；这些省份也是当时社会风气相对闭塞的地区。

尽管以保守著称的翰林院侍讲恽毓鼎声言："闻经济特科登牒者，多阘茸之流，半系徇情且有以贿得者"[1]，但单就其中被不同荐主重保的 33 名人士来看，还是能够在相当程度上代表官方对戊戌特科的定位及被保人员的素质水平。其中，被保次数最多的是邹代钧、汤寿潜、汪宗沂。邹为举国闻名的地理名家和深受两湖督抚赏识的俊才；汤以其著《危言》自洋务运动以来就在国内享有盛誉；汪则以考求郡国利病、民情风俗、行军布阵，著述繁富而驰名。被举频次稍低于前三者的潘敦先、寿富、钟天纬、曹广权、屠寄，则是开明督抚与维新派都能接受的人物。其余 25 名重出人员，除梁启超、唐才常外，绝大多数都属于政治派系尚不明朗，但都赞成改革，且于特科六门各具专长，在知识构成上"新中有旧，旧中有新"的人物。

开设经济特科，不仅是朝廷破格求才的特别举措和废除八股的重要过渡，也是戊戌变法步入高潮的肇端。继严修奏请开设经济特科之后，兵部尚书荣禄等也上奏朝廷，请求开设武备特科。尽管此一建议未能获得朝廷首肯，却换来一道影响面更加广泛的上谕：武乡试自光绪二十六年（1900）庚子科为始，会试自辛丑科为始，童试自下届为始，改试枪炮。[2]而对于学会的繁兴、报刊的推广、教育风气的转变而言，经济特科的开设更是起到直接推进作用。刘光第在其私信中披露："近因开经济特科，各省京官亦多立有学会。吾川之官京曹者，亦将观善堂改为蜀中先贤寺，设立蜀学会，添购书籍仪器，聘请中西教习，讲求时务之学。至于语言文字，京官弟子亦可每日就学一二时。而京官中高材向学者，亦即于其中定

① （清）恽毓鼎著、史晓风整理《恽毓鼎澄斋日记》第 1 册，光绪二十四年六月十八日，浙江古籍出版社，2004，第 163 页。
② 《光绪宣统两朝上谕档》第 24 册，第 59 页。

期会讲。如此风气渐开，将来必有人材挺出为国家之用。"① 张元济也向汪康年建议："特科命下，人皆思看译本书籍。尊处似宜多译要籍，速印发售，可以津贴报章不少也。"② 山西令德书院，自闻经济特科之谕，就着手筹议添设政治时务、农功物产、地理兵事、天算博艺四门日课。江阴南菁书院也改照经济特科六门命题，听任诸生或专一门，或兼数艺。正是从这一角度出发，梁启超对于经济特科评价甚高，称"振起教育之精神实始于此"。③

　　然而由于"戊戌政变"的发生，经济特科不仅未能成为清政府更新统治基础的政治平台，反而成为顽固一派按图索骥重点打压的对象。出面保举或被保特科的许多人物，都被慈禧太后以雷厉风行的政治手段严加清算，或斩杀，或黜陟。尽管其针锋相对的乃是"康党"，但殃及池鱼的结果，不仅宣示了帝后两党的公开对垒，还将大批精英（尤其是维新人士）推到自身的对立面。此后，慈禧太后加倍放纵顽固派，诛锄异己，并利用义和团，向八国联军仓促宣战，险些将整个中国推向倾覆的边缘。直至光绪二十七年（1901）《辛丑和约》签订，才给这场灾难画上一个屈辱的句号。

　　为尽快挽救时局，收拾人心，光绪二十六年十二月初十日，尚在陕西行在期间，清政府就颁布上谕，宣示要取外国之长，推行新政。翌年四月十七日（1901年6月3日），受制于当时严峻的人才形势，同时也是为了纾解《辛丑条约》禁止若干地区科考所造成的紧张气氛，慈禧太后又亲下懿旨，仿效"博学鸿词"科，举办经济特科，著各部院堂官及各省督抚学政保举"志虑忠纯、规模宏远、学问淹通、洞达中外时务者"，并授意政务处大臣拟定考试章程。④ 关于经济特科的复举，一说称出自政务处大臣瞿鸿禨的建言；⑤ 一说则断定出自慈禧太后的主动："自戊戌新政推翻而后，而辛丑议行西征，疆臣中之复奏者，皆力避言戊戌之所言。故开经济特科一条，

① 《刘光第致刘庆堂》，光绪二十四年正月二十四日，《刘光第集》，中华书局，1986，第280～281页。
② 张元济致汪康年，光绪二十四年正月二十四日，上海图书馆编《汪康年师友书札》第2册，上海古籍出版社，1986，第1725～1726页。
③ 梁启超：《戊戌政变记》，中华书局，1954，第88页。
④ 《光绪宣统两朝上谕档》第27册，第80～81页。
⑤ 赵尔巽等撰《瞿鸿禨传》，《清史稿》第41册，中华书局，1977，第12381页。

无论名臣、才臣、老臣、重臣，皆千思万想，所不敢出者。"① 不过，无独有偶，就在懿旨下发后数日，朝廷又收到江西巡抚李兴锐的《议复新政事宜疏》，条陈十事，首条也是从临敌制变、兴举新政的需要出发，建议举办特科。②

对于经济特科的再举，各方的反响不尽相同，但时移世易，相较之下，此期的社会舆论更倾向于废除科举、兴办学堂，对于经济特科的热忱，远没有戊戌时期那样高。两江总督刘坤一、湖广总督张之洞在其会奏折中指出："现虽举行经济特科，不过招贤自隗始之意，只可为开辟风气之资，而未必遽有因应不穷之具。"③《申报》上也有人发表评论称："今国家之病，既在于无洞知洋务、精研西学之人材，而仅开经济特科以医国之病，是何异于患虚弱之症，而求善为攻之医师以治之，感风寒之邪，而求善为辅之医师以治之乎？终见其凿枘而已矣。"④ 保皇派则借助经济特科命题，呼吁归政光绪皇帝。如《读再开经济特科懿旨感书》一文，从国内的政治现状出发，指出："今诸事未举，朝局如故，而谓以经济一科广求人才，欲塞洪流以救奇祸，因斯以观，则近日所谓维新者，不过充装点之真料，变法者，不过为解免之妙用而已。……以今日风气如此顾忌多端，顾欲以此日之虚文，比曩年之盛举，恐不睹其益，但见其害而已。……举行经济特科者，以变法维新也。如欲变法维新，则前日变法维新著大效者，莫如皇上。"⑤《论特科》一文同样攻击了慈禧太后前废后举的矛盾做法，立足点也是落在"归政于皇帝，复举行之可也"。⑥

就相关大臣的荐举行动来看，最初表现也都十分消极。其时距离"戊戌政变"为期未远，内外臣工大多心存疑虑。光绪二十七年六月初四日，因御史陈秉崧之奏，朝廷又有严格保举之谕，声明即以各大臣"所保之是否得人，定其功过，毋得滥保非人，自干咎戾"。⑦ 结果奉旨将及 1 年，仅

---

① 《懿旨开经济特科恭纪》，《新闻报》光绪二十七年四月二十日。
② （清）于宝轩编《皇朝蓄艾文编》卷九，上海官书局，1902，第 19～34 页；军机处《随手档》，光绪二十七年四月二十二日。
③ 《变通政治人才为先遵旨筹议折》，光绪二十七年五月二十七日，赵德馨主编《张之洞全集》第 4 册，武汉出版社，2008，第 8 页。
④ 《请开西学特科议》，《申报》光绪二十八年二月十四日第 1 版。
⑤ 《中外日报》光绪二十七年四月二十日。
⑥ 《同文沪报》光绪二十七年四月二十一日。
⑦ 《光绪宣统两朝上谕档》第 27 册，第 119 页。

广西巡抚黄槐森保1人，安徽巡抚王之春保4人。光绪二十八年三月初二日（1902年4月9日），政务处奏准特科章程七条，初步规定了保举资格、考试办法，限定：被荐者须素行廉正、不干清议；京官五品以下（京堂、翰林读、讲、科道除外），外官四品以下（现任实缺道府除外），其余各员已仕、未仕及举贡生监、布衣，均准一体保送；考试体制，仿照殿试旧章，分试两场，首场试以历代史事论二篇，次场试以内政外交策二道；取中者列为一二等，其如何赐予出身、升擢任用，统俟引见后听候圣裁。该章程还特意强调，经济特科重在"通知时事"，不论楷法，并准添注涂改。① 同年十月二十一日，因癸卯科会试改借河南贡院举行，特科须在京殿试，难以两就，复奉上谕，将特科展至明年会试后举行，并著政务处分咨相关大臣速行保送，于来年四月前齐集京师。② 此后，各地的保奏才逐渐踊跃起来。

二　内外臣工的保举

辛丑至癸卯（1901～1903）年间，经济特科保案共计53起（另有3起保案，因荐主本身不合保举资格而奉旨驳回），含荐主50位（内有张之洞等4人先后保举两次）。其中，张之洞保举员名最多，共46人。单次保举员名最多者，为管理学务大臣、吏部尚书张百熙，他还就此解释称："臣早登词馆，屡典文衡，一时硕彦既夙悉于知名，后起英髦时亦加之奖进。自去岁恩膺重寄，学务专司，京师为首善之区，学堂乃储材之地，以故考求所在、讨论所资，尤多达用之才，不乏识时之俊。"③ 次之者，为兵部左侍郎李昭炜，保21人。此外，如都察院副都御史张仁黼、浙江学政张亨嘉、署理四川总督岑春煊、都察院左都御史陆润庠的保举规模，也都在15人以上。广西巡抚黄槐森、续任广西巡抚丁振铎、河南巡抚锡良、盛京兵部侍郎萨廉，则各保举1人。谨汇表如下。

---

① 政务处大臣奕劻等：《遵旨酌拟经济特科考试章程折》，光绪二十八年三月初二日，录副奏折，03/7211/032；《呈谨拟经济特科章程清单》，录副奏折，03/7211/033。
② 《光绪宣统两朝上谕档》第28册，第275～276页。
③ 《举荐经济特科人才李家驹等三十三员》（附清单），台北故宫博物院图书文献处藏，军机处档折件，152232。

表 2 癸卯特科举荐表①

（按：重保者，在其姓名右上角标明重出次数）

上奏时间（光绪）	荐主	被荐者	名数
二十七年六月二十日	广西巡抚黄槐森	广东：广西试用道尹恭保（举人）	1
二十七年	安徽巡抚王之春	湖南：安徽候补道赵上达（优廪生）[1]、安徽试用知县梁昌骏（举人） 安徽：举人李笃寿、拔贡马承融	4
二十八年三月二十日	刑部尚书贵恒	山西：在籍户部候补主事谷如墉（进士）[1] 贵州：刑部主事姚大荣（进士）[1] 满洲：工部候补主事恩丰（进士）	3
二十八年三月二十八日	漕运总督陈夔龙	江苏：廪贡生范当世、河南候补知府王念增 广东：候选道许秉琦（监生） 浙江：翰林院编修俞陛云（探花）、附生罗振玉[1] 福建：举人陈衍[1]	6
二十八年四月十七日	刑部尚书兼署工部尚书葛宝华	安徽：湖北试用道张诚（举人） 浙江：翰林院编修蔡元培 山西：刑部候补主事王仪通（进士）[1]	3
二十八年六月二十七日	续任广西巡抚丁振铎	广东：广西教习试用知县刘士骥（举人）[1]	1
二十八年七月初五日	山东学政尹铭绶	湖南：优贡谭延闿，刑部主事罗维垣（进士），前福建光泽知县降用教职李子茂（进士） 山东：举人淳于鸿恩 广西：拣选知县刘玶（举人）、刑部主事蔡桐昌（进士）	6
二十八年七月十四日	两江总督刘坤一	江苏：拔贡尹彦铢，举人杨模 安徽：安徽宿松县教谕程佐衡（廪生），江苏候补道甯光典（进士）[1] 湖南：举人黄运藩、张通谟 浙江：江苏候补道俞明震（进士）、前安徽青阳知县汤寿潜（进士）[1]、刑部郎中沈曾植（进士）[1]	9

① 资料来源：中国第一历史档案馆藏，朱批奏折、录副奏折、军机处《随手档》；台北故宫博物院图书文献处藏，军机处档折件、宫中档奏折；张一麐：《经济特科同征录》，北洋官报局，1904；《大公报》；《申报》。

续表

上奏时间（光绪）	荐主	被荐者	名数
二十八年七月十八日	贵州学政赵惟熙	江苏：候选通判王季烈（附生）[1]、候选盐大使李维格[1] 湖南：河南候补道易顺鼎（举人）[1] 陕西：举人刘光蕡	4
二十八年九月初二日	光禄寺卿曾广汉	江苏：附生高翀，廪贡生李宝嘉 湖南：刑部主事李希圣（进士）[1]，拔贡李鑫鎤〔金戋〕，监生罗良鉴，湖南在籍分部主事陈兆奎（廪贡生），江西试用知县杨承曾，刑部郎中陈毅（举人）[1] 广东：监生吴沃尧、广东在籍候选知府曾磐 浙江：廪生汪诒年，监生连文澂	12
	陕西巡抚升允	江苏：陕西候补直隶州知州吴廷锡（举人） 湖北：举人丁保树，分省补用知县丁禧瀚（举人）[1] 陕西：举人牛兆濂，拔贡刘炳堃 贵州：分省补用知县赵长鉴（举人）	6
二十八年九月十八日	湖北巡抚端方	江苏：庶吉士邓邦述、举人章钰[1]、浙江候补知县赵宽（廪贡生） 湖南：湖北候补知州魏允恭（副贡生）[1] 浙江：刑部候补主事孙诒让（举人）[1]，浙江候补知府宗舜年（举人） 奉天：直隶候补道李葆恂（监生）	7
二十八年九月二十日	河南巡抚锡良	浙江：廪生陶葆廉[1]	1
二十八年九月二十二日	吏部右侍郎张英麟	顺天：湖北试用通判桑宣（廪贡生） 江苏：山东试用同知朱士焕（监生）[1] 湖北：四川补用道贺纶夔 福建：江苏补用道郑孝胥（举人），广西候补道魏瀚[1]，江苏候补同知杨廉臣 山东：举人傅旭安、候选知县王咸昌（拔贡） 云南：分省候选道萧应椿（举人） 贵州：四川补用道刘庆汾 广西：四川候补道曹穗（举人）	11
二十八年九月二十六日	湖广总督张之洞、湖北巡抚端方	湖北：候选训导前黄冈县训导杨守敬（举人），刑部候补主事姚晋圻（翰林院庶吉士），国子监监丞前归州学正刘德馨（举人）[1]，庶吉士饶叔光（进士），陕西补用知府丁禧瀚（举人）[2]，兵部候补郎中刘国柱（恩赏举人），举人刘邦骥、胡钧、陈问咸、田吴炤、卢静远、陈曾寿、万廷献，附生陈毅[1]、吴元泽，分省补用同知宋康复（附贡）	16

续表

上奏时间 （光绪）	荐主	被荐者	名数
二十八年九月二十七日	工部左侍郎唐景崇	直隶：甘肃中卫知县王树枏（进士）[1] 江苏：修撰张謇[1] 广东：编修李家驹[1]，分省补用知州谭学裴（举人），广西试用道刘士骥[2]，江西补用道徐绍桢（举人） 浙江：户部主事孙诒让[2]、编修喻长霖 四川：修撰骆成骧、湖北试用道宋育仁（进士）[1] 广西：编修赵炳麟、兵部郎中廖振榘，同知用前直隶高邑县知县唐则瑀（举人）	13
二十八年九月二十八日	江苏学政李殿林	江苏：举人汪毓煊、祝廷华，兴化县教谕胡玉缙（举人），甘泉县训导崔朝庆（廪生），宝山县复设训导孙徽（廪生），优贡冯善徵，廪生杨体仁	7
二十八年十月初三日	太常寺卿陈兆文	江苏：分发山东道魏业锐（附贡） 湖南：举人杨度、周光稷，廪生刘映藜、谭麦，拔贡何盛林，附生夏绍笙，户部小京官丁奎联（拔贡） 奉天：优贡郝增祁	9
	江西学政吴士鉴	江苏：刑部候补郎中冒广生（举人） 浙江：直隶候补知县张美翊（副贡）[1] 江西：江西万宁县训导吴璆（举人），廪贡生熊元锷 四川：举人苏兆奎	5
二十八年十月初四日	陕西学政沈卫	江苏：举人张一麐[1]、户部候补主事彭毂孙（附贡生）[1] 湖北：河南试用知县陶炯照（拔贡） 湖南：江苏候补道杨慕璿 浙江：分部主事陶葆廉（廪生）[2]，前安徽青阳知县汤寿潜[2]，廪生张祖廉[1]，江苏候补知府金兆蕃（举人） 福建：监生郭则沄（按：一字养沄） 陕西：举人毛昌杰、候选训导廪贡生张秉枢	11
二十八年十月初六日	刑部左侍郎沈家本	江苏：分省补用知县刘钟琳（举人）[1] 湖北：生员陈毅[2] 湖南：分省补用知县邹代钧（附生）[1] 浙江：廪生罗振玉[2]，直隶候补同知张美翊（生员）[2]，举人王舟瑶[1]、李廷栋	7
二十八年十月十四日	湖北学政胡鼎彝	江苏：举人程先甲，安徽大挑知县钱麟书（举人），湖北试用知县蒋宝諴（举人） 湖北：湖北蕲水县教谕张士瀛	4

续表

上奏时间（光绪）	荐主	被荐者	名数
二十八年十月十六日	奉天府府丞兼学政郑叔忱	湖南：湖北试用府经历李沺（副贡生） 浙江：举人施世杰 广西：内阁候补中书梁济（举人）	3
	云贵总督兼云南巡抚魏光焘	湖南：分省补用知县邹代钧[2]，贵州试用同知贺弼（举人）[1]，江苏存记补用道杜俞，副贡谢玉芝 云南：举人袁嘉穀 满洲：工部郎中端绪（廪贡生）	6
二十八年十月二十七日	刑部左侍郎崇勋	浙江：刑部候补主事刘敦谨（举人），刑部候补主事姚廷炘（举人） 福建：刑部候补主事蔡瑞年（附生） 广西：教习知县林炳华（拔贡）	4
二十八年十一月十六日	湖南学政柯劭忞	湖南：宜章县训导廖树蘅（廪贡生）[1]，华容县训导邓承鼎（举人），石门县候选训导阎镇珩，廪生曹佐熙、成本璞、黄钟骏	6
二十八年十一月十七日	兵部右侍郎顺天学政陆宝忠	江苏：外务部主事唐文治（进士），直隶补用道钱镠[1]，举人陈宗彝，廪生陆棻，监生庞树典，外务部员外郎王清穆（进士），江苏候选教谕周家禄（优贡） 广东：江西试用同知黄立权（举人） 浙江：恩赏员外郎陶葆廉[3]，记名简放道陶大均 福建：外务部主事陈懋鼎（进士）[1] 四川：内阁中书马潘年[1] 满洲：兵部员外郎绍英（荫生）[1]	13
二十八年十一月十八日	都察院副都御史张仁黼	直隶：编修华学澜 江苏：编修夏孙桐[1]，直隶补用道钱镠[2]，候选知州顾锡爵（廪生） 安徽：河南补用道胡翔林（举人），江苏候补道勔光典[2] 湖北：江苏补用知县洪槃（举人） 湖南：四川试用道何维棣（进士），广西试用道汤鲁璠（举人） 浙江：外务部员外郎沈曾植[2]，举人章梫，江苏补用道陈遹声（进士，翰林院庶吉士） 四川：举人吕翼文 河南：工部郎中秦树声（进士），吴烈（拔贡），直隶补用知府张孝谦（进士） 福建：候选同知江瀚（监生） 山东：五品卿衔孙葆田（进士） 广东：候选主事罗度（监生）	19

续表

上奏时间 （光绪）	荐主	被荐者	名数
二十八年十一月二十日	江苏巡抚恩寿	江苏：安徽试用布经王镛（廪贡生）[2] 湖南：攸县教谕许岳钟（举人） 浙江：江苏候补直隶州知州施炳燮（监生），江西候补道王燮 四川：举人拣选知县刘景松、傅守中，庆符县教谕伍鋆（举人） 满洲：浙江候补知府杨钟羲（翰林院编修）[1]	8
二十八年十一月二十一日	户部右侍郎戴鸿慈	直隶：分省知县陶镛（举人） 江苏：户部员外郎刘岳云（进士），候选道王丰镐（举人） 安徽：举人曹清泉 广东：编修梁士诒[1]，监生杨毓辉，礼部主事罗凤华（进士） 福建：副贡生吴钟善 浙江：内阁中书孟润奎（举人）	9
二十八年十二月初一日	护理山西巡抚布政使赵尔巽	直隶：附生李熙 山西：屯留县教谕田应璜（举人）、举人吴庚 浙江：候补知府王咏霓（进士）[1]，湖北试用知府叶景葵〔葵〕[2] 河南：山西保升道员宁远通判吴廷燮[1]	6
二十八年十二月初二日	署四川总督岑春煊	直隶：甘肃中卫知县王树枏[2]、直隶霸州训导纪钜维（拔贡） 江苏：庶吉士魏家骅[1]，分省补用知县刘钟琳（举人）[2] 安徽：直隶候补道杨士琦（举人），分省候补道周学渊（廪贡生）[1] 湖南：湖北试用知府聂其昌（附生） 浙江：举人王舟瑶[2]，副贡生周善培，附生罗振玉[3] 广西：翰林院庶吉士于式棱，分省试用知县况仕任（举人） 河南：宁远通判吴廷燮[2] 山西：在籍户部主事谷如墉[2]，举人贾酉山[1]	15
二十八年十二月初三日	山东巡抚周馥	江苏：庶吉士魏家骅[2]、顾祖彭，直隶候选州判（拔贡）华世芳[1] 安徽：中书科中书马其昶 山东：国子监学正衔前选武定府学教授法伟堂（进士），举人郑重、王维城，廪贡生孔庆塽，附生王善述	9
二十八年十二月初四日	兵部尚书徐会沣	直隶：刑部候补郎中张瑞荫 江苏：兵部候补郎中李钟豫，工部候补郎中唐浩镇（举人） 安徽：兵部候补主事张百城（举人） 广东：编修桂坫 满洲：兵部候补主事成沂（进士）	6

续表

上奏时间（光绪）	荐主	被荐者	名数
二十八年十二月初四日	都察院左都御史陆润庠	江苏：户部主事彭穀孙[2]，山东试用同知朱士焕（监生）[2]，候选教职徐沅（举人），举人章钰[2]、陆长儒，附生何实睿，监生庞树阶，候选道李振鹏（进士） 安徽：户部郎中刘体智（贡生）[1] 浙江：安徽候补知府王咏霓（进士）[2]，举人武曾任 江西：江苏候补道黎经诰（举人），举人胡其敬 四川：编修傅增淯 河南：礼部主事刘果（进士）	15
二十八年十二月初六日	吏部尚书管理学务大臣张百熙	顺天：庶吉士袁励准 江苏：湖南试用道张鹤龄（进士），候选知县屠寄（进士），户部候补主事杨道霖[1] 湖南：刑部候补主事李希圣[2]，贵州试用同知贺弼[2]，直隶委用知县罗正钧（举人）[1]，补用知县邹代钧[3]，举人张缉光[1]，优廪生王代功[1]，河南候补道易顺鼎[2]，湖北候补知州魏允恭[2]，湖北试用知府程颂万（监生），拣选知县唐祖澍，湖北候补道陈兆葵（翰林院编修）[1] 广东：编修李家驹，优贡罗惇曧，分部学习主事丁惠康（附贡生），广西候补道陈昭常（进士） 浙江：外务部候补郎中沈曾植[3]，刑部候补主事孙诒让[3]，举人蔡宝善、举人邵启贤，前青阳知县汤寿潜[3]，候选光禄寺署正罗振玉[4] 江西：内阁中书沈兆祉，湖北候补道梅光羲（举人） 四川：庶吉士李稷勋，员外郎乔树枏（举人），户部候补主事蔡镇藩（进士），内阁中书马瀜年[2] 山西：刑部候补主事王仪通[2] 满洲：候补员外郎绍英[2]	33
二十八年十二月初八日	大学士、吏部尚书孙家鼐	江苏：编修夏孙桐[2]、李传元、吴荫培 安徽：江西试用道江峰青（进士）[1]，分发试用直隶州知州刘体仁（举人），内阁候补中书方燕庚（举人） 湖北：国子监监丞刘德馨（举人）[2] 广东：编修李家驹[3] 浙江：江西石城知县王宾基（附贡生），户部候补郎中王宗基（举人） 山东：编修曹福元	11

续表

上奏时间（光绪）	荐主	被荐者	名数
二十八年十二月初十日	协办大学士徐郙	安徽：候选郎中刘体蕃（附贡生） 广东：编修梁士诒[2]，内阁中书麦鸿钧（举人），吏部候补主事梁志文（进士），工部候补主事曾文玉（进士） 山东：内阁中书秦锡镇（举人）[1] 广西：翰林院编修关冕钧	7
二十八年十二月十一日	盛京兵部侍郎萨廉	山东：花翎留奉试用道王志修（副贡）	1
二十八年十二月十三日	工部尚书吕海寰	江苏：直隶补用道何彦昇（副贡）、户部员外郎刘奉璋（翰林院庶吉士）[1]、江苏江浦县教谕陈庆年（优贡）[1] 浙江：安徽试用道沈瑞琳（举人） 福建：兵部主事陈寿彭（举人）[1]	5
二十八年十二月十四日	湖南巡抚俞廉三	湖南：内阁中书欧阳中鹄，宜章县训导廖树蘅[2]，举人梁焕奎，廪监生王代功[2] 河南：山西宁远通判吴廷燮[3] 浙江：副贡生傅以潜	6
二十八年十二月十五日	署理两江总督张之洞	直隶：庶吉士陈骧，刑部主事华学涑（举人） 江苏：编修缪荃孙，修撰张謇[2]，户部郎中刘奉璋[2]，候选郎中李维格[2]，候选内阁中书曹元忠（举人），候选内阁中书徐振清（贡生），候选同知张焕纶，候选通判王季烈（举人）[2]，江浦县训导陈庆年（优贡）[2]，直隶候选州判（拔贡）华世芳[2]，布政使司理问职衔贾文浩 河南：山西宁远通判吴廷燮[4] 安徽：江苏候补知县蒯光典[3] 湖南：刑部主事李希圣[3]，候选知县邹代钧[4]，拔贡姚炳奎，廪生左全孝 广东：廪贡生马贞榆，通判职衔罗照沧，通判职衔汤金铸 浙江：编修沈曾桐，刑部主事孙诒让[4]，候选光禄寺署正罗振玉[5]，安徽候补知府王咏霓[3] 福建：候选道魏瀚[2]，举人陈衍[2] 江西：编修刘廷琛 广西：举人汪鸾翔	30

续表

上奏时间（光绪）	荐主	被荐者	名数
二十八年十二月十六日	兵部左侍郎李昭炜	顺天：恩县知县李维缄（进士） 江苏：举人程澍 安徽：编修陈同礼，江西庐陵知县郑恭（进士），江西候补道江峰青（进士）[2]，举人鲍鸿，江西试用直隶州州判方履中（举人），分省补用道周学渊[2]，廪生光昇，附生江谦，河南候补道张承声（监生） 广东：安徽试用知府陈庆龢（副贡） 湖南：江西婺源知县方永昷（举人），议叙知县易顺豫（举人） 福建：江苏南丰知县陈君耀（进士） 江西：举人龙元勋，山东清平知县梅汝鼎（进士），举人傅尔贻、张佑贤、彭士华，编修万本端	21
	国子监祭酒王埏	山东：前大足知县丁昌燕（进士）、内阁中书秦锡镇[2]、内阁中书赵录绩（举人）、兵马司副指挥丁汝彪（廪贡生）	4
二十八年十二月十九日	署礼部右侍郎郭曾炘	直隶：编修严修[1] 浙江：庶吉士陆懋勋，湖北试用知府叶景葵[1] 福建：选用教职林纾（举人），分省补用知县高而谦 山东：四川补用道张鸣岐（举人） 满洲：议叙知县力钧，浙江候补知府杨钟羲（翰林院编修）[2]	8
二十八年十二月二十二日	浙江学政张亨嘉	江苏：户部主事杨道霖[2] 湖南：庶吉士戴展诚，刑部主事李希圣[4]，举人谭绍裳，优贡戴德诚，廪贡任元德，刑部员外郎曾广镕，河南禹州知州曹广权（举人）[1] 浙江：前安徽青阳知县汤寿潜[4]，举人胡仁源、张祖廉[2]、周蕴良，廪生冯巽占，安徽试用道刘树屏（进士） 福建：平和县学教谕吴曾祺，外务部主事陈懋鼎[2] 四川：湖北试用道宋育仁[2] 贵州：刑部主事姚大荣（进士）[2]	18
二十九年正月十五日	山西学政刘嘉琛	直隶：内阁中书王春瀛（拔贡），刑部主事王守恂（进士） 山西：举人贾酉山[1]，优贡崔廷献	4
二十九年正月十九日	陕甘总督崧蕃	直隶：甘肃中卫知县王树枏[3] 江苏：甘肃补用知县顾其义（举人） 湖南：甘肃试用县丞易抱一（附生） 浙江：广东候补道姚文倬（进士），举人许宝蘅 陕西：甘肃试用知县杨懋源（举人）	6

续表

上奏时间（光绪）	荐主	被荐者	名数
二十九年正月二十日	广西巡抚王之春	籍贯不详：四川试用知县苏蔼銮	1
二十九年二月初一日	都察院左副都御史恩顺	江苏：中书科中书截取同知朱孙荪（贡生） 河南：翰林院编修顾瑗	2
	广东学政朱祖谋	直隶：编修严修[2] 江苏：生员狄毓乡 安徽：礼部主事章法护（进士） 湖南：河南禹州知州曹广权[2] 浙江：编修吴庆坻，直隶补用道沈桐（贡生），生员宋恕 广东：户部主事曾习经（进士）[1] 满洲：浙江候补知府杨钟羲[3]	9
二十九年二月初二日奏到	广西学政汪诒书	湖南：安徽候补道赵上达[2]，广西知府曾广钧（进士），直隶知县罗正钧[2]，贺弼（举人）[3]，刑部主事郭宗熙（举人），湖北候补道陈兆葵（翰林院编修）[2]，举人陈于夏、张缉光[2]，刑部郎中陈毅[2] 广东：户部主事曾习经[2]，外务部主事饶宝书（进士） 福建：广西知府沈赞清	12
二十九年二月十二日	江苏巡抚恩寿（续保）	江苏：庶吉士潘昌煦，举人单镇、张一麐[2] 福建：举人陈寿彭[2] 安徽：户部学习行走郎中刘体智[2]	5

说明：表 2 中，湖北附生陈毅与刑部郎中陈毅，系姓名相同。另有一些人，因参加乡试、会试、捐纳及其他原因，在应试癸卯特科前后，身份不断变动，如王季烈中江南举人；罗良鉴由监生，晋身举人、拣选知县；李维格，以候选盐大使捐候选郎中；罗振玉，由生员晋升候选光禄寺署正；郭宗熙、单镇、章钰、吴瑑、易顺豫、周蕴良、武曾任、方履中、袁嘉毅、廖振榘、陈曾寿、郭则沄，中癸卯进士；祝廷华、王宗基、吴庚，中癸卯科补行辛丑壬寅进士，等等。此外，还有因荐主的原因，致使被保者的姓名、身份发生歧误者，如郭养沄，应为"郭则沄"；李鑫鐜，应为"李金镂"；唐景崇所保之孙诒让，原开系户部主事，端方单开则称刑部主事；陈夔龙所保之罗振玉，原开系浙江附生，沈家本单开则称廪生；沈家本所保之张美翊，原开系候补同知，吴士鉴单开则称知县等，不再一一指出。

　　综上可知，此届特科被保者合计 448 人次，排除重荐者，实计 362 人。这一数字不仅大大超出康、乾"词科"的被保人数，也高于同年癸卯常科殿试 317 人的总规模。正因为如此，社会舆论颇多攻击其滥保，或谓"某大臣所举乃其故旧，某大臣所举乃其亲戚，某大臣所举乃显要之子弟，某大臣所举乃属下之人员……纷纷訾议"。① 特别是光禄寺卿曾广汉所保李宝嘉等，颇多混迹报界，一度招致御史周树模的弹劾；李宝嘉也因此被政务处除名。此外，该届特科中还涌入大量勋臣后裔及世家子弟，并且不乏兄弟同膺特科，也是招人非议的重要原因。再则，此届特科对于被保官员的身份原有一定限制，但从实际保举情形来看，在京各大臣所保人员，多系部曹京官，实缺外官之列保者，也颇不乏人。正如某御史所批评：特科原为拔取真才、遗才，并非专考京官，"况既已服官，无论何署，均自有可见经济之处，岂必俟一考哉！"②

造成此届特科保举人数众多且冒滥严重的原因，一是经济特科前废后举，造成部分大臣行事的混乱。事实上，与戊戌特科相比，"除京朝之官稍有变易，外省各督抚多仍故旧，其在戊戌举行之时，固尝有所保荐，天下人才只有此数，则今之保荐又安所别觅？"③ 为此，一些大臣因避讳而刻意另觅新人，是造成所举人才质量不高的原因之一。二则少数大臣从开通风气、鼓舞士心的立场出发，刻意从宽保举。如陕西学政沈卫就认为："现在风气初开，全材难得，臣愚以为选举宜宽其格，而朝廷之甄录必严……庶风声所树，可以作士气而励人才。"④ 三则与数年前相比，仕途拥堵的情况日甚一日，致使越来越多的人将特科当成仕途经济的筹码。举人张一麐即表白称："余以甲午而后，三次回避，无路进身，揭债入都，姑妄一试。"⑤ 四则部分大臣借机接受贿赂、曲徇私情，也为一些纨绔恶少、候补官员大开投机之门。

就该届特科被保者的出身构成来看，绝大多数都拥有传统功名、官职或教职，尤以徘徊在仕途边缘的翰詹科道、候补官员、进士、举人等居多。截至诸人被保特科为止，可确定其最高出身为举人以上者，共计228名，占总数的五分之三强；其中还包括拥有进士以至翰林出身者89名。与戊戌特科相比，拥有高等出身的人员比例更高。这既凸显了当时官场人浮于事的严重现状，也预兆了传统科举制度的穷途末路，即便取得高等科举出身，

① 《论经济特科》，国家图书馆编《（清末）时事采新汇选》第6册，北京图书馆出版社，2003，第2998页。
② 《纪事·条陈特科》，《新民丛报》第26号，光绪二十九年正月二十九日。
③ 《论特科》，《同文沪报》光绪二十七年四月二十一日。
④ 《钦遵懿旨保荐堪应特科人材折》，光绪二十八年十月初四日，台北故宫博物院图书文献处藏，军机处档折件，150925。
⑤ 张一麐：《心太平室集》卷八，出版地不详，1947，第34页。

也难以确保其在仕途上一路通畅。

值得注意的是，该届特科被保人员中拥有新式学堂教育背景的员名，较之戊戌特科，有了显著增长。其中，占据最大比重的，是曾经或正在就学、就职于京师大学堂的人员。拥有两湖书院（按：1903 年改为"两湖文高等学堂"）背景的，也有十余人之多。南洋公学总理刘树屏、张美翊，总教习张焕纶，学生冯善徵，同在被保之列。此外，还有河南大学堂总办胡翔林，甘肃大学堂总教习刘光蕡，历充四川川东、致用书院院长江瀚等。早期的洋务学堂生也渐有荣膺保举者，如出身同文馆的王季烈、陶大均，出身福建船政学堂并曾赴法国深造的杨廉臣、魏瀚、高而谦，出身东文学习馆的刘庆汾等。尽管此一现象的形成，相当程度上是基于张百熙、张之洞等少数大员的个人倾向，但与戊戌年相比，国人对于新式教育的认同程度明显提升，应无疑义。而在这批接受新式教育的人员中，又有许多人同时拥有传统功名，这也是教育改革转型期的典型特征。

从被保者的地域分布来看，位列前三甲的是江苏、湖南、浙江三省，其人数相加，几近总数的一半；尤其湖南籍人士，在特科榜单上的位次，已经超过浙江。广东省被保人员总数仍居第四。山东、江西籍被保人数，与戊戌科相比，在全国的总排名微有上升，分居第七、第十；河南、陕西、贵州、奉天四地，则出现零的突破，各有 6、6、3、2 人入围。满洲人士被荐者有 6 位。甘肃、新疆及蒙古地区人士，依然无一列保。

表3　癸卯特科被保人士籍贯分布表

籍贯	江苏	湖南	浙江	广东	安徽	湖北	山东	直隶	福建	江西	广西	四川	河南	满洲	陕西	山西	贵州	奉天	云南	不详	合计
人数	70	60	47	26	24	21	16	14	15	13	12	12	6	6	6	6	3	2	2	1	362

至于此届特科被荐者的年龄，由于其时颇有"官年"与"实年"的差别，统计起来相当困难。1904 年北洋官报局刊布的《经济特科同征录》，曾据礼部官册，登录其中 186 人的年龄。笔者又据其他官方档案加以补充，大约可知其中 310 人的"官年"。[①] 其中，年纪最长者，为 65 虚岁的杨守敬、

---

① 参考《经济特科同征录》"齿录第四"，第 1~8 页；顾廷龙主编《清代朱卷集成》，台北，成文出版社，1997；秦国经主编《中国第一历史档案馆藏清代官员履历档案全编》。

廖树蘅，一为当时著名的藏书家、书法家、历史地理学家，一因经办湖南水口山铅锌矿有成而享有盛誉；最幼者为20岁的举人胡仁源。从年龄分布来看，处在31~40虚岁之间者有116人，占被统计人数的三分之一强。总体来看，与戊戌特科相比，被保者年轻化的趋向有所增强。

癸卯特科与戊戌特科相隔仅仅五年，但两届被保人员中只有42名重合，占癸卯特科被保总数的十分之一。其中，"康党"被刻意排除在外是一重要因素。再则，前科保荐大臣为避免犯忌，也有意不予重保。取而代之的，是世家子弟、候补官员、部曹京官乃至酒肉征食之辈，大量涌入特科，这一则导致了癸卯科人才质量的下降，二则也昭示了当时徇情滥举、人浮于事的严重现状。尽管该科中拥有新式教育背景的，较戊戌特科明显增多，但也仅仅集中在张百熙、张之洞等少数人物的保荐单上，很难被视为一种普遍现象。更为重要的是，时移世易，经历了戊戌特科流产与庚子事变的冲击，时人对于特科的尊仰程度已远不如前。甘肃学政叶昌炽在其日记中称："新保经济特科政务处咨到第二次清单，陆离迷目。本拟举曾刚甫、王雪澄应诏，今不敢以此辱二君矣。"① 夏敦复也叮嘱叶景葵："特科非正途，万不可应试。"② 唐则瑯还因被保特科，在报纸上公开刊文拒绝。时人心理的这种显著变化，正形象地反映了政府威信的急剧下降与官绅阶层离心力的日益增强。不过无论如何，癸卯特科最终还是得以开考，并且成为清朝乃至整个封建王朝特科史上的最后一抹残阳。

三 波澜反复的癸卯特科

经过两年多的筹备，光绪二十九年（1903）闰五月，癸卯特科正式开考。不过在此之前，关于朝廷有意推迟乃至停罢特科的流言，始终不断。这一则缘于朝野内外对于被保者的资格存在颇多异议；二则当时官场上早已人满为患，而特科被保人员多达数百，如何安置，也将是一棘手问题；三则中国周边的紧张形势，特别是日俄之间的剑拔弩张，对于经济特科的举办，也产生一定不利影响。不过，在此之前，朝廷已将特科推迟过

① （清）叶昌炽撰、王季烈辑《缘督庐日记抄》卷十，光绪二十八年十二月二十八日，顾廷龙主编《续修四库全书·史部·传记类》（576），上海古籍出版社，1996，第651页。"曾刚甫"，曾习经；"王雪澄"，王秉恩。

② 《经济特科同征录》，叶景葵：《卷盦书跋》，上海古籍出版社，2006，第30页。

一次，倘若竟行废罢，早已江河日下的政府形象，必将再遭重创。适逢张之洞卸任两江总督，入觐述职，遂借机向慈禧太后进言："此事中外注目，若半途辄止，贻笑外人。"① 朝廷几经权衡，最终决定于常科殿试之后，诏试特科。

闰五月十六日，癸卯特科在保和殿初试，实际到场 186 人，稍高于乾隆丙辰词科的应试人数，但如以被荐总数 362 名计，应试率仅及一半。造成这一出入的原因：一则部分人员因现任实缺或充任要差，为各该省督抚奏留不考。二则此届特科滥保太甚，志趣稍高及束身自好者，多不屑应考。三则少数人士适逢丁忧，未能应考。四则朝廷在开办特科上的游移，及此届特科取额窄、待遇薄的传言，也影响到被保者的应试热情。部分被保者，甚至于初试当日，在城外各处请客，以示清高。尽管如此，与清朝此前的历届制科相比，癸卯特科的应试规模依然是首屈一指的。

特科初试阅卷大臣共 8 位：张之洞、兵部尚书裕德、吏部右侍郎张英麟、兵部尚书徐会沣、都察院左副都御史张仁黼、户部右侍郎戴鸿慈、内阁学士熙瑛、兵部左侍郎李昭炜。其中，张之洞因系慈禧太后钦点，位居首座，一手敲定了考试命题。初试试题为一论一策，首题为："《大戴礼》：'保，保其身体；傅，傅之德义；师，导之教训'，与近世各国学校德育、体育、智育同义论"；次题为："汉武帝造白金为币，分为三品，当钱多少，各有定直。其后白金渐贱，钱制亦屡更，竟未通行，宜用何术整齐之策。"② 张之洞之所以此命题，一是鉴于当时急务莫如财政、教育，二是有心照顾陈衍、陈毅（湖北生员）二人专长，蓄意提拔。③ 至于录取规则和录取结果，也皆由张之洞掌控：

> 十八日卯正，移卷箱上殿……诸大臣自香涛外，各将取列一等之卷，略加评骘，以小纸书之，以便香涛覆勘，盖俨然视香涛为总裁官，而自居于房考之列也。巳初，香涛始覆勘七人之卷，绝不徇同官之情，于其原定等第，时有升降。④

---

① 《时事要闻》，《大公报》光绪二十九年闰五月十五日。
② 《经济特科同征录》"首二场题"，第 1 页。
③ 王真续编、陈声暨编、叶长青补订《石遗先生年谱》卷四，民国年间刻本，第 20 页。
④ 吕佩芬：《湘轺日记》附"特科纪事"，北平北江旧庐铅印本，1937，第 2~3 页。"香涛"，张之洞；裕德；"劭予"，张仁黼；"李理臣"，李昭炜。

　　劢予言香涛阅特科之卷，其不取者有三：一蹈袭康梁之书例；二引用西书不择典正者；三誉外太过立言失体者，均不入选。[①]

　　正是得益于张之洞的积极干预，特科初试的确网罗了不少一时才俊，但他的独断，也着实得罪了不少朝中亲贵，对于特科复试产生一定消极影响。

　　闰五月二十一日，初试放榜，取中一等梁士诒、杨度等48名，二等桂坫、端绪等79名，另备取生59名，取中率为68%。被取者中，拥有举人以上出身者85人，占总数的五分之三强（按：经由癸卯春闱，一些被保者的身份已发生变动，此处以诸人的新身份为准）。[②] 其籍贯分布，仍以江苏人居首，共37位；湖南、浙江两省人士居次，各16位。由于谕旨及相关章程并未明定被取者的待遇，初试阅卷大臣们最初悬想甚高，希望"一等、二等听上施恩录用，备取者若系官员，则加一级，举员则送大学堂肄业，生监则送国子监肄业"。[③] 张之洞还奏请慈禧太后破格录用优等生，以示重视。

　　然而守旧官员出于对新式人才的疑忌和对张之洞专擅行为的不满，对初试结果颇持异议。有些官员还以初试录取者中混入党人为名，主张从严。如军机大臣瞿鸿禨在召对时，妄造"梁头康尾"之谣，称"一等第一名梁士诒，系广东人，为梁启超之弟，其名末字又与康祖诒相同，梁头康尾，其人可知"。这更加深了慈禧太后的猜忌心理。[④] 列名第二的杨度，也因籍隶湖南，且曾留学日本，被疑与保皇党、革命党有所勾结。适逢同年闰五月二十四日，混迹京津报界的前自立党党魁——沈荩，被人告发逮捕，并于数日后被慈禧太后下旨杖毙。凡此种种，使得京城内外风声鹤唳，人心惶惶，对于特科复试造成极其不利的影响。

　　闰五月二十七日，复试特科梁士诒等127人于保和殿，试题仍为一论一策，首题为："《周礼》农工商诸政各有专官论"，次题为"桓宽言：'外国之物内流而利不外泄，则国用饶、民用给'，今欲异物内流而利不外泄，其道何由策"。[⑤] 复试阅卷大臣，与初试相比，抽换掉一半，分别为：张之洞、

① 吕佩芬：《湘轺日记》，光绪二十九年闰五月二十二日，第1页。
② 《光绪宣统两朝上谕档》第29册，光绪二十九年闰五月二十一日，第173～176页。
③ 吕佩芬：《湘轺日记》附"特科纪事"，第3页。
④ 参见风岗及门弟子编《三水梁燕孙先生年谱》上，出版地不详，1946，第42页；杨云惠《从保皇派到秘密党员——回忆我的父亲杨度》，上海文化出版社，1987，第18页。
⑤ 《经济特科同征录》"首二场题"，第1页。

刑部尚书荣庆、葛宝华、吏部右侍郎张英麟、兵部左尚书陈邦瑞、户部右侍郎戴鸿慈、兵部左侍郎李昭炜、署吏部右侍郎郭曾炘。张之洞虽然仍居首座，但因慈禧太后限定取额不过 30 名，颇费踌躇。荣庆记其事称："派阅特科复试卷，……由香翁定弃取，奉庆邸诸位传旨，一等十名，二等二十名，不拆封，十一钟阅毕，四钟香翁始定毕。"① 及至复试试卷呈上，慈禧太后又命军机大臣覆勘，再淘汰 3 人。最终录取一等袁嘉穀、张一麐等 9 人，二等冯善徵、罗良鉴等 18 人，合共 27 人。原特科初试头等前五名，仅录取张一麐一人，余四人皆落选。就其录取总数来看，虽略高出乾隆丙辰词科的取士规模，但真正负盛名者并不多，此后也大多湮没无闻。

六月初十日，考取经济特科人员奉旨引见。传闻此前军机大臣王文韶曾向慈禧太后进言："若辈皆讲求新学，屡以废科举为言，何必再以科甲与之？但求皇太后赏以饭碗，可也。"② 迨至授官命下，果然擢用极薄，京职、外任，仅就原阶略予升叙，举贡用为候补知县、州佐。这不但与"博学鸿词"科的待遇相差悬殊，甚至较之常规保举也不显过优。喧闹一时的癸卯特科，就此惨淡收场。

表4　癸卯特科复试取列人员履历及分等名单③

（注：诸人年龄依礼部官册为准）

复试	姓名	出身、履历	初试等次	年龄（虚岁）	籍贯	荐主	升途
一等	袁嘉穀	进士、翰林院庶吉士	二等第7	27	云南	魏光焘	授编修，免其散馆
	张一麐	举人	一等第4	35	江苏	沈卫	发往直隶，以知县补用
	方履中	进士、翰林院庶吉士	二等第47	30	安徽	李昭炜	授编修，免其散馆

① 谢兴尧整理点校《荣庆日记》，光绪二十九年闰五月二十七日，西北大学出版社，1986，第63页。"香翁"，张之洞。

② 《王文勤恶经济特科》，徐柯：《清稗类钞》第2册，中华书局，1984，第717页。

③ 资料来源：《带领引见覆试一二等经济特科人员名单》《经济特科人员分等名单》，台北故宫博物院图书文献处藏，军机处档折件，157930、157933；《经济特科复试取列奉旨召见人员详细履历题名单》，《鹭江报》1903年第42期；吕佩芬：《湘韶日记》，光绪二十九年六月初二日，第4页。

续表

复试	姓名	出身、履历	初试等次	年龄（虚岁）	籍贯	荐主	升途
一等	陶炯照	贡生、河南试用知县	一等第35	37	湖北	沈卫	以知县仍留原省即补
	徐沅	举人、候选教职	一等第34	28	江苏	陆润庠	发往直隶，以知县补用
	胡玉缙	举人、兴化县教谕	一等第21	43	江苏	李殿林	发往湖北，以知县补用
	秦锡镇	举人、内阁中书	二等第26	36	山东	徐郙 王垿	发往江苏，以同知补用
	俞陛云	进士、翰林院编修	一等第31	36	浙江	陈夔龙	记名，遇缺题奏
	袁励准		二等第74	24	直隶	张百熙	
二等	冯善微	优贡	二等第39	35	江苏	李殿林	以知县分省补用
	罗良鉴	举人、拣选知县	一等第38	26	湖南	曾广汉	
	秦树声	进士、工部郎中	一等第10	42	河南	张仁黼	作为俸满截取
	魏家骅	进士、翰林院编修	一等第14	39	江苏	岑春煊 周馥	保送知府
	吴钟善	副贡生	二等第60	23	福建	戴鸿慈	以州判分省试用
	钱镮	举人、直隶试用道	二等第69	51	江苏	张仁黼 陆宝忠	以道员仍留原省补用
	萧应椿	举人、分发试用道	二等第15	48	云南	张英麟	以道员发往山东试用
	梁焕奎	举人	二等第20	35	湖南	俞廉三	以知县分省试用
	蔡宝善	举人	二等第17		浙江	张百熙	
	张孝谦	进士、直隶补用道	一等第44	47	河南	张仁黼	以道员仍留原省即补
	端绪	廪贡生、礼部候补郎中	二等第2	27	满洲	魏光焘	俟留部后以郎中即补
	麦鸿钧	举人、内阁中书	二等第21	28	广东	徐郙	作为历俸期满
	许岳钟	举人、攸县教谕	一等第41	46	湖南	恩寿	以知县分省试用
	张通谟	举人	一等第9	40	湖南	刘坤一	

续表

复试	姓名	出身、履历	初试等次	年龄（虚岁）	籍贯	荐主	升途
二等	杨道霖	进士、候选郎中户部候补主事	一等第20	48	江苏	张百熙张亨嘉	仍以主事即补
	张祖廉	举人	一等第39	31	浙江	沈卫张亨嘉	以知县分省补用
	吴烈	贡生、候选直隶州州判	一等第23	43	河南	张仁黼	
	陈曾寿	进士、刑部学习主事	一等第6	23	湖北	张之洞端方	作为学习期满

倘若说此前的"博学鸿词"科，以其抡才盛典而垂为美谈，癸卯特科却因朝廷的种种举措失当及其怪相百出，成为清朝历史上"最失士心"[1]的一科。其实，早自戊戌时期，浙江巡抚廖寿丰就曾强调过"经济特科"与"博学鸿词"科等传统制科的区别，并对以文字高下衡量专业人才的做法提出过商榷。[2]迨至癸卯特科再举，时人对经济特科的考选方式更是颇多质疑。或曰："经济，非可以言见者也。……岂纸上空谈者所能袭取哉！……原设鸿博科之意，只取文章尔雅、经术湛深者，藉以润色鸿业，黼黻升平，故即以文字第其等差已足见国家稽古右文之意。若兹之特科，所重在经济耳，事虽相同而意则迥别，安可与之相提并论哉！"[3]或曰："所保诸人，有长于经学者，有长于史学者，有长于兵学者，有长于算学者，有长于格致者，有长于时务者……而首场所试之题，则只在教育之大意、陈旧之钱法。复试之题，则又为周官之陈迹、商务之常谈……苟以此为凭，则又与科举何以异？"[4]换言之，与戊戌特科相比，在新式学堂大量兴办、出洋留学蔚然成风的情况下，癸卯特科更多暴露的是其陈旧落伍的一面。

再者，从癸卯特科的实际考试状况来看，多数人依然未能摆脱常科中

---

① 冒广生：《癸卯大科记》，《如皋冒氏丛书》第27种，出版地不详，1917，第16页。

② 《经济科为人才所出请饬妥议章程以收实效折》，光绪二十四年三月十六日，《戊戌变法档案史料》，第212～214页。

③ 《论经济》，《申报》光绪二十九年六月初一日第1版。

④ 《论今日不易得人才》，光绪二十九年，《（清末）时事采新汇选》第6册，第2981页。

形成的惯性心理，当然也未能摆脱充斥于常科的种种痼疾。先从应试者的考前准备来看，尽管特科章程声明不重楷法，但考期临近之时，"与考诸公均寻觅静室，勤习楷法。……中国经济人才，即此可见一斑"。① 陈黻宸也评论："今科殿试、朝考专重抄写。更有奇者，考经济特科亦重抄写。变法之后办法如此，天下滔滔，令人目眩！"② 再看应试者在考场上的表现，更是让人瞠目结舌：

> 日前考试特科，有某某二君不明题目体育、智育、德育为何义，遍询同考诸公，始敷衍完篇。
>
> （初试）考试科目之日，天气极热，与试者在殿上多有将大衣脱去，仅余汗褂者，且翻阅书籍，监试者亦不过问。③
>
> 有正场考列高等之某太史，竟不知桓宽为何朝人，在殿廷历询之于同试者。④

试后，因陈衍顶格答卷，考官们又拒阅其卷，这让原本对特科就寄望不高的张之洞，更增感慨："经济人才而用考试，已不合矣，尚要论格式乎？……可叹，可叹！"⑤ 张一麐还透露："余卷本列第一，拆封见一江苏举人，以煌煌大典之特科，而首列本无官阶，过于减色，乃以原定第十名之袁君（按：袁嘉穀）易之。"⑥

值得注意的，还有时人新旧之见的难以浑融，尤其在政治上层中，厌恶新学的风气依然相当普遍。与常规科举中部院大臣争相出任阅卷大臣的情况，形成鲜明对比，癸卯特科初试时，"满汉大臣皆不愿列名，多有请假者。故礼部奏派阅卷大臣，仅得八人之数"。⑦ 迨至复试时，廷臣们同样避之唯恐不及。郭曾炘之子郭则沄道："先文安公与覆试阅卷，言是日各衙门堂衔多注假，列名者仅八人，遂俱获派。衡文非畏途也，而规避若此，是

---

① 《时事要闻》，《大公报》光绪二十九年五月二十八日。

② 《致醉石弟书第二二》，1903 年 7 月中旬，陈德溥编《陈黻宸集》下册，中华书局，1995，第 1060 页。

③ "特科条闻"，《大公报》光绪二十九年闰五月二十日。

④ 徐柯：《经济特科复试题》，《清稗类钞》第 2 册，第 716 页。

⑤ 《石遗先生年谱》卷四，第 20 页。

⑥ 张一麐：《心太平室集》卷八，第 34 页。

⑦ 吕佩芬：《湘轺日记》附"特科纪事"，第 2 页。

足觇当日风尚矣。"① 欲以旧思想、旧观念如此浓厚的政治上层，提拔有新思想、新观念的新人才，实在不能不让人有缘木求鱼之慨。

至于清政府对有党人嫌疑的特科人士严加清查的行为，更是沦为革命、保皇两党争相抨击的口实。如革命党以《经济特科者，制造革命党之机械也》为题，针对特科初试录取的18人被指为革命党而逮捕的流言，依次向国人、醉心改革者及汉族官僚敲响警钟称：

> 今日汉、满两族之界限已如鸿沟之划然，万难再合。汉人虽恭顺，满人总以为叛逆。汉人虽忠君，满人总以为革命。不观夫经济特科乎？同胞之恶梦，其可以醒矣。
>
> 今日满清政府可以逮捕经济特科，明日又何不可以乡试、殿试之人，指为革命党而逮捕之，则诸君所抱持之运动满清政府之目的不可达，而先断送此万金国民之躯也。
>
> 满汉政府煌煌之谕旨，三令五申，所以诏戒诸君者，岂不曰保举心术端正、学问纯粹之士乎？而诸君今日所〈所〉保举者，满清政府乃指为革命党，则诸君为革命党之首领也。诸君虽为满清政府数十年之恭顺无贰心之老汉奸，然乌能保其不疑诸君？试思今日汉、满两族竞争正为惨剧之时，满清政府其尚信诸君乎？②

《短批评：经济特科之结果》，用语虽不如上文激烈，却也同样点中清政府的软肋："以卢骚二字而除名，以疆吏之讦参而抽卷。除名、抽卷之不已而捕人。而不在此列者，其用阶不过照原品加一衔、升一级而止，而诸人之不满意者已多。于此而欲网罗不逞之徒，以保我家运，毋乃方针之左？……吾观以此而知东亚君民之残局可从此定矣。"③ 保皇党同样谴责清政府的做法太过拙劣："榜既发，且复试矣，忽有逮捕之耗，于是有株累之嫌疑者，纷纷轻骑襆被，微服出都门。且闻条列数十人，虽素有顽固腐败之名者，亦厕其列。虽未竟其狱，然风声鹤唳，京师皇皇矣。噫嘻，明诏征之，大臣荐之，使之鳞萃阙下，英雄尽入彀中，然后为一网打尽之计，

---

① 《经济特科》，（清）龙顾山人纂，卞孝萱、姚松点校《十朝诗乘》，福建人民出版社，2000，第1000~1001页。"文安公"，郭曾沂。
② 《江苏》1903年第4期，第11页。
③ 《短批评：经济特科之结果》，《国民日日报汇编》1904年第1期。

计则巧矣，得无儿戏耶？"①

即便政府中人，对朝廷在癸卯特科中种种自相矛盾的做法，也是无以自解。御史徐堉总结称："臣闻自保送以至考取，均非核实之道。当其保送也，原保大臣所知者固不乏人，而或采之虚声，或出之以请托，转相标榜，互为推援。……既其考试也，有裹足不前者，亦有临场不到者，人心向背，于斯可见。即入场之人，能文者固自不少，而夹带盈箱，抄袭满纸，揆之经济两言，已属有名无实。迨至取定名次之后，更觉骇闻，或谓场外拟题，或谓抄录报本，更或谓康梁党、富有票、洋商大贾滥厕其中。以惶惶然求才之特科，而物议滋纷，薰莸莫辨，人言啧啧，实觉可骇而可惧。"② 张之洞也慨叹："此事意外阻力太多太巧，闷闷。"③

倘若说戊戌特科尚有几分郑重其事的意味，那癸卯特科在相当程度上就是一场闹剧。慈禧太后虽然充当了特科的发起者，却缺乏足够的政治诚意。故辛丑四月刚有举办特科之旨，当年六月即有严格保举之谕；特科集试原定壬寅正月，后又延至癸卯年闰五月；初试结果录取从宽，复试结果又大相径庭。其种种犹疑不定的举措，不但为革命、保皇两党所嘲讽，也使有识官员大失所望。尽管此届特科中，"康党"在国家高层政治上、人事上的影响已被基本清除，但"康党"的威胁在慈禧太后心中依然根深蒂固。"梁头康尾"之谣与"沈荩案"的发生，着实正中她的要害，并直接影响到特科复试的考选与任用。而革命党的迅速崛起，也被清政府视为继保皇党之后的又一心腹大患，故有急令严查革命党之举，及杨度狼狈逃亡日本之事。癸卯特科的虎头蛇尾与所取人才的不景气，不仅使国人对朝廷的"下诏求贤"严重失望，并连带质疑朝廷推行新政的决心与诚意，也再次印证了政府的失道、制度的腐朽、人心的疏离以及晚清王朝末日不远的国运。光绪三十四年（1908），因御史俾寿之奏，督办政务处一度又有仿行"博学鸿词"科，保存国粹之议。然因光绪皇帝、慈禧太后相继薨，主持其事的张之洞也于不久后离世，最终不了了之。

---

① 《杂评：特科异闻》，《新民丛报》第 35 号，光绪二十九年六月十四日。

② 《经济特科保送人员当慎重其选片》，台北故宫博物院图书文献处藏，军机处档折件，157799；军机处《随手档》，光绪二十九年六月初三日。

③ 《致武昌梁署盐道》，光绪二十九年六月初六日亥刻发，赵德馨主编《张之洞全集》第 11 册，第 87 页。

小　结

在清代制科史上，康熙己未"词科"取士最宽，"而最为后世所称述，性道、事功、词章、考据，皆有绝特之成就"。乾隆丙辰"词科"，取士规模缩为前者的三分之一，已有"但为承平之世增一部鼓吹"之讥。至于光绪癸卯特科，尽管被举人数和应试规模超越前两科，却是"最失士心"的一科，孟森先生讽之为"盲人瞎马，彷徨索救，狐埋狐揾，举动多可疑"，诚为确评。①

清季两举经济特科的失败，表面上缘于慈禧太后的举措失当，本质上却正反映了专制统治的腐朽落后。戊戌年间，康有为等人之所以有意将经济特科与预设的"制度局"连贯一气，归根究底就是想以君主立宪取代皇权专制。迨至癸卯年，人们更是深刻意识道："处弱国之境遇，而欲广求人材……莫如改定教育方针，首先革除旧日之专制政治。"② 此外，新旧之见的难以消融，也是横亘在清季特科制度前的严重障碍。所谓"经济人才"，要在熟谙西学、精通时务。然而不论是戊戌年间，抑或癸卯年间，勿论时人对于西学的认识途径和认识程度都太过有限，即便有不世出的人才，也很难在当时的政治上层立足。戊戌年间，与经济特科相关诸人被杀、被黜的遭际，以血淋淋的事实印证了此点。迨至癸卯年间，慈禧太后也依然是"不喜新学，而经济特科皆言新学者，故深恶之。既下明诏举之，又不得不一加考试。故头场录取一百余人，太后甚不谓然，此覆试所以严加澄汰也"。③

再就经济特科本身而言，尽管晚清两举特科都号称模仿"词科"，但少数有识之士已然意识到"经济科"与"词科"在选才取向上的重大区别，尤其庚子之后，朝廷已然废除八股，改试策论，经济特科与常科就考试形式而言，已无太多本质差异。换言之，开设特科之于科举改革的积极作用已被大大冲淡。正如某文所评论："今兹寻常科举，考法已变，废八股而改试策论，类皆以中外古今、政治史事、艺学等试士。……乃今（特科）之所考试者，既仍不出夫中外古今、政治史事、艺学，空言敷衍，与寻常科举无异，而一论一策，仅仅两场，较之寻常科举之考试三场至十三艺，此

---

① 孟森：《己未词科录外录》，《明清史论著集刊》下，第484、508页。
② 《论人材与弱国之关系》，《大公报》光绪二十九年闰五月十九日第1版。
③ 吕佩芬：《湘轺日记》，光绪二十九年六月初五日，第4页。

外复有考遗、复试、朝考、殿试各考试者，其容易且远过之。事半功倍，劳轻荣重，更何以解于经济特科赫赫之名而副其实乎？"① 而癸卯特科的结果也印证了即便是制科再举，也难以挽救科举制度日趋没落的颓势。事实上，与开设特科相比，有志之士考虑更多地亦是如何敦促朝廷尽快废除科举，以迎合通过新式学堂来培养、求取专业人才的时代需求。

从戊戌到癸卯，相隔不过五年，中国的内外局势已然发生沧桑剧变。尤其经历了庚子事变的冲击之后，清政府的对内对外形象近乎扫地。迨至癸卯特科举办的当年，时局之阽危，更是日甚一日。革命力量的迅速崛起、此起彼伏的民变、蔓延各地的学潮、拒法运动、拒俄义勇队运动、"苏报案"、"沈荩案"、日俄局势的紧张等等，无不昭示着清朝内外形势的岌岌可危。尽管朝廷已然打出"新政"的招牌，冀图挽救，但单就它在癸卯特科期间的左右失据、求才无方，已在相当程度上证明其依然拒绝接受新鲜的政治血液，也依然缺乏蹈行改革的决心与诚意。倘若没有此后日俄战争的再度刺激，清末新政是否会如戊戌新政一般再遭蹉跌，朝廷是否会同意断然停罢科举，其结局实难预料。

---

① 《论经济科考试之难》，《沪报》光绪二十九年闰五月十六日。

袁世凯与地方统治、官员教育

——以法政学堂与日本人教习为中心

〔日〕水盛凉一[*]

前 言

本文的目的在于脱离中华民国之后的评价，对清朝末期的袁世凯及立宪派的情况进行考察。目前学者对光绪新政的重新评价也比较多。因此，本文聚焦于这些重新评价的基本依据，即引入自治制、引入学校制度作为社会改革基础，尤其是其中的官员教育机构法政学堂，通过在学堂工作的一位日本人的心理变化，探寻光绪新政时期清朝的一个侧面。

1906 年（光绪三十二年）1 月 12 日傍晚，吉野作造从新桥火车站出发①，踏上旅途。他此行是前往清朝直隶天津，担任直隶总督袁世凯长子袁克定的家庭教师。1 月 24 日搭乘相模丸号轮船从神户启程，于 31 日抵达芝罘，去秦皇岛，然后换乘铁路津榆线，前往天津。② 最终抵达天津大约已经是 2 月中旬。到天津的第二天，吉野就在宫城县寻常中学校友、驻扎在天津的一等军医我妻孝助的陪同翻译下，前往直隶总督府拜会了袁克定。③

原本吉野下决心去清国，主要是因为经济问题。但是，先前在日本时对方开出月薪 200 日元，到天津后却被袁家否定。实际上，所谓家庭教师职

---

* 水盛凉一，日本东北大学大学院文学研究科助教。
① 《彙报》，《新人》7 卷 2 号，1906 年 2 月。
② 〔日〕吉野作造：《支那观光录》，《新人》七卷四号，1906 年 4 月。
③ 〔日〕吉野作造：《あの时あの顷》，《经济往来》7 卷 2 号，1932 年 2 月。

位，以前是由"师范学堂的教员，或者警察厅的顾问等人"兼任的，所有人都"因为连一文钱的报酬都不给，全都心生厌烦"而辞职不干。此后六月间，袁克定任职盛京将军赵尔巽麾下，吉野也随行至奉天府。到奉天后，吉野困境依旧，不得已之下还向横滨正金银行奉天支行申请借款。

解救吉野于这种困境的，是当时担任袁世凯军事顾问的陆军炮兵少佐坂西利八郎和步兵少佐野泽悌吾。① 1907 年 3 月 20 日，在野泽和坂西的安排下，吉野负责在督练处下设的参谋处举办战时国际法的讲座。由此，包括未付工资在内，终于可以每月领取报酬。② 就这样，吉野"不知不觉竟做了大半年的牺牲"后，最终得以从袁家拖欠工资的困境中解脱。

此时，袁世凯正计划在天津设立北洋法政专门学堂，从事法律及政治教育。他任命任其文案的黎渊为监督，委任同样文案的嵇镜负责开学事务。③ 吉野于同年 7 月 21 日受嵇镜委托担任法政学堂教员，并于 8 月 16 日收到袁克定在黎渊呈报后指示其去学堂工作的书信。于是，9 月 2 日吉野出席了法政学堂的建校仪式，从 9 月 9 日起开始授课。④ 除了 1908 年的 7 ~ 9 月间曾短暂回国外⑤，一直到 1909 年 1 月 9 日怀着"回想三年的日常生活，总有一种恋恋不舍之情"离开天津为止，基本上在法政学堂工作。对吉野而言，天津的经历正是他在中国逗留最长的一段时间。

1912 年中华民国成立以后，吉野作造留下了很多有关中国的评论，仅单独执笔，就著有《支那革命小史》等四种。此外，这些著作的大部分，虽然始终注意维护日本主权，却预测了未来革命青年们将取得胜利。例如他在 1914 年的评论文章中写道："中国将回到今天掀起第三次第四次革命的青年手中。"⑥ 这种对同时代史的考察，是对经济关系密切的邻国未来的

---

① 坂西去清国见 JACAR（亚洲历史资料中心）Ref. C06083992400，野泽去清国见 JACAR Ref. C06083939100。他们解救吉野的事，参见《あの时あの顷》。

② 〔日〕吉野作造：《日记》，《吉野作造选集》13 卷《日记一》，岩波书店，1996；以及《あの时あの顷》。

③ 7 月 21 日《日记》中提到的"嵇君"应该是指 7 月 24 日"嵇镜君"。此外，黎渊及嵇镜的情况，参阅光绪三十二年四月初七日袁世凯《出洋游学毕业回国供差各学生请照章咨送考验折》，天津图书馆、天津社会科学院历史研究所编《袁世凯奏议》卷 38，天津古籍出版社，1987 年 3 月。

④ 〔日〕吉野《日记》相应条目。

⑤ 〔日〕吉野作造：《穗积老先生の思ひ出》，《反响》1 卷 2 号，1926 年 5 月，转载于《选集》12 卷《随笔》。

⑥ 〔日〕吉野作造：《支那の政治的将来》，《新人》15 卷 11 号，1914 年 11 月。

一种占卜，因此也招致众多的论客与之论战。

然而，在这些争论的过程中，1918 年吉野表示："予对中国的研究，尤其对中国革命的研究始于大正五年春季第三次革命爆发之后"①，"予在中国滞留三年的经历对形成今日予中国论的基础不足十分之一"②，并在 1919 年断言其滞留天津的经历，只不过"是与旧式官场中人的交往"，"虽然努力与各种各样的人交往，希望结识友人，但其实几乎没能找到一个真心朋友。没能遇到什么值得信赖的人物"。③

事实上，1915 年 12 月袁世凯施行帝制，紧接着爆发第三次革命（护国战争），直至 1919 年的五四运动，吉野有关中国的论述日益增多。正因为如此，吉野本人宣称"对形成予中国论的基础不足十分之一""没能找到一个真心朋友"等实在是过低地评价了他在天津的经历。研究者认为这体现了"一心向往西欧学术的吉野……眼见民众没有信仰和理想，怠懒怠惰之态，对其前途感到全然无望"④，天津时期的日记或是反映了他的如此心情，因此，这些日记的内容"说实在的，并不是很有意思"。⑤ 这种认识被继承至今。⑥ 不过，其中狭间直树指出，虽然吉野在天津期间"没能找到知心好友"，且承认日记的描写是因为"与欧美等地活跃的精神活动相比，差异太过明显"，但他推断，"所谓'暗默知'，也就是无形的'体会'还是应该受到重视"，对天津的经历作出了善意的评价。⑦

有关吉野天津时期的资料很少，至少根据现存日文资料，在这些事实

① 〔日〕吉野作造：《自己のために辩ず》，《新人》19 卷 1 号，1918 年 1 月，转载于《选集》12 卷。
② 〔日〕吉野作造：《自己のために辩ず（二）》，《新人》19 卷 2 号，1918 年 2 月，转载于《选集》12 卷。
③ 〔日〕吉野作造：《支那问题に就いて》，《黎明会讲演集》1 卷 4 辑，1919 年 6 月。
④ 〔日〕松尾尊兊：《吉野作造小传》，《吉野作造集》，筑摩书房，1976 年 5 月，转载于《民本主义と帝国主义》美篶书房，1998 年 3 月。松尾对天津时期的认识，同样见于《吉野作造の中国论》，《选集》8 卷，1996 年 9 月。
⑤ 〔日〕饭田泰三：《吉野作造の留学时代》，《选集》13 卷，1996 年 3 月，转载于《批判精神の航跡：近代日本精神史の一棱線》筑摩书房，1997 年 4 月。
⑥ 黄自进：《吉野作造对近代中国的认识与评价 1906－1932》，台北中研院近代史研究所，1995 年 1 月。
⑦ 〔日〕狭间直树：《吉野作造と中国》，《选集》7 卷，1995。田泽晴子：《吉野作造：人世に逆境はない》，弥涅耳瓦书房，2006。以后开始探讨，感谢 Japan Society for the Promotion of Science（JSPS）KAKENHI Grant Number 25770252《近代中国における地方官僚およびその机构に关する研究》的支援。光绪二十七年六月初五日《遵旨筹议变法拟采用西法十一条折》，《张文襄公全集》奏议卷 54。

情况上画蛇添足也并不容易。不过，前面已经说明，吉野在天津度过的三年时光，除前半期担任袁克定家庭教师外，后半期一直供职于北洋法政专门学堂。法政学堂是一个组织团体，有同僚和学生，因此比较容易对周围环境进行分析。因此，笔者首先在第一部分从研究史的角度对当时清朝各种学堂的设立和发展进行确认，以明确本文的定位。然后从第二部分开始，主要利用中国方面的资料，通过北洋以及北京、杭州等地的法政学堂，探究天津时期吉野所处的环境，以及天津的经历对吉野产生的影响。

一 从学说史看学堂的设立与发展

众所周知，清道光二十年（1840）发生鸦片战争以来，很大程度上动摇了清朝的统治基础，同时也促使了清朝的现代化改革。其中清廷学习日本，试图在一定程度上引入日本式的现代化。① 在这种经由日本引进现代化的过程中，除了制度及书籍的翻译引进外，还包括了学校教育。事实上，正如后来吉野作为个人体会谈道"至于聘用外国人授课……使用日本人要方便得多，且有时是必要的"②，清廷聘用拥有日本国籍的人士为"教习"，令其在新设的学校即"学堂"任教。如此，教习们在引进学校教育现代化方面承担起了部分责任。据吉野回忆，当时受聘于清廷者"粗略算来不下700 人"，据说其中教师多达 500 多人。③ 而吉野作为"北洋法政专门学堂正教习"，就是其中之一。

清朝末期的这种学堂教育，以及在各地执教的日本教习，被视作现代化改革及中日交往相关的重要元素，学者对此多有研究。在中国，关于前者，自 1930 年舒新城的研究之后④，为数众多的研究着眼于学堂教育⑤，与

---

① 光绪二十七年六月初五日《遵旨筹议变法拟采用西法十一条折》，《张文襄公全集》奏议卷54。
② 〔日〕吉野作造：《清国に于ける日本人教师（其三完）》，《新人》10 卷 5 号，1909 年 5 月。
③ 〔日〕吉野作造：《清国に于ける日本人教师の现在及び将来（其一）》，《新人》10 卷 3 号，1909 年 3 月。另，根据同期执教于京师法政学堂的矢野仁一回忆，包括军人及新闻记者在内，当时居住在北京的日本人"男女共计 391 人"（矢野仁一：《燕洛间记：历史遍历六十年の回顾》，附录二《北京时代の思出で》，出版方及出版日期不明）。
④ 舒新城：《近代中国教育思想史》，中华书局，1930。
⑤ 关于研究动向的介绍有李涛《百年中国教育史研究高潮的回顾与反思》，《东北师大学报（哲学社会科学版）》2003 年第 2 期。

现在大学体系接轨的校史研究也方兴未艾。^① 而有关后者，以 1988 年汪向荣的研究为首^②，近年有徐保安对后文详述的课吏馆及法政学堂著有论述^③，学术界表现出了一定程度的关心。^④ 其中还出现了通过对各学堂及外籍教习的研究，探究个别具体校史的研究课题。^⑤

日本方面同样从教育史的观点对清朝末期的学堂进行了研究，多贺秋五郎首次系统研究了中国教育史^⑥，实藤惠秀则探明了中国留学生及日本教员的动向^⑦，而近年，阿部洋利用清朝的官方资料《教育杂志》及各种报刊开展研究工作。^⑧ 此外，《国立教育研究所纪要》等刊物以阿部洋为编辑，出版发行了有关日本教习的特刊^⑨，直到现在仍有多仁安代等人继续从事此项研究工作。^⑩ 此外，在探究中国现代化与中国政府聘用日本人之间相互关

---

① 陈平原：《文学史视野中的"大学叙事"》，《北京大学学报（哲学社会科学版）》2006 年第 2 期，颇具深意。

② 汪向荣：《日本教习》，三联书店，1988 年 10 月。

③ 徐保安：《清末地方官员学堂教育述论：以课吏馆和法政学堂为中心》，《近代史研究》2008 年第 1 期。

④ 作为介绍研究动向的资料有刘红《近三十年中外教育交流史研究的回顾与展望》，《江汉论坛》2013 年第 4 期。此外，虽然此处未曾提及，但白燕《从"洋教习"到"外国专家"：北京大学聘请外籍教师百年回顾》，《北京大学学报（哲学社会科学版）》2001 年第 5 期，许宪国《日本教习与晚清教育改革》，《乐山师范学院学报》2009 年第 9 期，以及 Douglas R. Reynolds. China, 1898 – 1912: The Xinzheng Revolution and Japan. Harvard University Press, 1993。

⑤ 沈怀玉：《从图书馆走向历史研究：苏云峰先生的学术生涯与成就》，《近代中国史研究通讯》28 卷，1999 年 9 月。吕顺长：《清末中日教育文化交流之研究》，商务印书馆，2012。

⑥ 〔日〕多贺秋五郎：《中国教育史》，岩崎书店，1955。《近代アジア教育史研究》上卷，岩崎学术出版，1969。

⑦ 〔日〕实藤惠秀：《中国人日本留学史稿》，日华学会，1939。《中国人日本留学史》，くろしお出版，1960，增补版 1970。《中国留学生史谈》，第一书房，1981。

⑧ 〔日〕阿部洋：《中国近代学校史研究：清末における近代学校制度の成立过程》，福村出版，1993）。《"对支文化事业"の研究：戦前期日中教育文化交流の展开と挫折》，汲古书院，2004。其部分研究成果在《中国の近代教育と明治日本》（福村出版，1990）中有概述，有关吉野作造的情况，在第三部《日本人教习と中国教育の近代化》第七章中有提及。

⑨ 〔日〕阿部洋编《日中教育文化交流と摩擦》，第一书房，1981。《国立教育研究所纪要》115 号《お雇い日本人教习の研究：アジアの教育近代化と日本人》，1988 年 3 月。

⑩ 〔日〕多仁安代：《清末期における日本人教习》，《政治经济史学》，473 号，2006 年 1 月。菅野正：《北京の日本人教习と大阪の中国语教育》，《奈良史学》，30 号，2013 年 1 月。

系的研究中，也提及日本教习的作用。①

但是，中国方面的研究虽然囊括了全国学堂的整体情况，但对个别学堂则较少提及。而论述校史的文章，自然以与本校有渊源的学堂作为研究对象，而对于法政学堂等从当前大学机构来看属于旁系的学校则未作详述。另外，除专论以外，大部分较少提及日本教习的活动。当然，对日本教习进行研究需要精通日语，对研究者而言此方面的研究工作可能比较困难，但外国势力在中国的文化交流事业，比如教育活动被视作"奴化教育"也是原因之一。确实，随着时间的推移，意图培养亲日派的"奴化教育"倾向越来越明显。与此相反，日本方面的研究不仅利用中国史料，当然也利用日语史料。不过与中国相比，不仅研究人员数量少，研究资源也大部分用于中小学校及师范学校，很少见到有关包括法政学堂在内的实业学校或专科学校的研究。

另外，这些研究者大多是利用中国②或者日本教育相关资料的编辑出版物开展研究工作。③ 这些编辑出版物都是从各种《章程》④、《政治官报》⑤、各省厅及地方机关的官报⑥、有关直隶总督的《北洋公牍类纂》⑦，以及当时的报纸⑧及其他各种文件⑨酌情取舍选编而成。虽然最近的研究方式有所改变，重于利用原典而非编纂出版物，有时也会参考中国第一历史档案馆

① 〔日〕南里知树：《中国政府雇用の日本人：日本人顾问人名表と解说》，《日中问题重要关系资料集》3卷《近代日中关系资料》2集，龙溪书舍，1976。曾田三郎：《近代中国と日本人政治顾问、产业技术者》，平成14年度～平成16年度科学研究费补助金基盘研究（B）研究成果报告，2005年3月。
② 主要有以下三本参考文献：舒新城《中国近代教育史资料》，人民教育出版社，1961。朱有瓛《中国近代学制史料》，华东师范大学出版社，1983年12月至1993年6月。陈元晖：《中国近代教育史资料汇编》，上海教育出版社，1990年6月至1995年10月。
③ 〔日〕多贺秋五郎：《近代中国教育史资料》，日本学术振兴会，1972年3月至1976年3月。
④ 如湖北学务处编《奏定学堂章程》，台联国风出版社，1970。或文海出版社《近代中国史料丛刊》初编724册。
⑤ 《政治官报附内阁官报》，文海出版社，1965。
⑥ 多收录于姜亚沙《清末官报汇编》，全国图书馆文献缩微复制中心，2006年9月。其他文献有诸如管辖北洋法制学堂等的直隶学务处发行的《教育杂志》《直隶教育杂志》《直隶教育官报》（中国国家图书馆藏，索书号均为G529-52）等。
⑦ 文海出版社《近代中国史料丛刊第三编》，第857册至第860册。另校点本由天津古籍出版社于2013年2月出版。
⑧ 《大公报》，人民出版社，1983。《盛京时报》，沈阳古籍出版社，1985。《申报》，上海书店出版社，1987。
⑨ 《大清新法令》，商务印书馆，2011。

收藏的学部档案等公文，但仍然不够全面。例如，有些资料中提到，"在中国的学校，一定提前把讲义印发给学生"，以及"近期新设的学校，各省人士毕至"①，而北洋法政学堂则"虽名为北洋，然天下英才自四方蜂拥而至，云集于此学堂"②，然而这些"讲义"，以及学生们的真实情况目前仍不得而知。因此，下一部分起笔者主要以负责官员教育的法政学堂为中心，对身处漩涡中心的吉野的地位，同时对日本人教习的处境，以及他们在清朝期间的所感所想展开讨论。

二　法政学堂的实情

有关法政学堂的学生，曾担任教习的今井嘉幸回忆，"天下英才自四方蜂拥而至"，学生年龄也"从未成年的翩翩少年直到年过花甲的老者形形色色"。③ 另外，关于学堂的教员，吉野称："他们希望的去处是成为中央及地方的行政官员"，他们本人自称"予非无意长期在校供职，只是不久即会调任某地行政官员"，但"私下动用各种手段以期转任行政官员"。④ 这种来自四面八方的出身，复杂的年龄构成和实际的教学态度究竟是什么原因造成的呢？

首先晚清时期官员数量激增。自道光三十年（1850）太平天国起义以来，军需骤增造成财政困难。因此，捐纳这种卖官制度大肆施行更胜以往。另外，在军事作战及后方支援方面卓有功绩者，可由其上级"保举"推荐为官。捐纳制度因黄河决堤及建设舰队等财政需求，其规模在太平天国灭亡后仍未缩减，而保举制度则作为朝廷实行现代化等各种新政的奖赏机制而继续执行。其结果是，与旧制规定的中央及地方政府官位相比，产生了数量庞大的等待实缺的"候补官员"群体。⑤ 当政者为这些候补官员的待遇

① 参见《清国に于ける日本人教师（其三完）》。
② 〔日〕今井嘉幸：《支那时代の吉野君》，《故吉野博士を语る》，中央公论社，1934年4月。
③ 参见《支那时代の吉野君》。
④ 〔日〕吉野作造：《清国在勤の日本人教师》，《国家学会杂志》，23卷5号，1909年5月。
⑤ 关于捐纳及保举制度多有专论，除拙稿《太平天国江南苏福两省地域考略：以清末江苏宁属苏属的分化为中心》（《曾国藩研究》6辑，湘潭大学出版社，2012）外，代表性著作有萧宗志《候补文官群体与晚清政治》，巴蜀书社，2007；伍跃《中国的捐纳制度与社会》，江苏人民出版社，2013。

问题烦恼不已，于是同治十三年（1874）云南巡抚岑毓英率先对云南省候补官员实施能力考核，以整肃纲纪并选拔人才。① 此项举措随之扩展到浙江及其他各省，光绪二年（1876）主管全国官员人事的吏部要求各省引入官员考试制度②，且该决定被正式刊载在《吏部则例》之中。③ 此后，光绪十一年（1885）时任山西巡抚的刚毅在任地开设课吏馆④，负责对官员的考察和再教育。官员再教育同样为中央政府所承认，光绪二十八年（1902）开始在全国范围内设立课吏馆。⑤ 课吏馆在当时似乎还曾经负责对官员及平民进行赴日留学的选拔考核。⑥

不过，课吏馆这一机构是为了让官员学习基于经世思想的传统治民之策。因此，光绪三十一年（1905）初期，当时的直隶总督袁世凯为引入西方的政治思想和司法观念，将直隶总督驻地之一保定府的课吏馆发展性地改组为直隶法政学堂。⑦ 学校规章《直隶法政学堂章程》第二条规定"本学堂专招募直隶候补人员"，并在第三十四条规定，作为毕业时的褒奖，按照成绩给予不同职位，明确提出以官员教育为主体的教学方针。同时该学堂也明确提出聘用日籍教师，其第五条规定"本学堂因目前中国政法专门教员无多，故专门各科讲义，暂请日本教员担任。其预科中之普通学科，及正科中之中国律例等，仍用本国教员讲授"，而第六条中则明确规定"本学堂因学员年龄较加，毕业年限又复短促，不能先习日语以为听讲之预备。故于日教员所任学科，一律延聘精通日语人员，为之通译，以收速成之效"。⑧ 事实上，吉野逗留天津之际⑨，矢板宽、甲斐一之、中津三省、太田一平已经在直隶法政学堂任教。其中矢板等前三者是毕业于东京帝国大学

---

① 拙稿《清末官员考试制度小论：以浙江〈甄别仕途新章〉为中心》，天一阁博物馆编《科举与科举文献国际学术研讨会论文集》上册，上海书店出版社，2011。

② 《申报》光绪二年三月初二日《考试新章》。

③ 《申报》光绪二十七年五月十六日《续录江西巡抚李勉林中丞覆奏变通政务折稿》。

④ 《申报》光绪十三年三月初三日《光绪十三年二月二十六京报全录》《晋抚刚奏敬陈管见折》。有关该课吏馆的设立，除前述徐保安论文外，还有萧宗志《晚清的课吏馆》，《清史研究》2006年第1期。

⑤ 《邸抄》（北京图书馆出版社，2004）96册，光绪二十八年正月二十一日奏报《奕劻等跪奏为请旨事》。

⑥ 篠园：《汪胡家乘及其青年生活（续完）》，《国闻周报》14卷8期，1937年3月。

⑦ 欧阳弁元：《拟课吏馆改设法政学堂章程禀》，《北洋官报》光绪三十一年七月初三日。

⑧ 光绪三十二年六月初九日《拟订法政学堂章程条规折（附清单）》，《袁世凯奏议》卷40。此外，《北洋公牍类纂》卷三《吏治》中亦可见章程。

⑨ JACAR Ref. B02130225200，《明治四十一年六月印刷 清国佣聘本邦人名表》。

的法学士，太田则是毕业于京都帝国大学的法学士。①

法政学堂设立后不久为中央政府承认，并开始在全国范围内学习直隶方式建设法政学堂。② 从学堂设立的经过可以了解到，法政学堂首先是以官员再教育为重点而设置的机构。在这里应该注意的是，和过去各朝一样，清朝对地方官员也采用"回避制度"，禁止其在本籍任职。也就是说，法政学堂自成立之初，是以招收外地学生为目的的。光绪三十一年（1905）八月，朝廷在袁世凯等人的建议下，废除了包括丙午科（光绪三十二年，1906）在内的此后所有科举考试。③ 不过，经由科举以及捐纳、保举而获得任官资格的官员数量仍然非常可观，直到光绪三十三年十二月，官员往各省赴任后仍须一律入法政学堂，法政学堂的基本理念并未发生变化。④

不过，法政学堂也并非不允许本地人士入学。湖南省的法政学堂在光绪三十二年（1906）设立之初招取"官班"（外籍官员的班级）和"绅班"（本籍人士的班级），但是由于没有一个官员报名，开学时不得已仅设绅班，后来强制要求候补官员入学。⑤ 直隶法政学堂虽然在其《章程》里未见绅班之规定，但可找到绅班学员入学的确切记录。而且，尽管《章程》第七条计划每年招生 120 人，且光绪三十二年闰四月之际校舍可容纳 220 名学员，但实际入学者只有候补官员 48 名，本地人士 60 名而已。⑥ 不过，因为学堂首要目的是培养行政官员，因此，最后从邻近的山东等五省分别招收了 20

---

① 矢板宽明治二十七年七月毕业于政治系，甲斐一之明治三十年七月毕业于法律系（兼修英国法），中津三省明治三十四年七月毕业于政治系（以上据《东京帝国大学卒业生氏名录》，1939 年 4 月），太田一平明治三十六年七月毕业于政治系（《京都帝国大学卒业生名簿》京都帝国大学，1936 年 7 月）。

② 光绪三十一年七月初三日奉旨，学务大臣《议覆专设法律学堂并各省课吏馆添设仕学速成科折》，《大清光绪新法令》第七类《教育三》。

③ 该上奏为《袁世凯奏议》卷 35，光绪三十一年八月初二日《请立停科举推广学校并妥筹办法折》，上谕为《光绪宣统两朝上谕档》31 册中，光绪三十一年八月初四日的 523 号文件。因此，光绪三十年甲辰恩科为最后的科举考试。

④ 《宪政编查馆奏酌拟切实考验外官章程附清单》，《政治官报》光绪三十三年十二月二十四日。虽然该章程规定仅以捐纳及保举官员为对象，不包括科举出身者，但仍有如河南省"无论正途与否，考列一二三四等，一律选送入堂"，将科举出身者也列入考核对象的情况。（《河南巡抚林绍年奏遵设法政学堂并官班讲习科折》，《政治官报》，光绪三十四年二月二十三日）。

⑤ 《湖南巡抚岑春蓂奏遵章改办法政学堂折》，《政治官报》，光绪三十四年四月十二日。

⑥ 《署藩司毛禀山东等省举贡拣发直隶法政学堂肄业拟定额数文并批》，《北洋公牍类纂》卷 3《吏治》。

名举人和贡生等具有任官资格者入学。① 广西省同样遇到法政学堂官员不足定额的问题，于是效仿袁世凯的办法，从福建等邻近六省新招收举人等200名。②

尽管如此，由于这些章程及官员报告纷杂片面，无法详细考察入学者的真实情况。不过浙江法政学堂存有二份同学名录③，从中可窥见法政学堂的部分情况。光绪三十二年（1906）制定的章程规定④，第五条有"本堂学额，暂定二百名，均为通学生。官额一百二十名，地方九十名，盐务三十名。绅额八十名。倘官额不足数时，暂准以宦浙各员子弟，年在二十岁以上三十岁以下者考补"。与此相应，光绪三十三年（1907）时的同学录显示，学生总数共计225名。其中58名为外省出身的官员，22名为外省出身的学生，非浙江省的外地学生共计80名。此外，浙江省出身，于外省任职返乡后志愿学习的候补官员23名，浙江省出身尚未为官者122名。其中年纪最小的学生是"黄岩县附生"枣骏文19岁，年纪最大的是"余杭县壬寅科举人"章炳业及"安徽安庆府桐城县人花翎提举衔浙江补用通判"胡镛43岁。绅班的过剩倾向在宣统三年（1911）的同学名录中更加明显，与外地人377名相比，本地人士多至942名。外地人士中虽有如"江苏华亭"附生张述33岁这样的学生，但多数是上年纪的候补官员，如"山东海阳"的"候补府照磨"于伯澍54岁，"四川遂宁"的"举人择选盐大使"曹顺熙57岁。

另外，该同学名录上也刊登有教员一览表。光绪三十三年的同学名录中除了督办浙江巡抚张曾敭、总办前宁绍台道世增，会办候补知府许邓起枢以外，毕业于日本法政大学的许壬担任教务长，教员有同样毕业于法政大学的邱鸿文、王垚，毕业于大阪商业学堂的陈福民，庶务长由法政大学的史书担任，通译由兼任浙江高等学堂教务长的王嘉榘担任，另在客座教

① 光绪三十二年闰四月初三日《附陈遣员送考法政学堂片》，《袁世凯奏折专辑》8册，国立故宫博物院。

② 光绪三十四年十一月二十五日广西巡抚张鸣岐《奏请拣发粤闽等省举贡来桂考选学习法政折》，《清末筹备立宪档案史料》2篇《教育》。

③ 光绪三十三年四月刊《浙江法政同学录》（上海图书馆藏，索书号455995），以及宣统三年四月刊《浙江官立法政学堂同学录》（同馆藏，479535）。另外，民国十二年刊《浙江公立法政专门学校校友录》（杭州图书馆藏，索书号G719-29/330）。

④ 《浙江法政学堂暂定章程》（上海图书馆藏，索书号454229）。原学员章鸿烈曾回顾其学堂经历（《早期的浙江法政学堂》，《浙江文史资料选辑》13辑，1979）。

员名录中可以看到"日本法学士"大石定吉的名字。这位大石算是吉野的学弟①，接替回国的吉野从宣统二年（1910）十月起在北洋法政学堂任教。②

然而，正如前文吉野回忆所述"希望转任行政官吏"，这些教员有时会离开学堂任职地方官员。例如，至光绪三十四年（1908），会办许邓起枢转任台州府知府③，邱鸿文调任署理乐清县。④ 虽然宣统三年时，许邓起枢重新担任监督之职，但除了王垚外，所有教习均已离开法政学堂，按名册的"前教员"项目记载，包括大石及"帝国大学法科得业生"高朔在内的17名教习从学堂离职。不过教员数量得到了补充，从日本留学回国的法政大学阮性存、徐令誉、边守靖、杜光佑、赵翰纶、王垚、虞廷恺、许家恒，宏文学院的凌庭辉、苏颖达，以及早稻田大学的宋承家、胡文藻，明治大学的章祖源、杜师业，中央大学的傅定祥共计15人均列于教习名单。而其他的教员也大多是留学归国人员，有法政科举人金泯澜、经家龄、张务本、郑德元、金鸿翔、凌士钧、狄梁孙、张嘈、张清樾、沙会诒，文科举人张廷霖、钱家治，商科举人盛在珣共计13人在册。⑤ 从清廷学堂毕业的仅有日文学堂的罗嗣宗、京师大学堂的王念敏，外籍教习自始至终只有大石1人。建校仅5年，教习阵容就发生这么大的变化，从中也可窥见其流动性之大。

另外，该浙江法政学堂也留存有讲义。⑥ 其内容包括大石定吉著、贺

---

① 《清国佣聘本邦人名表》。明治三十八年七月大石毕业于政治系（《东京帝国大学卒业生氏名录》，东京帝国大学，1939年4月）。其后转入铁道院省，1931年赴中国担任胶济铁路管理局会计处处长（JACAR Ref. A04018332000）。
② JACAR Ref. B02130228000，外务省政务局《大正二年六月印刷 支那佣聘本邦人名表》。
③ 徐三见：《〈台州府志·职官表〉补正》，《默墨斋集》，中国社会科学出版社，2004。
④ 光绪三十四年十一月二十日奉旨，浙江巡抚增韫：《奏请将署乐清县试用知县邱鸿文交部议处》，国立故宫博物院图书文献处军机处档折件，索书号167982。
⑤ 阎明恕、刘昌玉：《对清末进士出身的探讨：以科举制废除后为例》[《贵州师范大学学报（社会科学版）》2005年第6期]，明确指出，留学回国者经考核后被赐予"某科进士""某科举人"。经家龄"游学日本毕业"获得宣统二年九月的法政科中等，张廷霖获得同年文科优等（《宣统二年归国留学生史料》，《历史档案》，1997年2期）。后来，清廷也开始向国内的法政学堂毕业者授予法政科举人的学位，但同时停止在毕业时向学员赐予实际官职（宣统三年七月十七日学部《会奏酌拟停止各学堂实官奖励并定毕业名称折》，《内阁官报》宣统三年七月二十日《法令》）。
⑥ 光绪三十四年九月刊，浙江法政学堂编《浙江法政学堂讲义录》，杭州图书馆藏，索书号D90/493v1。

学海译的《法学通论》、许壬的《民法》、阮性存的《刑法》及《裁判所构成法》、高朔的《国际公法》、徐令誉的《经济法》、凌庭辉的《外交史》及《政治地理》，最后是大石定吉著、经家龄译的《论理学》。其中除贺学海以外，所有作者和译者都是赴日留学后回国的学堂教习。在苏州的江苏法政学堂，回国教习同样为讲义编写做出了贡献。虽然在江苏历年的《佣聘本邦人名表》中无法确认日本人教习的姓名，讲义中除土井常太郎《财政学》之外，没有日本人执笔编写的资料，作者为程起鹏、金彭年、蔡承焕、汪墀、潘承锷等留学回国人员。① 但据其序文记载，他们编写讲义时参考了梅谦二郎等人的著作及讲义。在这些讲义中没有发现直接参考英国及德国等国教习或其学派的内容。虽然日本人教习的参与程度相对较低，但对吉野所说"使用日本人要方便得多"的真实情况还是可以从中窥见一二。

那么，吉野任教的北洋法政学堂又是怎样的呢？下面就来讨论有关情况。

三　北洋法政专门学堂与日本人教习

正如前文所见，直隶尽管已在保定府设立了法政学堂，却仍准备在天津新建一所冠以"北洋"之名的法政学堂。虽然前人研究对此未加详论②，笔者认为设立该学堂主要是为了有助于在天津试行自治制。光绪三十二年（1906）七月，袁世凯意欲设立天津府自治局③，任命曾留学日本的天津府知府凌福彭为监督，另命毕业于早稻田大学的金邦平协同办理。④ 光绪三十三年六月袁世凯上奏朝廷强调自治之重要性和天津的试办状况⑤，并

---

① 《江苏法政学堂讲义》全 37 册，上海图书馆藏，索书号 57748 至 84。
② 齐植璐：《北洋法政学堂及其沿革》，《天津文史资料选辑》44 辑，天津人民出版社，1988。刘国有、刘桂芳、徐瑞娴：《北洋法政学堂创办的历史考辨：为北洋法政学堂成立 105 周年而作》，《天津法学》2012 年第 2 期。
③ 光绪三十二年七月初十日《督宪饬设天津府自治局札文》，《天津自治局文件录要初编》，上海图书馆，454093。关于成立日期，参见吉野作造《天津に于ける自治制施行の现况》，《国家学会杂志》21 卷 6 号，1907 年 6 月。
④ 徐建平：《清末直隶宪政改革研究》，中国社会科学出版社，2008。
⑤ 光绪三十三年六月十九日《密奏请赶紧实行预备立宪谨陈管见十条》，《袁世凯全集》16 卷 988 号文件，河南大学出版社，2013。

于七月另行上报其详细情形。① 朝廷因此在八月颁令在全国范围内试行自治。② 北洋法政专门学堂正是组建于实行地方自治制之初的光绪三十二年十二月。

说起来，过去的法政学堂正如光绪三十二年闰四月御史乔树枏的建议，以"各省裁判、课税人员""各习裁判、理财之学"为目的。③ 由于仅以现任官员为教育对象，其设置的修业年限相对较短，如《直隶法政学堂章程》第九条规定预科半年，正科一年半毕业。当时，京师大学堂进士馆已改组成立京师法政学堂，学制规定为预科二年，正科三年，但该学堂于光绪三十二年十二月制定的《章程》第一条即规定："本学堂，以造就完全法政通才为宗旨"，从第八条、第九条《授业时间表》的各科目授课时间也可明确了解，它与最初的教育理念并无不同。④

与此相比，《北洋政法专门学堂章程》⑤ 中，关于一年半即可毕业的简易科，第五十条规定："本科分行政、司法两门。行政门，定学额一百五十名，教直隶地方绅士。司法门，定学额一百名，教外籍有职人员。"并在第五十二条说明："本科行政门，以养成地方自治人员为主。司法门，以养成谳局人员及律师为主。"有关正规课程的预科三年、正科三年虽然未特别说明其教育主旨，但从限定预科考生"须年十六以上二十五以下"，且第三十一条正科讲义中包括《地方自治制论》《选举制论》，可见其培养自治人才的强烈意愿。实际上，袁世凯之后署理直隶总督的杨士骧奏报，本学堂"正科，分政治、法律两门。政治门，以造就理财、交涉、行政及地方自治人员为主。法律门，以造就立法司法人员为主"。⑥ 其中"立法司法"姑且不论，"交涉""地方自治"的存在与乔树枏的建议及京师法政学堂的成立初衷可以说是有明确差异的。其实，担任教习的今井嘉幸曾说过："大概吉

---

① 光绪三十三年七月二十日《奏报天津试办地方自治情形折》，《袁世凯奏议》卷44。
② 《光绪朝上谕档》33册中光绪三十三年八月二十三日735号文件。
③ 光绪三十二年五月十六日学部：《通行各省御史乔树枏奏请各省添设法政学堂文》附《乔树枏原片》，《学部奏咨辑要》卷1。
④ 光绪三十二年十二月二十日学部：《奏定京师法政学堂章程折》，《学部奏咨辑要》卷2。
⑤ 上海图书馆藏，索书号455859。另《北洋公牍类纂》卷3《吏治》中可查见《北洋政法专门学堂章程》。不过，后注中的上奏曾被学部要求进行部分修改（《学部奏北洋法政专门学堂拟令遵照奏定章程办理等折》《政治官报》光绪三十四年六月十一日）。
⑥ 《署直隶总督杨士骧奏北洋法政学堂渐著成效请立案折》，《政治官报》光绪三十四年四月二十九日。

野君负责培养田绅，而我负责培养法官。"① 该北洋法政学堂也和直隶法政
学堂一样被作为各地法政学堂建设之典范，甚至被堪比东京法政大学。② 就
这样北洋学堂候补官僚与一般学生的比率在募集阶段中已经发生逆转，虽
然始终存在着候补的年长者，但其几乎都成了当地的青年。

除此以外，关于校长即监督的职责，保定直隶法政学堂的《章程》第
三十六条规定："监督会同藩司，专任延聘教员，酌定课程。" 与此不同的
是，天津的北洋法政专门学堂在《章程》第七十二条规定："除监督由北洋
大臣札委充当外，其余各员，均由监督量材延聘委用"，扩大了其酌情定夺
的范围。保定的监督是候补道台欧阳弁元，而此人是经数次捐纳后入学京
师大学堂仕学馆的人物。③ 反之，天津的监督黎渊和嵇镜分别毕业于日本的
中央大学和早稻田大学④，而且嵇镜还是光绪二十八年（1902）冬在东京与
陈独秀、冯自由、金邦平、王嘉榘等人共同组织"青年会"（young china）
的人物。⑤ 假设是他们聘用了以吉野为首的东京帝国大学毕业生，以及像浙
江法政学堂那样的日本留学归国者担任教习的话，会是怎样一种情况呢？
今井嘉幸是这样回顾当时的情形的：

甚至吉野先生又手持球拍奔跑来去，滑稽之至。时与吉野君对战
的教师刘某来自南方却是位慷慨悲歌之士，他来回跑动时不小心把光
脑袋上带着的假辫子甩落，引发学生的哄堂大笑。不过这种大笑并不
仅仅是单纯的大笑。它也是诅咒满人风俗的革命共鸣之暗号。……学
校里为吉野君和我分别准备了特别优待的休息室。午休和下课后日本
和中国的教师们经常集中在其中一间休息室里，热烈讨论中国的前途、
亚洲的未来。每次讨论的结果都是中国不革命不行。⑥

---

① 参见《支那时代の吉野君》。不过吉野的日记中记载，如明治四十年十一月八日任课"对
　绅班考试国法学"，第二天又任课"对职班考试政治学"，似乎绅班、职班的教员分工并不
　非常明确。
② 参见徐保安论文及《直隶总督准陕西巡无咨委员考查法政事宜札饬北洋法政学堂查照文》，
　《政治官报》光绪三十四年五月初七日《咨箚类》。
③ 《清代官员履历档案全编》7卷，华东师范大学出版社，1997，389页。光绪二十九年刊
　《京师大学堂同学录》，北京大学图书馆藏，索书号339-6/1047E。
④ 参见袁世凯《出洋游学毕业回国供差各学生请照章咨送考验折》。
⑤ 《壬寅东京青年会成立摄影》，《逸经》31期，1937年。冯自由：《壬寅东京青年会》，《革
　命逸史》初集，商务印书馆，1945。
⑥ 参见《支那时代の吉野君》。

清朝以发辫为国本，断发是备受非议之事。光绪二十九年（1903）陈独秀与邹容等人因为一起剪了留学生监督姚文甫的辫子，而被强制遣返。[①] 在浙江法政学堂，"如有些教员，刚从日本回国，剪了发辫者，只好头上戴顶瓜皮小帽，身上穿上长袍马褂，或则装上一支假辫，以表示遵守法纪，免被罗织入罪"。[②] 今井回忆中的教习刘某戴着假辫子，估计也是在日本剪了发辫，其行为也是一种"革命共鸣"的表现。正因为如此，不仅日本教习，连清人教习都会集中在吉野或今井的休息室，在那里得出"不革命不行"的结论。

当然，诚如吉野指出"教员希望转任行政官吏"，即使在北洋法政专门学堂也并非没有志在仕途者。宣统三年（1911）二月，北洋法政专门学堂成立已届三年，直隶总督陈夔龙因而褒奖连续任职三年的杨肇培、方尔谦等教习。[③] 其中杨肇培后来在北京任典礼院主事。[④] 而方尔谦此人，曾在天津创办报刊《津报》，获袁世凯青睐，担任袁克定的弟弟袁克文及袁克良的家庭教师，后又在法政学堂任教。方尔谦随后在盐政督办处任总务厅坐办，此后一直到民国，历任长芦监理官等盐政各职。[⑤] 尽管如此，根据今井介绍的逸闻可以知道，并不是每位教习都希望能"转任行政官吏"。

那么，教习和学生之间的关系又是如何的呢？鲁迅所在浙江两级师范学堂的教员发起了抵制上课的运动，据载，夏监督"宣布十八日日本教员先行上课，其余功课暂缺"，可见清朝教员与日本教员之间的合作并不彻底。[⑥] 而且"杭州浙江两级师范学堂的日本教习，也有藐视中国学生的情形"，表现出蔑视学生的迹象。[⑦] 不过，在北洋法政专门学堂的吉野"作为

---

① 章士钊：《疏〈黄帝魂〉》，《辛亥革命回忆录》，中华书局，1961，第五篇《论发辫原由》内。吉泽诚一郎：《辫发を剪る：尚武と文明への志向》，《爱国主义の创成：ナショナリズムから近代中国をみる》，岩波书店，2003。樊学庆：《辫服风云：剪发易服与清季社会变革》，三联书店，2014。

② 参见章鸿烈《早期的浙江法政学堂》。

③ 《直隶总督陈夔龙奏主事杨肇培等办学期满请奖片》，《政治官报》宣统三年二月初十日。宣统三年十二月初一日学部：《具奏遵议北洋法政学堂办学各员请奖分别准驳折》，国立故宫博物院图书文献处军机处档折件，索书号184880。

④ （宣统年）陈夔龙：《奏报调来直隶充任教员之礼部主事杨肇培回京供职事》，国立故宫博物院图书文献处军机处档折件，索书号186646。《宣统三年十一月□日革职留任湖北布政使连甲致内阁袁世凯禀》，《辛亥革民》8卷，上海人民出版社，1957；《关于南北议和的清方档案》。

⑤ 闵尔昌：《方地山传》，《民国人物碑传集》卷9。

⑥ 《再看全浙师范之怪状》，上海《神州日报》，宣统元年十一月二十日。

⑦ 1976年12月12日《自己争气》，张向天：《鲁迅日记书信诗稿札记》，三联书店，1979。

事实上的教头，集全校人气于一身"，他曾经揭发总督杨士骧外甥的作弊行为，对校长及他人的告饶恳求置之不理，因此"普通学生对此大感痛快，课间休息的十分钟里他的消息迅速传遍全校，学生对吉野老师的敬畏高涨数百倍"。① 也许正因如此，当时不过一介预科生的李大钊1921年才会询问吉野所在东京帝国大学的学生："吉野老师健在吗？我是在天津曾受老师教诲的学生。"②

说起来，这些学生们并不是唯唯诺诺只求学业进步的。光绪二十九年（1903）制定的《奏定学堂章程》之《各学堂管理通则》中可见要求学生："不准干预国家政治及本学堂事务，妄上条陈""不准聚众要求、藉端挟制、听课罢学等事""不准联盟纠众、立会演说、及潜附他人党会"等规定。③ 尽管如此，学生的集体行动和对政府的批判并未停歇，甚至连北洋法政专门学堂也在光绪三十三年（1907）爆发了"酱油风潮"等示威活动，学校差一点被迫停办。④ 正因如此，清廷在光绪三十三年十一月再次重申禁令，如"不准干预国家政治及离经叛道、联盟纠众、立会演说等事，均经悬为厉禁"，令将其悬挂于学堂并记载于毕业证书之上。⑤ 这种学生运动的背景大概在于欧美思想的传入，而学习这种思想的留学生回国或许是确切的原因。⑥ 清朝还强行要求外籍教员除教育课程外不得从事其他任何活动。⑦ 反过来说的话，这

---

① 参见《支那时代の吉野君》。

② 〔日〕伊藤武雄：《满铁に生きて》，劲草书房，1964，第三章第二节内《李大钊の印象》。

③ 参见《奏定学堂章程》中《各学堂管理通则》的《学堂禁令章第九》、宣统元年十二月二十八日奉旨《学部奏增订各学堂管理通则折》内《学堂禁令章第九》，《教育杂志》2年3期，1910年3月。

④ 1923年12月30日文，李大钊：《十八年来的回顾：在直隶法政专门学校十八周年校庆会上的演讲》，《直隶法政专门学校十八周年纪念特刊》，转载于《李大钊全集》4卷，人民出版社，2006。另，参见齐植璐《北洋法政学堂及其沿革》第四章。

⑤ 光绪三十三年十一月二十一日《谕旨》，《政治官报》，同月二十二日。王运良：《清末大学毕业证印章探源》，《中国文物报》2013年7月31日号。

⑥ 例如，接到直隶总督陈夔龙"东西游学生译刊之书籍、报纸，往往肆意讥评，淆乱黑白。虽经严饬查禁，而辗转传播，仍未能尽绝根株"上奏的《学部奏遵旨核覆直督奏敬陈管见折》（《政治官报》宣统二年六月初四日）。

⑦ 司法省参事官甲斐一之因其职位关系，向司法省提交了与清朝之间的合约。签订于光绪三十四年七月十五日的合约中完全不见此类规定（JACAR Ref. A04010173200）。宣统二年七月十五日签订的合约中则出现第4条"凡学部颁行学堂章程及本学堂现行续订各项章程，该教员到堂后，应一律遵守，不得歧异"；第5条"该教员专任教授课程，凡学堂内外一切他事，不得干预"；第18条"该教员无论是否教士出身，凡在学堂教授功课，不得籍词宣讲涉及宗教之语"等条款（JACAR Ref. A04010223700）。

也可以佐证多数的教习参与教学以外的事务。据李大钊回忆，母校北洋法政专门学堂是一所政治上非常激进的学校，"那时中国北部政治运动的中心，首推天津，天津以北洋法政学校为中心"。① 其中谈到"本校同学立宪、革命两派，立宪派公开运动，革命派秘密运动。同学多数属于立宪派，少数属于革命派"。

上面讨论了北洋法政专门学堂和其成员，以及与日本人教习之间的关系。北洋学堂是袁世凯为实现地方自治，培养自治人才而建立的学校，因此从日本留学回国的青年监督聘请了留西发的留学回国人员当教习。正因为如此，造成学生们也对清朝的现况产生不满情绪。也正因为如此，至少今井似乎对教员及学生抱有同感②，李大钊在北洋法政专门学堂内组织"北洋法政学会"时，今井嘉幸、大石定吉与刘同彬、高俊彤等教习一起为他们捐了款。③ 那么，在这样的环境中，日本人教习尤其是吉野作造作何感想呢？下面将结合他对袁世凯的评价，探讨其心路历程之变化。

代做结语：袁世凯与日本人教习吉野作造

本文开篇已经明确，光绪三十二年（1906）二月，吉野踏上了天津的土地。此后不久，吉野就在《新人》上连续发表了《支那观光录》和《支那人的形式主义》系列文章。文中写到巡警只是"木然"伫立，却被当作有权威的人，不禁"闻之愕然"，还介绍了知县和知府如何故意冤枉无辜者并处以极刑的情形，批评袁世凯在各地建设的学校毫无规划、草率武断，称"中国近来的所谓进步，其实绝非进步，仅为效仿而已"④，对好的方面丝毫没有提及，明确表达了自己的厌恶之情。这或许是与清国人交往的经验不足以及没有从袁家拿到工资而产生不遇感，从而得出的低评价。

然而，光绪三十三年（1907）三月二十五日，吉野开始在北洋陆军督练处的参谋处举办讲座。听讲的有傅良佐、张绍曾、蒋雁行等日本留学归

---

① 参见李大钊《十八年来的回顾》。
② 参见《支那时代の吉野君》。
③ 《北洋法政学会特别捐名单》，北洋法政学会《言治》月刊第 2 期，1913 年 5 月。
④ 〔日〕吉野作造：《支那观光录》（《新人》7 卷 4 号、5 号，1906 年 4 月、5 月）、《支那人の形式主义》（7 卷 7 号、9 号，7 月、9 月，转载于《选集》8 卷）。

国人员。① 九月九日起开始在北洋法政专门学堂任教。也许在这个过程中对袁世凯有了诸多了解，在同年四月末完稿的关于天津自治的论文中，吉野这样称赞袁世凯和其麾下的留学归国人员："但是在于此间卓识不凡，对立宪制度有正确认识的人确实当属直隶总督袁世凯先生"，"直隶省之所以能在清朝政界占据重要地位，并非仅因总督帐下网罗了众多留学日本的才俊"。文中还称"实行自治制与设立学校等一样，确实为民众教育的有力手段之一"，盛赞他们为清朝改革的重要因素。②

宣统元年（1909）吉野甫一回国，就接连发表了关于袁世凯与中央政府的关系，以及基于中国经历考察日本人教习的数篇论文。也许是在三年清朝生活经历的导向下，文中对袁世凯的高度评价更胜以往：

> 袁世凯非文学之士，故本无能在清廷上下建立威望。然无论文学修养如何，作为一名政治家，其确有超乎寻常之非凡才干，实乃清廷杰出人物之首，无须我辈絮絮言之。……其为人胸怀坦荡，善听人言，自有循理定其方针之卓识。即所谓通情达理之人。……袁先生之聪明才干，不仅得应聘常住天津之诸位日本顾问认同，亦得因外交事宜而时常与其交涉之欧美诸国公使及领事之认同，云，举凡外交谈判当事人，能真正理解双方主张，详述道理所在，提出最为满意之解决方案者，清国政治家中除袁外几无他人。既是杰出的外交谈判家，对招聘的外国人和本国人下属，又均能给予相对正当的待遇，令其安心本职者，除袁氏外又有几人？更兼其一忧国之士，身为清人，不计私利，能着眼天下之大而经营谋划也。③

事实上，日本人教习及顾问们确实按照其要求取得了成果。④ 接下来吉

---

① 〔日〕吉野《日记》相应条目。
② 〔日〕吉野作造：《天津に于ける自治制施行の现况》，《国家学会杂志》21 卷 6 号，1907年 6 月。吉野《日记》记录，明治四十年七月四日参观了自治局金邦平管理的开票处。
③ 参见吉野作造《袁世凯を中心として观たる清国近时の政变》（《国家学会杂志》23 卷 3号、4 号，1909 年 3 月、4 月）。日本人教习，《清国に于ける日本人教师の现在及び将来》（《新人》10 卷 3 号、4 号、5 号，1909 年 3 月、4 月、5 月）、《清国在勤の日本人教师》（《国家学会杂志》5 号，5 月）。
④ 史洪智：《日本法学博士与清末新政：以交往、舆论与制度转型为视角》，《河南大学学报（社会科学版）》2013 年第 1 期。

野还在文中表示绝对相信袁世凯对朝廷的忠诚："人云其或卷土重来，纠合党徒背叛满清朝廷。此实为无稽之想象。袁先生本为忧国之士，绝非自恃权威，图谋不轨之人。"并强调革命派力量薄弱："又云革命党或拥立袁先生对抗满清朝廷。此亦荒唐臆测。清国之革命党，徒有声势，终究缺乏付诸行动之力。"

另外，对自己亲身参与的教育改革，吉野以为"故因此教育界的利权回收运动""只能说是理所当然之事"，而且这种运动是"中国人进步应有的结果，宁吾人欣然喜悦地接受其成"。关于与清国人的交往之道，则变得甚为谦虚："以优等人种自居，对中国人的态度言行显露几分蔑视者，必定难免清国人之责难。只需诚怀同情之心，以谦逊之态待之，即可取得相当的成功。"[①] 当然，诸事谨慎的吉野，也并非盲目地一味赞美清朝。他的文章中也包括了下面这样的警句：

> 窃以为阻碍清国国运发展者实为腐败至极之政治体系及惊人愚昧之民智。民智开启与组织改革非双管齐下，难见清国之光明前途。[②]

这种对青年的企盼和对腐败官僚机构的憎恶，源于吉野对日本现状的感同身受。吉野在中国五四运动如火如荼之际，曾作评论："无论在日本还是在中国，应该反对的正是这种官僚思想。"[③] 就这样通过与众多的年轻清国人的交流，积累了在中国的经验，又加上经济上的安定，身心都得到了充实。归国时当然会"有一种恋恋不舍之情"。

然而，与吉野的看法截然相反，袁世凯在辛亥革命后的宣统四年（1912）从清朝的内阁总理大臣转身一变，当上了中华民国的临时大总统，又在1916年登基做了中华帝国的皇帝。正如很多前期研究已指出，当时的吉野与革命派开始有了密切接触，观察中国青年的视野越来越全面。[④] 在这种思绪的激烈变化中，吉野想必深切认识到自己见识之浅薄。正因如此，最后才发出前文所述"予在中国滞留三年的经历对形成今日予（之）中国论的基础不足十分之一"这样的感想。不过，这种否定情绪随着时间的推

---

① 参见《清国に于ける日本人教师の现在及び将来》。
② 参见《天津に于ける自治制施行の现况》。
③ 〔日〕吉野作造：《支那问题に就て》，《黎明会讲演集》4辑，大镫阁，1916。
④ 例如，前已注松尾尊兊、狭间直树论文。

移而逐渐淡漠，因此，1928 年再次回顾三年的天津经历时又称"惊讶于中国立宪运动之风起云涌"。① 以上可以看出，吉野在天津的经历也并非是全无价值的。

也就是说，如果只看吉野在大正年间（1912～1926）的种种感想，在天津的三年时间显得毫无价值。但是，如果观察他在辛亥革命之前的言论，可以很容易地发现，通过天津地方自治的实施，法政专门学堂的建设，以及他本人的亲自参与，吉野对清朝的认识产生了巨大的变化。根据李大钊的回忆，各学堂的学生对清朝政府持批判态度，其中大多数都属于立宪派。如果辛亥年没有发生革命运动，清朝统治得以继续的话，他们也许不会觊觎皇帝之位，也许不会希冀第二次第三次革命，而吉野也不会对革命派作出重新认识，然而时代的洪流改变了一切。

① 〔日〕吉野作造：《民本主义鼓吹时代の回顾》，《社会科学》4 卷 1 号，1928 年 2 月。

浅论清末新政对上海近代法学教育的推动

袁 哲*

学术界对清末新政的研究热潮开始于 20 世纪 90 年代初，研究成果颇丰，笔者认为有关清末新政的研究主要集中在四个方面。第一是有关清末新政与政治变革、社会变迁的研究。比如研究新政与地方自治①，新政与法制现代化②，新政与教育现代化③，新政与社会现代化④，新政时期设立的议事机构等。⑤ 第二是对清末新政本身运作的研究，比如新政时期改革措施的具体实践或是探讨新政成败的研究。⑥ 第三是对清末新政时期的人

---

* 袁哲，东华大学历史研究所讲师。

① 关于地方自治的成果主要集中于研究地方自治与民权，地方自治与官制改革，地方自治思潮等，如周松青《清末上海地方自治与合法性》，《华东师范大学学报（哲学社会科学版）》2003 年 1 月；吴桂龙《清末上海地方自治运动述论》，《近代史研究》1982 年 3 月。

② 代表性成果有：殷啸虎《近代中国宪政史》，上海人民出版社，1997；高旺《晚清中国的政治转型——以清末宪政改革为中心》，中国社会科学出版社，2003；安新予《清末法政教育的兴起》，载《中山大学研究生学刊（社会科学版）》，1997 年第 1 期；林明《清末"新政"与近代法学教育》，载《山东大学学报（哲学社会科学版）》，2001 年第 6 期；胡康《清末新政时期法律修订论略》，载《贵州民族学院学报（哲学社会科学版）》，2010 年第 1 期；吴永明《清末司法现代化变革原因探析》，载《江西师范大学学报》，2003 年 2 月。

③ 如凌兴珍《清末新政与教育转型》，人民出版社，2008；王笛《清末新政与近代学堂的兴起》，《近代史研究》1987 年 3 月；史全生《清末新政与江苏的教育运动》，《江苏社会科学》2003 年 6 月。

④ 参见忻平《清末新政与中国现代化进程》，《社会科学战线》1997 年 2 月；萧功秦《清末新政与中国现代化研究》，《战略与管理》1993 年第 1 期。

⑤ 参见邱远猷《清末"立宪改官"中的资政院和咨议局》，《社会科学研究》1984 年 5 月。

⑥ 参见关晓红《晚清学部研究》，广东教育出版社，2000；苏全有《清末邮传部研究》，中华书局，2005；朱英《清末新政与清朝统治的灭亡》，《近代史研究》1995 年 2 月。

物或者知识群体的研究。① 前三类成果较多关注清末新政在全国范围内的影响。近几年来学界对清末新政的研究不断深入和细化，研究内容呈现出多方位多层次的格局，研究时间不断延伸，研究时空不断深入，这就是清末新政的第四类成果，主要关注地方新政的推行。研究地方新政较有代表性的成果有戴鞍钢《清末新政与新疆、西藏、川边地区经济的演变——兼与东部地区的比较》②；王笛《清末"新政"与四川近代教育的兴起》③；易惠莉《清末新政时期上海官、绅、商结合的事业活动——主要考察浙路公司和汉冶萍合并商办案》。④

　　学界对清末新政时期法制变革的研究多集中在预备立宪的范畴内。有关新政与法学教育的成果并不多，对地方法制近代化以及地方法律教育的研究也稍显薄弱。本文在前人研究成果基础上，将探讨清末新政对上海近代法学教育的影响，进而揭示地方对清末新政的接纳程度以及新政对地方近代化的影响。

　　从上海开埠到科举制度废除，上海的新式法学教育学校有两种类型：一种是由外国教会或教民创办的学校，另一种是上海地方政府或社会力量创办的学校。清末新政时期的制度变迁，决定着上海近代法学教育的发展模式与发展方向。相对本国学校而言，清末新政对外国教会创办的法律院校影响较小。

一　清末新政加速上海近代法学教育萌芽

　　中国古代没有近代意义上的法律教育，上海开埠初期的法学教育，是以在"四书五经"之外辅助性传授的方式开展。⑤ 1901 年清政府宣布"新政"，"兴学育才"成为一项重要的新政举措："为政之道，首在得人，况值

---

① 李细珠：《张之洞与清末新政研究》，上海书店出版社，2009；尚小明：《留日学生与清末新政》，江西教育出版社，2007；史洪智：《日本法学博士与清末新政——以交往、舆论与制度转型为视角》，《河南大学学报（社会科学版）》2013 年 1 月。
② 《云南大学学报（社会科学版）》，2008 年 6 月。
③ 《四川大学学报（哲学社会科学版）》1985 年 2 月。
④ 《思想与文化》2004 年 12 月。
⑤ 1869 年，广方言馆聘请法国法学家鲍安（Boyer）开设国际法课程，这可以看作近代上海新式法律教育的萌芽。广方言馆开设法律课程，只是一个单独的历史事件，这时的法律教育还是传统书院性质的法律教育。

时局艰危，尤应破格求才"。① 法律人才的培养随即也被提上了议事日程。1902 年 8 月，管学大臣张百熙进呈《钦定学堂章程》（壬寅学制）②，提出"略仿日本例"，大学设政治科，"政治科之目二：一曰政治学，二曰法律学"。③ 1903 年，《奏定学堂章程》（癸卯学制）规定法律为政法科大学之一门。政法科大学需要预备科或高等学堂毕业后才能升入。④

1904 年，在修律过程中伍廷芳提出："法律成而无讲求法律之人，施行必多阻阂，非专设学堂培养人才不可。"⑤ 1905 年 4 月，伍廷芳与沈家本奏请在京师设法律学堂。之后又呈上《会奏各省课吏馆内设仕学速成科片》，建议各省可以仿照日本法政速成科的办学形式创办新式法科学堂。⑥ 1906 年，学部复奏浙江巡抚增韫："各省咨议局既于上年成立，京师咨政院亦于今年召集，而各级审判厅、各级地方自治皆次第施行，所有议员、自治职员、审判官吏，非有法政之素养不足以趋赴事机。需才既众自宜广加培成。"⑦ 同年 11 月，学部再次强调："凡繁盛商埠及交通便利之地，一律准予呈请设立法政学堂，以广早就。"⑧ 1908 年，清政府开始尝试官制改革，宣布州县"改选人员到省后，督抚率同三司量其才性，试以吏事或派入法政学堂分门肄业并勤加考察"。⑨ 在清末新政的政策鼓励下，全国各地开始创办法政学堂。

---

① 《光绪朝东华录》，朱寿朋编《光绪朝东华录》（五），台北，文海出版社，2006，总第 4666 页。

② 《钦定学堂章程》颁布后，并未实行，于次年废止。1904 年颁行的《奏定学堂章程》一直实行到清末。但《钦定学堂章程》是中国第一个近代学制章程，也是第一次将法律学定为大学分科，并把法律列为入学考试科目之一。包括六部章程，《京师大学堂章程》《考选入学章程》《高等学堂章程》《中学堂章程》《小学堂章程》《蒙学堂章程》。

③ 《钦定学堂章程·钦定大学堂章程》第 1～39 页。详可参阅璩鑫圭、唐良炎编《中国近代教育史资料汇编　学制演变》，上海教育出版社，1991，第 245 页。

④ 光绪二十九年十一月二十六日（1904 年 1 月 13 日）《奏定大学堂章程（附通儒院章程）》，详可参阅璩鑫圭、唐良炎编《中国近代教育史资料汇编　学制演变》，上海教育出版社，1991，第 348 页。

⑤ 《法学通论讲义》（序），详可参阅沈家本《寄移文存》，卷一，台北商务印书馆，1976。

⑥ 详可参阅丁贤俊、喻作凤编《伍廷芳集》（上册），"奏请专设法律学堂折"，中华书局，1993，第 271～274 页。

⑦ 《学部奏议复浙抚奏变通部章准予私立学堂专习法政折》，（1906 年 6 月 3 日），《大清教育新法令》，续编，第六编，商务印书馆，1910，第 11～12 页。

⑧ 《学部附奏推广私立法政学堂片》（1910 年 11 月 10 日），《学部奏咨辑要》，三编，国家图书馆藏。

⑨ 沈云龙：《近代中国史料丛刊》第三十五辑，《光绪政要》（沈桐生），台北，文海出版社，1966，第 2576 页。

在新政的政策推动下，1906~1910年，全国出现了兴办新式法政学堂的高潮。上海近代法律教育也在这个大潮中得以萌芽。清末新政期间，上海开设新式法律课程的学校或专门法律学校一共有5所，分别是南洋公学特班、复旦公学、震旦大学（教会大学）、松江法政讲习所、上海法政讲习所。

上海最早开展近代法学教育的是清末新政时期创办的南洋公学政治特班。1901年，南洋公学在上海创办，分为外院、中院①、师范和上院。上院即大学本科，"仿照西方专门学校，学习法律、政治、经济等课程"。②上院特班共有42名学生，其中政治特班有学生10人。③政治特班以学习法律为主，开设宪法、国际公法、行政纲要等课程。翰林院编修蔡元培任特班总教习，教员是陈锦涛。不久，教员陈锦涛赴美留学，蔡元培亲自负责特班的教学。蔡元培采用传统的书院式教育。1903年冬，南洋公学特班解散。

南洋公学特班解散后，上海的本土新式法学教育并没有因此而停顿，很快又组建复旦公学，正式设立政法科。1905年，教会大学震旦大学的学生，因不满外籍传教士南从周独揽校政，有130名学生从该校退学。原震旦大学部分学生退学后，宣称"因感宗教和学术不能互相混合，脱离震旦大学另组复旦公学，推马相伯为校长"。④马相伯会同严复制定《复旦公学章程》。复旦公学设"正斋""备斋""专斋"。"正斋"相当于高等学堂，包括政法科、文科、商科。"专斋"又设有政法和实业两个专业。复旦公学的法学专业主要依靠上海的社会力量发展起来。民初，王宠惠等又筹款组建校董会，并在江湾购地七十余亩作为校址⑤，自此复旦公学逐渐壮大。

清末新政推行的预备立宪，在全国掀起了创办法政学堂的热潮，上海的立宪派们也在上海创办法政学堂，推动了上海近代法学教育的发展。1907年，孟昭常代表预备立宪公会致信各处教育会，请普设宣讲所，延聘法政

---

① 中院即中学，毕业后升入上院。开设课程有国文、外文、数学、史地、博物、理化、法制、经济。
② 陈科美主编《上海近代教育史1843——1949》，上海教育出版社，2003，第114页。
③ 杨耀文：《本校四十年来重要变迁》，《交通大学四十周年纪念特刊》，出版者不详，1936，第34页。
④ 《复旦年鉴》，1925，第13页，上海市档案馆藏，档号：Q235-3-52。
⑤ 《复旦法学院的渊源和发展》，《复旦大学校史通讯》总第59期，2009年9月18日，复旦大学历史学系资料室藏。

毕业生为教员，讲习法政。① 第二年，上海新政的主要推动者立宪派们就创办了法政讲习所。（上海）松江商会附设法政讲习所，聘请法政毕业生任讲员，招松江商人 60 余名学习法政。②

1909 年，上海预备立宪公会在上海县城设立法政讲习所。上海法政讲习所"专养成厅州城乡地方自治之议员、董事，并研究谘议局、资政院议员应有之学识"③，开设的课程主要有宪法、行政法、财政学、地方自治制度。

清末新政期间，上海还有一所教会大学也设有法律专业，即震旦大学文学法政科。1903 年 2 月，法国天主教耶稣会在上海设立震旦大学。④ 震旦大学设文学法政科、算术工程科、博物医学科，三科都用法文授课。⑤ 震旦大学设立之初有"欧教员十四人，华教员九人，内有文学博士一人，法学博士二人，医学博士六人……"⑥ 在震旦法科授课的欧洲教员，多是在沪执业的法国律师，华籍教员多是归国留学生。

二　清末新政为上海新式法学教育造就师资

清末，废除科举、鼓励留学、修订律例、重用法政人才，这些新政举措都成为民众学习法政的原动力。新政时期创建新式学堂则有两难，"经费巨；教习少"，而"求师之难尤甚于筹费"。⑦ 上海近代法律教育的师资有两个主要来源，一是归国法学留学生，二是本国法科毕业生。随着新政的推行，这两大群体日渐壮大，成为上海近代法律教育发展的主要推动者。

近代中国的法科留学有两个方向，一是东渡日本，二是远赴欧美，法科留学在新政时期达到了最高潮。近代中国的官费法科留学政策，在

---

① 《预备立宪公会致各处教育会论各地亟宜遍设宣讲所（孟昭常）》，《申报》1907 年 9 月 30 日。

② 《法政讲习所开讲（松江）》，《申报》1908 年 8 月 19 日。

③ 《上海预备立宪公会附设法政讲习所公告》，《申报》1909 年 1 月 8 日。

④ 1952 年人民政府接管震旦大学，各系分类并入其他大学，医学院在原址成立上海第二医院。

⑤ 《震旦大学院规程》，上海档案馆藏，档号 Q244－1－17E。

⑥ 《震旦大学院章程》，上海档案馆藏，档号 Q244－1－17C。

⑦ 张之洞：《变通政治人才为先遵旨筹议折》，《张文襄公全集》奏议卷 52，第 27 页。

光绪二年（1876）十二月李鸿章会同闽浙总督的联名会奏中被提上议事日程。1903 年，张百熙在《奏派学生赴东西洋各国游学折》中又重提法科留学，张百熙指出："（西国）常年钜费，力有不支，然而培材起见，当勉为筹划。"① 1907 年 12 月 5 日，宪政审查馆等在奏派贵胄游学的奏折中称："英美两国政治法律极臻美备，既派贵胄游学自以分往英美德三国为宜。"② 新政开始后，法学已经逐渐发展成与工科、军事同等的科目。从 1879 年到清末新政开始，25 年里到欧美学习法律的中国留学生仅有 14 人。③ 清末新政开始后到 1911 年，在欧美的法学留学生有40 人，其中只有 2 人是自费学生，其余全部是清政府的官费学生。④

　　赴日法科留学虽然开始于甲午战争前后，但留学的高潮也是在清末新政时期。1901～1911 年，据不完全统计，在日本学习法政的中国留学生有2511 人。⑤ 为了加速培养法政人才，清政府驻日大使杨枢促成了日本法政速成科的创办。从 1904 年 5 月至 1908 年结束，日本法政速成科留学生总计约1215 人。⑥ 为了发展新式教育，清政府特别规定，官费留学生回国后必须担任 5 年的专门教员。⑦ 清末新政时期政府派遣的法科留学生成了近代法学教育重要的师资。

　　到 20 世纪前 10 年，上海已从一个旧式县城发展成为中国最大的近代都

① 张百熙等：《奏派学生赴东西洋各国游学折》（1903 年 12 月 21 日），朱寿朋编《光绪朝东华录》（五），台北，文海出版社，2006，总第 5113～5114 页。

② 详可参阅《外务部、宪政编查馆、学部、陆军部会奏请派贵胄出洋游学折章程附》，《东方杂志》1907 年第 1 期，"教育"，第 12～13 页。

③ 《洋务运动》（五），"光绪六年十二月十八日直隶总督李鸿章等奏"，第 251、254 页；舒新城：《中国近代留学史》（影印本），第 8、14、15、16、20 页；陈学恂、田正平编《中国近代教育史资料汇编——留学教育》，第 686、687、688 页；

④ 舒新城：《中国近代留学史》（影印本），第 8、14、15、16、20 页；陈学恂、田正平编《中国近代教育史资料汇编——留学教育》，第 686、687、688 页；李喜所：《清末民初的留美学生》，《史学月刊》1982 年第 4 期；刘晓琴：《中国近代留英教育史》，第 78、79 页。

⑤ 《中华民国史档案资料汇编》第五辑第一编教育（一）第 380 页，第五辑第三编教育（一）第 635、636、637 页，第三辑（教育），第 609 页；陈学恂、田正平编《中国近代教育史资料汇编——留学教育》，第 689 页；周一川：「中国人女性の日本留学史研究」，第 44 页；李喜所：《近代中国的留学生》，人民出版社，1986 年第 126、127 页；《清光绪朝中日交涉史料》卷六十九，第 23 页。

⑥ 法政大学史资料委员会编《法政大学史资料集·第 11 集（法政大学清国留学生法政速成科特集）》，日本法政大学内部发行，昭和 63 年，第 144～158、263 页。

⑦ 《附奏官费游学生回国后皆令充当专门教员五年片》，卷 3，转引自尚小明《留日学生与清末新政》，江西教育出版社，2003，第 64 页。

市。东西方法律制度的长期共存，为上海创造了相对宽松的社会环境。不少法学留学生回国后选择留在上海，他们成为上海近代法律教育的主导力量。据不完全统计，20 世纪初至 40 年代，在上海从事专职法学教育的法学留学生约 66 人，留学日本者约 22 人，留学美国者约 22 人，留学法国者约 9 人，留学英国者约 8 人，留学德国者约 3 人，留学意大利者约 1 人，留学比利时者约 1 人。① 此外还有为数不少担任法官、检察官、行政官员、职业律师的法学留学生，都在大学里担任兼职教授。

上海法学教育的另外一支重要的师资力量就是本国法科毕业生。1905 年 9 月清政府废科举，为新式教育推广扫清障碍。全国广设新式学堂，知识分子的学习领域得到拓展，法政成为知识分子的主要学习目标之一。而清政府的司法变革也激发了知识分子学习法政的热情。清末新政一改中国几千年司法行政合一的体制，刑部改为法部，专管司法行政，大理院为最高审判机构。省、府、县设初、中、高三级审判厅。新的司法体系的形成，急需法政人才，良好的就业前景成为激发民众学习法政的热情。

1906～1910 年，各省法政学堂达 47 所，学生 12282 人②，并且从 1907 年到 1909 年这个数字还在增加。国内法政学堂的毕业生也成为近代法律教育重要的师资准备。民国时期，上海有 6 所③专门法科学院，6 所④大学设有法律系（院）。据不完全统计，在上海从事专职法学教学工作的本国法科

---

① 详可参阅《东吴大学年刊》，上海档案馆藏，档号：Q245 - 20，Q245 - 25，Q245 - 83，Q245 - 322；何勤华《法学留学生与中国近代法学》，《法学论坛》第 19 卷第 6 期，2004 年11 月。

② 李华兴：《民国教育史》，上海教育出版社，1997，第 594 页。

③ 这 6 所私立独立学院是：上海法政大学、上海法科大学、持志学院法律系、中国公学法商科，新中国公学学院法科、新中国学院法学院。在《全国公立私立大学、独立学院、专科学校一览表》，《中华民国史档案资料汇编》，第五辑，教育（一），第 306～311 页，王健：《中国近代的法律教育》，中国政法大学出版社，2001，第 226～227 页的统计中，上海的设法科的私立独立学院还包括正风文学院，笔者根据上海档案馆所藏正风文学院档案（Q235 - 1 - 658 及 Q255 - 1 - 5）记载，正风文学院并没有设立法科，只开设法律课程，也不是主要课程，教授法律课程的教员也只有 2 位，因此，本文没有将正风文学院算作设有法科的私立独立学院。

④ 震旦大学法律系、复旦大学法学院、大夏大学法律系、东吴大学法学院、暨南大学法律学系、光华大学法科。在南京国民政府 1936 年的统计中还有沪江大学法科，笔者尚未找到沪江大学法科的直接史料。

毕业生约 109 人。①

民国时期上海法律院校的创办者和师资，总体上本国法科毕业生和法学留学生平分秋色。上海近代法学教育发展的骨干力量，几乎全部是清末新政时期培养并成长起来的，清末新政对上海近代法学教育的发展功不可没。

三　清末新政奠定上海近代法学教育风格

19 世纪 60 年代前后，西方近代法律知识逐渐传入中国，中国近代的法学理论则形成于清末新政时期。预备立宪开始后，掀起一场译介西方近代法律及法律理论书籍的热潮。在清政府的组织下，国内的法界学人不仅翻译了大批国外的法律文本及法学著作，还开始研究和探讨法学渊源、世界法系、国际法、刑法、民法、行政法等近代法学知识。

1902 年，清政府下诏编纂中西律例，改订刑法。新政修律时，国内法学家有一种共识，即"我国与彼（笔者按：指日本）同洲同文，风俗习惯亦复相类，故制定法律，半可模仿日本，有不必舍近而求远者"。② 1904 年，修订法律馆开馆，由沈家本负责。修订法律馆做的第一件事就是翻译各国法律及书籍。沈家本认为："日本则我同洲、同种、同文之国也，译和文又非若西文之难。"③ 受此思想的影响，从事译介法律工作实际上主要是日本留学生。从 1904 年到新政结束，修订法律馆共翻译 69 种法律文本，翻译数量最多的主要是日本 29 种，德国 13 种，奥地利 5 种，法兰西 4 种。④ 这 4

---

① 《上海法政大学现任教员一览表》，上海市档案馆藏，档号 Q248 - 1 - 617；《上海法科大学教授名录》，上海市档案馆藏，档号 Y8 - 1 - 298 - 42；《持志法律系二十八年度毕业纪念刊》，上海市档案馆藏，档号 Q235 - 3 - 471；《新中国学院校刊》，上海市档案馆藏，档号 Q262 - 2 - 30；《上海法政学院二十一年概况及二十二年计划》，1933，第 87 ~ 94 页，上海市档案馆藏，档号 Q248 - 1 - 623；《私立震旦大学法学院二十八年度教员一览表（九月）》，上海市档案馆藏，档号 Q244 - 1 - 17C；《本大学全体教职员一览》，《大夏大学五周年纪念刊》，1929，第 45 ~ 52 页，上海市档案馆藏，档号 Y8 - 1 - 219；《暨南大学法学院名录一览（十九年度）》，上海档案馆藏，档号 Q240 - 1 - 270B。
② 林鹍鹏：《留日法政大学学友会序》，《法政大学史资料集第十一集》（法政大学清国留学生法政速成科特集），法政大学内部发行，昭和 63 年，第 159、160 页。
③ 沈家本：《新译法规大全序》，《寄簃文存》（《历代刑法考序》附）卷 1，中华书局，1985，第 2023 页。
④ 详可参阅尚小明《留日学生与清末新政》，江西教育出版社，2003，第 115 页。

个国家都是大陆法系国家。

1907 年开始，清末新政的法制改革进入了一个实质性的阶段，开始编纂新律。新编法律中《大清民事诉讼法草案》由冈田朝太郎起草、《大清监狱律草案》由小河兹次郎起草、《大清民律草案》由松冈正义起草前三编。其余法典都是由日本法学留学生独立编纂完成。新政修律把日本法律体系作为主要学习对象。明治维新以后的日本法律体系是典型的大陆法系国家。清末修律，选择大陆法系为蓝本，法学书籍也以翻译日本、德国、法国法学书籍为主。

受清末修律的影响，上海近代法学教育也采用了大陆法系的教育模式。① 盛宣怀在南洋公学特班设立后，主张："较量国体，惟日德与我相同，亦惟日德之法与我适宜而可用……格致制造则取法于英美，政治法律则取法于德日。"②

上海近代法律院系都同时设有法律、经济和政治三科。教学注重归纳法，都是以法典为基础编写课本。必修课包括法律专业课和非专业课程两种。法律专业必修课以实体法为主，一般情况只有 4 门程序法课程。教学方式以教师讲课为主要形式。可见，上海近代法学教育完全是大陆法系的教育体制。

上海近代法学教育体制采用大陆法系的教育模式，除受到清末新政法制改革的影响外，一定程度上也是由留日学生所引导的。清末新政时，留日学生是上海近代法律院系的创办、法律课程的讲授的主导力量。这些留日学生在日本接受正统大陆法系法学教育，回国后，他们也潜移默化地将大陆法系的法学教育理念、法学教育体制移植进入上海。

清末新政的法制改革是在不触及清王朝体制的前提下，通过改良实现法制近代化的目的。依托清末修律发展起来的上海近代法学教育，也不可避免地打上了那个时代的烙印。

清末新政时期，朝野对发展近代法学教育培养新式人才的共识是："现在通西文西语者既多，宜令往西国律例学堂用心研究，学之既久，尽可从西人考试，充作律师。他日航海回华，即可主持讼事。"③ 这样注重实用的

---

① 大陆法系与英美法系基本的法律教育观念不同，因此它的教育方式也大不相同。
② 引自朱有瓛主编《中国近代学制史料》（第 1 辑）下，华东师范大学出版社，1985，第 519～520 页。
③ 《西律》，《皇朝经济文新编》（卷二），文海出版社，1987。

思维导致近代法学教育在教学内容上偏重实用性。"像法理学、法律哲学、法律方法论、立法原理等科目，只在少数学校里被列入课程，而与其他法律科学并重。所以无怪现在有许多法律学校毕业生眼光小而不知应变。对于各种法律制度，只知其然而不知其所以然。……视条文、判例暨解释例为法律学的全体而置法律的理论于不顾"。①

由于清末新政时期对法学教育注重实用性的导向，导致法学研究偏重注释法学研究过盛，而理论性研究不足。不少法政毕业生"这国那国的条文都晓得，问题（是与）中国相当的规定竟茫然。法学书籍十九是刻板公式；法学论文中除了学究式的文章外，不是今人说古话，便是中国人转播外国人对外国人说的话。再不然，便会常常幼稚得难以形容"。②

近代上海的法学教育在起步阶段缺乏历史积淀，又受清末新政法政速成风潮的影响，外国教员和归国法学留学生成为法学教育的重要师资力量。这些外国教员："言语不通，每发一言，必俟翻译辗转口述，强半失真"；"西人幼学，异于中土，故教法每异不同，往往华文一、二语可明，而西人衍至数十言，西人自以为明晓，而华文犹不能解"。③一些归国留学生在授课时，经常也是采用全外语教学，这种情况在上海尤为普遍。采用纯外语的教学方式，虽然有利于近代法学教育形成注重外语的特色，但也出现了形式主义和片面强调外语能力的问题。著名法学家蔡枢衡就指出："形式主义造成学位资格等于法学学问，超形式主义的结果是留学等于法学学问，刀的外语观使外语能力等于法学学问。""这三种怪物存在的结果，使法学丧失了科学性或障碍法学获得科学性。并使法律理论无法保有真理性"。④

四　结语

借助清末新政法制改革的契机，上海近代法学教育迅速萌芽。与国内其他城市主要依托本国政府发展近代法学教育的情况不同，上海利用地域

① 杨兆龙：《中国法学教育之弱点及其补救之方略》，载郝铁川、陆锦碧编《杨兆龙法学文选》，中国政法大学出版社，2000，第152～153页。
② 蔡枢衡：《中国法学的病和药》，载李贵连主编《20世纪的中国法学》，北京大学出版社，1998，第54页。
③ 朱有瓛：《中国近代学制史料》，第1辑（下），华东师范大学出版社，1987，第980页。
④ 蔡枢衡：《中国法学之贫困与出路》，载李贵连主编《二十世纪的中国法学》，北京大学出版社，1998，第55页。

特点，吸纳了地方力量和教会力量，形成了多元化的法学教育办学模式。可以说上海近代法学教育的兴起是多方力量合作的一种结果。上海法学教育多元化的办学模式，本可以吸收多元化的法学教育理念，但受清末新政选择移植日本法制体系的影响，上海的近代法学教育以大陆法系教育模式为主体，有限吸收其他法系的教育特点。

清末新政过分强调法律富国强民的功能，把法学教育的兴办与国家富强相结合。这就使得清末的法学教育过分强调实用性，导致法律和制度的移植仅限于表层。强调发展法学教育，但忽视了法学研究。法学教育的课程过分强调注释法学的发展，忽视了法学理论的引进与研究。受此影响，正处于萌芽时期的上海近代法学教育，同样具有注重实用性的特点。

清末新政推动的法学教育近代化转型大潮，作为一种时代变革信号，形成了对上海近代法制变革的推力。上海法学教育发展的过程，也是西方法学知识传播的过程。在这个过程中，传统法律观念的转变和西方法律观念的传播同时进行，礼法分离和现代法律观念的形成同时进行。西方法学知识的受众群体不断扩大，既加速了近代上海城市社会的近代化变迁，也加快了清王朝权力体系的崩溃。

光绪朝泰州单毓年以荷据爪哇之施政于治藏方略之考量

朱悦梅[*]

晚清时期，中央政府为了加强治藏的力度，做了不少的努力，如鹿传霖的保川图藏举措[①]、清朝最后一任驻藏大臣联豫[②]所实施的由张荫棠提出的"治藏刍议十九条"和"善后事宜二十四条"等[③]，但真正的实施效果并不尽如人意。而从清代中后期开始，随着中国文人对海外世界的日益了解，往游者日多，其中不乏有识之士，他们对西文列强的科学技术多有关注的同时，亦有政治敏锐者，对西方列强对殖民地进行管理的长处加以观察与思考，并与国内的对边疆之管理策略加以对比，提出个人对边疆管理，特别是外御强敌，内施新政等的深入思考。

1840 年以后，西方列强不仅通过海上打开中国的关口，还在亚洲内陆实施对中国青藏高原、西域等地区的军事包围与渗透，特别是对西藏地区，英、俄等觊觎已久。而于西藏内政，亦有中国文人，特别是接触过西人殖民统治地区管理的有海外经历者，以西学中用的态度，为清政府的治藏策略，贡献着自己的智慧。例如光绪三十年（1904），有过出使美国经历的张荫棠（1866～1937），曾作为参赞随朝廷所派全权代表唐绍仪处理《印藏条约》事务，光绪三十一年（1905）八月，唐绍仪奉调回国，诏谕留张荫棠

---

[*] 朱悦梅，西北民族大学历史文化学院教授。

[①] 朱悦梅：《鹿传霖保川图藏举措考析》，《西藏研究》2012 年第 6 期，第 16～28 页。

[②] 黄维忠：《清季筹藏新政评述》，《中国藏学》1995 年第 1 期，第 17～28 页。

[③] 张荫棠：《传谕藏众善后问题二十四条》，载吴丰培《清季筹藏奏牍》，中国藏学出版社，1994，第 1334 页。

与英方续商。但英方只求画押，不愿谈判，张荫棠据理力争，而英方罢议，谈判中断。期间，张荫棠察觉英人侵藏之野心，曾电告外务部提出刷新藏政和治藏方针，分别为"治藏刍议十九条"和"善后事宜二十四条"，得到朝廷重视。张荫棠所提出的条陈，包括整肃吏治、培养人才、修筑公路、开发矿山、举办学校、移风易俗、力避苛税、设邮局、架设电线等。这些措施得益于其短暂的在藏期间的作为以及其后的最后一任驻藏大臣联豫的努力，尽管没能全面实施，但对挽回清政府对治藏的颓势却发挥了重要作用。

无独有偶，另外一位中国南方的文人，《西藏小识》的作者——单毓年，也是心系治藏的爱国人士。他以其身处爪哇之细致考察，详观荷兰人对爪哇的管理机制与模式，给晚清政府在治藏政策上的推荐细则，颇值得人思量。单毓年，字耆仲，江苏泰州人也。翻检《清史稿》与泰州地方志，均不见有单毓年。但地方志中有单毓华（字眉叔，1883～1955）和单毓斌（字允工，1887～1978）二人小传①，二人为兄弟。单毓年当与单氏兄弟同辈。

单毓年曾往游日本，在日本从事"拓殖理财事务"，因此，对于日本经济管理事务多有所关注。其间，他还往游南洋一带的各个西方列强所属殖民地，对于西方殖民者的统治思想颇多留意。如其自己所言：

> 仆往游日本，于拓殖理财事务颇有研求。今来南洋办理学务，周历各地，如法属、如英属、如荷属，足迹所履不下数十巨埠。而于其殖民之规制旧，亦当有所考察，要皆制度详密，规模远大，而尤能操纵裕如，使土人知有恩之可怀，有威之可畏，万年归属，不复思反者，则莫如荷兰之于爪哇矣。诚以荷兰乃殖民先进之国，当十六十七世纪之时，其殖民属地遍满天下，至于今日国势衰弱，虽其藩属遗存无几，而其所以讲究处置属地之法，操纵土民之方，将阅年愈久，而手段愈熟，而不似法之近于苛，英之过乎（于）简也。②

有鉴于此，单毓年于光绪年专门上驻藏大臣治藏条陈，其中特别以荷

---

① 泰州市地方志编纂委员会编《泰州志》，江苏古籍出版社，1998，第549～850页。
② 单毓年：《上驻藏大臣治藏条陈》，《西藏小识》卷四，手抄本，光绪三十四年（1908），第1～2页。

兰人统治爪哇的制度与策略，对照当时清政府的治藏境况，刊载于抄本
《西藏小识》①，该书汇成于光绪三十四年（1908）。单氏条陈汇抄成书是在
1908年，则其写成当要更早些。从时间上看，其所"上驻藏大臣治藏条陈"
之驻藏大臣，当为晚清末期的驻藏大臣有泰或联豫。有泰是光绪二十八年
（1902）为驻藏办事大臣，光绪二十九年冬十二月二十四日（1903年2月9
日）抵达拉萨。光绪三十二年（1906），查办大臣张荫棠参劾有泰贪婪昏
聩、贻误时机，有泰遂被清廷下诏革职，发往张家口军台效力。光绪三十
三年三月初六（1907年4月18日），有泰离开拉萨。② 联豫于光绪三十一年
（1905）以都统衔派为驻藏帮办大臣，次年继有泰升任驻藏办事大臣，在任
6年。

在单氏条陈中，共涉主权、武备、人才、区划、官制、理财、实业、
教育、交通、调查等十条，而十条中，在主权、武备、区划、官制、理财、
教育、交通、调查等项，均有荷控爪哇之经验可兹借鉴。本文拟对二者进
行比较，以窥晚清治藏措施上的成败得失。

从目前所见文献中，学界对历任驻藏大臣及治川滇边之大臣的研究深
入而广泛，但未见有对单氏进行研究者，不唯如此，虽单氏治藏思想的来
源及其是否对末代驻藏大臣们产生过影响，亦未见只言片语。本文仅就单
氏治藏思路的来源，特别是对西方治边策略的认识与吸收，做一梳理，以
反映晚清时期治藏政策的实施状况与中国文人的贡献。

一　对藏主权与武备的结构化调整

相较于西方列强，晚清时期对主权的概念并未有近代资本主义的所谓
国家、领土、民族的法定意义上的概念。因此，单氏提出："西哲之言国家
者，皆以主权与土地人民并举。是盖以主权既失，则虽有土地人民，亦既
名存而实亡也。"③ 这应当是中国人对西方近代国家主权较早清晰认识的
代表。

---

① 该刊本收入《中国西藏及甘清川滇藏区方志汇编》第3册，北京学苑出版社于2003年影印
　　出版。
② 馨庵：《〈有泰驻藏日记〉摘抄》，《中国藏学》1988年3期，第19页。
③ 单毓年：《上驻藏大臣治藏条陈》，《西藏小识》卷四，手抄本，光绪三十四年（1908），第
　　2页。

1. 对地方权力与国家权力关系的处置

16～17 世纪，荷兰东印度公司在巴达维亚（今印度尼西亚首都雅加达）
建立了"贸易和行政管理总部"，即 1602 年"荷兰联合东印度公司"的前
身。19 世纪，荷兰政府从荷兰东印度公司手上接管了东印度群岛，开始实
施对爪哇岛全境土地与百姓的实际控制。荷兰人对爪哇岛的主权控制，实
际在联合东印度公司建立后就已经着手进行。时"以行贸易之特准公司，
而以荷兰国名义，与各地国王订立通商条约，为图商业之安全，杂持秩序
起见，于必要地方赋有修筑城塞，配置守务兵，任免司法警察人员之权限，
又因为在海上必需与西班牙、葡萄牙及其他敌国作战，故在海外之指挥命
令，均委任每年所派船队之司令官。然因通商地域扩大，常时移动之司令
官，在指挥上多感不便，且需要多数船只可以入港之碇泊地，乃于一六〇
九年，决定设置印度总督，而以参事四人辅佐……"① 这也就意味着，荷兰
人有意识地控制了爪哇岛的城防及戍卫权、司法与警察任免权、设置行政
管理（暂以荷人内部事务为主）等权力，而这些权力，无疑是对地方实施
管控的初步基础，即对土地与人民的管控，是掌握主权的基础。单氏所认
为的"主权既失，则虽有土地人民，亦既名存而实亡也"，即当爪哇岛在荷
兰人步步设置下失去主权的认知。

不唯如此，单氏以"朝鲜昔日以我不能收其主权，遂至迭起外侮遗患
无穷"为例，力图强化对驻藏大臣的实力给予强固，而要求对达赖以优厚
的"俸廪"，令其全面地充任好宗教教主的角色，而主权内容，则交由政府
统一协调，以有利于国家的整体布局。此例亦有荷兰殖民者对爪哇国王梭
罗王之措可兹依照。"荷兰所与爪哇梭罗王之例，年或二十万或三十万，而
藏中行政之经费及达赖前时有无借取外债，俱归国家管理，不须达赖勤
劳"。② 这一举措，国家一体管理，各司其职，统一有效的基本原则，是维
系国家有效运作的基本，当是可行的举措。

除了对达赖要给予丰厚俸资外，对于地方所任之土官，单氏提出"宜
设多数之官职，选其豪猾者任之，亦如爪哇之例，每府县皆有其土官，只
食薪俸，而【田卄】以检察盗窃，整治道路等细小之职事，不以大权相属，

---

① 村上直次郎原译，郭辉中译，王诗琅、王世庆校订《马达维亚城日记》（第一册），台湾省
　文献委员会印行，1989，第 3 页。

② 单毓年：《上驻藏大臣治藏条陈》，《西藏小识》卷四，手抄本，光绪三十四年（1908），第
　3 页。

而皆统辖于驻藏大臣，达赖不得干预。惟薪俸当比旧日之藏官较为优厚，则无有不乐从者矣"。①

外交事务，是一个国家在国际关系方面的活动，通常是由国家元首、政府首脑、外交部长和外交机关代表国家进行的对外交往活动。外交活动是一个国家主权的象征，不能由国内的某个宗教派别、地方团体自我行为。在荷兰人占领爪哇期间，梭罗王是不能自主会见外国政要的。因此，单氏提出"宜定达赖接见外人之限制，亦如爪哇梭罗王之例，凡属外国人，必须得驻藏大臣允许，乃得入见达赖。此乃各国于殖民地之主权不得互相侵犯，而我布告各国当无阻挠也"。②

2. 发展武备的兵源与军饷来源

晚清时期，帝国主义加紧培植西藏内部上层分裂主义势力，清末，西藏僧俗上层之间及其与驻藏大臣之间的矛盾加剧，而中央政府对驻藏大臣的支持则愈发乏力，无力阻挡帝国主义的讹诈，亦缺乏抑制分裂主义势力膨胀的有效手段。之所以形成如此被动的局面，最根本的原因在于资金缺乏。学者在研究清末联豫新政失败的原因中，此为最主要的客观原因之一。③

因此，单氏提出："今日整治西藏，最要者莫如筹设武备，而最难者亦莫如筹设武备。以愚管见，一为宜选练土军，一为宜择扼险要，诚以全藏之地不下数十万方里，外而所以抵御强邻，内而所以镇（震）慑藏番，非有精兵三万人不可。然练兵不难，养兵维难。三万兵之费，以每兵百金论，年需三百万。若复输自内地，则薪饷尤须优厚，乃能得其理死力，是非四五百万不可。"④

武备之要，自不当言，然武备需要强大的物质基础，这也是政府最难解决的事务。单氏亦明此事理，他早已针对这一棘手问题。查一史馆藏宫中及军机处奏折及《清实录》，对藏军仅犒赏一项，自乾隆朝即已形成惯例，每年都需一笔不小的数目。一史馆藏宫中满文朱批奏折《保泰等奏销乾隆五十五年所用奖赏藏军等银两数目折》记道：

---

① 单毓年：《上驻藏大臣治藏条陈》，《西藏小识》卷四，手抄本，光绪三十四年（1908），第3页。
② 单毓年：《上驻藏大臣治藏条陈》，《西藏小识》卷四，手抄本，光绪三十四年（1908），第4页。
③ 黄维忠：《清季筹藏新政评述》，《中国藏学》1995年第1期，第26页。
④ 单毓年：《上驻藏大臣治藏条陈》，《西藏小识》卷四，手抄本，光绪三十四年（1908），第6页。

按旧例，西藏每年为奖赏拉达克、布噜克巴头人及达木蒙古等，照例动用银三百两，赐置奖赏所需什物。嗣巴尔布事结，按办理善后事宜例内，为奖赏操练唐古特兵及增派驻守边地唐古特兵丁，经奏准增银五百两，共银八百两，均由四川总督采办赏用物件，运藏备赏。

查得自去岁四月始，至本年三月止，一年照例奖赏拉达克头人、布噜克巴额尔德尼第巴、阿里第巴、前往巡边唐古特人等、捐助乌拉三十九族人等及检阅奖赏新增驻守各处唐古特兵丁，所用银七百七十九两六钱三分七厘，其余物件银二十两三钱六分三厘，归入本年赏项奏销。[1]

为了训练藏军巩固边防，驻藏大臣还需要给予一定的赏赐，而这些赏赐都要由中央政府支付，其中虽有着四川总督采办之实物，但都是内地中央政府的负担。

单氏在详细记录了列强在殖民地的武装开支情形后，依据荷人经验，重新拟定了军费来源，为"费饷廉而得兵众"的目标进行了初步的设计。

当今国库正值困竭，藏政财政尚未整理，何能筹兹钜款，养兹钜兵？窃查各国之制，其处置属地莫不即以其地之民，练为其地之兵，而还治其地之人，盖费饷廉而得兵众，其利一也。其强悍者，既为我所用，则彼之势自单，无由逆乱，其利二也。土著被害人，耳目易周，民情易察，地理易熟，其利三也。今可仿为之，练选藏中之精强者，勒以部伍，教以新操，信其赏罚，严其防限，其将弁则以内地军官或武备学生为之，以藏民之贫，每年军饷三十万尚已觉优厚，（双排小注：爪哇士兵年饷亦不过六十元）是三万兵不过年饷九十万。而况西藏民风强悍，即俄国之哥萨克他日而欲再主一大帝国，于中央亚细亚亦全恃乎此，如犹虑其反侧难安，则更加以内省之。戍兵二三千人，亦不过为饷数十万，合之亦不过百余万已，得强兵数万人，雄镇醇正服矣。此所谓选练土军也。[2]

---

[1] 中国藏学研究中心、中国第一历史档案馆、中国第二历史档案馆、西藏自治区档案馆、四川省档案馆：《元以来西藏地方与中央政府关系档案史料汇编》（第5册），中国藏学出版社，1994，第2225页。

[2] 单毓年：《上驻藏大臣治藏条陈》，《西藏小识》卷四，手抄本，光绪三十四年（1908），第7页。

实际上，早在乾隆五十七年（1792），福康安曾率清军击退廓尔喀人对西藏的入侵，之后，在乾隆皇帝的授意下，西藏正式成立了藏军，也称为岱本（部落）军。岱本一级的武官均由皇帝任命，品级从四品，比汉官高半个品级；五品官员则均由清军机处报皇帝任命。藏军岱本级军官着装为黄缎子官服和马褂，腰间系缀银丝、金丝缎镶边的罩裙，头戴顶花翎官帽和玉翠垂耳的金耳环，脚着红色朝靴。在等级森严的封建王朝中，能身着黄缎子官服和马褂的武官，说明朝廷对西藏的重视，更表明清朝是在加强对西藏主权的管理。当时藏区的汉藏军队，统一由驻藏游击都司统辖，隶属中央驻西藏大臣指挥。军队的调配，一应以虎玺为凭，由职位相当于中央理藩院、兵部官员的驻藏大臣遵照皇帝的旨意发布令牌。军队的军械亦统一由朝廷配备，教官和军事训练由皇帝亲自过问。军饷由中央协饷，外遇或西藏遭重大变故，中央派员处理。

二　确立明晰的地方行政区划与职官管理制度

1. 明确西藏地方行政区划

明确的地方行政区划是中央政府对地方实施有效管理的基本方式。单氏在南洋游历期间，观察到荷兰人到爪哇岛后，对之进行了细致的区划分割：

> 爪哇以五万方里之地，划为四大区，后又增为二十四大区，其大区长官秩如吾之知府。每大区复分为六七小区，其小区长官秩如吾之知县。其小区之下复有所谓科者三四人，秩如吾之县丞。以区区数万方里之地，而有大区二十余、小区百余，其区划亦可谓细密矣。故政以举而民以靖也。①

单氏发现荷兰人将弹丸之地的爪哇，进行了细密的区划，层级关系相当于清朝的府县。单氏据此，提出在藏地建立行政区划二级管理模式的理论根据及具体设置方案：

> 吾藏地方四十余万方里，几十倍于爪哇，往昔者于驻藏大臣之外，

① 单毓年：《上驻藏大臣治藏条陈》，《西藏小识》卷四，手抄本，光绪三十四年（1908），第7页。

曾未设一民政官以治理地方，而为大臣之助何与处国相反也。纵今日为经管伊始，未便于多设官，且以藏民稀少，亦未能多设官。然以地方如此之大，其区别虽不能十倍于爪哇，而亦不可再少于爪哇也。是藏地至少亦须府二十余，设县百余矣。至于如何分划，则必须因其地势，顺其民情，审其沿革。远居海外，无地图之可稽，无书籍之可考，末从悉议也。说者谓若如此，是即编改西藏以为内省矣。其如达赖之不愿意，何不知今日，何日此时，何时既我，躬之不阅，更何人之是恤。彼达赖之不愿意固也，然今日只当问我之当为不当为，不须问达赖之愿意与不愿意也。若虑急激生变，则缓以图之。阴而为之，不必取府县旧名，而只设地方长官，分派各地代其治理。久之而实权既握，民信既孚，达赖亦末如我何矣。然终必须设置地方民政官，其主权乃可由我而握，其政事乃可由我而理。若敬不然，则西藏之所谓属地，亦有名而无实，终非久大之计也。①

从中国历史时期的区划管理来看，这种二级行政区划制度，是社会管理的最佳模式，中原历代政权都是以二级政区为核心管理模式的，惟中华幅员广大，才增加中央与州郡之间的一级，从唐代后期，开始形成三级区划。因此，单氏提出仿荷兰在爪哇岛的二级区划管理模式，是符合历史发展要求的。

2. 地方管理的职官制度及其管理方式

地方职官体系是中央管理地方的命令下达与实施机构，与行政区划相对应，就是地方职官体系的设置与管理。在中原地区，地方职官体系隶属于中央直接管理，而在藏区，除了中央派员外，还存在地方土官体系，这就形成了更为复杂的权力机关的构成，也就是说，在中央与地方之间，除了代表中央的驻藏大臣及其机构外，还隔着一层藏区贵族官僚，他们的存在，实际上阻隔了中央对西藏地方的管理与控制。这正是中央政府与西藏地方贵族之间诸多掣肘与斡旋而导致一方面政务管理成本非常巨大，另一方面中央政府与西藏地方统属关系不畅的根本原因。

单氏考荷治爪哇的官制，其内容如下：

---

① 单毓年：《上驻藏大臣治藏条陈》，《西藏小识》卷四，手抄本，光绪三十四年（1908），第 9～10 页。

爪哇之官制，分为荷兰官、巫来由官种。荷官则尚其事权，巫官则只食虚廪，制之至善者也。

爪哇总督驻□□，犹吾之驻藏大臣，所部分为财政、军政、民政等局，各局有局长，有课员，又有高等司法院驻巴城，亦隶于总督，分全境为二十四府，府设知府事一员，裁判官一员，警察官一员。每府区为七七县，县设知县事一员，知县以下复有县丞三四人，分布四区助理民政，每海口则设税务官。陆军总帅驻麦加，今亦隶于总督。各府大者设兵千余名，小者四五百名。尚有铁道局，驻万隆，山林局，分驻各地。此荷官之制也。

其巫官则除梭罗日惹两处尚有苏丹，特别给薪俸外，每县皆设勒乾一员（双行小注：旧日巫官之宰相），巴地一员（双行小注：旧日之理政官），此巫官之制地（也）。

其俸廪则总督月一万二千元，各局县及高等司法官、陆军总帅月八千元，各局员及知府裁判员自一千至一千二百元，警察官月二百元，知县月自六百至八百元，县丞月自二百五十至三百五十元，梭罗日惹两处以及苏丹月俸三万元，各县之勒乾月俸千元，巴地四百元，尉挞拿二百五十元，楂末百五十元，是皆为有俸之官。

尚有无俸者，名为露辣，以巫人为之，犹汉时之啬夫，主知民善恶。为役先后，知民贫富，为赋多少。每县无定，丁口税、营业税所得，税以及各种钱粮，俱由其规定，呈明知县核实。每及时期，由知县先五日发票证明。何人应出何种税钱若干，归由辣颂给各人如期征缴，解归县库，县解之府，府解之总督。而以其百分之八为露辣劳焉，其巫官只有楂末，于其区内若有罪犯，须随卫听审外，其他如勒乾巴地尉挞拿，皆坐食虚俸，无所事事。以俸给言之，则勒乾比于知县，为多以事权实之，则知县比蓍趜不大也。然其所以不惜靡费，而多设此等冗官者，乃沿用巫人之旧制，而以安插其豪长，免生逆谋，实出自不得已而。今日亦渐为裁汰。巴地则以勒乾兼之之类是也。[①]

---

① 单毓年：《上驻藏大臣治藏条陈》，《西藏小识》卷四，手抄本，光绪三十四年（1908），第10~11页。

从单氏所记录的资料，可知荷人在爪哇所实施的是荷巫双轨官制，根据其具体内容，可明晰职官体系如下列表1、表2。

表1　荷兰官设置

部门	驻地	长官	下属	俸廪（月）
爪哇总督	□□	总督		一万二千元
财政、军政、民政等局		局长	课员	八千元
高等司法院	巴达维亚		隶于总督	
二十四府		府事一员		一千至一千二百元
			裁判官一员，	一千至一千二百元
			警察官一员	二百元
县		知县事一员		六百至八百元
			县丞三四人	二百五十至三百五十元
			分布四区助理民政	
			每海口则设税务官	
陆军	麦加	陆军总帅		八千元
铁道	万隆			
山林局	分驻各地			

从荷兰人官职的设置，可知荷人总管地方司法管理、治安管理、财赋管理、军事管理，主权意识明确而管理措施实施有效，官职的设置，完全为荷兰人的财富积累而服务。

表2　巫官设置

总头领	下属		俸廪（月）
梭罗苏丹		特别给薪俸	三万元
日惹苏丹			
县	勒乾一员（宰相）		四百元
	巴地一员（理政官）		
	尉挞拿		二百五十元
	楂末		百五十元

从两表可看出，对于爪哇的两位苏丹，给予厚俸，使其安于现状。而对地方官员，则仅给予与荷兰人县丞一级的俸养。这样，一方面从俸给上将苏丹与地方官员拉开了巨大的距离，另一方面俸金由荷兰人给予，这样，即有效地割裂了苏丹与地方官之间的密切关系，使地方官员只为荷兰人效劳，形成了荷兰人统治的官僚基础。

有鉴于此，单氏对治藏之职官设置，亦针对司法、治安、财赋等的管理而拟定了职官系统：

> 今吾治藏亦可效之，分为华官藏官，驻藏大臣之下分设财政、军政、民政三司，各司长官秩为内省之藩臬分科，治事提督一员，操练军士更立高等利判院，以司高等之裁判，分全藏为若干府，府设知府一员，裁判官一员，警察官一员，每府分为若干县，县设知县一员，县丞若干员，于东南北各要隘各设税务官一员，以掌管税务，凡货物之出口，只抽税一次。内地府亦须置兵三四百名，以资镇慑。他如开垦局、矿产局、牧畜场、山林局，皆须择地开设，而皆以华官为之。其藏官则于达赖班禅特与巨俸，而收其权。其他自堪布以下之种种旧日藏官，皆沿用之，而优其俸廪，不与事权，如此则三年之后，藏地不尽内属者未之有也。①

这样的职官设置，与荷兰人的设置几乎相当，亦形成汉藏双轨职官制度，以便将主权与地方管理权进行分割，实现中央政府对地方的有效控制，这种学习对加强驻藏大臣的管理效率与有效性的意图是显而易见的。而真正将西藏地方职官体系纳入驻藏大臣的麾下，似乎并未真正形成过，因此，驻藏大臣未能有效将达赖喇嘛与地方管理相分裂，则中央政府与西藏地方政府之间的中央与地方关系中的矛盾未能予以肃清。

三　财政管理新形式的海外经验

在财政管理方面，驻藏大臣除了仰赖中央政府的拨款与物资的调拨之

① 单毓年：《上驻藏大臣治藏条陈》，《西藏小识》卷四，手抄本，光绪三十四年（1908），第12页。

外，目前所能见到的仅有将库存银两提出"发商生息"一项。

一史馆藏军事处道光九年（1829）六月十七日录副奏折《惠显等奏请将藏兵口粮余存银两提出一万两发商生息折》即提道，乾隆五十七年（1792）查抄沙玛尔巴的资产合计六万四千余两，这笔款被乾隆恩赐给达赖喇嘛作为番弁番兵口粮之费。惠显即请求将"此积存提出一万两发交番商，照唐古特向例按二分生息，每年可得息银二千两，作为新增生息"。[1] 这道规章于道光九年七月二十三日已经朱批，但原件未录。但依《宣宗实录》，此事定得到了道光帝的同意，故有道光九年（1829）七月二十三日"谕内阁藏兵口粮余存银两著准提出一万两发商生息并将此项息银及有无动拨之处造册报部"的记录。[2]

从奏折与《宣宗实录》的记载，可知当时以官府库存生息之法并未形成常制，也就是说中央政府的经济支持依然是治藏的主要经济来源，而开源之法虽有出现，但与治藏花销相比，显然如上引奏折撰写者惠显所言："伏查此项积存银两，若仅照常存贮，自是积年加增，设遇因公动用，未勉（免）即形短绌。"当时政府开源的方法并不多，这与西藏地方治理的特殊性不无关系，更重要的，当是思路未有被打开的启发性指引。

单氏的条陈中涉及了地税（含屋地、园地、池塘、山场等）、屋税（即房捐）、烟酒税、册捐（契据注录、民间建造及营业注册）、印花税、印楮捐、香烛宝帛税、典当事业、邮便电信事业等等多项税收条目，这些都是单氏在海外经历的，故能够将之介绍进来，其中，特别以印花税与典当业的引入，尤其参考了海外经验。

1. 对印花税的推崇

其中的印花税，单氏考其源，并推荐用于藏区。"印花税始于荷兰，近则风行各国，占岁入中最要之部分，竟至有岁获二三千万者。此虽为彼国之物，力富厚交易广大，然亦可见印花税之可行矣。现度支部亦拟章仿行。但过于繁密，难奏巨效。藏诚行之，岁获二三十万两或亦不难"。[3]

---

① 中国藏学研究中心、中国第一历史档案馆、中国第二历史档案馆、西藏自治区档案馆、四川省档案馆合编《元以来西藏地方与中央政府关系档案史料汇编》（第五册），中国藏学出版社，1994，第2238页。

② 《宣宗实录》卷一五八。

③ 单毓年：《上驻藏大臣治藏条陈》，《西藏小识》卷四，手抄本，光绪三十四年（1908），第14页。

印花税于 1624 年诞生于荷兰，1854 年奥地利最先印制发售类似邮票的印花税票，并很快在欧美各国兑相使用。[1] 中国最早提出是光绪十五年（1889），时总理海军事务大臣奕劻奏请清政府开办用某种图案表示完税的税收制度。可能由于翻译所致，将其称为印花税。之后的陈璧、伍廷芳分别于 1896 年和 1899 年再次提出征收印花税，并了解了多国税收章程。直到 1903 年，清政府才下决心正式办理，却立即遭到各省反对而被迫放弃。1904 年军机大臣奕劻、1907 年度支部因禁止鸦片又请清政府开办税收业务并拟就《印花税规则》及《办事章程》，此次终获批准，再次决定 1908 年先由直隶试办，但又遭商民反对，拖至 1911 年辛亥革命至清灭亡，清政府始终没能实现征收印花税之事。

从印花税在中国的早期发展史可以看出，单氏提出引进印花税一项时，正值晚清奕劻已经提出，但在国内遭到阻滞之际。因此，单氏特别对印花税在荷兰征缴的具体情形加以描述，以认明此税制的可行性。单氏的现身说法，未知是否对陈璧、伍廷芳对征收印花税的再次提出发挥作用，但表明当时以西学中用为己任的有识之士的队伍并不是过于单薄的。

2. 强调典当业的作用

清代川藏治理中，历任驻藏大臣治藏都以处理西藏地方政局稳定为主要谋略方向，如最早福康于乾隆五十八年（1793）奏订《钦定善后章程》二十九条，琦善任驻藏大臣后，改陈二十八条，主要是以提振驻藏大臣的地位，使之与达赖、班禅平等，将西藏涉外事宜归由驻藏大臣掌管，以及削弱代办（摄政）的权力等，即以放弃对商上收支的审核权，来加强。[2] 到联豫时期，亦开始注重实业之开办，如创办西藏印书局，引导并推动西藏织造业、"集股开采"矿山等。[3] 但单氏的眼界显然要远远超出当时受传统中原政治文化影响下的治藏高官们。

单氏在爪哇期间，发现仅典当业不仅在多国有发展，且具有相当的收入。"谨按各国属地莫不有典当事业，或归商或设（归）官营业。现据爪哇，只于典当事业项上，已岁有余利六七百万矣"。他还估算出"藏而行

---

① 王坚：《印花税的历史变迁与百年风云》，《财会信报》2009 年 10 月 19 日。
② 邓锐龄：《琦善在驻藏大臣任上改定藏事章程问题》，《民族研究》1985 年第 4 期，第 23 页。
③ 详见许广智《联豫在西藏推行近代化改革的历史作用及评价》，《西藏研究》1995 年第 1 期，第 54 页。

之，岁二三十万可必得矣"。①

单氏所提出的若干具体的征税模式，相比当时边疆实业开发较为先进的川康地区，亦不逊色，反而更见视野之广。

3. 开源道路修筑的方法

道路的修筑，其实为历任驻藏大臣所重视，甚至治川之政府要员鹿传霖亦在其图藏策略中加大了道路的权重。然道路的修筑，并非简单轻松的工程，需要消耗大量人力物力，仅其所要求的物质基础，就困扰中央政府至甚。

单氏在爪哇时，亦关注到荷兰人开辟爪哇所形成的全岛道路交通，从中找到了破解西藏道路修筑的难题：

> 今日西藏宜首先兴设马路，一以为今日交通之便利，一以为后日铁道之若基础，而其宽阔之制，则宜区为府县二种，由府至府之道则宜宽至五丈，由县至县则宜宽至三丈。若其开道，经费则查当年荷兰开辟爪哇之时，全岛道路皆以民力开启，而官为督责，即今日保养道路，亦归之民，人每于道路，责以地方自治也。诚必如此，乃可以节省官费，而道路大通以后，民人受其利益亦不【是少】少。今吾于藏，宜仿行之书为定制，道作片段，每段或一丈，或二丈，或以一人而授以一段，或以一家而授以一段，贫民只授以一段，富者则授以多段，即责其就近之乡民为之，而以藏官督率之。若在山野不近人烟之处，或发囚徒或雇民工以治之，务使全藏无地不通道路，即无地不及之政令矣。②

四　兴教育的新模式

"教育最重者，乃所以维系人心"。这是单氏对推行教育在治藏中的重要作用的根本指导原则。而在治藏举措中，重点提出教育价值与作用的，目前唯单氏之外，尚未见他人有此提法，因此，单氏的治藏思想，是一个

---

① 单毓年：《上驻藏大臣治藏条陈》，《西藏小识》卷四，手抄本，光绪三十四年（1908），第15页。

② 单毓年：《上驻藏大臣治藏条陈》，《西藏小识》卷四，手抄本，光绪三十四年（1908），第23页。

完整的体系，其价值当值得着重评估与考量。

1. 重国语教育与"爱国之心"的关系

1830 年荷兰统治者开始实行所谓"耕种制"（荷兰语 cultuurstelsel en cultuurprocenten）的变相奴役制度，导致了大范围的饥荒和贫困。1901 年，荷兰国会通过伦理政策（Etnisch beleid），客观上使一部分爪哇人接触到荷兰式教育，在这些人中，出现了很多杰出的印尼民族主义者，并且在"二战"后的印尼独立运动中起到了重要作用。

古代爪哇语深受梵语的影响。伊斯兰教传入印度尼西亚之后，使用阿拉伯字母。荷兰人侵占印度尼西亚后，改用拉丁字母。这些对荷兰殖民者在南亚殖民地的文化入侵奠定了重要根基。单氏对此也深有感触，他除了观察荷兰人的文化措施，还深入体察先期下南洋的华人在当地的融合过程中所面临的文化问题与融合现象。

> 仆在爪哇办为数年，深见夫国文之与爱国心大有关系。往往见有同是一人，当其初学习外文之时，则彼之所崇拜者，只为外国，及其后学习国文，则其所崇拜者又转为本国矣，前后如出两人。就而问之彼亦不自知其何故。而于无形之中，自生其爱国之心。此所以南洋华侨数百万人，而爱国之诚独推爪岛，亦以其有国文学堂之故也。今吾于西藏，宜先之以兵力，后之以教育，则治藏之功达于极点矣。[①]

单氏关于国文教育与爱国心之关系的论点，从今天的教育理念而言，仍具有先进性。对于"趋重国语"的具体途径，则可依华人在爪哇的方式：

> 盖国语者，可以使其同化于我，日后与华人杂处，则言语自通，情好自密，而不致生反侧之念。试观爪学，亦既见其验矣。当五年前学堂未设之时，华侨土生莫不仇视新客（双行小注：即来自中国者，名曰新客），其言语不通故也。及学堂既设之后，特设国语一科，于是土生之通国语者甚多，而仇视新客者亦大减，此实莫大之妙用也。今于藏，国学之外亦宜教授国语，且布为政令，为藏官者，非通达国文，

---

① 单毓年：《上驻藏大臣治藏条陈》，《西藏小识》卷四，手抄本，光绪三十四年（1908），第20 页。

稔熟国语不得为之，则藏民将赴之如归，而其桀骜之气亦断归无形矣。①

语言相通可拉近彼此距离，这一点不唯在海外表现突出，在今天不同民族间的交往亦是显见。抓语言者，则抓住了重要的把手。

2. 克服双语教育瓶颈的具体措施

针对教育过程中最为难的语言问题，即在今天仍然为一较难克服的双语问题，单氏从荷兰人那里也得到了启发，即首先要慎行教员，其次要循序渐进地培养出双语教员。单氏所言如下：

> 教员宜慎选也。教科书之有关于教育固矣，而教员所关亦属不鲜。慎选之法史求其通晓常务，纵使不通各种科学，亦属无碍，而又虑教员之不悉藏语，难行于设教也，则宜仿爪学之例，每堂各设翻译员（双行小注：爪哇通行巫语，各堂讲解国文，皆以巫语也）。以藏人之通中文、华人之通藏语者为之，久则教员自能通藏中语言，不必更设翻译，亦不必更设所谓藏文学堂，日久而功组缓矣。②

对于语言问题的解决，单氏提出的办法是符合教育发展中"教学相长"的教育规律的，这一点比起快速培训等务虚的方式，无疑更有实效性，对今天的语言学习都有着重要的借鉴意义。

在西藏广泛实施近代化教育的是清代最后一位驻藏大臣联豫，他提出"今拟逐事振兴，非先通文字，明其义理，去其捍格不可。而欲先通文字，非设立学堂以诱化之不可"。③ 自光绪三十三年（1907）到1909年，联豫在前后藏三十九族等地共建初级小学堂16所，教育"不征学费"，除学习汉藏文，还开设数学、天文、地理等课程。此举未知是否有单氏陈奏的影响。无独有偶，光绪三十三年（1907）至宣统三年（1911），赵尔丰川边兴学，五年间兴办学堂200余所，"巴塘-隅男女学生等，先学藏语，继学汉文，

---

① 单毓年：《上驻藏大臣治藏条陈》，《西藏小识》卷四，手抄本，光绪三十四年（1908），第21页。
② 单毓年：《上驻藏大臣治藏条陈》，《西藏小识》卷四，手抄本，光绪三十四年（1908），第20页。
③ 吴丰培：《联豫驻藏奏稿》，西藏人民出版社，1979，第106页。

甫经三年，初等小学堂男女生竟能作数百言文字，余皆能演试白话，解释字义。尤可嘉者，八、九龄学生，见人皆彬彬有礼。问以义务，皆知以忠君爱国为主。女生更高自位置，以礼自持，不轻与人文言言笑"。① 此间汉藏双语如何实现教学相长不得而知，但这些兴学举措，却也与单氏的设计不谋而合，实属历史发展之必然。

五 单氏可谓晚清中国见识卓著的代表之一

尽管单氏自身身体力行地观摩并学习荷兰人治爪哇的经验，并对华人在海外的文化传承方式进行了有价值的分析，但他仍提出要广泛取经，"宜派遣专员，前赴印度、台湾、安国、爪哇各地，调查各国所以统治属地之政策，从而取长补短，实为借镜择其善者，以行分别首次，以统筹全局"。② 这体现出单氏有学识与积极的学习精神，正是他的这些优点，其对治藏的方略才能从全局的宏观与实践的微观形成整体的架构，并形成具体实践的指导意见。

单毓年的施政方略，有许多与张荫棠当年提出的十九条与二十四条有相似的指向，但单氏较张氏的政策，更多的在于考虑措施的可实施性，以及实施途径问题。这较之驻藏大臣一贯依赖中央政府的单方面支持，以及从吏制内部开刀，显然可操作性更强。这一点，从之前的鹿传霖治川图藏中各种方略的实施效果③，还是联豫对张荫棠方略的具体实施，都未能取得良好成果来看，最为缺乏的，就在于经费的来源与士兵的来源等。

单氏的条陈中，所思考的内容之全面，所考量的问题之深入，所论证的条目之具体，都超出了历任治川藏者所提出的指针。如光绪三十三年（1907）九月，"尔丰会锡良暨云贵总督丁振铎奏陈改流设官、练兵、招垦、开矿、修路、通商、兴学诸端，廷议准拨开边费银百万两"。④ 四川总督会同锡良暨云贵总督丁根铎陈奏"屯垦、练兵、设官、兴学、通商、开矿六

---

① 《关外学务办有成效请添拨经费以便推广折》，四川省民族研究所《清末川滇边务档案史料》编辑组：《清末川滇边务档案史料》，中华书局，1989，第 841 页。
② 单毓年：《上驻藏大臣治藏条陈》，《西藏小识》卷四，手抄本，光绪三十四年（1908），第 24 页。
③ 朱悦梅：《鹿传霖保川图藏举措考析》，《西藏研究》2012 年第 6 期，第 16～28 页。
④ 《清史稿》卷四六九，《赵尔丰传》，中华书局，1974。

事"。① 凡此，从宏观方略上多有传统政治思想的继承与发展，而在实施的实践策略上，则显得相对乏术。特别是兴军也好、教育也好，都需要大量的投入，而经费来源，历代治川藏大臣，除了伸手向中央政府提出经费划拨外，办法相对枯竭。

有清一代历朝治藏方略中，唯单氏的条陈，处处从解决根本问题——钱入手，特别将西方列强统治殖民地的办法手段拿来借鉴，给当时疲弱的治藏方略注入新的生机。尽管时值清王朝的末路，但亦不失为中国人放眼世界，西学中用的颇有价值之思考。上述举措的条陈还表明单氏在南洋公干的过程中，其文人细腻绵密的思维，以及西方殖民者对殖民地全方位管理体系的系统性。中国文人爱国理国之紧迫感，与西方管理的成熟性，共同形成了单氏的理论及其基础，无疑对后来的治藏方略的策划有着重要的构建意义。

---

① 吴丰培编《赵尔丰川边奏牍》，四川民族出版社，1984，第 1~2 页。

联豫奏请裁撤驻藏帮办大臣改设
左右参赞的动机与背景

朱恩泽*

由于地理位置的独特性及藏传佛教所具有的政治功能，西藏在近代史上同中国内地一样，饱受以英俄为首的西方列强的侵略。尽管"沙俄对中国西藏的侵略威胁远不如英国直接和严重，其主要方式是进行政治上的笼络"①，但是面对来自多方面的威胁，清廷不得不改变以往妥协退让的政策，转而整顿西藏政务，以加强其对西藏地方的控制。② 另外，内忧外患下的清廷于光绪二十七年（1901）宣布实施新政，遂使新政在全国范围内如火如荼地展开。西藏作为清政府控制下的主权领土，同样需要进行改革。正是在这样的局势下，西藏不可避免的走上了一条艰难的近代化之路。

联豫作为主持西藏新政的代表人物，其在藏六年间对西藏的政治、经济、文教等诸多方面进行了一系列改革。③ 其中"裁撤驻藏帮办大臣改设左右参赞"这一举措，是对自雍正五年④驻藏大臣制度设立以来的一次重要变革。左右参赞在西藏的设置不过短短几年，但其设立对"固我主权"，加强

---

* 朱恩泽，西北民族大学历史文化学院本科生。

① 王佳伟、尼玛坚赞：《中国西藏的历史地位》，五洲传播出版社，2003，第 66 页。

② 参见黄维忠《清季筹藏新政评述》，《中国藏学》1995 年第 1 期。

③ 有关联豫治藏的问题目前已有部分研究成果，并且在许多关于清季新政及驻藏大臣等研究论著中有所涉猎。然对于"裁撤驻藏帮办大臣改设左右参赞"这一问题尚未见专题论述，仅在上述论著中略有提及。

④ 参见国史馆校注《清史稿校注》第 4 册，台湾商务印书馆，1999，第 3373 页。关于驻藏大臣制度设置的时间，学界历来争论不一，此处取最为常见的一种观点，即雍正五年。参见曾国庆《首任驻藏大臣设置及年代辨析》，《中国藏学》2013 年第 1 期。

驻藏大臣对西藏的一元领导起到了不可替代的作用。笔者认为，"裁撤驻藏帮办大臣改设左右参赞"除却特定的历史原因之外，联豫的私人动机及简单的模仿各省饬裁巡抚之举，也是推动这一变革的重要原因。

一 开埠与驻后藏参赞的设立

清廷裁撤驻藏帮办大臣改设左右参赞并非一蹴而就，而是根据其时其地的具体情况分步实施的。这一过程始于宣统元年（1909），先设参赞一员并驻扎后藏，然究其原因，则是因后藏的亚东、江孜、噶大克三地开埠而设。

英国对西藏的觊觎肇始于18世纪70年代，彼时英属印度便在找寻打开通向西藏的大门。至19世纪60年代，英国先后将其势力拓展至与西藏毗邻的南亚诸国各地，如哲孟雄、廓尔喀、布鲁克巴等，并意图以此为侵入西藏的跳板。在打开了进入西藏的南大门后，英国随即开启了入侵西藏的步伐。其起初使用的侵略手段为"考察""探险""游历"。由于光绪二年（1876）中英《烟台条约》的签订，使得英国取得了合法入藏的依据①，遂有英方不断派员以"考察""游历"为借口入藏。光绪十二年（1886），英方派遣印度政府秘书马科蕾依据《烟台条约》取得总理各国事务衙门签发的护照，妄图组织"商务代表团"经由大吉岭进入西藏，在行至甘宗坝的甲岗附近时，遭遇印度军民的阻挡。在马科蕾扬言派兵入藏后，清廷以其一贯的妥协原则而与噶厦产生了分歧。以噶厦为代表的西藏军民得到了时任驻藏大臣文硕的支持，文硕多次上奏朝廷请求抵制英国的侵犯。时逢英国入侵缅甸，为了取得宗主国中国对其占领缅甸的承认，英国便暂时停止了对西藏的入侵进程，与清廷签订《中英缅甸条约》。②

《中英缅甸条约》并不能解决西藏的危机，它仅仅是英国为换取在缅甸

---

① 《烟台条约》中有专条规定："现因英国酌议，约团在明年派员由中国京师启程前往，遍历甘肃、青海一带地方或由内地四川等处入藏以抵印度为探访路程之意。所有应发护照并知会各处地方大吏暨驻藏大臣公文，届时当由总理衙门查酌情形，妥为办给。倘派之员不由此路行走，另由印度与西藏交界地方派员前往，俟中国接准英国大臣知会后，即行文驻藏大臣查度情形，派员妥为照料，并由总理衙门发给护照，以免阻碍。"参见王铁崖编《中外旧约章汇编》第1册，生活·读书·新知三联书店，1957，第350页。

② 该条约中规定："《烟台条约》另议专条派员入藏一事，现因中国察看情形，诸多窒碍，英国允即停止。"参见王铁崖编《中外旧约章汇编》第1册，第350页。

利益上与清廷暂时妥协的产物。因此，仅仅在条约签订一年后，"土鼠年战争"[1]便爆发了。藏军在隆吐山设卡成为此次英军入侵的借口，1888 年 3 月，英军进攻并占领了隆吐山，进而侵占纳荡、对邦，藏军战败。清廷沿袭了固有的妥协政策，于同年 9 月，派驻藏帮办大臣升泰与英国议和，谈判停战划界。谈判持续了一年多，期间因各种分歧而多次中断，最终，由于担心俄国借机谋夺在西藏的利益，英国与清廷各自让步，于光绪十六年（1890）签订了《中英会议藏印条约》。该条约第四款与第七款中规定：

> 第四款　藏、哲通商，应如何增益便利一事，容后再议，务期彼此均受其益。
>
> 第七款　自此条款批准互换之日为始，限以六个月，由中国驻藏大臣、英国印度执政大臣各派委员一人，将第四、第五、第六三款言明随后议定各节，兼同会商，以期妥协。[2]

《中英会议藏印条约》的签订，同样不能制止英国对西藏的觊觎，"而是英印向西藏发起商业渗透、政治扩张、军事进攻的序幕"。[3]根据上述条款的规定，中英双方于光绪十七年（1891）开始了关于通商章程的谈判。此次谈判尤为艰难，历时近三年之久，最终签订了《中英会议藏印条款》，共九条，续款三条，其主要内容为：亚东于光绪二十年三月甲辰（1894 年 5 月 2 日）通商，英商在亚东贸易自交界至亚东而止，听凭随意往来，得在亚东租赁住房栈所，五年试办期内，百货免税，期满印茶入藏销售，茶税不得过华茶入英所征之税；英属印度与中国驻藏大臣文移往返由英国驻哲孟雄官员和中国边务委员转递；亚东开关一年后，藏民在哲孟雄游牧者应照英国在哲孟雄订立的游牧章程办理。[4]这一条约标志着西藏门户的洞开。亚东被开辟为商埠，使得中国在后藏主权有所削弱，为驻扎后藏参赞的设立埋下了伏笔。

仅仅在亚东一地开埠并不能满足英国对西藏的野心。时任英属印度总督的寇松认为，实现对西藏的控制是英国与俄国在亚洲争霸中具有全球性

---

① 因 1888 年为藏历土鼠年，故此次战争被藏胞称为"土鼠年战争"。
② 王铁崖编《中外旧约章汇编》第 1 册，第 551～552 页。
③ 曾国庆、黄维忠：《清代藏族历史》，中国藏学出版社，2012，第 331 页。
④ 参见王铁崖编《中外旧约章汇编》第 1 册，第 566～568 页。

战略意义的重要环节。为此，他提出了一个"缓冲国计划"，妄图排除中国对西藏的主权，实现英国对西藏的直接控制，以便通过西藏作为"缓冲区"同俄国在亚洲博弈。① 随着有清国力日渐衰微，英方愈发迫切地想要将商埠由亚东北移，进一步渗透其在西藏的控制力。由于与西藏当局直接交涉的失败，在光绪二十九年（1903），寇松照会清廷外务部与驻藏大臣，策划于甘坝举行会晤。寇松为使这次谈判破裂而便于其发动武装进攻，精心设计了一个包括谈判地点、谈判时间等方面的系列阴谋。② 这一不可避免破裂的谈判，最终成了1903年英国发动第二次侵藏战争的借口。第二次侵藏战争的惨烈远胜第一次，在古鲁大屠杀、江孜保卫战、拉萨失陷的诸战事中，西藏军民再度失败，旋即十三世达赖出走库伦。光绪三十年（1904），在英军统帅荣赫鹏的武力威胁下，西藏地方在英方事先拟定好的条约上签字，该条约被称为《拉萨条约》。条约中规定：开亚东、江孜、噶大克为商埠，英国在后两地享有与亚东同样的特权。③ 英国武装入侵西藏，逼签《拉萨条约》的行径引起了各国舆论的普遍谴责，也激起了中国国内民众的反对。并且，英国方面未经中央政府签字，就单方面与西藏地方签约，使得该条约不具备合法性。介于上述两点原因，清廷宣布同英国商谈修约。谈判于光绪三十一年开始，至翌年结束，中方派遣唐绍仪为全权代表，率参赞张荫棠、梁士诒等人参加，先于加尔各答举行会谈，后改在北京商谈。谈判几次陷入僵局，最终签订了《中英续订印藏条约》六款，另附约十款。该条约中第一款、第二款及附约第二款中规定：

> 第一款光绪三十年七月二十八日，英藏所立之约，暨其英文汉文约本，附入现立之约，作为附约，彼此允认切实遵守，并将更订批准之文据亦附入此约，如遇有应行设法之时，彼此随时设法，将该约内各节切实办理。
> 第二款英国国家允不占并藏境及不干涉西藏一切政治。中国国家亦应允不准他外国干涉藏境及其一切内治。
> （附约）第二款西藏允定于江孜、噶大克及亚东，即行开作通商之

---

① 参见吕昭义《英属印度与中国西南边疆（1774～1911年）》，中国社会科学出版社，1996，第210～240页。
② 参见曾国庆、黄维忠《清代藏族历史》，第357～361页。
③ 参见王铁崖编《中外旧约章汇编》第2册，第347～348页。

埠，以便英藏商民，任便往来、贸易。所有光绪十九年中国与英国订立条约内，凡关涉亚东各款，亦应在江孜、噶大克一律施行。惟嗣后如英藏彼此允改，则该三处应从改定章程办理。除在该处设立商埠外，西藏应允所有现行通道之贸易，一概不准有所阻滞，将来如商务兴旺，并允斟酌另设通商之埠，亦按以上所述之章，一律办理。①

尽管新约在事实上不得不承认中国对西藏的主权，然而江孜、噶大克的开埠，使得英国的势力进一步向西藏深入，又损害了中国的主权。

为了"固我主权"，联豫及温宗尧多次上奏清廷，奏请加强对三埠的管理。光绪三十四年（1908），联豫在上奏"亟应将亚东江孜噶大克三处开埠，各设监督一员，并开办巡警裁判工程等处，督同番官办理。其时英商务委员会在江孜地方，修治道路，惩办窃匪，均有碍主权"。② 同年，温宗尧上奏："等开埠之后，不设税司，恐将来外人有所藉口，其出入货物，亦不能按约稽征，转贻后患。且印度茶叶，现已无人稽察，多由噶大克灌入藏境，所关尤大。奴才公同商酌，拟请旨饬下总税务处，以亚东关为税务司，其江孜噶大克两处，暂作为分卡查验委员，归亚东税司总理分派，如此办理暂不收税而费款有限，主权可保，庶将来操纵亦可自如。"③ 宣统元年（1909），联豫再奏："现商埠既开，况江孜亚东两处地当要冲，巡警自宜亟办，庶英国卫队可期如约撤退，免贻口实，固我主权。"④ 此时，清廷已然意识到了三埠存在的问题，外务部奏"查藏印通商定订约章……此时应由驻藏大臣等先将开埠事宜妥为布置……该大臣等所拟派员兼充监督委员，暨江孜、噶大克两处监督委员作为兼差之处，应如所请，先行试办"。⑤ 为加强对后藏的管理，清廷曾考虑令驻藏帮办大臣驻扎后藏："至帮办大臣应驻之所，前奉军机大臣电询，是否宜照旧案仍驻后藏。"⑥ 清廷的这一行为表明其对后藏的主权行使更加重视，同时也促成了驻后藏参赞大臣的设立。在宣统元年闰二月时，联豫便奏请添设驻后藏参赞一事，然清廷以

---

① 王铁崖编《中外旧约章汇编》第 2 册，第 345 ~ 346 页。
② 吴丰培编《联豫驻藏奏稿》，西藏人民出版社，1979，第 59 ~ 60 页。
③ 吴丰培编《联豫驻藏奏稿》，第 60 页。
④ 吴丰培编《联豫驻藏奏稿》，第 74 页。
⑤ 顾祖成等辑《清实录藏族史料》第 9 册，西藏人民出版社，1982，第 4702 ~ 4703 页。
⑥ 中国藏学研究中心等编《元以来西藏地方与中央政府关系档案史料汇编》第 4 册，中国藏学出版社，1994，第 1573 页。

"其添设参赞驻后藏办开埠事一节，语不明晰，先行复电"① 为由未予批准。三月，联豫与温宗尧再奏设立巡警一事："开埠之后，则应急设警察，以期英兵早为撤退，现俱已一律筹划布置。"② 同时二人回奏帮办大臣是否宜照旧驻后藏及参赞设立一事："奴才等察酌情形，权衡轻重，窃以为内地督抚均以司道同城，遇有为难事件，可以会同商榷。今藏地百端待举，筹维擘划，断非一人思虑所能周，必须互相斟酌，以期妥善。故请以帮办大臣仍驻前藏，而拟添设参赞一员驻扎后藏，既以防范外人，并总监督三埠，如遇有重要事件，大臣仍可驰往办理，实于公事有益"③，随后，清廷下旨"联豫温宗尧奏请添设参赞一员，驻扎后藏，已经照准"。④ 宣统二年，联豫又奏请清廷择要于后藏添设委员，并获准。⑤

至此，联豫以"固我主权"为中心推出的一系列措施，使得后藏的行政体制得以完善，一定程度上抑制了英国对后藏地区的侵略行为，保证了清廷对西藏地方的主权行使。其添设参赞一员驻扎后藏的举措具有突出作用。围绕着亚东、江孜、噶大克的开埠，"裁撤驻藏帮办大臣改设左右参赞"迈出了第一步。

二 晚清督抚制的异动与驻藏帮办大臣制度的终结

督抚制的源头可以追溯到有明一代，起初只是由朝廷临时委派的一种职衔，明代中后期开始向地方常设制度转变，然而伴随着明末的动乱，这种转变始终没有完成。督抚制的形成则在清代，清沿明制，在督抚制上同样有所体现。历经康雍乾三代，终成定制。因此，督抚制是有清一代重要的地方行政体制，总督与巡抚则是清代地方的最高行政长官。咸丰、同治两朝，督抚的职权出现了一些变动。至光绪年间，督抚制出现了重要的变

① 中国藏学研究中心等编《元以来西藏地方与中央政府关系档案史料汇编》第4册，第1570页。
② 中国藏学研究中心等编《元以来西藏地方与中央政府关系档案史料汇编》第4册，第1570页。关于联豫同温宗尧多次请奏设立巡警一事，清廷以"应俟办理就绪，妥定章程，再行核议"未准。参见顾祖成等辑《清实录藏族史料》第9册，第4703页。
③ 中国藏学研究中心等编《元以来西藏地方与中央政府关系档案史料汇编》第4册，第1573页。
④ 吴丰培编《联豫驻藏奏稿》，第82页。
⑤ 参见中国藏学研究中心等编《元以来西藏地方与中央政府关系档案史料汇编》第4册，第1575～1576页。

化，包括新疆、台湾建立行省后，清廷设置新疆巡抚并改福建巡抚为台湾巡抚等。光绪二十四年七月十四日（1898 年 8 月 30 日），在维新运动的高潮中，光绪帝出台了针对督抚制的重要改革，即下旨裁撤湖北、广东、云南三省巡抚。① 然而，随着百日维新的失败，清廷陆续恢复旧制。同年八月，慈禧颁布懿旨，令军机大臣会同吏部商议湖北、广东、云南三省巡抚是否保留的问题。② 经商议后，最终恢复了湖北、广东、云南三省巡抚的设置。

之所以出现裁撤三省巡抚的情况，是源于有清一代督抚制度的一个独有特色，即督抚同城。例如闽浙总督与福建巡抚同驻福州府、两广总督与广东巡抚同驻广州府、湖广总督与湖北巡抚同驻武昌府、云贵总督与云南巡抚同驻昆明府。依照清制，总督与巡抚均有治理辖区军民要政之职权，然总督更偏于军务，巡抚则侧重于地方民政，且总督有节制巡抚之权力。清廷的本意乃是让二者相互牵制，或遇事时二人可共同商议，但是这种并不细致的职权划分导致了总督与巡抚职权的交叉重叠，权责难分，二人或相互掣肘，或相互推诿，或总督独大而巡抚无实权，以致督抚二人矛盾重重。同光两代，曾有多人上奏朝廷陈述"督抚同城"之弊端。③ 因此，督抚同城弊端甚重，裁撤巡抚势在必行。

随着清王朝的衰落，其内忧外患之势日重。1901 年慈禧太后正式宣布实施"新政"，伴随新政如火如荼地进行，针对"督抚同城"的改革呼声再次出现。光绪三十年九月（1904 年 11 月），云南巡抚林绍年奏请裁撤云南巡抚一缺。由于他在上奏中详细陈述了"督抚同城"的弊端④，遂使其奏陈意外地成为裁撤云南、湖北、广东三省巡抚的序幕。清廷在接到林绍年的上奏后，便责成政务处会同吏部商议此折。光绪三十年十一月六日（1904

① 参见中国第一历史档案馆编《光绪宣统两朝上谕档》第 24 册，广西师范大学出版社，1996，第 331 页。
② 参见中国第一历史档案馆编《光绪宣统两朝上谕档》第 24 册，第 455 页。
③ 同治年间，广东巡抚郭嵩焘曾奏："（督抚二人）同为君子而意见各持，同为小人而诪张倍出。"薛福成认为："一城之中主大政者二人，志不齐，权不一，其势不得不出于争。"参见刘锦藻《清朝续文献通考》卷 132，商务印书馆，1937，第 8915 ~ 8916 页。
④ 林绍年曾奏："各省幅员广阔，政务殷繁，无过直隶、四川两省，皆以总督兼管巡抚，措理裕如。云南必无独需督抚并设之理。且多一衙门，多一经费……更不至有所掣肘……可见两缺原无须两员，若并而为一，以总督兼管巡抚，责成愈专，事权归一，必于一切公事尤为神益。"参见（清）林绍年撰，康春华、许新民校注《林文直公奏稿校注》，中国书籍出版社，2013，第 95 ~ 96 页。

年 12 月 12 日），政务处同吏部会奏："臣等查督抚同城之弊，历来臣工言之甚详……督抚同城，往往或因政见参差，公事转多牵制。现在时艰日亟，督抚尤宜专其责成，自不如即为裁并……其湖北、广东巡抚与云南巡抚事同一律，亦应酌拟归并。"① 随即，清廷谕"云南、湖北巡抚两缺，著即行裁撤。湖广总督、云贵总督均著兼管巡抚事"。② 光绪三十一年六月二十一日（1905 年 7 月 23 日），随着广东巡抚一缺的裁并，清代督抚同城的弊病大体得到了解决。

督抚制与驻藏大臣制度均是清廷所设立的地方行政制度，二者是两套不同的行政系统。然而在某种程度上来看，尤其是两员驻藏大臣同驻拉萨时期以及乾隆十五年（1750）实行"驻藏大臣、达赖、班禅参互制之"③的互参制，督抚制与驻藏大臣制度又存在一定的相似之处。

雍正五年（1727），清廷下旨："著内阁大学士僧格、副都统马喇差往达赖喇嘛处。"④ 雍正五年的这一事件被认为是驻藏大臣设立的开始，由此可见，驻藏大臣制度正式确立之前，清廷派驻西藏的官员并无任何职衔，也不存在正副之分。至雍正七年（1729），朝旨令"其藏内事务，著马喇、僧格总理，迈禄，包进忠协理"。⑤ 此处"总理""协理"亦非职衔，然究其字面之意，"总理"即为全面署理，"协理"则是协助之意。但是雍正九年（1731），清廷又令僧格"协同"青保等人在西藏再办事一年。此举说明雍正七年所谓之"总理""协理"并非正副之分。纵观雍正一朝，先后出现过"总理""协理""协办""西藏办事大臣""驻藏副都统""驻藏办事副都统"等称谓，但未曾见"帮办大臣"这一称谓，也未见各大臣之间有明确的权力等级划分。曾国庆先生认为"名义上的驻藏正副大臣之分自乾隆十四年十月开始已有所区分"。⑥ 其依据的是乾隆十四年，清廷谕傅清与纪山共同办事，收掌关防。⑦ 到乾隆朝，驻藏大臣制度逐渐完善，可以确定的

① 朱寿朋辑《光绪朝东华录》第 5 册，中华书局，1984，第 5256～5257 页。
② 朱寿朋辑《光绪朝东华录》第 5 册，总第 5257 页。时逢两广总督岑春煊在广西督办军务，故广东巡抚一缺暂缓裁撤。
③ 国史馆校注《清史稿校注》第 5 册，第 3898 页。
④ 《清实录》第 7 册，中华书局，1985 年影印本，第 793 页。
⑤ 《清实录》第 8 册，第 82 页。
⑥ 曾国庆：《关于驻藏大臣设立的几个问题》，《清代藏史研究》，西藏人民出版社、齐鲁书社，1999，第 65 页。
⑦ 《清实录》第 13 册，第 842 页。

是，"办事大臣"与"帮办大臣"职衔的正式确立以及二者权责的具体区分正是出现在乾隆一代。自乾隆朝以后，"办事大臣"与"帮办大臣"制度一直延续到宣统三年（1911）驻藏帮办大臣的裁撤。

由于驻藏大臣两员同驻前藏拉萨，这种类似"督抚同城"的现象便成了联豫上奏裁撤帮办大臣的一个理由，由此"督抚同城"的流弊也便成为帮办大臣制度的弊端，亦成为联豫上奏裁撤帮办大臣的原因。此外，乾隆十五年实行的"互参制"，使得驻藏大臣在西藏的权力无法集中，受到达赖、班禅等多方面的牵制，从而在推行新政的过程中受到了一定的阻碍，因此这种"互参制"也是"裁撤帮办大臣改设左右参赞"的重要原因。

宣统二年十一月（1910），联豫奏请裁撤驻藏帮办大臣，并"拟请于前藏添设参赞一员，以前藏参赞作为驻藏左参赞，禀承办事大臣，筹划全藏一切要政，以后藏参赞作为驻藏右参赞，禀承办事大臣，总监督三埠商务"。[1] 其奏陈中写道：

> 惟现值朝廷厘定官制，责任必专，权限必明。即如滇闽楚粤督抚同城，皆荷先朝饬裁巡抚一缺，奉天巡抚，现亦钦奉明诏裁并。以各行省地大事殷，尚宜归并员缺，以一政权。[2]

然而仅仅在不到两年前的宣统元年三月，联豫还言明帮办大臣宜驻前藏"奴才等察酌情形，权衡轻重，窃以为内地督抚均以司道同城，遇有为难事件，可以会同商榷。今藏地百端待举，筹维擘划，断非一人思虑所能周，必须互相斟酌，以期妥善。故请以帮办大臣仍驻前藏"。[3] 联豫这两次奏陈似乎略有矛盾，断非一句"惟现值朝廷厘定官制，责任必专，权限必明"所能解释。在不到两年的时间里，西藏的局势变化显然不会巨大到让联豫出现这样的改变，较为合理的原因应是联豫对裁撤巡抚的简单模仿。[4] 宣统二年三月十九日（1910年4月28日），清廷下旨裁撤奉天巡抚一缺，以东三省总督兼管奉天巡抚事。[5] 这一变动对当时的联豫影响是巨大的，联

① 吴丰培编《联豫驻藏奏稿》，第154页。
② 吴丰培编《联豫驻藏奏稿》，第153页。
③ 吴丰培编《联豫驻藏奏稿》，第153页。
④ 参见曾国庆、黄维忠《清代藏族历史》，第399页。
⑤ 参见《清实录》第60册，第598页。

豫不可避免地在改革中体现出这种影响。

联豫在奏陈中提到了与"督抚同城"流弊相同的另一个理由：

> 况藏地规模较简，所驻大臣两员，政见一有参差，治理亦多窒碍，贤者瞻顾依违，曲示和衷之宜，固不能奋发有为，不肖者各逞意见，遇事掣肘，寖至百端皆废，内启番族之轻藐，外贻友邦之讪笑，于大局所关，实非浅鲜。①

联豫的这一理由在一定程度上还是符合实际的。张荫棠在请辞帮办大臣一职时给外务部的电文中也表明了"以一事权"的重要性，他认为西藏之权力多出藏僧之手，在西藏遭受英俄渗透的严峻局势下，应加大驻藏大臣的职权，以实现对藏地一元化的领导。② 驻藏大臣有泰在未被张荫棠弹劾之前，对联豫也有着颇多不满。他曾多次在日记中表露出这种态度"至大臣处大谈，即在其烟盘旁。其乱非常"③；"联大人吸鸦片烟，已不成样。不识满洲字，谢恩折满字，呼为这个字我不认得，太可笑。伊曾随薛福成出洋，能说数句法语。伊乃正白旗内务府汉军人王姓，忘本二字难辞矣"④；"联豫云，人非出洋，不能阅历。皇太后、皇上、军机大臣不知何时出洋，可发一笑"。⑤ 有泰的这种态度在光绪三十二年八月初六有所升级："闻联大臣将家人解地，未免刻薄寡恩，然亦不便多管"⑥；"联大人烟气又病，听小人话未免怄气。好撒谎，汉番不服……大家怕他偷东西"。⑦ 可见帮办大臣与办事大臣之间由于权责难分，较易出现不和，从而相互掣肘，影响到两大臣在西藏处理政务。

据上述史料来看，裁撤帮办大臣改设左右参赞的原因主要是联豫在改革中带有的模仿行为，以及为了解决两大臣相互掣肘，合并是藏政"以一政权，而资治理"。⑧

---

① 吴丰培编《联豫驻藏奏稿》，第 153 页。
② 参见贺文宣编《清朝驻藏大臣大事记》，中国藏学出版社，1993，第 481 页。
③ 吴丰培整理《有泰驻藏日记》卷 12，中国藏学出版社，1988，第 35 页。
④ 吴丰培整理《有泰驻藏日记》卷 12，第 36 页。
⑤ 吴丰培整理《有泰驻藏日记》卷 12，第 37 页。
⑥ 吴丰培整理《有泰驻藏日记》卷 12，第 37 页。
⑦ 吴丰培整理《有泰驻藏日记》卷 12，第 39 页。
⑧ 吴丰培编《联豫驻藏奏稿》，第 152～153 页。

宣统三年二月（1911 年 3 月），会议政务处奏："驻藏办事大臣联豫奏
裁撤帮办大臣一缺，改设左参赞一员、右参赞一员，应如所请办理。"当
日，清廷谕"依议行"。① 至此，存在了一百多年的驻藏帮办大臣制度彻底
终结。

三　联豫奏请裁撤帮办大臣的私人动机

联豫，字建侯，满洲正黄旗人。② 初为监生，驻防浙江，原姓王，曾随
薛福成出使欧洲。光绪年间任四川雅州府知府。光绪三十一年（1905），清
廷赏给联豫副都统衔，以接替凤全出任驻藏帮办大臣。同年 10 月，清廷召
驻藏大臣有泰回京述职，即令联豫补授驻藏办事大臣。以张荫棠为驻藏帮
办大臣，张荫棠旋即辞职，联豫遂兼任帮办大臣一职。联豫于光绪三十二
年（1906）七月始抵拉萨，至民国元年 4 月离藏，在藏任职长达六年
之久。③

联豫是历史上最后一任驻藏大臣，其任期在历任驻藏大臣中亦是较长
者。联豫在藏六年间，主持了清季西藏的新政，在西藏进行了诸多方面的
改革，对维护中国在藏主权及西藏的近代化起到了重要的作用。但是联豫
的改革也存在着许多问题，致使部分学者对联豫颇多非难。④ 联豫的性格也
有其固有缺陷，其中最主要的便是联豫的嫉妒之心甚强，权力欲望颇重。
联豫"为人小有才，不知大体"⑤，"实无开济之才……踬成其事，而其才力
又不足以干济之"。⑥ 在此，我们不讨论联豫治藏的功过问题，仅从其个人

---

① 参见顾祖成等辑《清实录藏族史料》第 9 册，第 4744 页。
② 一说内务府正白旗人，参见吴丰培《联豫小传》，吴丰培编《联豫驻藏奏稿》，卷首。
③ 参见吴丰培、曾国庆编《清代驻藏大臣传略》，西藏人民出版社，1988，第 252～261 页。
④ 对联豫及其改革的评价目前学界已有专题研究，可参见黄维忠《联豫功过论》，《西藏民族
学院学报（社会科学版）》1995 年第 2 期；许广智《联豫在西藏推行近代化改革的历史作
用及评价》，《西藏研究》1995 年第 1 期；张世明《论联豫在清末新政期间对西藏的开
发》，《中国边疆史地研究导报》1990 年第 6 期；康欣平《联豫与十三世达赖喇嘛"失和"
析论》，《青海民族大学学报（社会科学版）》2013 年第 3 期；唐春芳《晚清驻藏大臣联豫
及其历史作用》，四川师范大学，博士学位论文，2010。
⑤ 尚秉和：《辛壬春秋》，转引自吴丰培《联豫驻藏奏稿跋》，吴丰培编《联豫驻藏奏稿》，
第 201 页。
⑥ 丁实存：《驻藏大臣考》，转引自吴丰培《联豫驻藏奏稿跋》，吴丰培编《联豫驻藏奏稿》，
第 201 页。

性格出发，就联豫上奏裁撤驻藏帮办大臣一事来看，笔者认为其存在着一定的私人动机，即独揽藏政。

联豫在受命担任驻藏帮办大臣之初，"即奏请将帮办大臣，由察木多同驻拉萨"[1]，其抵藏后，"又擅自行动，不与有泰会商，自恃清廷有其内援，早谋取有泰职而代之"。[2] 可见联豫在其个人性格上存在着自负、贪权的特点。

张荫棠入藏后，因其在藏建树颇多，备受西藏僧俗爱戴，"然而身为驻藏大臣的联豫见张荫棠在僧俗中的威望远远高过自己，便生嫉恨之心，必欲排挤其出藏而后快"。[3] 联豫"排挤"张荫棠的行动始于张弹劾有泰一事。光绪三十二年底，清廷下旨将有泰一案相关人员刘文通、松寿、李梦弼、恩禧、江潮、余钊、范启荣等均著革职，归案审办，分别监追。将善佑著革职，永不叙用。周占彪、马全骥均著勒令休致；李福林革职留任，戴罪效力。又斥责有泰庸懦昏愦，贻误时机，并有浮冒报销情弊，将有泰先行革职，不准其回京，并听候归案查办。[4] 有泰此时开始寻求联豫的帮助，然联豫时为办事大臣，于制于理于情均不应对有泰这一革职查办施以援手，又加上他与有泰并无过多交情之人。颇为耐人寻味的是，联豫竟帮助有泰"诉冤"。究其原因应是联豫对张荫棠的嫉妒之心，其与有泰二人"在对付张荫棠的一些新政主张上找到了共同点"[5]，因此有泰被弹劾一事变成了联豫排挤张荫棠的一个契机。有泰是清廷实权人物那桐的姑舅，有泰因待罪而不能向清廷"诉冤"，联豫便帮助有泰向那桐发电。光绪三十三年，有泰在日记中写道：

> 联大人将电大加删改，可感之至。文曰："北京金鱼胡同那中堂鉴：洪密。张大臣入藏后，诸事纷更，致使番民僧众，人人衔恨。此事关系甚大，然非泰所敢言。至电参各节，泰固不敢辞失察之罪，惟以传闻入奏。奉旨后始出招告，终无一人告发。各革员已加锁禁，过

---

[1]　吴丰培：《联豫驻藏奏稿跋》，吴丰培编《联豫驻藏奏稿》，第 201 页。
[2]　吴丰培：《联豫驻藏奏稿跋》，吴丰培编《联豫驻藏奏稿》，第 201 页。
[3]　罗布：《新政改革与大臣体制》，《西藏大学学报（社会科学版）》2010 年第 1 期。
[4]　参见吴丰培整理《有泰驻藏日记》卷 13，第 7 页。
[5]　康欣平：《前倨后恭：有泰与联豫在西藏期间的交往》，《西藏民族学院学报（哲学社会科学版）》2013 年第 2 期。

两堂，用刑讯，供证俱无。泰系奉旨听候归案查办之人，责令呈递亲供一切，均不合例。此案既无证据，似难武断。奈张刚愎自用，回护前奏，声言不凭证据，即以查实覆奏，从重拟罪，请旨惩办，置泰于死地，显系有心陷害。泰本应静听治罪，惟是非不明死不瞑目，不得不专电历陈。祈达庆邸，俾知底蕴，则毕生衔感矣。更请告知溥尚书，有泰叩。元。"午后作札谢之，并将密电奉还。①

这段电文足以表明联豫对张荫棠的嫉妒之心，从"大加删改"中可以看出，有泰这一电文几乎等同于出自联豫之手，至少电文的内容得到了联豫的认可。此时的联豫已经升任办事大臣，其到藏近两年多，对藏政理应深有了解。所以说联豫不可能认识不到张荫棠改革的正确性。甚至于联豫"所办理事项，如练兵、通商、兴学、设警、创办电线诸项，多为张荫棠、赵尔丰之主张而创设"。② 至于电文中"致使番民僧众，人人衔恨"很明确的反映出联豫对张荫棠的排挤。联豫对张的这种嫉妒心态并没有到此终止，在其生活中这种心态也时有体现。有泰曾记录："联为那相姑舅舅，张为那相门生。曾见那相致联信中，近来朝政如何，实令人莫测。联为人不过通声讲酬应，外甥前皆自称名称中堂。提到张则云：'知道人家用几万银拜得门生，不可得罪。'似不应给外甥如此乱云。"③ 可见联豫对张荫棠的嫉恨，已经达到了出言无忌其甥那桐声誉的地步。同在这一时期，联豫对张荫棠的排挤还有另一重要事件。光绪三十三年正月初七（1907 年 2 月 19 日），清廷"谕军机大臣等：有人奏：'风闻张荫棠有令喇嘛尽数还俗改换洋装之事'等语。藏番迷信宗教，如果操之太急，深恐激成事变。著张荫棠将藏务妥慎通筹，毋涉操切"。④ 事实上张荫棠"并无令喇嘛尽数还俗，改换洋装之事"。⑤ 有泰在给其弟溥颋（仲路）的信中写道："令喇嘛还俗一节，欲照巴塘办理。前凤全即为此丧命，此时大可危险。伊等犬羊之性，玉石不分，谓之洗汉人，则得矣。是以建侯给外部电信。兄与那相电信，皆在

---

① 吴丰培整理《有泰驻藏日记》卷 13，第 16 页。
② 丁实存：《驻藏大臣考》，转引自吴丰培《联豫驻藏奏稿跋》，吴丰培编《联豫驻藏奏稿》，第 201 页。
③ 吴丰培整理《有泰驻藏日记》卷 14，第 14 页。
④ 贺文宣编《清朝驻藏大臣大事记》，第 484 页。
⑤ 贺文宣编《清朝驻藏大臣大事记》，第 484 页。

此时前后也。"① 故此，上谕"有人奏"中的有人，基本可以断定正是联豫。联豫的这种嫉妒之心，也透露了其对绝对权力的一种渴求。有泰给那桐的电文是在光绪三十三年（1907）正月十二日发出，因此联豫上奏清廷张荫棠"令喇嘛还俗"的时间也在此前后。而在光绪三十二年十一月，清廷即准张荫棠辞去帮办大臣之所请，并令联豫兼署帮办大臣一职。清廷并未改派他人入藏接任帮办大臣一缺，所以此时除去以特殊身份留在西藏的张荫棠外，已无人可以威胁到联豫在西藏的地位。

除了对张荫棠的排挤外，赵尔丰、达赖十三世、温宗尧均受到过联豫的敌视。光绪三十四年，清廷任命赵尔丰为办事大臣，然而联豫却阻挠赵尔丰入藏："继以康藏管辖权力，不免暗争。观尔丰昆季往来函札之中，渐多微词，故豫对尔丰驻藏之命，复阻之使罢，于此概见二人意见之分歧。"② 联豫曾指责帮办大臣温宗尧与达赖私自"议立条约"。③ 宣统元年，"驻藏大臣联豫率属吏迎于札什城之东郊，达赖不理，目若无见。联豫愤甚，即言'达赖私运俄国军火'。亲赴布达拉检查，未获，复派员往黑河查验达赖之行李。翻箱倒箧，搜检殆遍，未获枪械，而各物被检验军队乘间携去者颇多"。④ 尽管这一记载可能存在着一定的偏颇，但是不能否认的是联豫与十三世达赖的关系并不融洽，其主要原因是十三世达赖在西藏的权力甚大，十三世达赖的存在削弱的不仅仅是清廷对西藏的控制，也削弱了联豫在西藏的权力。因此，联豫的嫉妒心理和权力欲望都是极强的，他完全有可能为了独揽藏政而奏请裁撤驻藏帮办大臣。

另外，联豫奏请裁撤帮办大臣的时间也值得怀疑。在前文中已经提到了联豫裁撤帮办大臣的一个理由是"惟现值朝廷厘定官制，责任必专，权限必明"，因此要效仿内地裁撤巡抚之举。虽然奉天巡抚是在 1910 年裁撤的，但是云南、湖北、广东三地巡抚的裁撤却早在光绪三十一年已经完成。由于三省巡抚的裁撤是清廷首次施行裁撤巡抚的改革，其规模也较大，因此，光绪三十一年的这次裁撤的影响远甚于奉天巡抚的裁撤。此时刚刚入藏的联豫却没有提出裁撤帮办大臣的建议。如果说这时的联豫还没有意识到两员驻藏大臣所带来的弊端，那么我们也难以解释在其后的几年内，联

① 吴丰培整理《有泰驻藏日记》卷 14，第 12~13 页。
② 吴丰培：《联豫驻藏奏稿跋》，吴丰培编《联豫驻藏奏稿》，第 202 页。
③ 吴丰培编《联豫驻藏奏稿》，第 110 页。
④ 朱绣著、吴均校注《西藏六十年大事记》，青海人民出版社，1996，第 25 页。

豫身兼办事大臣与帮办大臣之职或与温宗尧共事之时，联豫都没有上逞这样的奏陈。

实际上，除了温宗尧任帮办大臣的一年多时间外，西藏的大权基本都集中在时任驻藏大臣联豫的手中。这个时期的联豫已经独揽了藏政，没有必要多此一举地向清廷奏请裁撤帮办大臣。并且，在其兼任帮办大臣时，"俨然以督抚自居"①，这种行为举止反映出联豫权力欲望的膨胀。到了光绪三十四年，温宗尧以一种出人意料的"空降"式的到任打破了联豫在西藏的大权独揽。此前联豫一直兼任着驻藏帮办大臣一职，而在光绪三十四年四月，刚刚简放为驻藏办事大臣的赵尔丰上奏清廷，推举温宗尧赞襄藏卫交涉。②赵尔丰出任办事大臣后与联豫日生嫌隙，因此温宗尧的出现可以说是在联豫意料之外，甚至于温宗尧开缺本就是赵尔丰与联豫的博弈。所以，在温宗尧调离西藏后几个月，联豫便上奏请裁撤帮办大臣，这一次联豫彻底地扼杀了他人与其争权的可能。随着清廷下旨令罗长裿和钱锡宝分任左右参赞，"于是藏政独揽矣"③，联豫再次独揽了在西藏的权力。

不论如何，从个人角度讲，裁撤驻藏帮办大臣改设左右参赞的最大受益人无疑是办事大臣联豫。从联豫的个人性格，以及其提出裁撤帮办大臣时间上的异常看，联豫的上折无疑是存在私人动机的，而这一私心显然就是独揽藏政。因此，联豫的私人动机也应是推动裁撤帮办大臣改设左右参赞的一大原因。

四　结语

1911 年，清廷裁撤驻藏帮办大臣改设左右参赞，是联豫在西藏筹办新政的一项重要内容，也是驻藏大臣制度的重要变革，这一改革标志着帮办大臣制度的终结。同时，新制度的设置，目的是使办事大臣实现对西藏的一元领导，加强其在西藏的主事权力。通过左右参赞的设立，不仅完善了西藏的行政体制，同时也加强了中央政府在西藏的主权，一定程度上抵制了英、俄等列强对西藏的侵略。因此，裁撤驻藏帮办大臣改设左右参赞的重要作用是不可忽视的。但是这种制度也存在着一定的问题，如难以对办

---

① 吴丰培：《联豫驻藏奏稿跋》，吴丰培编《联豫驻藏奏稿》，第 201 页。
② 参见吴丰培、曾国庆编《清代驻藏大臣传略》，第 283 页。
③ 吴丰培：《联豫小传》，吴丰培编《联豫驻藏奏稿》，卷首。

事大臣进行权力上的监督。

在清末这一特殊的历史背景下，西藏的局势同样岌岌可危。虽然清廷裁撤驻藏帮办大臣改设左右参赞的原因是复杂多样的，但是不论联豫还是张荫棠或赵尔丰，其改革的中心都是"固我主权"。在这一中心下，其最为主要的两大历史背景分别是亚东、江孜、噶大克的开埠和两员驻藏大臣的相互掣肘。然而，推动这一改革的原因也并非仅仅上述两条。在历史大环境之外，个人原因也同样起到了重要作用。在这一事件里，联豫就扮演了这个推动帮办大臣裁撤的重要角色。通过史料我们不难发现，联豫奏请裁撤帮办大臣改设左右参赞是存在着一定的私人动机的，其目的便是独揽藏政。当然，提出这一观点的目的，并非否认联豫在这一过程中的"公心"，更非否认这一项改革的积极作用以及整个联豫新政的积极意义，而是为了更客观地分析"裁撤帮办大臣改设左右参赞"这一项改革的原因。

除却上述的几点原因外，如清廷对后藏控制力弱，"班禅活佛系统地位不明，班禅系统实际控制后藏，但由于其与达赖、驻藏大臣关系不明，导致后藏处于失控状态"①、后藏由"惟前藏、后藏相距五百余里，后藏地处极边"② 等原因也是裁撤帮办大臣改设左右参赞的原因之一。

---

① 张永江：《论清代西藏行政体制的演变及其特点》，《清史研究》2000 年第 3 期。
② 中国藏学研究中心等编《元以来西藏地方与中央政府关系档案史料汇编》第 4 册，第 1580 页。

晚清新政与滇东南土司

范德伟[*]

1885 年 6 月 9 日，清政府与法国签订《越南条款》，以承认越南为法国殖民地、勘分边界、允许法国越界指定两处为通商口岸通商、中国拟造铁路应请法人商办等条款[①]，结束了持续 1 年半的中法战争。战后，清政府为保卫岌岌可危的滇东南边疆，采取了一系列措施，从勘定边界、行政整合、国防军事部署，到改善通讯与交通等，均为前所未有的在边地实施的治策，并一直持续到清政府垮台。从这个意义上说，笔者以为，清政府在滇东南的新政，并非只是 20 世纪初的事，应该前移到中法战争结束，不能只局限于一般所说的清末（1901~1912）。考虑到新政是在民族种类众多、高山峡谷交错、一直被视为烟瘴之地的滇东南边地开始施行，其情况之复杂与特异，远超内地，其中，土司的安抚与震慑，关乎边疆能否稳定，是当时的地方大员及中枢决策者都不得不考虑的，也是现在的学界，尤其是边政学、历史学界应该研究的问题。梳理现有的研究，在以晚清政治、辛亥革命、边疆史地、土司制度、民族史、地方史等为主题的研究中，都或多或少涉及此问题，但就清政府治边新政与土司应对的互动关系，仍未见有专门的论述。最接近的研究，有赵云田的专著《清末新政研究：20 世纪初的中国边疆》[②] 和龙晓燕的论文《晚清边疆危机中云南土司制度的变化》[③] 遗憾

---

[*] 范德伟，云南红河学院人文学院教授。

① 《越南条款》全文见王铁崖编《中外旧约章汇编》第一册，生活·读书·新知三联书店，1957，第 466~469 页。

② 黑龙江教育出版社，2004。

③ 《思想战线》2009 年第 3 期。

的是，赵书研究的是长期没有建立行省制度的东北、蒙古、新疆、西藏等边疆地区实施新政情况，将同样地处边疆且民族问题更为复杂的云南省排除在外。龙晓燕文论及晚清云南土司制度暴露出的弊端及清政府进行的局部调整，但主要是滇西土司，且只有 2 页篇幅，给人以欲言还休之感。有鉴于此，笔者不揣浅陋，力图在他们研究成果的基础上，尽量广罗档案文献与地方志资料，去梳理晚清新政与滇边土司的情况。惟限于篇幅，只能先论述滇东南的情况。不妥之处，还望方家不吝赐教。

一 晚清留存的滇边土司

在中法战争前的行政区划中，云南省下设有 14 府、5 个直隶厅和 4 个直隶州，共 23 个府厅州。① 其中，与越南相邻的，有广南府（治所在今文山壮族苗族自治州广南县）、开化府（治所在今文山壮族苗族自治州文山县）、临安府（治所在今红河哈尼族彝族自治州建水县），为通说的滇东南地区。此三府，多为高山河谷纵横交错、寒暑悬殊的烟瘴之地，有壮族、彝族、哈尼族、苗族、瑶族、傣族等多个少数民族聚居，到清末还留存着数十家大大小小的土司。据《新纂云南通志》卷 176《土司考四·世官一》所载，传袭到民国时期的滇东南土司，广南府有 1 家，临安府有 25 家。② 而据《红河土司七百年》所附《民国时期红河地区土司》表，仅今红河州境内的土司，在民国时期就有 30 家。③ 考虑到清末有废除的土司，民国时期并没有新建的土司，显然，清末时期云南的土司数目，要超过此数。这些土司各有领地，其领地各村寨的民众往往"均守旧习，素不入城，无论土司所待如何，罕有抗者"。④ 也就是说，各土司均具有一定的代表性。

二 晚清新政对滇东南土司的影响

滇东南三府，受中法战争及越南沦为法国殖民地的冲击，出现两大变

---

① 参见牛平汉主编《清代政区沿革综表》，中国地图出版社，1990，第 383，394 页。
② 牛鸿斌等点校《新纂云南通志》(7)，云南人民出版社，2007，第 718~722 页。
③ 郭松礼等编著《红河土司七百年》，民族出版社，2006，前言附表《民国时期红河地区土司》。
④ 谈者己已居士（贺宗章）、次者未山道人（吉仙觐）:《幻影谈》，方国瑜主编《云南史料丛刊》第 12 卷，云南大学出版社，2001，第 132~133 页。

局：一是越南藩篱丧失而直面法国侵略，边疆土司辖区面临被瓜分、蚕食的威胁；二是按照条约应开的商埠——蒙自①——并在商埠设立由外国人掌握行政管理权的中国海关，使昔日比较僻处的边疆区域，一跃而变成云南最先开放的前沿和对外交通的孔道，成为中西文化交融与冲突之地。

面对变局，清政府为保卫滇东南边疆所采取的举措，归纳起来，主要有四个方面：一是勘分边界；二是对边疆行政机构和辖区重新整合；三是出于沿边国防需要调整军事部署；四是大力改进通讯和交通，加强内地与边疆的联系。20世纪初，随着新政展开，这四个方面也纳入了更系统的政治、军事、经济、文教、风俗的改革。本文主旨是讨论清末新政时期的情况，但考虑到施政的延续性，不得不对相关举措做简单梳理。

1. 中法勘分边界，土司辖区受一定冲击

中法围绕滇越、滇老的陆路勘界，双方协商于1897年签署《滇越界约》，完成了勘界工作，并树立了300块界碑，双方的边界得以按照现代国际法固定。在勘界中，有中国土司辖区被划到界外的，如原属临安府纳楼土司辖地的勐蚌、勐赖、勐梭划归越南，对土司辖区影响最大的，还是一条界线将原为同一家族的亲属变成异国同胞。他们面临着亲属认同、民族认同与国家认同的新问题。

2. 在行政整合方面，清政府采取的重要举措

一是设置边道和对汛，二是改土归流，既加强了国防，也加强了对滇边土司的控制。

道，在清政府的行政机构中，是省政府为专管某方面事务设置或派出以统驭地方府厅的机构。在鸦片战争时期，云南专管一事的道有盐法道，其他云武粮储道（驻昆明）兼领云南府和武定州，迤东道（驻寻甸）、迤西道（驻大理）、迤南道（驻普洱），均为分巡道加兵备道，各领若干府厅。②随着蒙自开关，为利于边境管理与对外交涉，1887年底，云贵总督岑毓英

---

① 1887年6月23日，《中法续议商务专条》规定蒙自开埠通商，1889年8月24日正式开关，下设蛮耗、马白（今马关）分关，另在蒙自西门外、河口设查卡。1897年7月1日，河口分关办公，蛮耗分关降为分卡。

② 参见朱东安《关于清代的道和道员》，《近代史研究》1982年第4期，第202～203页。另云南省地方志编纂委员会总纂《云南省志卷一地理志》（云南人民出版社，1998，第96页）的叙述和第104页的《清代云南各道所领州府表》，未记载云南有盐法道。

奏准将与越南交界的三府，即迤东道领的开化府（驻今文山州）、广南府（今广南县），和迤南道领的临安府（驻今建水县），分割出来，增设临安开广道，驻蒙自县。同时将迤西道领的顺宁府和景东厅划归迤南道。新设的临安开广道，岑毓英明确其使命为"控驭土夷、交涉中外"，"所有该三府仓库钱粮交代、词讼缉捕等事，均责成该道察核"，并兼管海关，其地位"较之各道缺尤形重要"。①

另外，随着中越边界的勘定，中法议定在沿边设置专责于国防与外交的对汛。清政府在1897年将临安开广道沿边各地划为对汛区域，以临安开广道道尹兼任对汛督办，在河口和麻栗坡分置副督办，各辖5汛地。② 由临安开广道兼对汛督办，既可以使事权划一，又在实际上提升了对汛的地位。结果，驻扎边关的两处对汛副督办署，实际发挥了强化边防和开发边疆的作用。河口和麻栗坡本都只是属于开化府安平厅辖地，在副督办经营下已经可比附县级行政区。

边道和对汛的设置，意味着清政府对土司边防依赖的大大降低，也增强了对沿边地区土司的控制。相比之下，那发（今金平苗族瑶族傣族自治县金水河口岸）以西未置对汛的边地，仍旧不得不依赖土司。如临安府建水县的三猛（今属绿春县），由于"瘴重地险，客军不能利用"，到1908年时，云贵总督锡良仍旧奏请由当地土司出身的龙裕光（龙泽周），在临安府统领下设防。③ 可见设置边道和对汛确实有其必要。但滇缅边界，由于勘界没有完成，对汛也没有建立。

此为清末行政调整的第一方面。

清末行政调整的第二方面，是通过改土归流，加强对边地的控制。云南的改土归流，雍正、康熙时期是高峰，此后，乾隆、嘉庆两朝虽也曾废除过个别土司，"但就总的情况而言，改土归流基本停顿了下来。继其后的道光、咸丰、同治三朝，全国形势急转直下，云南边疆也爆发了持续24年之久的各族人民大起义，改土归流完全停止。直至光绪年间，改土归流才

① 《滇省新设巡道兼管关务遵查事宜折》光绪十三年十月初八日，黄盛陆等标点《岑毓英奏稿》（下），广西人民出版社，1989，第895页。
② 牛鸿斌等点校《新纂云南通志》（7），卷一百六十二，边裔考一，云南人民出版社，2007，第525页。
③ 《会奏布置边务折》，光绪三十四年七月二十一日，中国科学院历史研究所第三所工具书组整理《锡良遗稿奏稿》（第二册），中华书局，1959，第817页。

重新提及"。① 光绪年间，针对纳楼茶甸长官司宗支绝嗣、亲支争袭、混战长达 20 余年的情况，清政府也没有实施改流，而是采取云贵总督岑毓英提出的"内地则改土归流，边远则众建而分其势"之办法，于光绪九年（1883）将纳楼土司析分为四土舍。②

在清末新政中，改土归流日益迫切。1901 年，广南府属的土富州被改土归流，设富州通判，"改富州土知州为富州厅，又改广南府分防普厅塘经历为巡检移驻剥隘，同时废哨、夕、尤分封制，设置区乡体制"。③ 随后，因接二连三地发生三点会、游勇袭扰，周云祥率领个旧锡矿工人攻占临安，革命党河口起义等事，滇东南土司皆有牵连，改流工作暂缓。云贵总督锡良提出在没有大军驻边震慑、没有巨款安置、没有良才治边的情况下，暂难改土归流，并警告"改流利在土民，雅非各土司所愿，若枝枝节节以图，转恐徒以趣其向外之谋，甚或速其发难之举"。④ 直到锡良调任东三省总督后，新任云贵总督李经羲才再次筹议改土归流。李经羲与临安府知府贺宗章协商"锐意改流"，但因贺宗章丁忧和随后的辛亥革命，也不得不停办。⑤

3. 在军事部署的调整方面，清政府力图将依赖土司的边防改为由政府军队驻防

由于云南边防过去本是依赖各土司，犹如李根源所称的"土司守土，历数百年，巩我藩篱，皆吾邦族"。⑥ 受中法战争的刺激，清政府下决心加强国防军，既减少对土司防边的依赖，又可以震慑滇边土司。清政府最初是按照云贵总督岑毓英奏准的方案，在"入越捷径"马白（今马关）和"通商要津"蒙自，"两路均应设立重防"。所谓"重防"，在难以添设提镇的情况下，也只是"每年于秋冬二季，令开化镇出驻马白关，临元镇出驻蒙自县，督饬操防；春夏两季烟瘴正深，边境无虞，即各回驻临安、开化

① 王文成：《近代云南边疆民族地区改土归流述论》，《民族研究》1993 年第 1 期。
② 《纳楼土官绝嗣拟择亲支分改土舍折》，光绪九年三月十二日，黄盛陆等标点《岑毓英奏稿》（下），广西人民出版社，1989，第 586～589 页。
③ 云南省富宁县地方志委员会编《富宁县志》，云南民族出版社，1997，第 11 页。
④ 《筹复滇省土司改土归流情形折》光绪三十四年九月初二日，中国科学院历史研究所第三所工具书组整理《锡良遗稿奏稿》（下册），中华书局，1959，第 827～829 页。
⑤ 谈者己巳居士（贺宗章）、次者未山道人（吉仙觐）：《幻影谈》，方国瑜主编《云南史料丛刊》第 12 卷，云南大学出版社，2001，第 132 页。
⑥ 《西巡告示》（1911），李根源著、李希泌编校《新编曲石文录》，云南人民出版社，1988，第 42 页。

府城。而移开化中营游击常驻马白关，添设后营游击一员常驻开化府。……其蒙自一面，则添设前营游击一员，常驻蒙自县"。① 但开化镇总兵和临元镇总兵将所辖军力向沿边推移，并配合行政方面设置临安开广道，对滇越边防仍旧具有强化的作用和意义。此后，随着勘定滇越边界后设置对汛，在滇东南，清政府已部署有滇省六镇总兵中的两镇，另加对汛专任边防。1907 年，云贵总督锡良厘定滇省防营，奏准"拟将全省巡防队及铁路巡防队，每营概以二百五十人为定额，按南防、西防、普防、江防、铁路巡防分为五路，各路以南防为最要，防营亦以南路最多。计南防巡防队共十七营，驻扎临安各属者三营，归临元镇统辖；驻扎开化各属者六营，归开化镇统辖；驻扎广南、蒙自等处者八营，归南防营务处统辖，西防巡防队共十营，驻扎大理、楚雄、永北等处者三营，归提督统辖；驻扎腾越、蛮允、永昌、龙陵等处者五营，归腾越镇统辖；驻扎维西、中甸等处者二营，归鹤丽镇统辖。普防巡防队三营，驻扎普洱、镇边等处，归普洱镇统辖。江防巡防队四营，驻扎永善、昭通、巧家厅等处，归昭通镇统辖。铁路巡防队共十三营，驻扎省城、弥勒、路南、宁州等处者五营，为铁路上段巡防队，派调滇差遣四川补用直隶州赵金鉴为统领；驻扎阿迷、蒙自、文山、安平、河口等处者八营，为铁路下段巡防队，为蒙自关道节制，综计五路，共四十七营，每路各为次序，均自第一营起，依次排列"。② 综计在滇越边界的南防，有 17 营，再加铁路下段巡防队 8 营，达 25 营之多，占全省 47 营的半数以上。在编练的新军初成时，又以 1 标驻临安。大军压境下，滇越边界的土司已无嚣张气焰，以致最大的纳楼土司也给地方官留下"明白事理"的良好印象。③

4. 大力改善通讯和交通

通讯和交通的改善使原来偏僻和闭塞的边地与内地的沟通大为流畅，也促进向边地移民和边疆经济发展。

当时的通讯以有线电报最为快捷。清政府从光绪十二年（1886）十一

① 《遵筹移镇布防绘图贴说折》光绪十一年九月二十二日，黄盛陆等标点《岑毓英奏稿》（下），广西人民出版社，1989 年，第 781~782 页。该方案于光绪十一年十一月"经部议准如所请，允之"。见朱寿朋编《光绪朝东华录》第 4 册，中华书局，1958，第 2035 页。
② 《改编滇省防营厘定章制以固边陲而肃戎政折》光绪三十三年十一月初十日，中国科学院历史研究所第三所工具书组整理《锡良遗稿奏稿》（第二册），中华书局，1959，第 730 页。
③ 谈者已巳居士（贺宗章）、次者未山道人（吉仙观）：《幻影谈》，方国瑜主编《云南史料丛刊》第 12 卷，云南大学出版社，2001，第 132~133 页。

月从蒙自开工布线，十二月二十六日开局通报，次年接通四川可渡河电线，此为"云南设置电报之起始也"，"截至清末为止，总计本省电线有东、西、南三路干线及各支线，其通外省者有滇川、滇黔、滇桂三线，通外国者有滇越、滇缅及通暹罗猛乌之三线"。① 邮政局也从光绪二十三年（1897）蒙自大清邮政总局开始，继思茅、腾越亦设邮政总局，邮务已逐渐涵盖全省。

交通方面，随着蒙自开关，商旅陡增，原来的水陆交通已经越来越难以承担繁重的运输任务，在财力物力、人力技术均不足开拓的情况下，清政府遂同意由法国修建滇越铁路。从1903年10月28日中法签订的《滇越铁路章程》看，清政府并非不清楚在不平等条约体系下滇越铁路的危害。章程明确规定，该铁路不准"运送西国兵丁，或西国兵丁所用军火粮饷，并不得装运中国例禁之物。万一中国与他国失和，遇有战事，该铁路不守局外之例，悉听中国调度"，以及"凡有运送中国各色兵丁，以及兵丁所用枪械、火药、粮饷，并中国赈抚各处偏灾之粮，均尽先运送，其运费均减半"。② 滇越铁路于1901年从越南海防开建，1903年抵达河口对岸的老街。章程签订后，滇段开工，1910年抵达昆明。随着滇越铁路的开建，云南掀起了自修铁路的热潮，筹议募股，欲修滇蜀铁路和滇缅铁路。光绪三十三年正月（1907年2月），锡良刚刚"特简调用"为云贵总督③，未及赴任，即奏称："滇省之根本，而为今日至要至切之图者，莫如练兵、铁路两端。"④ 其意仍旧在加强军事与改善交通。有了便利的交通，可以更有效地控制边疆。

随着开埠通商，通讯和交通改善，对滇边经济发展有极大的刺激作用，再加上政府鼓励实业，在交通沿线和迅速发展的矿山，不断涌来新的移民。这些移民大多数是来自内地的汉族或者汉化的少数民族。如河口至蛮耗的红河水道沿线，主要是能够耐热耐瘴的两广人，在滇越铁路筑路的数万工人和到个旧锡矿的数万工人，甚至有来自华东、华北的工人。其中有一批人靠经营矿山和贸易，成为富商大贾兼大地主。需要注意的是，这些富商

① 牛鸿斌等点校《新纂云南通志》（4），"卷五十七，交通考二"，云南人民出版社，2007，第34~35页。
② 牛鸿斌等点校《新纂云南通志》（4），"卷五十七，交通考二"，云南人民出版社，2007，第21页。
③ 《清德宗实录》（八），中华书局，1987，卷569，光绪三十三年正月，第535页。
④ 《滇省应办事宜大概情形折》（光绪三十三年二月二十八日），中国科学院历史研究所第三所工具书组整理《锡良遗稿奏稿》（下册），中华书局，1959，第661页。

大贾成为支持改土归流的主要力量。还有，他们为了对抗土匪的劫掠，建立了自己的私家武装和集体武装力量。如 1903 年，因红河水道运输常遭土匪劫掠，"蒙自商人遂筹集粮饷设蒙自保商水师营护航，保护蛮耗至河口间商船的安全，管带黄秉钧。全营有水兵 300 名，大小木船 60 余艘，其中炮船 10 余艘"。① 此类商贾的正式或非正式的武装力量，无疑使土司也有所忌惮。

三　滇边土司的应对

从上文可以看出，从中法战争以来，清政府的新政，对于日趋式微的滇东南土司，影响甚巨。那么，滇东南土司怎么应对？绝大多数的土司，从历史资料中看不出他们有什么主动的应对措施，只有一部分土司积极应对。他们的应对大致有两种情况值得注意。

第一种，土司联合反政府势力以图维护自己利益。

晚清时反政府的力量，主要是会党和革命党。

光绪二十七年（1901）三月，广南府富州改土归流，设置富州厅，土知府沈定坤虽然不得不辞位，但"抗不呈缴印信"。其族沈老七（沈定良）对将富州改土归流颇感不满，便招引当时正活跃于中越边境的三点会来助，先后攻破富州厅署所在地的剥隘、皈朝。直到 1903 年，官兵击败会党势力，擒杀沈老七等人，富州厅流官政权才得以稳定。②

在红河航线，三点会势力更盛，一度把控了红河的水运。他们以会众可以互相关照等行为方式，吸引人们入会，甚至强迫人们入会。时为文山县知县的贺宗章回忆说："自河口起，南溪、坝洒、新街、蛮耗、王布田以及三猛土司，千有余里，汉土团汛、官民、商贩，不入其会者，祸立至。"③ 勐拉土司刀氏，便是在这样的情况下加入了三点会。刀氏本辖有勐拉坝（今金平县勐拉乡）、铜厂（又叫八甲，因多矿而得名）、王布田（又称九甲，今金平县政府所在地金河镇）三地，包括今红河州金平县的主要区域，是红河南岸存留的江外十八土司中比较有势力的一家。因

① 蒙自县志编纂委员会编《蒙自县志》，中华书局，1995，第 295～296 页。
② 云南省富宁县地方志委员会编《富宁县志》，云南民族出版社，1997，第 11、534、540 页。
③ 谈者己巳居士（贺宗章）、次者未山道人（吉仙觐）：《幻影谈》，方国瑜主编《云南史料丛刊》第 12 卷，云南大学出版社，2001，第 95 页。

发生家族内部兄弟争袭的斗争，形成上房刀佩瑜治勐拉与下房刀佩仁治王布田的事实。① 分治后，两兄弟矛盾纠纷并没有终止，尤其是为争祖传宝贝芭蕉胆，更闹得沸沸扬扬。到刀佩瑜子刀治国袭职，和袭任王布田土司的刀佩仁儿子刀治刚，仍旧争斗不休，此时三点会趁机争取土司辖区的居民。云贵总督丁振铎奏报称："由河口至蛮耗沿河两岸，以及猛喇、王布田等寨，汉夷绅庶率为诱胁，拜台结盟，纷纷入会。"② 王布田土司刀治刚加入了三点会。1903 年，贺宗章奉令率军剿平蛮河三点会。刀氏投诚，被迫缴纳"投诚费七千余元"。刀治国所珍藏的两颗芭蕉胆和刀治刚（刀良臣）所藏的 1 颗芭蕉胆，亦被勒令交出，每颗价值上万元。③

光绪三十四年四月（1908 年 5 月），中国同盟会发动河口起义，起义的领导人之一关仁甫原本是蛮河三点会的四大头目之一④，他率军从河口挺进蛮耗，被清军击败而退到王布田。刀治刚接待并资助关仁甫的革命军。刀治国暗将此事密告临安府，在清朝官兵的追究情况下，刀治刚一家被迫躲到越南商洛、勐沐等地，刀治国趁机将上下房合一。直到辛亥革命胜利后，刀治刚经河口到昆明，向省府呈诉刀治国的罪行，民国政府缉拿刀治国扣押在省城。⑤

第二种，是在清政府镇压会党、游勇、民变和革命军中，土司率自己的土兵投效清军，成为清军将领。

按清制，各土司本有服从归属府厅调派的义务。在滇边连续多年有会党、游勇、民变发生的情况下，清政府一方面调兵遣将前往镇压，一方面令各地自办团练协防，并征调土司武装助"剿"。其中，临安府蒙自县属的纳更土司龙济光，经几年拼杀，成为名动两广的军方要员。

---

① 参见刀家胜等《勐拉土司和管辖区域纪实》，《红河州文史资料选辑》第 4 辑，第 147～149 页；刀寿东等《勐拉土司的兴起和衰亡纪实》，《金平县文史资料》第 1 辑，第 19 页。

② 署云贵总督丁振铎等奏派兵搜剿河口会党情形折，光绪二十九年六月十六日（宫中朱批奏折），中国第一历史档案馆、北京师范大学历史系编选《辛亥革命前十年间民变档案史料》（下册），中华书局，1985，第 665 页。

③ 谈者己巳居士（贺宗章）、次者未山道人（吉仙觋）：《幻影谈》，方国瑜主编《云南史料丛刊》第 12 卷，云南大学出版社，2001，第 135 页。注：贺宗章误将刀佩瑜记为刀佩仁之弟，实为兄长。

④ 谈者己巳居士（贺宗章）、次者未山道人（吉仙觋）：《幻影谈》，方国瑜主编《云南史料丛刊》第 12 卷，云南大学出版社，2001，第 95 页。

⑤ 参见刀家胜等《勐拉土司和管辖区域纪实》，《红河州文史资料选辑》第 4 辑，第 149～150 页；刀寿东等《勐拉土司的兴起和衰亡纪实》，《金平县文史资料》第 1 辑，第 28 页。

龙济光（1876～1925）本是犒吾卡土巡检龙汝霖的第三子，与次兄龙裕光同为嫡出，因长兄龙觐光为旁出，故犒吾卡土司职位是由龙裕光继承。光绪初年，受过良好教育的龙觐光机缘巧合，得以代办纳更土司，将司署从擢乐迁新城（今元阳县新城乡），他经营有方，颇著政声。此时，三兄弟中只有厌文习武的龙济光未能掌理政事，遂与龙裕光谋夺非同母的长兄龙觐光土司位。龙觐光识破两兄弟阴谋，不愿同室操戈，乃让出纳更土司职位给龙济光，自己外出参加科考求取功名，得以署理会理州知州。[①] 后龙觐光因母亲去世回籍丁忧，"力劝两弟放弃土职，一同外出施展抱负。两兄弟为兄长宽容大义所感，欣然从命"。[②] 龙济光于1900年率犒吾卡、纳更土兵300人到广西投军，完成了由土司到流官的转变。此后，他积极参与镇压会党、游勇、民变，特别是1907年年底，他奉令镇压了革命党发动的镇南关起义后，已成为清政府在桂滇两省边防重要的战将，被提升为广西提督，他的军队也成为著名的"济军"。之后，他通过镇压革命党人发动的河口起义（1908年5月）、黄花岗起义等，成为广东新军第二十五镇统制官（相当于师长），赏陆军副都统衔。而他的兄长犒吾卡土司龙裕光留云南，先随贺宗章清剿蛮河会党立功，到镇压革命党河口起义时，龙裕光先被授命指挥济军四营参加围攻，继因云贵总督锡良认为"现大兵进攻河口，尤虑力攻之下，横逸远遁，能联络土司，熟察地利，以制匪死命者，实非龙裕光莫属"。[③] 济军四营交龙觐光督带，龙裕光专门负责联络江外土司，搜剿窜往土司地方的革命党，事后也被锡良倚为边防股肱。值得注意的是，龙济光从云南到广西再到广东，其军队的核心仍旧是从江外各土司辖区的土兵，以及委托临安、蒙自富豪募集的本土士兵。而且，犒吾卡土司和纳更土司职位仍旧由龙裕光的长子龙毓乾袭任。

四 简短的结论

晚清滇东南新政，是清政府为巩固边疆而进行的改革，举凡勘分边界、

---

① 参见龙顺乾、龙占乾《纳更土司历史概况》，《红河州文史资料选辑》第4辑，第94～97页。
② 云南省地方志编纂委员会总纂《云南省志》卷八十《人物志》，云南人民出版社，2002，第31页。
③ 光绪三十四年四月二十三日云贵总督锡良致军机处请代奏电《云南河口起义清方档案》，近代史学会编《辛亥革命资料丛刊》第3册，上海人民出版社，1957，第306页。

行政调整、国防军事的部署、交通建设和实业发展等，都对中越边疆的稳定有重要作用。由于划定有明确的界线，又有强有力的行政力量（临安开广道）和军事力量，南防已基本不再依赖土司，且对土司形成强有力的震慑。滇东南土司辖区，正快速内地化。土司们的统治早受诟病，面对中央政府的施策，大多数只能被动接受，听任自己权利日益削弱。但也有不甘于权利削弱而抗争者，如广南府富州土司家族联合会党，王布田土司刀治刚也因会党关系一度同情革命，但都受到清政府的镇压。相比之下，率领土兵投效清政府的龙济光，在中越边境的混乱时局中，帮助政府镇压反抗势力，镇压革命，成为滇东南土司中最显要的人物。如果我们暂时抛开革命史观，而从国家稳定来考量清政府在滇东南的新政，不能不说还是相当成功的。

凤全"筹边新政"与晚清川边统治

李德英　张　杨[*]

随着英俄加紧对西藏的争夺，清政府深感西藏危机并有可能祸及川滇，影响内地，因此位于川藏间的川边地区[①]成为清政府加强统治的关键之地。光绪三十年（1904），清政府移驻藏帮办大臣于察木多，着即统筹川滇藏边务。同年，因桂霖目疾，清政府赏四川候补道凤全副都统衔，任命其为驻藏帮办大臣前往察木多。凤全于光绪三十年八月八日离开成都，十一月十八日抵达巴塘，途中见到川边坐坝丛生、喇嘛苛政、瞻对藏官猖狂等情形，遂不顾清廷禁令，决意留驻巴塘，开启了筹办屯垦、限制喇嘛教、收回瞻对为主的"新政"。但遭到了丁林寺喇嘛和番民的反对，巴塘民众在丁林寺喇嘛的撺掇下，烧垦场、毁教堂、杀教民，并于光绪三十一年三月初一将驻藏帮办大臣凤全杀死在巴塘至打箭炉的途中。[②] 丁林寺喇嘛和巴塘番民戕

---

[*] 李德英，四川大学历史文化学院教授，博导；张杨，四川大学历史文化学院博士研究生。

[①] 本文所讲的"川边"不是民国和现代意义上的康区，而是清末意义上的康区，即清末尚秉和所著《西康·西藏附》所言之康区："其实康地东自打箭炉起，西讫丹达山止，三千余里。南与云南之维西、中甸两厅接壤，北逾俄洛色达野番，与甘肃、西宁接壤，更四千余里。"（中国藏学出版社，1995 年影印本，第 1 页）。

[②] 关于凤全被戕之地，历来有两种说法，一是巴塘粮员吴锡珍所禀的巴塘城外二十里的鹦哥嘴，这一说法得到了付嵩炑（《西康建省记》）和四川提督马维骐的赞同；另一地点则是川督锡良和成都将军绰布哈所禀的巴塘城外二里的红亭子，这一说法得到了打箭炉同知刘廷恕（《不平鸣》）和英国驻成都代理总领事高凡的支持；查骞在《凤都统全被戕始末》中则中和这两种说法，在叙述凤全死亡之处时用了"鹦哥嘴红亭地"的说法；时任驻藏办事大臣的有泰则接到消息称凤全死于巴塘城外三里的热水塘，这一说法得到了自巴塘返回阿墩子的商人向镇北营管带杨建勋所做报告的印证。本文认为，红亭子和热水塘乃巴塘至鹦哥嘴途中必经之地，凤全离开巴塘之时，番民即尾随其后，于红亭子处拦截凤全之肩舆，因凤全一行五十余人，自是一边前行一边抵抗，至鹦哥嘴则凤全被杀。

（转下页注）

大臣、诛传教士、杀教民的行径引起了清廷的震怒，清廷派赵尔丰经营川滇边务，开启了川滇边地改土归流的序幕。乙巳巴塘事变作为晚清川边治理的重大事件，成为清政府决心改变川边统治模式的转折点。①

一 川边的独特区位及晚清的形势

本文所言之川边乃清朝之康区，康位于川藏之间，社会文化深受川藏影响。石硕指出："康区藏族具有文化西向性与经济东向性相统一的特点。康区藏族在文化上与西藏是一个有机整体。尤其在藏传佛教文化方面二者的联系极为紧密。"② 川藏之间的康区在长时间的历史发展过程中所形成的这种特点使人们对其多有误解。

晚清尚秉和曾指出："西康，古康藏卫三区之一，国人不讲舆图，知有藏不知有康，一出打箭炉，即云进藏，国家于藏设办事大臣，于康则否。"③光绪三十二年张其勤随驻藏大臣联豫入藏，看到的情形也大略如此："宁静山以东之寺院，本不归达赖喇嘛所管辖，如有事，川吏诘问，则曰我归达赖喇嘛，达赖喇嘛诘问，则曰我归川省，两相蒙混以致百弊丛生，无恶不作，几同法外之人。"④ 可见，川边藏区位于川省和西藏的边缘，两省的行政力量并不能完全控制此地。

（接上页注②）因此，三个地点都发生了凤全及其卫队与番民的战斗，而凤全被戕应是在鹦哥嘴。因为张其勤在《炉藏道里最新考》中称："红亭子较为宽坦。"（中国藏学出版社，1995 年影印本，第 6 页）而鹦哥嘴则"有巨石横踞道旁，尖蠹于外，故以为名。径极陡窄，虽设有危栏，而步行甚险，两峰山势雄奇，劈斧乱柴，各成其妙。又有古柏万株，群木森列，浓阴积翠，蔽日干霄，曲折迂回，如行深巷"。（林儁：《西藏归程记》，吴丰培辑《川藏游踪汇编》，四川民族出版社，1985，第 104~105 页）由此可见，鹦哥嘴比红亭子地势更为险峻，凤全所乘肩舆至此必定行动减缓，被巴塘民众赶上戕杀。

① 既往学界对 1905 年巴塘事变的研究很多，与本文相关的研究有：张秋雯的《清末巴塘变乱之探讨》（《中研院近代史研究所集刊》第十期，第 227~244）；任新建的《凤全与巴塘事变》（《中国藏学》2009 年第 2 期，第 3~10 页）；尚吉的《巴塘之变探析》（四川大学硕士学位论文，2008，藏于四川大学图书馆）等。既有研究多分析该事变的原因和后果，而本文从长时段的角度着眼，将该事变中凤全提出的筹边新政放在晚清乃至终清一朝治理川边政策的历史脉络中，以考察凤全的筹边新政如何将清廷在川边的政策由隐性发展为显性，由柔性发展为刚性。

② 石硕：《试论康区藏族的形成及其特点》，载于《西南民族学院学报》（哲学社会科学版）1993 年第 2 期，第 27~28 页。

③ 尚秉和：《西康·西藏附》，中国藏学出版社，1995 年影印本，第 1 页。

④ 张其勤：《炉藏道里最新考》，中国藏学出版社，1995 年影印本，第 4 页。

纵观清廷于此地所设行政机构，可知清廷对此统治之薄弱。钟方所著《驻藏须知》记载：由打箭炉至后藏共设粮台七处，"自打箭炉底塘起至前藏底塘止，共安设台站八十四塘汛，汛池十五处，要紧汛池十三处"。[①] 非但如此，川边之武备也相当薄弱。乾隆十四年十二月，四川总督策楞奏："西藏原驻兵五百名，自炉至藏复层次设立站台，虽以数而论，兵止五百，然数年来安静无事，未始不赖乎此。"[②] 乾隆五十七年，福康安奏："打箭炉以外各台站共设游击一员、守备三员、千总二员、外委九员，兵八百三十二名。"[③] 自打箭炉至西藏所设站台共有兵五百名，打箭炉外"四百六十万里"只此八百三十二名。武备如此，文官亦如是，乾隆十六年四月丙申，四川总督策楞奏："西藏粮务台员驻扎番地，三年一次更换。自打箭炉至西藏，共计六处。惟打箭炉与西藏粮务，例系遴委同知、通判，其余里塘、巴塘、察木多、拉里四处，俱系于县丞、州同等杂职内委派。此辈出身微末，识见卑鄙，殊与公务无益。"[④]

虽统治力量薄弱，但川边在整个清朝一直承担着入藏要道的职能，吴丰培指出："考昔年入藏之途，厥分为五：一曰四川，一曰西宁，一曰云南，一曰新疆，一曰国外印度。清代官吏，习以川康大道为进藏要途，故记自川者为多。"[⑤] 自明清以来，为了阻断西藏同蒙古的联络，清朝越来越重视川藏路的建设，终清一朝，由川入藏一直是入藏的主要通道之一。然如此重要的地区，却没有有效地统治，在晚清西藏危机的情形下，这种矛盾越发凸显出来。

随着第二次工业革命在主要资本主义国家的发展，各帝国主义为重新瓜分世界剑拔弩张，在此情况下，英俄加紧对西藏的争夺。英国利用贸易（如茶）进而武力征服西藏，而俄国利用宗教拉拢西藏。宗教压倒世俗的西藏越来越依靠俄国制约英国，并对历次清政府向英妥协感到不满。西藏离心力越来越强，并有可能导致整个川边藏区分裂，祸及内地，这种状况引

---

① 钟方：《驻藏须知》，中国藏学出版社，1995 年影印本，第 74 页。

② 《清高宗实录》，卷三五六，转引自张羽新编著《清朝治藏典章研究》（下），中国藏学出版社，2002，第 1068 页。

③ 《钦定廓尔喀纪略》，卷四七，转引自张羽新编著《清朝治藏典章研究》（下），中国藏学出版社，2002，第 1075 页。

④ 《清高宗实录》，卷三八七，转引自张羽新编著《清朝治藏典章研究》（下），中国藏学出版社，2002，第 1070 页。

⑤ 吴丰培辑《川藏游踪汇编》，四川民族出版社，1985，第 2 页。

起了清政府的警惕，有识之士大力呼吁固川保藏。

较早提出保川固藏的是川督鹿传霖，光绪二十二年至二十三年（1896～1897），清政府内部掀起了一场"保川""保藏""经营川边""固川图藏""固川安藏"的议潮。① 鹿传霖指出："窃查西藏地方与四川唇齿相依，关系甚重。自英人窥视藏地，早存吞并蚕食之心，势已岌岌可危。……应设法补救。"② 自鹿传霖之后，固川保藏便成为川督的重要任务，锡良认为："伏念保藏固川，此疆臣欲求其策而不可得者也。"③ 1904 年，英国入侵西藏，更使国人认为西藏情形可虑，清末单毓年在讨论西藏防务时指出："西藏为滇蜀之外藩，欲固滇蜀则必固西藏，此理至明不能易也。……西藏者，内固滇蜀之形势，外杜英俄之狡谋，此二者缺一而不可也。"④ 国人多认为西藏僧多民少，不能自守，加之川省历来是清廷遥控西藏前沿，在这种舆论的风气下，清政府越来越觉得固川保藏之重要。光绪三十年八月庚午，上谕军机大臣等奏："西藏为我朝二百余年藩属，该处地大物博，久为外人垂涎。近日英兵入藏，迫胁番众立约，情形叵测。亟应思患预防，补救筹维，端在开垦实边，练兵讲武，期挽利权而资抵御，方足自顾藩篱。"⑤ 正是在这种情况下，凤全被任命为驻藏帮办大臣前往察木多，居中策应，筹备川滇边务。

二　凤全"筹边新政"及其历史内涵

凤全字弗堂，满洲镶黄旗人，荆州驻防。同治十二年以举人入赀为知县，铨四川。历署开县知县、成都知县、绵竹知县、浦江知县、崇庆州知州、万县知县、邛州直隶州知州、资州知州、泸州直隶州知州、嘉定府知府、成绵龙茂道道员，游宦蜀境二十余年。⑥ 光绪三十年四月，驻藏大臣桂

---

① 具体内容参见徐君《清季对川边的认识与决策——兼论瞻对问题的由来》，载于《康定民族师范高等专科学校学报》，1999 年第 1 期，第 16～27 页。作者指出，虽然在具体的对策上分歧很大，但是"保川""保藏"的观念却得到了一致的意见。

② 鹿传霖：《密陈西藏情形可虑疏》，《鹿传霖藏事奏牍》，吴丰培：《清代藏事奏牍》，中国藏学出版社，1994，第 974 页。

③ 锡良：《议覆川边屯垦商矿各情形折》，《锡良遗稿》第一册，中华书局，1959，第 365 页。

④ 单毓年：《西藏小识》，中国藏学出版社，1995 年影印本，第 4 页。

⑤ 《清实录藏族史料》第九册，西藏人民出版社，1982，第 4639 页。

⑥ 赵尔巽等：《清史稿·列传二百四十·凤全传》，中华书局，1977，第 12600～12601 页。

霖以目疾解职，清廷"赏四川候补道凤全副都统衔，为驻藏帮办大臣"，前往察木多。① 凤全接到任命后，即与川督锡良商议筹边各事，八月八日离开成都赶赴打箭炉，八月二十六日抵炉，与打箭炉同知刘廷恕商讨边事。光绪三十年八月庚午，清廷谕凤全："所有西藏各边，东南至四川、云南界一带，着凤全认真经理；北至青海一带，着延祉认真经理。各将所属蒙番设法安抚，并将有利可兴之地，切实查勘，举办屯垦畜牧，寓兵于农，勤加训练；酌量招工开矿，以裕饷源。"②

凤全于十月二十二日轻骑简从出关，十一月十八日行抵巴塘。在这近一个月的时间里，凤全随处查勘，看到川边"冰霜荆棘，满目荒寒……巴塘其候稍加和煦，近台数十里，土尚膏腴，前经督臣锡良饬派该台粮员试用知县吴锡珍、驻防都司漳腊营参将吴以忠试办开垦。一年以来，计开成熟地三百余亩"。且"里塘盗风未戢，亟应设法整顿。饬收三瞻内属，事机亦刻不容缓。查巴塘距瞻六百里，旬日可达，察台距瞻一千数百里，遇有因应机宜，动多窒碍"。"并试办泰宁金矿，在在均关紧要，尤亦驻炉筹办，呼应使得灵通"。因此奏请："应请以后留驻巴塘半年，暂住炉厅半年，庶事事应手，免滋贻误。"③ 清廷驳回了凤全所请，令其仍赴察木多。然凤全不顾清廷政令，留驻巴塘，直到光绪三十一年被戕。

凤全在留驻巴塘这三个多月的时间里，提出了"屯垦""限制喇嘛教""收回瞻对"三项筹边新政，后人研究多认为正是这三项政策激怒了巴塘土司和民众，侵犯了丁林寺喇嘛的利益，更使瞻对番官内心恐惧，因此他们联合戕杀了凤全。但是这三项政策并非凤全开创，每项措施都有一定的历史依据，通过考察这些依据，可以发现晚清乃至终清一朝，清廷尝试有效控制川边的隐性政策如何由凤全发展为显性政策，柔性政策如何转向刚性政策。

---

① 清朝驻藏办事大臣和驻藏帮办大臣都驻拉萨，每年分别巡视前后藏。有泰于光绪二十九年由川赴藏的过程中，向清廷上奏：当今之急务，在于将驻藏帮办大臣移驻察木多，"居中策应，筹防练兵，庶几外可以慑番服，内可以靖蜀疆"。（《奏陈川藏交界地方情形折》，《有泰奏牍》卷1，第9页。）"光绪三十年二月，清廷会奏：妥筹藏务，请将帮办大臣移驻察木多，居中策应。"（《清实录·德宗实录》卷527，第18页）

② 《清实录·德宗实录》卷543，第11页。

③ 凤全：《堪办屯垦并请变通移驻折》，《凤全驻藏奏稿》，吴丰培辑《清代藏事奏牍》，中国藏学出版社，1994，第1274~1275页。

1. 屯垦

川边屯垦是清廷委以凤全的重任。在清廷给凤全的上谕中明确指出:"各将所属蒙番设法安抚,并将有利可兴之地,切实查勘,举办屯垦畜牧,寓兵于农,勤加训练。"① 凤全到巴后看到"巴塘气候稍为和煦,近台数十里,土尚膏腴"且"前经督臣锡良饬派该台粮员试用知县吴锡珍、驻防都司漳腊营参将吴以忠试办开垦。一年以来,计开成熟地三百余亩"并"原禀查勘可开荒地甚多,奴才连日逐处履勘,沙石参半,其实可耕而易成者,不过五六千亩"。② 因为巴塘土地肥沃、气候温和;已试行屯垦且取得一定成效;虽沙石参半却仍有大量可垦之地这三方面原因,凤全决定"当即加派差遣委员,四川已革候补知县秦宗藩,在藏有年,情形熟悉,贵州试用巡检陈式钰,留心农学,办事认真,饬令该二员拨勇加工,会同核实开办。一年间,约可成田一千余亩,逐年扩充,成效当不止此数"。③ 可以说,凤全对屯垦有着良好的愿望和充足的信心,在其奏疏中称:"将来以岁入之租,养防边之勇,一劳永逸,计孰便于此者。"④

川边屯垦并非凤全到巴后一时性起,而是自晚清边疆危机以来清政府筹备边务和扩充利源的重要举措,也是清廷给予川省的重任。鹿传霖督川之时,清廷就曾下谕旨:"里塘、巴塘一带为四川入藏门户,该给事中请于该处设立汉官,假以事权,招徕川省商民前往垦荒,并采办矿产各节,系为预杜窥伺起见。著鹿传霖确查里塘、巴塘一带情形,如能招徕商民,垦荒开矿,洵于时局有益。"⑤ 但鹿传霖认为巴里二塘本属土司所辖,土司非十分苛虐、土民怨愤,不宜无故更张。关外惟巴塘地气较暖似可开垦,但番民以山为宝山,不许开采,此事就此作罢。

光绪二十九年七月丁酉,有人奏:"川藏危急,请简员督办川边,因垦

① 《清实录·德宗实录》卷543,第11页。
② 凤全:《堪办屯垦并请变通移驻折》,《凤全驻藏奏稿》,吴丰培辑《清代藏事奏牍》,中国藏学出版社,1994,第1274~1275页。
③ 凤全:《堪办屯垦并请变通移驻折》,《凤全驻藏奏稿》,吴丰培辑《清代藏事奏牍》,中国藏学出版社,1994,第1275页。
④ 凤全:《堪办屯垦并请变通移驻折》,《凤全驻藏奏稿》,吴丰培辑《清代藏事奏牍》,中国藏学出版社,1994,第1275页。
⑤ 鹿传霖:《会筹保川图藏并议复吴光奎疏》,《鹿传霖藏事奏牍》,吴丰培辑《清代藏事奏牍》,中国藏学出版社,1994,第992页。

为屯，因商开矿。"① 川省有关机构联合考察川边形势，认为打箭炉外自然条件恶劣、土司番民愚钝，屯垦多有限制。虽有诸多不便，但清廷政策已定，川省也不得不为，四川布政使、商务总局、通省盐茶道、按察使司、成绵龙茂道、洋务总局、矿务总局于光绪二十九年九月二十八日联名回奏称："窃维因垦为屯，因商开矿，原属筹边至计，尤为今日要图。"② "惟川边崇峦峻岭，处处皆山。自打箭炉而外，以至里塘，地寒雪草，遇有陆地，只产青稞，更无水田可种稻谷。其人皆土司所管，性情固执，其业以游牧为生，牛马众多者，即为富家。未垦之地，即其畜牧之所，并非弃地，又比贵州、云南、陕西为远，募民往垦较难。……查巴塘气候比炉边里塘一带为温和，地势亦较平衍，似宜于巴塘一处先将垦事筹维举办，商矿各务兼可次第讲究"。③ 锡良也于光绪二十九年十月二十九日上奏："窃查徼外地非不广，而树艺不生，草木不长者恒多。间有可耕，仅产稞麦，非番属之甘于荒弃也。冰雪弥望，风沙蔽天，盛夏犹寒，弗利稼穑。故蜀民最勤于农事，宁远适秦、黔，而不来垦辟，知其犹石田而无所获也。今招募之，亦必不至。……未经开凿之处，土司等惑于风水，一味神禁不可犯，祖训不可违，往往性命争之，其愚未易导诱也。" "原奏巴塘土性沃衍，宜于垦种，访之洵非虚言。盖气候较温，又与冈峦而硗确者不侔"。④ 可见，川边屯垦有诸多不宜，一乃自然条件恶劣；二乃屯垦有与牧民争利之嫌；三乃于番民风俗有碍；四乃垦民不易招募。而巴塘仅因自然条件较好成为屯垦的首选地和试验田。

光绪二十九年，川督锡良派吴锡珍为粮员，吴以忠为都司前往巴塘试行屯垦。此二人到巴塘后，与巴塘三曲宗⑤商议屯垦诸事宜，得到了正副土司的支持，惟丁林寺喇嘛不赞同于其所管之地屯垦。吴锡珍、吴以忠认为："该三曲宗正副土司既遵开办，有其二不患其一，尽可次第

---

① 《清实录·德宗实录》卷519，第855页。
② 四川省民族研究所：《清末川滇边务档案史料》，中华书局，1989，第1页。然关外屯垦有诸多自然和人为的限制，因此川督锡良认为："大抵藏之急务，固非屯垦商矿所能解其迫。"（《锡良遗稿》第一册，中华书局，1959年，第365页）
③ 四川省民族研究所：《清末川滇边务档案史料》，中华书局，1989，第1~2页。
④ 锡良：《议覆川边屯垦商矿各情形折》，《锡良遗稿》第一册，中华书局，1959，第365页。
⑤ 曲是藏语音译词，意为佛法，在此指丁林寺；宗，也是藏语音译词，意思是营寨，是营官驻扎之处，这里指巴塘的正副土司。因为巴塘全境由正副土司以及丁林寺喇嘛所瓜分，因此称之为"三曲宗"。

办理。"① 同时，考虑到喇嘛可能于屯垦事务诸多掣肘，吴锡珍向锡良禀呈的开办垦务办法中颇为重要的一条即是"开垦一事，尽可由我作主，喇嘛不得过问"。② 至凤全到巴塘，吴锡珍和吴以忠已在巴塘开垦了约三百亩土地。

晚清西藏危急进而可能威胁川滇的情况下，作为制衡和遥控西藏的川边地区成为清廷关注的焦点，清廷决意在川边屯垦开矿，以求加强控制，扩充利源。因此于光绪二十九年即下令川省经营川边，屯垦是经营川边的重要内容之一。因自然和社会的诸多因素不利于屯垦，而巴塘相比之下自然条件稍好，遂成为屯垦首选之地，并立即着手开垦。凤全到巴遍处查勘，发现可耕之地五六千亩，因此即扩大垦务，计划一年内开辟新地一千亩。凤全到巴后所实行的屯垦政策大多是对吴锡珍和吴以忠的继承和发展，并无自创之处，且这种继承和发展是建立在晚清时期清廷控制川边的宏大愿景之上的。

2. 限制喇嘛教

喇嘛教即藏传佛教，川边藏民信仰喇嘛教已有近千年的历史。喇嘛教对政治的热情远高于汉地佛教，信仰喇嘛教的地区也多实行政教合一的政体，这一传统至晚清依然如此。据刘赞廷《民国巴安县图志》记载："本县风俗在未设治以前，与西藏大略相同。……其信仰崇拜浮图，生子半为喇嘛，有病不药，祈祝于师。"③ 巴塘在改土归流前信仰、风俗与西藏大致一样，而喇嘛寺势力强大，盘剥番民、纵容夹坝、要挟土司等情况是清廷经营川边的一大障碍。晚清因西藏危急，川边战略地位上升，喇嘛教的种种"弊端"也日益为"有识之士"所诟病。

早在鹿传霖督川时，已注意到喇嘛寺盘剥番民之事："又素崇信佛教，喇嘛寺院林立，虽均不安本分，而土民甘受其盘剥，亦不敢怨，根深蒂固，

---

① 吴锡珍、吴以忠：《巴塘土司投具垦务切结事》，西藏自治区社会科学院、四川省社会科学院合编《近代康藏重大事件史料选编》第一编（上），西藏古籍出版社，2001，第 183 ~ 184 页。

② 吴锡珍：《巴塘粮员吴锡珍禀呈锡良开办垦务办法》，四川省民族研究所编《清末川滇边务档案史料》，中华书局，1989，第 9 页。

③ 刘赞廷：《民国巴安县图志》，《中国地方志集成·四川府县志辑》第 67 卷，巴蜀书社、江苏古籍出版社、上海书店，1992 年影印本，第 82 页。

既不能革除，又不易化导。"① 清末单毓年在《论西藏不能自守之故》一文论及西藏边防薄弱时指出："故推其致弱之原，皆谓藏人尊信黄教所致……藏之所以日即于衰者，是有其近因，约略而言，可举数事，盖藏地本为宗教之政治，而达赖喇嘛纵恣尤甚，藏民之财例应以之布施，死则必尽供其财于达赖喇嘛，于是梵宇庄严，而民穷财竭矣。而达赖更恃其资财以行其跋扈，往者，尝布律例四十条以虐其民，其中至有平民犯法，即趋入野人界内，而听其残杀之。"② 尚秉和亦指出："至各地番民之治理，任土司及呼图克图并堪布横征暴敛，惨无人理。"③ 驻藏大臣有泰于光绪二十九年由川入藏，一路上看到："惟有各寺院之喇嘛，愈出愈多，堪布之权，甲于官长，稍不遂意，聚众横行；托庇居民，肆其鱼肉；邻里借贷，间出其中，该喇嘛则重利以剥之，多方以胁之，如约不偿，则查抄备抵；甚至纵使无赖番僧，沿途抢掠，控其追究，反索规礼。"④ 可知晚清川边喇嘛寺对番民诸多"苛政"。同时，喇嘛所占番民人数比例之大亦引起时人注意，王哲卿指出："西康番人以佛教为文学，学佛教者亦称喇嘛。各处建寺院，多至数千人，少亦数百数十，专讲佛经，不婚娶，好慈悲，信诅盟，重鬼神。凡人有五子者，则以三子为喇嘛，有二子者，则以一子为喇嘛，甚至仅有一子者而亦学佛者。"⑤ 赵尔丰在川边也看到："查各处丁口册籍，农民十分之三，喇嘛十分之二，妇女十分之五。"⑥ 综上，川边喇嘛寺势力强大，苛虐百姓，且与土司争权构衅⑦，已成愈演愈烈之势，喇嘛教势力的强大无疑形成了与清廷争权的局面，成为清廷在川边施行新政的重要障碍。

凤全于光绪三十年十月二十二日由打箭炉出发，十一月十八日行抵巴塘，在行进过程中，多方查勘，发现喇嘛寺势力成为经营川边的第一大障碍。十二月二十一日，凤全上奏称："里塘土司积弱，日以朘削番民为事，十室九空。僧多民少，大寺喇嘛多者四五千人，借以压制土司，刻削番民，

① 鹿传霖：《会筹保川图藏并议复吴光奎疏》，《鹿传霖藏事奏牍》，吴丰培辑《清代藏事奏牍》，中国藏学出版社，1994，第993页。
② 单毓年：《西藏小识》，中国藏学出版社，1995年影印本，第16~18页。
③ 尚秉和：《西康·西藏附》，中国藏学出版社，1995年影印本，第1~2页。
④ 《驻藏大臣有泰奏陈川藏交界地方情形折》，四川省民族研究所编《清末川滇边务档案史料》，中华书局，1989，第8页。
⑤ 王哲卿：《西藏野史·史料辑录》，中国藏学出版社，1995年影印本，第67页。
⑥ 付嵩休：《西康建省记》，中国藏学出版社，1995年影印本，第36页。
⑦ 1903年，里塘大寺堪布品初郎结与里塘土司四郎占兑争利构衅，尽撤里塘境内各台站，驱逐汉民，打箭炉同知刘廷恕带兵平叛，将堪布正法。

积习多年。驻防营汛单薄,文武相顾,莫敢谁何。抢劫频仍,半以喇嘛为逋逃薮,致往来商旅,竟向喇嘛寺纳贿保险,即弋获夹坝,辄复受贿纵逸。"① 凤全到巴塘后,法国传教士司铎蒲德元被里塘夹坝所劫,凤全严饬里塘文武及土司缉拿案犯,查出丁林寺喇嘛是幕后黑手,丁林寺喇嘛对凤全插手此事十分恼怒,并对凤全的川边新政采取不配合的态度和举措。此事更使凤全认为川边喇嘛寺大多乃藏污纳垢之所,是整顿川边的最大障碍,遂下定决心在川边限制喇嘛教的发展。

光绪三十年十二月二十一日,凤全向清廷上奏了限制喇嘛教一折:"惟是尽绝根株,非使喇嘛寺有所限制不可。即此不图,相率效尤,恐以后办事亦多掣肘。拟申明旧制:凡土司地方,大寺喇嘛不得逾三百名;以二十年为期,暂停剃度。嗣后限以批单定额,不准私度一僧。其年在十三岁以内喇嘛,饬家属领回还俗。奴才一面严饬土司、堪布,将大寺喇嘛令其各归部落,另建小寺散住梵修,以分其势。请一并饬下理藩院核议施行。如此办法,二十年后,喇嘛日少,百姓日增,何至比户流离,缁徒坐食,有土有人之效,可立睹也。"② 这是凤全限制喇嘛教的对策,最终的目的是减少喇嘛人数,增加百姓人数,分割大寺势力,使喇嘛安静梵修。

凤全提出"申明旧制",这个"旧制"即雍正二年年羹尧奏请对喇嘛寺的限制。雍正初年,青海罗卜藏丹津叛乱,抚远大将军年羹尧率兵平叛,青海的喇嘛寺帮助罗卜藏丹津对抗清兵,叛乱平定后,年羹尧条奏青海善后事宜十条,其中涉及限制喇嘛教的政策:"喇嘛庙宇,宜定例稽查也。查西宁各庙喇嘛,多者二三千,少者五六百,遂成藏污纳垢之地。番民纳喇嘛租税,与纳税无异,而喇嘛复以藏盔甲器械,前罗卜藏丹津侵犯时,喇嘛等带领番民与大兵抗衡,今臣于塔尔寺喇嘛内之老成者,拣选三百名,给与大将军印信执照,谕令学习清规,请嗣后定例,寺庙之房,不得过二百间,喇嘛多者三百人,少者十数人,仍每年稽查二次,令首领喇嘛出具甘结存档。"③ 清廷虽然批准了年羹尧所奏,但是限制喇嘛寺的禁令却并没有真正实行,各地喇嘛寺的势力仍然很大,年羹尧没有提出限制喇嘛寺的

---

① 凤全:《请限制喇嘛寺人数片》,《凤全藏事奏稿》,吴丰培辑《清代藏事奏牍》,中国藏学出版社,1994,第 1275~1276 页。
② 凤全:《请限制喇嘛寺人数片》,《凤全藏事奏稿》,吴丰培辑《清代藏事奏牍》,中国藏学出版社,1994,第 1275~1276 页。
③ 《清实录·世宗实录》卷 20,第 333 页。

具体办法是重要原因之一。而凤全继承了年羹尧的思路，不但追求的目标与年羹尧一致，而且前进了一步，提出了具体的实施办法，如二十年内不得剃度；十三岁以下还俗；撤大寺建小寺等。凤全在限制喇嘛教上颇有破釜沉舟的气概，这种强硬的态度自然遭到了以丁林寺喇嘛为首的川边喇嘛寺的反对。

清朝建立之初，采取了承认并支持喇嘛教的政策，对此，美国学者罗友枝曾经指出："对藏传佛教的支持和弘扬，使得清朝统治者得以在内亚人民的积极响应下把一种统治模式推行到内亚。"① 喇嘛教也将清朝统治者纳入自己的神圣体系中，为满族统治蒙古、西藏等广大内亚地区提供宗教支持，喇嘛教也因清廷的支持而扩大了自己的势力范围，二者所达成的协议是一种互惠的关系。

但清朝统治者从来都没有放纵喇嘛教的发展，清建立政权后，一直尝试牢牢控制喇嘛教。如提升班禅的地位以与达赖分庭抗礼；建立了多个活佛转世系统，且活佛的选择几乎都是贫寒出身；驻藏大臣以金瓶掣签制度控制最高等大活佛转世等。而对于喇嘛寺和喇嘛，清朝自建立之初即加强管理。如"顺治十四年题准，喇嘛徒众除院册有名外，不准增设"，"康熙元年题准，外藩蒙古、八旗游牧察哈尔蒙古等，欲送家人为番僧徒弟，及留住外来之格隆、班第，皆令开具姓名，送院注册，违者坐以隐丁之罪"。② 光绪时期"台吉不领度牒私自出家者，勒令还俗，失察之盟长、扎萨克论罚"，等等。可见，清朝自建立之初，除了利用喇嘛教为其统治服务外，还采取措施限制、控制其发展。这作为清朝对喇嘛教的一条隐性政策，直到晚清西藏危急，清廷需要加强对川边和西藏的控制，而喇嘛教又是经营川边和西藏的一大障碍之时，再次由凤全提出，浮出水面。

3. 收回瞻对

道光咸丰年间，藏民工布朗结叛乱，占炉霍、袭甘孜、攻里塘，其势席卷整个川边。清军平叛，伤亡巨大。遂于同治二年三月令驻藏大臣和川督调集各路军马实行川藏会剿，藏兵先捷，攻克瞻对，据有其地。据鹿传

---

① 〔美〕罗友枝：《清代宫廷社会史》，周卫平译，中国人民大学出版社，2009，第283页。
② 《钦定大清会典事例》，卷九九三，转引自张羽新编著《清朝治藏典章研究》（中），中国藏学出版社，第723页。此外，《钦定大清会典事例》中仍有很多对喇嘛和喇嘛寺的各种限制，如：服色、廪给、封号、人数、车帏、度牒等。

霖称，西藏方面"藉口耗费兵饷三十万，索偿如数，始允交回土地。维时川中蓝逆等匪势正披猖，帑项亦极支绌，史致康遂请以其地赏归西藏。前督臣骆秉璋据禀奏请，朝廷因年藏番有破贼之功，且其时视川藏原属一体，遂降旨将上中下瞻对赏给达赖喇嘛，派番官管理"。①

自从瞻对归藏管理，藏官欺压当地番民，横征暴敛，苛政频出。川督鹿传霖指出："自番官管理以来，虐政横征，瞻民不堪其毒，数年必一内讧。"② 凤全也曾指出："讵商上即以统兵番员坐镇其地，谓之总管，勒加重赋，刻剥番民。至光绪十六年，番官青饶策批纵子苛虐，肆为无道，民不聊生，因而叛藏归川，诉呈百余件之多。"③ 可见，藏官在瞻对为了补偿军费，横征暴敛，瞻民屡次反抗，以求内属四川，"救瞻民于水火"是促使凤全筹议收瞻的原因之一。

瞻对藏官非但欺压百姓，而且侵扰川边各土司。鹿传霖奏称："惟今年瞻对番官日肆横暴，侵凌各土司地界，而土司等遇有争袭寻衅之事，往往附事滋闹。"④ 鹿传霖督川之时，朱窝、章谷争斗，朱窝土司投靠瞻对藏官，瞻对藏官纠集众土司和藏兵赴章谷，勒令章谷投诚，且不遵川省委员开导，先开兵衅。以致鹿传霖奏称："数年以来，巴、里塘及霍尔、瓦述等十余土司，皆以川省威令不行，相率依附瞻对。该番日益骄恣，直欲各土司尽归所辖。"⑤ 在凤全实行川边新政之时，瞻对藏官扬言侵犯里塘，并调遣兵马窥伺巴塘，可见瞻对藏官在川边土司中势力之大。凤全目睹情形，因此奏称："瞻地沿边各土司疆界，在在毗连间阻，若不收回，即经营各土司亦将

---

① 鹿传霖：《派营严防窜回并预筹收回瞻对疏》，《鹿传霖藏事奏牍》，吴丰培辑《清代藏事奏牍》，中国藏学出版社，1994，第981页。

② 鹿传霖：《派营严防窜回并预筹收回瞻对疏》，《鹿传霖藏事奏牍》，吴丰培辑《清代藏事奏牍》，中国藏学出版社，1994，第981页。

③ 凤全：《复驻藏大臣有泰请开导商上收回三瞻》，《凤全藏事奏稿》，吴丰培辑《清代藏事奏牍》，中国藏学出版社，1994，第1277~1278页。同时，凤全指出："前大臣长（庚）原奏善后章程内，曾经言及商上岁收瞻民赋九千余两，迄今三十余年，核以所用兵费二十万已取盈，而番官至今犹苛政不已。"巴塘作为川边重要交通枢纽和发达之地，年输川省仅三千余两，而藏官年收瞻对九千余两，可见苛政的确不轻。

④ 鹿传霖：《派营严防窜回并预筹收回瞻对疏》，《鹿传霖藏事奏牍》，吴丰培辑《清代藏事奏牍》，中国藏学出版社，1994，第981页。

⑤ 《鹿传霖密陈瞻对亟应收回改设流官疏》，四川省民族研究所编《清末川滇边务档案史料》，中华书局，1989，第15页。

无所措手。"① 经营川边必要收回瞻对方可无碍于新政。

瞻对位于川藏路北线，是川茶运藏的途经之地，且距打箭炉仅六百余里，可称川省门户。晚清西藏危机，有可能被英俄所据，一旦西藏不守，瞻对即属外人，而川省门户也将洞开。因此，收回瞻对内属川省成了固川保藏的重要步骤。鹿传霖指出："藏亡若瞻对属藏，亦即与之俱亡，而川省直无门户可守，其何能支，此臣所以日夜图维而以早收瞻对为固川之计，即为图藏之机。"② "且查瞻对距藏甚远，插入内属土司之中，本系川境内地，一旦弃归藏中，值此时艰，设西藏有事，瞻对之地不问而即属他人。川省且无门户可守，危亡可立而待"。③ 锡良在收回瞻对问题上虽不全心全力，亦深感瞻对于川省之重要："窃以三瞻本川属土司，距炉六百余里，距藏四千余里；且其地形与藏隔绝，而错杂于川省之中，故亦于侵轶川疆，搆乱称兵，屡烦挞伐……舍远隶近，乃便钤束，一劳永逸之计，收回内属，诚至善也。"④ 凤全至川边，看到瞻对问题的复杂性和重要性，遂奏称："查瞻对本川省藩篱，而收还实保国根基。"⑤ "瞻地本属川疆，偿还达赖，譬如幅帛抽心，不成片段，一旦有事，不惟门户未清，亦且守防无据"。⑥ 瞻对问题在西藏危急进而有可能祸及川省、影响内地之时被赋予了新的意涵，这也促使了凤全要全力收回三瞻内属。

瞻对于川省如此重要，清廷也深知此点。光绪三十年九月二十三日，清廷颁发上谕："有人奏，西藏情形危急，请经营四川各土司并及时将三瞻收回内属等语。着锡良、有泰、凤全体察情形，妥筹具奏。"⑦ 此时凤全已

---

① 凤全：《复驻藏大臣有泰请开导商上收回三瞻》，《凤全藏事奏稿》，吴丰培辑《清代藏事奏牍》，中国藏学出版社，1994，第 1279 页。

② 《鹿传霖密陈瞻对亟应收回改设流官疏》，四川省民族研究所编《清末川滇边务档案史料》，中华书局，1989，第 15 页。

③ 鹿传霖：《派营严防窜回并预筹收回瞻对疏》，《鹿传霖藏事奏牍》，吴丰培辑《清代藏事奏牍》，中国藏学出版社，1994，第 981 页。

④ 锡良：《覆陈筹议收瞻折》，《锡良遗稿》，中华书局，1959，第 471 页。

⑤ 凤全：《复奏收回三瞻折》，《凤全藏事奏稿》，吴丰培辑《清代藏事奏牍》，中国藏学出版社，1994，第 1276 页。

⑥ 凤全：《复驻藏大臣有泰请开导商上收回三瞻》，《凤全藏事奏稿》，吴丰培辑《清代藏事奏牍》，中国藏学出版社，1994，第 1279 页。

⑦ 《凤全遵旨议复收瞻折》，四川省民族研究所编《清末川滇边务档案史料》（上），中华书局，1989，第 39 页。

在打箭炉，此三人对收瞻意见态度不一。风全积极实施清廷收回瞻对的上谕，并与打箭炉同知刘廷恕积极谋划，确定策略。而驻藏大臣有泰因考虑到瞻对在光绪二十二年甫赏达赖①今又归川于政体不利，且川藏本属一体，归藏归川似无大碍，反对瞻对归川。川督锡良内心很希望瞻对可以归川却不积极谋划②，且认为风全和有泰各自立场不同而已，无论对错。收瞻一事几乎由风全一人筹办。

因瞻对是清廷赏给达赖喇嘛的，而此时正值达赖喇嘛外逃库伦，瞻对诸事更为棘手，但瞻对藏官不逊，于川边经营多有障碍。因此风全于光绪三十年十二月二十一日上奏请收三瞻。风全叙述了瞻对的重要性后提出了收瞻办法：“奴才惟有静以待之，一面选派晓事土人前往瞻地，探明道路，且观番官瞻目向背，以便相机因应。”③ 同时根据其在打箭炉同刘廷恕商讨之收瞻办法，命刘廷恕派员赴瞻对开导，宣布朝廷德意，得到了瞻对番民的欢迎。据风全奏报：“番官自瞻来禀：听候商上檄调，语意俱极恭顺。”④ 风全谋划收回瞻对仅仅是命刘廷恕派员赴瞻对宣传旨意、开导藏官；并从巴塘选派熟悉边务的番民赴瞻对勘探道路。只是前期的准备，并无实际的举措。收回瞻对虽然是自鹿传霖以来川省官吏⑤的共识，但由于此事牵涉达赖喇嘛，并且西藏在川边势力庞大，实行收瞻颇多阻碍，风全继承了自鹿传霖以来收瞻的决心并付出了积极的努力，无奈晚清川边形势复杂，风全的努力也付诸东流。

---

① 光绪二十二年，鹿传霖督川，时值川边章谷、朱窝土司争端，瞻对从中构衅，且藐视川省威令，因此派兵征讨，瞻民纷纷孝顺，川督鹿传霖因势奏请收回瞻对内属。然达赖喇嘛赴京控诉鹿传霖设计收瞻且不知会时任成都将军恭寿，清廷便将瞻对问题交给成都将军恭寿妥办。恭寿敷衍一番，奏请瞻对仍赏达赖，由藏管辖。

② 锡良不积极谋划收瞻得到了刘廷恕的印证。风全到巴塘后，刘廷恕作为锡良和风全之间的联络人。在其所著《颠末刍言》中写道：“风使亟欲收瞻，会同锡督商办，余为往来电传情事。锡督电饬‘就近禀风大臣示遵’。惟事关川藏边务，尤须群策群力，相机慎行。锡督电喻：‘固不可延宕事机，亦不可孟浪下手。’又电：‘毋许轻率张惶，致滋口实。’又电：‘勿得稍涉冒昧，致贪近功而忽远虑。’又电：‘候京来电。’得京电后，又令：‘候文。’……锡督心无主宰，又电饬余赴瞻抚驭羁縻。托诸空言，深入其网，此余所不能为者。”西藏自治区社会科学院、四川省社会科学院合编《近代康藏重大事件史料选编》第一编（上），西藏古籍出版社，2001，第194~195页。

③ 风全：《复奏收回三瞻折》，《风全藏事奏稿》，吴丰培辑《清代藏事奏牍》，中国藏学出版社，1994，第1277页。

④ 风全：《复奏收回三瞻折》，《风全藏事奏稿》，吴丰培辑《清代藏事奏牍》，中国藏学出版社，1994，第1277页。

⑤ 此处的川省官吏只指文官系统，不包括武将。尤其指川督和川边的官员。

通过以上对凤全"筹边新政"的分析，可以发现：无论是屯垦还是限制喇嘛教甚至收回瞻对，都不是凤全个人独创，其背后都有一定历史内涵。通过这个历史内涵，可以看到：清廷从未放弃过对川边的统治，比如对喇嘛教的限制，或是移民屯垦，清廷一直在尝试着如何更有效地控制川边，这作为一条隐线一直延续到晚清。晚清因边疆危机，清廷更加重视川边，以前在川边的隐性政策便凸显出来，变成了带有"急功近利"的显性政策，这种显性政策自鹿传霖开始，而凤全的"筹边新政"则使这种显性政策达到了一次高潮，并开启了此后赵尔丰在川边大规模的改流活动。

三 结语

川边连接川藏，地理位置十分重要，自康熙末年西北用兵，清廷就一直加强对川边的控制，无奈自然环境恶劣，有效地管理一直没有建立起来，但是作为一条隐线，清廷的这种企图一直存在[1]，这条隐线成为凤全到巴塘后提出"筹边新政"的重要历史资源。到了晚清西藏危机，祸及川边，甚至有可能牵连川滇、影响内地时，清廷越发注意到川边的重要地位，因此在"保川图藏"的口号和政策下，川边的地位迅速抬升，成为清廷不得不立刻经营之地。

鹿传霖指出，经营川边无非两种政策：其一，"于该处设立汉官，假以事权，招徕川省商民前往垦荒，并采办矿产"。其二，"必待其有罪可讨，有隙可乘，然后慑以兵威"。[2] 即教谕番民、结以恩信、分以利益的柔性政策和慑以兵威、改土归流的刚性政策。鹿传霖督川时，为经营川边，采取了刚性政策，出兵瞻对、对明正等土司进行改流，但以鹿传霖被罢官告终。此后锡良督川，则转为柔性政策为主，招纳汉民赴川边屯垦、开矿，谋划收回瞻对。凤全接任驻藏帮办大臣后，川边经营主要由凤全着手，凤全延续了川省一贯的柔性政策，即巴塘屯垦、泰凝开矿、收回瞻对等。但是，当凤全看到川边形势非假以兵威不足以经营，遂于川边募勇练兵，以图震

---

[1] 拉铁摩尔指出："在西藏，汉族的活动是要置'内藏'于中国直接统治之下，使当地部落汉化，同时推行汉族移民。"（〔美〕拉铁摩尔著《中国的亚洲内陆边疆》，唐晓峰译，江苏人民出版社，2005，第151页）

[2] 鹿传霖：《会筹保川图藏并议复吴光奎疏》，《鹿传霖藏事奏牍》，吴丰培辑《清代藏事奏牍》，中国藏学出版社，1994，第992页。

慑。但随着凤全被戕,不但宣告了柔性政策的失败,也宣告了以柔为主、刚柔并用政策的失败。

光绪三十一年凤全被杀,引起清廷的震怒,遂派赵尔丰经营川滇边务。赵尔丰延续了凤全的川边新政,采用了刚性为主的经营策略,先慑以兵威而后改土归流。凤全的筹边新政标志着清廷在川边治理政策的转变,清廷放弃了与土司、喇嘛寺合作的态度,开启了强势经营川边的步伐。

承前启后：锡良督川时期筹瞻川属考

潘 崇[*]

一 瞻对赏藏由来及本文旨趣

瞻对位于川边藏区中心区域，纵横数百里，有上瞻、中瞻、下瞻之分，故又称三瞻。其地"东连明正、单东、麻书、孔撒、章谷五土司之界；南接里塘、毛丫、崇喜三土司之疆；西北与德格土司毗连"[①]，界于川藏南北两条大道之间，地理位置极为重要。瞻对在清代为多事之区，自雍正以迄同治，历朝皆有乱事发生。同治四年（1865），达赖喇嘛派藏兵会同清军平定瞻对土司工布郎结起事，清政府遂于十二月十四日（1866年1月30日）将瞻对赏给达赖喇嘛管理。[②] 然而，瞻对赏藏后川边非但没有趋于安定，反因西藏地方当局介入愈成肇乱之源。正如川督锡良所观察，达赖派往瞻对的藏官"只知有藏卫，不知有国家"，治瞻苛虐且横行川边。[③] 与此同时，川边藏区的一些土司、喇嘛，鉴于清政府国势衰弱，川边统治空虚，日渐

---

* 潘崇，安阳师范学院历史与文博学院副教授。

① 傅嵩炑：《西康建省记》，台北成文出版社，1968，第75页。

② 学界对清代历朝用兵瞻对以及瞻对赏藏由来的研究较为充分，可参见陈一石《清代瞻对事件在藏族地区的历史地位与影响》（一）、（二）、（三），《西藏研究》1986年第1、2、3期连载；任新建《清代的瞻对问题》，载贾大泉主编《四川历史研究文集》，四川省社会科学院出版社，1987，第158~178页；张秋雯《清代雍乾两朝之用兵川边瞻对》，《"中研院"近代史研究所集刊》1992年第21期；张秋雯《清代嘉道咸同四朝的瞻对之乱——瞻对赏藏的由来》，《"中研院"近代史研究所集刊》1993年第22期上。

③ 锡良：《官军攻克桑披逆番折》，光绪三十二年五月二十八日，中国科学院历史研究所第三所编《锡良遗稿》，中华书局，1959，第585页。

产生离心倾向，"土司则惟务苛虐，喇嘛则专事凶残"。① 总督川政之贤能者，出于保藏固川的目的，意识到筹瞻川属的重要性并付诸实施。

筹瞻川属作为清末川边改革的重要组成部分，始于川督鹿传霖，终于川督赵尔丰，中间历锡良督川时期之谋划，前后持续十五年之久。光绪二十二年（1896），瞻对藏官率兵干预朱窝、章谷土司争袭案，川督鹿传霖檄兵讨之，三月而全瞻尽服，乃议收复其地，改设汉官、划归川属，以为保川图藏之策。"会成都将军恭寿、驻藏办事大臣文海交章言其不便，达赖复疏诉于朝，廷议中变，鹿传霖终解职去"。② 此外，鹿传霖亦曾筹划将德尔格式、章谷、朱窝、巴塘、里塘等土司管辖地域改土归流，由于解职事亦俱废。史家吴丰培称，鹿传霖保川图藏"能观阙成"，则西康改省"早实现于十数年前"。③ 十数年后，宣统三年（1911），时任川督的赵尔丰率兵入瞻逐走藏官，瞻对问题卒以收归川属、改土归流告终。目前学界关于鹿、赵筹瞻川属的研究已经取得实质性进展。④ 但从筹瞻川属的连续性着眼，学界对两人之间相关官员筹瞻川属的举措及成效并无涉及，处于时段性学术"断层"。这种状况的产生，大体有以下三方面原因：其一，与鹿传霖之后数年内相关官员并无多少作为、川边改革一度陷于沉寂有关。鹿传霖之后两任川督为奎俊、岑春煊，但二人在川边并无多少建树。⑤ 文海之后历任驻藏办事大臣为庆善（光绪二十六年三月十二日擢，未到任）、裕钢（光绪二十六年九月初六日擢，任至光绪二十九年十二月二十六日由有泰接任），前

---

① 《建昌道禀报巴塘肃清请奖各员弁文》，光绪三十一年十一月十日，《勘定泰凝巴塘桑披案牍》第五册，中国社会科学院近代史研究所中国近代史档案馆藏（以下简称"馆藏"），档案号：甲 374 - 9。

② 中国科学院图书馆整理《续修四库全书总目提要》第 24 册，齐鲁书社，1996，第 271 ~ 272 页。

③ 马大正等整理《吴丰培边事题跋集》，新疆人民出版社，1998，第 74 页。

④ 参见张秋雯《清季鹿传霖力主收回瞻对始末》，《"中研院"近代史研究所集刊》1998 年第 29 期；朱悦梅《鹿传霖保川图藏举措考析》，《西藏研究》2012 年第 5 期。探讨赵尔丰川边改革的研究颇多，兹不一一列举。代表性研究当属陈一石《从清末川滇边务档案看赵尔丰的治康政绩》（《近代史研究》1985 年第 2 期），该文最早引用川滇边务大臣档案资料。

⑤ 奎俊在川督任上四年多时间（光绪二十四年五月二十四日至光绪二十八年七月一日），然素无政声，有记载称其"多行不义，阴济其贪，驯至吏治不修"，并揭露其侵吞赈款。参见老吏《贪官污吏传》，北京古籍出版社，1999，第 14 页。岑春煊任川督半年多时间（光绪二十八年七月一日至光绪二十九年三月二十一日），主要精力放在攻剿义和团、哥老会起事上，同时推行创办警察、编练新军等新政举措，对于川边似无多少作为。参见戴琛《岑春煊》，林增平、郭汉民主编《清代人物传稿》下编第六卷，辽宁人民出版社，1990，第 244 ~ 245 页。

者赴藏途中因病出缺，后者虽久仕边吏，然而"懦弱无能"，对于强邻逼境、交涉日繁疲于应付，"动辄失宜"①；其二，学术视野的局限。事实上，鹿传霖之后的川督并非皆碌碌之辈，新政时期出任川督的锡良（光绪二十九年七月至光绪三十三年一月在任）即是一位在筹瞻川属问题上作出重要贡献但又被我们忽视的关键人物；其三，史料挖掘不充分。中国社会科学院近代史研究所中国近代史档案馆收藏有完整的锡良档案，其中《锡良督川时本省来往电报》《勘定泰凝巴塘桑披案牍》等数十册档案史料，保存了锡良、有泰、凤全、赵尔丰、刘廷恕等人逐日往来电报，详尽展示了锡良以及其他相关官员筹瞻川属的诸多细节，锡良本人的心路历程亦得到充分展现。②

本文主要依据中国近代史档案馆收藏的锡良档案，综合其他史料，试图系统探讨锡良督川时期以其为首的地方官员关于筹瞻川属的谋划和举措，尤其注重探讨地方官员的往来讨论以及央地间的互动关系，从而展示清末川边复杂的政治生态以及川边改革的复杂性和艰巨性。

二 观察中渐进：锡良至川初期的川边施政

光绪二十九年三月二十一日，锡良出任署理四川总督，七月十六日抵达成都。他在七月二十日汇报接篆日期折中强调课吏、练兵、筹款、节用为施政重点，次者为学堂、警察、机器、工艺局，并未特别言及川边施政举措。③ 几乎与锡良至川同时，7月间英国军官荣赫鹏借口两名潜入西藏的间谍被抓获，指挥军队在康巴宗附近抢掠藏民牛羊200多头，又无理要求驻扎甲岗、左喇嘛、罗那克处藏军撤走。9月2日，荣赫鹏又请求印督添拨100名士兵增援入藏英军，蓄意扩大事态。④ 鉴于西藏边防危急，清政府于七月十五日即锡良抵蜀前一天颁发上谕：

> 有人奏，川、藏危急，请简员督办川边，因垦为屯，因商开矿等

---

① 马大正等整理《吴丰培边事题跋集》，第75页。
② 档案中多有"夷""逆""匪"等带有侮辱色彩的词汇，为清政府惯用称谓，笔者引用时不予更动，特此说明。
③ 锡良：《恭报到川接篆日期折》，光绪二十九年七月二十日，《锡良遗稿》，第344页。
④ 参见黄鸿钊《1904年英国侵略西藏战争》，《中国藏学》1993年第1期。

语，著锡良查看情形，妥筹具奏。①

正如有论者言，上述举措虽未明言改变川边土司制度，但实际上意味着新政时期清政府谋划推行川边改土归流的开端。②对于清政府以缓进方式推行川边改革的思路，锡良之回应亦是颇为审慎。经过调查，锡良了解到川边气候恶劣不适宜种植，以茶叶为大宗的商业活动亦仅运至打箭炉而止，开矿更是受到各土司以"神禁不可犯、祖训不可违"为辞的抵制，权衡之下唯有择地垦殖较为可行。锡良遂督派粮务委员吴锡珍、都司吴以忠在巴塘开办垦殖，拉开了清末川边新政的序幕。巴塘地处金沙江河谷，气候温和、土地肥沃，是川边主要产粮区，也是列强重点渗透的区域。早在第二次鸦片战争后，法、英、美等国传教士纷至巴塘等地建立教堂、肆掠土地，如美国在巴塘的教会即掠夺了近200亩土地。光绪二十九年，美国传教士又在巴塘以年租170藏洋和39年的期限强夺55亩土地。③显见，锡良派员在巴塘垦殖亦有争回垦权的意图。锡良的整体思路是，以巴塘垦殖为试点，渐次推广他处及其他门类，"他处如能耕，推行较易，牧政、矿政又当次第考求"，最终实现"保藏固川"的目的。④

二吴至巴塘后，责成巴塘正土司罗进宝、副土司郭宗札保以及丁林寺堪布傲拉扎巴将拟开垦之地划出，两土司"乐从其事"，但丁林寺以所管土地仅有牧场并无可垦荒山荒地为由抵拒。二吴认为巴塘"三曲宗"已有正副土司赞成，"有其二不患无其一，尽可次第办理"，拟具开办巴塘垦务章程12条。⑤但接下来的垦殖并不顺利，到光绪三十年底二吴将前招垦夫128名酌留20名，余均于十一月六日停工遣散。⑥然而，锡良对于巴塘垦殖不力并无应对举措，更无强力推行的打算。事实上，锡良派员至巴塘垦殖源

① 中国第一历史档案馆编《光绪宣统两朝上谕档》第29册，广西师范大学出版社，1996，第218页。
② 参见陈一石《从清末川滇边务档案看赵尔丰的治康政绩》，《近代史研究》1985年第2期。
③ 转引自赵云田《清末川边改革新探》，《中国藏学》2002年第3期。
④ 锡良：《议覆川边屯垦商矿各情形折》，光绪二十九年十月二十九日，《锡良遗稿》，第365~366页。
⑤ 《吴锡珍都司吴以忠会禀锡良拟订办垦章程》，四川省民族研究所编《清末川滇边务档案史料》上册，中华书局，1989，第12页。巴塘地面三股势力集团俗称"三曲宗"，正土司为第一曲宗，副土司为第二曲宗，丁林寺为第三曲宗。
⑥ 《巴塘粮员吴令锡珍禀凤大臣委员会办垦务开工情形暨喇嘛番匪抗御官兵烧毁教堂垦房文》，光绪三十一年二月二十二日，《勘定泰凝巴塘桑披案牍》第一册，馆藏，档案号：甲374-8。

自清廷指令，且主要目的似乎不在垦殖本身，而是借此了解川边局势。

除巴塘垦殖外，光绪二十九年十月二十九日，锡良奏请将原雅州府属打箭炉升为直隶厅，改隶建昌道，以便管理关外土司，尤其强调此举实为针对瞻对：

> 自瞻对划归藏属，番官侵暴，川边土司弱者慑其威而甘于输纳，强者怙其势而恋为奸横，几若知有藏而不知有川，匪惟蛮触纷争，抑且弁髦王章，轻侮边吏。巴、里塘粮员又以隔川过远，上司耳目难周，非庸儒以求苟安，即猥琐以盈溪壑。……莫若将打箭炉同知升为直隶厅，径隶建昌道，与雅州府划疆分理。关外土司管辖如故，巴、里塘粮员等官，改归该厅察举优劣。①

从地理位置上看，打箭炉、里塘、巴塘东西分列，皆为川藏官道之要冲，打箭炉升为直隶厅实为加强川边控制之举措。同日，锡良又上《敬举边才以备任使折》，鉴于"雅州等府所辖番夷种族繁多，其地荒阔、其人愚犷，争衅时时并作"，认为"得健吏治之"方能"慑强梗于无形，塞萌芽于初起"，由此奏请授予打箭炉同知刘廷恕道府衔，以重职任。②

锡良督川之初，一方面需要对川边局势做出全面了解，另一方面鉴于鹿传霖筹瞻川属功败垂成的前车之鉴，因此其推行的无论是巴塘垦殖还是打箭炉升为直隶厅，皆是经营川边的缓和举措，显见他并不愿贸然打破政府与川边地区土司、寺院之间达成的平衡。

三　争执中流产：光绪三十年筹瞻川属之争论

光绪三十年七月二十八日，英国在侵占拉萨后胁迫西藏当局签订《拉萨条约》，进而利用班禅和达赖的矛盾拉拢九世班禅，"怂令班禅回藏，滋生事端"，彼则藉口保护进兵，从而实现控制西藏的阴谋。③ 曾任川督的鹿传霖眼见西藏势危，于八月五日吁请速将瞻对收归川属，否则一经英人清

---

① 锡良：《打箭炉升直隶厅折》，光绪二十九年十月二十九日，《锡良遗稿》，第369页。
② 锡良：《敬举边才以备任使折》，光绪二十九年十月二十九日，《锡良遗稿》，第372页。
③ 《张荫棠驻藏奏稿》，吴丰培辑《清代藏事奏牍》下册，中国藏学出版社，1994，第1304页。

界，"瞻必属英"。① 但是，清政府对于鹿传霖之议不置可否，而是在八月二十四日首先颁布派遣各员经营边地的上谕：

> 西藏为我朝二百余年藩属，该处地大物博，久为外人垂涎。近日英兵入藏，迫胁番众立约，情形叵测，亟应思患，预防救补。……所有西藏各边，东南至四川、云南界一带，着凤全（驻藏帮办大臣）认真经理，北至青海一带，着延祉（西宁办事大臣）认真经理，各将所属蒙番设法安抚，并将有利可兴之地切实查勘，举办屯垦、畜牧，寓兵于农，勤加训练，酌量招工，开矿以裕饷源。②

直到九月二十三日，此前反对筹瞻川属的清政府鉴于川边日甚一日的危机形势，加之鹿传霖的奏疏，终于意识到筹瞻川属的重要性，遂颁布筹瞻上谕：

> 有人奏西藏情形危急，请经营四川各土司并及时将三瞻收回内属等语。著锡良、有泰、凤全体察情形，妥议具奏。③

显见，《拉萨条约》逼签近两个月之后，清政府才接纳此前被搁置的鹿传霖筹瞻川属之议，对于西藏边防危急回应之滞后可见一斑。时论即评："政府于事前置若罔闻，直至草约告成，由驻藏大臣电告政府，始矍然思补救，抑已无及。"④ 此时锡良鉴于川边形势复杂，对是否应将瞻对收归川属并未仓促回应，而是经过和驻藏大臣有泰、驻藏帮办大臣凤全以及打箭炉同知刘廷恕、副将陈均山等人长期的往来协商，直到光绪三十一年三月方有明折上奏。

光绪三十年四月七日，清政府任命四川候补道凤全为驻藏帮办大臣。十月二十二日，凤全从打箭炉起程赴藏，由于"山路大雪"，到十一月十八

---

① 《军机大臣鹿传霖致外务部筹办瞻对疏节略》，光绪三十年八月五日，《清末川滇边务档案史料》上册，第15页。
② 中国第一历史档案馆编《光绪宣统两朝上谕档》第30册，第168页。
③ 《清德宗实录》光绪三十年九月戊戌（二十三日）。
④ 沧江：《西藏戡乱问题》，《国风报》第30页，1910年第4号。

日才行抵巴塘。① 凤全在途次接到筹瞻谕旨后即致电刘廷恕、陈均山，强调"收瞻固边，事举宜速"，后者将此意转至锡良，同时汇报瞻对头人及川边各土司遵否难料。② 由于收瞻前景不明朗，锡良回电中不无模糊地表达了"不可延误事机，亦不得孟浪下手"之意。③ 在致凤全电中也强调须对瞻对番官"相机利导"，由西藏调回瞻对番官"事务方顺"。④

十一月十五日，长期在打箭炉任职的刘廷恕、陈均山基于对瞻对情事的认知，加之收到凤全"事举宜速"的电文，遂致电锡良借达赖出藏之机，直接出兵瞻对将其收归川属：

> 凤大臣经画于外，有大臣筹议于内。达赖弃藏远逃，已觌名号，大失人心，收瞻以固藩篱，一势以图善举。藏至瞻四千余里，炉至瞻六百二十里，辅车相依，见机利导，副将等先谕番官并饬各路土司，务使通国皆知彼各离心解体。⑤

所谓达赖出藏，指英军兵临城下之际十三世达赖喇嘛于光绪三十年六月十五日出走拉萨之事，十三世达赖喇嘛亦因此被清政府褫夺封号，其事则源于有泰之奏。有泰屈服英国之兵威，在英军攻占拉萨的当日即前往拜访英军将领荣赫鹏，并以牛羊犒其士卒。荣赫鹏借机利用有泰出面压服藏人，以期订立对英国有利之条约，并借以促成清政府与西藏关系更加恶化。之后有泰则斥令噶厦接受英国要求，同时又思乘机推倒十三世达赖。⑥ 有泰致电政府即言，十三世达赖"背旨丧师，拂谏违众"，英军逼近后不思挽

---

① 《打箭炉刘丞廷恕来电》，光绪三十年十月二十二日，《锡良督川时本省来往电报》第六册，馆藏，档案号：甲 374 - 20。

② 《打箭炉陈均山刘廷恕来电》，光绪三十年十一月十三日，《锡良督川时本省来往电报》第六册，馆藏，档案号：甲 374 - 20。

③ 《复陈均山刘廷恕来电》，光绪三十年十一月十三日，《锡良督川时本省来往电报》第六册，馆藏，档案号：甲 374 - 20。

④ 《致凤大臣电》，光绪三十年十一月十四日，《锡良督川时本省来往电报》第六册，馆藏，档案号：甲 374 - 20。

⑤ 《打箭炉陈副将刘丞来电》，光绪三十年十一月十五日，《锡良督川时本省来往电报》第六册，馆藏，档案号：甲 374 - 20。

⑥ 参见牙含章《达赖喇嘛传》，生活·读书·新知三联书店，1993，第 148～150 页。

回，"遁迹远扬"，是中英战事罪魁，请裭其名号。① 清政府听其言，于光绪三十年七月十六日革去十三世达赖喇嘛名号，由班禅暂摄达赖职权。实际上，有泰作为驻藏大臣，对于拉萨失陷亦难辞其咎，事后他也遭到查办藏事大臣张荫棠的弹劾。

然而，十三世达赖喇嘛出藏并非刘、陈所言"弃藏远逃"，所谓"已裭名号，大失人心"更是言过其实。有论者即指出，十三世达赖喇嘛作为西藏政教领袖，曾组织全藏人力物力坚决抗英，在英军攻入拉萨之际为避免胁迫签订条约而秘密出走，经藏北、青海、甘肃，于十月到达库伦。达赖出走不能简单地以叛国视之，其目的之一"是想直接向清政府禀报西藏近况，以求得清政府对他领导的抗英斗争的理解和支持"。② 锡良意识到达赖出走有着复杂背景，非如有泰以及刘、陈所言的临阵脱逃所能概括，因此断然否定了刘、陈所提趁达赖出藏之机出兵收瞻的建议，并严厉批评了二人的急躁冒失，再次强调筹瞻川属"机关不在瞻而在藏"：

> 收瞻之举，诚所至愿，惟其机关不在瞻而在藏，总应俟有大臣妥筹通计，咨覆到日再行宣布招徕。盖此事必须通盘筹画，节节疏通，方能善其后。若遽而轻举，或有出而干预，转恐难于收拾。该将、丞既经禀请凤大臣咨藏善办，本部堂亦早咨商两大臣，仰即静候会商示遵，毋得稍涉冒昧，致贪近功而忽远虑，切切！③

可见，锡良筹瞻川属的策略是通过有泰与藏中协商，进而由西藏将瞻对藏官调回。然此时将至巴塘的凤全为经营川边计力主收瞻，屡电刘廷恕、陈均山"催办瞻事"。④ 但刘、陈由于得到锡良指示，态度亦有变化，在复电中复述锡良意见，提出"由藏下手情势既顺"，建议凤全游说有泰"迅决

---

① 有泰：《致外务部电达赖潜逃乞代奏请旨裭革其名号电》、《达赖喇嘛兵败潜逃声名狼藉据实纠参折》，吴丰培辑《清代藏事奏牍》下册，第1190、1194页。
② 马连龙：《历辈达赖喇嘛与中央政府关系》，青海人民出版社，2008，第253页。
③ 《复打箭炉陈副将刘丞来电》，光绪三十年十一月十七日，《锡良督川时本省来往电报》第六册，馆藏，档案号：甲374-20。
④ 《打箭炉陈副将刘丞来电》，光绪三十年十一月十七日，《锡良督川时本省来往电报》第六册，馆藏，档案号：甲374-20。

机宜"。① 而此时有泰忙于与英国侵略军接洽苟安，担心筹瞻川属引发藏中动荡而坚决反对，声称此事"不独于事理之反复"，更易"启藏番轻视之心"，"适以坚趋向外人之意"。②

十二月初三日，刘廷恕、陈均山鉴于达赖被褫夺封号，又建言锡良与有泰筹商，饬令商上番僧等遵议瞻对归川、达赖回藏，认为"乘此机势，名正言顺，其时不可失矣"。③ 其意在于，如果能迎请十三世达赖回藏，必然会得到达赖以及西藏僧俗对瞻对还川的支持，这正是他们向有泰提出的"筹瞻三策"："瞻对归蜀，达赖复元，一策；查酌旧案，给款收瞻，二策；冥顽不灵，设法智取，三策。"④ 显见，三策皆未涉及兵事，是对此前提出直接出兵瞻对的重大改动。十二月五日，刘、陈又向锡良汇报瞻对番官四郎降泽对瞻对收归川属的札谕"颇为恭顺"，并转述其言："如此札谕，好歹总要分清汉夷均是一视，现在小的传头目百姓等商议，愿归何处管理抑或如何体贴随时禀明。"⑤ 从上述各电可以看出，长期在打箭炉任职的刘廷恕、陈均山对于筹瞻川属颇为焦虑，他们提出的首策无疑是最佳选择，然而遗憾的是锡良对此仍无明确回复。

十二月十九日，即凤全抵达巴塘整一个月之际，又致电锡良请会衔上奏，请旨使达赖献还三瞻。⑥ 但锡良仍未答复。在这种情势下，凤全遂单衔上奏，一方面继续强调瞻对本川省藩篱，"收还实保固根基"；另一方面则稍改此前筹瞻川属"事举宜速"的态度，其言："达赖去藏，未知定在，商上无主，因而推诿迁延自在意计之中。奴才惟有静以待之，一面选派晓事土人前往瞻地探明道路，且觇番官瞻目向背，以便相机因应。"又言："应请饬下办事大臣有泰设法开导商上，早为定议，迅

① 《致凤大臣电》，光绪三十年十一月二十日，《锡良督川时本省来往电报》第六册，馆藏，档案号：甲 374-20。
② 《驻藏办事大臣有密咨驻藏帮办大臣凤不便收回三瞻文》，卢秀璋主编《清末民初藏事资料选编（1877—1919）》，中国藏学出版社，2005，第 246 页。
③ 《打箭炉陈副将刘丞来电》，光绪三十年十二月三日，《锡良督川时本省来往电报》第七册，馆藏，档案号：甲 374-21。
④ 《打箭炉陈副将刘丞来电》，光绪三十年十二月八日，《锡良督川时本省来往电报》第七册，馆藏，档案号：甲 374-21。
⑤ 《打箭炉陈副将刘丞来电》，光绪三十年十二月五日，《锡良督川时本省来往电报》第七册，馆藏，档案号：甲 374-21。
⑥ 《凤大臣自巴塘来电》，光绪三十年十二月十九日，《锡良督川时本省来往电报》第七册，馆藏，档案号：甲 374-21。

赴事机。"① 显见，此时凤全与锡良筹瞻川属的态度渐趋一致。

　　事实上，瞻对番官的态度并非如刘、陈此前汇报的"颇为恭顺"。十二月二十一日，刘廷恕、陈均山又报，声称瞻对番官因"虑藏信延宕"而态度有变，因请锡良速发打箭炉经费二万两以期"智定"②，这正是此前刘廷恕提出的收瞻第二策，即"给款收瞻"。同时奏报计划亲自带领勇队前往瞻对办理。③ 时隔不久，光绪三十一年正月二日，刘廷恕又奏报锡良，再次强调瞻对番官"虑达赖回藏事后反覆"，必俟藏中檄调始肯离瞻，因此"须得有钦差、达赖、商上藏文印信"，并因此打消亲往瞻对办理的计划，认为"去瞻无济"，不如"静听藏信"。④ 锡良对于刘廷恕策略之反复以及奏报瞻对番官的态度"前后两歧"甚为不满，在回电中直言诘责："忽称番官须候藏信遵行，该丞去瞻无济，又谓此瞻夷实情。……前后两歧，殊难深信。……查该协丞凤称熟悉夷情，又非不明大局，何以前后所禀矛盾至此？"⑤ 正月初四日，刘、陈致电锡良，"冒罪直陈"正是由于指令不一致使他们这些执行者无所适从：

　　　　奉电谕，曷胜惶恐！卑职等能用智谋前往，无非给番官、番兵经费赏需，从善办理。奉凤大臣催饬速办，取结实稳慎而行。迭遵宪饬重顾机局，不用兵又不用款，卑职力不及此。……事至今日，只候有大臣藏议定妥，咨达大帅。⑥

　　二月十五日，刘廷恕、陈均山再次致电锡良直抒胸臆，慨叹"不同心

---

① 《凤全遵旨议复收瞻折》，《清末川滇边务档案史料》上册，第 39～40 页。商上，指旧西藏政教合一制度中属于主管行政事务方面各机构的总称，普通意义就是指"噶厦"，总揽西藏一切政权。

② 《打箭炉陈副将刘丞来电》，光绪三十年十二月二十一日，《锡良督川时本省来往电报》第七册，馆藏，档案号：甲 374－21。

③ 《打箭炉陈副将刘丞来电》，光绪三十年十二月二十三日，《锡良督川时本省来往电报》第七册，馆藏，档案号：甲 374－21。

④ 《打箭炉陈副将刘丞来电》，光绪三十一年正月初二日，《锡良督川时本省来往电报》第七册，馆藏，档案号：甲 374－21。

⑤ 《覆打箭炉陈均山刘廷恕电》，光绪三十一年正月初二日，《锡良督川时本省来往电报》第七册，馆藏，档案号：甲 374－21。

⑥ 《打箭炉陈副将刘丞来电》，光绪三十一年正月初四日，《锡良督川时本省来往电报》第七册，馆藏，档案号：甲 374－21。

事难着手，时艰浩叹"。① 事后刘廷恕更是指责锡良于筹瞻川属"心无主宰""托诸空言"。② 直到光绪三十一年三月七日，此时距清廷颁发筹瞻川属上谕已近半载，锡良上《覆陈筹议收瞻折》，提出"经营边徼自以收瞻为急"，在具体策略上则基本认同了刘廷恕"给款收瞻"之策："敕下有泰宣布圣主绥边经远至意，明白开导，务令商上人等缴回瞻地，调回瞻官，立即赏还从前兵费银二十万两，由川筹解"。③ 四月二十一日，反对筹瞻川属的驻藏大臣有泰认为锡良并未全面论述筹瞻川属的可行性而"为收三瞻请圣裁"，"不论可否，断语不下，……滑之至一笑"。④

由于各方意见严重分歧，光绪三十年的筹瞻川属以无果告终。但锡良通过参与筹瞻讨论，明确意识到筹瞻川属极大触动了瞻对藏官以及西藏地方的神经："藏中密谕瞻番修备兵戎、严防碉隘，盖恐川师之潜袭。"锡良亦由此得出重要认识：筹瞻川属单纯依靠晓谕番官这一"理喻"之策"徒损威重而已"，终赖军事"力取"，所谓"川省陈师鞠旅，何难一奋戈铤"。⑤ 通过军事途径解决瞻对问题的思路，很大程度上影响了此后锡良处理川边突发事件的策略选择。

四 兵事与善后：巴塘战事结束后筹瞻川属之重提

光绪三十一年初，泰凝事件、巴塘事件接踵发生，以锡良为首的四川地方官员开始了对川边土司、喇嘛之用兵。筹瞻川属由于清政府对川边采取军事行动而暂时搁置，亦随着清政府军事上的得势而重被提上议事日程。

光绪三十一年初，清政府开办泰凝金矿时遭到该处喇嘛造谣抗阻。刘廷恕认为"此处矿务必须办成，以后各处始可接办"，先后饬令靖边土弁张

① 《打箭炉刘廷恕来电》，光绪三十一年二月十五日，《锡良督川时办理泰里巴塘事宜电稿》第一册，馆藏，档案号：甲 374 - 144。
② 刘廷恕：《颠末刍言》，西藏自治区社会科学院、四川省社会科学院合编《近代康藏重大事件资料选编》，西藏古籍出版社，2001，第 195 页。
③ 锡良：《覆陈筹议收瞻折》，光绪三十一年三月七日，《锡良遗稿》，第 470 ~ 471 页。
④ 有泰撰，吴丰培整理《有泰驻藏日记》，西藏社会科学院西藏学汉文文献编辑室编辑《西藏学汉文文献汇刻》第 2 辑，全国图书馆文献缩微复制中心，1992，第 169 页。
⑤ 《覆陈筹议收瞻折》，光绪三十一年三月七日，《锡良遗稿》，第 471 页。

锡泰、管带张鸿声、都司卢鸣扬前往镇抚。① 二月十日，张鸿声行至距泰凝二十里的角达岭，遭到数百喇嘛攻击，遂退扎中板坝，泰凝乱事由此发轫。② 此为锡良出任川督后川边乱事之开端。紧接着，三月一日巴塘又发生驻藏帮办大臣凤全被杀事件。③ 上述事件的突发中断了筹瞻川属的进程。泰凝事发后，锡良派四川提督马维骐至边。三月十七日，经过三昼夜持续作战，清军攻克泰凝。④ 巴塘事变的处理则更为棘手。凤全被杀后乱局迅速由巴塘向川边广大区域蔓延，"远近骚然，非特逆焰益张，边徼各僧番群且觇此为向背"。⑤ 尤其是巴塘土司与丁林寺喇嘛联络一气，巴塘、瞻对共二三千人麇聚距里塘五六十里之金洞子，毛丫土司、乡城桑披寺"俱助乱"。⑥ 马维骐在对锡良的汇报中，尤其强调瞻对藏官对巴塘事务的严重干预：

> 巴事起后，三瞻响应，番情为之一变，因泰凝堪布亦系藏派出，有所恃，已分饬南北两路汉土兵勇稳扎，联合里塘。⑦

又言：

> 巴番串同三瞻、三岩各番，有将巴、里塘汉人洗尽之说。番兵已抵里塘，现在里塘文武已还向中渡等语。⑧

① 《打箭炉刘丞廷恕来电》，光绪三十一年二月四日，《锡良督川时省来往电报》第七册，馆藏，档案号：甲374-21。

② 《打箭炉刘丞来电》，光绪三十一年二月十一日，《锡良督川时省来往电报》第八册，馆藏，档案号：甲374-21。

③ 事发原因及过程，参见张秋雯《清末巴塘变乱之探讨》，《"中研院"近代史研究所集刊》1981年第10期；任新建《凤全与巴塘事变》，《中国藏学》2009年第2期。

④ 《马军门来电》，光绪三十一年三月十九日，《锡良督川时省来往电报》第九册，馆藏，档案号：甲374-21。

⑤ 锡良：《请给明正土司总兵衔片》，光绪三十一年五月六日，《锡良遗稿》第491页。

⑥ 《炉城马军门来电》，光绪三十一年三月二十日，《锡良督川时省来往电报》第九册，馆藏，档案号：甲374-21。

⑦ 《炉城马军门来电》，光绪三十一年三月十七日，《锡良督川时省来往电报》第九册，馆藏，档案号：甲374-21。

⑧ 《炉城马军门来电》，光绪三十一年三月十八日，《锡良督川时省来往电报》第九册，馆藏，档案号：甲374-21。

　　四月八日，外务部致电有泰，要求审度时机安抚藏中。[①] 锡良亦电请有泰"谕藏禁瞻助逆"，同时晓谕三瞻番官不得干预巴塘事。[②] 马维骐则派把总马瑞麟赴中瞻、桑披、三岩等处剀切开导，此时瞻对藏官为堪布坚参，其派人至炉递呈夷禀，"词极恭顺"。[③] 然而事实上，瞻对派出八百余人前往巴塘。[④] 瞻对藏官"词极恭顺"实为假象，其反复无常表露无遗。

　　瞻对藏官直接派兵大肆干预川边事务，背后彰显的是清政府对西藏统治力的衰弱以及后者离心倾向的加剧。道光以降，中朝大吏膜视边务，驻藏大臣多庸碌之辈，"罔悉藏情"，以致藏人藐视公命。[⑤] 至光绪年间，清朝在西藏的统治几近崩溃，驻藏大臣权力不断削弱，清廷威望亦随之渐失，尤其是1888年第一次抗英战争失败后西藏僧俗对清廷极度失望。[⑥] 新政时期，外患的不断加剧不仅使西藏边防形势恶化，其策反手段也助推了西藏的离心倾向。如俄国在英国第二次侵藏之际，眼见藏人素嫉英人，遂"暗勾藏番，许以有事救护"，"藏番遂恃俄为外援"。[⑦] 而清政府褫夺十三世达赖喇嘛名号之举，更是激化了西藏地方以及达赖喇嘛与清政府之间原已有之的矛盾，遭到西藏僧俗激烈反对。

　　锡良自然明白，只有成功将瞻对收归川属，才能确保川边社会秩序的稳定，同时对西藏地方政府的离心倾向也是有力打击。由此，锡良在巴塘事发后力主施以重兵，其意不仅仅在于打击巴塘土司、喇嘛势力，更在于俾使巴塘用兵具有全局威慑力，以期整个川边乃至西藏畏威怀服。六月二十四日，马维骐部攻克巴塘，之后赵尔丰抵巴塘，马维骐回省。随即，锡良、赵尔丰相互配合，抓住兵事得势的有利时机，一方面

---

① 《发锡良电为办理巴塘番匪作乱事》，光绪三十一年四月八日，中国第一历史档案馆藏，档案号：2-03-12-031-0206。
② 《晓谕关外未经附逆之僧土人等勿得轻听助逆示》，光绪三十一年三月二十一日，《勘定泰凝巴塘桑披案牍》第一册，所藏档：甲374-8。
③ 《炉城马军门来电》，光绪三十一年五月二日，《锡良督川时本省来往电报》第十册，所藏档：甲374-21。
④ 《炉城赵道钱道来电》，光绪三十一年六月二日，《锡良督川时本省来往电报》第十一册，所藏档：甲374-21。
⑤ 参见吴丰培《藏学研究论丛·吴丰培专辑》，西藏人民出版社，1999，第114页。
⑥ 参见马连龙《历辈达赖喇嘛与中央政府关系》，第241页。
⑦ 鹿传霖：《密陈西藏情形可虑疏》，《筹瞻奏稿》，全国图书馆文献缩微复制中心，1992，第10页。

奏请在川边推行改土归流，锡良即强调"改革之便，计无逾于今日者"。① 另一方面，锡良改变此前筹瞻川属需驻藏官员与西藏地方协商的主张，认为"收瞻之举诚不可失时"。② 赵尔丰对此亦颇为认同，提议借兵事之利"谕藏还瞻"，此策不果再由川声罪致讨。③ 九月四日，锡良致电军机处请收回瞻对：

> 徼外连年多事，实缘瞻对番官侵暴川属土司，故议收还，绝其祸本。……徼外措处全视三瞻，盖其人雄长于诸番之中，其地错处于川边之内，番情向背，随之转移。而我之沿革损益，莫不因之为重轻，以此计其得失。……失今不治，愈恐难图。④

九月八日，清廷电寄锡良，支持锡良收瞻之议：

> 应乘此机会将三瞻地方收回内辖，改设官屯，俾资控驭。著有泰、联豫即行剀切开导商上，晓以保固川边必应收回瞻对，令将所派番官撤回，毋稍疑贰。兵费仍照前筹给，以示体恤。⑤

尽管此时锡良筹瞻之议得到清政府的认同和支持，这恰恰是鹿传霖督川时期筹瞻川属所不具备的有利条件，但此时军事行动方亟，筹瞻川属只得暂时搁置。

巴塘战事结束后，清政府随即开始了对里塘桑披寺的用兵。桑披寺之战耗时数月，"大小数十战于冰天雪地之中，绝粮死战"⑥，直到光绪

① 《致赵道电》，光绪三十一年十月二十二日，《锡良督川时本省来往电报》第十三册，馆藏，档案号：甲374-21。
② 《致赵道电》，光绪三十一年八月十五日，《锡良督川时本省来往电报》第十二册，馆藏，档案号：甲374-21。
③ 《赵道来电》，光绪三十一年八月十六日，《锡良督川时本省来往电报》第十二册，馆藏，档案号：甲374-21。
④ 《锡良致电军机处》，光绪三十一年九月四日，《锡良督川时办理泰里巴塘事宜电稿》第十册，馆藏，档案号：甲374-144。
⑤ 《奉旨著剀切开导保固川边》，光绪三十一年九月八日，中国第一历史档案馆藏，档案号：2-03-12-031-0558。
⑥ 《赵尔丰致电锡良绰哈布陈报乡城平定请奖出力员弁》，《清末川滇边务档案史料》上册，第78页。

三十二年闰四月十八日清军方攻克桑披寺。主持前线战事的赵尔丰亦是身心俱疲，不禁发出"但愿蛮民从此革新向化"的感慨。① 六月二日，锡良密保指挥川边用兵的赵尔丰，称其"坚忍卓绝，忠勇无伦"。② 同月，锡良、成都将军绰哈布奏设川滇边务大臣：

> 边事不理，川藏中梗，关系甚大。征之前事，藏侵瞻对，川不能救；英兵入藏，川不问战。藏危边乱，牵制全局者，皆边疆不治、道途中梗之所致也。……乘此改土归流，照宁夏、青海之例，先置川滇边务大臣，驻扎巴塘练兵，以为西藏声援，整理地方为后盾。川、藏、边、滇声气相通，联为一致，一劳永逸，此西南之计也。③

显见，锡良此举不仅出于强化川边藏区管理的目的，更在于使川、滇、边、藏声气相通，所谓"固川滇之门户""保西藏之藩篱"。④

川滇边务大臣之设揭开了川边地区改土归流的新篇章。首任川滇边务大臣赵尔丰下定决心将此前谋划的改土归流付诸实施。在锡良、赵尔丰主导下，各地改土归流章程纷纷出台，如《巴塘善后章程》43条，《乡城改土归流章程》39条，等等。川边改土归流的全面铺开，为筹瞻川属提供了良好的时代环境。光绪三十四年（1908），赵尔丰率军征剿德格，瞻对欲暗调马队支援，赵尔丰派傅嵩炑率兵赴昌泰，并电政府"拟逐藏官，收回瞻对"，然而清政府因担心另生枝节而议缓收瞻。宣统元年（1909），赵尔丰又致电政府收瞻，清政府"议以十余万金与藏赎"，然藏人不遵，"反藉外人以为恫吓"，清廷亦盲于情事，恐酿中外交涉。直到宣统三年六月，此时赵尔丰已出任四川总督，不经奏准而直接率兵进入瞻对，"逐其官、抚其民、收其地，召集百姓公议改良赋税之则，设官治理"。⑤ 瞻对问题终以收归川属、改土归流告终。

---

① 《赵道来电》，光绪三十二年六月二十五日，《锡良督川时本省来往电报》第十七册，馆藏，档案号：甲374-22。
② 锡良：《密保建昌道赵尔丰折》，光绪三十二年六月二日，《锡良遗稿》，第595页。
③ 《锡良绰哈布奏设川滇边务大臣折》，《清末川滇边务档案史料》上册，第90页。
④ 《清德宗实录》光绪三十二年七月戊戌（初三日）。
⑤ 以上引文参见傅嵩炑《西康建省记》，第77～78页。

结　语

　　长期以来，清政府昧于大势，对川边藏区的管理缺乏应对危机的决断力和自信心。以本文讨论的瞻对为例，同治四年瞻对赏藏后清政府对于瞻对问题被动应付，外患严重时倾向收瞻，反之则处之泰然、无所作为，是以1896年鹿传霖筹瞻川属终被清廷否定："番官并无叛逆情形，……岂肯以迹近疑似遽行收回其地？"①正如有论者言，鹿传霖筹瞻川属之所以功败垂成，很大程度上归因于鹿传霖缺乏与清政府有效沟通，致使清政府"瞻前顾后"，"廷议数变，卒使全案功亏一篑"。②

　　进入新政时期，中国西南边疆危急进一步加剧。英国逼签《拉萨条约》后，清政府终于改变此前反对筹瞻川属之意，谕令锡良、有泰、凤全等讨论筹瞻。但初入四川的锡良对川边局势了解有限，加之鹿传霖筹瞻川属失败的前车之鉴，对于应否筹瞻川属态度并不明朗，而有泰、凤全意见相左，终致筹瞻无功。光绪三十一年巴塘事发后，锡良主导下开始大举用兵巴塘，此时瞻对藏官则直接出兵干预巴塘事务。锡良深切意识到瞻对藏官"只知有藏卫，不知有国家"，因此在巴塘战事结束后借兵事之利一方面筹划川边改土归流方案，一方面转而极力主张筹瞻川属，并将上述举措以及川边内外危势及时奏报清政府，避免了出现鹿传霖筹瞻川属由于缺乏与清廷有效沟通而遭到后者反对的结局。可以说，锡良筹瞻川属态度的变化，很大程度上反映出新政时期西南边疆的历史生态，即瞻对藏官已成为与中央政府关系日渐疏离的西藏地方政府干预川边事务的开路先锋，筹瞻川属成功与否不仅直接影响到川边秩序，也关乎清政府对西藏的统治力。此时筹瞻川属虽然终于成为央地政府一致认同的施政举措，但又因川边战事未靖而暂时搁置。1906年6月清军攻克桑披寺，之后锡良奏准设置川滇边务大臣，在川边改土归流大幕拉起的时代背景下，赵尔丰最终在1911年将瞻对收归川属。

　　从清末瞻对问题的连续性审视，锡良督川时期筹瞻川属虽未实现，但以锡良为首的地方官员关于筹瞻川属的谋划和举措，客观上在鹿、赵之间

---

　　① 《清德宗实录》光绪二十三年十一月甲午（初九日）。
　　② 参见前引张秋雯《清季鹿传霖力主收回瞻对始末》。

构筑了联系的桥梁，具有承前启后的历史作用。同时不能忽视的是，锡良主导的川边战事不仅强化了清政府对川边的控制，对西藏地方政府也产生极大震慑，正所谓川边"数千里顽梗不化之侪怀畏同深"，藏中"亦渐有悔祸之心"①，这就为赵尔丰筹瞻川属提供了良好的社会环境。尽管赵尔丰主导的筹瞻川属亦是一波三折，但其始终坚持不懈，终将瞻对收归川属，其功固不得不溯至锡良。

---

① 《附录赵大臣尔丰原奏边务大概情形折》，姚锡光：《筹藏刍议》，沈云龙主编《近代中国资料丛刊》正编第39辑，文海出版社，1966，第60页。

晚清东三省巡边制度研究

王宏斌[*]

　　《清史稿》的编者谈及边疆军台、卡伦时曾经指出："沿边台卡，亦内外兼顾，盖边防与国防并重焉。"[①] 这是说，边疆地区的军台和卡伦具有对内对外两个边防功能，即"内外兼顾"。为了有效督促卡伦官兵的巡逻活动，清廷规定相邻的两处卡伦官兵必须按规定按时间按地点会面，互相交换筹牌，这叫作"会哨"。同时还规定比较高级的军官定期前往各个卡伦巡查，检查驻守卡伦人数、装备，并了解卡伦沿线社会治安情况，这种活动有的地方叫"统巡"，有的地方叫"察边"。按照规定，当地高级长官也要定期前往边境视察，这种活动叫作"查阅"。"统巡""查阅"这两种活动有时需要藩属国的配合，规定两国官员应在确定时间和固定地点见面，这种活动也被称为"会哨"。以上"会哨""统巡""查阅"等活动，我们统称其为巡边制度。那么，这种巡边制度在东三省是怎样形成的呢？在晚清时期这种制度发生过何种变异？本文在此着重研究东三省的巡边制度的形成与影响。

一　奉天与吉林边境卡伦设置与巡边制度

1. 奉天与吉林边境卡伦设置

　　清代前期，满族人为了保护和独占其发祥地，朝廷在盛京、吉林和黑龙江实施了诸多封禁措施，设立了许多卡伦。例如，把人参的采集视为满

---

　　*　王宏斌，河北师范大学教授。
　　①　赵尔巽编《清史稿》卷131，志106，第3924~3926页。

族人的专利，每年三月至十月，"为查禁偷采人参，三姓地方所设各卡伦，除严防兵丁坐卡外，通往大江（即松花江）上游阿勒楚喀、呼兰等地之要隘，玛延河、大江以北之细鳞河等处，皆拣派官兵，驻守卡伦"。① 各卡伦的主要任务是，查禁无票盗参人员以及为其提供米粮者，对于秋后出山的刨夫以及潜入者进行严格搜查。除了驻守卡伦的官兵之外，还派有巡山的官兵。巡查南海等地，每年派出协领一员，军官五员，兵丁一百五十名；巡查乌苏里、德克登吉等地每年派出协领一员，军官四员，兵丁一百余名。除了人参之外，貂皮与东珠也是统治者的专用品，边卡官兵还负有稽查商人有无夹带人参、貂皮和东珠的责任。

　　一方面，对于东三省实行封禁措施，限制外来人口的迁入；另一方面，清朝将一部分俘虏、罪犯和家属发往三姓等地方，世代为奴，并设法防止该地区八旗官兵的奴仆外逃。因此，缉拿越界与逃亡人员便成为卡伦官兵的又一重要任务。为此，清廷三令五申，要求坐卡各员弁一体认真稽查，"倘有无票流民潜来，偷越边卡，该管各官若不阻拦禀究，一经查出，定将越边卡该管之员指名参处"。②

　　乾隆前期，在奉天东部边内、边外旧设卡伦各为19处，合计38处。边外卡伦明显具有边防性质，旧有19处，于乾隆五十五年（1790）经盛京将军嵩椿裁撤13处，仅剩余6处，又在哈尔敏河等地安设6处。1792年，新任将军琳宁认为哈尔敏河等6处卡伦地理位置未能扼要，遂将其迁移到大罗圈一带。其边内卡伦19处，于1790年裁撤1处，于1793年又在黄沟等地添设8处。因此，乾隆末年边外卡伦有12处，边内卡伦有26处，合计仍为38处。1801年夏天，盛京将军晋昌查阅边境，认为边外12处卡伦中，只有安平河一处卡伦地点不能扼要，遂将此卡伦迁移到大雅尔河，并在与吉林交界处的纳尔珲必喇昂阿地方添设一处，是时边外卡伦共有13处，边内边外共有卡伦39处。③

　　嘉庆时期，清军在奉天东部，"边外设有卡伦十三处，皆系距江不远，吃紧之地"。④ "每年俱系四月初一起坐，放至十月初一日为止，尽行撤回。

① 《三姓档》卷11，第351页。
② 《三姓档》卷290，第170页。
③ 《盛京将军晋昌奏为遵旨查看边内边外卡伦情形事》嘉庆六年五月二十一日，朱批奏折，档号：04-01-01-0483-063。
④ 《盛京将军富俊奏为遵旨办理卡伦边防查禁事件立定章程事》嘉庆八年九月二十四日，朱批奏折，档号：04-01-08--0079-009。

于边内要口安设二十六处卡伦，至次年三月初一日，又撤至边外坐放，此向来定例也"。① 这些卡伦之所以采取冬季撤回，春季放出的方法，是因为冬季大雪封山，不必守卫而已。1804 年，盛京将军富俊奏请调整边外总卡，建议在边外安设两处总查卡伦：一处在瑷阳边外小黄沟口岸，临于瑷江汇入鸭绿江，与朝鲜一江之隔之处，"是总查应巡各卡适中之地"。此处派驻协领三员，总查嵌石岭以南 5 处卡伦。另一处在汪清边外头道江口，派遣协领三员，总查嵌石岭以北 8 处卡伦。此外，他还建议在江边杨树林子地方添设新的卡伦，配备巡逻船只。

军机大臣与兵部遵照旨意讨论后，认为安设总查处所合适，"应按所奏办理"。至于在杨树林子设立卡伦，配备巡逻船只一事，其答复则是否定的。理由是，"臣等伏查乾隆十一年，原任将军达勒当阿请于牤牛哨地方设立卡伦一事，先经部议准行。嗣朝鲜国王李昑奏称不便，恳请停止。钦奉上谕：'朝鲜国王李昑奏请将牤牛哨添设巡兵之处停止一表，据其历援康熙五十四年恳将图们江岸房间拆毁，并停止开垦地亩一事，蒙圣祖仁皇帝恩准。又雍正九年恳请停止牤牛哨设立卡伦一事，蒙世宗宪皇帝恩准。又乾隆二年，奏请于中江地方停止贸易一事，亦蒙朕恩准。详查旧案，均属确实，似此不便之事，酌拟举行，经其奏请，旋即停止。既与国体不合，恐转为其轻视，又不如不为此举之为愈也。嗣后，惟当将边界以内，严速清查，循例妥办。似此有名无实之事，不必举行。恐将来新任将军大臣不知此故，又欲筹办及此。着将此旨载入该处档册，永远遵行。'钦此。圣训煌煌，所以崇政体而柔远藩者，至为剀切详尽。该将军欲于三道浪头卡伦地方添设兵船，以便潮水上时，往高丽沟等处巡查，并查拿顺江下运之木排，诚为该处缉捕起见。但该处瑷江之东，即系朝鲜地界。该处向无营船巡哨。今忽设船配兵，未免迹涉张皇"。② 为了与近邻朝鲜长期维持友好关系，清廷在处理边界问题时，顾及朝鲜国王及其官员们的感受，谨慎从事，符合两国的长远利益。

1812 年 5 月 2 日，一伙匪徒袭夺了朝鲜边境城镇定州，该国义州府尹赵奥镇带领人马剿匪，生擒 50 余名，为此向中国发出咨文，希望清军堵截

---

① 《呈查办卡伦情形增添官兵数目清单》嘉庆九年六月十一日，录副奏折，单，档号：03 - 1698 - 021。

② 《大学士庆桂奏为议覆富俊奏查阅边外情形并条议移驻卡伦增设官兵各款事》嘉庆九年七月初五日，录副奏折，档号：03 - 1689 - 025。

逸匪。盛京将军和宁为此派遣副都统禄成驻扎凤凰城三道浪头卡伦沿边一线负责巡查、堵御。①

奉天、吉林与朝鲜为邻，边境线漫长，"查拿朝鲜国私越边界，捕打野牲及偷采人参之人"，是边外卡伦的重要职责。关克笑先生认为中朝边境线上的卡伦只是为了查禁吉林地区偷采人参的需要，而不具有守卫边境性质。② 所以他认为，"清代吉林地区卡伦，完全是清政府为了加强'发祥重地'的封禁而设。1860 年清在吉林地区与沙俄有了共同边界后，清政府才在边界沿线增设了卡伦，以防沙俄入侵"。这是说，在 1860 年以前，吉林地区的卡伦，包括中朝边境线上的卡伦都不具有"外防"性质，只是在中俄划定边界线之后，中俄边境上的卡伦才具有了"外防"性质。这种看法显然是有问题的。朝鲜作为朝贡国，尽管与清廷关系密切，但两国之间的边界划分毕竟是明确的。边境卡伦的重要职责是查禁两国偷越人员，至于这些偷越之人员是否为偷采人参、偷猎动物、偷采珍珠、偷伐树木，那是他们越境之后的行为。以查禁目的将边境卡伦界定为"内防"是不合适的。尤其是以朝鲜作为朝贡国，而否定中国边境卡伦的"外防"性质，更是不合适的。因为，在清朝前期，朝廷把周边国家和部落几乎全看成是朝贡国，朝鲜如此，越南、缅甸、尼泊尔、不丹、锡金无不如此，甚至连俄罗斯也被看成是朝贡国，难道限制中国和这些近邻国家的人员偷越边境的也不具有"外防"性质吗？下面，我们从 1846 年的统巡章程看一看中朝边境卡伦的性质。

2. 奉天与吉林的巡边制度

1846 年秋冬，按照惯例盛京将军奕湘派出统巡大员前往中朝边境线上查禁中国农民偷越边境，开垦土地，私种粮食事件，即"匪民越边结舍垦田"事宜。查禁活动结束之后，奕湘向道光皇帝奏报说："东边山场辽阔，南临海滨，北接吉林，绵亘数千里，其间巨山险壑，奸民往复偷越，在所

---

① 《盛京将军和宁奏为副都统禄成咨报朝鲜国土匪情形并妥筹巡防边卡官兵口粮缘由事》嘉庆十七年四月初四，录副奏折，档号：03 - 1672 - 049。

② "吉林地区与朝鲜边界所设卡伦仍然是处于封禁吉林地区的需要。从整体上看这正是吉林地区的卡伦不同于新疆地区及黑龙江地区卡伦之处。1860 年前吉林地区的卡伦应该说是为封禁而设。当时这种职能只限于清与朝鲜的边界上，因为那时清与沙俄在吉林地区并无边界可言。"关克笑：《清代吉林地区卡伦概述》，《历史档案》1985 年第 4 期，第 78~82 页。

不免。"① 计划于来年春天再次查勘后，制订严密章程，以示限制。道光皇帝对此非常重视，立即批示道："该将军俟来岁春融，先期奏明，候旨派员会同前往。"原来这一年冬季朝鲜国王在给奕湘的咨文中，称"逼江近地，结舍垦田四十二处"，均经该国委员平毁。朝鲜国王所称的"逼江"之处，经奕湘查明，是指瑷河西岸一带。瑷河是鸭绿江一条较大支流，位于丹东市境内。瑷河发源自丹东北部和东部山区，顺流而下到达鸭绿江边，是丹东境内水系覆盖最大的河流。1847 年 3 月 8 日，奕湘奏报说，清军在中朝边境线上设立了 18 处卡伦，这些卡伦是否全在扼要处所驻扎？官兵能否联络一气？这些问题需要钦差大臣与其本人亲自查勘之后，拟定章程，奏明办理。

为了慎重边防，怀柔藩服，道光皇帝接到奕湘的奏折后，立即派遣户部左侍郎伯葰，会同盛京将军奕湘前往查勘。由于边界辽阔，奕湘与伯葰商议后，决定勘查活动分为两路进行，一路由奕湘率领，一路由伯葰负责，分别于 5 月 8 日出发。此次勘查活动结束后，柏葰与奕湘共同拟订了《统巡会哨章程》六条，经过军机大臣讨论批准。第一，加强边境的守卫，在原来 18 个卡伦的基础上，另外增设 3 座卡伦，合计为 21 座卡伦。第二，规定每年统巡官前往边境巡视两次，分为春秋两季"统巡"。第三，每届三年，由盛京副都统酌带官兵前往查阅一次，在盛京副都统带兵"查阅"时，为降低"统巡"的频繁率，规定该期统巡官毋庸派往。第四，每年统巡官前往边境时，应由盛京相关衙门（即盛京礼部）照会朝鲜国王，饬令其地方官派人"会哨"。第五，各边门严禁出入。凡是过往刨夫和运粮人员，应持有证件，以防弊混。第六，三道沟一带地广山深，为防止偷伐树木，应于该处酌添官兵。得旨："盛京沿江一带，地广山深，流民最易混迹。查察稍有未至，即难净尽根株（殊）。嗣后每届三年巡查边卡，着由盛京将军开列该将军、五部侍郎、副都统衔名，候朕简派一员前往。并着吉林将军于每年统巡官出边巡查时，一体派员，责令认真清厘。庶不致此掔彼窜。清查后，俱着自行据实具奏，以专责成而靖边圉。余依议。"②

从上述章程和道光皇帝的谕旨可以看出，1847 年，清军不仅增设了卡伦，加强了中朝边境的守卫力量，而且制订了比较严密的《统巡会哨章程》，还将这一制度推广到包括奉天、吉林在内的整个中朝边境线上。不仅

---

① 《盛京将军奕湘奏请钦差大员会同前往边外查勘山场事》道光二十七年正月二十二日，录副奏折，档号：03 - 2992 - 038。
② 《清宣宗实录》卷 442，道光二十七年五月癸卯。

要求清军每年春秋两季派员进行统巡，而且照会朝鲜地方官在清军统巡时，派人会哨，并出具稽查情况证明，还规定每三年钦差官员查阅一次。这些规定，毫无疑问是为了整顿边境治安秩序，稳定边疆局势，防止两国军民擅自越境。从中不难看出，中下级军官的每年定期巡边活动叫作"统巡"，中朝两国官员在边境的定期交流会面叫作"会哨"，每三年盛京派出大员巡边一次的活动叫作"查阅"。

例如，1850 年是钦派大员查阅边境的时间，是年 4 月 13 日，盛京将军奕兴按例开列盛京将军、五部侍郎、副都统等名单，奏请皇帝简派一员前往"查阅边外卡伦"。[①] 道光皇帝根据奕兴开列的名单指派盛京兵部侍郎恒毓"查阅"。恒毓接到谕旨后，立即照会朝鲜国王派员会哨。双方定于四月三十日（6 月 10 日）瑷江边界头道沟处所"会哨"[②]。再如，1862 年 3 月 16 日，盛京将军玉明奏请按照惯例，简派大员前往中朝边境查阅边卡，并请盛京礼部咨文朝鲜国王派员"会哨"。5 月 7 日，朝廷钦派盛京礼部侍郎双福为查阅大员，率领兵丁起程，稽查边境卡伦。5 月 28 日，中朝两国大员在瑷河头道沟地方完成"会哨"[③]。

从中国第一历史档案馆现存档案资料来看，自 1847 年起，到 1891 年止，盛京、吉林两地在此 45 年间，每一年都按规定派出了统巡官到中朝边境巡查卡伦和边境情况，每三年均有一次高级官员的"查阅"，每一次"统巡"和"查阅"活动结束后都要按例向皇帝奏报当年"统巡""查阅"以及与朝鲜官员的"会哨"情况，应当说这一制度得到了认真落实。

自 1848 年开始，清军恢复了每年四季"统巡"制度。不过，与朝鲜官员"会哨"每年仍保持两次。"夏季五月初一、秋季八月二十日，各与朝鲜地方官公同会哨一次"。[④] 当年 8 月 7 日，盛京将军奕兴、副都统庆住奏报："于本年二月出派协领荣琪作为统巡，前往稽查，并会同盛京礼部先期知照朝鲜国王，饬令该国地方官共同会哨，及咨行吉林将军一体派员，钦遵办

---

① 《盛京将军奕兴等奏为请旨简派大员前往东边外山场巡查边卡事》道光三十年三月初二日，朱批奏折，档号：04 - 01 - 01 - 0841 - 040。

② 《盛京兵部侍郎恒毓奏报前往东边外山场巡查边卡并与朝鲜国委员会哨启程日期事》道光三十年三月二十八日，录副奏折，03 - 2995 - 043。

③ 《盛京将军玉明奏为请旨简派大员巡查边卡及与朝鲜会哨事》同治元年二月十六日，朱批奏折，档号：04 - 01 - 01 - 0875 - 105。

④ 《盛京将军都兴阿盛京副都统清凯奏请照旧按季出派尉协前往东边统巡与朝鲜官公同会哨事》同治八年十二月初八日，朱批奏折，档号：04 - 01 - 01 - 0905 - 030。

理去后，兹据统巡协领荣琪详报：在于边之内外，带领各卡官兵拿获伐木等项人犯十名，陆续详解送部审办。于四月十四日行抵瑷江西岸，在头道沟等处卡伦界内逐一搜查，并无匪民复行建、垦之处。十九日，与朝鲜官李元瑞等公同会哨，据该使臣等递具'临江近地并无贼匪复行结舍、垦田'印文一纸，等情前来。"①

1858 年 11 月 14 日，署理盛京将军玉明奏报本年秋季"统巡""会哨"情况说："于本年七月出派防守尉福禄作为统巡，前往稽查，并会同盛京礼部先期知照朝鲜国王，饬令该国地方官共同会哨，及咨行吉林将军一体派员，钦遵办理去后，兹据统巡防守尉福禄详报：在于边之内外，带领官等将各卡境界埃处巡查。于八月十九日行抵瑷江西岸，在头道沟等处卡伦界内逐一搜查，并无匪民复行结舍、垦田之处。二十日，与朝鲜官成焘等公同会哨，据该使臣亲递印结，内称：'逼江近地结【舍】、垦【地】净尽，查办整肃，边境晏然'印文一纸，等情前来"。②

1862 年春季，盛京礼部侍郎双福奉旨巡查边境卡伦，并与朝鲜官员"会哨"。此次查阅，尽管边境安静，但双福发现沿江一带罗圈沟、红石砬子、头道沟等处有人盗伐山场树木，亦有搭盖房屋，开垦荒地者，遂令官兵将其平毁。双福认为卡弁尽管是刚刚到任，也难辞其咎。为此上奏，追究坐卡官弁的责任。他说："相应请旨将头道沟佐领特克什布、骁骑校清吉、红石砬子骁骑校张福元、罗圈沟骁骑校他尔哈那等均着交部议处，以为不实力查拿者戒。"③

从上述资料来看，在清军派出统巡官之前，须将统巡官的姓名、职位、会哨的时间和地点、带领的兵丁人数等情况知照朝鲜国王。朝鲜国王则根据盛京礼部的咨文，按照约定的时间和地点派委官员前往会哨。在中朝两国委员会哨时，朝鲜委员应出具边境治安是否晏然、有无盗贼活动以及是否存在越境私垦、偷采等现象印结一纸，以便清军统巡官带回。会哨结束后，由统巡官将朝鲜委员印结申报盛京将军衙门，作为凭证，以备稽核。

① 《盛京将军奕兴、盛京副都统庆住奏为春季统巡官荣琪稽查东边山场与朝鲜官李元瑞等公同会哨事》道光二十八年七月初九日，录副奏折，档号：03-2993-008。
② 《署理盛京将军奏报本年派出统巡官稽查东边山场并与朝鲜官会哨情形事》咸丰八年十月初九日，录副奏折，档号：03-4267-094。
③ 《盛京礼部侍郎双福奏为特参头道沟佐领特克什布等巡查不力请交部议处事》同治元年五月二十四日，录副奏折，档号：03-4670-011。

同治初年，盛京所属一带地方，盗贼滋扰，清军屡次清剿，而因兵力较为单薄，难于见效。有人建议招募兵力，有人建议调集省城守兵。盛京将军认为这两种方案均有不妥之处。他想到了边外的 24 处卡伦，认为通过移动卡伦官兵，就可以解决清剿盗匪兵力不足问题。为此他建议说："请将逼江近地与朝鲜搭界之三道浪头、中江、大江口、小黄沟口、杨木林子、榆树林子、古城、小三道沟、头道沟等九处，仍令照旧坐放。其古河、大雅尔河、头道江、六道河、矿洞沟、火罗圈沟、红石砬子、哈尔敏河、碗口、辉发霍吞那尔浑、毕拉昂阿、梨树嘴子、佛小岛子、顶山拐、小石棚等十五处坐卡官兵二百六十一名，暂行撤在边内，饬赴兴京，交该城守尉清凯择要驻扎。以此保卫陵寝，安戢地方。统俟一律肃清，再令该官兵赴卡坐放，以符旧制。"① 如此这般，卡务不致废弛，而地方有兵可守。这一方案立即得到朝廷批准。由此我们可以看出，即使在内地用兵吃紧之际，清军仍然留下与朝鲜接壤的 9 处紧要边境卡伦。

1865 年，盛京礼部侍郎清安奉旨前往中朝边境巡查，他于 5 月 2 日启程，计划于 5 月 25 日（五月初一）在头道沟附近与朝鲜委员会哨后返回盛京。他如是奏报说："奴才于四月初八日启程驰赴边外，谨遵原定章程，认真稽查，并与朝鲜委员公同会哨，务期覈实而静边圉。"②

1868 年，因派遣侍郎延熙进山查勘，并与朝鲜委员会哨，暂停了当年统巡官与朝鲜官的会哨任务。1870 年 1 月 9 日，盛京将军都兴阿、盛京副都统清凯奏请恢复统巡、会哨制度说："查勘边地一时难以就绪，若不照旧派员巡查、会哨，音信难通，日久恐滋衅端。奴才等再四筹维，不能不豫加防范。除统巡大员仍请暂为停缓，俟边地定有章程，再行详覈奏办外，其尉协统巡请仍循旧章按四季派令其出境统巡，并夏秋两季各与朝鲜地方官公同会哨，互相稽查，庶内外情形，彼此相通。"③ 此处的"统巡大员"是指三年一次大员查阅活动，即暂停大员"查阅"活动，而"统巡"活动继续正常进行。这一奏折得到批准，当年恢复了与朝鲜官员的统巡、会哨

---

① 《署理盛京 将军恩合盛京副都统富平阿奏为暂将东边内外卡伦分别坐放择要驻扎以节经费事》同治四年九月初四日，朱批奏折，档号：04 - 01 - 01 - 0888 - 031。

② 《盛京礼部侍郎清安奏报巡查边卡启程日期事》同治四年四月初六日，录副奏折，档号：03 - 4615 - 093。

③ 《盛京将军都兴阿盛京副都统清凯奏请照旧按季出派尉协前往东边统巡与朝鲜官公同会哨事》同治八年十二月初八日，朱批奏折，档号：04 - 01 - 01 - 0905 - 030。

制度。是年 9 月 26 日，盛京将军都兴阿奏报了当年夏季统巡、会哨情况。他说："于本年七月出派协领德印作为夏季统巡，前往巡查，并咨行盛京礼部，豫为知照朝鲜国王，饬令该国地方官会哨去后，兹据统巡协领德印详称：驰抵边外巡查，并与朝鲜官李秉国公同会哨，该使臣于五月初一日亲递印结，'边境晏然'等情，经该协领将使臣印结一纸详递前来。"①

1877 年 11 月 25 日，署理吉林将军崇厚、盛京副都统清凯会奏道："本年七月出派协领景福作为秋季统巡，前往巡查，并照章咨行盛京礼部，先期知照朝鲜国王，饬令该国地方官会哨去后，兹据统巡协领详称：驰抵边外巡查，于八月二十日与朝鲜官金泰麟公同会哨，该使臣亲递'边境静肃'印结一纸，由该协领详递前来。"②

清朝在中朝边境的统巡、会哨制度至少持续到 1891 年还在正常进行。是年 8 月 24 日，盛京将军裕禄奏报说："本年四月，委派内城协领恩庆作为夏季统巡，前往巡查，并照章咨行盛京礼部，先期知照朝鲜国王，饬令该国地方官会哨去后，兹据该员详称：驰抵边外巡查，五月初一日与朝鲜国全龙九公同会哨，该使臣亲递'边境晏然'印结一纸，由该协领呈递前来。"③ 事实上，本年朝鲜社会动荡，大批朝鲜人逃亡中国边境，"不下十余万"。1890 年 3 月至 1891 年 7 月，清朝官员全面清查朝鲜越境开垦农户高达 4300 余户，20800 人，清丈土地 15000 垧。至于 1892 年停止统巡、会哨的原因尚不清楚。1894 年甲午中日战争爆发，随后是日军对于朝鲜的殖民控制，中朝两国委员会哨不能不停止。但是，在此必须指出，从 1895 年起，清军在中朝边境继续设立卡伦，实行统巡制度，更有必要。与朝鲜官员的"会哨"活动虽然停止，而统巡制度势必长期坚持下去。

总而言之，清代在奉天和吉林设置边内与边外两种卡伦：边内卡伦主要负责山场守护，稽查无照采参、伐木和越境垦荒者；边外卡伦主要负责边境线的守卫，同时也负有稽查来往边境人员，禁止私自越界采参、盗伐树木和垦荒种地自然也是其任务之一。为了督促边外卡伦官兵尽职尽责，清廷于

---

① 《盛京将军都兴阿奏为本年夏季统巡稽查照章与朝鲜会哨事》同治九年九月初二日，朱批奏折，档号：04 - 01 - 01 - 0908 - 012。

② 《署理吉林将军崇厚盛京副都统清凯奏为本年秋季统巡协领与朝鲜会哨事》光绪三年十月二十一日，录副奏折，档号：03 - 6011 - 053。

③ 《盛京将军裕禄奏为本年夏季统巡协领与朝鲜会哨事竣边界静谧事》光绪十七年七月二十日，朱批奏折，档号：04 - 01 - 01 - 0978 - 030。

1847 年专门制订了《统巡会哨章程》。根据该章程规定，统巡官每年四次前往各个卡伦进行"统巡"，每年夏、秋两季统巡官与朝鲜委员分别"会哨"两次，每次会哨结束之后，统巡官应将朝鲜委员出具的边境会哨情况证明呈报盛京将军，由盛京将军奏报清廷；同时规定，每三年在盛京将军、各部侍郎和副都统中指派一员负责中朝边境"查阅"事宜。"查阅"大员在出发前，也要按照规定通过盛京礼部知照朝鲜国王。朝鲜国王根据盛京礼部咨文约定的时间和地点，派出对等的高级官员，与清朝大员"会哨"。双方"会哨"结束之后，"查阅"大臣应将巡视情况如实奏报清廷。上述会哨、统巡和查阅制度在 1847 年完全形成之后，一直坚持到 19 世纪 90 年代初期。1894 年，朝鲜被日本军事占领后，清朝统巡官、查阅大员与朝鲜官员的"会哨"活动被迫停止。但是，由于日本占领朝鲜，中国边境压力骤增，清朝官员对于边境的卡伦设置不但不能停废，反而会加强。因此，巡查中国边境卡伦的"统巡"活动不可能停止，《统巡会哨章程》不可能被完全废止。

二 黑龙江的边境卡伦设置与巡边制度

1. 黑龙江北部边境卡伦设置情况

清代前期，中俄边境以大兴安岭山脊为界，由于山脊难于设置边疆哨卡，清军在黑龙江左岸地方，设立精奇里、苏楚讷二卡伦，每年由黑龙江副都统轮派官兵坐放。又在精奇里江（俄国人称结雅河）、托可河、英肯河、西力木迪河（结雅河的支流）、牛满江（俄国人称布列亚河）、西勒莫德河等河上设立六座封堆，每年由布特哈总管轮派官兵巡查。① 清代学者屠寄对此明确指出："黑龙江本极边防戍之地，自国初以来，分设将军、都统、总管、城守尉，大抵有分兵无分土，而布特哈专辖牲丁，其牲丁所至之地，皆布特哈总管应巡查之地，故外兴安岭鄂博向归布特哈巡查。"②

另外，清军还在黑龙江上下游左右两岸设立 12 座卡伦。"每处官兵多少有定额，而更代之迟速亦有定期"。如瑷珲西北 300 余里的乌鲁苏木丹卡伦，驻防官兵 18 名，"每月一更"。西林木迪河口东北侧的苏楚那卡伦，派兵常驻，负责貂皮的征收与运输。牛满江北岸的布特哈卡伦，每年三月派

---

① 《总理各国事务衙门王大臣奕劻户部尚书福锟奏为遵议黑龙江左岸原设卡伦封堆碑难派兵查放一折事》光绪十四年九月初八日，朱批奏折，档号：04 - 01 - 03 - 0064 - 009。

② 屠寄：《黑龙江舆图说》，凡例，光绪二十五年（1899 年）黑龙江舆图局绘本，第 1 页。

兵驻扎，每年封冻后撤回。从 1765 年到 1858 年，一直援例办理在案。

1858 年，中俄《瑷珲条约》签订，由额尔古纳河至松花江海口的黑龙江左岸被俄国侵占，右岸顺江流至乌苏里江岸地方为中国所属。这样黑龙江左岸的精奇里河等 5 座卡伦被划入俄国境内，黑龙江右岸只剩下 9 座卡伦。不过该条约还规定，"黑龙江左岸由精奇里河以南至豁尔莫勒津屯原住之满洲人等照旧准其永远居住，仍着满洲大臣、官员管理。俄国人等和好不得侵犯"。① 这样清军还拥有前往精奇里河、西力木迪河、牛满河等三条河道巡查权利。正是有了这一规定，布特哈官兵曾于 1862 年、1877 年和 1879 年三次前往巡查，均未受到俄军阻拦。而从 1880 年开始，俄军不再允许清军前往黑龙江左岸巡逻。

到 1885 年为止，上自额尔古纳河口，下至黑龙江城（即黑河市），计程三千余里，只有卡伦二处，"岂能遍为周到"。这种情况与黑龙江对面俄国人"迁民筑堡，竭力经营"情况恰成鲜明对比。为了防患于未然，新任黑龙江将军文绪认为必须竭力经营。在他看来，拨迁旗户，盖房安置，所费甚巨；招民实边，人数众多，又担心良莠不齐。惟有多设卡伦，认真坐放，才是目前紧要事机。为此，他建议添设卡伦二十处，每处官一员，兵十名，由齐齐哈尔、墨尔根、布特哈、黑龙江四城均匀出派。由于道路遥远，一年更换一次。协领大员仍按照四季前往巡查。如此这般，"门户既严，堂奥易守"。② 他还认为，坐卡官兵生活环境恶劣，加之欠饷的事情时有发生，苦累情形不堪。为此，他建议提高坐卡官兵的盐菜银，援照盛京围场卡伦新例③，酌减一半发放。"无论新添、旧有卡伦，官一员减半给盐菜银五两，兵一名月给银二两，统查协领一员给盐菜银十两，以资口实，用收实效。所有新添卡房二十处，每处起盖草房三间，从简核计亦需银二十两，通共核计需银八千余两"。④ 这些银两，请由抽收"烟厘"项下动用。

---

① 《总理各国事务衙门王大臣奕劻户部尚书福锟奏为遵议黑龙江左岸原设卡伦封堆碍难派兵查放一折事》光绪十四年九月初八日，朱批奏折，档号：04-01-03-0064-009。

② 《黑龙江将军文绪齐齐哈尔副都统禄彭奏请于中俄边境添设卡伦事》光绪十年十一月初五日，朱批奏折，档号：04-01-01-0951-022。

③ "每官一员月给盐菜银十两，兵一名月给盐菜银四两，巡查之员每一次给盐菜银五十两。"《黑龙江将军文绪齐齐哈尔副都统禄彭奏请于中俄边境添设卡伦事》光绪十年十一月初五日，朱批奏折，档号：04-01-01-0951-022。

④ 《黑龙江将军文绪齐齐哈尔副都统禄彭奏请于中俄边境添设卡伦事》光绪十年十一月初五日，朱批奏折，档号：04-01-01-0951-022。

这一建议合情合理，又不需要国库开支，很快得到朝廷批准。关于实际增添的卡伦数量，各书记载不一。有的认为增添了 16 个，有的认为增添了 23 个，共有 25 个卡伦。究竟增添了多少个卡伦？存疑待考。文绪在奏折中提及的"统查协领"，就是奉天与吉林《统巡会哨章程》中的统巡官，于此可见，统巡卡伦制度也在黑龙江边境执行。

1900 年，义和团运动爆发后，俄军开始大规模侵入瑷珲，清军沿江卡伦全部被毁。相反，自从《瑷珲条约》签订后，俄国人在黑龙江左岸是竭力经营，陆地上是城镇相连，河道内是轮船相望。不仅如此，他们还不断在江北展修铁路，移民开荒，可谓不遗余力。而黑龙江右岸，由于清朝继续实行封禁政策，内地居民很少迁入，除了近城二百余里尚有零星村落之外，其余均是山林旷渺之地，所有采矿、捕猎、刈草、伐木等事，任令俄人越境盗取。为了改变这种有界而不守的局面，在俄军陆续撤退后，黑龙江巡抚周树模认为必须重新安设卡伦，把安设卡伦看成是"规复主权，巩固国防之道"。

瑷珲城所属沿江地带，上自额尔古纳河口下至逊河口，上下距离 2110 里，"拟设二十卡伦，每卡设卡官一员，卡副兼书记一员，卡目二名，卡兵二十名"。① 此次在黑龙江上游设立卡伦，周树模建议采用寓兵于农的方案。"所有各卡目兵，令其半巡边境，半垦荒田，更番轮替，期于劳逸平均，兵农并重。自卡官以次分别酌予荒地，限令垦辟，所获食粮即作为该兵弁等津贴。垦熟之后，一并给为世业。查其力能自存，再行停饷、升科，留兵数名保护。另于各卡适中之处，设卡募兵，如前办理。其业经归农者，仍以军法部勒，藉资守望，逐渐递增，庶塞民可期日盛，戍卒不嫌力单。并设马拨一所，置兵十名，专递往来文报，以通声息。至各卡应管境内木植、羊草、皮毛等税，即令随地经征，免致利权外溢。"②

就卡伦的管理体制来说，周树模建议进行必要的改革，即实行分段管理、文官节制制度。"惟卡伦散处，各边必须有监督之人，递加钤束，乃不至散漫无稽。凡隶黑河、瑷珲属境各卡，即由该管府厅就近节制。漠河、呼玛两处拟设厅治，尚未实行。暂行各设总卡，分段管理。并于奇拉及奇

---

① 《黑龙江巡抚周树模奏为开办瑷珲边境卡伦开支数目并陈大概情形事》宣统元年十一月初十日，朱批奏折，档号：04-01-01-1097-007。
② 《黑龙江巡抚周树模奏为开办瑷珲边境卡伦开支数目并陈大概情形事》宣统元年十一月初十日，朱批奏折，档号：04-01-01-1097-007。

克勒两卡卡官予以稽查之权，统由瑷珲道主持办理。责成既属分明，事权亦复统一"。①"豫算二十卡伦一拨，应需盖造房间、购办农具等项，开办费银二万六千六百八十八两，每年额支薪饷、军衣等项银五万七千五百二十二两，常年活支，应请实用实销"。②"查核该城所拟分设卡伦办法，系为整饬边防起见，与呼伦贝尔前办情形大致相同，历经覆准照办。并饬民政司由正款项下照数开支。其兴东边卡，即饬陆续筹办，俾收联络之效，而成划一之规"。③周树模认为，瑷珲沿边地区荒寒，饷力微薄，援照呼伦贝尔方案，"一俟办有成效，所有在事出力员弁，由臣分别异常、寻常劳绩，择优请奖，以励士气而维边局"。④

到1909年为止，清军又在黑龙江上游沿岸重新设卡20座，每一卡伦设立卡官、卡副兼书记1名、卡目2名，卡兵20名，于呼玛尔河、漠河两处设立总卡官，每总卡官负责管理10座卡伦。自西而东，这些卡伦名称以及相互距离略如表1。

表1　1909年黑龙江上游沿岸卡伦名称一览

管理机构	卡伦名称	距离（里）	管理机构	卡伦名称	距离（里）
总卡官驻所	额勒和哈达	31	总卡官驻所	倭西门	116
	洛古河	64		安干	96
	纳钦哈达	74		察哈彦	106
	漠河	86		望哈达	100
	乌苏里	112		呼玛尔	111
	巴拉嘎力	92		西尔根奇	95
	阿穆尔	108		奇拉	60
	开库康	110		扎克达霍洛	100
	安罗	82		霍尔沁	100
	依西肯	90		霍尔莫津	

① 《黑龙江巡抚周树模奏为开办瑷珲边境卡伦开支数目并陈大概情形事》宣统元年十一月初十日，朱批奏折，档号：04-01-01-1097-007。
② 《黑龙江巡抚周树模奏为开办瑷珲边境卡伦开支数目并陈大概情形事》宣统元年十一月初十日，朱批奏折，档号：04-01-01-1097-007。
③ 《黑龙江巡抚周树模奏为开办瑷珲边境卡伦开支数目并陈大概情形事》宣统元年十一月初十日，朱批奏折，档号：04-01-01-1097-007。
④ 《黑龙江巡抚周树模奏为开办瑷珲边境卡伦开支数目并陈大概情形事》宣统元年十一月初十日，朱批奏折，档号：04-01-01-1097-007。

2. 黑龙江西部边境卡伦设置情况

黑龙江西部边境卡伦设立情况比较简单。雍正六年（1728），清军在额尔古纳河上游和中游设立了12处卡伦。这些卡伦的名称是：察罕敖拉卡伦、阿巴该图卡伦、孟克西里卡伦、鄂尔得尼托罗卡伦、库克多博卡伦、巴图尔和硕卡伦、郎图温都尔卡伦、胡裕尔和奇卡伦、巴颜鲁克卡伦、珠尔特依卡伦、苏克特依卡伦、锡伯尔布拉卡伦。

光绪十年（1884），为防范俄国人潜入中国边境采金，曾增设5处卡伦。即莫里勒克卡伦、牛耳河卡伦、温河卡伦、伊穆河卡伦和额勒和哈达卡伦。因此有人说："国界之在呼伦者，前后共设外卡伦十七座。庚子之乱，卡伦尽毁，官兵逃散。"①

1907～1908年间，呼伦贝尔副都统苏那穆策麟和宋小濂对额尔古纳河的卡伦进行了整顿，或者重设，或者裁撤，或者添设。自库伦界至额尔古纳河口，共设卡伦21座。其中裁撤的是苏克特依、锡伯尔布拉2个卡伦，而增设的是珠尔特依、毕拉尔河、珠尔干河、长甸、奇雅河、永安山等6个卡伦。每卡伦设兵30名，由一员卡弁统带，每5卡伦设卡官1员，每10卡设总卡官1员。库克多博卡伦和珠尔干河两处卡伦为总卡官驻所。表2是额尔古纳河自南而北卡伦名称。

表2　1908年额尔古纳河沿岸卡伦名称一览

管理机构	卡伦名称	距离（里）	管理机构	卡伦名称	距离（里）
总卡官驻所	库布勒哲库	40	总卡官驻所	珠尔特依	105
	塔尔巴干达呼山	60		莫里勒克	50
	察罕敖拉	70		毕拉尔河	100
	阿巴该图	90		牛耳河	70
	孟克西里	70		珠尔干河	90
	额尔德尼托罗	70		温河	90
	库克多博	50		长甸	90
	巴图尔和硕	60		伊穆河	100
	郎图温都尔	40		奇雅河	100
	胡裕尔和奇	46		永安山	70
	巴颜鲁克	106	漠河总卡官	额勒和哈达	

---

① 《东三省纪略》卷5，《边塞纪略》上。

3. 黑龙江的巡边制度

由于边疆卡伦官兵必须经常巡逻会哨，相互之间传递情报，运输粮饷，久而久之，使卡伦之间形成了固定的边防路线。清代前期按照行政区域划分，黑龙江的卡伦路线分为三段。

第一段由黑龙江副都统管辖，自松花江江口起，沿黑龙江右岸到逊河河口，长约970里，由5座卡伦路线组成；第二段仍由黑龙江副都统管辖，从逊河河口起到呼伦贝尔最北之额勒和哈达卡伦，长约1970余里，共由20座卡伦路线组成；第三段由黑龙江将军所属之呼伦贝尔总管辖区，自库伦办事大臣所属最东之库布勒哲库卡伦起，沿额尔古纳河沿岸，到达额勒和哈达，长约1560里，共由12座卡伦路线组成。

由于这条边防线是清军巡逻的路线，完全形成于中国境内，或距离边界线遥远，或在边界线附近，完全是中国边境通道。在这条通道上来来往往行走的，既有巡边的军人，又有跨越国境的中外商人，他们或徒步跋涉高山峻岭，或借助船只跨越河湖沼泽，或乘坐车骑奔驰在广阔草原上，或乘坐爬犁穿行于雪原密林。这既是清军的边防要道，又是中俄商人的贸易通道。这条边境路线又连接着附近的政治、经济、军事中心，例如，瑷珲、呼伦贝尔等，互为依托，互为支持，构成了中国北部边境第一道边防线。

清代前期，除了设置在黑龙江两岸的边境卡伦之外，在黑龙江与俄国的分界处，清军还有定期的察边活动。所谓"察边"，即每年四五月份，由黑龙江将军齐齐哈尔、墨尔根副都统共派出官兵255名，兵分三路，由协领、佐领和骁骑校率领前往格尔毕齐、额尔古纳、墨里勒克、楚尔海图等河一带巡视。格尔必齐河①、额尔古纳河由齐齐哈尔派出之官兵负责，墨里河由墨尔根派出之官兵负责，楚里海图河由黑龙江派出之官兵负责。在"察边"时，相近的两支察边队伍应按照固定的时间和地点"会哨"，双方在两个木简上各自书写带兵将领的职位和会哨时间，均用桦皮包裹，一个挂在树上，一个埋在山包。第二年，负责察边者在固定的地点取出两个木简，返回后呈递给将军和副都统查核。然后将木简收藏起来，以备稽查。每年七月"察边"活动结束后，按照惯例向理藩院发送咨文，并于年终向

---

① 格尔必齐河为黑龙江北源石勒喀河左岸支流，位于绰尔纳河（又名乌伦穆河）之东，由北向南流入石勒喀河。

皇帝奏明边境是否安静。新任将军到任时，按例应到边境卡伦"查阅"一次。此后无论任期时间长短，均不必再次前往"查阅"。

《黑龙江外纪》中记载说："黑龙江与俄罗斯分界处，岁以五六月间，齐齐哈尔、墨尔根、黑龙江各协领一员，佐领二员，骁骑校二员，共兵二百四十名，分三路至格尔毕齐、额尔古纳、墨里勒克、楚尔海图等河巡视，谓之'察边'。格尔毕齐河、额尔古纳河，齐齐哈尔卓帐处也；墨里河，墨尔根卓帐处也；楚尔海图河，黑龙江卓帐处。齐齐哈尔协领与墨尔根协领会，墨尔根协领与黑龙江协领会，各书衔名、月日于木简，桦皮包，而一挂之树，一痤之山。明年，察边者取出以呈将军、副都统。又各留木简以备后来考验，而事竣例于七月内咨报理藩院，仍于年终将边界宁谧之处，专折奏闻。至将军于边界，惟新到任者一察，余不尔。"①

《黑龙江外纪》是清嘉庆朝人西清撰写的一部地方志。西清学识渊博，又长期生活在黑龙江地区，做过义学的先生、管库的主事、司榷和审判官吏。是书全面记载了清朝中叶黑龙江地区的政治、经济、军事状况以及地理、文化、民俗等方面的内容。对于我们研究清朝中期东北地区特别是黑龙江地区的历史具有重要史料价值。

晚期黑龙江北部的"察边"制度不详，但可以西部呼伦贝尔边境的"察边"为参考。按照规定，黑龙江将军西部辖区的12处边境卡伦由呼伦贝尔总管负责管理和"查阅"，凡是新任总管到任，应立即前往各处卡伦查阅一次。总管查阅边境时，应在库克多博卡伦附近会见对面俄国哨卡官员"玛雨尔"。例如，1863年冬季明通接任呼伦贝尔总管，于1864年1月1日即携带印信前往库克多博卡伦会见了俄国玛雨尔等边界官员，然后一一查阅了珠尔特依等卡伦，返回驻地后奏报说："珠尔特依等十二卡伦各处坐卡官兵及军械亦皆足数，严饬卡官加意坐卡巡哨，不准稍有疏懈，于十二月初九日回任。"② 再如，副都统布尔和德于1870年3月21日到达呼伦贝尔任所，接管印务后，即于当月25日携带印务前往查阅库克多博等卡伦，会见俄国对面哨卡玛雨尔禄巴里斯奇色尔奇，然后依次查阅了所辖12处边卡，

---

① 长清：《黑龙江外纪》，葛士濬编《皇朝经世文续编》卷74，兵政13，第1页。
② 《呼伦贝尔总管明通奏报到任接总管关防日期并查阅官兵技艺巡查边卡事》同治二年十二月十八日，朱批奏折，档号：04-01-18-0046-008。

于 4 月 10 返回任所，奏报完成交接任务。①

从上述情况可以看出，黑龙江北部的卡伦经历了复杂演变，早期中国的边境卡伦设在黑龙江北岸和黑龙江上下游左右两岸。1858 年以后，由于瑷珲条约的签订，清军被迫撤出了在黑龙江北岸的一部分卡伦，但还拥有前往精奇里河、西力木迪河、牛满河等三条河道巡查权利。从 1880 年开始，俄军强行拦阻清军前往黑龙江左岸巡查之后，中国完全失去了黑龙江左岸的主权。由于俄军的连续侵略，黑龙江北部边境线不断被迫内缩，卡伦设置经过多次调整。清朝前后期，在黑龙江边境线上也有一套"察边""会哨"制度。

三 结论

由于各地情况不同，各地巡边活动的规定有所不同。有的规定相邻的两个卡伦之间应当定期"会哨"，有的规定各旗盟军队定期"会哨"，有的规定宗主国与藩属国代表在边境定期"会哨"。有的地方既有"统巡"又有"查阅"，有的地方只有"统巡"而无"查阅"，有的地方只有"查阅"而无"统巡"。

"统巡"与"查阅"的区别有二：其一，"统巡官"级别较低，一般由协领、城守尉等中级军官担任，而"查阅官"级别较高，相当于省部级文武大员，即将军、五部侍郎、副都统、呼伦贝尔总管大臣等；其二，"统巡"频率较多，一年四次或两次，而"查阅"频率较低，有的三年查阅一次，有的规定高级官员任职初期查阅一次。

与奉天、吉林边境的卡伦体制相比，黑龙江的北部边境和西部边境卡伦为了就近管理的便利，均设立了总卡官，形成了两个层级的管理体制。后来，为了加强管理，奉天、吉林边境的卡伦也分段设立了总卡，显然是借鉴了黑龙江卡伦的管理经验。

与奉天、吉林的"统巡"、"查阅"和"会哨"等巡边制度相比，黑龙江北部"察边"活动也由协领负责，二者官阶相当。"统巡"与"察边"活动相近，性质都是中下级军官定期查验边境卡伦、界牌和鄂博的活动。

---

① 《呼伦贝尔总管布尔和德奏报到任阅看官兵马步骑射并巡查与俄接界各卡事》同治九年三月十六日，朱批奏折，档号：04－01－03－0060－009。

不同点在于，奉天、吉林的"统巡"活动每年进行多次，夏季与秋季要与朝鲜委员"会哨"；而黑龙江的"察边"活动频率较低，"会哨"活动完全在清军内部进行，对象是三支"察边"队伍中的另外两支相邻相互"察边"。

就"查阅"来说，其相同点在于，奉天、吉林的边境"查阅"活动由盛京将军、各部侍郎和副都统由皇帝钦定一人担任，黑龙江西部边境的"查阅"活动规定由呼伦贝尔总管大臣负责，同是高级官员负责查阅边境。不同点在于，奉天、吉林的"查阅"大员的"会哨"对象是朝鲜派出的高级官员，而黑龙江西部"查阅"大员的会见对象是对面俄国哨卡的玛雨尔。

综合起来比较，还有一个不同点，即奉天、吉林的"统巡""查阅"等巡边活动相互交织在一起，形成了两个督查层次，即"统巡"与"查阅"；而黑龙江北部只有"察边"而无"查阅"，黑龙江西部则只有"查阅"而无"察边"，即在黑龙江边防线上只有一个督查层次。正是由于巡边制度的建立和完善，使卡伦以及其他巡防官兵相互游动起来，构成了一条真实的边防线。

清末新政时期东三省治蒙机构的新置

詹　夺[*]

　　奉天、吉林、黑龙江设立行省之后，东三省对蒙新政全面展开，治蒙机构的新置是新政中筹蒙改制的重要内容。东三省原行政体制中并无专门治理蒙旗的机构，筹蒙改制首先体现在治蒙机构的新置上，以东三省蒙务局、吉林蒙务处的新设为代表。同时，治所亦在蒙地陆续增设。虽然前辈学者对此时期的蒙务局、蒙务处与蒙地设治的话题有所研究，如薛智平《东三省蒙务局始末》[①]与《清代内蒙古地区设治述评》[②]、赵云田《晚清东北军政管理机构的演变》[③]等，但至目前，学界对治蒙机构设置的研究尚未深入细致且整体性呈现，因此本文试图以第一手档案资料为主要依据，就重要的治蒙机关作以论述。

一　东三省蒙务局的新设

　　光绪三十三年三月初八（1907年4月20日）东三省开始实行官制改革，设立行省。按照旧例，东北三将军有"兼辖"相邻哲里木盟与呼伦贝尔各蒙旗的权力。1904~1905年日俄战争后东北地区危机日益加重，日俄争相侵占蒙地权益。鉴于此，清廷各臣就蒙务体制办法纷纷上奏条陈，如

＊　詹夺，历史学博士，人民出版社清史编辑部编辑。
① 　薛智平：《东三省蒙务局始末》，《内蒙古档案史料》1993年1期。
② 　薛智平：《清代内蒙古地区设治述评》，《内蒙古垦务研究》，内蒙古人民出版社，1990。
③ 　赵云田：《晚清东北军政管理机构的演变》，《中国边疆史地研究》1992年第4期。

徐世昌曾提议设立蒙务司作为东三省的治蒙机构。[①]

光绪三十三年四月（1907 年 5 月），徐世昌奏东三省设立职司官制及督抚办事要纲事宜一折，就东三省职官具体改革方案提出建议，其中涉及东三省应设蒙务司。蒙务司是与交涉、旗务、民政、提学、度支、劝业等六司平行的第七司，设司使一员，总办司事[②]，使秩从三品，蒙务各司别设一二等译官，"蒙务司掌办理蒙部各事，奉天则辖科尔沁六旗，吉林则辖郭尔罗斯前旗，黑龙江则辖郭尔罗斯后旗，扎赉特杜尔伯特三旗"。[③] 徐世昌上奏之后，清廷并没有及时答复，而是于光绪三十三年五月二十八日（1907 年 7 月 8 日），针对姚锡光所陈内蒙垦务一事"着徐世昌查核办理"[④]。七月，东三省职司官制作出了调整，将七司改为二道、五司，两道分别为劝业、巡警，"奉省设五司二道，各司道已派干员试署，惟蒙务司尚未派员"[⑤]。时《盛京时报》载，"兹闻官场消息云，候补道洮南府知府孙葆瑨在东部蒙古办理荒务已经多年，于蒙务颇有心得，且为人器识宽宏、物望允孚，堪以试署蒙务司，故督抚两宪拟选该员试署云"[⑥]，可见蒙务司人选仍在拟定状态。《盛京时报》所载这条史料只言是来自官场消息，并非朝廷下发的公文。至目前，笔者尚未发现孙葆瑨试署蒙务司的官方公文。且从咨议厅于十月十六日签于驼兴禀文时，仍称"设调查局以立蒙务司之根据""属当务之急"[⑦] 来看，蒙务司并未设立。因此，可以相信于各省设立蒙务司的构想，在后来实际的操作中也并没有实现，取而代之的是蒙务局的设置。

光绪三十四年二月（1908 年 3 月）徐世昌又奏暂于奉天设东三省蒙务

---

① 光绪三十三年九月，于驼兴义亦曾提议东三省应设蒙政专司专管蒙务，内应设立调查局和清讼科，各有职责。见辽宁省档案馆藏《各员条陈蒙务情形》，光绪三十三年九月，奉天省长公署，档号：JC10—5790。

② 中国第一历史档案馆藏《奏为遵议东三省设立职司官制及督抚办事要纲事宜事》，光绪三十三年四月十一日，录副奏折，档号：03-5095-014。

③ 中国第一历史档案馆《呈遵议东三省职司官制章程清单》，光绪三十三年四月十一日，录副奏折，档号：03-5095-015。

④ 《附会同三省巡抚覆奏三省内蒙垦务情形并预筹办法折》，徐世昌：《东三省政略》卷2《蒙务下·筹蒙篇》，《中国边疆史志集成·东北史志》第3部，第1789页。

⑤ 《改七司为二道五司》，《盛京时报》光绪三十三年七月一日。

⑥ 《选择蒙务司员》，《盛京时报》光绪三十三年七月十六日。

⑦ 辽宁省档案馆藏《各员条陈蒙务情形》，光绪三十三年九月，奉天省长公署，档号：JC10—5790。

局。徐世昌一改原设蒙务司的计划，认为在各省分设蒙务司，"办事殊多窒碍"，对整体管辖三省蒙旗不利，因此"奏设蒙务局，请派大员督办，以董其成"。① 同年五月，"会奏考察蒙务及设局情形，并奏派开缺民政部外城巡警总厅厅丞朱启钤为督办"。光绪三十四年十二月初二日（1908 年 12 月 24 日），"刊刻督办东三省蒙务局汉蒙文合璧木质关防一颗，送交奏调开缺民政部外城总厅丞朱启钤接收钤用，先于奉天省城设属开办，然后再行推广"。② 朱启钤被任命后，便着手办理蒙务。

东三省蒙务局内部官职设置简单，"设督办一员，规划尽全盟兴革议。提调一员，赞理全局事务。开办之初，缓设提调，暂设随同、办事官二员，襄助诸政"，以下还分设四科，"一文牍，二编辑，三测绘，四庶务"，科内设有科长科员等，额数不按规定，"酌给薪津，一切费用均由东三省支应处暂派员司经理"。③

东三省蒙务局拟开办地址是有其布局的，选择地点位于蒙旗与三省之间的毗连地区和要道地带，这既有利于防控日俄，又有利于治理蒙旗。朱启钤拟定将蒙务总局设于洮南府。从地理条件上分析，洮南府"与蒙旗近接，以资控驭，而便经营"。④ 同时，在蒙地特殊的要道还应设立分局，诸如法库、辽源、长春、新城、哈尔滨、富拉尔吉等。"控握哲盟全境得居中驾驭之势者，莫如洮南府，前筹拟蒙务办法，原奏请以洮南为总汇置总局焉，他如奉天之辽源州……法库厅为开拓蒙旗出入所由之要路，吉林之长春、新城府当蒙边之重镇，运输之要津，均拟各设分局，以灵消息。"遗憾的是，至宣统元年八月（1909 年 9 月）锡良任东三省总督之时，因未筹到款"总局未能出驻洮南"，始终驻奉天府，各地分局除辽源州所设的蒙务行局派员经理外，其他"分局亦未建设"⑤，只能等"筹款确有成数，再行前

---

① 《附蒙务督办朱启钤酌拟本局办事纲要编制职掌薪项说略文》，徐世昌：《东三省政略》卷 2 《蒙务下·筹蒙篇》，《中国边疆史志集成·东北史志》第 3 部，第 1827 页。

② 辽宁省档案馆藏《内阁会议政务处咨议奏章启槐等条陈蒙古事宜一折》，宣统元年八月十五日，奉天省长公署，档号：JC10 - 5792。

③ 辽宁省档案馆藏《内阁会议政务处咨议奏章启槐等条陈蒙古事宜一折》，宣统元年八月十五日，奉天省长公署，档号：JC10—5792。

④ 《附蒙务局督办朱启钤酌拟本局办事要纲编制执掌薪项说略文》，徐世昌：《东三省政略》卷 2 《蒙务下·筹蒙篇》，《中国边疆史志集成·东北史志》第 3 部，第 1818 页。

⑤ 辽宁省档案馆藏《内阁会议政务处咨议奏章启槐等条陈蒙古事宜一折》，宣统元年八月十五日，奉天省长公署，档号：JC10 - 5792。

往蒙地建设局所"①。虽然除辽源州蒙务分局外，未设其他分局，但蒙务局也并非孤立无援，光绪三十四年九月二十八日（1908 年 10 月 22 日）东三省总督于吉林长春设立了蒙务处。

自光绪三十四年十二月初二日（1908 年 12 月 24 日）东三省蒙务局于奉天正式建立以来，虽然它并非当局者预想的那样发挥应有的效用，但是它的建立标志着朝廷更加重视东三省蒙务问题，并且"有胜于无"，尤其在涉及对外事务时，东三省蒙务局以代表主权国家的身份处理与蒙旗相关的涉外事务。如在办理乌泰债款案时，东三省蒙务局不仅解决了乌泰的债款，"竟能免息还本，所省已十余万"，且又破了"俄人野心，挈回札萨克图全旗矿产土地，所省且不可以数计"。更重要的是，这一事件的解决表明了清廷仍可"怀柔藩服，安其携二，使知吾国官吏之尚可依倚，诸旗观感相率，绝外国之感情，归就国家之覆翼，皆赖有此一举矣"。② 限于篇幅，笔者不能在此一一详述其事件。有一点不能否认，即对东北蒙地来说，在保护其领地、维护其主权方面，东三省蒙务局已尽其力。

宣统三年三月（1911 年 4 月），在赵尔巽任命为东三省总督后，"奉省财政异常支绌……前奉度支部电饬将蒙务局裁撤"，东三省蒙务局终因筹款困难，办事经费不足而被裁撤，后归省公署蒙边科接管。③

二　吉林蒙务处的附设

东三省蒙务局设立后，于各省设立蒙务分局的计划并没有如期实行，蒙务局虽统领三省蒙务，但总局设于奉天，与其他两省距离遥远，诸多蒙务，"鞭长莫及"④。从地理位置上看，吉林处于两省之间，恰郭尔罗斯前旗又与其接壤，吉林行省理应承担办理相关蒙务的重任。光绪三十四年九月（1908 年 10 月），在徐世昌与陈昭常在体察相关情形后，"特设吉林蒙务处

---

① 《蒙务局督办咨呈东三省督抚本局办事简章文》，朱启钤编《东三省蒙务公牍汇编》卷 1，第 77 页。
② 辽宁省档案馆藏《内阁会议政务处咨议奏章启槐等条陈蒙古事宜一折》，宣统元年八月十五日，奉天省长公署，档号：JC10 - 5792。
③ 辽宁省档案馆藏《关于蒙务仓务局裁撤事宜》，宣统三年五月初三，奉天省长公署，档号：JC10 - 4725。
④ 吉林省档案馆藏《吉林行省为发吉林旗务处兼蒙务处关防的札》，光绪三十四年九月十八日 - 十月初一日，档号：J001 - 34 - 0205。

筹办蒙旗事务"①，并发木质关防，自此吉林蒙务处正式成立。

由于财政困难，为节省开支，蒙务处被附设于吉林旗务处内。其官员设置简易：总理为成沂，协理为候补路道槐卿，其他"文牍一员，庶务一员，会计一员，编纂一员，翻译两员，书译一员，测绘一名，书记五名"，总理不支薪水，其他人员银两不等，"一切经费概从节省"。② 经费短缺一直是困扰治蒙机构处理蒙务的难题，不论是其建立伊始，还是寿终正寝之际，无不被经费问题所左右。

吉林蒙务处只负责吉林省所属蒙旗事务，即与郭尔罗斯前旗相关的蒙务事件，且蒙务处的总、协理直接由东三省总督和吉林省巡抚节制。"总、协理管辖本省蒙务，遇事禀承督抚办理，其余人员均受总、协理之命令"。③如果吉林省所辖范围内蒙务与其他省相关，"即由成总理与路道和衷商办，仍移咨东三省总局接洽"④。从另一角度来看，吉林蒙务处并非隶属于东三省蒙务局。

前文已述，虽然蒙务处只负责本省蒙务，但东三省地域宽广，其地点又位于三省中部，所以它在办理东三省蒙务中所处的地位不容小觑。如关于日俄协约签订取缔蒙古之说一事，吉林蒙务处曾咨东三省蒙务局联合三省力量共同抵制日俄对蒙旗的侵入。"蒙务前途较昔时愈即危艰"，虽然"蒙务总分各局有经画"，但"该旗之责任仔肩既无旁贷"，"设立蒙务伊始，所有规划蒙事各办法历经贵总局统筹全局详加条议，宏规硕划巨细无遗，两年以来徒以经济艰难蒙风敝塞，未能以次毕举，现在蒙事日亟，东亚风云大有一日千里之势，似此非常事变"。蒙务处提议，"请由贵总局行知江省分局联三省为一气，急谋抵制办法"。⑤

按照蒙务处建立的初衷，凡有关吉林省所属蒙旗事务应皆归附蒙务处管理，但因吉林施行官制改革，如垦务、学务、词讼等行政司属专司建立，

---

① 中国第一历史档案馆藏《奏为吉省蒙务处裁撤事宜及饬令蒙务一科续办未尽事》宣统三年八月十二日，录副奏折，档号：03-7440-068。
② 《吉林行省为附设蒙务处请旨立案的奏折及清单》，宣统元年八月十四日，吉林省档案馆编《吉林旗务》，第252页。
③ 《吉林行省为附设蒙务处请旨立案的奏折及清单》，宣统元年八月十四日，吉林省档案馆编《吉林旗务》，第251-252页。
④ 吉林省档案馆藏《吉林行省为发吉林旗务处兼蒙务处关防的札》，光绪三十四年九月十八日-光绪三十四年十月初一日，档号：J001-34-0205。
⑤ 辽宁省档案馆藏《吉林蒙务各处咨为日俄协约危及蒙疆请联合三省抵制等情》，宣统二年十二月二十日，奉天省长公署，档号：JC10-2727。

这自然与蒙务处的职权发生了矛盾。蒙务处上奏要求蒙旗事务需"以专责成"，"然庶政举矣，而统属不一，分歧难免，则权限宜先划定也"，如果在分隶各司办理蒙务，恐"周转既多机关易滞"，如"由职处自行办理"，"于蒙务大有裨益"。但此建议并没有被全部批准，行政、司法仍需与其他司合作办理。① 虽然蒙务处附设于旗务处内，最终并没拥有独立处理蒙务的权力，且在处理蒙务方面又与吉林行省内的各司协作，这也说明了，相关蒙务事宜皆属于吉林巡抚权力内，"贵旗治理于敝省息息相通"②，其蒙务治权已经转移至吉林行省。

但从另一角度来看，这是蒙务处之所以被裁撤的根本原因，即对蒙务的治权又逐渐按照不同职能融进行省下的民治机构，与内地一样，不分蒙、民，一律按事务类别一并处理。正如赵尔巽所奏，"自三省设立清理财政局，以后所有蒙务事宜，业经委派专员调查办理，至于征收蒙地大租以及田房税契，均由度支司于长春、农安等处设立，清赋放荒总分各局专理，其事并于长岭县设立蒙荒招垦处办理蒙旗垦荒事宜，而省城蒙务处转觉事务清闲几同虚设"。③ 而蒙务处被裁撤还有其直接原因，即"吉省财政困难已达极点"，宣统三年（1911）资政院核查议减财政预算，"该处经费刻由资政院议减"，"本局为节省用款起见"将"蒙务处即行裁撤"④。这两点原因造成蒙务处终于在宣统三年五月（1911 年 6 月）被裁撤。六月，旗务处内又设立蒙务科，后续蒙务由蒙务科接办。

表面来看，奉天蒙务局和吉林蒙务处被裁撤貌似清廷不再重视东三省蒙务，但实际上，蒙务局被并入公署度支司内蒙边科，蒙务处被并入旗务处内蒙务科，这是将蒙旗治权渐融于行省权力范围内的一个结果。使"东三省蒙旗"这个称呼更加名正言顺。

---

① 吉林省档案馆藏《吉林旗务处为报蒙务目前必要办法请示明权限以专责成的呈》，光绪三十四年十月二十一日，档号：J001 - 34 - 5427。

② 《吉林行省为咨取要案文件致郭尔罗斯公函》，宣统二年四月初一日，吉林省档案馆编《吉林旗务》，第 269 页。

③ 中国第一历史档案馆藏《奏为吉省蒙务处裁撤事宜及饬令蒙务一科续办未尽事》，宣统三年八月十二日，录副奏折，档号：03 - 7440 - 068。

④ 《吉林行省关于裁并蒙务处事宜的咨文》，宣统三年七月初三日，吉林省档案馆编《吉林旗务》，第 284 页。

三　治所的增置

东三省蒙务局和吉林蒙务处设立的同时，东三省各属蒙旗也在同时续放蒙荒，并且在开垦的空旷之地增置治所，即道、府、县，皆可管辖设治区域内的一切事务，特别是道，具有管理蒙旗的职责。呼伦贝尔地区也与其他蒙旗一样全面放垦，裁撤副都统，并相继设立治所，加强边防。

奉天所属的科尔沁六旗从嘉庆时期就开始设立治所。东三省改行省以后，因已垦之地域广阔，原设立的治所很难辖治周全，商民来往期间因贼匪出没而请求保护，所以奉天又增置二县，即醴泉县和镇东县。醴泉县，宣统元年三月（1909 年 5 月）设，原属科尔沁右翼图什业图王蒙旗北部，光绪三十二年（1906）开始丈放，垦户逐渐增加，商民往来其间，因"蒙疆僻远，夺劫时闻"，"亟望设官，以资卫护"。① 镇东县，宣统二年（1910）分安广县之北，科尔沁右翼后旗中南部垦地而设置。锡良上奏，洮南府东北之镇国公旗"蒙荒甫辟，非招垦不足实边；疆界既分，非设官不足以坐镇"，"现有垦户半皆客籍，人数既众，良莠不齐，尤赖官为弹压"，奏请在叉干挠地方设镇东县，用以征收地租，办理地方事务。② 宣统元年二月（1909 年 3 月），徐世昌又奏将原已设洮南、昌图地区新置洮昌兵备道，其主要职能为"兼管蒙旗事务，以资控制"。③ 洮昌兵备道的设置与徐世昌的治蒙思想相关，即他注重经营蒙古，保卫边防，以抵御俄国。

吉林所属郭尔罗斯前旗亦于嘉庆四年（1798）开始设长春厅。日俄战后，以长春为铁路分界点，将日俄势力范围划清，因其位于孔道，联络南北，并接蒙旗，外交与内政事务与日俱增。因此，徐世昌上奏，吉林"欲筹治内防外之要策，非添设民官，断不足以资治理"。④ 长岭县，原属郭尔罗斯前旗地，由于垦者日众，渐成村落，于光绪三十三年（1907）分农安

① 中国第一历史档案馆藏《东三省总督锡良奏为奉省拟请添设县治并派员试办事》，宣统二年六月初十日，朱批奏折，档号：04-01-01-1105-072。
② 中国第一历史档案馆藏《军机大臣总理外务部事务奕劻等奏为遵旨会议东三省总督锡良奏奉省拟请添设县治事》，宣统二年八月初三日，录副奏折，档号：03-7477-003。
③ 中国第一历史档案馆藏《奏为政务处核议奉省拟裁巡警道添设洮昌等道事》，宣统元年二月二十四日，录副奏折，档号：03-7440-002。
④ 中国第一历史档案馆藏《东三省总督徐世昌署理吉林巡抚朱家宝奏请择要增设府州县员缺事》，光绪三十三年十一月二十四日，录副奏折，档号：03-5494-037。

县西北的农家、农齐、农国三区设置，管理郭尔罗斯前旗西南垦地。[①] 德惠县，宣统二年（1910）分长春府东北境的沐德、怀惠二乡设置，管理郭尔罗斯前旗东南部垦区。[②] 宣统二年三月（1910年4月），锡良奏请变通吉林民治机构，因长春府辖境宽广，鞭长莫及，难以"筹防腹地"，所以增设德惠县。[③] 西南路道，光绪三十三年十一月（1907年12月）徐世昌奏请于长春设立西路兵备道，用以保护利权，"凡西路所属之府、厅、州、县皆隶之"。[④] 宣统元年八月（1909年9月），锡良变通官制，认为吉林西南渐为繁庶，"不可无监司大员，以资坐镇"，于是将西路道改为西南路道，仍驻长春，用以巡防吉林西南地区，仍辖长春、农安、长岭、德惠等府厅州县。[⑤]

黑龙江所属蒙旗可以分两部分，哲里木盟之郭尔罗斯后旗、扎赉特旗、杜尔伯特旗与呼伦贝尔。三札萨克蒙旗与呼伦贝尔在黑龙江设立行省以后的体制改革中体现出不同的特点，三札萨克蒙旗与奉天、吉林所属蒙旗的地方建置基本相同，于开垦之地设立府州县等治所，扎赉特旗早在新政开始之前一年即着手开垦，新政开始之后至行省设立之前已经陆续设治。新政以后，又于杜尔伯特旗沿嫩江处增设武兴厅，治多耐站。呼伦贝尔地区又不同于札萨克蒙旗。呼伦贝尔原属八旗体制，直属于黑龙江将军管辖，在东三省设立行省以后，由东三省督抚直接掌管。但此时旗制机构并没有被裁撤，而是与新置机构并存。如有与旧日有关的旗务事务，仍归原各司办理，而所创办的其他新政事务，设立文案处，调查局辅助。财政方面原由左司负责，因整顿财政而新设会计所，之后又新设官贷局处理贷款事务。铁路进入以后，呼伦贝尔一项重要的新政措施就是开垦旗地，所以设立了边垦总局，负责呼伦贝尔地区垦务以及卡伦事务。光绪三十四年五月（1908年6月），徐世昌上奏黑龙江地方官制改革方案，提议于呼伦贝尔要冲之地增添民治机构，分别设立道、府、厅。此计获准执行。[⑥] "光绪三十

---

① 赵尔巽等撰《清史稿》卷56《地理三》，第1950页。
② 赵尔巽等撰《清史稿》卷56《地理三》，第1951页。
③ 中国第一历史档案馆藏《奏为吉省添设民官各缺体察情形酌量更易并请添设双阳德惠两县事》，宣统二年三月初九日，朱批奏折，档号：04-01-12-0684-016。
④ 中国第一历史档案馆藏《东三省总督徐世昌署理吉林巡抚朱家宝奏请择要增设府州县员缺事》，光绪三十三年十一月二十四日，录副奏折，档号：3-5494-037。
⑤ 《吏部会奏议覆东督等奏更改吉林各道缺折》，《盛京时报》宣统二年五月十九日。
⑥ 中国第一历史档案馆藏《东三省总督徐世昌署理黑龙江巡抚周树模奏请酌拟增设江省道府厅县民官各缺事》，光绪三十四年五月十二日，录副奏折，档号：03-5505-028。

四年增设黑龙江民官，疏内呼伦贝尔副都统改为呼伦道，道所驻地设呼伦厅，满洲里设胪滨府，吉拉林设室韦厅"。① 以吉拉林举例，"再呼伦贝尔所属吉拉林一带，地处边远逼近强邻，该处金矿前为俄人占据"，为保利权与固边圉，光绪三十四年五月（1908 年 6 月）设立吉拉林设治委员。② 同年七月，上奏《江省添设民官增改道府厅县办法折》，又于吉拉林设置室韦直隶厅，隶属呼伦道。再如满洲里一处，原设边垦分局，负责沿边地区招垦各事，因与俄交涉频繁，边垦分局不能应对，需设立治所。宣统元年六月（1909 年 8 月），于满洲里设胪滨府治，任张寿增试署胪滨府知府。"查新设胪滨府治系驻呼伦贝尔所属之满洲里地方，该处为东清铁路入江第一重门户，华俄交涉至为殷繁，上年曾于该处设立边垦分局试办沿边招垦各事，宜现既添设民官，亟应及时经营，以重边防而资治理"。③ 正如徐世昌所言："由前之说则为旗官时代，由后之说则为民官时代，而宋小濂目前所经营者实为旗官与民官过渡之时代"。④ 可见，在官制改革方面，呼伦贝尔经过了旗制和民制机构并存的时期，这一点与哲里木盟蒙旗不同。

综上所述，东三省行省体制正式建立后，对蒙新政全面展开。治蒙机构的新置，标志了东三省蒙旗治权逐步转移至行省。首先是在奉天设立了东三省蒙务局，总司哲里木盟各蒙旗一切应兴应革事务，具有经营蒙旗、保护边疆的职责。其次是在吉林设立了蒙务处，协助奉天蒙务局，一是用以联络三省蒙务，二是处理吉林属蒙旗事务，并受东三省总督与吉林巡抚节制。虽然至宣统三年五六月（1911 年 6、7 月）蒙务处与蒙务局分别被裁撤，但这并不意味着东三省对蒙治权的终结，而是将蒙旗所行事务划入各自行省公署的蒙务科与蒙边科内，并入行省体制下的民治行政体制运转。东三省在蒙地设治的过程，实际上正是肃清盟旗体制下蒙旗权力的过程。虽然此举对蒙旗造成了不可逆转的影响，但是它对稳定边疆、抵抗日俄对蒙旗的侵蚀具有积极的意义。

---

① 徐世昌：《纪建置》，《东三省政略》卷 1《边务·呼伦贝尔篇》，《中国边疆史志集成·东北史志》第 3 部，第 1374 页。

② 中国第一历史档案馆藏《奏为呼伦贝尔吉拉林接办金矿垦务木植等情形事》，光绪三十四年五月十三日，录副奏折，档号：03 - 9647 - 093。

③ 中国第一历史档案馆藏《奏为饬令试署胪滨府知府张寿增先行赴任俟补缺后再行给咨赴引事》，宣统元年六月初四日，朱批奏折，档号：04 - 01 - 12 - 0677 - 015

④ 徐世昌：《纪建置》，《东三省政略》卷 1《边务·呼伦贝尔篇》，《中国边疆史志集成·东北史志》第 3 部，第 1374 - 1375 页。

关于袁世凯与东三省改制的几个问题

廖大伟　张　昊[*]

　　东三省改制系近代东北历史上的一件大事，也是清末新政一项重要举措。学术界对东三省改制历来比较关注，尤其对官制改革与建省，改制前后教育、经济、政治格局暨相关人物等研究成果颇丰，其中也包括袁世凯与东三省改制的关系问题。张华腾《袁世凯对东北问题的关注与东三省改制》，着重强调袁世凯维护东北利益所作的贡献；[①] 王振科、郑毅《论袁世凯与奉天政局（1907～1916）》，则主要论述袁世凯参与徐世昌在东北的改革，认为徐当政后东三省成为袁的私物；[②] 李志铭《袁世凯幕府与清末新政》，虽非专题研究东北问题，但有关观点相似，认为袁世凯幕府不仅对直隶新政，甚至对整个清末新政都起了至关重要的推动作用。[③] 但是袁如此重视东北真正原因何在，赵尔巽主政期间袁对东北政局参与程度如何，彼此除了亲密是否还有矛盾，徐世昌任总督后袁氏与东北的关系又怎样，袁系势力究竟扩充到何种程度，为什么袁函电赵、徐后者少而前者多。所幸骆宝善、刘路生主编的《袁世凯全集》新近出版，为探讨这些问题提供了丰富的新史料。本文主要利用该书试就上述问题进行探究，着重分析表象与实际。

---

[*]　廖大伟，东华大学人文学院教授；张昊，东华大学中国史专业硕士研究生。

①　张华腾：《袁世凯对东北问题的关注与东三省改制》，《中国边疆史地研究》2010 年第6 期。

②　王振科、郑毅：《论袁世凯与奉天政局（1907～1916）》，《松辽学刊》（社会科学版）1986年第 10 期。

③　李志铭：《袁世凯幕府与清末新政》，《史林》2007 年 6 期。

一 关注东北

1901 年李鸿章去世，袁世凯接任直隶总督兼北洋大臣，成为封疆大吏，北洋之主。北洋大臣职责范围包括直隶、山东、奉天的通商与洋务，办理有关外交、海防、关税等事宜，权力空间已拓展三地，但行政管辖尚不能作主。做过山东巡抚又担任直隶总督的袁世凯已将直隶、山东两省纳入自己势力范围，只有奉天及整个东北地区还没有被其完全掌控，所以他对东北兴趣极浓。可是此时黑龙江将军程德全和吉林将军达桂都在东北任职多年，所以留给袁世凯的机会并不太多。

1902 年袁世凯获悉东北匪情有变，遂立即上奏"毋庸派兵往剿"。[1] 原来东北剿匪不属于北洋大臣职责范围，而且即使"派兵往剿"，成功之后对自己也无实际意义。但是清政府器重袁世凯，许多事情都要求他过问参与，如朝廷命令增祺将军接收盛京西南段至辽河铁路时，就明确要求他"先咨询袁世凯接收天津一切章程，按照办理"。[2] 袁世凯虽然在剿匪问题上不积极，但并不表示他不关注东北。日俄战争期间，袁世凯曾多次向外务部、军机处发出电报，汇报战争情况。战争结束时，袁世凯立即派军队和行政官员进行接受，恢复行使主权。他说："旧俄方分期撤兵，清理地面为目下第一要义，而已撤之区，必须以全力保其治安，方免丛生枝节。惟日人新胜甚骄，狡计孔多，又须审慎详筹，方能有济。"[3] 日俄战争结束后，袁世凯作为中方三名全权大臣之一参与了收回东北的所有谈判。袁世凯自己的努力、朝廷赠与的机会以及当时的国际局势都为袁世凯在东北扩张势力提供了可能性。

二 赵尔巽主政东北前后的参与

首先表现在联系频繁。在东北地区危机加深及日俄战争爆发之时，朝廷有意调任湖南巡抚赵尔巽接手盛京将军。1904 年 5 月 25 日，朝廷诏令赵

① 《德宗景皇帝实录》卷 494，光绪二十八年正月丁丑，中华书局 1987 年影印版。
② 《德宗景皇帝实录》卷 503，光绪二十八年七月乙酉。
③ 《赵尔巽全宗档案》，中国第一历史档案馆藏，档号第 135 号，转引自李皓《盛京将军赵尔巽与日俄战争后的奉天政局》，东北师范大学博士学位论文，2009。

尔巽入京觐见，日后又再次催促。① 8 月 1 日赵氏入京后②，帝后多次召见，连日垂询东北事宜。赵氏强调东北问题刻不容缓，主张以外交、兵备、财政为入手要著。③ 赵氏入京数月后，朝廷调户部尚书鹿传霖接替赵尔巽④，12 月 13 日又颁上谕，"赏湖南巡抚赵尔巽尚书衔，留京当差"。⑤ 赵氏任职京官期间，多次奏言东北事宜，并且与袁世凯密切联系，甚至专程赴天津拜访袁世凯。1905 年 3 月 19 日，时任户部尚书的赵尔巽专程赴津"与袁世凯商东三省事宜"。⑥ 4 月 19 日袁世凯致电赵尔巽称："近为自卫起见，各国渐有增兵，似不便独阻俄国。"⑦ 来电虽未道明什么地区，但显然谈的是东北问题，此时他俩缘于东北问题而联系不断。

1905 年 5 月 7 日朝廷下旨，正式任命赵尔巽为盛京将军。⑧ 5 月 14 日赵氏又赴天津⑨，与袁商讨日俄战争善后及前往奉天时间等问题。⑩ 7 月 7 日朝廷又谕，催其"迅速请训启程"。⑪ 请训之日，清廷颁谕"赵尔巽到任后，地方一切事宜著责成认真整顿，并破除常例，因时制宜。所有应兴应革及劝惩各员，均著悉心体察，随时电奏请旨办理"。⑫ 是月 10 日，赵氏再次赴津，据《大公报》披露："盛京将军赵次帅于初八日来津，闻系晤袁宫保商议要事。"⑬ 21 日赵氏一行离京赴任，中途又到天津，专门与袁商讨奉天各项事务。⑭ 由此可见，赵氏抵奉上任前与袁世凯交往相当频繁，彼此就东北问题保持密切联系。

赵尔巽任职将军之初，与袁世凯联系仍然密切。据《袁世凯全集》统

① 《德宗景皇帝实录》卷 532，光绪三十年四月己未。
② 《德宗景皇帝实录》卷 532，光绪三十年四月癸亥。
③ 《德宗景皇帝实录》卷 532，光绪三十年六月戊辰。
④ 《德宗景皇帝实录》卷 533，光绪三十年七月庚辰。
⑤ 《德宗景皇帝实录》卷 537，光绪三十年十一月辛巳。
⑥ 苏振申编《中日关系史事年表》，（台北）华岗出版有限公司，1977，第 142 页。
⑦ 《致盛京将军赵尔巽电》（1905 年 4 月 19 日），骆宝善、刘路生编《袁世凯全集》卷 14，河南大学出版社，2013，第 393 页。
⑧ 《德宗景皇帝实录》卷 544，光绪三十一年四月丙午。
⑨ 《盛京将军来津》，《大公报》（天津）1905 年 5 月 15 日。
⑩ 《次帅商办要件》，《大公报》（天津）1905 年 5 月 20 日。
⑪ 《德宗景皇帝实录》卷 546，光绪三十一年六月丁未。
⑫ 《德宗景皇帝实录》卷 546，光绪三十一年六月己酉。
⑬ 《赵将军之行期》，《大公报》（天津）1905 年 7 月 13 日。
⑭ 《次帅启行》，《大公报》（天津）1905 年 7 月 23 日；《中外近事·本埠》，《大公报》（天津）1905 年 7 月 24 日。

计，仅 1906 年 1 月这一个月内袁给赵的电报就多达 11 通，平均三天即一通。赵尔巽不属于袁系人马，彼此保持密切联系在赵氏这边是想得到帮助，在袁氏这边主要出自对东北的兴趣，因此在袁致赵氏电函中经常会有情况通报、事件咨询和建议、协调。如 1905 年 12 月 4 日，袁世凯因日本撤兵结束将近，提示赵尔巽再请外务部向日使议商，"由北洋派兵轮管带程璧光往，与日武员提议公用"①，1906 年 1 月 4 日建议赵尔巽发行铁路借款合同至铁路经过各州县②，1906 年 1 月 1 日致电询问某要件是否收到③，1 月 13 日就石立生诈骗案咨文两地如何协调。④ 甚至在东北剿匪问题上主动改变态度，于 1 月 28 日建议赵尔巽饬令当地军队先行会剿，并表示"如仍猖獗，拟遣新军数出关援应"。⑤

袁世凯不仅过问赵尔巽东北之策，提出建议和要求，同时也协助赵尔巽上奏朝廷。日俄战争后奉天地方民穷财困，农业商业多为停滞，财政难以为继，赵尔巽多次向朝廷上奏申请拨款，袁世凯为其助力。1905 年 4 月 24 日袁世凯上奏朝廷分析奉天局势，建议增加养廉银，具体"准照直隶布政使例，每年支给养廉银九千两，以资办公"。⑥ 1906 年 1 月 9 日再陈奉天财政困难，希得筹款，奏曰："奉省举办善后事宜，需款甚巨，而民生凋敝，物力艰难，宜筹安集地方，更无筹款之策。前准盛京将军赵尔巽电商各省，分筹协济。臣以该省为陪都重地，正值百废待兴，未便稍分畛域，当由赈抚局并关内外铁路余利项下，各挪拨银十万两，解交应用。"⑦ 袁世凯不仅帮助赵尔巽向朝廷申请筹款，在其他事务上也与赵尔巽保持一致，一同奏请，如 1907 年 3 月 13 日袁世凯、赵尔巽就中韩陆路通商条约联名致电外务部。⑧ 如果说通商属于北洋大臣职责之内事务，那么 1906 年 4 月 17 日赵尔巽、袁世凯就东北改制的联名奏折则体现了袁世凯试图更大的介入。该奏折曰：

---

① 《咨盛京将军赵尔巽文》（1905 年 12 月 4 日），《袁世凯全集》卷 14，第 303 页。
② 《咨盛京将军赵尔巽文》（1906 年 1 月 4 日），《袁世凯全集》卷 14，第 414 页。
③ 《致盛京将军赵尔巽电》（1906 年 1 月 1 日），《袁世凯全集》卷 14，第 394 页。
④ 《咨盛京将军赵尔巽文（1906 年 1 月 13 日）》，《袁世凯全集》卷 14，第 459～460 页。石立生系天津人，但诈骗案发生在奉天。
⑤ 《致盛京将军赵尔巽电》（1906 年 1 月 28 日），《袁世凯全集》卷 14，第 486 页。
⑥ 《请增顺天府尹养廉银片》（1905 年 4 月 24 日），《袁世凯全集》卷 13，第 401 页。
⑦ 《解银协济奉天片》（1906 年 1 月 9 日），《袁世凯全集》卷 14，第 422 页。
⑧ 《会盛京将军赵尔巽致外务部电》（1907 年 1 月 13 日），卷 16，第 32 页。

拟即合盛京将军、奉天总督及五部府尹之政，并于一署，名之曰盛京行部。附设综核处，并将新旧各局、署归属，分设内务、外务、官治、督谏、财政、学务、巡警、商、矿、农、工凡十局。设行部大臣一员，总理庶务，综核处随同办法。此外，内务为将军专责，外务为交涉关键，用人用兵，关系治乱。应以内务、外务、官治、督谏四局，由行部大臣自判。此外，设参赞一员，左右参议两员，左右副参议两员，酌情按材地所宜，分判各局，以资佐理。①

奏折中反映了袁世凯对东北官制改革的设想。

通过上述电报，不仅可以看到袁赵二人在此期间的联系密切，而且还可看出二人联系密切是着眼于东北格局和未来经济、军事、外交等改革方向。纵观二人的交往频繁，既有纯粹的公务、私谊，也有于捍卫疆土和改变东北的意愿，但也不可否认其中包藏着袁世凯对东北的野心和期许。赵、袁都是改革派，赵一直坚持新政，可是他陈请东北改革的奏折总是石沉大海，没有回应。在这般情形之下，他寻求有改革经验和新政盛誉的袁世凯支持，应该是个对路的做法，不错的选择。而对于袁世凯来说，捍卫疆土为臣子之责，扩张势力则利在个人，因而关注和参与东北事务，希冀在东北扩张势力，扩大他袁氏阵营地盘和基础，自是公私合一、一箭双雕之务。

不过在此过程中彼此的冲突还是有所呈现。尽管袁世凯能够通过赵尔巽参与过问东北事务，但并不代表他们之间没有矛盾。1906 年 9 月 7 日媒体转译《大阪朝日新闻》的文章，以《纪赵袁两帅之冲突》为题报道了赵尔巽和袁世凯之间的关系，报道说：

赵尔巽之任奉天将军也，与袁世凯协商欲令其子袁克定为营务处总办，袁不允。赵将军遂电达北京政府，言盛京军政非袁克定总理不可，请电调袁克定。政府许之，袁世凯亦承认。袁克定往奉天后与赵将军不甚浃洽，赵虽面加以优礼，实则敬而远之。凡袁党在奉天者如张锡銮、钱镠其势力渐失，而赵之腹心如史念祖等，其势力则渐增。袁克定大愤遂于西历九月十五日辞去奉天，袁之去也，赵赠以俸银一万余元。袁不受，径归天津，以情形面白袁世凯。赵同时派遣密使多

---

① 《会奏遵拟更定奉省管制摺（1906 年 4 月 17 日）》《袁世凯全集》卷 14，第 598 页。

人至北京天津侦查报告一切，至二十七日复派人入都，欲对于袁世凯
为反抗之运动，乃袁已先一日入都，而该密使至二十九日始达，袁已
据袁克定之报告详细奏上，是以赵尔巽之位置甚为危险闻，赵已自行
上疏辩白云。①

　　日本长期觊觎东北，对其高度关注，许多特务在此收集情报，这则转
译自日本媒体的报道其可信度较高。同时，根据袁赵之间的电报及其他媒
体的报道，可知确有袁克定短期赴奉天任职一事，如《东方杂志》报道：
总兵处派袁克定至奉天代统新军。② 但是早在当年 1 月，袁就致电赵以袁
克定"才拙学浅，更事甚少"及已与徐世昌有约为理由，拒绝了袁克定
到奉天就职。③ 可见在袁克定是否赴奉天一事上，赵尔巽和袁世凯意见
相左。

　　确如媒体报道所言，袁党势力在奉天渐失，而赵之势力则渐增。在赵
尔巽赴任之前，一部分袁党在此官居要职。张锡銮任东边道，孙宝琦署理
奉天府府尹，可以说袁世凯在原东北已拥有一定势力。可是赵尔巽倾向任
用亲信和新人，出关时便有门生故旧随往，正式上任前又奏请派调合适人
选到奉天，先奏请"调京外人员内阁中书沈兆祉等二十六员以资任使"，又
奏请调署广西右江镇总兵黄忠浩办理营务，湖北道员史念祖、襄阳府知府
邓嘉缜、广西南宁府知府王人文前来办理善后事宜，更奏请"将已革翰林
院庶吉士熊希龄开复原官，发交奉省差遣委用"。④ 朝廷基本同意了他的请
求，"命翰林院编修魏景桐等六员赴奉，交盛京将军赵尔巽差委"。⑤ 新人马
的到来，不可避免地会分夺袁党在此的权利。同时赵尔巽在东北推动改革，
也多多少少会触及袁氏人马的利益。赵尔巽在奉天进行的一系列改革中就
包括财税改革，"旗民地丁钱粮官兵俸饷，及善后赈捐各项事宜，拟请均归
并财政总局，分所办理"。⑥ 而此时与袁世凯曾经结拜过的张锡銮恰任东边
道兼税务总监，显然这一改革触碰到了张的权利，他"因近来宪眷日替而

① 《纪赵袁两帅之冲突》，《申报》1906 年 9 月 7 日。
② 《光绪三十二年三月中国事纪》，《东方杂志》1906 年第 3 卷，第 4 期。
③ 《致盛京将军赵尔巽电》（1906 年 1 月 10 日），《袁世凯全集》卷 14，第 431 页；《致盛京
　将军赵尔巽电》（1906 年 1 月 24 日），《袁世凯全集》卷 14，第 480 页。
④ 《德宗景皇帝实录》卷 545，光绪三十一年五月辛丑。
⑤ 《德宗景皇帝实录》卷 546，光绪三十一年六月己酉。
⑥ 《德宗景皇帝实录》卷 551，光绪三十一年十一月甲戌。

东边开埠又诸事棘手，东边税务亦改归财政局主持，故颇思量移他缺"，甚至有媒体揣测"日前藉差赴津闻系密为运动云"。①

赵尔巽和袁世凯联系日益密切的同时，也是他们之间冲突凸显的过程，因为他们的交际一方面缘于彼此利益的诉求，另一方面受命朝廷"命袁世凯与赵尔巽妥议东三省办法"的要求。② 这些冲突表明赵尔巽任盛京将军对袁世凯来说并非好事，所以在即将到来的官制改革中，袁世凯希望换上更加合他心意的人来掌管东北。

三　东三省官制改革与袁系人马

东三省改制最后北洋胜出，袁系人马出任总督。1906 年 11 月 6 日中央官制改革方案拒绝设立责任内阁，同时朝廷任命铁良为陆军部尚书，这使得袁世凯的政治意图遭到打击，更令在接下来的地方官制改革中袁世凯急需争取更大的拓展空间。这时朝廷也需要对袁世凯给予某种补偿以平衡格局，而这种补偿就是徐世昌坐镇东北。徐世昌参与过小站练兵，1901 年又受袁世凯保荐③，为袁系人马重要成员。徐世昌与袁世凯交谊甚深，在清末斗争激烈的官场中，徐世昌作为北洋成员，参与到袁世凯很多重要事务的决策当中。袁世凯曾致电两江总督端方："内地藩臬恐难与争，拟商菊人设法，未知有济否。"④ 可见徐在袁心目中的分量。

1906 年 9 月朝廷"命商部尚书载振、巡警部尚书徐世昌前往奉天查办事件"⑤，这被认为是徐世昌执掌东北的信号。因为身为皇族弟子的载振办事能力较弱，事实上此次考察的实际负责人成了徐世昌。徐世昌东北归来，道明东三省目前危急："东三省比岁以来，叠遭变故，创巨痛深，为二百余年所未有。"⑥ 继而根据考察结果提出建议："拟请特设东三省总督一员，予以全权举三省全部应办之事，悉以委之除外交事件关紧重要者，乃命与外务部咨商办理外，其财政、兵政及一切内治之事均令遵筹总揽无所牵制，

---

① 《张锡銮赴津运动》，《申报》1906 年 7 月 31 日。
② 《乙巳周年中国大事记其三秋季》，《申报》1906 年 1 月 19 日。
③ 《德宗景皇帝实录》卷 482，光绪二十七年四月戊午。
④ 《致两江总督端方电》，《袁世凯全集》卷 16，第 123 页。
⑤ 《德宗景皇帝实录》卷 564，光绪三十二年丙午九月丙申。
⑥ 徐世昌：《密陈考查东三省情形折》，《退耕堂政书》卷五，台北文海出版社，1966，第 213 页。

就三省要地分建行署，俾不专驻一省得以随时往来巡视。其总督之下应设奉天、吉林、黑龙江巡抚各一员，专理三省民事吏事，仍受督臣节制其权限……所有三省用人行政悉听总督主持。"① 1907 年 4 月 20 日朝廷颁布谕旨，改盛京将军为东三省总督兼管三省将军事务，并"徐世昌著补授东三省总督，兼管三省将军事务，并授为钦差大臣"。② 截至东三省改制前，东三省的最高行政长官是各省的将军，他们分别对朝廷负责。设立东三省总督全权负责三省应办事宜，则是将东三省划为一个整体，由总督全权负责，而现任总督系袁世凯亲信，这使袁世凯对东三省干预的条件和空间一下子增大。

徐世昌到任后马上对三省官制和军政要务提出改革方案，他上奏朝廷：

> 拟各建行省公署，以总督为长官，巡抚为次官。设二厅：曰承宣、咨议，以左右参赞领之。设七司，曰交涉、旗务、民政、提学、度支、劝业、蒙务，以司使领之。另设督练处以扩军政，提法使以理刑法，并拟督抚办事要纲六条，其详细及变通章程，随时奏明办理。③

上奏官制改革之后，徐世昌又将改革的范围扩大，行动的脚步加快，提出"奉天吉省应行要政，逐渐措施：曰整饬吏治，曰开通风气，曰普兴教育，曰振兴实业，曰慎重裁判，曰推广警政，曰剿捕盗贼，曰清厘财政"。④ 无论是上层官制改革，还是社会经济改革，徐世昌的方案都是整体性、非小修小补。张华腾教授认为徐提出的改革方案非徐一人所为，而是北洋集团精心谋划的一个结果⑤，如此袁世凯作为北洋集团的首领，应该是该方案的重要决策者和拍板人。

在徐世昌出关任时，袁世凯保举了一批北洋人士随他进驻东三省，其中周树模任奉天左参赞兼领承宣厅，钱能训任奉天右参赞⑥，梁如浩继任奉

① 徐世昌：《密陈通筹东三省全局折》，《退耕堂政书》卷七，第 372 页。
② 《德宗景皇帝实录》卷 571，光绪三十三年三月己亥。
③ 《德宗景皇帝实录》卷 584，光绪三十三年四月辛未。
④ 《德宗景皇帝实录》卷 572，光绪三十三年十二月癸亥。
⑤ 张华腾：《北洋集团崛起研究（1895～1911）》，复旦大学博士学位论文，2005。
⑥ 《德宗景皇帝实录》卷 572，光绪三十三年四月乙亥。

天左参赞①，陈昭常为珲春副都统②，朱启钤任东三省蒙务督办。③ 而上文提到的张锡銮，此时升任度支使。④ 同时赵尔巽任职东北时随他出关的部分官员则开始失势，如原湖北道员史念祖，赵尔巽本欲委以重任⑤，故数月后"以办理奉天善后事务出力，予副都统衔史念祖以副都统记名简放"⑥，可是徐世昌考查东三省后不久，史念祖即被革职，仅保留副都统衔。⑦

袁世凯兼有北洋大臣，防务也为职责之一，在袁党不断进入地方行政系统的同时，驻扎在东北的军队也有很大部分是从袁世凯的北洋系统派遣出关的。徐世昌任东三省总督后，奏请"将陆军第三镇全队拨赴东省，再于第六镇及二、四、五镇内抽拨步、炮、马队，立混成两协，令赴东省，填扎外兵撤退地面，均归总督节制调遣，以重边卫"，结果朝廷"从之"。⑧第六镇及二、四、五镇抽拨之事在实施过程中有变，后来从陆军二、四镇中抽调马队、炮兵、工程队等组成混成一协前往⑨，又将第三镇全镇分驻吉林省城及宁古塔等处。这些军队名义上归徐世昌调遣，实际上还是由袁世凯掌控。由二、四两镇抽拨混成的一协"饷项暂用原款，由直隶咨解，俟一年后，责成该省自行筹付，腾饷补练军队"。⑩ 袁世凯不仅为出关军队提供财政支持，还利用职位身份进一步介入。1908年初袁世凯以军机处名义电示："云南提督张勋，着仍然留在奉天、直隶省带兵，无庸赴任。"⑪ 军队是行政权的有效保证，尤其当处于动乱期，掌握军队才能真正掌握政权，有了军队就有了实力，袁世凯才更有信心将其意志在东北贯彻和实施。

从《清实录》来看，徐世昌任东三省总督期间袁世凯没有上过关于东三省的奏折。根据《袁世凯全集》，此间袁世凯与徐世昌的电函往来也很少，袁以个人名义发给徐世昌个人的电报只有1907年8月27日这一次，电

---

① 《德宗景皇帝实录》卷593，光绪三十四年六月戊寅。
② 《德宗景皇帝实录》卷582，光绪三十三年十一月癸巳。
③ 《德宗景皇帝实录》卷585，光绪三十三年十二月癸未。
④ 《德宗景皇帝实录》卷585，光绪三十三年十二月壬午。
⑤ 《德宗景皇帝实录》卷545，光绪三十一年五月辛丑。
⑥ 《德宗景皇帝实录》卷568，光绪三十二年十二月甲申。
⑦ 《德宗景皇帝实录》卷571，光绪三十三年三月甲辰。
⑧ 《德宗景皇帝实录》卷571，光绪三十三年三月戊申。
⑨ 《德宗景皇帝实录》卷572，光绪三十三年四月壬午。
⑩ 《德宗景皇帝实录》卷572，光绪三十三年四月壬午。
⑪ 《军机处致直隶总督杨士骧东三省总督徐世昌电》（1908年3月23日），《袁世凯全集》卷17，第414页。

报内容为袁世凯提示革命党人张济、杨子群分别前往营口，甚至杨子群可能已经到了京津，故请徐世昌"饬留意秘查"。① 1907 年 9 月后成为军机大臣和外务部尚书的袁世凯更加谨慎，发给徐世昌个人的电报都以外务部、军机处名义而发，主要论及外交、驻兵事宜，已经不同于 1907 年前发给徐世昌的电报总是谈及身体、杂事，而且称呼也由鞠大哥大人、知止斋主人等变为官称东三省总督。

　　此时在东北，不仅有徐世昌，还有大量袁党，袁世凯与他们之间也函电频繁。需要指出的是，袁给徐的电报往往除徐世昌之外还要加上其他人，如 1907 年 5 月 30 日袁世凯希望徐世昌、唐绍仪留意凤凰城和鸭绿江之间被日本强占的矿产。② 7 月 4 日袁世凯致电徐世昌、唐绍仪询问大连是否应归营口道管辖。③ 9 月 10 日因为吉林边务问题而致电徐世昌、朱家宝。④ 1908 年 5 月 24 日以军机处名义发给徐世昌和黑龙江巡抚周树模，示意革职副都统瑞禄等候查办。⑤ 袁世凯也有致电徐世昌与程德全，或者徐世昌与朱家宝，或者发给徐世昌属下的某一官员，如 1907 年 11 月 19 日致电程德全："教堂公产向无免赋之说，该教堂任意拖欠，应由尊处转饬追缴。"⑥ 这些本属于公务范围的函电往来袁世凯处理得特别谨慎，显然是想避免袁徐一家的口实，淡化北洋的色彩。

四　小结

　　尽管在赵尔巽主政奉天期间袁赵在人事安排等方面时有矛盾，但袁的介入参与还是在一步步加深。可以说正是因为介入和参与，造成了袁赵之间的矛盾，而矛盾的最后以徐世昌就东三省总督而得到解决。袁世凯除了

---

① 《致东三省总督徐世昌电（1907 年 8 月 27 日）》，《袁世凯全集》卷 16，第 459 页。

② 《致东三省总督徐世昌电》（1907 年 7 月 4 日），《袁世凯全集》卷 16，第 259 页。篇名为《致东三省总督徐世昌电》，但电文抬头为"徐制台、唐抚台鉴"。

③ 《致东三省总督徐世昌电》（1907 年 5 月 30 日），《袁世凯全集》卷 16，第 175 页。但电文抬头为"徐制军、唐中丞鉴"。

④ 《17－13 外务部致东三省总督徐世昌吉林巡抚朱家宝电》（1907 年 9 月 10 日），《袁世凯全集》卷 17，第 4 页。

⑤ 《17－1384 军机处致东三省总督徐世昌署黑龙江巡抚周树模电》（1908 年 5 月 25 日），《袁世凯全集》卷 17，第 565 页。

⑥ 《17－301 外务部复黑龙江巡抚程得全电》（1907 年 11 月 19 日），《袁世凯全集》卷 17，第 125 页。

对东北地方行政系统的渗透，还将北洋新军进驻进来。1905 年，赵尔巽奏请朝廷调拨军队剿灭辽西匪患，得到允准，于是有了袁世凯的陆军第三镇约一个混成协的兵力由保定移驻锦州。赵离职时，袁对其的评价是："我公在奉年余，从容整理。于吏治、营务、外交、财政诸端，百废具举，顿易旧观。闳识毅力，在疆吏中独为其难。"① 按照当时的官场，袁世凯的言辞尽可能溢美，但也反映出他对赵尔巽执政表现的基本认同。

比较赵尔巽与徐世昌主政期间，袁世凯给赵尔巽所发函电数量多，要求具体，相反与徐世昌则联系较少，且多以部门名义发送电报，似乎与袁世凯、徐世昌二人实际关系不符，但仔细加以捉摸，这正是袁世凯与赵徐二人关系有别的奥妙所在。徐之在位，大量袁党任职关外，本身袁就比较放心，因此也不需要电报频繁，过多过问；另一方面不频繁干预，也是袁世凯有意而为，目的是为了避嫌，不授于他人结党营私之把柄。因为在徐世昌刚刚就任东三省总督时就有人上奏朝廷：

> 世昌本袁世凯私人……得此权位人知有奕劻、袁世凯，不知有我皇太后皇上矣。臣于若辈夙无嫌怨，实见外人势力，欺我大清国至此已极，奕劻袁世凯贪私，负我大清国至此已极。②

因此老练精到的袁世凯不可能不顾忌被人弹劾的可能，而尽量做到淡化关系这一点。

赵尔巽和徐世昌的改革都涉及官制、经济、教育、治安、交通等方面，赵尔巽的改革方案更倾向于具体，注意施政细节，而徐世昌更多着眼于东北全局。赵氏改革的特点缘于东北官制原有的落后，具有一定的开创性。赵尔巽在任期间对自己治理东北的评价是："筹办奉天善后，势艰款绌，黾勉图功，现计可冀成效者曰税务、荒政、学务、警务、缉捕，渐有端绪者曰稽察吏治、整顿营勇，筹议整理扩充者曰更定官制、振兴实业。"③ 赵尔巽改革取得了一定成果，但由于本来基础和一些客观因素，有些问题依然存在。徐世昌改革使东三省又有了进一步改观，尤其充实边防，抵制外力，

---

① 《赵尔巽全宗档案》，中国第一历史档案馆藏，档号第 135 号，转引自李皓《盛京将军赵尔巽与日俄战争后的奉天政局》，东北师范大学博士学位论文，2009。
② 《德宗景皇帝实录》卷 580，三十三年九月戊申。
③ 《德宗景皇帝实录》卷 553，光绪三十一年十二月庚申。

使东北走上自强之路，因此他也获得了历史的肯定。可以说，赵尔巽的改革为徐世昌新政奠定了基础，徐世昌新政是赵尔巽改革的继续和深入，赵徐之间没有明显断层，清末东三省改制具有明显的连续性。

袁世凯作为晚清政坛上的重要人物，影响力甚大。日俄战争结束后，袁为中方全权大臣参与了收回东北的所有谈判，赵尔巽赴任前同袁协商执政大计，后来徐世昌及大批袁系人马出关任职，再加上第三镇进驻东三省，因此可以说从日俄战争结束后袁便一直深度介入参与东北的行政设计与管理，而他的介入和参与也成了保证东北政策连续性的重要因素，客观促进了整个东北地区的近代化进程。袁世凯关注东三省有其扩大势力范围的考虑，将东三省纳入自己的势力范围既有职权上的便利，又有地缘上的优势，袁世凯自然不可能轻易放弃。同时也不可否认袁世凯维护清王朝利益的基本出发点，维护三省主权，发展东北经济、改良东北社会的良好意愿。因此无论私欲个利与家国情怀并举，其深度介入参与实际有利于东三省主权维护和社会发展这一点是应该肯定的。

局部与整体：清末蒙古王公贡桑诺尔布的改革及其历史意涵

廖大伟　张华明[*]

一　选题理由

清末承袭康（康熙）乾（乾隆）规制，以盟旗制和札萨克制治理外藩蒙古。蒙古语札萨克为"执政官"即旗长的意思，一般世袭罔替，同时身列王公，享有亲王、郡王、贝勒、贝子、镇国公、辅国公及台吉、塔布囊等级别不等的爵位。当时蒙古地域广袤，缘于历史原因、地缘关系及与清皇室的亲与疏，实际分内属蒙古与外藩蒙古，内属蒙古各旗由朝廷命官治理，同内地州县相差无几，外藩蒙古各旗由札萨克治理，相对地处于半自治半独立状态。同样的原因，外藩蒙古又再分成内札萨克蒙古和外札萨克蒙古，内札萨克蒙古曾有六盟二十四部四十九旗，外札萨克蒙古约有十二盟八部一百五十旗。时至清末，由于朝廷自顾不暇，权威下降，导致外藩蒙古部分王公产生一定的离心力。但尽管如此，仍臣服朝廷的外藩蒙古王公终究还是个不小的群体，慈禧"六旬庆辰"懋赏外藩蒙古王公八十三人，人数多于获赏"在廷臣工"，仅次于各省文武大臣获赏者。

清末外藩蒙古王公中，出身于内扎萨克蒙古卓索图盟喀喇沁部右翼旗的扎萨克多罗都楞郡王贡桑诺尔布相对显得突出，受到朝廷重视。贡王是清末资政院十四位外藩蒙古议员中的一员，且名列第二。另外《清德宗实

＊　廖大伟，东华大学人文学院教授；张华明，东华大学人文学院硕士研究生。

录》《宣统政纪》里曾前后二十三次出现其名字，这在外藩蒙古王公中算是佼佼者。以内扎萨克蒙古哲里木盟科尔沁部左翼中旗扎萨克和硕亲王那木济勒色楞为例，那木济勒色楞比贡桑诺尔布稍长几岁，两人均与清宗室有联姻关系①，不同的是那木济勒色楞所在的科尔沁部落要比贡桑诺尔布所在的喀喇沁部落地位更高②，两人世袭的爵位也有亲王、郡王之分，但那王的名字于《清德宗实录》《宣统政纪》里也仅出现过十三次③，显然是因贡王之作为才可能出现这种现象。

　　迄今研究贡桑诺尔布的学术成果已不算少④，史料整理近年来也取得了进展。⑤ 可是现有的学术成果大多聚焦于贡桑诺尔布的改革，而相关研究又缺乏整体与局部的联系，尤其从局部来反观整体清末改革还有较大的空间。作为清末外藩蒙古王公主导的区域改革，它的诉求与实践的历史过程绝不可能是孤立的，一定与外界时势存在某种程度上的关联。由此梳理和剖析贡桑诺尔布的改革，并且以更宏观的视野来探讨清末改革对边远地区的影响和作用，注意个案与整体，呈现特殊性与普遍性，这便是本文的旨意所在。因为对清

---

① 那木济勒色楞 1879 年生，1884 年承继亲王爵位，1898 年正式行使扎萨克权力，1902 年娶清宗室克勒郡王晋祺女。此后先后担任哲里木盟盟务帮办、御前行走、哲里木盟副盟长、盟长。贡桑诺尔布 1872 年生，1885 年娶清宗室肃亲王善耆妹，1886 年任御前行走，1898 年承继扎萨克权力和多罗都棱郡王爵位，曾任卓索图盟盟务协理，1909 年驻京当差，次年出任资政院议员。

② 科尔沁部与清室渊源深厚，有诗"塞牧虽称远，姻盟向最亲"，科尔沁部左翼中旗是该部二十个旗中四大亲王旗之一。相对科尔沁部，喀喇沁部与清室关系则略逊一筹，清末上谕懿旨，科尔沁部排名总列外藩蒙古各部之首。

③ 据《清德宗实录》、《宣统政纪》统计。

④ 学术成果主要有：白拉都格其《辛亥革命与贡桑诺尔布》，《清史研究》2002 年第 3 期；〔美〕札奇斯钦《喀喇沁王贡桑诺尔布与内蒙古现代化》，《中华民国建国史讨论集》第 2 册，台湾中华民国建国史讨论集编辑委员会 1981 年编印；〔日〕中见立夫《贡桑诺尔布与内蒙古之命运》，《内陆亚细亚、西亚细亚社会与文化》，日本东京 1983 年印，未刊本；张国强《贡桑诺尔布对赤峰地区近代化的贡献》，《昭乌达蒙族师专学报》（汉文哲学社会科学版）2000 年第 5 期；娜琳高娃《试述蒙古族第一所近代女子学校——毓正女学堂》，《内蒙古师范大学学报》（哲学社会科学版）1992 年第 4 期；白荫泰、邢莉《崇正学堂与贡桑诺尔布的教育观》，《民族教育研究》2011 年第 3 期；李淑霞《贡桑诺尔布与赤峰地区民族教育事业》，《昭乌达蒙族师专学报》（汉文哲学社会科学版）2001 年第 3 期；居特固勒、阿云嘎《贡桑诺尔布的改革图强及其与日本的关系》，《内蒙古师范大学学报》（哲学社会科学版）2002 年第 1 期；宝力格《贡桑诺尔布思想述评》，《内蒙古社会科学》（文史哲版）1988 年第 6 期。

⑤ 郑晓光、李俊义主编《贡桑诺尔布史料拾遗》（内蒙古出版集团、内蒙古人民出版社，2012、2013）上下册，系目前为止收录贡桑诺尔布个人史料最为丰富的专集。

末改革的研究，需要方方面面的个案梳理而后才能把握整体①，而外藩蒙古王公贡桑诺尔布主导的区域改革即是其中颇有探讨价值的一则案例。

二 1901～1905 年：清廷慎而我先行

从"新政"到"预备立宪"，清末的朝廷一直表现出改革姿态。然而在长达十一年的改革过程中，蒙古、青海、新疆、西藏等藩部地区很晚才被清廷考虑，纳入改革的布局。1901 年 1 月 29 日上谕，仅着"军机大臣、大学士、六部、九卿、出使各国大臣、各省督抚，举凡朝章国故，吏治民生，学校科举，军政财政，当因当革，当省当并"，各抒己见②，而外藩人等则不在其列。同年 4 月 21 日清廷设立"督办政务处"为施行"新政"中央办事机构，负责制订"新政"各项措施，接受各地官吏章疏，办理全国学校、官制、科举、吏治、财政、军政、商务、邦交、刑律等事务。可是督办政务大臣和参与政务大臣全由清宗室和汉族大员所包揽，其他藩部王公无一人在列。及至"新政"开始实施，也是局限在内地省份，藩部地区则迟迟不得明确的旨意。

有清一代对待藩部一向有别于内地，如康熙即认为"不可以内地之法治之"，只能宜顺其性，逐渐开导。③后继者也认为藩民"风气未开"，地方比较"瘠苦"④，所以这些地区是以屏障而见重清廷，顺其自然的求稳心理始终为庙堂之首选。及至清末改革，清廷一开始不予考虑，未作布局，也确实有其道理所在。因为改革之事毕竟存在一定风险，对基础不一、条件不同地区加以区别，分轻重缓急，持谨慎态度自有必要，何况藩部地区难比内地，经济基础、教育水平和社会习俗等方面均不适合同步进行，所以当改革尚未取得一定经验或者达到一定程度之时，让藩部骤然紧跟，强求全国一致，应该是一种不负责任的表现。

清廷有必要态度谨慎，分轻重缓急，但藩部已经有不甘人后者。就在清廷宣布"新政"不久，内扎萨克蒙古卓索图盟喀喇沁部右翼旗贡桑诺尔布郡

① 参见赵云田《清末新政研究——20 世纪初的中国边疆》，黑龙江教育出版社，2004。
② 朱寿朋：《光绪朝东华录》第 1 册，中华书局，1958，第 140 页。
③《清圣祖实录》卷一九八，康熙三十九年三月庚辰，中华书局，1987，第 8 页。
④《清德宗实录》卷四八〇，光绪二十七年二月辛丑，第 332 页，卷五九五，光绪三十四年八月己巳，第 867 页。

王便趁势着手本旗的军事、教育、文化等领域的改革①，具体表现为练兵、兴学、办报和实业。这些改革举措和创新实践，虽限于一位札萨克的权力范围，但其影响和意涵已经超越了区域空间。兹列析如下。

一练兵。1901年春，贡桑诺尔布仿照内地已有的做法，开始编练新军。他聘请原保定武学堂毕业生周春芳为军事教官，于旗内选拔青壮年与府内年轻差役入编军队，采用北洋新军教范与操典进行编练。② 之后还挑选王府军中乌尔固木吉、铁丹、纳木格其三名士兵，剪掉辫发，穿上日本军服，送入北京东交民巷日本屯兵营中学习器械体操和军号。③ 迄今虽不知贡王编练新军的实际效果如何，规模有多大，但能在外藩蒙古地区不见人先，内地省份也不见普及，甚至清廷明令各省"另练有用之兵"④ 之前敢于作军事改革尝试，这不可不谓勇为先驱、革新大胆。耐人寻味的是，清廷对贡王超前的练兵行为不仅没有反对，而且有所支持。1902年4月，清廷在其"练兵筹饷"奏折上批复"着照所请，务当认真经理，期有实效而免虚縻"⑤，这说明清廷对待藩部改革虽持谨慎但不刻板，所以谨慎乃担心骤然而起于大局不利，适得其反，如藩部自身意识强烈，能务实改革，稳步创新，又在允许可控的范围，那又何乐而不为，况且"兴边""实边"本来就是传统命题和政策方略，只不过编练新军藩部以前从未有过，但其毕竟合乎"新政"时潮也未见越乎传统底线。由贡王先行而清廷支持的态度可见，清末改革之操盘有"灵活"的一面，地方反应也非完全按朝廷步骤，呈铁板一块，故而开拓"空间"，放大视野，清末改革非一律的复杂性值得学界作进一步探讨。

二兴学。从1902年起到1903年底，贡王在本旗陆续兴办了崇正学堂、守正武备学堂、毓正女子学堂等三所新式学堂。⑥ 这些学堂或贡王自己主政，或由福晋负责管理，学舍和经费主要自己解决，学员则来自本旗贵族及平

---

① 喀喇沁部右翼旗大体相当于如今赤峰市喀喇沁旗、宁城县和河北省围场县、承德市、平泉县及辽宁省建平县之一部分。
② 吴恩和、邢复礼：《贡桑诺尔布》，载中国人民政治协商会议内蒙古自治区委员会文史资料研究委员会编《内蒙古文史资料》第1辑，内蒙古人民出版社，1962，第117页。
③ 吴恩和、邢复礼：《贡桑诺尔布》，载《内蒙古文史资料》第1辑，第119页。
④ 《清德宗实录》卷四八五，光绪二十七年七月丙子，第410页。
⑤ 《清德宗实录》卷四九七，光绪二十八年三月乙丑，第564页。
⑥ 冯诚求：《东蒙游记》记录了三所学堂的地理位置，谓"喀喇沁王府，南拉齐山，北大头山。……府内有毓正女学堂，府右有崇正小学堂；距府八里许，有守正武备学堂"。见郑晓光、李俊义主编《贡桑诺尔布史料拾遗》上册，内蒙古出版集团、内蒙古人民出版社，2012，第293页。

民子弟。学校条件、教学水平和学员待遇于当时当地属相当优越，教员基本外聘，甚至有的来自国外，至于教材与授课则采用蒙、汉、日等多种语言文字。崇正学堂开学之初，坐落于王府西侧的一座院落，只是任命本旗生员为教员，罗布桑车珠尔、朝鲁等人办理校务。草创之初，没有学员应招入学，第一期学员为该旗官员子弟和王府内的青年随员。贡王随后颁布了一系列奖励入学的措施，至 1904 年学校逐渐步入正轨。① 之后创办的毓正女子学堂，开办时有学生二十四人②，开设蒙、汉、日文及中外历史、地理、算术、音乐、美术、体育、家政、手工等课程③，而日本女教习河原操子正是贡王从上海务本女塾"挖"来。④ 至 1905 年毓正女子学堂办学效果已经初显，是年《东方杂志》有报道，说其"近已有学生六十人，能以蒙古语写作，又能读英日文，算法、手工亦略知大概"。⑤ 培养下级军官的守正武备学堂聘请日本现役军官为正副教官，行日本操典，用日语授课，喊日本口令，日本化色彩非常浓厚⑥，学堂里的枪支、弹药、书籍、教具皆来自京城。⑦ 虽然相对于系统正规的军事训练，守正武备学堂还尚待完善，但其已经迈出西化训练的第一步。后期兴办的崇正学堂已设立宿舍、饭厅、小型图书馆，能免费招收本旗适龄儿童及青少年，不愿住校者还有马车接送，且其教材采用的是自行编撰的蒙、汉文教材。⑧《蒙学堂小学章程》中记录了崇正学堂的四个学科阶段的不同课程及相关教法，除传统习字、读经外，还有体操课的记录和教法。⑨ 地处蒙古地区的崇正、守正、毓正三所

---

① 邢致祥撰，讷古单夫议、玉海校订《世界名人传之贡桑诺尔布传》，载《贡桑诺尔布史料拾遗》，上册，第 118 页。

② 《教育·各省教育汇志》，载《东方杂志》1904 年第 4 期，第 102 页。

③ 朱有瓛主编《中国近代学制史料》第 2 辑，下册，华东师范大学出版社，1989，第 632 ~ 633 页、第 589 页、第 609 ~ 610 页。

④ 朱有瓛主编《中国近代学制史料》第 2 辑，下册，第 599、605 页。河原操子，日本长野县人，早年毕业于长野师范学校女子部，后考入东京女子高等师范学校，旋因病辍学。曾执教长野高等女子高中、横滨大同学校，1902 年应聘到上海务本女塾。1903 年受命日本驻华公使内田康哉及武官青木宣纯，通过肃亲王善耆介绍执教毓正女子学堂，暗中收集俄国情报。其应聘毓正女子学堂后不久，贡王曾写信给日本公使馆翻译高洲太助表示感谢。1906 年河原操子回到日本后，仍与毓正女子学堂学生有书信往来。

⑤ 《教育·各省教育汇志》，载《东方杂志》1905 年第 4 期，第 93 ~ 94 页。

⑥ 吴恩和、邢复礼：《贡桑诺尔布》，载《内蒙古文史资料》第 1 辑，第 119 页。

⑦ 《教育·各省教育汇志》，载《东方杂志》1904 年第 5 期，第 124 页。

⑧ 吴恩和、邢复礼：《贡桑诺尔布》，载《内蒙古文史资料》第 1 辑，第 117 页。

⑨ 《热河都统松寿关于贡桑诺尔布创办蒙古学堂的咨文与理藩院咨复》，载《贡桑诺尔布史料拾遗》上册，第 201 页。

学堂即使当时在整个国内也都属于新潮、开明和先进的学校，尤其是毓正这样的新式女子学堂即于内地也不多见，仅有苏州、广州、上海三地总共数所而已①，更何况这三所学堂几乎同时出现在外藩蒙古地区的一个旗里，这不能不令人惊讶。贡王为什么有如此决心与行动，这是出于民族复兴抱负下对兴学堂、办教育的寄重。他在崇正学堂开学典礼上致辞说："我身为王爵，位极人臣，养尊处优，可以说没有什么不如意的事，可是从来没有像今天这样高兴，因为我亲眼看到我的旗民子弟入了学堂，受到教育，将来每一个人都会承担起恢复成吉思汗伟业的责任。"② 其《创办崇正学堂而作》一诗，民族复兴情结跃然纸上，尤其"朝廷百度尽维新，藩属亦应教化均""无限雄心深企望，养成大器傲强邻"两句，反映出教育兴蒙、开化蒙民的急切心情。③ 为了实现教育兴蒙的梦想，1903 年秋他还从这三所学堂选拔学生分别前往北京东省铁路俄文学堂、北京贵胄学堂、北京测绘学堂、保定简易师范学堂、保定军官学堂、上海务本学堂、上海南阳中学堂及天津北洋实习工厂去学习和实践，甚至还选派女生留学东京实践女子学校。④ 另外还聘请日本东京大学人类学专家鸟居龙藏夫妇分别担任崇正、毓正两校主任教员。⑤

贡王的开明意识和敢于人先的魄力，除了受清末改革的大潮影响与鼓动外，与其个人经历和见识也密切相关。少年时得名师教授蒙汉藏文化知识，十几岁入京为御前行走，在京期间又与梁启超、严复等维新人士有所交往⑥，受到内地维新思潮的影响。1903 年春经日本驻华公使内田康哉介绍，贡王与祺诚武（御前大臣喀尔喀亲王那彦图长子）、宪章（肃亲王善耆长子）等人秘密从天津搭日本邮船东渡日本，观看了在神户举办的博览会，考查了日本的政治、经济、教育、军备等情况，结识了一些日本朝野名流，如日本东亚同文会会长近卫笃麿、东京实践女子学校校

① 河原操子撰、邢复礼节译《喀喇沁杂记》，载《赤峰市文史资料选辑》第 4 辑，赤峰市政协，1986。
② 吴恩和、邢复礼：《贡桑诺尔布》，载《内蒙古文史资料》第 1 辑，第 117 页。
③ 邢致祥辑《夔盦诗词集》，载《贡桑诺尔布史料拾遗》上册，第 157 页。
④ 吴恩和、邢复礼：《贡桑诺尔布》，载《内蒙古文史资料》第 1 辑，第 122 页。
⑤ 《教育·各省教育汇志》，载《东方杂志》1904 年第 5 期，第 124 页；吴恩和，邢复礼：《贡桑诺尔布》，载《内蒙古文史资料》第 1 辑，第 121 页。
⑥ 娜琳高娃：《试述蒙古族第一所近代女子学校——毓正女学堂》，《内蒙古师范大学学报》（哲学社会科学版）1992 年第 4 期；吴恩和、邢复礼：《贡桑诺尔布》，载《内蒙古文史资料》第 1 辑，第 129 页。

长下田歌子①，并赋诗相赠。② 这次访日眼界大开，影响很大，使其产生了
"商业国所赖，劝业引绮贝"的感叹和"地大物博者，何以反较输"的反
思。③ 当时中国人普遍都觉得应该以日本为榜样，因为日本学习西方取得了
成效，而日本所以能走向发达，关键在于"遍设各学，才艺足用"。④ 这样
的风潮时尚，贡王深受其感染，所以在《东京有感》中勉励自己"从今鼓
舞当年勇，政教让君卅六年"⑤，在《贺崇正学堂联》中写下"崇文尚武，
无非赖尔多士；正风移俗，是所望于群公"。⑥

诚然，贡王所以能够如此兴学，甚至聘请日本人，也离不开清廷的
默许和一些日本人的支持。日籍教员到来，选派学生外出求学，其中都
经过了清廷高官和日本人的介绍与联系。清廷对其兴学堂、办教育基本
持放开态度，前提是政府不承担额外财政负担。而有些日本人之所以支
持贡王，有所笼络，其主要是由于日俄在东北乃至内蒙东部地区的角逐
与争夺。早在 1898 年贡王袭爵时日本就开始"关注满蒙"，20 世纪初
更加注意拉拢和利用蒙古王公贵族，以"插足"东蒙地区。是时为日俄
战争爆发前夕，能够深入蒙地调查，搜集情报，自是对日本十分重要。

三办报。1905 年冬贡王在崇正学堂内办起了报馆，出版《婴报》。《婴
报》除登载国内外新闻外，还有科学常识、各盟旗动态以及短评。⑦ 这些知
识与信息通过《婴报》传播于本旗及更远的地方，对旗民识字运动和大
众知识普及很有意义，这也是外藩蒙古地区较早出现的蒙文报纸。后来办
报规模和报纸影响力越来越大，《东方杂志》曾专门报道："蒙古喀刺沁
亲王近就该王府创办一《蒙文报》，系汇选各报译成蒙文，总馆设于京
师。凡内外蒙古及奉天、吉林、黑龙江等处均设分馆，专为开通蒙人风
气，以期自强。闻已聘定雍和宫喇嘛罗君子珍为主笔，其余办事各员亦以

---

① 《贡桑诺尔布致近卫笃麿书简》，载《贡桑诺尔布史料拾遗》上册，第 221 页；吴恩和、邢
复礼：《贡桑诺尔布》，载《内蒙古文史资料》第 1 辑，第 118 页。
② 邢致祥辑《夔盦诗词集》，载《贡桑诺尔布史料拾遗》上册，第 160 页。
③ 邢致祥辑《夔盦诗词集》，载《贡桑诺尔布史料拾遗》上册，第 158～159 页。
④ 康有为：《请开学校折》，载舒新城编《中国近代教育史资料》上册，人民教育出版社，
1981，第 152 页。
⑤ 邢致祥辑《夔盦诗词集》，载《贡桑诺尔布史料拾遗》上册，第 159 页。
⑥ 贡桑诺尔布撰《夔盦联稿初编》，载《贡桑诺尔布史料拾遗》上册，第 256 页。
⑦ 吴恩和、邢复礼：《贡桑诺尔布》，载《内蒙古文史资料》第 1 辑，第 122 页；《教育·各
省教育汇志》，载《东方杂志》1907 年第 9 期，第 229 页。

喇嘛居其多。"①

四实业。清末新政开始以后，贡王就计划开采本旗金矿增加收入，以带动实业，改善民生。1903 年初俄、德商人得知喀喇沁"金矿甚多"，即"迭次往勘，知为大利，随向中国政府禀请允准承开全旗所属金矿"，但贡王"坚决不允"。② 次年 8 月贡王本人请热河都统松寿代奏"将本旗巴达尔胡川金矿与荷兰商人白克耳集资开采，以裕蒙藩生计"，这回轮到清廷"暂缓置议"，没有答应。③ 二次彼此互不答应不在于要不要开采，而是地方与中央谁为主及获益如何分配的问题。1905 年 9 月考察东蒙随员姚锡光以《筹办该旗练兵及学堂等项事宜》条陈练兵处，敦请中央派员次第兴办蒙古新政，建议（1）蒙古军队之征集与训练，应依现代军事办法；（2）蒙古土地由汉人耕种者，应为单一土地税则；（3）现由热河都统所征收之鸦片税，应提高一成，并将所得转入蒙古各旗衙门，作为发展教育之用；（4）对于蒙古盐产应建立统一税制，其收益亦由中央政府与各旗均分；（5）东部内蒙应设立一官办银行，以加速经贸发展；（6）蒙古各旗所有土地，应被承认，其由土地所得之收益亦由蒙古各旗与有关各县平分；（7）自蒙古各旗输出之家畜，应制定标注税，其收益由各旗作为教育及军事训练之用。④ 但这些建议依旧未被朝廷明确采纳。尽管主导开采巴达尔胡川金矿的愿望遭到搁浅，但贡王兴办实业的积极性没有受挫，1904 年派往天津北洋实习工厂学习织布、染色等技术的四名学员归来，其在王府东坯场子村便设立了一个综合工厂，请他们做技术员，招收青年旗民为学徒工。后来又从天津高薪请来一位织毯师傅传授技术，他自己也经常亲临工厂视察。经过一段时间的努力，生产的"洋布""洋腊""洋胰子"地毯等日用品除了供应旗内还部分投放了市场，工厂收到了一定的经济效益。⑤ 另外一些小型煤、银、金矿在与朝廷沟通并明确了利润分配之后也得到了恢复和开采，"使该旗的工业收入占总收入 14%，而发展的矿产业又占工

① 《教育·各省教育汇志》，载《东方杂志》1907 年第 9 期，第 229 页。另笔者认为，《蒙文报》总馆所载及形式和语种均同于《婴报》，因此该杂志所称《蒙文报》实即《婴报》。
② 郑晓光、李俊义主编《贡桑诺尔布史料拾遗》下册，第 83 页。
③ 《清德宗实录》卷五三三，光绪三十年七月乙酉，第 97 页。
④ 《查覆东部内蒙古情形说帖》（光绪三十一年八月），载姚锡光著《筹蒙刍议》，远方出版社，2008，第 11～25 页。
⑤ 汤雷：《贡桑诺尔布与近代蒙古族历史之最》，《内蒙古日报》2013 年 12 月 18 日第 9 版。

业收入的 10%"①，从此喀喇沁部右翼旗的民族工业有了明显推进。

应该说进一步开发蒙区并能给予相应财政支持属于合理请求，但是清廷也有它的顾虑和保留。之所以有顾虑有保留，一是羁縻心态作祟，稳定政策为主，有些领域不希望藩部走得太早太快，尤其担心与国外联手会进一步削减对中央的向心力。二是革新需要资金，而中央财政有限，筹措困难，所以一时还难以顾及藩部地区。尽管清廷尚未明令要求，贡王还是在蒙古地区率先进行了本旗系列改革和创新，并且在 1901～1905 年这五年内取得了一定成效，受到了舆论界的重视。这些改革和创新对于当时当地而言，不仅属于相当超前，即使对于整个藩部地区而言，也是属于有魄力与有决心的。贡王的举措，或多或少起到了新思想的传播和新楷模的示范作用，甚至于对清廷的改革步骤、区域布局的考虑也都产生了一定影响。此外，虽然贡王的革新举措是在清廷未明令要求的情况下主动先行的，但它的基本方向、革新领域和具体举措总体上符合时代潮流，也没有超越清廷可以默许的范围，假如说清廷严令禁止而非默许，那么这一地区的这般改革也不可能取得这样的成就，贡王也势难成为有改革声誉的贡王。

三　1906～1911 年：纳入布局却后续乏力

清廷正式启动外藩蒙古内札萨克地区改革进程始于 1905 年底。是年 11 月清廷诏命理藩院尚书、肃亲王善耆"驰往蒙古查办事件"，调查研究，并拟出蒙区改革的方案。不久黑龙江将军程德全奏请各蒙开发"亟宜设法经营"，清廷即着管事亲王、理藩院及各将军都统督抚等"各就地方情形，妥筹办理，详晰具奏"。1906 年 3 月内阁中书钟镛进一步提出蒙古事宜十四条，提出"建议会，移建理藩院，变通理藩院官制。行殖民策，移八旗兵饷于蒙古，复围猎之制。借债筑路，设银行，铸造银铜圆。兴矿产之利，屯垦之利，畜牧之利，森林之利，榷盐之利"。这十四条建议明显超越了开垦筹款、移民实边的传统政策，也不仅仅停留在练兵、兴学等具体事项上，而是涉及政制改革及农林牧副矿甚至金融业全面开发的整体性问题。是年 10 月，经过对蒙古东部地区实地考察，善耆向朝廷提出了经营开发蒙古的

---

① 韩华：《探究高中历史课程资源的开发与运用——以乡土史贡桑诺尔布事迹为例》，内蒙古师范大学历史学系硕士学位论文，2007，第 33 页。

八点建议，即"一屯垦，二矿产，三马政，四呢碱，五铁路，六学校，七银行，八治盗"，而对最棘手的资金问题，他建议"一面集资，一面兴办"。清廷基本接受了这些建议，并立刻饬令相关部门"筹议施行"。① 这一"筹议施行"，标志着外藩蒙古内札萨克地区终于纳入到清廷改革的整体布局，不过被清廷采纳的善耆报告，其中的建议只限于实业、资源、教育、社会等层面，它并没有提及政治体制改革的问题，这说明清廷此时还是有所保留，对一些敏感的问题还是不愿涉及，对该地区改革的步子还是不想迈得太快。然而尽管对外藩蒙古内札萨克地区的改革程度有所保留，但毕竟改革的整体布局已经将其纳入，中央为此也作了一定的布置与调整。首先为推进藩部地区的改革，清廷将理藩院改成了理藩部。② 这不仅只更换一个名称而已，实际上机构职能也有了改进，比如增设了调查局和编纂局，组织对蒙区社会经济、文化教育、军事地理、政治及资源等方面的调查，并列出包括牧政、开垦、铁路、矿产、森林、渔业、盐务、学校、兵制、商务、织造等多项内容的调查提纲。此外中央其他部门及人员也对蒙区改革提出了建议，采取了措施，如"邮传部奏，展筑张绥铁路"③，学部奏"订拟蒙藏回各地方兴学章程"，"派员分查蒙藏回各地方学务"④，甚至有人建议"在蒙区筹建行省"。该建议虽经督办政务处讨论又饬直隶总督、山西巡抚及热河、察哈尔都统等"体察情形，通盘筹画"，但最终因牵涉太多、事关重大而未被采纳，结果只是在满汉交错地区增设了一些府厅州县，添设了一些地方命官，以适当满足蒙地放垦的呼声和需求而已。⑤ 看得出在改与稳之间，清廷还是有矛盾的，但总体上清廷还是倾向于平稳，以平稳为前提，不希望激化民族矛盾，因为毕竟"旧制势难遽废"。⑥

为什么清廷于1906年正式将蒙区改革纳入布局，这与清末改革进一步向前推进的整个大背景有关。1905年清廷派遣五大臣出洋考察，预备立宪就此拉开了序幕。是年11月清廷设立考察政治馆，研究各国政治制度。1906年五大臣回国，纷纷奏请立宪。同年8月清廷颁布"预备立宪诏"，宣

---

① 《清德宗实录》卷五六四，光绪三十二年九月辛亥，第 465~466 页。
② 故宫博物院明清档案部编《清末筹备立宪档案史料》上册，中华书局，1979，第 471 页。
③ 《宣统政纪》卷一七，宣统元年闰二月己酉，第 320 页。
④ 《宣统政纪》卷一〇，宣统元年闰二月戊申，第 205 页。
⑤ 《清德宗实录》卷五五〇，光绪三十一年十月庚子，第 299 页。
⑥ 《清德宗实录》卷五九〇，光绪三十四年四月丙子，第 805 页。

布"寸处今日，惟有及时详晰甄核，仿行宪政，大权统于朝廷，庶政公诸舆论，以立国家万年有道之基"。① 很显然改革的发展进程和已经积累起的基础与经验，使得清廷对藩部地区的希望要求有了更新。1908 年 9 月清廷明确要求理藩部着手藩部地区应行筹备立宪事宜，明确表示"理藩部职在考查藩情，整饬边务，皆与宪政息息相通，理应同时并进"。② 在这样的背景之下，是年贡王上陈了八条建议，认为"银行宜早为设立也，修铁路宜速修也，矿上宜速开采也，农工商宜速加证也，外交宜及预备也，教育即宜普及也，新军即宜编练也，巡警即宜创办也"。③ 这样的一个革新幅度一下子让清廷难下决心，结果模棱两可地"饬部会同议办"，并要求先制订"各蒙旗办事定章"再说。④ 可是直到清朝灭亡，蒙区"筹备立宪事宜"仍一直处于空头状态，咨议局未建立，各盟旗也未有过相关的选举。

1906 年之后，贡王虽然也有过一些设想和建议，但实际举措和改革锐气已不比以往。1910 年他与科尔沁亲王等人在北京成立了一个蒙古实业公司，公司实际并无建树。⑤ 这期间他也获得了一些荣誉，做了一些事情，比如 1906 年以兴办学堂得到清廷"牗迪蒙疆"的赏扁⑥；1906 年 2 月崇正学堂增设了初级师范一班，学制三年。⑦ 但除了这些，其他改革创新已乏善可陈，甚至原有的成就也在慢慢地削减，比如 1910 年守正武备学堂裁减了人数，改名为衞队，"学堂之名义虽然存在，而其性质办法，则纯然王府衞队矣"。⑧ 为什么整体形势变好贡王的改革步伐却相反变慢，为什么被纳入了布局自己却后续乏力，关键在于经费无着，难以支撑。如守正武备学堂"因出卖孟格沟、唐头沟地四百余顷"才得以开办，维持了几年后经费短拙，不得不裁人改名，变成了衞队。⑨ 自筹资金困难，那么为什么清政府不及时拨款，加以支持？问题是中央财政也相当困难。庚款要赔，借款要还，

① 《清德宗实录》卷五六二，光绪三十二年七月戊申，第 438 页。
② 《清德宗实录》卷五九六，光绪三十四年九月辛亥，第 882 页。
③ 《喀喇沁郡王贡桑诺尔布奏敬陈管见折》，载朱启钤编《东三省蒙务公牍汇编》卷五，台湾文海出版社，1985，第 393~400 页。
④ 《清德宗实录》卷五八六，光绪三十一年八月癸卯，第 748 页。
⑤ 汪炳明：《"蒙古实业公司"始末》，《内蒙古社会科学》1984 年第 3 期。
⑥ 《清德宗实录》卷五六一，光绪三十二年六月癸酉，第 425 页。
⑦ 《议复贡桑诺尔布呈请建设师范学堂及宣解讲堂文》，载《贡桑诺尔布史料拾遗》上册，第 261 页；《盟旗崇正学校部准通融》，载《贡桑诺尔布史料拾遗》下册，第 421 页。
⑧ 汪国钧著，玛希、徐世明校注《蒙古纪闻》，内蒙古人民出版社，2006，第 172 页。
⑨ 汪国钧著，玛希、徐世明校注《蒙古纪闻》，第 172 页。

各项新举措都在在需款。1903 年国家财政收支亏额已达 3000 万两①，1905 年赤字上升到 3300 万两。② 清廷一再强调要"共体时艰，讲求实效，省虚耗之饷以仰副朝廷力图富强之至意"③，因为"赔款浩繁，加以举办要政，各省筹捐集款，重累吾民"④，已经到了快崩溃的边缘。进取的贡王之所以会变得大不如前，问题同样在于炊之无米，难以为继。除了炊之无米，还有对某些中央政策的抵制心态。中央因为财政困难，所以动起蒙地的脑筋，变禁垦为放垦，鼓励流民前往，美其名曰为"振兴蒙务，开浚利源"。⑤ 但蒙地放垦，财政归中央所有，地方无甚获利，正因如此，贡王提出"田皆蒙产，地又辽阔"，如果"只以政事分权限，不以蒙汉分权限"则事不公。⑥ 但政府不听，依旧开禁，结果造成流民垦荒毫无限制，农牧之间与满汉之间矛盾加剧。而对于蒙古五公贵族阶层而言，关键还在于民垦到官垦的性质变异，民垦得利在基层和蒙人，官垦得利归官府和中央，原可私相操作的资源变成了政府解决财政困难的筹码，因此贡王内心的不满由此陡升，消极失望乃至影响改革的决心也由此产生。

四　结语

置于整个清末改革的大视野，贡桑诺尔布王的改革创新既特殊又具有代表性，因其地缘、族缘、人缘而成为有分析价值的案例。蒙古王公在蒙古族社会政治生活中历来占居主导地位，对辖区具有很强的号召力，而与外界相对接触也比较多。王公对本旗的改革掣肘较小，但受制于清廷的态度和政府的政策。贡王无疑属于蒙古族的翘楚和外藩蒙古近代化的先驱，他的动力来自兴族与保国，两者兼而有之。从该个案可以看到清末改革波及面的广度、传播率的速度和影响力的深度，可以证明研究清末改革还有需要拓展的空间，还需要考察边远地区和基层面向。同理从该个案也可折

---

① 张神根：《清末国家财政、地方财政划分评析》，《史学月刊》1996 年第 1 期；严中平主编《中国近代经济史（1840~1894）》，人民出版社，1989，第 721 页。

② 彭泽益：《中国社会经济变迁》，中国财政经济出版社，1990，第 667 页。

③ 《清德宗实录》卷四八五，光绪二十七年秋七月丙子，第 410 页。

④ 《清德宗实录》卷五五九，光绪三十二年闰四月丙戌，第 409 页。

⑤ 《宣统政纪》卷四一，宣统二年八月丁亥，第 727 页。

⑥ 《喀喇沁郡王贡桑诺尔布奏请变通蒙旗办事章程片》，载《东三省蒙务公牍汇编》卷五，第 401~403 页。

射出清末改革勃兴、困顿与艰难的过程，因为整体与局部息息相关。清末改革很复杂，国内的，国际的，内地的，边远的，满汉的，藩部的，上层的，基层的，城市的，农村的，如果不加以分别地看，合拢地观，也许得出的是片面结论。

　　清末蒙古王公贵族除贡王外很少有如此开明的思想，付诸实践者更是少之又少。虽然一些毗邻内地的蒙古王公在思想上已有所改变，少数王公也开始筹办学校，派遣青年去内地求学，但如贡王如此大规模、全方位要改革求创新者似无他人。贡王改革最大的贡献就是孕育了民族和地区的未来，培养出了一批学生。同理清末改革的历史贡献也不限于当时，而更在于其后。大气候鼓动了小地方改革，左右了小地方改革，小地方改革也融入和推动了大气候。小地方个人色彩固可浓郁，但大环境毕竟不可违，大气候毕竟不可抗，是以个性难越时势与环境，愿望难悖中央与大局，贡王之举与清末改革便属这种关系。

清末"开蒙智"探微

——以代表性蒙旗为中心

柳岳武*

清末开民智系时人呼唤自强的重要方略,企图通过发展教育、提高国民素质,最终达到国富民强的目标。为此,清廷和时人不仅致力于各类学堂的开设、新式学科体系的建设,更致力于学制改革,力求废除存续于中国历史上近一千三百多年的科举制度。此等新政,针对不同对象,具有不同内容。不仅有与开民智对应的开官智,更有与"内地"对应的"开边智"。此际开民智的对象主要指内地十八行省子民,开官智对象为清廷统治集团内部的官员,"开边智"对象则为蒙古、西藏等传统藩部地区的子民。"开民智""开官智"均有研究,且取得了较为丰硕的成果;而"开边智"则少见成篇论文①,目前为止主要有蔡风林著《清末蒙古族教育》、赵云田

* 柳岳武,河南大学历史文化学院近代中国研究所副教授。

① 专论清末蒙旗教育的文章目前只有一篇,即蔡风林的《清末蒙古族教育》一文,主要论述了清末内蒙古及东北地区蒙旗教育活动,且将整清一代蒙旗教育不发达的原因归咎于清廷对蒙旗的政治压迫和文化封禁政策。此外赵云田在《清末西藏新政述论》《清末边疆地区新政举要》《清末新政期间新疆文化教育的发展》诸文章中对清末边疆地区教育文化事业亦有交代,但均缺乏系统性。陈学峰在《贵胄学堂与清末贵胄》一文中曾对贵胄学堂进行了考察,但主要只涉及此等贵胄学堂开设情况,鲜少涉及开边智。杨博《贡桑诺尔布教育活动评析》,白荫泰、邢莉《崇正学堂与贡桑诺尔布的教育观》等文曾对内蒙古喀喇沁旗郡王办学情况作过个案研究,亦只属清末开边智之冰山一角。参阅蔡风林《清末蒙古族教育》(《民族教育研究》1992年2、3期);赵云田《清末西藏新政述论》(《近代史研究》2002年第5期)、《清末边疆地区新政举要》(《中国边疆史地研究》1996年第4期)、《清末新政期间新疆文化教育的发展》(《西域研究》2002年第2期);陈学峰《贵胄学堂与清末贵胄》,(北京师范大学硕士学位论文,2005);杨博《贡桑诺尔布教育活动评析》(《民族教育研究》1993年第4期);白荫泰、邢莉《崇正学堂与贡桑诺尔布的教育观》(《民族教育研究》2011年第3期)。

著《清末新政期间新疆文化教育的发展》等文，对清末内蒙、东北及新疆等地区蒙旗教育活动做过粗线条、笼统性论述，缺乏对清末各阶层（如清廷与蒙旗王公之间兴学之不同）、各蒙古地区（如内蒙古地区与外蒙古地区之不同）兴学活动做全方位、对比性研究。但"开边智"确属清廷在边疆地区推行新政的一项重要举措，不仅想藉此实现开通风气、抵制外来侵渗等基本目标，更想藉此提高边疆地区部众思想觉悟、增强统一国家之认同。但终因多种不利因素的影响，至清政权彻底崩溃之前，仍未能成功实现以上目的。清末"开边智"属近代边疆民族史、教育制度史研究的重要内容，对之进行研究，不仅具有很高的学术价值，更具有很强的现实意义。

清末"开蒙智"属"开边智"的重要内容，"开边智"涉及对象不仅包括蒙边地区、藏族地区，还涉及回疆、西南等众多边疆民族地区。本文主要探讨各蒙边地区，藉此管见清末"开边智"之全貌。基于此意，本文拟以清末代表性蒙旗为中心，探讨蒙古地区这一改良活动发生的背景、各界建议、各自实践情况及具体效果等问题。

一　清末"开蒙智"之诱因

清末清廷为何将"开边智"列为教育体制改革的重要对象，主要基于以下几大诱因。

其一，应对边疆危机之需要。晚清以降，中国边疆危机日益严重。不仅体现为蒙古等传统藩部受英、俄侵渗的增强，亦体现为蒙古的衰弱，与清廷关系的疏远。如外部危机，自光绪朝后，俄方对各蒙古地区的侵渗进一步增强。俄商不仅在唐努乌梁海等处建盖行栈数处，"又自光绪五年"春季以来，或三五十人或八九十人不等，在奇木齐克河北一带中唐努山内，刨挖金砂。[1] 中方收归伊犁后，俄方又乘机加紧对西北蒙古地区的染指，科布多等处"沃壤之区，任听俄人挑割"。[2] 同时期，俄方商人还开始劫取蒙古地区的茶叶贸易，俄人出入蒙古，畅通无阻。"山川厄塞，早已形若户阅；货返往还，已成常态"。[3] 甲午战后，中方又被迫将东清铁路铺设权、

① 王彦威、王亮编《清季外交史料》卷七九，南京古籍书店，1987，第1422页。
② 王彦威、王亮编《清季外交史料》卷三〇，第556页。
③ 王彦威、王亮编《清季外交史料》卷六五，第1175页。

管理权让与俄方。直接导致"其铁路所到之处，即其兵力所到之处"。① 庚子败后，俄方更抓紧机会对蒙边进行经济殖民。如 1860 年时，俄方在库伦等外蒙古地区仅有商行 1 家，至 1903 年时，却增至 15 家。② 此等殖民扩张行为对蒙古等传统藩部地区，影响甚大，导致蒙边极度空虚。如"俄商之在乌梁海贸易者，不计其数，建盖房屋，常年居住。每年收买鹿茸、狐、狼、水獭、猞猁狲、貂皮、灰鼠，为款甚巨。致乌梁海来乌城呈交贡皮时，竟至无货可以贸易"。③

而蒙古各部却日渐削弱④，各蒙古"僻处边陲，暌隔声教。耳目锢弊，窳惰成风。非但御辱折冲，一无可恃。即生聚教育，亦不能自谋"，"难望其久作干城之寄"。⑤ 当传统治边政策不能应对外敌，更难以依靠藩部固保边圉之时，如何通过"开边智"方式，让传统藩部地区的蒙藏等族人自行富强，改变中清以后羸弱状况，成为晚清尤其是清末清廷及时人力主"开蒙智"的原因之一。⑥

更为重要的是，在危机压力和外人唆使下，各蒙古同清廷之间的关系也在疏远。即"蒙人宗教素信喇嘛，今之藏众或潜结外人，蒙志亦稍携矣"。各蒙旗渐有厝火积薪之势。"其狡而悍者，张胆为匪，抗敌官军。而各国之使，托名游历……一旦有事，不必其外衅也，即一二跳梁……已足为肘腋患"。⑦

乘此机会，俄方又通过教育、宗教等方式渗透蒙古，使蒙古各藩部与清廷关系更为疏远。⑧ 如俄方借"同教之说"，欲联络盟长压制全旗，"日倡

① 徐世昌撰《东三省政略》，台北文海出版社，1965，"边务·呼伦贝尔篇"，第 1 页。
② 〔美〕雷麦：《外人在华投资》，蒋学凯、赵康节译，商务印书馆，1959，第 425 页。
③ 赵尔巽撰《清史稿》，中华书局，1977，第 14517～14518 页。
④ 《奏为遵旨复陈阿尔泰地方情形及筹拟办法事》（光绪三十三年九月二十四日），《宫中朱批奏折》，中国第一历史档案馆藏，档号：04-01-01-1085-061，缩微号：04-01-01-165-2492。
⑤ 《署理归化城副都统三多奏请选录内外蒙古王公子弟送入陆军部贵胄学堂肄业以宏造就事》（光绪三十四年十二月十八日），《兵部—陆军部档案》，中国第一历史档案馆藏，卷 275 号。
⑥ 《署理归化城副都统三多奏请选录内外蒙古王公子弟送入陆军部贵胄学堂肄业以宏造就事》（光绪三十四年十二月十八日），《兵部—陆军部档案》，中国第一历史档案馆藏，卷 275 号。
⑦ 《奏为考察边疆政治建设热河行省敬呈管见事》（宣统二年二月三十日），《宫中朱批奏折》，中国第一历史档案馆藏，档号：04-01-01-1106-026，缩微号：04-01-01-170-0284。
⑧ 《蒙人根本上之离贰》，《民立报》，1910 年 11 月 30 日，"新闻一"，第 0322 页。

平等之说"，"唉使愚蒙者，自联社会"。① 此间俄人赴内外蒙旗托言游历、阴作侦探者，甚多。呼伦贝尔一带，俄人数十名，由内蒙古达尔汗王旗取道黑龙江省西，往外蒙古车臣汗各境。"其徒党皆效僧侣装束，到处参拜佛像"。"与蒙古喇嘛甚昵，踪迹尤密"。"此辈驻庙喇嘛，半系蒙旗贵族，有势力而又为蒙民所信仰，俄人结交之，以为愚弄"。② 俄方又大规模吸引外蒙古等处蒙人，加入俄籍，受俄保护。如清末东北各蒙旗蒙官商民人等，入彼籍者，"实繁有徒"，直接导致"沿边蒙人，私入俄籍者日多"。③ 据宣统二年六月二十五日《东方杂志》调查结果显示，贝加尔州入俄籍者逾千人，乌里雅苏台、库伦两处达千七百余人，科布多、恰克图、葛顺三处共达二千余人。买卖城之人，所衣之服色，尽与俄同，削发者几有十分之七八。④

其二，藩部推行新政之需要。清末为拯救蒙古等传统藩部危机，巩固边圉，清廷及时人认为最有效的办法是对藩部推行新政，使藩部逐渐变成与内地十八行省无差别的地方行政区域。但此等新政不仅受财力、人力制约，更因"蒙古地处边陲，风气未开，习惯与内地异"⑤，颇遭阻滞。⑥ 且这些新政，均是蒙人不熟悉的东西，他们此前闻所未闻，更未见习，且又将大大改变蒙古等传统藩部地区生活习俗，当然会遭到他们反对。如何去说服蒙众，赞同此类改革，并尽量实现蒙古自治之目的，按清廷及时人观点，均需开化蒙众，施行教育。⑦ 更何况当时已有人认为，教育不兴，已成为制约藩部推行宪政的不利因素。如科尔沁左翼前旗宾图王棍楚克苏隆上奏清廷时就称："自立宪限以九年，各直省均已次第依限预备。惟蒙旗，至今尚无萌芽。其故由于蒙民见闻闭塞，知识不开，内外各盟又复风

---

① 赵尔巽编《宣统政纪》卷十，辽海书社，1934，宣统元年闰二月己酉条。
② 《俄人到处拜佛像》，《民立报》1910年12月20日，"新闻一"，第0491页。
③ 《理藩部预防蒙古交涉》，《申报》宣统二年七月初七日第一张［107］678。
④ 《俄人对蒙政策》，《东方杂志》宣统二年六月二十五日第七卷第六期，第133页。
⑤ 《抄录本部与俄使关于蒙事交涉节略并附陆使译报以备酌核》（宣统三年十月），《北洋政府外交部全宗》，《中俄关系系列宣统三年外蒙情形宗》，台北中研院近代史所档案馆藏，馆藏号：03－32－134－037。
⑥ 《科布多参赞大臣薄闰奏添设蒙小学堂折》，《政治官报》宣统元年正月二十八日第468号第386页。
⑦ 《奏为遵旨复陈阿尔泰地方情形及筹拟办法事》（光绪三十三年九月二十四日），《宫中朱批奏折》，中国第一历史档案馆藏，档号：04－01－01－1085－061，缩微号：04－01－01－165－2492。

气互异"。①

其三，化解畛域、融合蒙汉、增强国家认同之需要。清代治理蒙藏等非汉族，亦沿袭传统的治藩政策，将蒙藏等族划为藩部，施行与汉族不同的治理政策。其中禁蒙藏等习学汉字、使用汉名、通婚等，均是此等政策的重要体现。清廷本欲借此保护蒙藏等藩部，防其利益受损。但至晚清，随着各藩部的衰弱，几无力自保，更不能充当清廷的"活长城"。清廷本欲通过移民实边、边陲设治等方式去进行应对，但传统的蒙汉隔离、相互隔阂，却不利于清廷政策的施行。即如清末阿尔泰地区，仍是"地处极边，自隶版图以来，洪荒未辟，商旅罕至，纵横千里，绝无村落市厘"，②"草莱未开，久等瓯越"。③ "哈夷则桀骜不驯，蒙古则罢苶不振"。④ 蒙汉隔阂，风气未开。同时，又鉴于俄方在各蒙古施行文化殖民政策，此时期时人亦建议抓紧"开蒙智"，增强蒙民的国家认同。即"今日事且特殊，防俄之要，甚于制蒙。故于蒙不惟其有威服之能，而惟有教育之功。盖蚩蚩万众，诚得识别文字，粗习礼仪，则爱国之心自油然而生，虽驰羁绁可也。不然土习鲜卑之语族，昧祖国之文，其势且骎骎北向，则虽将军何用哉"。⑤

二 各界"开蒙智"之建议

正是在以上诸因素促使下，清末清廷和各阶层均积极倡导"开蒙智"，并提出各种建议。其中，清廷上层和管理各蒙古地方官员之建议，更为引人注目。如早在光绪二十七年六月，内阁蒙古侍读学士文年，就将设立蒙

---

① 《钦差大臣东三省总督锡良奉天巡抚程德全奏为代奏科尔沁左翼前旗棍楚克苏隆仅就蒙旗情势缓急办理请饬下政务处等分条核议事》（宣统元年十二月初十日），《宫中朱批奏折》，中国第一历史档案馆藏，档号：04 - 01 - 30 - 0110 - 004，缩微号：04 - 01 - 30 - 009 - 0033。

② 《奏报阿尔泰现难设立巡警及警察学堂事》（光绪三十二年四月初一日），《宫中朱批奏折》，中国第一历史档案馆藏，档号：04 - 01 - 01 - 1077 - 045，缩微号：04 - 01 - 01 - 164 - 0764。

③ 《奏为遵旨复陈阿尔泰地方情形及筹拟办法事》（光绪三十三年九月二十四日），《宫中朱批奏折》，中国第一历史档案馆藏，档号：04 - 01 - 01 - 1085 - 061，缩微号：04 - 01 - 01 - 165 - 2492。

④ 《奏为开办阿尔泰各项小学堂遵拟简明章程并请添设学务处约估常年经费事》（光绪三十四年七月二十七日），《军机处录副奏折》，中国第一历史档案馆藏，档号：03 - 9294 - 007，缩微号：667 - 2159。

⑤ 陈去病：《漠南北建置行省议》，《国粹学报》（分类合订本），1908 年第 4 卷第 6 期，第 30～31 页。

文学堂作为开通蒙智，固守边封，联络情谊的一大对策。他在奏折中称：满蒙文字，本为国朝根本。但"比年以来，多有目之为浅俗无用者"。但"蒙古文字为西北数千里藩部所关，不为不重"。近来俄方官员，"类能通晓满蒙语言"，又于"满蒙汉三体文字，加意讲求，盖以蒙古各部落，满蒙语言文字，为其所习。往来公牍，亦多用之"。而中国朝廷"欲固结藩封，非抚治不可。抚治之道，不过联其情，除其弊耳。然非通其语言，则不能得其情而理也"。为此，他奏请设立蒙文学校，培养此类人才。① 此折虽仍将蒙文放在首位，通过学习蒙文、设立学校去联络各蒙古，但至光绪三十年后，尤其是日俄战争后，为应对日益增强的蒙边危机，时人已迫不及待地要求以汉文作为首要的交通文字，去开通蒙智。为此，程德全的"开通各蒙折"、钟镛的"蒙古事宜十四条"、肃亲王善耆的"考查蒙古事宜八条"、岑春煊的"统筹西北全局折"等，均强调了此等意旨。如岑春煊折就称："我朝二百年来定例，王公以上仅列侍卫，台吉以下，遴用卒鲜。其宗教全尚喇嘛，系本明张居正等柔训之策。而迷信日深，丁口日渐，人才不出，弊亦坐此。应筹默化潜移之法，请令各将军等遍饬各部，设立蒙学。并于驻扎处所，先设中学堂。凡蒙生，皆从宽收录。学成毕业，与京外旗汉各生，一体任用。"② 为此，清廷拟通咨各处将军、都统、办事大臣，迅速设立学堂，"振兴边蒙学务"，"化其强悍之风，导其进化之性"。③ 光绪三十三年（1907）张之洞任学部大臣后，亦特别注意蒙古等传统藩部学务，拟电致沿边督抚，要认真兴学，迅速筹办，并要求调查各处学堂设立及开办情况。④

光绪三十四年十二月，翰林院侍讲阿联又向清廷建议，在京师满蒙文高等学堂或理藩部蒙文馆内，特设一班，接受入京师游学的蒙古子弟。他称："再查蒙古为王室屏藩，关系甚重。强邻密通，足为隐患。欲期固其本根，实宜首重教育。然使其自行建立学校，恐无此开通之一日；若国家在蒙地兴学，则用人筹款又非易事，亦难旦夕奏功。近惟有使蒙古子弟留学

① 《内阁蒙古侍读学士文年奏请设立蒙文学校而治藩服事》（光绪二十七年六月十三日），《军机处录副奏折》，中国第一历史档案馆藏，档号：03-7210-094，缩微号：537-2768。
② 《两广总督岑春煊奏为酌拟变通固边办法统筹西北全局事》（光绪三十三年四月二十八日），《军机处录副奏折》，中国第一历史档案馆藏，档号：03-5619-010；缩微号：423-2738。
③ 《议饬振兴边蒙学务》，《四川学报》1906年第2期，第3页。
④ 《注意边省学务》，《直隶教育杂志》1907年第14期，第107~108页。

京师之一法，及此年班蒙古王公在京之时，拟请饬下理藩部，妥商蒙古王公，令择聪颖子弟来京游学，于学部奏设之满蒙文高等学堂，或理藩部所设之蒙文馆内，为之特设一班，以宏造就，而广皇仁。庶蒙藩之开化自易，筹边之策始得所措手，亦巩固藩陲之要道也。"① 同年同月，署理归化城副都统三多又向清廷建议选派内外蒙古王公以下勋旧子弟，送入陆军部贵胄学堂肄业，改变蒙古各部"智识未裕""生殖之计渐艰"无力守边局面。在该道奏折中，三多特别强调了先开蒙古"官智"的重要性。即"固边圉，莫如强蒙；强蒙，莫如兴学。而欲兴蒙古之学，尤必自蒙古王公勋旧子弟始。盖贱之效贵，捷于影响，贵族教育，实有顺风而呼之势"。三多请求清廷"饬下陆军部、理藩部，通咨西北各将军、都统、大臣，选择各部落各旗王公以次勋旧子弟，资质聪慧、年富力强者，送入陆军部贵胄学堂，附班肄业，俾与天潢贵族习处，交融濡染既深，感情益挚。教以汉话，课以汉文，则内向之心殷加；以军事教育，则勇锐之气奋。将来学成以归，提倡新政，智识大启，忠节弥敦。煽之不动，拘之不能，则西北屏藩，安于磐石矣"。②

至宣统二年十二月，意普、苏噜岱又奏称：朔北蒙古实为我国勋旧，即为我国屏藩，如今见迫于时势，实由于言语不通、中华文明之教育不能输达于沙漠故也，导致其风气不开。而今世界大开，语言文字为重要交流工具，漠北蒙古等边部却言语隔膜，感情不通，于政治、边封、军令，大有所碍。若使语言通晓，则教育普被，日久盛强，且必须团结感情。为此建议挑拣教习，在这些地区推广京都官语。③

在清廷中央及各地方官员的鼓吹下，一些藩部王公也加以响应，提出了各自建议。如土尔扈特部郡王帕勒塔于 1904 年向清廷上呈了"举筹蒙古政治十三条"，要求破除陈例，开通蒙智，拯救蒙古危机等。④ 又如喀喇沁

---

① 《翰林院侍讲阿联奏为蒙古子弟留学京师事》（光绪三十四年十二月初十日），《军机处录副奏片》，中国第一历史档案馆藏，档号：03 - 5622 - 025，缩微号：423 - 3470。
② 《署理归化城副都统三多奏请选录内外蒙古王公子弟送入陆军部贵胄学堂肄业以宏造就事》（光绪三十四年十二月十八日），《兵部—陆军部档案》，中国第一历史档案馆藏，卷 275 号。
③ 《奏为各边省及蒙古各地言语隔膜拟请挑拣教习教以京都官语事》（宣统二年十二月十二日），《军机处录副奏折》，中国第一历史档案馆藏，档号：03 - 7572 - 095，缩微号 562 - 2128。
④ 《蒙古土尔扈特郡王呈外务部代奏因时变法请假出洋游历折》，《东方杂志》，光绪二十九年（1904）第 4 期，第 40～42 页。

郡王贡桑诺尔布于光绪三十四年亦向清廷敬呈管见八条，也强调了蒙旗教育问题，并称："蒙人通晓汉文者，百无一二，即蒙文亦甚寥寥"，"除喇嘛外，无所谓教。倘外人巧为尝试，后患何可胜言。请饬下学部、理藩部等，议广兴教育办法。"① 科尔沁左翼前旗宾图王棍楚克苏隆于宣统元年十二月，亦向清廷建议，"振兴教育以开通知识"。②

同时期，报界等舆论媒体也积极鼓吹发展蒙旗教育，认为在预备立宪、新政繁兴之际，开蒙旗官智，更为重要。此前各蒙旗虽设有学堂，但效果不佳。即使有人劝导蒙民子弟入学，后者却掉头就走。报界认为：这固与蒙古风气未开有关，更与提倡无人相连，为此建议，"宜广贵胄学堂之额，招蒙藩子弟而入之。民见王公子弟以身作则，必且有感，斯应而起。其向学之心，即使颛蒙之习已深，向学之情不动。而上既树之风声，劝导自易为力"。③

三　清末"开蒙智"之尝试

1. 清廷上层"开蒙智"之筹备及实践

（1）清廷上层"开蒙智"之筹备——各项章程的出台。

在时人建议下，光绪三十三年（1907）后清廷开始着手预备立宪，欲变蒙古等传统藩部为近代国家下的地方行政区域。为在这些区域挑选合格议员，更需加速发展这些地区的教育，提升蒙人的教育水平。④ 在此等背景下，清廷亦要求学部、理藩部以及管理各藩部的将军、都统、大臣等加快边部教育的发展，"开蒙智"。光绪三十三年，学部上奏清廷在大学堂内增设满蒙文学，并添入钦定章程。⑤ 光绪三十三年六月，京师正式设立满蒙学堂，并应学部之请，颁给了关防。⑥ 同年九月，理藩部又上奏清廷称，"本

---

① 《喀喇沁王振兴蒙古之政见》，《大同报》（上海）1908 年第九卷第六期，第 32 页。
② 《钦差大臣东三省总督锡良奉天巡抚程德全奏为代奏科尔沁左翼前旗棍楚克苏隆仅就蒙旗情势缓急办理请饬下政务处等分条核议事》（宣统元年十二月初十日），《宫中朱批奏折》，中国第一历史档案馆藏，档号：04 - 01 - 30 - 0110 - 004，缩微号：04 - 01 - 30 - 009 - 0033。
③ 《论蒙古之危状》，《申报》，宣统二年二月二十八日第一张第三版［105］594。
④ 《清德宗实录》卷五八六，中华书局，1987，光绪三十三年正月庚戌条。
⑤ 《清德宗实录》卷五七三，光绪三十三年五月丙申条。
⑥ 《清德宗实录》卷五七五，光绪三十三年六月辛巳条。

部扩充蒙古学,购地建盖房屋"。^① 同年十一月,外务部又奏请清廷,派遣"贵胄游学英美德三国,肄习陆军、政法"。^② 乘此机会,张之洞等又奏请清廷,选派蒙古王公贵族,出国留学,以增见闻、开通风气。^③ 光绪三十四年六月,学部又颁《满蒙文高等学堂章程》,以造就满蒙文通才,保国粹而裨要政。其主要招收对象为京师各衙门,或已考取举、贡、生监及职官,年在三十五岁以内,中文精通、素娴蒙文满文者入选。这对蒙古等传统藩部的学务推广,起到示范作用。^④

宣统元年四月,学部又奏准"酌厘变通初等小学堂章程并原有小学堂简易科酌拟两类办法",要求全国各地普遍实行,"嗣后办学官绅,如再有因循欺饰不遵章程者,即由学部查明,严行参处"。此等上谕经军机处分发全国各地,其中蒙古等藩部各旗也得到如此指令。如阿拉善王旗就于宣统元年四月十三日收到如此上谕,要求照此精神兴办学堂。^⑤ 同年,摄政王召见理藩部尚书寿耆,又特别叮嘱加强蒙古教育。^⑥ 清廷又以筹办宪政、添设议员、维系蒙疆安全需要,要求各地赶办蒙古学堂。^⑦

至宣统二年八月,理藩部又遵清廷旨意,上奏了"酌将旧例择要变通折",称藩部预备宪政,首在振兴蒙务,而非择要酌将旧例量为变通,则筹办蒙务亦无措手之方。其中要点之一就是"废蒙古行用汉文之禁"。^⑧ 同年资政院蒙古议员又提出了蒙古教育改良议案,具体办法如下:其一,蒙文教育应以蒙文行之;其二,按照初等高等小学堂科目,用蒙古文编成教科书,初等全用蒙文,附浅近汉字于各课之后,高等用蒙汉文对照;其三,养成初等高等蒙文教员。而其入手办法,一是京师设立蒙文师范学堂;二是在京编定蒙文教科书;三是在内外蒙古各路酌设小学教员练成所;四是提前略设初等小学,以为试教之地;五是逐渐增设初等小学,教员以养成

---

① 《清德宗实录》卷五七九,光绪三十三年九月癸巳条。

② 《清德宗实录》卷五八二,光绪三十三年十一月戊子条。

③ 《奏请选派蒙古王公留学》,《直隶教育杂志》,1907年第16期,第114页。

④ 《学部咨宪政编查馆准满蒙文高等学堂咨送章程文》,《政治官报》光绪三十四年六月初十日第250号,第481页。

⑤ 《为遵照厘变通则等小学堂章程事谕文》(宣统元年四月十三日),《阿拉善档》,中国第一历史档案馆藏,档号:101-09-0006-022。

⑥ 《摄政王注意蒙古教育》,《直隶教育官报》1909年第6期,第109页。

⑦ 《筹办蒙古学堂》,《大同报》(上海)1909年第12卷第22期,第30页。

⑧ 《理藩部奏预备宪政援案酌将旧例择要变通折》,《政治官报》宣统二年八月五日第1042号,第322~324页。

所毕业生充任；六是酌设高等小学以后，逐渐推广，等小学办有头绪，立即筹设中学堂。① 至宣统三年，随着蒙古全局渐入俄人势力范围这一危机的增强，清廷权力机关亦极力设法应对。据报载宣统三年五月，理藩部大臣寿耆与学务大臣唐景崇会商，认为蒙古全局渐入俄人势力范围，是"中国积弱，鞭长莫及"，但"蒙人智识不开，易受煽惑，实为速亡之总因"。"如欲保兹疆土，非从开通蒙人智识入手不可"。② 嗣经学部派定参事陈毅，法部派定七品小京官徐敬熙、理藩部派定给事中文哲珲，会同前往调查各部事件。教育方面应"由调查员先赴各将军、大臣驻所，并已设学堂之蒙旗，切实调查其教育方法，与所用教科书及教育人员，是否宗旨纯正、不染歧趋。并应如何推广，如何良改（改良），可以收开通民蒙之效"。③

（2）清廷上层"开蒙智"之实践——创设各类学堂。

清廷上层"开蒙智"之实践，主要体现为开蒙旗官智方面，不仅涉及各蒙部上层王公、台吉等，更指负责管理各蒙部事务的大小行政官员。早在光绪三十年九月，出使美秘古墨国大臣梁诚就首次奏请清廷，建陆军大学堂及各陆军省学堂。④ 同年十二月份又奏请选派合格王公子弟入陆军学堂学习，此时主要对象虽为王公宗室、满汉大臣子弟，但实已囊括蒙古王公贵胄等。⑤ 光绪三十一年九月，奕劻又正式向清廷奏呈《陆军贵胄学堂章程》，拟就神机营旧署改建讲堂学舍，先行试办。⑥ 该章程总则第一条规定了招收对象，为"王公世爵即四品以上宗室、现任二品以上京外满汉文武大员之聪颖子弟"，而第九条又做了补充，即"年长不合定格，与充当差使之王公世爵，虽碍难入堂受学，而情殷尚武，志切从戎者，自应俟开学后，体察情形，随时另订专章，奏请入堂听讲，以示优待之意"。⑦ 这一规定为

---

① 《蒙古铁路教育案之大计划》，《国风报》1910 年第 1 卷第 29 期，第 82 页。
② 《政府筹蒙古策如是》，《申报》宣统三年五月二十五日第一张第三版［112］883－884。
③ 《为派员择要调查行政司法等事致阿拉善亲王移文》（宣统三年九月二十六日），《阿拉善档》，中国第一历史档案馆藏，档号：101－09－0114－009。
④ 《奏为请建陆军大学省学整齐教法事》（光绪三十年九月二十六日），《军机处录副奏折》，中国第一历史档案馆藏，档号：03－6000－073，缩微号：449－0424。
⑤ 《奏为改变中国积习请饬大员合格王公子弟备选陆军学堂事》（光绪三十年十二月份），《军机处录副奏折》，中国第一历史档案馆藏，档号：03－6000－074，缩微号：449－0428。
⑥ 《奏为拟订陆军贵胄学堂章程并拟先行试办请旨事》（光绪三十一年九月二十一日），《军机处录副奏折》，中国第一历史档案馆藏，档号：03－5764－045，缩微号：433－3308。
⑦ 《呈拟订陆军贵胄学堂试办章程清单》（光绪三十一年九月二十一日），《军机处录副奏折》，中国第一历史档案馆藏，档号：03－5764－046，缩微号：433－3311。

该堂随后招收蒙古王公子弟附班听讲，提供了依据。光绪三十二年闰四月，陆军贵胄学堂开办在即，奕劻等又向清廷上呈了《陆军贵胄学堂听讲试办章程》。① 除设正规班外，又设听讲专班。正规班一届拟招收一百二十人，听讲专班拟招正规学额的三分之一或四分之一。②

光绪三十二年闰四月二十四日，陆军贵胄学堂正式开办。堂官率听讲各员，一律到堂。又传谕蒙古王公到堂听讲。至宣统元年，陆军贵胄学堂第一期学生毕业，共有听讲王公世爵33人，听讲员及学员143人。③ 其中祺诚武、阿穆尔灵圭、贡桑诺尔布均为蒙旗贵胄。同年又拟招收第二期学生，并另建学堂和另订章程。新的招生章程明显体现出吸纳蒙旗王公贵胄子弟入学倾向，即除招收正班生160名外，又拟招蒙旗附班生80名。④

光绪三十三年，受内阁学士宝熙建议⑤，清廷又拟设贵胄法政学堂。宣统元年闰二月，宪政编查馆王大臣正式奏请清廷设立该堂，并上呈章程，要求宗室蒙古王公等子弟，曾习汉文者，"皆令入学"。⑥ 另外，章程第五章第十七条对蒙古王公子弟入学程序做了规定，即"凡应入学之""蒙古世袭及其子弟"均先由理藩部、各旗查明咨报本学堂，听候定期考录。而宣统元年十一月，毓朗等在《续拟贵胄法政学堂章程》总纲第三条中，对学员资格又重新做了补充，在三类学员中，有两类均涉及蒙古贵胄：第一类包括蒙古汗王以下至四等台吉、塔布囊等；第三类又包括蒙古二品以上大员之子弟及世职等。总纲第四条再度对蒙旗贵胄子弟入学程序作了规定，即蒙古汗王以下至四等台吉塔布囊，年在十八岁以上三十岁以下，汉文通顺，愿入学者，应由理藩部造册咨送入学。⑦ 其后该学堂在转咨各蒙旗文件中又

---

① 《总理练兵事务奕劻等奏为拟定陆军贵胄学堂听讲试办章程事》（光绪三十二年闰四月初一日），《军机处录副奏折》，中国第一历史档案馆藏，档号：03-6003-047，缩微号：449-1205。

② 《总理练兵事务奕劻等呈拟定陆军贵胄学堂听讲试办章程清单》（光绪三十二年闰四月初一日），《军机处录副奏折》，中国第一历史档案馆藏，档号：03-6003-048，缩微号：449-1206。

③ 《陆军贵胄学堂同学录》，清宣统元年（1909）北京商务印书分馆恭制。

④ 《管理陆军贵胄学堂事务载润等奏为变通办理贵胄正班学生学额事》（宣统二年九月二十日），《军机处录副奏折》，中国第一历史档案馆藏，档号：03-7572-042，缩微号：562-2003。

⑤ 《内阁学士宝熙奏请设法政贵胄学堂》（光绪三十三年八月初一日），《军机处录副奏折》，中国第一历史档案馆藏，档号：03-7221-019，缩微号：538-1761。

⑥ 《钦命宪政编查馆为设贵胄法政学堂拟订章程事给吉林巡抚咨文》（宣统元年三月初二日），《吉林教育档案》，中国第一历史档案馆藏，档号：J001-35-6634，缩微号：004-2169。

⑦ 《贵胄学堂为行送学堂课程并预算清单事致内务府咨文》（宣统元年十一月十六日），《内务府档》，转引自《清末筹办贵胄法政学堂史料选载》，《历史档案》1987年4期，第51页。

对以上要求作了强调，要求各地应遵照"本学堂奏定章程"，"造册咨送入
学"。①

清廷开蒙古官智的以上举措，亦通过管理蒙古地方事务的各督抚、将
军、都统、大臣等传递到各蒙旗。如吉林地方，宣统二年正月间，因陆军
贵胄学堂第二期招生，吉林巡抚遂通饬该省蒙务处等，选送年龄在十七岁
以上、二十五岁以下、粗通蒙文汉语、体质强健、无嗜好暗疾的蒙旗王公
世爵及其勋旧子弟，入陆军贵胄学堂附班学习。要求在奉稿三个月限期内，
咨送陆军部，听候本堂考选。② 又如宁夏地方，宣统元年陕甘总督、宁夏部
院也要求该处蒙旗选王公贵胄子弟送入学堂。阿拉善亲王接到此札后，于
同年十一月二十日复文理藩部，呈报选送学生事宜。③ 至宣统二年初，陆军
贵胄学堂第一届学生毕业，拟招第二届新生时，时任宁夏部院的钦差诚庆，
又接陕甘总督长庚咨文，要求宁夏地方各蒙旗，遵照陆军部、陆军贵胄学
堂于宣统二年正月十一日会奏的《酌拟陆军贵胄学堂章程》《蒙旗监学专
章》所开各条，"克期选送合格学生赴部注册，听候本堂会同订期考选"。④
宁夏部院钦差诚庆接咨后，遂移文阿拉善亲王旗，要求对方遵章挑选合格
学生送部听考，以免再催，致碍不便。⑤ 宣统三年正月十五日，宁夏部院又
接清廷陆军部递到理藩部转陆军贵胄学堂咨文，称本学堂限定于宣统三年
三月为蒙旗学生第一学年毕业之期，嗣后如再选送，不但学生课程参差，
教员亦难施一律之教育，要求停送。宁夏部院因此转饬阿拉善亲王旗等，
"勿再送学生到陆军贵胄学堂"。⑥

清廷开蒙旗官智活动，也得到部分蒙旗王公贵族的响应。如出国留学

① 《吉林巡抚为陆军贵胄学堂开班通饬各处选送学生事给各处札稿》（宣统二年正月十七日），
《吉林教育档案》，中国第一历史档案馆藏，档号：J001 - 35 - 6634。
② 《吉林巡抚为陆军贵胄学堂开班通饬各处选送学生事给各处札稿》（宣统二年正月十七日），
《吉林教育档案》，中国第一历史档案馆藏，档号：J001 - 35 - 6634。
③ 《为选送陆军贵胄学堂学生事致理藩部呈》（宣统元年十一月二十日），《阿拉善档》，中国
第一历史档案馆藏，档号：101 - 09 - 0007 - 133。
④ 《为转行各蒙旗遵照陆军贵胄学堂章程及蒙旗监学专章各条克期选送合格学生事致阿拉善
亲王旗护印协理移文》（宣统二年五月二十六日），《阿拉善档》，中国第一历史档案馆藏，
档号：101 - 09 - 0094 - 006。
⑤ 《为转行各蒙旗遵照陆军贵胄学堂章程及蒙旗监学专章各条克期选送合格学生事致阿拉善
亲王旗护印协理移文》（宣统二年五月二十六日），《阿拉善档》，中国第一历史档案馆藏，
档号：101 - 09 - 0094 - 006。
⑥ 《为勿再选送学生到陆军贵胄学堂事致阿拉善亲王移文》（宣统三年正月十七日），《阿拉善
档》，中国第一历史档案馆藏，档号：101 - 09 - 0094 - 006。

活动就有不少蒙古王公参与其中。新疆旧土尔扈特部郡王帕勒塔早在 1904 年就请求游学欧美。[①] 这一请求后得清廷许可，1905 年底该亲王遂向理藩院呈请出洋，经外务部与美方接洽，拟于 1906 年二月初五日出发，取道日本，前往欧美游学。[②] 后清廷降旨改往东洋游历。同年，该郡王又电其父巴雅尔（旧土尔扈特东部落盟长札萨克告休郡王），要求护送其妻赴女学堂林立的京师，专习妇道，"开通心智"，"俟毕业回府，以便教化所部妇女"。为此巴雅尔呈请迪化道，请求赏给大车二辆、传牌一张，护送儿媳赴京师女学堂学习。[③] 其后该福晋又拟东赴日本留学，"实践女学校"。[④] 该郡王遂于光绪三十三年奏请清廷，派其妻赴日本留学。[⑤] 不仅如此，该王及王妃平时亦热心教育，曾在北京及蒙古创办学堂。宣统元年（1909），该王毕业回国，报界对此亦寄予厚望。称该王东渡日本研究陆军，毕业归来，"道出沪上，戎装佩剑，具有尚武精神，固望而知为曾吸受文明教育之新空气者"。[⑥]

又如陆军部贵胄学堂，开设后喀喇沁郡王贡桑诺尔布首先作出榜样，呈请入堂听讲，留京当差。[⑦] 而科尔沁亲王阿穆尔灵圭也成为该学堂第一届毕业生[⑧]，另外土默特固山贝子棍布札布，喀尔喀公衔头等台吉祺诚武也曾先后报名参加。[⑨] 该学堂设立后，又逐渐向各蒙旗开放，力图培养振兴蒙部的军事人才。为此陆军贵胄学堂章程于宣统二年间先后转移各蒙旗，令遵该章程各条，克期选送合格学生。[⑩] 此后各蒙旗先后派出勋贵子弟入陆军贵胄学堂学习。如吉林属下伯都讷旗务承办处提调协领忠祥，接到吉林巡抚和旗务处札文后，就备文移付左右两翼，要求各旗查明有无此项合格学生，

---

① 《蒙古土尔扈特郡王呈外务部代奏因时变法请假出洋游历折》，《东方杂志》，光绪二十九年（1904）第 4 期，第 40 ~ 42 页。
② 《土尔扈特郡王起程赴美》，《通问报：耶稣家庭新闻》1906 年第 189 期，第 7 页。
③ 《迪化道就巴雅尔送儿媳赴京求学事给吐鲁番厅的札》（1906 年 5 月 30 日），《清代新疆蒙古族档案》，新疆档案馆藏，转引自新疆维吾尔自治区档案馆等编《近代新疆蒙古历史档案》，新疆人民出版社，2007，第 143 页。
④ 《要电·十七日北京来电》，《通问报：耶稣家庭新闻》1906 年第 189 期，第 5 页。
⑤ 《蒙古王妃赴日本留学》，《直隶教育杂志》1907 年第 21 期，第 1 页。
⑥ 《蒙古亲王学成归国》，《大同报》（上海）1909 年第 11 卷第 18 期，第 8 ~ 9 页。
⑦ 赵尔巽编《宣统政纪》卷八，宣统元年二月辛亥条。
⑧ 《陆军贵胄学堂同学录》，清宣统元年（1909）北京商务印书分馆恭制。
⑨ 《贵胄学堂传蒙古王公听讲》，《广益丛报》1906 年第 122 期，第 2 页。
⑩ 《为转行各蒙旗遵照陆军贵胄章程及蒙旗监学专章各条，克期选送合格学生事致阿拉善亲王旗护印协理移文》（宣统二年五月二十六日），《阿拉善档》，中国第一历史档案馆藏，档号：101 - 09 - 0094 - 006。

赶紧呈报。其结果是镶黄旗佐领下送来名"魁禄"的候选者一人。① 而吉林东北路兵备道亦承送了蒙古镶红旗佐领下名"国柱"和三姓满洲镶蓝旗下名"诚贯"者两名。② 同年三月初七日，乌拉协领又送来省城蒙古旗、蒙古镶红旗下学生四名。③ 至宣统二年九月，据管理该堂事务载润等奏报，该堂自该年五月十二日开学以来，共收蒙旗学生十五名：第一批八名于开学前经理藩部咨送后已经入学；第二批共七名分别为喀喇沁旗三名，科尔沁左翼前旗四名。该堂又于该年九月十二日进行甄别，让他们正式入学。④ 虽蒙旗所送学生数离章程原定蒙旗附班生学额八十名相距甚远，但毕竟开始触及蒙旗上层社会。⑤

再如贵胄法政学堂，亦有蒙旗呈送学生入学。宣统二年（1910）正月十五日该学堂给理藩部咨文称：热河属喀喇沁旗"卓素图盟塔布囊卓凌阿之子""呈请肄业"。⑥ 热河喀喇沁旗愿意入学的学生还有参领章京萨音伯颜，只因是参领章京衔，不符所定资格，该堂予以拒绝。⑦ 西蒙古阿拉善亲王旗于宣统三年闰六月二十四日和宣统三年七月二十三日，先后接到陕甘总督长庚⑧、宁夏部院⑨多次咨文催报愿意入贵胄法政学堂合格人员名单后，于宣统三年八月初十日向宁夏部院呈报了愿入贵胄法政学堂人员名单。这次该旗共呈报了札萨克和硕亲王以及该旗众公台吉等略识汉文者23人，其

---

① 《伯都讷旗务承办处为陆军贵胄学堂开班选送学生事给吉林巡抚申文》（宣统二年二月十七日），《吉林教育档案》，档号：J001-35-6634，缩微号：005-1611。

② 《吉林东北兵备道为陆军贵胄学堂开班选送学生事给吉林巡抚呈文》（宣统二年二月二十七日），《吉林教育档案》，中国第一历史档案馆藏，档号：J001-35-6634，缩微号：005-1638。

③ 《吉林巡抚为乌拉协领申送陆军贵胄学堂合格学生四名查照收考事给陆军贵胄学堂咨稿》（宣统二年三月初七日），《吉林教育档案》，中国第一历史档案馆藏，档号：J001-35-6634，缩微号：005-1692。

④ 《管理陆军贵胄学堂事务载润等奏为陈明学堂甄别考试情形事》（宣统二年九月二十日），《军机处录副奏折》，中国第一历史档案馆藏，档号：03-7572-041，缩微号：562-2000。

⑤ 《管理陆军贵胄学堂事务载润等奏为变通办理贵胄正班学生学额事》（宣统二年九月二十日），《军机处录副奏折》，中国第一历史档案馆藏，档号：03-7572-042，缩微号：562-2003。

⑥ 《学部教学学务档案》，中国第一历史档案馆藏，卷60号。

⑦ 《责任内阁档案目录》，中国第一历史档案馆藏，"奏咨行稿"第7包，"贵胄法政学堂咨行稿"。

⑧ 《为造册咨报愿入贵胄法政学堂台吉塔布囊名单事致阿拉善亲王咨文》（宣统三年七月二十三日），《阿拉善档》，中国第一历史档案馆藏，档号：101-09-0112-002。

⑨ 《为本旗人贵胄法政学堂众公台等名目造册呈报事致钦差驻扎宁夏部院咨文》（宣统三年八月初十日），《阿拉善档》，中国第一历史档案馆藏，档号：101-09-0032-086。

他 48 人。①

在最高统治阶层的号召和带领下，管理蒙旗的地方官员和蒙旗部分王公大臣，也开始推进各蒙旗开官智活动。在管理蒙古事务的地方官员中较早提出开官智和发展蒙旗教育的是归化城副都统三多。他于宣统元年十二月，上奏清廷设立归绥时政讲习所时就称：归化城土默特旗大小官员一百五十余名，向以备边武职兼司蒙旗行政，其间固不乏明白练事之员，但却乏通晓时政之选。"往往下一令，则众皆瞠目，变一法，则相顾惊疑"，为此提出"欲开边方之风气，当先启官场之智识"建议。具体办法为：从归化城土默特旗考选佐领以下、笔帖式以上即世爵各员四十名，又从绥远八旗官员内考选二十名，共六十名，延聘各科教员，课以普通学术，兼讲政法、兵学，养成自治治人资格。一年毕业，发给文凭，遇有应升之阶，再拟照章鼓励。② 除三多外，在京蒙古王公，于宣统元年正月也向清廷上奏，请求设立殖边学堂。即御前大臣喀尔喀扎萨克和硕亲王那彦图、扎萨克亲王阿穆尔灵圭，同科尔沁辅国公博迪苏、奈曼郡王苏珠克图巴图尔等，就向清廷奏请，在京设立殖边学堂，取"殖民筹边"之意。计划设蒙部、藏卫两科，课程内容除蒙藏语言、蒙藏历史地理、古今沿革、情势利害、农工商实业外，还讲法政、理财、科学等。其筹建经费，拟由各省和沿边将军大臣赞助。在宣武门内辟才胡同，建立校址。每年每科招一百人，两科共招二百人。三年毕业，不在学部章程之内，只为筹边而设。将来毕业可由理藩部留用，亦可由沿边将军大臣调用，以备边才不足之患。清廷同意筹办。③ 同年，该堂又新设讲堂，续招蒙部生二百名。不论满蒙汉籍，年龄在十八岁以上、三十岁以下，身体健康，中学具有根底者，均可报名。入学考试时考中文和算术，考取后交纳保证洋十元，即可入学。膳宿各项，均需自理。考试时交纳铜圆四十枚。④ 此等信息经理藩部之手很快传给了各蒙旗。如宣统元年二月间，驻扎宁夏部院钦差诚庆收到陆军部之手传来的理藩部关于创办治边学堂咨文后，遂又移文阿拉善亲王旗，告知此事，让

---

① 《为本旗入贵胄法政学堂众公太（台）吉等名目造册呈报事致钦差驻扎宁夏部院咨文》（宣统三年八月初十日），《阿拉善档》，中国第一历史档案馆藏，档号：101 - 09 - 0113 - 004。

② 《署归化城副都统三多奏创办归绥时政讲习所折》，《学部官报》1910 年第 118 期，第 9 ~ 10 页。

③ 《理藩部代奏蒙藩王公等创建殖边学堂折》，《政治官报》宣统元年正月二十日第 460 号，第 247 ~ 248 页。

④ 《殖边学堂续招蒙生》，《教育杂志》，1909 年第一卷第 8 期，第 62 页。

遵照办理。①

2. 管理蒙古官员"开蒙智"之实践

此间除清廷中央和部分王公贵胄开蒙古官智外，管理各蒙古地方事务的各督抚、将军、都统、大臣等也在清廷号召下，对各自辖区的学务活动进行尝试，企图通过设立近代新式学堂等措施，达到开通蒙智、融合蒙汉、巩固边围的目的。为此，这一时期不仅东三省、热河、归化城、绥远等内蒙古地区进行了实践，外蒙古乌里雅苏台、科布多、库伦等地区也进行了尝试。但在具体运作上，又体现出不同的区域特色。相较而言，内蒙古比外蒙古积极，所取得的效果较好。其部分原因当然与"内蒙古，壤连内地，常与汉民交接，目染耳濡，潜移默化"密切相关。即如绥远城所属之土默特各旗，早已"列屋而居"。"日中有市，起居动作，多效汉民"。虽未能多识汉字，而"汉语已通，教导自易"。②

（1）东北内蒙古各旗"开蒙智"情况。

鉴于清末时势紧迫，边疆危机日渐加深，一些地方大吏在推行藩部学务时，不遗余力。如东三省的吉林省垣，较早设有外国语学堂，又设有满蒙文一班。因"名称不符"，于光绪三十三年，改隶中学。又在其内，附设蒙文科。为此，吉林提学司于该年六月十九日特扎各府州县，让招选学生送省，学习蒙文，并拟"招取蒙文学生四十名"。③ 光绪三十四年，该堂蒙文教员伊克塔春又向提学司呈请，先在省城创设满蒙学堂一处，改变满蒙户口虽多，数典而忘的局面。他拟定了章程，呈请开办，终得提学司同意。终因校舍一时难措，遂用尚有余屋的蒙古旗官房借用。④ 光绪三十四年二月间，吉林提学司又向吉林巡抚上呈了蒙文教员伊克塔春所拟设立蒙文学堂简明章程，特别强调了吉林开设蒙文学堂的必要性。其办理办法为：报考曾入学堂、有普通知识学生四十名。或再饬蒙古，申送十五名，组织一班。专注

---

① 《为备文转移遵办喀尔喀札萨克和硕亲王那彦图等创建殖边学堂事致阿拉善亲王旗移文》（宣统元年二月二十六日），《阿拉善档》，中国第一历史档案馆藏，档号：101－09－0074－004。

② 《科布多办事大臣陈阿尔泰现在未能通设半日学堂折》（宣统元年四月十八日），《学部官报》1909年第99期，第1~2页。

③ 《吉林提学司为将中学堂附设蒙文科招选学生送省以备定期考试事给各处札稿》（光绪三十三年六月十九日），《吉林教育档案》，中国第一历史档案馆藏，第1012件，档号：J033－05－0046，缩微号：003－1456。

④ 《吉林提学司为蒙文教员伊克塔春请借蒙古旗官房创设满蒙学堂事给蒙古旗协领等移文》（光绪三十四年二月十三日），《吉林教育档案》，中国第一历史档案馆藏，档号：J033－05－0045，缩微号：003－2708。

重蒙文语，以期速成。学制拟设为一年半，分三个学期，每学期均开设修身、蒙文、国文、经学、历史、地理、官话、算学、图画、体操等课程，合计每周三十二点钟。堂中设监督一人，校长一人，教员五人。等这些学生稍熟蒙文且兼通各科后，择其最优者，留在吉林当差，应付蒙古交涉。派优者入境，以施教育，开蒙古风气。总之，其办学宗旨，不外乎为应边事、交涉起见，为现实服务。"使大地文明，咸输入于边陲"。该提学司认为，该蒙员请设蒙文学堂，"具见留心时务"，所拟章程亦苟妥帖。吉林巡抚批文充分肯定了该教员建议。① 同期吉林旗务处又移文提学司称，吉林旗属旧有清文、蒙文官学各一所，向归户司经理。后来户司被裁，改归旗务处管理。现两官学学生，年龄均属合格。惟管理、教授方法，都不完全。功课散无秩序，教法亦欠研究，且只课清文，于汉文及各项科学均未涉及。为此，该旗务处认为，蒙古臣服二百余年，久为国家屏蔽。近复边事日亟，更应注重蒙古教育。该处请求将所管清文蒙文两官学归并一处，改为满蒙小学堂，以为中学之阶梯。又鉴于两官学旧有学舍，均属"湫隘"，拟借用裁并江省驻吉水师营房开办。开办经费，公家每年补助一万六千余吊，剩下由原有两学堂经费拨充。如仍不足，再由该旗务处设法筹补。②

光绪三十四年十一月，东督徐世昌又奏东三省设蒙务局，吩咐各学堂兼习蒙文，并招蒙王子弟入学事。③ 东督不仅在东三省设立洮昌道，又招蒙王子弟入学校，并在法政学堂内添设蒙语一门，作为筹蒙之策。④ 锡良继任总督后，派已革奉天蒙古右翼协领德荣，译成蒙满汉文教科书四册，进呈御览。又印刷二万部，分散哲里木盟十旗及奉吉江三省蒙边各学堂，以资传习。⑤ 只因德荣学擅兼长，热心教育，以振兴蒙学为己任，锡良奏请清廷

---

① 《吉林提学司为蒙文教员伊克塔春请设蒙文学堂并拟简明章程事给吉林巡抚详文》（光绪三十四年二月十九日），《吉林教育档案》，中国第一历史档案馆藏，档号：J033 - 05 - 0044，缩微号：003 - 2729。
② 《吉林全省旗务处为拟将清文及蒙文两学归并为满蒙小学堂事给吉林提学司移文》（光绪三十四年九月二十一日），《吉林教育档案》，中国第一历史档案馆藏，档号：J033 - 05 - 0048，缩微号：004 - 0965。
③ 《清德宗实录》卷三，光绪三十四年十一月戊戌条。
④ 赵尔巽编《宣统政纪》卷十，宣统元年闰二月己酉条。
⑤ 赵尔巽编《宣统政纪》卷二四，宣统元年十月壬辰条。

将其开复原官。① 德荣于宣统三年又将学部审定初等国文教科书附译成满蒙文，名曰满蒙汉合璧国文教科书。东督为此拿出了三千两白银，由蒙务局印书万部，分发给哲里木盟十旗学生，并将此书上呈清廷。肃亲王又拨款让印十万部，以便内外蒙古均能采用。②

　　属于内蒙的归化城蒙旗学务之推广，也在地方官员的倡导下得到实施。早在光绪三十二年间，归化城副都统文哲珲就因土默特旗蒙古子弟与汉民相处年久、语言文字渐忘，在该旗高等小学堂内附设满蒙文一科，以保国粹而养成通译人才。③ 光绪三十四年，归化城副都统三多又向清廷上奏西北各边蒙民不识汉字，交通不便，请增设半日学堂。又得清廷允准。④ 宣统元年十月，归化城副都统三多又向清廷奏报筹设土默特蒙旗两等小学堂情形。他称：归化城土默特部靠近京畿，经清代二百多年统治。气习风声，久同内地。但文教未兴，为此前副都统文哲珲于光绪三十二年六月改归化城文庙旁满蒙官学，为蒙小学堂。招生四十人，特设满蒙教习一人、汉文教习一人。后又将蒙小学堂，改为高等小学堂，增设蒙小学堂一所。三多赴任后，进行调查，发现土默特旗户口繁多，地域广阔。其中，学龄儿童就不下二千人。仅靠此前所设高等小学堂、蒙小学堂二所，完全不够。且该二所学堂，太粗略。为此拟将高等小学堂学额增至七十名，改监督为堂长，添聘中学教习、科学教习四人，司事一人。厘定课程规则，购置图书机器。三多又将原蒙小学堂，改为第一初等学堂，并在城东关帝庙内添设第二初等小学堂。又因包头镇人烟稠密，三多将原半日学堂改为第三初等小学堂。同时三多又在土默特萨拉齐厅、毕齐克齐镇、察素齐镇各设半日学堂各一处。以上高等小学堂一所，初等小学堂二所，均公办。⑤ 该年年底，有人游历张家口时发现：万全县地方已设有武备学堂一所、小学堂二所、初级师范学堂一所、高等学堂一所、女学堂一所、小学堂五所。虽其主要生源为

① 《东三省总督锡良奏为已革蒙古右翼协领德荣筹办蒙文学堂实著微劳请开复》（宣统二年十一月初三日），《军机处录副奏折》，中国第一历史档案馆藏，档号：03-7572-064，缩微号：562-2058。
② 《蒙旗学务近闻》，《教育杂志》，1911年第3卷第9期，第67页。
③ 《归化城副都统麟寿奏为动用煤税设立蒙古满蒙语文小学堂事》（宣统三年九月初八日），《军机处录副奏折》，中国第一历史档案馆藏，档号：03-7575-157，缩微号：562-2953。
④ 《科布多办事大臣陈阿尔泰现在未能通设半日学堂折》（宣统元年四月十八日），《学部官报》1909年第99期，第1~2页。
⑤ 《署归化城副都统三多奏筹设土默特两等小学堂情形折》，《学部官报》1910年第111期，第2~4页。

定居口上的汉民，但这对传统藩部地区的教育发展，产生了较大影响。① 至宣统三年九月，清廷统治即将崩溃前，归化城副都统麟寿又提出了建立满蒙语小学堂的建议。即此前文哲珲所办土默特旗高等小学堂内附设满蒙文一科，以培养蒙古人才。但因"钟点无多，且偏重别项科学"，"数年以来，成绩不佳"。该都统欲保存国粹，准备在该旗旧有十王庙官房建立满蒙语小学堂一所，名为崇古满蒙语言小学。考取该旗十六岁以上学生三十余名，入学肄业。②

（2）外蒙各地"开蒙智"情况。

清末如外蒙古的阿尔泰等地区的兴学活动，相对内蒙各旗而言，本属不易。加之主管官员畏难推诿，更不易举行。光绪三十二年闰四月，科布多参赞大臣锡恒奏阿尔泰地方情形时就称：该处地处极边，蒙哈栖身毡帐，散处荒野，牧放迁徙，游踪靡定。暂难设立学堂。③ 但负责管理该处事务的科布多参赞大臣，最终又不得不顺应清廷新政要求，试图推广该处蒙旗学务。至光绪三十三年九月，该大臣在复陈阿尔泰山情形时，在所提出的九项酌拟办法中，加上了"分设学堂"一项。④ 即至光绪三十三年，阿尔泰学务亦被提上日程。⑤ 光绪三十四年四月，科布多帮办大臣锡恒再次向清廷报告了筹措阿尔泰学务情形，称学堂一项，亟宜统筹，拟建学堂数处。⑥ 清廷会议政务处议复时称："各蒙旗子弟众多，区区数学堂，犹恐未能有济，所恃他日徐图扩充。"为此，光绪三十四年八月，科布多办事大臣锡恒又向清廷奏报阿尔泰开办小学堂并设教务处一事。称"阿尔泰蒙哈杂处，习俗异宜"。"亟宜兴修学校，启以文明，一以消其犷野之风，一以鼓其颓靡之气"。该大臣拟设普通小学堂二处，武备学堂一处。不分蒙汉，均加录入，一体教授。鉴于蒙汉哈学生的教育需先从语言文字入手，暂不设中学堂。该大臣同时上奏了该小学堂办学

---

① 《游蒙日记》，引自中国社会科学院中国边疆史地研究中心主编《清末蒙古史地资料荟萃》，全国图书馆文献缩微复制中心，1990，第605页。

② 《归化城副都统麟寿奏为动用煤税设立蒙古满蒙语文小学堂事》（宣统三年九月初八日），《军机处录副奏折》，中国第一历史档案馆藏，档号：03-7575-157，缩微号：562-2953。

③ 《奏报阿尔泰现难设立巡警及巡警学堂事》（光绪三十二年四月初一日），《宫中朱批奏折》，中国第一历史档案馆藏，档号：04-01-01-1071-045，缩微号04-01-01-164-0764。

④ 《奏为遵旨复陈阿尔泰地方情形及筹拟办法事》（光绪三十三年九月二十四日），《宫中朱批奏折》，中国第一历史档案馆藏，档号：04-01-01-1085-061，缩微号：04-01-01-165-2492。

⑤ 《清德宗实录》卷五八三，光绪三十三年十一月丙午条。

⑥ 《清德宗实录》卷五九○，光绪三十四年四月丙子条。

章程：普通小学堂暂定学额五十名，六年毕业。开设课程有修身、蒙文、汉文、算术、中国历史、地理、格致、体操、译文（暂不教授）等课，每天八学时。武备小学堂学额五十名，六年毕业，课程有修身、马战学兼操法、炮战学兼操法、蒙文、汉文、算术、中国历史、测绘、地理等，每天八学时。①

除阿尔泰外，外蒙的科布多、乌里雅苏台、塔尔巴哈台、库伦等地区的"开蒙智"活动于光绪三十四年后，也纷纷展开。光绪三十四年科布多添设了蒙养小学堂，并于该年闰二月二十日正式开学。三十名学生均来自所属的杜尔特、明阿特、额鲁特、扎哈沁四部，被分成甲乙两班。计划每年定期考试，择资性敏捷，学有心得，且于汉文汉语讲解精通者，暂遣回牧，转相传授。②宣统元年正月，科布多大臣溥铜又向清廷奏报科布多属办学情况：该城原有学堂一所，有学生二十名，学习满蒙文字。联魁任上曾在杜尔伯特四部内各设蒙文学堂一所，先后开办，学习蒙文。但"外藩蒙古能通汉语之人，实属无几"。急需在旧有蒙古学堂之外，添设蒙养小学堂一所，拟从杜尔比特、明阿特、额鲁特、扎哈沁四部内挑选学生数十人入学，学习满蒙汉语言文字。教员由科城各旗章京，择优充任。因属初创，又属蒙地，难依学部所订功课章程办理。③宣统二年九月，科布多参赞大臣溥铜又奏科布多政绩，称近年来科布多所办新政其中学务方面，又增设了蒙学，且又新建清汉学堂，"开蒙智"。④

又如库伦，光绪三十四年八月，库伦办事大臣延祉亦奏"蒙古风气未开，拟设蒙养学堂，专习满、蒙、汉语言文字"，表明管理外蒙的地方官员也开始响应清廷号召，开藩智，以便日后在藩部推行新政。⑤库伦蒙养学堂拟招学生四十名，沙毕衙门选送十四名，图车两盟各送十三名。至宣统元年开始筹办。宣统二年四月，新任库伦办事大臣三多又奏报该处学堂办理情况。从中可知，该蒙养学堂仍在办理，实收学生四十名。其每月生活费每人十两，系由各旗

---

① 《奏为开办阿尔泰各项小学堂遵拟简明章程并添设学务处约估常年经费事》（光绪三十四年七月二十七日），《宫中朱批奏折》，中国第一历史档案馆藏，档号：03-9294-007，缩微号：667-2759；另见《政治官报》，光绪三十四年九月初一日第329号，第33~37页。

② 《科布多学生之名贵》，《教育杂志》1909年第1卷第6期，第40页。

③ 《科布多参赞大臣溥铜奏添设蒙小学堂折》，《政治官报》宣统元年正月二十八日第468号，第386~388页。

④ 《科布多参赞大臣溥铜奏酌保科布多军营章京各员请奖折》，《政治官报》宣统二年九月初十日第1062号，第192页。

⑤ 《清德宗实录》卷五九五，光绪三十四年八月乙丑条。

捐助。因驻库俄领事署内设有俄学堂,三多奏请从蒙养学堂中挑选聪颖子弟六人,附入俄学堂,学习俄文,毕业后充当库伦地方翻译人员。清廷同意了这一请求。① 宣统二年九月初四日②,三多又奏办库伦半日学堂及筹经费情况。该处拟办第一、第二两处半日学堂,已咨请学部,选派教员,颁给课本。只等教员到后,就按筹备清单,一律改为简易识字学塾,以符馆章。

3. 蒙古王公贵胄在各旗内的"开蒙智"实践

除清廷上层和主管各蒙古地方官员开蒙旗边外,此间蒙古本部王公贵胄中的精英者也站出来,积极倡导"开蒙智",期图改变蒙旗日渐羸弱、边圉不保、频遭外敌侵渗状况。其中体现最为积极的是喀喇沁郡王贡桑诺尔布。早在光绪二十七年(1901),喀喇沁亲王就在自己旗内设立学堂。设立之先,公开张贴创立蒙古学堂公示,使该盟蒙汉民人,均知晓设立学堂原委。③ 随后该旗又聘请浙江陆少眉为总教习,导致该旗"未至期年,而风气大开"。光绪二十八年,该旗"又派人赴京,采买图书"。"盈筐累筐,动费千金","实为从古所未有"。④ 光绪二十九年(1903),喀喇沁郡王年班晋京,又亲到京师大学堂,听师范、仕学两馆课。⑤ 至光绪三十年(1904),该王又拟选女学堂中优等生若干人,前往日本肄业,以受完备教育。该亲王福晋,亦愿前往日本,考察学制。⑥ 光绪三十一年(1905),值年班晋京机会,该王又带领该旗学堂教习师生三十余人,一同至京,考察学务。该福晋亦带着该旗女学堂学生十四名,前来京师,考察最早设立的第一所女学堂——豫教女学堂。她不仅考察了豫教女学堂的规模、功课,而且又将这十四名女学生留到该堂学习。该福晋在该堂演说时宣称:"如今女子,非有实在学问不可","我要劝劝诸位学生,总要用心勤学,毕业之后,你们都有了学问能力,都可以去作一番事业","女子也可有用于世"。"大家齐心努力,将来有了学问,就可以永远不被外人看轻了"。⑦ 光绪三十二年初(1906),该王又利用进京朝觐事毕之机,

① 《三多库伦奏稿》,引自中国社会科学院中国边疆史地研究中心主编《清末蒙古史地资料荟萃》,全国图书馆文献缩微复制中心,1990,第297页。

② 《库伦办事大臣三多奏为库伦筹拨银两办卫生局学堂等各厂局并按章报部核销等情事》(宣统二年三月初九日),《宫中朱批奏折》,中国第一历史档案馆藏,档号:04-01-30-0268-030,缩微号:04-01-30-016-2531。

③ 《蒙古喀喇沁王创设学堂示》,《浙江交徽报》1903年第13期,第36页。

④ 《纪蒙古学堂》,《选报》1902年第34期,无页码。

⑤ 《藩王好学》,《新民丛报》1903年第25期,第202页。

⑥ 《本国学事——蒙古》,《教育世界》1904年第80期,第2页。

⑦ 《喀喇沁王福晋在豫教女学堂的演说》,《敝帚千金》1905年第9期,第7页。

拟前往天津、保定等处，遍阅文武各学堂。考察功课、调查章程，以便回旗后有所取效。终得清廷允许。清廷理藩院特咨袁世凯转饬各学堂，妥为接待。该亲王遂于二月初一日带领福晋、教习、翻译，以及男女学生二十余名赴津。初二日，该王带领男生考察了天津大学堂、中学堂、小学堂，又考察了工厂习艺所。初三日，该王又陪同福晋，带领女学生，考察了天津女学堂、北洋医院。初四日，该王带领男学生到医院考察、调查，非常关注卫生之学。事毕后，该王又带领学生等前往保定。初五日，该王同各学生考察了保定马医学堂、军医学堂、武备速成学堂，武备小学堂。初六日，该王考察了西关大学堂、师范学堂、军械学堂，详细阅读了各学堂章程，并与直督相商，欲借文武各学堂高等足业学生各十名，以资该旗臂助。① 由于该王兢兢业业，发展该旗教育，成为各蒙旗表率。同年肃亲王善耆考察蒙古事宜、路过该旗时，就大受感染。虽该王于光绪三十一年已由学部奏请传旨嘉奖，但善耆认为仍不够，建议清廷给予奖叙。② 清廷接受了善耆建议，特降旨赏给喀喇沁郡王贡桑诺尔布御书匾额一方，以示嘉奖。③

光绪三十三年（1907），该旗又派恩和、睿昌两名学生，赴日本东京振武学校留学，学习时间三年。④ 同年该郡王还刊印了蒙文传单若干，内开蒙古应兴应革诸要政，分送各部蒙旗郡王，力图联合众志，保全北部危局⑤；其中普及教育就是主要内容之一。该王又向清廷上奏，要求在蒙旗建设师范学堂、宣解讲堂。⑥ 热河都统代奏了此折，清廷让学部复议。学部基本肯定了该王建议，同时又提出了一些建议：要求该两盟各旗选送学生不必仅限三名，可以酌量加增；宣讲办法分地设立，并体察各旗地方情形，筹办劝学事宜，随时稽查，设法推广，庶蒙旗学务，得以逐渐振兴。⑦

---

① 《蒙藩阅视各学》，《四川学报》1906 年第 2 期，第 5～6 页。

② 《奏为蒙古喀喇沁右旗郡王贡桑诺尔布开办各学堂尤见起色请旨奖叙事》（光绪三十二年），《军机处录副奏折》，中国第一历史档案馆藏，档号：03－5575－149，缩微号：420－2982。

③ 《著为喀喇沁郡王贡桑诺尔布所办学堂赏给御书匾额一方以示嘉奖事谕旨》（光绪三十二年），《军机处录副奏折》，中国第一历史档案馆藏，档号：03－5575－154，缩微号：420－2988。

④ 《喀喇沁旗学务》，《教育杂志》1910 年第二卷第六期，第 46 页。

⑤ 《蒙古各部落反对喀喇沁亲王》，《通问报：耶稣家庭新闻》1907 年第 244 期，第 6 页。

⑥ 《热河都统廷杰奏为喀喇沁蒙旗建设师范学堂宣解讲堂事》（光绪三十三年五月二十二日），《宫中朱批奏折》，中国第一历史档案馆藏，档号：04－01－38－0195－024，缩微号：04－01－38－009－0366。

⑦ 《会同理藩部议复热河都统奏喀喇沁王旗建设师范学堂及宣解讲堂折》，《学部官报》1907 年第 31 期，第 211 页。

　　光绪三十四年，喀喇沁郡王又派委员，护送蒙古籍男女学生五人，到上海各校就学。上海道将男生拨送"徐家汇邮传部高等实业学堂"肄业，女学生拨送西门外"务本女学"就学。上海学界以此为荣，特摄影纪念。①

　　同时，颇具影响的还有该郡王福晋多罗格格所办毓正女子学堂。光绪二十九年（1903），该福晋正式在该旗兴办毓正女子学堂，聘请日本人河原操子为女教习，王府中年少女子和附近各大臣之女，均入学，学生名额共二十四人。她们努力克服与日本教习间语言障碍，由该王太福晋、福晋，运用各方均很熟悉的北京话进行翻译，终使该旗女学"进步颇速"。② 至光绪三十三年，该堂已学满三年，颇见成绩，招有女学生八十名。所有办学经费，皆由该福晋自行捐办。该郡王为此曾专门呈文学部，请求朝廷为该学堂存案。他称，此等做法并非邀奖，而为振兴蒙地学风起见。学部上奏清廷时则称：内外蒙古各盟，世守藩服，武功素著。但今昔情势不同，欲慎固封守，必先广储知识人才，才能坚众志而策自强。该郡王创办各学堂，此前曾经学务大臣奏请降旨褒扬，并命各盟王公仿照推行。而今学部的女子师范学堂、女子小学堂各章程才经奏准通行，该郡王旗能及早提倡，先行一步，洵属"当□可风"，"自应照准立案"。且该福晋为宗亲，更应从优奖励。为此，学部建议清廷，赏给御书匾额，"俾藩封有所观感，而蒙民普资勤励"。清廷再次同意了此建议。③

　　此期间除喀喇沁郡王致力于"开蒙智"外，其他蒙古王公也曾有所尝试。如哲里木盟郭尔沁扎萨克多罗宾图郡王棍楚克苏隆，于光绪三十三、三十四年间，就欲仿照喀喇沁王旗办法，在该旗设立小学堂一所。最终于光绪三十四年在该旗后新秋地方设立了科尔沁左翼前旗官立蒙汉文小学堂，按照光绪二十九年学部奏定章程，加添了蒙文一科。至宣统二年届满二年，学生程度，"颇见增进"。④

---

① 《蒙古亲王派员护送蒙籍男女学生至沪求学》，引自《四川教育官报》1908年第5期，第1~2页，原载《时报》。
② 《蒙古女学》，《女子世界》（上海）1904年第6期，第42页。
③ 《奏为喀喇沁多罗郡王福晋多罗格格捐办毓正女学堂请奖事》（光绪三十三年五月十六日），《军机处录副奏折》，中国第一历史档案馆藏，档号：03-7220-073，缩微号：538-1614。
④ 《理藩部代奏蒙旗创设学堂请立案折》，《政治官报》宣统二年十二月初二日第1144号，第38~39页。

四　清末"开蒙智"之效果

如上文所述，清末时段内的"开蒙智"，除喀喇沁旗的贡桑诺尔布郡王曾取得了较好成绩外，客观衡量，清廷内外、蒙旗内部与管理各蒙旗的地方官员，所取得的总体成绩，仍难以令人满意，主要体现在如下方面。

第一，总体效果不佳。晚清尤其是清末蒙古各旗兴学务、"开蒙智"的总体效果确实不佳。不仅各蒙旗所设学堂有限，而且学生也非常有限，实未达到预期设想的"开蒙智""固边圉"的目的。如乌里雅苏台，宣统三年七月间，乌里雅苏台新将军奎芳在上奏清廷时就称：堃岫所办学堂成绩不佳，学堂"系前将军堃岫奏明，在乌城设立满蒙汉语文传习所一所，学额五十名"，由三扎两盟乌梁海各旗挑送。因边地乏人，管理员、教员改由乌里雅苏台当差的各司员兼任。前编课程非常简单，学生年龄也不整齐，多有年至二十以外者。而且七八名住一毡房，卫生方面也无讲求。虽说风气初开，但"难免用款多而收效寡"。新将军拟"急切改良"，"饬将所建学舍迅即竣工，以便赶紧迁入"。"并饬管理员、教员等，循循善诱，先语言而后文学，俾得养其性天，移其习惯"。① 但至宣统三年十一月，该将军又奏报改良学务时仍称：该处教育上不去，要求改良。改良办法为"先教以语言，使音韵合，而讲解始能领会。次教以文字，使诵习久，而灵明得以渐开"。② 又如塔尔巴哈台养正学堂，宣统三年科布多办事大臣忠瑞奏报清廷也称：该养正学堂，虽按清汉满蒙哈俄五门，分班教授，但仍属旧日义塾办法，与普通小学堂科目相较，率多未备，应加以改良。③ 宣统三年七月十三日，新任塔尔巴哈台参赞大臣额勒浑又上奏清廷称："查塔城原有养正学堂一处，特为满蒙子弟而设。分挑满汉蒙哈子弟四十名，肄习满蒙汉额哈五种文字。此外别无科学，殊与学章不符。""查前大臣扎拉丰阿立学之意，不过令其通翻译、识文字，为将来当差地步。臣到任后，详加考验，既与

---

① 《定边左副将军奎芳等奏查验仓库军械学堂巡警分别整顿折》，《内阁官报》，宣统三年七月二十六日第 26 号第 230 页。

② 《乌里雅苏台将军奎芳等奏为改良学务核减经费事》（宣统三年十一月二十六日），《军机处录副奏折》，中国第一历史档案馆藏，档号：03 - 7575 - 160，缩微：562 - 2959；另参阅《内阁官报》，宣统三年十一月二十六日第 144 号第 165 页。

③ 《科布多办事大臣忠瑞奏请饬部从速另筹养正学堂常年经费事》（宣统三年正月二十六日），《军机处录副奏折》，中国第一历史档案馆藏，档号：03 - 7573 - 016，缩微号：562 - 2226。

学章不符,又无程度可进,殊属有名无实。况满蒙学生,皆不通晓汉语。所有谙习,无论何科何学,非汉语皆不能贯彻。该学生等多不领会,以致三年之久,毫无进步"。①

第二,效率不高、人浮于事。清末兴边学、"开蒙智"本属清廷新政改良的重要内容,企图借此改变清代中前期形成的效率不高、人浮于事状况,并使蒙旗学务得到长足发展。但实践表明,清末改良并未改变这一状况。相反,这一现象仍体现得非常明显。不但没有减弱,乃有日益恶化之趋势。如光绪三十四年,阿尔泰拟设普通小学堂二处、武备学堂一处,财政状况非常拮据。但该处却又借稽查出入款项、考查规制、兴革事项为名,设立教务处一所。既设了教务处,在此特殊环境下,各学堂的总办、提调、庶务长、教务长等员,完全可以让教务处人员兼任,以节约薪金、维持两学堂的继续开办。但该处仍借口恪守清廷所颁学堂章程,在各学堂内又设立总办、提调、庶务长、教务长、各科课长、文案、会计等,借机填塞人员。到了后来,因经费严重不足,才改设监学一员。尽管如此,但该处仍体现出人浮于事的特点。如阿尔泰普通小学堂设监学一人,司事一人,通事二人,堂役四人(监学为兼职人员)。武备小学堂设监学一人(兼职),司事一人,通事二人,堂役四人;学务处又设总办一人,帮办一人,委员二人,司书生二人,通事二人,护兵达八人。以上两堂合计,学生一百人,教员十人,其他行政人员却多达三十人。② 又如乌里雅苏台设立乌城初级师范学堂,拟招学生四十五名。除设教员三名外,又设提调一人,监学一人,稽查一人,司事一人,书记生四人,杂设八人。普通行政管理服务人员,达十六名之多。学生与行政人员比例为四十五:十六。即使与内地学堂相比,亦可谓人浮于事,直接导致办学成本增大。再如塔尔巴哈台养正学堂,其行政人员设置也非常惊人,可谓"一羊九牧"。该养正学堂拟招学生四十人,教员五人,但为此配备的行政辅助人员却达二十六人。学生与行政人员比例为四十:二十六。③ 至宣统三年七月,科布多参赞大臣溥铜再奏塔尔

① 《额勒浑拟具塔城边务办法事奉批著该大臣筹办》(宣统三年七月十三日),《北洋政府外交部全宗》,台北中研院近史所档案馆藏,馆藏:03-32-01-007。

② 《奏为开办阿尔泰各项小学堂遵拟简明章程并添设学务处约估常年经费事》(光绪三十四年七月二十七日),《宫中朱批奏折》,中国第一历史档案馆藏,档号:03-9294-007,缩微号:667-2759;另见《政治官报》,光绪三十四年九月初一日第329号,第33~37页。

③ 《塔尔巴哈台参赞大臣扎拉丰阿奏遵照部议另筹学堂常年经费折》,《政治官报》宣统二年二月二十一日第867号,第339~342页。

巴哈台养正学堂经费无着、另筹办法时，其解决办法则是将该学堂学额三十名裁去一半，让他们回旗，减少开支。这样一来，该学堂只有学生十五名，但旧配行政人员二十六人却未减少，学生与行政人员比例为十五∶二十六，真可谓"一羊九牧"了。①

五 结语

清末"开蒙智"，总体效果不佳。这当然与此项活动的推行时间较为短促，密切相关，更与各蒙古远处边陲，密切相连。即当清廷要求各蒙旗推行教育改良活动后不久，就遭遇到鼎革之乱。短短几年时间内，远处边陲的各蒙旗地区实难取得多大成绩。不仅如此，清末"开边智"也受一些不利因素的制约，其中经费不足就严重影响到学务的推广。晚清尤其是清末时分，经费不足成为影响"开边智"的重要障碍，不仅导致部分筹设中的学堂难以开办，甚至还导致部分已经开设的学堂，不得不削减学额，减少经费开支。更有甚者，当清廷和地方衙门均无力为此提供经费时，他们又将这一负担转嫁给蒙旗，通过增添税负、广行捐助等措施，搜罗财源。这不仅不足以支撑蒙旗学务的长期发展，而且变相增添了蒙古部众负担。如光绪三十四年，科尔沁左翼前旗设立官立蒙汉文小学堂一所，经费全无，该郡王先行捐助俸银一千两，作为创办经费，但常年经费又成问题。主管官员认为，应按奉天省奏定成案，由地方摊派即由本旗地方收取。但实际上民佃地亩，早已由厅县收取，不能再加。最终无奈，只能改从蒙户那里收取亩捐。又如科布多，光绪三十四年，科布多添设蒙养小学堂，开办经费需一千数百两、常年经费需一千六百两。开办经费的解决办法乃动用科城革员缴出赃款一千九百两内开支，常年经费拟由山西、河南旧欠科城军需台费银数万两内，每年各拨八百两动用。② 但至宣统三年七月，该大臣却奏科布多蒙养小学堂奏准经费一半无着，拟裁减学额，就款办事。其原因是原计划由山西、河南旧欠科城军需台费内每年各提钱八百两作为办学经费未能兑现。即山西应解之数虽按年兑现，但河南应解经费，却始终未解。

---

① 《科布多办事参赞大臣溥铜奏科布多养正学堂经费无著拟变通办法折》，《内阁官报》宣统三年八月十五日第44号，第307~308页。

② 《科布多参赞大臣溥铜奏添设蒙小学堂折》，《政治官报》宣统元年正月二十八日第468号，第386~388页。

当经费不能兑现时，科布多参赞大臣溥铜所拟办法只能是："拟自宣统四年正月起，裁减蒙养小学堂学额"，即"由此学生三十名内，择其汉语明晰、文理粗顺者十五名，遣回各旗，令其特相传授"。清廷无奈，允准其奏。①

清末各蒙古"开边智"活动，存在清廷上层、主管边疆地区行政官员、藩部王公作为主导者的三种不同形式。客观评价，三种模式各具特色。如将三种模式进行比较，尤其以藩部王公"开边智"模式最具特色，所获成效大大超越了清廷最高当局与管理藩部事务的地方当局所取得的成绩，真实展现了晚清地方自治模式的积极效果和巨大优势。清末"开边智"活动再度提醒后人：推动边疆地区改革的最大动力，仍在当地民众。只有充分调动他们的积极性，发挥其潜能，才有可能获得真正成功。

尽管如此，清末三种不同的"开边智"活动，亦具有不可忽略的积极意义。清末以蒙古为代表的"开边智"活动，属藩部新政的重要内容。其最终目的不仅在于开通风气、化除畛域、增强融合，更在于抵制殖民势力之渗透，增强各民族对统一中国的认同。这些积极意义主要体现如下：首先，通过设立各类学堂，开设蒙汉各种学科，多少开通了蒙古风气，在一定程度上也促进了蒙古各旗教育的发展。这对改变晚清以降蒙古各旗日益羸弱状况、改善部众生计有一定帮助。即如喀喇沁旗就是最好例子，该旗不仅设立了各类学堂、设立女学，还派学生赴内地考察学堂、医院、卫生、军队等，又派遣学生赴外洋留学，均取得了相当不错的成绩，并对当时社会产生很大影响。如《浙江交徽报》在报道该旗勘贴"创设学堂示"时就称："蒙古僻处边藩，尚能力辟文化，不欲长安简陋……我浙素称人文渊薮，而州县犹有未设学堂之处。其亦知闻风兴起乎？故附录之。"② 该旗还公开创办蒙文报，汇选各报，译成蒙文。设总馆于京师，设分馆于内外蒙古及奉天、吉林、黑龙江各处。这对开通蒙地风气，促进边疆地区社会进步，亦起到较好作用。③

其次，清末"开边智"活动亦促进了蒙古各藩部教育制度的近代化。

---

① 《科布多参赞大臣溥铜奏为科布多蒙养小学堂奏准经费一半无着拟裁减学额就款办事各情形事》（宣统三年七月十二日），《军机处录副奏折》，中国第一历史档案馆藏，档号：03-7575-113，缩微号：562-2859。
② 《蒙古喀喇沁王创设学堂示》，《浙江交徽报》1903年第13期，第36页。
③ 《各省报界汇志》，《东方杂志》1907年第4卷第9期，第229页。

整清一代，"蒙古之人，尊信佛教，惟言是从"。① 除教之外，无所谓教育。不仅如此，游牧民族迁徙不定的游牧生活，亦不同于内地民众安于稳定的农耕生活。前者更倾向于无拘无束、自由逍遥，后者则注重于功臣孝子、读书耕田。为此，主要是两种不同的文化生活和风俗习惯，而不简单是清廷对蒙古族实行的"政治压迫"和"文化封禁"政策②，才使清代各蒙古地区的教育事业远远落后于内地。但至晚清，蒙古衰弱加剧，外敌侵渗急剧增强。为应对此等危机，清廷积极主导"开边智"，不仅将近代教育制度、教育理念输入了蒙古，而且积极倡导各蒙旗主动"开蒙智"。随之而来，负责管理各蒙古地区事务的将军、大臣、都统，连各蒙古地方王公贵族也尝试推行此等新政。在他们的共同努力下，各蒙旗教育均较此前多少有所改观。这对改变蒙旗旧状，推动各地蒙古近代教育事业的起步，确实发挥了积极作用。

---

① （清）魏源：《圣武记》卷一二，中华书局，1985。
② 蔡风林：《清末蒙古族教育》，《民族教育研究》1992 年第 3 期，第 85 页。

升允与清末陕甘新政

张华腾[*]

自 20 世纪 90 年代以来，有关清末新政的研究已经相当深入。从区域史角度来看，北洋、湖广、东北、两江等区域新政研究火爆，而陕甘区域则显得冷清，新政研究非常薄弱。[①] 先后任陕西巡抚、陕甘总督升允是新政时期这一地区的最为重要人物之一[②]，由于升允这个人物的复杂性[③]，对升允的研究似没有展开。有鉴于此，本文以升允与清末陕甘新政为题，做一些

---

[*] 张华腾，陕西师范大学。历史文化学院教授，博士生导师。

[①] 清末新政时期的陕甘，除了今天的陕西省、甘肃省外，还包括青海省、宁夏回族自治区，区域广阔。截止到 2014 年 6 月，没有研究清末陕甘新政的专著，张华腾的《陕西光复——辛亥革命在陕西》（陕西人民出版社）也只有些章节。研究文章寥寥，也只有葛天的《清末陕西新政研究》（西北大学 2009 年硕士论文）；阮兴的《清末新政在甘肃》（《发展》1998 年第 11 期）。

[②] 升允字吉甫，蒙古镶黄旗人，1901 年因护驾慈禧太后、光绪皇帝西狩有功，由陕西布政使升为陕西巡抚。1905 年任陕甘总督，1909 年去职。清末新政 11 年，升允连续在陕甘任封疆大吏长达 9 年，是陕甘地区任职时间最长的官员，研究陕甘新政，升允是不可或缺的人物。但研究升允的文章极少，代表性文章计有：孙玉溱《末代孤臣的哀鸣——清末蒙古族诗人升允简介》（《内蒙古大学学报》1987 年第 4 期）；阮兴《甘督升允与清末预备立宪》（《西江月》2011 年第 29 期）；张永江《民族认同还是政治认同：清朝覆亡前后升允政治活动考论》（《清史研究》2012 年第 2 期）。

[③] 升允是清末最为重要的蒙古族督抚之一，因对新政有异议被免。1911 年 10 月西安新军响应武昌起义成功，建立革命的陕西军政府。升允时在西安，幸运逃脱，被清政府任命为陕西巡抚。升允率军与革命军对抗，顽固到底，甚至对部下隐瞒清帝退位的消息，继续围攻革命军，直到 1912 年 3 月 8 日袁世凯即将在北京宣誓就任中华民国临时大总统时，才与革命军谈判议和。辛亥革命后升允是清王朝复辟的最为有力的政治人物，伙同宗社党，勾结日本政府、日本浪人，进行一系列的复辟活动。1931 年九一八事变前夕因病去世。升允政治活动复杂，可能是学术界研究较少的原因。本文研究限于清末新政期间，不涉及辛亥革命以后的升允。

相关研究，以求教于学界同仁。

一 升允与陕甘新政

1901 年升允继任陕西巡抚之际，正是清政府开展新政之时，他志得意满，按照清政府的旨意，在陕西进行了一系列新政活动。1905 升任陕甘总督，其新政主要活动转移至甘肃，其连续九年的新政活动遍布于陕甘的方方面面，本文主要考察其兴办新式教育，培养新式人才；注重农工商实业，促进陕甘经济发展；改变交通条件，规划西北铁路网；筹备谘议局选举，筹办地方自治等方面。这些活动有力地促进了陕甘社会发展和进步。

1. 升允与陕甘新式教育

兴办新式教育，培养新式人才是清末新政中最为活跃、成效最为显著的领域。升允在陕甘的新政以兴办新式教育开端，成效也较为明显。1902年，升允将西安城考院与崇化书院合并，成立陕西大学堂。陕西大学堂是西北第一所官立大学堂，是西北高等教育的开端。他在上奏光绪皇帝的奏折中谈到筹办陕西大学堂的过程。他说，"奴才回任，深维朝廷望治之心，实与学堂为贯注，盖得人斯能为政，而兴学始克育才，理固如是，共相属也。数月以来，与司道等竭力经营，渐有头绪。总教习光禄寺少卿屠仁守亦于二月初旬到堂，堂中应设总办、提调及文案、收支各员均分别派充，各司其事。原议学堂基宇就省城东考院改建，该处与西安府之崇化书院相邻，本有号舍三四十间，可以合并为一，其余隙地尚多，亦足供拓充斋舍之用。先拨库平银二万金，饬委熟悉工程之员克期兴造建堂，所余悉以购备书籍"。①

陕西大学堂略仿袁世凯创办的山东大学堂规则而稍有变化，"学堂规条略仿山东，原议间有大同小异者，则又由地方情形不能强以相就，始从而斟酌其间，惟是初创规模，不能一成而不易，统俟京师大学堂颁发章程后，再行遵照增减"。② 陕西大学堂招收 18～35 岁通解经史，身家清白，体质强健并无嗜好者，原计划招收 200 名，第一批实际招收 40 名。开设课程中学四门，每门系以子目。第一门性理格致，统明伦、修身、综物、博文四类；

---

① 升允：《奏为遵旨开办大学堂拟定详细章程奏明立案折》，中国第一历史档案馆编《光绪朝朱批奏折》第 105 辑，中华书局，1995，第 493 页。

② 升允：《奏为遵旨开办大学堂拟定详细章程奏明立案折》，中国第一历史档案馆编《光绪朝朱批奏折》第 105 辑，第 494 页。

第二门政治时务，统治纲、掌故、内政、外交四类；第三门地舆兵事，地舆考形势、习绘图兵事、明法制、练韬钤；第四门天文算术，天文精测候审推步，算术研元化、究积微。西学也分为四科，曰算艺科、曰质测科、曰电化科、曰文语科。课程设置充分体现中学为体、西学为用的办学宗旨。据统计，陕西大学堂（1905 年改为陕西高等学堂）1908～1911 年间共培养学生 208 人，学生有的考入国内分科大学，有的到国外留学，大部分任各州县中小学学堂教习，成为陕西兴办新式教育的骨干力量。

1903 年，为培养急需的师资，升允还创办了陕西师范学堂。升允认为，"窃惟人才之处不外乎学堂，而教育之方莫先于师范"。① 陕西师范学堂是由关中书院改造而来，当年录取学生 80 名，课程设置以京师大学堂师范馆设置课程为蓝本，培养目标非常明确，就是为各州县新式学堂培养师资。如升允所说："功课谨遵钦定京师大学堂师范馆章程各门，次第俟其卒业之后，量其所造，饬充各府州县中小蒙学教员之选。"② 师范学堂经费有保证，升允核计"常年经费约需银六千数百两，除将关中书院旧有生息各项共银三千一百九十余两通行划拨外，又由督粮道每年捐廉银三千两，其有不敷，随时有司库酌筹津贴"。③

1905 年 6 月，升允升任陕甘总督，到任伊始，就将在陕西重视师范教育的作风带到甘肃，将求古书院改建为甘肃初级师范学堂。1906 年又将原兰山书院改建为初级师范学堂。④

除师范学堂之外，升允还创办了一批专门学校，如甘肃法政学堂（兰州大学前身）、甘肃中等农业学堂、甘肃中等矿业学堂以及陕西中等工业学堂、陕西中等农业学堂等，为陕甘区域培养了一批法政人才、实业人才，在一定程度上缓解了陕甘地处偏远人才匮乏的困境。

2. 升允与陕甘实业发展

新政的另一重要内容就是发展实业，促进经济发展。升允在发展实业方面也做了不少努力，这些努力大部分在陕甘总督任上。

① 升允：《奏为陕省设立师范学堂以端教法而育师资折》，中国第一历史档案馆编《光绪朝朱批奏折》第 105 辑，中华书局，1995，第 597 页。
② 升允：《奏为陕省设立师范学堂以端教法而育师资折》，中国第一历史档案馆编《光绪朝朱批奏折》第 105 辑，第 598 页。
③ 升允：《奏为陕省设立师范学堂以端教法而育师资折》，中国第一历史档案馆编《光绪朝朱批奏折》第 105 辑，第 598 页。
④ 升允等：《甘肃全省新通志》，卷 38，宣统元年刻本，陕西师范大学图书馆藏。

首先，创办管理实业机构农工商矿局，负责全省实业发展。1905 年升允调任陕甘总督，次年就创立甘肃农工商矿总局。他说："窃维甘肃省地居西极，风气迟开，虽以民生日用之源，物产自然之利，亦往往听其弃置，不复讲求。奴才仰荷殊恩，畀以兼圻重任，若不振兴实业，何以巩固边陲？每一念及，不胜悚惧。爰于光绪三十二年闰四月在省城设立农工商矿局，檄委商部议员兰州道彭英甲为总办"①，农工商矿局下设农务、工务、商务、矿物四股，分别管理全省农业、工业、商业、矿业。农工商矿总局创办后以比较积极的姿态开展工作，成效明显。比如农业方面，开办农业试验场，遵部颁农会章程，成立农务总会，引进国内外先进品种，"农场所种则有比国之萝卜葡萄，西蜀之甘蔗桑秧，秦中之橡树莲藕，皆本省所未见也。近来宁夏固原等处亦皆仿设试验场，推广植业以厚利源。因地制宜，不拘一类，此办理农业之实在情形也"。② 工业方面附设劝工厂，主要从事纺织产品的生产，"今则织布厂之仿织东洋各色丝布、䌷布，栽绒厂之添饰色丝，丝绸厂之染练宁绸金丝绒，并仿织湖蜀缎匹。玻璃厂之应给警灯，固已成效昭著，足扩销场。其错列于劝工厂者又有卤漆科、皮革科、洋木科、铜铁科"。③ 矿业方面，除了官方积极开采外，还鼓励、支持商人开采矿产。升允在汇报中说得非常清楚，"甘省矿产甲于天下，西宁各属尤为富饶。现已购炼挖铜淘金机器，择地建厂，将以大兴采炼。其已有绅商禀办，有效完纳课金者，则为肃州大通镇、羌滩梨园营科延沟、贡尔盖等处金矿。其甫经商人禀请开办者，则为皋兰凤凰山硫磺石胆中卫军、梁山灵州石沟堡、古浪古沟堡、皋兰阿干镇等处煤矿。其正在劝谕绅商筹办者，则为墨里王属之加里科巴、燕戎属之拉水峡、庄浪厅之哈西滩等处铜矿。河州之太子寺庄、浪厅之牛头峡、武威县之杂渠沟、山丹县之大黄山等处铅矿。此外各种矿质或经该局勘采或由各属呈赍，均令矿务学堂学生随同矿师化验，核计分数汇列表册，统俟明年二三月冰雪消融，派委测绘妥员分赴各该处实行查勘以后核办。此办理矿务之实在情

---

① 升允：《奏为恭报甘省设立农工商矿局举办实业情形》，中国第一历史档案馆编《光绪朝朱批奏折》第 102 辑，第 118～119 页。
② 升允：《奏为恭报甘省设立农工商矿局举办实业情形折》，中国第一历史档案馆编《光绪朝朱批奏折》第 102 辑，第 120 页。
③ 升允：《奏为恭报甘省设立农工商矿局举办实业情形折》，中国第一历史档案馆编《光绪朝朱批奏折》第 102 辑，第 120 页。

形也"。①

其次，创办近代企业。除了甘肃农工商矿业总局具体负责全省实业发展外，升允还直接领导创办企业。比如左宗棠当年创办的兰州织呢局，因工本太大，不久就停产，机器生锈，厂房荒芜。升允到兰州后积极进行恢复，"前年到任后，即行调查，案卷多已散佚，当饬将存储各机，逐一修治，又苦无机匠工师，无从究其利弊，至上年秋间，由比参赞林阿德聘到比国工师穆赉，详加研究，始知旧机于洗毛各件未全，余亦锈损多重，俱需添购。当饬兰州道彭英甲与该工程师等，订立合同，令其回国依样配齐，购运来甘，并延雇工匠以期完备而资整顿"。②再如创办官铁矿一所，升允说，"河北皋兰县属铁矿石山矿苗颇旺，亟应设法开采。惟甘肃地僻款绌，如用西法，既须借材异地，更须购置机器需费不赀。因令该局所聘矿师德人贺尔慈督同华匠，用土法化验得铁在四成以上，当即购地建筑官铁矿一所，安炉装炭如法采练，半年以来，渐著成效。该厂所需经费暂在改办统捐长收项下开支，一俟成效大著，获有余利，或再招商承办，或另筹官本以期扩充，而图经久"。③

在升允短短的四年任职期间，创办了一批近代企业④（参见表1）。

表1　升允任职期间所创企业一览

名称	创办时间	地点	性质	产品	备注
蒙盐官局	1906	阿拉善旗	官商合办	盐	
甘肃劝工厂	1906	兰州	官办	丝绸、玻璃布、皮革等	
兰州机器织呢局	1880，1906年恢复	兰州	官办	军呢、洋毯	原为左宗棠创办，1906年升允恢复
窑街官金铜厂	1906	永登县	官办	金、铜、铁	一年后产量低，入不敷出停产。
甘肃洋蜡胰子厂	1908	兰州	官办	洋蜡、胰子	

---

① 升允：《奏为恭报甘省设立农工商矿局举办实业情形折》，中国第一历史档案馆编《光绪朝朱批奏折》第102辑，第121页。

② 中国第一历史档案馆编《光绪朝朱批奏折》第33辑，中华书局，1995，第121页。

③ 升允：《奏为恭报甘省设立农工商矿局举办实业情形折》，中国第一历史档案馆编《光绪朝朱批奏折》第102辑，第121页。

④ 表中资料见彭英甲《陇右纪实录》卷八，甘肃官书局宣统三年。

续表

名称	创办时间	地点	性质	产品	备注
甘肃石印书局	1906	兰州	官办	官报、书籍	机器四台，工匠艺徒26人
甘肃官钱局	1908	兰州	官办	官钱、银票	
兰州机器局	1907年恢复	兰州	官办	枪炮子弹	原为左宗棠创办，升允1907年恢复

这些企业绝大多数为官办，少数为官督商办，属于封建衙门式的管理，但都采用了机器生产，而且生产的产品均投入市场，所以均为近代企业。在甘肃地域广大、交通不便、商品经济极不发达，商业资本聚集困难的背景下已经很不容易了。尽管就整个甘肃来说，这些近代企业微不足道，与东南各省比较，如九牛之一毛，但毕竟是甘肃第一批近代企业，引领着甘肃经济发展的大方向。

3. 改变西北交通条件，规划西北铁路发展蓝图

西北地域广阔，高原、峡谷、盆地、沙漠等交错，地理环境极为复杂，正因为如此，西北交通条件极差，是举办新政的不利条件之一。针对如此状况，升允极力改善西北交通条件，也做出一些成绩。

第一，修建兰州黄河铁桥

兰州居东西要冲，自古以来就是中原与西域往来的必经之途。黄河穿城而过，1907年前没有一座永久性的桥梁，不仅两岸交通不便，更影响东西交往。两岸、东西交通依靠黄河之上的浮桥。浮桥每年春天临时铺建，冬天拆除，不仅费钱耗资，而且交通中断，极为不利。升允认识到这一问题的严重性，决心修建一座永久性铁桥，改善兰州交通条件。他在向清廷的报告中说：

> 窃查兰州城北滨临黄河，由甘省至宁夏甘洛各郡及赴新疆伊犁等处，凡西北大路往来者一切官商行旅，皆须从此经过。每年春间向饬皋兰县估搭浮桥一座，以铁绳系船二十四支，面铺木板以便车马往来。入冬经冰凌冲激，则浮桥辄断。又设渡船以济之。迨腊月河冰坚凝，船不能渡，改为冰上行走，土人称为冰桥。至开春冻解冰消，复估造浮桥如初，计搭桥渡船各项逐年烦费已属不赀，且冰桥将结、将开之

时，往往半途失陷，每岁溺毙人口、牲畜不少。病涉戕生莫斯为甚。故大学士臣左宗棠前往甘督时，已窃忧之，曾议建造铁桥，因洋商福克索价太昂中止。奴才到任后，查悉情形，思藏前人未尽之功，以为一劳永逸之计。屡与司道筹画，适德商天津泰来洋行喀佑斯游历来甘，愿包修兰州黄河铁桥，一道保固八十年。①

　　升允修建铁桥计划得到清政府的批准。升允根据与德国商人协议，利用德国的技术与建筑材料，开始建筑铁桥。铁桥建于 1907 年 3 月，至 1909 年 5 月完工，费银十六万五千两。铁桥长 250 米，宽 8 米，中间通行车马，两边设有栏杆，便利人行。修桥之困难难以想象，几百万吨的建筑材料，由德商购自德国，运至天津，再由天津运至兰州。当时交通，只能由天津火车运至北京，再由北京沿京汉线运至河南。由河南至兰州，只能马拉，一车一车的拉。如果再加上修桥设备，运输问题成为第一大困难。然而这些困难都一一克服了，甘肃方面与德商配合默契，工程进展顺利。1909 年 7 月通过验收，举行通桥典礼，从此中西要道兰州交通通行顺畅。兰州黄河铁桥的修筑，利国、利民，是升允新政的一项善举。升允在铁桥通行后撰写《创建兰州黄河铁桥碑记》，其喜悦之情、夸己之功溢于言表：

　　集华洋工六七十人，料件悉购自外国，设法转运至兰。经始光绪三十三年二月，洎宣统元年六月而工成。桥长七十丈，宽二丈二尺零，架桥四墩，中竖铁柱，外以塞门德土参合石子成之。桥面两边翼以扶栏，旁便徒行，中驰舆马。计造桥工料共银十六万五千两，运费并杆绳等项杂用共银十四万余两。二共动支库平银三十万两有奇，由统捐溢收项下作正开销。均经奏咨在案。嗟夫！《冬官》既佚，《考工》失传。外人奇技巧思每可以宜民利用，而足辅我所不及，用人之长亦奚足异。乃上年筹建此桥，群相疑沮，胥动浮言，甚有谓为无成，冀其言之必验者。而及其成也，又成以去险就坦，易危为安称便，如出一口。使向者惑于众议不能历久不挠，又安必克期藏事乎！凡民可与乐成难与图始，大抵然矣。余既兴斯桥之成，有以续前贤未竟之功，而

────────────

①　升允：《筹建兰州黄河铁路大桥折》，中国第一历史档案馆编《光绪朝朱批奏折》第 104 辑，中华书局，1995，第 369 页。

可资一劳永逸也。又冀后来者之补修以时，俾此桥千百年如一日而以为利于无穷也。①

第二，规划西北铁路发展蓝图

清末新政期间，收回路矿利权，国人自办，取得显著成就，1905～1909 年中国人利用自己的资金、技术、工程设计人员修筑京张铁路成功。贯穿南北的京汉铁路，1909 年初收回自办，这些极大地鼓舞了中国人民，启发中国人的智慧与民族精神的喷发。陕甘总督升允及其部下冲破思想禁锢，于光绪三十四年（1908）正月二十八日上奏，提出一个庞大的修筑西北铁路计划。这个计划由升允部下提出，得升允赞同并上奏清廷。

升允奏折长达二千余字，主要阐述了兴修西北铁路的目的、线路规划、资金筹措、经费预算、人才培养以及科学管理等问题，充分体现了升允对近代铁路的认识以及全面发展大西北，构建西北铁路网的前瞻性思考。升允指出，修筑西北铁路的目的有三：“固圉”、“殖民”、“通货”。固圉即巩固建设边疆，抵御外敌入侵。殖民就是移民开发边疆，吸引更多的人建设边疆。“通货”就是发展西北商业贸易，西北与东南各省互通有无。如果西北铁路计划实现，西北、东南连为一体，中国西北开发将进入一个新阶段。升允等规划的西北铁路干线二条，支线五条。二条干线：“一由张家口至库伦，计驿程二千四百五十里为东干，一由张家口西经绥远城沿黄河北岸迤南以达宁夏，再循北纬三十八度间逾贺兰山尾，经蒙古阿拉善额鲁特旗地，西过凉州即归驿路正站，出嘉峪关道哈密、迪化而至伊犁，约八千里有奇为西干。”② 为什么选择如此路线，升允说“西干之所以取此路线者，以西北货少人稀，利息不厚，商办必难有成。故此道纯为国家军用铁路性质”。五条支线为：“拟请由太原南经路泽以接怀庆之道清铁路，约八百里为一枝，又西安东出潼关以接洛阳之汴洛铁路，七百五十里为一枝，西到汉中以达成都二千二百里为一枝，由兰州北接凉州干路，五百六十里为一枝，由迪化经天山南路以达疏勒府，约四千五百里为一枝，如此则交通之途便，

① 薛仰敬主编《兰州古今碑刻》。中国人民政治协商会议兰州市委员会文史资料和学习委员会编《兰州文史资料选辑》第二十一辑，兰州大学出版社，2002，第 141 页。
② 升允：《奏为据情代陈请建西北铁路条议》，中国第一历史档案馆编《光绪朝朱批奏折》第 102 辑，中华书局，1995，第 852 页。

而严疆之势固矣"。① 干线由国家筹资兴筑，支线由商人集资兴修，多种途径解决修铁路的资金问题。兴修铁路需要的各种人才，升允建议在天津专门办一铁路学堂培养，"拟请在天津设立一铁路专门学堂，选直晋豫陕甘五省之聪颖子弟，已毕业高等普通学堂者数三百人分肄管理建筑各科，聘东西名师以教授之，刻期三年卒业，再分班资遣出洋游学一年，以资经验。回国后即分布各路，同尽义务"。② 为保证供应铁路原料，升允还建议在太原建一铁厂，"拟请在太原建一大铁厂，专铸路轨，与汉阳铁厂南北对峙，以西北之煤铁供西北之轮舆，材可予求，利不外溢"。③ 升允等规划的西北铁路网，体系庞大，确实是发展西北近代交通的宏伟蓝图，有明显进步意义。但基于当时的历史条件，资金匮乏，人才奇缺，因此不可能实现。尽管如此，西北铁路网的规划说明，升允对西北建设的热心、雄心，对近代铁路作用的科学认识，还是应该肯定的。

4. 筹备甘肃谘议局

1906 年之后，清末新政开始进入第二阶段，即在教育、军事、经济持续改革的同时，开始政治改革，即仿行预备立宪。就各省来说，仿行预备立宪最重要的标志就是筹备谘议局。1907 年，清政府谕令各省督抚在本省设立咨议局。1908 年，随着《各省咨议局章程》和《各省咨议局选举章程》的相继公布，各省咨议局进入紧张的筹建之中。升允按照清政府的部署，根据甘肃省情况，一步一步筹备落实。升允在上奏中说："伏查第一届筹办事宜以筹办咨议局为宗旨。事体至重，端绪复繁，自非急起直追，断难速收实效，惟办理选举应由地方绅士担任义务，相与赞成。甘省僻处边隅，风气闭塞，诸绅之素孚乡望者，亦仅知硁硁自守，且境域夐远，文报稽迟，经费左支右绌，尤属无米为炊，种种艰窘情形，其难数倍于各省，而事关要政又不敢因循敷衍，贻误事机，兹当第一届期满谨将筹办情形敬为我皇上陈之。"④ 升允所说符合甘肃实际，甘肃处于大西北，交通不便、风气闭塞，经济落后，经费困难，办理谘议局选举的确不易，但升允还是一步一步去做了。

---

① 升允：《奏为据情代陈请建西北铁路条议》，中国第一历史档案馆编《光绪朝朱批奏折》第102 辑，中华书局，1995，第852 页。

② 升允：《奏为据情代陈请建西北铁路条议》，中国第一历史档案馆编《光绪朝朱批奏折》第102 辑，第853 页。

③ 升允：《奏为据情代陈请建西北铁路条议》，中国第一历史档案馆编《光绪朝朱批奏折》第102 辑，第854 页。

④ 《陕甘总督升允奏筹备第一届应办事宜折》，《学部官报》1909 年第90 期，第6 页

筹备谘议局的第一步就是成立谘议局筹备处。甘肃谘议局筹备处1907年十一月二十日设于省城兰州，委任布政使、学政、按察使、兰州道为总办，派在籍绅士、翰林院编修刘尔炘等充总评事及评事各职，并为谘议局寻求好地址，准备了建筑材料。

筹备谘议局的第二步，在筹备处下附设研究所，选拔一些热心又明白选举事务的员绅入所，切实研究选举章程并逐条给予注解，加深对选举的了解。研究所成员还派到甘肃各地方，帮助各地筹办选举事宜。

筹备谘议局的第三步，即广泛进行宣传。针对甘肃地域广阔，民族杂居，民主意识淡薄的实际，升允加大了宣传力度，"刊发简言告示，饬令各府厅州县到处张贴，仍令各就本管境内宣讲一切章程与将来议员之权利。俾生其慕而怯其疑，倘或横生谣诼借词阻挠，亦定处以相当之罚，此劝导地方民庶之实在情形也"。①

筹备谘议局的第四步，为选举做准备。划分初选区与复选区，厅州县为初选区，府与直隶州为复选区。升允"已经札饬各该管官充当监督，并以各衙门为选举事务所。其应划分之投票区，每区应设之投票所，并委派选举调查员以及应制之投票匦，均已饬令恪遵定章，统限光绪三十四年底办理齐。惟选举人名册暨初复选之投票纸、当选人议员执照等项，原章均由各该监督分别制造"。②

甘肃谘议局之准备工作已经完全就绪，谘议局可以说呼之欲出了。当然谘议局筹备工作是按照清政府的部署进行的，作为封疆大吏陕甘总督的升允，执行了中央政府的命令。

由上看出，清末新政时期的升允，无论是在陕西巡抚任上还是任陕甘总督期间，做了不少工作，这些工作促使了陕甘地区的早期现代化，是应该肯定的。需要指出的是，新政期间陕甘地区的发展，与新政前及其他时期相比，简直是突飞猛进，是陕甘地区发展最快的历史时期，新式教育的发展，高等教育的创办，大机器生产力的引进，现代企业的产生，民主意识的萌动及民主形式谘议局的筹备与议员的选举等，是陕甘地区发展进步的重要标志，早期区域现代化的体现，闭塞、落后的陕甘地区的社会转型明显加快了。升允作为这一时期最为重要的封疆大吏，为这一地区的发展

① 《陕甘总督升允奏筹备第一届应办事宜折》，《学部官报》1909年第90期，第6页
② 《陕甘总督升允奏筹备第一届应办事宜折》，《学部官报》1909年第90期，第7页

进步做出了不少努力。

不过新政时期陕甘社会的发展进步，与其他省区，尤其是直隶北洋地区、华中湖北地区以及东南地区诸省相比，简直是老牛慢车，差距太大，不可同日而语，除了陕甘地区地处大西北，自然条件恶劣，交通不便，风气闭塞外，与陕甘区域大管家的思想认识、能力水平有着极大关系。谁能想到，主持陕甘新政的升允，思想保守，竟然是一位新政的反对者。

二　升允反对新政

新政期间的升允，一方面按照中央政府的部署开展工作；另一方面，这些工作大部分不是升允情愿做的，而是不得不做的，如上所说，"事关要政又不敢因循敷衍"。清末新政与升允的思想有着较大的距离，随着新政的进一步深入，这个距离越来越大，最终升允与新政分道扬镳，上奏反对新政，最终被清政府免职。

反映新政时期升允真实思想的是 1909 年五月升允上奏清廷的奏折，明显反对新政的持续发展，反对预备仿行立宪。升允的上奏为《陕甘总督升允条陈新政》，即全面陈述他对新政的看法。1908 年十一月十四、十五日，清末新政进行之际，清廷内部发生重大变故，慈禧太后、光绪皇帝先后病逝，摄政王载沣执政。载沣执政后宣誓不仅按照慈禧太后、光绪皇帝的既定方针办理，而且还要具体落实，宣布九年完成预备立宪，成立责任内阁。升允上奏陈述自己的新政意见就在此时。

升允上奏中第一反对的就是政治改革，毫不含糊，直言反对立宪，他说立宪"有害而无利"，[①] 认为实行君主立宪，开放舆论，实行民主，"各省人民程度不齐，深恐一发而不可收拾"。[②] 民主选举议员，难保议员中"无革命排满诸乱党杂侧其中"，最后导致"立宪尊君权而君权越替，以立宪靖民气而民气越嚣"。[③] 所以他认为九年的预备立宪"不特不可缩短，即至九年后尚须体察情势，再饬施行"。[④] 升允的这种政治态度与预备立宪的发展趋势背道而驰，清政府确定预备立宪的期限为九年，开明官僚与由维新派

---

① 升允：《陕甘总督升允条陈新政》，宣统元年，甘肃图书馆藏，第 2 页。

② 升允：《陕甘总督升允条陈新政》，宣统元年，甘肃图书馆藏，第 4 页。

③ 升允：《陕甘总督升允条陈新政》，宣统元年，甘肃图书馆藏，第 7 页。

④ 升允：《陕甘总督升允条陈新政》，宣统元年，甘肃图书馆藏，第 8 页。

转化而来的立宪派不满清政府规定的期限，强烈要求缩短期限，后来立宪派发起数次和平请愿，迫使清政府缩短了立宪期限。而升允则走向另一极端。

升允不仅反对预备立宪，对新政的其他措施如教育改革、军事改革等也多加反对。比如教育改革，培育新式人才方面。升允对废科举、兴学堂的教育举措非常不满，给予无情抨击。他说："自停科举开学堂以来，合京师及各省算之，糜费以千万计，阅时已八九年，成效未睹。而学生嚣陵之习，挟制官长，干犯名义，时有所闻。东南风气最先，弊亦最著。通西学者不过能充翻译、买办，精格致者不过可为艺士工师。其邪僻而无所长者，乃至勾结匪徒，倡言无忌，平权、革命并出其途。此教育失序，重末轻本之所致也。"①

升允还对军事改革、编练新军非常不满。他批评编练新军较著之省份，"闻成效素著之江鄂奉直等省，亦仅衣帽步伐整齐可观，居平卫生洁净自喜，此兵家之所忌，非所宜也。上年安徽兵变，尽属新军，其首恶且系武备毕业学生。江南征兵亦有与巡警冲突情事，流弊至此，可为寒心"。②

仅上述言语，就足以说明升允的政治态度与真实思想了，即全面反对新政。如果说升允反对政治改革，反对预备立宪，尊君权、抑民权的政治心态可以理解的话，因为他是清王朝君主专制主义的强有力的维护者，在他的视阈中，绝对不能削弱皇帝君权。那么他反对教育改革和军事改革就让人费解了。其实也不难理解。清政府教育改革，兴办新式学堂以及派遣留学等，就是培养新政需要的新式人才。军事改革编练新军，就是培养新的国防力量，加强清政府的统治。然而教育改革与军事改革的客观效果与其主观愿望截然相反，教育改革培养了一大批新式知识分子，军事改革编练新军，培养了一支新的国防力量。新式知识分子与新军，接受了西方资产阶级自然科学与社会科学知识，与民族危机、清政府的腐朽联系起来，自然演化为清政府的异己力量，新式知识分子与新军实际成为清政府的掘墓人。升允能较早意识到教育改革与军事改革的严重后果，正是其政治敏锐性的体现与无限忠于清王朝的结果。所以他反对新政，反对新政的深入发展，是为了维护清王朝的统治。

---

① 升允：《陕甘总督升允条陈新政》，宣统元年，甘肃图书馆藏，第 10~11 页。
② 升允：《陕甘总督升允条陈新政》，宣统元年，甘肃图书馆藏，第 15 页。

三　新政中的保守督抚

清末新政始于光绪二十六年十二月十日（1901 年 1 月 29 日），尚流亡在西安的慈禧太后以光绪皇帝的名义颁布了变法新政的诏书。诏书长达 1200 余言，清廷求治之心切，要求变革之广泛，是过去从来所没有的。

> 总之，法令不更，锢习不破，欲求振作，须议更张。著军机大臣、大学士、六部九卿、出使各国大臣、各省督抚，各就现在情弊，参酌中西政治，举凡朝章国政、吏治、民生、学校、科举、军制、财政，当因当革，当省当并，如何而国势始兴，如何而人才始盛，如何而度支始裕，如何而武备始精？各举所知，各抒所见。通限两个月内悉条议以闻，再行上禀慈谟，斟酌尽善，切实施行。①

清末新政是进入 20 世纪以来清政府在义和团之变和八国联军侵华之难的危机中被迫进行的一场自救运动、改革运动，是国家的一项战略决策，是中国政府的政府行为，具有明显强制性。国家战略决策的执行，政府行为的实施，关键在各省督抚的贯彻执行。清末时期各省督抚具有行政权、财政权、人事权、军权与司法权，各省督抚对新政的认知态度与行为，决定各省新政的水准。新政中的各省督抚，笔者认为可分为以下三种类型。

一为旗帜型督抚。如袁世凯、张之洞、岑春煊等，他们分别为直隶总督、湖广总督、两广总督，不仅是新政的推动者②，而且是新政的设计者、创造者。他们视野开阔，思想比较解放，为政能力较强，深得朝廷信任。他们创造性地贯彻执行了清政府的旨意，在自己的辖区，全面推行新政，创造出新政样板区域。清政府将他们的样板又进一步推向全国，从而保证新政的持续进行与发展。如袁世凯创造的北洋新政，为各省所效法，"各行省咸派员视察，借为取法之资"③，"一时北洋新政，如旭日之升，为全国所具瞻"。④ 北洋新政推动了全国新政的开展，北洋新政的每一项措施都经朝

---

① 《光绪朝东华录》四，总第 4602 页。
② 张华腾：《袁世凯与北洋新政》，《历史教学》2014 年第 2 期。
③ 甘厚慈：《北洋公牍类纂续编·序》，文海出版社，1990。
④ 周小鹍：《周学熙传记汇编》，甘肃文化出版社，1997，第 278 页。

廷谕旨颁行全国，"凡将校之训练，巡警之编制，司法之改良，教育之普及，皆创自直隶，中央及各省或转相效法"。① 北洋新政在清末新政中的地位由此可见一斑。北洋新政如此，张之洞创造的湖北新政亦然，清政府多次颁发谕旨要各省到直隶、湖广考察学习。

二为执行性督抚。新政中的大部分督抚，如曾任四川总督、云贵总督、东三省总督的锡良，曾任山东巡抚、两广总督、两江总督的周馥等。他们忠于朝廷，忠于职守，又具有较强的行政能力，所以他们能够贯彻执行清政府的谕令与新政部署，在自己的管理范围内推行新政并取得一定成效。

三为右翼督抚，或保守型督抚。新政中的右翼督抚为数还算不少，比如曾任河南巡抚、江苏巡抚、直隶总督的陈夔龙，曾任山东巡抚、河南巡抚、广东巡抚、两广总督、两江总督的张人骏等。他们忠诚于朝廷，笃信儒学传统，对清政府的新政决策，他们并非情愿执行，但限于职守，不得不遵照执行，所以同样也有新政政绩。不过他们的新政是被迫的，被动的，保守或者说是持重的，他们绝对不会做出北洋、湖广那样的新政。他们在推行新政的同时不断流露出对新政的不安和担忧。如张人骏，在致儿子的家书中多有流露。② 陕西巡抚、陕甘总督升允应该属此一类型督抚，不过更为保守而已。尤其是在新政持续发展的后期，对新政深入发展而带来的某些弊端，促使其大胆上奏，直言自己反对新政意见。其保守行动的后果，导致被清廷罢免。宣统元年（1909）五月，清廷颁布谕旨，指责升允行为"几近负气，殊属非是，本应予以严惩，姑念该督久任封圻，尚无大过，著照所请，即行开缺"。

清末新政时期的督抚，大体如此。顽固不化，从新政伊始就坚决反对新政的督抚，应该说是不存在的，实际上不可能存在，因为新政的一个前提条件，就是清除反对改革、冥顽不化的顽固派。

---

① 徐文霨：《跋》，沈祖宪：《养寿园奏议辑要》，文海出版社，1966，第 885～886 页。
② 张守中编《张人骏家书日记》，中国文史出版社，1992。

清末新政期间在宁夏采取的措施

张天政[*]

清末新政研究近年成果累累，但对清末宁夏新政研究并未见专文发表[①]，本文利用前人未曾使用的政书、期刊、未刊档案、地方文献等材料，对 1901 年起大约清末十年陕甘地方当局在宁夏推行的新政措施加以初步梳理，以期有益于清末新政及近代西北区域史研究。

一　政治、军事改革

1. 编练新式陆军，设立新式机构

清末新政期间，编练新式的常备陆军成为新政的主要内容之一。甘肃在清代包括今天的甘肃省、宁夏回族自治区、青海省，地域广阔，推行新政头绪繁多。崧蕃任陕甘总督期间，曾对原旗营防军严行裁汰精选，练习新操，所编练为常备军、续备军及巡警等军一部分驻宁夏、固原等地，其中驻固原新军步队 5 旗，马队一旗；驻宁夏城步队 3 旗、马队 1 旗。[②] 1905 年升允继任陕甘总督后，在甘肃设全省巡警总局，在省城兰州设总局督办、总办、提调、帮办、总巡、审判、教习等职位，另设绅士一人总理事务。在今属宁夏的各县设立总、分局。[③] 具体如表 1 所示。

---

* 张天政，宁波工程学院社会科学部教授。
① 学界曾有提及，笔者专著《近代宁夏开发思想及实践研究》，人民出版社，2011，曾有涉及。
② 《陕甘总督崧蕃奏甘省防营遵照新章编改常备续备巡警等军折》，《东方杂志》1904 年第 12 期，第 449～450 页。
③ 刘郁芬主纂《甘肃通志稿》卷三十二，民政二，警政，约 1932 年版。

表 1 1909 年黑龙江上游沿岸卡伦名称一览

州、县、厅总局名	局员数	绅士	分局数	局员数	每局绅士数	巡兵数
隆德县总局	4	8	11		2	30
固原直隶州总局			1		2	24
硝河城州判总局	2		1		4	14
平远县总局	3					4
海城县总局	5					8
化平直隶厅总局	2		10		1	
宁夏县总局	3					55
宁朔县总局	3					55
平罗县总局	2					36
灵州总局	1	2		2	1	16
花马池总局	1					6
中卫县总局	1		2	3		32
宁灵厅总局	1					8

资料来源：刘郁芬主纂《甘肃通志稿》卷三十二，民政二，警政。

表 1 反映了近代宁夏在清末新政期间警察机构及制度的初创，据记载，当时升允上奏光绪帝时，试图扩大警察机构，规定大县设警员 160 名，中等规模的县设警员 120 名，小县设警员 80 名①，其中统计数据仅供参考，一些总局下设分局数目令笔者存疑。

注重整顿吏治，惩奖分明。1908 年，宁夏府经历黄式铎，在其代理中卫县事不及两个月任上，在县衙聚众赌博多次，与县下属互相厮打；且在建筑渠工方面草率从事，致使社会上传言较多。陕甘总督升允上奏对宁夏府经历黄式铎革职，升允还非常气愤地认为其"贪劣不职，万难容隐"。后获朱批"著照所请"。② 1910 年一月宁夏满营正红旗防御舍里、镶黄旗骁骑校保昌为曾经戒烟人员，因烟瘾太深在戒断后私自吸食，不知自爱，不顾禁烟严查不懈之大局，"实属冥顽不化，教诲难施，惟据实纠参以儆余众"。

---

① 朱恩昭：《预旺县志》卷之二，建置志，1925 年抄本，第 12 ~ 14 页。

② 《陕甘总督升允奏请将宁夏府经历黄式铎革职片》，光绪三十四年七月二十二日，《政治官报》折奏类，八月初一日，第三百号，第 14 页。

2. 禁烟措施

宁夏禁烟可谓几起几落。据所见史料，最初在 1878 年，左宗棠等在上奏关于甘肃现办禁种罂粟、请仅将查禁不力及实在出力各员分别惩、劝各折片中认为，栽种罂粟有害民食，例禁綦严。但宁夏府及其属下各县多有查禁不力者。[①] 左宗棠主张通过禁种、惩治腐败等办法来实行禁烟，一度产生明显效果。正如有论者所言，左宗棠此次可谓下很大决心在宁夏大加整顿。[②] 另据记载，1900 年十月，固原知州王学伊曾采取筹款组建戒烟等局，施给吸洋烟者丸药等禁戒措施，以除民病。[③]

清末新政期间宁夏禁烟曾受到嘉奖。1908 年十月初五设立宁夏禁烟局，在满营采取禁吸、禁种等措施。首先是宁夏将军台布、志锐等自己带头戒吸，首先戒断，然后按户告诫，对告诫者赏赐，对不戒者惩罚；派兵在满城及宁夏城收尽各种吸食烟具；同时对部分瘾君子管制禁吸，发于特制药丸。具体办法为一月六班，每班五日或三四十名不等，进局不准吸烟；第二天服药待吐泻后，给予补药安睡一夜；第三天虽令吸烟也不下咽，当日给予稀饭进食；第四日供应面食；第五日早饭后出局，腹内烟瘾净尽，戒断者只感觉四肢稍有酸楚，稍事休息即可消除。此办法当时认为有效，于是又增设一禁烟局。两禁烟局均委派戒断烟瘾之协领瑞珵在局负责管理。但事实上满营当局仍担心瘾君子反复，难以断绝。于是加派佐领庚寅辅佐，并派满营官员柏寿管理饮食，收缴器具搜查暗访，且对上述官员数月未予薪水，但各员均能负责办事，才收此巨大禁烟效果。当时一度收罗进局瘾君子 1000 余人，需要禁烟经费 4410 两，后因经费短缺台布、志锐等还各捐津贴银 500 两，一度已开支 3410 两白银，因不够开销，又暂时挪用渠工经费据统计至 1909 年二月十五日止 4 月有余，共戒断男女老幼官员兵丁 1083 名，尚有孕妇 15 名待分娩后再行戒断；另戒断宁夏城汉族男女 302 名，共缴烟灯枪 2461 件，并造具清册及所有器具呈送禁烟大臣查证，可以保证按清册指名调查，绝无一人蒙混。于是台布、志锐上奏获准对瑞珵等奖励。[④] 由此可见当时宁夏满营及在宁夏城对汉族禁烟收到一定效果，但宁夏满营

---

① 《清实录》，第五十三册，《德宗实录》（二），卷七六，中华书局，1987，第 171 页。
② 秦翰才著《左文襄公在西北》，岳麓书社，1984，第 226 页。
③ （民国）叶超著《固原县志》卷十，固原文物工作站，1981，第 24 页。
④ 《宁夏将军台布奏满城戒烟一律净尽折》，宣统元年闰二月二十七日，《政治官报》折奏类，宣统元年三月初三第五百三十一号，第 5~6 页。

当局对宁夏周边未能禁烟忧心忡忡。1910 年一月二十八日，宁夏将军台布等奏甘肃一省种烟最多，至今尚无禁种消息；"官员戒断均已互相出结，兵丁百姓又不过问，家家烟火，彻夜开灯"。台布所奏引起清廷关注，即著"长庚严饬所属于禁种、禁吸二事实力稽查，认真办理，以除痼习而卫民生"。① 显然长庚再次在甘宁各地推行清廷戒烟令时，在宁夏满营多遇阻碍。1910 年一月宁夏满营正红旗防御舍里、镶黄旗骁骑校保昌因烟瘾未断而被革职。② 陕甘地方当局对禁烟采取一些有效措施，对禁种、禁吸并重；清廷也给予高度关注。

3. 消除满汉区别，处理好满、汉、回等民族关系

清末，满汉民族关系有待改善。1907 年志锐奏称：驻防归农，宜令旗丁应募入伍，然后以本旗底饷为之购地。均下会议政务处议。③ 志锐此奏旨在解决宁夏满营旗丁长期形成的"晏然坐食"、懒惰等恶习，使得满人颓废不劳而获的状况有所转变。之后政务处商议，决定允许旗丁应征入伍加入新军成为士兵，以所省旗饷为之购地，待士兵退伍时给予所购地亩后再通知各该旗撤饷存储备用；政务处也注意到可利用甘肃闲置地亩及后套开出之地，令无地可购之各省驻防旗丁陆续迁往耕作；令时任垦务大臣及陕甘总督就近调查黄河上游及后套可耕之地确数，以就近迁移西北驻防旗民屯垦，并详筹办法，"剀切劝导分起迁往，仍不得有抑勒强迫之弊"。④ 由此可见清廷部分满族官员对八旗制度衰落，满营官兵萎靡不振仍是忧心忡忡，期望采取改革措施促使其改除劣习，自食其力，逐渐改变现状。

1908 年三月，宁夏府知府赵惟熙托人代奏化除满汉条陈：请裁撤旗兵，预给恩饷 10 年，由国家为之生利。其恩饷请募集公债，即以此项旗饷作抵。清廷令下会议政务处知之。⑤ 宁夏满营旗丁出路问题在一定程度上有所缓解，但整个满营归农问题至清廷覆亡一直未得解决。

4. 筹备立宪

对于东南其他省份举办的轰轰烈烈的预备立宪筹设及设立咨议局等政

① 《清实录》，第六十册，附《宣统政纪》，卷二八，中华书局，1987，第 507 页。
② 《清实录》，第六十册，附《宣统政纪》，卷二六，中华书局，1987，第 489 页。
③ 《清实录》，第五十九册，《德宗实录》（八），卷五八三，中华书局，1987，第 705 页。
④ 《又议复宁夏副都统志锐奏驻防归农办法暨添设谘议员片》，光绪三十三年十二月二十日，《政治官报》折奏类，十二月二十二日第九十二号，第 14～15 页。
⑤ 《清实录》，第五十九册，《德宗实录》（八），卷五八七，中华书局，1987，第 765 页。

治活动，陕甘地方当局认为包括宁夏在内的西北地方"智识多未开通，劝导不易着手"，需要缓办，只是组织了谘议选举，之后准备在兰州城设立谘议局筹办处并筹建地方自治公所，制定自治施行细则及研究所章程，任用研究所职员、所长。① 还制定了核议城镇乡地方自治章程及选举章程，在各厅州县推广；并设立甘肃省地方自治筹办处及地方自治研究所。② 这样，包括宁夏在内的甘肃筹备立宪事宜逐步开展起来。

二　经济改革

1. 交通建设的思考及实施

宁夏交通建设是晚清时期尤其是清末新政期间国人关注的话题之一。近代宁夏交通还相当落后，与东南沿海相比，至 19 世纪末 20 世纪初，宁夏人仍未享近代交通运输工具之便利。得知东南部举借外债筑铁路及自办铁路的热闹局面，看到清廷于 1905 年开始修筑京张铁路，唤起晚清陕甘地方官员呼吁续筑西北铁路的一线希望。

1908 年，时常深深感叹"西北为神京右臂，居建瓴之势，拥天府之腴，而独令其芒芴闭塞，混沌终古，地产无由远，民智无由开，强邻之窥伺无由绝"的甘肃宁夏知府赵惟熙，认为西北铁路之修筑乃"尤亟之亟"。他在从国防、移民实边及流通西北物产的角度论证其必要性的同时，积极主张修筑从张家口西经绥远城，然后到宁夏，"再循北纬三十八度间，逾贺兰山尾，经蒙古阿拉善额鲁特旗地，西过凉州，再经嘉峪关、哈密、迪化，远达伊犁的铁路"，并规划该路全长约 8000 里，作为在西北修筑的干线铁路之一。

赵惟熙还强调指出，"西干之所以取此路线者，以西北货多人稀，利息不厚，商办必然难成，故此道纯为国家性质，取径自宜直捷，用款省而程功易，征调速而转运灵，正不必绕道西安兰州，旷日糜费也"。③ 赵惟熙所

---

① 《陕甘总督升允奏甘省设立谘议局筹办处情形折》，光绪三十四年十二月二十六日（朱批），故宫博物院明清档案部编《清末筹备立宪档案史料》，下册，中华书局，1979，第 697 ~ 698 页。

② 《陕甘总督长庚奏甘肃设立地方自治筹办处并地方自治筹办处并地方自治研究所情形折》，宣统二年八月二十八日（军录），故宫博物院明清档案部编《清末筹备立宪档案史料》，下册，中华书局，1979，第 750 ~ 752 页。

③ 《东方杂志》，第四卷第八期，光绪三十三年六月二十五日，第 155、161 ~ 162 页。

拟修筑路线与铁路兴办形式，显然是主张续接完工后之京张铁路，向包括宁夏在内的西北诸省延伸，但此议并未引起清廷足够重视，清廷仅令下部议。① 赵惟熙宏大的西北筑路计划被搁置起来。

京绥铁路修筑完工后，陕甘总督长庚认为续提赵惟熙之议的时机成熟。1910 年，长庚上奏主张修筑全程二千余里，东起归化，途经宁夏，西至兰州的铁路。且不仅规划南北铁路线两道，其中"北路由灵州至山西之包头镇，取其赴京便捷"；还具体定预算、筹经费。并强调修成该段铁路之重要性，他认为若"论商务，则北路由兰州而达包头，与归张铁路接轨，而商货流通"；若"论征伐，则设遇事，燕、晋之兵，由北路计日可以至固原"；② 长庚所议显然具有防范、镇压人民起义之意图，也为流通宁夏等西北各省物产，但从修筑铁路的可行性角度看，长庚之议较赵惟熙所说更经济，可操作性更强。

19 世纪 90 年代，宁夏才开始筹建近代通讯设施。1890 年，清廷设有线电报总局于兰州，并于九月间在固原州租赁民房，设立电报分局。③ 固原分局有各项通讯器械 12 种 115 副，价值 112 英镑；线路东至瓦亭驿，与平凉局线相接；西至曹家河与兰州局接线；北至火草，与宁夏局接线。东西干线 485 里，南北干线 240 里；设局员一名，司事一名，领班一人，总管二人，各生三人，各役三名，巡弁二人，巡勇二人，共有职员 15 名。经常性开支 2817.12 两白银。④ 次年，将电线由固原向北接至中卫县宁安堡，在此设立报房⑤；该报房有各俱设备 8 种 53 副，价值 35 英镑；设领班兼报生一名，各役二人，巡弁一名，共四人。经常性开支 576 两银。⑥ 同年，又在宁夏府设立电报分局，但电线迟迟未能接通。1903 年五月三十日，陕甘总督菘蕃奏称：宁夏僻处北路，拟添设由固原至宁夏电线，以速文报。近代通讯设施开始向宁夏北部延伸。⑦ 该局最初也是租赁民房办公，有各种器械 12 种 80 副，价值 80 英镑。线路南至火草沟与固原局接线，北至宁夏府城电报局，南北支线长 435 里。设局员一名，各生一人，各役四人，巡弁一人，巡

① 《清实录》，第五十九册，《德宗实录》（八），卷五八七，中华书局，1987，第 765 页。
② 《清实录》，第六〇册，附《宣统政纪》，卷四五，中华书局，1987，第 805 页。
③ 慕少堂编《甘宁青史略》，正编卷 24。
④ 杨绳信编著《清末陕甘概况》，三秦出版社，1997，第 84 页。
⑤ 《清实录》，第五十八册，《德宗实录》（七），卷五一五，中华书局，1987，第 801 页。
⑥ 杨绳信编著《清末陕甘概况》，三秦出版社，1997，第 85 页。
⑦ 《清实录》，第五十八册，《德宗实录》（七），卷五一五，中华书局，1987，第 801 页。

勇七人，共 14 人。经常性开支 1529.4 两。①

　　但电报设施在运行中弊端重重，公共设施用以营私相当普遍。甚至引起清廷高级官员直陈时弊。1908 年三月间，鉴于电报商办体制生意尚好，改为官办后百弊丛生，各局多有亏损，宁夏副都统志锐奏请整顿宁夏及西北甘新等省区电报用于私人代发报业务，防止电报业务经营弊端，减少经营损失。志锐强调电报设施设立是由于其可促进交通航运便捷，带来消息灵通，并可获取巨额利润，且在外国电线如织，"国家获利不赀"；但甘肃省"各局上而督抚下而州县以及各署家丁幕友，报局无不以代报为应酬之常"。尤其百姓拍发电报者无多，并未用于商业及贸易，但拍发电报成本昂贵，"再一代报是电报局直不能得利矣"。据志锐估计包括新疆、甘肃、宁夏在内各局每日代报者总数达十之六七，"若不设法整顿大利直同虚掷"。当时隶属于甘肃省的宁夏电报局拍发电报规章中规定，收费标准是 5 分起码，过一局则加一分，收费标准相当之高；但若对家丁、幕僚要求拍发私人电报不予收费，则拍发电报高昂收费规章制度则成束之高阁之一纸空文，但政府损失惨重。志锐奏请光绪旨饬邮传部电政司制定严格规章严禁免费代发私人电报，"则只此报费一节，一年不难多出数十万，于新政亦不无小补"。光绪朱批邮传部知道。②

　　1909 年四月八日，清廷邮传部奏报《要政分年规划意见书》中拟在第八年试办甘肃等省电话，第九年筹设包头镇至宁夏电线，并拟大修西北各省电线。清廷开始筹建从北路通往西北的电话线路。③

2. 水利及农业开发

　　水利是当时宁夏平原农业恢复及社会安定的重要条件。包括左宗棠在内的封疆大吏均较为重视。至 1901 年，举人出身、由云贵调任陕甘总督的崧蕃在清末新政期间对宁夏水利开发也较为关注。崧蕃在上清廷的奏折中称，"甘肃僻处西北，地高风劲，无论夏秋，每年只能耕种一次。惟宁夏府各属，地滨黄河，可以创新水利"。但因战乱破坏甚巨，致使"人民迁徙，地遂荒废"。他上任不久，即"筹修宁夏渠工，疏通水利"，并先从破坏较重的中卫渠工修起，中卫渠工修竣后，崧蕃还主张"凡宁郡近河州县，查

---

① 杨绳信编著《清末陕甘概况》，三秦出版社，1997，第 84 页。
② 《宁夏副都统志锐奏请饬邮传部整顿电报局片》，《政治官报》，折奏类，三月二十五日第一百七十六号，第 9 页。
③ 《清实录》，第六〇册，附《宣统政纪》，卷十，中华书局，1987，第 188 页。

勘可兴水利之处，皆令仿照接修"；鉴于现有平罗、海城、固原、庆阳等各属已有报垦荒地数百或千亩者不等，"因而其旱地无水各属"，亦可筹设农务局，并选派公正绅耆设法招垦。崧蕃的主张对当时宁夏中卫县水利兴修产生重要作用。据记载，崧蕃在任于宁夏的具体政绩，如曾委派讲求水利之中卫知县王树楠，将县属之七星渠延长 70 余里至白马通滩，共长达 180 余里。为此曾设水利局派员督工挑挖并派防营帮工，该渠可灌溉宁安、恩和、鸣沙州及白马通滩田达 6 万余亩，这促使逃亡农民返回复耕者甚多，并就地筹措经费，促使当地农牧经济得以恢复；因渠口遇黄河湍急水流，最易淤塞，而且渠路经过的红柳沟各处皆临山麓，易发山洪常导致平地水深数尺，于是曾组织修筑渠口、渠堤、排水暗洞、进退水闸等设施，引导在临山麓段渠水行走暗洞，山水行走渠道，最后排入黄河，这样旨在保护该渠渠口、渠道等水利设施安全及正常运转。该项水利工程还成为宁夏沿黄河各县兴修水利工程的示范。[①]

1903 年，当地人民逃难，秦渠失修，造成渠口码头冲没。后经光绪三十年（1904）及光绪三十四年（1908）重修，始畅流如初。[②] 如 1905 年高熙喆在任宁夏知府期间，勤俭爱民，曾鉴于黄河改道西移，致使惠农渠水源不足影响农作物及时浇灌的情况，设法从地方筹款，将惠农渠渠口改道杨和堡之东，解决惠农渠的进水问题，当年惠农渠灌区粮食获得丰收。[③] 据记载，高熙喆曾自带粗粮，脚穿老母所做布鞋，每日在渠上监工。[④]

升允任陕甘总督期间，在宁夏城内设垦务局等机构，以便调度、办理相关事宜；旨在垦荒地区安插旗丁并利于汉族生产；该局设总办会办各一名，另设总收支员一名，帮办二员，主持局中收支款目并逐日出巡监督工次验收工程，发放员工夫役钱粮；还设文案员、工程指挥员、工程稽核员、马夫、伙夫等若干名；并在平罗县选定镇朔等堡为垦荒之地，可种水田在 1000 顷以上，土质适于种植；另需开渠引水，计划在唐徕渠口斗百里外之靖益堡南马驿敦开挖支渠，再向西北引水 140 余里，即可挖沟灌溉；因从唐

---

① 王锺翰点校《清史列传·崧蕃传》，卷五九，中华书局，1987，第 4607 页。

② 宁夏省政府编《宁夏资源志》，1946，第 21~22 页。

③ 孙兆奎著《清光绪年间宁夏的一位清官高熙喆》，政协宁夏银川市委员会文史与学习委员会编《银川文史资料》第十二辑，2003，第 133 页。据记载，高熙喆，山东藤县人，1904年清政府任命为宁夏府知府。

④ 中国第二历史档案馆编《冯玉祥日记》，第 2 册，民国名人日记丛书，江苏古籍出版社，1992，第 264 页。

徕渠开口另挖支渠，会减少该渠原有灌溉区域水量，影响生产，因而必须扩大唐徕渠进水口宽、深度，并筑引水坝等设施，以增加进水量。① 这些计划后来均得到实施。

升允当时还拟定《开办垦务章程》13 条，办理垦务及开凿湛恩渠等事宜。1909 年 5 月，清政府农工商部督促地方先行核算所需款项，尽早开工，以便旗民均能受灌溉之益；还要求对唐徕渠培高堤防，增建闸坝；并督促疏通各排水沟、洞，不得迟延。同年，宁夏将军志锐开湛恩渠，董福祥捐兰平银 20 万两，三年后该渠开通，用去 189951 两。② 该渠开凿选取水口在唐徕渠取水口以下近百里宁朔县靖益堡马驿敦。③ 另曾利用剩余资金万余元在赵家圈建设庄院，购置农具、籽种及马匹、耕牛 130 余余头，着手开垦种植。④ 1910 年九月，为水渠开通后垦荒种地，清政府又准宁夏志锐所奏，派宁夏知府赵惟熙为总办，负责开荒事宜；同时，宁夏府办理新政事宜最早，志锐还令在宁夏各厅、州、县一律设立农事试验场。不久，宁夏府、固原州均设立该类机构，以办理改良农具、配制肥料等农事试验。⑤

清末新政期间，宁夏府知府赵惟熙曾对各主要大渠实施疏浚。1901 年，惠农渠因"河流西渠外刷 20 余里，屡修因土质为沙地未成"。1905 年，赵惟熙改惠农渠口于阳堡以东，使得渠流正常，始解民困。1908 年，赵惟熙曾组织对大清渠迎水坝实施修整，当时以柳条编制大筐放置巨石，压迎水坝 5 里，使得渠水流势减缓。⑥

清朝顺治初年，黄河西迁将河忠堡隔在河东，农民常苦无水灌溉农田。

---

① 《宁夏将军台布等奏开垦马厂官荒设局办理摺》，《政治官报》，折奏类，十一月二十四日第四百二十号，第 9～11 页。
② 《农工商部咨》，1911 年四月十六日，中国第一历史档案馆藏，军机处档案，档案号 03/143/7044。
③ 《农工商部咨》，1911 年四月十六日，中国第一历史档案馆藏，军机处档案，档案号 03/143/7044；朱耀初：《宁夏水利事业概况》，《中央银行经济汇报》，第 7 卷第 7 期，1943 年 5 月 16 日，第 78～79 页。
④ 《宁夏将军台布等奏开垦马厂荒地渠工告成拟请撤局改屯并择优保奖折》，宣统元年十一月二十七日获批，《政治官报》，折奏类，十二月初三日第七百九十七号，第 12～13 页。
⑤ 《台布志锐奏宁夏马厂垦荒开渠设局开办》，1908 年十一月二十一日，中国第一历史档案馆藏，农工商部档案，档案号 20/1/83。
⑥ 朱耀初著《宁夏水利事业概况》，《中央银行经济汇报》，第 7 卷第 7 期，1943 年 5 月 16 日，第 78～79 页。

至 1908 年，知府赵惟熙组织开挖新渠。当时先接清水沟洞，用汉渠退水以开新渠。当时沿灵武县之新接堡以达河忠堡。当时为便于灌溉，河忠堡新接地隔在天水渠西者，则从史家场黄河架飞槽渡之。而对新接地退水不能归河者，则修暗洞以排之。故名曰"天水渠"。该渠长 30 余里，有大小两道，灌溉宁夏县农田 6000 余亩。①

历任官员对秦渠也曾加以修整。1903 年，因百姓逃避兵役，无暇修渠，造成渠口码头冲没，从此险工迭出。次年，灵州知州廖保泰筹款 8 万余元，大加修筑。然因渠口无码头堤防，结果险工仍难避免。1908 年春，新任知州陈必淮在上年考察渠势的基础上，在渠口投石数百，宽 18 丈，长 80 余丈，上垫土方，数月后修成码头，险工避免②；后还在堤上植树，以树盘根固堤。③

1901 年，中卫知县王树楠在七星渠渠口鹰石嘴建闭水闸三道，退水闸两道，并在该渠下流 4 里处建石闸三座，以方便灌溉。④ 1909 年春，中卫知县曾动工修补美利渠，因夫力不足，渠务渐趋废弛。后该县知事张心镜设立美利渠水利局，"清查田户，接田派夫，渠务遂又恢复"。⑤ 至 1911 年，宁夏汉延、唐徕、惠农、大清、天水、秦渠及汉渠、美利渠、七星渠、昌润渠共灌田 70 万余亩。⑥

陶模任陕甘总督期间，曾主张包括宁夏在内的陕甘各属植树，此方具有保持水土，改良土壤，调和雨泽，促使空气清新而利于人体健康，防止风沙灾害、保护农作物等重要性；主张动员商民在适宜之耕地或荒地广植各种树木，以预弭灾患而兴地利。⑦

事实上，台布奏请的宁夏满营开荒最初是在绥远城附近。在 1908 年九

---

① 朱耀初著《宁夏水利事业概况》，《中央银行经济汇报》，第 7 卷第 7 期，1943 年 5 月 16 日，第 80 页。

② 朱耀初著《宁夏水利设业概况》，《中央银行经济汇报》，第 7 卷第 7 期，1943 年 5 月 16 日，第 80 页；马福祥编《朔方道志》卷六，水利。

③ 马福祥编《朔方道志》卷六，水利。

④ 朱耀初著《宁夏水利设业概况》，《中央银行经济汇报》，第 7 卷第 7 期，1943 年 5 月 16 日，第 81 页。

⑤ 朱耀初著《宁夏水利设业概况》，《中央银行经济汇报》，第 7 卷第 7 期，1943 年 5 月 16 日，第 80 页。

⑥ 朱耀初著《宁夏水利设业概况》，《中央银行经济汇报》，第 7 卷第 7 期，1943 年 5 月 16 日，第 81 页。

⑦ （民国）《固原县志》卷十，固原文物工作站 1981 年印，第 24 页。

月十一日已经开始设局办理，地点选在绥远城附近大凌河马厂，经台布、志锐率垦荒总办赵惟熙轮番出巡监督，事繁时久，最终于1909年八月底渠工告成，历时13个月，花费白银185033.54两，可耕之地近4000顷，水利灌溉在20万亩以上。该次组织垦荒成功后，志锐等还曾上奏请给8名办理垦荒有功人员奖励。① 在绥远城附近为宁夏满营垦荒顺利开展之际，1908年十二月十四日，宁夏将军台布等又奏请：在宁夏设局开垦马厂官荒，以便旗丁归农。②

1911年陕甘总督长庚在上清廷的《办理农工及矿务情形略》奏折中称，在省城兰州织呢局恢复生产的情形下，各地纷纷效仿，如"宁夏则设工艺学堂"，"至习艺所，则各州县相继设立"。其制造成品之最著者中，即有"宁夏之裁（原文如是，疑为裁，作者注）绒毯、滩羊皮"。③ 反映出当时宁夏地方制作工艺特色及工业开发的方向。

清政府地方当局对宁夏水利、农业垦荒、利用畜牧业资源进行的工业开发，是符合宁夏区域开发实际的。

三　教育改革

清末宁夏文化教育仍然滞后，当时正值清末新政之际，隶属于甘肃的宁夏官员注意到废科举、兴学堂之风，开始倡导进行教育改革。宁夏府县官员已有人认识到发展地方教育之重要性。时在宁夏回族聚居区之一灵州任职的陈三洲即指出，"从来国运之隆替，视乎人才，人才之盛衰，由乎学校，学校之系重矣"。"学堂一日不兴，则人才一日不出；人才一日不出，则国家一日不强。顾何以安内攘外，自立于竞争之域哉？"可见兴办包括回族中小学堂在内的新式学校的紧迫性。④ 同时，时任知州的陈必淮在1906年还在灵州将原灵文书院改设学堂，添置校舍，改为灵武县第一高级小学校。⑤

――――――――

① 《度支部奏遵议宁夏将军等奏宁夏满营开垦马厂荒地工竣请奖折》，宣统二年六月二十六日获批，《政治官报》，摺奏类，七月二十四日第一千十七号，第8页。
② 《清实录》，第六〇册，《宣统政纪》，卷三，中华书局，1987，第48页。
③ 刘锦藻编《清朝续文献通考》，卷三七八，实业一，考一一二四八。
④ 《光绪灵州志》（甘图藏本），《灵州志迹》，宁夏人民出版社，1990，第362页。
⑤ 马福祥、王之臣：《朔方道志》卷十，学校志，天津华泰印书馆，1926。

　　清末新政期间，陕甘地方当局开始在宁夏着手改旧式的书院为新式中、小学堂。① 其中，1905 年，宁夏知府高熙喆设立学堂；1906 年新任知府赵维熙将银川书院改称宁夏府中学堂。当时中学堂学制为 5 年，所开课程有修身、读经讲经、国文、历史、算学、博物、理化、财政、地理、外语、图画、体操；另据记载，赵维熙创办该学堂时曾聘请职员 6 名，招收学生 51 名。② 据现有材料记载，较早的是 1903 年宁夏副都统志锐将满城维新书院改为驻防满营二等小学校。③ 1906 年，陕甘总督升允等奏请设立宁夏驻防中小学堂各一所，一切科学功课谨遵定章办理，拟以酌裁额马拨充经费。此议为清廷所获准。④ 1907 年十二月二十日，署宁夏将军志锐奏：宁夏驻防创设中小学堂现已开办。⑤ 事实上在光绪三十三年（1907）六月，宁夏满营当局已利用满营公所闲置房屋先行开设满汉义学 2 所，由该营举人、贡生中选拔品学优长者 6 名充任教员，选择满汉子弟 120 名，先教授经史子集，作为随后选拔中小学堂生源人选；并派人员赴京购置将来成立中小学堂应用教材、仪器设备；以减少满营 400 匹马所用马钱共 3500 两白银，作为设立中小两学堂部分经费，另有陕甘总督升允拨款 5000 两白银作为经费。但据统计当时修筑校舍及购买书籍设备及员工开支、伙食费用，共需经费 9500 两白银，除拨款及省下马匹共 8500 两外，尚欠 500 两，从卖马 400 匹及所节约经费中开支；另在宁夏城东门外选址兴修两学堂，且在 1905 年八月初十开学，从 120 名中选择读过五经者 2 班编入中学堂就读，对年幼者按其所读书籍分为 2 班编入小学堂；之前已遵循学堂章程编制教学科目，但所开科目多为传统课程，如算法、体操等，但外文课因未能聘请教员而未能开设；管理方面派协领达哈拉监督两学堂一切事宜，派景琪为监堂，两学堂所谓文案、司务各委员均由满营官员内择派。⑥ 时隔大约两年，宁夏将军台布等奏，宁夏满营设中、小学堂，惟学生程度于中学不及，现拟改为高等小学、

① 关于小学教育，据记载，从 1905 年起，甘肃地方当局规定在各县设高级小学堂，各乡设初级小学堂。到民国初年，宁夏宁朔县的叶盛、邵岗、大坝、小坝、玉泉等地已先后设有初级小学。
② 刘郁芬主纂《甘肃通志稿》卷四五，教育三，学校。
③ 马福祥、王之臣：《朔方道志》卷十，学校志，天津华泰印书馆，1926，第 2 页。
④ 《清实录》，第五十九册，《德宗实录》（八），卷五六〇，中华书局，1987，第 414 页。
⑤ 《清实录》，第五十九册，《德宗实录》（八），卷五八三，中华书局，1987，第 705 页。
⑥ 《宁夏副都统志锐奏开办驻防学堂情形折》，《政治官报》，折奏类，十一月十九日第五十九号，第 9～10 页。据记载，该两学堂负责人后来改为协领常连。

初等小学各一所，共计 120 名之额以符前奏。此外又设两翼蒙学堂二所，各
四五十名；清文学堂一所，亦约 40 名，1909 年六月第一学期起，将各学校
应报部者，照章报部立案。该议为清廷所准。① 清末，宁夏普通教育除设立
中学堂外，主要侧重于各县初、高等小学堂的创设。据记载，1905 年宁夏
平远县即今同心县已有小学设立，县当局将城内废旧守备署建筑利用改建，
成为该县高级小学校，课程有修身、历史、国文、地理、数学、理科、手
工、博物、图画、体操、乐歌、英语，该校有中文藏书 353 册，外文图书
45 册；至民国初年已有多所清真小学在开办之中，以推动县域回族等少数
民族教育。② 据记载，1903 年隆德县知县张鋆在县城东门外利用原峰台书院
旧舍开办隆德县高等小学堂，设教习 1 名，招收学生 15 名；设立隆德县城
乡初等小学堂 4 所，设教习各 1 名，招收学生 80 余名。1904 年固原直隶州
知州王学伊在城内王子街开办固原初等小学堂，设教习 1 名，招收学生 20
名；设立城关初等小学堂 4 所，回民初等学堂 14 所，乡初等学堂 37 所，各
小学堂各设教习 1 名，学生数额不定。该年固原知州王学伊在城内提署街设
立固原州中学堂，设教习 1 名，招收学生 14 名。另在海原、化平、宁夏、
宁朔、中卫、平罗、灵州等县都有多所回汉初等小学堂设立。③ 具体如表 2
所示。

表 2 海原、化平等县设小学情况一览

州、县名	创办、组织者	小学堂名称、等级	地址	年份	学校数	教习数	学生数
海原	知县张时熙	高等	本旧仓院空地		1	1	15
海原	知县张时熙	汉回初等	城乡		8	8	不定
化平直隶厅	通判曾麟绶	初、高等	归儒书院	1903	1	1	15
化平直隶厅	通判曾麟绶	初等	四乡	1903	5	5	40 余
宁夏县	知县卢秋古	公立初、高等	原宁朔县公立	1904	1	5	102
宁夏县	知县卢秋古	初等公立	各乡	1904	5	5	100 余
宁朔县	知县赵树棠	初、高等	城内	1904			
宁朔县	知县赵树棠	初等	城乡	1904	4	4	100 余

---

① 《清实录》，第六〇册，附《宣统政纪》，卷一四，中华书局，1987，第 284 页。
② 朱恩昭：《预旺县志》卷之三，学校志，1925 年抄本，页 12~14。
③ 刘郁芬主纂《甘肃通志稿》卷四十五，教育三，学校。

续表

州、县名	创办、组织者	小学堂名称、等级	地址	年份	学校数	教习数	学生数
灵州	知州陈必淮	高等	灵文书院	1904	1	2	正副斋20
花马池分州	州同胡炳勋	初等	南街观音寺	1904	1	1	15
平罗县	知县姚钧	高等	又新书院	1903	1	1	拟招50
平罗县	民办	初等	各乡	1903	8	8	约100
中卫县	知县王秉章	高等	原应理书院	1903	1	2	
中卫县	知县王秉章	武备学堂		1903	1	1	正副外额35
中卫县	知县王秉章	初等	城乡	1903	31	31	100余
宁灵厅	抚民同知成谦	高等	钟灵书院	1904	1	1	正副额20

资料来源：刘郁芬修、杨思、张维等纂《甘肃通志稿》卷四五，教育三，学校，民初稿本。

据统计，1904～1908年，甘宁地方当局先后在宁夏府及固原直隶州设立中学堂2所；在各县设高等小学堂9所，初等小学堂116所，武备学堂1所；另据不完全统计，约共有回汉中小学生1000多名，约有教习137名。[①] 其中，"学生多为熟读精时的秀才、童生，教材采用中西结合"。但"在实际教学中，仍侧重于讲五经四书，写八股文章，学生作文，还是'之乎者也'的老一套"。[②] 可见，当时宁夏近代教育已开始起步。

此外，还曾挑选具有俄文基础的人员前往兰州担任学堂俄文教师，并从宁夏选派数名满营学生5名赴兰州学习俄文，其学费从满营学堂经费中支出。[③] 但是国内东南沿海地区新式学堂开设英语、日语课程较多，培养了不少人才，但俄语人才缺乏，陕甘地方当局重视西北及宁夏的俄文教育及俄语人才培养是非常必要的。

预备立宪时期，清政府学部开始着手拟订包括宁夏在内的回族地方兴学章程；拟在回族聚居区推广官话；并拟派员到包括宁夏在内的西北等回

[①] 升允、长庚修、安维峻纂《甘肃新通志》卷38，学校志，学堂，清宣统元年刻本，第4、5、9、10页。其中，中小学堂多为各府、州、县书院改称而成。见《宁夏文史资料》合订本，第2册，第249页。

[②] 宁夏区政协文史资料委员会编《宁夏文史资料》合订本，第2册，宁夏人民出版社，1988，第249页。

[③] 《宁夏副都统志锐奏派翻译生巴宁等赴兰州肄业片》光绪三十四年三月二十四日，《政治官报》，折奏类，三月二十六日，第一百七十七号，第8页。

族地区检查学务。① 但从所见史料看，近代宁夏回族普通教育事业仍属草创阶段。

清末 10 年，陕甘及宁夏地方当局从政治、军事、经济、教育等方面推行新政，其新政的规模、水平层次虽与东南地区难以相比，但其宗旨无疑是为维护、延续清廷的统治，缓和、消弭民族矛盾，逐步融洽民族关系，防止回族等少数民族起义；清政府地方当局对包括宁夏在内的西北新政办理思想保守，惧怕民众主动积极参与新政，成为导致清末宁夏新政层次较低的重要原因。西北回民起义被镇压后虽历时 40 年左右，但回汉民族间的误会、隔阂并未完全消失，因而清末新政在客观上也有助于整顿地方政治风气，恢复、促进区域经济，恢复改善农业生产及包括回族在内的宁夏各族人民的生活，带动文化教育的进步及近代区域人才的培养，促使从青少年时期开展民族及文化交流，因而有助于消除民族隔阂，缓解民族矛盾并逐步协调民族关系；这在客观上促使宁夏区域政治、军事、经济及文化教育近代化开始起步。

---

① 马塞北主编《清实录穆斯林资料辑录》，下卷，第二分册，宁夏人民出版社，1988，第 1596～1597 页。

逆势的博弈

——西北危局与秦州独立

严斌林[*]

　　甘军攻陕与秦州独立是辛亥革命期间影响西北革命局势的重大历史事件，在某种程度上也影响了封建复辟势力与共和革命势力之间博弈进程的速率，同时还是促成全国共和局面最终定格的标志性事件，故其历史意义不容忽视。

　　以往学术界对此方面的研究不是很多，以笔者目力所及，有余尧的《辛亥革命在甘肃》，此文比较简要地叙述了甘肃辛亥革命前后的基本史事脉络，对秦州起义有一些概要介绍，着重于从资产阶级妥协性与软弱性的角度去分析之，最终得出秦州起义以流产而告终的结论；任书贵的《黄钺与秦州起义》一文是比较详细论述秦州起义的文章，作者在文中对秦州起义前甘肃各种势力激烈的斗争形势作了比较全面的分析，肯定了秦州起义的历史作用，但对秦州起义与当时西北局势的互动关系缺少较为明确的论述；赵颂尧《甘肃谘议局及其演变——为纪念辛亥革命七十周年而作》一文，着重探讨了甘肃谘议局的产生，以及在辛亥革命中向省临时议会转变的过程，作者试图从省临时议会的视角去分析秦州独立在当时所产生的巨大影响，但对起义前后的西北局势与甘肃临时军政府本身缺少较为详细的论述；杜松奇、李飞等也对秦州起义的概况进行了一定的论述，着重考察了秦州起义本身的特点与影响。[①]

---

　　* 严斌林，西北民族大学历史文化学院讲师。

　　① 余尧：《辛亥革命在甘肃》，《西北师范大学报》1979 年第 4 期；任书贵：《黄钺与秦州起义》，《社会科学》1983 年第 5 期；赵颂尧：《甘肃谘议局及其演变——为纪念辛亥革命七十周年而作》，《西北师范大学学报》1981 年第 4 期；杜松奇、赵世明：《秦州起义论述》，《天水师范学院学报》2011 年第 6 期；李飞：《黄钺与甘肃秦州起义》，《丝绸之路》2012 年第 18 期。

本文拟从秦州起义对当时西北封建势力"迎驾西北"计划的阻遏，以及挽救危局之中的陕西军政府这一角度去探讨秦州起义的作用与意义。

一 "迎驾西北"的构想

1911 年 10 月 10 日，武昌首义，枪声一作，全国响应，10 月 22 日，西北省份陕西革命党人举义响应，成立陕西军政府，"盖自武汉倡义以后，其响应为独先"①，由此掀起了辛亥西北革命高潮的序幕。

陕西军政府成立后，作为邻省的甘肃省震动很大，陕甘总督长庚随即召集署甘臬司彭英甲、藩司刘谷孙、巡警道赵惟熙、劝业道张炳华在司道院开会研究对策，决定"仍照以前的保甲法，四关设立保甲局，稽查往来行人。由刘钰率绿营兵，逐段修补城垣。城上设立堆卡。夜间更鼓巡逻，城关各门加岗，盘查来往行人并下令戒严"。②

在做好了护卫省垣兰州的准备之后，甘肃清朝统治官员对如何挽救清廷危局也做了较多的构想。"适升允由陕逃至平凉，迭电清政府请勤王，得署陕抚，并调彭及陆洪涛一军随行"。③ 升允乃前任陕甘总督，因上书反对新政而获罪，遂蛰居西安作寓公，"当民军起义时，升允方至草滩收租，闻变亟遁去"④，此时他由陕西逃至甘肃勤王，并在长庚的举荐下获封陕西巡抚，成了反对陕西军政府的急先锋。随后，长庚将兵备处所辖的军械局及新军改隶营务处管理，署甘法司彭英甲气焰嚣张，力主招募回民部队攻击陕西民军。

此时更为危急的是陕甘封建势力的一个更为长远宏大的目标：迎驾西北，试图再举。长庚于进兵陕西之时曾致电清政府，筹划"年内克复长安，则西北数省尚可支撑危局。人民思恋故主，遥戴皇灵，藉陕甘新数千里疆

---

① 郭孝成：《陕西光复记》，中国史学会主编《中国近代史资料丛刊——辛亥革命》（六），上海人民出版社、上海书店出版社，1957，第 40 页。

② 朱幼华：《辛亥革命期间在陕甘总督公署的见闻》，中国人民政治协商会议甘肃省委员会文史资料研究委员会编《甘肃文史资料选辑》第 11 辑，甘肃人民出版社，1981，第 80 页。

③ 黄钺：《陇右光复记——反正颠末》，中国史学会主编《中国近代史资料丛刊——辛亥革命》（六），上海人民出版社、上海书店出版社，1957，第 52 页。

④ 郭孝成：《陕西光复记》，中国史学会主编《中国近代史资料丛刊——辛亥革命》（六），上海人民出版社、上海书店出版社，1957，第 41 页。

土为国家根本重地，即可恢复东南"。① 1912 年 1 月 7 日，新疆伊犁发生革命，革命党击毙伊犁将军志锐，并以"伊犁地处祖国的西陲，局促于新疆的一隅，东有袁大化、长庚等拥有重兵作对，西有沙俄的窥视，东北蒙古王公喇嘛的动向不明，南阻西藏，四周劲敌众多，对伊犁威胁很大"。旋推举前伊犁将军广福担任军政府都督，希冀"以让广福拥有都督的虚名"，"对内安定伊犁八旗人心，对外联络袁大化、长庚等，以便徐图东进"。② 然而，新疆有清势力却在加紧反扑的步伐，新疆巡抚袁大化甚至提出以长庚与广福私谊为纽带，请其"密劝广以将军办事，诸事概不追究。甘境肃清，由甘凉速派大军一支出关以壮声援"。③ 由是，长庚出兵攻陕的情势更为迫切。与此同时，以宗社党人安晓峰为首的一些旧官吏亦提出保潼关以西，迎清帝偏安西陲作小朝廷的设想。甘肃谘议局议长张林炎、副议长刘尔炘也以甘新两省人民代表的身份致电袁世凯和伍廷芳，"查我中原民族休养于专制政体之下者四千余年，服教畏神，久成习惯。今改用君主立宪政体，已越开明专制之梯级，尚恐难于急就范围。不过以君主名义全召群伦，亿兆自能服从"。"倘力持共和主义，则某等虽至愚极弱，实万不敢随声附和，肝脑吾民。亦惟有联合陕甘新三省及他省同志，共图保境，遥戴皇灵。决不承认共和主义"。④ 在此汹汹复辟炽焰的鼓动下，他们进一步提出了迎銮驾于兰州的主张，试图以西北为根据地，以清帝为号召，重新聚集力量恢复有清统治。

为了将陕甘新建立成为清廷恢复东南的根据地，长庚与升允随即召开军事会议，制定了东攻陕西、夺取长安的计划：原镇南军改为西军精锐军，以马安良为总统，"募足步骑十六营"，原常备军第一标改为振武军，以陆洪涛为统领，归马安良辖制；原固原提督所属各军改为壮凯军，共编马步炮 16 营，以张行志为总统；北路军由陆洪涛、马安良率部组成，兵力约 30 余营，15000 人，由平凉、泾州、长武、永寿，沿陕甘大道直取咸阳西门户

① 《宣统三年十一月二十一日塔尔巴哈台参赞大臣额勒浑转陕甘总督长庚等自兰州发电》，中国史学会主编《中国近代史资料丛刊——辛亥革命》（六），上海人民出版社、上海书店出版社，1957，第 123 页。
② 魏长洪编著《辛亥革命在新疆》，新疆人民出版社，1981，第 47~48 页。
③ 《宣统三年十一月二十三日新疆巡抚袁大化电》，中国史学会主编《中国近代史资料丛刊——辛亥革命》（七），上海人民出版社、上海书店出版社，1957，第 451 页。
④ 《张林焱、刘尔炘致袁世凯、伍廷芳反对共和电文》，中国人民政治协商会议甘肃省委员会文史资料研究委员会编《甘肃文史资料选辑》第 11 辑，甘肃人民出版社，1981，第 231 页。

——乾州，南路军由张行志、崔正午部组成，兵力约 10 余营，5000 人，向陕西陇州、凤翔进攻，以北路为主攻，南路牵制，互为犄角，最后会师咸阳，直取长安。

二　秦州独立

长庚在整编甘肃军队时，将黄钺、崔正午所部六营改编为骁锐军，其中崔部五营为回军。

黄钺，字佑禅，湖南宁乡人。父黄万鹏，湘军将领，曾随左宗棠、刘锦棠收复新疆，任阿克苏总兵。黄钺早年随父在新疆、甘肃、陕西等地任下级军官，目睹清廷的腐败和沙俄的凶残，产生了爱国思想。1901 年唐才常组织自立军起兵反清，黄钺应黄申浦之约带兵响应。1904 年万福华刺杀王之春一案，使黄兴、张继、章士钊等 11 名革命党人被捕，黄钺得悉后，借友人英人麦士尼维能的关系，救出黄兴、张继、章士钊等革命元勋，并于不久加入了同盟会。①

当东南革命迅速发展的时候，黄钺认为：潼关以西交通不便，消息闭塞，与中原相比者似两国，古人有据天下之上游制天下之说，因此必须有人在西北传播火种，响应南方，推动全国革命成功。黄钺想利用他父亲与陕甘总督长庚的旧关系，故到甘肃进行革命活动，1910 年 11 月底他从湖南长沙出发赴甘肃兰州。1911 年初，黄钺抵兰州，长庚以其故人之子，视为亲信，任命他为督练处总办，综理军务。

当初黄钺得知甘军将要攻陕，即密陈长庚"方今天下起兵应武汉，秦蜀杀机已大动。甘省僻远，仰人鼻息，若秦人塞我陇口，据长武以梗东道，由汉中出祁山以截南疆，再以偏师由延绥北扼宁夏，又取道凤翔南扰秦州，不及半年，孤城坐困"，以当前事势论，"固当以守为战，保境息民，坐待大局之定"。② 但由于升允、彭英甲等人的逼迫与怂恿，长庚最终同意出兵攻陕。

其时，"会长督以秦州为甘南门户，南入川，东通陕，必得人而守之，

---

① 《黄钺在秦州反正回忆》，中国人民政治协商会议甘肃省委员会文史资料研究委员会编《甘肃文史资料选辑》第 11 辑，甘肃人民出版社，1981，第 54 页。
② 黄钺：《陇右光复记——反正颠末》，中国史学会主编《中国近代史资料丛刊——辛亥革命》（六），上海人民出版社、上海书店出版社，1957，第 51~52 页。

令铖募一旅出防"。① 因长庚认为秦州地理位置重要，"南入川，东通陕"，所以他令黄铖招募一旅军队去驻防，而此一旅中回将崔正午所带的五营回兵，实是受赵惟熙与彭英甲指使，"阴促其反噬"，暗中监视黄铖的部队。后来崔正午部攻陷陇城，"屠戮劫掠，惨无人道"，黄铖随派周秉钧前往调查，并且屡发公牍进行斥诫，"崔反以忌功揭禀，因得改所部隶张提部下"。② 崔正午离去后，黄铖所部仅一营不足五百人可用，兵力更显单薄。

当攻陕甘军陆洪涛部占领醴泉，转攻咸阳长安；崔正午部攻陷岐山，进逼凤翔时，虽然陕西都督张凤翙把清帝已退位实行共和的传单从凤翔城墙上散发给甘军，但甘军置若罔闻，在长庚的严密督促下，仍猛攻不懈，双方战斗甚是激烈。

此时的秦州，因位处陕甘激战的侧后方，由其向东沿线之大关山、咸驿关、固关等重要关隘，"往来行人迹涉嫌疑者，均被崔军搜杀殆尽"③，黄铖数次派出密探前往联络陕西革命军无果，加之遗书署甘藩司俞明震，阴劝其匡救时局亦无效，"而甘军捷报日有所闻，鄙人益神魂丧失，罔知所措。复以地方边僻，耳目阻塞，东南大势，传闻失词"。愈加促发了形势的危急表征，"然每念陕若不保，则西北可危，西北一危，则东南孤立，共和之局，终难大定"。④ 为了挽救西北革命局势，黄铖认为"惟有就秦州反正，以松甘军之势"⑤，遂决定铤而走险举行起义。"若陕西万不能支，则义旗一举，先图平凉，以截甘军后路，马、陆必反顾，则陕危不救自解，共和可望告成"。⑥ 黄铖的意见得到很多在秦州的外省进步人士的支持。加上当时秦州绅学各界，因由沪早就传来新学书籍杂志，普遍的阅读传诵，一般地方人士如汪青、张锦堂、杜杰、萧汝玉等，均富于进步思想，而湘人黎兆

① 黄铖：《陇右光复记——反正颠末》，中国史学会主编《中国近代史资料丛刊——辛亥革命》（六），上海人民出版社、上海书店出版社，1957，第52页。

② 黄铖：《陇右光复记——反正颠末》，中国史学会主编《中国近代史资料丛刊——辛亥革命》（六），上海人民出版社、上海书店出版社，1957，第52页。

③ 黄铖：《陇右光复记——反正颠末》，中国史学会主编《中国近代史资料丛刊——辛亥革命》（六），上海人民出版社、上海书店出版社，1957，第53页。

④ 黄铖：《临别赠言》，中国人民政治协商会议甘肃省委员会文史资料研究委员会编《甘肃文史资料选辑》第11辑，甘肃人民出版社，1981，第49~50页。

⑤ 黄铖：《临别赠言》，中国人民政治协商会议甘肃省委员会文史资料研究委员会编《甘肃文史资料选辑》第11辑，甘肃人民出版社，1981，第49~50页。

⑥ 黄铖：《陇右光复记——反正颠末》，中国史学会主编《中国近代史资料丛刊——辛亥革命》（六），上海人民出版社、上海书店出版社，1957，第54页。

枚、周昆在此之前又积极开展运动，鼓吹革命思想，绅学各界支持革命者不下二千余人，恰为秦州起义提供了广阔的群众基础。同时，黄钺最近一次派出之联络密使胡文阶亦自乾州回营，并带回张云山复书，荷允赞助反正，并约定派队来秦，"定期夹击，以为声援"。① 随后，黄钺又派遣曾任新军管带的刘文厚亲赴陇南徽县，侦探北伐川军的情形，并借机联合，声援秦州反正。

1912 年 3 月 11 日凌晨，黄钺命谢汉秋、汤砺山率 80 人至筹防局；帮带瞿炳樊率 60 人至州署；杨展鹏率 40 人占军械库；前副哨张祖联率 30 人守西关，右副哨刘德馨率 20 人守南门；左哨严少春，后哨王章金率 80 人守泰山庙营盘并护北门福音堂。起义开始后，以后哨谭祝萱、巡查秦志芳为首的 60 人攻占了游击署，部分清兵响应起义，并击毙了试图反抗的游击玉润。②

清晨八时许，黄钺身着便装，头勒青布，手提马刀，率领 40 人占领道台衙门。直隶州通判张庭武被迫交出大印。巩秦阶道向燊见大势已去，只得同意与黄钺合作。

上午十一时许，各路义军会齐于道台衙门鸣土炮四声，在绅、商、学、农、兵各界的拥戴庆贺下，黄钺宣布甘肃临时军政府成立，并陈明反正理由，"乃存甘肃联邦之资格，出陕黎于水火，非有自私自利之念介乎其间"③，众人莫不欢欣鼓舞，随即共推黄钺为都督、向燊为副都督。在道台衙门口挂"甘肃临时军政府"牌子，砍倒黄龙旗，插起白旗。并在全城张贴"红缨大帽，前清所造，民国建立，一律不要"的标语，除旧布新。当天，秦州城闭城两个小时，到处悬挂象征光复的白旗，"妇孺奔走，环观为乐，防御之勇，站立城市，商人奉杯致敬"④，可见秦州起义是深受当地百姓拥戴的，秦州光复大功告成。

军政府成立后，立即颁布《甘肃临时军政府檄文》，该文痛斥升允、

① 黄钺：《陇右光复记——反正颠末》，中国史学会主编《中国近代史资料丛刊——辛亥革命》（六），上海人民出版社、上海书店出版社，1957，第 54 页。
② 魏绍武：《黄钺在秦州反正回忆》，中国人民政治协商会议甘肃省委员会文史资料研究委员会编《甘肃文史资料选辑》第 11 辑，甘肃人民出版社，1981，第 58 页。
③ 黄钺：《陇右光复记——反正颠末》，中国史学会主编《中国近代史资料丛刊——辛亥革命》（六），上海人民出版社、上海书店出版社，1957，第 55 页。
④ 黄钺：《陇右光复记——反正颠末》，中国史学会主编《中国近代史资料丛刊——辛亥革命》（六），上海人民出版社、上海书店出版社，1957，第 56 页。

彭英甲"藐信条于弗顾，匿诏令而不宣，恣其凶焰。阻扰我民政，牺牲我膏血，惨戮我行旅"。并陈明此次起义旨在"脱水火斯民之厄，竟共和一篑之功"，并安抚各族人民"凡我汉回蒙满士农工商人等，务各安本业，无相惊扰"。①

军政府随后颁行了《甘肃临时军政府法约》《甘肃临时军政府行事章程》等一系列改革法规，对军政职能进行革新。在行政上裁去直隶州通判、巩秦阶道道台等职。军事上裁去游击千总等职。合并旧衙署的六房，裁撤州衙的三班。设正副都督、正副总务长、参谋官各一人。秘书官二人。总理政府各项事务。在军政府下设军政、财政、民政、教育、司法、交通六司。他们制定各种章程，明确规定政府及各司人员职掌事宜。减免杂税，革除各项不合理的制度，压缩各项经费开支。设息讼会处理民事，设教育会管理学校及教育，设崇俭会，提倡节约。新政府采取了适应时务、利国便民的政策，秦州风气为之一新。②

军政府成立当天下午，回军步队马忠孝率营由伏羌兼程赶来，直逼城下，意欲扼杀革命于摇篮之中。此时秦州城中人心惶恐，害怕马忠孝营破城而入，大多主张出兵驱逐，被黄钺阻止，经过冷静分析，黄钺命令秦绅张世英、回绅哈铸亲赴马营之中，劝其后退屯驻在距秦州城五里的古天水郡，双方暂不交衅，"因得相安无事"。③ 三月十二日，刘文厚从徽县带来川军消息，北伐川军尚在沔汉江一带，不能联师讨伐，而上海的南北议和，由于道路不通，也不明详情，陕西张云山亦因乾州被围，自顾不暇。如此就加重了本已紧张的气氛，黄钺于是下令"不分昼夜，添募军队，共成步兵一标"，"汰留标兵一营，以韩孝忠领之为城防"，秦州军政府的兵力由原来的五百人扩充为三千人左右，"加紧训练，声势为之一壮"④，严重威胁攻陕甘军后翼防线，而甘肃清兵亦更加不敢轻启战端了。

---

① 《甘肃临时军政府檄文》，中国人民政治协商会议甘肃省委员会文史资料研究委员会编《甘肃文史资料选辑》第11辑，甘肃人民出版社，1981，第11页。
② 《甘肃临时军政府檄文》，中国人民政治协商会议甘肃省委员会文史资料研究委员会编《甘肃文史资料选辑》第11辑，甘肃人民出版社，1981，第12~22页。
③ 魏绍武：《黄钺在秦州反正回忆》，中国人民政治协商会议甘肃省委员会文史资料研究委员会编《甘肃文史资料选辑》第11辑，甘肃人民出版社，1981，第59页。
④ 魏绍武：《黄钺在秦州反正回忆》，中国人民政治协商会议甘肃省委员会文史资料研究委员会编《甘肃文史资料选辑》第11辑，甘肃人民出版社，1981，第59页。

三　"偏安朝廷"梦想的破灭

而此时的陕西军政府在甘军的猛烈进攻下，已陷入了十分危急的境地，陆洪涛部"进抵咸阳，猛力攻城，长安人心惶惶，岌岌不可终日"①，这也就给了升允等顽固势力更大的希望，长庚一再上书清政府，谓："姜军（豫军姜桂题部）西攻潼关，甘军亦东抵乾州，连获大胜。能于年内克复长安，则西北数省尚可支撑危局。人民思恋故主，遥戴皇灵，借陕甘新数千里疆土为国家根本重地，即可恢复东南。故体察近日情形，陕甘兵事不独为全省治乱所关，实为国家存亡所系。"② 1912年2月清帝退位，不啻是对长庚、升允等人的沉重打击，但即使在这种情况下，他们仍未放弃其最初的"迎驾西北"的构想，"藐信条与弗顾，匿诏令而不宣"，继续督饬甘军进攻，梦想三五日内能突破咸阳、进入西安，再迎清帝偏安西北，与南方革命势力分庭抗礼。甚至对袁世凯所派劝慰人员，升允也"仍倔强不服，谓所执清太后手谕为伪造，如令息兵，彼须要求准其带队回京，入觐清太后，果奉清太后面谕，令其息兵，彼方肯罢兵归隐云云"。③ 升允此种要求，连袁世凯也认为其"居心叵测"，不肯接受，因此一方面令河南毅军五营和彰德府新练武卫军若干营，由京汉路南下洛阳，合击剿除；一方面又"派升允之至戚某某旗员前往说以利害，竭力开导"。④ 由此可见，升允顽固复辟之决心。

当此之时，南京临时政府已与袁世凯达成妥协，双方宣告停战，南北和议已定。甘肃地区的内部情况，也相应地发生了变化。兰州各司、道大员鉴于大势已去，回天无术，正在酝酿对大局应采取的态度，适逢黄钺于1912年3月11日在秦州起义，成立甘肃临时军政府，并在起义过程中毙杀了游击玉润，消息传至省垣兰州，给在兰清廷大员带来了极大的震动与心理阴影；而长庚亦惊慌失措，顿呼："黄钺乃是革命党，何以无人告我"，

---

① 魏绍武：《黄钺在秦州反正回忆》，中国人民政治协商会议甘肃省委员会文史资料研究委员会编《甘肃文史资料选辑》第11辑，甘肃人民出版社，1981，第57页。
② 《宣统三年十一月二十一日塔尔巴哈台参赞大臣额勒浑转陕甘总督长庚等自兰州发电》，中国史学会主编《中国近代史资料丛刊——辛亥革命》（六），上海人民出版社、上海书店出版社，1957，第123页。
③ 《大公报》1912年3月18日，第一张。
④ 《大公报》1912年3月18日，第一张。

追悔自己用人不当，升允获此消息后，也大为懊丧，随即致电长庚"迅行制裁"。①

而此时甘肃旅京的秦望澜、吴钧诸人与旅沪的田骏丰等亦纷纷致函兰州，晓以时局实情，"闻吾省反抗共和不胜□异，此次民军起义，清帝辞让，与从前亡国易代不同，原系采良美之政体，救瓜分之惨祸，南人倡之于前，北人和之于后，帝后皇族亦知非此不足立国，故以天下公之人民，上下同心，组织民国，外人叹为古今未有"。② 他们将此次举义光复与以前的改朝换代做了质的分析与区别，认可中华民国乃"良美之政体"，认为这是中国立国之本，是解除帝国主义瓜分中国的良方，以此劝导兰州的清廷官员，使其放弃复辟计划。旅京沪人士同时对甘肃反对共和、攻击陕西的行为进行了道义上的批评，认为"甘处边远，未悉情形，别持理由，积非成是，不知皇帝下诏，吾独反对，是谓不忠。全国力求和平，吾独破坏，是谓不义"。③ 这就为甘肃反对共和、发动战争的行动赋予了非正义的性质，使其失去了封建传统道德中"忠"与"义"两种主体因素的支撑。在晓以实情、进行道义抨击的同时，他们还就现实双方之实力进行了对比分析，认为"甘军全恃协饷，现南北接济已断，无论如何罗掘，以甘省财力论之，至多维持两月，终有饥军哗溃之虞。即使士马□饱，而南北统一，新疆、东三省已均赞同，以区区甘肃欲与二十一行省抗，又无精枪利械，不待智者而知其不敌矣"。④ 通过对比分析，可以清楚明了地知道，甘肃无论是从财力、疆域还是战斗力而言，皆不能与整个中华民国相抗衡，言辞之间隐隐透出对兰州清廷官员的嘲讽甚至是威吓，以可能会发生的"饥军哗溃"来警醒他们。最后，旅京沪甘人共同发出了请求兰州官员通电各省都督改用中华民国年号、"罢战息兵""共保和平"的强烈愿望。旅京沪甘籍人士的种种呼吁在舆论上给兰州官员造成了猛烈冲击，进一步动摇了他们反对共和的决心。

长庚、升允统军东攻陕西，战事异常激烈，中途又要不断扩充添补新

---

① 青海省参事室：《辛亥革命时期甘肃各地反正及清军活动概述》，中国人民政治协商会议甘肃省委员会文史资料研究委员会编《甘肃文史资料选辑》第 11 辑，甘肃人民出版社，1981，第 141 页。

② 《申报》1912 年 3 月 18 日，壬子年正月三十日。

③ 《申报》1912 年 3 月 18 日，壬子年正月三十日。

④ 《申报》1912 年 3 月 18 日，壬子年正月三十日。

兵，所以他们耗费军饷也非常巨大，长庚即因"惟甘库如洗，兵饷不能接济，万分焦灼"①，曾数度向北京袁世凯处致电请饷，"庚等处此瘠区，智穷力竭，不得不呼吁我公之前，万望顾全大局，为朝廷保此立足之地"②，此虽为他向北京请饷而哭穷和自损之语，但我们还是可以想见当时其所处之窘境：战事激烈、军饷无着、自然有"将士灰心""各军溃变"之危险。而当时的清政府已处风雨飘摇之中，自顾不暇，当然不可能下拨大笔军饷给甘肃，稍后南北和议既定，清帝退位，长庚更是请饷无主，落入尴尬的境地了。

就在长庚、升允处此内外交困之际，秦州起义一声炮响，加速了整个西北局势的逆转进程，"升允、长庚、马安良之师不战而退，西北共和大局大定"。③"二十七日，甘军正攻凤翔，闻我军反正，即行停战"。④秦州起义成功，切断了攻陕甘军的后方补给线与退路，并与秦陇复汉军形成前后夹击之势，迫使甘军停止了进攻。加之马安良率部攻乾州时，张云山命人印制大量关于清帝已退位的传单，使甘军前线士兵震动很大，动摇了马安良继续作战的决心。马安良叹道："清帝已退，后方秦州独立，我们究为谁打仗？"⑤ 在这一系列因素的推动下，甘军前线内部发生分化，马安良部军心浮动，陆洪涛部、张行志部摇摆不定，自此升允亦无计可施，困居于乾州十八里铺的大本营，一度趋于紧张的陕甘军事，急转直下，出现了和缓局面。

南北议和成功，袁世凯当国，使署陕藩并总理东路营务的彭英甲又看到了新的希望，他为了保持自己的地位，即与马安良、马麒会商，绕开升允，以陕甘军务处总理及马安良名义，主动与陕西军政府接洽和议事宜。陕西军政府同人也以乾州被围过久，且"清帝退位，共和业已告成，各省

① 《宣统三年十一月二十一日塔尔巴哈台参赞大臣额勒浑浑转陕甘总督长庚等自兰州发电》，中国史学会主编《中国近代史资料丛刊——辛亥革命》（六），上海人民出版社、上海书店出版社，1957，第123页。
② 《宣统三年十一月二十一日塔尔巴哈台参赞大臣额勒浑浑转陕甘总督长庚等自兰州发电》，中国史学会主编《中国近代史资料丛刊——辛亥革命》（六），上海人民出版社、上海书店出版社，1957，第123页。
③ 周震鳞：《陇右光复记·序》，1913年印，2011年再版。
④ 黄钺：《陇右光复记——反正颠末》，中国史学会主编《中国近代史资料丛刊——辛亥革命》（六），上海人民出版社、上海书店出版社，1957，第56页。
⑤ 魏绍武：《黄钺在秦州反正回忆》，中国人民政治协商会议甘肃省委员会文史资料研究委员会编《甘肃文史资料选辑》第11辑，甘肃人民出版社，1981，第54页。

均早停战，陕省若与甘军再战，实觉无谓，且陕甘毗连，汉回杂居，战愈久则仇愈深，将来联合更难为力"①，遂与马安良等甘军将领于1912年3月6日在乾州达成初步停战意向，乾州之围局势暂缓。与此同时，陕西方面又请关中理学耆儒牛梦周、张晓山与张衡山兄弟于3月7日前往升允十八里铺军营劝和，升允迫于情势之逆转，又见牛张亲来，亦愿速和，只是决心不定，意志摇摆，并应允于五日后（3月12日）与张翔初会面于兴平，欲做最后之一搏，然3月11日黄钺于秦州义旗独竖，彻底切断甘军与后方之通道，升允希望亦随之瓦解，遂放弃会面谈判，率军北去。② 马安良、彭英甲等甘军将领也审度情势，坚定了休战罢兵的决心。随后彭英甲又遵照袁世凯电令，转令陆洪涛部及南路军张行志部，向甘肃撤返。陕甘休战，西安免遭战火摧残，陕西军政府得以保存，西北局势因此为之一振，出现了新的局面。

升允北归，迎驾西北的计划不可能实现，遂携数随从逃往青海，陕甘总督长庚也挂印离职，乘羊皮筏子顺黄河东赴北京，妄想以西北三省作为复辟清廷的根据地，迎驾西北，作偏安小朝廷的顽固势力至此瓦解。

1912年3月15日，由甘肃巡警道调任甘肃布政使的赵惟熙，与甘肃省谘议局议长张林焱、昭武军马福祥、士绅王之佐、慕寿祺等联名致电袁世凯，以"甘肃僻处西陲，文电多阻，改建政体之明昭，迄未奉到"为由，试图转假在兰官员反对共和之责任，但亦明确表示"近得他电，知各省一律认允，甘肃官绅会议亦愿承认共和，特此电闻，伏乞鉴察"。③ 最终以官方电文的形式表明了他们拥护共和的态度。袁世凯以赵惟熙名列首位，即任命他为甘肃临时都督，赵即于3月24日就职，宣布甘肃独立，成立甘肃军政府，自此正式纳入共和政体，全国共和局面最终完成。

甘肃军政府成立后，与秦州的甘肃临时军政府形成南北对立的局面，

---

① 《辛亥革命纪事》，陕西革命先烈褒恤委员会编《西北辛亥革命事略》，甘肃人民出版社，2011，第32页。

② 《辛亥革命纪事》，陕西革命先烈褒恤委员会编《西北辛亥革命事略》，甘肃人民出版社，2011，第32页。

③ 赵星缘：《甘肃藩司赵惟熙承认共和的经过》，中国人民政治协商会议甘肃省委员会文史资料研究委员会编《甘肃文史资料选辑》第11辑，甘肃人民出版社，1981，第213页。（注：此处关于甘肃承认共和的电文发布时间，存在异议，赵星缘系赵惟熙之子，他认为是1912年3月6日，而学术界则多认为是1912年3月15日，联系当时具体情况，作者倾向于后者。）

后经兰州与秦州地方人士张士英、向燊、水梓等人居间调停，双方于1912年6月7日正式签订《甘肃临时军政府、甘肃军政府和平解决条约》，在兰州方面同意接纳临时军政府办事人员、仿照东南各省将政纲服制一律改革、通饬各府州县仿照办理秦州已实行之各种便民政策的前提下，黄钺接受取消甘肃临时军政府的要求，甘肃行政分裂的局面得以和平解决。

甘军攻陕，是辛亥革命期间西北地区的一件大事，是以保存和恢复清政府封建统治制度、反对民主共和为目的的一场战争，是一场违背民意、逆历史潮流的战争，由于双方志在必得、投入兵力较多，"较诸汉阳龟山之役，金陵雨花之战，其惨激壮烈，有过之而无不及焉"。① 尤其是顽固势力主张迎接清朝皇帝至兰州，以陕甘新三省为反攻复辟的基地，恰好与东北宗社党遥相呼应，亦为国内各地封建势力树立一支标杆，助长了他们反对共和、破坏革命的嚣张气焰。特别是甘军进攻咸阳，西安岌岌可危，给陕西军政府造成了极大的困难，对辛亥武昌首义后的西北局势和全国局势造成了一定的影响，也为尚未完全平稳的南北局势增添了许多变数，真可谓"不独为全省治乱所关，实为国家存亡所系"。

黄钺作为同盟会会员，只身赴甘肃运动革命，充分体现了革命党人不畏艰险、革命救国的高尚情操，亦可视为同盟会革命势力在甘肃的强化与提升，为后来的秦州起义提供了领导组织的核心力量。正是在此种因素的联络与鼓动下，催生了至关重要的秦州起义，不仅威胁到甘军的退路，对兰州顽固势力和甘军前线部队造成了极大的心理震动与压力，迫使甘军停战议和，也刺激了长庚，击溃了他复辟决心的最后防线，使其挂印离去，从而减轻了兰州进步人士的阻力，促使兰州地方官员"由司道挈衔，宣示共和政体"②，"共和告成，实与有力"③，从而在真正意义上完成了全国"共和"局面的形成。

因此，秦州起义在当时有着重要的历史作用，它有效阻遏了甘肃顽固势力"迎驾西北，试图再举"的计划，加快了甘肃封建势力失败的步伐，

---

① 《辛亥革命纪事》，陕西革命先烈褒恤委员会编《西北辛亥革命事略》，甘肃人民出版社，2011，第11页。
② 《中国大事记》，《东方杂志》第八卷，第十一号，三月三十日。
③ 《黄兴谭延闿致中央电》，中国人民政治协商会议甘肃省委员会文史资料研究委员会编《甘肃文史资料选辑》第11辑，甘肃人民出版社，1981，第41~42页。

促进了甘肃省承认共和的速率，最终推动了全国"共和"局面的形成，我们又可在某种程度上将其视为"共和"局面最终定格的标志性事件，是辛亥革命中重要的组成部分，是革命形式上具有代表性的一个面相，是一场有进步意义的资产阶级革命。

后 记

　　光阴荏苒，自 2007 年出版《晚清史论丛》第一辑《晚清国家与社会》，弹指间已过去 10 年。在过去的 10 年里，中国社会科学院近代史研究所政治史研究室为推动国内晚清史研究，每两年举办一次晚清史研究国际学术研讨会，累计已举办 5 届，或与兄弟单位合作举办，或独立举办，先后在苏州、承德、湘潭、北京、杭州等地举行，并出版会议论文集《晚清史论丛》共 5 辑。除第一辑《晚清国家与社会》之外，其余 4 辑分别为《晚清改革与社会变迁》(2009)、《湘淮人物与晚清社会》(2011)、《清代满汉关系研究》(2011)、《晚清政治史研究的检讨：问题与前瞻》(2013)，均由社会科学文献出版社出版。另外，2012 年在浙江杭州举行的第五届晚清史研究国际学术研讨会的会议论文集《政治精英与近代中国》(2013)，因获院经费支持，纳入"中国社会科学论坛文集"系列，由中国社会科学出版社出版。这些会议论文集的出版，促进了海内外学者的学术交流，在中外学界产生了很好的影响。

　　"清末新政·边疆新政与清末民族关系"暨第六届晚清史研究国际学术研讨会于 2014 年 7 月 17～19 日在甘肃省会兰州举行，共有来自美国、法国、日本、韩国，以及中国台湾、北京、上海、甘肃、宁夏、江苏、浙江、广东、四川、河北、河南、山东等地的 70 余位专家学者与会，收到论文 55 篇，内容涉及新政各项改革及清末边政思想、边防政策、新政在边疆、边疆民族关系及边疆新政与近代化等议题。从这些论文中，我们编选了 40 篇学术论文，略做分类，结集出版。需要指出的是，除了会议论文之外，法兰西科学院人文及政治学院院士巴斯蒂教授、上海社会科学院熊月之教授、华东师范大学茅海建教授、国家清史编纂委员会传记组组长潘振平教授、清华大学仲伟民教授、中国人民大学张永江教授、中国社会科学院近代史研究所党委书记周溯源研究员、中国社会科学出版社赵剑英社长等专家学者，还分别就如何深化清末新政史、边疆史和民族史的研究，以及如何看待和处理学术研究与现实政治关系问题，在会上进行了热烈的讨论，提出许多富有启发性的见解。不能将这些专家学者的精彩发言编入论文集，这不能不说是一个缺陷和遗憾。

此外，由于各种原因，可能有些该收录的论文未能编入，或编排有不当之处，亦请各位专家、学者和读者批评指正。

本来，学术会议和会议论文是一项重要的学术活动和内容，理应受到学界的重视，但由于现在许多国内大学和科研机构都不将发表在会议论文集的论文列入单位考核成果，这使得我们编辑出版会议论文集的工作遇到了不少困难。尽管如此，我们仍坚信既然承认学术会议是一项重要的学术活动，那么，作为学术会议成果载体的会议论文集自然有其学术价值和意义，它不仅为各位学者提供了一个学术交流和发表成果的平台或载体，而且也是学术活动的一个重要历史记录。我们期待我们所做的这一工作能继续得到学界各位朋友的支持和帮助，使之行稳致远、赓续不衰，永远闪射其学术之光。

崔志海
2017 年 8 月 5 日

图书在版编目（CIP）数据

清末新政与边疆新政：全2册／中国社会科学院近
代史研究所政治史研究室，西北民族大学历史文化学院编
. -- 北京：社会科学文献出版社，2018.3
（中国社会科学院重点学科. 晚清史学科）
ISBN 978 - 7 - 5201 - 2488 - 1

Ⅰ.①清…　Ⅱ.①中…　②西…　Ⅲ.①边疆地区 - 政
治制度 - 研究 - 中国 - 清后期　Ⅳ.①D691.21

中国版本图书馆 CIP 数据核字（2018）第 049756 号

中国社会科学院重点学科·晚清史学科
清末新政与边疆新政（上下册）

编　　者／中国社会科学院近代史研究所政治史研究室
　　　　　西北民族大学历史文化学院

出 版 人／谢寿光
项目统筹／宋月华　吴　超
责任编辑／周志宽　吴　超

出　　版／社会科学文献出版社·人文分社（010）59367215
　　　　　地址：北京市北三环中路甲 29 号院华龙大厦　邮编：100029
　　　　　网址：www. ssap. com. cn
发　　行／市场营销中心（010）59367081　59367018
印　　装／三河市尚艺印装有限公司

规　　格／开　本：787mm × 1092mm　1/16
　　　　　印　张：49　字　数：823 千字
版　　次／2018 年 3 月第 1 版　2018 年 3 月第 1 次印刷
书　　号／ISBN 978 - 7 - 5201 - 2488 - 1
定　　价／269.00 元（上下册）